COLLECTION Atrium

AutoCAD 2015

Conception, dessin 2D et 3D, présentation
Tous les outils et fonctionnalités avancées

ISBN : 978-2-7460-9207-5
Imprimé en France

Editions ENI
ZAC du Moulin Neuf
Rue Benjamin Franklin
44800 St HERBLAIN

Tél. 02.51.80.15.15
Fax 02.51.80.15.16

e-mail : editions@ediENI.com
http://www.editions-eni.com

Auteur : Olivier LE FRAPPER
Collection **Atrium** dirigée par Joëlle MUSSET

Table des matières

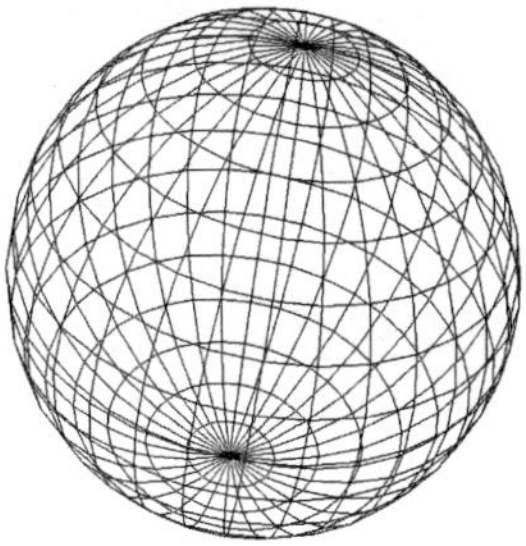

Introduction

Chapitre 1
Les documents

Chapitre 7

Le dessin paramétrique

Chapitre 8

La gestion de l'affichage

Chapitre 9

La gestion des calques

Chapitre 12

Les images tramées

Chapitre 13

Emplacement géographique

Chapitre 17

Les systèmes de coordonnées

Chapitre 18

Les projections et vues

Chapitre 20

La notion de régions

Chapitre 21

Le modeleur 3D volumique

Chapitre 23
Types d'affichage et styles visuels

Chapitre 24
La présentation et l'impression du dessin

Chapitre 25

Objets annotatifs et échelle d'annotation

Chapitre 26

Les fichiers d'échange

Chapitre 27

Autodesk 360

Chapitre 29

La personnalisation

Introduction

A. Présentation d'AutoCAD 2015

1. Application

Le logiciel AutoCAD est une application universelle de Conception/Dessin Assisté(e) par Ordinateur. Avec AutoCAD, il est possible de créer, pour ainsi dire, tout type de dessin. Il est préférable d'avoir de bonnes notions de dessin technique pour mieux apprécier les possibilités du logiciel. Convivial et complet, AutoCAD est utilisé dans de nombreux domaines d'activités :

- Dessins d'architecture divers.
- Dessins pour applications d'électronique, de chimie, d'ingénierie civile, de mécanique et d'aérospatiale ainsi que pour la technique automobile.
- Conception navale.
- Dessins d'architecture d'intérieur.
- Organigrammes et graphiques de toutes sortes.
- Projets et présentations.
- Illustrations techniques et plans de montage.
- Logos d'entreprise...

2. Caractéristiques matérielles

Pour environnement Windows

Système d'exploitation :

- Microsoft® Windows® 8/8.1
- Microsoft Windows 8/8.1 Pro
- Microsoft Windows 8/8.1 Enterprise
- Microsoft Windows 7 Enterprise
- Microsoft Windows 7 Ultimate
- Microsoft Windows 7 Professional
- Microsoft Windows 7 Home Premium

Processeur 32 bits :

- 32-bit Intel® Pentium® 4 ou AMD Athlon™ Dual Core, 3.0 GHz ou supérieur avec technologie SSE2

Processeur 64 Bits :

- AMD Athlon 64 avec technologie SSE2
- AMD Opteron™ avec technologie SSE2
- Intel® Xeon® avec Intel EM64T supportant la technologie SSE2
- Intel Pentium 4 avec Intel EM64T supportant la technologie SSE2

Mémoire : 2 Go (8 Go recommandés)

Résolution d'affichage : 1024x768 (1600x1050 ou supérieur recommandé) avec couleurs vraies.

Espace disque (pour l'installation) : 6 Go

Éléments supplémentaires requis pour la modélisation 3D : Processeur Intel Pentium 4 ou AMD Athlon, 3.0 GHz ou supérieur avec technologie SSE2 ; processeur Intel ou processeur AMD Dual Core, 2.0 GHz ou supérieur.

Mémoire : 8 Go ou supérieur

6 Go d'espace disque, hors configuration requise pour l'installation

Carte vidéo couleurs vraies 1280x1024 de 128 Mo ou plus, Pixel Shader 3.0 ou ultérieur, carte graphique de classe station de travail Direct3D®.

Pour environnement Mac

Apple® Mac® OS® X version 10.10.0 ou ultérieure (Yosemite).

Apple Mac Pro® 4.1 ou version ultérieure (Mac Pro® 5.1 ou version ultérieure recommandée) ; MacBook® Pro 5.1 ou version ultérieure (MacBook Pro 10.1 avec écran Retina ou version ultérieure recommandée) ; iMac® 8.1 ou version ultérieure (iMac 11.1 ou version ultérieure recommandée) ; Mac® mini 3.1 ou version ultérieure (Mac mini 4.1 ou version ultérieure recommandée) ; MacBook Air® 2.1 ou version ultérieure ; MacBook® 5.1 ou version ultérieure (MacBook 7.1 ou version ultérieure recommandée).

3 Go de RAM (4 Go recommandés).

2,5 Go d'espace disque disponible pour le téléchargement et l'installation (3 Go recommandés).

Toutes les cartes graphiques des matériels pris en charge.

Écran 1 280 x 800 avec Couleurs vraies (2 880 x 1 800 avec écran Retina recommandé).

Tous les systèmes d'exploitation Mac OS X dans les langues prises en charge.

Apple® Mouse, Apple® Magic Mouse, Magic Trackpad, trackpad MacBook® Pro ou souris compatible Microsoft.

Imprimante compatible Mac OS X.

3. Interface graphique

AutoCAD réunit les avantages des fonctions de base usuelles de l'interface Windows et ceux des fonctions AutoCAD proprement dites : ainsi vous pouvez bénéficier du ruban, des groupes de fonctions, des menus déroulants, des menus contextuels, mais aussi des palettes d'outils pouvant s'afficher ou se redimensionner à la demande, des différents liens entre applications Windows (OLE, hyperliens...).

Vous trouvez en arrière-plan une fenêtre de texte contenant toutes les opérations précédentes de la session courante. Vous basculez de l'écran texte à l'écran graphique et inversement avec la touche [F2].

Vous bénéficiez d'une aide intuitive et visuelle, bien documentée, pouvant renseigner les débutants, les utilisateurs chevronnés ainsi que les développeurs.

Les rubriques suivantes sont affichées dans la fenêtre d'aide :

- Recherches pour l'utilisateur, le développeur et l'administrateur.
- Rubrique **Découvrir** donnant accès aux ressources de formation et didacticiels.
- Rubrique **Ressources** donnant accès à un manuel sur les fondamentaux d'Autodesk, à des instructions dédiées à la gestion CAO, au référencement et aux aides des commandes et variables système, au glossaire des termes AutoCAD et aux FAQ.
- Rubrique **Téléchargements** donnant accès à l'aide hors ligne ainsi qu'à des exemples de fichiers dessins.
- Rubrique **Connexion** donnant accès à la communauté Autodesk, aux groupes de discussion Autodesk, aux blogs Autodesk et aux groupes d'utilisateurs (AUGI).

Vous accédez à l'aide avec la touche [F1].

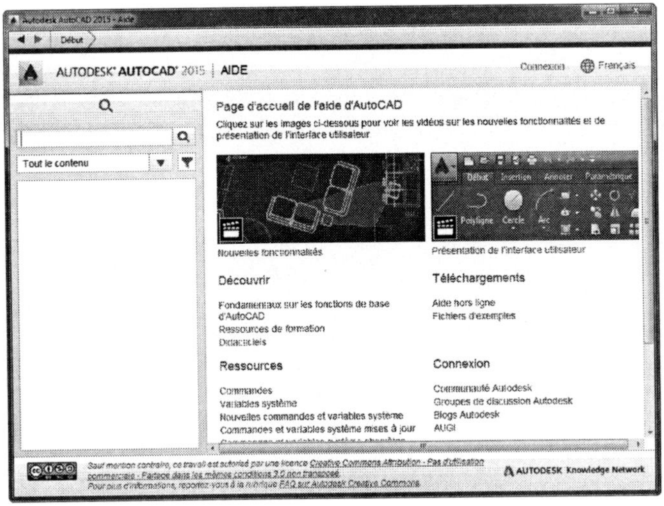

La fenêtre d'aide propose un contenu automatiquement adapté à la commande en cours.

Depuis la barre de titre, le menu (?) par le bouton-liste **Aide** permet l'accès aux aides citées précédemment, à une fenêtre de bienvenue, au téléchargement de l'aide hors ligne, à l'envoi de commentaires à l'éditeur Autodesk, au programme de participation du client.

4. Compatibilité

Avec AutoCAD 2015, vous pouvez charger des fichiers DWG, DXF ou DWT provenant de versions antérieures d'AutoCAD ou d'AutoCAD LT.

Vous pouvez aussi modifier les dessins provenant de ces différentes versions et procéder à l'enregistrement. AutoCAD 2015 permet l'enregistrement aux formats AutoCAD 2013/LT2013, AutoCAD 2010/LT2010, AutoCAD 2007/LT2007 (DWG), AutoCAD 2004/LT2004 (DWG), AutoCAD 2000/LT2000 (DWG) et AutoCAD R14/LT98/LT97.

Remarque

Le format DWG AutoCAD 2013 est commun aux versions 2015, 2014 et 2013 d'AutoCAD et AutoCAD LT. Le format DWG AutoCAD 2010 est commun aux versions 2010, 2011 et 2012 d'AutoCAD. Le format DWG AutoCAD 2007 est commun aux versions 2007, 2008 et 2009. De la même façon, le format précédent DWG AutoCAD 2004 est commun aux versions 2004, 2005 et 2006.

Attention, AutoCAD 2015 ne permet pas un enregistrement au format DWG AutoCAD 12 ou antérieur. L'enregistrement aux formats DXF AutoCAD 2013/LT2013, AutoCAD 2010/LT2010, AutoCAD 2007/LT2007, AutoCAD 2004/LT2004, AutoCAD 2000/LT2000, 12/LT2 est cependant toujours possible.

Remarque

Le format DXF est un format standard de communication inter-logiciels de CAO/DAO, autres logiciels de dessin vectoriel ou encore des logiciels dédiés à la construction et fabrication.

B. L'écran AutoCAD 2015

1. L'écran de démarrage

Au lancement d'AutoCAD, l'écran de démarrage ci-dessous est affiché.

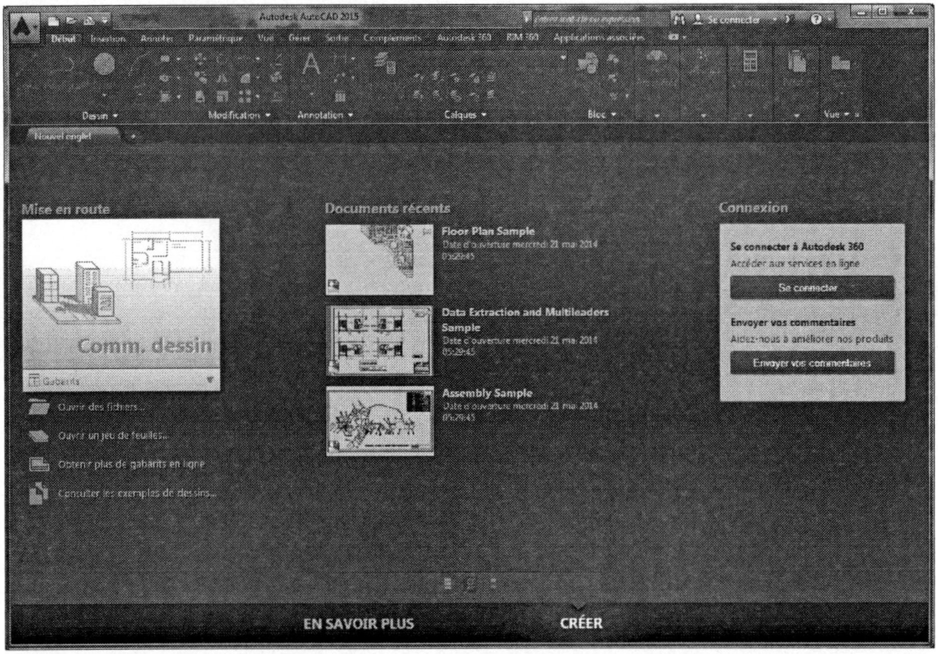

La fenêtre de démarrage affiche deux pages : la page **CRÉER** (par défaut) et la page **EN SAVOIR PLUS**.

La page **CRÉER** présente les trois rubriques suivantes :

Mise en route : accès à la création de nouveaux dessins à partir de la liste de gabarits. Accès aux fichiers, aux jeux de feuilles, à des gabarits en ligne, à des exemples de dessins.

Documents récents : accès aux dessins ouverts récemment. Trois icônes situées dans la partie inférieure de la fenêtre de démarrage permettent de modifier le type d'affichage (grandes icônes, moyennes icônes, listes).

Connexion : accès à Autodesk 360 (Cloud) et aux services en ligne (groupes de discussion, support, améliorations...).

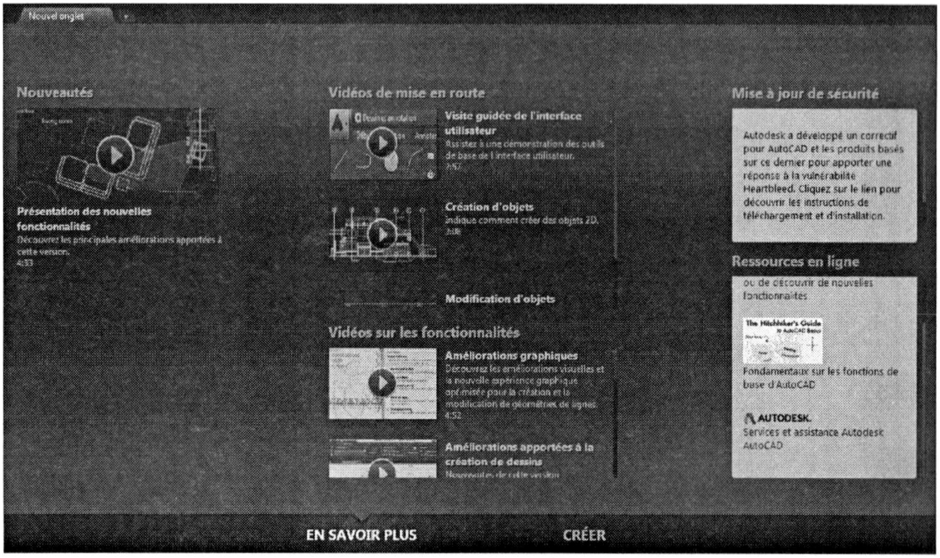

La page ci-dessus **EN SAVOIR PLUS** présente les cinq rubriques suivantes :

Nouveautés : accès à une vidéo de présentation des nouveautés d'AutoCAD 2015.

Vidéos de mise en route : accès à des vidéos de mise en route (interface, création et modification d'objets)

Vidéos sur les fonctionnalités : accès à des vidéos détaillant certaines fonctionnalités.

Mise à jour de sécurité : accès aux mises à jour et correctifs.

Ressources en ligne : accès aux ressources de support, formation et autres services web d'assistance.

Après avoir lancé AutoCAD 2015, l'écran suivant apparaît :

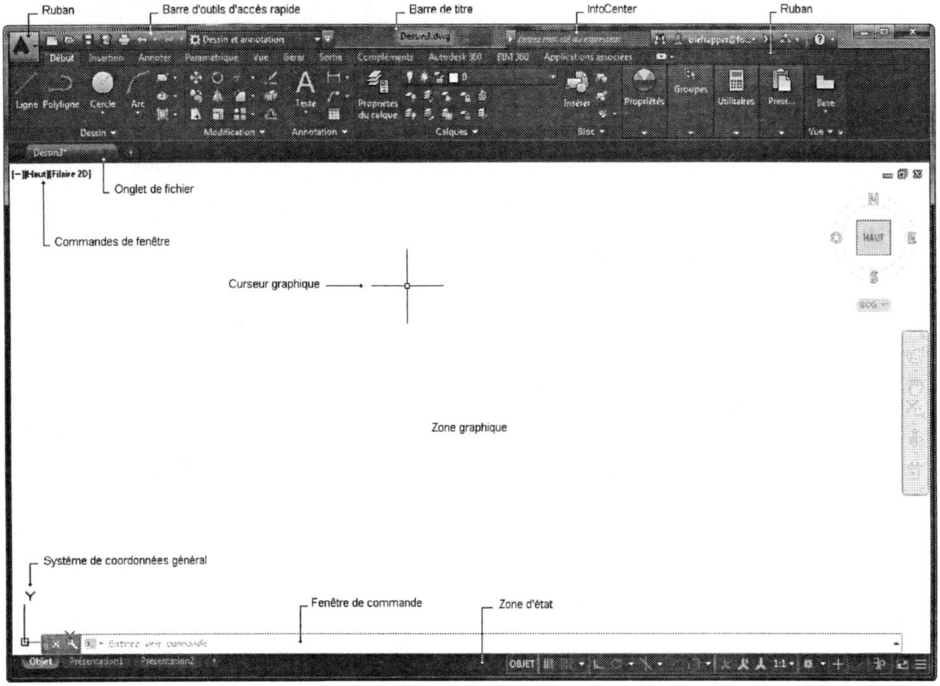

Remarque

L'affichage peut être légèrement différent sur votre écran. L'aspect de la fenêtre graphique dépend notamment de la taille et de la résolution de l'écran. Enfin, ici le fond d'écran est blanc pour une meilleure lisibilité de l'ouvrage (cf. chapitre La personnalisation).

L'affichage de l'écran peut varier également selon l'espace de travail courant. AutoCAD met à disposition plusieurs espaces de travail prédéfinis, et permet la création d'espaces de travail personnalisés.

L'affichage précédent (par défaut) correspond à l'espace de travail **Dessin et annotation**, affichant une interface propre aux plus récentes versions d'AutoCAD.

Pour plus de détails sur les espaces de travail, voir Les espaces de travail dans ce chapitre.

2. Description de la fenêtre graphique

Voici la description de chacune des zones de la fenêtre graphique :

La barre de titre

Elle indique le nom de l'application et du fichier en cours. Mais elle inclut également le **Navigateur de menus**, une **Barre d'outils d'accès rapide**, et l'**InfoCenter**.

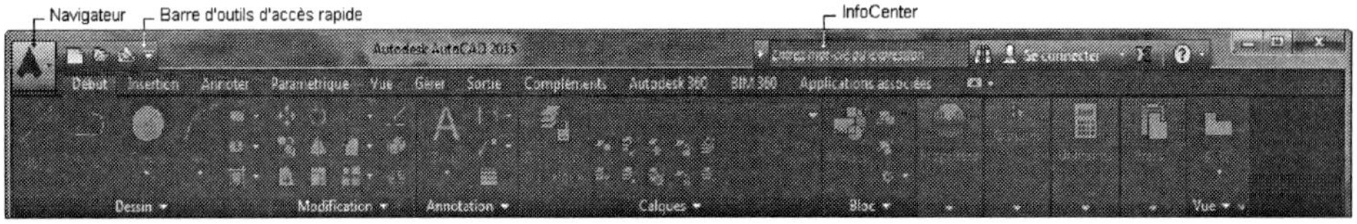

Le navigateur de menus

Il centralise les commandes visuelles suivantes :

- Créer un nouveau dessin, ou un nouveau jeu de feuilles.
- Ouvrir un dessin à partir du Cloud, un jeu de feuilles, importer un fichier DGN, accéder aux fichiers d'exemple locaux ou en ligne.
- Enregistrer des dessins, des gabarits, normes de dessin, enregistrer au format DXF...
- Exporter la présentation vers un autre dessin, convertir un lot de fichiers DWG.
- Exporter aux formats DWF, DWFx, DWF3D, PDF, DGN, FBX et autres formats.
- Publier des documents.
- Envoyer un module de dessins avec ses dépendances (E-Transmit), envoyer le fichier courant en tant que pièce jointe par courrier électronique.
- Imprimer, imprimer en différé, obtenir un aperçu du tracé, afficher le rapport de tracé et publication.
- Accéder au gestionnaire de mise en page.
- Accéder au gestionnaire des styles d'impression.
- Accéder aux utilitaires de dessin pour modifier les propriétés, les unités de dessin, purger ou récupérer un dessin.
- Fermer le ou les dessins ouverts.
- Rechercher des commandes à partir de chaînes de texte.
- Accéder aux dessins récemment ouverts ainsi qu'aux dessins actuellement ouverts.
- Accéder aux options AutoCAD.
- Quitter AutoCAD.

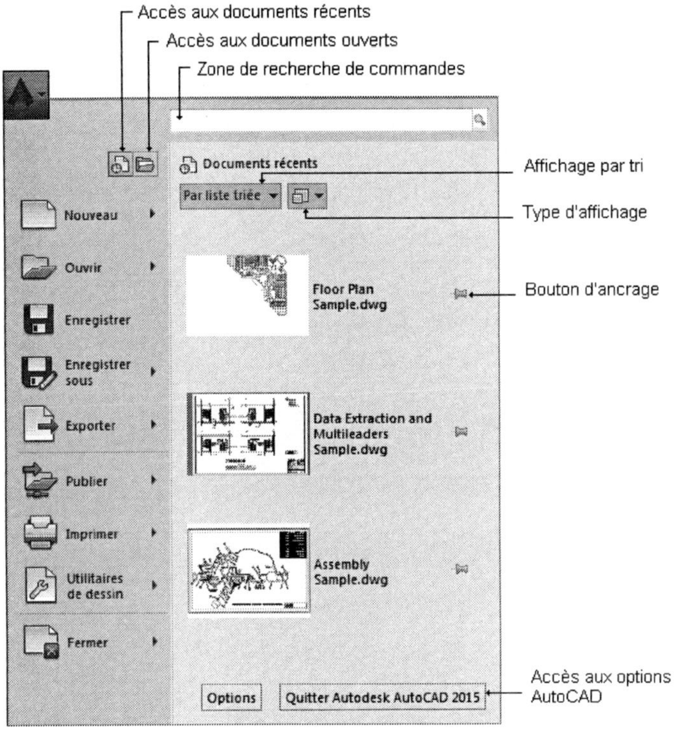

La figure ci-après affiche les documents récents. Le bouton **Type d'affichage** permet de modifier l'affichage des dessins dans le navigateur sous forme d'icône, de petites, moyennes ou grandes images. Le bouton **Affichage par tri** Par liste triée permet de modifier l'affichage des dessins par date, taille, liste ou type. Le bouton d'**ancrage** (ou punaise) permet par exemple de rendre toujours disponible un document, quels que soient les dessins enregistrés par la suite. Dans la figure ci-après, le bouton d'ancrage au regard du dessin Plans-EXE_P0910_LF3.dwg est activé.

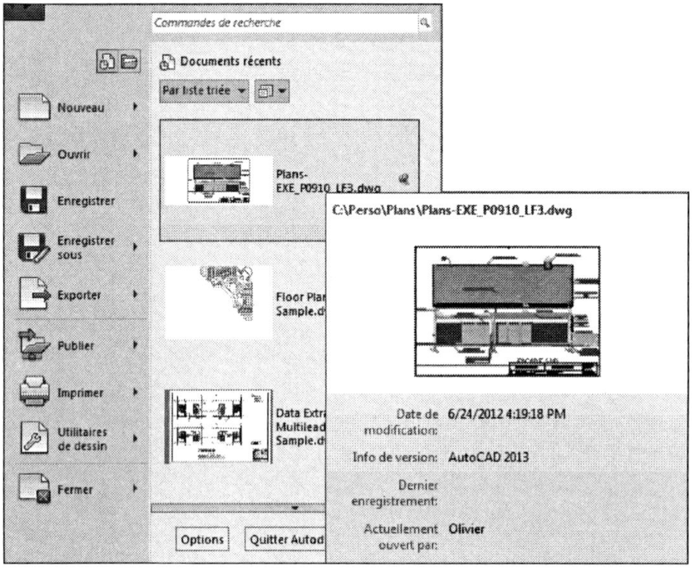

Remarque

Conservez le pointeur de la souris sur le nom du dessin pour en obtenir un aperçu et résumé.

La barre d'outils d'accès rapide

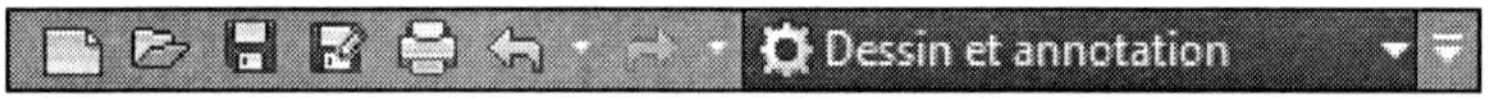

Située à droite du navigateur, elle recense quelques commandes usuelles telles que les boutons **Nouveau**, **Ouvrir**, **Enregistrer sous**, **Options du Cloud**, **Tracer**, **Annuler**, **Rétablir**, ainsi que l'accès aux espaces de travail.

Conservez un instant le pointeur de la souris sur l'icône souhaitée, et découvrez l'info-bulle associée. Il s'agit d'une aide contextuelle affichant le nom de la commande, le raccourci-clavier associé, la définition de la commande, la commande à saisir au clavier, etc.

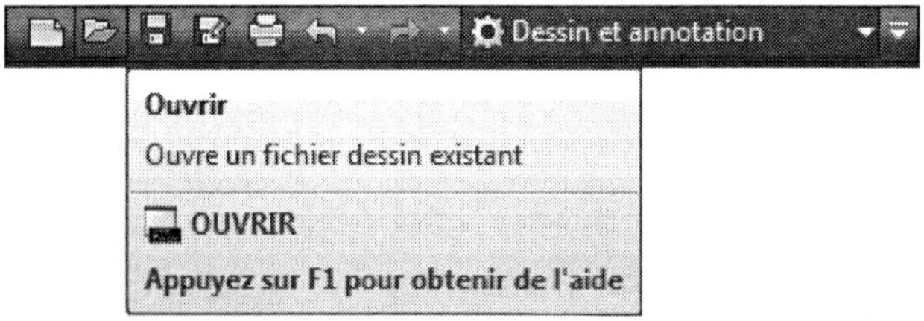

Remarque

La barre d'outils d'accès rapide est personnalisable, et vous pouvez y ajouter de nouveaux outils.

L'InfoCenter

InfoCenter, qui apparaît dans la partie droite de la barre de titre, vous permet de rechercher et d'obtenir des informations à partir de mots-clés (ou expressions), d'accéder à la fenêtre Exchange pour consulter les annonces qui s'y trouvent et obtenir des mises à jour ou accéder à Autodesk Online pour les services associés à votre logiciel.

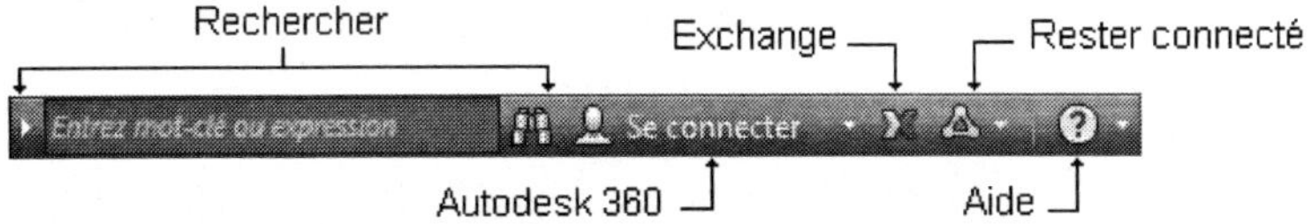

Rechercher

Pour rechercher des informations, parcourir plusieurs sources simultanément (par exemple, l'aide, l'atelier des nouvelles fonctionnalités, des emplacements Web, des informations concernant des mots-clés, concepts ou outils...). Saisissez le mot-clé dans la zone de saisie et cliquez sur le bouton .

Autodesk 360

Pour se connecter à Autodesk 360 et aux paramètres de stockage dans le Cloud.

Exchange

Permet d'accéder aux applications du site web Applications Autodesk Exchange, aux téléchargements et à la communauté d'AutoCAD.

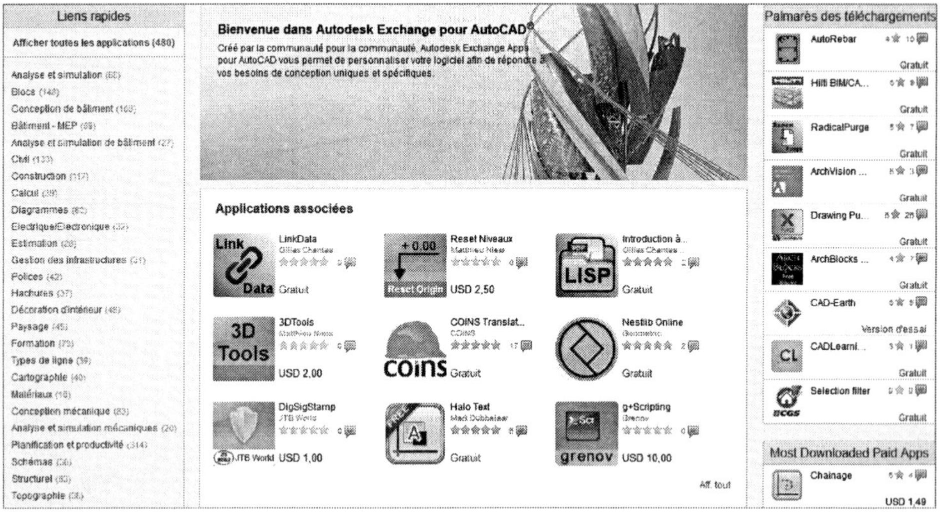

Rester connecté

Permet d'accéder aux mises à jour de produits et de se connecter au centre d'abonnement ainsi qu'aux réseaux sociaux Facebook et Twitter.

Aide

Le bouton-liste **Aide** affiche le menu suivant :

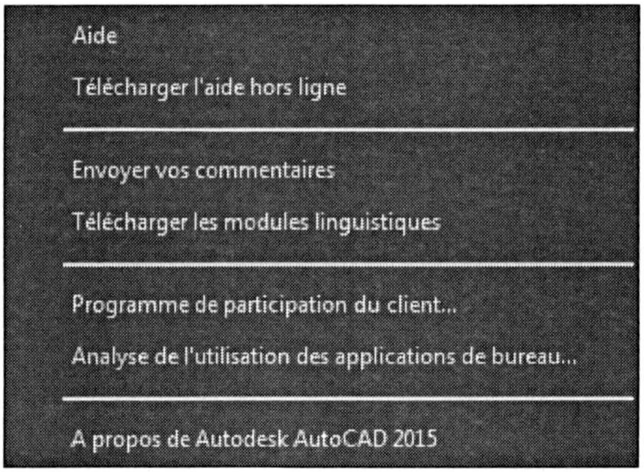

Utilisez la fonction **Aide** pour accéder à la rubrique Aide de la fenêtre Exchange.

Télécharger l'aide hors ligne permet d'installer localement le fichier d'aide pour une installation hors connexion.

Envoyer vos commentaires permet d'adresser vos "feedback" à Autodesk.

Télécharger les modules linguistiques permet d'accéder à l'installation de modules linguistiques et de leurs options.

Programme de participation du client permet de partager son expérience et de contribuer aux améliorations du produit.

Analyse de l'utilisation des applications de bureau permet de renseigner sa propre utilisation du logiciel. Autodesk collecte les informations suivantes : produit utilisé, durée de la session, pays, type de document, taille...

A propos de Autodesk AutoCAD 2015 permet d'accéder aux termes d'utilisation de la licence, ainsi qu'aux informations d'accord de licence.

Le ruban

Le ruban réduit l'espace occupé par les outils en les regroupant dans un encombrement compact.

Le ruban est constitué d'**onglets** (figure ci-après) portant les noms **Début**, **Insertion**, **Annoter**, **Paramétrique**, **Vue**, **Gérer**, **Sortie**, **Compléments**, **Autodesk 360**, **BIM 360**, **Applications associées** ainsi que des onglets contextuels. Chaque onglet affiche divers groupes de fonctions classés par catégories. Ainsi l'onglet **Début** affiche les groupes de fonctions **Dessin**, **Modification**, **Calques**, **Annotation**, etc. Ces groupes de fonctions incluent la plupart des commandes usuelles que vous retrouvez dans les menus, boîtes de dialogue, et barres d'outils.

Ces commandes sont affichées sous la forme de bouton à icône simple ou bouton à icône déroulante.

Les onglets contextuels sont affichés ponctuellement dans l'exécution d'une commande, comme dans l'exemple ci-dessous (commande Texte multiligne) :

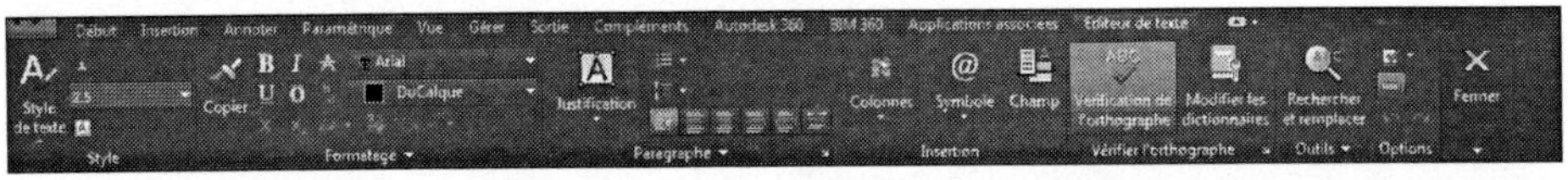

Sélectionnez l'onglet voulu, puis sélectionnez la commande (ou l'outil) dans le groupe correspondant.

Une flèche dans la partie inférieure droite d'un groupe de fonctions indique la possibilité d'afficher des outils complémentaires. Dans l'exemple suivant, cliquez sur la flèche du groupe **Modification** (onglet **Début**) pour développer l'affichage de l'ensemble des fonctions du groupe.

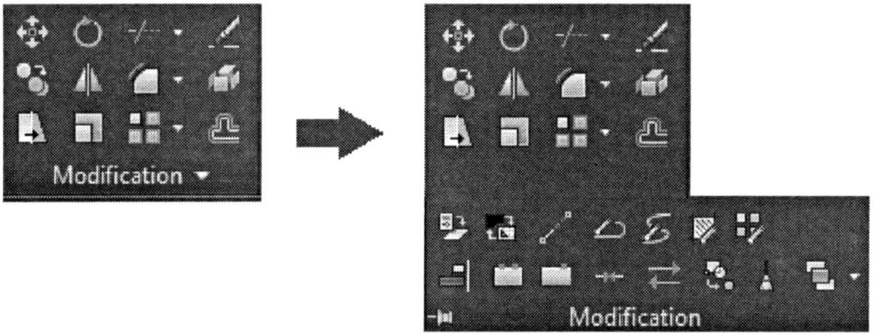

Réduire l'affichage du ruban

Vous affichez le ruban complet (par défaut), ou modifiez l'affichage du ruban en le réduisant aux seuls titres des onglets, ou encore aux titres des onglets et des groupes de fonctions.

Affichage des seuls titres des onglets :

Affichage des titres des onglets et groupes de fonctions :

Pour passer d'un affichage du ruban à un autre, cliquez sur le bouton **Réduire**  situé à droite des onglets du ruban.

Remarque

*Vous pouvez également accéder directement à l'affichage désiré, en déroulant le bouton **Réduire** puis en sélectionnant l'option désirée dans le menu suivant :*

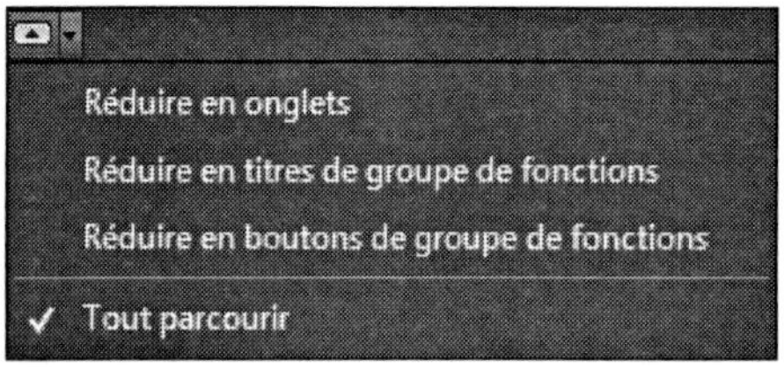

Ancrer le ruban ou le rendre flottant

Le ruban est présenté **ancré horizontalement** par défaut. Toutefois il est possible de l'afficher **ancré verticalement**, ou encore **flottant** pour un positionnement libre à l'écran.

Rendre le ruban flottant

Pour rendre le ruban **flottant**, faites un clic droit sur le bouton **Réduire** du ruban, et sélectionnez **Désactiver l'ancrage**. Vous obtenez l'affichage suivant, et positionnez le ruban librement.

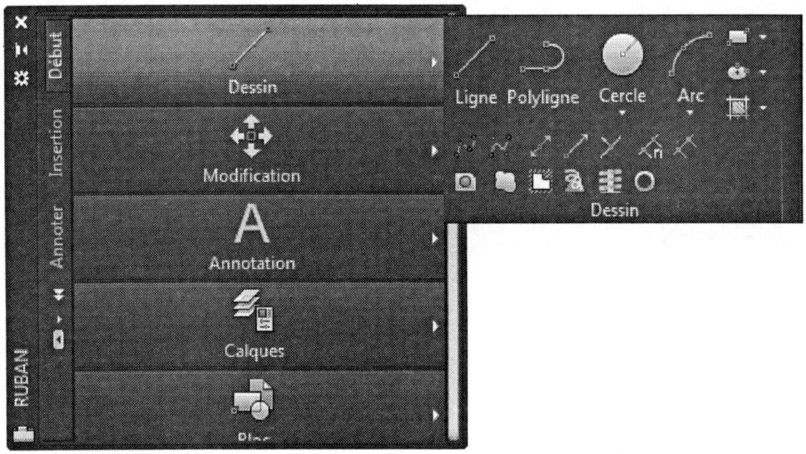

Le ruban flottant est organisé un peu différemment. Les onglets sont placés verticalement sur le côté, et les groupes de fonctions sont agencés les uns sous les autres. Une flèche permet de développer les outils complémentaires de chaque groupe de fonctions. Vous pouvez aussi afficher les noms de groupe de fonctions en effectuant un clic droit sur un des groupes puis en sélectionnant **Afficher les titres de groupes de fonctions**.

Ancrer le ruban verticalement

Pour ancrer le ruban verticalement, effectuez un cliqué-glissé à partir de la barre de titre **Ruban** vers le bord droit ou gauche de l'écran AutoCAD.

Le résultat est semblable à l'affichage ci-dessous :

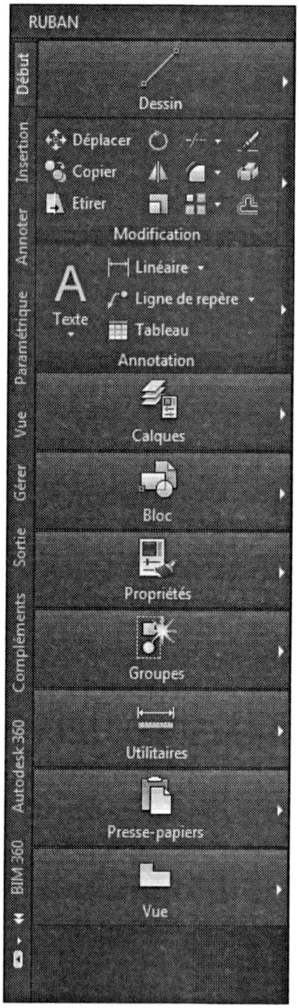

L'utilisation des onglets (placés sur le côté) et des groupes de fonctions est la même qu'avec le ruban ancré verticalement.

La zone graphique

C'est l'espace dans lequel est représenté le dessin. Remarquez aussi la présence du Système de Coordonnées Général, il indique l'orientation des axes X et Y.

Commandes de la fenêtre

Outre les boutons Windows classiques de réduction, d'agrandissement et de fermeture, AutoCAD intègre dans la partie supérieure gauche les commandes de la fenêtre du dessin courant.

[−] [Haut] [Filaire 2D]

Les commandes de la fenêtre permettent de modifier les vues, les styles visuels et d'autres paramètres.

On distingue trois zones (entre crochets) à partir desquelles vous pouvez changer les paramètres.

[−] Contrôles de la fenêtre

Vous accédez ici aux options permettant d'agrandir la fenêtre, de changer la configuration de la fenêtre ou de gérer l'affichage des outils de navigation.

Cliquez sur l'icône **Contrôles de la fenêtre** [−] pour afficher le menu contextuel suivant :

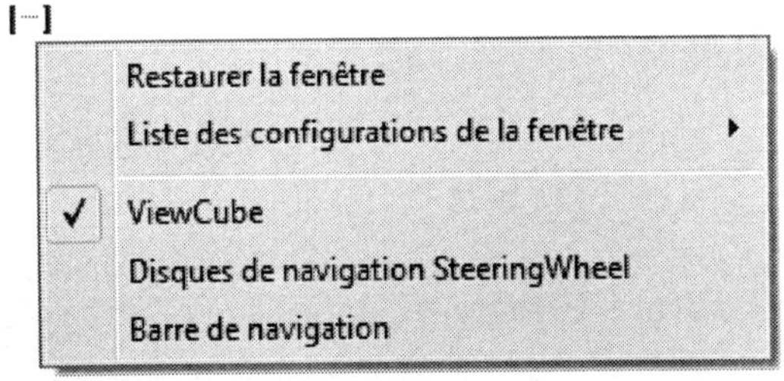

Restaurer la fenêtre / Agrandir la fenêtre : permet de restaurer ou d'agrandir la fenêtre courante.

Liste des configurations de la fenêtre : permet de changer la configuration de fenêtre courante, pour diviser la zone graphique en plusieurs parties (multifenêtrage).

Ce menu permet aussi d'afficher ou de masquer les outils de navigation **ViewCube**, **Disques de navigation SteeringWheel, Barre de navigation**.

[Haut] Contrôles de la vue

Vous choisissez ici parmi plusieurs vues standard et personnalisées.

Cliquez sur l'icône **Contrôles de la vue** [Haut] pour afficher le menu contextuel suivant :

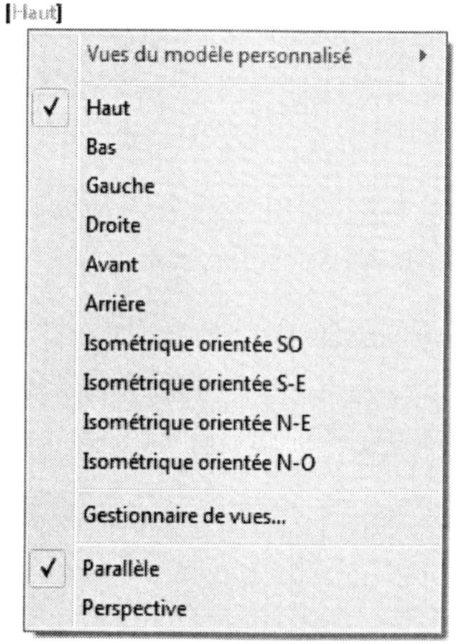

Vues du modèle personnalisé : accède aux vues nommées créées par l'utilisateur (option grisée si absence de vues nommées).

Haut, **Bas**, **Gauche**, **Droite**, **Avant**, **Arrière** : accède aux projections orthogonales prédéfinies.

Isométrique orientée SO, **Isométrique orientée S-E**, **Isométrique orientée N-E**, **Isométrique orientée N-O** : accède aux vues isométriques prédéfinies.

Gestionnaire de vues : permet d'accéder à la fenêtre **Gestionnaire de vues**.

Parallèle : active la projection parallèle de la visualisation 3D.

Perspective : active la projection perspective de la visualisation 3D.

[Filaire 2D] Contrôles du style visuel

Vous choisissez ici parmi les styles visuels standard et personnalisés.

Cliquez sur l'icône **Contrôles du style visuel** [Filaire 2D] pour afficher le menu contextuel suivant :

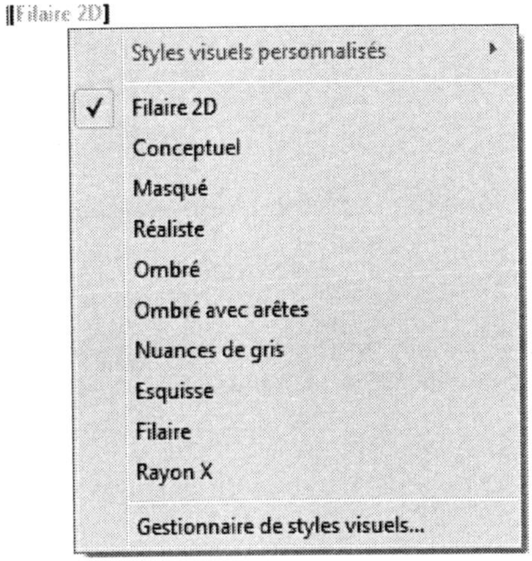

Styles visuels personnalisés : accède aux styles visuels nommés créés par l'utilisateur (option grisée si absence de styles nommés).

Filaire 2D, **Conceptuel**, **Masqué**, **Réaliste**, **Ombré**, **Ombré avec arêtes**, **Nuances de gris**, **Esquisse**, **Filaire**, **Rayon X** : accède aux styles visuels prédéfinis utilisés principalement en visualisation 3D.

Gestionnaire de styles visuels : permet d'accéder à la fenêtre **Gestionnaire de styles visuels**.

La barre de navigation

Située par défaut dans la partie droite de la zone graphique, elle permet un accès direct aux principaux outils de navigation : **ViewCube**, **Disques de navigation**, **Panoramique**, **Zoom**, **Orbites**, **Showmotion**.

La fenêtre de commande

Elle permet de saisir une commande au clavier et affiche les messages ou instructions à suivre lors des différentes réalisations. Une zone d'état est située dans la partie inférieure et permet d'activer/désactiver certains outils d'aide au dessin, mais aussi d'accéder au paramétrage de ceux-ci grâce au clic droit de la souris.

La fenêtre de commande affiche un historique temporaire des invites au-dessus d'une fenêtre de commande flottante.

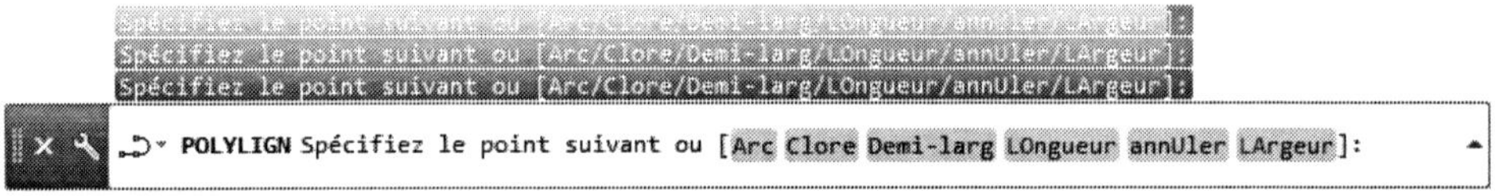

La fenêtre de commande peut être flottante et positionnée n'importe où à l'écran. Elle pourra aussi être redimensionnée.

Pour obtenir une fenêtre de commande flottante, effectuez un cliqué-glissé à partir du bord gauche de la fenêtre. Disposez la nouvelle fenêtre où bon vous semble. Pour obtenir à nouveau une fenêtre ancrée, effectuez un même cliqué-glissé vers le bas de la fenêtre AutoCAD. Relâchez le dispositif de pointage seulement quand l'aspect de la fenêtre change. La fenêtre s'arrime d'elle-même correctement.

La fenêtre de commande peut être ancrée à la fenêtre AutoCAD. Dans ce cas, elle occupe toute la largeur.

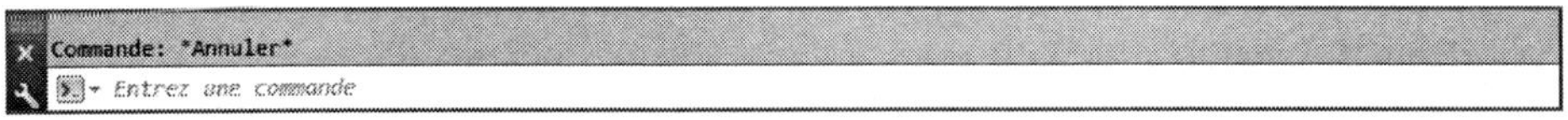

Vous pouvez agir sur la hauteur de cette fenêtre (3 lignes de commande par défaut). Pour cela, effectuez un cliqué-glissé à partir du bord supérieur de la fenêtre. Les options d'AutoCAD permettent de fixer le nombre de lignes par défaut de la fenêtre de commande.

Remarque

Vous pouvez alternativement masquer ou afficher la fenêtre de commande grâce à la combinaison des touches [Ctrl] 9 ("ç" sur pavé alphanumérique).

AutoCAD affiche la fenêtre ci-après pour confirmer le masquage de la fenêtre de commande.

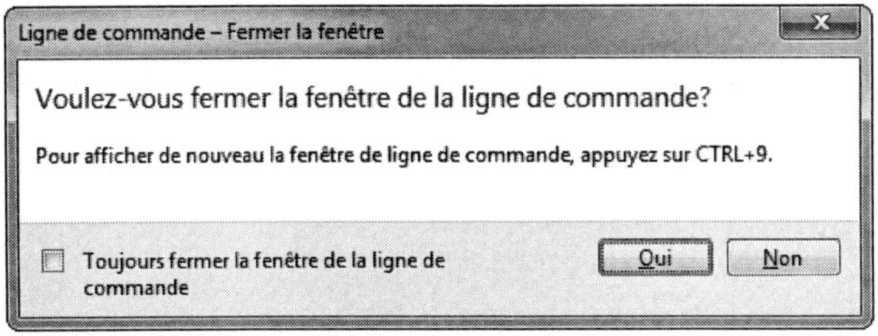

Lorsque la fenêtre de commande est masquée, toutes les informations de saisie sont affichées dynamiquement au niveau du curseur.

Pour accéder aux options de personnalisation de la fenêtre de commande, cliquez sur le bouton **Personnaliser** situé dans la fenêtre de commande.

Le menu suivant est affiché :

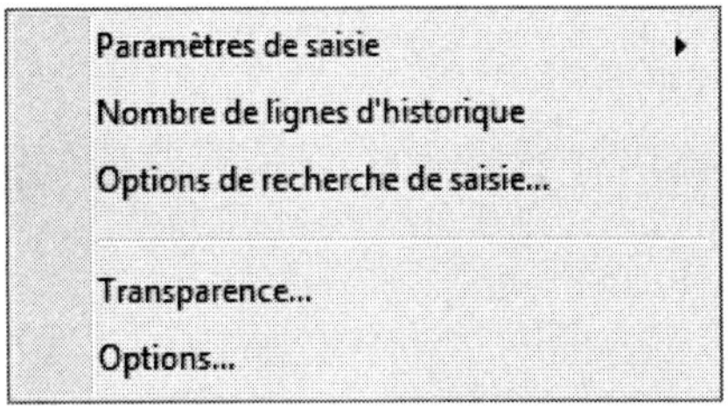

Paramètres de saisie : permet de définir les suggestions d'affichage lors de la saisie d'une commande, telles qu'une liste de commandes et variables suggérées à partir d'une saisie partielle de caractères, l'affichage des icônes de commande, la correction automatique...

Nombre de lignes d'historique : permet de modifier le nombre de lignes par défaut de la fenêtre de commande.

Options de recherche de saisie : gère les paramètres de suggestions associées aux commandes, variables système et contenus nommés tels que les blocs et les calques par exemple.

Transparence : permet de modifier le niveau de transparence général et de survol de la fenêtre de commande.

Options permet d'accéder aux options générales d'AutoCAD.

Présentation automatique des commandes et variables système

Par défaut, AutoCAD complète automatiquement le nom d'une commande ou d'une variable système affichée lors d'une saisie au clavier. Il affiche en outre une liste des choix possibles dans laquelle vous pouvez choisir la commande à exécuter.

➲ Saisissez la ou les premières lettres, et AutoCAD affiche une liste de suggestions.

Dans l'exemple ci-dessous, la lettre « R » est saisie. AutoCAD propose l'affichage suivant :

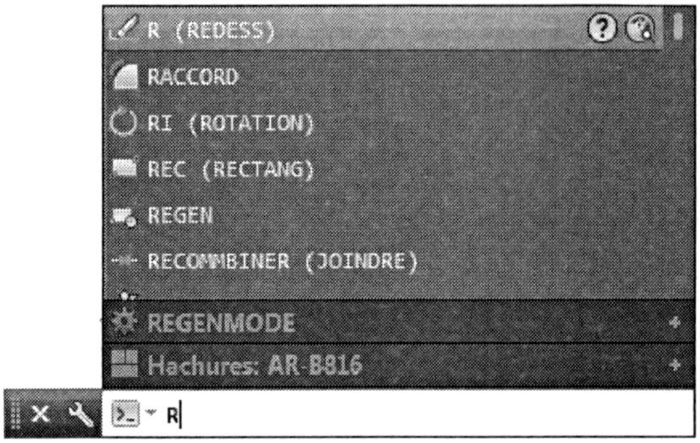

La liste de suggestions peut afficher pour chaque commande l'icône, l'alias (raccourcis de commande) et la commande elle-même. Ainsi le premier exemple de la liste ci-dessus affiche l'icône , l'alias R et la commande entre parenthèses REDESS.

➲ Faites glisser la barre de défilement ou utilisez la touche [Tab] pour accéder aux suggestions suivantes si nécessaire.

➲ Puis sélectionnez la commande (ou variable) désirée grâce à un simple clic pour exécuter celle-ci.

Remarque

AutoCAD 2015 permet la correction automatique de la saisie et propose des suggestions et synonymes. Tout comme les abréviations de commande (ou alias), la correction automatique et la liste de synonymes sont personnalisables. Ces personnalisations sont accessibles depuis le bouton-liste du groupe de fonctions ***Personnalisation*** *(onglet* ***Gérer****).*

Contrôle des fonctions automatiques

Vous pouvez contrôler les fonctionnalités qui sont activées lors de la saisie.

Effectuez un clic droit dans la fenêtre de commande, choisissez **Paramètres de saisie** pour afficher le menu ci-dessous :

Saisie automatique : les commandes et les variables système sont automatiquement complétées lors de la saisie, lorsque cette option est activée.

Correction automatique : les commandes mal orthographiées sont automatiquement corrigées. Le fichier AutoCorrectUserDB.pgp contenant les corrections fréquentes peut être modifié manuellement.

Rechercher des variables système : active ou désactive la recherche des variables système ou des commandes uniquement.

Rechercher du contenu : active ou désactive la recherche du contenu ou objets nommés tels que les blocs, calques, hachures, styles.

Rechercher en milieu de chaîne : active ou désactive la recherche des caractères spécifiés qu'ils soient placés au début de la commande ou qu'ils soient contenus dans la commande.

Délai : permet de fixer le délai (en secondes) avant l'affichage des suggestions.

Remarque

La commande COMPLETERAUTO permet de contrôler ces fonctions automatiques.

Le curseur graphique et le périphérique de saisie

Le curseur se déplace interactivement avec le périphérique de saisie. Représenté par un trait horizontal et un trait vertical ainsi que par un réticule à l'intersection de ces deux traits, le curseur change d'aspect selon la situation dans laquelle vous vous trouvez. Par exemple, lorsque vous devez sélectionner des entités, le curseur ne présente que le réticule seul. En dehors de la zone graphique, le curseur est différent. Sur un groupe de fonctions par exemple, il se transforme en flèche Windows standard.

Le périphérique de saisie peut être une souris, un digitaliseur de 4 à 16 boutons, ou encore un stylet. Considérons que pour la suite de cet ouvrage, nous choisissons la souris.

Les menus contextuels

Vous connaissez le bouton gauche de la souris, il sert à dérouler des menus, choisir des commandes ou des outils et à préciser des points particuliers sur votre dessin. Le bouton droit de la souris accède au menu contextuel qui varie selon la position du curseur ou/et la situation en cours.

Cas 1

Un clic droit sur le nom d'un groupe de fonctions accède à la liste des onglets et groupes de fonctions disponibles. Vous activez ou désactivez les onglets et groupes de fonctions à l'aide d'un simple clic.

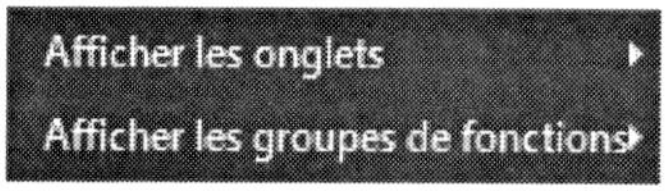

Cas 2

Un clic droit dans la zone graphique (sans opération en cours) affiche un menu proposant :

- L'exécution de la dernière commande.
- L'accès aux précédentes saisies.
- L'utilisation des fonctions Windows du Presse-papiers (notez la possibilité de copier avec un point de base).
- L'accès aux fonctions d'isolement et de masquage des objets.
- L'annulation de la commande en cours ou la récupération de l'annulation précédente.
- Les zoom, panoramique temps réel et disque de navigation.
- L'accès à l'enregistreur d'actions.
- L'accès aux filtres de sous-objets.
- La sélection rapide des objets du dessin (cf. chapitre La gestion des objets - Sélection rapide).
- La calculatrice rapide.

- La recherche et/ou le remplacement de texte, texte de cote, valeurs d'attributs, hyperliens ou descriptions d'hyperliens dans le dessin courant.
- Les options d'AutoCAD.

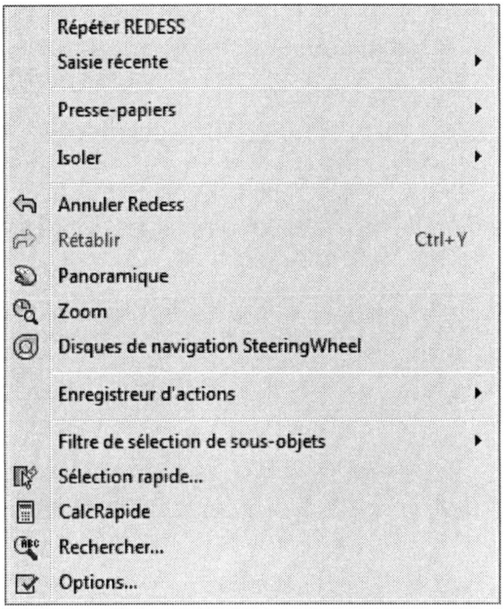

Cas 3

Un clic droit dans la zone graphique, alors que des objets ont été sélectionnés, affiche un menu proposant :

- L'exécution de la dernière commande.
- L'accès aux précédentes saisies.
- Les fonctions Windows du Presse-papiers (notez la possibilité de copier avec un point de base).
- L'accès aux fonctions d'isolement et masquage des objets.
- Les commandes AutoCAD courantes : **Effacer**, **Déplacer**, **Copier**, **Echelle**, **Rotation**, **Ordre de tracé**.
- La sélection de tous les objets similaires aux objets sélectionnés (**Sélection similaire**), selon les paramètres « similaires » définis par le biais de la commande **selectsimilar** (option **Paramètres**). Les paramètres, par défaut nom et calque peuvent concerner la couleur, le calque, le type de ligne, l'échelle du type de ligne, l'épaisseur de ligne, le style de tracé, le style d'objet.

- La “désélection” des objets.
- L'accès aux filtres de sous-objets.
- La sélection rapide des objets du dessin (cf. chapitre La gestion des objets - Sélection rapide).
- L’accès à la calculatrice.
- La recherche et/ou le remplacement de texte, texte de cote, valeurs d’attributs, hyperliens ou descriptions d’hyperliens dans le dessin courant.
- L’accès aux propriétés des objets sélectionnés.
- L'activation/désactivation de la fenêtre **Propriétés rapides**.

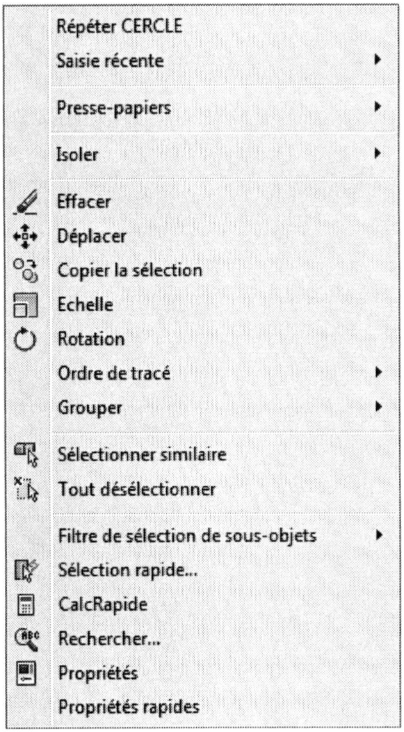

Remarque

*En fonction du type d’objet sélectionné, la commande d’édition correspondante est proposée. Exemple : si un texte multiligne est sélectionné, la commande **Editer textmult** est disponible ; si un motif de hachurage est sélectionné, la commande **Editer les hachures** est disponible.*

Cas 4

Un clic droit dans la fenêtre de commande propose un petit menu contextuel :

- Les précédentes commandes utilisées sont disponibles.
- Les options de saisie dynamique.
- La définition du nombre de lignes d'historique affichées.
- Les options de recherche de saisie automatique.
- Les fonctions Windows du Presse-papiers ainsi que la copie de l'historique de la fenêtre texte d'AutoCAD.
- Les options d'AutoCAD.

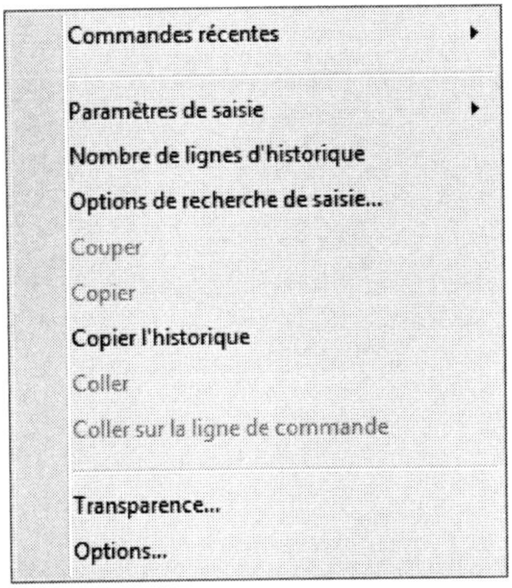

Autres cas

Un clic droit dans la zone graphique alors qu'une commande est en cours affiche un menu proposant :

- La validation (**Entrer**).
- L'annulation de la commande en cours.
- Les options disponibles dans la commande en cours (nombreuses variantes selon la commande).
- L'accès à l'accrochage aux objets.
- Les zoom, panoramique temps réel et disques de navigation.
- La calculatrice rapide.

Exemple 1

➲ Exécutez la commande **Cercle** puis effectuez un clic droit. Le menu contextuel vous propose notamment les options 3Points, 2Points, Tangente tangente rayon.

Exemple 2

➲ Dans le cas de la mise en place de hachures, précisez un point interne à un contour à hachurer. Une fois le contour défini, un clic droit permet notamment un aperçu du hachurage, la sélection d'objets ou de nouveaux contours, mais donne aussi accès aux paramètres des hachures et aux options avancées de détection des îlots.

La barre de menus déroulants

Elle contient les noms des menus déroulants. Parmi les diverses méthodes disponibles pour exécuter une commande, les menus déroulants restent les plus complets. Ils donnent accès à l'ensemble des commandes et outils. Les menus déroulants peuvent être personnalisés, ce qui requiert alors certaines connaissances de niveau avancé. Les menus déroulants sont similaires à ceux que vous retrouvez dans le Navigateur de menus.

Bien que la **Barre de menus déroulants** ne soit pas affichée par défaut, vous pouvez activer celle-ci depuis le bouton-liste  de la **Barre d'outils d'accès rapide**, et en choisissant **Afficher la barre de menus** dans le menu contextuel suivant.

La **barre de menus déroulants** apparaît sous la **barre d'outils d'accès rapide** comme ci-dessous :

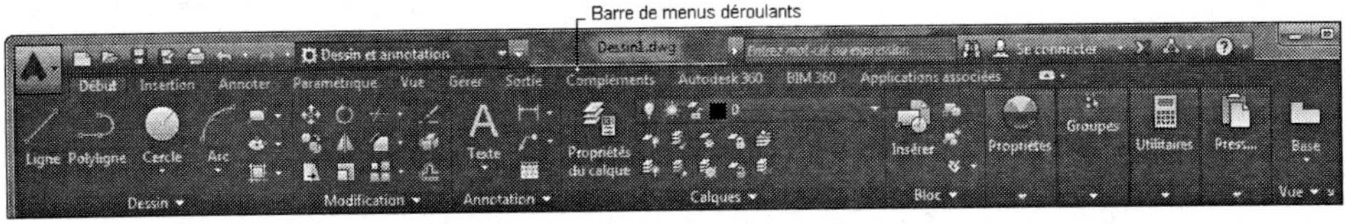

Les fonctions des différents menus déroulants seront précisées au fur et à mesure dans cet ouvrage.

Lorsque vous choisissez une commande suivie de points de suspension (...), par exemple **Nouveau** dans le menu **Fichier**, une boîte de dialogue s'affiche.

Quand vous choisissez une commande avec une flèche  à droite du nom, par exemple **Zoom** du menu **Affichage**, un menu en cascade apparaît et propose d'autres choix.

Les info-bulles

Il suffit de laisser une seconde le pointeur de la souris sur une icône afin de découvrir l'info-bulle associée.

Dans l'exemple ci-dessous, le pointeur est placé sur la commande **Arc** du groupe de fonctions **Dessin** (onglet **Début** du ruban) :

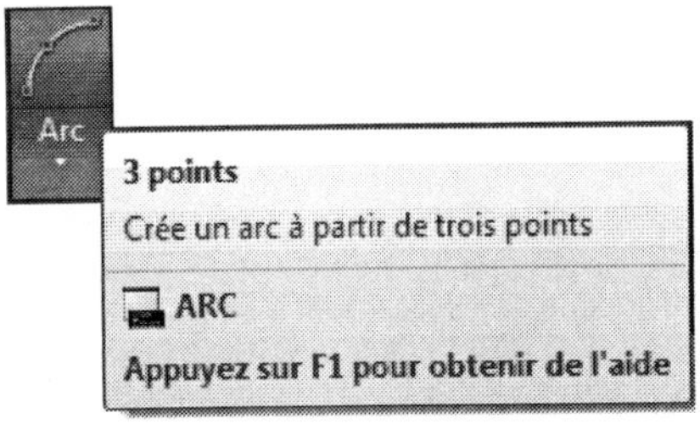

Cette aide précise :

- Le nom de la commande et une option éventuelle.
- La définition de la commande.
- Le nom de la commande (telle qu'elle peut être saisie au clavier ou utilisée en macro).

Si vous laissez le pointeur une seconde supplémentaire, l'aide précédente est complétée par un texte explicatif détaillant la commande et ses options ; ainsi qu'un graphique explicite voire une vidéo (cas limité à certaines commandes) comme ci-après.

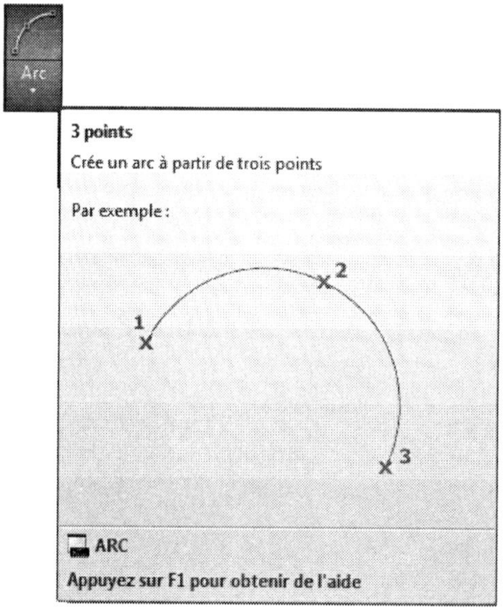

Vous pouvez activer ou désactiver ces info-bulles dans la boîte de dialogue **Options**, via l'onglet **Affichage**.

Les info-bulles de survol

Les info-bulles de survol affichent les valeurs des propriétés, lorsque le pointeur de la souris est positionné sur l'objet.

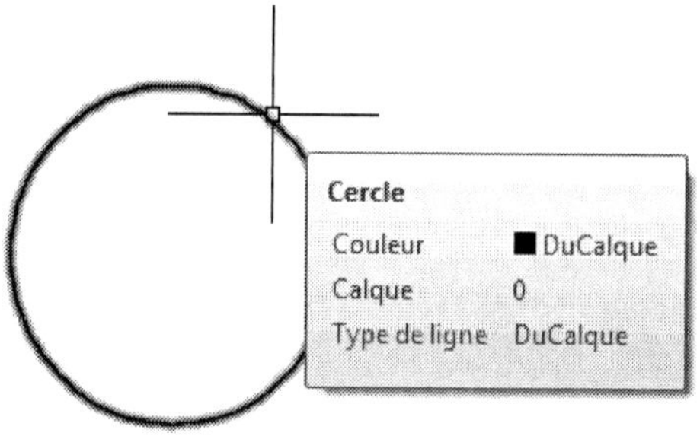

Par défaut, les propriétés de **Couleur**, de **Calque** et de **Type de ligne** peuvent être affichées comme dans l'exemple ci-dessus.

Mais ces propriétés et ces valeurs affichées peuvent être modifiées selon le type d'objet. Lorsque vous personnalisez l'affichage des propriétés pour une info-bulle de survol, vous pouvez afficher de nombreuses propriétés plus pertinentes selon vos propres préférences.

Voyez le chapitre La personnalisation - Personnaliser les infos-bulles de survol.

Les palettes d'outils

Elles permettent d'organiser les blocs et les hachures dans des zones à onglets. Vous classez dans ces zones à onglets un ensemble d'éléments personnalisés (blocs ou hachures par exemple) que vous visualisez en un seul coup d'œil et que vous pouvez insérer très rapidement dans le dessin.

➲ Activez l'onglet **Vue** du ruban, et choisissez le bouton **Palettes d'outils** dans le groupe de fonctions **Palettes**.

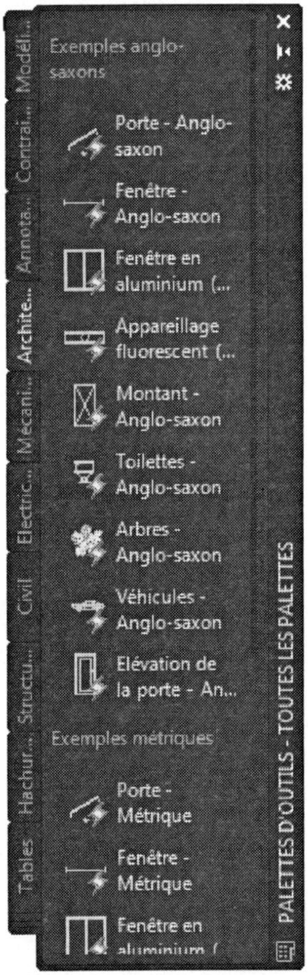

➲ Choisissez l'onglet désiré et cliquez sur le bloc ou le motif de hachure pour l'insérer dans le dessin. Suivez la procédure dans la ligne de commande pour indiquer les points d'insertion, échelles et orientation des blocs ou la zone à remplir pour les hachures.

Vous pouvez à tout moment redimensionner cette fenêtre en effectuant un cliqué-glissé sur un des bords ou coins de la fenêtre. Celle-ci peut être déplacée sur la zone graphique par un cliqué-glissé sur la barre de titre verticale. Elle peut être également arrimée sur les bords gauche ou droit de la fenêtre AutoCAD grâce à un cliqué-glissé sur la barre de titre verticale ; lâchez le dispositif de pointage lorsque le nouvel aperçu de la fenêtre apparaît.

Une barre de défilement vertical permet d'accéder aux contenus supérieur et inférieur de l'onglet courant.

L'affichage des palettes d'outils peut être réduit à la largeur de la barre de titre, ce qui permet de libérer l'espace de travail.

➲ Dans la fenêtre **Palettes d'outils**, cliquez sur le bouton **Masquer automatiquement** .

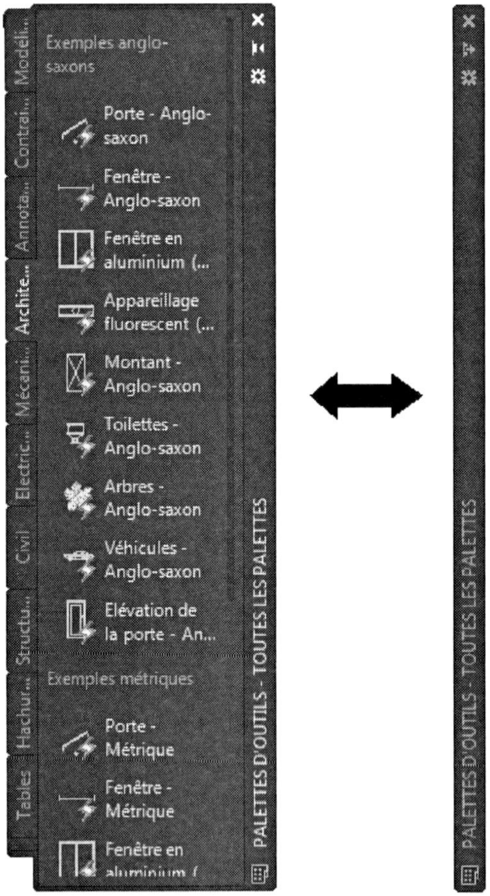

- Positionnez le pointeur de la souris sur la barre de titre pour voir apparaître automatiquement le contenu de la palette d'outils. Inversement, positionnez le pointeur à l'extérieur pour la masquer à nouveau.
- Cliquez une nouvelle fois sur le bouton **Masquer automatiquement** pour désactiver le masquage automatique.
- Dans la fenêtre **Palettes d'outils**, cliquez sur le bouton **Propriétés** .

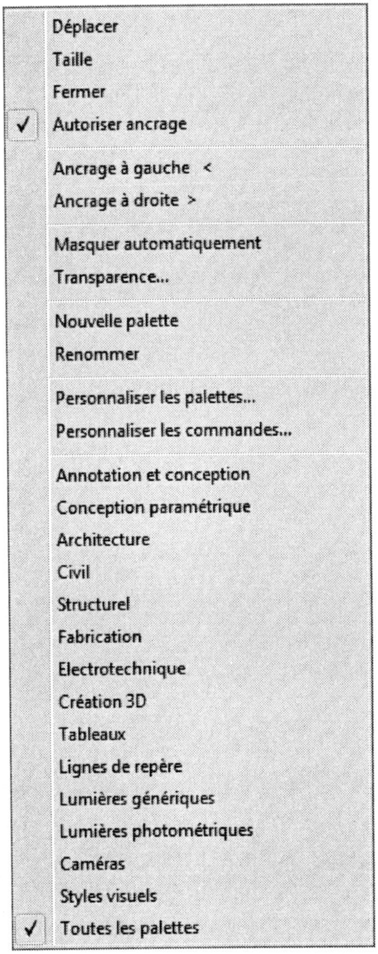

Cette fenêtre donne accès aux déplacement, redimensionnement et fermeture de la palette d'outils. Les options **Déplacer**, **Taille** et **Fermer** sont l'équivalent des manipulations effectuées par le pointeur directement sur la fenêtre.

L'option **Autoriser ancrage** permet l'arrimage aux bords gauche et droit de la fenêtre AutoCAD. Si cette option est désactivée, l'arrimage devient impossible.

L'option **Ancrage à gauche <** impose l'arrimage de la fenêtre **Palettes d'outils** à gauche de la fenêtre graphique.

L'option **Ancrage à droite >** impose l'arrimage de la fenêtre **Palettes d'outils** à droite de la fenêtre graphique.

L'option **Masquer automatiquement** est identique au bouton **Masquer automatiquement** présenté précédemment.

L'option **Transparence...** permet un affichage transparent des palettes d'outils. Ceci vous permet de visualiser le dessin tout en accédant aux symboles et blocs des palettes d'outils.

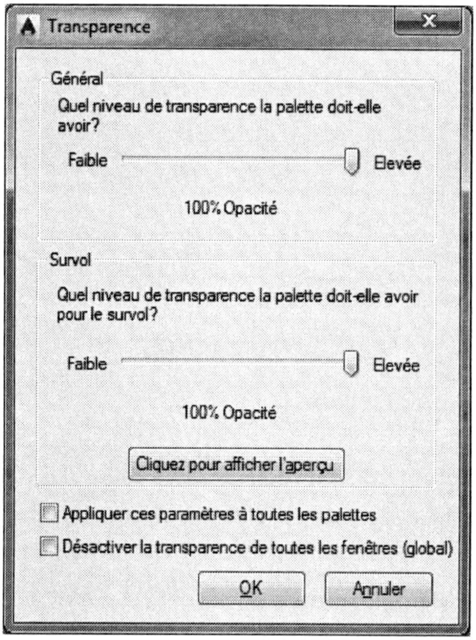

➲ Agissez sur les règles **Général** et **Survol** pour augmenter ou diminuer le niveau de transparence (faible opacité = transparence élevée).

La règle **Général** agit sur l'affichage de la fenêtre **Palettes d'outils** à l'écran, alors que la règle **Survol** agit sur l'affichage de la fenêtre **Palettes d'outils** lors du passage du pointeur de la souris.

➲ Cliquez sur le bouton **Cliquez pour afficher l'aperçu** pour constater les niveaux de transparence.

➲ Activez la case à cocher **Appliquer ces paramètres à toutes les palettes** permet d'appliquer ces réglages de transparence à l'ensemble des palettes d'outils telles que Propriétés, Calques et Calculatrice rapide.

- Pour annuler la transparence, cochez la case **Désactiver la transparence de toutes les fenêtres**.
- Confirmez par **OK**.

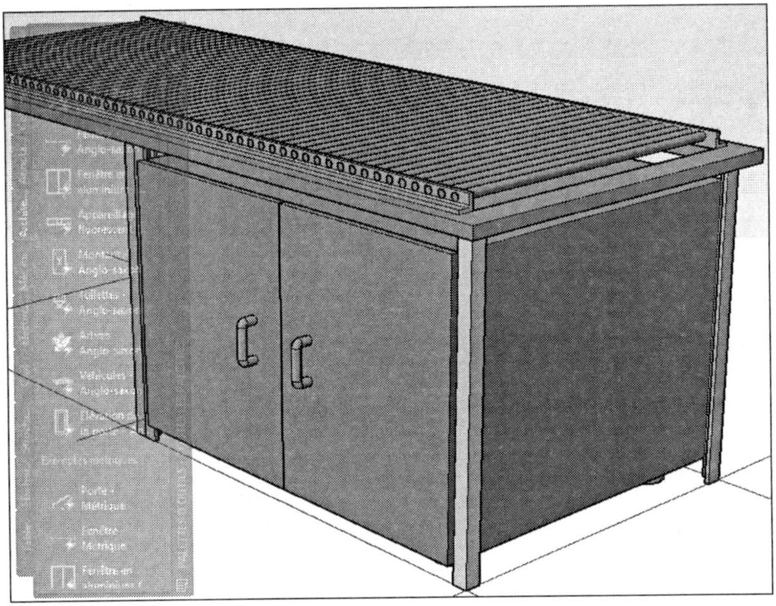

Les options **Nouvelle Palette**, **Renommer**, **Personnaliser les palettes** et **Personnaliser les commandes** sont traitées dans le chapitre La personnalisation.

L'option **Toutes les palettes** permet l'affichage simultané de toutes les palettes d'outils dans la fenêtre **Palettes d'outils**.

L'option **Annotation et conception** restreint l'affichage du groupe de palettes Annotation et conception dans la fenêtre **Palettes d'outils**. Pour ce groupe, les palettes suivantes sont présentes : **Annotation**, **Architecture**, **Hachures et remplissage**, **Mécanique**, **Electricité**, **Civil**, **Structurel**.

L'option **Création 3D** restreint l'affichage des palettes suivantes : **Modélisation**, **Dessiner** et **Modifier**.

De la même façon, les options **Tableaux**, **Lignes de repère**, **Conception paramétrique**, **Architecture**, **Civil**, **Structurel**, **Fabrication**, **Electrotechnique**, **Lumières génériques**, **Lumières photométriques**, **Caméras** et **Styles visuels** restreignent les groupes de palettes correspondants.

Les onglets des palettes d'outils peuvent être ordonnés différemment.

➲ Effectuez un clic droit sur un onglet, le menu contextuel apparaît.

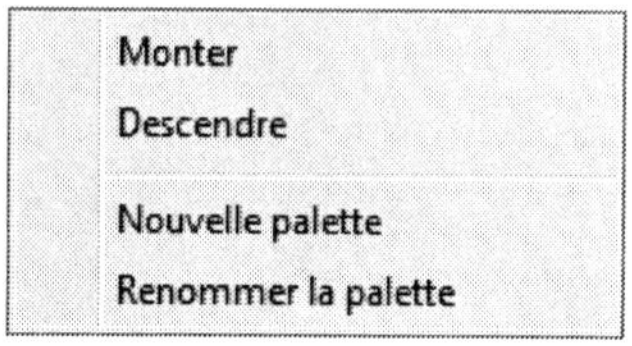

Les options **Nouvelle palette** et **Renommer la palette** sont détaillées dans le chapitre La personnalisation. Les options **Monter** et **Descendre** agissent sur l'onglet en cours. L'option **Monter** n'est pas disponible si le clic droit est effectué sur l'onglet supérieur.

Si vous effectuez le clic droit sur l'onglet courant, le menu suivant est affiché :

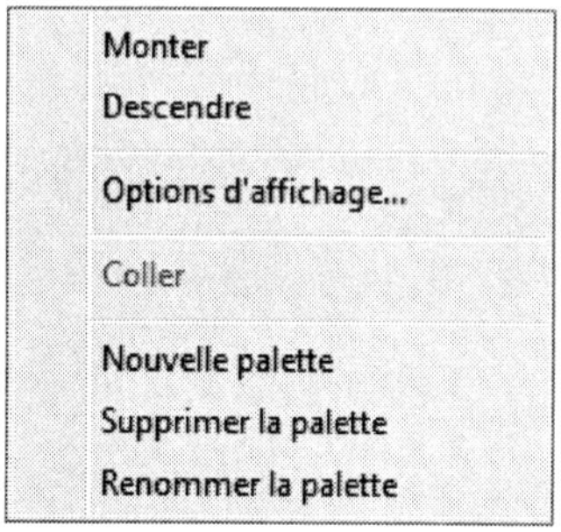

L'option supplémentaire **Options d'affichage** est disponible et ouvre la fenêtre suivante :

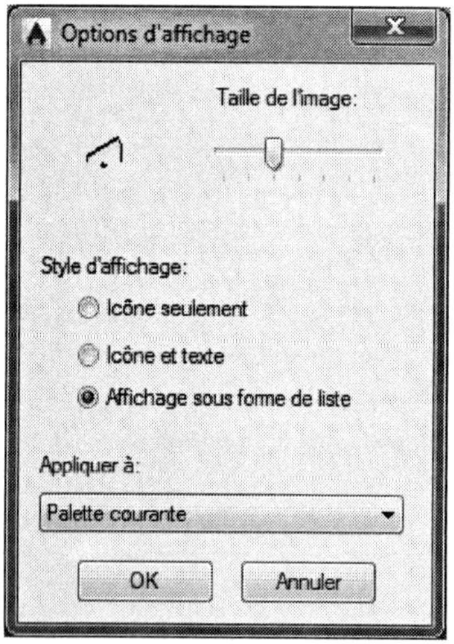

La règle **Taille de l'image** agit sur la taille des icônes de blocs et hachures affichées.

Les styles d'affichage **Icône seulement**, **Icône et texte**, **Affichage sous forme de liste** permettent de choisir la représentation des icônes : seules, accompagnées de texte, ou affichées sous forme de liste.

La liste **Appliquer à** permet d'affecter les options d'affichage décrites ci-dessus soit à la palette d'outils courante, soit à toutes les palettes.

Ces diverses options spécifiques aux palettes d'outils sont accessibles également à l'aide d'un clic droit dans la palette d'outils.

3. Verrouillage des palettes

AutoCAD vous permet de verrouiller la position des barres d'outils et des palettes. Ainsi, vous pouvez figer une interface, en empêchant le déplacement des barres d'outils et des palettes.

Vous pouvez verrouiller indépendamment les palettes arrimées ou les palettes flottantes, ou encore verrouiller l'ensemble.

Pour verrouiller les palettes d'outils arrimées

- Dans le menu déroulant **Fenêtres**, choisissez **Emplacement de verrouillage**, puis **Fenêtres ancrées**.

Dans ce cas, seules les palettes d'outils arrimées ne peuvent être déplacées.

Pour déverrouiller les palettes d'outils arrimées

- Dans le menu déroulant **Fenêtres**, choisissez **Emplacement de verrouillage**, puis **Fenêtres ancrées**.

Dans ce cas, les palettes d'outils arrimées peuvent être déplacées.

Pour verrouiller les palettes d'outils flottantes

- Dans le menu déroulant **Fenêtres**, choisissez **Emplacement de verrouillage**, puis **Fenêtres flottantes**.

Dans ce cas, seules les palettes d'outils flottantes ne peuvent être déplacées.

Pour déverrouiller les palettes d'outils flottantes

- Dans le menu déroulant **Fenêtres**, choisissez **Emplacement de verrouillage**, puis **Fenêtres flottantes**.

Dans ce cas, les palettes d'outils flottantes peuvent être déplacées.

Pour verrouiller les palettes et barres d'outils

➲ Dans le menu déroulant **Fenêtres**, choisissez **Emplacement de verrouillage**, puis **Tout**, et **Verrouillé**.

Dans ce cas, ni les palettes ni les barres d'outils ne peuvent être déplacées, qu'elles soient flottantes ou arrimées.

Pour déverrouiller les palettes d'outils et les barres d'outils

➲ Dans le menu déroulant **Fenêtres**, choisissez **Emplacement de verrouillage**, puis **Tout**, et **Déverrouillé**.

Dans ce cas, toutes les palettes et les barres peuvent être déplacées, qu'elles soient flottantes ou arrimées.

Remarque

Pour plus d'informations sur la personnalisation des palettes, reportez-vous au chapitre La personnalisation - Les palettes d'outils.

C. Les espaces de travail

AutoCAD vous permet d'enregistrer des configurations d'interface personnalisées. Ces configurations sont constituées des barres d'outils, palettes d'outils et menus que vous utilisez le plus souvent ou lors d'opérations spécifiques.

À chaque configuration d'interface correspond un espace de travail personnalisé et vous basculez d'un espace à l'autre selon les tâches à réaliser.

AutoCAD propose les espaces de travail suivants : **Dessin et annotation**, **Eléments de base 3D** et **Modélisation 3D**. Les espaces de travail sont accessibles depuis la barre d'outils d'accès rapide, ou dans la barre d'état depuis l'icône déroulante **Passer d'un espace de travail à un autre**

. Voir le chapitre La personnalisation - Les espaces de travail pour plus d'informations.

L'espace de travail **Dessin et annotation** propose un environnement épuré composé d'un ruban constitué de groupes de fonctions 2D facilement accessibles.

L'espace de travail **Modélisation 3D** propose un environnement épuré avec un ruban contenant les groupes de fonctions utilisées en modélisation 3D volumique et surfacique ainsi que pour le rendu. Ainsi pour une conception 3D, les principaux outils sont directement accessibles et l'interface est optimisée comme ci-après.

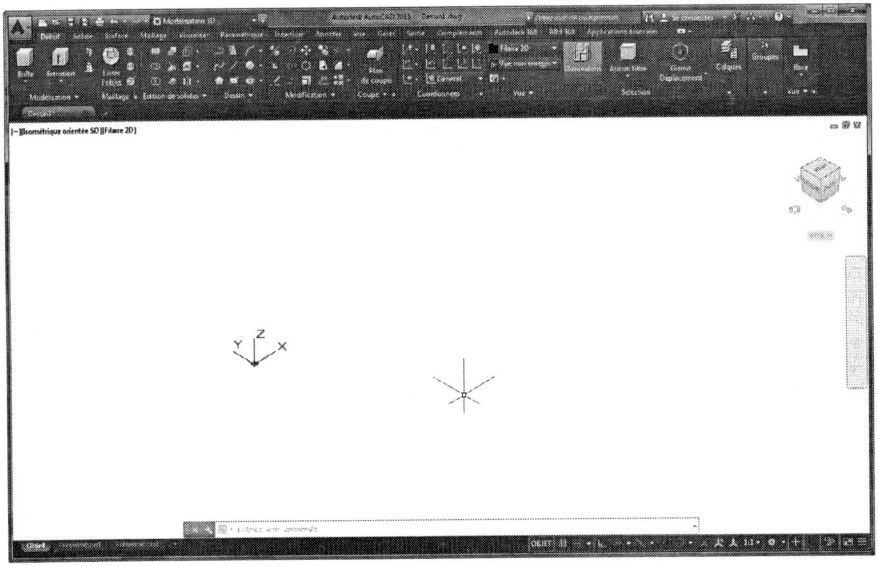

L'espace de travail **Eléments de base 3D** constitue un environnement alternatif présentant les fonctionnalités basiques utilisées en modélisation 3D volumique.

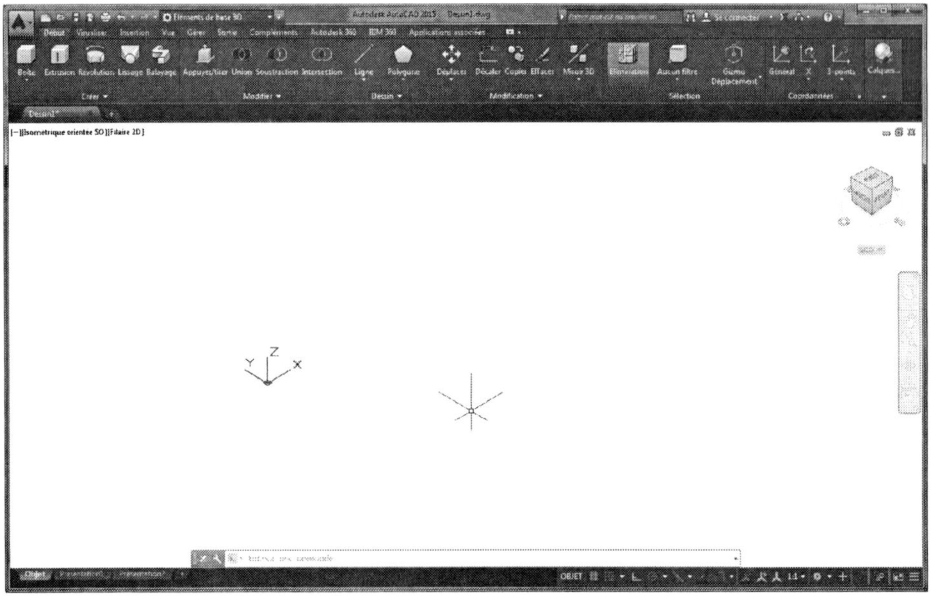

Remarque

Pour plus d'informations, vous pouvez vous reporter au chapitre La personnalisation - Les espaces de travail.

Chapitre 1
Les documents

A. Création d'un nouveau dessin

➲ Dans la barre d'outils d'accès rapide, cliquez sur l'icône **Nouveau** ou **Navigateur de menus - Nouveau**.

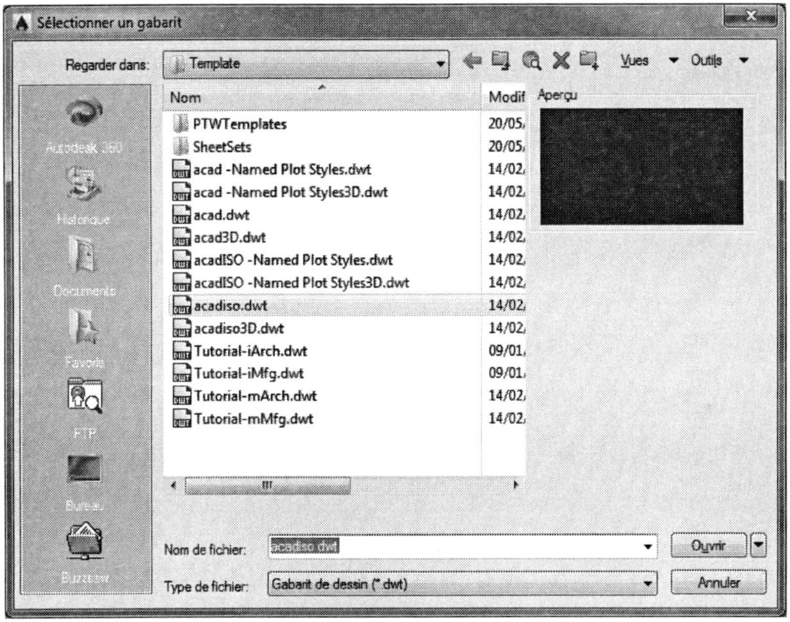

AutoCAD vous invite à sélectionner un gabarit.

Un gabarit sert de base ou de modèle à chaque nouveau dessin. Il peut être enrichi à volonté. Les fichiers gabarits portent l'extension DWT. Vous les ouvrez normalement dans AutoCAD, apportez les modifications et procédez à l'enregistrement. Cette option est détaillée plus loin dans ce chapitre (cf. Fichiers gabarits), et constitue un point capital pour une utilisation optimisée du logiciel.

AutoCAD pointe directement sur le dossier **Template** contenant les principaux gabarits existants par défaut. Bien sûr, cette base doit être enrichie et améliorée par vos propres gabarits. Les gabarits **acad.dwt** et **acad3D.dwt** constituent les gabarits anglo-saxons, alors que les gabarits **acadiso.dwt** et **acadiso3D.dwt** constituent les principaux gabarits métriques.

- Sélectionnez le gabarit voulu et confirmez par **Ouvrir** pour créer un nouveau dossier utilisant le gabarit sélectionné.

Remarque

Pour créer un nouveau dossier sans utiliser de gabarit, dans la liste déroulante ***Ouvrir****, sélectionnez l'option de votre choix :* ***Ouvrir sans gabarit - Système anglo-saxon*** *ou* ***Ouvrir sans gabarit - Système métrique****.*

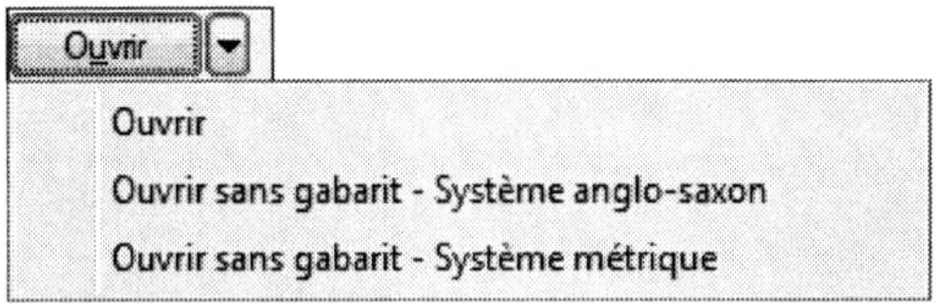

B. Affichage d'un dessin existant

- Dans la barre d'outils d'accès rapide, cliquez sur l'icône **Ouvrir**  ou **Navigateur de menus - Ouvrir**.

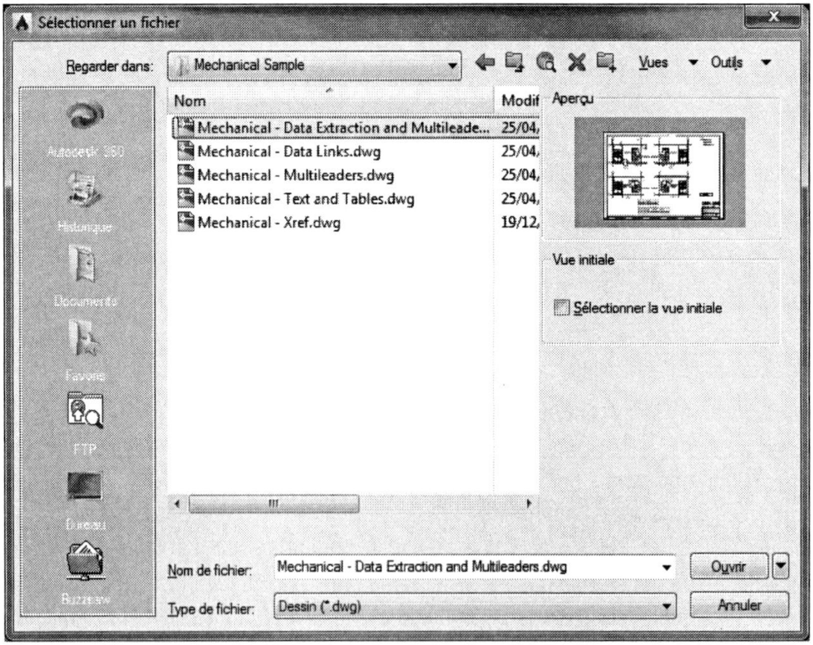

- Choisissez l'unité puis le dossier voulu. Sélectionnez le fichier dans la liste puis cliquez sur **Ouvrir**.

Remarque

La touche [Ctrl] permet la sélection multiple de fichiers.

Aperçu

La zone **Aperçu** affiche une image du dessin. L'aperçu est disponible si l'option **Enregistrer un aperçu miniature de l'image** est activée dans l'onglet **Ouvrir et Enregistrer** de la boîte de dialogue **Options**.

Vues

La liste **Vues** affiche ou masque l'**Aperçu** du fichier sélectionné. Elle définit le type d'affichage des fichiers (**Liste**, **Détails** ou **Images miniatures**).

Outils

La liste **Outils** propose les options suivantes :

Rechercher permet une recherche minutieuse de fichiers.

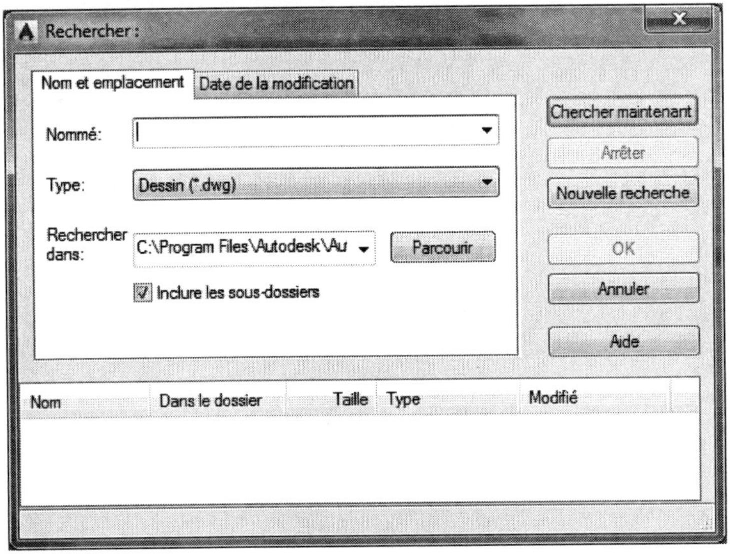

Vous fixez les critères de recherche suivants : emplacement, type de fichiers, nom de fichier, date, périodes...

Chercher maintenant permet de situer rapidement un fichier présent dans une liste de chemins de recherche. Saisissez le nom dans la zone **Nom de fichier**, puis choisissez **Chercher maintenant**. Si le fichier est placé dans un des chemins de support, vous obtenez l'aperçu et pouvez procéder à l'ouverture.

Ajouter/Modifier adresses FTP permet d'ajouter à la liste ou de modifier des adresses de sites Internet FTP.

Ajouter le dossier courant à la liste des emplacements permet d'ajouter le dossier courant aux chemins de support et de recherche.

Ajouter aux favoris permet de créer un raccourci vers les dossiers préférés accessibles par le bouton **Favoris**.

Emplacements/Raccourcis

Le bouton **Autodesk 360** permet d'accéder aux documents et dossiers de votre espace Autodesk Cloud.

Le bouton **Historique** permet d'accéder aux derniers dessins ouverts (raccourcis).

Le bouton **Documents** permet d'accéder directement aux documents personnels placés dans le dossier Windows **Documents**.

Le bouton **Favoris** permet d'accéder aux dossiers favoris.

Remarque

*Notez que les raccourcis prennent place dans le dossier **Windows/favoris**.*

Le bouton **FTP** permet d'accéder aux adresses FTP.

Le bouton **Bureau** permet d'accéder au bureau Windows.

Le bouton **Buzzsaw** permet de parcourir les raccourcis des éléments Buzzsaw (http://www.autodesk.com/buzzsaw-fra).

Ouvrir en lecture seule

Sélectionnez un fichier, puis déroulez la liste **Ouvrir** pour accéder à l'option **Ouvrir en lecture seule**. Cette technique permet l'ouverture et la modification d'un fichier mais impose de le renommer.

Sélectionner la vue initiale

Cette case à cocher ouvre le dessin et permet de choisir une vue enregistrée du dessin. Ceci permet une localisation rapide de la zone intéressée.

C. Enregistrement sous un autre nom

- Dans la barre d'outils d'accès rapide, cliquez sur **Enregistrer sous**  ou **Navigateur - Fichier - Enregistrer sous - Dessin**.
- Saisissez le nouveau nom que vous voulez affecter au dessin en cours et confirmez par **Enregistrer**.

Lorsque ces commandes demandent l'entrée d'un nom de fichier, AutoCAD affiche la boîte de dialogue standard **Enregistrer le dessin sous** :

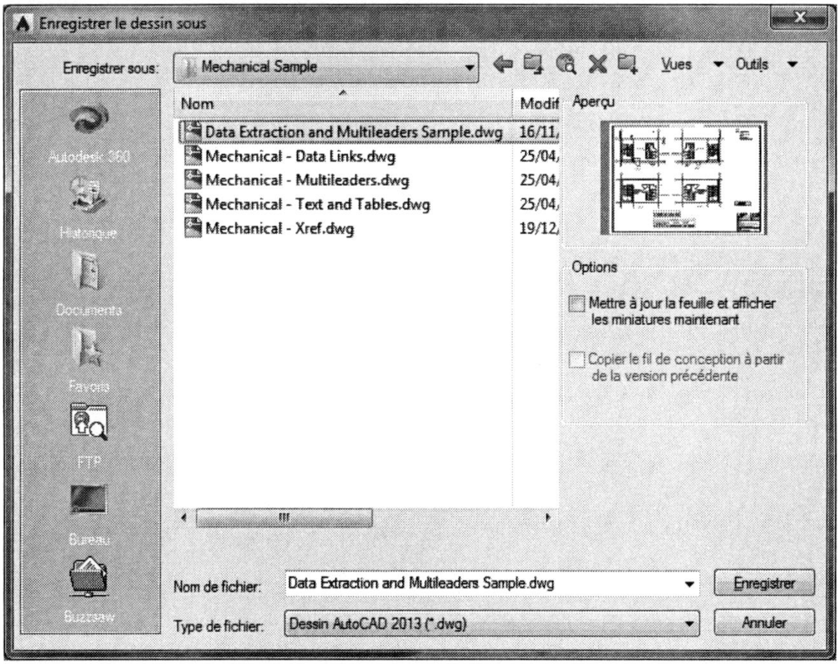

La liste **Type de fichier** permet l'enregistrement aux formats AutoCAD 2013 (format identique aux versions 2013, 2014 et 2015), AutoCAD 2010 (format identique aux versions 2010, 2011 et 2012), AutoCAD 2007 (format identique aux versions 2008, 2009), AutoCAD 2004/LT2004 (format identique aux versions 2005 et 2006), AutoCAD 2000/LT2000 (même format que 2000i et 2002), AutoCAD R14/LT98/LT97, Fichiers de normes (.DWS), Gabarit de dessin (.DWT), DXF 2013, DXF 2010, DXF 2007, DXF 2004, DXF 2000, DXF 12 (cf. chapitre Les fichiers d'échange).

L'enregistrement dans ces différents formats permet la lecture directe depuis des versions antérieures d'AutoCAD ou AutoCAD LT, et aussi un échange facile de données dans les deux sens. Le format DXF est très utile pour communiquer avec divers autres logiciels.

D. Sécurité du dessin

1. Protection par mot de passe

Pour protéger le dessin courant contre l'ouverture, procédez de la façon suivante :

- Dans le **Navigateur**, choisissez **Enregistrer sous** puis **Dessin**.
- Dans la boîte de dialogue **Enregistrer le dessin sous**, choisissez le menu-liste **Outils** puis **Options de sécurité**.

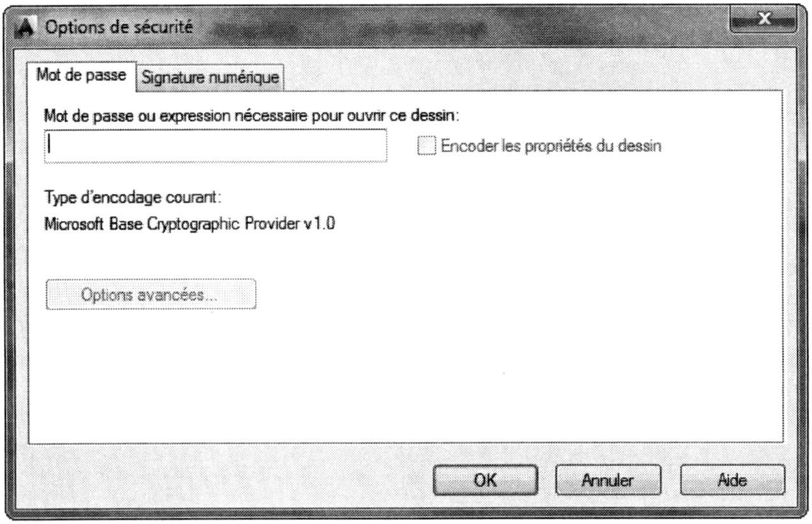

L'onglet **Mot de passe** est activé par défaut.

- Dans la zone **Mot de passe ou expression nécessaire pour ouvrir ce dessin**, saisissez le mot de passe et validez par **OK**. AutoCAD vous demande de confirmer ce mot de passe.
- Saisissez-le une seconde fois pour validation et confirmez par **OK**.

Remarque

Prenez la précaution de noter ce mot de passe dans un endroit sûr ; en effet, si vous oubliez ce mot de passe, vous ne pourrez plus accéder au fichier.

- Enfin, dans la boîte de dialogue **Enregistrer le dessin sous**, cliquez sur le bouton **Enregistrer** pour confirmer l'enregistrement sécurisé.

Pour accéder à l'ouverture d'un fichier protégé, AutoCAD imposera la saisie du mot de passe.

2. Affectation d'une signature numérique

Le principe de la signature numérique attachée à un dessin garantit à toute personne visualisant le dessin la provenance et l'état des modifications du dessin. Toute modification rend caduque la signature. Pour pouvoir affecter une signature numérique, l'ordinateur que vous utilisez doit posséder un identificateur numérique. Cet identificateur numérique identifie la personne ou l'entreprise qui a signé un fichier. Pour plus d'informations, effectuez une recherche sur Internet : "certificat numérique".

Pour affecter la signature numérique au dessin courant, procédez de la façon suivante :

- Dans le Navigateur, choisissez **Enregistrer sous** puis **Dessin AutoCAD**.
- Dans la boîte de dialogue **Enregistrer le dessin sous**, choisissez le menu-liste **Outils**, puis **Options de sécurité**.
- Cliquez sur l'onglet **Signature numérique**.

La fenêtre suivante est affichée si vous n'avez pas effectué d'identification :

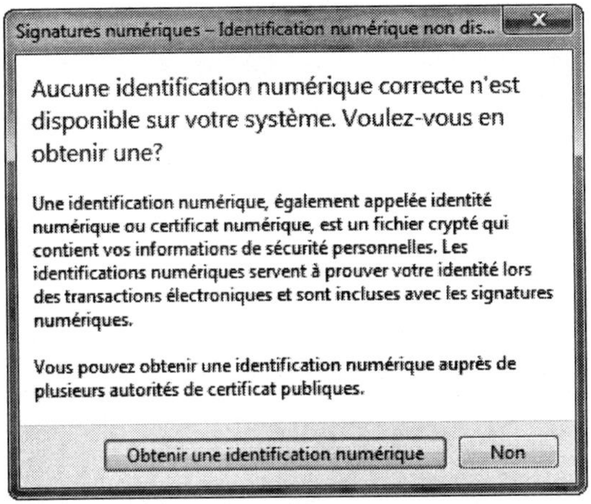

- Le bouton **Obtenir une identification numérique** vous aide à faire l'acquisition d'un identificateur numérique (via www.verisign.com/products-services/index.html).

- Sinon, cliquez sur votre identificateur dans la liste **Sélectionnez une identité numérique**, cochez la case **Associer une signature numérique après la sauvegarde du dessin**, et confirmez par **OK**.
- Enfin, dans la boîte de dialogue **Enregistrer le dessin sous**, cliquez sur le bouton **Enregistrer** pour confirmer l'enregistrement avec signature numérique.

Remarque

Si vous modifiez et/ou réenregistrez un dessin, vous pouvez perdre la signature.

E. Environnement multidocument

AutoCAD permet l'ouverture de plusieurs dessins dans la même session. Ces dessins peuvent être affichés en cascade ou en mosaïque. Outre la visualisation simultanée de différents projets, AutoCAD permet de glisser tous types d'objets d'un dessin à un autre, d'en copier les propriétés.

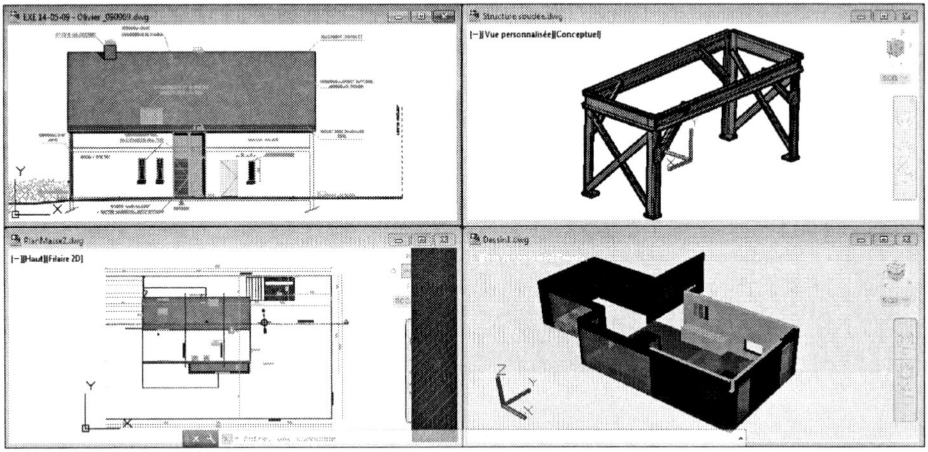

Exemple d'affichage de quatre documents en mosaïque

Astuces

Copie rapide par glissement

- Dans le premier dessin, sélectionnez des objets. Disposez le curseur sur la géométrie sélectionnée (pas sur une poignée !), puis à l'aide d'un cliqué-glissé, venez déposer les objets dans un autre dessin. Attention : l'outil **Cycle de sélection** doit être inactif.

Copie avec définition du point de base

- Dans le premier dessin, sélectionnez des objets. Effectuez un clic droit dans la zone graphique pour accéder au menu contextuel. Choisissez **Copier avec point de base**. Indiquez le point de base pour l'insertion. Dans un autre dessin, effectuez un clic droit dans la zone graphique, et choisissez **Coller**. Les objets insérés sont des objets natifs d'AutoCAD et non des blocs.

F. Utiliser les onglets de fichiers

AutoCAD met à disposition des onglets de fichiers qui permettent d'accéder facilement aux dessins ouverts, de passer de l'un à l'autre, de fermer un dessin ou encore d'en créer un nouveau (bouton **Plus** situé à droite des onglets).

1. Activer les onglets de fichiers

➲ Dans le groupe de fonctions **Interface Utilisateur** (onglet **Vue**), cliquez sur l'icône **Onglets Fichier** 

pour activer les onglets de fichiers.

Les onglets de fichiers sont affichés dans la partie supérieure de la zone de dessin comme dans l'exemple ci-dessous.

2. Rendre un dessin courant

➲ Dans les onglets de fichiers, cliquez sur l'onglet du fichier à rendre courant.

Les onglets de fichiers permettent de passer d'un dessin à un autre, et permettent l'accès direct aux diverses présentations de dessin.

3. Afficher une présentation

➲ Déplacez le pointeur sur l'onglet de fichier pour prévisualiser l'ensemble des présentations du dessin.

➲ Déplacez le pointeur sur une présentation pour afficher immédiatement son contenu.

4. Activer une présentation

➲ Dans les onglets de fichiers, déplacez le pointeur sur l'onglet de fichier correspondant.

➲ Cliquez sur la présentation pour basculer dans cette présentation.

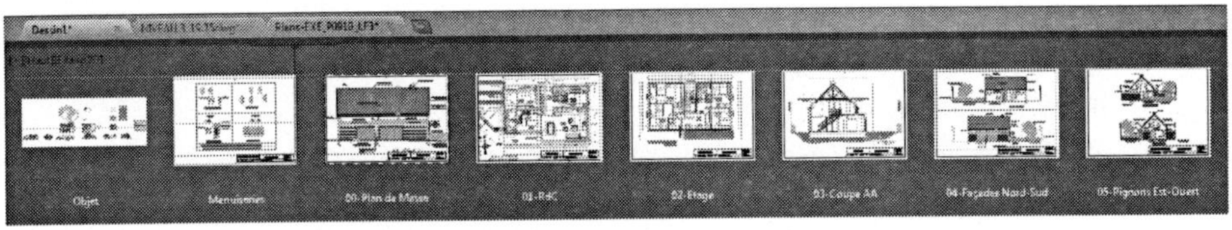

5. Imprimer une présentation

- Dans les onglets de fichiers, déplacez le pointeur sur l'onglet de fichier correspondant.
- Déplacez le pointeur sur la présentation à tracer et cliquez sur le bouton **Tracer** .

6. Publier une présentation

- Dans les onglets de fichiers, déplacez le pointeur sur l'onglet de fichier correspondant.
- Déplacez le pointeur sur la présentation à publier et cliquez sur le bouton **Publier** .

7. Fermer un dessin

- Dans les onglets de fichiers, cliquez sur le bouton de fermeture de l'onglet du fichier à fermer.

8. Créer un nouveau dessin

- Dans les onglets de fichiers, cliquez sur le bouton **Plus** .

G. Fichiers gabarits

Certaines valeurs sont associées à un dessin et sauvées avec celui-ci, comme des échelles, les limites, des calques, des styles d'annotations, de cotations... Toutes ces valeurs peuvent être placées dans un "dessin modèle" ou gabarit, qui vous servira lors de la création de nouveaux projets. AutoCAD fournit des gabarits standard, mais vous pouvez créer vos propres gabarits personnalisés ; chaque gabarit constituant une base de travail.

Un gabarit peut contenir un cartouche, des noms de calques personnalisés ; des styles de texte et de cotation personnalisés, des présentations du dessin à échelles données ou autres informations que vous utilisez généralement dans un type de dessin particulier. À chaque nouveau dessin, vous pouvez indiquer à AutoCAD lequel de vos gabarits vous désirez utiliser (le nouveau dessin est une copie conforme du gabarit).

1. Création de fichiers gabarits

Il existe deux façons de créer un gabarit :

- La première méthode consiste, à partir d'un dessin vierge, à intégrer les uns après les autres tous les réglages.
- La deuxième méthode consiste à ouvrir un projet existant, et à conserver tous les paramètres et réglages, sauf la géométrie.

Pour un gain de temps, retenez si possible la deuxième méthode.

Ouvrez le dessin AutoCAD (dwg). Vérifiez tous les paramètres à conserver comme les calques, couleurs et types de ligne, l'échelle du type de ligne, la précision des unités et des angles, les styles de texte, de cotation, les présentations, les configurations de tracé.

Ensuite, effacez la géométrie spécifique au projet ouvert. Procédez à l'enregistrement du gabarit de la façon suivante :

- Dans le **Navigateur de menus**, choisissez **Enregistrer sous**, puis **Gabarit de dessin AutoCAD (*.dwt)**. Dans la boîte de dialogue **Enregistrer le dessin sous**, notez le positionnement automatique dans le dossier **Template**. Dans la zone de texte **Nom de fichier**, précisez le nom du fichier gabarit et confirmez par **Enregistrer**.

Remarque

Si vous précisez le caractère souligné (_) en début de nom de fichier, vous imposez un affichage en tête de liste.

Vous pouvez stocker votre gabarit dans votre compte Cloud.

AutoCAD vous invite à commenter les spécificités du gabarit.

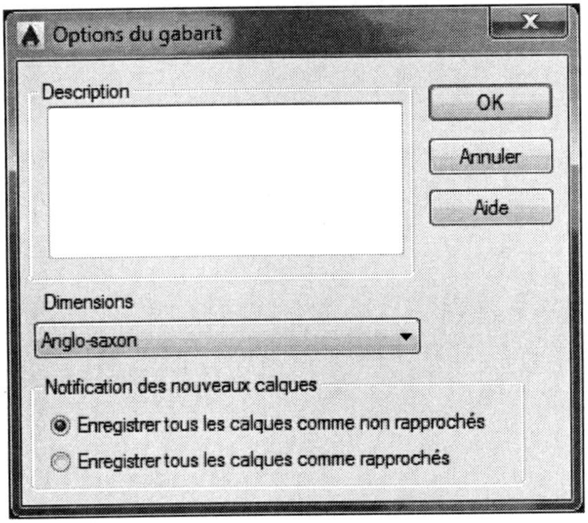

Lors de l'utilisation ultérieure du gabarit, le commentaire associé sera affiché et pourra vous aider dans votre choix.

2. Utilisation de fichiers gabarits

➲ Dans la barre d'outils d'accès rapide, cliquez sur l'icône **Nouveau** .

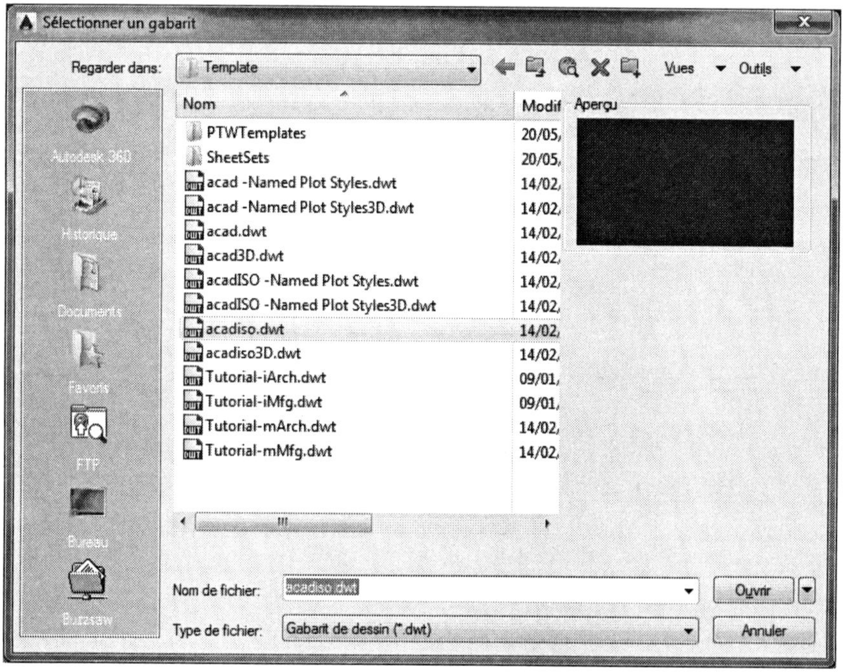

Tous les gabarits du dossier **Template** sont listés.

➲ Double cliquez sur le gabarit de votre choix.

Le nouveau dessin présent à l'écran est une copie conforme du gabarit sélectionné. En effet, tous les réglages et paramètres sont présents. L'utilisateur a donc à disposition tous les outils pour travailler.

3. Modification d'un fichier gabarit

Un fichier gabarit peut, comme n'importe quel fichier, être ouvert et réenregistré. Ceci vous permet d'enrichir au fur et à mesure votre base de travail.

➲ Dans le **Navigateur de menus**, choisissez **Ouvrir**. Dans la liste **Type de fichier**, sélectionnez **Gabarit de dessin (*.dwt)**. Seuls les fichiers gabarits sont alors affichés.

Sélectionnez le gabarit à modifier puis confirmez par **Ouvrir**.

➲ Procédez aux modifications puis enregistrez normalement.

À la prochaine utilisation du gabarit, vous retrouverez les modifications apportées.

Chapitre 2
L'environnement de travail

A. Les limites

- Dans le menu déroulant **Format**, choisissez **Limites du dessin**.

  AutoCAD propose dans la fenêtre de commande :

```
LIMITES Spécifiez le coin inférieur gauche ou [ACtif INactif] <0.0000,0.0000>:
```

Les limites de dessin sont exprimées sous forme d'une paire de points 2D (le coin bas gauche et le coin haut droit) dans le Système de Coordonnées Général. Il n'y a pas de limites dans la direction Z.

Si vous voulez modifier les limites actuelles, validez le coin bas gauche par défaut (0,0), et indiquez un coin haut droit différent (ex. 210,297). En effet, vous interviendrez en général sur le coin haut droit et laisserez le coin bas gauche à 0,0.

Les limites désignent une zone de travail invisible, représentant les limites du dessin. Celles-ci vous servent de référence dans votre dessin. Vous pouvez à n'importe quel moment modifier ces limites. Les limites englobent votre dessin (ex. pour un dessin de 100x80, les limites peuvent être de 150x100). Notez que l'unité n'est pas précisée ; ici l'unité peut être le millimètre, le mètre, le centimètre, le pouce... On utilise une unité réelle pour faciliter le travail et utiliser les vraies longueurs. Les limites du dessin contrôlent la portion du dessin couverte par la grille, ce qui est pratique pour repérer le positionnement de son dessin sur ses limites.

Elles sont un des facteurs qui déterminent la zone affichée par un zoom Total.

Les autres options :

ACtif : active le mode Contrôle des limites, retenant les valeurs courantes des limites elles-mêmes. Si le contrôle des limites est actif, AutoCAD rejette tous les points définis en dehors de ces limites de dessin (bien qu'un élément tel qu'un cercle puisse commencer à l'intérieur des limites et les dépasser). Le contrôle des limites vous aide à ne pas dessiner en dehors de l'aire du dessin.

INactif : active le mode Libre de limites mais se souvient des valeurs des limites lorsque vous réactivez le mode contrôle.

B. La grille

La grille est représentée par un quadrillage de repères identiques à des petits points. La grille est affichée uniquement sur les limites du dessin. Associée à la résolution (magnétisme du curseur sur la grille), la grille vous permet de dessiner ou de modifier des objets selon des distances en rapport avec la grille. Vous pouvez activer ou désactiver l'affichage de la grille avec le bouton **Affichage de la grille de dessin** 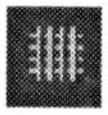 dans la barre d'état.

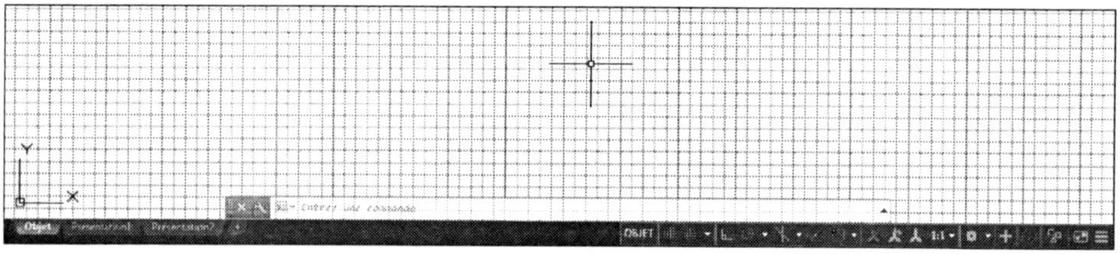

Vous pouvez agir sur les espacements de la grille (ils peuvent être différents en X et Y), ainsi que sur la résolution (magnétisme) grâce aux aides au dessin. Pour cela, effectuez un clic droit sur le bouton **Mode d'accrochage** 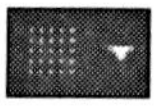 de la barre d'état, et choisissez **Paramètres**.
Choisissez l'onglet **Accrochage/Grille** pour accéder à la boîte de dialogue suivante :

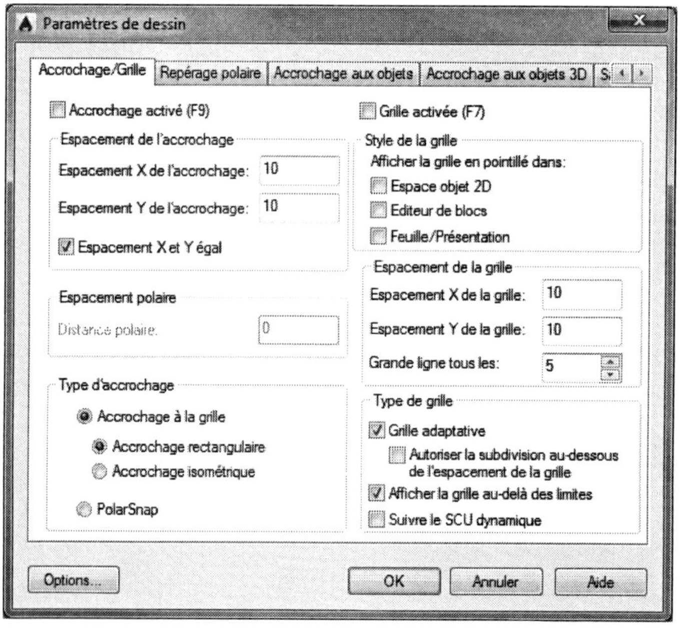

La case à cocher **Accrochage activé** active ou désactive le mode d'accrochage (ou magnétisme) à la grille.

La zone **Espacement de l'accrochage** définit une grille rectangulaire virtuelle d'accrochage selon les espacements X et Y (**Espacement X de l'accrochage** et **Espacement Y de l'accrochage**) qui restreignent le mouvement du curseur selon les intervalles X et Y.

La case à cocher **Espacement X et Y égal** force des valeurs X et Y identiques.

La zone **Espacement polaire** permet via le champ **Distance polaire** de fixer la distance d'incrémentation des accrochages, quand l'option **PolarSnap** est sélectionnée dans la zone **Type d'accrochage**.

La zone **Type d'accrochage** permet de choisir entre un **Accrochage à la grille** et un accrochage polaire (**PolarSnap**). L'accrochage à la grille permet l'accrochage aux points de la grille, soit selon une grille **rectangulaire** standard, soit selon une grille **isométrique**. L'option **PolarSnap** permet l'accrochage polaire pratiqué avec le repérage polaire utilisant les angles d'alignement définis dans l'onglet **Repérage polaire**.

La case à cocher **Grille activée (F7)** active ou désactive la grille.

La zone **Style de la grille** définit le style de grille en pointillés en activant ou désactivant la grille dans l'**Espace objet 2D**, dans l'**Editeur de blocs** ainsi que dans la **Feuille/Présentation**.

La zone **Espacement de la grille** définit les valeurs des espacements X et des espacements Y des points de la grille, et permet la mise en évidence des grandes lignes intermédiaires selon l'espacement de votre choix.

La zone **Type de grille** règle la **Grille adaptative** qui permet de limiter la densité de la grille lors d'un zoom arrière, et d'autoriser la subdivision de la grille au-dessous des espacements mentionnés de la grille. La case à cocher **Afficher la grille au-delà des limites** permet de ne pas limiter l'affichage de la grille aux limites du dessin.

La case à cocher **Suivre le SCU dynamique** permet la modification du plan de la grille lors d'un changement de SCU dynamique.

La grille 3D

La grille est applicable également dans un environnement 3D. Les paramètres de la grille 3D sont les mêmes que pour la grille 2D. Toutefois, son affichage varie par un quadrillage affiché comme ci-après.

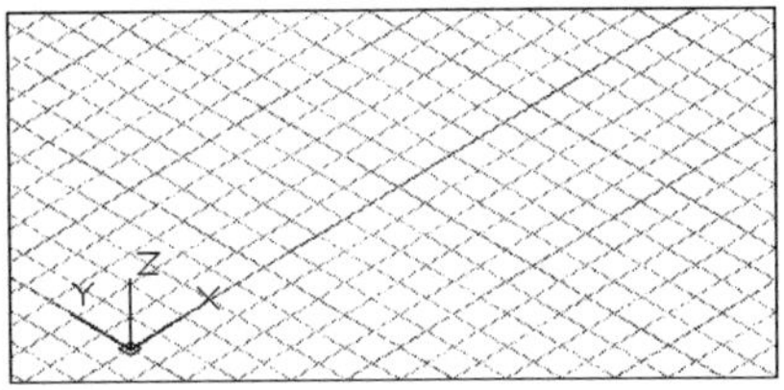

Affichage en projection parallèle

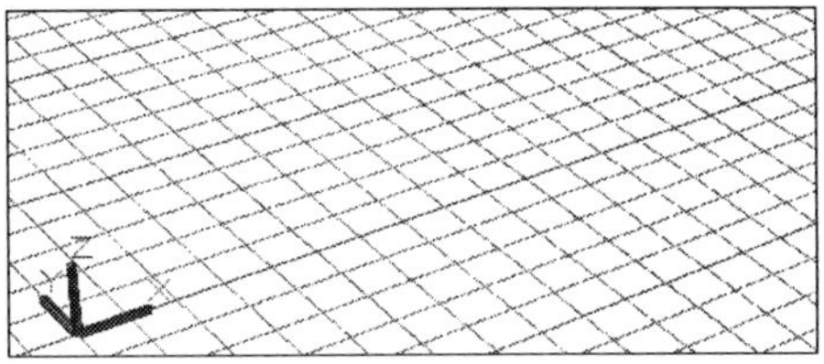
Affichage en projection en perspective

C. Le contrôle des unités

Bien souvent, les distances, angles et coordonnées sont donnés en notation décimale ordinaire. Cependant, dans certains domaines, d'autres formes de notation sont préférées. La précision des valeurs affichées peut également être l'objet d'un choix personnel. Afin de satisfaire certaines exigences, AutoCAD permet de contrôler l'affichage des unités. Il est important de préciser que lorsque vous commencez un nouveau dessin, le format d'affichage et la précision sont dans le dessin prototype utilisé. Vous pouvez modifier ces valeurs autant de fois que nécessaire pendant que vous dessinez.

➲ Dans le menu déroulant **Format**, choisissez **Contrôle des unités**.

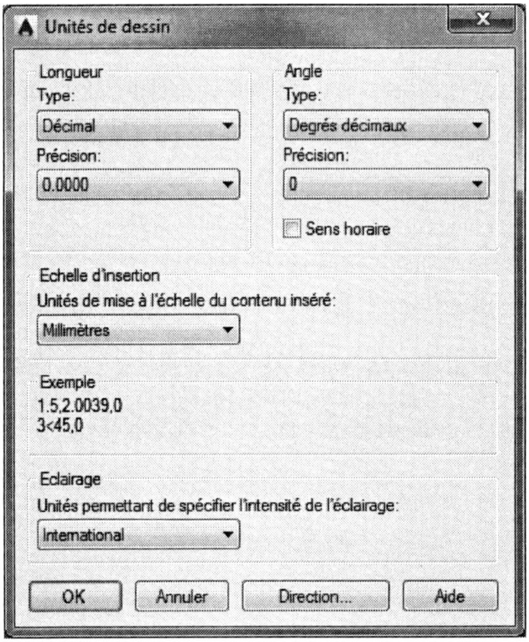

Longueur

La liste **Type** permet de changer l'unité ou le type de mesure. Choisissez le format qui vous convient. La liste **Précision** affiche le format sélectionné. Cette liste affiche également la précision par défaut correspondant au format choisi. Pour changer cette valeur, sélectionnez la précision dans la liste. Les formats **Ingénierie** et **Architecture** génèrent des affichages en pouces et en pieds ; avec ces formats, chaque unité de dessin représente un pouce.

Angle

La zone **Angle** permet de définir la mesure des angles des dessins. Choisissez le mode qui vous convient. Le mode choisi apparaît dans la liste **Précision**. Cette liste contient également la précision par défaut correspondant au format d'angle sélectionné. Pour modifier la précision, sélectionnez-en une autre dans la liste. AutoCAD a pris pour convention d'ajouter la lettre "r" pour indiquer les angles en radians et "g" pour les grades. Les angles en degrés, minutes et secondes sont un compromis de la forme suivante :

```
123d45'56.7"
```

où

```
d=degrés
'=minutes
"=secondes
```

Les unités géodésiques méritent une explication supplémentaire : si vous choisissez ce format, les angles seront affichés comme des angles géographiques.

Exemple

```
<N/S><angle><E/O>
```

<N/S> est ou N ou S et <E/O> est ou E ou O. L'angle est édité exactement comme dans le mode degrés/minutes/secondes ; il indique de combien l'angle dévie de la direction nord/sud vers l'est ou l'ouest. L'angle est toujours inférieur à 90.

Si l'angle correspond exactement à un des points cardinaux, seule l'abréviation de ce point est affichée.

Exemple

```
0=E
45=N45d0'0 "E
90=N
135=N45d0'0 "O
180=O
225=S45d0'0 "O
270=S
315=S45d0'0 "E
207.5=S67d30'0 "O
```

Si l'on utilise des unités géodésiques, les angles relatifs entre les objets sont affichés dans le format degrés/minutes/secondes (cela est également valable pour la cotation angulaire).

Direction

➲ Pour contrôler la direction des angles, cliquez sur le bouton **Direction** de la boîte de dialogue **Unités de dessin**.

Vous pouvez ici définir la direction de la mesure des angles en cours, AutoCAD suppose que 0 degré se trouve à droite sur l'horizontale Est (ou 3 heures) et que les angles croisent dans le sens trigonométrique.

La mesure des angles en cours apparaît dans les étiquettes situées en regard des options **Est**, **Nord**, **Ouest** et **Sud**. Pour définir une autre direction, cliquez sur l'option **Autre**. Le bouton **Sélectionner un angle** ainsi que la zone de texte s'activent et vous permettent de définir l'angle, soit en sélectionnant deux points dans la zone graphique, soit en entrant la mesure dans la zone correspondante.

La case à cocher **Sens horaire** de la boîte de dialogue **Unités de dessin** inverse la direction par défaut des angles positifs. Si cette case à cocher est activée, la manipulation des angles positifs et négatifs est inversée dans les réseaux polaires, dans les arcs. Dans ce mode, un réseau polaire sera dessiné dans le sens horaire si vous entrez un angle positif. Cette option est donc à manipuler avec précaution.

Échelle d'insertion

La liste déroulante affichée dans cette zone gère les unités utilisées lors de l'insertion par glissement d'un bloc ou d'une référence externe dans le dessin courant. Cette insertion par simple glissement s'effectue depuis le "DesignCenter" (sorte d'explorateur intelligent de contenus cf. chapitre Les éléments de bibliothèque - AutoCAD DesignCenter), depuis une palette d'outils ou depuis un site web (technique de glisser déposer ou i-drop).

Remarque

Vous utilisez habituellement l'unité du millimètre. Si par exemple, vous choisissez dans la liste l'unité du mètre, lors de l'insertion d'un bloc depuis le DesignCenter dans le dessin courant, AutoCAD convertit automatiquement la géométrie. C'est-à-dire que le bloc inséré (d'une largeur de 4 mètres par exemple) sera bien représenté dans le dessin courant en millimètres (soit 4000 mm).

Éclairage

Contrôle l'unité de mesure utilisée pour l'intensité des lumières photométriques dans le dessin courant.

Remarque

Vous devez sélectionner une lumière autre que générique dans la liste d'options pour créer et utiliser des lumières photométriques.

D. Les notations cartésiennes et polaires

1. Le système de coordonnées cartésien

Un système de coordonnées cartésien ou rectangulaire sert à localiser des éléments avec précision sur le dessin. Il y a un axe horizontal, ou axe des X, et un axe vertical, ou axe des Y. L'intersection des axes des X et des Y est l'origine du système, et ses coordonnées valent 0,0. Les deux axes sont orthogonaux ou perpendiculaires dans le cas d'une projection orthogonale. Chaque point du dessin est référencé par rapport au système de coordonnées à l'aide d'un couple de nombres, donnant les distances en X et en Y. Les valeurs sur l'axe des X vont en croissant vers la droite et celles sur l'axe des Y vont en croissant vers le haut.

À titre d'exemple, considérons deux points, A et B. Les coordonnées du point A sont 2,1 car il est situé à une distance de 2 sur l'axe des X et de 1 sur l'axe des Y par rapport à l'origine. Les coordonnées du point B sont 6,4 car il est situé à une distance de 6 sur l'axe des X et de 4 sur l'axe des Y par rapport à l'origine.

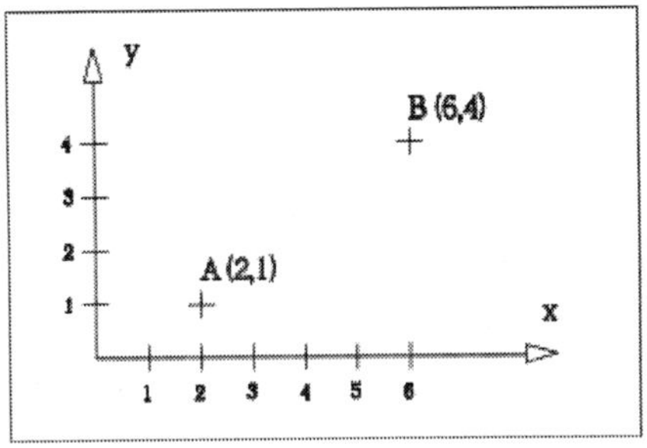

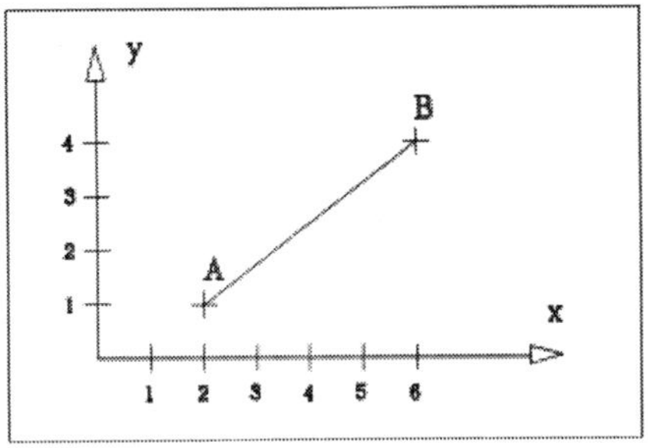

On définit une droite par les coordonnées de ses deux extrémités. Par exemple, nous pourrions tracer une ligne du point A de coordonnées 2,1 jusqu'au point B de coordonnées 6,4. On parle alors de référence cartésienne absolue car les deux extrémités sont référencées de façon absolue dans le système de coordonnées.

La saisie au clavier serait 2,1. Les coordonnées absolues du second point sont 6,4. Pour imposer les coordonnées absolues la saisie serait #6,4.

Cependant, il sera souvent plus pratique de donner les coordonnées du second point (ou point suivant) par rapport au premier point (coordonnées relatives), plutôt que par rapport à l'origine (coordonnées absolues). Dans notre exemple, les coordonnées relatives du second point sont 4 en X (soit 6-2) et 3 en Y (soit 4-1).

Pour saisir les coordonnées relatives :

➲ Saisissez la valeur **4**. L'affichage suivant apparaît :

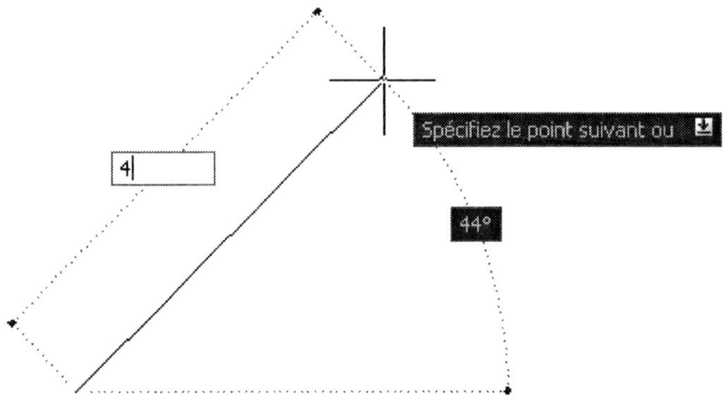

➲ Utilisez la touche virgule. Ceci verrouille la coordonnée en X. Vous obtenez l'affichage suivant :

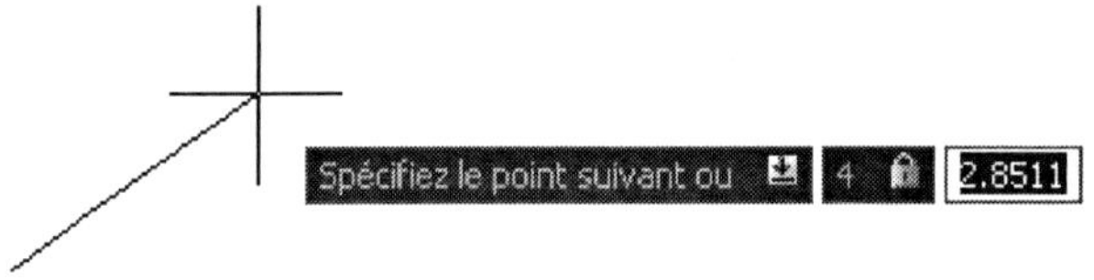

➲ Saisissez la coordonnée en Y de **3** et validez.

La notation polaire est une variante du système de référence relative. Avec cette méthode, vous indiquez une distance relative radiale et un angle par rapport à l'horizontale. Dans l'exemple suivant, la longueur de la ligne est 5 avec un angle de 37 degrés.

Pour saisir ces coordonnées polaires :

- Saisissez la valeur **5**. L'affichage suivant apparaît :

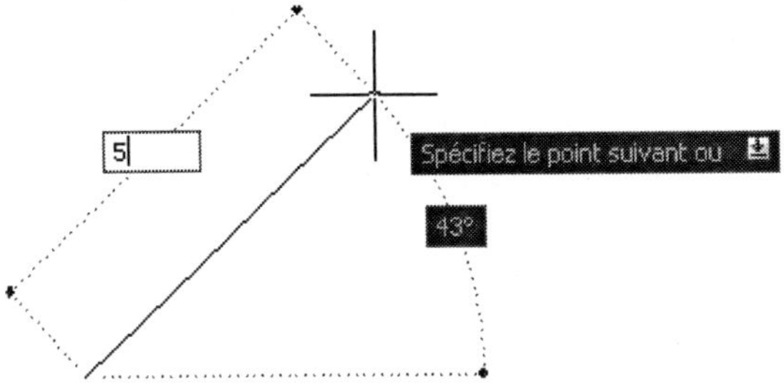

- Appuyez sur la touche [Tab]. Ceci verrouille la distance radiale.

  Vous obtenez l'affichage suivant :

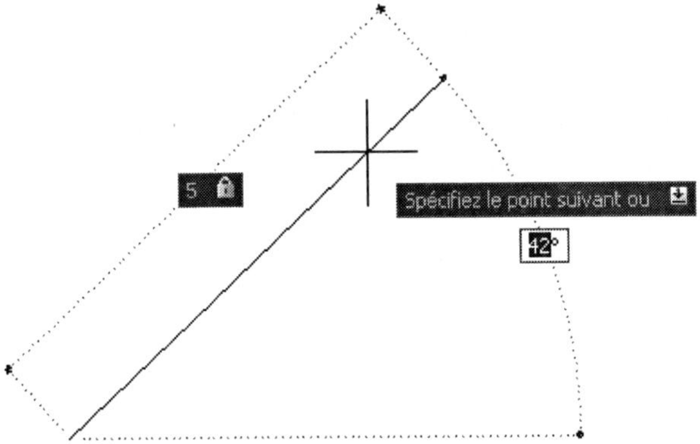

- Saisissez ensuite la valeur angulaire de **37** et validez.

2. La saisie dynamique au niveau du curseur

Les saisies au clavier utilisées dans les versions précédentes d'AutoCAD sont toujours autorisées. Soit X,Y pour les notations cartésiennes absolues, @X,Y pour les notations relatives, et @L<A pour les notations relatives polaires. Mais AutoCAD permet la saisie dynamique au niveau du curseur apportant un sensible gain de productivité. Ainsi :

- La touche du clavier **Virgule** permet de passer de la saisie X à Y (et de Y à Z en 3D) dans la saisie des coordonnées relatives.
- Précéder la valeur X du signe # impose la saisie de coordonnées absolues.

– La touche du clavier [Tab] permet de passer alternativement de la valeur radiale à la valeur angulaire dans la saisie des coordonnées relatives polaires.
– La touche [Entrée] utilisée après la saisie d'une première valeur permet la création directe d'un segment dans la direction du curseur. Cette méthode est particulièrement intéressante lorsqu'elle est combinée avec le mode orthogonal, le repérage polaire, ou encore l'accrochage aux objets.
– Les **flèches de déplacement vers le bas et vers le haut** permettent d'accéder aux options de la commande en cours.

Ainsi, avec la notation polaire, la direction vers la droite (l'Est ou l'orientation à 3 heures) fait un angle de zéro, tandis que la verticale (le Nord ou l'orientation à 12 heures), dans la direction de l'axe des Y, constitue un angle de 90 degrés. La direction vers la gauche fait 180 degrés et la direction vers le bas correspond soit à 270 degrés, soit à -90 degrés.

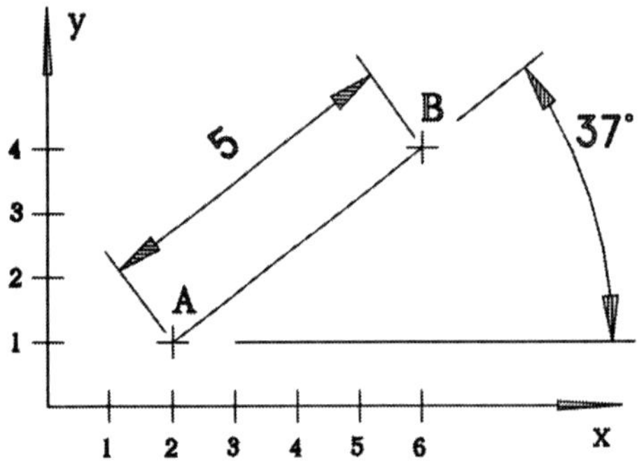

Paramétrer la saisie dynamique

- Dans la barre d'état, effectuez un clic droit sur le bouton **Saisie dynamique**  et choisissez **Paramètres de saisie dynamique**.

L'onglet **Saisie dynamique** est activé. La fenêtre suivante est affichée :

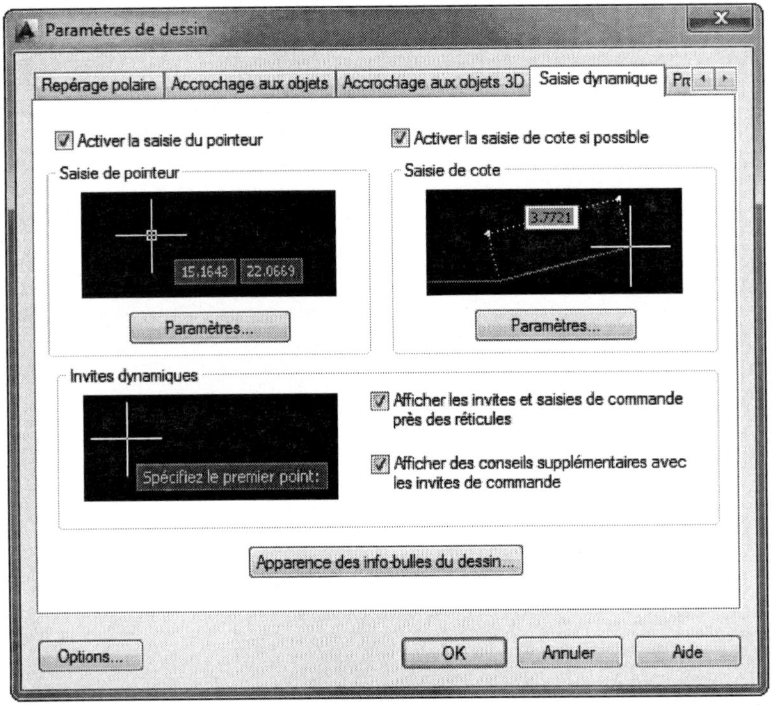

Activer la saisie du pointeur : permet d'activer la saisie du pointeur. Lorsque la saisie du pointeur et la saisie de cote sont activées, cette dernière a priorité sur la saisie du pointeur lorsqu'elle est disponible.

Activer la saisie de cote si possible : permet d'activer la saisie de cote. Notez que pour certaines commandes, la saisie de cote n'est pas disponible, notamment lorsque celles-ci vous demandent un second point.

Invites dynamiques : permet d'afficher les invites (ou commentaires), dans une info-bulle au niveau du curseur, lorsque cela est nécessaire pour évoluer dans la commande en cours. Vous pouvez saisir directement des valeurs dans l'info-bulle plutôt que sur la ligne de commandes.

Afficher les invites et saisies de commande près des réticules : active les invites dans des info-bulles de saisie dynamique.

Afficher des conseils supplémentaires avec les invites de commande : active l'affichage d'astuces supplémentaires avec l'utilisation des touches [Shift] et [Ctrl].

Apparence des info-bulles du dessin : le bouton **Apparence des info-bulles du dessin...** accède à la boîte de dialogue suivante.

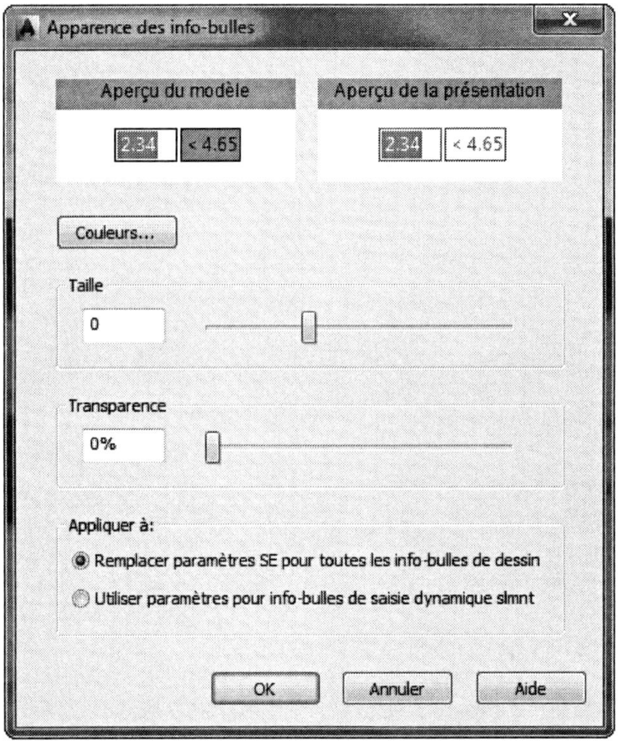

Le bouton **Couleurs...** permet de régler notamment la couleur des réticules, vecteur Autotrack, info-bulles, arrière-plan des info-bulles...

La rubrique **Taille** permet d'agir sur la taille des info-bulles à partir de la glissière en saisissant une valeur dans la zone de texte appropriée.

La rubrique **Transparence** gère la transparence des info-bulles. Plus la valeur (pourcentage) est importante, plus la transparence sera prononcée.

La rubrique **Appliquer à** permet l'application des paramètres d'info-bulles :

- À l'ensemble des info-bulles du dessin, via l'option **Remplacer paramètres SE pour toutes les info-bulles de dessin**.
- Aux info-bulles utilisées par la saisie dynamique, via l'option **Utiliser paramètres pour info-bulles de saisie dynamique slmnt**.

Remarque

*Dans la zone d'état, le bouton **Saisie dynamique***  *active ou désactive la saisie dynamique. Voir aussi la saisie directe d'un écart (cf. chapitre Le dessin - Création de lignes).*

E. Système de points et de coordonnées

AutoCAD utilise un système de coordonnées cartésien fixe pour définir les points de votre dessin. Le point d'origine est à l'endroit où les valeurs de X et de Y sont égales à zéro. Si votre travail comprend le dessin ou la modélisation 3D, vous pouvez ajouter un axe Z pour fixer les points 3D en utilisant les coordonnées (x,y,z).

L'origine dans un système de coordonnées 3D est à l'endroit où les valeurs de X,Y et Z sont égales à zéro.

Un point 2D est exprimé comme paire de coordonnées (x,y) (c'est-à-dire une valeur en X et une valeur en Y, séparées par une virgule). Pour localiser un point 2D particulier, vous pouvez imaginer deux perpendiculaires dont l'une croise l'axe X à la valeur X du point et l'autre l'axe Y à la valeur Y du point. Le point se trouve à l'intersection des deux lignes.

Vous pouvez aussi imaginer une trame rectangulaire débutant à l'origine du système de coordonnées. Pour placer un point avec les coordonnées de trame (5,4), vous pouvez compter 5 lignes vers la droite (X positif) et quatre lignes vers le haut (Y positif) comme dans l'illustration ci-après.

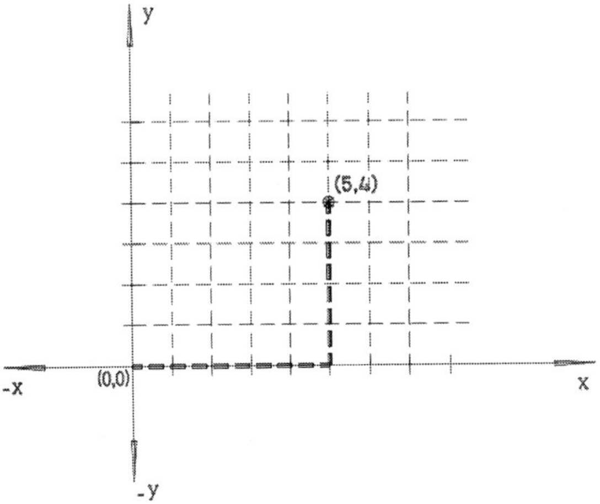

Remarque

Voir aussi la saisie directe d'un écart (cf. chapitre Le dessin - Création de lignes).

Chapitre 3
Le dessin

A. Introduction

Le chapitre détaille quelques outils de dessin principaux (liste non exhaustive), les outils d'accrochage aux objets, le repérage polaire, la création de texte, les options de texte, la gestion des styles de texte et le vérificateur d'orthographe.

B. Création de lignes

L'entité de dessin principale dans les logiciels de CAO/DAO est la ligne.

➲ Activez l'onglet **Début** du ruban, choisissez le bouton **Ligne** 

du groupe de fonctions **Dessin**.

1. Dessiner une ligne

Vous devez définir les deux extrémités de la ligne. Vous pouvez les indiquer moyennant, soit des coordonnées 2D (x,y), soit des coordonnées 3D (x,y,z), ou combiner les deux types de coordonnées. Si vous entrez des coordonnées 2D, AutoCAD utilise l'élévation courante comme composant en Z du point.

Dans l'exemple ci-dessous, vous dessinez une ligne démarrant du point de coordonnées x=1, y=1 et z=0 et se terminant au point de coordonnées x=5, y=2 et z=1.

Au message Spécifiez le premier point:, saisissez **1,1,0** et appuyez sur la touche [Entrée] pour valider.
Au message Spécifiez le point suivant ou, saisissez **5,2,1** et appuyez sur la touche [Entrée] pour valider.
Au message Spécifiez le point suivant ou, appuyez sur la touche [Entrée] pour valider.

Le format à respecter est donc (x,y,z). Les trois valeurs sont séparées par une virgule. Vous pouvez vous contenter de donner les valeurs x et y ; dans ce cas, vous dessinez une ligne 2D. Dans l'exemple ci-dessous, vous dessinez une ligne partant du point de coordonnées x=1 et y=1 jusqu'au point de coordonnées x=10 et y=5. Ces deux points ont une composante z identique (égale à zéro).

Au message `Spécifiez le premier point:`, saisissez **1,1** et appuyez sur la touche [Entrée] pour valider.

Au message `Spécifiez le point suivant ou`, saisissez **10,5** et appuyez sur la touche [Entrée] pour valider.

Au message `Spécifiez le point suivant ou`, appuyez sur la touche [Entrée] pour valider.

À chaque message "Spécifiez le point suivant", un curseur élastique est attaché au réticule. Ceci vous permet de voir où s'arrêtera la ligne. Vous pouvez mettre en place une suite de lignes raccordées entre elles. AutoCAD vous demande un autre point après chaque point spécifié. Pour terminer la commande **Ligne**, donnez une réponse nulle (touche [Entrée] ou clic droit puis **Entrer**).

2. Supprimer la dernière ligne introduite

Lorsque vous placez plusieurs lignes dans la même commande **Ligne**, vous êtes appelé à revenir en arrière, c'est-à-dire à annuler la ou les lignes précédemment dessinées. En cours de commande **Ligne**, un clic droit affiche le menu contextuel suivant :

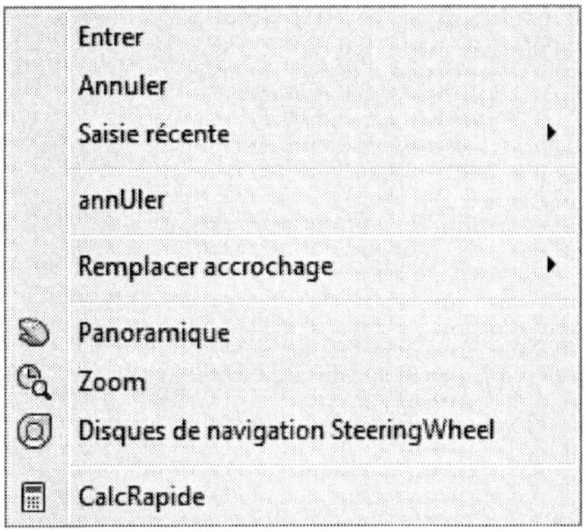

Choisissez alors **annUler**. Le curseur élastique est repositionné au point précédent, où vous pouvez continuer à positionner vos différentes lignes.

Remarque

*Vous pouvez utiliser cette option à plusieurs reprises pour annuler plusieurs lignes dessinées. Ne la confondez pas avec l'option **Annuler** qui annule l'opération et sort de la commande en cours.*

3. Fermer les polygones

Lorsque vous dessinez des lignes successives (au minimum deux), vous avez régulièrement besoin de fermer la figure ou le polygone.

En cours de commande **Ligne**, effectuez un clic droit pour afficher le menu contextuel, puis choisissez **Clore**. AutoCAD ferme le polygone et quitte la commande **Ligne**.

4. Repartir du dernier point précisé

Après le choix de la commande **Ligne**, si au message "Spécifier le premier point" vous répondez en appuyant sur la barre d'espacement ou sur [Entrée], le dernier point précisé deviendra le point de départ de la ligne à dessiner.

Si un arc a été mis en place précédemment, son extrémité déterminera le point de départ et la direction de la ligne (tangente). AutoCAD vous demande alors la longueur de la ligne.

5. Saisie directe d'un écart

La saisie directe de l'écart permet la mise en place rapide d'un point par rapport au point précédent.

Indiquez la direction à respecter en déplaçant le curseur, puis saisissez une valeur numérique et validez par [Entrée]. Cette valeur définit la longueur du déplacement. La direction peut être définie de différentes façons :

- Le mode **Ortho**  (de la barre d'état) représente une méthode intéressante ; il permet d'imposer les directions X ou Y du système de coordonnées courant. Ceci est intéressant notamment pour une première esquisse, mais se limite à deux directions.
- Le **repérage polaire**  permet de respecter des orientations prédéfinies par l'utilisateur (voir détails dans le repérage polaire).
- L'**accrochage aux objets** peut être pris en compte pour fixer une direction. L'**accrochage aux objets activé**  repère une intersection par exemple ; sans cliquer, saisissez une distance au clavier. La direction passant par l'intersection est effectivement prise en compte. Notez la particularité de l'outil d'accrochage **Extension** qui permet de s'appuyer sur le prolongement d'une ligne ou d'un arc.

Remarque

*Notez que la complémentarité du **repérage d'accrochage aux objets** et du **repérage polaire** permet le positionnement rapide d'un segment. Voir aussi la saisie dynamique au niveau du curseur (cf. chapitre L'environnement de travail - Les notations cartésiennes et polaires).*

C. Annulations et rétablissements

AutoCAD permet à tout moment d'annuler la ou les précédentes opérations effectuées dans le dessin courant.

Vous venez de mettre en place plusieurs lignes de construction, ou vous venez de déplacer des objets, ou encore d'insérer un élément de bibliothèque... Vous pouvez très facilement annuler ces différentes commandes, et les rétablir le cas échéant.

Annulation

Dans la barre d'outils d'accès rapide, cliquez sur le bouton **Annuler** .

Remarque

Ce bouton est disponible si au moins une commande a été effectuée auparavant.

Vous répétez l'opération pour l'annulation de plusieurs opérations précédentes.

Vous pouvez également utiliser le bouton-liste **Annuler** ci-dessous pour visualiser les dernières opérations à annuler.

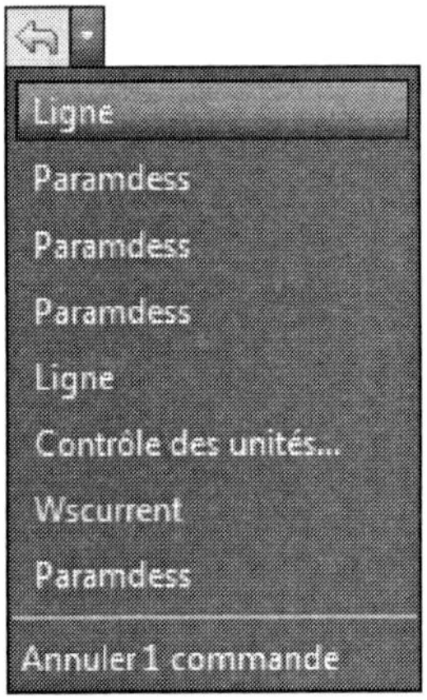

Rétablissement

Dans la barre d'outils d'accès rapide, cliquez sur le bouton **Rétablir** .

Remarque

Ce bouton est disponible s'il y a eu au moins une annulation auparavant.

Vous pouvez également utiliser le bouton-liste **Rétablir** ci-dessous pour visualiser et rétablir plusieurs opérations précédemment annulées.

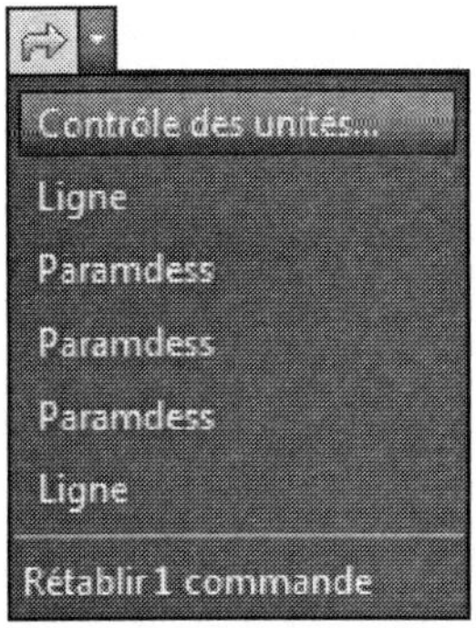

D. L'accrochage aux objets

AutoCAD reconnaît à chaque type d'objet un ou plusieurs points caractéristiques. Ces points de référence vous sont très utiles pour la construction. Ils peuvent être l'extrémité d'une ligne, l'intersection d'une ligne et d'un cercle... AutoCAD met à disposition de l'utilisateur des outils d'accrochage aux objets permettant de repérer efficacement les points de référence voulus.

1. Les outils d'accrochage aux objets

Un accrochage aux objets est un outil à utiliser lorsqu'AutoCAD demande à préciser un point. Vous pouvez par exemple, à partir de lignes de construction, repérer des intersections ou extrémités pour dessiner ou positionner des objets. Plutôt que de calculer des coordonnées en X et en Y, vous choisissez simplement l'outil d'accrochage, **Extrémité** par exemple. Une marque apparaît et permet de repérer l'extrémité d'une ligne (exemple ci-après).

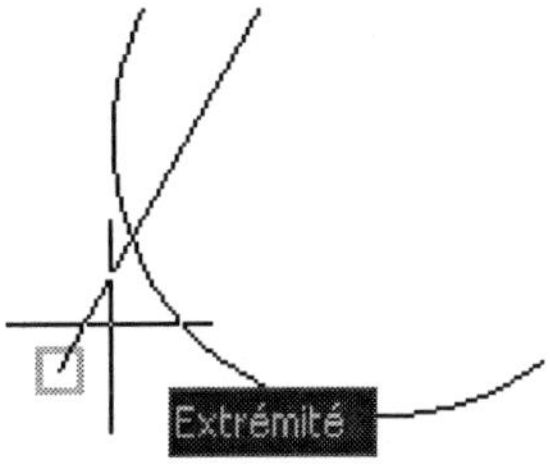

Voici les différents outils d'accrochage :

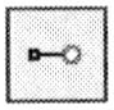	**Point de repérage temporaire**	Permet de positionner un point à partir de plusieurs références X et Y. Cette option attend un premier point puis un deuxième ; il extrait la position en X de l'un et la position en Y de l'autre (voir aussi Le repérage d'accrochage aux objets).
	**Depuis**	Un point de référence à partir duquel vous pouvez donner une position (relative).
	**Extrémité**	L'extrémité la plus proche d'un segment droit ou courbe.
	**Milieu**	Le milieu d'un segment droit ou courbe.
	**Intersection**	Le point d'intersection de deux objets : (soit l'intersection se trouve dans la cible, soit vous précisez deux objets).
	**Intersection projetée**	L'intersection réelle ou fictive de deux objets dans l'espace 2D ou 3D (projection de l'intersection).
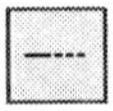	**Extension**	Fixe un point en plaçant le curseur sur une extrémité (une petite marque apparaît). Le déplacement du curseur permet une extension virtuelle de l'objet. Entrez une distance au clavier ou fixez un autre point pour obtenir une intersection des deux segments par exemple.
	**Centre**	Le centre d'un cercle, d'un arc ou d'une ellipse.
	**Quadrant**	Les points situés sur les directions Nord, Ouest, Sud et Est sur un cercle, un arc, ou une ellipse.
	**Tangente**	Le point par lequel une ligne, un arc passe de façon tangente ; valable pour les cercles, arcs, ellipses, splines...
	**Perpendiculaire**	Le point par lequel passe une ligne de façon perpendiculaire ; fonctionne pour les lignes, arcs, cercles, ellipses, splines.
	**Parallèle**	Permet de s'aligner à un segment droit. Déplacez le curseur sur l'objet de référence, et il respectera une parallèle à ce segment droit.

	Nodal	La position de l'objet Point.
	Point d'insertion	Le point d'insertion d'un texte, d'un attribut ou d'un bloc.
	Proche	Le point le plus proche sur une ligne, un arc, un cercle...
	Aucun	Permet de ne pas utiliser un accrochage prédéfini pour pouvoir préciser un point d'une autre manière (en X et Y par exemple).

AutoCAD vous permet aussi d'accéder à un menu curseur proposant tous ces outils d'accrochage. Pour l'utiliser, maintenez la touche [Shift] enfoncée et effectuez un clic droit.

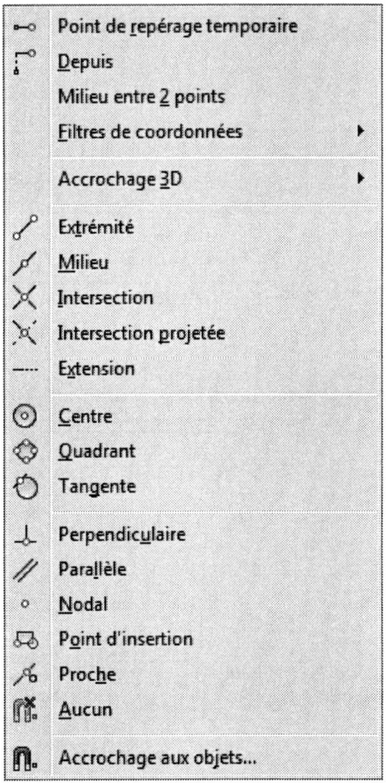

Vous accédez également aux outils d'accrochage en déroulant le bouton-liste **Curseur d'accrochage aux points de référence 2D** de la barre d'état. Le menu suivant est affiché et vous choisissez l'outil d'accrochage désiré :

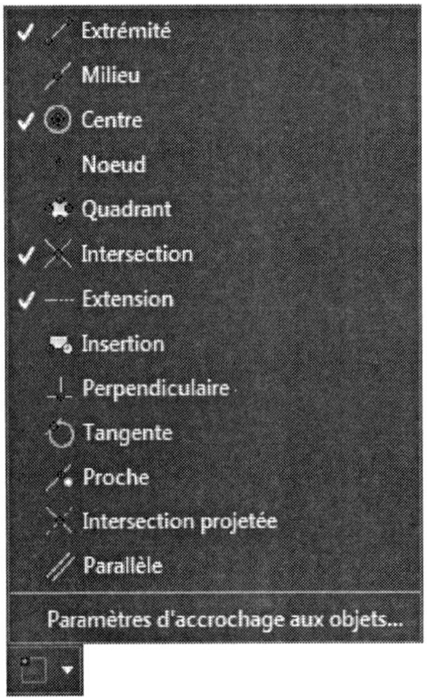

Remarque

*L'outil d'accrochage **Milieu entre 2 points** du menu contextuel permet de repérer automatiquement le milieu d'un segment matérialisé par deux points, à l'aide de l'accrochage aux objets par exemple.*

2. L'accrochage 3D

AutoCAD reconnaît plusieurs points caractéristiques aux objets 3D, et plus précisément aux sommets, aux arêtes et aux faces. Ainsi, l'accrochage 3D permet de s'accrocher aux sommets, au milieu des arêtes ou encore au centre d'une face.

➲ Cliquez sur le bouton **Curseur d'accrochage aux points de référence 3D** dans la zone d'état pour activer ou désactiver l'accrochage 3D.

➲ Déroulez le bouton-liste **Curseur d'accrochage aux points de référence 3D**  dans la zone d'état, et choisissez **Paramètres d'accrochage aux objets** pour afficher la fenêtre suivante :

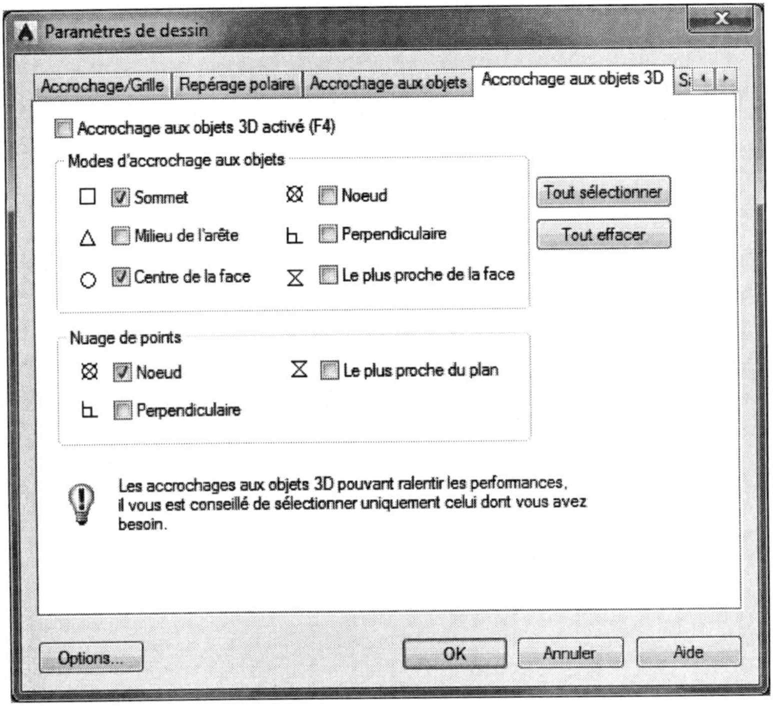

L'onglet **Accrochage aux objets 3D** est activé. La rubrique **Modes d'accrochage aux objets** propose les choix suivants :

Sommet : sommet le plus proche. Le sommet constitue l'intersection de deux arêtes, courbes ou faces en un même point.

Milieu de l'arête : milieu d'une arête (droite ou courbe).

Centre de la face : centre d'une face plane.

Noeud : nœud de spline.

Perpendiculaire : point perpendiculaire ou normal à une face ou une surface.

Le plus proche de la face : point le plus proche de la face ou d'une surface.

La rubrique **Nuage de points** concerne le cas particulier des accrochages aux objets des nuages de points.

Noeud : nœud d'un nuage de points.

Le plus proche du plan : point le plus proche d'un segment planaire sur un nuage de points.

Perpendiculaire : point perpendiculaire à un segment planaire sur un nuage de points.

Le bouton **Tout sélectionner** permet l'activation de tous les modes d'accrochage aux objets 3D.

Le bouton **Tout effacer** permet la désactivation de tous les modes d'accrochage aux objets 3D.

Remarque

Appuyez sur la touche [Tab] pour passer en revue les différents points d'accrochage détectés.

3. L'accrochage permanent aux objets

a. Définir l'accrochage permanent

Vous pouvez, à chaque fois que vous en avez besoin, choisir un outil d'accrochage. Mais vous avez souvent besoin de plusieurs outils d'accrochage et il devient alors moins pratique de répéter l'opération. AutoCAD permet un accrochage permanent pour remédier à cet inconvénient.

➲ Déroulez le bouton-liste **Curseur d'accrochage aux objets de référence 2D** de la barre d'état, et choisissez **Paramètres d'accrochage aux objets**.

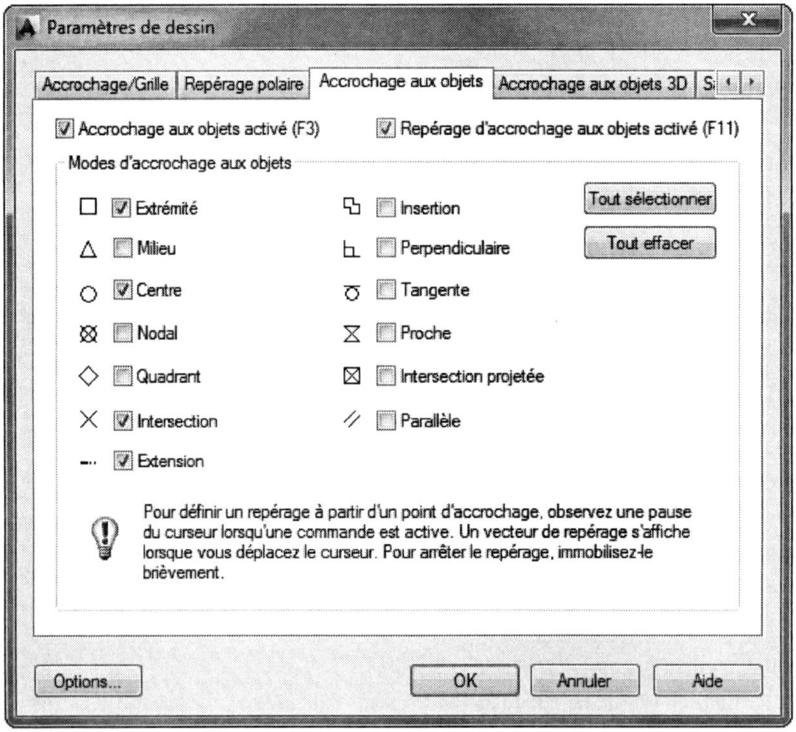

- Cliquez sur le bouton **Tout effacer** pour désélectionner l'ensemble des outils d'accrochage.
- Cochez les options **Intersection**, **Extrémité** et **Milieu** puis confirmez par **OK**. À chaque fois qu'AutoCAD vous demande un point, une marque apparaît automatiquement pouvant repérer n'importe quel milieu, extrémité, intersection ou intersection étendue.

En fonction de la position du curseur, AutoCAD choisira le point le plus adapté (le plus proche, extrémité ou milieu, ou l'intersection). Dans les zones délicates, où par exemple de nombreuses extrémités sont proches l'une de l'autre, vous pouvez rencontrer quelques difficultés pour accrocher le bon point. La touche [Tab] permet, à l'aide de plusieurs pressions successives, de passer en revue tous les accrochages locaux. Chaque objet concerné sera sélectionné, et ses accrochages spécifiques seront affichés.

Le bouton **Options** renvoie à l'onglet **Dessin** des options d'AutoCAD. Ici, vous pouvez afficher/masquer les marqueurs (un marqueur par type d'accrochage, un carré pour l'extrémité par exemple). Vous activez/désactivez le magnétisme du curseur, affichez/masquez les info-bulles, affichez/masquez la cible d'accrochage. Vous fixez la couleur et la taille des marqueurs. Avec AutoCAD, l'accrochage permanent peut rester activé. En effet, dans le cas d'une saisie de coordonnées au clavier, celles-ci sont prioritaires.

Remarque

Dans la zone d'état, le bouton ***Accrochage aux objets***  *active ou désactive l'accrochage aux objets. Un clic droit sur ce bouton donne accès aux paramètres.*

b. Les outils spécifiques Extension et Parallèle

L'exemple ci-dessous permet de se familiariser avec l'accrochage avancé d'AutoCAD, et plus particulièrement les outils **Extension** et **Parallèle**.

Exemple :

Vous avez à l'écran la figure de gauche, et vous souhaitez obtenir la figure de droite. Le point A est le centre de l'arc. Le point B est l'intersection des prolongements de la ligne et de l'arc. Le segment BC est horizontal, et le segment CD est parallèle à l'oblique de la première figure.

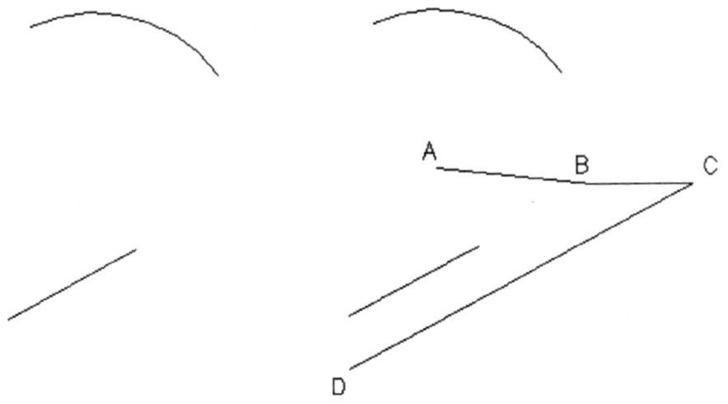

➲ Dans la barre d'état, déroulez le bouton-liste **Curseur d'accrochage aux points de référence 2D**, et choisissez **Paramètres d'accrochage aux objets**. Activez les cases à cocher suivantes : **Accrochage aux objets activé**, **Centre**, **Intersection**, **Extension** et **Parallèle**. Confirmez par **OK**.

Dans la zone d'état, désactivez si nécessaire les boutons **Limiter le curseur à des angles spécifiques** et **Limiter le curseur dans le sens horizontal**.

➲ Activez l'onglet **Début** du ruban, choisissez le bouton **Ligne** dans le groupe de fonctions **Dessin**.

➲ Déplacez le curseur sur l'arc. Le marqueur rond (Centre) apparaît. Cliquez pour préciser le point A.

➲ Pour spécifier le point B, déplacez le curseur sur l'extrémité haute de la ligne pour fixer la marque d'extension, puis de la même façon, déplacez le curseur sur l'extrémité droite de l'arc pour fixer la marque d'**extension**. Si vous déplacez délicatement le curseur vers l'intersection des deux segments, vous constatez que deux lignes de construction s'affichent et se rejoignent à l'intersection B. Cliquez pour imposer le premier point B.

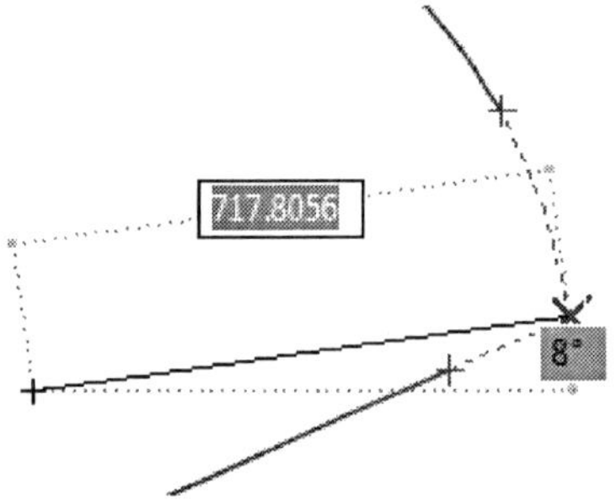

➲ Activez le mode orthogonal en cliquant sur le bouton **Limiter le curseur dans le sens horizontal** de la barre d'état. Déplacez le curseur vers la droite. Saisissez une longueur au clavier (ex. 50) puis validez avec la touche [Entrée]. Vous précisez comme ceci le point C.

➲ Désactivez le bouton **Limiter le curseur dans le sens horizontal** pour déplacer le curseur sur la ligne oblique jusqu'à obtention du signe **Parallèle**, puis sans cliquer, bougez le curseur vers le bas pour constater la mise en place automatique d'une ligne de construction parallèle, telle que représentée dans la figure ci-dessous. Cliquez pour fixer le point D ou tapez une longueur au clavier (ex. : 200). Pour quitter la commande, faites un clic droit puis choisissez **Entrer**.

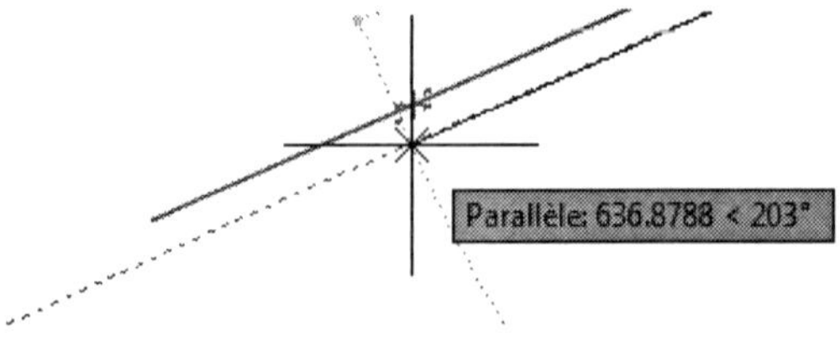

4. Le repérage d'accrochage aux objets

- Déroulez le bouton-liste **Curseur d'accrochage aux points de référence 2D** de la barre d'état, et choisissez **Paramètres d'accrochage aux objets**.
- Dans la fenêtre **Paramètres de dessin**, activez l'onglet **Accrochage aux objets**, et cochez la case **Repérage d'accrochage aux objets activé**.

  Grâce aux outils d'accrochage activés, le curseur va se référer à différents points intermédiaires (extrémité, milieu, intersection...) pour positionner le point voulu.

  Dans la barre d'état, le bouton **Afficher les lignes de référence d'accrochage** active ou désactive le repérage d'accrochage aux objets.

  Dans les exemples ci-après, grâce au repérage d'accrochage aux objets, les deux extrémités ou milieux repérés permettent de positionner l'intersection de l'horizontale et de la verticale passant par ces extrémités.

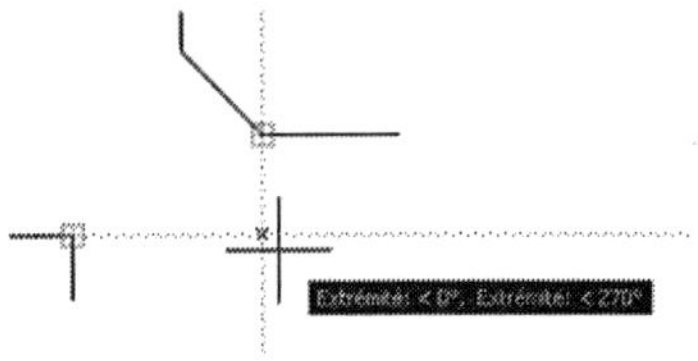

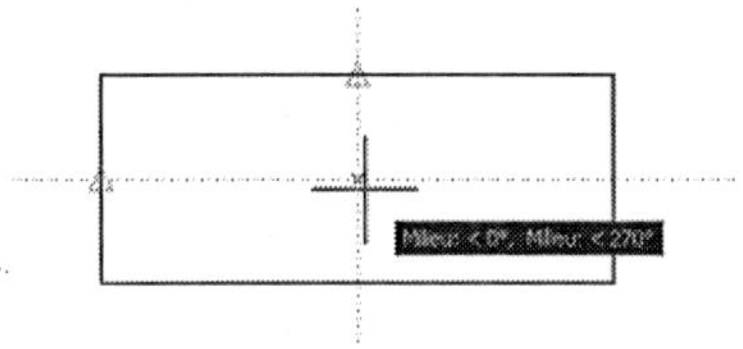

E. Le repérage polaire

Le mode orthogonal permet d'imposer les directions horizontale et verticale. Le repérage polaire permet d'imposer tout type d'orientation. L'utilisateur fixe un ou plusieurs angles de référence à respecter. Ceux-ci sont des angles absolus ou relatifs au précédent segment.

- Dans la barre d'état, déroulez le bouton-liste **Limiter le curseur à des angles spécifiques** et choisissez **Paramètres de repérage**.

Une boîte de dialogue semblable à la suivante apparaît :

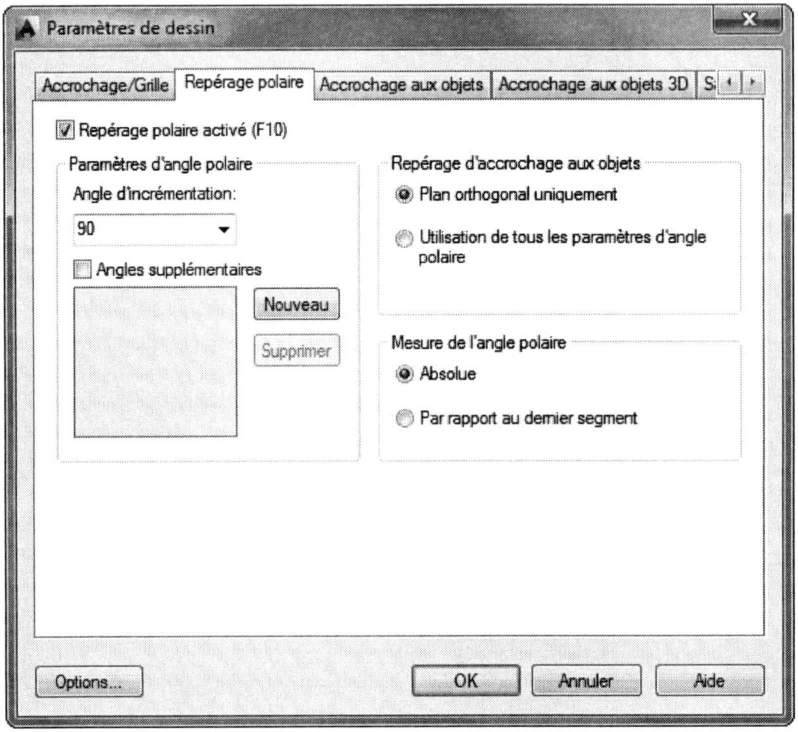

La case à cocher **Repérage polaire activé** permet d'utiliser ou non le repérage polaire.

Paramètres d'angle polaire

Placez le curseur dans la zone de texte pour fixer l'angle incrémental à respecter. Si vous précisez une valeur de 45, le curseur imposera une direction à 45, puis 90, 135, 180, 225... La liste déroulante accède aux valeurs précédemment utilisées.

Cliquez sur **Nouveau** pour fixer un angle supplémentaire (non incrémental). Si vous rentrez un angle supplémentaire de 67, le curseur imposera, en plus des angles 45, 90, 135, l'angle absolu de 67.

Repérage d'accrochage aux objets

L'option **Plan orthogonal uniquement** permet de s'appuyer grâce à l'accrochage aux objets aux directions horizontale et verticale, tout en respectant les paramètres d'angle polaire.

L'option **Utilisation de tous les paramètres d'angle polaire** permet d'imposer tous les paramètres d'angle à partir de n'importe quel accrochage aux objets.

Mesure de l'angle polaire

L'option **Absolue** force l'utilisation de l'angle incrémental par rapport au zéro degré. L'option **Par rapport au dernier segment** tient compte, contrairement à l'option **Absolue**, de la direction du segment précédent.

F. Création d'arcs

➲ Activez l'onglet **Début**, du ruban. Dans le groupe de fonctions **Dessin**, cliquez sur l'icône déroulante **Arc** 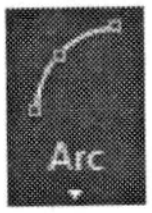

et choisissez une des options ci-après :

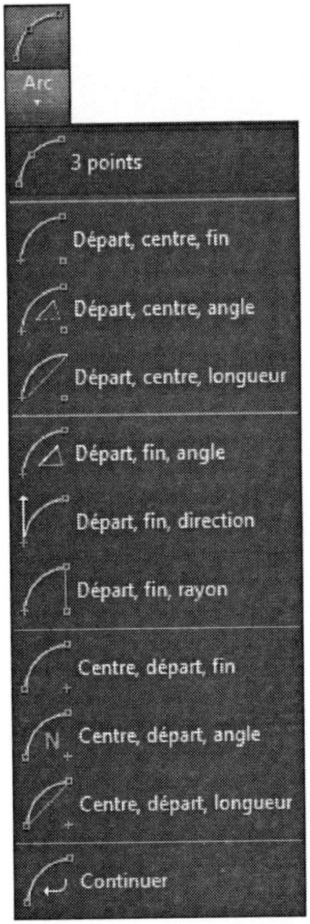

Les arcs sont des portions de cercles. Il y a onze façons de dessiner un arc :

- Par 3 points.
- Un point de départ, un centre, un point final.
- Un point de départ, un centre, un angle décrit.
- Un point de départ, un centre, une longueur de corde.
- Un point de départ, un point final, un angle décrit.
- Un point de départ, un point final, une direction.
- Un point de départ, un point final, un rayon.
- Un centre, un point de départ, un point final.
- Un centre, un point de départ, un angle.
- Un centre, un point de départ, une longueur de corde.
- La continuité d'une ligne ou d'un arc déjà en place.

Voici quelques exemples utilisant différentes méthodes pour dessiner un arc :

Arc défini par trois points 

La méthode de mise en place est semblable à celle utilisée pour les cercles. Le premier et le troisième point sont les extrémités de l'arc. Notez qu'avec cette méthode, un arc peut être défini dans les deux sens (horaire et trigonométrique).

```
Spécifiez le point de départ de l'arc ou [Centre]: P1
Spécifiez le second point de l'arc ou [Centre/pt Final]: P2
Spécifiez l'extrémité de l'arc: P3
```

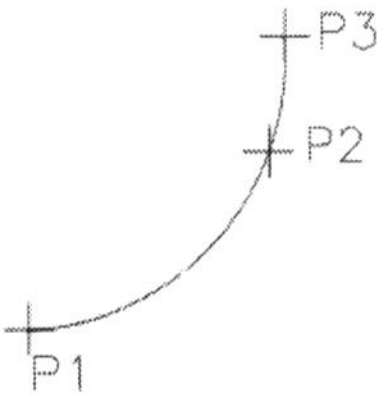

Les points p1, p2 et p3 peuvent être des points fixés à l'aide de la souris, des points d'accrochage ou des coordonnées précises.

Point de départ, Centre, Point final 

Vous définissez un arc dessiné dans le sens trigonométrique du point de départ au point final, avec un centre spécifié.

```
Spécifiez le point de départ de l'arc ou [Centre]: 10,10
Spécifiez le centre de l'arc: 12,15
Spécifiez l'extrémité de l'arc (maintenez la touche Ctrl enfoncée
pour changer de direction) ou [Angle/Longueur de corde]: 23,18
```

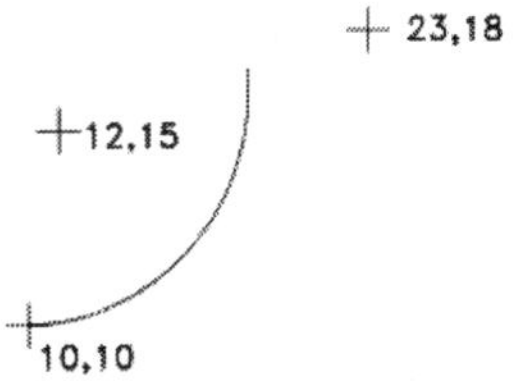

Dans ce cas, le point final défini est uniquement utilisé pour définir l'angle final de l'arc. L'arc ne passe pas forcément par ce point. Son rayon est déterminé par le centre et le point de départ.

Il est parfois pratique de donner le centre en premier, ainsi il vous est possible de donner le centre, le rayon, l'angle de départ et l'angle final en utilisant les coordonnées relatives.

Point de départ, Centre, Angle décrit 

Normalement, l'arc est dessiné dans le sens trigonométrique à partir du point de départ. Ici cependant, si vous avez spécifié un angle négatif, l'arc sera dessiné dans le sens inverse.

```
Spécifiez le point de départ de l'arc ou [Centre]: P1
Spécifiez le centre de l'arc: 12,15
Spécifiez l'angle décrit (maintenez la touche Ctrl enfoncée pour
changer de direction): 90 ou 90 ou -270
```

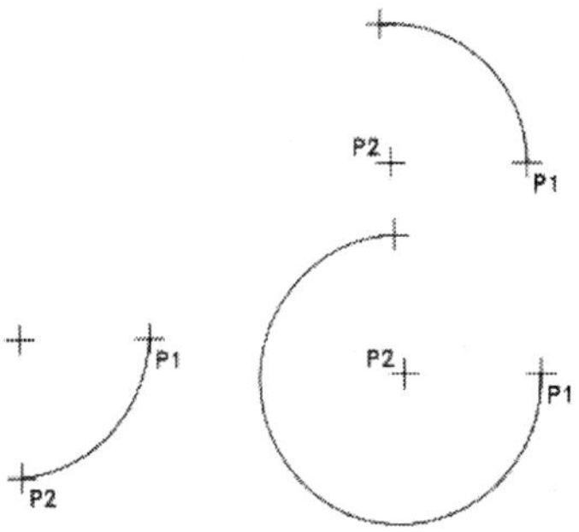

G. Création de cercles

➲ Activez l'onglet **Début** du ruban. Dans le groupe de fonctions **Dessin**, cliquez sur l'icône déroulante **Cercle** 

et choisissez une des options ci-après :

Un cercle peut être défini de six manières différentes sur AutoCAD :

- Par un point de centre et un rayon.
- Par un point de centre et un diamètre.
- Par deux points.
- Par trois points.
- Par deux points de tangence et un rayon.
- Par trois points de tangence.

Pour les deux premières méthodes, vous pouvez également utiliser l'accrochage des objets pour spécifier un point sur la circonférence du cercle que vous créez ; ainsi différentes constructions géométriques seront possibles.

Voici quelques exemples utilisant différentes méthodes :

Cercle défini par un centre et un rayon

```
Spécifiez le centre du cercle ou [3P/2P/Tir (tangente
tangente rayon)]: 4,4
Spécifiez le rayon du cercle ou [Diamètre]: 30
```

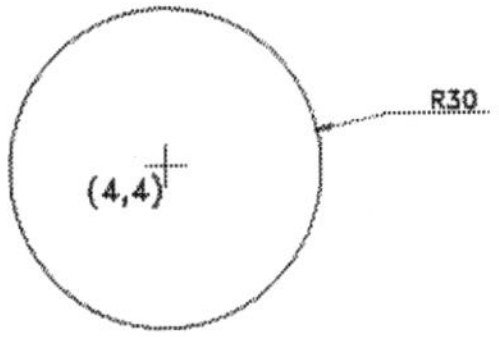

Cercle défini par deux zones de tangence et un rayon

```
Spécifiez un point de l'objet pour la première tangente
du cercle: Objet 1
Spécifiez un point de l'objet pour la deuxième tangente
du cercle: Objet 2
Spécifiez le rayon du cercle: 30
```

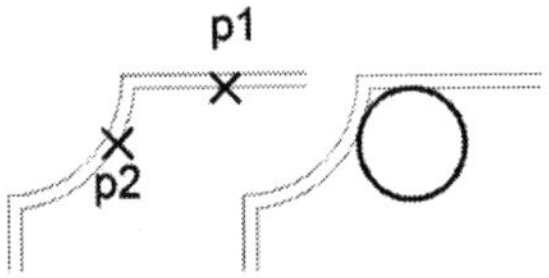

Cercle défini par trois points de tangence

Dans les exemples ci-après, le cercle sera tangent à trois éléments (lignes ou/et cercles) et au plus près des trois points de saisie.

```
Spécifiez un premier point sur le cercle: _tan à Objet 1
Spécifiez un deuxième point sur le cercle: _tan à Objet 2
Spécifiez un troisième point sur le cercle: _tan à Objet 2
```

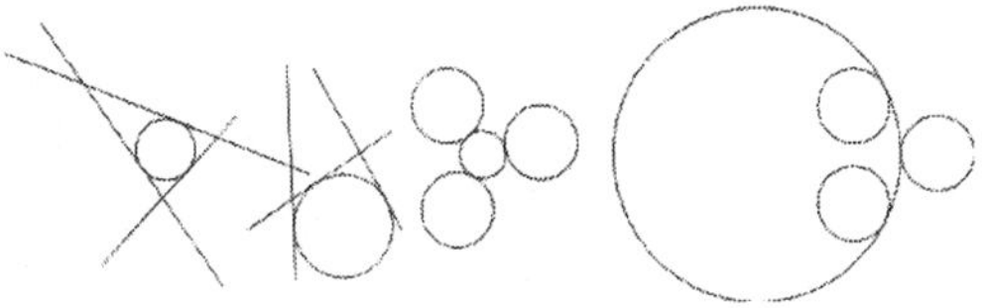

H. Création de points

- Activez l'onglet **Début** du ruban. Déroulez le groupe de fonctions **Dessin**, cliquez sur l'icône **Plusieurs points** .

  AutoCAD vous demande de placer le ou les point(s) :

  `Spécifiez un point:`

- Saisissez **5,6** puis appuyez sur la touche [Entrée].
- Appuyez sur la touche [Echap] pour quitter la commande.

  L'introduction précédente place au point de coordonnées (5,6) un point. Les points peuvent être utilisés pour y accrocher un objet du dessin (outil Nodal). Vous pouvez spécifier un point tridimensionnel. Si vous omettez la coordonnée en Z, AutoCAD utilise l'élévation courante.

  Vous pouvez modifier l'apparence et la taille des entités "Point".

- Déroulez le groupe de fonctions **Utilitaires** (onglet **Début**) et cliquez sur l'icône **Style de points** 

.

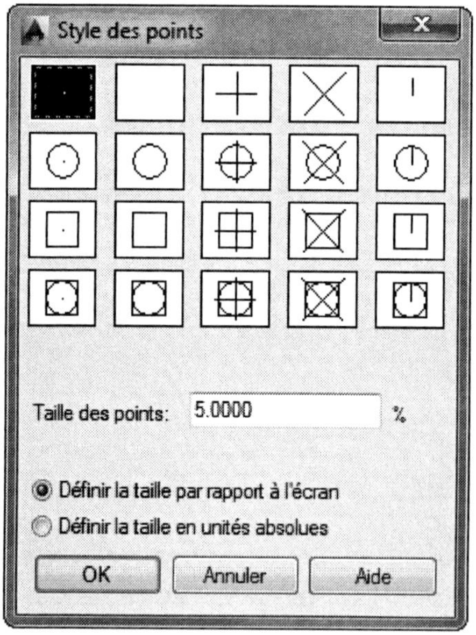

Après avoir cliqué sur le type de point désiré et confirmé par **OK**, il faut attendre la prochaine régénération graphique (menu déroulant **Affichage/Régénérer**) pour voir les points existants sous leur nouvelle apparence.

AutoCAD vous donne deux possibilités de disposer des points sur un objet :

- L'objet peut être divisé en un certain nombre de segments, et les points seront uniformément répartis sur l'objet.
- Une longueur de segment sera mise en place à partir d'un point donné sur l'objet. Les points seront équidistants les uns des autres.

➲ Déroulez le groupe de fonctions **Dessin** et choisissez l'icône **Diviser** .

AutoCAD vous demande de choisir l'objet à diviser, puis le nombre de segments. Le nombre de points mis en place sur l'objet est égal au nombre de segments moins un.

➲ Déroulez le groupe de fonctions **Dessin** et choisissez l'icône **Mesurer** .

AutoCAD vous demande de choisir l'objet, puis la longueur du segment à mesurer. Les points seront mis en place sur l'objet en respectant la longueur fixée. Le premier point sera mis en place du côté de la sélection de l'objet.

I. Création de polylignes

Une polyligne est une succession continue de segments droits ou/et courbes. La polyligne reste malgré cela une seule entité, quel que soit le nombre de segments la composant. Une polyligne 2D n'a pas de variantes en Z. Toutes les polylignes 2D ont les propriétés suivantes :

- On peut définir l'épaisseur des lignes des polylignes, avec une épaisseur constante ou une épaisseur dégressive.
- Une polyligne 2D d'épaisseur importante peut remplir complètement ou partiellement un cercle.
- Les polylignes peuvent être fermées ou ouvertes.
- Elles peuvent être dessinées avec des types de ligne définis, des raccords et chanfreins peuvent être ajoutés aux polylignes.
- Le lissage des polylignes est possible.
- On peut connaître le périmètre, la surface d'une polyligne.
- On peut éditer ou modifier une ou plusieurs polylignes.

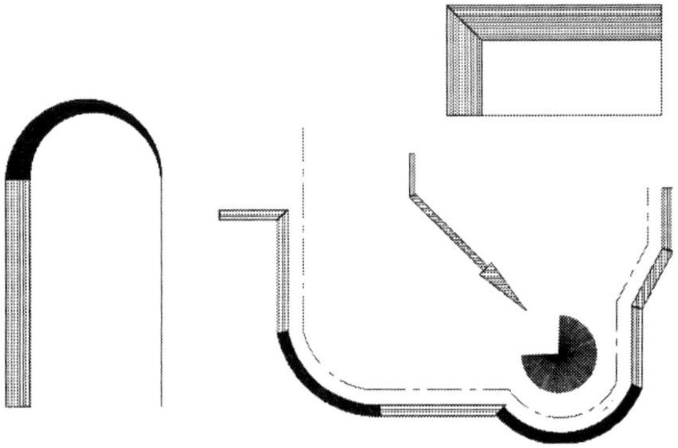

Une polyligne 3D est uniquement une succession de segments, dont l'épaisseur est égale à zéro. Le contour d'une polyligne 3D peut également être fermé.

➲ Dans le groupe de fonctions **Dessin** (onglet **Début**), cliquez sur l'icône **Polyligne** .


```
Spécifiez le point de départ: précisez le Point de départ
Spécifiez le point suivant ou [Arc/Demi-larg/LOngueur/
annUler/LArgeur]:
```

Chaque option est détaillée ci-après :

Arc : permet de dessiner des segments courbes (Arcs) et entraîne l'affichage d'une nouvelle ligne d'options expliquées un peu plus loin.

Clore : ferme le contour d'une polyligne (option disponible pour polyligne de deux segments minimum).

Demi-larg : permet de définir la demi-épaisseur du point de départ au point final du segment suivant (voir exemple 2).

LOngueur : permet de dessiner un segment de ligne possédant le même angle que le segment précédent et dont la longueur est fixée par l'utilisateur. Si le segment intervient après un arc de cercle, le segment sera tangent à l'extrémité de l'arc.

annUler : permet d'annuler le dernier segment, l'avant-dernier segment devenant alors le dernier segment, il peut à son tour être annulé.

LArgeur : permet de définir l'épaisseur des droites ou des arcs de cercle suivants. Pour utiliser cette option, il faut avoir précisé au moins un point de la polyligne. Vous obtenez le remplissage des polylignes si le remplissage de solide est actif (voir exemple 1).

Les sous-options de l'option **Arc** sont :

- **Angle** : permet de préciser l'angle inscrit de l'arc de cercle.
- **CEntre** : permet de dessiner un arc de cercle défini par son centre. Cet arc de cercle n'est pas obligatoirement tangent au dernier objet créé (voir exemple 3).
- **CLore** : cette option est identique à celle des lignes, mais elle ferme le contour avec un arc de cercle.
- **DIrection** : normalement, AutoCAD dessine l'arc de cercle tangent au dernier segment créé. À l'aide de cette option, vous pouvez modifier l'angle de raccordement entre le dernier segment créé et l'arc de cercle (voir exemple 4).
- **LIgne** : permet de revenir au menu segment de droite.
- **Rayon** : permet de définir l'arc de cercle par son rayon, celui-ci n'étant pas obligatoirement tangent au dernier objet créé.
- **Second pt** : permet de définir le deuxième point pour le dessin d'un arc défini par trois points.

Exemple 1

Saisissez le premier point de la Polyligne, puis choisissez l'option **LArgeur**.

```
Spécifiez la largeur de départ : 1
Spécifiez la largeur de fin : 5
```

Après avoir saisi le deuxième point de la Polyligne, précisez un troisième point.

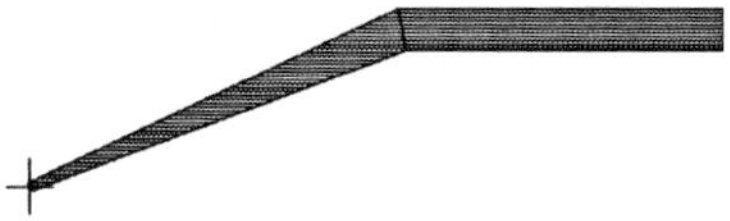

Après avoir saisi le troisième point de la Polyligne, choisissez l'option **LArgeur**.

```
Spécifiez la largeur de départ : 5
Spécifier la largeur de fin : 1
Précisez un quatrième point.
```

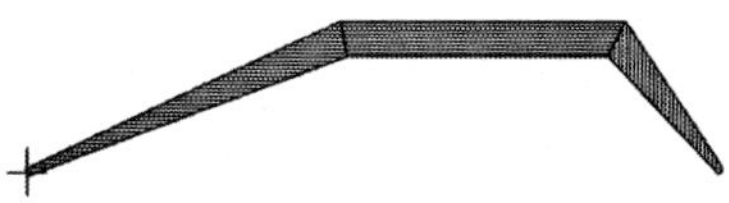

Remarque

Ici, le deuxième segment a une épaisseur constante correspondant à la valeur finale de l'épaisseur du segment précédent.

Si votre polyligne n'a pas l'aspect ci-dessus, agissez sur le remplissage de solide. Pour ce faire, activez la case à cocher **Appliquer remplissage de solide** dans l'onglet **Affichage** de la fenêtre **Options**.

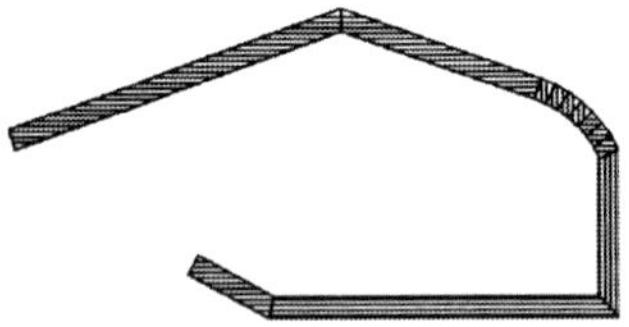

Exemple 2

Option **Demi-largeur**

```
Spécifiez la demi-largeur de départ : 1
Spécifiez la demi-largeur de fin : 10
```

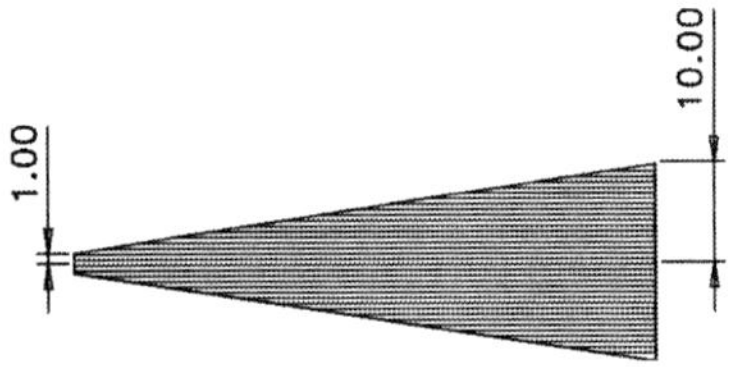

Exemple 3

Arc de cercle d'une polyligne définie par son centre.

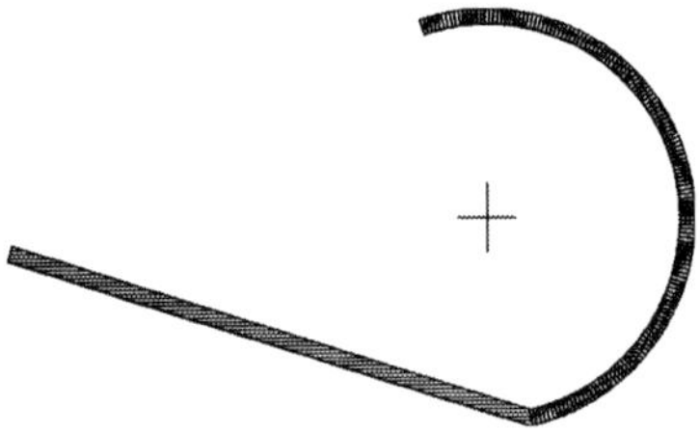

Exemple 4

Arc de cercle tangent au dernier segment créé.

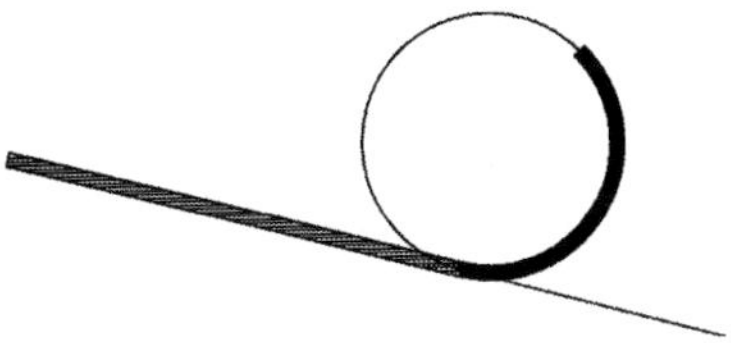

Arc de cercle obtenu avec l'option **Direction**.

Remarque

Les lignes en trait fin sont les lignes de construction.

J. Création de courbes splines

Les splines sont des courbes passant par une série de points. AutoCAD utilise les splines NURBS (*Non Uniform Rational B-Splines*). Celles-ci sont définies par des points de lissage ou avec des sommets de contrôle. Les points de lissage sont situés sur la spline (la spline passe par les points), alors que les sommets de contrôle définissent un "cadre de tolérance". Il est possible de supprimer ou d'ajouter des points de contrôle à la spline. Ainsi, vous pouvez apporter localement une modification sur la courbe tout en conservant une grande précision, ainsi qu'une allure naturelle de la courbe. Il est possible de créer une spline à partir de polylignes, même si ceci présente peu d'avantages (moins précis).

1. Définir une spline passant par des points de lissage

➲ Déroulez le groupe de fonctions **Dessin** (onglet **Début**), et choisissez l'icône **Ajuster la Spline** .

Le message suivant apparaît :

```
Paramètres courants: Méthode=Ajustement Noeuds=Corde
Spécifiez le premier point ou [Méthode/Noeuds/Objet]:
```

Spécifiez le premier point puis AutoCAD affiche le message suivant :

```
Indiquez le point suivant ou [Tangence de départ/toLérance]:
```

L'option **Tangence de départ** permet d'agir sur l'orientation de départ de la spline en spécifiant une direction dont la spline respectera la tangence.

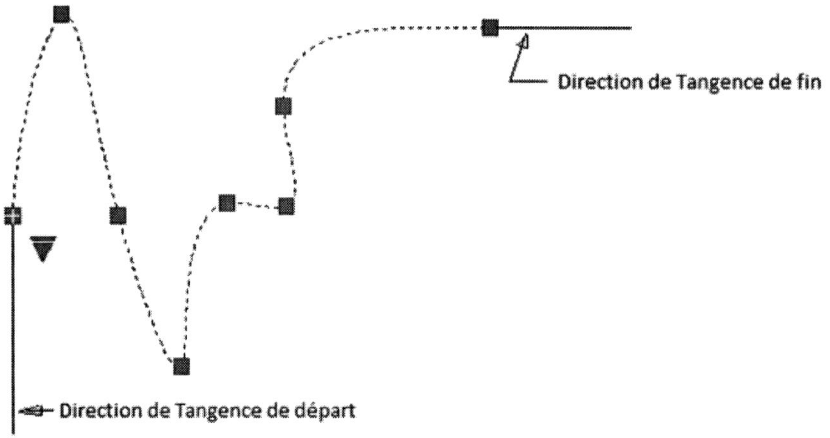

L'option **Tolérance** autorise une distance dont peut s'écarter la spline des points de lissage spécifiés. Exceptés pour les premier et dernier points de la spline, une valeur positive écarte la spline des points de lissage, alors que la valeur 0 impose à la spline de passer par les points.

Spécifiez le point suivant puis le message suivant est affiché :

```
Indiquez le point suivant ou [Tangence fin/toLérance/annUler]:
```

L'option **annUler** permet d'annuler le point précédent.

Spécifiez le point suivant puis le message suivant est affiché :

```
Indiquez le point suivant ou [fin Tangente/toLérance/annUler/Clore]:
```

Spécifiez les points suivants pour matérialiser tous les points de lissage.

L'option **Clore** permet si nécessaire de fermer la spline.

2. Définir une spline passant par des sommets de contrôle

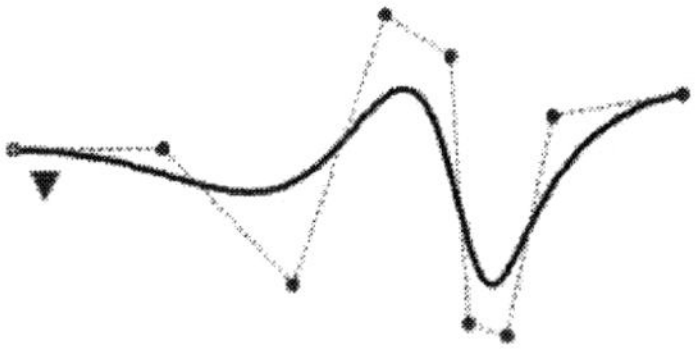

- Déroulez le groupe de fonctions Dessin, et choisissez l'icône **SC de Spline** .
  Le message suivant apparaît :

```
Spécifiez le premier point ou [Méthode/Degré/Objet]:
```

Spécifiez le premier point puis le message suivant est affiché :

```
Indiquez le point suivant:
```

Spécifiez le point suivant.

```
Indiquez le point suivant ou [annUler]:
```

Spécifiez le point suivant. L'option **annUler** permet d'annuler le point précédent.

```
Indiquez le point suivant ou [Clore/annuLer]:
```

Spécifiez les points suivants pour matérialiser tous les points de lissage.
L'option **Clore** permet si nécessaire de fermer la spline.

Remarque

Le polygone de contrôle passant par les sommets de contrôle est matérialisé en pointillés lors de la mise en place de la Spline (voir figure ci-dessous).

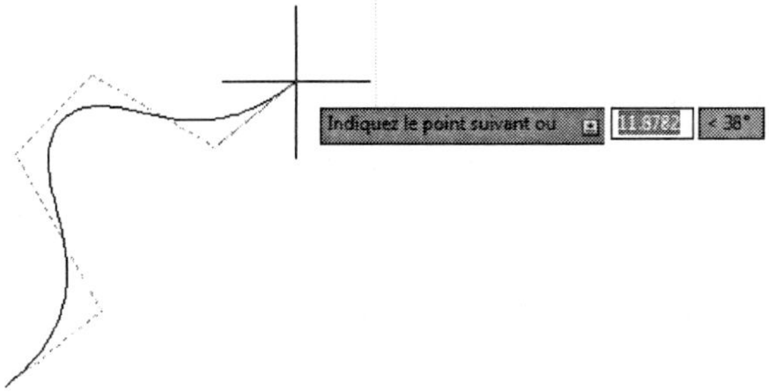

Méthode : détermine si la spline est créée avec des points de lissage ou avec des sommets de contrôle.

- Option **Ajustement** permet de définir la spline en précisant chaque point de lissage.
- Option **SC** permet de préciser les sommets de contrôle.

Degré : définit le degré polynomial de la spline (degré 1 = linéaire, degré 2 = quadratique, degré 3 = cubique).

Nœuds : intervient sur le paramétrage de nœud, et influe sur la forme de la courbe qui passe par les points de lissage.

- Option **Corde** : numérote les points de modification avec des valeurs décimales représentant leur emplacement sur la courbe.
- Option **Racine carrée** : numérote les points de modification d'après la racine carrée de la longueur de corde comprise entre des nœuds consécutifs.
- Option **Uniforme** : numérote les points de modification avec des nombres entiers consécutifs.

Les courbes ci-dessous sont réalisées avec les trois options **Corde**, **Racine carrée** et **Uniforme** à partir des mêmes points de lissage.

Par défaut, AutoCAD demande un premier point, puis les autres points par lesquels passera la spline. Une fois ces points précisés, AutoCAD demande une tangente de début et de fin. Ces tangentes correspondent à des directions influant sur la courbure de début et de fin. Si vous validez par [Entrée], AutoCAD calcule les tangentes par défaut en respectant l'allure globale de la courbe. À chaque fois qu'AutoCAD attend un point, vous pouvez modifier la valeur de tolérance qui détermine l'écart autorisé de la spline aux points de contrôle.

Objet : convertit une polyligne 2D ou 3D (lissée en spline avec la commande **Modifier polyligne** ) en “vraie” spline NURBS.

Sélectionnez la spline, et accédez à la poignée ci-dessous pour afficher les points de lissage de la spline (**Ajustement**) ou les sommets de contrôle.

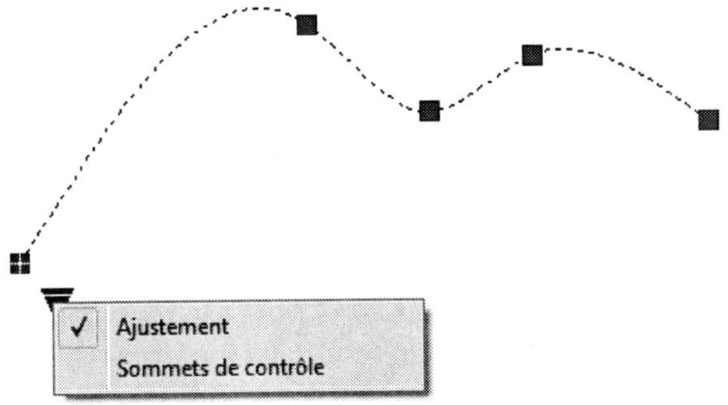

La figure ci-dessous affiche la spline avec ses sommets de contrôle :

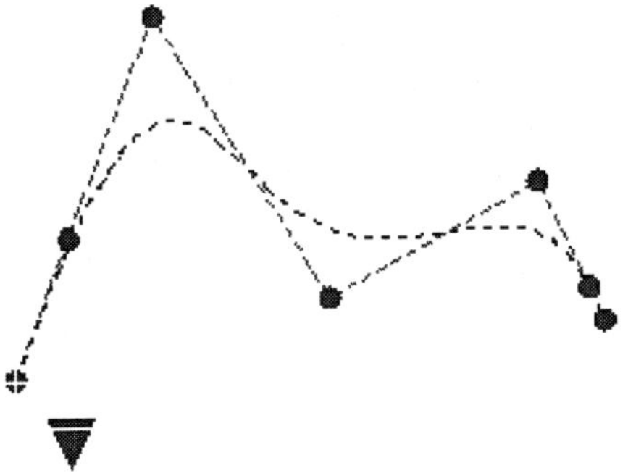

Voici quelques exemples utilisant les splines :

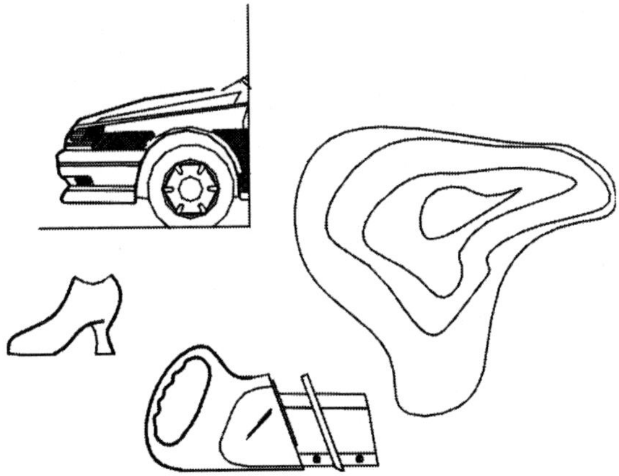

Remarque

Les splines sont modifiables par la commande ***Modifier spline*** *et à l'aide des poignées comme décrit ci-dessous.*

AutoCAD permet l'utilisation avancée des poignées de modification.

Pour éditer une spline, sélectionnez celle-ci et déplacez le pointeur sur un point de lissage ou un point de sommet pour afficher les options disponibles dans le menu contextuel.

Les figures ci-dessous affichent un menu d'édition de spline depuis un point de lissage (figure 1) ou depuis un sommet de contrôle (figure 2) :

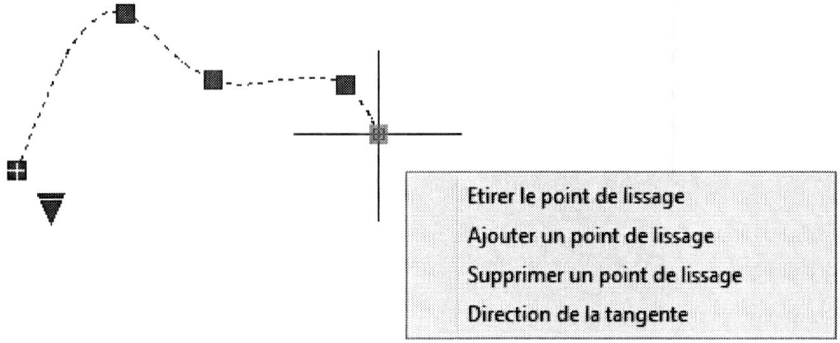

Figure 1

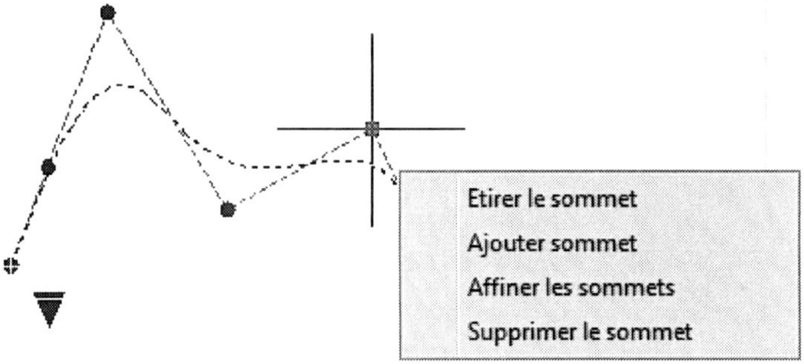

Figure 2

K. Création de texte

Vous pouvez insérer du texte dans un dessin avec un grand choix de jeux de caractères. Ces textes peuvent être compressés, élargis, inclinés, reflétés, tournés... AutoCAD propose deux types de texte : le texte sur une ou plusieurs lignes indépendantes, et le paragraphe de texte (ou texte multiligne).

1. Le texte sur lignes indépendantes

➲ Dans le groupe de fonctions **Annotation** (onglet **Début**), cliquez sur l'icône déroulante **Une seule ligne** 

.

Remarque

Cette commande est également accessible depuis le groupe de fonctions ***Texte*** *dans l'onglet* ***Annoter***.

AutoCAD affiche le message suivant :

```
Spécifiez le point de départ du texte ou [Justifier/Style]:
```

Soit vous positionnez le point de départ du texte (option par défaut), soit vous choisissez les options **Justifier** ou **Style**.

Spécifiez le point de départ du texte : cette option justifie votre texte le long de sa ligne de base. Il suffit simplement d'indiquer le point de départ désiré.

Justifier : utilisez cette option pour justifier (ou aligner) votre texte d'après les options d'alignement (voir Les options d'alignement).

Style : choisissez cette option pour utiliser un nouveau style de texte (voir Définition de styles de texte).

Si vous validez par [Entrée] sur l'option **Point de départ**, le texte que vous préciserez prendra place sous le texte précédent. Pour quitter la commande, validez par [Entrée] une ligne de texte vierge.

Remarque

Le texte dynamique permet un affichage instantané dans la zone graphique, mais aussi l'alignement de plusieurs lignes de texte.

Remarque

> *Afin de permettre le positionnement de différents points de départ dans la même opération, attribuez la valeur 1 à la variable DTEXTED (à saisir au clavier).*

2. Les options d'alignement (Justifier)

Vous pouvez aligner le texte en utilisant une combinaison des modes d'alignement haut/bas/milieu/ligne de base et gauche/centre/droite. La ligne de base représente la ligne le long de laquelle se trouve la base des majuscules. Si vous imaginez un cadre entourant le texte, les lettres longues (telles que p, g et y) dépassent la ligne de base vers le bas du cadre et les majuscules atteignent le haut du cadre. La position du milieu se trouve à mi-chemin entre la ligne de base et le haut du cadre. La figure suivante affiche les différentes positions d'alignement du texte.

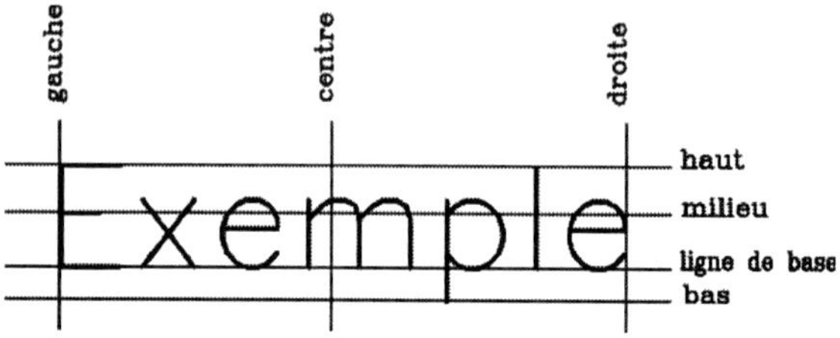

L'option **Justifier** vous permet de choisir parmi une liste d'options qui contrôlent l'alignement basique de votre texte.

```
Entrez une option [Gauche/Centre/Droite/Aligner/Milieu/Fixé/
HG/HC/HD/MG/MC/MD/BG/BC/BD] :
```

L'alignement à gauche, le plus utilisé, est proposé par défaut.

L'option Aligner

Vous pouvez définir l'orientation et la hauteur du texte en définissant les extrémités de la ligne de base. AutoCAD demande les deux extrémités et calcule une hauteur de texte de façon à ce que le texte soit placé entre ces deux points. Plus le texte est long, plus sa hauteur diminue. La taille des caractères est ajustée proportionnellement à la hauteur.

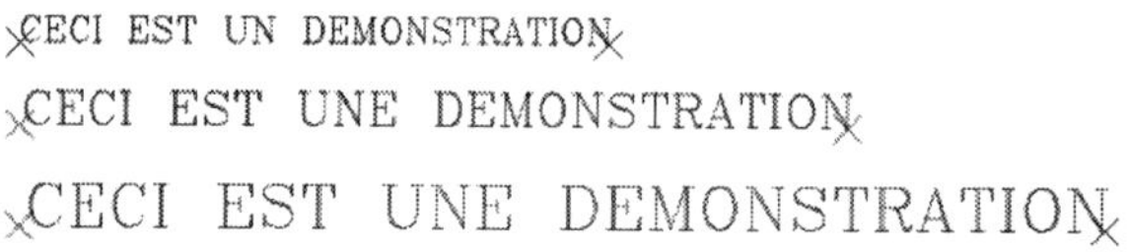

Remarque

*Avec l'option **Aligner**, AutoCAD ne vous demande pas de hauteur de texte lors de la mise en place du texte.*

L'option Fixé

L'option **Fixé** est semblable à l'option **Aligner**. Par contre, AutoCAD demande un premier point de la ligne de texte, un second point et la hauteur du texte. AutoCAD utilisera donc cette hauteur, ajustant seulement la largeur du texte en l'étendant ou en le comprimant afin de le placer entre les deux points indiqués.

Remarque

*Pour les options **Point de départ**, **Centre**, **Milieu** et **Droite**, un angle de rotation du texte (ne pas le confondre avec l'angle d'inclinaison des caractères) vous sera demandé. Cet angle est pris par rapport au zéro trigonométrique. De plus, toutes les options demandent la hauteur des caractères si celle-ci n'a pas été établie (valeur par défaut) lors du chargement de la police de caractères.*

3. Les codes de contrôle

Le texte dynamique ne permet pas d'obtenir directement certains caractères particuliers. En fonction de la police utilisée, des symboles de tolérance (en mécanique), le symbole de diamètre, des surlignages et soulignements... ne sont pas accessibles directement.

Dans ce cas, il faut utiliser les codes suivants :

Résultat	Code	Définition
$\overline{250}$	%%o	Active/désactive le surlignage.
$\underline{250}$	%%u	Active/désactive le soulignage.
60°	%%d	Insère le symbole des degrés (°).
4.3±0.15	%%p	Insère le symbole de tolérance positive et négative.
ø12	%%c	Insère le symbole de diamètre.
100%	%%%	Insère le symbole de pourcentage.

Il faut noter que, dans le cas d'un soulignement par exemple, il faudra utiliser deux fois le code de contrôle %%u. L'un va activer le soulignement et l'autre va le désactiver. Pour l'exemple présenté, il faut écrire %%u250%%u.

Remarque

Certaines polices peuvent reconnaître les codes ASCII. La syntaxe devient la suivante : `%%codeASCII`.

4. Le texte sous forme de paragraphe

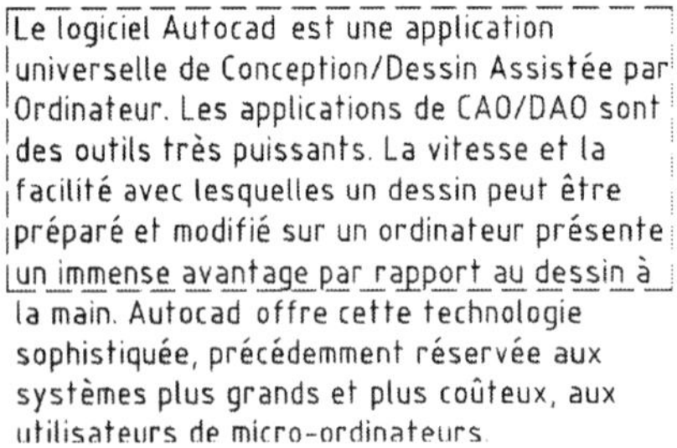

a. Saisie du texte

➲ Dans le groupe de fonctions **Annotation** (onglet **Début**), cliquez sur l'icône déroulante **Texte multiligne** 
.

Remarque

Cette commande est également disponible dans le groupe de fonctions ***Texte*** *de l'onglet* ***Annoter****.*

Le texte sous forme de paragraphe est positionné dans un cadre non imprimable. Le paragraphe s'adapte automatiquement à la largeur de ce cadre. AutoCAD vous demande de définir le point haut gauche du cadre, puis le coin opposé. Le texte évolue de la gauche vers la droite dans ce cadre et le premier mot prend place en haut à gauche. Le deuxième point matérialisant le cadre précise la largeur du cadre.

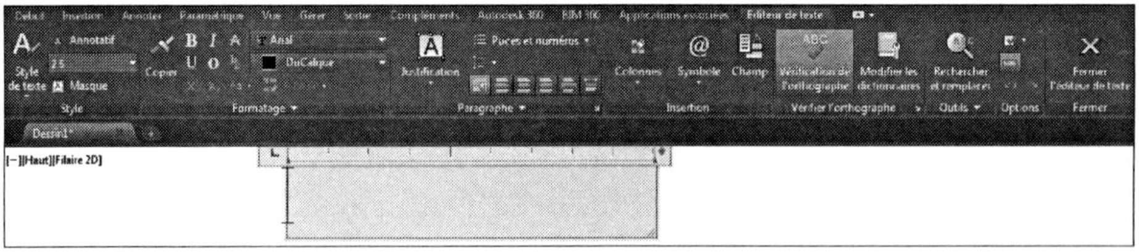

Vous pouvez saisir directement le paragraphe de texte. Il apparaît dans la zone représentant le cadre sous la règle des retraits et tabulations. Il n'est pas nécessaire d'appuyer sur la touche [Entrée] pour passer à la ligne. Le texte respecte la largeur du cadre. Le bouton **OK** validera la création du texte.

Remarque

Chaque pression sur la touche [Entrée] génère un nouveau paragraphe (pour lequel on peut avoir des tabulations et retraits différents).

b. Formatage du texte

Sélectionnez la partie du texte à modifier, et accédez aux options des groupes suivants.

Groupe Formatage

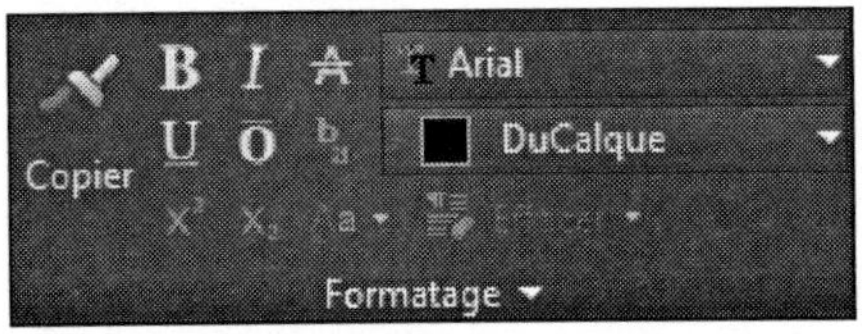

Pour un changement de police, agissez sur le bouton-liste **Police de caractères** 
.

Pour un changement de couleur, agissez sur le bouton-liste **Couleur** 
.

Pour obtenir un soulignement, choisissez le bouton **Souligné** .

Pour obtenir un surlignement, choisissez le bouton **Ligne de séparation supérieure** .

Pour barrer un texte, choisissez le bouton **Barré** .

Pour un changement de mise en forme en **Gras** et **Italique** choisissez les boutons  et .

Pour basculer le texte sélectionné en majuscules, déroulez l'icône déroulante **Changer la casse** , puis choisissez l'icône **Majuscules** 
; pour basculer le texte en minuscules, choisissez l'icône **minuscules** 
.

L'icône déroulante **Effacer**  permet de supprimer le formatage de caractères et/ou de paragraphes, par l'intermédiaire des options suivantes :

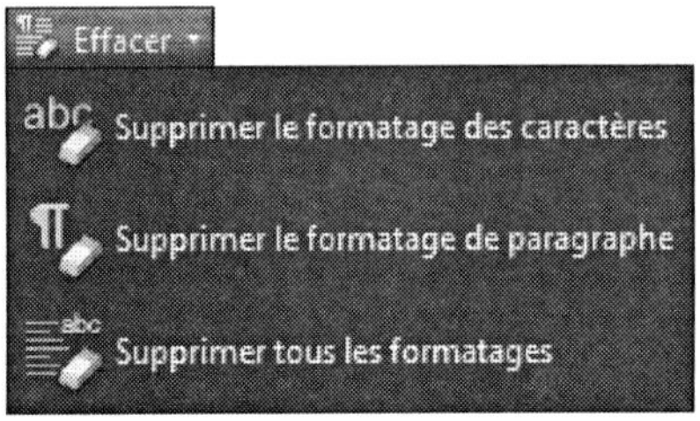

Groupe Style

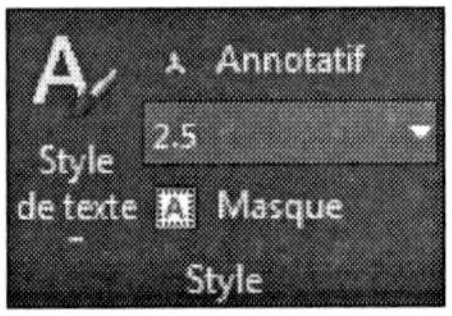

La liste des styles permet de modifier le style de texte courant et permet d'attribuer au texte les paramètres de mise en forme enregistrés dans le style (voir aussi les styles de texte).

La liste **Hauteur du texte**  permet de modifier la hauteur du texte sélectionné.

Le bouton **Annotatif**  active ou désactive la propriété annotative du texte multiligne courant.

Pour attribuer un arrière-plan au texte multiligne, choisissez l'icône **Arrière-plan** .

Dans la partie déroulée du groupe de fonctions **Formatage**, accédez aux zones suivantes :

- **Angle oblique** 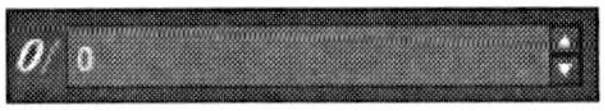 : vous agissez sur l'inclinaison du texte sélectionné. Une valeur positive incline le texte vers la droite, et une valeur négative l'incline vers la gauche. Les valeurs sont comprises entre -85 et 85.
- **Repérage**  : vous augmentez ou diminuez l'espace situé entre les caractères du texte sélectionné. Une valeur inférieure à 1 diminue l'espace et une valeur supérieure à 1 l'augmente.
- **Facteur de largeur**  : vous augmentez ou diminuez la largeur des caractères du texte sélectionné. Une valeur de 1 constitue la largeur normale. Une valeur inférieure à 1 diminue la largeur et une valeur supérieure à 1 l'augmente.

Groupe Paragraphe

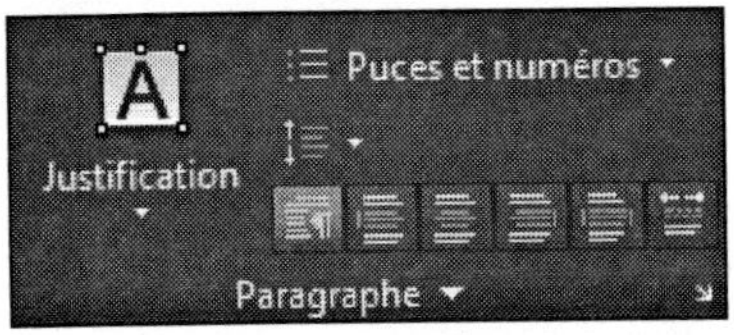

Les icônes **Gauche**, **Centre**, **Droite** alignent les limites du paragraphe de texte à gauche, au centre ou à droite.

L'icône **Justifier** aligne les bords gauche et droit du paragraphe de texte, tandis que l'icône **Distribuer** étend les espaces entre caractères jusqu'à l'alignement des limites gauche et droit du paragraphe.

L'icône **Par défaut** permet de récupérer la mise en forme initiale.

L'icône déroulante **Espacement des lignes** définit l'espace entre les lignes du paragraphe courant ou sélectionné. La liste déroulante propose quelques choix usuels, la suppression de l'espacement entre les lignes, ainsi que l'option **Suite** qui affiche la boîte de dialogue **Paragraphe** dans laquelle d'autres options sont disponibles.

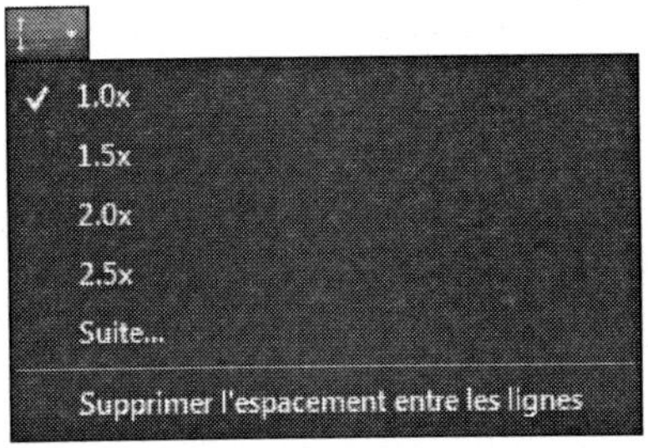

L'icône déroulante **Puces et numéros** 

attribue des numéros (liste numérotée) aux paragraphes de texte sélectionnés. La liste déroulante permet la mise en place de lettres et puces. Vous accédez au menu suivant :

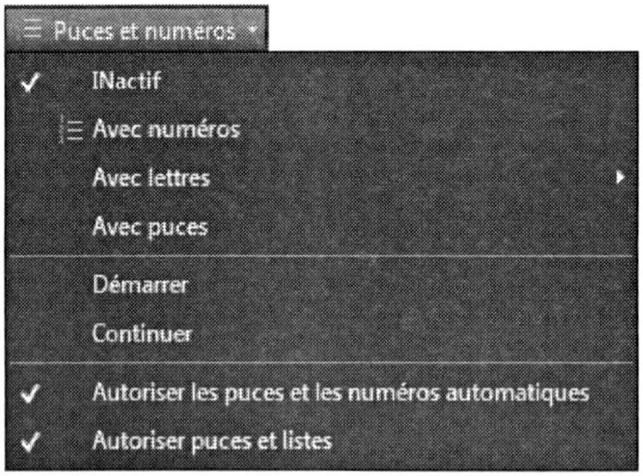

L'icône déroulante **Justification** 

définit la justification du paragraphe de texte avec les neuf possibilités de la figure ci-après. La justification par défaut est en haut à gauche. Ceci détermine le point d'insertion du texte multiligne.

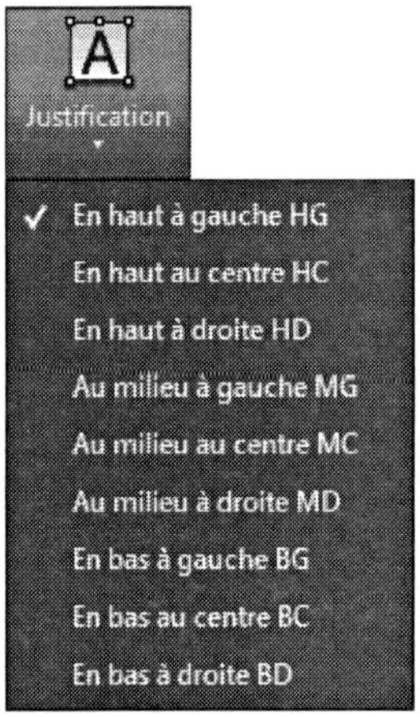

Utiliser la flèche située à l'extrême droite du groupe **Paragraphe**  permet d'accéder à la boîte de dialogue **Paragraphe** qui définit les retraits de paragraphe et les retraits de première ligne, les alignements, les tabulations, l'espacement entre les lignes et les espacements entre les paragraphes.

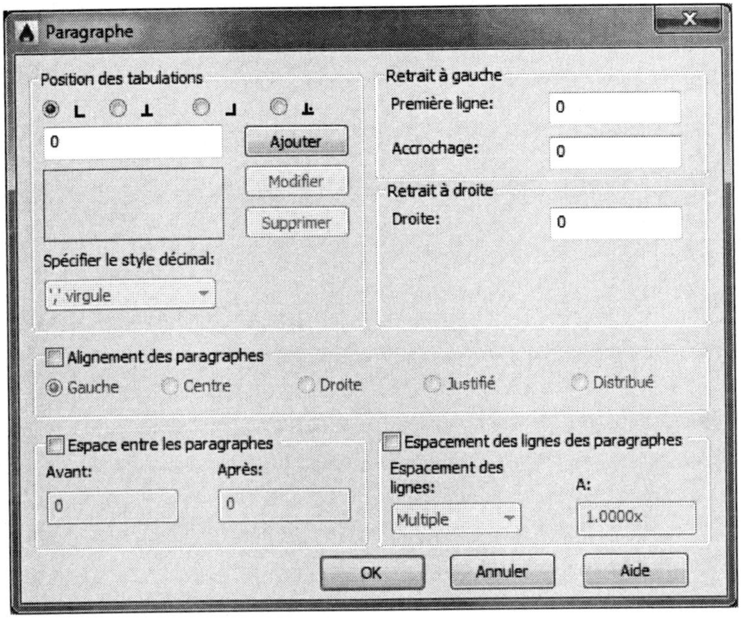

Les notions de retraits et tabulations sont détaillées dans ce chapitre (voir Les retraits et Les tabulations).

Groupe Insertion

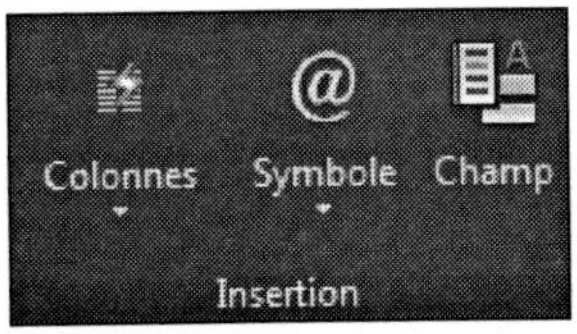

L'icône **Champ** permet d'insérer un champ automatique (cf. chapitre Les champs).

L'icône déroulante **Colonnes** permet de définir le texte multiligne sous forme de colonnes dynamiques ou statiques.

Le menu suivant est affiché :

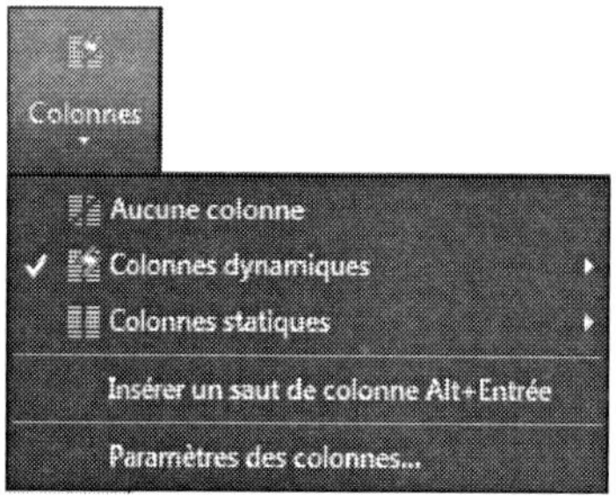

L'option **Paramètres des colonnes** permet de régler le type, le nombre, la hauteur et la largeur de colonnes.

L'icône déroulante **Symbole** permet d'accéder à la liste de symboles suivante :

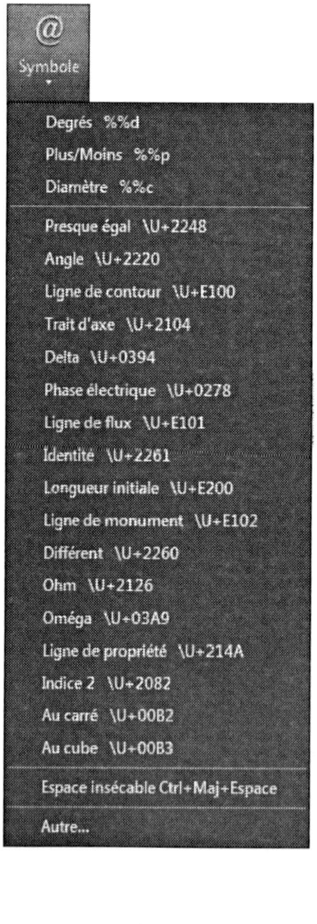

Groupe Outils

L'icône **Rechercher et remplacer** permet la recherche et le remplacement de mots ou chaînes de caractères de la manière suivante :

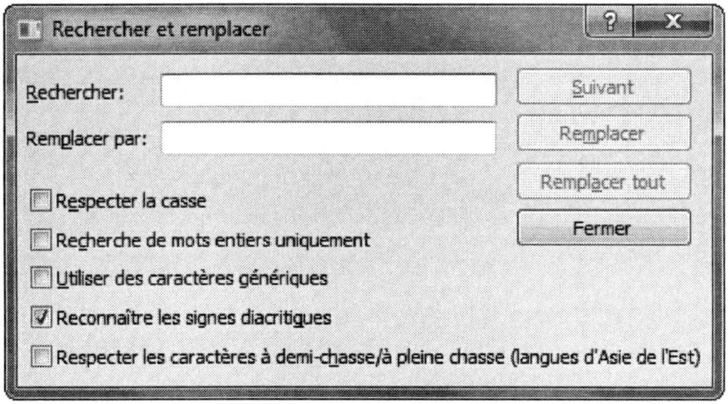

Pour effectuer une recherche, saisissez le mot ou l'expression dans la zone **Rechercher**, puis cliquez sur **Suivant**.

Pour effectuer un remplacement, saisissez le mot ou l'expression de remplacement dans la zone **Remplacer par**, puis choisissez **Remplacer** pour un remplacement unique, ou **Remplacer tout** pour un remplacement global dans le texte multiligne.

La case à cocher **Respecter la casse** impose le respect des majuscules et minuscules dans la recherche.

La case à cocher **Recherche de mots entiers uniquement** impose la recherche du mot entier isolé.

La case à cocher **Utiliser des caractères génériques** permet l'utilisation de caractères de substitution dans la recherche tels que l'astérisque (*) pour une chaîne de caractères, ou le point d'interrogation (?) pour un caractère.

La case à cocher **Reconnaître les signes diacritiques** permet la reconnaissance des caractères diacritiques issus des langues basées sur le latin.

La case à cocher **Respecter les caractères à demi-chasse/à pleine chasse (langues d'Asie de l'Est)** permet la reconnaissance des caractères à demi-chasse à pleine chasse issus des langues d'Asie de l'Est.

Déroulez le groupe pour accéder aux options suivantes :

Importer le texte : permet d'insérer un fichier texte externe (TXT ou RTF).

MAJ Auto : verrouille ou déverrouille les majuscules.

Groupe Vérifier l'orthographe

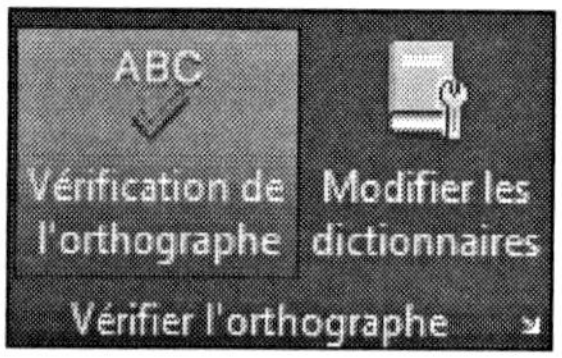

L'icône **Vérification de l'orthographe** permet une vérification d'orthographe de chaque mot du (ou des) paragraphe(s) de texte. La vérification s'appuie sur un dictionnaire (différentes langues possibles) que vous pouvez enrichir.

La vérification de l'orthographe est activée par défaut. Lorsqu'un mot est inconnu, celui-ci est souligné d'un trait pointillé qui signifie la non reconnaissance du mot. Effectuez un clic droit pour afficher un menu contextuel semblable à :

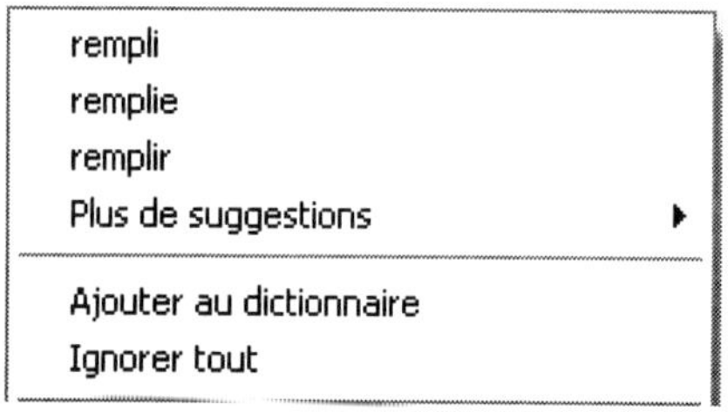

Le menu propose des suggestions dans la partie supérieure. L'option **Plus de suggestions** permet l'accès à des suggestions supplémentaires.

Ajouter au dictionnaire permet d'ajouter le mot non reconnu à la liste des mots du dictionnaire courant.

Ignorer tout permet de ne pas effectuer de modification sur ce mot non reconnu même si celui-ci est rencontré à nouveau.

L'icône **Modifier les dictionnaires** permet de changer de dictionnaire (autre langue par exemple), ou de modifier un dictionnaire existant. Vous pouvez ajouter de nouveaux mots ou en retirer dans un dictionnaire personnalisé (.cus).

➲ Utilisez la flèche située à l'extrême droite du groupe **Vérifier l'orthographe** pour accéder aux paramètres de vérification d'orthographe :

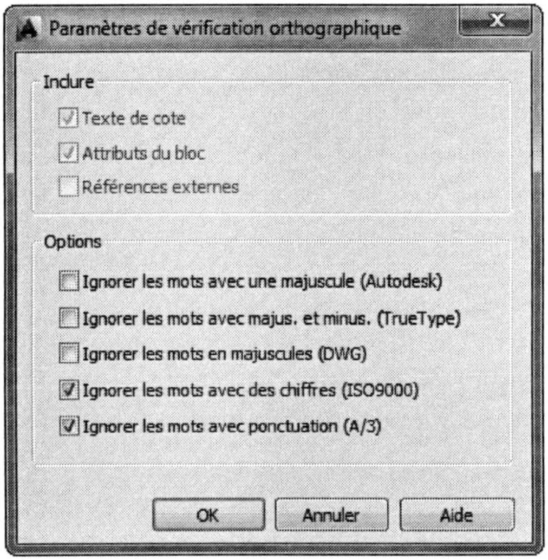

Groupe de fonctions Options

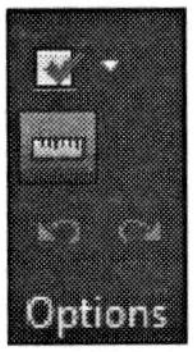

L'icône **Annuler**  permet d'annuler la dernière saisie de texte ou la dernière modification effectuée sur le texte.

L'icône **Rétablir**  permet de rétablir la dernière annulation.

L'icône **Plus**  donne accès au menu suivant :

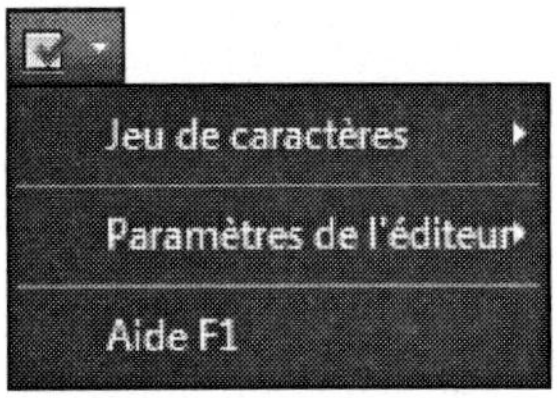

Jeu de caractères : affiche un menu de pages de codes à appliquer au texte.

Paramètres de l'éditeur : permet d'accéder aux réglages de l'éditeur de texte, tels que l'affichage ou le masquage de la barre d'outils **Format de texte**, la couleur de surbrillance du texte, l'affichage opaque de l'arrière-plan.

Aide F1 : donne accès aux aides et nouveautés relatives au Texte multiple.

Le bouton **Règle**  affiche ou masque la règle de l'éditeur de texte.

Voici quelques principes d'affichage de la règle ainsi que quelques explications relatives aux retraits et aux tabulations.

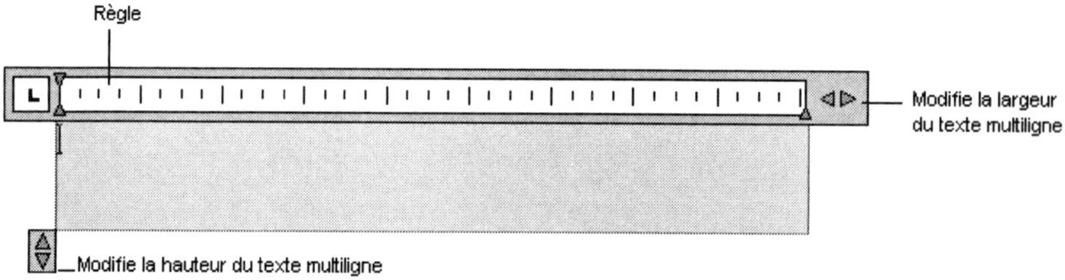

Les retraits

Les retraits définissent la valeur du décalage de gauche affecté à la première ligne (retrait de première ligne) et à l'ensemble du texte multiligne (retrait, gauche et droit).

➲ Effectuez directement un cliqué-glissé depuis les indicateurs de retrait dans la règle.

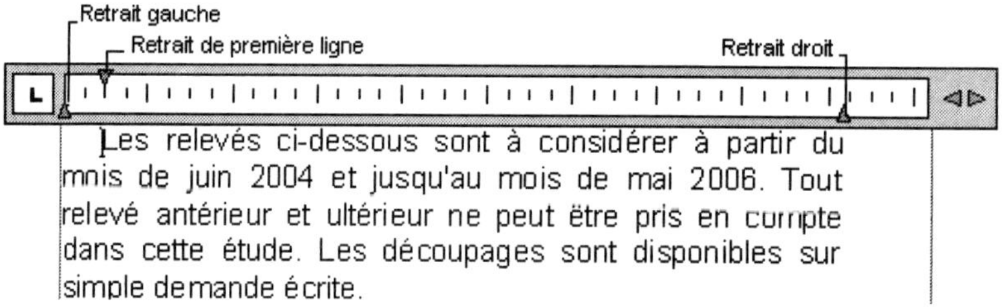

Les tabulations

Les tabulations permettent de définir des pré-positionnements réguliers qui seront respectés à chaque pression sur la touche [Tab] pour le paragraphe courant.

➲ Positionnez le (ou les) taquet(s) de tabulation utilisateur en cliquant directement dans la règle.

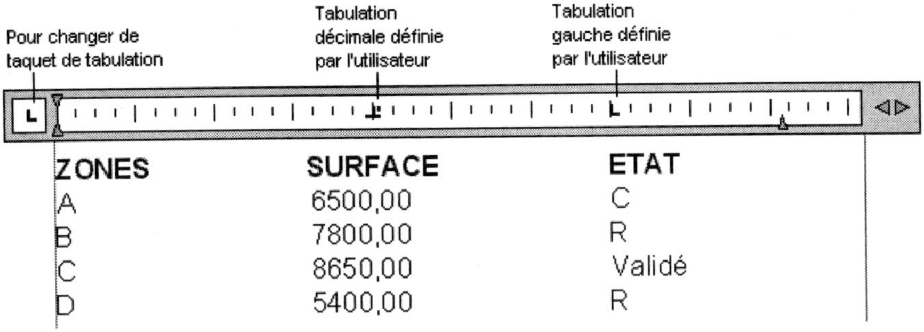

Groupe Fermer

Le bouton **Fermer l'éditeur de texte** permet de quitter l'éditeur de texte en validant les modifications de formatage de texte.

L. Définition de styles de texte

Les styles déterminent le format du texte par défaut. Différents paramètres définissent le style : l'apparence des caractères (police de caractères), la hauteur, l'angle de rotation, la justification et différents effets de compression, d'inclinaison, de renversement... Le style par défaut est **Standard**, mais vous pouvez créer les styles de texte de votre convenance.

➲ Déroulez le groupe de fonctions **Annotation** (onglet **Début**) et choisissez le bouton **Style de texte** .

Remarque

*Le groupe de fonctions **Texte** (onglet **Annoter**) propose également un accès à la fonction **Style de texte**.*

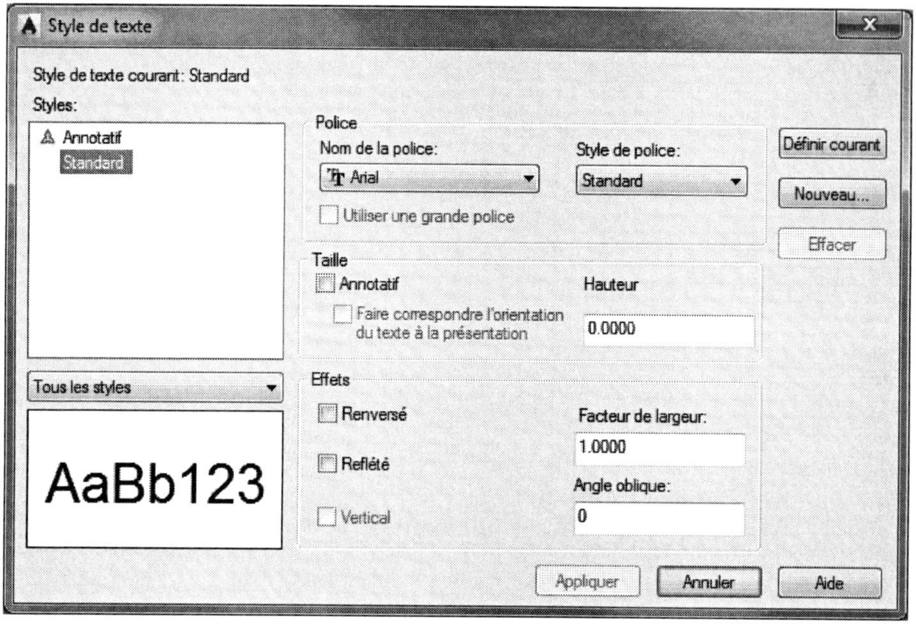

- Cliquez sur le bouton **Nouveau**. AutoCAD vous demande le nom du nouveau style.

Répétez l'opération si vous souhaitez créer plusieurs styles. Chaque nouveau style créé apparaît dans la liste des styles. Vous pouvez renommer ou supprimer un style de la liste.

Sélectionnez le style avant de lui affecter une police de caractères. La police définit l'aspect des caractères. Vous accédez aux polices True Type (.ttf), et aux polices AutoCAD (.shx). Notez l'accès direct aux polices Windows de type Helvetica, Times Roman, Architectural...

En fonction de la police choisie, certains aspects Gras ou Italique sont disponibles. La case à cocher **Utiliser une grande police** est disponible avec certaines polices seulement. La zone **Hauteur** peut fixer la hauteur de caractère du style de texte.

Il est souvent pratique de compresser ou élargir des textes, de les incliner ou même de les renverser. Tout cela est possible, en utilisant la rubrique **Effets**. AutoCAD vous propose différents effets tels que les symétries horizontales ou verticales, ou encore la compression/extension. L'affichage est instantané dans l'aperçu. Notez que certaines polices TrueType (.ttf) affichent les textes remplis.

M. Le vérificateur d'orthographe

Le vérificateur d'orthographe permet de vérifier chaque mot du texte mis en place dans votre dessin. Il vérifie le texte en s'appuyant sur un dictionnaire (différentes langues possibles) que vous pouvez enrichir. Sont pris en compte les textes sur une ligne et sous forme de paragraphes, les annotations associées aux repères de cotation, ainsi que les attributs.

- Activez l'onglet **Annoter**. Dans le groupe de fonctions **Texte**, choisissez l'icône **Vérifier l'orthographe** 

.

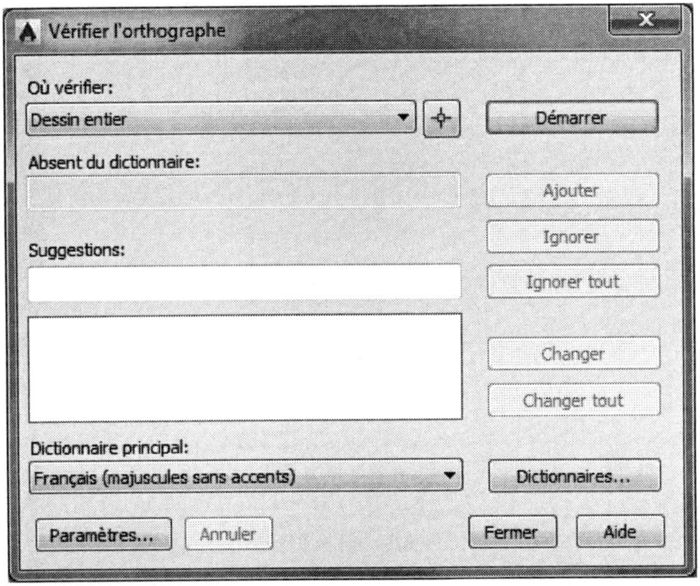

AutoCAD vous demande de choisir le texte à vérifier. La liste déroulante **Où vérifier** propose par défaut le dessin entier, mais aussi la possibilité de limiter la vérification à l'espace ou à la présentation courant(e), ou encore de choisir **Objets sélectionnés**. Cette dernière option est pratique car elle vous permet de limiter la vérification à une ou plusieurs parties du dessin.

- Cliquez sur le bouton **Démarrer** pour lancer la vérification d'orthographe.

L'expression est affichée dans la rubrique **Contexte** et le mot incorrect apparaît dans la rubrique **Absent du dictionnaire**.

Une liste de suggestions (plus ou moins importante) apparaît et le vérificateur vous propose une solution se rapprochant du mot incorrect. Si celle-ci ne vous convient pas, sélectionnez-en une autre dans la liste ou tapez-la dans la zone de texte **Suggestions**.

Ignorer : permet de continuer la vérification, sans faire de modifications dans l'expression affichée. Si le même mot existe ailleurs, le vérificateur fait à nouveau la même suggestion.

Ignorer tout : permet de continuer la vérification, sans faire de modifications, ni dans l'expression affichée, ni dans une autre expression contenant le même mot. Si le même mot existe ailleurs, le vérificateur n'en tient pas compte.

Changer : permet de remplacer le mot incorrect par la suggestion, dans l'expression affichée seulement.

Changer tout : permet de remplacer le mot incorrect pour tous les textes sélectionnés dans le dessin. Le vérificateur ne s'arrêtera plus sur ce mot.

Ajouter : permet d'enrichir le dictionnaire d'un terme, spécifique à votre société par exemple. Ce bouton est disponible lorsque le mot n'existe pas dans le dictionnaire courant.

Dictionnaires : permet de changer de dictionnaire (autre langue par exemple), ou de modifier un dictionnaire existant. Vous pouvez ajouter de nouveaux mots ou en retirer dans un dictionnaire personnalisé (.cus).

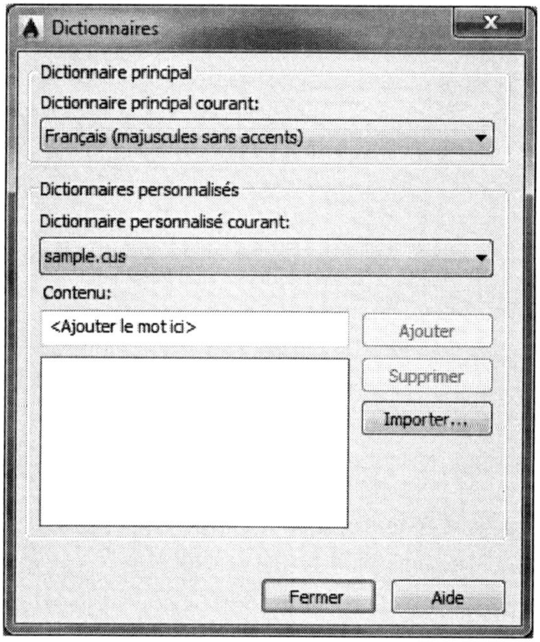

Paramètres : permet d'exclure ou d'inclure les textes de cote, attributs de blocs et références externes dans la vérification d'orthographe, ainsi que de régler quelques options telles qu'ignorer les majuscules, etc.

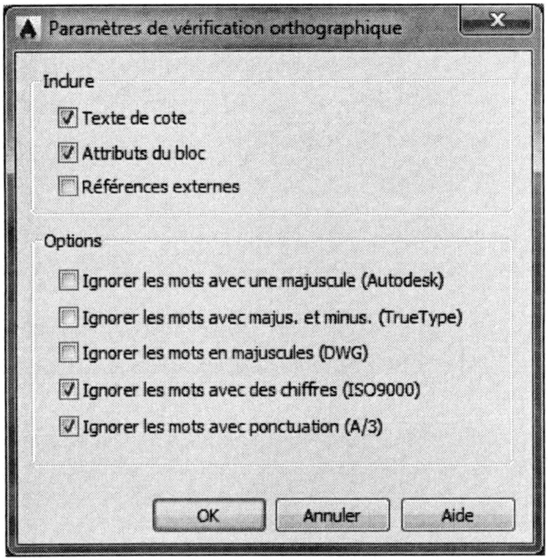

N. Recherche et remplacement

Cette technique permet une recherche et/ou un remplacement d'une chaîne de caractères dans tout le dessin, ou sur une sélection d'objets. Les objets concernés sont les textes sur une ligne, textes multilignes, valeurs d'attribut, textes de cote, hyperliens et descriptions d'hyperlien.

- Activez l'onglet **Annoter**. Dans le groupe de fonctions **Texte**, cliquez sur la zone de saisie **Rechercher du texte** .
- Saisissez la chaîne de caractères à rechercher et cliquez sur le bouton **Rechercher** situé à droite de la zone de saisie. La fenêtre suivante est affichée :

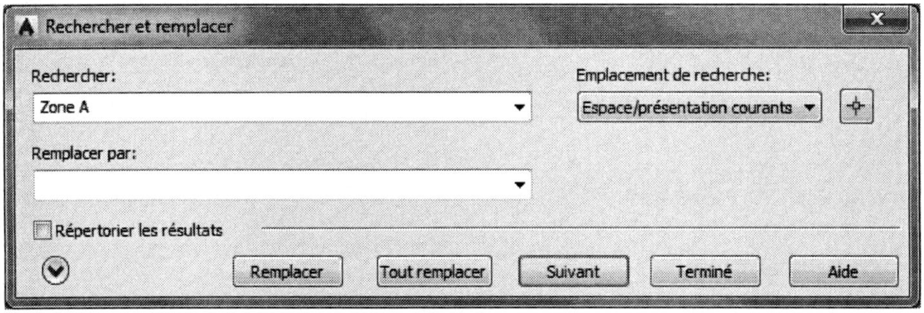

Saisissez si nécessaire une nouvelle chaîne de caractères à rechercher, vous accédez aux dernières recherches dans la liste déroulante. La liste déroulante contient les dernières recherches. Dès cet instant, les boutons **Rechercher**, **Remplacer**, **Tout remplacer** deviennent accessibles. Par défaut, la recherche s'effectue sur tout le dessin. Pour restreindre la recherche à une partie du dessin, effectuez votre choix dans la liste **Emplacement de recherche** : **Dessin entier**, **Espace/présentation courants** ou **Objets sélectionnés**. Dans le cas du choix **Objets sélectionnés**, cliquez sur le bouton **Choix des objets** (devenu accessible) et saisissez les objets concernés. La sélection effectuée, la liste déroulante **Rechercher** affiche **Sélection courante**.

Cliquez sur **Rechercher**. AutoCAD affiche et sélectionne le texte trouvé dans son contexte dans la zone graphique. Dans ce contexte, un bouton **Zoom** permet d'afficher à l'écran la localisation des caractères recherchés dans le contexte concerné.

Si vous souhaitez un remplacement, saisissez les caractères de remplacement dans la zone **Remplacer par**. Le bouton **Remplacer** remplace la chaîne de caractères dans le contexte affiché. Utilisez le bouton **Rechercher** pour une nouvelle recherche. Le bouton **Tout remplacer** remplace la chaîne de caractères dans tout le dessin ou dans la sélection courante.

Le bouton **Plus d'options** affiche la boîte de dialogue ci-après :

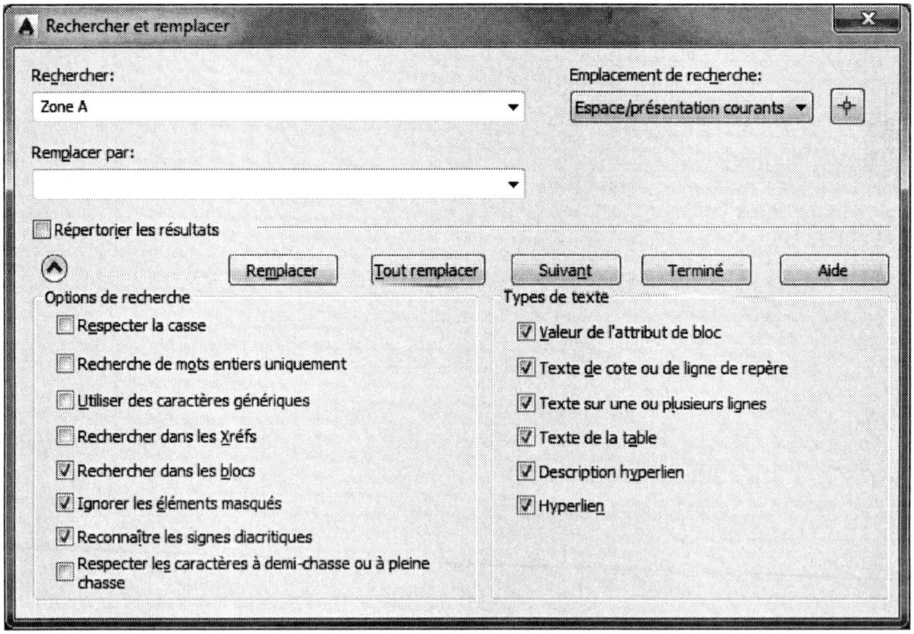

Dans la rubrique **Options de recherche**, activez ou désactivez les options :

Respecter la casse : permet de respecter les majuscules et minuscules du texte recherché.

Recherche de mots entiers uniquement : impose la recherche de mots entiers isolés.

Utiliser des caractères génériques : permet l'utilisation de caractères de substitution dans la recherche tels que l'astérisque (*) pour une chaîne de caractères ou le point d'interrogation (?) pour un caractère.

Rechercher dans les Xréfs : autorise la recherche de textes appartenant aux dessins en références externes.

Rechercher dans les blocs : autorise la recherche de textes appartenant aux blocs.

Ignorer les éléments masqués : permet la recherche du texte situé sur les calques gelés ou désactivés, le texte situé dans les attributs de bloc créés en mode invisible, ainsi que le texte en état de visibilité situé dans les blocs dynamiques.

Reconnaître les signes diacritiques : permet la reconnaissance des caractères diacritiques issus des langues basées sur le latin.

Respecter les caractères à demi-chasse ou à pleine chasse : permet la reconnaissance des caractères à demi-chasse à pleine chasse issus des langues d'Asie de l'Est.

Dans la rubrique **Types de texte**, vous activez ou désactivez les types d'objets texte à considérer dans la recherche.

Valeur de l'attribut de bloc : permet la recherche sur les valeurs d'attributs de bloc.

Texte de cote ou de ligne de repère : permet la recherche des textes appartenant aux cotations et lignes de repère.

Texte sur une ou plusieurs lignes : permet la recherche des objets texte sur une ligne et texte multiligne.

Texte de la table : permet la recherche des objets texte présents dans les cellules de tableau AutoCAD.

Description hyperlien : permet la recherche des objets texte présents dans les descriptions hyperlien.

Hyperlien : permet la recherche des objets texte présents dans les URL des hyperliens.

Chapitre 4
Les tableaux

A. Introduction

AutoCAD permet la création automatisée d'objets tableaux. Ceci vous évite de concevoir des tableaux à partir de lignes individuelles, textes, et blocs. Après avoir précisé la structure des cellules du tableau, vous y entrez du texte ou y insérez des blocs. Les champs et fonctions de calcul permettent l'automatisation et l'actualisation des tableaux.

Les paramètres des tableaux peuvent être enregistrés dans un style de tableaux pour des utilisations ultérieures.

B. Créer un tableau

➲ Dans le groupe de fonctions **Tableaux** (onglet **Annoter**), choisissez l'icône **Tableau** .

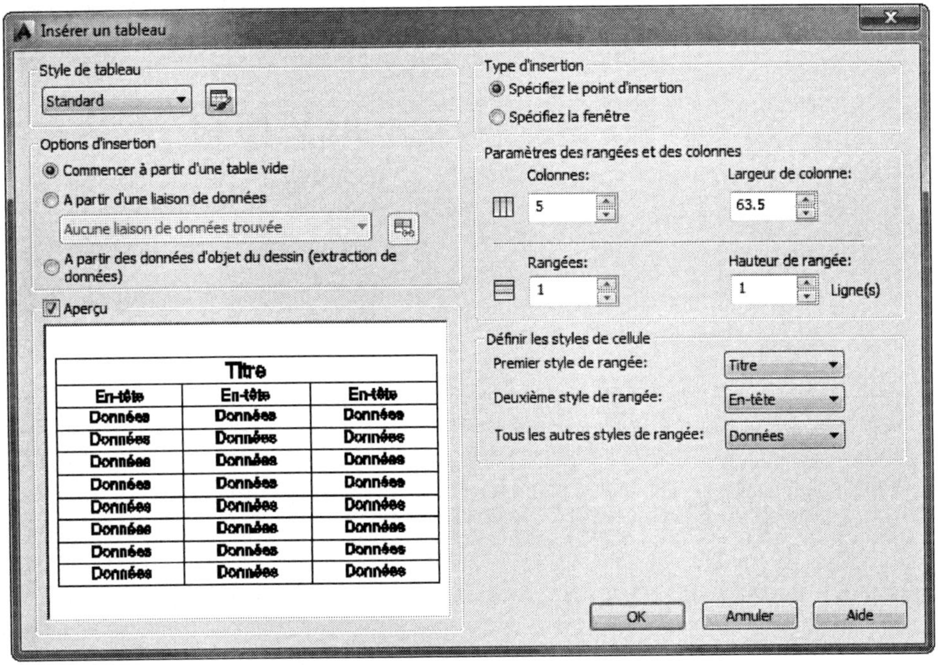

Style de tableau

La liste **Style de tableau** affiche par défaut le style **Standard**. Cette liste permet l'accès aux styles de tableau présents dans le dessin courant. À droite de cette liste, le bouton **Boîte de dialogue Style de tableau** permet la création et la modification des styles de tableau (cf. Les styles de tableau dans ce chapitre).

L'aperçu respecte les divers paramètres du tableau tels que le style de texte, les en-têtes, titres et données de tableau, les couleurs, les bordures, le remplissage, les alignements, les colonnes et rangées...

Type d'insertion

Activez le bouton-radio **Spécifiez le point d'insertion** pour imposer l'insertion du tableau à l'aide du dispositif de pointage. Si le style de tableau définit un sens de lecture du tableau du haut vers le bas, le point d'insertion est situé en haut à gauche ; si le sens de lecture est défini du bas vers le haut, le point d'insertion est situé en bas à gauche.

Le bouton-radio **Spécifiez la fenêtre** permet de positionner et dimensionner le tableau à l'aide du dispositif de pointage. Ainsi le nombre de rangées, la largeur des colonnes dépendent de la taille de la fenêtre matérialisée avec le dispositif de pointage.

Options d'insertion

Choisissez le bouton-radio **Commencer à partir d'une table vide** pour créer un nouveau tableau sans données.

Vous pouvez choisir **A partir d'une liaison de données** pour créer un tableau à partir d'une feuille de calcul Excel existante.

Vous pouvez aussi choisir **A partir des données d'objet du dessin (extraction de données)** pour créer un tableau à partir d'une extraction d'attributs de blocs via un assistant.

Définir les styles de cellule

Utilisez les listes déroulantes pour définir les styles de cellules pour les différentes cellules du tableau tels que **titres**, **en-têtes** et **données**.

Paramètres des rangées et des colonnes

- Définissez les nombre et largeur de colonnes dans les zones de texte **Colonnes** et **Largeur de colonne**. Si le point d'insertion choisi est **Spécifiez la fenêtre**, alors la largeur de colonne indique **Auto** et est fonction de la fenêtre matérialisée avec le dispositif de pointage. La largeur minimum est la largeur d'un caractère.
- Définissez les nombre et hauteur de rangées dans les zones de texte **Rangées** et **Hauteur de rangée**. Si le point d'insertion choisi est **Spécifiez la fenêtre**, alors le nombre de rangées de données indique **Auto** et est fonction de la fenêtre matérialisée avec le dispositif de pointage. La hauteur de rangée minimum est une ligne.

- Cliquez sur le bouton **Fermer l'éditeur de texte**.
- Spécifiez l'emplacement du tableau en cliquant dans la zone graphique.

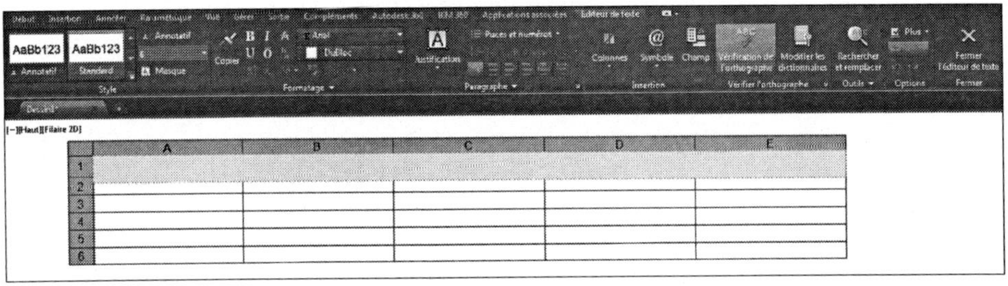

Dans les groupes de fonctions de l'onglet **Editeur de Texte**, les options de style de texte, police, taille de caractère et mise en forme de caractère sont accessibles pour le texte à saisir dans chacune des cellules du tableau. La rangée de titre du tableau est sélectionnée.

- Saisissez le titre du tableau.
- Pour la saisie des en-têtes et données de tableau, utilisez la touche [Tab] pour passer d'une cellule de tableau à une autre de la gauche vers la droite, et ligne après ligne du haut vers le bas. La combinaison des touches [Shift][Tab] permet un déplacement inverse. Les flèches de déplacement du clavier [Flèche en haut], [Flèche en bas], [Flèche à gauche] et [Flèche à droite] permettent de naviguer dans les cellules du tableau de façon aléatoire.
- Confirmez par **Fermer l'éditeur de texte** (groupe de fonctions **Fermer**) pour valider la saisie du tableau.

C. Sélectionner les cellules du tableau

Selon les manipulations à effectuer sur un tableau existant, vous devez sélectionner une ou plusieurs cellules, une ou plusieurs rangées, une ou plusieurs colonnes, ou encore le tableau entier. Cliquez dans une cellule pour la sélectionner. La touche [Shift] permet la sélection continue de plusieurs cellules. Effectuez un cliqué-glissé et définissez un rectangle de sélection (affiché en pointillés) en croisant les frontières internes des cellules pour sélectionner des rangées ou colonnes. La touche [Shift] permet la sélection continue de rangées ou colonnes.

Cliquez sur un des bords extérieur du tableau pour sélectionner celui-ci dans sa totalité.

D. Modifier les propriétés du tableau

1. Uniformiser la taille des colonnes et rangées

➲ Cliquez sur un des bords du tableau. Effectuez un clic droit, le menu contextuel affiche les options suivantes propres aux propriétés de tableau.

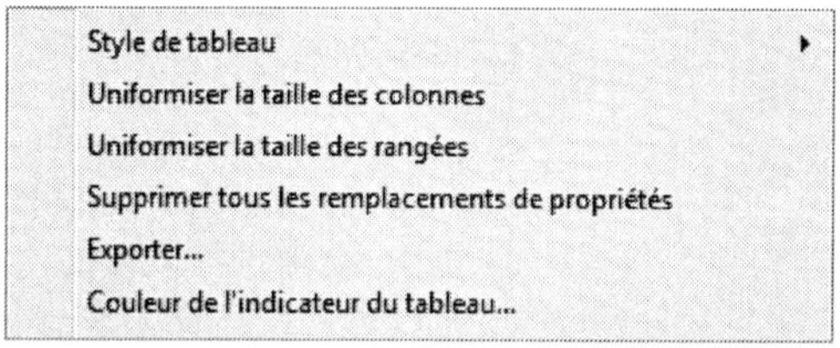

➲ Choisissez **Uniformiser la taille des colonnes** ou **Uniformiser la taille des rangées** pour agir globalement sur le tableau.

2. Insérer une colonne ou une ligne

➲ Cliquez dans une cellule située dans la colonne ou rangée concernée.

Le groupe de fonctions contextuel ci-dessous est affiché :

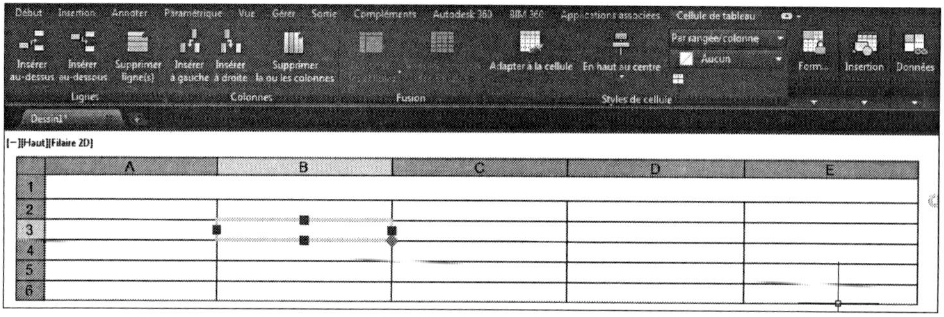

Dans le groupe de fonctions **Lignes**, choisissez **Insérer au-dessus** 

ou **Insérer au-dessous** 

pour insérer une rangée ; ou dans le groupe de fonctions **Colonnes**, choisissez **Insérer à gauche** 

ou **Insérer à droite** 

pour insérer une colonne.

3. Supprimer une colonne ou une ligne

- Cliquez dans une cellule située dans la colonne ou rangée concernée.
- Dans le groupe de fonctions **Lignes**, choisissez **Supprimer ligne(s)** 

pour supprimer la rangée, ou dans le groupe de fonctions **Colonnes**, choisissez **Supprimer la ou les colonnes** 

pour supprimer la colonne.

4. Fusionner des cellules

La fusion permet de transformer plusieurs cellules conjointes en une seule cellule.

- Sélectionnez les cellules à fusionner.
- Dans le groupe de fonctions **Fusion**, déroulez le bouton-liste **Fusionner les cellules**, comme le montre la figure ci-dessous :

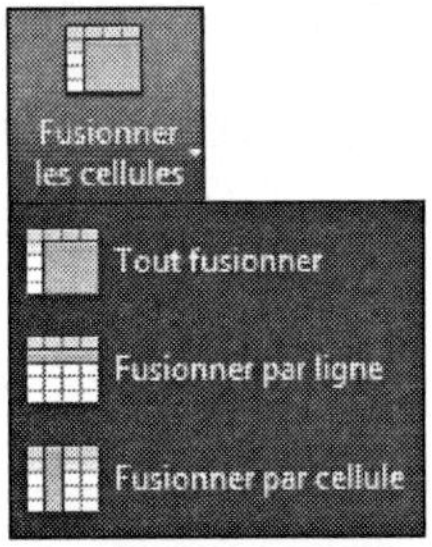

- En fonction de la sélection de cellules à fusionner, sélectionnez **Tout fusionner** pour une fusion de toutes les cellules sélectionnées, ou **Fusionner par ligne** pour une fusion des cellules de la même rangée ou encore **Fusionner par cellule** pour une fusion des cellules de la même colonne.

Remarque

*L'annulation de la fusion est possible en sélectionnant le résultat de la fusion puis le bouton **Annuler la fusion des cellules** du groupe de fonctions **Fusion**.*

5. Uniformiser des colonnes

Vous pouvez diviser uniformément une largeur occupée par plusieurs colonnes pour obtenir des colonnes de même largeur. AutoCAD ne modifie pas la largeur totale.

- Sélectionnez les cellules ou les colonnes (une cellule par colonne suffit).
- Effectuez un clic droit et choisissez **Colonnes**, puis **Uniformiser la taille des colonnes**.

6. Uniformiser la taille des rangées

Vous pouvez appliquer une même hauteur à plusieurs rangées. AutoCAD prend comme référence la rangée de plus grande taille, et augmente la hauteur du tableau.

- Sélectionnez les cellules ou les rangées (une cellule par rangée suffit).
- Effectuez un clic droit et choisissez **Rangées**, puis **Uniformiser la taille des rangées**.

7. Placer des bordures

Vous pouvez positionner des bordures sur une ou plusieurs cellules ou sur l'ensemble du tableau.

- Sélectionnez les cellules pour lesquelles vous souhaitez appliquer ou modifier une bordure.
- Dans le groupe de fonctions **Styles de cellule**, choisissez le bouton **Bordures de cellules** .
- Dans la boîte de dialogue **Propriétés de la bordure des cellules**, choisissez l'**Epaisseur de ligne**, le **Type de ligne**, la **Couleur** à attribuer à la bordure, l'**Espacement** et cochez **Ligne double** si désirée.
- Choisissez ensuite le type de bordure : **Toutes les bordures** , **Bordures extérieures** , **Bordures intérieures** ou encore **Aucune bordure** , **Bordure supérieure** , **Bordure horizontale intérieure** , **Bordure inférieure** , **Bordure gauche** , **Bordure verticale intérieure** , **Bordure droite** . Confirmez par **OK**.

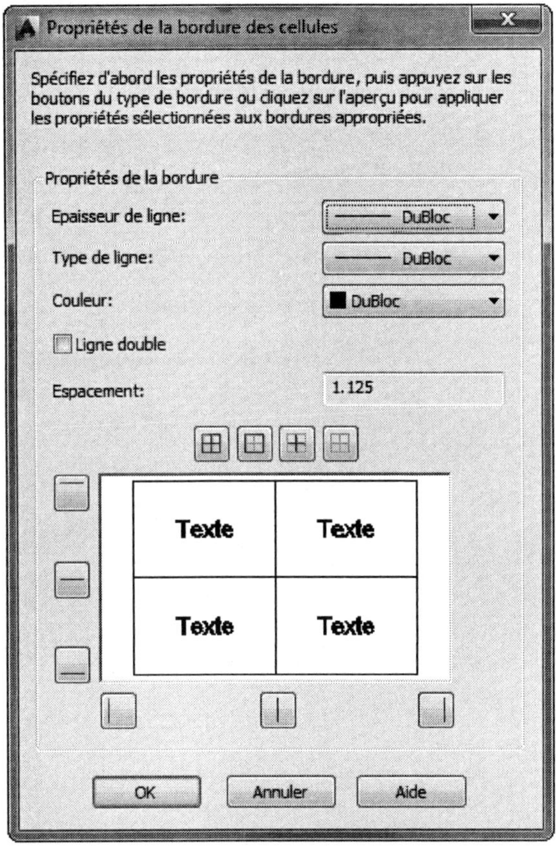

8. Modifier le texte d'une cellule

- Effectuez un double clic dans la cellule. Procédez aux modifications dans le groupe de fonctions de l'onglet **Texte multiligne** à l'aide des options de style de texte, police, taille de caractère et mise en forme de caractère, etc.
- Cliquez sur le bouton **Fermer l'Editeur de texte** pour quitter.

9. Supprimer le contenu d'une cellule

Vous pouvez supprimer rapidement le contenu d'une ou plusieurs cellules (texte, bloc, champ).

- Sélectionnez la ou les cellules. Appuyez sur la touche [Suppr].

10.Aligner le contenu des cellules

- Sélectionnez les cellules dont vous voulez modifier l'alignement.
- Effectuez un clic droit et choisissez **Alignement** puis l'alignement souhaité.

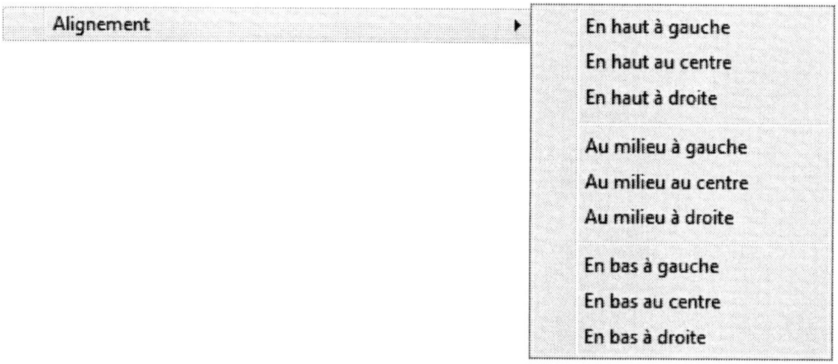

11.Insérer un bloc dans une cellule de tableau

- Sélectionnez la cellule dans laquelle vous souhaitez insérer un bloc.
- Effectuez un clic droit et choisissez **Insérer** puis **Bloc**.

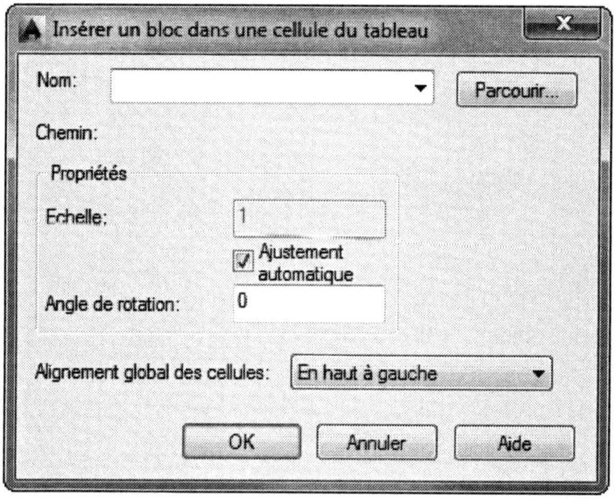

- Choisissez le bouton **Parcourir** pour choisir le fichier dessin qui sera inséré comme un bloc.
- Dans la zone **Alignement global des cellules**, choisissez l'**Alignement** du bloc dans la cellule.

- Choisissez l'**Echelle** d'insertion ou cochez la case **Ajustement automatique** pour obtenir une adaptation du bloc en fonction de la taille de la cellule. Enfin, choisissez l'**Angle de rotation** si vous souhaitez orienter le bloc suivant un angle particulier.
- Confirmez par **OK** pour valider l'insertion du bloc.

12.Insérer un champ dans une cellule de tableau

- Effectuez un double clic dans la cellule dans laquelle vous souhaitez insérer un champ.
- Dans le groupe de fonctions **Insertion** (onglet contextuel **Editeur de texte**), cliquez sur l'icône **Champ** 
.

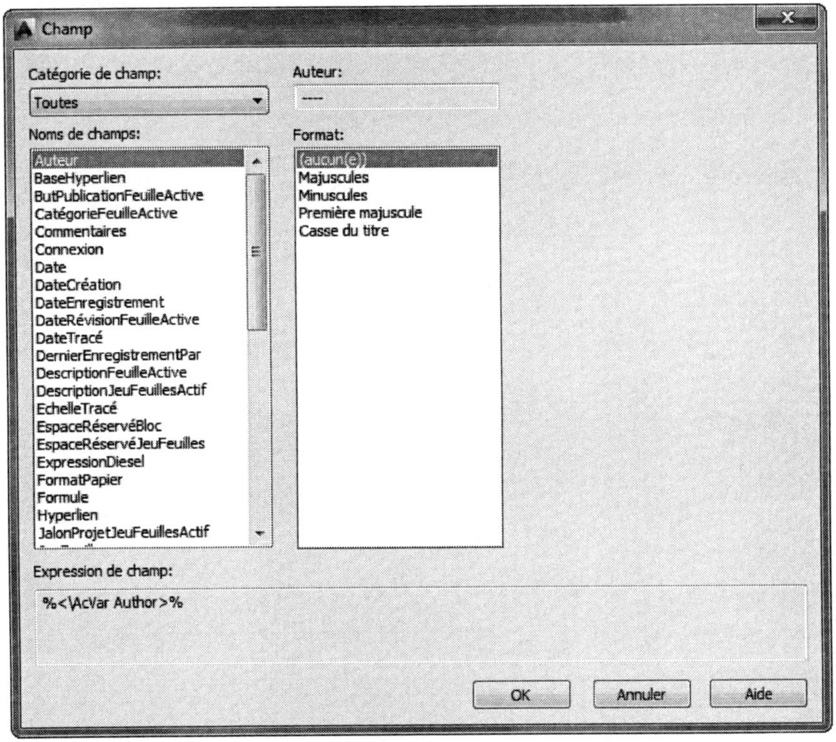

- Choisissez le **Noms de champs** et le **Format** souhaité (cf. chapitre Les champs pour les détails).
- Confirmez par **OK**.

13.Insérer une formule dans un tableau

Prenons l'exemple du tableau suivant :

Trim 1	600
Trim 2	750
Trim 3	800
Trim 4	975
Sous-total	
Coefficent pondérateur	0.75
TOTAL	

Formule Somme

La formule permettant d'obtenir le sous-total est la somme des quatre cellules situées au-dessus.

- Placez le curseur dans la cellule dans laquelle vous souhaitez le résultat du sous-total.
- Effectuez un clic droit, puis choisissez **Insérer champ** dans le menu contextuel.

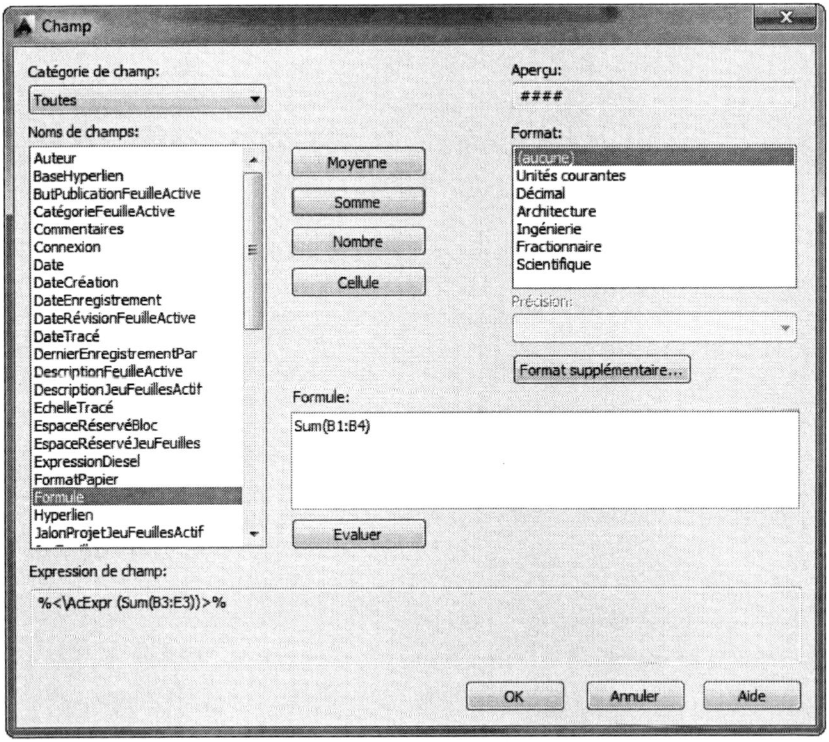

- Dans la boîte de dialogue **Champ**, dans la liste **Noms de champs**, sélectionnez **Formule**.

- Cliquez sur le bouton **Somme**. AutoCAD vous invite à effectuer deux clics couvrant les cellules à additionner (soit un premier clic dans la première cellule à calculer 600 et un second dans la dernière 975).
- Dans la liste **Formats**, sélectionnez le format (unités) du champ (décimal par ex), puis la précision voulue. Confirmez par **OK**.

Vous obtenez le résultat sur un arrière-plan grisé qui indique qu'il s'agit d'un champ. Cet arrière-plan n'est pas imprimé.

Remarque

Cette fonction est également accessible à l'aide d'un clic droit ***Insérer - Formule - Somme****. Si vous modifiez la valeur d'une des cellules, le résultat du sous-total est immédiatement modifié.*

Formule Produit

À partir de notre exemple, la formule permettant d'obtenir le Total est le produit du sous-total avec le coefficient pondérateur.

- Placez le curseur dans la cellule dans laquelle vous souhaitez le résultat du Total.
- Effectuez un clic droit, puis choisissez **Insérer champ** dans le menu contextuel.

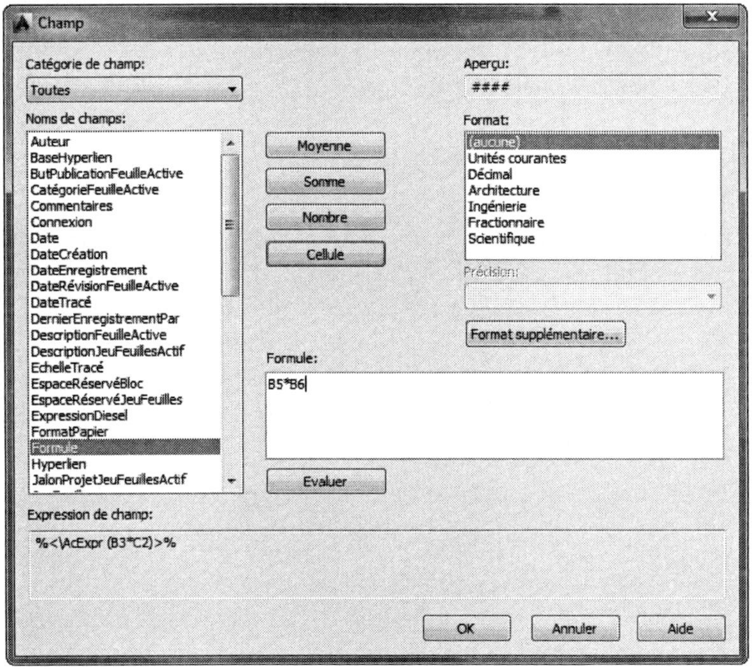

- Dans la boîte de dialogue **Champ**, dans la liste **Noms de champs**, sélectionnez **Formule**.
- Cliquez sur le bouton **Cellule**. AutoCAD vous invite à cliquer sur une des cellules concernées par le calcul. Cliquez sur la valeur du sous-total.
- Dans la zone de texte **Formule**, le nom de la cellule est affichée (D3 par exemple).
- Saisissez le signe * (multiplier) juste après le nom de la cellule.
- Cliquez à nouveau sur le bouton **Cellule** pour enfin cliquer sur la valeur correspondant au coefficient pondérateur.
- Dans la zone de texte **Formule**, la formule complète est affichée (soit B7*B8 par exemple).
- Dans la liste **Formats**, sélectionnez le format (unités) du champ (décimal par ex), puis la précision voulue. Confirmez par **OK**.

Vous obtenez le résultat sur un arrière-plan grisé qui indique qu'il s'agit d'un champ. Cet arrière-plan n'est pas imprimé.

Remarque

*Cette fonction est aussi accessible à l'aide d'un clic droit **Insérer - Formule - Cellule**. Si vous modifiez la valeur d'une des cellules, le résultat du sous-total est immédiatement modifié. Si vous modifiez l'une des valeurs des cellules du tableau concernées par les formules, les résultats sont immédiatement mis à jour.*

14.Utiliser la fenêtre Propriétés pour modifier les caractéristiques du tableau

La fenêtre **Propriétés** permet de modifier l'ensemble des caractéristiques d'une cellule, de plusieurs cellules ou d'un tableau entier.

- Sélectionnez la ou les cellules. Effectuez un clic droit et choisissez **Propriétés**.

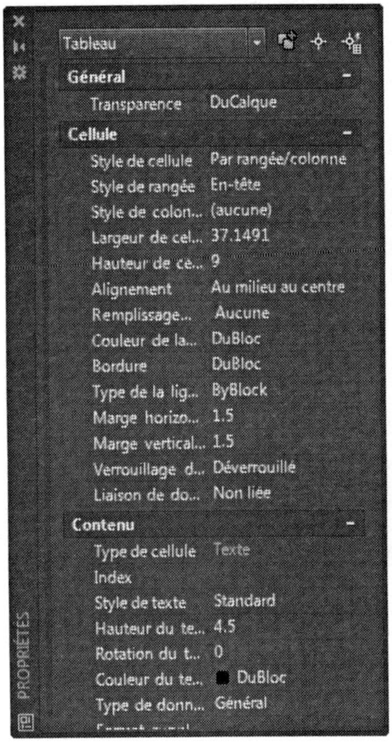

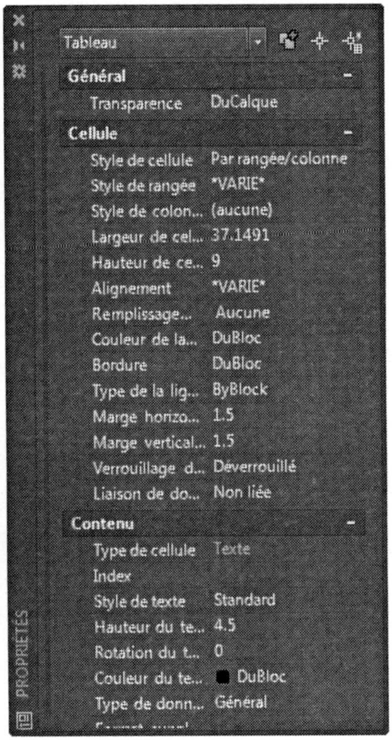

Remarque

*Précédemment, la figure de gauche affiche toutes les propriétés d'une seule cellule. La figure de droite affiche les propriétés de plusieurs cellules ; dans ce second cas, certaines valeurs ne sont pas communes et affichent ***VARIE***.*

- Dans la rubrique **Cellule**, agissez sur les hauteur et largeur de cellule, l'alignement du texte, le remplissage d'arrière-plan des cellules, les bordures, la couleur des bordures.
- Dans la rubrique **Contenu**, modifiez le texte lui-même, modifiez le style, la hauteur, la rotation et la hauteur du texte.

15.Redimensionner rapidement un tableau à l'aide des poignées

Les poignées constituent une manière très rapide de redimensionner une colonne, une rangée, un tableau. La touche [Ctrl] permet une modification d'une colonne ou rangée sans altérer la largeur ou hauteur du tableau.

- Cliquez sur l'un des bords du tableau pour le sélectionner. Des poignées sont affichées sur chaque coin du tableau ainsi qu'aux coins supérieurs de chaque colonne.

- Sélectionnez une poignée supérieure située entre deux colonnes.
- Effectuez un déplacement de la poignée pour redimensionner la colonne. Si vous appuyez sur la touche [Ctrl], la largeur du tableau ne change pas, sinon elle est affectée.

E. Les styles de tableau

Vous pouvez créer vos propres styles de tableau ou utiliser le style par défaut (Standard). Les styles de tableau vous permettent de contrôler l'apparence et les paramètres de tableaux prédéfinis tels que la mise en forme de rangées et de colonnes, des cellules fusionnées, de cellules simples, la justification du texte, les bordures, le sens de lecture...

1. Créer un style de tableau

- Déroulez le groupe de fonctions **Annotation** (onglet **Début**), et choisissez le bouton **Style de tableau** .

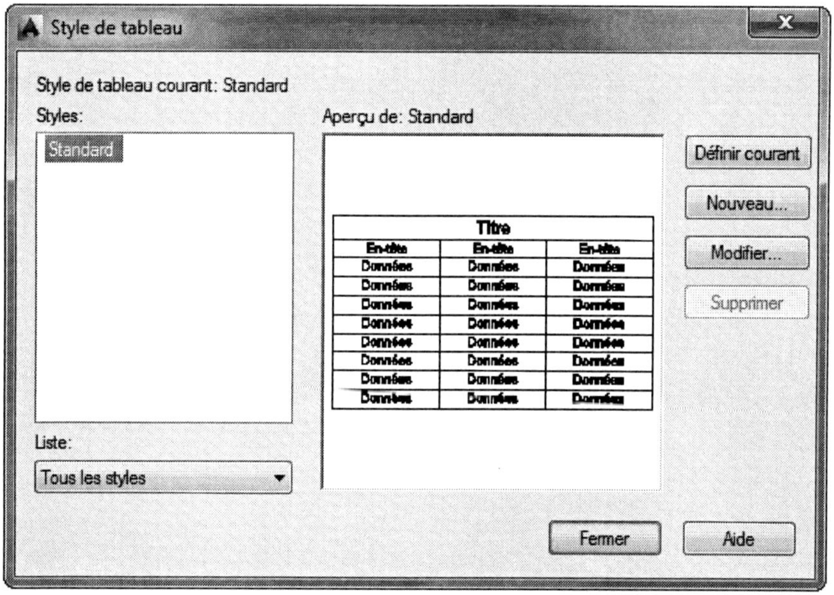

- Dans la boîte de dialogue **Style de tableau**, cliquez sur le bouton **Nouveau** pour créer un nouveau style de tableau.

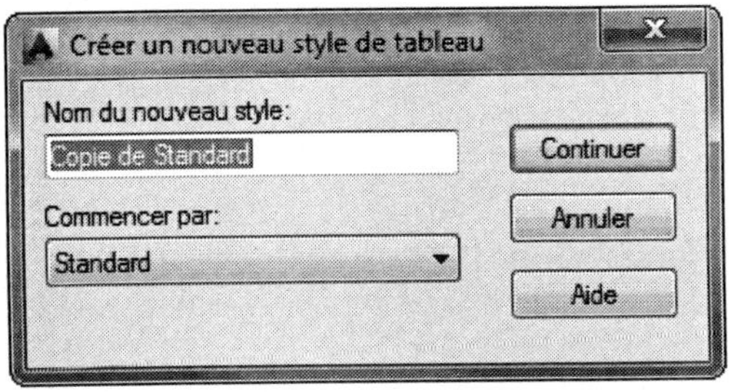

- Dans la boîte de dialogue **Créer un nouveau style de tableau**, saisissez le nom du style à créer.
- Sélectionnez si nécessaire un style de référence dans la liste **Commencer par**.
- Cliquez sur **Continuer**.

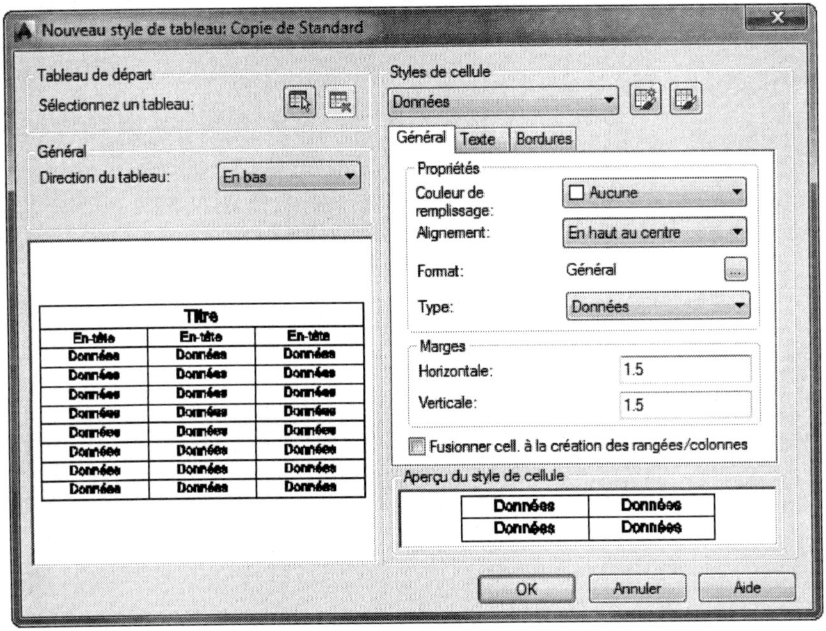

- Dans la boîte de dialogue **Nouveau style de tableau**, définissez l'ensemble des options du tableau.

Rubrique Tableau de départ

- Sélectionnez le bouton **Sélectionnez un tableau** à utiliser comme tableau de départ pour ce style de tableau pour sélectionner un tableau dans le dessin courant. Ce tableau sélectionné sert de base au nouveau style.

Rubrique Général

- Définissez la **Direction du tableau**. Sélectionnez **En bas** ou **En haut**. Le choix **En haut** impose une lecture du tableau du bas vers le haut, et la rangée de titre et les en-têtes de colonnes figurent en bas du tableau.

Rubrique Styles de cellule

- Dans la liste **Styles de cellules**, sélectionnez un des styles de cellule présent dans le tableau courant.
- Choisissez le bouton **Créer un style de cellule** pour créer un nouveau style de cellules.

Le bouton **Boîte de dialogue Gérer les styles de cellule** permet de créer, renommer ou supprimer les styles de cellule.

Chaque style de cellule comporte les paramètres établis dans les onglets **Général**, **Texte** et **Bordures** présentés ci-dessous. L'aperçu du style de cellule permet une visualisation fidèle de l'aspect de la cellule.

Onglet Général

Définissez ici la couleur de remplissage de la cellule, l'alignement du texte dans la cellule, le type et le formatage des données de cellule. Définissez ici les marges horizontale et verticale séparant le texte du bord de la cellule.

Onglet Texte

Définissez ici les propriétés de texte de la cellule telles que le style de texte, la hauteur, la couleur et l'angle du texte.

Onglet Bordure

Sélectionnez ici l'épaisseur de ligne, le type de ligne, la couleur, l'aspect double-ligne et l'espacement de cette double-ligne, puis sélectionnez l'un des boutons correspondant aux bordures à appliquer avec ces propriétés. Confirmez par **OK** pour valider la création du style de tableau.

2. Modifier un style de tableau

- Déroulez le groupe de fonctions **Annotation** (onglet **Début**), choisissez l'icône **Style de tableau** .
- Dans la boîte de dialogue **Style de tableau**, sélectionnez le style de tableau à modifier dans la liste **Styles**.
- Cliquez sur le bouton **Modifier** pour apporter les modifications au style de tableau.
- Effectuez les réglages comme pour la création d'un style de tableau (voir ci-dessus).

- Confirmez par **OK**.
- Confirmer par **Fermer** pour quitter la boîte de dialogue **Style de tableau**.

3. Utiliser un style de tableau

- Déroulez le groupe de fonctions **Annotation** (onglet **Début**), choisissez l'icône **Style de tableau**  situé à droite du nom de groupe **Tableaux**.
- Dans la boîte de dialogue **Style de tableau**, sélectionnez le style de tableau à utiliser.

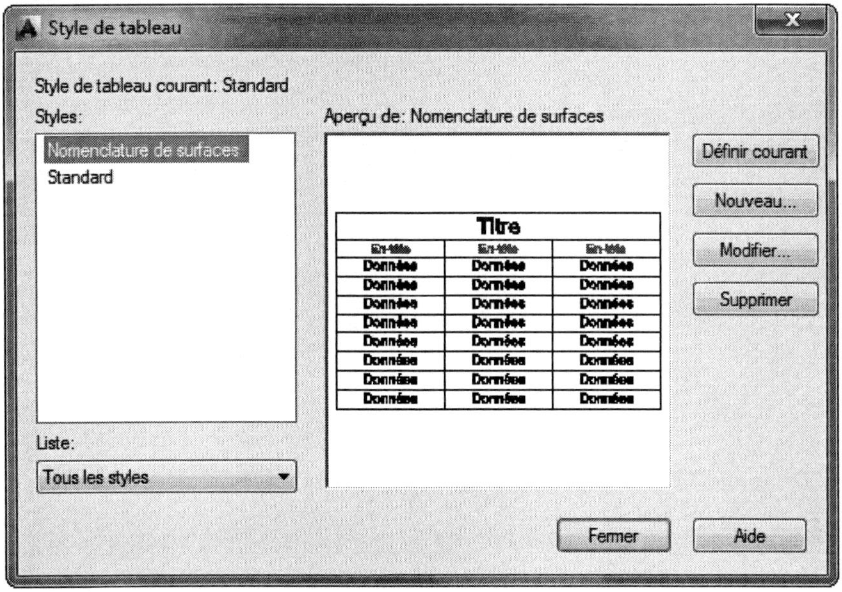

Remarquez que l'aperçu du tableau respecte les couleurs, polices, remplissage...

- Choisissez le bouton **Définir courant** et confirmez sur **Fermer** pour quitter la boîte de dialogue **Style de tableau**.

Remarque

Vous accédez aussi à la sélection d'un style de tableau grâce au bouton-liste 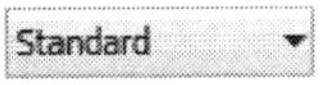 ***Style de tableau*** *(groupe de fonctions* ***Tableaux*** *- onglet* ***Annoter****).*

Pour les prochaines créations de tableau, la boîte de dialogue **Insérer un tableau** affiche automatiquement le style de tableau défini comme courant dans la liste **Styles de tableau**.

Chapitre 5
Les champs

A. Introduction

Les champs permettent d'indiquer des informations automatisées comme une aire, un calque, une date, une heure, un nom de fichier, un format de mise en page, une échelle, une formule de calcul, etc. AutoCAD permet l'insertion de champ dans tout objet texte, afin d'afficher des données modifiables dans le jeu de dessins ou de feuilles. La mise à jour du champ permet l'affichage automatique de la dernière version des données.

AutoCAD met à disposition un nombre important de champs modifiables tels que le nom de l'auteur, le commentaire associé au fichier dessin, les dates de création, d'enregistrement, de tracé, l'échelle de tracé, le format du papier, le nom de fichier, le nom du périphérique, la taille du fichier... Pour chacun des champs, AutoCAD propose plusieurs types d'affichage.

Les champs sont disponibles lors de la création de texte sur une ligne, de texte multiligne, de définition d'attribut, de texte de cotation, de tableaux...

B. Créer un champ affichant une surface calculée

L'intérêt d'un champ affichant une surface calculée est le suivant. Dès que le contour (la polyligne) subit des modifications, le champ affiche automatiquement la surface modifiée correspondante.

La figure ci-dessous est une polyligne (par exemple) dont vous souhaitez extraire la surface.

Un texte multiligne présente le texte « Surf = x m2 », la valeur x correspondant à un champ calculé.

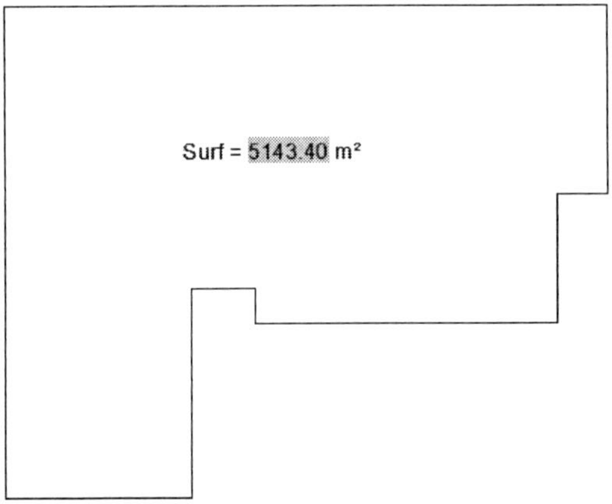

- Dans le groupe de fonctions **Texte** (onglet **Annoter**), choisissez l'icône **Texte Multiligne** .

- Spécifiez les deux points qui délimitent l'encombrement du texte multiligne.
- Dans la zone réservée à la saisie du texte, saisissez « Surf = » (les lettres Surf, un espace, le signe =, un espace). Effectuez un clic droit puis choisissez **Insérer un champ** dans le menu contextuel.

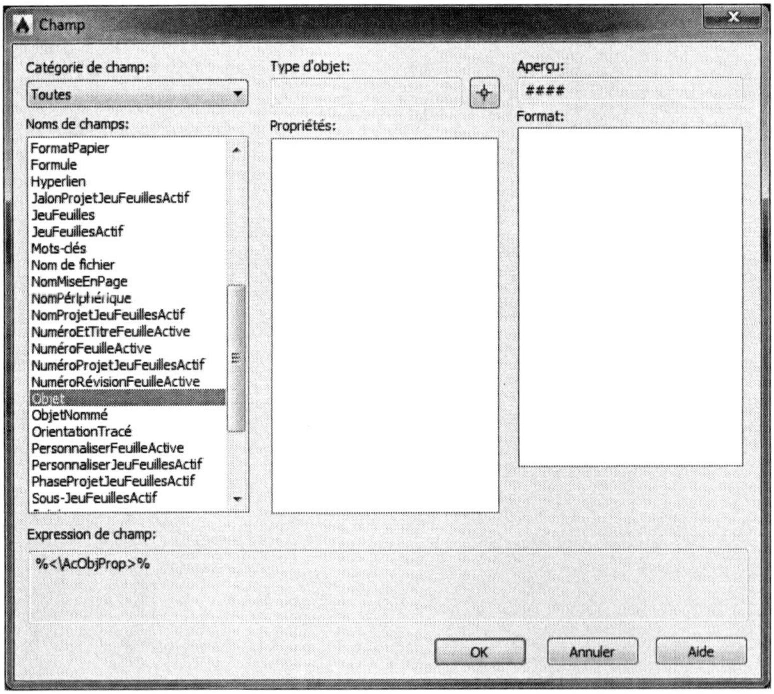

- Dans la liste **Noms de champs**, choisissez **Objet**.

- Cliquez sur le bouton **Sélectionner un objet**  pour pointer la polyligne dont vous voulez extraire la surface.

  L'affichage est à présent comme dans la figure ci-dessous :

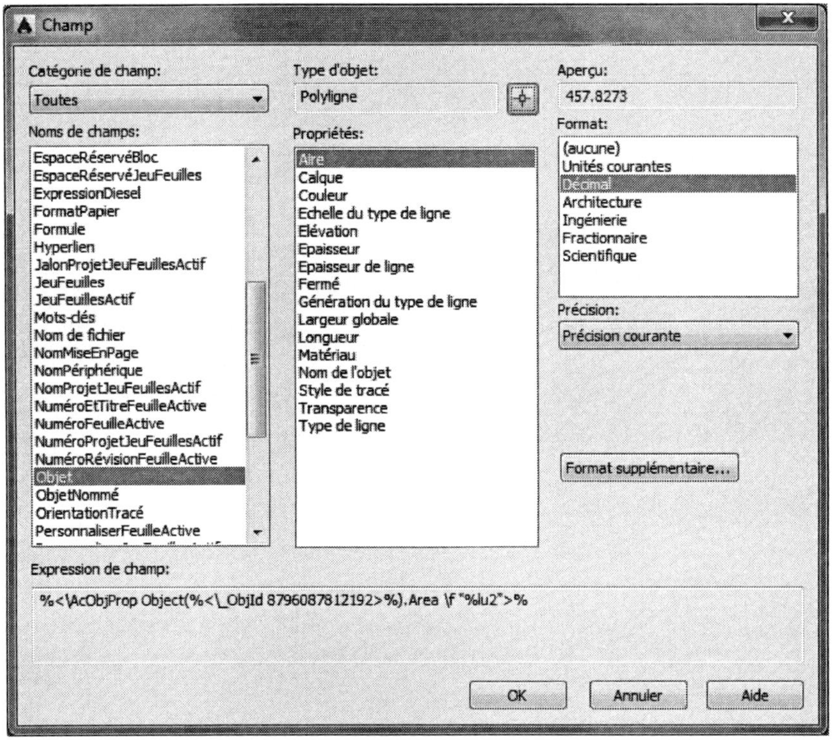

- Dans la liste des propriétés, choisissez **Aire**, puis spécifiez le nombre de décimales souhaité grâce à la liste déroulante **Précision**.
- Confirmez par **OK** pour quitter la fenêtre **Champ**.
- Dans l'éditeur de texte, saisissez « m^2 » (un espace, puis m^2).
- Cliquez sur **Fermer**, puis **Fermer l'éditeur de texte** pour confirmer la mise en place du texte avec champ.

  L'expression est affichée avec la valeur de surface calculée. Si la polyligne subit des modifications, la valeur est automatiquement mise à jour.

C. Créer un champ affichant le nom de fichier

Dans l'exemple ci-après, la création d'un champ s'effectue dans un texte multiligne.

- Dans le groupe de fonctions **Texte** (onglet **Annoter**), choisissez l'icône **Texte Multiligne**.
- Spécifiez les deux points qui délimitent l'encombrement du texte multiligne.
- Dans la zone réservée à la saisie du texte, effectuez un clic droit puis choisissez **Insérer un champ** dans le menu contextuel.

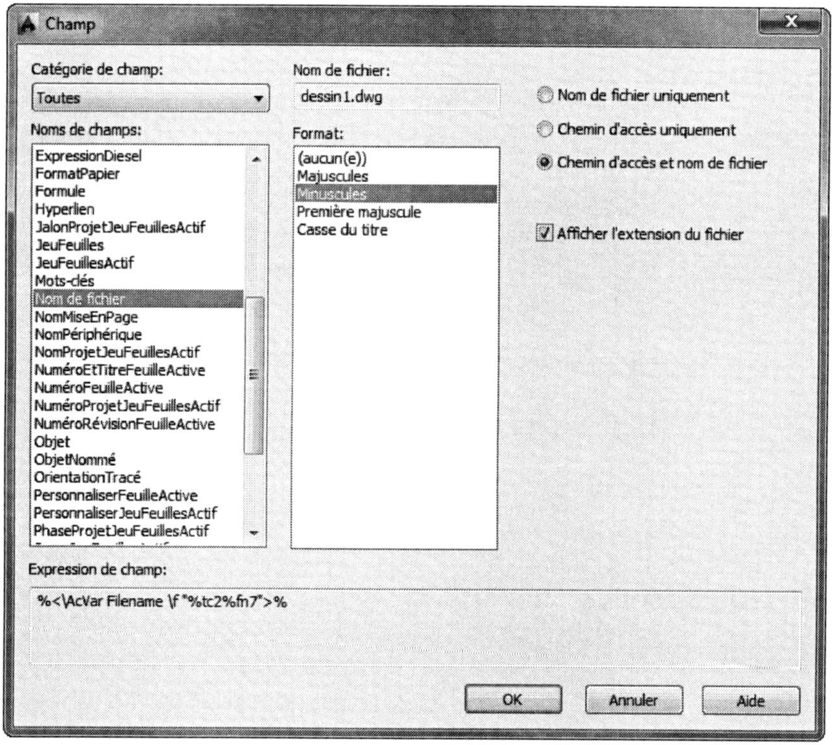

Dans la boîte de dialogue **Champ**, dans la liste **Noms de champs**, sélectionnez **Nom de fichier**.

- Dans la liste **Format**, sélectionnez le type d'affichage désiré :

Majuscules : force l'affichage du nom de fichier en majuscules.

Minuscules : force l'affichage du nom de fichier en minuscules quel que soit le format de la saisie.

Première majuscule : force l'affichage en majuscule de la première lettre du nom de fichier.

Casse du titre : impose une majuscule pour la première lettre de chaque mot du nom de fichier.

- Activez le bouton-radio selon le résultat souhaité :

  Nom de fichier uniquement : permet l'affichage du nom de fichier seul sans le nom de l'emplacement.

  Chemin d'accès uniquement : permet l'affichage de l'emplacement seul (unité de disque et dossiers).

  Chemin d'accès et nom de fichier : permet l'affichage du nom de fichier précédé de son emplacement.

  La case à cocher **Afficher l'extension de fichier** permet l'affichage ou le masquage de l'extension .DWG.

- Confirmez par **OK** pour quitter la boîte de dialogue **Champ**.
- Cliquez sur le bouton **Fermer l'Editeur de texte** pour quitter l'éditeur de texte.

Remarque

*La zone de texte **Nom de fichier** permet l'affichage d'un aperçu du résultat en fonction du choix de formats.*

D. Mettre à jour un champ

Dans le premier exemple, si vous modifiez le polygone et que ces modifications entraînent un changement de la surface, vous pouvez demander la mise à jour automatique du champ.

- Dans le groupe de fonctions **Données** (onglet **Insertion**), choisissez l'icône **Mettre à jour les champs** 

.

  Les informations de champ sont mises à jour et la nouvelle surface du polygone est affichée.

- Sélectionnez le(s) champ(s) ou les textes qui comportent des champs à mettre à jour.

Remarque

Une régénération du dessin peut suffire dans ce cas à la mise à jour des champs.

Dans le second cas, l'enregistrement sous un autre nom par exemple, modifie automatiquement le champ. Ce cas est particulier.

E. Créer un champ personnalisé

Vous pouvez créer des champs personnalisés qui peuvent ensuite être affichés à différents endroits du dessin. Un champ personnalisé possède un nom, ainsi qu'une valeur que vous ferez varier. Ainsi dès que la valeur du champ est modifiée, l'ensemble des mêmes champs du dessin est modifié.

Prenons l'exemple d'un champ Maître d'ouvrage dont la valeur est présente à de nombreux emplacements du dessin (cartouches multiples, annotations diverses, etc.). Pour un projet A, sa valeur est SCI OLFEC. Pour un projet B, sa valeur est CLAJU SA). Vous modifiez la valeur dans les propriétés du dessin, et procédez à la mise à jour.

➲ Dans le **Navigateur**, choisissez **Utilitaires de dessin**, puis **Propriétés du dessin**.

➲ Activez l'onglet **Personnaliser** pour afficher la fenêtre ci-dessous :

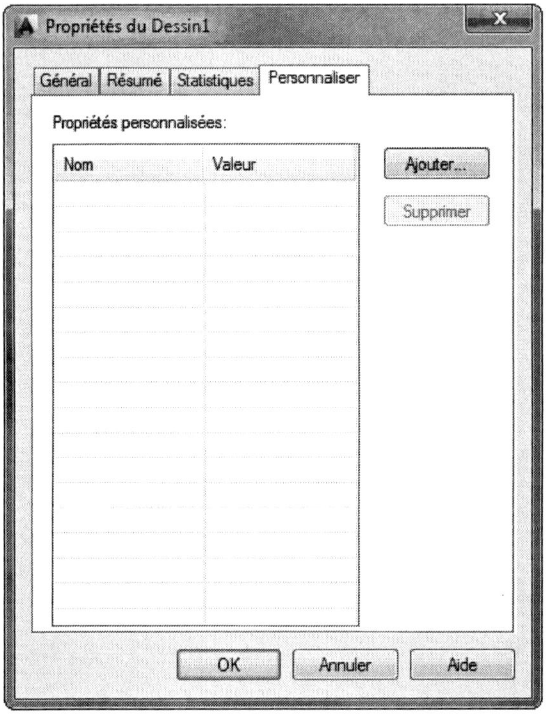

➲ Cliquez sur **Ajouter** pour procéder à la création du champ personnalisé.

La fenêtre suivante s'affiche :

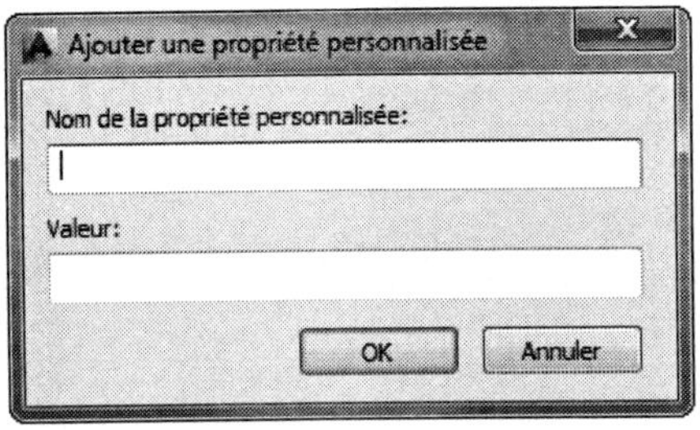

- Dans la zone **Nom de la propriété personnalisée**, saisissez par exemple **Maître d'ouvrage**, puis dans la zone **Valeur**, indiquez la chaîne de caractères que vous souhaitez attribuer au champ (ex. SCI OLFEC).
- Confirmez par **OK** pour confirmer la création du champ personnalisé.
- Confirmez par **OK** pour quitter la fenêtre **Propriétés du dessin**.

Utiliser le champ personnalisé

- Dans le groupe de fonctions **Données** (onglet **Insertion**), choisissez l'icône **Champ** .

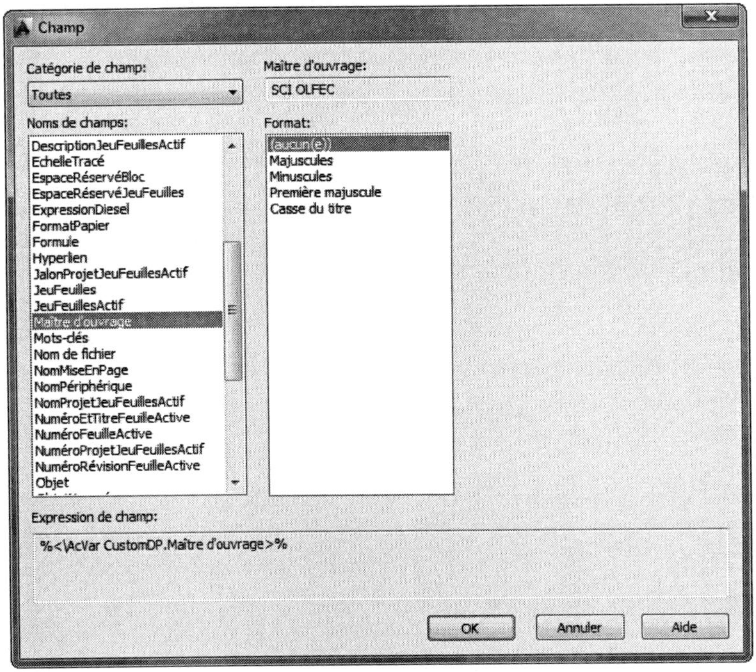

- Dans la liste **Noms de champs**, sélectionnez le nouveau champ personnalisé **Maître d'ouvrage**, et constatez la valeur et le format dans la partie droite.
- Confirmez par **OK**.

  AutoCAD vous demande de positionner le champ dans le dessin. Effectuez cette opération pour placer le champ personnalisé aux différentes localisations souhaitées dans le dessin.

F. Modifier et mettre à jour la valeur du champ personnalisé

- Dans le **Navigateur**, choisissez **Utilitaires de dessin**, puis **Propriétés du dessin**.
- Activez l'onglet **Personnaliser**.
- En regard du nom du champ personnalisé, saisissez la nouvelle valeur dans la zone **Valeur**, et confirmez par **OK**.
- Dans le menu déroulant **Affichage**, choisissez **Régénérer** pour mettre à jour l'ensemble des champs.

G. Modifier le type de champ et ses paramètres

- Effectuez un double clic sur le texte comportant un champ pour accéder à l'éditeur de texte.
- Cliquez sur le texte du champ pour le sélectionner.
- Effectuez un clic droit puis choisissez **Modifier le champ** dans le menu contextuel.

  La boîte de dialogue **Champ** est affichée, et permet d'accéder comme à la création aux types de champs, formats et options de champs.
- Effectuez les modifications du champ, et confirmez par **OK** pour quitter la boîte de dialogue **Champ**.
- Confirmez par **Fermer l'Editeur de texte** pour quitter l'éditeur de texte.

H. Convertir un champ en texte

- Effectuez un double clic sur le texte comportant un champ pour accéder à l'éditeur de texte.
- Cliquez sur le texte du champ pour le sélectionner.
- Effectuez un clic droit puis choisissez **Convertir le champ en texte** dans le menu contextuel.

Remarque

L'arrière-plan grisé, caractéristique du champ, disparaît pour afficher un texte classique.

Chapitre 6
La gestion des objets

A. Introduction

Ce chapitre développe les principales fonctions (liste non exhaustive) de construction et de modification d'objets.

B. Suppression d'objets

➲ Dans le groupe de fonctions **Modification** (onglet **Début**), cliquez sur l'icône **Effacer** .

Cette opération permet d'enlever de la base de données du dessin AutoCAD les éléments voulus. Dans la fenêtre de commande, le message suivant est affiché :

```
Choix des objets :
```

À ce stade, le curseur graphique est remplacé par un petit réticule de sélection.

Vous pouvez, soit cliquer sur l'objet que vous voulez supprimer, soit choisir une option du jeu de sélection pour un choix plus adapté (cf. Sélection des objets dans ce chapitre).

Le message “Choix des objets” reste valable tant que vous ne validez votre sélection pas avec [Entrée].

Pour récupérer toutes les entités qui viennent d'être effacées par mégarde, choisissez **Annuler** dans la barre d'outils d'accès rapide.

Remarque

Sans commande en cours, procédez à la sélection des objets puis appuyez sur la touche [Suppr].

C. Sélection des objets

À chaque fois que le message “Choix de l'objet” ou “Choix des objets” apparaît, AutoCAD requiert une sélection.

À ce moment précis, le curseur graphique est remplacé par un réticule (petit carré). Si vous positionnez ce réticule sur un objet, un clic sélectionnera l'objet. Cette méthode est suffisante pour un petit nombre d'entités à sélectionner mais n'est pas judicieuse (ou suffisante) pour des sélections plus délicates, spécifiques ou nombreuses.

1. Types de sélection

AutoCAD propose un jeu de sélection adapté à tous types de sélection.

Options : **Type de sélection**

Dernier : dernier objet créé.

Précédent : la dernière sélection utilisée dans une commande d'édition.

annUler : annule la dernière sélection sans quitter la commande.

Fenêtrer : les objets entièrement inclus dans la fenêtre rectangulaire.

Capture : les objets entièrement inclus ainsi que ceux croisant un des bords dans la fenêtre rectangulaire (trait pointillé).

SPolygone : les objets entièrement inclus dans la fenêtre polygonale.

CPolygone : les objets entièrement inclus ainsi que ceux croisant un des bords dans la fenêtre polygonale (trait pointillé).

Supprimer : modifie le message "Choix des objets" en "Supprimer les objets" pour permettre une désélection.

Ajouter : à partir du message "Retirer les objets", revient au message "Choix des objets".

Trajet : les objets croisant le(s) segment(s).

TOUT : tous les objets du dessin ne se trouvant pas sur un calque gelé (cf. chapitre La gestion des calques - Le contrôle des calques).

Groupe : demande le nom d'un groupe d'objets préalablement créé et sélectionne ces objets (cf. Groupement d'objets dans ce chapitre).

Filtres de Sélection ('FILTER) : crée des listes de sélection d'objets selon des critères pré-établis.

Boîte : permet de préciser un premier point dans une zone dégagée ; le deuxième point suivant sa position fixe une sélection de type Fenêtre ou Capture. Si le deuxième point est placé sur la droite, une fenêtre de sélection est proposée ; s'il est placé à gauche, une capture est proposée.

Sous-objet : permet de sélectionner des composants appartenant à des solides composés ou des sommets, arêtes et faces sur des solides 3D.

Objet : met fin à la possibilité de sélectionner des sous-objets, et permet la sélection d'objets.

Remarque

Appuyer sur la touche [Ctrl] et la maintenir enfoncée revient à sélectionner l'option Sous-objet du jeu de sélection (commande SELECT). Voir la sélection cyclique ci-après.

Voici quelques exemples de sélection :

Objets de base		*1 ellipse, 2 lignes, 1 cercle, 1 bloc (triangle)*	
Type de sélection		*Résultat*	
Fenêtre rectangulaire	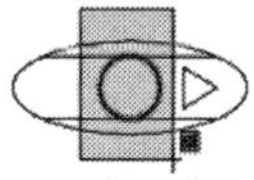	1 objet sélectionné	
Capture rectangulaire	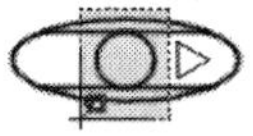	4 objets sélectionnés	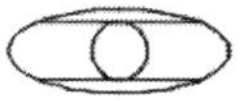
SPolygone	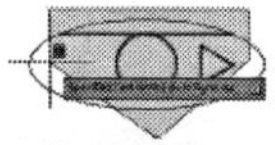	3 objets sélectionnés	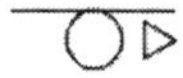
CPolygone	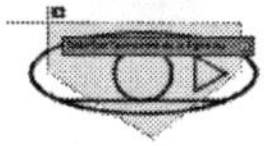	5 objets sélectionnés	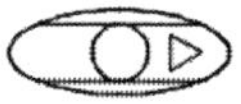
Trajet	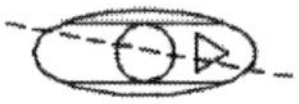	3 objets sélectionnés	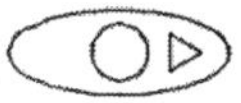
Fenêtre Lasso	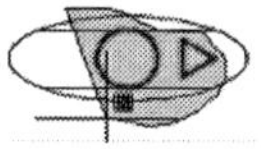	2 objets sélectionnés	
Capture Lasso	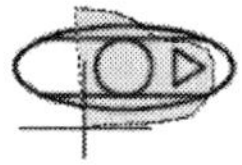	5 objets sélectionnés	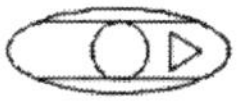
Trajet Lasso	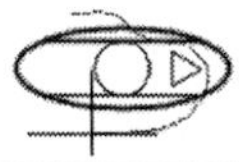	2 objets sélectionnés	

Cas particulier de la sélection par le lasso

Le lasso permet une sélection rapide à main levée en décrivant un contour de sélection de forme quelconque.

Une fois le contour décrit, trois types de sélection sont possibles :

- **Fenêtre Lasso** : sélection de tous les éléments entièrement inclus dans le lasso.
- **Capture Lasso** : sélection de tous les éléments entièrement inclus, ainsi que ceux qui croisent un bord du lasso.
- **Trajet Lasso** : sélection de tous les éléments qui croisent un bord du lasso.

Utiliser la sélection par le lasso

- Restez appuyé sur le bouton gauche de la souris, et décrivez le contour de type lasso.
- Appuyez sur la barre d'espace pour passer alternativement du mode **Fenêtre Lasso**, **Capture Lasso** et **Trajet Lasso**.

Remarque

Les objets sélectionnés apparaissent en surbrillance.

- Relâchez le bouton de la souris pour valider la sélection.

L'affichage des bords varie selon le type de lasso :

Contour continu pour la **Fenêtre Lasso** :

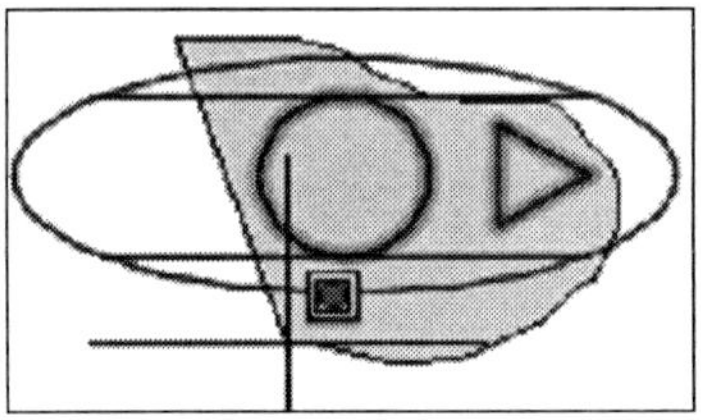

Contour en pointillés pour la **Capture Lasso** :

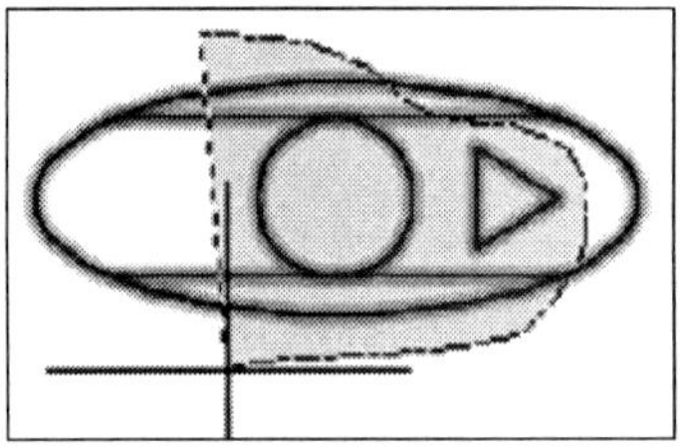

Trajectoire en pointillés pour le **Trajet Lasso** :

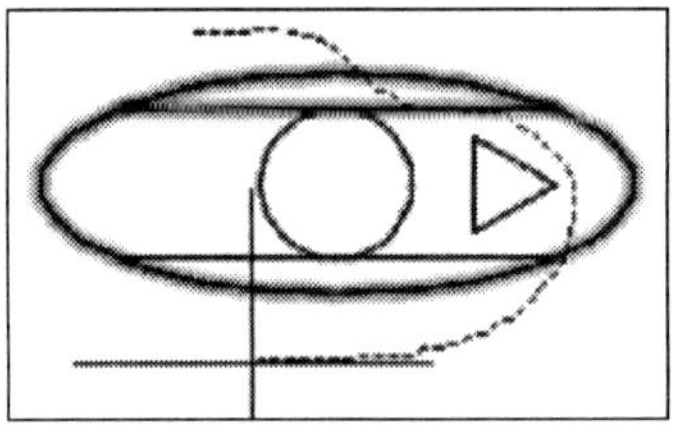

Remarque

Au message ***Choix des objets****, tapez la ou les lettres apparaissant en majuscule dans la liste des options ci-dessus. Au message* ***Choix des objets****, la désélection des objets est obtenue à l'aide d'une pression continue sur la touche [Shift] combinée à une option de sélection.*

2. La sélection cyclique

Lorsque plusieurs objets sont superposés, il peut être parfois délicat ou difficile de sélectionner l'objet désiré. AutoCAD offre désormais une solution simple qui permet de « passer en revue » les différents éléments superposés, pour obtenir la sélection voulue.

Lorsque AutoCAD vous propose de sélectionner des objets, procédez comme suit :

➲ Dans la zone d'état, cliquez sur le bouton **Personnalisation** pour afficher le menu suivant :

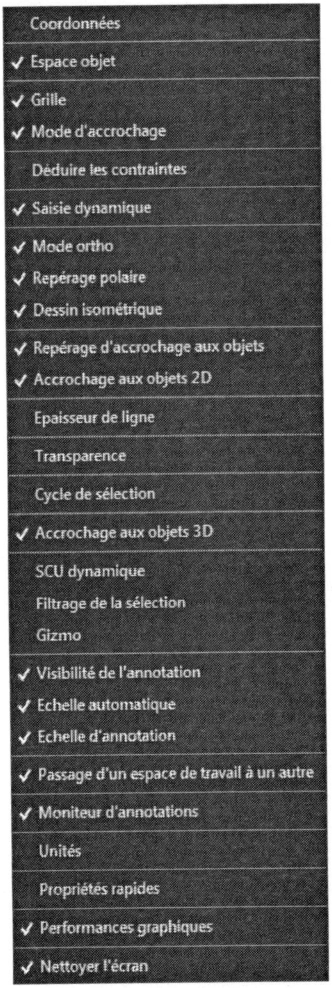

- Cliquez sur **Cycle de sélection** pour afficher l'outil **Cycle de sélection** dans la zone d'état.
- Dans la zone d'état, vérifiez l'activation du bouton **Cycle de sélection** .
- Déplacez avec précision le pointeur sur l'un des objets superposés (ou sur la zone concernée). Le curseur est accompagné de la double icône ci-dessous indiquant la détection d'objets superposés.

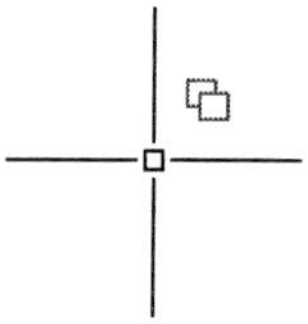

- Effectuez un clic pour afficher la fenêtre de sélection comme ci-dessous :

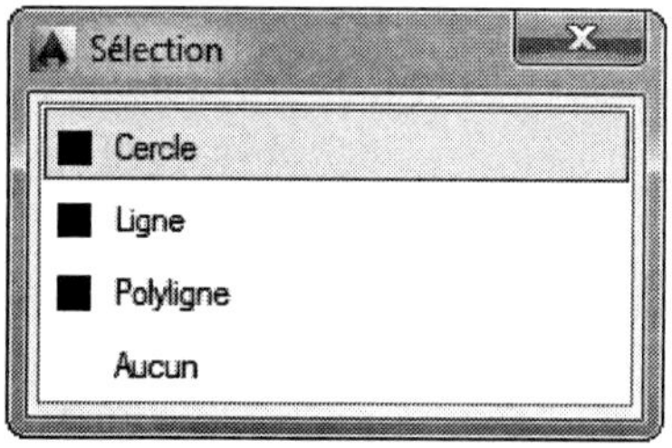

La fenêtre de sélection (ou zone de liste de sélection) affiche les objets superposés détectés, en listant le type d'objets et la couleur.

- Dans cette fenêtre, déplacez le pointeur sur chaque type d'objets détecté pour visualiser l'objet en surbrillance dans la zone graphique.
- Effectuez un clic sur le type d'objets dans la fenêtre de sélection pour valider la sélection. L'objet voulu est alors sélectionné, et vous pouvez procéder à une autre sélection ou validez pour traiter la commande en cours.

Dans l'exemple ci-dessous, les objets suivants sont superposés : Texte multiligne, Cotation et Solide 3D.

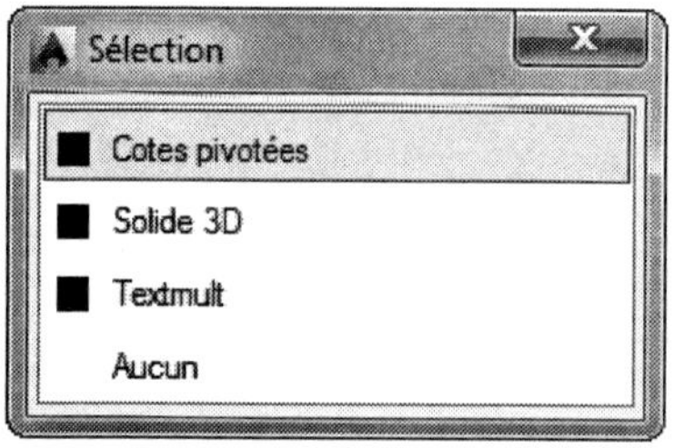

Autre technique :

- Utilisez la combinaison de la touche [Shift] et de la barre d'espace comme suit. Maintenez la touche [Shift] enfoncée, et appuyez à plusieurs reprises sur la barre d'espace pour voir apparaître en surbrillance les différents objets superposés l'un après l'autre. Cliquez pour confirmer la sélection qui convient.

Cas particulier : Solides 3D composés

Dans le cas des solides 3D composés, la sélection cyclique permet de passer en revue et de sélectionner un composant (ou sous-objet) appartenant à un solide complexe.

- Maintenez la touche [Ctrl] enfoncée, déplacez le pointeur sur la zone concernée pour la superposition des sous-objets. Le curseur est accompagné de la double icône indiquant la détection d'objets ou sous-objets superposés.

Effectuez un clic pour afficher la fenêtre de sélection comme ci-dessous :

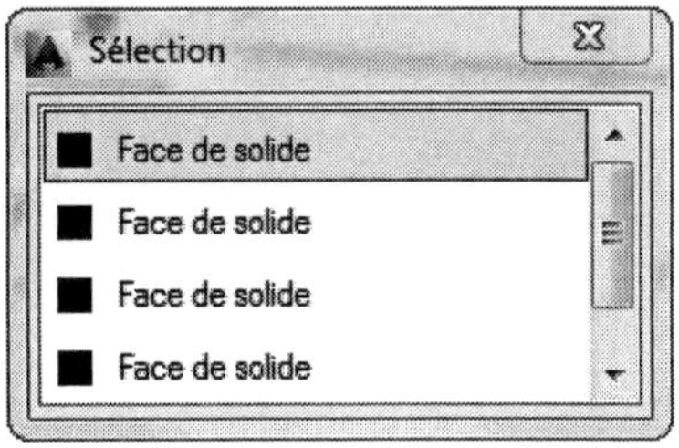

La fenêtre de sélection (ou zone de liste de sélection) affiche les sous-objets superposés du solide 3D, par l'intermédiaire du type d'opération (extrusion, révolution, balayage...), les faces de solide et la couleur.

Dans cette fenêtre, déplacez le pointeur sur chaque type d'opération détecté pour visualiser le sous-objet en surbrillance dans la zone graphique.

- Effectuez un clic sur le type d'opération dans la fenêtre de sélection pour valider votre sélection. Le sous-objet voulu est alors sélectionné, et vous pouvez procéder aux modifications.

D. Sélection rapide

La sélection rapide des objets agit sur l'ensemble du dessin ou sur un ensemble d'objets à sélectionner. Cette méthode est rapide car elle permet de choisir le type d'objets voulu, voire les propriétés de ceux-ci.

Dans le groupe de fonctions **Utilitaires** (onglet **Début**), choisissez le bouton **Sélection rapide** .

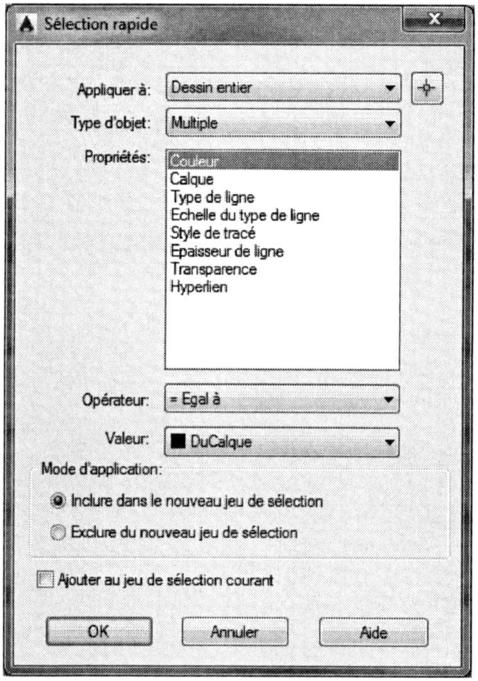

➲ Par défaut, la sélection rapide s'effectue sur tout le dessin. Cliquez sur le bouton **Choix des objets**  pour restreindre la sélection à une partie du dessin. La liste **Appliquer à** affiche **Sélection courante**.

La liste **Type d'objet** permet de choisir le type des objets à sélectionner (ligne, arc, cercle, polyligne, texte...).

Par exemple, si vous souhaitez sélectionner tous les textes du dessin, choisissez **Dessin entier** dans la liste **Appliquer à**, puis **Texte** dans la liste **Type d'objet**. Confirmez par **OK**. Tous les textes sont sélectionnés.

Notez que les textes sur une ligne appartiennent au type d'objet **Texte**, alors que les textes multi-lignes appartiennent au type **Textmult**.

Les **Propriétés** permettent une sélection encore plus précise en fixant une propriété spécifique aux objets à sélectionner. Vous pouvez, par exemple, demander une sélection de tous les textes du dessin qui appartiennent à un calque précis.

Dans ce cas, comme dans l'exemple ci-dessus, appliquez la sélection au dessin entier. Le **Type d'objet** est le texte. Choisissez **Calque** dans la liste des propriétés. La liste déroulante **Valeur** propose tous les calques existants du dessin.

Choisissez celui qui vous convient puis confirmez par **OK**. La liste **Opérateur** affiche **Egal à**, **Différent de**, **Supérieur à**, **Inférieur à**. Ces opérateurs peuvent servir par exemple à la sélection de texte dont la hauteur est à 5. Dans ce cas, la propriété **Hauteur** sera choisie, l'opérateur sera **Egal à** et vous saisirez 5 dans la liste **Valeur** avant de confirmer par **OK**.

Deux modes d'application sont proposés :

- **Inclure dans le nouveau jeu de sélection** permet la sélection des objets de la sélection rapide.
- **Exclure du nouveau jeu de sélection** permet une sélection de tous les objets sauf ceux de la sélection rapide.

La case à cocher **Ajouter au jeu de sélection courant** permet d'affecter la sélection rapide à la sélection courante.

E. Groupement d'objets

Bien souvent, vous devez effectuer des sélections délicates et répétitives. Le groupement d'objets permet de créer un jeu de sélection nommé.

Il suffit ensuite soit de donner le nom du groupe, soit de sélectionner l'un des membres pour sélectionner la totalité du groupe.

➲ Déroulez le groupe de fonctions **Groupes** (onglet **Début**), et choisissez l'icône **Gestionnaire de groupes** 

.

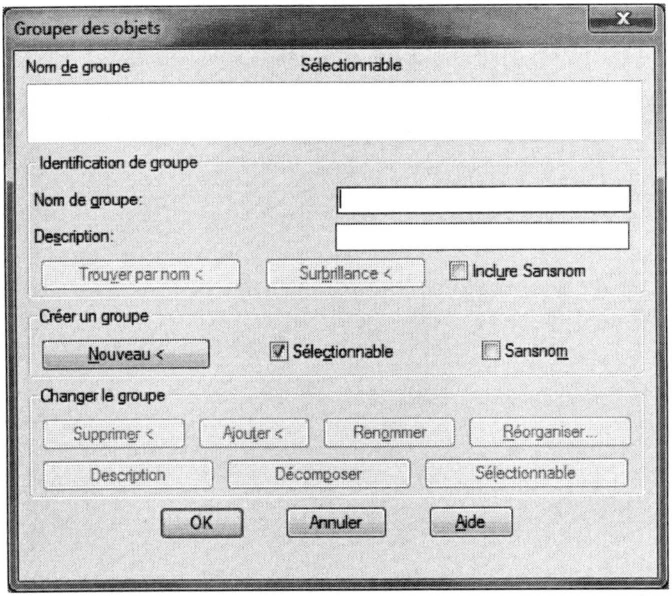

1. Création d'un groupe

- Tapez son nom dans la zone **Nom de groupe**. La zone **Description** permet un commentaire pouvant vous apporter des indications lors d'utilisations ultérieures.
- Dans la zone **Créer un groupe**, vérifiez que la case à cocher **Sélectionnable** est active puis cliquez sur **Nouveau**. AutoCAD vous propose de sélectionner les objets qui constitueront le groupe, puis de valider.

  Le nom du groupe apparaît dans la liste **Nom de groupe**.
- Confirmez par **OK**.

  Les autres boutons de cette boîte de dialogue permettent de gérer le groupe et ses éléments :

  Surbrillance : permet de visualiser en surbrillance les éléments du groupe sélectionné.

  Trouver par nom : demande une sélection et renseigne sur le groupe dont fait partie l'objet sélectionné.

  Changer le groupe : les boutons de cette zone permettent d'intervenir sur un groupe existant : sélectionnez le groupe à modifier dans la liste. Vous pouvez lui enlever ou lui ajouter des éléments. Vous pouvez également le renommer.

  Décomposer : désolidarise le groupe. Celui-ci n'existe plus dans la liste et les éléments le composant sont redevenus indépendants.

  Sélectionnable : permet la sélection directe de tous les éléments du groupe. Si le groupe n'est pas sélectionnable, vous sélectionnez les objets normalement. Un groupe est sélectionnable ou désélectionnable à tout moment.

Remarque

*Ces différentes fonctions de création, modification, dissociation de groupe sont également disponibles dans le groupe de fonctions **Groupes** (onglet **Début**).*

Remarque

*Pour permettre la sélection d'un groupe d'objets, la case **Groupement d'objets** doit être activée dans la boîte de dialogue **Options** (onglet **Sélection**).*

2. Utilisation d'un groupe

AutoCAD vous demande de sélectionner des objets :

- Cliquez sur un des membres du groupe.

  Vous pouvez aussi taper **g** (au message choix des objets :) et donner le nom du groupe. Tous les membres du groupe sont sélectionnés.

Remarque

*Dans le groupe de fonctions **Groupes** (onglet **Début**), agissez sur le bouton **Sélection des groupes** pour activer ou désactiver la sélection des groupes et leurs composants.*

Remarque

Même si un élément du groupe est déplacé, il fait toujours partie du groupe et sera pris en compte dans la sélection.

F. Déplacement/copie d'objets

1. Déplacement d'objets

Vous pouvez déplacer un ou plusieurs éléments de votre dessin dans n'importe quelle direction, sans changer leur orientation ni leur taille.

➲ Dans le groupe de fonctions **Modification** (onglet **Début**), cliquez sur l'icône **Déplacer** Déplacer.

Le message ci-dessous est affiché :

```
Choix des objets:
```

➲ Sélectionnez les objets à déplacer puis validez la sélection par [Entrée].

AutoCAD attend le vecteur de déplacement désigné par deux points. Le message suivant demande de préciser le premier point :

```
Spécifiez le point de base ou [Déplacement] <Déplacement>:
```

➲ Précisez le point de départ du déplacement (**P1** dans l'exemple).

```
Spécifiez le deuxième point ou <utiliser le premier point
comme déplacement>:
```

➲ Précisez le point d'arrivée du déplacement (**P2** dans l'exemple).

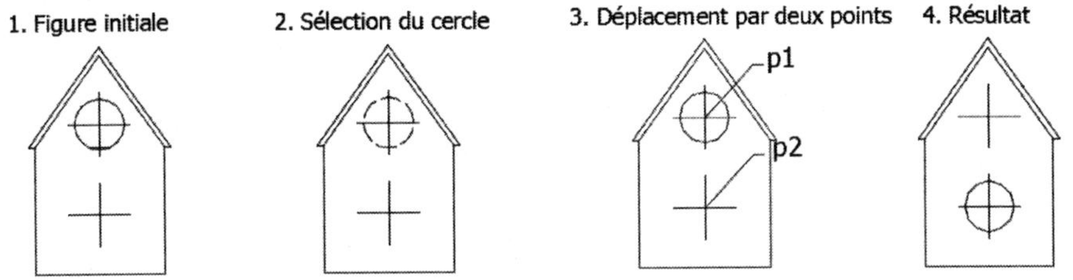

Le déplacement défini par un vecteur de direction s'applique à chaque entité choisie. Vous fournissez un déplacement relatif, aussi le premier point ne doit pas forcément être sur l'un des objets sélectionnés, bien que cela facilite la visualisation du déplacement.

Remarque

Pour déplacer les objets, procédez directement à la sélection des objets à déplacer (sans commande en cours), positionnez le curseur sur un des objets sélectionnés (pas sur une poignée), puis effectuez un cliqué-glissé.

2. Copie d'objets

Vous pouvez copier (ou dupliquer) des éléments de votre dessin. La façon de procéder est la même que pour **Déplacer**, la seule différence étant que **Copier** laisse l'original intact. Les copies ont donc la même orientation et la même taille que l'original.

AutoCAD vous demandera ensuite un point de base et les différents points de déplacement pour obtenir des copies multiples.

- Dans le groupe de fonctions **Modification** (onglet **Début**), cliquez sur l'icône **Copier** Copier.

Le message ci-dessous est affiché :

```
Choix des objets:
```

- Sélectionnez les objets à copier puis validez la sélection par [Entrée].

AutoCAD attend le vecteur de déplacement (pour la copie) désigné par deux points. Le message suivant demande de préciser le premier point :

```
Spécifiez le point de base ou [Déplacement mOde] <Déplacement>:
```

- Précisez le point de départ (**P1** dans l'exemple).

```
Spécifiez le deuxième point ou [Réseau] <utiliser le premier
point comme déplacement>:
```

- Précisez un second point pour la copie (**P2** dans l'exemple).

```
Spécifiez le second point ou [réseAu/Quitter/annUler] <Quitter>:
```

- Précisez un troisième point pour une nouvelle copie, ou validez par [Entrée] pour quitter la commande **Copier**.

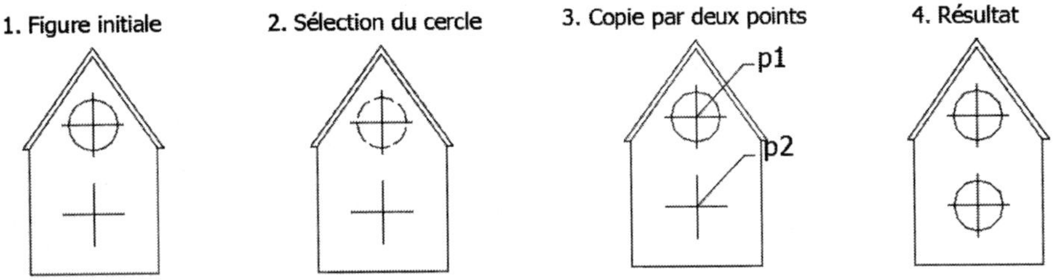

G. Décalage d'objets

La fonction **Décaler** permet de construire une entité parallèle à une autre à une distance quelconque ou passant par un certain point. Ce décalage est possible pour les lignes, arcs, cercles, polylignes 2D et splines.

- Dans le groupe de fonctions **Modification** (onglet **Début**), cliquez sur l'icône **Décaler** .

Le message ci-dessous est affiché :

```
Spécifiez la distance de décalage ou [Par/Effacer/Calque] <3.1367>:
```

Vous pouvez entrer la distance explicitement, la qualifier par deux points ou choisir l'option **Par** pour indiquer que l'objet parallèle passera par un point donné.

- Saisissez une valeur de décalage puis validez par [Entrée].

Le message suivant est affiché :

```
Sélectionnez l'objet à décaler ou [Quitter/annUler] <Quitter>:
```

- Sélectionnez l'objet à décaler en cliquant directement sur celui-ci (sans sélection par Fenêtre ou Capture, Trajet...).

Le message ci-dessous est affiché.

```
Spécifiez un point sur le côté à décaler
ou [Quitter/Multiple/annUler] <Quitter>:
```

- Précisez un côté de l'objet à décaler ou modifiez la valeur de décalage.

Vous pouvez enchaîner par des décalages successifs, en précisant à chaque fois la valeur de décalage, l'objet à décaler puis le côté de l'objet à décaler.

- Appuyez sur la touche [Entrée] ou [Echap] pour quitter la commande **Décaler**.

L'option **Par** amène à sélectionner l'objet à décaler dans un premier temps, puis à préciser un point par lequel passe le décalage.

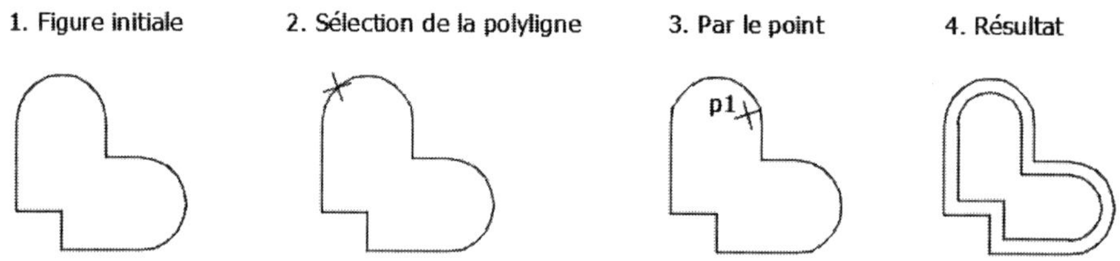

L'option **Multiple** permet d'appliquer le même décalage successivement dans la même opération. Ainsi la saisie n'est plus accessible, et AutoCAD requiert les côtés des décalages (ou les points de passage).

L'option **Effacer** permet d'effacer l'objet source après le décalage.

L'option **Calque** permet de placer le décalage sur le calque courant ou le calque source.

H. Rotation d'objets

Vous pouvez modifier l'orientation d'objets existants en les faisant tourner autour d'un point de base défini.

➲ Dans le groupe de fonctions **Modification** (onglet **Début**), cliquez sur l'icône **Rotation** .

Le message ci-dessous est affiché :

```
Choix des objets:
```

➲ Sélectionnez les objets à pivoter puis validez la sélection par [Entrée].

Le message ci-dessous est affiché :

```
Spécifiez le point de base:
```

➲ Précisez le point autour duquel les objets vont pivoter.

Le message ci-dessous est affiché :

```
Spécifiez l'angle de rotation ou [Copier/Référence] <250>:
```

Si vous répondez à ce dernier message par un angle numérique, cet angle sera considéré comme l'angle relatif selon lequel les objets seront tournés par rapport à leur orientation actuelle, autour du point de base spécifié.

Dans les exemples ci-dessous, pour tourner les objets sélectionnés de 45° dans le sens trigonométrique, entrez **45**.

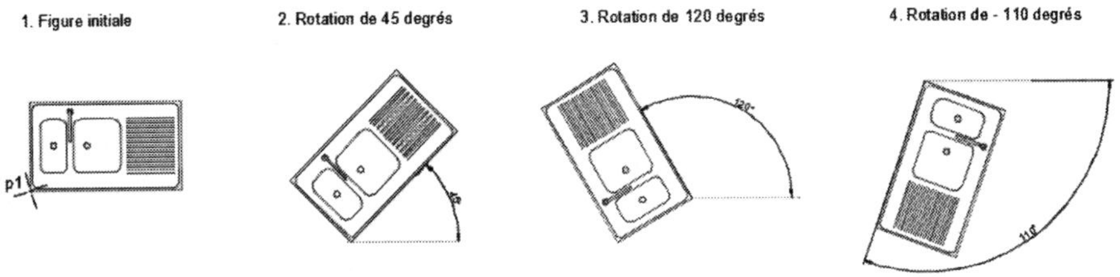

Notez l'importance du point de base.

Option Référence

Parfois, plutôt que de calculer la valeur de l'angle de rotation, il est plus pratique de s'appuyer sur un angle de référence (orientation courante) puis sur un nouvel angle (orientation souhaitée).

L'option **Référence** permet de préciser ces deux angles de manière dynamique et permet une orientation facilitée.

L'exemple ci-dessous présente une utilisation de l'option **Référence**.

- Dans le groupe de fonctions **Modification**, choisissez l'icône **Rotation** .

  Le message ci-dessous est affiché :

```
Choix des objets:
```

- Sélectionnez les objets à pivoter (l'évier dans l'exemple ci-dessous) puis validez la sélection par [Entrée].

  Le message ci-dessous est affiché :

```
Spécifiez le point de base:
```

- Précisez le point autour duquel les objets vont pivoter (**P1** dans l'exemple ci-dessous).

  Le message ci-dessous est affiché :

```
Spécifiez l'angle de rotation ou [Copier/Référence] <250>:
```

- Choisissez l'option **Référence**.

  Le message suivant est affiché :

```
Spécifiez l'angle de référence <11>:
```

➲ Spécifiez l'angle de référence par deux points (**P1** et **P2** dans l'exemple ci-dessous). Le message suivant est affiché :

```
Spécifiez le nouvel angle ou [Points] <0>:
```

➲ Spécifiez le nouvel angle par un troisième point (**P3** dans l'exemple ci-après).

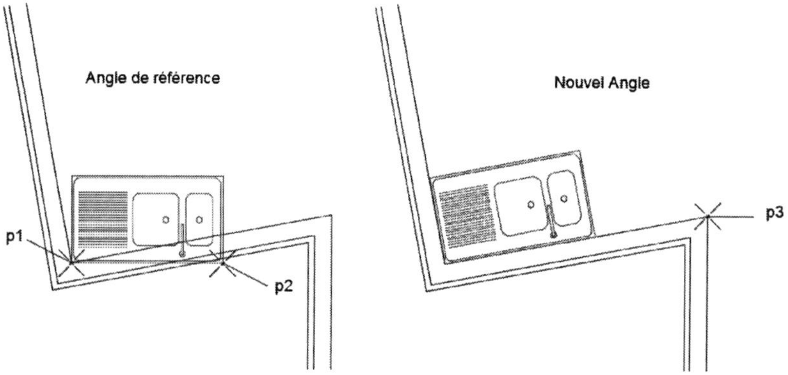

I. Changement d'échelle des objets

Vous pouvez changer la taille d'objets existants. Vous pouvez augmenter ou réduire leur taille, ou faire évoluer celle-ci dynamiquement. Le changement d'échelle s'effectue depuis un point de base à spécifier. Le même facteur d'échelle est appliqué aux dimensions en X et en Y.

➲ Dans le groupe de fonctions **Modification** (onglet **Début**), cliquez sur l'icône **Echelle** .

Le message ci-dessous est affiché :

```
Choix des objets:
```

➲ Sélectionnez les objets à redimensionner puis validez la sélection par [Entrée]. Le message suivant est affiché :

```
Spécifiez le point de base:
```

➲ Précisez le point à partir duquel le redimensionnement sera appliqué (**P1** dans l'exemple). Le message ci-après est affiché :

```
Spécifiez le facteur d'échelle ou [Copier/Référence]:
```

- Saisissez le facteur d'échelle (**1.5** dans l'exemple).

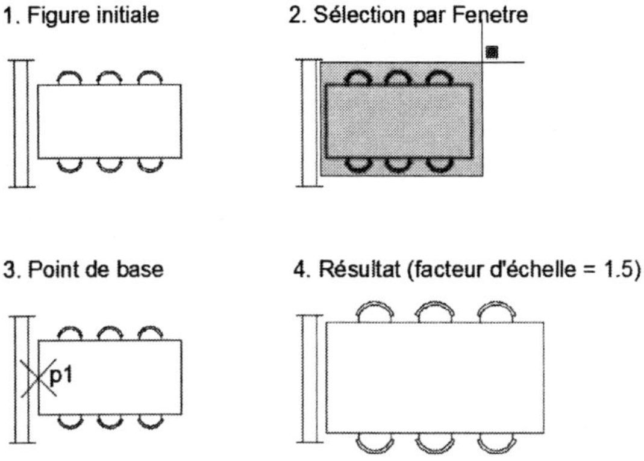

Option Référence

Parfois, plutôt que de calculer le facteur d'échelle, il est plus pratique de s'appuyer sur une longueur de référence (longueur courante) puis sur une nouvelle longueur (longueur souhaitée).

L'option **Référence** permet de préciser ces deux longueurs de manière dynamique et permet un redimensionnement facilité.

L'exemple ci-dessous présente une utilisation de l'option **Référence**.

- Dans le groupe de fonctions **Modification**, choisissez l'icône **Echelle** 
.

Le message ci-dessous est affiché :

```
Choix des objets:
```

- Sélectionnez les objets à redimensionner puis validez la sélection par [Entrée].

Le message suivant est affiché :

```
Spécifiez le point de base:
```

- Précisez le point à partir duquel le redimensionnement sera appliqué (**P1** dans l'exemple).

Le message ci-après est affiché :

```
Spécifiez le facteur d'échelle ou [Copier/Référence]:
```

- Choisissez l'option **Référence**.

Le message suivant est affiché :

```
Spécifiez la longueur de référence <1.0000>:
```

- Spécifiez la longueur de référence, soit en saisissant la valeur de référence, soit par deux points (**720** ou **P1** et **P2** dans l'exemple ci-dessous).

  Le message suivant est affiché :

```
Spécifiez la nouvelle longueur ou [Points] <1.0000>:
```

- Spécifiez la nouvelle longueur, soit en saisissant la nouvelle valeur,soit en précisant un troisième point (**980** ou **P3** dans l'exemple ci-après).

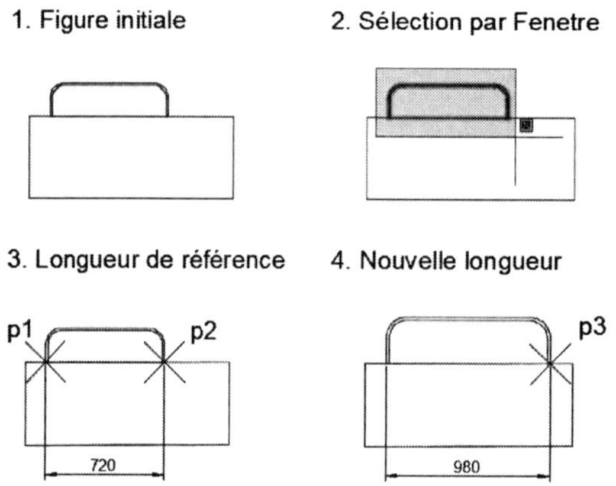

L'option **Copier** permet de conserver l'original après le changement d'échelle.

J. Symétrie d'objets

Vous pouvez effectuer automatiquement des symétries d'objets existant dans votre dessin, en conservant ou en supprimant les éléments initiaux. Ces symétries s'effectuent par rapport à une ligne de symétrie à préciser par deux points.

- Dans le groupe de fonctions **Modification** (onglet **Début**), cliquez sur l'icône **Miroir** .

  Le message ci-dessous est affiché :

```
Choix des objets:
```

- Sélectionnez les objets pour lesquels vous souhaitez appliquer une symétrie puis validez la sélection par [Entrée].

  Le message suivant est affiché :

```
Spécifiez le premier point de la ligne de symétrie:
```

➲ Précisez le premier point de la ligne de symétrie (**P1** dans l'exemple).
Le message ci-après set affiché :

```
Spécifiez le deuxième point de la ligne de symétrie:
```

➲ Précisez le second point de la ligne de symétrie (**P2** dans l'exemple).

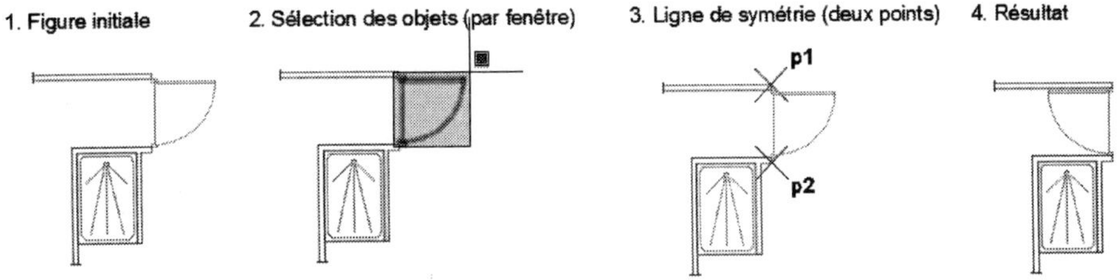

Le message ci-après est affiché :

```
Effacer les objets source ? [Oui/Non] <N>:
```

Cas particuliers : les textes et attributs

Vous pouvez refléter une partie d'un dessin sans que les textes deviennent illisibles. AutoCAD permet cela par la variable de système **Mirrtext**. Si celle-ci est affectée de la valeur 1 (valeur par défaut), le texte sera reflété selon les règles mathématiques de la réflexion.

Si vous assignez la valeur 0 à **Mirrtext**, les textes (et attributs) sont traités de manière spéciale pour empêcher un affichage renversé ou reflété.

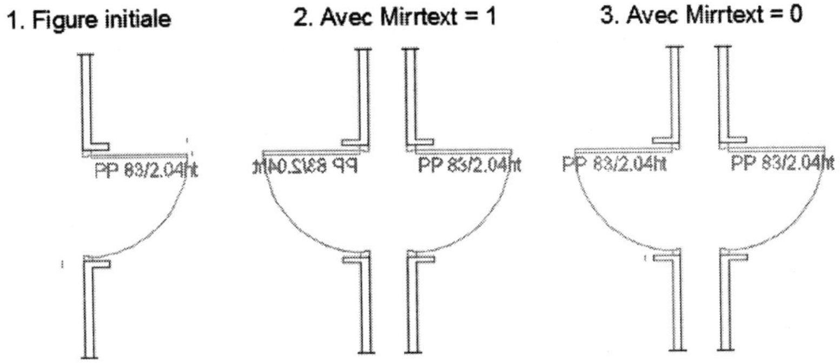

K. Étirement d'objets

Vous pouvez allonger ou rétrécir une partie d'un dessin. Vous pouvez aussi déplacer une partie sélectionnée d'un dessin en préservant les connexions avec les portions du dessin laissées en place.

➲ Dans le groupe de fonctions **Modification** (onglet **Début**), cliquez sur l'icône **Etirer** .

Le message ci-dessous est affiché :

```
Choix des objets:
```

La sélection doit être réalisée par l'outil **Capture** ou **CPolygone**. Tous les objets situés à l'intérieur de la capture seront déplacés ; ceux qui croisent un bord de la capture seront étirés (allongés ou écourtés).

➲ Sélectionnez les objets à étirer à l'aide de l'outil **Capture** (ou **CPolygone**) puis validez la sélection par [Entrée].

Le message suivant est affiché :

```
Spécifiez le point de base ou [Déplacement] <Déplacement>:
```

➲ Précisez le point de référence de départ (**P1** dans l'exemple).

Le message ci-après est affiché :

```
Spécifiez le deuxième point ou <utiliser le premier point
comme déplacement>:
```

➲ Précisez le point de référence d'arrivée (**P2** dans l'exemple).

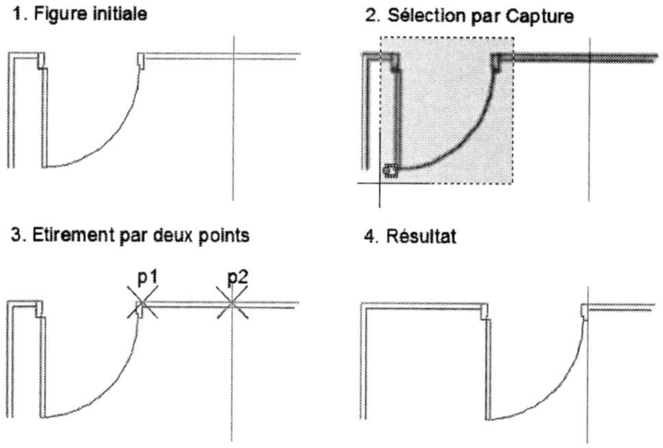

L. Alignement d'objets

Vous pouvez, en une seule opération, déplacer et faire tourner des objets. Vous précisez, en alternant les positions initiales et finales, quatre points (ou six en 3D). De cette façon, vous donnez les positions puis les orientations de départ et d'arrivée.

- Déroulez le groupe de fonctions **Modification** (onglet **Début**), et choisissez l'icône **Aligner** .

  Le message ci-dessous est affiché :

```
Choix des objets:
```

- Sélectionnez les objets à aligner puis validez la sélection par [Entrée].

  Le message suivant est affiché :

```
Spécifiez le premier point source:
```

- Précisez le premier point de la position initiale (**P1** dans l'exemple).

  Le message ci-après est affiché :

```
Spécifiez le premier point d'arrivée:
```

- Précisez le premier point de la position souhaitée (**P1'** dans l'exemple).

  Le message suivant est affiché :

```
Spécifiez le deuxième point source:
```

- Précisez le second point initial de la position initiale (**P2** dans l'exemple).

  Le message suivant est affiché :

```
Spécifiez le deuxième point d'arrivée:
```

- Précisez le second point de la position souhaitée (**P2'** dans l'exemple).

  Le message suivant est affiché :

```
Spécifiez le troisième point source ou <continuer>:
```

- Validez par la touche [Entrée] (sauf si Alignement 3D souhaité).

  Le message suivant est affiché :

```
Mettre les objets à l'échelle des points d'alignement ?
[Oui/Non] <N>:
```

➲ Validez par la touche [Entrée] pour conserver l'échelle des objets à aligner.

Remarque

Un changement d'échelle est possible en s'appuyant sur la nouvelle longueur de référence spécifiée par le segment P1' P2'.

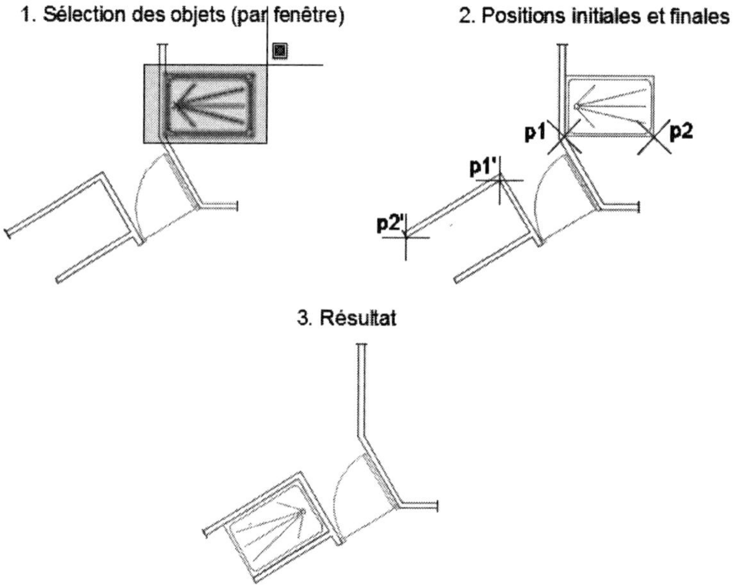

M. Copies multiples (ou réseaux)

AutoCAD permet la copie multiple d'objets selon trois méthodes.

Le réseau rectangulaire qui permet une duplication uniforme d'objets selon une combinaison de rangées, de colonnes et de niveaux. Dans l'exemple ci-dessous, la duplication respecte trois colonnes et deux rangées.

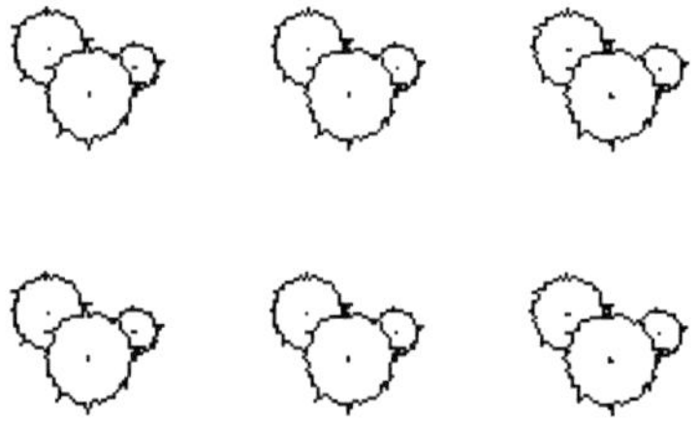

Le réseau polaire qui permet une duplication uniforme d'objets autour d'un point de centre (ou axe de rotation). Dans l'exemple ci-dessous, la duplication respecte la rotation autour du point situé à l'intersection des deux axes selon 360 degrés.

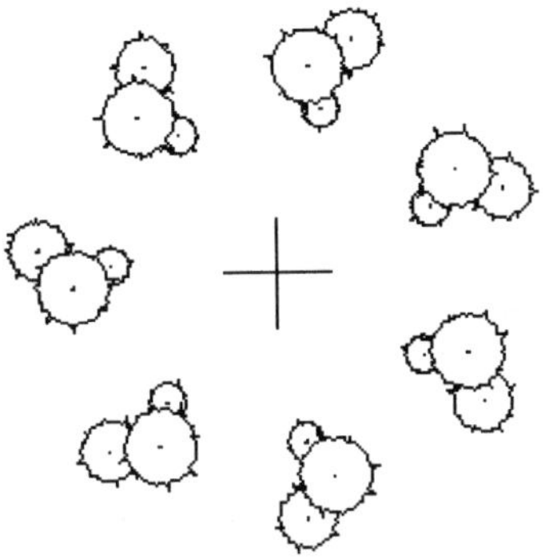

Le réseau le long d'une trajectoire qui permet une duplication uniforme d'objets le long d'une trajectoire. Dans l'exemple ci-dessous, la duplication est générée le long de la courbe et sur toute sa longueur.

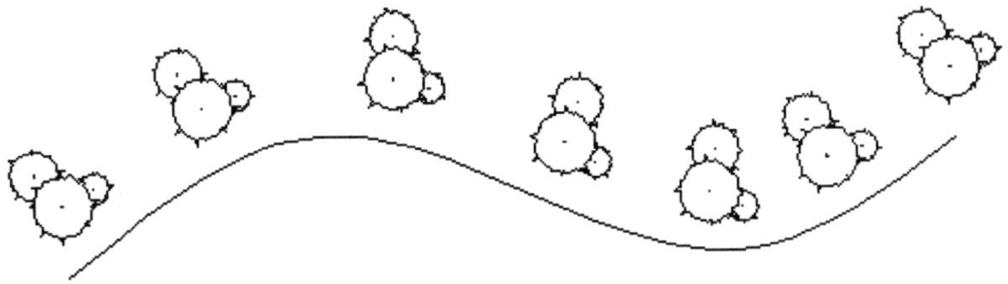

1. Réseau rectangulaire

➲ Dans le groupe de fonctions **Modification**, choisissez l'icône déroulante **Réseau rectangulaire** .

Le message ci-dessous est affiché :

```
Choix des objets :
```

- Sélectionnez les objets à dupliquer et validez par [Entrée]. AutoCAD affiche :

AutoCAD affiche un aperçu du premier résultat, en tenant compte des valeurs présentes dans les groupes de fonctions contextuels de l'onglet **Création de réseau**.

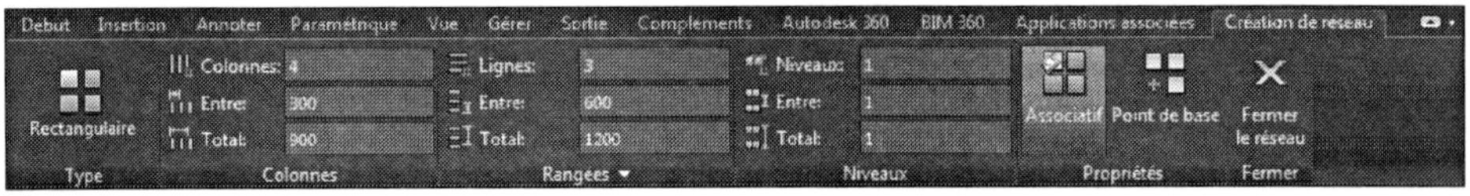

- Dans le groupe de fonctions **Colonnes**, précisez le nombre total de colonnes, la distance entre chaque colonne, et/ou la distance entre les première et dernière colonnes.
- Dans le groupe de fonctions **Rangées**, précisez le nombre total de rangées, la distance entre chaque rangée, et/ou la distance entre les première et dernière rangées.
- Dans le groupe de fonctions **Niveaux**, précisez si nécessaire le nombre de niveaux dans la direction Z, la distance entre chaque niveau, et/ou la distance totale entre les premier et dernier niveaux.
- Dans le groupe de fonctions **Propriétés**, activez ou désactivez l'associativité du réseau à l'aide de l'icône **Associatif**.

  Dans le cas d'un réseau associatif, les éléments dupliqués constituent un réseau associatif modifiable dynamiquement à volonté. Dans le cas d'un réseau non associatif, les objets dupliqués sont indépendants.
- Dans le groupe de fonctions **Propriétés**, choisissez l'icône **Point de base** pour modifier le point de référence des objets dupliqués.
- Confirmez le réseau rectangulaire en cliquant sur l'icône **Fermer le réseau** du groupe de fonctions **Fermer**.

Modifier un réseau associatif

- Sélectionnez le réseau rectangulaire résultant. Le réseau associatif affiche plusieurs poignées de modification :

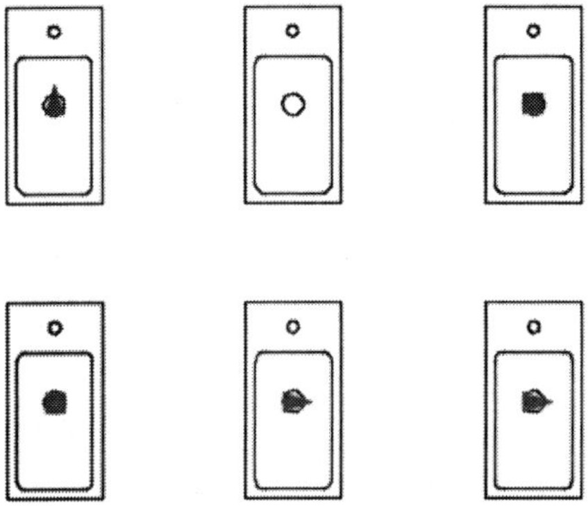

- Déplacez le pointeur sur les différentes poignées pour afficher le menu contextuel de modification.

La poignée ci-dessous vous permet de déplacer le réseau ou de modifier le nombre de niveaux.

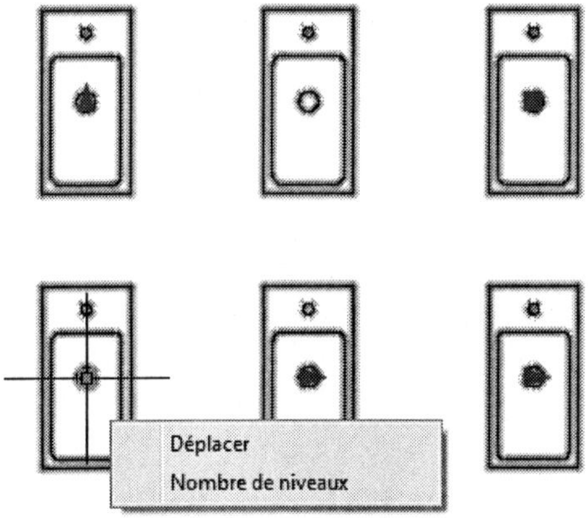

La poignée ci-dessous vous permet de modifier l'espacement entre les colonnes (saisie ou clic).

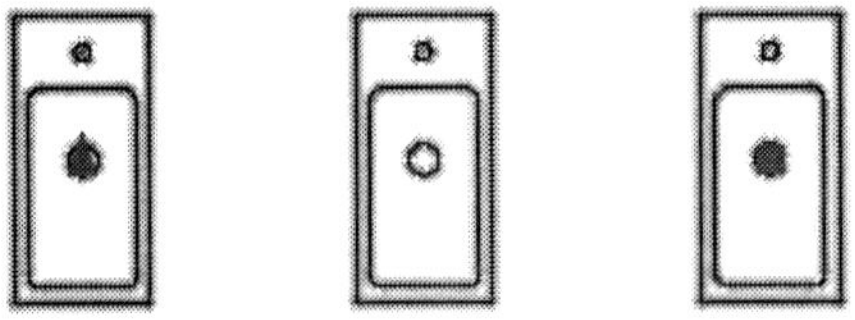

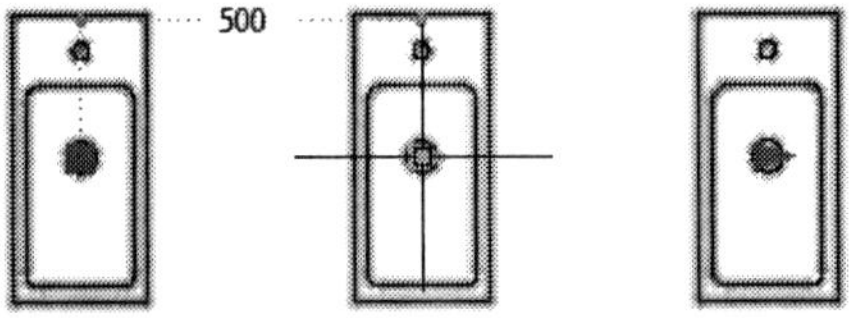

La poignée ci-dessous vous permet de modifier le nombre de colonnes, l'espacement total des colonnes ou encore l'angle de rotation du réseau.

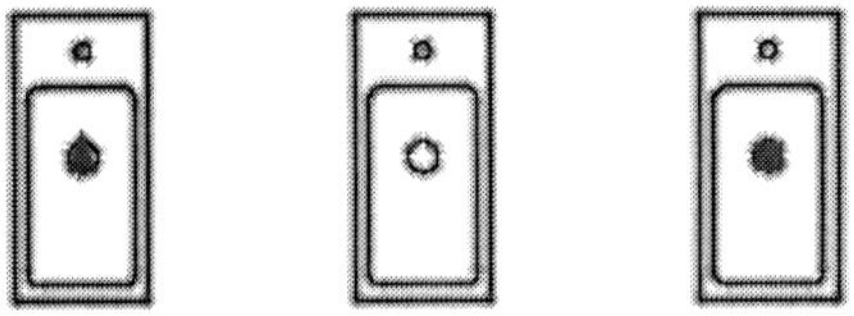

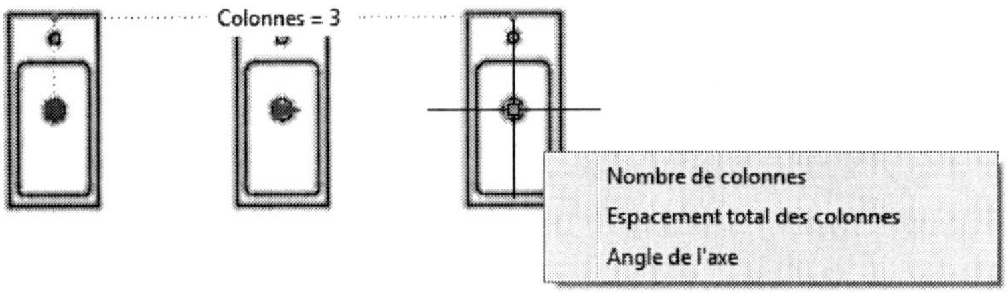

La poignée ci-dessous vous permet de modifier le nombre de rangées, l'espacement entre les lignes ou encore l'angle de rotation du réseau.

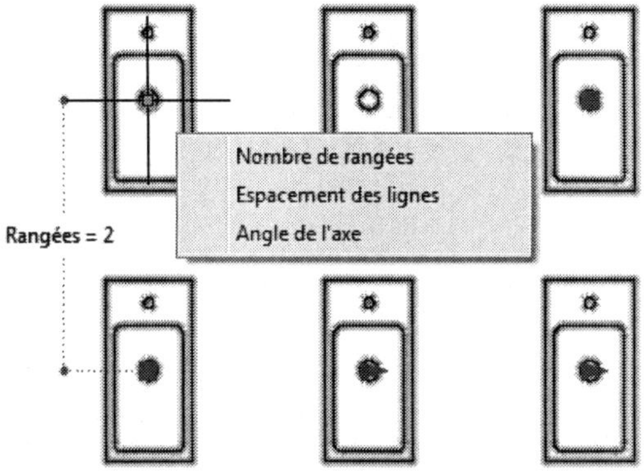

La poignée ci-dessous vous permet de modifier dynamiquement le nombre de rangées et de colonnes, et de modifier l'espacement total entre les rangées et les colonnes.

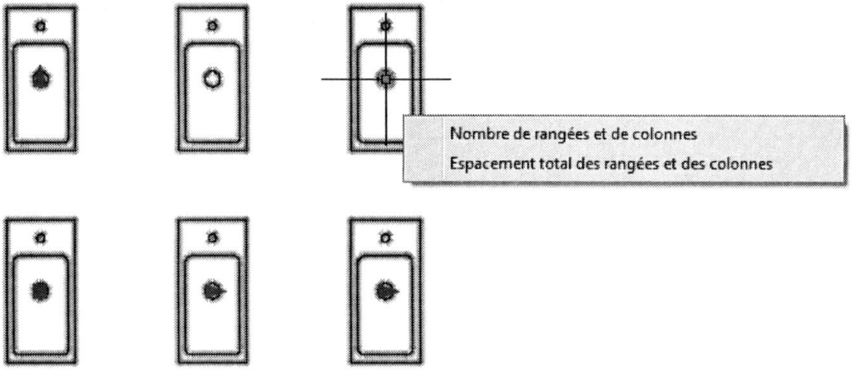

➲ Sélectionnez le réseau et effectuez un clic droit, sélectionnez **Réseau** pour afficher le menu contextuel suivant :

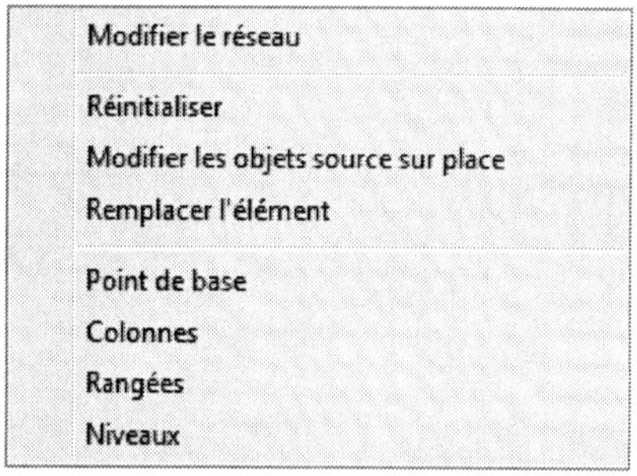

L'option **Modifier le réseau** permet de modifier l'ensemble des paramètres définissant le réseau.

L'option **Réinitialiser** permet de rétablir le réseau précédent après modification.

L'option **Modifier les objets source sur place** permet de modifier les objets de référence du réseau. Après modification, toutes les copies sont automatiquement mises à jour.

L'option **Remplacer l'élément** permet de remplacer les objets de référence du réseau.

L'ensemble des paramètres du réseau est également modifiable depuis le ruban et l'onglet contextuel **Réseau** :

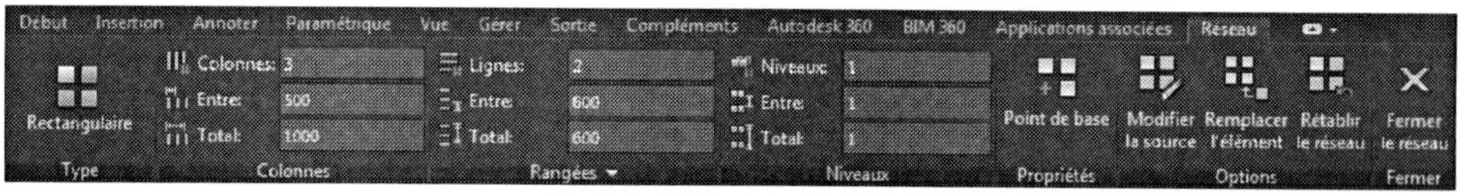

Remarque

*Utilisez la fonction **Décomposer** pour retirer l'associativité du réseau.*

2. Réseau polaire

➲ Dans le groupe de fonctions **Modification**, choisissez l'icône déroulante **Réseau polaire** 

AutoCAD affiche l'invite suivante :

```
Choix des objets :
```

Sélectionnez les objets à dupliquer et validez par [Entrée]. AutoCAD affiche :

```
Spécifiez le point central du réseau
ou [point de Base/Axe de rotation]:
```

- Précisez le point de centre autour duquel dupliquer les objets.

  L'option **point de Base** permet de modifier le point de référence pour les objets dupliqués

  L'option **Axe de rotation** permet de spécifier deux points définissant un axe de rotation (environnement 3D).

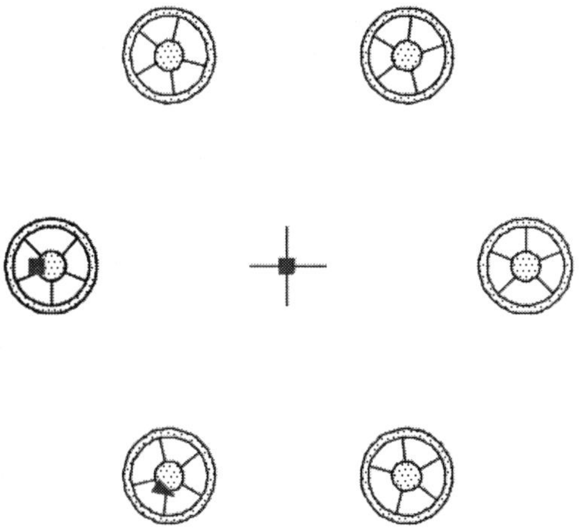

AutoCAD affiche un aperçu du premier résultat, en tenant compte des valeurs présentes dans les groupes de fonctions contextuels de l'onglet **Création de réseau**.

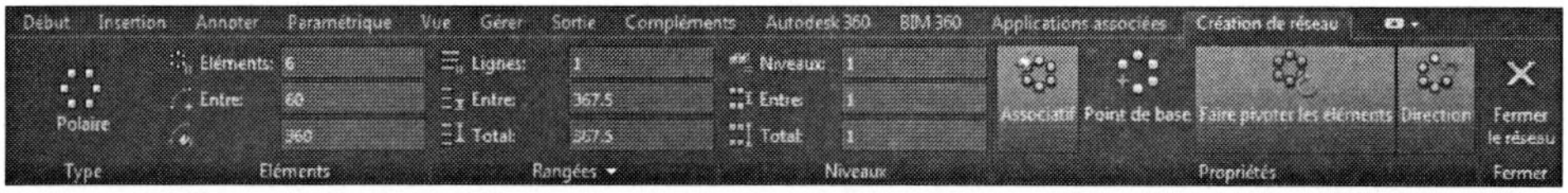

- Dans le groupe de fonctions **Eléments**, précisez le nombre total d'éléments dupliqués (originaux inclus), l'angle entre les éléments et/ou l'angle total entre les premier et dernier éléments dupliqués.
- Dans le groupe de fonctions **Rangées**, précisez si nécessaire le nombre de rangées distantes de la première rangée (tel un décalage), la distance entre chaque rangée, et/ou la distance totale entre les première et dernière rangées.
- Dans le groupe de fonctions **Niveaux**, précisez si nécessaire le nombre de niveaux dans la direction Z, la distance entre chaque niveau, et/ou la distance totale entre les premier et dernier niveaux.
- Dans le groupe de fonctions **Propriétés**, activez ou désactivez l'associativité du réseau à l'aide de l'icône **Associatif**.

  Dans le cas d'un réseau associatif, les éléments dupliqués constituent un réseau associatif modifiable dynamiquement à volonté. Dans le cas d'un réseau non associatif, les objets dupliqués sont indépendants.

- Dans le groupe de fonctions **Propriétés**, choisissez l'icône **Point de base** pour modifier le point de référence des objets dupliqués ; choisissez l'icône **Faire pivoter les éléments** pour définir ou non une rotation des éléments dupliqués lors du réseau ; choisissez l'icône **Direction** pour choisir la rotation dans le sens trigonométrique ou horaire.
- Confirmez le réseau polaire en cliquant sur l'icône **Fermer le réseau** du groupe de fonctions **Fermer**.

Modifier un réseau associatif

- Sélectionnez le réseau polaire résultant. Le réseau associatif affiche plusieurs poignées de modification :

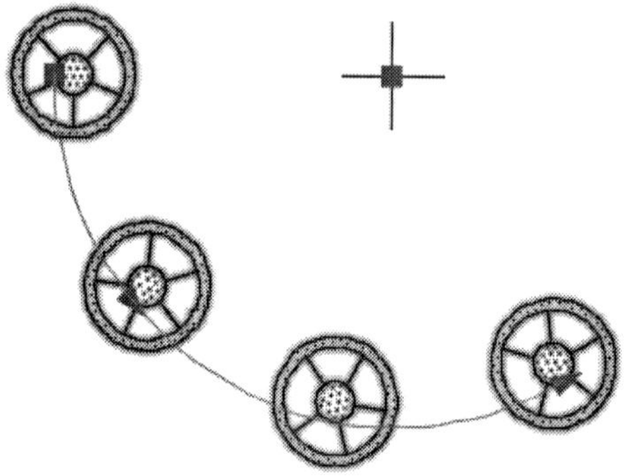

- Déplacez le pointeur sur les différentes poignées pour afficher le menu contextuel de modification.

La poignée ci-dessous vous permet de modifier le rayon de l'étirement (ou distance depuis le point de centre), de modifier le nombre de rangées ainsi que le nombre de niveaux.

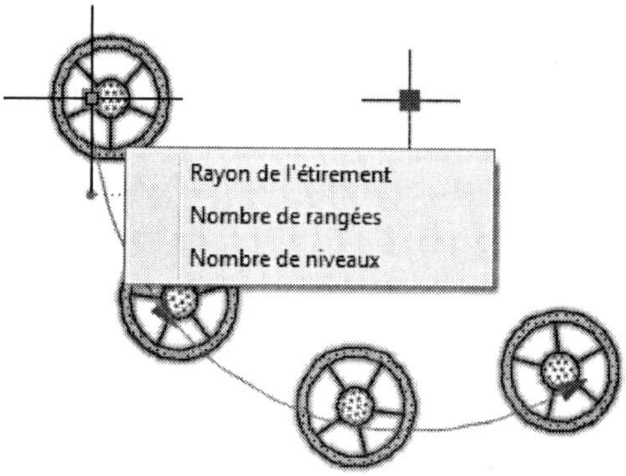

La poignée ci-dessous vous permet de modifier l'angle entre les éléments du réseau.

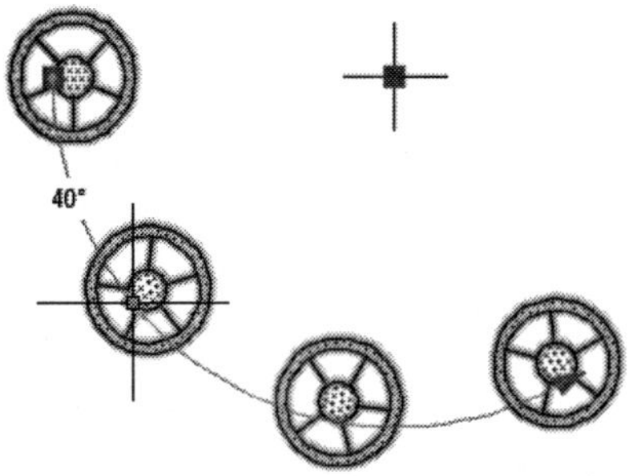

La poignée ci-dessous vous permet de modifier le nombre total d'éléments (l'original inclus) et l'angle parcouru entre les premier et dernier éléments du réseau.

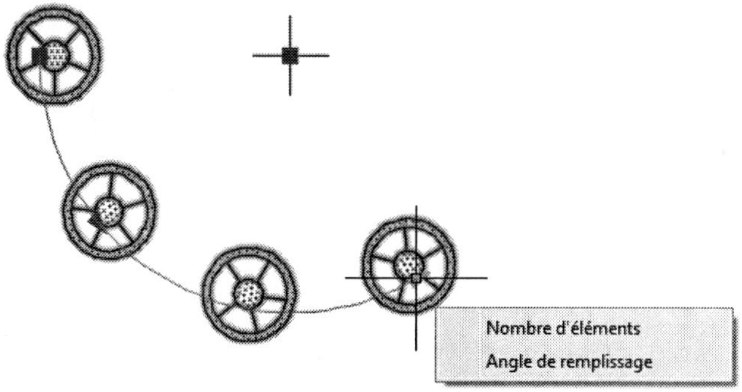

➲ Sélectionnez le réseau et effectuez un clic droit, sélectionnez **Réseau** pour afficher le menu contextuel suivant :

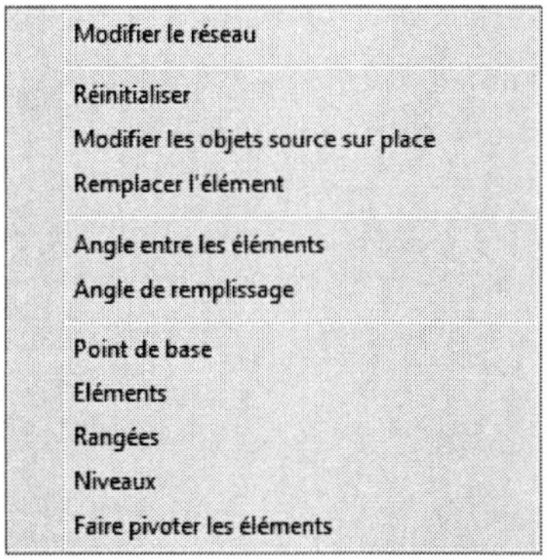

L'option **Modifier le réseau** permet de modifier l'ensemble des paramètres définissant le réseau.

L'option **Réinitialiser** permet de rétablir le réseau précédent après modification.

L'option **Modifier les objets source sur place** permet de modifier les objets de référence du réseau. Après modification, toutes les copies sont automatiquement mises à jour.

L'option **Remplacer l'élément** permet de remplacer les objets de référence du réseau.

L'ensemble des paramètres du réseau est également modifiable depuis le ruban et l'onglet contextuel **Réseau** :

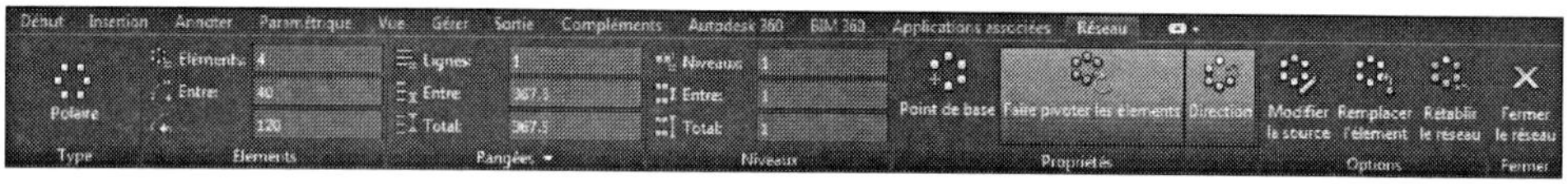

Remarque

*Utilisez la fonction **Décomposer** pour retirer l'associativité du réseau.*

3. Réseau le long d'une trajectoire

Dans l'exemple ci-dessous, nous allons dupliquer uniformément l'ordinateur le long de la courbe.

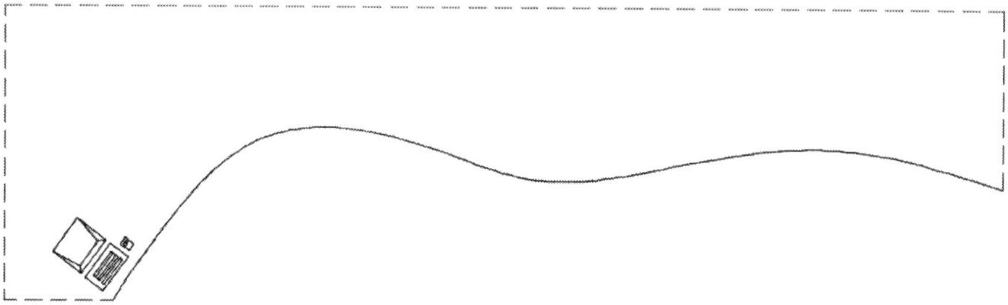

➲ Dans le groupe de fonctions **Modification**, choisissez l'icône déroulante **Réseau le long d'une trajectoire** 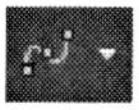.

AutoCAD affiche l'invite suivante :

```
Choix des objets :
```

Sélectionnez les objets à dupliquer et validez par [Entrée]. AutoCAD affiche :

```
Sélectionnez la courbe de la trajectoire:
```

- Sélectionnez la courbe le long de laquelle vous souhaitez réaliser le réseau. Celle-ci peut être une ligne, une polyligne 2D ou 3D, une spline, une hélice, un arc, une ellipse ou un cercle.

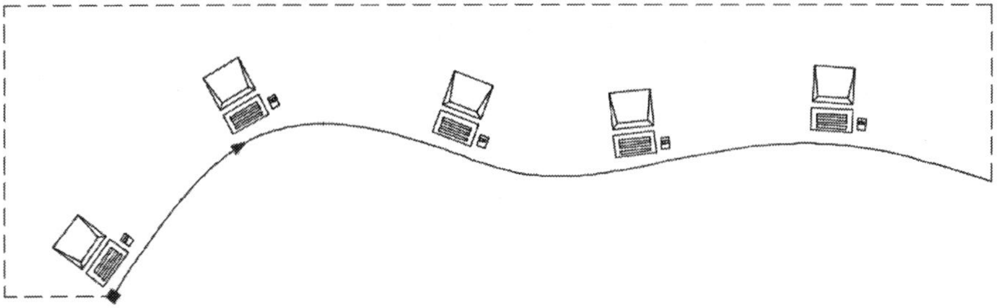

AutoCAD affiche un aperçu du premier résultat, en tenant compte des valeurs présentes dans les groupes de fonctions contextuels de l'onglet **Création de réseau**.

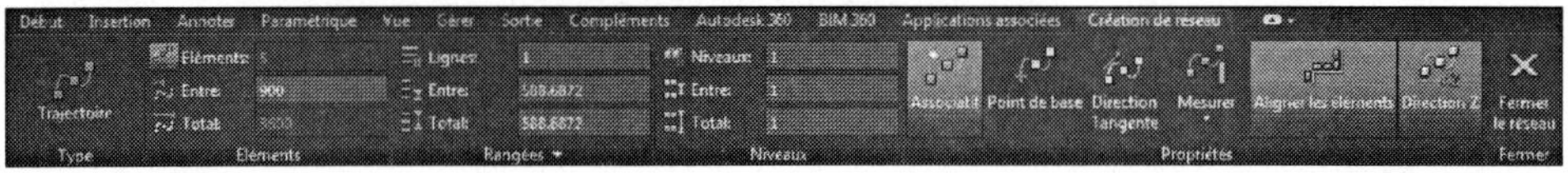

- Dans le groupe de fonctions **Eléments**, précisez le nombre total d'éléments dupliqués (originaux inclus), ou l'espacement entre les éléments et/ou l'espacement total entre les premier et dernier éléments dupliqués.
- Dans le groupe de fonctions **Rangées**, précisez si nécessaire le nombre de rangées distantes de la première rangée (tel un décalage), la distance entre chaque rangée, et/ou la distance totale entre les première et dernière rangées.
- Dans le groupe de fonctions **Niveaux**, précisez si nécessaire le nombre de niveaux dans la direction Z, la distance entre chaque niveau, et/ou la distance totale entre les premier et dernier niveaux.
- Dans le groupe de fonctions **Propriétés**, activez ou désactivez l'associativité du réseau à l'aide de l'icône **Associatif**.

  Dans le cas d'un réseau associatif, les éléments dupliqués constituent un réseau associatif modifiable dynamiquement à volonté. Dans le cas d'un réseau non associatif, les objets dupliqués sont indépendants.
- Dans le groupe de fonctions **Propriétés**, choisissez l'icône **Point de base** pour modifier le point de référence des objets dupliqués ; choisissez l'icône **Direction tangente** pour définir l'orientation des éléments à dupliquer en définissant deux points le long de la trajectoire.
- Dans le groupe de fonctions **Propriétés**, choisissez l'icône déroulante **Mesurer** pour répartir les éléments dupliqués selon des intervalles définis ; ou choisissez l'icône déroulante **Diviser** pour répartir les éléments dupliqués de manière égale le long de la trajectoire (dans ce cas, le segment divisé).

- Dans le groupe de fonctions **Propriétés**, choisissez l'icône **Aligner les éléments** pour définir l'orientation des éléments dupliqués, soit de manière identique aux éléments originaux, soit de manière perpendiculaire (ou normale) à la trajectoire. Choisissez l'icône **Direction Z** si nécessaire pour orienter une direction Z lors de l'utilisation d'une trajectoire 3D.
- Dans le groupe de fonctions **Fermer**, choisissez **Fermer le réseau** pour valider la création du réseau.

Modifier un réseau associatif

- Sélectionnez le réseau le long d'une trajectoire résultant. Le réseau associatif affiche plusieurs poignées de modification :

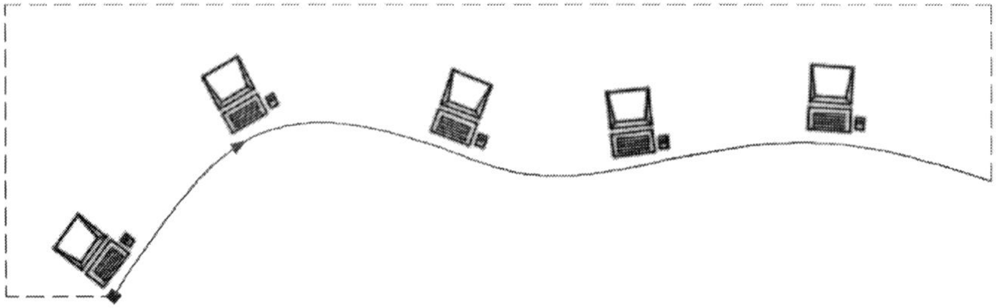

- Déplacez le pointeur sur les différentes poignées pour afficher le menu contextuel de modification.

La poignée ci-dessous vous permet de déplacer le réseau, de modifier le nombre de rangées et le nombre de niveaux.

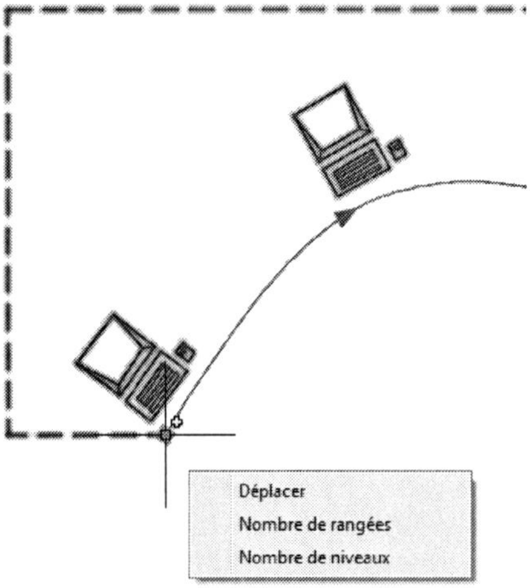

La poignée ci-dessous vous permet de modifier la distance entre les éléments.

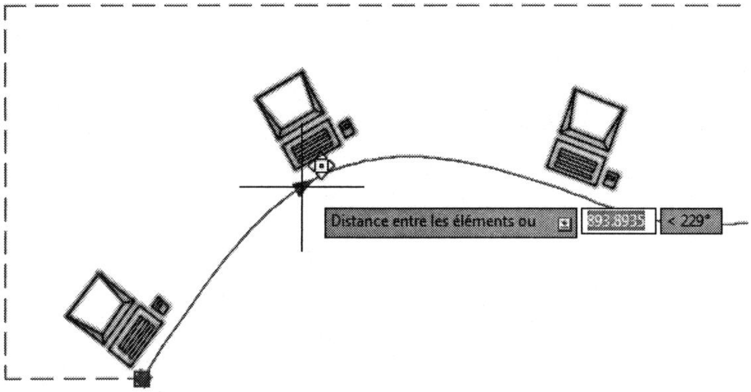

- Déplacez le pointeur pour visualiser l'affichage dynamique de l'aperçu du résultat.
- Sélectionnez le réseau et effectuez un clic droit, sélectionnez **Réseau** pour afficher le menu contextuel suivant :

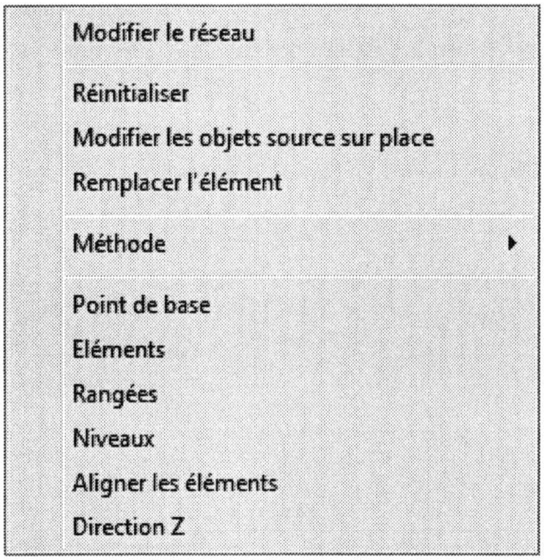

L'option **Modifier le réseau** permet de modifier l'ensemble des paramètres définissant le réseau.

L'option **Réinitialiser** permet de rétablir le réseau précédent après modification.

L'option **Modifier les objets source sur place** permet de modifier les objets de référence du réseau. Après modification, toutes les copies sont automatiquement mises à jour.

L'option **Remplacer l'élément** permet de remplacer les objets de référence du réseau.

L'option **Méthode** permet de modifier la technique de duplication : soit selon une répartition uniforme (Diviser), soit selon une longueur (Mesurer).

L'ensemble des paramètres du réseau est également modifiable depuis le ruban et l'onglet contextuel **Réseau** :

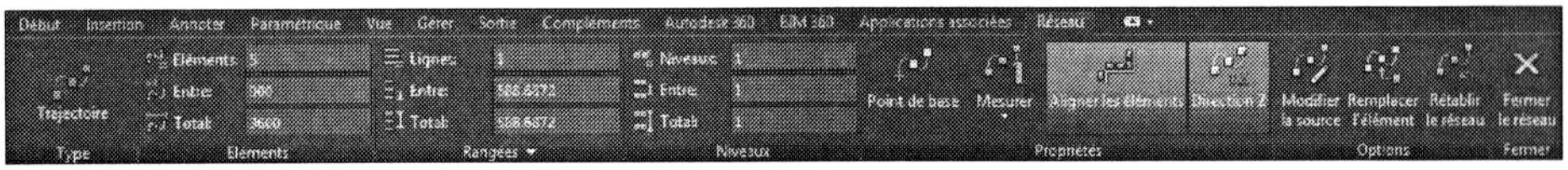

Remarque

Utilisez la fonction ***Décomposer*** *pour retirer l'associativité du réseau.*

N. Ajustement d'objets

➲ Dans le groupe de fonctions **Modification** (onglet **Début**), cliquez sur l'icône déroulante **Ajuster**

.

Vous devez souvent ajuster des objets de façon qu'ils ne dépassent pas une limite définie par un ou plusieurs objets dans le dessin (appelons cette limite une arête ou un bord de coupe). Vous donnez en quelque sorte un "coup de ciseaux" entre deux bords de coupe pour supprimer une partie d'objet indésirable.

D'abord, il faut définir le ou les bord(s) de coupe auxquels les entités seront ajustées. Le message suivant est affiché :

```
Sélectionnez les arêtes sécantes...
AJUSTER Sélectionnez les objets ou <tout sélectionner>:
```

Appuyez sur la touche [Entrée] quand toutes les arêtes sécantes sont choisies.

Le message suivant apparaît :

```
Sélectionnez l'objet à ajuster ou utilisez la touche Maj
pour le prolonger ou
AJUSTER [tRrajet/cApture/Projection/Côté/eFfacer/annUler]:
```

Vous pouvez choisir la ou les parties d'objets à supprimer soit en pointant directement ou en utilisant l'option **tRajet** ou encore la sélection par **cApture**. Dans le cas où vous avez plusieurs objets à ajuster, il sera souvent très intéressant de choisir **tRajet** ou **cApture**.

Voici quelques exemples :

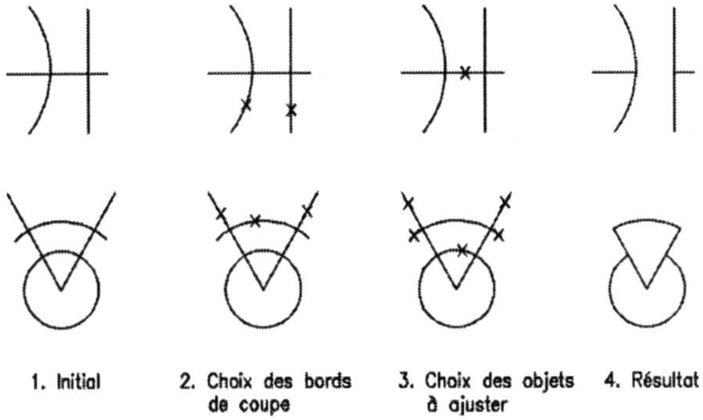

Remarque

Notez qu'un seul et même objet peut servir de bord de coupe et être un des objets à ajuster.

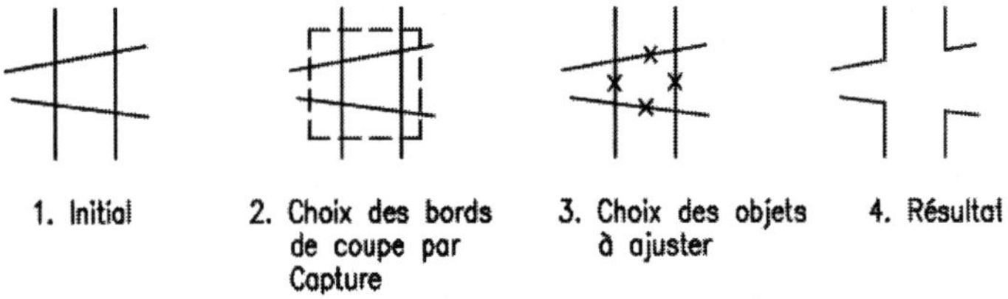

Dans l'exemple ci-après, on utilise l'option de sélection **tRajet** pour ajuster plusieurs objets. En effet, dans ce cas, l'option **tRajet** évite de sélectionner une par une les parties d'objet à ajuster.

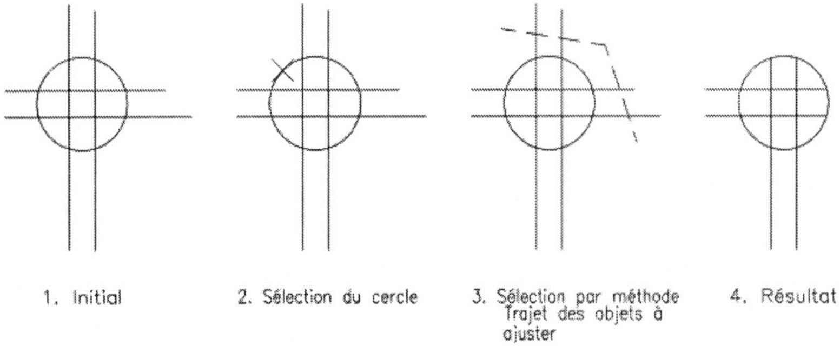

Dans l'exemple ci-après, il s'agit de l'ajustement d'une hachure.

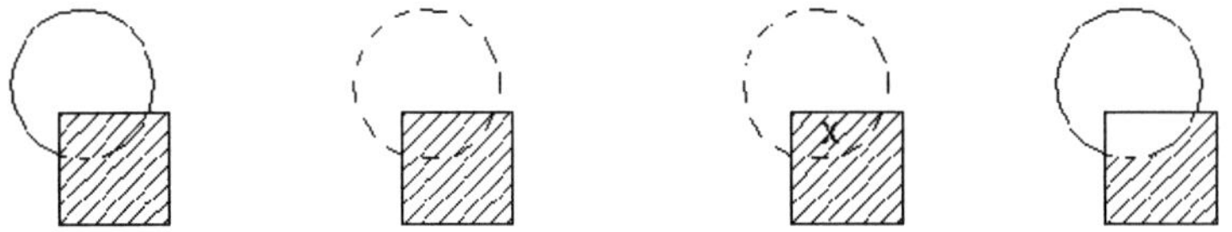

1. Initial	2. Choix du bord de coupe	3. Choix de l'objet à ajuster	4. Résultat

L'option Côté

Deux possibilités existent. Le message suivant est affiché :

```
AJUSTER Entrez un mode de prolongement du côté implicite
[PRolongement/PAs de prolongement] <PAs de prolongement>:
```

PRolongement : permet un ajustement même si les bords de coupe ne croisent pas réellement les objets à ajuster. Il est conseillé de choisir cette option par défaut.

PAs de prolongement : permet un ajustement seulement si les bords de coupe croisent les objets à ajuster.

L'option Projection

Cette option est particulière et peut être utile en 3D. Elle permet d'ajuster des objets entre eux, même s'ils ne se croisent pas et qu'ils ont des élévations en Z différentes. Ainsi un objet 3D peut être ajusté par rapport à un objet 2D dans un plan particulier, et inversement. Attention, cette méthode est à utiliser avec précaution.

Trois possibilités existent. Le message suivant est affiché :

```
Entrez une option de projection [Aucune/Scu/Vue] <Scu>:
```

Aucune : précise qu'AutoCAD n'ajuste que les objets se croisant réellement.

Scu : permet une projection dans le plan du Scu courant. AutoCAD ajuste les objets se croisant dans le Scu courant.

Vue : permet une projection selon la vue courante. AutoCAD ajuste les objets se croisant selon la vue.

L'option eFfacer

L'option **eFfacer** permet de supprimer des objets au sein de la commande **Ajuster**.

Remarque

> *Appuyez sur [Entrée] quand AutoCAD demande la sélection des arêtes ; vous pourrez directement choisir les parties à supprimer. AutoCAD ajuste les objets selon les premières limites rencontrées. Appuyez sur [Shift] et l'ajustement se transforme en prolongement.*

O. Prolongement d'objets

- Dans le groupe de fonctions **Modification**, cliquez sur l'icône déroulante **Prolonger**.

Vous pouvez prolonger des objets pour qu'ils se terminent exactement à une limite définie par un ou plusieurs objets.

Notez que tout comme **Ajuster**, **Prolonger** peut utiliser une ou plusieurs limites.

Il faut d'abord sélectionner les objets servant de limites.

```
Sélectionnez les limites ...
PROLONGE Sélectionnez les objets ou <tout sélectionner>:
```

Les Lignes, Arcs, Cercles, Polylignes 2D et 3D, Ellipses, Splines... peuvent servir de limites. Vous pouvez qualifier celles-ci par une quelconque méthode de sélection d'objets.

Validez par [Entrée] quand vous avez spécifié toutes les limites. Vous obtenez alors le message :

```
Sélectionnez l'objet à prolonger ou utilisez la touche Maj
pour l'ajuster ou
PROLONGE [tRajet/cApture/Projection/Côté/annUler] :
```

Vous devez choisir un objet à prolonger en pointant la partie de l'objet qui doit être prolongée. Vous pouvez aussi utiliser l'option **tRajet** ou la sélection par **cApture**. Ces options permettent un gain de temps considérable dès l'instant où vous avez plusieurs objets à prolonger.

Exemple

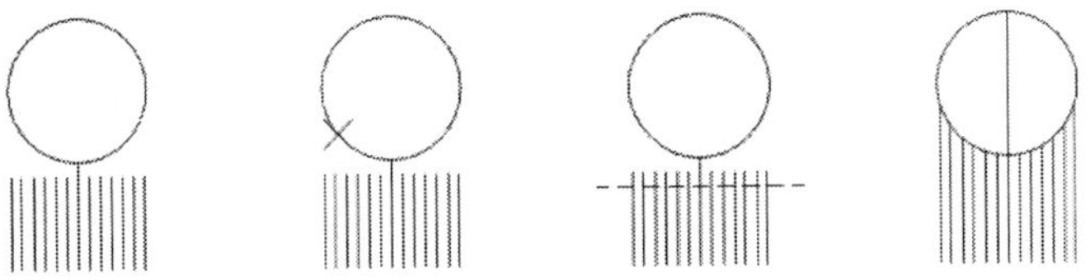

1. Initial 2. Sélection de limite 3. Sélection des objets à prolonger par l'option Trajet 4. Résultat

L'option Côté

Deux possibilités existent. Le message suivant est affiché :

```
PROLONGE Entrez un mode de prolongement du côté implicite
[PRolongement/PAs de prolongement] <PAs de prolongement>:
```

PRolongement : permet un prolongement même si les limites ne coupent pas réellement les objets à prolonger. Il est conseillé de choisir cette option par défaut.

PAs de prolongement : permet un prolongement seulement si les limites coupent les objets à prolonger.

L'option Projection

Cette option est particulière et peut être utile en 3D. Elle permet de prolonger des objets entre eux, même s'ils ne se croisent pas et qu'ils ont des élévations en Z différentes. Ainsi un objet 2D peut être prolongé jusqu'à un objet 3D dans un plan particulier, et inversement.

Attention, cette méthode est à utiliser avec précaution.

Trois possibilités existent. Le message suivant est affiché :

```
Entrez une option de projection [Aucune/Scu/Vue] <Scu>:
```

Aucune : précise qu'AutoCAD ne prolonge que les objets se croisant réellement.

Scu : permet une projection dans le plan du Scu courant. AutoCAD prolonge les objets se croisant dans le Scu courant.

Vue : permet une projection selon la vue courante. AutoCAD prolonge les objets se croisant selon la vue.

L'option annUler

L'option **annUler** permet d'annuler le dernier prolongement au sein de la commande **Prolonger**.

Remarque

Appuyez sur [Entrée] quand AutoCAD demande la sélection des limites ; vous pourrez directement choisir les parties à prolonger. AutoCAD prolonge les objets jusqu'aux premières limites rencontrées.

Appuyez sur [Shift] et l'ajustement se transforme en prolongement.

P. Raccordement d'objets

➲ Dans le groupe de fonctions **Modification** (onglet **Début**), choisissez l'icône déroulante .

Vous pouvez raccorder deux lignes, arcs, cercles, polylignes, ellipses, splines, droites et demi-droites par un congé d'un rayon prédéfini. La longueur des entités originales est ajustée de sorte que celles-ci se terminent exactement sur l'arc. Les entités à raccorder seront, suivant le cas soit écourtées ou allongées, soit inchangées. AutoCAD vous propose la ligne d'options suivante :

```
Sélectionnez le premier objet
ou [annUler/Polyligne/Rayon/Ajuster/Multiple]:
```

➲ Sélectionnez le premier objet à raccorder.

```
Sélectionnez le deuxième objet ou utilisez la touche Maj
pour appliquer un coin ou [Rayon]:
```

➲ Déplacez le pointeur sur le deuxième objet et constatez l'aperçu du congé comme dans la figure ci-dessous.

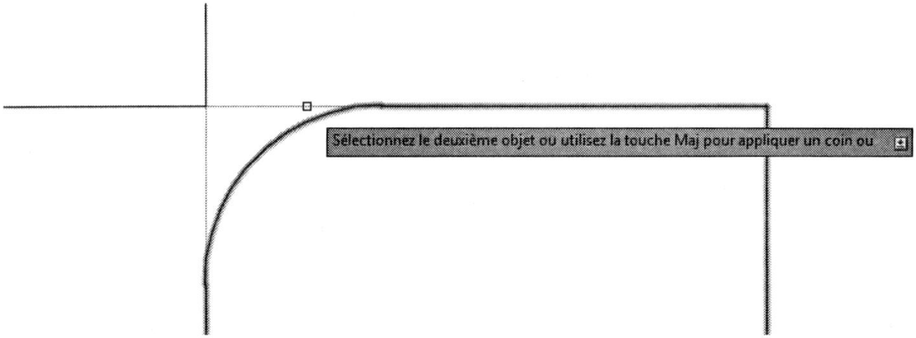

➲ Cliquez sur la partie à raccorder pour confirmer la mise en place du raccord.

Attention : le congé est créé avec le rayon courant. En amont du nouveau congé, il convient d'utiliser l'option **Rayon** pour fixer la valeur du rayon du congé.

L'option Rayon

Vous utilisez l'option **Rayon** pour modifier le rayon du raccord à mettre en place.

Le message ci-dessous est affiché :

```
Spécifiez le rayon du raccord <50.0000>
```

➲ Précisez la valeur du nouveau rayon, et validez par [Entrée].

AutoCAD requiert ensuite la sélection du premier objet à raccorder :

```
Sélectionnez le premier objet ou
[annUler/Polyligne/Rayon/Ajuster/Multiple]:
```

Puis le message suivant demande la sélection du second objet à raccorder.

```
Sélectionnez le deuxième objet ou utilisez la touche Maj
pour appliquer un coin ou [Rayon]:
```

Pour raccorder des Cercles et des Arcs par exemple, il y a souvent plusieurs possibilités.

AutoCAD choisira le congé dont les extrémités seront les plus proches de vos points de sélection. Ainsi vous indiquez approximativement, par votre sélection, la position du congé.

Un rayon de raccordement d'une valeur de zéro peut être utilisé pour ajuster deux objets de telle manière qu'ils se terminent précisément au même point (à leur intersection) ; dans ce cas, aucun congé n'est créé (seulement avec l'option **Ajuster**). Quelle que soit la valeur courante du rayon, en maintenant la touche [Shift] enfoncée, un raccord avec un rayon de zéro sera réalisé.

L'option Ajuster

Deux possibilités sont proposées dans l'invite ci-dessous :

```
Entrez l'option du mode Ajuster [Ajuster/Non-ajuster] <Ajuster>:
```

Ajuster : c'est l'option par défaut. Les objets originaux sont modifiés, c'est-à-dire soit prolongés, soit écourtés jusqu'à l'arc de raccordement.

Non-ajuster : permet de conserver les objets originaux intacts, tout en plaçant un congé.

Les deux figures suivantes montrent le raccordement d'un arc et d'une ligne. Faites attention aux points de sélection ; l'ajustement, le prolongement et le placement du congé dépendent essentiellement de ces points.

Ici, l'option **Ajuster** a été choisie.

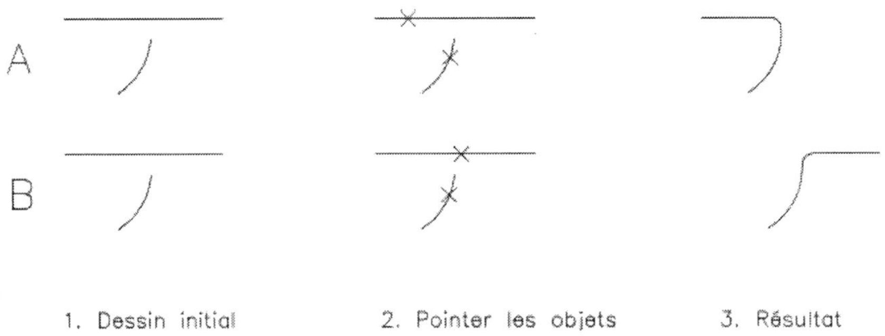

Les figures suivantes illustrent trois raccordements de cercles possibles. Encore une fois, le placement du congé dépend des points de sélection.

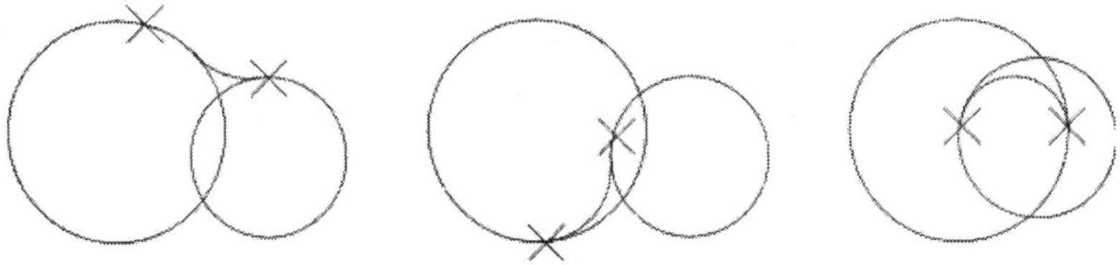

L'option Polyligne

Vous pouvez utiliser l'option **Polyligne** pour raccorder tous les sommets de la polyligne 2D en une seule opération.

Le message suivant demande de sélectionner la polyligne à raccorder.

```
Choix de la polyligne 2D ou [Rayon]:
```

Remarque

*Avec l'option **Polyligne**, vous modifiez tous les sommets de la polyligne.*

Vous pouvez, si vous le souhaitez, ne raccorder que deux segments de la polyligne. Dans ce cas, ne choisissez pas l'option **Polyligne**, mais pointez directement les segments.

L'option mUltiple

Vous pouvez utiliser l'option **mUltiple** pour permettre la répétition des raccords. Cette option vous permet de procéder très efficacement à une opération de raccordements successifs. Vous interrompez l'opération avec la touche [Echap] par exemple.

Raccordement de solides 3D

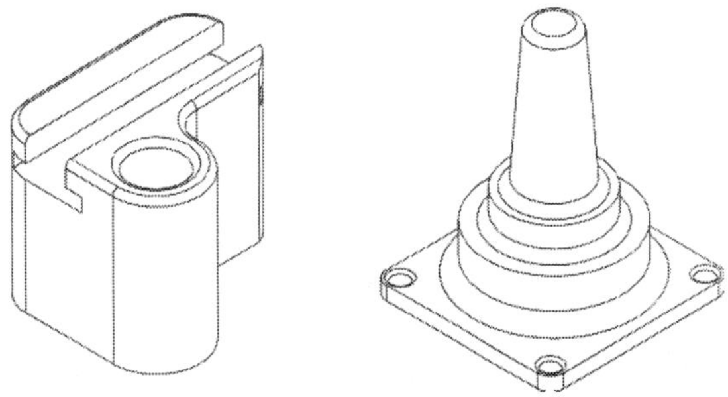

La même commande **Raccord** vous permet d'arrondir des arêtes ou de créer des congés sur des volumes 3D. Le message habituel apparaît.

AutoCAD attend la sélection d'une arête 3D appartenant à un solide 3D (et non deux lignes à raccorder entre elles comme en 2D), puis affiche le message suivant :

```
Entrez le rayon du raccord ou [Expression] <100.0000>:
```

Précisez la valeur du rayon pour l'arête sélectionnée. Vous pouvez ensuite étendre la sélection à d'autres arêtes. Le message suivant est affiché :

```
Sélectionnez une arête ou [Chaîne/Boucle/Rayon]:
```

L'option **Chaîne** permet la sélection automatique des arêtes cotangentes sur un même plan ou sur plusieurs plans 3D (arêtes courbes).

La première arête sélectionnée, cette option vous invite à sélectionner une arête concourante. AutoCAD reconnaît automatiquement toutes les arêtes 3D concourantes, et applique le raccord.

L'option **Boucle** permet la sélection automatique des arêtes communes à une face. Cette option vous invite à confirmer la sélection de la face, avant d'appliquer le congé sur toutes les arêtes de la face.

Q. Chanfreinage d'objets

Vous pouvez couper deux lignes sécantes à une distance donnée de leur intersection et joindre les deux extrémités coupées par une nouvelle ligne.

Chanfreinage selon deux écarts

➲ Dans le groupe de fonctions **Modification** (onglet **Début**), déroulez l'icône déroulante .
Le message ci-dessous est affiché :

```
CHANFREIN Sélectionnez la première ligne ou
[annUler/Polyligne/Ecart/ANgle/AJuster/méthOde/Multiple]:
```

➲ Sélectionnez l'option **Ecart**.
Le message suivant est affiché :

```
Spécifiez l'écart du chanfrein 1er <0.0000>:
```

➲ Spécifiez la valeur du premier écart (**0.4** dans l'exemple).
Le message suivant est affiché :

```
Spécifiez l'écart du chanfrein 2ème <0.4000>:
```

➲ Spécifiez la valeur du second écart (**0.8** dans l'exemple).

Le message suivant est réaffiché :

> **CHANFREIN** Sélectionnez la première ligne ou
> [annUler/Polyligne/Ecart/ANgle/AJuster/méthOde/Multiple] :

- Sélectionnez la première ligne à chanfreiner (**P1** dans l'exemple).
  AutoCAD affiche :

> **CHANFREIN** Sélectionnez la deuxième ligne ou utilisez
> la touche Maj pour appliquer un coin ou [DIstance/Angle/Méthode] :

- Sélectionnez la seconde ligne à chanfreiner (**P2** dans l'exemple).

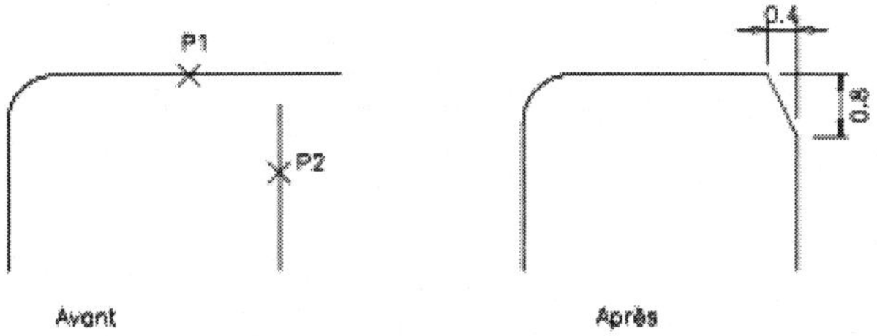

Chanfreinage selon un angle

L'option **ANgle** enrichit la façon de créer des chanfreins. Avec l'option **Ecart** vue dans l'exemple précédent, vous agissez sur deux distances. Dans de nombreux cas, les données sont différentes, et l'option ANgle est plus adaptée. Elle permet un chanfrein avec une seule distance et un angle. Cette distance (écart) est affectée à la ligne sélectionnée, et l'angle est relatif à cette même ligne.

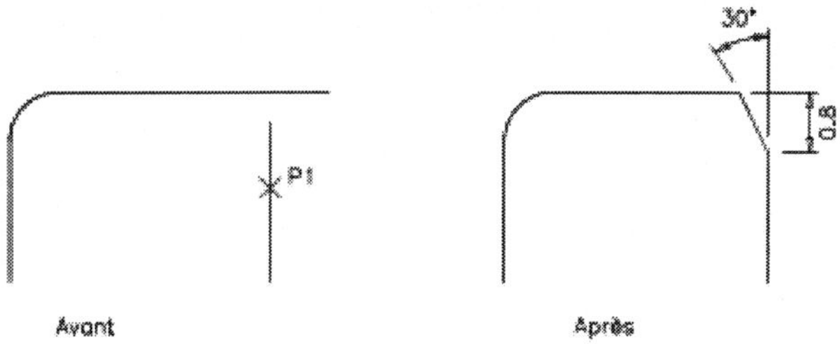

L'option Méthode

Cette option définit simplement l'option par défaut (**Ecart** ou **ANgle**).

Remarque

> *Quelle que soit la valeur courante des écarts, en maintenant la touche [Shift] enfoncée, un chanfrein avec écarts de zéro sera réalisé (coin).*

L'option AJuster

Deux possibilités sont proposées :

```
Entrez l'option du mode Ajuster [Ajuster/Non-ajuster] < Ajuster>:
```

- **Ajuster** est l'option par défaut. Les objets originaux sont modifiés, c'est-à-dire soit prolongés, soit écourtés jusqu'au chanfrein.
- **Non-ajuster** permet de conserver les objets originaux intacts, tout en plaçant le chanfrein.

L'option Polyligne

Vous pouvez aussi utiliser l'option **Polyligne** pour chanfreiner chaque sommet de la Polyligne 2D. Pour cela, vous utilisez le même principe que pour la commande Raccord.

L'option mUltiple

Vous pouvez utiliser l'option **mUltiple** pour permettre la répétition des chanfreins. Cette option vous permet de procéder très efficacement à une opération de chanfreins successifs. Vous interrompez l'opération par la touche [Echap] par exemple.

Chanfreinage de solides 3D

La même commande **Chanfrein** vous permet de traiter les solides 3D.

Vous pouvez sélectionner plusieurs arêtes en même temps.

Lorsque vous cliquez sur l'arête d'un solide 3D, le message suivant apparaît :

```
Entrez une option de sélection de surface
[suivaNte/OK (courant)] <OK>:
```

Comme une arête est commune à deux faces, AutoCAD vous demande si la surface en surbrillance vous convient. Si cela n'est pas le cas, choisissez l'option **suivaNte**. La surface adjacente passera en surbrillance.

Sur cette surface de base, vous précisez le premier écart, puis sur la surface adjacente le deuxième écart du chanfrein.

Vous devez ensuite sélectionner l'arête ou les arêtes à chanfreiner.

Le message ci-dessous est affiché :

```
Spécifiez la distance du chanfrein surface de base ou
[Expression] <40.0000>:
```

➲ Saisissez la distance qui sera affectée à la surface de base.

Le message ci-dessous est affiché :

```
Spécifiez la distance du chanfrein autre surface ou
[Expression] <60.0000>:
```

➲ Saisissez la distance qui sera affectée à l'autre surface.

Le message ci-dessous est affiché :

```
Sélectionnez une arête ou [Boucle]:
```

➲ Sélectionnez l'arête ou les arêtes à chanfreiner.

L'option **Boucle** permet de chanfreiner toutes les arêtes de la surface de base.

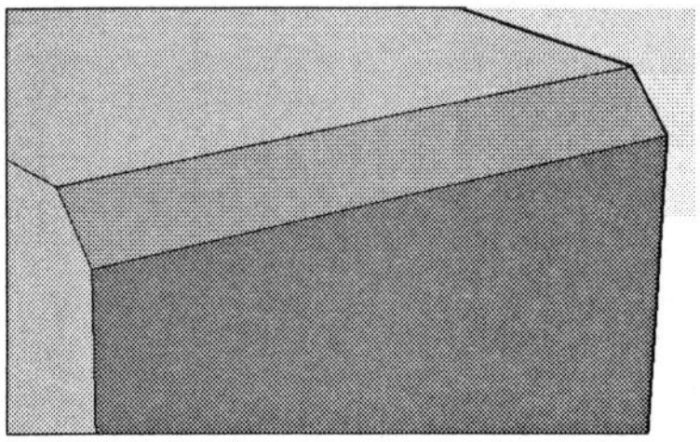

R. Jonction des objets

Cette fonction permet de joindre des objets de même type de façon à ce qu'ils forment un objet unique, tel qu'une polyligne ou une spline par exemple.

La fonction **Joindre** est utilisable avec les objets suivants : ligne, arc, polyligne, arc elliptique, spline. Ces objets doivent être jointifs.

Les lignes colinéaires (sur la même droite) sont converties en une seule ligne.

Les arcs situés sur le même cercle virtuel (même rayon) sont convertis en un seul arc.

Les polylignes peuvent être jointes par des objets lignes et arcs. Il s'agit de polylignes 2D (sur le même plan).

Les arcs elliptiques situés sur la même ellipse virtuelle sont convertis en un seul arc elliptique. Dans le cas contraire, vous obtenez une spline.

Les splines doivent être contiguës (pas de tangence obligatoire).

➲ Déroulez le groupe de fonctions **Modification** et choisissez l'icône **Joindre** .

Vous devez d'abord sélectionner l'objet source, puis ensuite les objets à joindre. Le message varie selon le type d'objet source sélectionné.

S. Fusionner les courbes

AutoCAD permet de raccorder deux courbes à l'aide d'une spline indépendante et tangente aux deux courbes ouvertes.

Les courbes ouvertes sont des lignes, polylignes, arcs, ellipses, hélices ou splines.

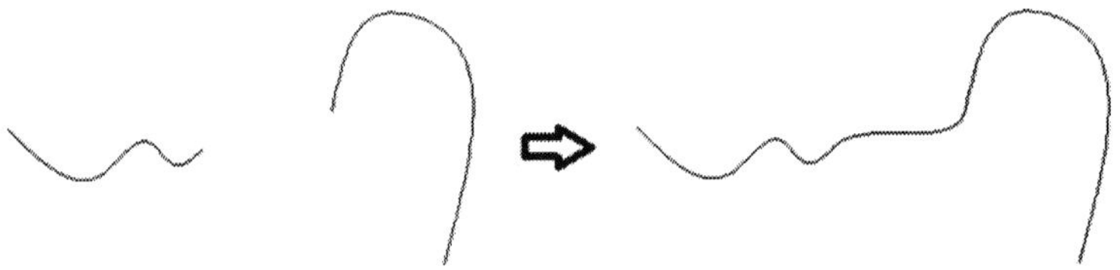

➲ Dans le groupe de fonctions **Modification**, choisissez l'icône déroulante **Fusionner les courbes** .

AutoCAD affiche le message suivant :

```
FUSIONNER Sélectionnez le premier objet ou [CONtinuité]:
```

L'option **CONtinuité** permet de préciser l'un des deux types de fusion : continuité de tangence (G1) ou continuité de courbure (G2). Voir aussi la création de splines.

➲ Sélectionnez le premier objet à fusionner en privilégiant l'extrémité à fusionner.

```
Sélectionnez le deuxième objet :
```

➲ Pointez le second objet (du côté de l'extrémité à fusionner) et constatez l'aperçu du résultat avant de confirmer la sélection en cliquant.

La spline est créée. Cliquez sur celle-ci pour la modifier à l'aide des poignées si nécessaire.

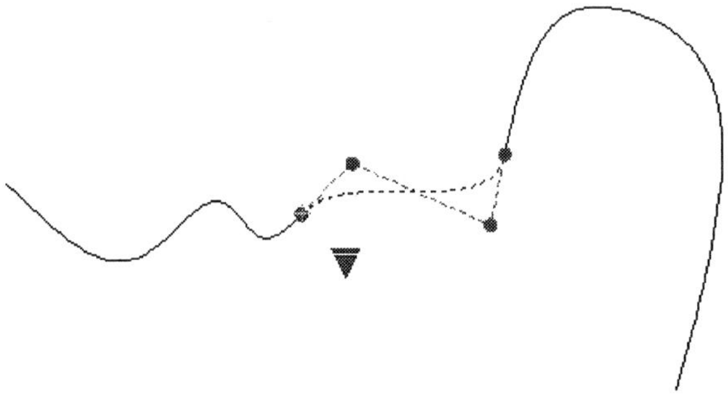

T. Modification des propriétés d'objets

1. Afficher les propriétés

➲ Activez l'onglet **Vue**. Dans le groupe de fonctions **Palettes**, cliquez sur l'icône **Propriétés** 

.

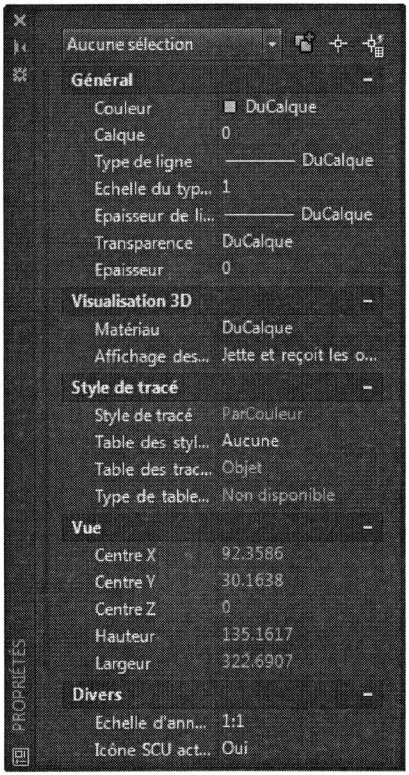

La fenêtre **Propriétés** s'affiche de deux façons. Soit elle reste flottante et elle est redimensionnable à souhait ; soit elle est ancrée à gauche ou à droite de la zone graphique.

Vous pouvez agir sur les propriétés courantes, changer les propriétés d'un ou plusieurs objets en simultané, modifier la géométrie ou les caractéristiques propres à un ou plusieurs objets.

Cette commande peut être utilisée de diverses façons et réagit selon la sélection en cours :

- Si **aucun objet n'est sélectionné**, vous accédez aux propriétés et caractéristiques courantes, telles que le calque, la couleur, le type de ligne, l'échelle du type de ligne, l'épaisseur de ligne, la hauteur d'objet (épaisseur), le style de tracé, le positionnement de la vue en cours, l'échelle d'annotation courante, l'activation de l'affichage de l'icône du SCU, l'affichage de l'icône du SCU à son origine, l'affichage de l'icône du SCU par fenêtre et le nom du SCU courant.

– Si **plusieurs objets sont sélectionnés**, vous accédez aux changements des propriétés générales des objets telles que le calque, la couleur, le type de ligne, l'échelle du type de ligne, le style de tracé, l'épaisseur de ligne, l'hyperlien associé, la hauteur d'objet (épaisseur). Si le **type d'objet** est le même pour tous les objets sélectionnés (ex. : plusieurs lignes ou plusieurs textes), vous pouvez agir sur l'ensemble des caractéristiques en même temps.

– Si **un seul objet est sélectionné**, vous accédez aux propriétés, à la géométrie de l'objet, ainsi qu'à ses caractéristiques spécifiques. Vous pouvez agir sur le calque, la couleur, le type de ligne, l'échelle du type de ligne, le style de tracé, l'épaisseur de ligne, l'hyperlien associé, la hauteur (épaisseur) de l'objet ; mais aussi sur toutes les caractéristiques de l'objet telles que les positionnement, rotation, hauteur, style, épaisseur, sommets, points de lissage...

Le changement des propriétés est traité dans le chapitre La gestion des calques - Changement de propriétés des objets, pour les propriétés de calque, couleur, type de ligne, échelle de type de ligne, épaisseurs... (rubrique **Général** de la fenêtre **Propriétés**).

Intéressons-nous ici aux modifications d'objets concernant la géométrie et les caractéristiques propres au type d'objet (rubrique **Géométrie** de la fenêtre **Propriétés**).

Tout objet AutoCAD peut être modifié dans la fenêtre **Propriétés**.

En fonction de l'objet sélectionné, vous agissez sur le positionnement des extrémités d'une ligne, le centre et le rayon d'un cercle, le positionnement d'un texte, son style, sa hauteur, sa rotation, ses effets spéciaux, le positionnement des sommets d'une polyligne, ses épaisseurs variables ou constantes...

Les exemples ci-après présentent la modification des objets classiques ligne, cercle, arc, polyligne, texte.

2. Propriétés de la ligne

Pour la **ligne**, vous obtenez l'affichage suivant.

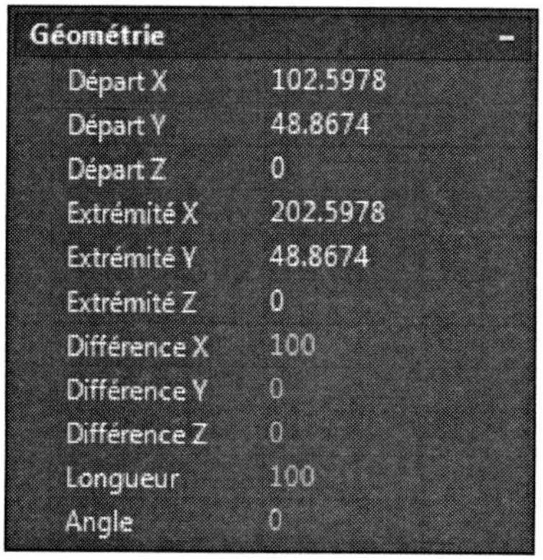

Vous modifiez les valeurs dans la colonne de droite. Soit vous tapez au clavier la valeur souhaitée (confirmez par [Entrée]), soit vous choisissez le bouton situé à droite de la valeur numérique pour un positionnement à l'aide de la souris dans la zone graphique.

Départ X, **Y** et **Z** : modifient les coordonnées du point de départ de la ligne.

Extrémité X, **Y** et **Z** : modifient les coordonnées du point final de la ligne.

Différence X, **Y**, **Z**, **Longueur** et **Angle** : varient avec les coordonnées fixées.

3. Propriétés du cercle

Pour le **cercle**, vous obtenez l'affichage suivant :

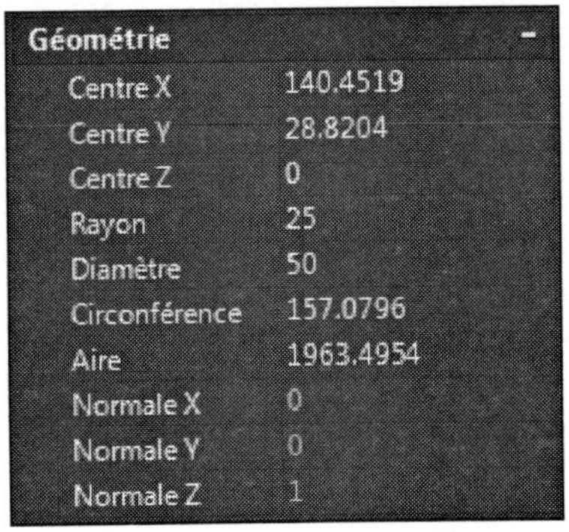

Centre X, **Y**, **Z** : modifient les coordonnées du centre de la ligne.

Rayon : modifie le rayon du cercle.

Diamètre : modifie le diamètre du cercle.

Circonférence : modifie la circonférence du cercle.

Aire : modifie la surface du cercle.

Normale X, **Y** et **Z** : affichent la direction de la normale au plan du cercle dans le système de coordonnées courant.

4. Propriétés de l'arc

Pour l'**arc**, vous obtenez l'affichage suivant.

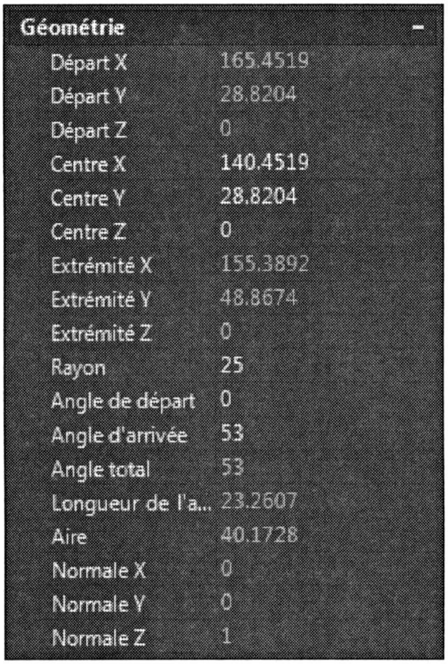

Départ X, **Y**, **Z** : modifient les coordonnées du point de départ de l'arc.

Centre X, **Y**, **Z** : modifient les coordonnées du centre de l'arc.

Extrémité X, **Y**, **Z** : modifient les coordonnées du point final de l'arc.

Rayon : modifie le rayon de l'arc.

Angle de départ : fixe un nouvel angle (angle absolu par rapport au zéro).

Angle final : fixe un nouvel angle (angle absolu par rapport au zéro).

Angle total : affiche l'angle décrit par l'arc.

Longueur de l'arc : affiche la longueur de l'arc.

Aire : affiche l'aire de l'arc (la longueur de corde vient fermer l'arc).

Normale X, **Y** et **Z** : affichent la direction de la normale au plan du cercle dans le système de coordonnées courant.

5. Propriétés de la polyligne

Pour la **polyligne**, vous obtenez l'affichage suivant :

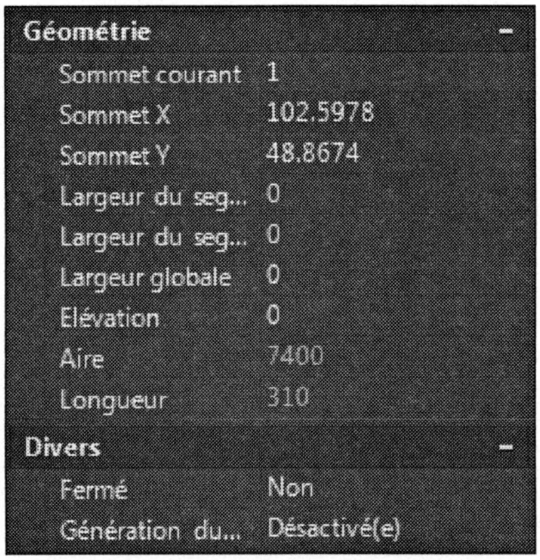

Sommet courant : permet de passer en revue tous les sommets de la polyligne sélectionnée. Agissez sur les deux flèches pour passer de l'un à l'autre. Toutes les caractéristiques en-dessous concernent le sommet choisi.

Sommet X, **Y** : modifient les coordonnées du sommet correspondant.

Largeur du segment de départ : modifie la largeur du début du segment (chaque segment possède un sommet de départ et de fin).

Largeur du segment de fin : modifie la largeur de fin du segment (chaque segment possède un sommet de départ et de fin).

Largeur globale : contrairement aux deux options précédentes, affecte une largeur identique à tous les segments.

Elévation : modifie la hauteur d'objet.

Aire : affiche l'aire de la polyligne (AutoCAD ferme la polyligne ouverte pour calculer l'aire).

Longueur : indique la longueur de la polyligne.

6. Propriétés du texte

Pour le **texte**, vous obtenez l'affichage suivant :

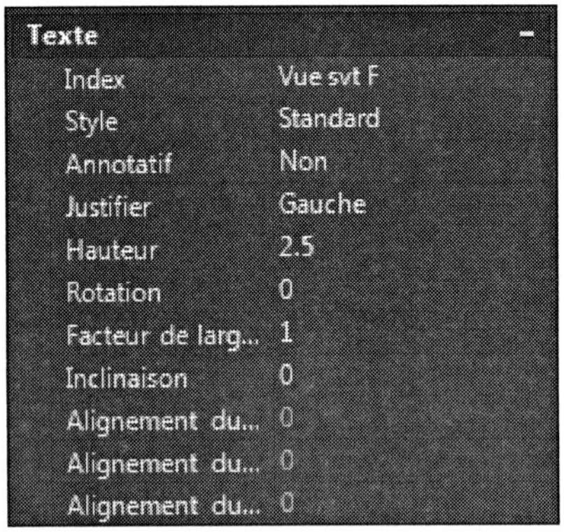

Index : modifie le contenu du texte.

Style : accède à tous les styles du dessin (liste déroulante).

Annotatif : active ou désactive le texte annotatif.

Justifier : modifie la justification du texte (liste déroulante).

Hauteur : modifie la hauteur du texte.

Rotation : affecte un angle de rotation au texte.

Facteur de largeur : modifie l'extension/compression du texte.

Inclinaison : affecte un angle d'inclinaison au texte (effet italique).

Alignement du texte X, **Y** et **Z** : modifient les alignements à respecter pour les textes justifiés ou fixés (voir option **Justifier**).

Les textes multilignes disposent des mêmes options ainsi que de quelques options supplémentaires comme la direction et largeur du paragraphe de texte.

Remarque

*Notez les nombreux avantages de cette fenêtre **Propriétés** pour les objets suivants : l'ellipse, la spline, la cotation, les hachures, la définition d'attributs, les valeurs d'attributs, les fenêtres flottantes de présentation.*

7. Tri par type d'objet

Si l'utilisateur ne sélectionne pas d'objet, la zone de texte située dans la partie supérieure de la fenêtre **Propriétés** affiche **Aucune sélection**.

Lorsque l'utilisateur effectue une sélection multiple, la liste déroulante affiche **Tout** suivi du nombre d'objets sélectionnés. Déroulez la liste, et constatez le tri par type d'objets.

Effectuez le tri adapté ; les caractéristiques de ces objets sont disponibles dans la fenêtre **Propriétés**. Vous modifiez ensuite ces caractéristiques.

Le bouton **Sélection rapide** permet une sélection plus précise (cf. Sélection rapide dans ce chapitre).

Le bouton **Sélectionner des objets** permet une nouvelle sélection d'objets, lorsqu'une sélection est déjà en cours. Les objets sont désélectionnés et vous procédez à la nouvelle sélection.

Le bouton **Activer/Désactiver la valeur de la variable système PICKADD** active ou désactive la sélection unique d'objet (cliquez sur l'objet). Cliquez une nouvelle fois sur ce bouton pour permettre une sélection normale de plusieurs objets.

Remarque

Un double clic sur n'importe quel objet AutoCAD donne accès aux propriétés. Ainsi, vous modifiez très rapidement un cercle, une polyligne, un hachurage, les attributs d'un bloc...

8. Les propriétés rapides

Les propriétés rapides sont affichées lorsqu'un ou plusieurs objets sont sélectionnés.

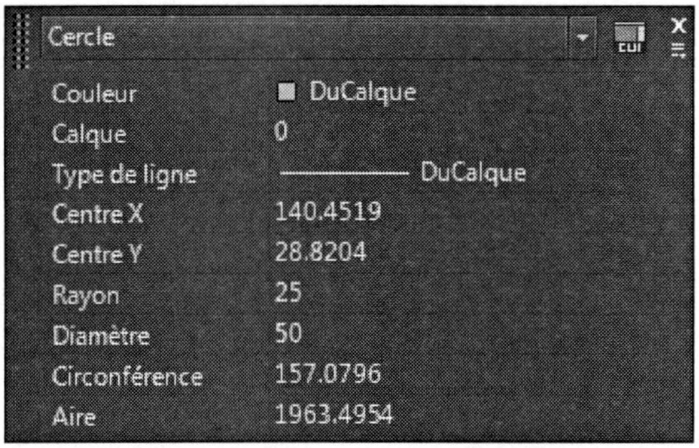

Elles permettent d'accéder et de modifier les propriétés d'un objet ou plusieurs objets sélectionnés.

À la différence de la palette **Propriétés** qui contient l'ensemble des propriétés des objets, la palette **Propriétés rapides** est limitée à une liste réduite de propriétés modifiables (Liste personnalisable).

- Sélectionnez un objet pour afficher la palette **Propriétés rapides**. Elle est flottante par défaut, et peut être disposée à l'écran selon votre préférence.
- Déplacez le pointeur de la souris sur la palette **Propriétés rapides** pour développer l'affichage complet de la palette.
- Agissez sur les propriétés à modifier tel que vous le faites dans la fenêtre **Propriétés**.

Voir aussi le chapitre La personnalisation - Personnaliser les propriétés rapides.

Remarque

*Activez ou désactivez les propriétés rapides en sélectionnant l'icône **Propriétés rapides***  *dans la barre d'état.*

U. Copie des propriétés

La copie des propriétés s'effectue depuis un objet à sélectionner vers d'autres objets, dans le dessin courant ou vers d'autres dessins AutoCAD. Vous pouvez copier les propriétés suivantes : le calque, la couleur, le type de ligne, l'échelle du type de ligne, l'épaisseur de ligne, l'épaisseur et le style de tracé.

Pour le texte : les propriétés de texte.

Pour le hachurage : les propriétés de hachurage.

Pour la cotation : les propriétés de cote.

- Dans le groupe de fonctions **Propriétés** (onglet **Début**), cliquez sur l'icône **Copier les propriétés**

.

AutoCAD demande la sélection de l'objet contenant les propriétés à copier :

```
Sélectionnez l'objet source:
```

Puis le message suivant apparaît :

```
Paramètres actifs courants:  Couleur Calque Tligne Echltp Epaisseur
de ligne Transparence Epaisseur StylesTraceur Cote Texte Hachures
Polyligne Fenêtre Table Matériau Affichage des ombres Ligne de
repère multiple
```

▌ `Sélectionnez le ou les objets de destination ou [PAramètres] :`

Tous les objets sélectionnés adoptent les caractéristiques de l'objet source. Dans certains cas, la copie de toutes les caractéristiques n'est pas souhaitable.

Choisissez l'option **PAramètres**.

La boîte de dialogue suivante s'affiche :

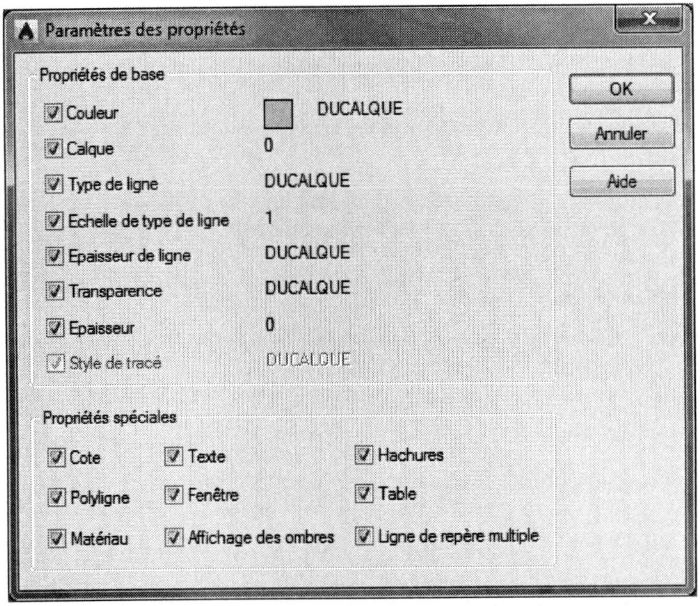

Par défaut, toutes les propriétés sont copiées. Chacune d'entre elles est cochée. Il vous suffit de décocher les propriétés adaptées pour limiter la copie à un changement de calque, de type de ligne, de motif de hachure.

Remarque

> *Pour les styles de texte, de cotation et les motifs de hachure, trois cases spécifiques sont disponibles.*

V. Édition de polyligne

Vous pouvez modifier une polyligne existante : changer son épaisseur, fermer une polyligne ouverte (ou inversement), joindre plusieurs entités pour obtenir une seule polyligne. Vous pouvez aussi déplacer ou insérer un sommet, intervenir sur l'épaisseur d'un segment. Enfin, vous lissez la polyligne et agissez sur la génération du type de ligne aux différents sommets de la polyligne.

➲ Déroulez le groupe de fonctions **Modification** (onglet **Début**), cliquez sur l'icône **Modifier polyligne**. AutoCAD demande la sélection d'une polyligne :

```
Sélectionnez la polyligne ou [Multiple]:
```

Si l'objet est un arc ou une ligne, AutoCAD affiche :

```
L'objet sélectionné n'est pas une polyligne
PEDIT Voulez-vous le transformer en polyligne? <O>
```

Appuyez sur [Entrée] pour transformer le segment en polyligne.

```
Entrez une option [Clore/Joindre/LArgeur/Modif-sommet/
Ajuster/sPline/Redresser/TYpeligne gén/Inverser/annUler]:
```

Les options sont détaillées ci-après :

Clore : ferme une polyligne ouverte.

Joindre : permet de lier un ou plusieurs segments à une polyligne. Les segments doivent être liés par leurs extrémités. Le résultat donne une seule et même polyligne.

LArgeur : modifie la largeur globale de la polyligne.

Modif-sommet : permet d'intervenir sur chacun des sommets de la polyligne. Les sous-options sont détaillées ci-dessous.

Ajuster : donne un lissage de type Spline. La courbe obtenue passe par les points (sommets initiaux). Cette courbe est souvent déformée (voir les splines pour un travail plus précis avec les courbes).

sPline : donne un lissage de type Cubique (courbes de Bézier). La courbe passe loin des points (sommets initiaux) en respectant globalement l'allure de la polyligne. Un polygone de contrôle (visible grâce aux poignées) permet de déformer la courbe.

Redresser : récupère la polyligne initiale à partir d'une polyligne lissée.

TYpeligne gén : cette option peut permettre d'afficher un type de ligne Axe (par exemple) uniforme sur toute la polyligne sans imposer une bonne représentation au niveau des sommets. Par défaut inactive, elle force une génération correcte des types de ligne aux sommets de la polyligne.

Inverser : inverse l'ordre des sommets de la polyligne.

annUler : annule la dernière opération sans quitter la commande.

L'option **Modif-sommet** propose une nouvelle série d'options :

suivaNt : permet de passer au sommet suivant. Une croix est matérialisée.

Précéd : permet de passer au sommet précédent. Une croix est matérialisée.

Coupure : sépare la polyligne en deux polylignes au sommet courant. L'option **Go** procède à la coupure.

Insér : permet de positionner un sommet supplémentaire après le sommet courant.

Déplac : déplace le sommet courant.

Régén : redessine la polyligne pour permettre une représentation tenant compte des dernières modifications comme un changement d'épaisseur.

Linéair : permet de "redresser" un ou plusieurs segments afin d'obtenir un seul segment droit. Dans le cas d'un segment arc, il suffit de placer la croix au début du segment à linéariser. Si plusieurs segments successifs sont à redresser, il faut placer la croix au sommet du premier segment, puis utiliser l'option **suivaNt** pour la placer au sommet du dernier segment ; l'option **Go** permet ensuite le "redressement".

Tang : permet de modifier la direction de tangence du sommet marqué d'une croix. La nuance est visible dès le lissage de la polyligne.

Epaiss : permet de modifier la largeur d'un segment en particulier. La croix placée sur le premier sommet du segment, AutoCAD demande les nouvelles largeurs de départ et de fin.

Sortir : quitte l'option **Modif-sommet** pour revenir aux premières options.

Remarque

*La fenêtre **Propriétés** permet très rapidement de fermer ou d'ouvrir une polyligne, de modifier la génération du type de ligne, de repositionner l'un des sommets, de modifier la largeur des segments...*

*L'option **Multiple** permet l'édition simultanée de plusieurs polylignes.*

W. Décomposition

AutoCAD utilise plusieurs objets complexes comme les cotations, les blocs, les polylignes ou les hachures. Chaque objet est considéré comme un seul élément, même si à l'origine plusieurs éléments le constituaient. Il est parfois utile de dissocier ces objets pour travailler avec les éléments initiaux.

➲ Dans le groupe de fonctions **Modification** (onglet **Début**), cliquez sur l'icône **Décomposer** .

AutoCAD attend la sélection d'un ou plusieurs objets, puis le ou les dissocie.

Voici le résultat des diverses décompositions :

- Une polyligne est remplacée par des lignes et des arcs avec une épaisseur de zéro.
- Un bloc est remplacé par les éléments le composant initialement avec leurs caractéristiques d'origine (calque, couleur et type de ligne).
- Une cotation est remplacée par des lignes, des solides ou polylignes et un texte (à éviter).
- Une hachure est remplacée par des lignes (à éviter).
- Un réseau associatif perd son associativité.

X. Édition de spline

Vous pouvez supprimer, ajouter ou déplacer les points de contrôle de la spline. Vous pouvez ajuster, affiner, fermer ou ouvrir la spline. Vous pouvez encore modifier les tangentes aux sommets.

L'édition de spline est possible sur deux types de courbes :

- La polyligne lissée (cubique ou quadratique). Cette courbe s'inspire des courbes de Bézier. Elle ne permet pas (en tant que polyligne) une grande précision dans les modifications locales.
- La "vraie" spline NURBS générée par la commande Spline. Cette courbe passe par une série de points de définition (de lissage) et s'appuie sur des points (ou sommets) de contrôle. Voir les figures ci-après. Contrairement à la polyligne, elle permet une grande précision, même dans les modifications locales.

Remarque

Il faut bien faire la différence entre les points de définition (ou de lissage) et les points (ou sommets) de contrôle. Les points de définition sont les points précisés dans la commande Spline. Tous ces points sont sur la courbe. Les points de contrôle (ou sommets) apparaissent lors de l'édition de la spline. Ils sont placés sur le polygone de contrôle de la spline.

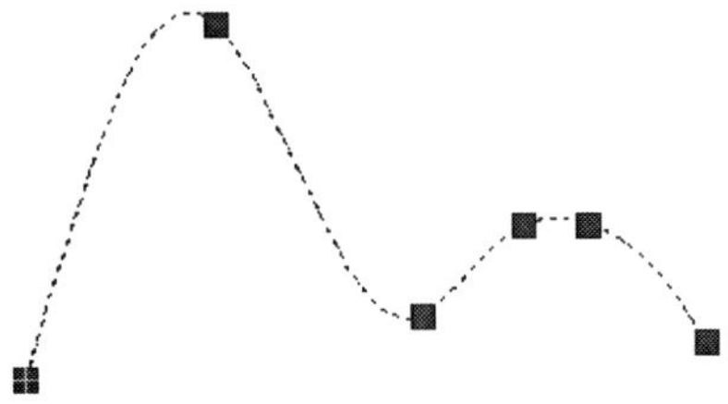

Points de lissage

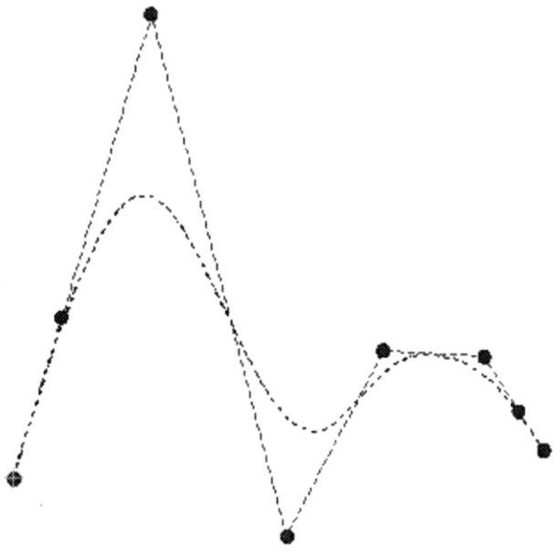

Sommets de contrôle

➲ Déroulez le groupe de fonctions **Modification**, et cliquez sur l'icône **Modifier spline** .

AutoCAD demande la sélection d'une spline. Une fois la spline sélectionnée, les points de contrôle apparaissent en bleu (comme les poignées), et les options ci-après sont disponibles.

```
Entrez une option [Clore Joindre Lissée Modif-sommet convertir en Polyligne Inverser annUler Quitter] <Quitter>:
```

Clore : ferme une spline ouverte. L'option **Ouvrir** remplace **Clore** si la spline est fermée.

Joindre : permet de joindre au niveau des extrémités de la spline des lignes, arcs, polylignes et splines. Les extrémités doivent être coïncidentes.

Lissée : affiche et modifie les points de définition (ou lissage) de la spline. Voici les options disponibles :

- **Ajouter** : ajoute un point de lissage à la spline, et relisse la spline en fonction du nouveau point de lissage.
- **Fermer** : clôt la spline. L'option **Fermer** est remplacée par **Ouvrir**.
- **Supprimer** : retire un point de lissage, et relisse la spline en fonction des points restants.
- **Déplacer** : modifie la position d'un point de lissage.
- **TAngentes** : modifie les directions de tangence de la spline au niveau des points de définition de départ et de fin.
- **Tolérance** : demande une nouvelle valeur de tolérance. Avec la valeur par défaut (1), la spline passe par tous les points de définition. Si la tolérance est supérieure, la spline ne passe pas forcément par tous les points, mais respecte plus globalement l'allure de la spline. Ceci permet de faire abstraction de certains points pour éviter des déformations indésirables.
- **Quitter** : sort de l'option **Lissée**.

Modif-sommet : permet de modifier la position des points (ou sommets) de contrôle de la spline. Voici les options disponibles :

- **Ajouter** : ajoute un point de contrôle (sommet) à la spline. Cette option permet de modifier localement une partie de la spline.
- **Supprimer** : retire un point de contrôle (sommet) de la spline.
- **Elever Ordre** : augmente uniformément le nombre de points de contrôle (sommets) de la spline. La valeur maximale est fixée à 26.
- **Déplacer** : modifie la position d'un point de contrôle (sommet).
- **Poids** : rapproche la spline des points de contrôle (sommets). Plus la valeur (1 par défaut) est importante, plus la courbe tend à se rapprocher du sommet.
- **Quitter** : quitte les options **Modif-sommet**, pour un retour aux options de la commande **Editer spline**.

Convertir en polyligne : convertit une polyligne en spline. Une valeur comprise entre 0 et 99 détermine la précision avec laquelle la polyligne s'ajuste à la spline initiale. Attention, une valeur importante peut nuire à la performance. La variable PLINECONVERTMODE détermine si la polyligne est créée à partir de segments linéaires (0) ou de segments d'arc (1).

Inverser : modifie le sens de la spline.

annUler : supprime la dernière opération d'édition.

Quitter : sort de la commande **Modifier Spline**.

Édition des splines à l'aide des poignées

Une autre technique permet l'édition rapide des splines.

- Sélectionnez la spline à éditer.
- Déplacez le pointeur sur la poignée à éditer pour afficher le menu contextuel comme sur la figure ci-dessous :

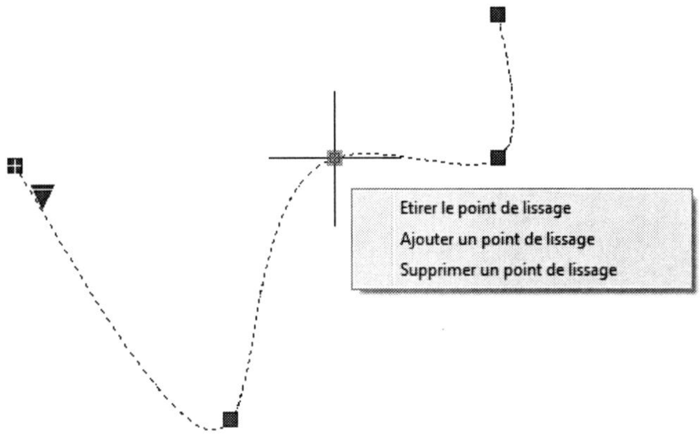

- Dans le menu contextuel, choisissez l'opération d'édition à exécuter.

L'exemple ci-dessous présente l'étirement d'un point de lissage de la spline.

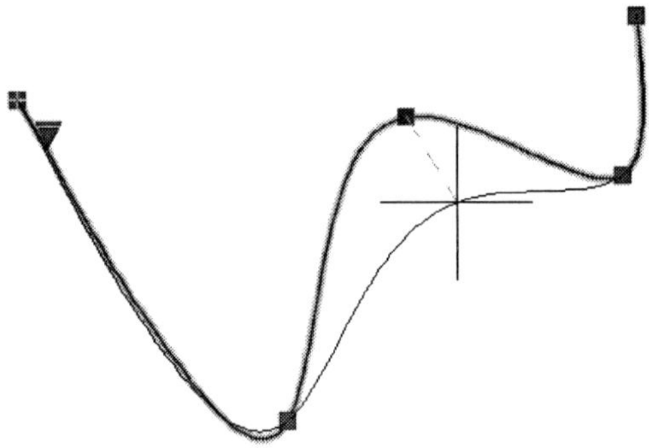

Remarque

*La fenêtre **Propriétés** permet également d'éditer une spline. Vous pouvez repositionner les points de contrôle, les points de lissage, agir sur le poids, la tolérance...*

Y. Édition de texte

Cette commande vous permet de modifier tout type d'annotation : le contenu d'un texte sur une ligne, un paragraphe, un texte de cotation ou une définition d'attribut.

➲ Effectuez un double clic sur l'annotation à éditer (ou sélectionnez le texte, clic droit **Éditer Textmult**) pour afficher la boîte de dialogue suivante :

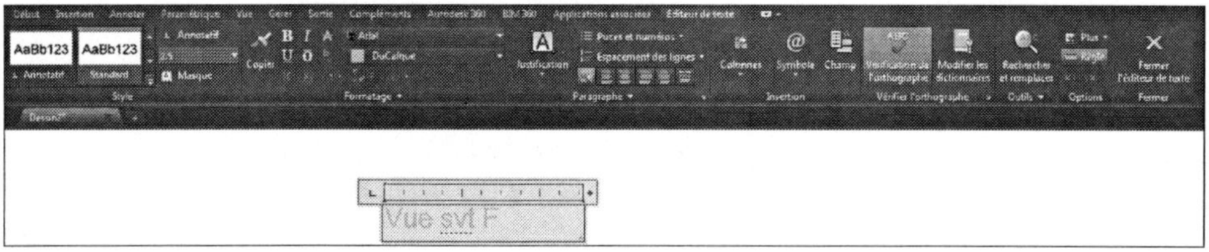

Remarque

> *La fenêtre* ***Propriétés*** *permet d'éditer un texte très rapidement. Vous pouvez intervenir sur le style, la justification, la hauteur, la rotation, les effets de symétrie...*

1. Changement d'échelle des textes

Cette commande permet de modifier l'échelle d'un groupe de textes sans modifier leurs points d'insertion.

➲ Déroulez le groupe de fonctions **Texte** (onglet **Annoter**), cliquez sur l'icône **Echelle** Echelle.

Le message ci-dessous propose de sélectionner les objets dont vous voulez changer l'échelle. Les textes et attributs sont acceptés.

```
Choix des objets :
```

➲ Sélectionnez les objets et validez la sélection par [Entrée].

Le message ci-dessous est affiché :

```
Entrez une option de point de base pour la mise à l'échelle
ECHELLETEXTE [Existant/Gauche/Centre/Milieu/Droite/HG/HC/HD/
MG/MC/MD/BG/BC/BD] <Existant>:
```

➲ Choisissez l'option **Existant** pour conserver la justification.

```
Spécifiez la nouvelle hauteur du modèle ou
[Hauteur papier/Correspondance objet/Facteur échelle] <2.5>:
```

➲ Saisissez la nouvelle hauteur et validez par [Entrée] pour constater le changement d'échelle pour tous les textes.

Remarque

*Cette opération est possible aussi via la fenêtre **Propriétés**.*

2. Conversion d'échelle des textes

Cette commande permet d'adapter la hauteur de texte à une fenêtre de présentation quelle que soit son échelle.

Si, par exemple, une fenêtre affiche un dessin à l'échelle 4, AutoCAD peut modifier la hauteur de texte pour que celle-ci s'adapte aux éventuels textes internes à la fenêtre. Ainsi un texte de hauteur 4 en présentation s'adapte à l'échelle 4 de la fenêtre ; sa taille passe à 16.

Important : la conversion est valable pour les textes en présentation (et non internes aux fenêtres de présentation).

➲ Déroulez le groupe de fonctions **Texte** (onglet **Annoter**), cliquez sur l'icône **Echelle** Echelle.

Le message ci-dessous propose de sélectionner les textes à adapter placés sur la présentation (et non dans une fenêtre de présentation).

```
Choix des objets :
```

➲ Sélectionnez les objets et validez la sélection par [Entrée].

Le message ci-dessous est affiché :

```
Entrez une option de point de base pour la mise à l'échelle
ECHELLETEXTE [Existant/Gauche/Centre/Milieu/Droite/HG/HC/HD/
MG/MC/MD/BG/BC/BD] <Existant>:
```

➲ Choisissez l'option **Existant** (on conserve la justification).

Les options suivantes sont affichées :

```
Spécifiez la nouvelle hauteur du modèle ou
[Hauteur papier/Correspondance objet/Facteur échelle] <10>:
```

Utilisez les options suivantes :

Hauteur papier : permet une mise à l'échelle de la hauteur de texte en fonction d'une propriété annotative. Cette option est valable uniquement pour les objets annotatifs.

Correspondance objet : permet un redimensionnement des objets textes de façon à ce que ceux-ci adoptent la taille d'un texte sélectionné.

Facteur d'échelle : permet de redimensionner des objets textes selon un facteur d'échelle, ou en fonction d'une longueur de référence et d'une nouvelle longueur de référence (option **Référence**).

3. Justifier les textes par lot sans déplacement

AutoCAD permet de changer la justification d'un ensemble de textes sans modifier l'emplacement du texte. Ceci est très pratique lorsque le texte est, par exemple, calé dans une cellule ou une structure de tableau ; le changement de justification conserve le positionnement précis des textes et évite toute redisposition manuelle.

➲ Déroulez le groupe de fonctions **Texte** (onglet **Annoter**), cliquez sur l'icône **Justifier** .

Au message ci-dessous, sélectionnez les objets et validez la sélection par [Entrée].

```
Choix des objets :
```

Le message ci-dessous est affiché :

```
Entrez une option de justification
JUSTIFIERTEXTE [Gauche/Aligner/AJuster/Centre/Milieu/Droite
/HG/HC/HD/MG/MC/MD/BG/BC/BD] <Gauche>:
```

➲ À l'aide d'un clic droit, choisissez la nouvelle justification des textes.

Z. Édition de hachurage

Cette commande permet de modifier le motif d'un hachurage existant.

➲ Déroulez le groupe de fonctions **Modification** (onglet **Début**), cliquez sur l'icône **Modifier les hachures** .

Au message ci-dessous, sélectionnez une hachure et validez la sélection par [Entrée].

```
Sélectionnez un objet de hachures :
```

La boîte de dialogue ci-dessous est affichée :

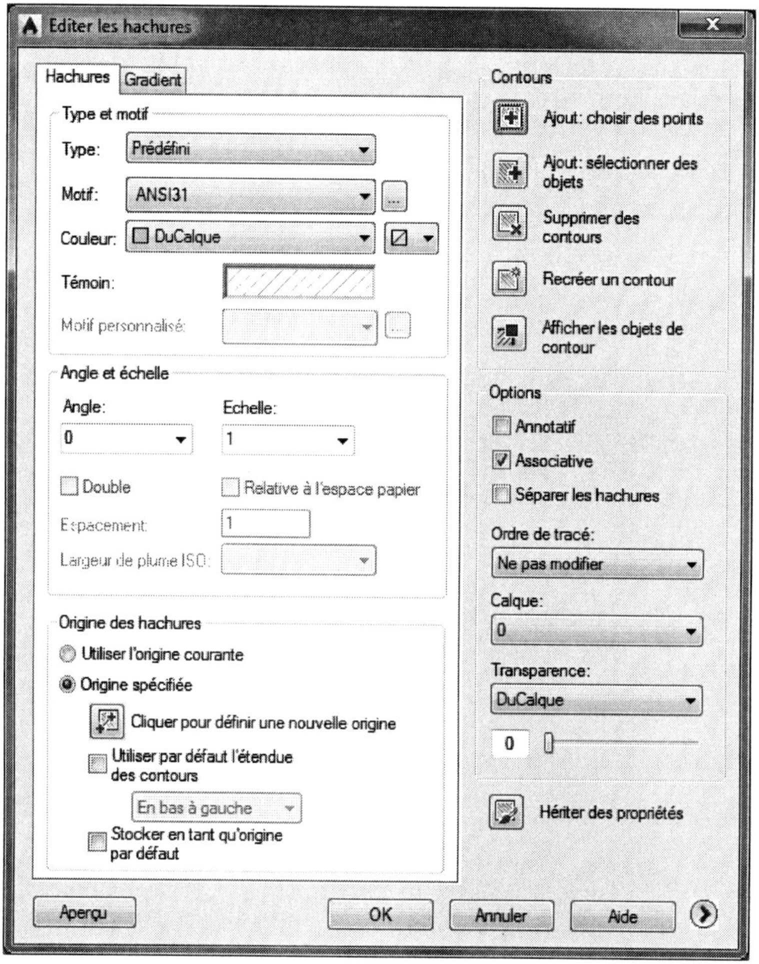

Vous interchangez les motifs prédéfinis, utilisateur ou personnalisés, et en fonction du motif, de l'échelle, de l'angle ou de l'espacement, vous ajoutez des objets ou supprimez des contours. Vous pouvez hériter d'un motif de hachurage du dessin. Vous pouvez modifier l'ordre de tracé et l'origine des hachures. Vous pouvez utiliser l'aperçu pour visualiser les modifications.

Remarque

*Une technique très simple consiste à sélectionner le motif de hachures et en modifier les paramètres dans l'onglet contextuel **Editeur de hachures** ci-dessous :*

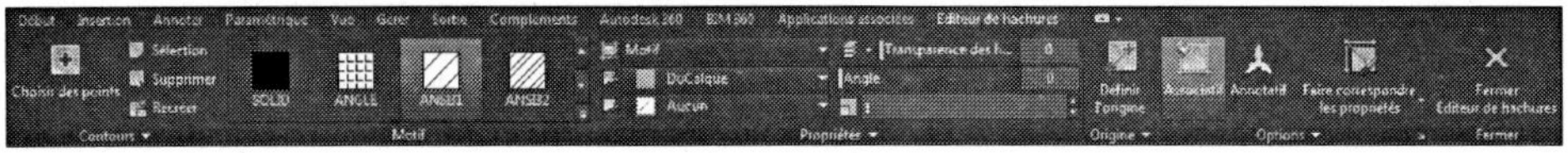

Remarque

*La fenêtre **Propriétés** permet également d'éditer un motif de hachure. En effet, vous pouvez intervenir sur le motif, l'échelle, l'orientation, le hachurage double, les options avancées...*

Chapitre 7
Le dessin paramétrique

A. Généralités

Le principe du *dessin paramétrique* consiste à associer des contraintes à la géométrie 2D, de façon à faire évoluer le dessin selon des règles géométriques et dimensionnelles logiques.

Ainsi un dessin évolue de façon cohérente en conservant des contraintes de perpendicularité, de tangence, d'angle précédemment appliquées à la géométrie. Une simple modification dimensionnelle peut, par exemple, provoquer une cascade de changements sur le même dessin.

Le dessin paramétrique permet aussi d'établir, à partir d'une même base, toute une gamme de variantes de dessins.

Il existe deux types de contraintes :

- Les *contraintes géométriques* qui contrôlent les relations géométriques entre les objets (parallélisme, perpendicularité, colinéarité, concentricité, tangence, etc.).
- Les *contraintes dimensionnelles* qui contrôlent la distance, la longueur, l'angle et les valeurs de rayon des objets.

La géométrie évolue selon les restrictions que vous lui appliquez. Ainsi, certains segments demeurent parallèles, d'autres perpendiculaires, un arc demeure tangent à un segment droit ou courbe, des cercles sont concentriques, etc. Il s'agit ici des contraintes géométriques.

Les contraintes dimensionnelles pilotent la géométrie. Si vous modifiez la valeur d'une contrainte dimensionnelle, toutes les contraintes appliquées à l'objet sont réévaluées et les objets concernés sont mis à jour automatiquement. Les contraintes dimensionnelles intègrent la notion de paramètres qui permet la mise en relation des dimensions entre elles. De cette façon, la longueur d'un segment peut par exemple être définie égale à la moitié de la longueur d'un autre segment, les angles peuvent être figés, les cercles peuvent être de mêmes rayons, etc.

Les contraintes permettent d'effectuer les opérations suivantes :

- Préserver les spécifications et exigences de conception par contrainte géométrique.
- Appliquer instantanément plusieurs contraintes géométriques aux objets.
- Inclure des formules et équations dans les contraintes dimensionnelles.
- Accélérer les modifications de conception par modification de la valeur d'une (ou de plusieurs) variable.

En règle générale, vous commencez par appliquer les contraintes géométriques au dessin, pour restreindre la forme. Puis vous associez les contraintes dimensionnelles qui définissent la taille des composantes du dessin.

L'illustration suivante affiche des contraintes géométriques et dimensionnelles à l'aide de la visibilité et du format par défaut.

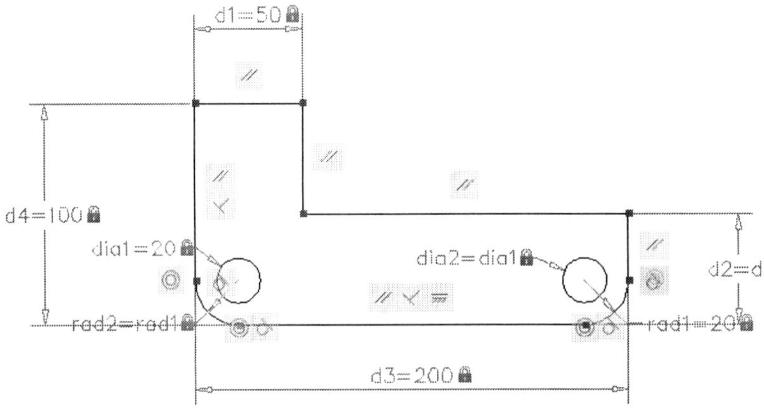

Une icône bleue est affichée lorsque vous déplacez le pointeur sur un objet auquel sont associées des contraintes. Voir ci-après :

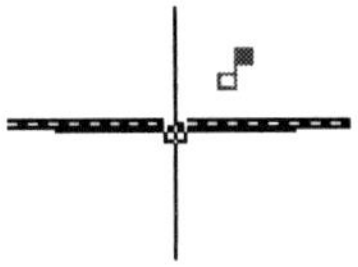

B. Les contraintes géométriques

Il existe deux méthodes de conception avec contraintes.

- Vous pouvez appliquer certaines contraintes, et utiliser un dessin sous-contraint pour effectuer les modifications au fur et à mesure que vous progressez, en utilisant les commandes d'édition, les poignées et en ajoutant ou en modifiant les contraintes.
- Vous pouvez aussi contraindre entièrement un dessin, puis contrôler la conception exclusivement en relâchant et en remplaçant les contraintes géométriques, et en changeant les valeurs des contraintes dimensionnelles.

Prenons l'exemple de la figure suivante. Vous avez ici dessiné des segments horizontaux et verticaux jointifs, sans les dimensionner précisément. Puis vous avez arrondi les deux parties inférieures, et placé deux cercles concentriques :

1. Appliquer plusieurs contraintes géométriques automatiquement

➲ Dans le groupe de fonctions **Géométrique** (onglet **Paramétrique**), choisissez l'icône **Contrainte auto** .

Le message ci-dessous s'affiche :

```
Choix des objets ou [paRamètres]:Spécifiez le coin opposé:
```

➲ Sélectionnez l'ensemble de la géométrie à contraindre et validez par [Entrée].

Le dessin affiche toutes les contraintes géométriques comme ci-dessous :

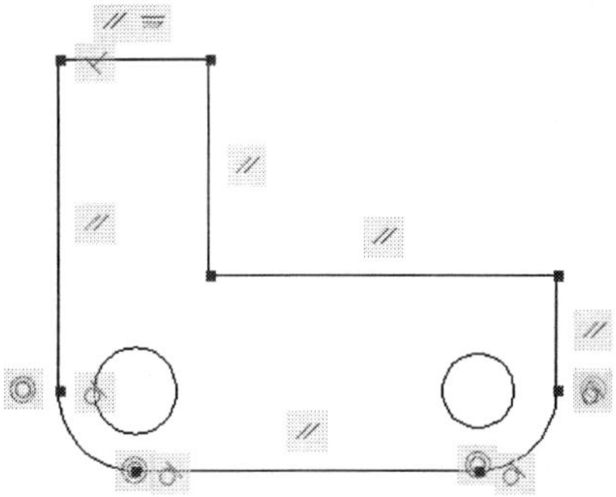

Horizontal  : indique que le segment (constitué des deux points de la ligne supérieure) est horizontal.

Parallèle : indique que le segment est parallèle à un autre segment.

➲ Déplacez le pointeur sur la contrainte pour constater la relation de parallélisme comme sur la figure ci-dessous. Les segments parallèles sont affichés en pointillés, et la contrainte apparaît sur fond bleu.

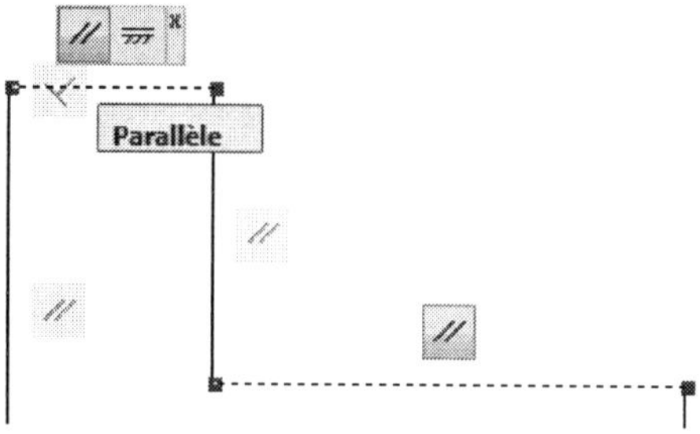

Perpendiculaire : indique que le segment (ligne ou polyligne) est perpendiculaire à un autre segment (orienté de 90° par rapport à cet autre segment).

➲ Déplacez le pointeur sur la contrainte pour constater la relation de perpendicularité comme sur la figure ci-dessous. Les segments perpendiculaires sont affichés en pointillés.

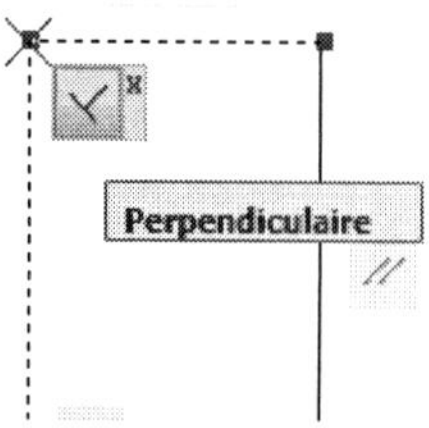

Concentrique : indique que l'arc et le cercle ont le même centre. Cette contrainte est valable aussi pour les ellipses.

➲ Déplacez le pointeur sur la contrainte pour constater la relation de concentricité entre l'arc et les cercles qui sont affichés en pointillés.

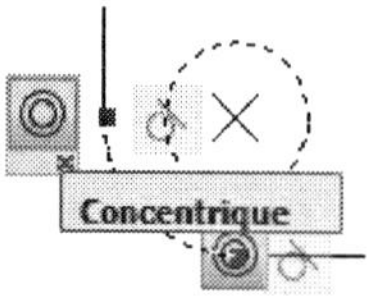

Tangente : indique que l'arc est tangent à la ligne (ou à son prolongement). Cette contrainte est valable pour les arcs, cercles, polylignes et ellipses.

➲ Déplacez le pointeur sur la contrainte pour constater la relation de Tangence entre l'arc et la ligne qui sont affichés en pointillés.

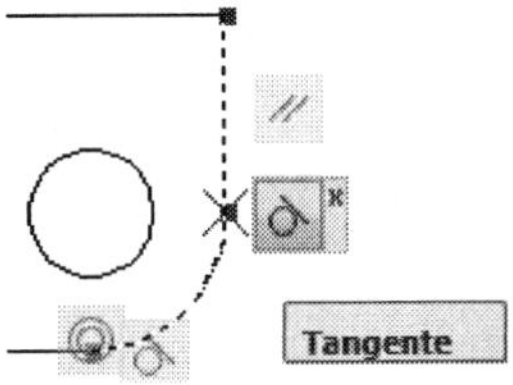

À ce stade, la géométrie étant contrainte, vous la modifiez (avec les poignées ou avec les commandes d'édition classiques) et constatez le respect des restrictions géométriques. Ainsi, vous pouvez modifier la taille de la géométrie (longueurs, rayons, etc.), mais toujours selon les contraintes d'horizontalité, parallélisme et perpendicularité précédentes.

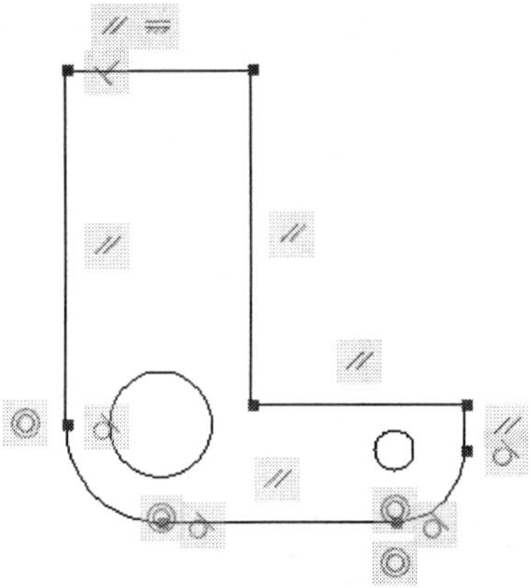

2. Appliquer des contraintes géométriques séparément

Le groupe de fonctions propose l'ensemble des contraintes géométriques applicables à la géométrie. Vous pouvez appliquer une contrainte une à une et ainsi faire évoluer les restrictions de la conception au fur et à mesure.

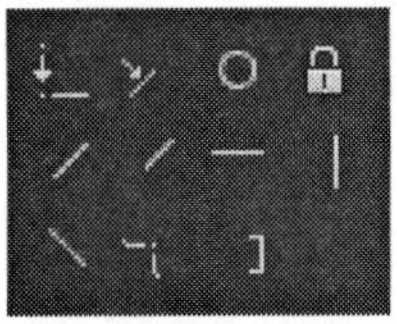

Dans la figure précédente, vous allez appliquer une contrainte d'égalité de rayon entre deux arcs et une contrainte d'égalité diamètre entre les deux cercles.

- Dans le groupe de fonctions **Géométrique** (onglet **Paramétrique**), choisissez l'icône **Egal** .
- Sélectionnez l'objet de référence puis l'objet qui adoptera le même rayon ou diamètre.

  Dans l'exemple, utilisez deux fois la commande pour les arcs puis pour les cercles pour obtenir la figure suivante :

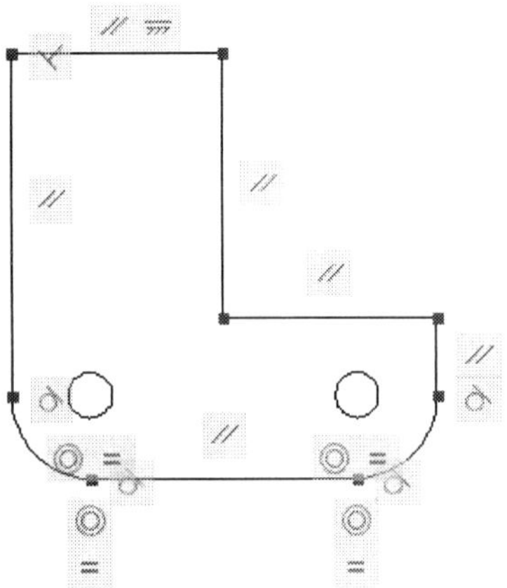

3. Définir un point fixe

Il est important de déterminer un point fixe à partir duquel la géométrie va évoluer. Au stade de la figure ci-dessus, vous pouvez déplacer le dessin. Or, il peut être nécessaire de bloquer un point particulier (ici le coin supérieur gauche par exemple) pour permettre à la géométrie d'évoluer naturellement d'un côté ou de l'autre de ce point.

- Dans le groupe de fonctions **Géométrique**, choisissez l'icône **Fixe** .
- Cliquez sur le segment supérieur à proximité de l'extrémité gauche.

Une marque rouge matérialise le point détecté .

➲ Vous obtenez la figure suivante (on note le symbole du cadenas précisant le point fixe) :

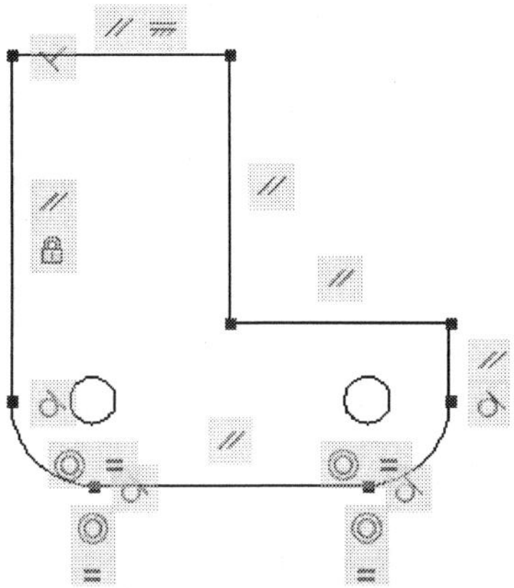

Toutes les contraintes suivantes sont applicables :

Vertical : contraint des lignes ou deux points de façon verticale (selon l'axe Y du système de coordonnées).

Horizontal : contraint des lignes ou deux points de façon horizontale (selon l'axe X du système de coordonnées).

Parallèle : contraint deux lignes à la même inclinaison.

Perpendiculaire : contraint deux segments de ligne ou polyligne selon une orientation de 90 degrés l'un par rapport à l'autre.

Tangente : contraint deux courbes entre elles (ou entre leur prolongement) de façon tangente à un point. Cette contrainte est valable pour les lignes (avec arc/cercle ou ellipse), arcs, cercles, polylignes et ellipses.

Doux : contraint une spline avec une autre spline (ou une ligne ou un arc) de manière à appliquer une continuité de tangence (de type G2) entre les deux courbes.

Symétrique : contraint deux objets de façon symétrique par rapport à un axe.

Egal : contraint deux lignes ou polylignes à la même longueur, ou des arcs et cercles au même rayon.

Coïncidence  : contraint deux points à coïncider ou un point sur un même point ou sur un objet (ou sur son prolongement). Le résultat varie selon le type d'objets : il est ainsi possible de faire coïncider le centre d'un arc ou d'un cercle avec une ligne. Le second point ou objet devient coïncident au premier point sélectionné.

Colinéaire  : contraint deux lignes sur la même droite. La seconde ligne sélectionnée devient colinéaire à la première.

Concentrique  : contraint deux arcs, cercles ou ellipses au même centre. Le second objet devient concentrique au premier.

Fixe  : détermine un point fixe (ou un objet) à partir duquel la géométrie va évoluer.

4. Supprimer une contrainte géométrique

Il est possible de supprimer une contrainte, pour faire évoluer la géométrie selon de nouveaux critères. En exemple, une ligne horizontale qui doit évoluer selon un nouvel angle, ou encore un cercle qui ne doit plus être concentrique à un autre cercle.

Il est souvent utile de supprimer une contrainte séparément.

- Sélectionnez la contrainte à supprimer en cliquant sur l'icône associée.
- Effectuez un clic droit et choisissez **Supprimer**.

Remarque

Vous pouvez appuyer sur la touche [Suppr].

5. Supprimer toutes les contraintes géométriques

Pour supprimer toutes les contraintes appliquées aux objets sélectionnés, utilisez la procédure suivante :

- Dans le groupe de fonctions **Gérer** (onglet **Paramétrique**), choisissez l'icône **Supprimer les contraintes** 
.
- Sélectionnez les objets pour lesquels vous souhaitez supprimer toutes les contraintes.

6. Afficher ou masquer les contraintes géométriques

Les contraintes sont affichées pour chaque objet sous la forme d'une barre de contraintes contenant une ou plusieurs icônes selon les contraintes appliquées à l'objet.

La barre des contraintes permet d'identifier rapidement les contraintes appliquées à chaque objet. Vous pouvez la déplacer en effectuant un cliqué-glissé. Vous pouvez aussi masquer toutes les contraintes et afficher les contraintes des objets sélectionnés.

a. Masquer toutes les contraintes

- Dans le groupe de fonctions **Géométrique** (onglet **Paramétrique**), choisissez l'icône 

.

b. Afficher les contraintes des objets sélectionnés

Il peut être très utile de limiter l'affichage des contraintes à un ou plusieurs objets. Ceci permet aussi un confort visuel.

- Dans le groupe de fonctions **Géométrique** (onglet **Paramétrique**), choisissez l'icône 

.

Le message suivant est affiché :

```
Choix des objets :
```

- Sélectionnez ensuite les objets pour lesquels vous souhaitez afficher les contraintes et validez par [Entrée].

La fenêtre de commande affiche le message ci-dessous :

```
Entrez une option [Afficher/Masquer]<Afficher>:
```

- Choisissez l'option **Afficher** pour afficher les contraintes des objets sélectionnés.

Remarque

À l'inverse, dans les options ci-dessus, le choix de l'option ***Masquer*** *permet de masquer les contraintes des objets sélectionnés.*

Vous obtenez un affichage similaire à la figure suivante :

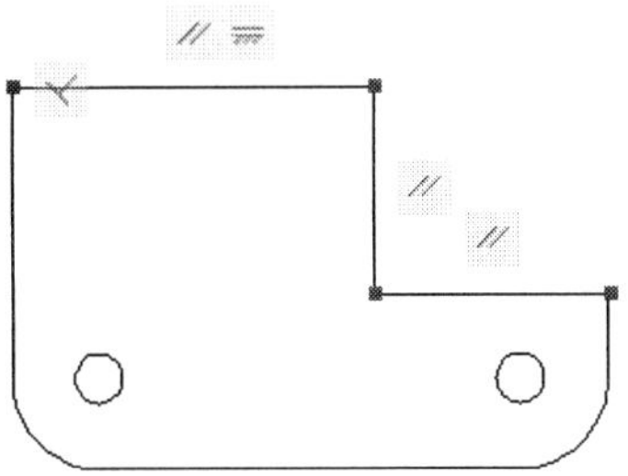

c. Afficher toutes les contraintes du dessin

➲ Dans le groupe de fonctions **Géométrique** (onglet **Paramétrique**), choisissez l'icône 

.

7. Gérer l'affichage des contraintes dans les barres des contraintes

➲ Pour paramétrer l'affichage des contraintes géométriques, cliquez sur la petite flèche **Paramètres de contrainte**  située à droite du groupe de fonctions **Géométrique**.

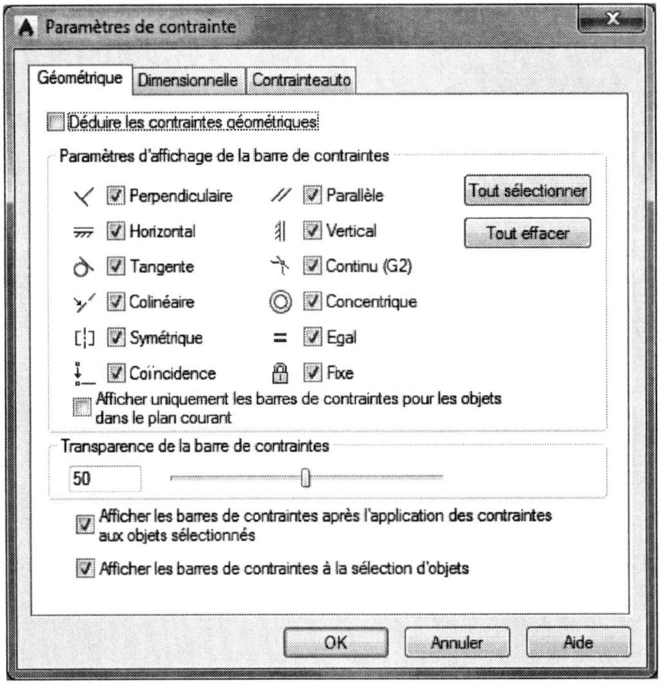

a. Onglet Géométrique

L'onglet **Géométrique** gère l'affichage des types de contrainte dans les barres de contraintes.

L'option **Déduire les contraintes géométriques** déduit les contraintes géométriques lors de la création et de la modification de la géométrie. La déduction de contrainte fonctionne conjointement avec l'accrochage aux objets et le repérage polaire. La déduction de contraintes est également activée ou désactivée à l'aide du bouton **Déduction de contraintes**  présent dans la barre d'état.

Bien que l'affichage des contraintes soit très utile, vous pourriez envisager de ne pas afficher les contraintes **Horizontal** et **Vertical** par exemple.

Rubrique Paramètres de la barre de contraintes

➲ Dans la liste, sélectionnez les contraintes à masquer dans la barre des contraintes.

Le bouton **Tout effacer** permet de désélectionner toutes les contraintes.

Le bouton **Tout sélectionner** permet de sélectionner toutes les contraintes.

La case à cocher **Afficher uniquement les barres de contraintes pour les objets dans le plan courant** permet de limiter l'affichage des contraintes aux objets du plan courant.

Rubrique Transparence de la barre de contraintes

Utilisez la règle pour modifier la transparence des contraintes.

La case à cocher **Afficher les barres de contraintes après l'application des contraintes aux objets sélectionnés** permet un affichage actualisé des contraintes appliquées une à une dans la barre des contraintes de l'objet concerné.

La case à cocher **Afficher les barres de contraintes à la sélection d'objets** permet l'affichage ponctuel des barres de contraintes lors de la sélection des objets.

b. Onglet Contrainteauto

L'onglet **Contrainteauto** contrôle les contraintes appliquées à un jeu de sélection et l'ordre dans lequel elles sont appliquées.

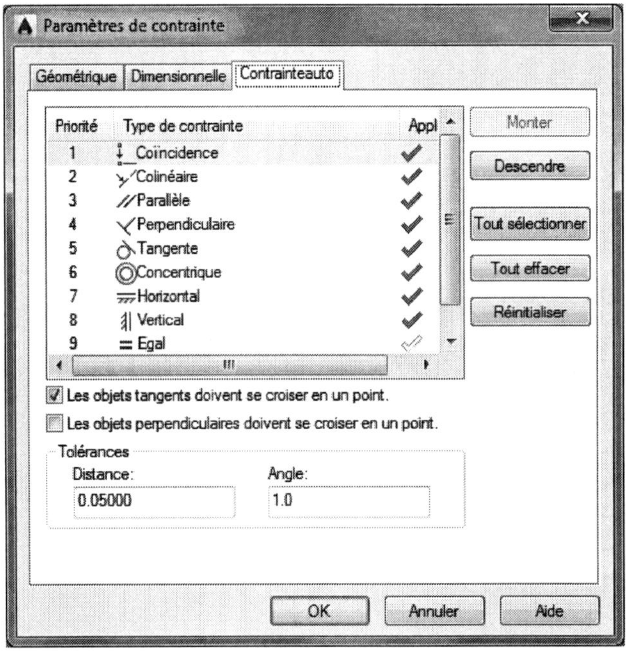

Il est conseillé de ne pas modifier les priorités, le type et l'application des contraintes pour une utilisation optimale des contraintes.

Il est toutefois possible de modifier l'ordre d'application des contraintes grâce aux boutons **Descendre** et **Monter**.

La colonne **Priorité** affiche l'ordre d'application des contraintes.

Dans la colonne **Appliquer**, il est possible de ne pas appliquer certaines contraintes en désactivant la coche verte en face de la contrainte à désactiver. Le bouton **Tout effacer** désélectionne l'ensemble des contraintes, et le bouton **Tout sélectionner** active la sélection de l'ensemble des contraintes.

La case à cocher **Les objets tangents doivent se croiser en un point** permet l'application de la contrainte de tangence à deux courbes qui partagent un point. Ainsi selon la distance de tolérance spécifiée, une contrainte de tangence sera appliquée à un arc et une ligne qui ont des extrémités proches pour obtenir au final deux objets jointifs (extrémités coïncidentes) et tangents.

La case à cocher **Les objets perpendiculaires doivent se croiser en un point** spécifie que les lignes doivent se couper ou l'extrémité d'une ligne doit être coïncidente avec l'autre ligne ou avec l'extrémité de l'autre ligne, tel que spécifié dans la tolérance de distance.

Rubrique Tolérances

Définit les valeurs de tolérance acceptables qui déterminent si une contrainte est appliquée.

Distance : tolérance de distance déterminant l'application des contraintes.

Angle : tolérance d'angle déterminant l'application des contraintes.

Les contraintes de coïncidence sont placées aux extrémités de lignes sécantes pour fermer un contour par exemple. Ceci est possible grâce à la tolérance de Distance. De la même façon une contrainte d'horizontalité sera automatiquement appliquée aux lignes d'une orientation inférieure à 1 degré (tolérance d'angle par défaut).

C. Les contraintes dimensionnelles

Les contraintes dimensionnelles contrôlent la taille et les proportions d'une conception. Vous dimensionnez ainsi :

- La distance entre les objets, ou entre des points sur des objets.
- L'angle entre les objets, ou entre des points sur des objets.
- Le rayon ou le diamètre des arcs et cercles.

Les contraintes dimensionnelles pilotent la géométrie, contrairement aux cotes traditionnelles.

Si vous modifiez la valeur d'une contrainte dimensionnelle, toutes les contraintes appliquées à l'objet sont réévaluées et les objets concernés sont mis à jour automatiquement. Les contraintes dimensionnelles intègrent la notion de paramètres qui permet la mise en relation des dimensions entre elles. De cette façon, la longueur d'un segment peut, par exemple, être définie égale à la moitié de la longueur d'un autre segment, les angles peuvent être figés, les cercles peuvent être de mêmes rayons, etc.

1. Appliquer des contraintes dimensionnelles

Remarque

Il peut être utile de masquer les contraintes géométriques pour plus de confort visuel, tel que sur la figure en exemple ci-dessous :

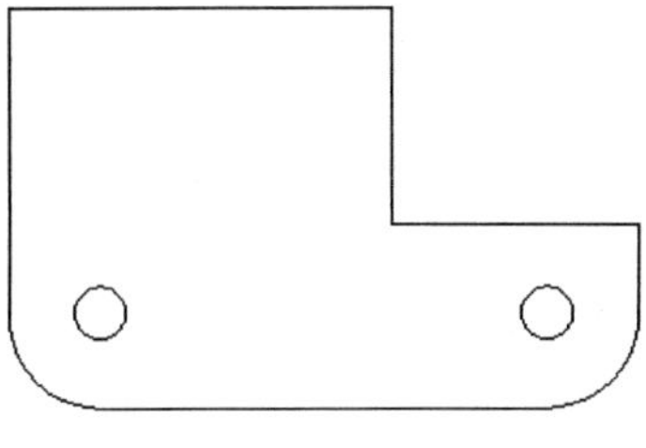

a. Linéaire

La contrainte linéaire permet de dimensionner une ligne (fictive ou réelle) matérialisée par deux points. Elle permet la mise en place d'une contrainte verticale ou horizontale.

Contrairement aux contraintes **Horizontal** et **Vertical** qui imposent respectivement la mise en place de contrainte horizontale et verticale, la contrainte **Linéaire** permet la mise en place de contraintes horizontale ou verticale.

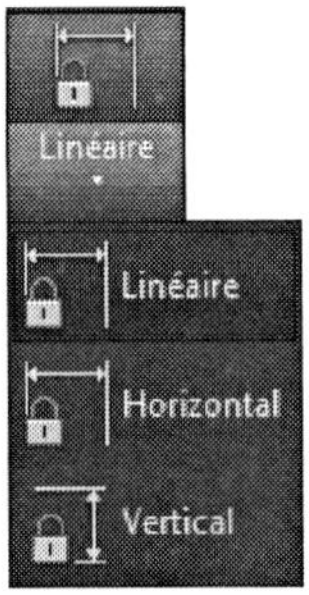

Dans l'exemple précédent, vous allez appliquer une contrainte dimensionnelle linéaire pour dimensionner le segment horizontal supérieur.

➲ Dans le groupe de fonctions **Dimensionnelle**, choisissez l'icône **Linéaire** .

Vous devez obligatoirement préciser deux points.

La fenêtre de commande affiche le message ci-dessous :

```
Spécifiez le premier point de contrainte ou [Objet] <Objet>:
```

➲ Placez le pointeur à proximité de l'extrémité gauche de la ligne supérieure.

AutoCAD affiche un marqueur rouge identifiant le point repéré :

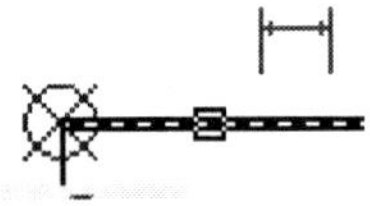

➲ Cliquez pour préciser l'extrémité gauche de la ligne supérieure.

Le message ci-dessous est affiché :

```
Spécifiez le second point de contrainte:
```

➲ Cliquez pour préciser l'extrémité droite.

```
Spécifiez l'emplacement de la ligne de cote:
```

- Au message ci-dessus, positionnez ensuite la ligne de cote de la contrainte, comme sur la figure ci-dessous :

À ce stade, AutoCAD affiche l'équation qui intègre la variable et la valeur calculée (ex : d5=61.3581).

- Saisissez la valeur de la contrainte dimensionnelle (par exemple la valeur **60**) et validez par [Entrée].

La géométrie évolue automatiquement, en respectant les contraintes géométriques précédemment appliquées, et à partir du point fixe.

La figure présente désormais l'affichage de la contrainte dimensionnelle suivante :

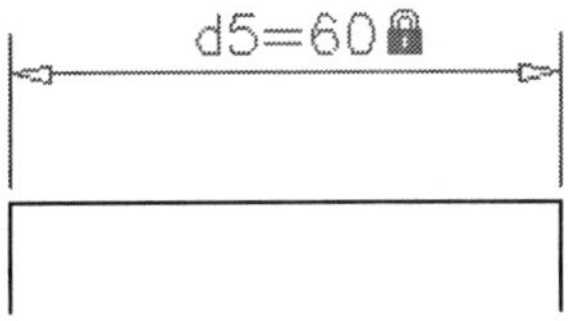

Procédez de la manière suivante pour placer une nouvelle contrainte linéaire pour dimensionner la hauteur du dessin (sur la gauche). Notez que la même commande Linéaire permet de placer une contrainte verticale ou horizontale.

- Dans le groupe de fonctions **Dimensionnelle**, choisissez l'icône **Linéaire**.

La fenêtre de commande affiche le message ci-dessous :

```
Spécifiez le premier point de contrainte ou [Objet] <Objet>:
```

- Cliquez l'extrémité supérieure de la ligne verticale gauche pour préciser le premier point.

Le message ci-dessous est affiché :

```
Spécifiez le second point de contrainte:
```

- Cliquez l'extrémité gauche de la ligne horizontale (point de tangence avec l'arc) pour préciser le second point.

Le message ci-dessous est affiché :

```
Spécifiez l'emplacement de la ligne de cote:
```

➲ Positionnez ensuite la ligne de cote de la contrainte, sur la partie gauche du dessin, et saisissez la valeur **80**.

La géométrie évolue pour un résultat semblable à la figure suivante :

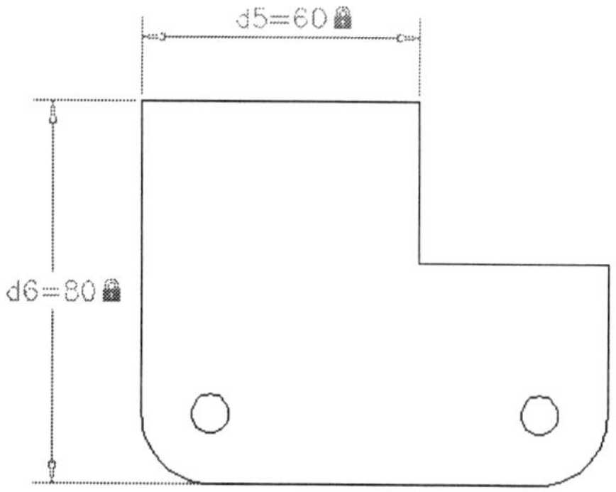

➲ Appliquez de la même manière les deux contraintes linéaires pour obtenir la figure suivante :

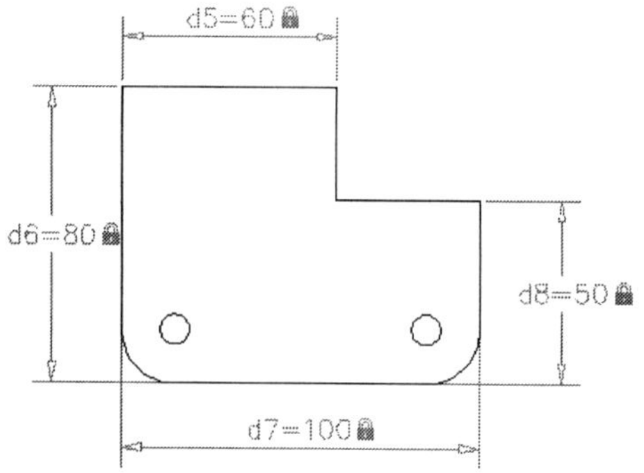

b. Radial

La contrainte dimensionnelle radiale permet de dimensionner le rayon d'un cercle, d'un arc ou d'un segment d'arc de polyligne.

Dans l'exemple précédent, vous allez placer une contrainte de rayon sur l'arc de gauche.

➲ Dans le groupe de fonctions **Dimensionnelle**, choisissez l'icône **Rayon** .

Le message ci-dessous est affiché :

```
Sélectionnez l'arc ou le cercle:
```

➲ Sélectionnez l'arc de gauche.

Le message ci-dessous est affiché :

```
Spécifiez l'emplacement de la ligne de cote:
```

➲ Positionnez la ligne de cote de la contrainte, saisissez la valeur **20**, et validez par [Entrée].

La géométrie évolue pour un résultat similaire à la figure suivante. Notez l'égalité automatique de rayon entre l'arc de gauche et celui de droite (en effet, vous avez précédemment placé une contrainte géométrique **Egal** pour préciser le même rayon entre les deux arcs).

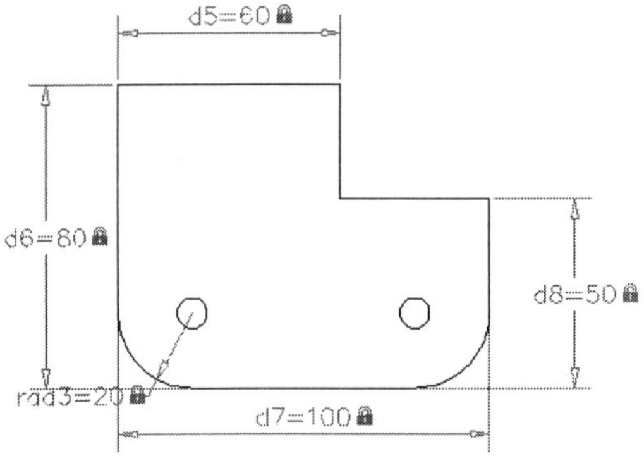

c. Diamètre

La contrainte dimensionnelle diamètre permet de dimensionner le diamètre d'un cercle, d'un arc ou d'un segment d'arc de polyligne.

➲ Dans le groupe de fonctions **Dimensionnelle**, choisissez l'icône **Diamètre** .

Le message ci-dessous est affiché :

```
Sélectionnez l'arc ou le cercle:
```

➲ Sélectionnez le cercle de droite.

Le message ci-dessous est affiché :

```
Spécifiez l'emplacement de la ligne de cote:
```

➲ Positionnez la ligne de cote de la contrainte, saisissez la valeur **12**, et validez par [Entrée].

La géométrie évolue pour un résultat similaire à la figure ci-dessous. Notez l'égalité automatique de diamètre entre les deux cercles (en effet, vous avez précédemment placé une contrainte géométrique **Egal** pour préciser le même diamètre entre les deux cercles).

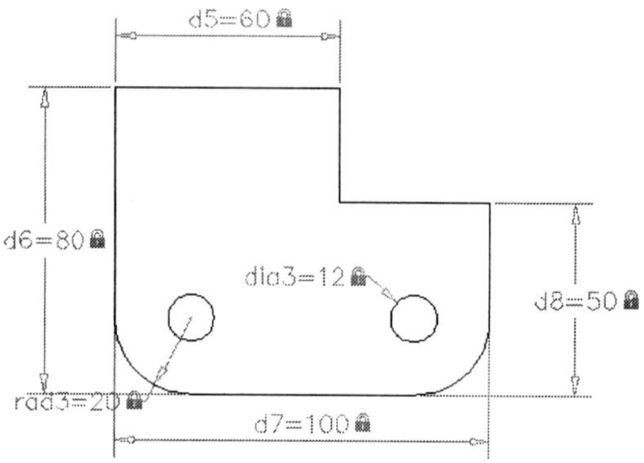

Dans l'exemple ci-dessus, une contrainte dimensionnelle supplémentaire n'est pas nécessaire. En effet, les rayons des arcs sont égaux, les diamètres des cercles sont égaux également, et les cercles sont concentriques aux arcs.

Si vous placez une contrainte dimensionnelle horizontale supplémentaire dans le prolongement de la valeur 60 par exemple, AutoCAD indique la surcontrainte en affichant le message suivant :

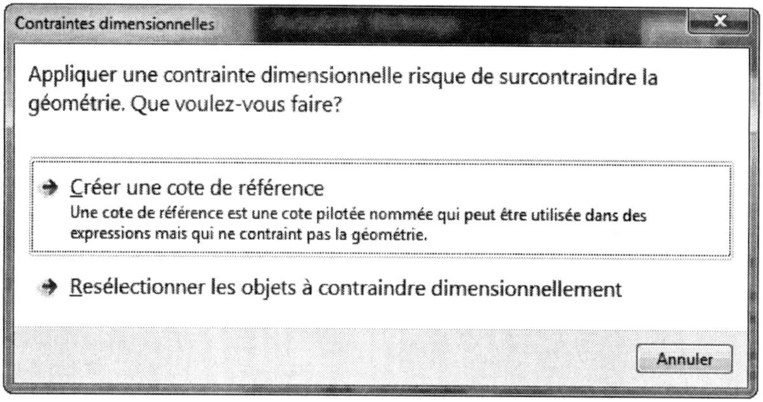

Choisissez **Annuler** pour quitter l'opération.

L'option **Créer une cote de référence** positionne une cote de référence. Les cotes de référence ne pilotent pas la géométrique, mais donnent une information de dimensionnement affichée entre parenthèses comme dans la figure ci-dessous :

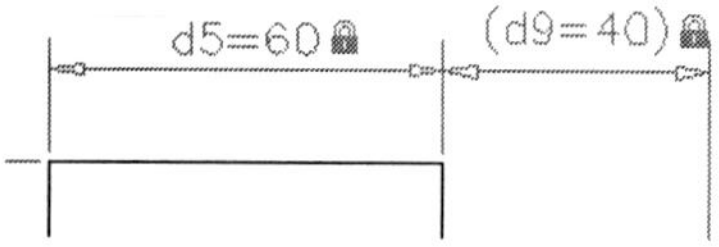

d. Angulaire

La contrainte **Angulaire** permet de dimensionner l'angle entre deux segments réels, ou selon trois points (deux segments fictifs), permet de dimensionner l'angle décrit par un arc.

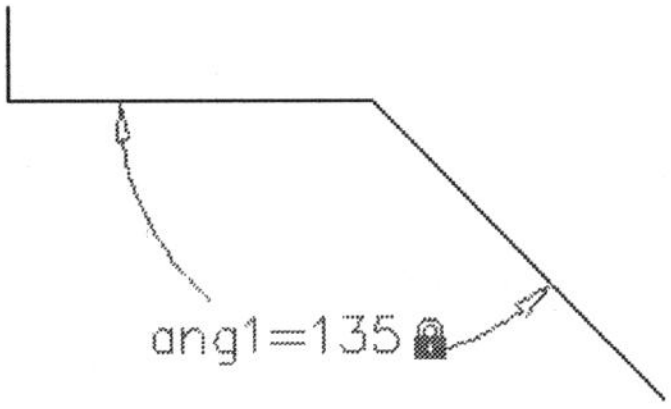

➲ Dans le groupe de fonctions **Dimensionnelle**, choisissez l'icône **Angulaire** .

AutoCAD affiche le message suivant :

```
Sélectionnez la première ligne ou l'arc ou [3Point] <3Point>:
```

Pour dimensionner deux lignes, sélectionnez directement la première ligne puis AutoCAD vous invite à sélectionner la seconde. Pour dimensionner deux lignes fictives par trois points, choisissez l'option **3Point**.

Pour dimensionner un arc, sélectionnez directement l'arc.

➲ Positionnez ensuite la ligne de cote de la contrainte, saisissez la valeur selon la contrainte d'angle souhaitée, et validez par [Entrée].

e. Alignée

La contrainte **Alignée** dimensionne un segment réel ou fictif (défini par deux points) selon l'orientation définie par ce segment.

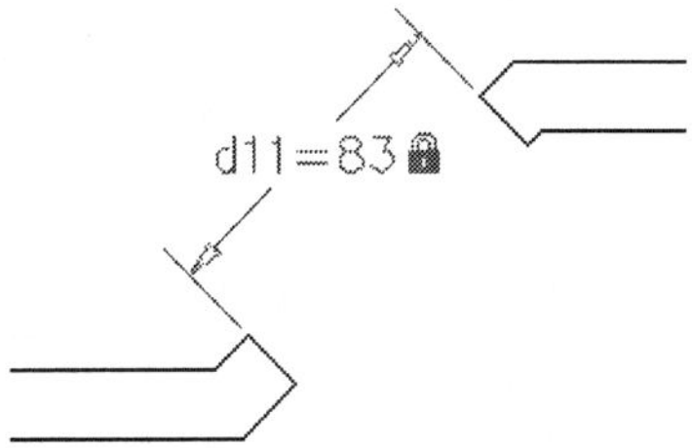

➲ Dans le groupe de fonctions **Dimensionnelle**, cliquez sur l'icône **Alignée** 
.

Le message ci-dessous est affiché :

```
Spécifiez le premier point de contrainte ou
[Objet/Point & ligne/2Lignes] <Objet>:
```

- Précisez le premier point de la géométrie à coter.
  Le message ci-dessous est affiché :

```
Spécifiez le second point de contrainte:
```

- Précisez le second point de la géométrie à coter.
  Le message ci-dessous est affiché :

```
Spécifiez l'emplacement de la ligne de cote:
```

- Positionnez la ligne de cote, saisissez la valeur et validez par [Entrée].

f. Convertir des cotes en contraintes dimensionnelles

Vous pouvez transformer des cotes AutoCAD classiques en contraintes dimensionnelles. Ceci peut s'avérer très intéressant lorsque vous ouvrez un dessin qui provient de versions d'AutoCAD antérieures, ou que vous exploitez un dessin qui n'a pas été conçu de façon paramétrique.

Pour effectuer à la conversion, procédez comme suit :

- Dans le groupe de fonctions **Dimensionnelle**, cliquez sur l'icône **Convertir** .
  Le message ci-dessous est affiché :

```
Sélectionnez les cotes associatives à convertir:
```

- Sélectionnez la ou les cotes à convertir et validez par [Entrée].

2. Utiliser les variables

a. Principe

Lors de la mise en place des contraintes dimensionnelles, AutoCAD affiche par défaut le nom et l'expression comme sur la figure ci-dessous (cf. Les contraintes dimensionnelles - Modifier l'affichage des contraintes dimensionnelles de ce chapitre) :

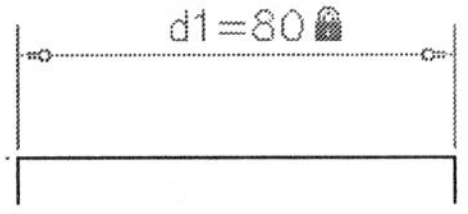

La variable sous la forme *d1* tient compte de l'ordre de mise en place de chaque contrainte dimensionnelle. Ainsi, la première contrainte dimensionnelle (linéaire) se nomme automatiquement d1, la seconde d2, la suivante d3, etc.

Les variables sont appliquées selon les règles suivantes :

– Le nom **d1** est appliqué pour les contraintes linéaires (d = distance).
– Le nom **rad2** est appliqué pour les contraintes radiales (rad = radius ou rayon).

- Le nom **dia3** est appliqué pour les contraintes de diamètre (dia = diamètre).
- Le nom **ang4** est appliqué pour les contraintes angulaires (ang = angle).

b. Créer une expression simple

AutoCAD permet d'écrire des expressions qui mettent en relation plusieurs variables. Vous pouvez créer une expression de différentes façons :

- Lors de la création de la contrainte dimensionnelle.
- En éditant une contrainte dimensionnelle existante.
- Via la palette **Propriétés** ou **Propriétés rapides**.
- Via le **Gestionnaire des paramètres**.

Quel que soit le cas de figure, procédez de manière identique pour écrire l'expression.

Prenons le cas de l'édition d'une contrainte dimensionnelle.

➲ Effectuez un double clic sur la contrainte dimensionnelle pour l'éditer.

AutoCAD présente l'affichage suivant :

➲ Saisissez directement l'expression (exemple : **d4/2**). L'affichage de l'expression devient :

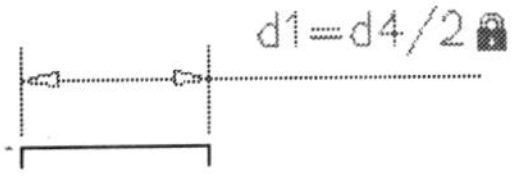

Vous contrôlez ainsi la géométrie à l'aide d'expressions mathématiques qui utilisent les opérateurs suivants :

Opérateur	Description
+	Addition
-	Soustraction ou opérateur de négation
%	Coefficient décimal
*	Multiplication
/	Division
^	Élévation à une puissance
( )	Parenthèse, délimiteur d'expression
.	Séparateur décimal

Les expressions sont interprétées en fonction des règles de priorité mathématiques standard suivantes :

- Les expressions entre parenthèses en premier, en commençant par le jeu le plus à l'intérieur.
- Les opérateurs dans l'ordre standard : la négation en premier, puis les exposants, la multiplication et la division, puis en dernier l'addition et la soustraction.

Une contrainte peut donc afficher l'expression suivante :

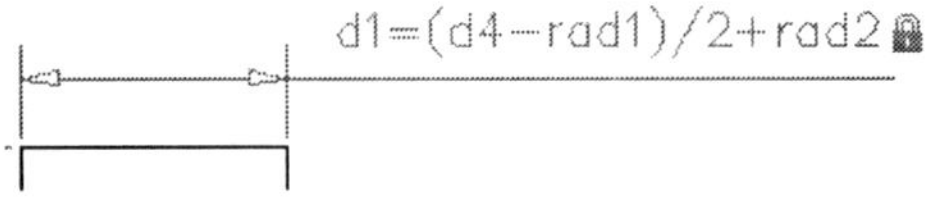

Les expressions prennent également en charge les fonctions mathématiques suivantes :

Fonction	Syntaxe
Cosinus	cos(*expression*)
Sinus	sin(*expression*)
Tangente	tan(*expression*)
Cosinus d'arc	acos(*expression*)
Sinus d'arc	asin(*expression*)
Tangente d'arc	atan(*expression*)
Cosinus hyperbolique	cosh(*expression*)
Sinus hyperbolique	sinh(*expression*)
Tangente hyperbolique	tanh(*expression*)
Cosinus hyperbolique d'arc	acosh(*expression*)
Sinus hyperbolique d'arc	asinh(*expression*)
Tangente hyperbolique d'arc	atanh(*expression*)
Racine carrée	sqrt(*expression*)
Fonctions des signes (-1,0,1)	sign(*expression*)
Arrondi à l'entier le plus proche	round(*expression*)
Décimale tronquée	trunc(*expression*)
Arrondi inférieur	floor(*expression*)
Arrondi supérieur	ceil(*expression*)
Valeur absolue	abs(*expression*)
Élément le plus important du réseau	max(*expression1*;*expression2*)

Fonction	Syntaxe
Élément le plus petit du réseau	min(*expression1;expression2*)
Degrés en radians	d2r(*expression*)
Radians en degrés	r2d(*expression*)
Logarithme, base e	ln(*expression*)
Logarithme, base 10	log(*expression*)
Exposant, base e	exp(*expression*)
Exposant, base 10	exp10(*expression*)
Fonction des puissances	pow(*expression1;expression2*)
Décimale aléatoire, 0-1	Aléatoire

Outre ces fonctions, les constantes Pi et e peuvent également être utilisées dans les expressions.

c. Créer des variables utilisateur

Les expressions mathématiques incluent les noms des contraintes dimensionnelles, des variables utilisateur et des fonctions.

AutoCAD permet de personnaliser chaque nom de variable (variables utilisateur), et permet de créer de nouvelles variables utilisateur. De cette façon, les variables adoptent des noms plus explicites tels que Longueur, Hauteur, Epaisseur, Axe1, Angle2, etc.

Les variables personnalisées facilitent la lecture des expressions qui devient plus aisée et plus explicite. Ainsi, l'expression *d1 = d3 - d2* devient *Hauteur = Longueur – Epaisseur*.

➲ Dans le groupe de fonctions **Gérer**, choisissez l'icône **Gestionnaire des paramètres**.

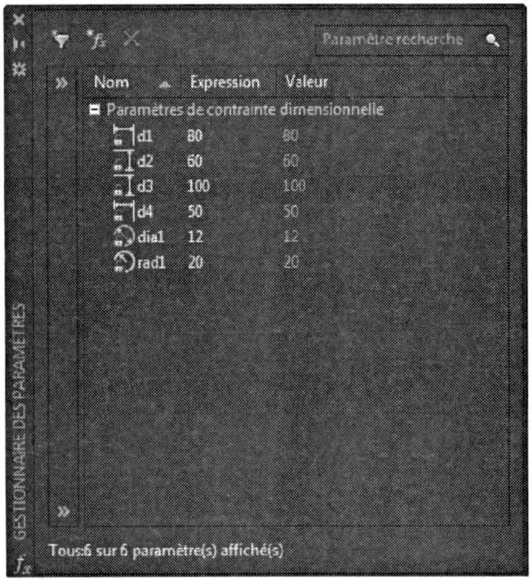

La palette **Gestionnaire des paramètres** affiche les variables utilisées dans le dessin.

La colonne **Nom** intègre les noms de paramètres par défaut.

La colonne **Expression** présente la formule mathématique (ou valeur si formule inexistante).

La colonne **Valeur** affiche les valeurs calculées.

Utilisez le bouton **Créer un groupe de paramètres**  pour obtenir l'affichage ci-dessous :

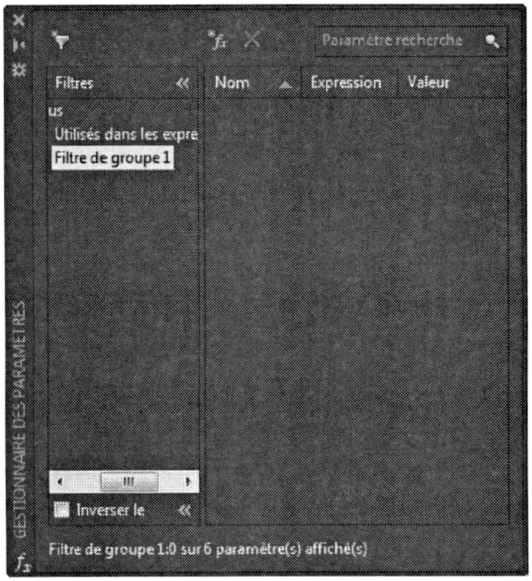

Le panneau gauche de la palette affiche une liste arborescente de filtres.

Vous pouvez ici créer des groupes de filtres personnalisés, en glissant les paramètres dans ces groupes. Ainsi, un groupe Longueurs peut regrouper tous les paramètres concernant des paramètres de longueur.

La case à cocher **Inverser le filtre** affiche tous les paramètres qui n'appartiennent pas au groupe.

Le panneau **Filtres** propose les options ci-dessous :

Tous : affiche toutes les variables. Aucun filtre n'est appliqué.

Utilisés dans les expressions : affiche toutes les variables contenant des expressions d'évaluation de valeurs ainsi que les variables contenues dans ces expressions.

Filtre de groupe personnalisé : affiche tous les paramètres ajoutés (glissés) dans le groupe de paramètres défini.

Utilisez la zone **Paramètres de recherche** pour procéder à une recherche de paramètres par nom.

Remarque

*La sélection d'un paramètre dans le **Gestionnaire des paramètres** permet la mise en surbrillance de l'objet concerné dans la zone graphique.*

d. Personnaliser chaque nom de variable

- Dans la palette **Gestionnaire des paramètres**, effectuez un double clic sur le nom de la variable à renommer (ex : **d1**).
- Saisissez le nom de paramètre personnalisé (ex : **Epaisseur**), et validez par [Entrée].
- Procédez de la même façon pour chaque paramètre existant.

Remarque

Le nom ne doit pas commencer par un chiffre, n'inclut pas d'espace et autorise 256 caractères.

Les noms de variables sont automatiquement affichés dans les expressions du dessin.

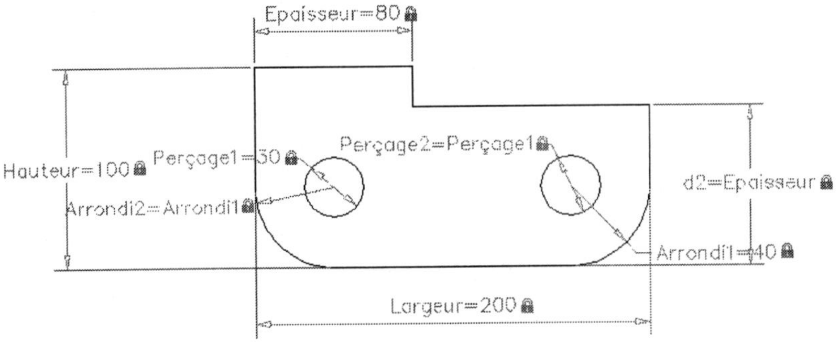

La palette **Gestionnaire des paramètres** affiche désormais les variables utilisées dans le dessin.

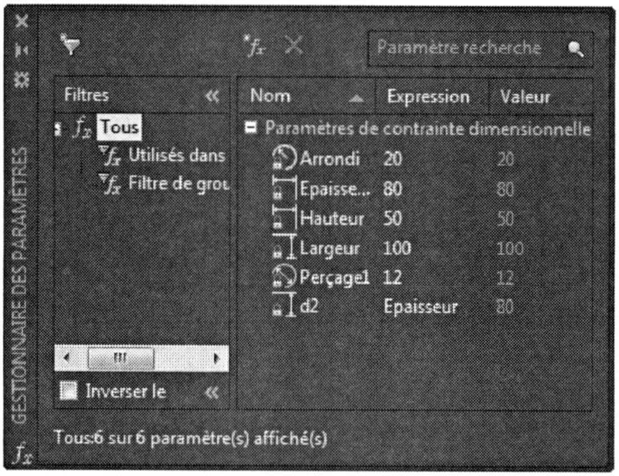

e. Créer une variable utilisateur (ou paramètre utilisateur)

Outre les variables personnalisées, vous pouvez créer des paramètres qui ne correspondent pas à des contraintes dimensionnelles réelles, mais qui servent de référence dans les formules et expressions.

En exemple, les variables Largeur et Hauteur sont contrôlées par les paramètres Largeur_bati et Hauteur_bati (Largeur = Largeur_bâti * 0.9) :

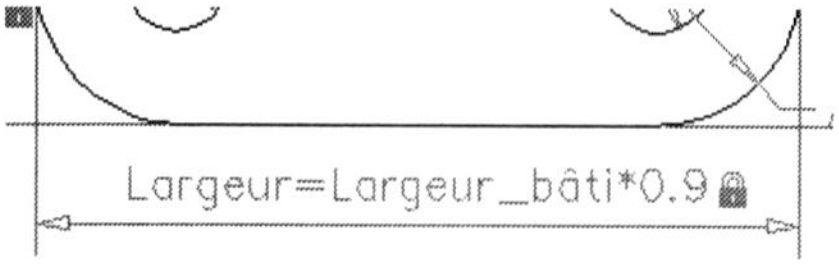

➲ Dans la palette **Gestionnaire des paramètres**, cliquez sur le bouton **Créer un paramètre utilisateur** .

AutoCAD affiche le nom provisoire de paramètre (user1) dans la rubrique **Variables utilisateur** de la palette **Gestionnaire des paramètres**.

➲ Saisissez le nom du nouveau paramètre utilisateur (ex : **Largeur_bâti**) et cliquez sur la colonne **Expression** correspondante pour saisir la valeur (ex : **240**) ou la formule désirée. Validez par [Entrée].

Dans l'exemple ci-dessous, le gestionnaire des paramètres affiche deux paramètres ou variables utilisateur :

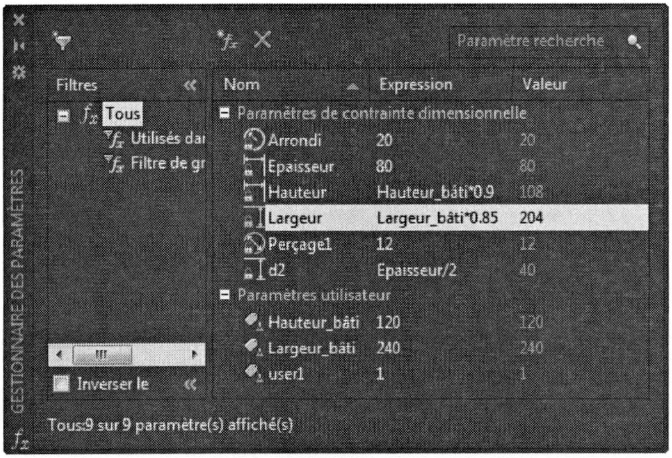

Notez ci-dessus, l'utilisation des paramètres utilisateur dans les expressions utilisées pour les variables **Largeur** et **Hauteur**.

- Pour supprimer une variable, utilisez le bouton **Supprimer les paramètres sélectionnés** dans le **Gestionnaire des paramètres**.
- Pour supprimer plusieurs paramètres, sélectionnez les paramètres à l'aide des touches [Shift] ou [Ctrl], et utilisez le bouton **Supprimer les paramètres sélectionnés** dans le **Gestionnaire des paramètres**.

f. Créer une expression qui utilise les variables utilisateur

Vous pouvez créer une expression qui utilise les variables utilisateur de différentes façons :

- Lors de la création de la contrainte dimensionnelle.
- En éditant une contrainte dimensionnelle existante.
- Via la palette **Propriétés** ou **Propriétés rapides**.
- Via le **Gestionnaire des paramètres**.

Bien que la saisie de l'expression complète (dont les paramètres) puisse s'envisager, préférez le gestionnaire des paramètres qui permet de coller les noms de paramètres dans une expression.

- Dans la palette **Gestionnaire des paramètres**, effectuez un double clic sur l'expression, au regard de la variable concernée.

- Saisissez la formule et les opérateurs mathématiques. Plutôt qu'une ressaisie des paramètres utilisateur, utilisez le copié-collé depuis la rubrique **Variables utilisateur** pour coller les noms de paramètres à inclure dans l'expression. Validez par [Entrée] lorsque la formule est finalisée.

  Dans l'exemple ci-dessous, l'expression de la variable hauteur est : Hauteur_bâti * 0.85 :

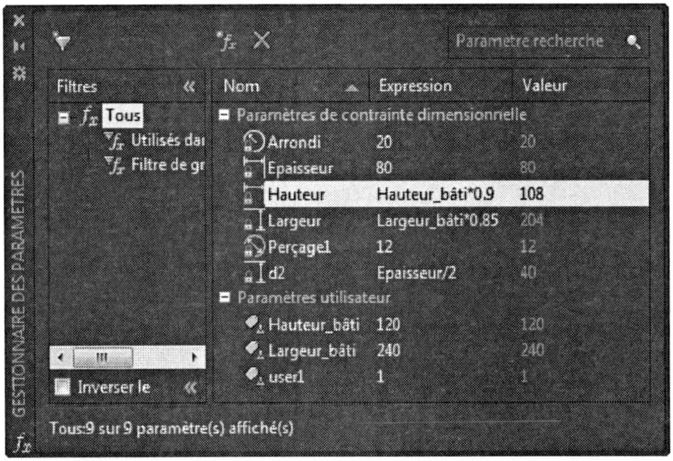

3. Modifier l'affichage des contraintes dimensionnelles

AutoCAD permet trois types d'affichage pour les contraintes dimensionnelles :

La valeur : la dimension est affichée comme pour une cote classique.

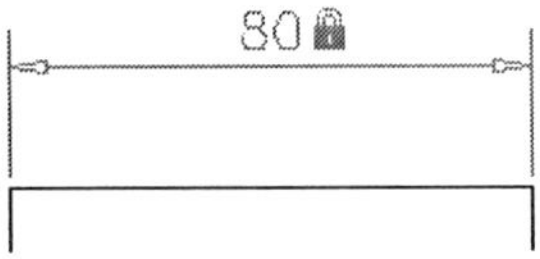

Le nom de la variable : le nom de la variable est affichée (d1, d2, etc.).

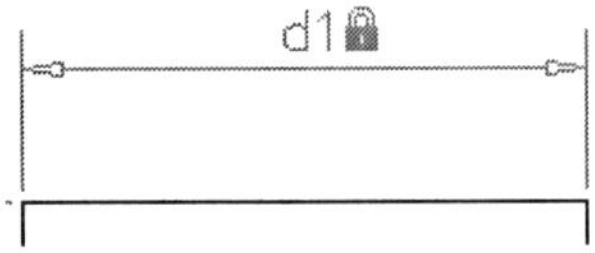

Le nom et l'expression :

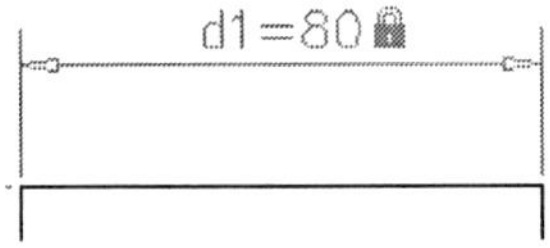

ou

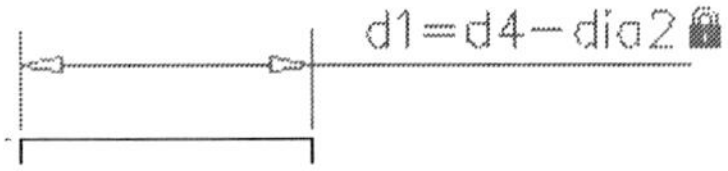

Dans le groupe de fonctions **Dimensionnelle**, choisissez la petite flèche **Paramètres de contraintes**.

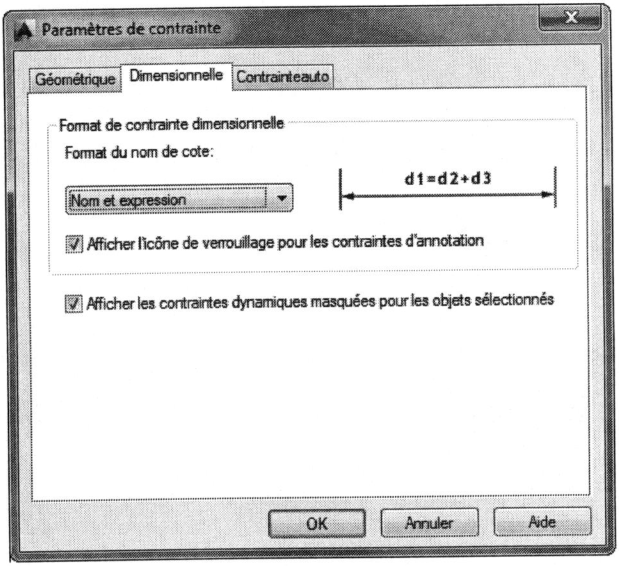

- Dans la rubrique **Format de contrainte dimensionnelle**, déroulez la liste **Format du nom de cote** et choisissez le format pour l'ensemble des contraintes du dessin.

  La case à cocher **Afficher l'icône de verrouillage pour les contraintes d'annotation** permet l'affichage du verrou (cadenas) spécifique aux contraintes dimensionnelles.

  La case à cocher **Afficher les contraintes dynamiques masquées pour les objets sélectionnés** permet l'affichage des contraintes des objets contraints sélectionnés.

4. Afficher ou masquer les contraintes dimensionnelles

- Dans le groupe de fonctions **Dimensionnelle**, choisissez l'icône **Afficher toutes les contraintes dynamiques** 

.

5. Supprimer les contraintes dimensionnelles

Vous pouvez supprimer les contraintes dimensionnelles individuellement et appliquer ensuite de nouvelles contraintes ou non.

Remarque

La suppression de contraintes dimensionnelles ne retire pas la ou les contraintes géométriques.

- Sélectionnez la (ou les) contrainte(s) dimensionnelle(s) à supprimer.
- Effectuez un clic droit, et choisissez **Effacer** (ou appuyez sur la touche [Suppr]).

  Ou choisissez l'icône **Supprimer les contraintes** dans le groupe de fonctions **Gérer**.

6. Modifier les contraintes dimensionnelles

Vous pouvez modifier la valeur (ou l'expression) des longueurs, distances et angles des contraintes dimensionnelles, et constater les évolutions instantanées du dessin en fonction des contraintes géométriques et dimensionnelles appliquées.

a. Modifier la valeur de contrainte dimensionnelle à l'aide d'un double clic

- Effectuez un double clic sur la contrainte dimensionnelle, saisissez la nouvelle valeur et validez par [Entrée].
- Dans l'exemple suivant, effectuez un double clic sur la contrainte dimensionnelle horizontale de 50, saisissez **80**, et validez par [Entrée].
- Effectuez un double clic sur la contrainte radiale (20), saisissez la valeur de **40**, et validez par [Entrée].
- Effectuez un double clic sur la contrainte de diamètre (20), saisissez la valeur de **30**, et validez par [Entrée].

  Le dessin paramétrique a évolué automatiquement selon les contraintes géométriques et dimensionnelles précédemment appliquées.

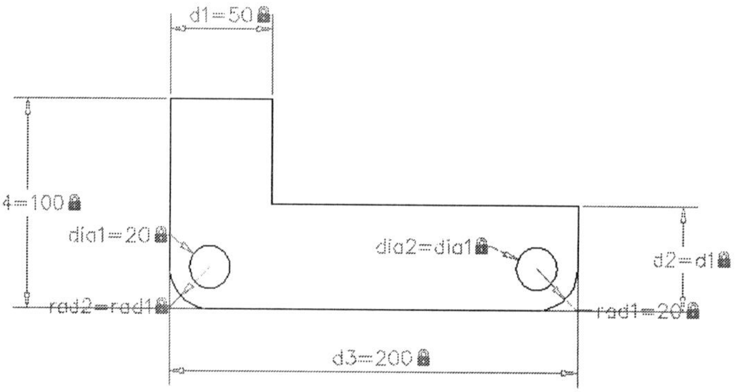

Avant modification

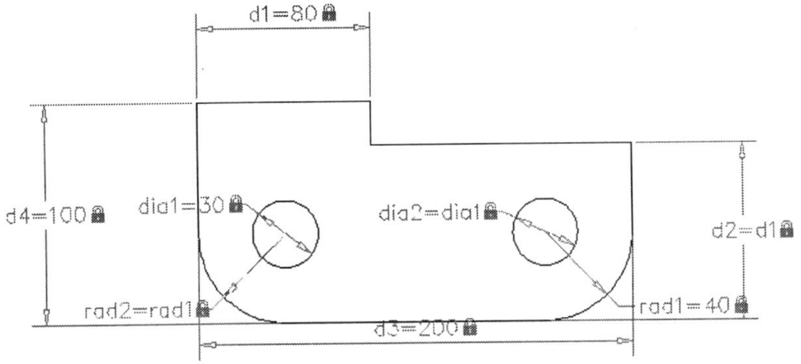

Après modification

Voir le titre Les contraintes dimensionnelles - Utiliser les variables, pour plus de détails pour l'utilisation et la personnalisation des paramètres utilisateur.

b. Modifier la contrainte dimensionnelle dynamiquement à l'aide des poignées

Vous pouvez également modifier les contraintes dimensionnelles à l'aide des poignées.

- Sélectionnez la contrainte dimensionnelle, et cliquez sur la poignée de modification dynamique.

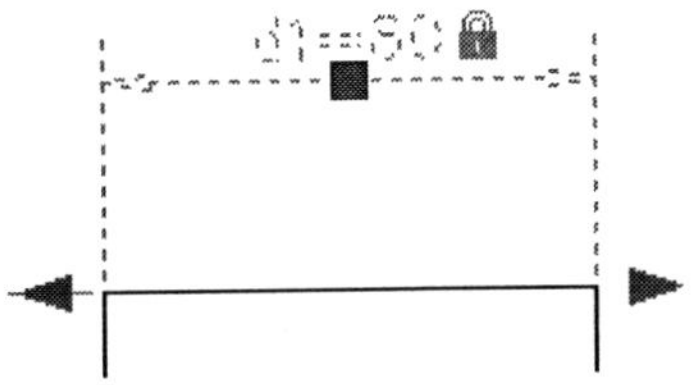

- Déplacez le pointeur pour constater la modification dynamique. Cliquez ou utilisez l'accrochage aux objets, le repérage d'accrochage aux objets ou encore le repérage polaire pour une modification précise.

c. Modifier la contrainte dimensionnelle en changeant les variables ou expressions depuis le gestionnaire des paramètres

Vous pouvez changer les variables utilisateur ou les expressions associées aux contraintes dimensionnelles depuis le gestionnaire des paramètres. Voir le titre Les contraintes dimensionnelles - Utiliser les variables, pour plus de détails pour l'utilisation et la personnalisation des paramètres utilisateur.

Chapitre 8
La gestion de l'affichage

A. L'affichage du dessin

La zone graphique correspond à une zone de travail sur laquelle vous dessinez. Cette zone (nommée "Limites du dessin") varie en fonction de la taille du dessin. Celui-ci à l'écran peut représenter de très grandes réalisations en réalité. Vous n'êtes pas limité à la taille de l'écran !

Il est donc pratiquement indispensable de modifier l'affichage du dessin pour travailler dans de bonnes conditions. En effet, il est nécessaire d'agrandir une partie du dessin pour définir un détail. Il est aussi utile de diminuer l'affichage pour faire évoluer les extérieurs d'un dessin.

AutoCAD vous propose plusieurs possibilités pour modifier l'affichage du dessin. Vous pouvez agrandir ou diminuer une partie du dessin. Vous pouvez aussi effectuer un "glissement" de l'image à l'écran.

Ces opérations peuvent s'effectuer de façon transparente, c'est-à-dire pendant que vous effectuez une autre manipulation sur des objets (sans toutefois quitter cette manipulation).

Les principaux outils d'affichage sont disponibles dans la barre de navigation.

➲ Pour afficher la barre de navigation, cliquez sur l'icône **Barre de navigation** 

dans le groupe de fonctions **Outils de fenêtre** (onglet **Vue**).

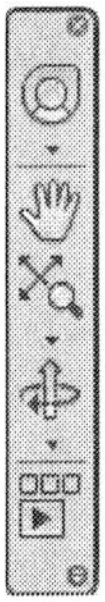

La barre de navigation ci-dessus est arrimée par défaut en haut à droite de la zone graphique. Cette position d'ancrage est modifiable par l'intermédiaire du bouton d'accès aux paramètres situé dans la partie inférieure de la barre de navigation, tout comme l'affichage ou le masquage des outils disponibles dans la barre de navigation.

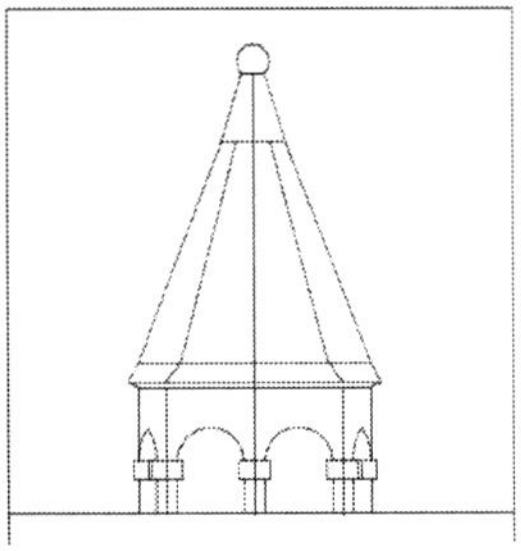

B. Le zoom

Le **zoom** permet d'agrandir ou de diminuer l'affichage (ou l'image) du dessin à l'écran. Les objets ne changent pas de taille, c'est l'image ou la visualisation qui est différente.

1. Les différents types de zoom

➲ Dans le groupe de fonctions **Navigation** (onglet **Vue**), déroulez le bouton-liste **Zoom** :

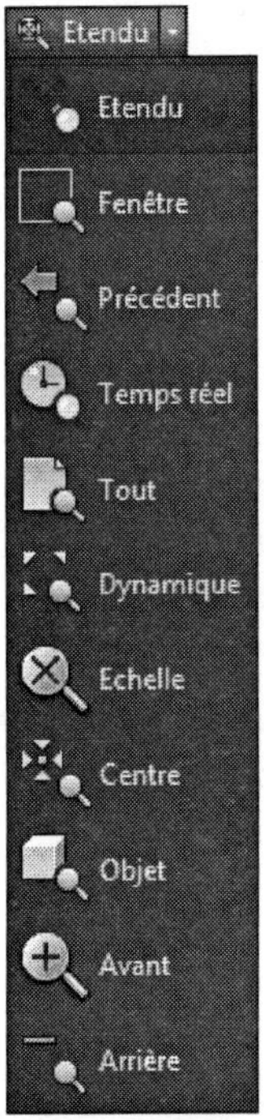

Voici la description des options disponibles :

Le dessin sera affiché le plus grand possible à l'écran.

Définit par deux points un agrandissement ou une réduction. Nécessite l'entrée de deux points (diagonale) qui matérialisent le nouvel écran. Si vous choisissez la commande **Zoom** via le clavier, vous pouvez directement préciser ces deux points (il n'est pas nécessaire de choisir l'option **Fenêtre**).

Permet de retrouver l'affichage précédent.

Le **Zoom Temps réel** permet une réduction ou un agrandissement de l'image en temps réel. Le curseur est remplacé par une loupe. Effectuez un cliqué-glissé vers le bas pour diminuer la taille de l'image, et vers le haut pour l'agrandir. Appuyez sur [Echap] ou [Entrée] pour quitter. Notez que le **Zoom Temps réel** permet un affichage instantané, même pour des projets complets. Il représente un gain de temps considérable en évitant de longues régénérations graphiques.

Tout le dessin est affiché, même si des objets sont situés en dehors des limites.

Permet une réduction, un agrandissement ou juste un "glissement" de l'image. Un cadre représentant le zoom actuel est matérialisé. Un clic gauche permet de redimensionner ce cadre, et un clic droit valide le zoom voulu.

Permet d'appliquer un coefficient soit au zoom total, soit au zoom précédent pour obtenir un pourcentage de l'affichage du zoom total ou du zoom précédent (voir les exemples ci-après). Cette option est l'option par défaut. Vous donnez directement le coefficient.

Centre le dessin à l'écran. Nécessite un point qui deviendra le point centre de l'écran puis une hauteur.

Effectue un agrandissement de l'objet ou des objets sélectionnés. AutoCAD vous propose une sélection et adapte l'affichage à la sélection.

Effectue un agrandissement de l'affichage de 200 %.

Effectue une réduction de l'affichage de 50 %.

2. Options du Zoom Temps réel

Lorsque le Zoom Temps réel est activé, un curseur spécifique sous forme de loupe est affiché dans la zone graphique. Un clic droit permet l'affichage du menu contextuel suivant :

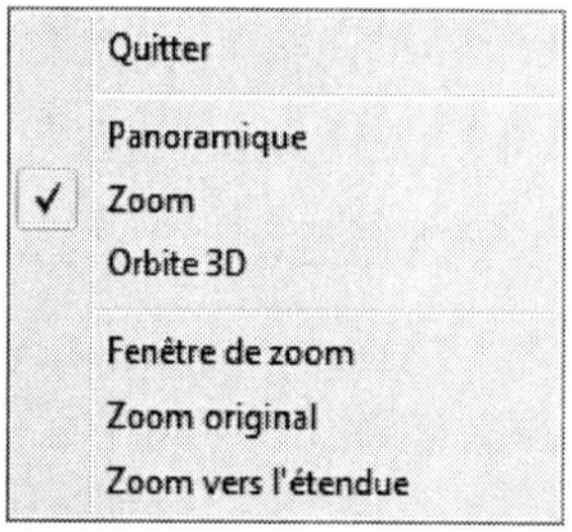

Quitter : sort de la commande Panoramique.

Panoramique : bascule du zoom au panoramique et inversement (cf. Le panoramique dans ce chapitre).

Orbite 3D : accède au mode de visualisation 3D (cf. chapitre Les projections et vues - Visualisations 3D dynamiques).

Fenêtre de zoom : permet un agrandissement d'une partie du dessin (par cliqué-glissé).

Zoom original : permet de revenir à l'affichage précédent le Zoom Temps réel.

Zoom vers l'étendue : affiche le dessin le plus grand possible à l'écran.

Dans un environnement 3D (ou en utilisant un style visuel autre que Filaire 2D), le menu contextuel varie et propose les options suivantes :

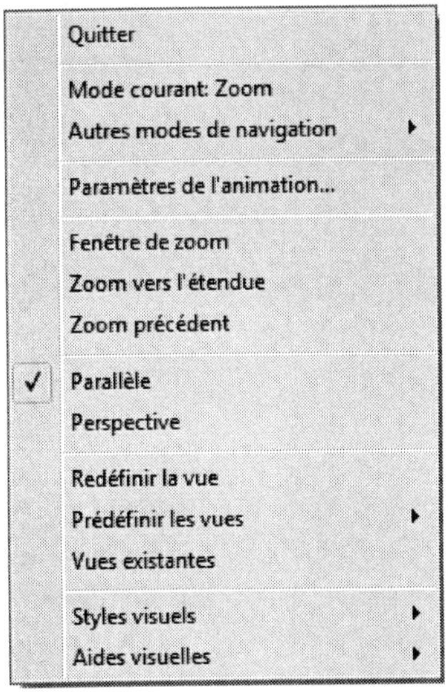

Quitter : sort de la commande Zoom Temps réel.

Mode courant: Zoom : indique le mode d'affichage courant (Zoom, panoramique, Orbite libre, Orbite continu, Orbite contrainte, Ajuster distance, Pivot...).

Autres modes de navigation : permet l'accès aux différents modes de navigation dynamiques existants tels que les orbites (contrainte, libre et continu), Ajuster distance, Pivot, Navigation, Mouvement.

Paramètres de l'animation : permet l'accès aux paramètres d'animation tels que le style visuel, la résolution, le nombre d'images par seconde, et le format de sortie (WMV, MPG, AVI, MOV).

Fenêtre de zoom : permet un agrandissement d'une partie du dessin par cliqué-glissé.

Zoom vers l'étendue : affiche le dessin le plus grand possible à l'écran.

Zoom précédent : permet de rétablir l'affichage précédent.

Parallèle/Perspective : indique le type de projection 3D (parallèle ou perspective).

Redéfinir la vue : rétablit l'affichage précédant le lancement de la commande.

Prédéfinir les vues : accède aux vues prédéfinies (projections orthogonales et isométriques).

Vues existantes : accède aux vues existantes nommées.

Styles visuels : accède aux styles visuels (Filaire 2D, Masqué, Filaire 3D, Conceptuel et Réaliste).

Aides visuelles : accède aux aides visuelles telles que l'affichage de la Grille, d'une Boussole et de l'icône du SCU.

AutoCAD reconnaît les pilotes Intellimouse de Microsoft (souris à molette).

La molette permet un zoom Temps réel quelle que soit la commande en cours :

- Faites rouler la molette vers l'avant pour obtenir un Zoom avant.
- Faites rouler la molette vers l'arrière pour obtenir un Zoom arrière.
- Effectuez une double pression sur la molette pour obtenir un zoom étendu.
- Effectuez un cliqué-glissé avec la molette pour obtenir un panoramique dynamique.

C. Le panoramique

Le panoramique permet un glissement de l'image à l'écran. Avec le panoramique, il n'y a pas d'agrandissement ou de réduction de l'image.

➲ Dans le groupe de fonctions **Navigation** (onglet **Vue**), cliquez sur l'icône **Panoramique**

.

Un symbole apparaît à la place du curseur. Effectuez un cliqué-glissé pour permettre le glissement de l'image en temps réel. Appuyez sur [Echap] ou [Entrée] pour quitter.

Lorsque le **Panoramique** est activé, un curseur spécifique sous forme de main est affiché dans la zone graphique. Un clic droit permet l'affichage du menu contextuel :

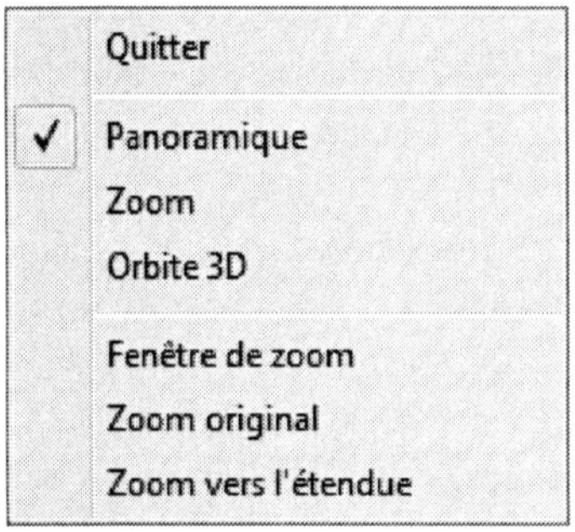

Quitter : sort de la commande Zoom.

Zoom : bascule du panoramique au zoom et inversement (cf. Le zoom dans ce chapitre).

Orbite 3D : accède au mode de visualisation 3D (cf. chapitre Les projections et vues - Visualisations 3D dynamiques).

Fenêtre de zoom : permet un agrandissement d'une partie du dessin (par cliqué-glissé).

Zoom original : permet de revenir à l'affichage précédant le Panoramique.

Zoom vers l'étendue : affiche le dessin le plus grand possible à l'écran.

AutoCAD reconnaît les pilotes Intellimouse de Microsoft (souris à molette). La molette permet un panoramique dynamique quelle que soit la commande en cours :

- Effectuez un cliqué-glissé avec la molette pour obtenir un panoramique dynamique.
- Faites rouler la molette vers l'avant pour obtenir un Zoom avant.
- Faites rouler la molette vers l'arrière pour obtenir un Zoom arrière.
- Effectuez une double pression sur la molette pour obtenir un zoom étendu.

Important : voir aussi les outils de navigation 3D dans le chapitre Les projections et vues.

Chapitre 9
La gestion des calques

A. Généralités

Vous pouvez placer les entités de votre dessin sur un ou plusieurs calques. À l'aide des calques, vous pouvez facilement grouper des éléments associés d'un dessin.

Un calque (ou un jeu de calques) peut contenir des entités attachées à un aspect particulier du dessin ; vous pouvez contrôler globalement la visibilité, la couleur, les possibilités d'édition, le type de ligne, l'épaisseur de ligne, le style de tracé et le traçage.

Considérez les calques comme des feuilles superposées, bien que l'ordre dans lequel AutoCAD dessine les objets ne dépende pas des calques et puisse varier d'une session d'édition à une autre.

À chaque calque sont associés un nom, un état de visibilité, une couleur et un type de ligne, l'épaisseur de ligne, le style de tracé et le traçage. Ceux-ci vous permettent de qualifier toutes les entités.

Un calque a les propriétés suivantes :

Nom du Calque : nom utilisé pour la qualification du calque. Il peut comporter jusqu'à 255 caractères dont des lettres, des chiffres ainsi que les caractères $ (dollar), - (tiret) et _ (souligné). La combinaison des majuscules et minuscules est possible. Vos noms de calque peuvent être associés à vos applications (ex. calque Gaz, calque Sanitaires...).

Visibilité : un calque peut être actif (visible à l'écran) ou inactif (invisible). Seuls les éléments dans les calques actifs sont affichés ou tracés. Les calques invisibles sont toujours présents dans la base de données. Toutes les combinaisons sont possibles entre les calques actifs et inactifs.

Numéro de couleur : le numéro de couleur définit la couleur à l'écran des entités du calque. Par défaut, tout nouveau calque créé est affecté de la couleur 7 (blanc). Les couleurs vraies (nuanciers) sont disponibles ainsi que des carnets de couleurs (PANTONE par exemple).

Nom du Type de Ligne : nom donné à un modèle de ligne avec lequel seront représentés les éléments dans un calque (Lignes, Arcs, Cercles, Polylignes...). Le nom comprend jusqu'à 31 caractères. Plusieurs calques peuvent avoir le même type de ligne. Par défaut, chaque nouveau calque est affecté du type de ligne continu (Continuous).

Geler/Libérer : chaque calque possède la propriété supplémentaire de pouvoir être gelé ou libéré. Si votre calque est gelé, les entités contenues dans ce calque ne sont pas traitées lors de chaque régénération de l'affichage. Geler un calque consiste à le rendre invisible. Ainsi, en gelant les calques inutiles à l'intérieur d'un dessin complexe, vous pouvez accélérer la régénération graphique.

Verrouiller/Déverrouiller : les entités associées aux calques verrouillés sont visibles mais ne peuvent pas être modifiées à l'aide des commandes d'édition. Il est possible de rendre courant un calque verrouillé. Vous pouvez également dessiner à l'intérieur d'un calque verrouillé, modifier son type de ligne, sa couleur, le geler ou encore demander des renseignements sur les entités. Un calque verrouillé évite des modifications accidentelles. Ainsi, les objets d'un calque verrouillé ne sont pas pris en compte lors d'un déplacement ou d'une rotation.

Epaisseur de ligne : permet l'affichage à l'écran d'une épaisseur de ligne. Dans la zone d'état, l'icône **Afficher/masquer l'épaisseur de ligne** gère l'affichage des épaisseurs de ligne à l'écran. À chaque calque est affectée une épaisseur par défaut. Celle-ci est fixée dans les options. Mais il possible à tout moment d'affecter ou de modifier l'épaisseur de ligne. Une liste déroulante propose toutes les épaisseurs normalisées.

Styles de tracé : permet d'affecter à chaque calque un style de tracé différent. Définit l'aspect des objets lors de l'impression. Un style de tracé peut forcer l'impression avec la couleur de votre choix, mais aussi le type de ligne, l'épaisseur de ligne... indifféremment de l'aspect de ces objets à l'écran. L'utilisateur peut créer ses propres styles de tracé. Ceux-ci appartiennent à une table de styles de tracé (cf. chapitre La présentation et l'impression du dessin - Les styles de tracé).

Tracer : permet de tracer ou ne pas tracer les objets appartenant à un calque. Certains calques contiennent des objets indispensables dans la conception (trame de fond, ligne de construction, références diverses...) ou dans la présentation (fenêtres de présentation, annotations...), mais ne doivent pas être imprimés.

Vous pouvez attribuer un nom particulier à chaque calque et afficher toutes les combinaisons de calques. Les présentations peuvent afficher des calques spécifiques par fenêtre (cf. chapitre La présentation et l'impression du dessin - La présentation du dessin).

Remarque

Il n'y a pas de limites au nombre de calques, ni au nombre d'entités contenues dans chacun de ces calques.

B. Le contrôle des calques

➲ Dans le groupe de fonctions **Calques** (onglet **Début**), cliquez sur l'icône **Propriétés du calque** Propriétés du calque.

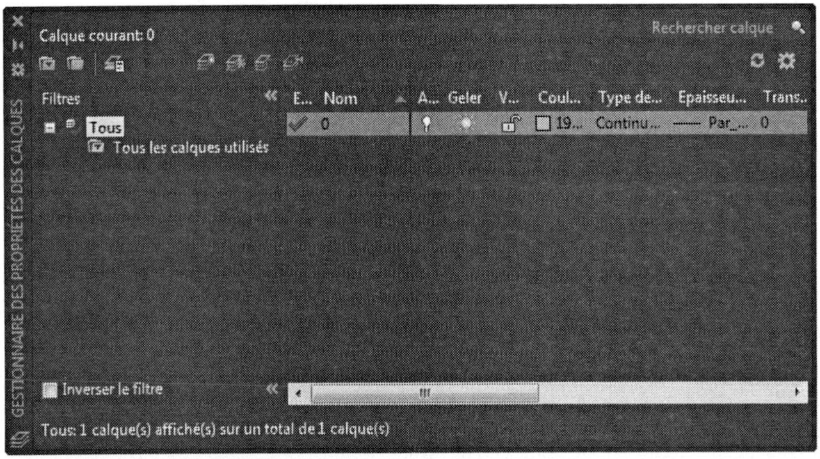

La palette **Gestionnaire des propriétés des calques** permet de réaliser les opérations suivantes :

- Créer, rendre courant ou renommer un calque.
- Définir la couleur, le type de ligne, l'épaisseur de ligne, le style de tracé d'un ou plusieurs calques sélectionnés.
- Activer/désactiver, verrouiller/déverrouiller, geler/libérer, activer ou désactiver le traçage d'un ou plusieurs calques sélectionnés dans la fenêtre en cours ou dans une nouvelle fenêtre.
- Créer des groupes de calques permettant l'organisation des calques en catégories logiques ;
- Filtrer et ordonner l'affichage des calques en fonction de leurs caractéristiques (nom, état, couleur, type de ligne, épaisseur de ligne, style de tracé).
- Enregistrer des configurations d'états de calques, les restaurer.

➲ Cliquez sur le bouton **Réduit l'arborescence des filtres de calque** pour masquer la liste des filtres de calque et privilégier l'affichage de la liste des calques dans la partie droite du **Gestionnaire des propriétés des calques**.

Remarque

*La palette **Gestionnaire des propriétés des calques** est redimensionnable ; ceci vous permet d'accéder visuellement à plus d'informations.*

1. La création de calques

➲ Dans la palette **Gestionnaire des propriétés des calques**, choisissez le bouton **Nouveau calque**. Dans la liste des calques, le nom provisoire **Calque1** apparaît. Tapez le nom du nouveau calque et validez par [Entrée], ou insérez une virgule pour la création d'un autre calque. Le nombre de calques est illimité.

Notez que si vous cliquez à plusieurs reprises sur le bouton **Nouveau calque**, les noms Calque2, Calque3, Calque4, etc. apparaissent. Effectuez ensuite deux clics successifs sur le nom du calque pour le renommer.

Chaque nouveau calque ainsi créé est activé, libéré, déverrouillé et reçoit la couleur numéro 7 (blanc), le type de ligne Continuous et l'épaisseur par défaut. Mais si vous prenez la précaution de sélectionner un calque dont les propriétés vous intéressent, avant la création d'un nouveau calque, celui-ci adopte exactement les mêmes propriétés (couleur, état, type de ligne, état, épaisseur de ligne, etc.).

Appuyez sur la touche [Entrée] pour valider la création des calques.

2. La sélection des calques

Il convient généralement de sélectionner le ou les calques voulus dans la liste, puis d'agir sur l'état de ceux-ci.

Vous pouvez utiliser les touches [Shift] et [Ctrl] pour effectuer des sélections multiples.

- **Sélection continue** : sélectionnez un premier calque. Maintenez la touche [Shift] enfoncée, et sélectionnez un autre calque. Tous les calques intermédiaires sont sélectionnés.
- **Sélection discontinue** : sélectionnez un premier calque. Maintenez la touche [Ctrl] enfoncée et sélectionnez d'autres calques. Tous les calques sont sélectionnés, quelle que soit leur position.
- **Sélection rapide** : dans la liste des calques, effectuez un clic droit. Le menu contextuel présente les options suivantes :

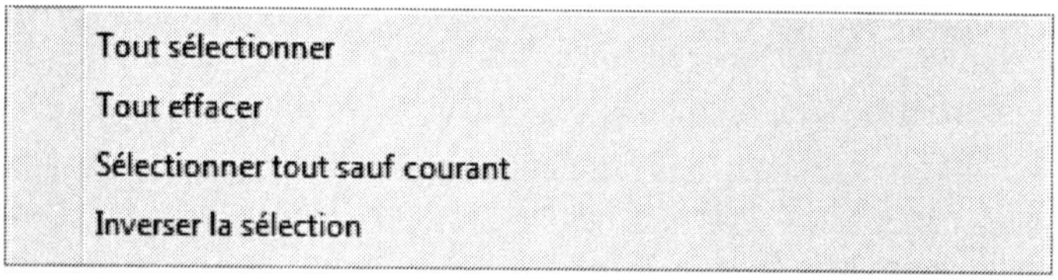

Tout sélectionner : permet la sélection de tous les calques existants. La touche [Ctrl] vous permet de désélectionner le ou les calques indésirables.

Tout effacer : désélectionne tous les calques.

Sélectionner tout sauf courant : sélectionne tous les calques sauf le calque courant.

Inverser la sélection : sélectionne les calques non sélectionnés et désélectionne les calques sélectionnés.

3. L'affichage des calques

Par défaut, tous les calques existants apparaissent dans la liste. Vous pouvez agir sur l'ordre d'affichage, mais aussi sur l'affichage lui-même.

a. Ordre d'affichage

Vous intervenez sur l'ordre d'apparition des calques en agissant sur les boutons d'en-tête **Nom**, **Actif**, **Geler**, **Verrouiller**, **Couleur**, **Type de ligne**, **Epaisseur de ligne**...

Cliquez sur le bouton **Nom**, et les calques sont affichés dans l'ordre alphabétique. Cliquez une nouvelle fois sur ce même bouton et vous obtenez l'ordre inverse. Cliquez sur **Actif**, et les calques actifs ou inactifs apparaissent en tête de liste. Le même principe est respecté pour les calques gelés et verrouillés. Les numéros de couleurs, de la même façon, sont classés dans l'ordre croissant ou décroissant. Les types de ligne sont rangés dans l'ordre alphabétique. Les épaisseurs de lignes sont classées de la plus petite à la plus grande ou inversement. Les styles de tracé sont classés dans l'ordre alphabétique.

Remarque

L'intitulé de certains boutons n'apparaît pas en entier. Effectuez un cliqué-glissé sur la frontière de deux boutons, et l'intitulé est complet. Notez aussi l'info-bulle permettant la lecture complète, ainsi qu'une aide associée.

b. Filtres rapides

➲ Dans la palette **Gestionnaires des propriétés des calques**, cliquez sur le bouton **Développe l'arborescence des filtres de calque** pour afficher la liste des filtres des calques. Cliquez sur le bouton **Réduit l'arborescence des filtres de calque** pour masquer la liste des filtres de calque.

Vous pouvez aussi effectuer un clic droit dans la liste des calques.

Le menu suivant est affiché.

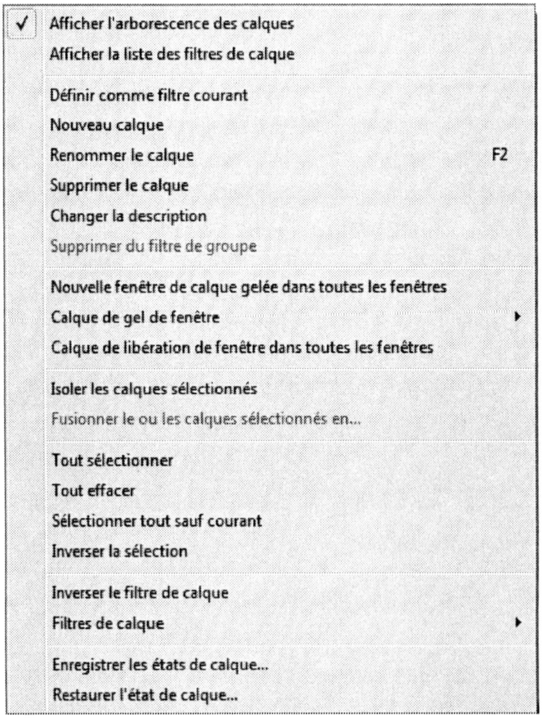

➲ Choisissez **Filtres de calque**, les options suivantes sont proposées :

Tous : permet d'afficher tous les calques lorsqu'un filtre est déjà affecté.

Tous les calques utilisés : affiche uniquement les calques contenant les objets utilisés dans le dessin.

Remarque

Ce menu contextuel affiche aussi les groupes de calques et/ou les références externes si le dessin en contient.

Pour procéder rapidement à un filtrage de calques (non nommé), dans le gestionnaire des propriétés des calques, saisissez un ou plusieurs caractères génériques pour voir apparaître les calques correspondants. En exemple, les caractères **Cof*** permettent l'affichage de tous les calques dont le nom commence par les lettres Cof.

L'option **Inverser le filtre du calque** du menu contextuel inverse l'affichage des calques en inversant le filtre en cours. Attention, si précédemment, tous les calques étaient affichés, cette option donne un affichage vierge.

c. Les filtres de propriétés nommés

Définition des filtres de propriétés nommés

Choisissez le bouton **Nouveau filtre des propriétés** , dans la palette **Gestionnaire des propriétés des calques**.

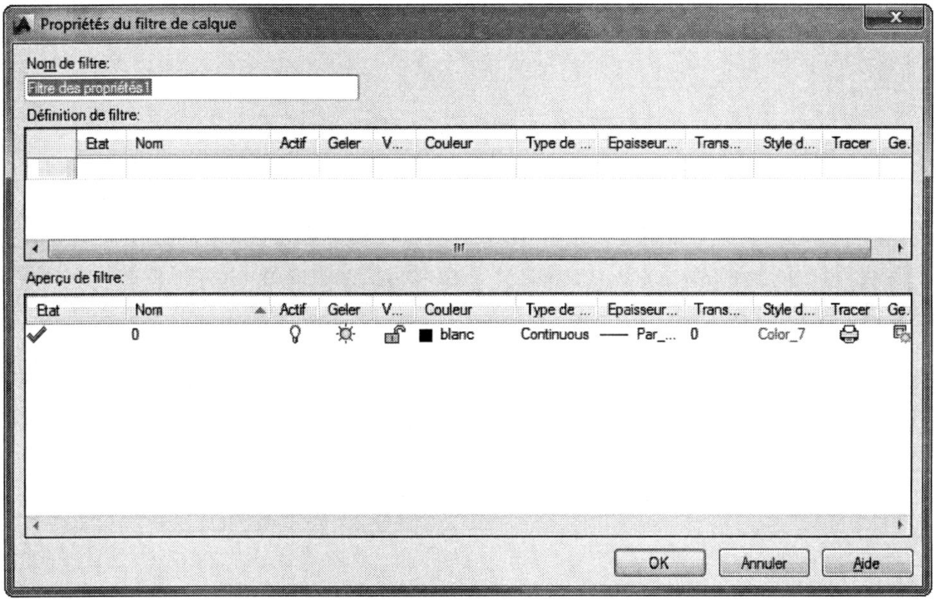

Pour créer un filtre de propriétés de calque, saisissez le nom du filtre dans la zone de texte **Nom de filtre**.

Agissez sur les différents critères de filtre nécessaires **Etat**, **Nom**, **Actif**, **Geler**, **Verrouiller**, **Couleur**, **Type de ligne**, **Epaisseur de ligne**, **Styles de tracé**, **Tracer**, **Gel dans les nouvelles fenêtres** présents dans la zone **Définition de filtre** (voir la liste des filtres disponibles ci-après).

Constatez le résultat du filtre en cours de création dans la zone **Aperçu de filtre**.

Remarque

Pour sélectionner plusieurs valeurs pour une propriété, cliquez avec le bouton droit de la souris dans la définition du filtre, cliquez sur ***Doublons****, puis sélectionnez une autre valeur pour cette propriété dans la ligne suivante.*

Par exemple, la définition d'un filtre qui affiche uniquement les calques actifs rouges ou verts se compose de deux lignes. La première ligne contient l'icône **Actif** et la couleur **rouge**. La seconde ligne contient l'icône **Actif** et la couleur **vert**.

Cliquez sur **OK** pour confirmer la création du filtre des propriétés de calque. Puis confirmez par **OK** dans la boîte de dialogue **Gestionnaire des propriétés des calques**.

Vous pouvez utiliser une ou plusieurs propriétés pour définir le filtre. Ainsi, par exemple, vous définirez un filtre affichant tous les calques rouges ou bleus et en cours d'utilisation. Pour inclure plusieurs couleurs, types de ligne ou épaisseurs de ligne, dupliquez le filtre sur la ligne suivante et sélectionnez un paramètre différent.

Voici la liste des filtres disponibles :

Etat : choix de l'icône d'utilisation ou de non-utilisation des calques.

Nom : l'astérisque présent par défaut impose l'affichage de tous les calques, quel que soit leur nom. Ce caractère de remplacement de chaîne de caractères est utilisé comme suit. Le ou les caractères saisis devant l'astérisque impose(nt) l'affichage des calques dont le nom commence par ces caractères. (ex. MUR* affiche tous les calques dont le nom commence par MUR, quelle que soit la suite). Vous pouvez aussi imposer un nom de calque en particulier.

Actif : la liste permet de choisir l'affichage des calques activés, désactivés ou les deux.

Geler : la liste permet de choisir l'affichage des calques gelés, libérés ou les deux.

Verrouiller : la liste permet de choisir l'affichage des calques verrouillés, déverrouillés ou les deux.

Couleur : même principe que pour le nom du calque. L'astérisque sert de caractère de remplacement. Vous pouvez donc fixer une couleur spécifique ou imposer toutes les couleurs dont le numéro commence par exemple par 2, quelle que soit la suite.

Type de ligne : choix du type de ligne à respecter. L'astérisque est utilisable.

Epaisseur de ligne : choix de l'épaisseur à respecter. L'astérisque est utilisable pour imposer des épaisseurs inférieures au millimètre, par exemple (0*).

Style de tracé : choix du nom du style de tracé à imposer. L'astérisque est utilisable.

Tracer : la liste permet de choisir l'affichage des calques à tracer, à ne pas tracer ou les deux.

Gel Fen courante : la liste permet de choisir l'affichage courant des calques gelés, libérés ou les deux dans la fenêtre active.

Gel dans les nouvelles fenêtres : la liste permet de choisir l'affichage courant des calques gelés, libérés ou les deux dans les futures fenêtres.

Utilisation des filtres de propriétés nommés

Dans le gestionnaire des propriétés des calques, la zone située à gauche permet de lister tous les calques (option **Tous**).

Cliquez sur le petit signe ⊞ situé à gauche de **Tous** pour accéder :

- À l'ensemble des calques utilisés (option **Tous les calques utilisés**).
- Aux filtres de propriétés des calques nommés.

Pour accéder aux calques filtrés, cliquez sur le nom du filtre des propriétés des calques afin d'afficher instantanément la liste de calques correspondante, dans la zone située à droite, dans le gestionnaire des propriétés de calque (exemple ci-après : le filtre nommé CL permet l'affichage de tous les calques dont le nom commence par les caractères CL).

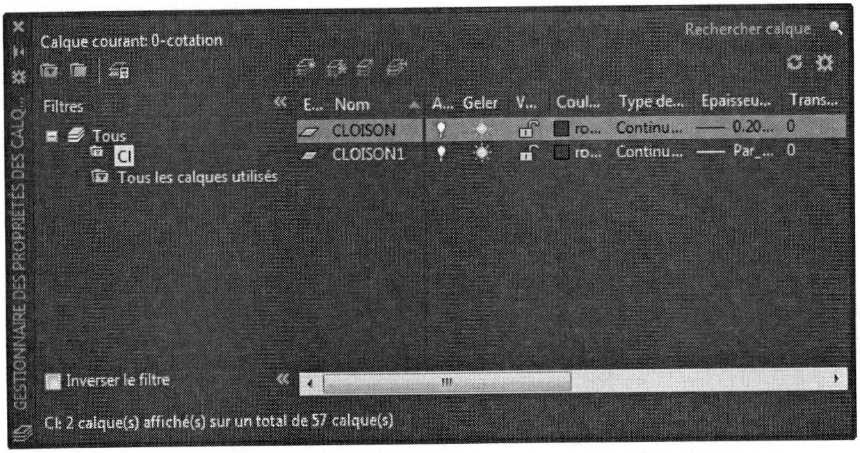

Pour agir sur un groupe de calques filtrés, sélectionnez le filtre nommé et effectuez un clic droit afin d'accéder à la visibilité ou au verrouillage de l'ensemble des calques filtrés (cf. Le contrôle des calques - La manipulation des calques dans ce chapitre).

Un clic droit permet aussi de renommer, de supprimer un filtre nommé, d'accéder aux propriétés de définition du filtre ou encore de modifier celles-ci.

Cliquez sur **Tous** pour afficher de nouveau l'ensemble des calques ou sélectionnez un autre filtre des propriétés des calques.

d. Les filtres de groupes de calques

Les groupes de calques permettent d'organiser les calques en catégories logiques. Ainsi, vous pouvez structurer différemment chaque groupe de calques et intégrer, dans chaque groupe, des calques adaptés.

Il est possible, à tout moment, de faire glisser un calque dans un nouveau groupe.

Création d'un filtre de groupe

Dans le **Gestionnaire des propriétés des calques**, cliquez sur le bouton **Nouveau filtre de groupe** .

Un nouveau filtre de groupe vide (**Filtre de groupe 1**) est créé et répertorié dans l'affichage sous forme d'arborescence. Saisissez le nom du groupe (ex : Implantation), et confirmez par [Entrée]. Dans l'arborescence, choisissez **Tous** pour afficher tous les calques du dessin.

Dans la liste des calques de droite, sélectionnez les calques (à l'aide de la touche [Ctrl]) à glisser dans ce groupe. À partir de la sélection, effectuez un cliqué-glissé vers le nom de groupe présent dans l'arborescence de gauche. Sélectionnez le nom du filtre de groupe dans l'arborescence pour vérifier que les calques concernés sont inclus dans le groupe. Seuls ces calques sont affichés dans la liste des calques de droite.

Utilisation d'un filtre de groupe

Pour agir sur un ensemble de calques appartenant à un groupe, sélectionnez le nom du filtre de groupe dans l'arborescence et effectuez un clic droit afin de rendre visible/invisible ou de verrouiller/déverrouiller l'ensemble des calques appartenant au groupe (voir aussi La manipulation des calques).

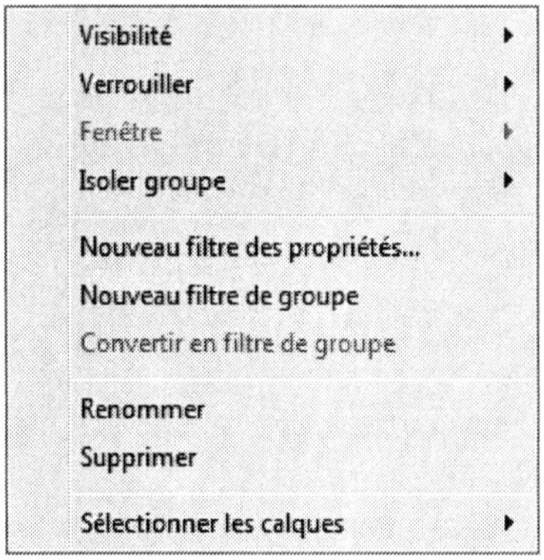

Un clic droit permet aussi de renommer, de supprimer un filtre de groupe.

Le même menu contextuel permet de sélectionner un objet dans la zone graphique de façon à ajouter le calque de l'objet au groupe courant (**Sélectionner les calques - Ajouter**).

Grâce à ce menu, vous pouvez également remplacer les calques d'un groupe par les calques d'objets à sélectionner dans la zone graphique (**Sélectionner les calques - Remplacer**).

Dans le **Gestionnaire des propriétés des calques**, cliquez sur le bouton **Paramètres** pour accéder à la boîte de dialogue **Paramètres de calque**.

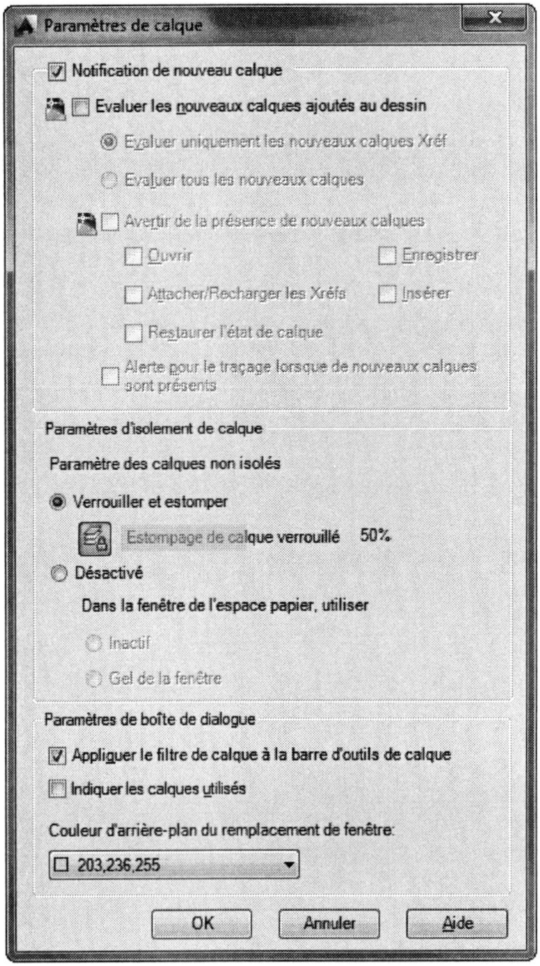

La case à cocher **Appliquer le filtre de calque à la barre d'outils de calque** permet d'affecter l'affichage des calques présents dans la liste **Calques** 

(groupe de fonctions **Calques**). Ainsi les filtres de propriétés de calque ou les filtres de groupe activés dans le gestionnaire des propriétés des calques modifient l'affichage de la liste **Contrôle des calques**.

La case à cocher **Indiquer les calques utilisés** permet l'affichage d'une icône bleutée dans la colonne **État** du **Gestionnaire des propriétés des calques**. Cette icône précise que le calque est utilisé dans le dessin courant.

La liste **Couleur d'arrière-plan du remplacement de fenêtre** permet d'attribuer une couleur d'arrière-plan pour les remplacements de fenêtre.

e. Enregistrer les états de calques

Cette technique permet de sauvegarder les paramètres d'état et de propriétés de calques d'un dessin. Vous affectez un nom à une configuration d'état de calque ; et vous pourrez la restaurer le moment voulu.

Dans le **Gestionnaire des propriétés des calques**, cliquez sur le bouton **Gestionnaire des états de calque** .

Remarque

Vous accédez également au Gestionnaire des états de calque via l'icône ***Gestionnaire des états de calque*** *du groupe de fonctions* ***Calques****.*

➲ Dans le **Gestionnaire des états de calque**, cliquez sur **Nouveau**.

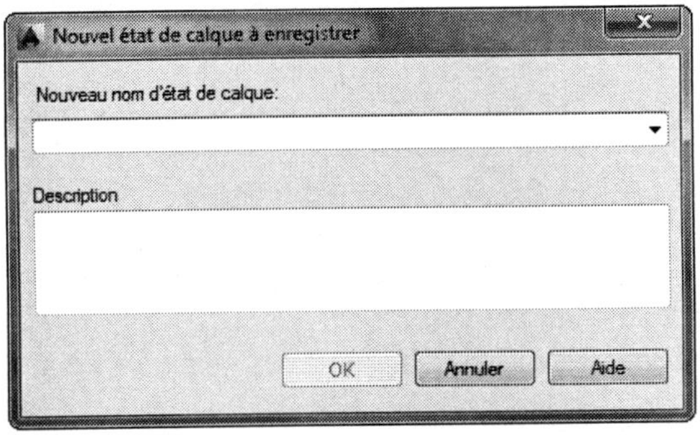

- Dans la boîte de dialogue **Nouvel état de calque à enregistrer**, saisissez le nom de l'état de calque à créer dans la zone de texte **Nouveau nom d'état de calque**. Des précisions sur l'état de calque peuvent être apportées dans la zone **Description**. Confirmez par **OK**.

Remarque

L'espace associé à l'état de calque est affiché, selon l'espace courant, à la création de l'état de calque.

- Cliquez sur le bouton **Plus d'options** de restauration  pour accéder aux propriétés de calques à restaurer. La fenêtre s'affiche alors de la façon suivante :

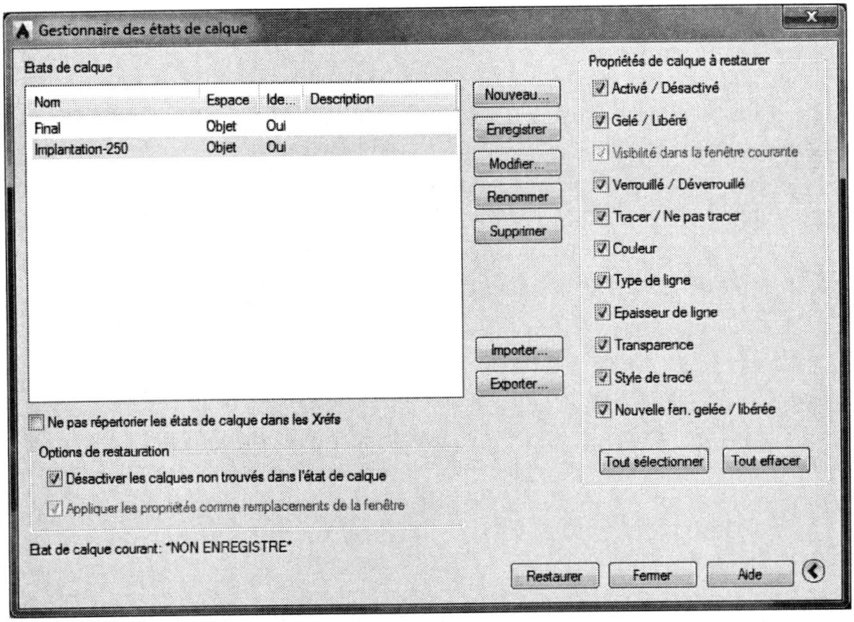

- Dans la rubrique **Propriétés de calque à restaurer**, cliquez sur **Tout sélectionner** pour sélectionner tous les paramètres.

  Lorsque vous créez un état de calque, seuls les paramètres sélectionnés sont enregistrés (et restaurés) avec l'état de calque. Désactivez les paramètres et propriétés si nécessaire.
- Cliquez sur **Fermer** pour revenir au **Gestionnaire des propriétés des calques**.

Remarque

> *Vous pouvez enregistrer un état de calque à partir d'un filtre de groupe de calque. Activez le filtre de groupe pour afficher les calques voulus dans la liste de calques. Un clic droit donne accès à un menu contextuel proposant* ***Enregistrer les états de calques****.*

f. Restaurer les états de calques

Cette opération rappelle les configurations nommées d'état de calque. L'enregistrement puis la restauration des paramètres de calque sont des opérations intéressantes si vous souhaitez revenir sur des paramètres de calque spécifiques au cours des différentes étapes d'un dessin.

- Dans le **Gestionnaire des propriétés des calques**, cliquez sur le bouton **Gestionnaire des états de calques** .
- Sélectionnez l'état de calque à restaurer dans la liste des états créés.
- Cliquez sur le bouton **Restaurer**.
- Quittez le **Gestionnaire des propriétés des calques**.

La fenêtre **Gestionnaire des états de calques** propose plusieurs boutons :
Restaurer : restaure l'état des calques sélectionnés dans tout le dessin.
Supprimer : supprime l'état des calques sélectionnés de la liste des états de calque du dessin.
Modifier : modifie les paramètres d'état et de propriété de l'état des calques.
Importer : importe un état de calques préalablement enregistré sur le disque (.las).
Exporter : enregistre un état de calques sur le disque (.las). Ceci permet d'utiliser des configurations d'états de calque sur des projets différents (avec une même structure de calques).

4. La manipulation des calques

Elle s'effectue dans la boîte de dialogue **Gestionnaire des propriétés des calques**.

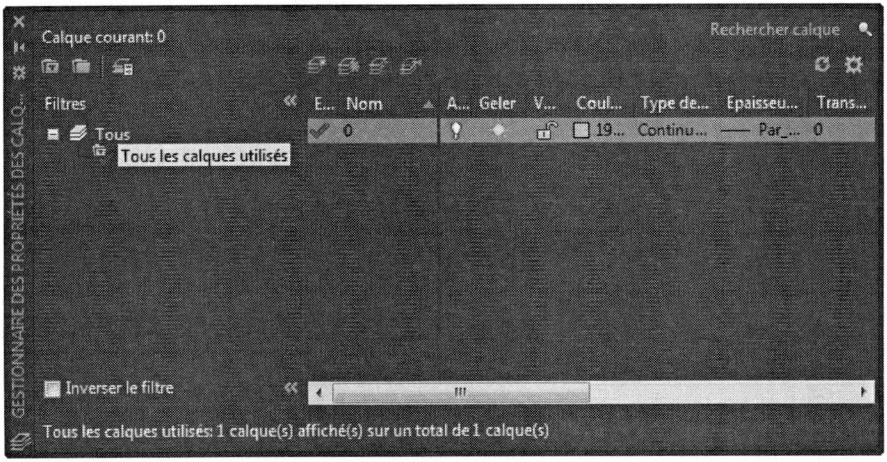

Vous pouvez créer des calques, leur attribuer des propriétés d'état de visibilité, de couleur, de type de ligne, de style des tracé, de transparence, etc. Vous pouvez effectuer ces manipulations sur chaque calque individuellement, ou sélectionner un jeu de calques pour une action commune à plusieurs calques.

a. Définir le calque courant

Le calque courant définit le calque de travail sur lequel vont prendre place les objets dessinés. Définir un calque courant constitue l'étape qui précède la création du dessin. Les objets du calque courant adoptent automatiquement les propriétés du calque.

- Dans le **Gestionnaire des propriétés des calques**, sélectionnez le calque à rendre courant, et choisissez le bouton **Définir courant** .
- Dans la liste des calques, la coche verte placée au regard du calque indique que celui-ci est défini en tant que calque courant.

Désormais, les objets dessinés sont placés sur ce calque, et possèdent ses propriétés.

Remarque

*Une autre méthode consiste à sélectionner le calque, effectuer un clic droit puis choisir **Définir comme filtre courant**.*

b. Manipuler les propriétés des calques

Actif : pour activer ou désactiver un ou plusieurs calques, il faut les sélectionner puis agir sur le symbole **Actif/Inactif**. L'ampoule grisée indique un calque inactif. Les entités associées à un calque non actif ne s'affichent pas sur l'écran graphique et ne sont pas tracées. Elles existent toujours mais sont invisibles.

Geler dans toutes les fenêtres : pour libérer ou geler un ou plusieurs calques, commencez par les sélectionner puis cliquez sur le symbole **Geler dans toutes les fenêtres**. Un flocon remplace le soleil et indique un calque gelé dans toutes les fenêtres. Les entités associées à un calque gelé ne sont pas traitées lors de chaque régénération du dessin. Les entités des calques gelés ne sont ni affichées ni tracées, et AutoCAD ne passe pas de temps à calculer leur destination. La principale différence entre l'option **Geler** et **Désactivé** est l'efficacité. Si vous passez souvent d'un calque à l'autre afin de les modifier légèrement, validez **Désactivé** sur tous les calques concernés. Si, au contraire, vous réalisez la majeure partie de l'édition sur un calque déterminé (ou un ensemble de calques) et que vous n'avez pas besoin de voir les entités figurant sur un autre ensemble de calques, il convient de geler ces derniers. Ceci accélère l'édition si vous recourez fréquemment à des opérations entraînant la régénération du dessin.

Verrouiller : pour verrouiller des calques, commencez par les sélectionner puis cliquez sur le symbole **Verrouiller**. Un cadenas fermé indique un calque verrouillé. Les entités figurant sur un calque verrouillé ne peuvent pas être modifiées, bien qu'elles soient visibles. Cette situation convient si vous travaillez sur un détail et que vous ne souhaitiez pas modifier par inadvertance les entités environnantes. Ainsi, vous ne pouvez utiliser aucune des commandes d'édition sur les entités d'un calque verrouillé.

Pour déverrouiller un calque verrouillé, cliquez sur l'icône du cadenas fermé.

Les entités d'un calque verrouillé sont estompées.

Pour **modifier sur l'estompage** des calques verrouillés, déroulez le groupe de fonctions **Calques** (onglet **Début**), et diminuez ou augmentez le degré d'estompage à l'aide d'un cliqué-glissé sur la règle **Estompage de calque verrouillé** ci-dessous :

Plus l'estompage est élevé, moins les entités du calque sont visibles.

Pour activer ou désactiver l'estompage des calques verrouillés, cliquez sur le bouton **Estompage de calque verrouillé** situé à gauche de la règle d'estompage.

Couleur : le symbole **Couleur** donne accès à une boîte de dialogue standard qui permet de changer la couleur des calques sélectionnés.

Type de ligne Continu... : le nom du **Type de ligne** (Continuous par défaut) donne accès à la boîte de dialogue **Choix du type de ligne**, qui permet de modifier le type de ligne des calques sélectionnés. La boîte de dialogue **Choix du type de ligne** n'affiche que les types de ligne déjà chargés dans le dessin courant. Si la liste ne suffit pas, choisissez le bouton **Charger** pour accéder aux différents types de ligne. Les types de ligne standards sont stockés dans le fichier **acadiso.lin** (voir aussi le point suivant de ce chapitre, Les types de ligne).

Epaisseur de ligne — Par_... : pour affecter une épaisseur de ligne, sélectionnez le ou les calques, puis cliquez sur l'épaisseur de ligne. Vous accédez à la boîte de dialogue **Epaisseur de ligne** et sélectionnez l'épaisseur à affecter aux calques.

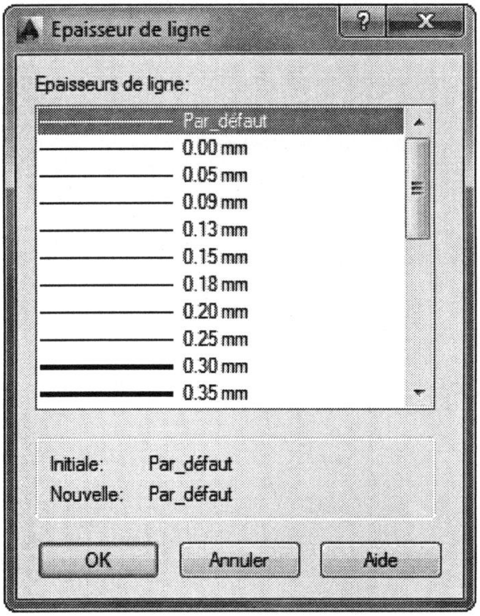

Cette boîte de dialogue propose toutes les épaisseurs normalisées jusqu'à 2,11 mm. L'épaisseur de ligne par défaut est réglée dans **Format - Epaisseur des lignes** (via le Navigateur de menus).

Le bouton **Afficher/Masquer l'épaisseur de ligne** dans la barre d'état gère l'affichage des épaisseurs de ligne à l'écran.

Transparence 0 : pour attribuer une transparence au(x) calque(s), sélectionnez le ou les calques, puis cliquez sur la valeur de transparence (0 par défaut). La fenêtre suivante vous invite à saisir ou choisir dans la liste une valeur de transparence comprise entre 0 et 90.

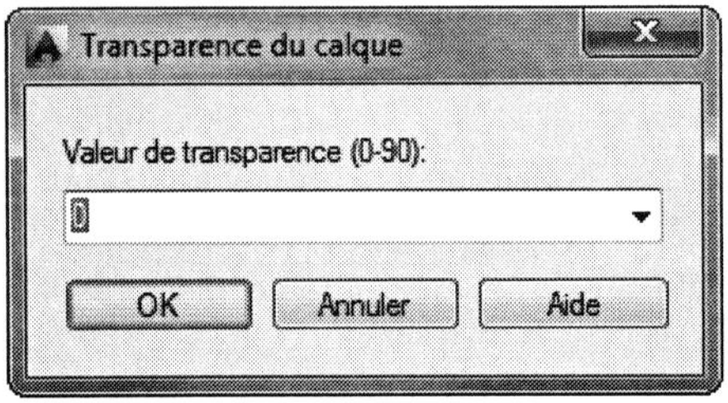

Styles de tracé Color_... : cette propriété n'est pas accessible si le style est dépendant des couleurs. Elle le devient dans le cas d'un dessin utilisant les styles de tracé nommés. Voir le chapitre La présentation et l'impression du dessin - Les styles de tracé.

Pour affecter un style de tracé, sélectionnez le ou les calques, puis cliquez sur le style de tracé (**Normal** par défaut). Attention, cette caractéristique de calque n'est accessible que dans un dessin utilisant les styles de tracé nommés (et non dépendant des couleurs).

Vous accédez à la boîte de dialogue **Sélectionner un style de tracé**.

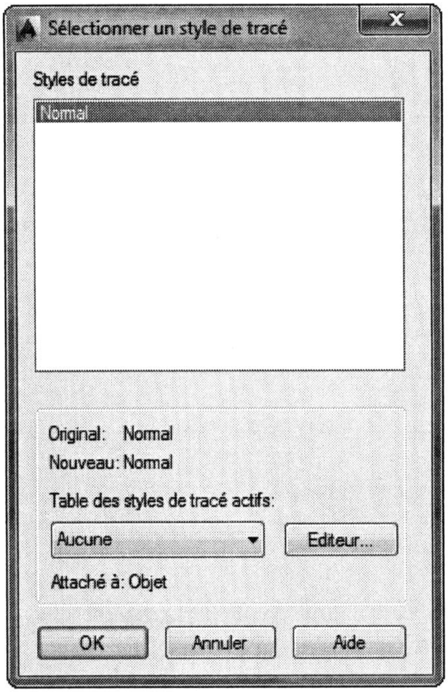

La liste déroulante affiche les tables de styles de tracé. Effectuez votre choix pour afficher la liste des styles de tracé disponibles dans la table.

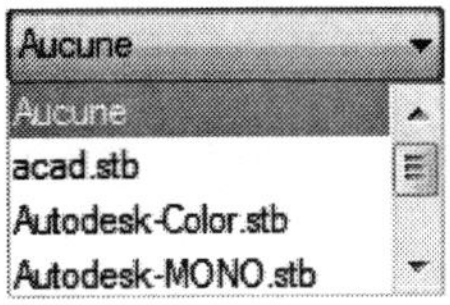

Choisissez le style de tracé puis confirmez par **OK** (voir aussi Les styles de tracé dans le chapitre La présentation et l'impression du dessin).

Description : pour attribuer un commentaire à un calque, cliquez sur la zone de commentaire (vierge par défaut), et saisissez la description.

5. Cas particulier des fenêtres de présentation

AutoCAD permet une gestion des calques par fenêtre de présentation. Lorsqu'une présentation est active, le gestionnaire des propriétés des calques affiche des propriétés supplémentaires. Les options **Gel de la fenêtre** et **Gel dans les nouvelles fenêtres** permettent respectivement de gérer l'affichage des calques dans la fenêtre courante et dans les fenêtres qui seront créées ultérieurement.

Tracer : pour tracer ou ne pas tracer un calque, sélectionnez-le puis cliquez sur le symbole **Tracer**. Le symbole **Tracer** est barré et indique le non traçage du calque.

Gel de la fenêtre : pour geler ou libérer un ou plusieurs calques dans la fenêtre courante, sélectionnez les calques, puis cliquez sur le symbole **Gel de la fenêtre**. Un flocon remplace le soleil et indique un calque gelé dans la fenêtre courante. Notez que cette option n'est utilisable que dans les présentations. Si plusieurs fenêtres flottantes sont présentes, les calques sélectionnés sont gelés ou libérés uniquement dans la fenêtre courante (ou active). Ils restent visibles dans les autres fenêtres.

Gel dans les nouvelles fenêtres : pour geler ou libérer un ou plusieurs calques dans les futures fenêtres flottantes, sélectionnez les calques, puis cliquez sur le symbole **Geler dans les nouvelles fenêtres**. Un flocon remplace le soleil et indique un calque gelé dans les futures fenêtres. Là aussi, cette option n'est utilisable que dans les présentations. Cette option vous permet d'anticiper et de geler les calques que vous ne souhaitez pas voir dans les nouvelles fenêtres.

6. Remplacement des propriétés de calques des fenêtres de présentation

AutoCAD permet un affichage différent des objets, dans des fenêtres de présentation séparées, tout en conservant leurs propriétés de calques d'origine. De cette façon, pour une fenêtre de présentation spécifique, vous procédez à un remplacement des propriétés de calque sans modifier les propriétés de calque en espace objet ou dans les autres fenêtres de présentation.

La fenêtre de présentation concernée par le remplacement des propriétés doit être activée.

Le gestionnaire des propriétés des calques présente six colonnes spécifiques au remplacement de propriétés dans la partie droite du gestionnaire des propriétés des calques :

- Gel de la fenêtre
- Couleur de fenêtre
- Type de ligne de fenêtre
- Epaisseur de ligne de fenêtre
- Transparence de fenêtre
- Style de tracé de fenêtre

Agissez sur l'une et l'autre de ces propriétés de calque pour procéder au remplacement pour la fenêtre courante, et ainsi modifier l'affichage de cette fenêtre sans modifier les propriétés d'origine des calques.

Remarque

Un arrière-plan indique une propriété de remplacement existant pour la fenêtre courante (dans l'exemple ci-dessus, la couleur 60, le type de ligne CACHE2 et l'épaisseur 0,35 mm sont des propriétés de remplacement).

7. Les types de ligne

a. Affecter un type de ligne à un calque

➲ Dans le groupe de fonctions **Propriétés** (onglet **Début**), déroulez la liste **Type de ligne**, et choisissez **Autre...**.

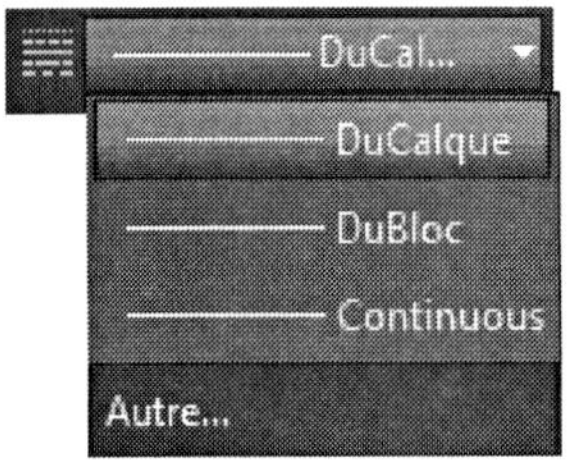

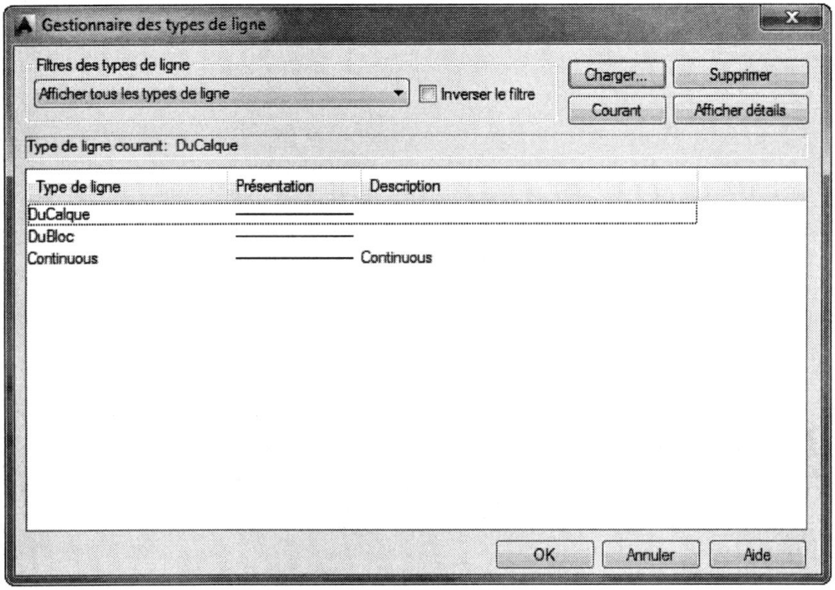

Tous les types de ligne chargés dans le dessin apparaissent dans la liste. Par défaut, les autres types de ligne ne sont pas directement disponibles.

Pour charger d'autres types de ligne, choisissez le bouton **Charger**.

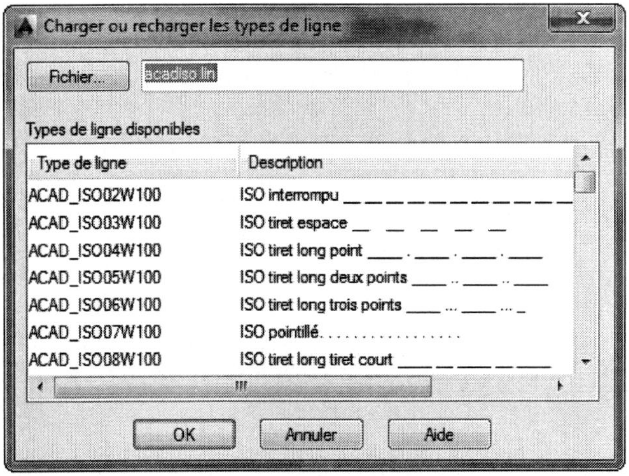

Le fichier **acadiso.lin** dispose de nombreux types de ligne. Sélectionnez un ou plusieurs types de ligne (utilisez les touches [Ctrl] et [Shift]) avant de confirmer par **OK**.

Vous revenez dans le **Gestionnaire des types de ligne** et tous les nouveaux types de ligne sont maintenant présents dans la liste. Confirmez par **OK**.

Dans le gestionnaire de calques, vous pouvez désormais affecter les types de ligne voulus.

Remarque

En règle générale, on affecte un type de ligne à un calque. Le type de ligne est DUCALQUE et est respecté lors de la création d'entités dès que vous changez de calque courant. Mais vous pouvez également changer ou "forcer" le type de ligne d'un objet (cf. Changement de propriétés des objets dans ce chapitre).

b. L'échelle du type de ligne

Dans le **Gestionnaire des types de ligne**, cliquez sur le bouton **Afficher détails**.

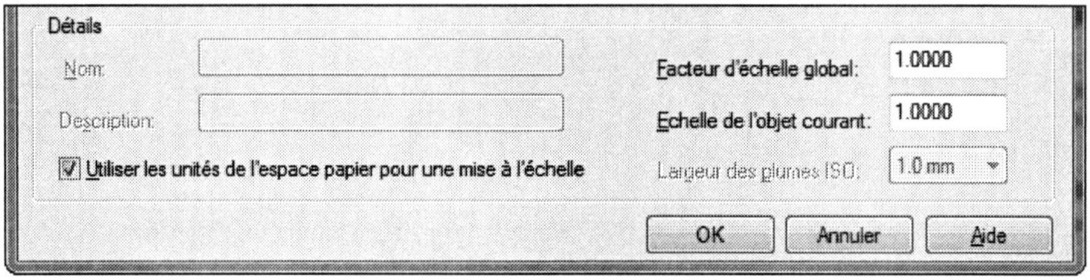

La zone de saisie **Facteur d'échelle global** précise l'échelle utilisée pour tous les types du dessin. Augmentez cette valeur pour un agrandissement général de tous les types de ligne du dessin.

La zone **Echelle de l'objet courant** peut modifier l'échelle des objets à créer. Dans la pratique, vous modifiez l'échelle individuelle des objets pour lesquels l'échelle globale ne convient pas (cf. Changement de propriétés des objets dans ce chapitre).

La case à cocher **Utiliser les unités de l'espace papier pour une mise à l'échelle** permet une uniformisation de l'échelle des types de ligne dans les différentes fenêtres de présentation quelles que soient leurs échelles.

Dans la barre d'outils **Standard**, le bouton **Contrôle des types de ligne** permet de changer de type de ligne courant, ou d'affecter un type de ligne à des objets présélectionnés.

8. Le contrôle rapide des calques

➲ Dans le groupe de fonctions **Calques** (onglet **Début**), choisissez le bouton-liste **Calque** .

Cette liste déroulante vous donne une autre possibilité de "jongler" avec l'état des calques. Le nom du calque courant apparaît dans la liste. Si celle-ci est déroulée, vous agissez directement sur l'état des différents calques en cliquant sur le symbole correspondant.

Vous obtenez (en fonction de vos propres calques) un contenu ressemblant à l'exemple ci-après.

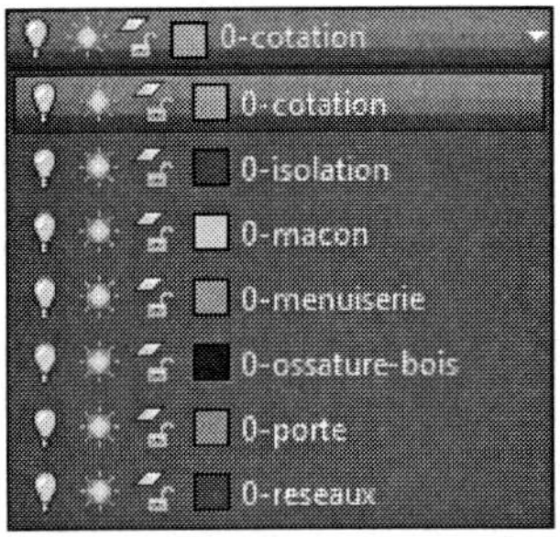

Hormis l'état des calques, vous pouvez aussi changer de calque courant. Pour cela, cliquez simplement sur le nom du calque.

Après avoir gelé, libéré ou verrouillé vos calques, pour quitter cette liste et revenir à la zone graphique, vous avez deux possibilités ; vous cliquez soit sur le nom du calque courant, soit dans la zone graphique.

9. Rendre le calque de l'objet courant

AutoCAD permet de rendre courant le calque de l'objet sélectionné.

➲ Sélectionnez l'objet, dans le groupe de fonctions **Calques** (onglet **Début**), choisissez le bouton **Rendre le calque de l'objet courant** .

Vous constatez l'affichage du nom du nouveau calque courant et ses propriétés dans la liste **Contrôle des calques**.

Dans la figure ci-dessous, **0-reseaux** est le nom du calque courant, sa couleur est **jaune**.

10. Annuler les derniers changements apportés à un calque

➲ Dans le groupe de fonctions **Calques**, cliquez sur l'icône **Précédent** .

Cette technique permet d'annuler rapidement les changements apportés à un calque (tels que la couleur ou le type de ligne). AutoCAD confirme le rétablissement du calque précédent par le message "L'état précédent du calque a été rétabli". Plusieurs clics peuvent rétablir plusieurs modifications, concernant même plusieurs calques.

Remarque

Le rétablissement ne fonctionne pas sur le nom du calque, ni sur les calques supprimés ou encore les nouveaux calques.

11.Isoler un calque

À l'exception des calques des objets sélectionnés, tous les calques peuvent être désactivés ou verrouillés et estompés grâce à cette manipulation simple.

➲ Dans le groupe de fonctions **Calques** (onglet **Début**), cliquez sur le bouton **Isoler** .

AutoCAD affiche le message ci-dessous pour vous permettre de sélectionner un ou des objets placés sur le ou les calques à isoler :

```
Sélectionnez les objets des calques à isoler ou [PAramètres]:
```

Une fois la sélection effectuée, appuyez sur la touche [Entrée] pour isoler les calques selon les paramètres courants (Verrouillés et estompés par défaut).

L'option **Paramètres** permet d'accéder à la seconde option **Désactiver**.

➲ Utilisez le bouton **Associer** pour annuler l'effet de la commande **Isoler**.

12.Geler les calques des objets sélectionnés

AutoCAD permet de geler rapidement un ensemble de calques, en sélectionnant simplement un des objets du ou des calques à geler.

➲ Dans le groupe de fonctions **Calques** (onglet **Début**), cliquez sur le bouton **Geler** .

AutoCAD affiche le message ci-dessous pour vous permettre de sélectionner un ou des objets placés sur le ou les calques à geler :

```
Sélectionnez un objet du calque à geler ou [Paramètres/annUler]:
```

Une fois la sélection effectuée, appuyez sur la touche [Entrée] pour geler les calques selon les paramètres courants.

L'option **Paramètres** permet d'accéder aux options **Fenêtre** et **Bloc** :

- L'option **Fenêtre** permet de geler tous les objets dans toutes les fenêtres ou de geler les objets de la fenêtre de présentation courante.
- L'option **Bloc** permet de geler les objets appartenant aux blocs imbriqués.

L'option **Annuler** retire la sélection précédente.

13.Désactiver les calques des objets sélectionnés

AutoCAD permet de désactiver rapidement un ensemble de calques, en sélectionnant simplement un des objets du ou des calques à désactiver.

- Dans le groupe de fonctions **Calques** (onglet **Début**), cliquez sur le bouton **Inactif** 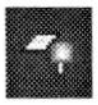.

AutoCAD affiche le message ci-après pour vous permettre de sélectionner un ou des objets placés sur le ou les calques à désactiver.

```
Sélectionnez un objet du calque à désactiver ou [Paramètres/annUler]:
```

Une fois la sélection effectuée, appuyez sur la touche [Entrée] pour désactiver les calques selon les paramètres courants.

L'option **Paramètres** permet d'accéder aux options **Fenêtre** et **Sélection de bloc** :

- L'option **Fenêtre** permet de désactiver tous les objets dans toutes les fenêtres ou de geler les objets de la fenêtre de présentation courante.
- L'option **Sélection de bloc** permet de désactiver les objets appartenant aux blocs imbriqués.

L'option **Annuler** retire la sélection précédente.

14.Remplacer le calque des objets sélectionnés par le calque d'un objet autre

AutoCAD permet de remplacer rapidement le calque de plusieurs objets, quels que soient leurs calques respectifs par le calque d'un objet autre. Ainsi en une opération, tous les objets de ces calques adoptent les propriétés du nouveau calque.

- Dans le groupe de fonctions **Calques** (onglet **Début**), cliquez sur le bouton **Copier** .

AutoCAD affiche le message ci-dessous pour vous permettre de sélectionner les objets que vous souhaitez positionner sur un nouveau calque :

```
Choix des objets:
```

Une fois la sélection effectuée, appuyez sur la touche [Entrée].

Le message ci-dessous est affiché :

```
Sélectionnez un objet sur le calque de destination ou [Nommer]:
```

- Sélectionnez le calque de destination.

L'option **Nommer** permet de sélectionner le calque de destination dans la liste des calques suivante :

Confirmez par **OK** pour terminer l'opération.

15. Outils de manipulation des calques complémentaires

AutoCAD met à disposition plusieurs outils supplémentaires qui simplifient et automatisent la manipulation des calques.

➲ Déroulez le groupe de fonctions **Calques** (onglet **Début**) et agissez sur les boutons suivants :

Activer tous les calques  : active tous les calques précédemment désactivés.

Libérer tous les calques  : active tous les calques précédemment gelés.

Verrouiller  : verrouille le calque d'un objet sélectionné.

Déverrouiller  : déverrouille le calque d'un objet sélectionné.

Remplacer par le calque courant  : permet de placer les objets sélectionnés sur le calque courant.

Copier les objets dans un nouveau calque  : permet de placer les objets sélectionnés sur un même calque (en sélectionnant un objet appartenant à ce calque ou en choisissant le calque dans la liste des calques via l'option **Nom**).

Parcourir les calques : permet d'afficher les objets des seuls calques sélectionnés dans la liste **Parcourir les calques** ci-dessous :

La touche [Ctrl] permet une sélection multiple de calques.

Isoler dans la fenêtre courante : gèle les calques des objets sélectionnés dans toutes les fenêtres de présentation, sauf dans la fenêtre courante.

Fusion : fusionne les calques des objets sélectionnés dans un calque cible. Attention cette opération supprime les calques précédents du dessin.

Supprimer : supprime tous les objets du calque de l'objet sélectionné, et supprime (purge) le calque du dessin.

C. Les normes CAO

Les normes CAO permettent d'assurer la conformité des données de dessin entre différents projets et entre différents groupes de travail. Elles sont constituées d'un ensemble de propriétés d'objets tels que les calques, les styles de texte ou de cote ainsi que les types de ligne.

Avec AutoCAD, vous pouvez ainsi créer des fichiers de normes selon vos standards. Vous les appliquez, un outil d'analyse vérifie la conformité aux normes du ou des dessins courants et vous garantissez ainsi la conformité entre les dessins.

Un outil d'analyse vérifie la conformité aux normes du ou des dessins courants. Ces fichiers normes portent l'extension DWS.

1. Création d'un fichier de normes standard

La création d'un fichier de normes est possible à partir d'un fichier existant, ou encore d'un nouveau fichier. Dans la mesure où le fichier de normes est défini par les propriétés des calques, styles de texte, styles de cote ainsi que les types de ligne, vérifiez ces divers paramètres avant de procéder à l'enregistrement du fichier de normes.

- Dans le **Navigateur de menus**, choisissez **Enregistrer sous** puis **Normes de dessin**.
- Dans la liste **Type de fichier**, le format suivant est choisi : **Normes de dessin AutoCAD (*.dws)**.
- Après avoir choisi l'emplacement du fichier de normes dans la liste **Enregistrer sous**, saisissez son nom dans la zone de texte **Nom de fichier**.
- Confirmez par **Enregistrer**.

2. Association d'un fichier de normes standard au dessin courant

- Dans le groupe de fonctions **Normes CAO** (onglet **Gérer**), cliquez sur l'icône **Configurer** 

.

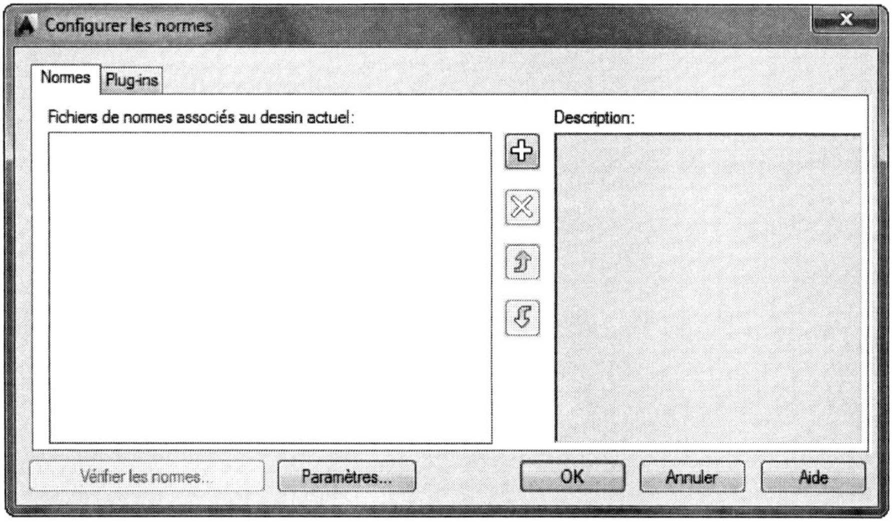

L'onglet **Normes** activé, cliquez sur le bouton **Ajouter fichier de normes**  pour associer le fichier de normes voulu.

AutoCAD propose de sélectionner le fichier de normes (DWS) à associer.

Il est possible de renouveler l'opération pour le choix de plusieurs fichiers de normes.

La boîte de dialogue **Configurer les normes** donne alors un affichage proche de celui-ci :

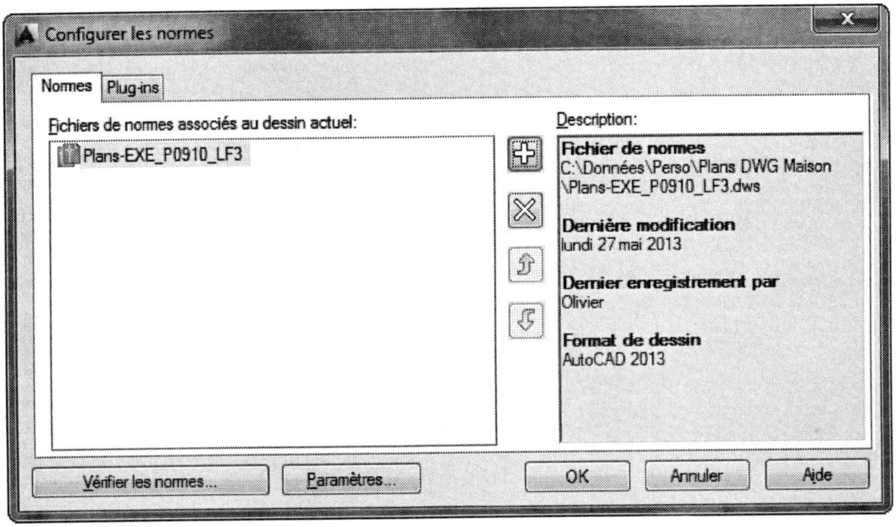

➲ Le bouton **Supprimer fichier de normes** retire de la liste le fichier de normes sélectionné.

Les boutons **Déplacer vers le haut** et **Déplacer vers le bas** permettent de repositionner vers le haut ou vers le bas les fichiers de normes dans la liste.

Confirmez par **OK**.

Remarque

*L'onglet **Plug-ins** affiche les informations propres à chaque objet nommé du fichier de normes : calques, styles de cote, types de ligne et styles de texte.*

3. Vérification de la conformité des dessins

Il est conseillé de lancer la vérification aux normes régulièrement, et particulièrement si des personnes différentes interviennent sur le même projet. Elle permet de déceler les éléments non conformes (calques, styles de cote, de texte ou types de ligne) et de les corriger si nécessaire. La vérification est possible sur plusieurs normes à la fois.

a. Vérification manuelle du dessin courant

➲ Dans le groupe de fonctions **Normes CAO** (onglet **Gérer**), cliquez sur l'icône Vérifier.

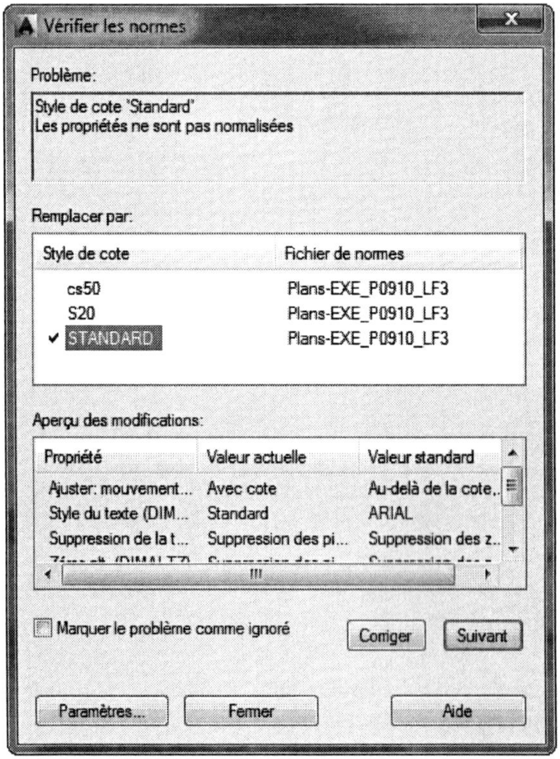

La zone **Problème** affiche le calque, style de texte, type de ligne ou style de cote non conforme aux normes associées au dessin courant.

AutoCAD précise l'un après l'autre chaque objet non conforme, ainsi que des suggestions de correction dans la zone **Remplacer par**.

Le bouton **Suivant** passe en revue les éléments non-conformes sans correction.

Pour résoudre la non-conformité, sélectionnez l'élément de remplacement dans la zone **Remplacer par** puis cliquez sur le bouton **Corriger**.

Les corrections recommandées sont précédées d'une coche. Elles sont disponibles dans le cas où l'objet non standard a le même nom qu'un objet standard mais possède des propriétés différentes. À la sélection d'un remplacement, la rubrique **Aperçu des modifications** affiche les propriétés distinctes.

La case à cocher **Marquer le problème comme ignoré** permet de ne pas traiter les non-conformités lors d'une prochaine vérification si l'option **Afficher les problèmes ignorés** est désactivée (bouton **Paramètres**).

Passez toutes les conformités en revue ou choisissez **Fermer** pour quitter la boîte de dialogue.

b. Vérification par lot de plusieurs dessins et audit

AutoCAD permet d'analyser rapidement plusieurs dessins et de résumer les non-conformités au sein d'un rapport XML. Il s'agit d'une vérification en différé.

Remarque

La vérification par lot affiche un rapport, mais ne corrige pas les problèmes.

Dans la barre des tâches Windows, choisissez **Démarrer - Programmes - Autodesk - AutoCAD 2015** puis **Vérificateur de normes en différé**.

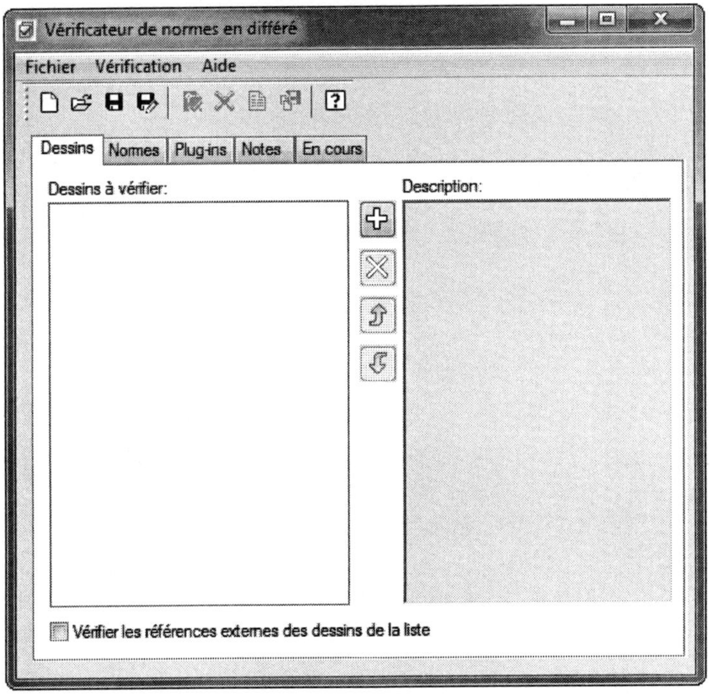

L'onglet **Dessins** permet d'indiquer les dessins à vérifier (bouton **Ajouter un dessin**).

L'onglet **Normes** permet la vérification des fichiers dessins avec leurs normes associées (par défaut), ou la vérification des dessins selon la (ou les) norme(s) à sélectionner.

Remarque

AutoCAD permet l'enregistrement de fichier de vérification (CHX). Ceci évite de devoir reconstituer une même liste de dessins à vérifier avec les normes associées.

- Choisissez le bouton **Lancer vérification** .

Une fois la vérification effectuée, AutoCAD affiche un rapport XML fournissant les détails du contrôle. Vous pouvez interagir sur les résultats en choisissant par exemple, par dessin, l'affichage des normes, des problèmes et des problèmes ignorés.

Le bouton **Afficher rapport** permet d'accéder à tout moment à l'audit.

Le rapport suivant peut être remis aux différentes personnes intervenant sur le projet. Ainsi, elles peuvent analyser leurs propres problèmes.

RAPPORT DE CONTROLE DES NORMES

C:\Données\Perso\Plans DWG Maison Laillé\Check1.chx

Vue d'ensemble

Créé par:

Olivier

Créé le:

lundi 27 mai 2013

Récapitulatif:

Dessin	Problèmes	Problèmes ignorés
Mechanical - Data Extraction and Multileaders.dwg	89	0
Totaux	89	0

Haut...

Dessins contrôlés:

Fichier	C:\Program Files\Autodesk\AutoCAD 2014\Sample\Mechanical Sample\Mechanical - Data Extraction and Multileaders.dwg
Titre	
Commentaires	
Dernière modification	mercredi 25 avril 2007
Dernier enregistrement par	Autodesk
Format du dessin	AutoCAD 2007

D. Le convertisseur de calques

Le convertisseur de calques permet de transformer les calques d'un dessin selon une norme indiquée.

Un dessin transmis par une entreprise extérieure ne s'appuie pas forcément sur les mêmes conventions relatives aux calques. Grâce au convertisseur de calques, vous pouvez modifier et adapter les calques du dessin réceptionné à vos calques habituellement utilisés, ou encore s'inspirer d'un fichier de normes.

- Dans le groupe de fonctions **Normes CAO** (onglet **Gérer**), cliquez sur l'icône Convertisseur de calques.

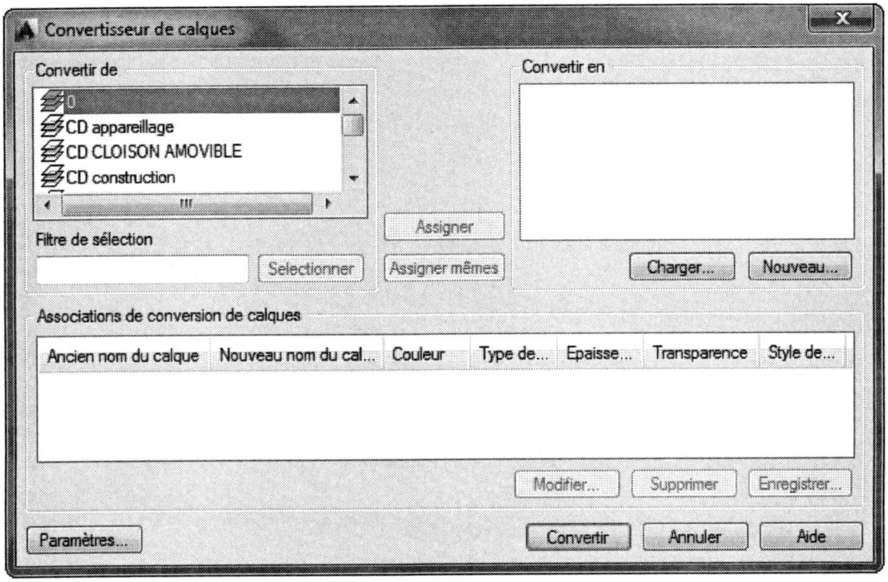

La liste **Convertir de** affiche les calques du dessin courant. Il est possible de sélectionner les calques à convertir à l'aide des touches [Ctrl] et [Shift] (sélection multiple). Vous utiliserez le clic droit pour tout sélectionner. Un filtre de sélection est également disponible.

Remarque

*Les calques non utilisés sont affichés avec un symbole blanc. Ils peuvent être retirés du dessin (clic droit - **Purger calques**).*

La liste **Convertir en** affiche les calques de conversion appartenant au dessin, au gabarit de dessin ou au fichier de normes accessible à l'aide du bouton **Charger**.

Le bouton **Nouveau** procède à la création d'un nouveau calque (avec ses propriétés).

Le bouton **Assigner** permet la conversion du ou des calques sélectionnés dans la liste **Convertir de**, vers le calque sélectionné de la liste **Convertir en**.

Le bouton **Assigner mêmes** permet la conversion de tous les calques portant le même nom dans les deux listes.

Lors de l'affectation de calque de conversion, la rubrique **Associations de conversion de calques** affiche les propriétés affectées par la conversion. Il est possible de sélectionner des calques et de modifier leurs propriétés (bouton **Modifier**). Le bouton **Supprimer** annule l'assignation de calque sélectionnée. Le bouton **Enregistrer** permet, à partir de la liste d'attribution de calques, la sauvegarde d'un fichier dessin DWG ou d'un fichier de normes DWS.

Le bouton **Convertir** procède à la conversion des calques.

Remarque

*Le bouton **Paramètres** permet d'agir sur le résultat de la conversion selon les propriétés des objets. Ainsi, lors de la conversion, il est possible de conserver ou de forcer la couleur ou le type de ligne d'un calque.*

E. Changement de propriétés des objets

➲ Dans le groupe de fonctions **Palettes** (onglet **Vue**), cliquez sur l'icône **Propriétés** 

.

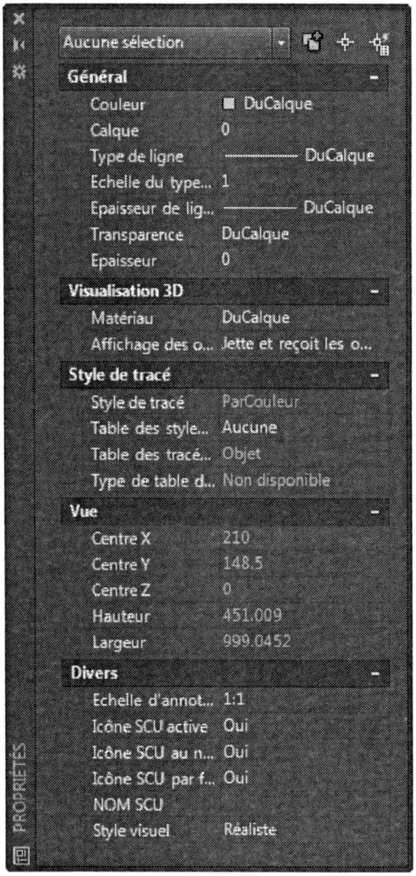

Chaque objet possède des caractéristiques qui lui sont propres. En effet, lorsque vous créez une ligne par exemple, vous utilisez le calque courant. La ligne dessinée est donc positionnée sur un calque ; elle possède une couleur et un type de ligne.

Vous devrez régulièrement changer les caractéristiques des objets.

En théorie, avant de dessiner, pensez à changer de calque courant pour que l'objet à représenter adopte les bonnes caractéristiques. En pratique, vous dupliquez souvent des objets existants (décalages, copies, symétries...). Les éléments copiés conservent leurs caractéristiques d'origine même si vous avez pris soin de changer de calque courant. Vous aurez donc à modifier leurs caractéristiques.

Souvent, soit par oubli, soit par gain de temps, vous ne changez pas de calque courant pour dessiner un objet. Dans ce cas également, vous changerez les caractéristiques de l'objet.

Le changement des propriétés est très rapide grâce à cette fenêtre très riche en possibilités. Nous nous intéressons ici au **changement des propriétés générales** (cf. chapitre La gestion des objets - Modification des propriétés d'objets). Les propriétés générales sont les propriétés de calque, couleur, type de ligne, échelle de type de ligne, épaisseurs...

Sélectionnez un ou plusieurs objets à modifier. Si la sélection est multiple, la fenêtre **Propriétés** se limitera automatiquement à l'affichage des propriétés générales.

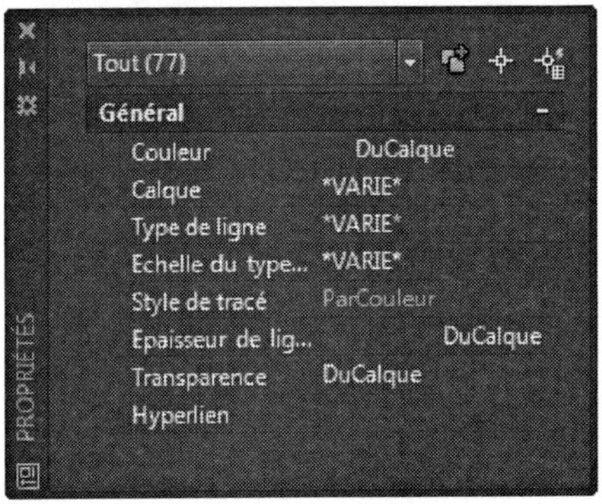

Lorsque la sélection est effectuée, les propriétés actuelles des objets apparaissent. Ceci constitue d'abord une source de renseignements intéressante. Agissez ensuite sur la ou les propriétés à modifier.

Couleur : affiche une liste déroulante proposant toutes les couleurs AutoCAD. La couleur DuCalque indique la couleur affectée au calque (couleur logique). La couleur DuBloc indique la couleur appartenant au bloc dont fait partie l'objet.

Vous pouvez forcer une couleur à un objet ; dans ce cas la couleur DuCalque n'est plus affectée à l'objet. Un double clic passe en revue les couleurs les unes après les autres, sans utiliser la liste déroulante. AutoCAD utilise 256 couleurs numérotées, mais aussi les couleurs vraies et carnets de couleurs (PANTONE, RAL...).

Calque : accède à la liste des calques existant dans le dessin. Le calque choisi devient le calque des objets sélectionnés. Notez que les propriétés de couleur, type de ligne, styles de tracé et épaisseur de ligne respectent celles attribuées au calque si elles se nomment DuCalque.

Type de ligne : affiche une liste déroulante proposant tous les types de ligne chargés dans le dessin. Le type de ligne DuCalque indique le type de ligne affecté au calque (type de ligne logique). Le type de ligne DuBloc indique le type de ligne appartenant au bloc dont fait partie l'objet. Vous pouvez forcer un type de ligne à un objet ; dans ce cas le type de ligne DuCalque n'est plus affecté à l'objet. Un double clic passe en revue les types de ligne les uns après les autres, sans dérouler la liste déroulante.

Echelle du type de ligne : permet de modifier l'échelle du type de ligne des objets sélectionnés, ou individuellement. La valeur indiquée est multipliée par le facteur d'échelle global (cf. chapitre La gestion des calques - Le contrôle des calques).

Style de tracé : permet d'affecter un style de tracé aux objets sélectionnés. Les styles de tracé sont affectés soit aux calques, soit aux objets. L'option **Autres** permet l'accès aux autres styles de tracé de la table courante, ou aux différentes tables de tracé (cf. chapitre La présentation et l'impression du dessin - Les styles de tracé).

Epaisseur de ligne : affiche les diverses épaisseurs de ligne normalisées.

Transparence : affiche la valeur de transparence attribuée aux objets sélectionnés.

Hyperlien : accède au chemin et fichier lié à l'objet. Il est possible d'associer un hyperlien à plusieurs objets. Un bouton affichant trois petits points permet l'association à tout type de fichier.

Epaisseur : affiche la hauteur d'objet (ou épaisseur) des objets sélectionnés (cf. chapitre La 3D filaire - Élévation et hauteur d'objet).

Chapitre 10
Les éléments de bibliothèque

A. Les blocs

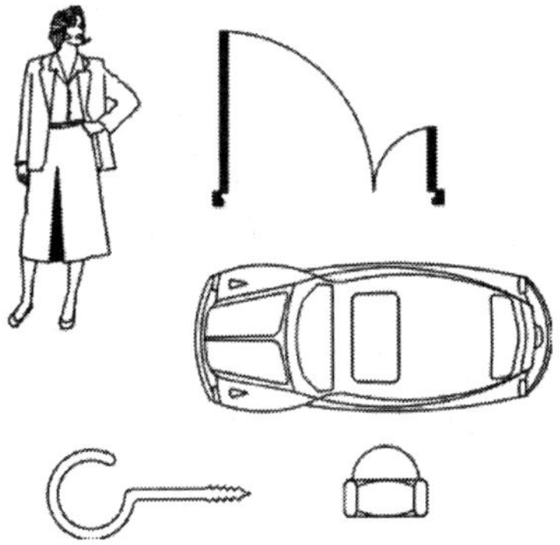

Un bloc est un ensemble d'entités groupées en un objet complexe. Une fois groupées, ces entités prennent un nom : nom du bloc. À partir de ce moment, vous pouvez placer cet objet composé dans votre dessin en l'appelant par son nom, en lui donnant une échelle en X et en Y et une rotation de mise en place.

Si toutes les entités de cette figure sont rassemblées en un bloc, elles pourront être insérées dans votre dessin de multiples façons, comme par exemple :

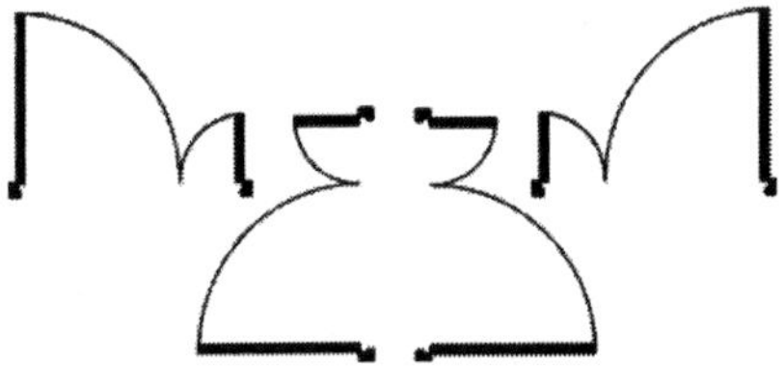

Un bloc est traité comme un simple objet par AutoCAD. Il peut être manipulé par toutes les commandes d'édition et de renseignement.

Vous définissez un bloc en sélectionnant des éléments, soit dans votre dessin, soit à partir d'autres dessins AutoCAD.

Vous pouvez ainsi créer vos propres bibliothèques d'éléments et les insérer dans votre dessin à n'importe quel endroit.

Vos dessins, par l'utilisation des blocs, auront des bases de données très compactes, le bloc étant défini une seule fois et placé autant de fois que nécessaire.

Les blocs dynamiques permettent, pour un seul bloc, diverses utilisations avec des variations de dimensions, d'orientation, de rotation, etc.

1. Blocs, calques, couleurs, types de ligne

Un bloc peut être constitué d'entités situées dans des calques différents et ayant différents types de ligne. Toute entité d'un bloc située dans un calque et ayant une couleur et un type de ligne avant la création du bloc, restera placée dans ce calque et gardera sa couleur et son type de ligne lors de l'insertion du bloc, et ce, quels que soient le calque, la couleur et le type de ligne courants au moment de l'insertion du bloc.

AutoCAD vous permet de créer des blocs de plusieurs façons. Ainsi les résultats, lors des différentes insertions de bloc, peuvent être divers. Le bloc peut s'adapter aux caractéristiques d'un calque ou conserver ses caractéristiques de création.

2. Pourquoi utiliser les blocs ?

Les blocs présentent de multiples avantages qui n'apparaissent pas au premier abord :

- Réduction et organisation du travail
  L'utilisation des blocs dans un dessin permet de construire les plus petits détails selon des modèles préétablis. Les caractéristiques qui apparaissent souvent peuvent être dessinées une seule fois plutôt que l'une après l'autre.
- Personnalisation
  Les blocs sont utilisés pour construire vos propres bibliothèques.
- Facilité de redéfinition
  Les dessins doivent être révisés et mis à jour en cas de changement d'un élément de bibliothèque. Sans l'utilisation de blocs, les modifications seraient fastidieuses. Ainsi, ayant défini un élément de bibliothèque comme bloc, vous pouvez facilement le modifier, et toutes les références à ce bloc dans le dessin seront automatiquement mises à jour.
- Gain d'espace
  À chaque entrée d'une entité dans votre dessin, AutoCAD augmente la taille de votre fichier sur le disque. L'espace disque devient vite très important. Si vous créez un bloc défini avec des lignes, arcs et autres, à chaque fois que vous appellerez cet élément, AutoCAD placera dans votre dessin une seule entité. Plus complexe sera la définition du bloc, plus grand sera le gain de place sur le disque.
- Attributs
  Vous pourrez attacher des attributs à chaque bloc. Les attributs sont des informations texte rattachées aux blocs qui seront affectées à chaque insertion du bloc, ces commentaires pouvant être visibles ou invisibles. Les attributs peuvent être extraits du fichier dessin par AutoCAD pour être transférés dans une base de données.

B. Création de blocs

Vous pouvez créer de nouveaux blocs dans votre dessin à partir des entités de votre choix.

➲ Dans le groupe de fonctions **Bloc** (onglet **Début**), cliquez sur l'icône **Créer** .

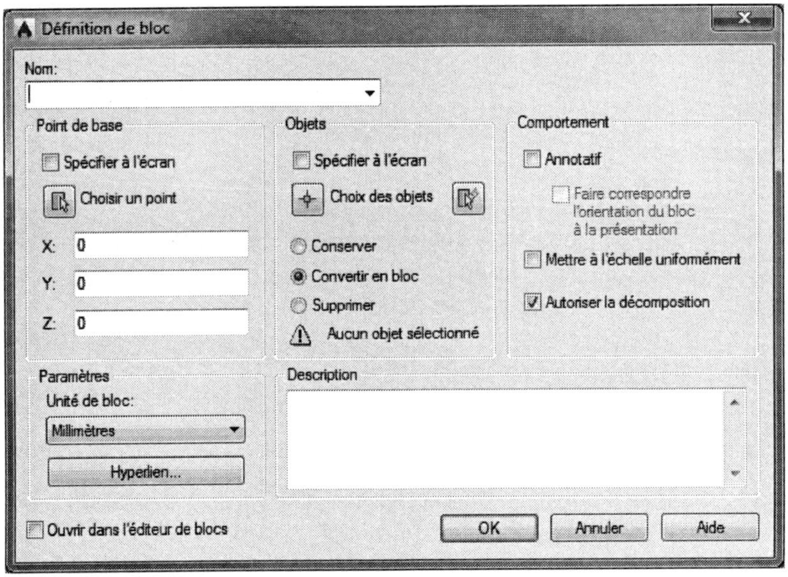

La boîte de dialogue **Définition de bloc** se compose des éléments suivants :

Nom

Vous devez donner un nom au bloc. 255 caractères sont autorisés y compris le tiret (-), le souligné (_) et le dollar ($). Indiquez le nom dans la zone de texte **Nom**. La liste déroulante vous permet de visualiser les blocs existants dans le dessin.

Point de base

Vous devez ensuite préciser le point de base pour les futures insertions. Indiquez les coordonnées de ce point en **X**, **Y** et **Z** dans les zones correspondantes, ou identifiez un point caractéristique grâce aux outils d'accrochage aux objets ; dans ce cas, cliquez sur **Choisir un point**.

Objets

Enfin, vous choisissez les objets constituant le bloc. Cliquez sur **Choix des objets**. Utilisez une méthode quelconque de sélection pour désigner les composants du nouveau bloc et appuyez sur [Entrée]. La boîte de dialogue réapparaît. Notez que le nombre d'objets indiqué permet un éventuel contrôle.

Conserver : permet de conserver les éléments originaux à l'écran, après création du bloc.

Convertir en bloc : après création du bloc, positionne un bloc à l'emplacement des éléments initiaux du bloc.

Supprimer : ne garde pas les éléments initiaux constituant le bloc.

Paramètres

Unité de bloc : précise les unités de bloc utilisées lors de l'insertion.

Le bouton **Hyperlien** permet l'accès à la boîte de dialogue **Insérer un hyperlien**. Vous pouvez ici associer tout type de fichier au bloc lui-même.

Comportement

Annotatif : indique que le bloc possède une propriété annotative.

Faire correspondre l'orientation du bloc à la présentation : permet la correspondance de l'orientation des références de bloc (dans les fenêtres de présentation) avec l'orientation de la présentation. Cette option n'est disponible que si l'option Annotatif est activée.

Mettre à l'échelle uniformément : permet de spécifier si le bloc pourra être ou non inséré à une échelle non uniforme (X différent de Y par exemple).

Autoriser la décomposition : permet ou non la décomposition d'un bloc après insertion.

Description

Cette zone permet de renseigner le bloc. La description est notamment utilisée dans le DesignCenter.

Ouvrir dans l'éditeur de blocs : permet d'accéder à la définition de bloc courante dans l'Editeur de blocs, après confirmation par **OK**.

Un bloc ne peut être inséré que dans le dessin courant. Un second fichier dessin ne peut reconnaître le bloc spécifique au premier. Les éléments standard vus un peu plus loin permettent l'insertion depuis n'importe quel dessin.

Remarque

Le glissement d'un dessin à un autre est possible avec tout type d'objets, y compris le bloc ! (cf. AutoCAD DesignCenter dans ce chapitre).

C. Insertion de blocs

1. Ajout d'un bloc

Dans votre dessin, vous pouvez insérer un bloc préalablement défini ou un fichier dessin qui sera enregistré en tant que définition de bloc. À chaque insertion, vous devez fixer le point d'insertion, l'échelle et l'angle de rotation, dans la boîte de dialogue ou au clavier lors de l'insertion. Notez qu'il vous sera possible, si nécessaire, de décomposer le bloc.

- Dans le groupe de fonctions **Bloc** (onglet **Début**), cliquez sur l'icône **Insérer** 

.

  La boîte de dialogue ci-dessous est affichée :

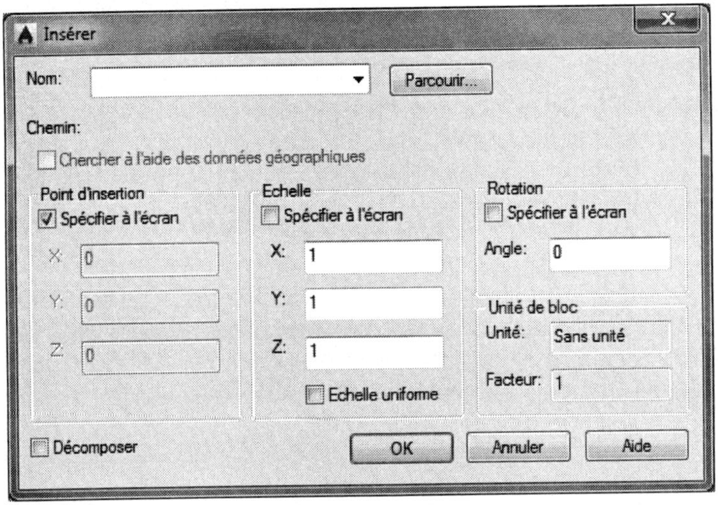

Vous indiquez le bloc ou le fichier dessin que vous souhaitez insérer.

Vous précisez le point d'insertion du bloc, une échelle ainsi qu'un angle de rotation. Vous pouvez insérer le bloc décomposé (même résultat que si vous le décomposiez ensuite). Le nom du dernier bloc inséré est mémorisé et devient la valeur par défaut dans la liste déroulante **Nom**.

Nom

La liste déroulante **Nom** répertorie les blocs définis dans le dessin courant. Choisissez le bloc à insérer dans la liste **Nom** et confirmez par **OK**.

Parcourir : le bouton **Parcourir** affiche une boîte de dialogue de fichiers standard. Tout fichier dessin peut être choisi et inséré sous forme de définition de bloc. Notez l'indication du **chemin**. Une fois le fichier choisi, la boîte de dialogue précédente réapparaît afin que vous puissiez définir le point d'insertion, l'échelle et l'angle de rotation.

La case à cocher **Chercher à l'aide des données géographiques** permet l'insertion d'un dessin en utilisant les données géographiques. Cette option est disponible si les deux dessins (courant et à insérer) contiennent des données géographiques.

Point d'insertion

La zone **Point d'insertion** permet de définir l'emplacement des coordonnées **X**, **Y** et **Z** d'insertion du bloc. Le bloc désigné est dessiné de façon à ce que son point de base se situe au point d'insertion indiqué. Si la case à cocher **Spécifier à l'écran** est activée, l'utilisateur fixe le point d'insertion dynamiquement à l'aide de la souris.

Echelle

Cette zone permet de définir les facteurs d'échelle **X**, **Y** et **Z** du bloc inséré. Vous pouvez préciser un facteur d'échelle négatif en X ou en Y, ce qui a pour effet de créer des symétries de l'objet initial. Attention aux résultats obtenus avec des attributs associés aux blocs lors de cette commande.

Si la case à cocher **Spécifier à l'écran** est activée, l'utilisateur fixe l'échelle au clavier pendant la procédure. Si cette case est décochée, les valeurs présentes dans les zones **X, Y** et **Z** sont prises en compte, et AutoCAD ne vous demandera pas d'échelle pendant la procédure d'insertion. **Echelle uniforme** impose une taille uniforme (X = Y).

Rotation

Vous pouvez définir ici l'angle de rotation pour le bloc inséré. Si la case à cocher **Spécifier à l'écran** est activée, l'utilisateur fixe la rotation au clavier ou dynamiquement à la souris pendant la procédure d'insertion. Si cette case est décochée, la valeur présente dans la zone **Angle** est prise en compte, et AutoCAD ne vous demandera pas d'angle de rotation pendant la procédure d'insertion.

Unité de bloc

Cette zone permet l'insertion du bloc avec un facteur d'échelle particulier, calculé sur la base de la valeur de la zone de texte **Facteur** et de la valeur d'unités de bloc (et des unités de dessin) spécifiée dans la zone de texte **Unité.**

Décomposer : la case à cocher **Décomposer** permet d'insérer le bloc non pas comme une seule entité mais comme un ensemble d'entités distinctes. Vous pouvez ainsi les modifier au besoin. Son action est comparable à la décomposition du bloc après son insertion (icône **Décomposer** de la barre d'outils **Modifier**). Une fois l'option **Décomposer** activée, le bloc est inséré avec des facteurs d'échelle **X**, **Y** et **Z** identiques. Par conséquent, un seul facteur d'échelle est disponible pour le bloc décomposé : il est appliqué à toutes les échelles et ne peut être négatif.

Les entités dessinées sur le calque 0 d'un bloc, restent sur ce calque si elles ont été insérées en activant **Décomposer**. De la même façon, les entités de couleur DuBloc sont dessinées en blanc, et celles dont le type de ligne est DuBloc le sont en lignes continues.

2. Mise à jour d'un dessin inséré

Vous pouvez mettre à jour un ou plusieurs blocs ayant subi des modifications. Les changements sont instantanés et automatiques.

Imaginons l'exemple suivant : vous avez initialement créé un élément de bibliothèque Cheminée L.dwg (cf. Création d'éléments standard dans ce chapitre). Vous l'avez inséré en tant que bloc Cheminée L à plusieurs reprises dans un dessin Bâtiment.dwg. L'élément de bibliothèque doit avoir aujourd'hui une définition différente. Vous procédez donc aux modifications sur le fichier original Cheminée L.dwg.

Les mises à jour terminées sur l'original, il vous reste à préciser la mise à jour de l'élément Cheminée L dans le fichier Bâtiment.dwg. Ouvrez le fichier Bâtiment.dwg et procédez comme suit :

- Choisissez l'icône **Insérer** dans le groupe de fonctions **Bloc**. Cliquez ensuite sur le bouton **Parcourir** dans la boîte de dialogue **Insérer**. Vous devez choisir l'élément original Cheminée L.dwg. AutoCAD va procéder comme à son habitude et donc va vouloir créer un bloc Cheminée L dans le dessin courant. Or, ce bloc Cheminée L existe déjà.

  AutoCAD vous demande donc si vous désirez une mise à jour :

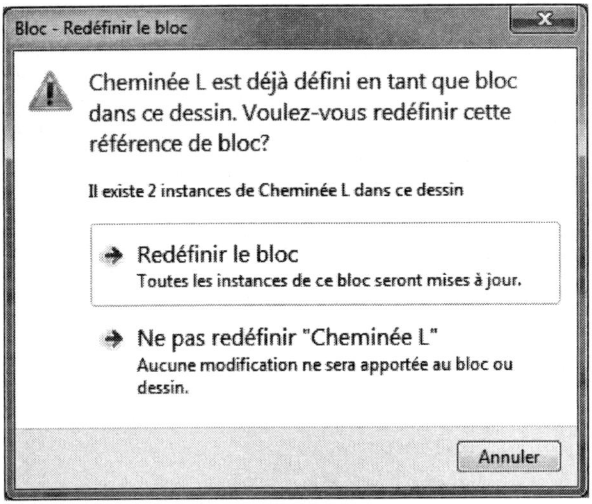

- Cliquez sur le bouton **Oui**. AutoCAD régénère le dessin afin de mettre à jour tous les blocs. Il vous donne la possibilité d'insérer un autre bloc. Appuyez sur la touche [Echap] pour conserver la mise à jour sans insérer un nouveau bloc.

Remarque

*Depuis le DesignCenter, vous pouvez redéfinir directement une définition du bloc. Accédez à la rubrique Blocs du dessin concerné, puis effectuez un clic droit sur le bloc et choisissez **Redéfinir seulement**.*

D. Création d'éléments standards

- Dans le groupe de fonctions **Définition de bloc** (onglet **Insertion**), choisissez l'icône déroulante

(ou saisissez **Wbloc** au clavier).

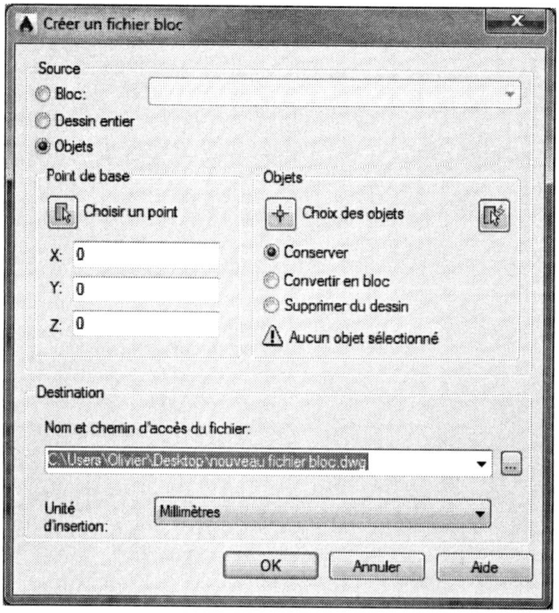

Vous pouvez ici créer vos propres bibliothèques sur disque. Ces éléments de bibliothèque seront accessibles depuis n'importe quel dessin.

Source

Bloc : **bloc** est activé si des blocs sont définis dans le dessin courant. La sélection de l'un d'entre eux permet la création d'un fichier dessin à partir d'un bloc du dessin.

Dessin entier : permet la création d'un fichier dessin à partir de toute la géométrie du dessin. La création d'éléments de bibliothèque impose souvent une organisation rigoureuse du disque. Il n'est donc pas impossible d'avoir deux dessins identiques sur le disque (un original et un dessin à insérer).

Objets : cette option par défaut crée un fichier bloc à partir des objets sélectionnés par l'utilisateur. Il suffit de sélectionner le bouton **Choix des objets**.

Point de base : le bouton **Choisir un point** propose à l'utilisateur d'indiquer graphiquement le point qui servira de référence pour les futures insertions. Les zones **X**, **Y** et **Z** peuvent également fixer ce point de référence.

Objets : le bouton **Choix des objets** vous invite à sélectionner les objets constituant l'élément de bibliothèque. Utilisez la méthode de sélection de votre choix.

Conserver : permet de conserver les éléments originaux à l'écran, après création du fichier bloc.

Convertir en bloc : après création du fichier bloc, positionne un bloc à l'emplacement des éléments initiaux du bloc.

Supprimer du dessin : ne garde pas les éléments initiaux constituant le fichier bloc.

Destination

Nom et chemin d'accès du fichier : choisissez l'emplacement du fichier bloc à créer et spécifiez son nom. La liste déroulante propose les chemins précédemment utilisés. Cliquez sur le bouton situé à droite (3 petits points) pour accéder à l'arborescence du disque.

Unité d'insertion : fixe le type d'unité pour le fichier bloc lorsqu'il est inséré (glissé) depuis le DesignCenter (cf. AutoCAD DesignCenter dans ce chapitre). La liste déroulante vous propose tous types d'unités (km, hectomètres, microns, pouces, miles, décimètres...).

Remarque

*Tout fichier dessin peut être inséré comme bloc dans un autre dessin. Si vous voulez rendre le fichier actuel disponible pour une insertion, utilisez simplement la commande **Enregistrer** du menu **Fichier** pour le stocker sur disque.*

Vous pouvez apporter des modifications sur cet élément de bibliothèque en ouvrant normalement ce fichier. Une mise à jour des dessins utilisant le bloc correspondant peut être effectuée (cf. Insertion de blocs - Mise à jour d'un dessin inséré dans ce chapitre). Si vous souhaitez modifier l'emplacement des entités de l'élément de bibliothèque, vous pouvez utiliser la commande **Déplacer** classique. Vous pouvez également utiliser le bouton **Définir un point de base**  (groupe de fonctions **Bloc**, onglet **Début**) vous permettant de repositionner l'origine actuelle du dessin, et donc le point de base des futures insertions.

Le message ci-dessous apparaît alors :

```
Entrez le point de base <0.0000,0.0000,0.0000>:
```

E. AutoCAD DesignCenter

1. Présentation

AutoCAD DesignCenter constitue une sorte d'explorateur intelligent de contenus.

Une première possibilité permet très rapidement de visualiser et d'insérer le contenu d'un dossier (dessins AutoCAD et images tramées) dans un dessin ouvert. À l'aide d'un simple cliqué-glissé, l'utilisateur insère un dessin extérieur entier dans un dessin ouvert.

Une deuxième possibilité permet de transférer d'un dessin à un autre les éléments suivants : calques (avec toutes ses propriétés), types de ligne, blocs, xrefs, styles de texte, styles de tableau, styles de cote et présentations (avec configuration de tracé, mise en page, cadre, cartouche et fenêtres de présentation).

L'utilisateur visualise le contenu d'un dessin AutoCAD (liste ci-dessus) présent dans l'arborescence du disque, et grâce à un simple cliqué-glissé dépose dans un dessin ouvert l'élément voulu.

Pour lancer AutoCAD DesignCenter :

➲ Dans le groupe de fonctions **Palettes**, cliquez sur l'icône **DesignCenter** .

La palette ci-dessous est affichée :

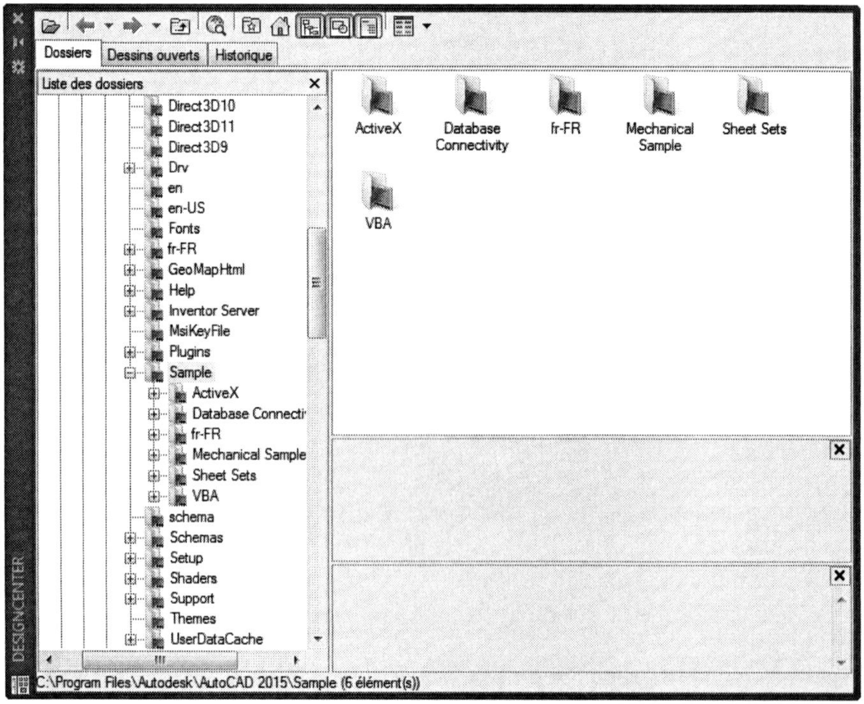

La fenêtre DesignCenter est flottante (figure précédente) ou arrimée sur le bord gauche de la fenêtre AutoCAD.

Dans la partie supérieure, trois onglets ainsi qu'une barre d'outils sont disponibles.

L'onglet **Dossiers** permet d'accéder aux divers dossiers de votre disque ou réseau.

L'onglet **Dessins ouverts** permet l'accès aux contenus des dessins ouverts.

L'onglet **Historique** affiche les vingt derniers fichiers ou dossiers "visités" avec AutoCAD DesignCenter.

La fenêtre DesignCenter est composée de la barre d'outils ci-après :

Cette barre d'outils se compose des éléments suivants :

Charger : permet de charger le contenu de fichiers situés sur les lecteurs locaux, sur le réseau ou sur le Web.

Arrière : permet de revenir au plus récent emplacement dans l'historique ; ou via la liste déroulante, à un des précédents emplacements.

Avant : permet de "remonter" dans l'historique des emplacements suivants.

Haut : permet d'accéder au dossier situé hiérarchiquement au-dessus du dossier ouvert.

Rechercher : ouvre la boîte de dialogue **Rechercher** permettant la recherche rapide des éléments suivants : dessins, blocs, calques, styles de texte, styles de cote, présentations, types de ligne et xrefs. Précisez le chemin de recherche, la date de modification...

Favoris : permet l'accès direct au dossier **Favoris**. Celui-ci se situe dans le dossier ...\Favoris\Autodesk. Notez qu'un clic droit sur un élément d'AutoCAD DesignCenter permet d'accéder à un menu contextuel proposant l'ajout aux Favoris, ou encore la suppression d'un élément du dossier **Favoris**. (option **Organiser les favoris**). Constituez ainsi vos classements favoris.

Début : revient au dossier ouvert par défaut lors de l'installation (...\Sample\DesignCenter). Vous pouvez modifier ce dossier par défaut grâce au menu contextuel de l'arborescence.

Arborescence : permet l'affichage des fichiers ou dossiers sous forme hiérarchique. Sélectionnez l'un d'entre eux pour visualiser son contenu dans la partie droite. Vous réduisez ou déroulez les différents niveaux hiérarchiques en agissant sur le signe plus (+) ou moins (-).

Aperçu : affiche un aperçu de l'élément sélectionné.

Description : affiche un commentaire propre à l'élément sélectionné.

Vues : affiche le contenu du DesignCenter sous forme de grandes ou petites icônes, de liste ou de détails.

Pour redimensionner la fenêtre DesignCenter, effectuez un cliqué-glissé sur un de ses bords.

Vous pouvez aussi redéfinir la position du séparateur entre l'arborescence et le contenu. Un cliqué-glissé réduit ou augmente ces largeurs. Notez que des barres de défilement sont affichées lorsque l'affichage n'est pas complet, et permettent de faire varier l'affichage.

Pour une bonne gestion de vos projets, pensez à utiliser le DesignCenter. En effet, il vous permet d'échanger, de réutiliser les éléments du premier projet vers autant de nouveaux projets que vous le souhaitez. Ainsi, vous effectuez des cliqués-glissés des blocs ou références externes déjà utilisés dans un projet. Des présentations finalisées dans un projet sont réutilisées dans un nouveau projet ; ceci permet un gain de temps considérable. Les annotations (styles de texte) et cotations (styles de cote) sont échangées et évitent de nouveaux paramétrages. Les calques ne sont plus à créer s'ils existent sur un projet existant.

2. Utilisation du DesignCenter

Toute insertion s'effectue vers un dessin ouvert. Ce dessin ainsi que le DesignCenter sont donc affichés à l'écran.

a. Insérer un dessin entier

Accédez à l'arborescence du DesignCenter et ouvrez le dossier contenant le dessin à insérer.

Dans la partie droite du DesignCenter, sélectionnez le dessin AutoCAD et faites-le glisser dans le dessin ouvert.

Relâchez le bouton de la souris là où vous souhaitez positionner le dessin. Utilisez l'accrochage aux objets si nécessaire.

b. Attacher une image tramée

Accédez à l'arborescence du DesignCenter et ouvrez le dossier contenant l'image à attacher.

Dans la partie droite du DesignCenter, sélectionnez l'icône du fichier d'image tramée et glissez celle-ci dans le dessin ouvert.

Relâchez le bouton de la souris là où vous souhaitez déposer l'image tramée.

Entrez les valeurs de l'échelle et de l'angle de rotation.

c. Insérer un bloc

Accédez à l'arborescence du DesignCenter pour accéder au dessin contenant le bloc insérer. Affichez le contenu du dessin en agissant sur le signe + et choisissez la catégorie **Blocs**.

Dans la partie droite du DesignCenter, sélectionnez le bloc à insérer.

Faites un cliqué-glissé vers le dessin ouvert.

Relâchez le bouton de la souris là où vous souhaitez le positionner.

Le bloc est directement affiché lorsque vous glissez la souris sur le dessin. Vous pouvez utiliser les outils d'accrochage pour le positionner précisément.

Le bloc est inséré avec un facteur d'échelle et un angle de rotation par défaut.

Pour insérer un bloc avec des coordonnées, un facteur d'échelle et un angle de rotation à définir, effectuez un double clic sur le bloc depuis AutoCAD DesignCenter.

d. Glisser des calques

Accédez à l'arborescence du DesignCenter pour accéder au dessin contenant les calques à insérer. Affichez le contenu du dessin en agissant sur le signe + et choisissez la catégorie **Calques**.

Dans la partie droite du DesignCenter, sélectionnez le ou les calques à insérer.

Faites un cliqué-glissé vers le dessin ouvert.

Les calques sont maintenant disponibles avec toutes leurs propriétés dans le dessin courant.

e. Glisser des styles de cote

Accédez à l'arborescence du DesignCenter pour accéder au dessin contenant les styles de cote à insérer. Affichez le contenu du dessin en agissant sur le signe + et choisissez la catégorie **Styles de cote**.

Dans la partie droite du DesignCenter, sélectionnez le ou les styles de cote à insérer. Faites un cliqué-glissé vers le dessin ouvert.

Les styles de cote sont maintenant disponibles dans le dessin courant.

Remarque

Vous effectuez de la même façon un cliqué-glissé des styles de texte, types de ligne, des références externes (xrefs) et des présentations d'un dessin à un autre.

f. Application rapide de motifs de hachure

Depuis AutoCAD DesignCenter, si vous pointez dans l'arborescence sur le fichier **acadiso.pat**, vous accédez aux divers motifs de hachure. Ce fichier est situé dans le dossier Support (dossier caché) d'AutoCAD.

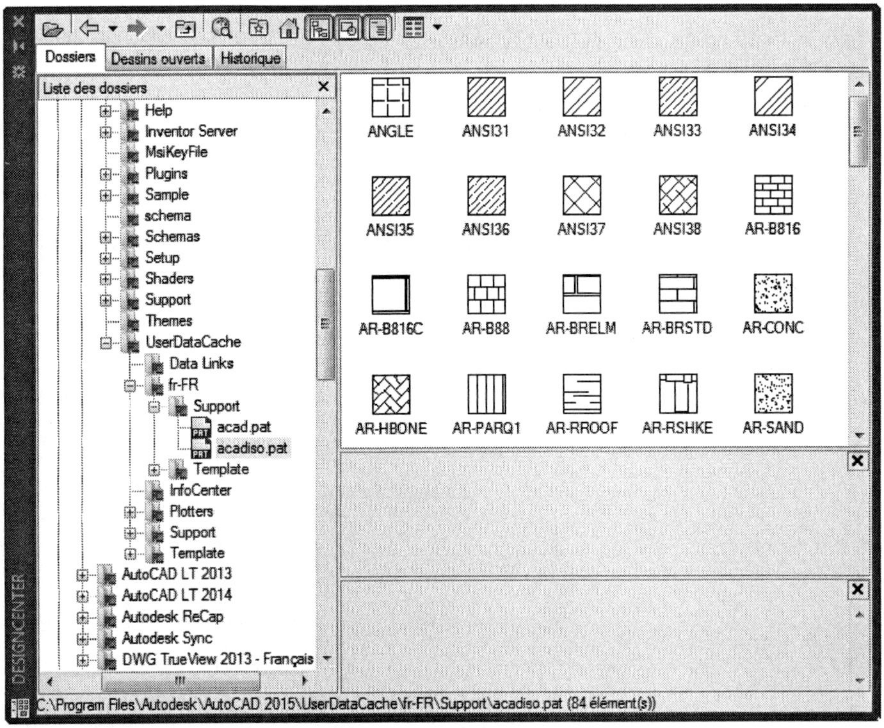

Choisissez le motif de hachure et effectuez un cliqué-glissé vers la zone à hachurer.

Remarque

*Dans le DesignCenter, un clic droit sur le motif permet l'accès à la boîte de dialogue **Hachures de contour**. Ainsi, vous pouvez hachurer avec la méthode classique.*

g. Création de palette d'outils à partir du DesignCenter

À partir du DesignCenter, il vous est possible de procéder à la création automatique d'une palette d'outils. Cette création est possible de deux façons :

- **Depuis l'arborescence du DesignCenter** : choisissez un dossier, un fichier ou une catégorie de blocs, de motifs de hachures..., puis effectuez un clic droit dans l'arborescence du DesignCenter. Choisissez **Créer une palette d'outils**.

  La palette est créée automatiquement dans la fenêtre **Palettes d'outils**, et les blocs ou motifs de hachure sont directement utilisables depuis les palettes d'outils.

  Dans le cas de la sélection d'un fichier de motifs de hachure, le menu contextuel affiche **Créer une palette d'outils comme motif de hachure**.

  Avec cette méthode, le nom de la palette est affecté automatiquement.

- **Depuis le contenu de DesignCenter** : choisissez un ou plusieurs éléments (bloc ou motif de hachure), puis effectuez un clic droit et choisissez **Créer une palette d'outils**.

  Dans ce cas, les blocs et motifs de hachure sont créés directement dans la nouvelle palette d'outils. AutoCAD vous demande de nommer cette nouvelle palette.

Voir aussi la personnalisation des palettes d'outils (cf. chapitre La personnalisation).

F. Les blocs dynamiques

Les blocs dynamiques sont définis à l'aide de propriétés personnalisées qui vous permettent d'adapter un bloc dans un dessin, sans le redéfinir ou en insérer un autre. Grâce aux blocs dynamiques, vous pouvez, après insertion, étirer un bloc dans un sens ou dans l'autre, redimensionner un bloc suivant des dimensions prédéfinies, orienter un bloc suivant un angle de rotation ou en obtenir une symétrie, modifier l'aspect du bloc parmi une liste...

Ces manipulations sont possibles en agissant sur des poignées personnalisées propres aux blocs dynamiques et par l'intermédiaire de la fenêtre **Propriétés**.

1. Exemples de manipulations de blocs dynamiques

Étudions les exemples particuliers suivants :

Exemple 1

➲ Dans le groupe de fonctions **Palettes** (onglet **Vue**), cliquez sur l'icône **Palettes d'outils** 

.

➲ Effectuez un clic droit sur la barre de titre de la fenêtre **Palettes d'outils** puis activez l'affichage de toutes les palettes en cliquant sur **Toutes les palettes**.

➲ Dans la fenêtre **Palettes d'outils**, activez l'onglet **Architecture**.

Vous obtenez l'affichage des palettes d'outils suivant :

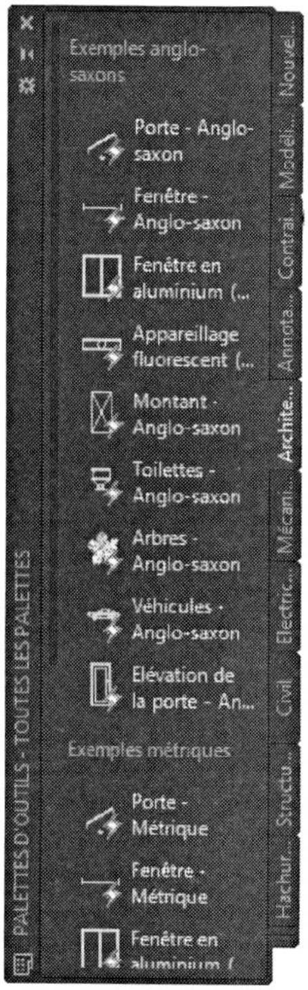

➲ Dans la partie inférieure **Exemples métriques**, cliquez sur le bloc **Fenêtre en Aluminium - Métrique**. AutoCAD vous invite à indiquer un point d'insertion dans la zone graphique.

Une fois l'insertion réalisée, la figure est similaire au dessin ci-dessous :

- Cliquez sur ce bloc et constatez l'affichage des poignées personnalisées.

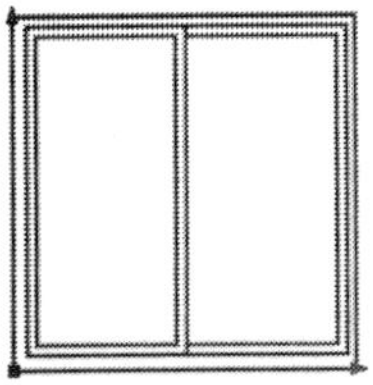

- Cliquez sur la poignée carrée pour déplacer le bloc à partir de son point d'insertion.
- Agissez sur la poignée droite pour étirer dynamiquement (avec la souris) la largeur de la fenêtre. Cet étirement se fait ici conformément à des largeurs de fenêtre prédéfinies.
- Agissez sur la poignée supérieure pour étirer dynamiquement (avec la souris) la hauteur de la fenêtre. Cet étirement se fait ici conformément à des hauteurs de fenêtre prédéfinies.

  La fenêtre **Propriétés** vous permet de sélectionner, dans une liste, des dimensions prédéfinies pour les largeur et hauteur de la fenêtre.
- Effectuez un clic droit, puis choisissez **Propriétés** pour afficher la fenêtre **Propriétés** qui présente la rubrique **Personnaliser** suivante :

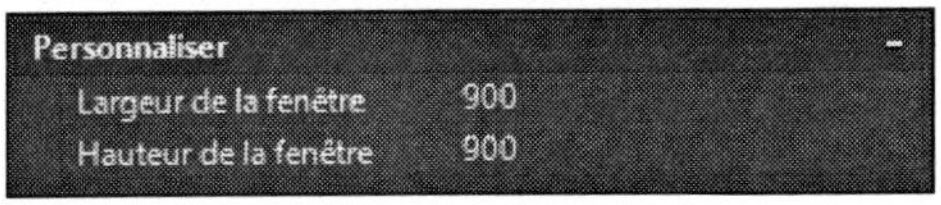

- Dans la rubrique **Personnaliser**, déroulez la liste **Largeur de la fenêtre** et choisissez une largeur prédéfinie.
- Dans la rubrique **Personnaliser**, déroulez la liste **Hauteur de la fenêtre** et choisissez une hauteur prédéfinie.

  Le bloc dynamique évolue en fonction des choix ci-dessus.

  La palette **Propriétés rapides** permet l'accès direct (et la modification) à certaines caractéristiques du bloc dynamique.
- Sélectionnez le bloc dynamique, effectuez un clic droit et choisissez **Propriétés rapides** pour afficher la palette **Propriétés rapides**.

  La fenêtre suivante est affichée :

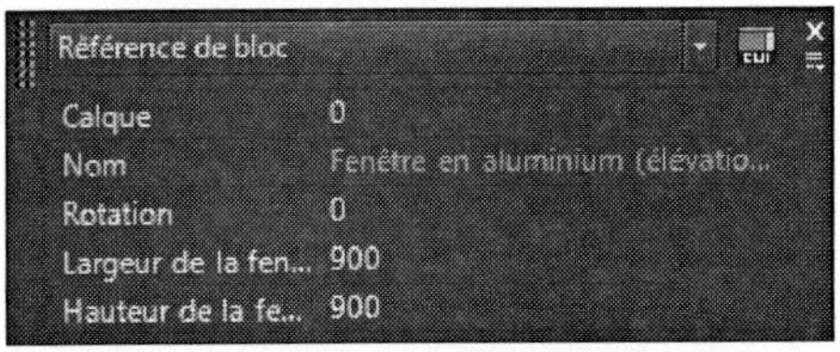

- Modifiez les paramètres **Calque**, **Nom**, **Rotation**, **Largeur de la fenêtre** et **Hauteur de la fenêtre** (caractéristiques de ce bloc dynamique).

Exemple 2

- Dans la fenêtre **Palettes d'outils**, activez l'onglet **Architecture**.
- Dans la partie inférieure **Exemples métriques**, cliquez sur le bloc **Porte - Métrique**.

AutoCAD vous invite à indiquer un point d'insertion dans la zone graphique.

- Une fois l'insertion réalisée, cliquez sur le bloc pour afficher la figure suivante :

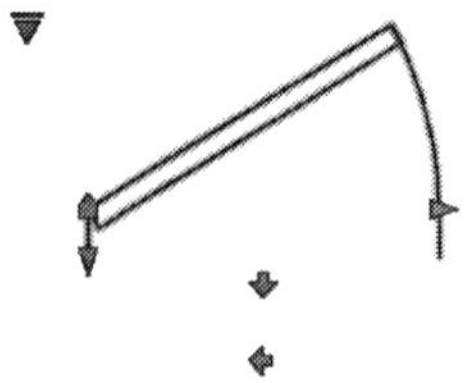

- Cliquez sur la poignée carrée  pour déplacer le bloc à partir de son point d'insertion.
- Agissez sur la poignée  pour modifier l'épaisseur de la paroi. Cet étirement se fait ici conformément à des épaisseurs de paroi prédéfinies (voir les propriétés ci-après).
- Agissez sur la poignée  pour sélectionner dans les angles d'ouverture 30°, 45°, 60°, 90° ou une porte fermée.

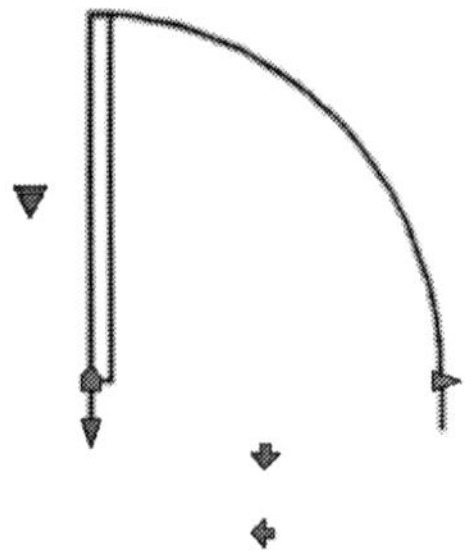

- Agissez sur la poignée droite  pour étirer dynamiquement (avec la souris) la largeur de la fenêtre. Cet étirement se fait ici conformément à des largeurs de porte prédéfinies (voir les propriétés ci-dessous).
- Agissez sur la flèche vers le bas  pour obtenir une symétrie horizontale.

Vous obtenez la figure ci-dessous et la flèche devient flèche vers le haut.

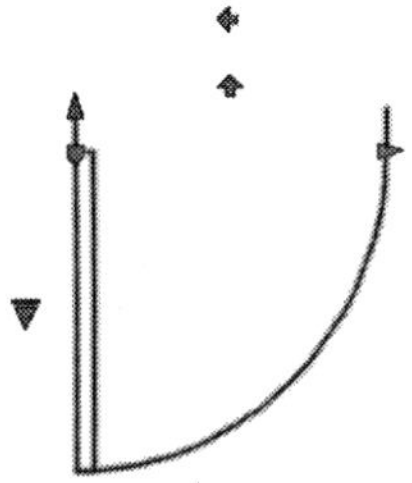

- Agissez sur la flèche vers la gauche  pour obtenir une symétrie verticale.
- Vous obtenez la figure ci-dessous et la flèche devient flèche vers la droite.

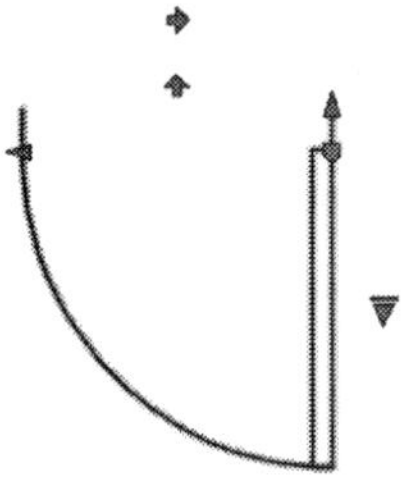

La rubrique **Personnaliser** de la palette **Propriétés rapides** ci-dessous vous permet de choisir :

- La taille de la porte dans une liste de dimensions prédéfinies.
- L'épaisseur de la paroi dans une liste de dimensions prédéfinies.
- Le côté de montage de la porte (charnière à gauche ou droite).
- L'ouverture intérieure ou extérieure de la porte.
- Les angles d'ouverture de la porte (30, 45, 60 ou 90°) ou une porte fermée.

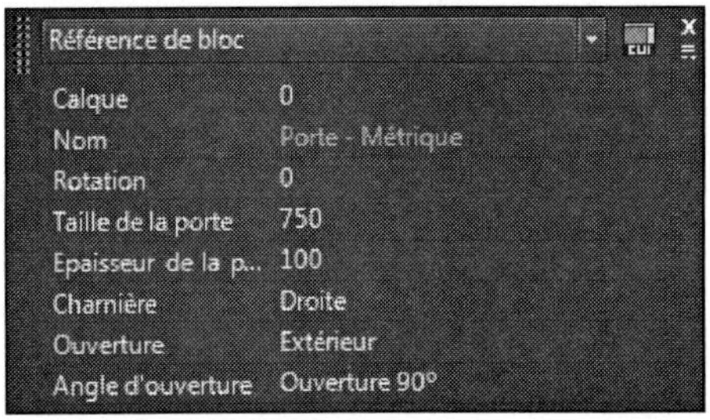

Exemple 3

- Dans la fenêtre **Palettes d'outils**, activez l'onglet **Structurel**.
- Dans la partie inférieure **Exemples métriques**, cliquez sur le bloc **Poutre en I - Métrique**.

  AutoCAD vous invite à indiquer un point d'insertion dans la zone graphique.

  Une fois l'insertion réalisée, cliquez sur le bloc pour afficher la figure suivante :

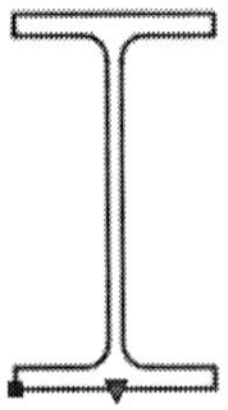

- Agissez sur la poignée  pour sélectionner dans le menu contextuel ci-dessous le type de poutre (profilé) désiré. Le bloc s'adapte automatiquement aux dimensions du nouveau profilé.

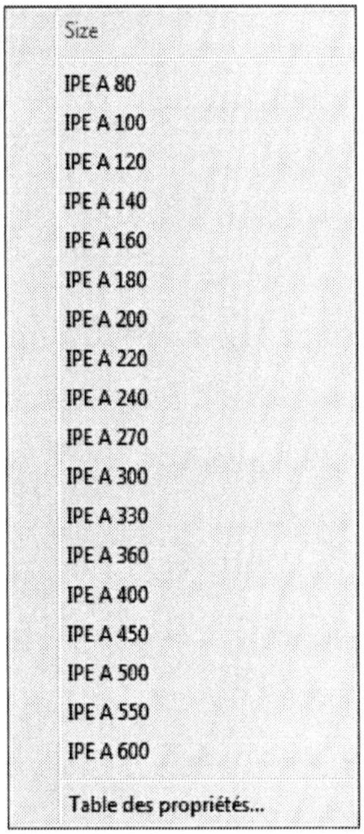

La palette **Propriétés rapides** vous permet de choisir la taille de poutre dans la liste prédéfinie (normalisée), la largeur de la bride, la hauteur de l'âme, l'épaisseur de la bride, l'épaisseur de l'âme, la valeur des rayons.

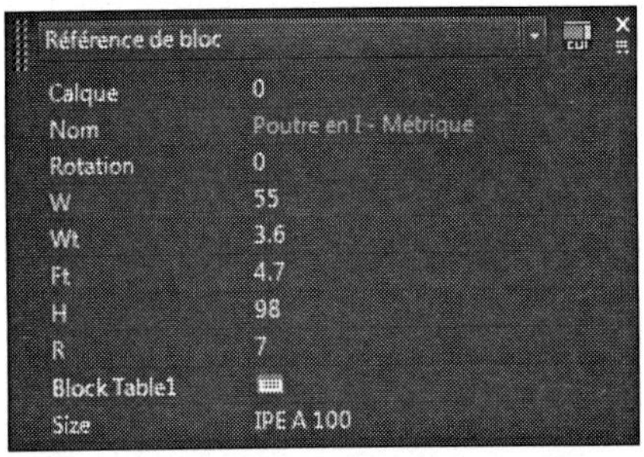

Le choix du type de poutre via **Tailles de poutre** (ou **Block Table1**) affecte l'ensemble des valeurs, car il s'agit ici de dimensions normalisées. En revanche, les autres choix permettent de modifier indépendamment l'une et l'autre des dimensions. Dans ce cas, la zone **Size** indique **Taille non répertoriée** (ou **Custom**).

Exemple 4

- Dans la fenêtre **Palettes d'outils**, activez l'onglet **Mécanique**.
- Dans la partie inférieure **Exemples métriques**, cliquez sur le bloc **Boulon à tête hexagonale - Métrique**.

AutoCAD vous invite à indiquer un point d'insertion dans la zone graphique.

Une fois l'insertion réalisée, cliquez sur le bloc pour afficher la figure suivante :

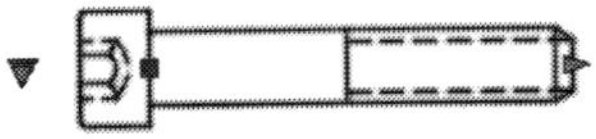

- Agissez sur la poignée ▼ pour sélectionner dans le menu contextuel ci-dessous le type de vis désiré. Le bloc s'adapte automatiquement aux dimensions de la nouvelle vis.
- Agissez sur la poignée droite ▶ pour étirer dynamiquement (avec la souris) la longueur de la vis. Cet étirement se fait ici conformément à des largeurs de porte prédéfinies (voir les propriétés ci-dessous).

La rubrique **Personnaliser** de la fenêtre **Propriétés** vous permet de choisir :

- La taille de vis dans la liste prédéfinie (normalisée).
- La longueur de la vis dans la liste prédéfinie.

Exemple 5

- Dans la fenêtre **Palettes d'outils**, activez l'onglet **Civil**.

➲ Dans la partie inférieure **Exemples métriques**, cliquez sur le bloc **Panneau international de limitation de vitesse - Métrique**.

AutoCAD vous invite à indiquer un point d'insertion dans la zone graphique.

Une fois l'insertion réalisée, cliquez sur le bloc pour afficher la figure suivante :

➲ Agissez sur la poignée ▼ pour sélectionner dans le menu contextuel l'un des choix de la liste ci-dessous :

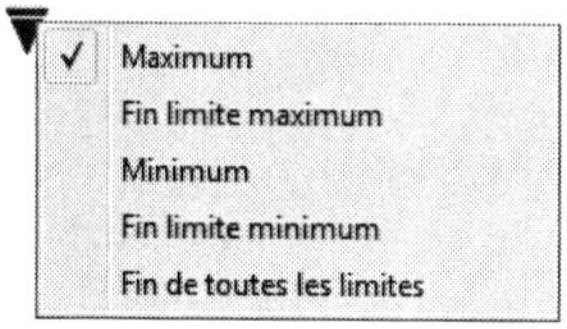

➲ Choisissez **Fin limite minimum**.

Le bloc est affiché comme ci-dessous :

Le bloc est automatiquement modifié et peut, d'ailleurs, être complètement différent du premier.

Remarque

*La palette **Propriétés rapides** (ou **Propriétés**) permet de modifier les caractéristiques ci-après :*

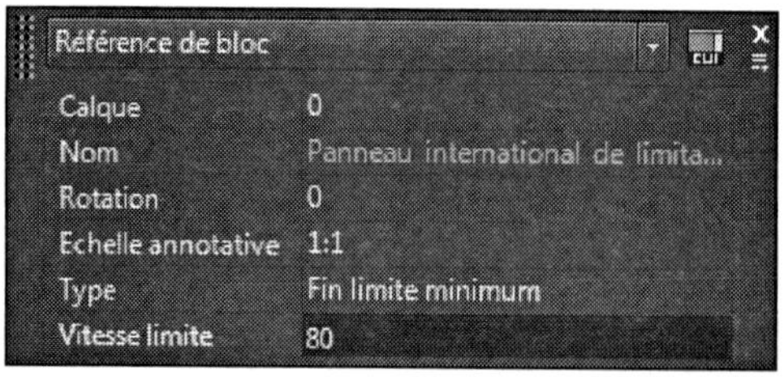

2. Création de blocs dynamiques

Pour qu'un bloc soit dynamique, il doit contenir au moins un paramètre et une action associée au paramètre.

Les paramètres définissent les propriétés personnalisées et spécifient des positions, des distances et des angles pour la géométrie du bloc. Les actions définissent la manière dont la géométrie d'une référence de bloc dynamique est déplacée ou modifiée lorsqu'un bloc change.

Lorsque vous ajoutez des actions au bloc, vous devez les associer à des paramètres et à une géométrie.

Considérons la création du bloc suivant dont le nom est Lunettes par exemple. Les dimensions sont affichées à titre d'information, mais seule la géométrie constitue le bloc Lunettes.

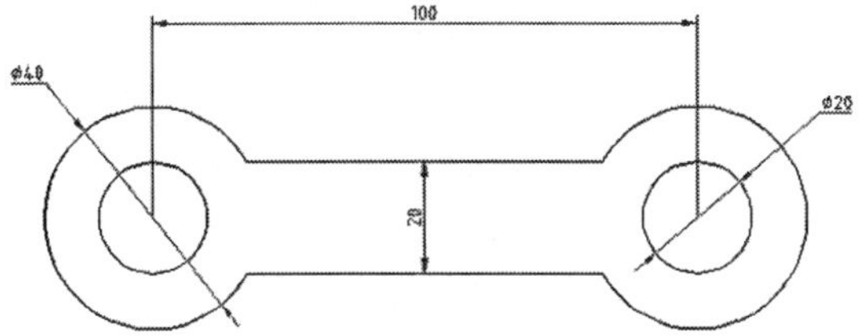

Permettre l'étirement d'une partie du bloc et la rotation du bloc

Dans cet exemple, vous allez définir un bloc dynamique que vous pourrez étirer vers la droite. L'entre-axes (défini à 100 ci-dessus) évoluera donc vers une valeur inférieure ou supérieure. Puis vous ajouterez un paramètre de rotation pour permettre une rotation du bloc autour de centre du cercle gauche.

Étirement d'une partie du bloc

- Effectuez un double clic sur la géométrie du bloc pour accéder à l'édition du bloc.

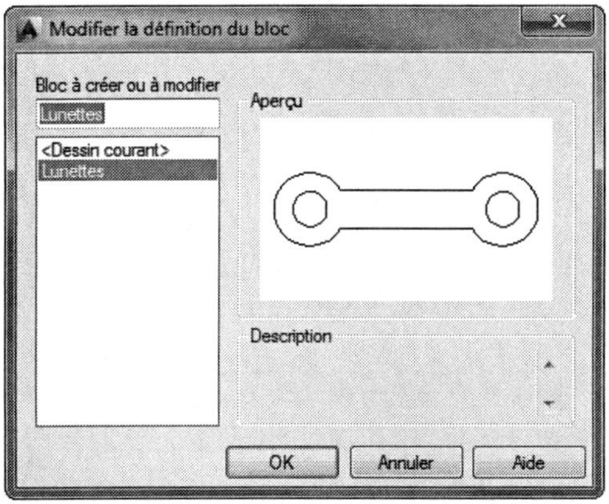

- Si votre dessin possède plusieurs blocs, sélectionnez le bloc à modifier dans la liste **Bloc à créer ou à modifier**, puis confirmez par **OK**.

  AutoCAD vous présente l'environnement propre à l'éditeur de blocs. L'onglet **Editeur de blocs** contient des groupes de fonctions spécifiques ainsi que les palettes de création de blocs comme ci-dessous :

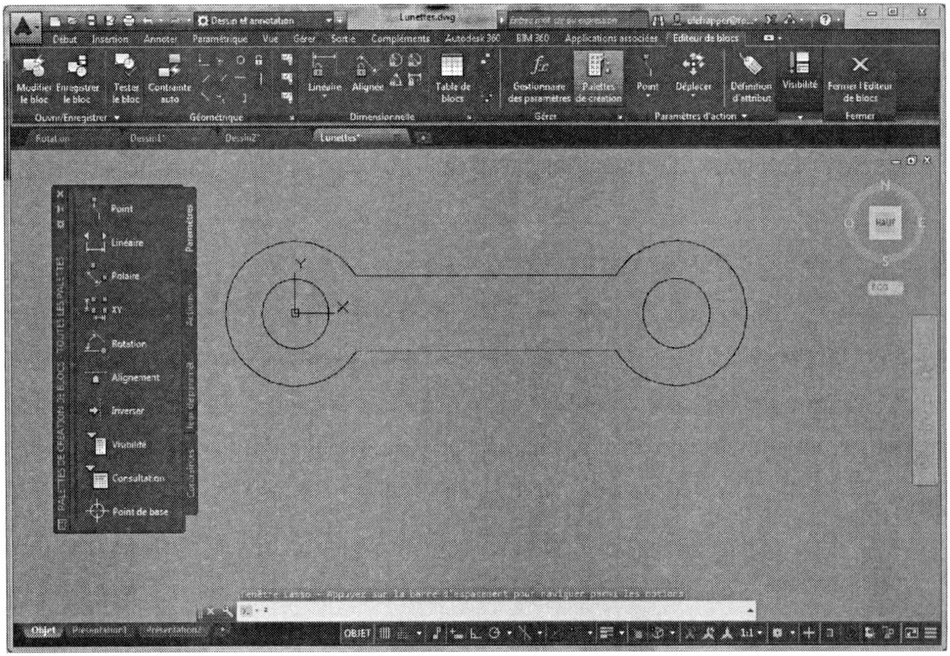

- Dans la palette **Palettes de création de blocs**, activez l'onglet **Paramètres**, et choisissez **Linéaire** 

.

  AutoCAD vous demande d'indiquer le point de départ du paramètre linéaire.

Remarque

*À ce stade, vous pouvez accéder à l'option **Jeu de valeurs**, puis à la sous-option **Liste**. Vous définissez ici une liste de longueurs (séparées par une virgule) qui constitueront les longueurs d'étirement possibles proposées dans la fenêtre propriétés.*

- Spécifiez le centre du cercle gauche.
- Spécifiez ensuite une extrémité pour ce paramètre linéaire : le centre du cercle droit.

- Spécifiez alors un emplacement d'étiquette sur la partie supérieure de la géométrie de façon à obtenir la figure ci-dessous :

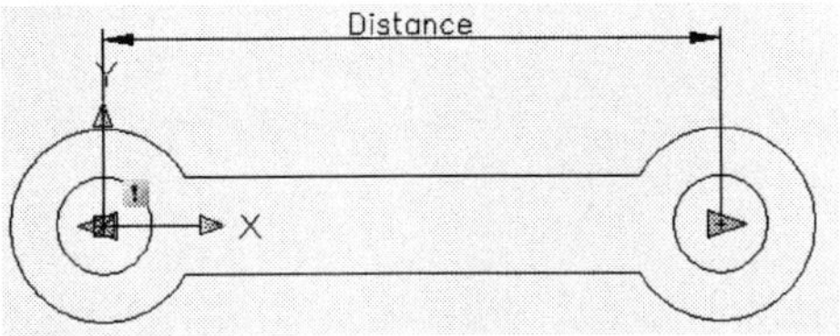

Vous constatez la présence des poignées personnalisées, ainsi que la présence d'une icône d'alerte indiquant qu'aucune action n'est encore associée au paramètre linéaire.

- Dans la palette **Palettes de création de blocs**, activez l'onglet **Actions**.

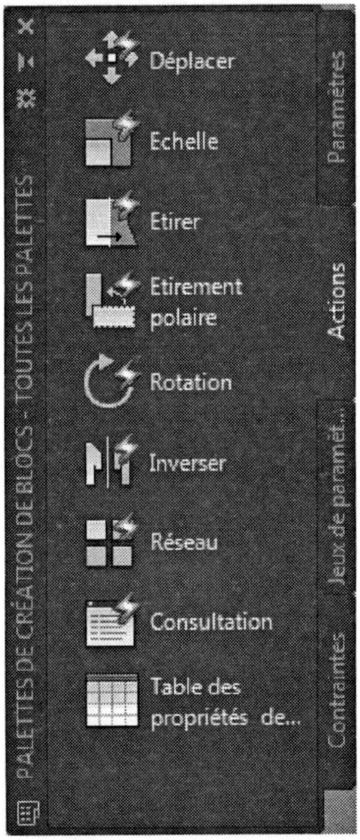

- Cliquez sur l'outil **Etirer** et sélectionnez le paramètre linéaire (libellé Distance par défaut).

AutoCAD vous demande ensuite de spécifier le point d'étirement, c'est-à-dire l'emplacement de la poignée à partir de laquelle vous effectuerez l'étirement.

- Cliquez sur le centre du cercle droit.

- Spécifiez ensuite une sélection par capture (de la droite vers la gauche) pour inclure le cercle et l'arc droits et croiser les deux lignes ainsi que le paramètre.
- Sélectionnez ensuite les objets concernés par l'étirement, c'est-à-dire le cercle et l'arc droits, les deux lignes et le paramètre (sélection par capture), puis validez la sélection par [Entrée].

AutoCAD positionne l'action **Etirer** sous forme d'icône 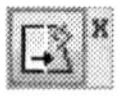 à proximité des objets comme ci-dessous :

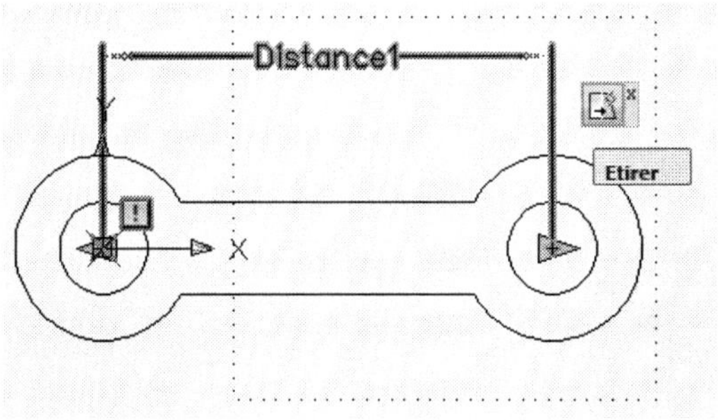

Vous pouvez repositionner l'action **Etirer**  si nécessaire à l'aide d'un cliqué-glissé, ou encore cliquer sur la même icône pour modifier l'action d'Etirement.

Remarque

*Lorsque le bloc édité est un bloc paramétrique, utilisez le bouton **Convertir***  *du groupe de fonctions **Dimensionnelle** (onglet **Editeur de blocs**) pour convertir chaque contrainte dimensionnelle en paramètre (cela évite les étapes précédentes de mise en place de paramètre puis d'action).*

- Procédez maintenant à l'enregistrement du bloc.
- Dans le groupe de fonctions **Fermer** (onglet **Editeur de blocs**), cliquez sur le bouton **Fermer l'éditeur de blocs**.

AutoCAD vous demande de confirmer l'enregistrement des changements du bloc en cliquant sur **Enregistrer les modifications dans** :

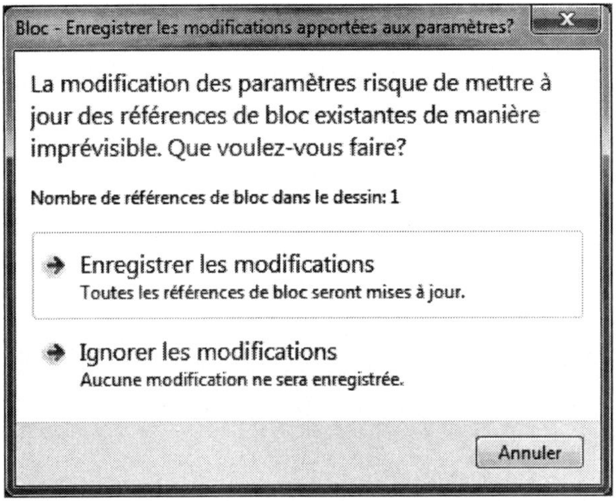

- Vous quittez l'éditeur de bloc, et à ce stade, le paramètre d'étirement est effectif.
- Cliquez sur le bloc pour afficher le bloc dynamique avec ses poignées spécifiques ci-dessous.

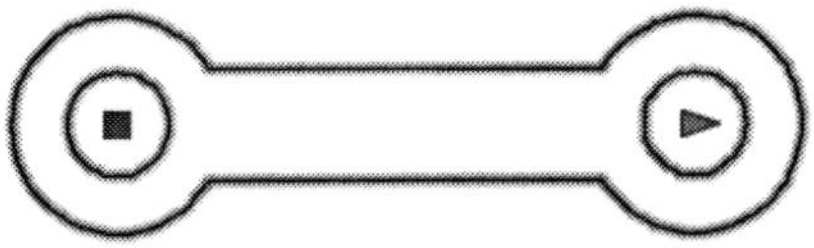

- Cliquez sur la poignée d'étirement définie à droite ► et modifiez la longueur du bloc **Lunettes**.

Rotation du bloc

- Effectuez un double clic sur la géométrie du bloc pour accéder à l'édition du bloc. AutoCAD vous propose de sélectionner le bloc à modifier dans la liste **Bloc à créer ou à modifier** dans la fenêtre **Modifier la définition du bloc** ci-dessous.

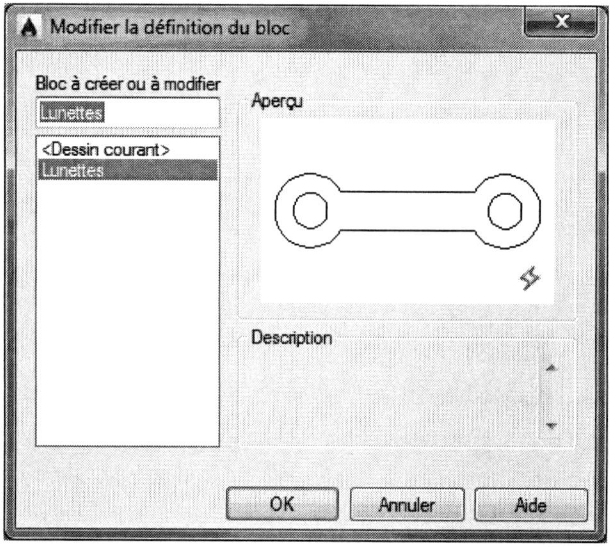

- Sélectionnez le bloc à modifier (**Lunettes** dans l'exemple).
- Confirmez par **OK** pour accéder à l'éditeur de blocs.
- Dans la palette **Palettes de création de blocs**, activez l'onglet **Paramètres**, puis cliquez sur l'outil **Rotation** 

. AutoCAD vous demande d'indiquer le point de base du paramètre de rotation.
- Spécifiez le centre du cercle gauche.
- Spécifiez ensuite le rayon du paramètre en spécifiant un point situé sur l'horizontale droite (par exemple un des points quadrants OUEST ou EST du cercle droit).
- Spécifiez alors l'angle de rotation par défaut. Ici validez la valeur 0 pour respecter la position horizontale par défaut.
- Dans la palette **Palettes de création de blocs**, activez l'onglet **Actions**.
- Cliquez sur l'outil **Rotation** 

et sélectionnez le paramètre de rotation (libellé Angle par défaut).

- AutoCAD vous demande ensuite de sélectionner les objets concernés par la rotation.
- Sélectionnez l'ensemble de la géométrie et les paramètres, et validez par [Entrée].

AutoCAD positionne l'action **Rotation** sous forme d'icône à proximité des objets comme ci-dessous :

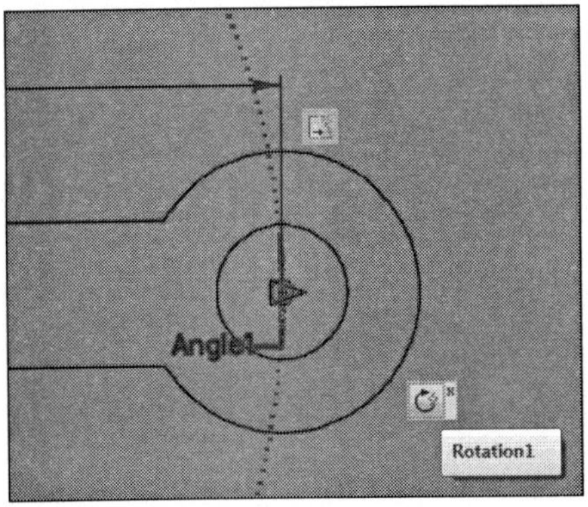

Vous pouvez repositionner l'action **Rotation** si nécessaire à l'aide d'un cliqué-glissé.

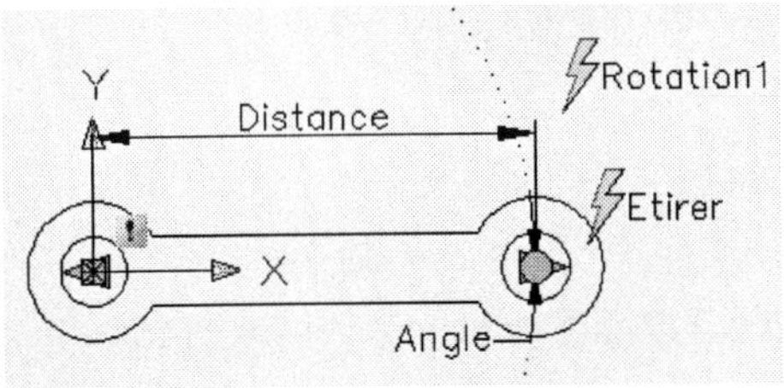

Remarque

*Lorsque le bloc édité est un bloc paramétrique, utilisez le bouton **Convertir** du groupe de fonctions **Dimensionnelle** (onglet **Editeur de blocs**) pour convertir chaque contrainte dimensionnelle en paramètre (cela évite les étapes précédentes de mise en place de paramètre puis d'action).*

Procédez maintenant à l'enregistrement du bloc.

- Dans le groupe de fonctions **Fermer** (onglet **Editeur de blocs**), cliquez sur le bouton **Fermer l'éditeur de bloc**.

AutoCAD vous demande de confirmer l'enregistrement des changements du bloc.

- Cliquez sur **Enregistrer les modifications**.

  Vous quittez l'éditeur de bloc, et à ce stade, le paramètre de rotation est effectif.

- Cliquez sur le bloc pour afficher le bloc dynamique avec ses poignées spécifiques à l'étirement et à la rotation.

- Cliquez sur la poignée de rotation et définissez le nouvel angle de rotation, soit dynamiquement avec le pointeur de sélection ou encore en saisissant l'angle au clavier.

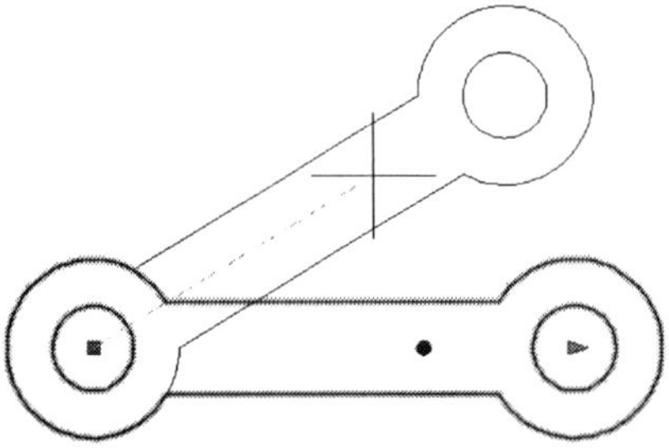

La rubrique **Personnaliser** de la palette **Propriétés rapides** (ou **Propriétés**) vous permet de choisir : la longueur (distance), l'angle.

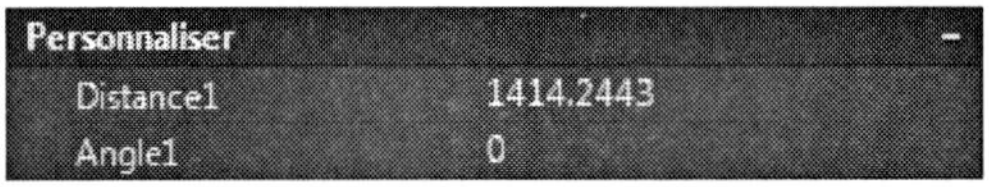

Si une liste de valeurs a été définie lors de la création du paramètre linéaire, la zone **Distance** propose une liste déroulante composée de ces valeurs personnalisées.

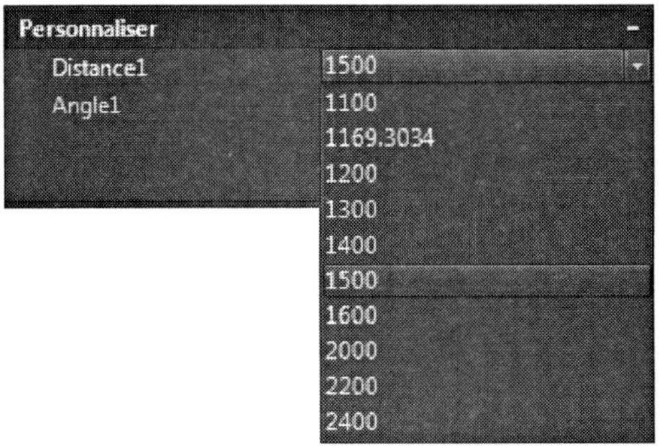

3. Modification d'un bloc dynamique

À tout moment, vous pouvez modifier les diverses propriétés des paramètres et des actions d'un bloc dynamiques. Mais il est peut être plus aisé de tout paramétrer à partir de la fenêtre **Propriétés**.

- Effectuez un double clic sur le bloc (le bloc Lunettes dans notre cas) pour activer l'éditeur de bloc.
- AutoCAD vous propose de sélectionner le bloc à modifier dans la liste **Bloc à créer ou modifier** dans la fenêtre **Modifier la définition du bloc**.
- Confirmez par **OK**.
- Dans le groupe de fonctions **Palettes** (onglet **Vue**), choisissez le bouton **Propriétés** pour afficher la fenêtre **Propriétés**.

  Selon la sélection du paramètre, l'affichage de la fenêtre **Propriétés** varie et vous permet d'agir sur les divers paramètres courants.
- Sélectionnez le **paramètre linéaire** et constatez l'affichage suivant dans la fenêtre **Propriétés** :

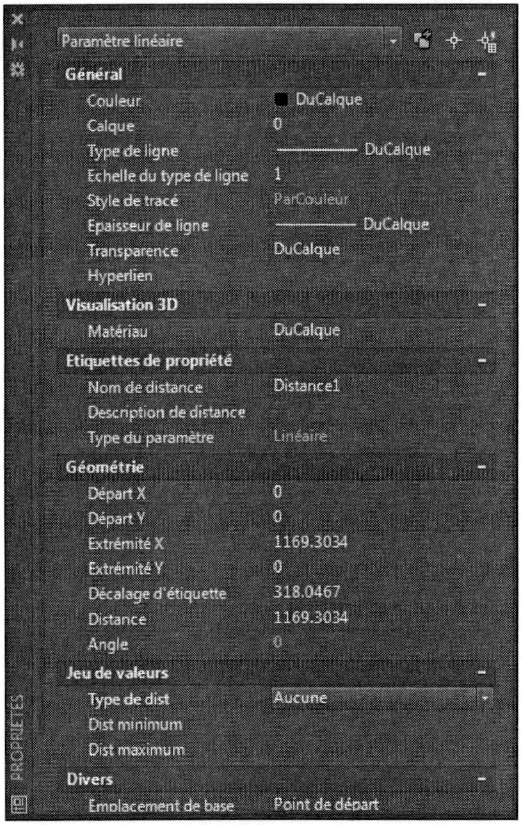

Dans la rubrique **Etiquettes de propriété**, vous personnalisez le nom de l'étiquette de distance et du nom du paramètre, ainsi que la description de distance.

Dans la rubrique **Géométrie**, vous modifiez le positionnement des points de base et extrémité du paramètre, de l'étiquette (ligne de cote), la distance entre les premier et second point et l'angle.

Dans la rubrique **Jeu de valeurs**, vous pouvez définir trois types de jeux.

- La valeur **Aucune** permet de définir la distance personnalisée.
- La valeur **Liste** permet de composer une liste de valeurs qui définiront les distances autorisées. Cette liste est constituée de valeurs affichées dans la zone de texte **Liste de valeurs de distance**, et le bouton  à droite de cette zone accède à la fenêtre suivante pour ajouter de nouvelles distances à la liste ou en supprimer.

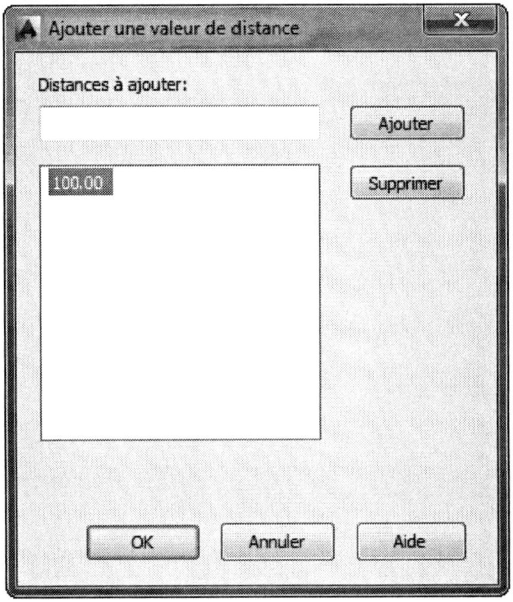

- La valeur **Incrément** permet de composer une liste de valeurs incrémentées. AutoCAD vous demande de préciser trois éléments pour définir cet incrément :
  - Zone **Dist incrément** : la valeur d'incrémentation (entre chaque distance).
  - Zone **Dist minimum** : la distance minimum du paramètre.
  - Zone **Dist maximum** : la distance maximum du paramètre.

Dans la rubrique **Divers**, notez que vous pouvez notamment agir sur le nombre de poignées personnalisées du bloc dynamiques. Ainsi, il sera judicieux dans certains cas d'afficher une seule poignée définissant, par exemple, le coté et le sens concernés par un étirement.

Dans le cas du bloc Lunettes, le choix d'une poignée limite l'affichage de la poignée personnalisée de droite.

➲ Sélectionnez le **paramètre rotation** et constatez l'affichage dans la fenêtre **Propriétés**.

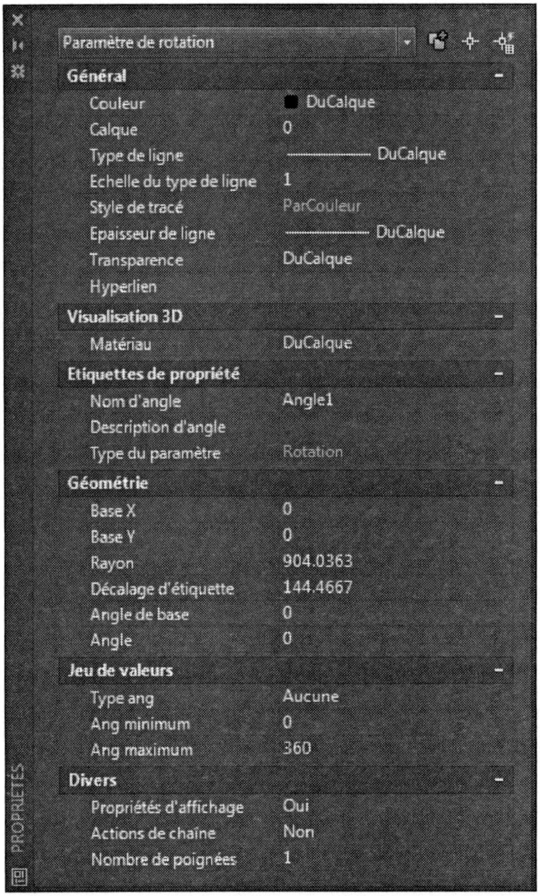

Dans la rubrique **Jeu de valeurs**, vous pouvez définir les mêmes types de jeux : Aucune, Liste et Incréments. Dans le cas du choix d'**Aucune** et d'**Incrément**, vous spécifiez un angle minimum et maximum.

– La valeur **Aucune** permet de définir la distance personnalisée.

– La valeur **Liste** permet de composer une liste de valeurs qui définiront les distances autorisées. Cette liste est constituée de valeurs affichées dans la zone de texte **Liste de valeurs de distance**, et le bouton **...** à droite de cette zone accède à la fenêtre suivante pour ajouter de nouvelles distances à la liste ou en supprimer :

➲ Sélectionnez le **paramètre d'action Etirer** et constatez l'affichage suivant dans la fenêtre **Propriétés**.

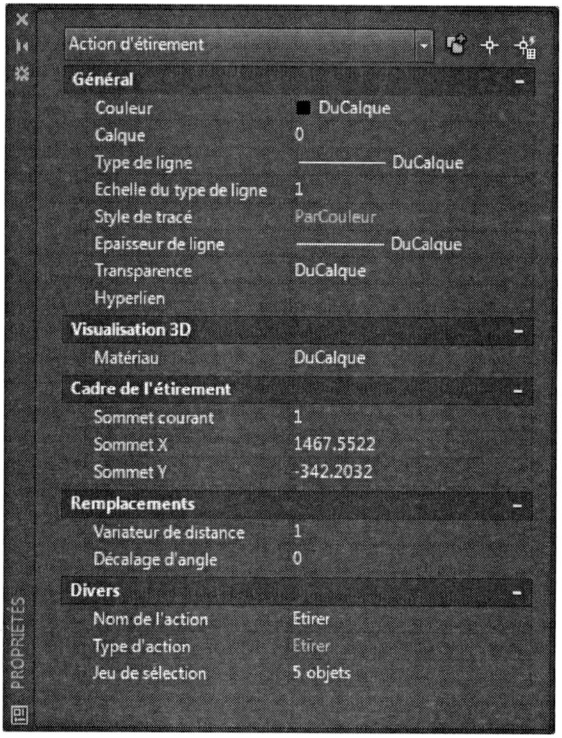

➲ Dans la rubrique **Cadre de l'étirement**, vous pouvez redéfinir le cadre de sélection par Capture.

➲ Dans la rubrique **Remplacements**, vous pouvez définir des valeurs d'incréments pour les variations de distances et d'angle.

➲ Dans la rubrique **Divers**, vous pouvez renommer le paramètre d'action et afficher le nombre d'objets sélectionné (le bouton de droite affiche la sélection).

➲ Dans le groupe de fonctions **Fermer** de l'éditeur de blocs, cliquez sur **Fermer l'éditeur de blocs** pour enregistrer les modifications apportées au bloc et quitter.

4. Utilisation des états de visibilité

Les états de visibilité permettent l'affichage de l'une ou l'autre des parties du bloc à partir d'une liste d'états, accessibles depuis la poignée personnalisée du bloc dynamique.

Dans l'exemple du bloc (nommé Lunettes et support) ci-dessous, les trois états de visibilité peuvent être les suivants :

- Affichage des lunettes et de son support.
- Affichage des lunettes (le support est invisible).
- Affichage du support (les lunettes sont invisibles).

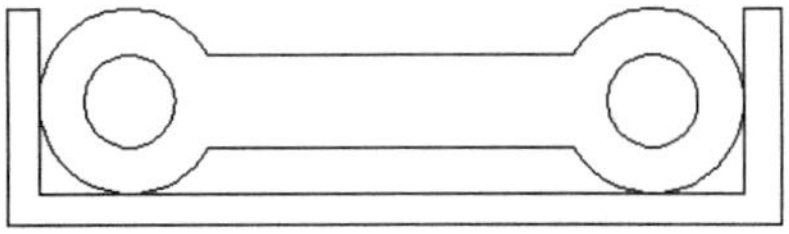

Définir les états de visibilité

➲ Effectuez un double clic sur la géométrie du bloc pour accéder à l'édition du bloc. AutoCAD affiche la boîte de dialogue suivante :

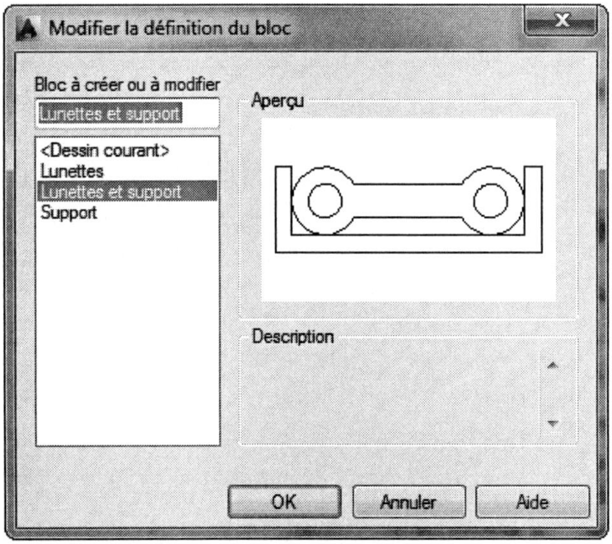

➲ AutoCAD vous propose de sélectionner le bloc à modifier dans la liste **Bloc à créer ou à modifier** dans la fenêtre **Modifier la définition du bloc**.

➲ Confirmez par **OK**.

Vous accédez à l'éditeur de bloc.

➲ Dans la palette **Palettes de création de blocs**, activez l'onglet **Paramètres** et cliquez sur l'outil **Visibilité**.

AutoCAD vous demande de spécifier l'emplacement du paramètre.

➲ Cliquez le point d'emplacement comme sur la figure ci-après.

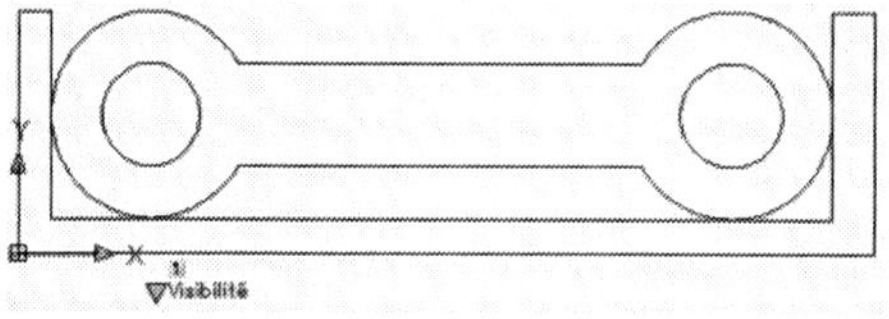

➲ Effectuez un double clic sur le paramètre de visibilité que vous venez de placer. La fenêtre suivante est affichée.

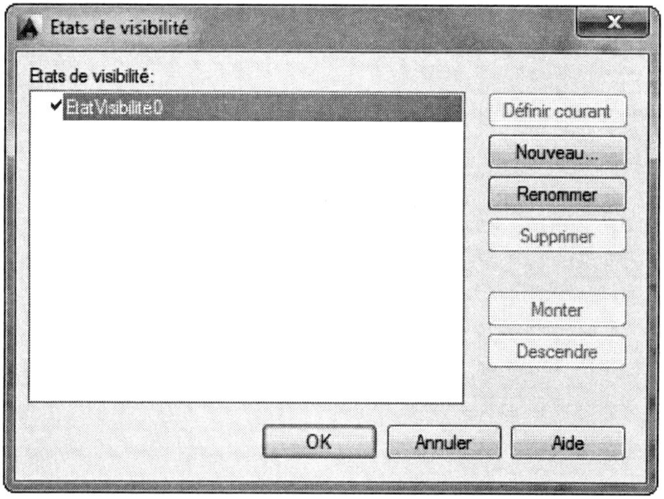

➲ Dans la fenêtre **Etats de visibilité**, cliquez sur le bouton **Renommer**. Saisissez le nom **Lunettes et support** et appuyez sur la touche [Entrée].

Le nom **Lunettes et support** apparaît désormais dans la liste des **Etats de visibilité**.

- Cliquez sur le bouton **Nouveau**. La fenêtre suivante est affichée :

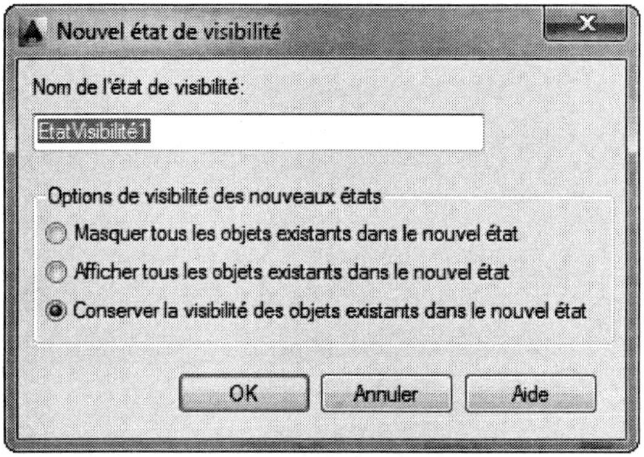

- Saisissez **Lunettes** et confirmez par **OK**.

  Les noms **Lunettes et support** et **Lunettes** apparaissent désormais dans la liste des **Etats de visibilité**.

- Cliquez sur le bouton **Nouveau**, et dans la fenêtre **Nouvel état de visibilité**, saisissez **Support** et confirmez par **OK**.

  Désormais, les trois noms **Lunettes et support**, **Lunettes** et **Support** apparaissent dans la liste des **Etats de visibilité**.

- Confirmez par **OK** pour quitter la fenêtre **Etats de visibilité**.

  Accédez à la liste déroulante des états de visibilité dans le groupe de fonctions **Visibilité** (onglet **Editeur de blocs**).

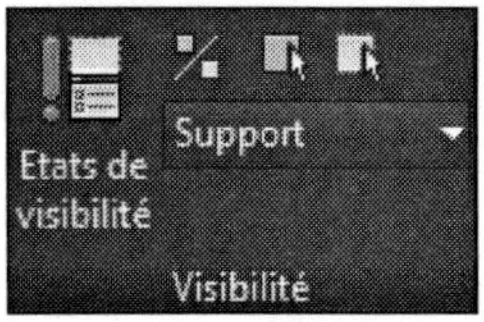

- Choisissez **Support** dans cette liste puis cliquez sur le bouton **Masquer** .

  AutoCAD vous demande de sélectionner les objets à masquer.

- Sélectionnez tous les objets constituant les lunettes de façon à ne conserver que les objets faisant partie du support. Appuyez sur [Entrée]. Le dessin est semblable à :

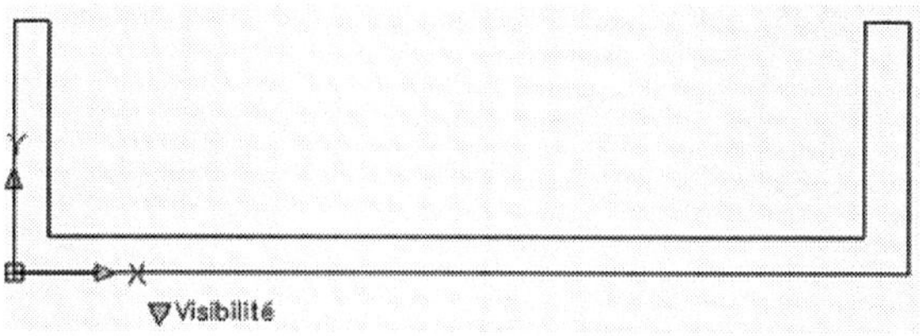

- Choisissez **Lunettes** dans la liste des états de visibilité dans le groupe de fonctions **Visibilité** (onglet **Editeur de blocs**) puis cliquez sur le bouton **Masquer** . AutoCAD vous demande de sélectionner les objets à masquer.
- Sélectionnez tous les objets constituant le support de façon à ne conserver que les objets faisant partie des lunettes. Appuyez sur [Entrée]. Le dessin est semblable à :

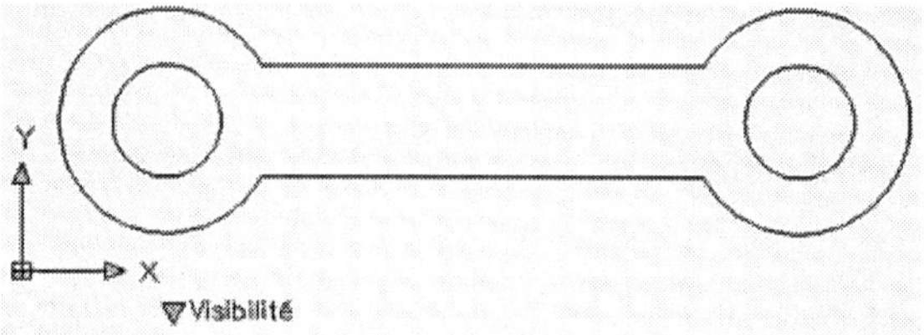

- Dans le groupe de fonctions **Fermer** (onglet **Editeur de blocs**), cliquez sur **Fermer l'éditeur de blocs** pour enregistrer les modifications apportées au bloc et quitter.
- Cliquez sur le bloc modifié composé des états de visibilité et agissez sur la poignée pour sélectionner l'un des états de visibilité et afficher l'une ou l'autre partie du bloc.

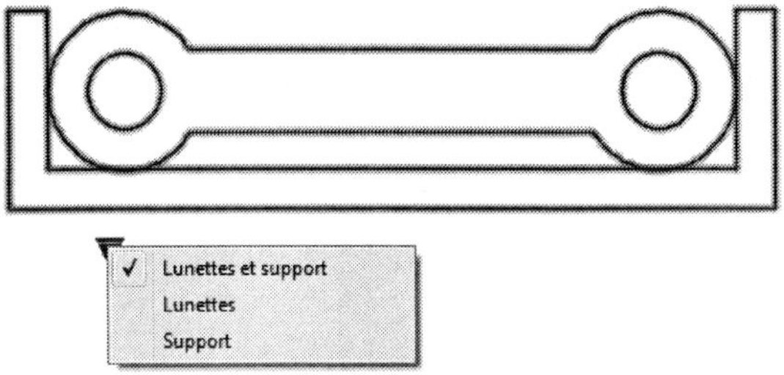

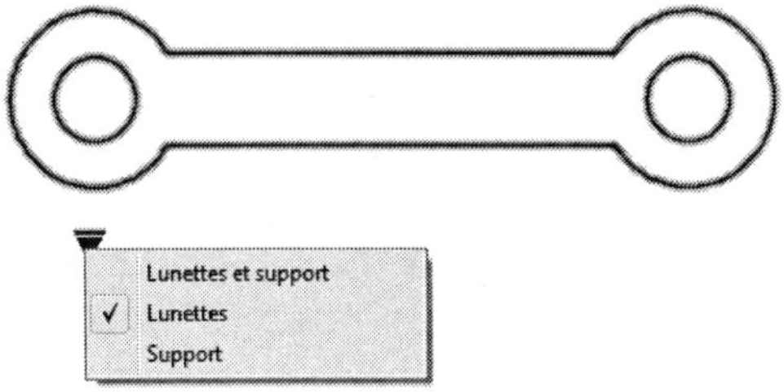

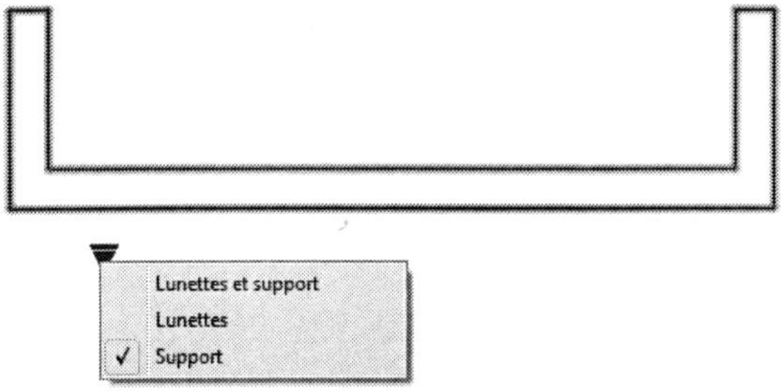

Notez que vous accédez également aux états de visibilité via la fenêtre **Propriétés rapides** :

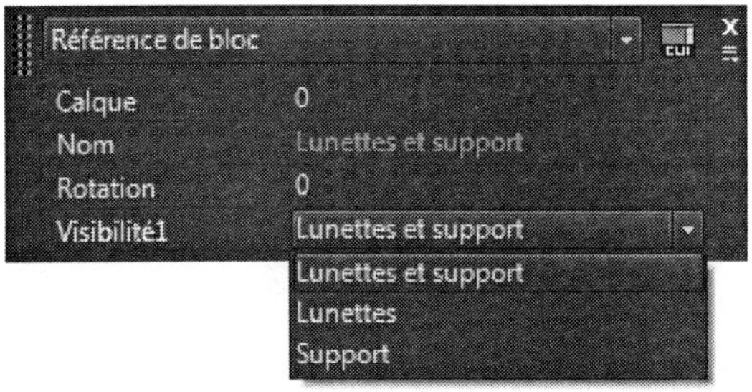

5. Utilisation d'une table de consultation

La table de consultation permet d'accéder à une liste (table) de valeurs, depuis une poignée personnalisée, et d'accéder automatiquement à la dimension voulue du bloc.

Prenons l'exemple du bloc suivant représentant un plateau (la cotation est placée à titre d'information) :

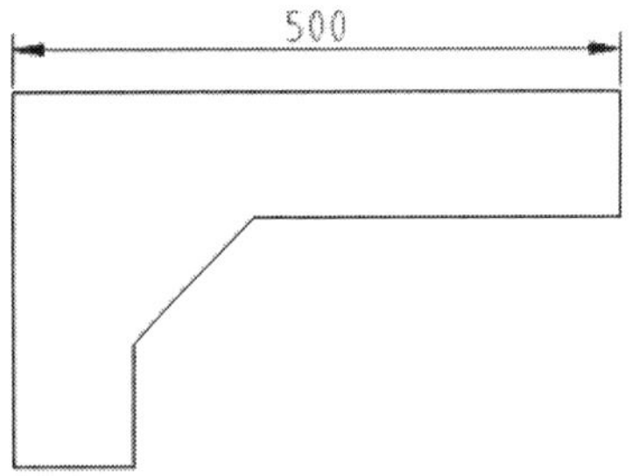

La longueur du plateau pourra varier de 500 à 550, 600 et 650. Vous avez donc défini un paramètre d'étirement avec un jeu de valeurs comprenant ces 4 distances.

➲ Effectuez un double clic sur la géométrie du bloc pour accéder à l'édition du bloc.

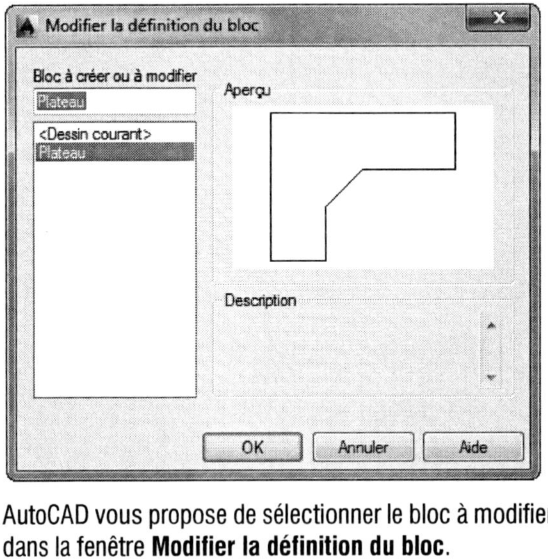

AutoCAD vous propose de sélectionner le bloc à modifier dans la liste **Bloc à créer ou à modifier** dans la fenêtre **Modifier la définition du bloc**.

➲ Confirmez par **OK**.

➲ Vous accédez à l'éditeur de bloc.

- Dans la palette **Palettes de création de blocs**, activez l'onglet **Paramètres,** et cliquez sur l'outil **Consultation**.

  AutoCAD vous demande de spécifier l'emplacement du paramètre.

- Cliquez sur le point d'emplacement comme sur la figure ci-dessous :

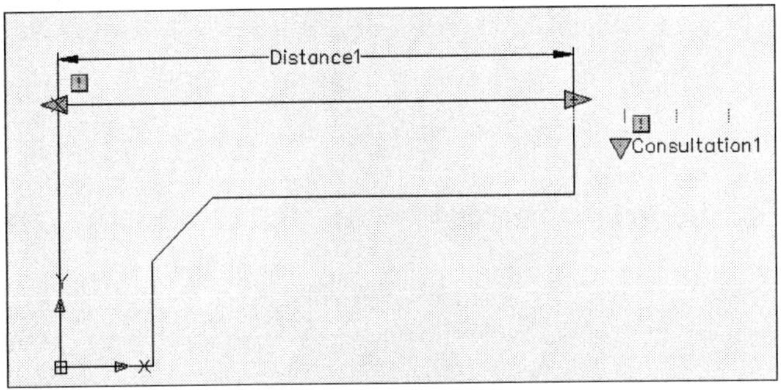

- Dans la palette **Palettes de création de blocs,** activez l'onglet **Actions** et cliquez sur l'outil **Consultation**.

  AutoCAD vous demande de sélectionner le paramètre.

- Sélectionnez le paramètre précédent.

  La fenêtre suivante s'affiche :

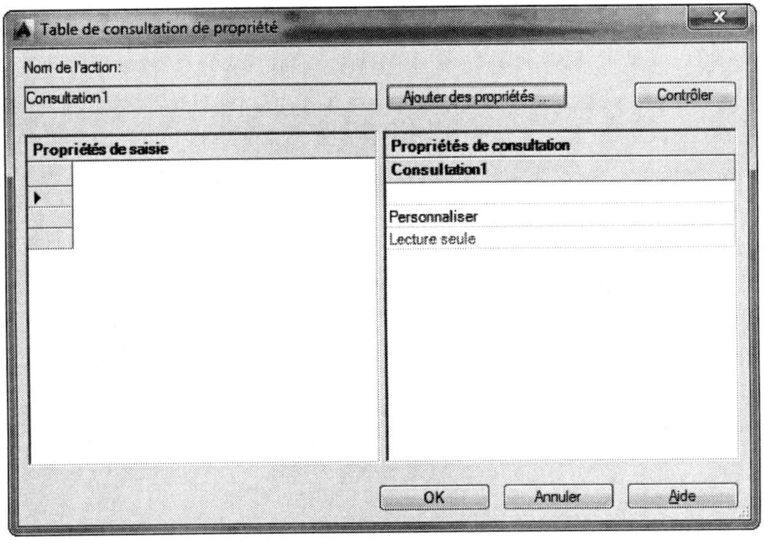

➲ Dans la fenêtre **Table de consultation de propriété**, cliquez sur le bouton **Ajouter des propriétés**. La fenêtre suivante est affichée :

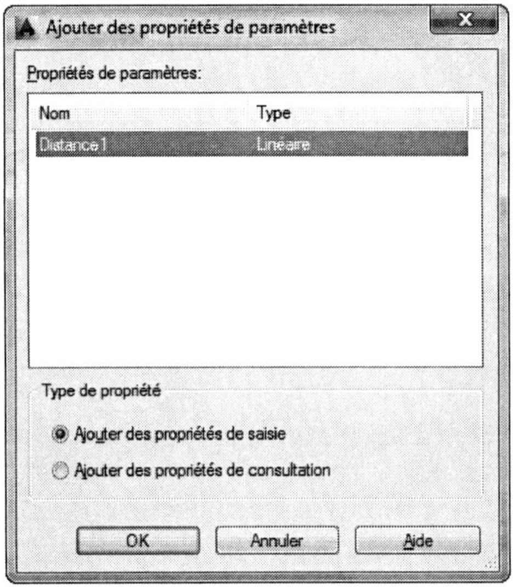

➲ Sélectionnez le paramètre **Linéaire** (dans d'autres cas, la liste de paramètres peut être nombreuse) et confirmez par **OK**. Vous obtenez la figure suivante.

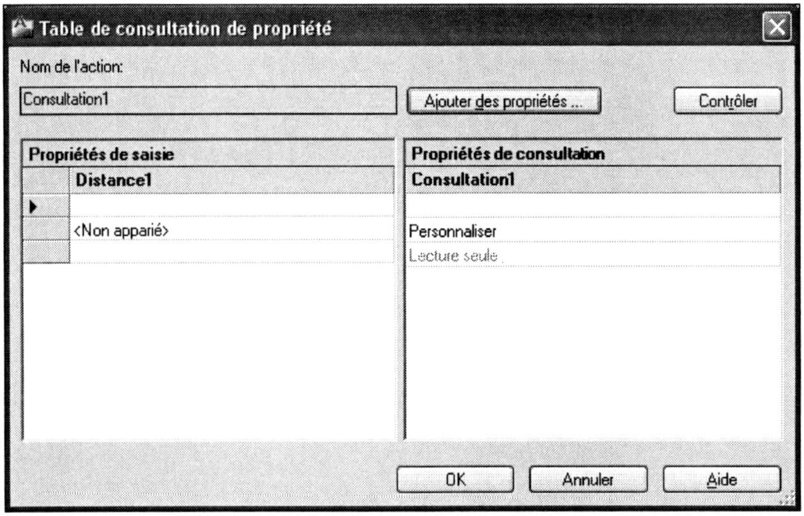

- Dans la colonne **Distance**, face à la flèche noire, sélectionnez dans la liste la valeur **500**. Au regard de cette valeur, dans la colonne **Consultation**. Saisissez la description **Plateau 500**.
- Procédez de la même façon sous la valeur 500 pour sélectionner successivement les valeurs **550**, **600** et **650** et les descriptions associées **Plateau 550**, **Plateau 600**, **Plateau 650**.
- Dans la colonne droite, sous **Personnaliser**, sélectionnez dans la liste déroulante **Autoriser la consultation inversée** et confirmez par **OK**.
- Dans la barre d'outils de l'éditeur de blocs, cliquez sur **Fermer l'éditeur de blocs** pour enregistrer les modifications apportées au bloc et quitter.
- Confirmez par **Enregistrer les modifications**.
- Sélectionnez le bloc dynamique et sélectionnez la poignée personnalisée pour afficher la table de consultation et constater la mise à jour automatique du bloc.

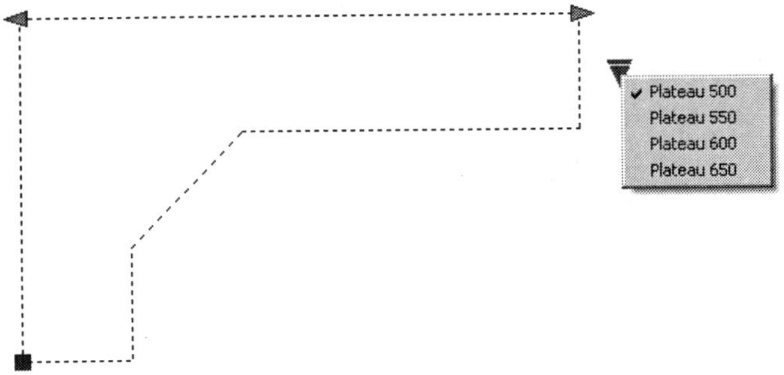

G. Gestion des attributs

1. Définition d'attributs

Vous pouvez attacher des attributs à chaque bloc. Les attributs sont des informations texte rattachées aux blocs qui seront affectées à chaque insertion du bloc. Les attributs peuvent, par exemple, servir à étiqueter certains objets comme un cartouche ou une nomenclature. Ces informations texte peuvent être visibles ou invisibles, modifiées à tout moment et extraites du dessin (via une base de données).

- Dans le groupe de fonctions **Définition de bloc** (onglet **Insertion**), cliquez sur le bouton **Définir des attributs** 

.

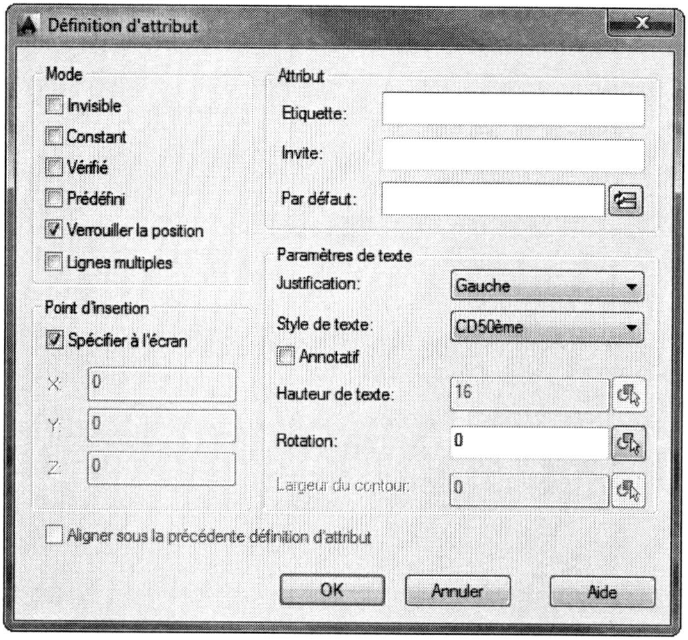

Rubrique Attribut

Précisez ici les caractéristiques de l'attribut.

Etiquette : l'étiquette identifie chaque attribut dans un dessin. Lors de l'insertion de plusieurs blocs identiques, une valeur d'attribut différente pourra être donnée.

Prenons l'exemple d'un bloc VOITURE. Une étiquette MARQUE sera mise en place mais aussi une étiquette TYPE ainsi qu'une étiquette COULEUR (soit trois étiquettes). Si vous insérez le bloc VOITURE, vous devrez donner une valeur pour la marque ainsi que pour le type et la couleur de la voiture. Si vous insérez un autre bloc VOITURE, vous indiquerez peut-être des valeurs différentes pour la marque, ou le type et la couleur.

Dans bien des cas, il faudra créer plusieurs définitions d'attributs. Vous préciserez une étiquette à chaque fois.

Invite : vous indiquez dans cette zone le message qui s'affichera à chaque fois que vous insérerez le bloc contenant cette définition d'attribut.

Dans l'exemple du bloc VOITURE, le message pour la marque pourrait être : "Donnez la marque du véhicule".

Par défaut : vous indiquez ici la valeur proposée par défaut. Cette option peut être utile si la valeur à donner est souvent la même ; il suffira de valider cette valeur par défaut. Cette option est facultative.

Remarque

*Le bouton **Insérer un champ** situé à droite de la zone de texte **Valeur** permet d'insérer un champ personnalisé tel que la date de création, d'enregistrement, le nom de fichier, l'auteur, le format du papier, l'échelle de tracé...*

Rubrique Mode

Cette rubrique est facultative.

Invisible : lorsque vous insérerez le bloc, la valeur d'attribut n'apparaîtra pas.

Constant : la valeur d'attribut sera fixe pour l'insertion du bloc. Elle ne sera pas modifiable une fois le bloc inséré. Notez qu'ici, l'option **Invite** n'est pas disponible.

Vérifié : vous permet de vérifier chacune des valeurs d'attributs rentrées lors de l'insertion du bloc. Cette option permet d'éviter les erreurs et est surtout pratique quand les définitions d'attributs sont nombreuses.

Prédéfini : la valeur d'attribut sera la valeur par défaut pour chaque insertion du bloc. Elle sera modifiable une fois le bloc inséré (contrairement à l'option **Constant**).

Verrouiller la position : permet de bloquer la position de l'attribut dans la référence du bloc. Notez qu'un attribut déverrouillé peut être déplacé à l'aide des poignées.

Lignes multiples : indique que la valeur d'attribut peut contenir plusieurs lignes de texte.

Rubrique Point d'insertion

Vous donnez l'emplacement de l'attribut, soit en cliquant sur le bouton **Spécifier à l'écran** pour préciser sa position avec la souris, soit en donnant les coordonnées **X**, **Y** et **Z** dans les zones correspondantes.

Rubrique Paramètres de texte

Justification : permet de justifier le texte de l'attribut (cf. chapitre Le dessin - Création de texte).

Style de texte : permet de choisir un style de texte pour l'attribut.

Annotatif : indique que l'attribut possède une propriété annotative.

Hauteur de texte : précise la hauteur du texte de l'attribut. Vous pouvez donner la hauteur, ou cliquer sur **Hauteur** pour la préciser avec la souris.

Rotation : permet d'indiquer l'angle de rotation du texte de l'attribut. Vous pouvez donner l'angle, ou cliquer sur **Rotation** pour spécifier l'angle avec la souris. Cette dernière possibilité est pratique pour aligner un attribut à un segment particulier.

Largeur de contour : cette option est valable pour les définitions d'attribut à lignes multiples. Elle fixe la largeur des lignes de texte dans un attribut multiligne. Une valeur 0 équivaut à aucune restriction de largeur.

Aligner sous la précédente définition d'attribut

Cette option est disponible si vous avez déjà positionné au moins un attribut. Elle permet de positionner automatiquement l'étiquette de l'attribut juste en dessous de l'attribut précédent.

Verrouiller la position

Cette option permet de verrouiller la position de l'attribut dans la référence du bloc.

Remarque

Après la définition des attributs, vous devez créer le bloc. Lorsqu'AutoCAD vous demande le choix des objets, sélectionnez les lignes, arcs, cercles... puis les définitions d'attributs dans l'ordre voulu. Attention, la sélection des définitions d'attributs détermine l'ordre d'apparition des messages lors de l'insertion des blocs.

2. Édition d'attributs

L'édition avancée d'attributs permet de modifier la valeur des attributs, mais aussi leurs caractéristiques de texte telles que le style, la hauteur, la justification... ainsi que les propriétés générales telles que le calque, la couleur, le type de ligne, l'épaisseur, le style de tracé.

➲ Dans le groupe de fonctions **Bloc** (onglet **Insertion**), cliquez sur l'icône déroulante **Unique** 

.

AutoCAD vous invite à sélectionner le bloc composé des attributs à modifier.

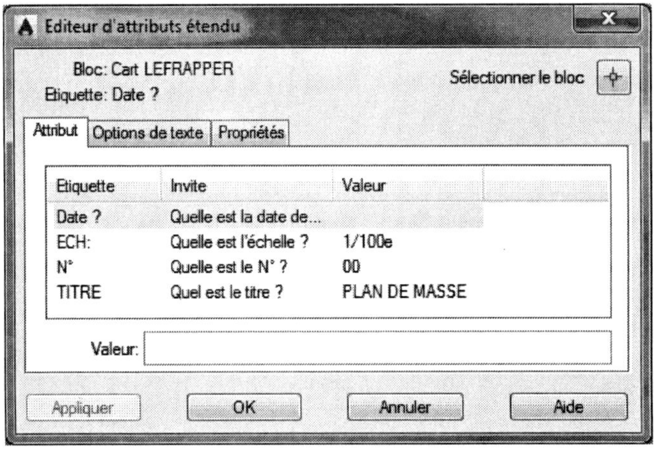

Le nom du bloc sélectionné est affiché dans la partie supérieure gauche de la boîte de dialogue.

À tout moment, vous pouvez sélectionner un autre bloc grâce au bouton **Sélectionner le bloc** . L'éditeur d'attributs contient trois onglets : **Attribut**, **Options de texte** et **Propriétés**.

Attribut : affiche, pour tous les attributs modifiables de bloc, les étiquettes, les invites et les valeurs associées. La sélection de l'attribut voulu affiche dans la zone de texte **Valeur** la chaîne de caractères modifiable.

Une confirmation par **Appliquer** permet de visualiser le changement sur le bloc sans quitter la boîte de dialogue.

Options de texte : affiche toutes les propriétés de texte, des attributs du bloc sélectionné. Il est possible de modifier toutes les propriétés de texte (style de texte, justification, hauteur, rotation, facteur d'expansion, angle d'inclinaison), ainsi que les effets spécifiques (reflété et inversé) (cf. chapitre Le dessin - Définition de styles de texte). Une confirmation par **Appliquer** permet de visualiser le changement sur le bloc sans quitter la boîte de dialogue.

Propriétés : affiche toutes les propriétés générales, des attributs du bloc sélectionné. Il est possible de modifier toutes ces propriétés : calque, type de ligne, couleur, épaisseur, style de tracé. Une confirmation par **Appliquer** permet de visualiser le changement sur le bloc sans quitter la boîte de dialogue.

Remarque

L'édition avancée des attributs est aussi accessible à l'aide d'un double clic sur le bloc composé d'attributs.

3. Le gestionnaire d'attributs de bloc

Le gestionnaire d'attributs permet d'accéder et de modifier facilement toutes les définitions d'attributs d'un bloc. Il est possible de visualiser et de modifier toutes les caractéristiques des définitions d'attributs telles que l'étiquette, l'invite, la valeur par défaut, le mode, le style, la justification, la hauteur, la rotation, le facteur d'expansion, l'angle oblique, ainsi que les propriétés générales comme le calque, la couleur, le type de ligne, l'épaisseur de ligne et le style de tracé.

Les modifications apportées sont automatiquement mises à jour dans toutes les références de bloc existantes du dessin.

Remarque

Le gestionnaire est seulement disponible dans un dessin contenant des blocs avec attributs.

➲ Dans le groupe de fonctions **Définition de bloc** (onglet **Insertion**), cliquez sur l'icône **Gérer les attributs** 

.

➲ Cliquez sur le bouton **Sélectionner bloc** pour sélectionner, dans le dessin, le bloc contenant les attributs à consulter ou à modifier. La liste déroulante **Bloc** contient tous les blocs du dessin avec attributs. Vous pouvez également choisir le bloc voulu de cette façon.

La boîte de dialogue affiche les propriétés des définitions d'attributs du bloc sélectionné.

➲ Sélectionnez, dans la liste, l'attribut que vous souhaitez modifier et utilisez l'un des boutons :

Monter : permet de déplacer vers le haut de la liste la définition d'attribut qui est sélectionnée.

Descendre : permet de déplacer vers le bas de la liste la définition d'attribut qui est sélectionnée.

Supprimer : supprime la définition d'attribut qui est sélectionnée. La suppression est affectée à toutes les références de bloc du dessin, si l'option **Appliquer les modifications aux références existantes** est activée (via le bouton **Paramètres**).

Modifier : permet la modification de toutes les propriétés de la définition d'attribut sélectionnée :

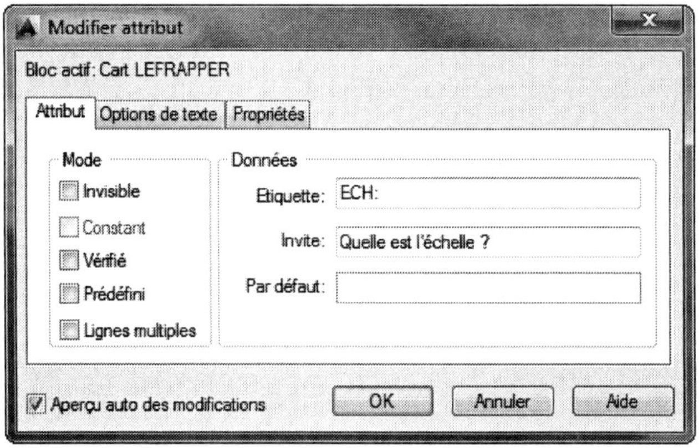

Les trois onglets **Attribut**, **Options de texte** et **Propriétés** permettent de modifier l'ensemble des caractéristiques de la définition d'attribut.

Si l'option **Aperçu auto des modifications** est activée, les modifications sont instantanément affichées dans le dessin.

➲ Dans le **Gestionnaire des attributs de bloc**, cliquez sur le bouton **Paramètres** pour accéder au choix des propriétés à afficher.

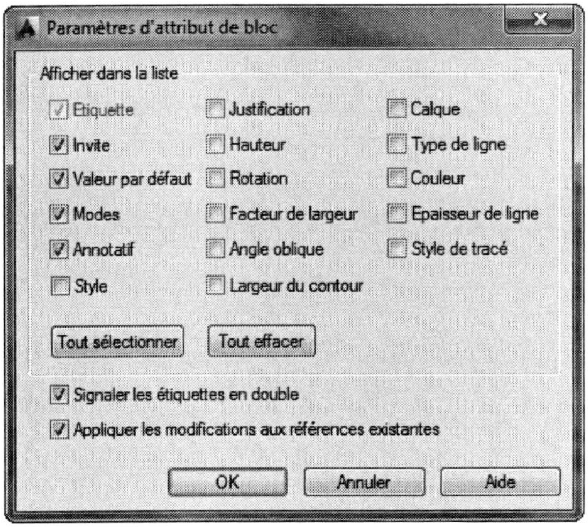

Le détail de ces propriétés est précisé dans la section Gestion des attributs - Définition d'attributs de ce chapitre.

Tout sélectionner : permet d'afficher l'ensemble des propriétés d'attributs.

Tout effacer : permet de n'afficher aucune des propriétés d'attributs.

Signaler les étiquettes en double : permet de mettre en évidence les doublons d'étiquette. Ils s'affichent alors en rouge.

Appliquer les modifications aux références existantes : permet d'activer la modification automatique de toutes les références de bloc du dessin.

Remarque

*Le bouton **Synchroniser** permet une mise à jour des définitions d'attribut dans toutes les références du bloc sélectionné avec les propriétés générales d'attribut actuellement définies (pas d'incidence sur les valeurs) ; et précisément dans le cas où l'option **Appliquer les modifications aux références existantes** est désactivée (via le bouton **Paramètres**).*

H. L'extraction des attributs

Vous pouvez extraire les différentes valeurs d'attributs des blocs d'un dessin et les exploiter au format texte (TXT ou CSV), Microsoft Excel (XLS), ou Microsoft Access (MDB).

Ainsi, vous générez rapidement une nomenclature de toutes les informations voulues associées aux blocs de votre dessin.

➲ Dans le groupe de fonctions **Liaison et extraction** (onglet **Insertion**), cliquez sur l'icône **Extraire des données** 

.

AutoCAD affiche l'assistant suivant :

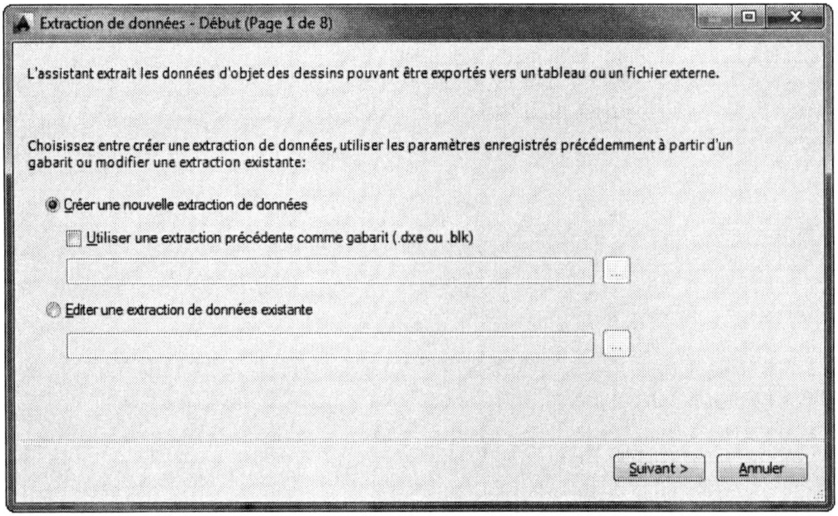

Étape 1 : Début

Vous pouvez extraire les valeurs ou données d'attributs d'un tableau fichier DWG courant ou d'un fichier externe.

Le bouton radio **Créer une nouvelle extraction de données** permet une nouvelle extraction de données et l'enregistre dans un fichier .DXE. Il permet l'utilisation d'une extraction précédente depuis un gabarit.

La case à cocher **Utiliser une extraction précédente comme gabarit** vous permet d'utiliser des paramètres déjà structurés et enregistrés dans un fichier .DXE ou .BLK. Le fichier gabarit contient les paramètres d'exportation tels que le choix des blocs, des attributs et le format d'extraction.

Le bouton radio **Editer une extraction de données existante** permet la modification d'un fichier d'extraction de données (DXE) existant.

➲ Laissez actif le bouton radio **Créer une nouvelle extraction de données**.

➲ Confirmez par **Suivant**.

AutoCAD vous invite à nommer le nouveau fichier d'extraction de données.

Étape 2 : Définir la source de données

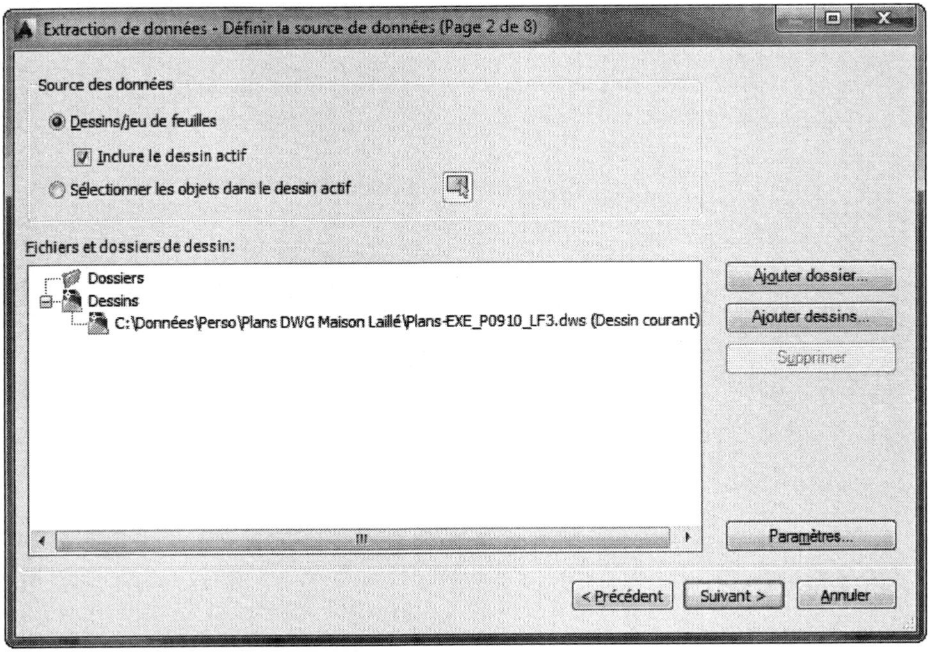

Vous pouvez procéder à l'extraction du dessin courant dans son intégralité, ou choisir, à l'aide du pointeur de la souris (via le bouton radio **Sélectionner les objets dans le dessin actif**), les blocs spécifiquement concernés par l'extraction. Un troisième choix permet une extraction à partir de plusieurs dessins ou jeux de feuilles ; dans ce cas, les noms des fichiers concernés sont affichés dans la liste **Fichiers dessin**.

Le bouton **Ajouter dossier** permet de préciser les dossiers à inclure dans l'extraction de données.

Le bouton **Ajouter dessins** permet d'inclure les dessins à inclure dans l'extraction de données.

Le bouton **Supprimer** permet la suppression des dessins ou dossiers sélectionnés affichés dans la zone **Fichiers et dossiers de dessin**.

Le bouton **Paramètres** permet de régler les paramètres d'extraction de données (blocs et Xrefs) et l'étendu de l'extraction (espace objet ou tout le dessin).

➲ Effectuez la sélection de votre choix, puis choisissez **Suivant**.

Étape 3 : Choix des objets

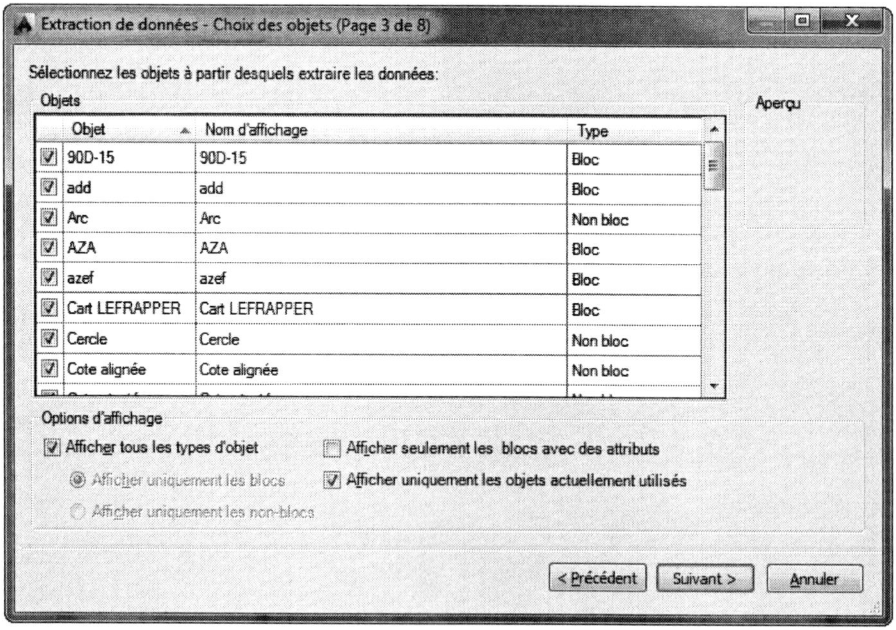

Cette étape affiche les types d'objet corrects (blocs ou non-blocs) et les informations de dessin à extraire.

La colonne **Objet** affiche le nom de chaque objet. Les blocs sont répertoriés par nom de bloc, et les non-blocs sont répertoriés par leur nom d'objet.

La colonne **Nom d'affichage** permet d'attribuer un autre nom à chaque objet pour l'extraction (clic droit, Modifier le nom d'affichage).

La colonne **Type** précise si l'objet est un bloc ou un non-bloc.

La zone **Aperçu** permet un aperçu du bloc sélectionné dans la liste **Objet**.

La rubrique **Options d'affichage** permet l'affichage de tous les objets ou limite l'affichage aux blocs ou non-blocs dans la liste **Objet**. Elle permet de réduire l'affichage aux blocs avec attributs (les blocs sans attributs ne sont pas affichés), ainsi qu'aux objets existant dans les dessins sélectionnés.

➲ Une fois la sélection effectuée (uniquement objet bloc par exemple), choisissez **Suivant**.

Étape 4 : Sélectionner les propriétés

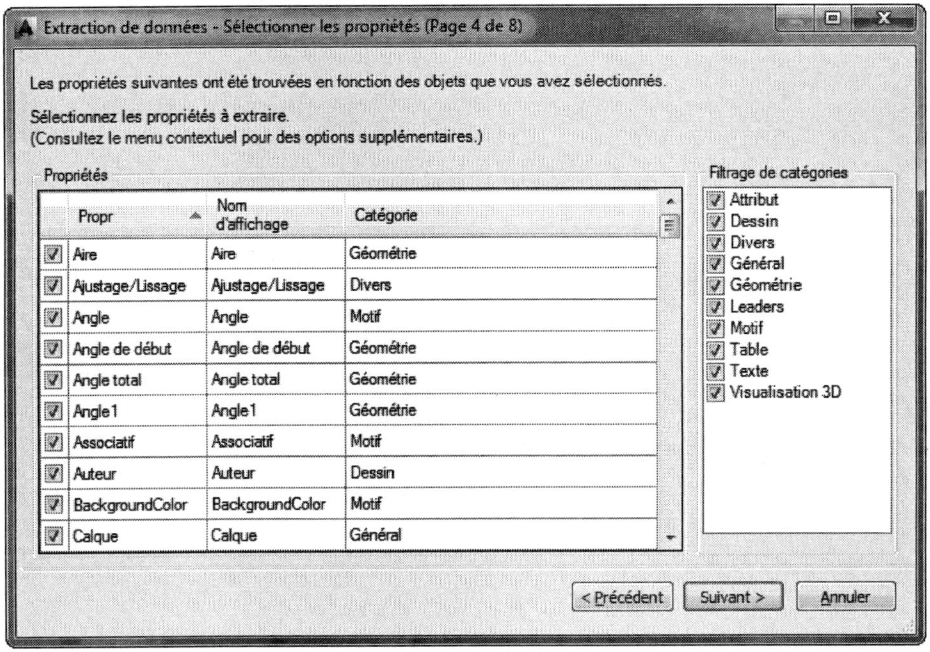

Cette étape permet de sélectionner les propriétés à extraire des objets, des blocs et des dessins.

Dans la rubrique **Propriétés**, chaque rangée affiche un nom de **propriété**, son **nom d'affichage** et une **catégorie**.

Vous pouvez utiliser les touches [Shift] et [Ctrl] pour procéder à des sélections multiples. Le menu contextuel (clic droit) permet de tout sélectionner ou tout désélectionner. Un clic sur l'en-tête de la colonne inverse l'ordre de tri.

La colonne **Propriété** affiche les propriétés des objets sélectionnés.

La colonne **Nom d'affichage** permet de modifier le nom tel qu'il apparaîtra dans les données extraites (clic droit, Modifier le nom d'affichage).

La colonne **Catégorie** indique la catégorie pour chaque propriété telle que Général pour désigner les propriétés d'objet ordinaires (la couleur, le calque...), *Attribut* pour désigner les attributs définis par l'utilisateur, *Dynamique* pour désigner des données de propriétés définies par l'utilisateur pour des blocs dynamiques, etc.

La rubrique **Filtrage de catégories** permet de choisir les catégories à afficher dans la liste des propriétés. Décochez la cache à cocher pour ne pas afficher les propriétés correspondantes. Cette technique simplifie considérablement l'affichage.

➲ Choisissez **Suivant**.

Étape 5 : Affichage des données

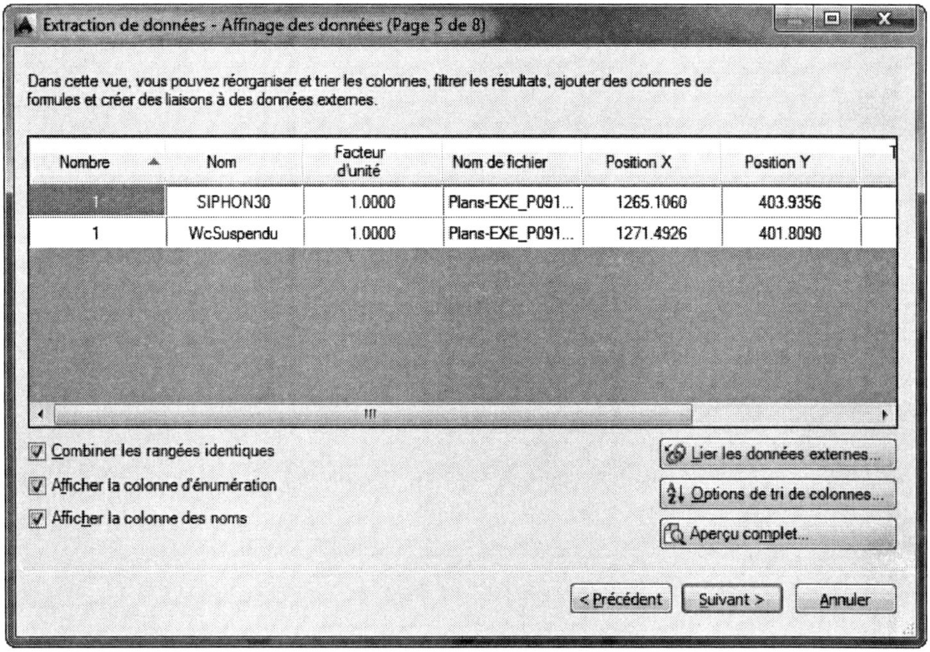

Cette étape permet de modifier la structure de la table d'extraction des données.

Vous pouvez réorganiser et trier les colonnes, filtrer les résultats, ajouter des colonnes de formules et créer des liaisons à des données d'une feuille de calcul Excel.

Les données d'extraction sont affichées dans une vue structurée par colonnes et rangées.

Les Colonnes affichent les propriétés telles que spécifiées dans l'étape précédente de sélection des propriétés. Un clic droit permet l'accès au menu contextuel et à ses options de tri, filtrage, format, etc.

La case à cocher **Combiner les rangées identiques** permet de regrouper les enregistrements identiques.

La case à cocher **Afficher la colonne d'énumération** permet l'affichage de la colonne **Nombre** dans la vue.

La case à cocher **Afficher la colonne des noms** permet l'affichage de la colonne **Nom** dans la vue.

Le bouton **Lier les données externes** permet de créer une liaison entre les données de dessin extraites et les données d'une feuille de calcul Excel (via la boîte de dialogue **Lier les données externes**).

Le bouton **Options de tri de colonnes** permet le tri de plusieurs colonnes (via la boîte de dialogue **Lier les données externes**).

Le bouton **Aperçu complet** permet une prévisualisation complète de la sortie finale, y compris les données externes liées, dans la fenêtre de texte.

➲ Choisissez **Suivant**.

Étape 6 : Choix de la sortie

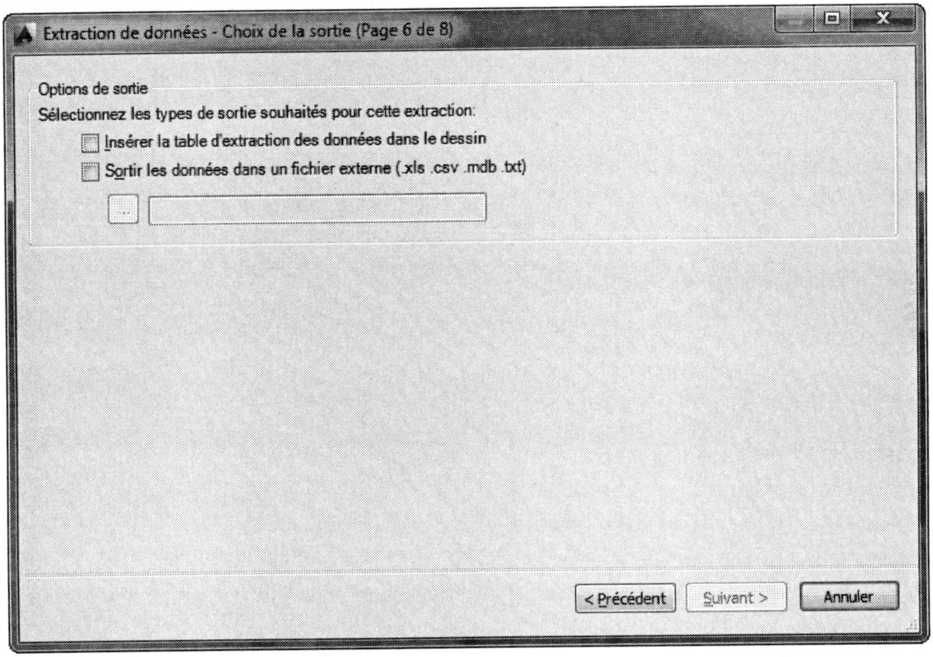

Cette étape précise les options de sortie.

Activez la case à cocher **Insérer la table d'extraction des données dans le dessin** permet de créer un tableau AutoCAD des données extraites. AutoCAD vous invite à insérer le tableau dans le dessin courant.

La case à cocher **Sortir les données dans un fichier externe** permet l'extraction des données vers un fichier externe. Les formats de fichier disponibles sont : Excel (XLS), CSV (séparateur : point-virgule), Access (MDB) et fichier délimité par des tabulations (TXT).

Remarque

Le nombre maximal de colonnes pouvant être exportées vers un fichier XLS ou MDB est de 255.

➲ Choisissez **Suivant**.

Étape 7 : Style de tableau

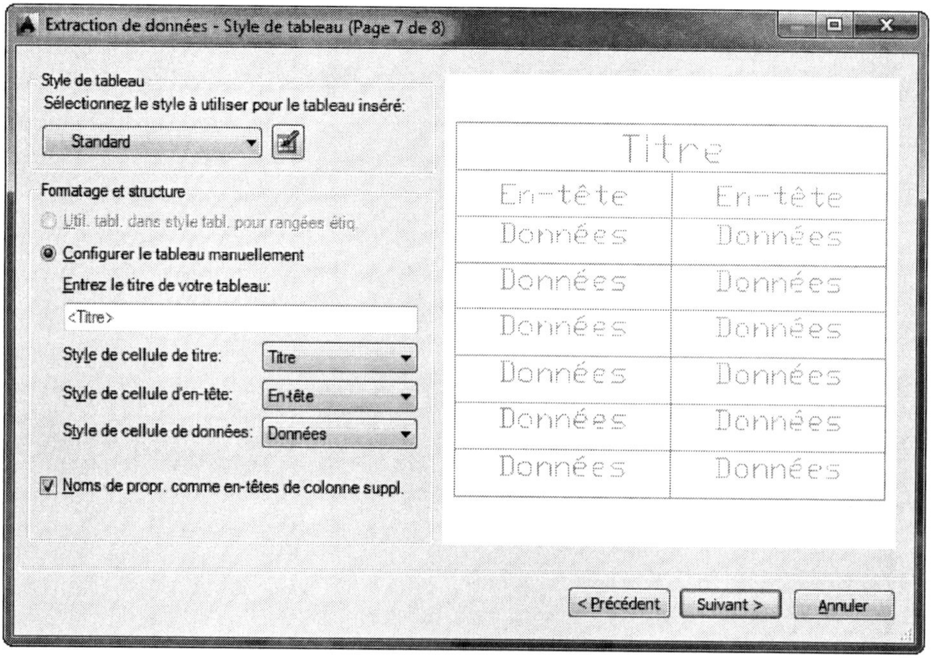

Cette étape définit l'aspect du tableau d'extraction des données. Vous choisissez le style de tableau ainsi que les styles de cellules voulus. Cette page s'affiche uniquement si l'option **Insérer la table d'extraction des données dans le dessin** est sélectionnée dans l'étape précédente.

➲ Choisissez **Suivant**.

Étape 8 : Fin

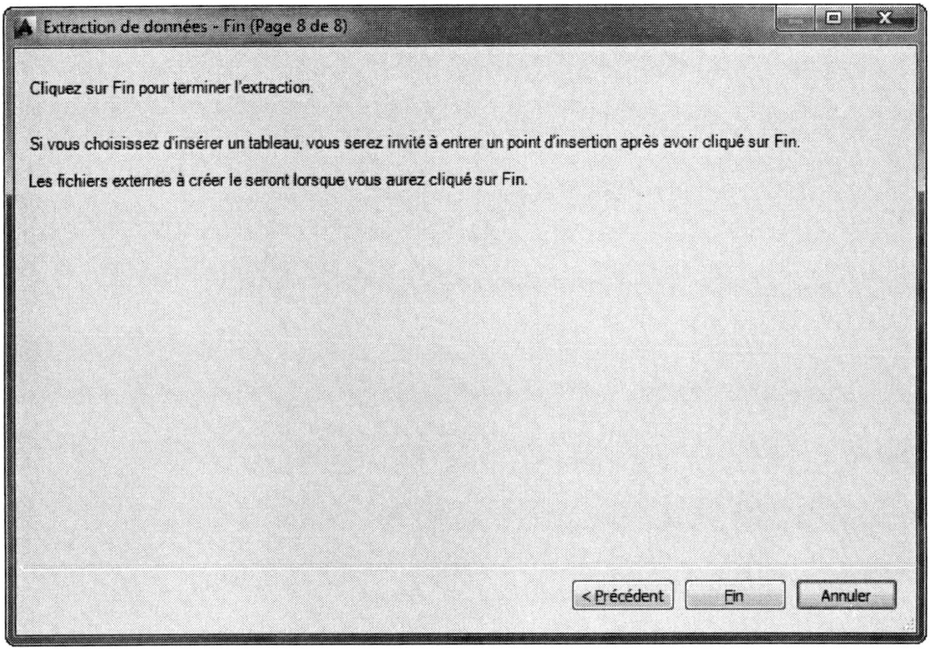

- Choisissez **Fin** pour valider l'extraction des données.

  Si vous avez choisi d'insérer un tableau, AutoCAD vous invite à le placer dans le dessin.

Chapitre 11
Les références externes

A. Gérer les références externes

La technique des références externes permet d'associer à votre dessin, des fichiers dessins extérieurs. Ces fichiers nommés références externes (ou Xrefs) ne font pas réellement partie de votre dessin. On peut considérer qu'elles apparaissent en trame de fond. À chaque ouverture de votre dessin, les références externes attachées à votre dessin sont mises à jour et affichent donc les dernières modifications enregistrées. Vous pouvez de cette façon surveiller et suivre d'éventuelles modifications entraînant des évolutions de votre dessin. Notez que les entités propres aux représentations ne sont pas prises en compte lors de l'utilisation des références externes. La palette **Références externes** ci-dessous permet de contrôler les Xrefs. Elle affiche toutes les références externes liées au dessin, et permet d'attacher, de superposer, de recharger, de détacher une référence externe. Elle contrôle également les fichiers DWF, DGN et PDF référencés et images raster importées.

- Dans le groupe de fonctions **Palettes** (onglet **Vue**), choisissez **Palette Références externes** .

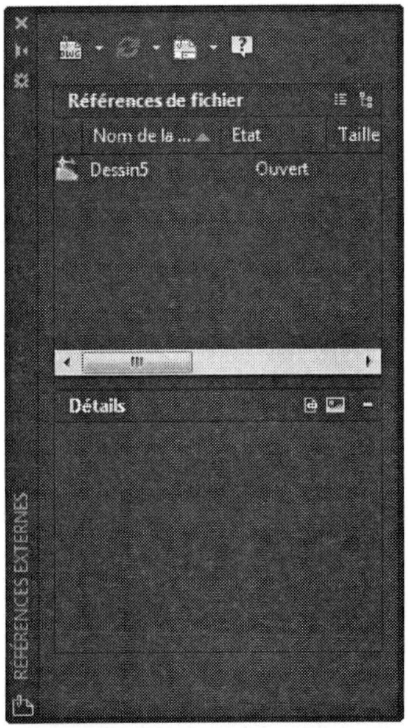

- Agissez sur les boutons **Affichage sous forme de liste** et **Affichage sous forme d'une arborescence** pour contrôler l'affichage des références externes.

1. Attacher une référence externe

- Dans le groupe de fonctions **Référence** (onglet **Insertion**), cliquez sur l'icône **Attacher** 

ou dans la palette **Références externes**, utilisez le bouton-liste **Attacher** ci-dessous pour choisir **Attacher un fichier DWG**.

Une boîte de dialogue vous invite à choisir un fichier dessin qui sera appliqué en trame de fond au dessin courant. AutoCAD vous demande, comme pour un bloc, un point d'insertion, une échelle et une orientation (à spécifier dans la boîte de dialogue ou dans la ligne de commande lors de l'insertion). Les références externes attachées ne font pas réellement partie du dessin. Elles sont mises à jour à chaque ouverture du fichier auquel elles sont rattachées. Vous ne pouvez pas les décomposer, mais vous appuyez dessus pour la réalisation ou l'évolution de votre dessin.

Association et Superposition

Notez les deux types de références : **Association** et **Superposition**.

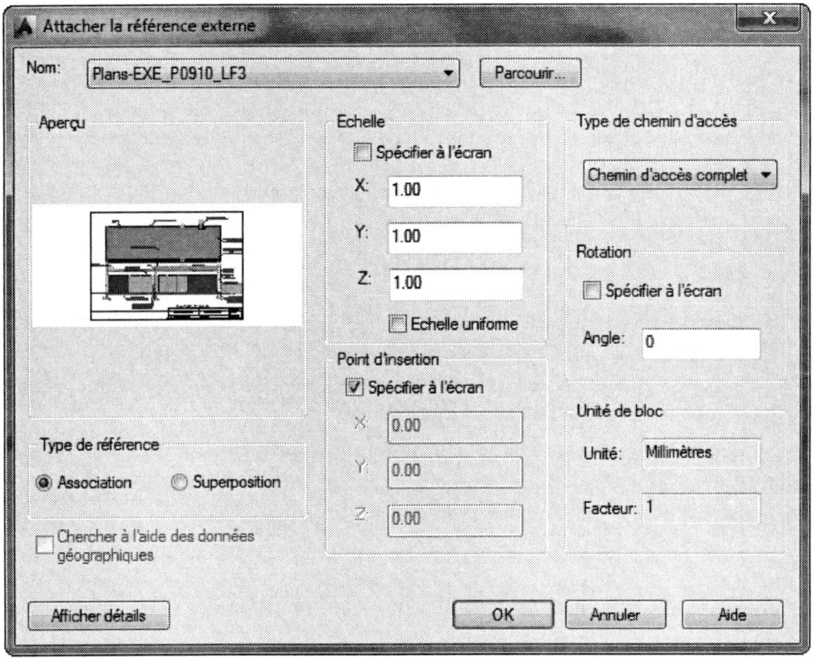

L'option **Association** est proposée par défaut. Si des références externes sont déjà attachées à la référence externe que vous attachez au dessin courant, vous visualisez toutes ces références imbriquées.

Si des références externes sont déjà superposées à la référence externe que vous superposez au dessin courant, vous ne visualisez que la référence externe superposée à votre dessin.

Imaginez un dessin *portes.dwg* superposé à un dessin *cloisons.dwg*. Si vous superposez *cloisons.dwg* à un nouveau dessin *murs.dwg*, vous ne visualisez pas la référence *portes.dwg*.

2. Détacher une référence externe

➲ Dans la palette **Références externes**, sélectionnez la ou les références, effectuez un clic droit et choisissez **Détacher** dans le menu contextuel.

La touche [Ctrl] permet la sélection multiple des références attachées ou superposées. Une référence détachée ne fait plus partie du dessin courant, et les objets appartenant à cette référence ne sont plus affichés. À la prochaine ouverture du dessin courant, la référence externe sera ignorée.

3. Décharger une référence externe

➲ Dans la palette **Références externes**, sélectionnez la ou les références, effectuez un clic droit et choisissez **Décharger** dans le menu contextuel.

La touche [Ctrl] permet la sélection multiple des références attachées ou superposées. Vous déchargez temporairement une référence externe, et ne visualisez plus les objets appartenant aux références déchargées, et ils ne sont plus pris en compte lors de chaque nouvelle régénération. Cette manipulation est très pratique, car elle permet de libérer efficacement du dessin courant une référence externe entière.

4. Recharger une référence externe

➲ Dans la palette **Références externes**, sélectionnez la ou les références, effectuez un clic droit et choisissez **Recharger** dans le menu contextuel.

La touche [Ctrl] permet la sélection multiple des références attachées ou superposées. Vous rechargez la ou les références externes qui ont été préalablement déchargées. Ainsi, vous récupérez la dernière version de la référence externe attachée.

En effet, l'affichage respecte les dernières modifications (effectuées par un collaborateur, par exemple). Cette option représente un intérêt majeur dans une installation en réseau.

Notez que le point d'insertion ainsi que l'échelle et l'angle de rotation ne sont plus demandés.

5. Lier une référence externe

➲ Dans la palette **Références externes**, sélectionnez la ou les références, effectuez un clic droit et choisissez **Lier** dans le menu contextuel.

Lorsque vous attachez des références externes à votre dessin, celles-ci ne font pas partie du dessin. Mais si vous le souhaitez, elles peuvent y être attribuées ou liées définitivement.

Dans un dessin, vous utilisez des calques, des styles de texte, des styles de cote, des styles de ligne, des blocs. Lorsque vous attachez une référence externe, tous ses éléments sont nommés **symboles dépendants**. Si un dessin *bâtiment.dwg* comportant un calque *murs* est attaché au dessin courant, le calque devient **bâtiment|murs**. Le caractère | (pipe en anglais) sépare le nom de la référence externe du calque. Ceci permet de distinguer facilement les symboles dépendants des références externes.

Quand vous ajoutez une référence externe à votre dessin, tous les symboles dépendants sont renommés. Le caractère | est remplacé par **0**. Le chiffre 0 (ou 1 pour éviter les doublons) est positionné entre deux signes dollars. Dans l'exemple précédent, le calque **bâtiment|murs** devient **bâtiment0murs**.

AutoCAD propose deux options lorsque vous liez une référence externe :

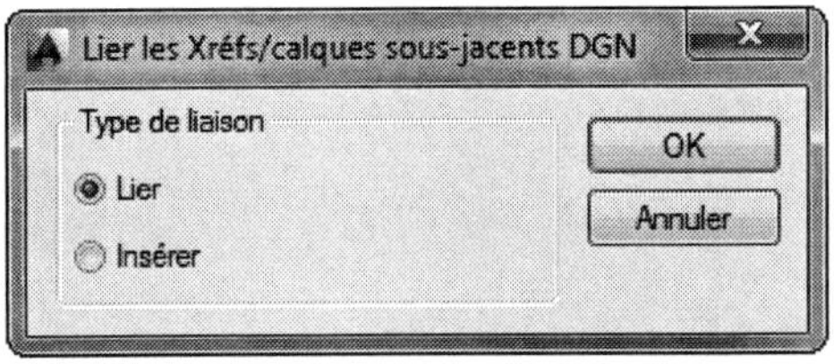

L'option **Lier** respecte les règles précédentes concernant les symboles dépendants, alors que l'option **Insérer** engendre une insertion classique du fichier dessin dans le dessin courant (identique à l'insertion d'un bloc).

6. Ouvrir une référence externe

➲ Dans la palette **Références externes**, sélectionnez la référence à modifier, effectuez un clic droit et choisissez **Ouvrir** dans le menu contextuel.

Le fichier est alors ouvert dans une fenêtre séparée.

Cette fonction permet de sélectionner une Xréf attachée au dessin courant et de l'ouvrir dans une fenêtre distincte. Ainsi, vous procédez aux modifications sur le fichier séparé puis enregistrez les modifications.

Un rechargement dans le dessin dans lequel est attaché ce fichier modifié permet l'actualisation des modifications à l'écran.

Remarque

*Vous pouvez également ouvrir une référence externe en sélectionnant la géométrie dans la zone de dessin, puis en cliquant sur l'icône **Ouvrir la référence** dans le groupe de fonctions **Modifier** (onglet **Référence externe**).*

B. Délimiter une référence externe

1. Définir le cadre de délimitation

Ce choix permet de limiter l'affichage d'une référence externe ou d'un bloc. Cette limite ou délimitation est possible avec une polyligne existante, une zone rectangulaire ou polygonale à définir. L'affichage est permis à l'intérieur de la délimitation.

➲ Déroulez le groupe de fonctions **Référence** (onglet **Insertion**), cliquez sur l'icône **Délimiter**

.

AutoCAD vous demande de sélectionner la ou les références externes à délimiter.

Le message suivant est affiché :

```
Sélectionner l'objet à délimiter:
```

- Sélectionnez l'objet à délimiter.

La ligne d'options suivante apparaît :

```
[ACtif/INactif/Profdelim/Supprimer/générer POlyligne/
Nouveau contour] <Nouveau>:
```

Nouveau contour

C'est l'option par défaut. Appuyez sur [Entrée]. AutoCAD permet de préciser la zone de délimitation de trois méthodes :

Sélectionner polyligne : sélectionne une polyligne existante.

Polygonal : définit un contour quelconque à l'aide de points successifs.

Rectangulaire : définit un contour rectangulaire à l'aide de deux points.

générer POlyligne

Permet de générer une polyligne indépendante à partir d'une zone de délimitation définie à l'aide de points :

ACtif : permet d'activer la délimitation, lorsque celle-ci a été désactivée.

INactif : désactive la délimitation et réaffiche l'ensemble de la référence externe. Cette notion est provisoire (bascule ACtif / Inactif).

Profdelim : permet de limiter l'affichage d'une référence externe à une certaine élévation en Z. Deux points (deux Z différents) définissent une épaisseur à prendre en compte pour l'affichage. Tout ce qui est placé en dessous ou au-dessus de ce volume n'est pas affiché. Si les points 0,0,50 et 0,0,-60 sont fixés, seuls les objets placés en Z intermédiaire (ex. 40, 0, -10 ou -55) sont affichés. Cette option ne fonctionne que lorsqu'une délimitation a été définie.

Supprimer : efface définitivement une délimitation, et permet l'affichage entier de la référence externe.

Remarque

Si vous sélectionnez la géométrie d'une référence externe, vous accédez aux commandes suivantes dans le groupe de fonctions ***Délimitation*** *(onglet* ***Référence externe****) :* ***Créer un contour de délimitation*** *pour délimiter une référence externe (ou modifier la délimitation) et* ***Supprimer la délimitation*** *de la référence externe.*

2. Afficher le cadre de délimitation

- Dans le groupe de fonctions **Référence**, cliquez sur le bouton-liste **Afficher et tracer les cadres**

.

Cette option permet l'affichage du contour de délimitation (rectangulaire ou polygonal). Vous pouvez choisir de **Masquer les cadres**, **Afficher et tracer les cadres**, ou **Afficher mais ne pas tracer les cadres**.

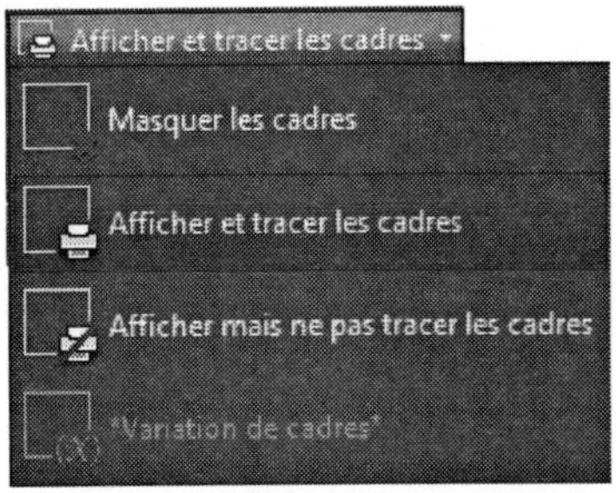

C. Éditer le chemin d'une référence externe

- Dans la palette **Références externes**, sélectionnez la référence externe pour laquelle vous souhaitez éditer le chemin.
- Dans la palette **Références externes**, accédez à la rubrique **Détails**. Au regard du libellé **Chemin enregistré sur**, cliquez sur le bouton [...] situé à l'extrême droite.

AutoCAD affiche une boîte de dialogue vous permettant de rechercher le nouveau chemin. Sélectionnez le fichier et cliquez sur **Ouvrir**.

Les éléments de la référence externe sont maintenant affichés.

D. Éditer des blocs et des références externes

AutoCAD permet la modification des éléments liés à un bloc ou à une référence externe associée au dessin courant.

- L'édition d'un **bloc** permet la mise à jour de tous les blocs insérés dans le dessin.
- L'édition d'une **référence externe** permet la mise à jour de toutes les références associées au dessin courant, mais aussi la modification du fichier externe d'origine. Ceci constitue un très grand intérêt puisque vous pouvez, par exemple, depuis un dessin d'ensemble, modifier un dessin de détail sans même ouvrir le fichier.

Pour éditer des blocs ou références externes, procédez comme suit :

➲ Déroulez le groupe de fonctions **Référence**, cliquez sur l'icône **Modifier les références** 

.

➲ Sélectionnez une référence à modifier.

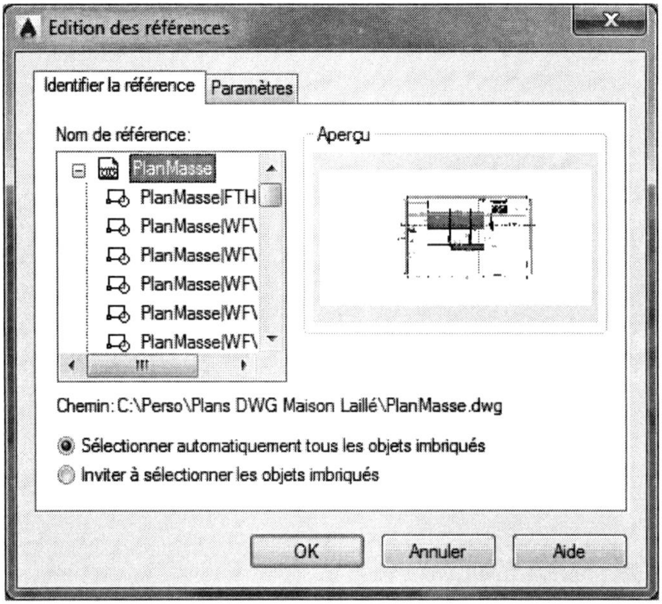

La liste **Nom de référence** affiche les blocs et/ou références externes. Si celles-ci sont imbriquées, sélectionnez dans l'arborescence la référence à modifier. Un aperçu est affiché. Dans la partie inférieure, le chemin de la référence originale est indiqué.

Pour afficher tous les noms de calque et de symbole imbriqués, conservez l'option **Sélectionner automatiquement tous les objets imbriqués** active.

L'option **Inviter à sélectionner les objets imbriqués** permet la sélection des objets imbriqués séparément, limitant l'édition à ces objets.

Dans ce cas, AutoCAD demandera la sélection des objets.

➲ Confirmez par **OK**.

➲ Effectuez les changements de géométrie, ajoutez de nouveaux éléments, supprimez-en d'autres. Dans le groupe de fonctions contextuel **Modifier les références** (onglet **Insertion**), les boutons **Ajouter au jeu de sélection** et **Supprimer du jeu de sélection** permettent d'ajouter et de supprimer des éléments extérieurs à la référence à modifier.

Une fois tous les changements effectués, dans le groupe de fonctions **Modifier les références**, cliquez sur l'icône **Enregistrer les modifications**.

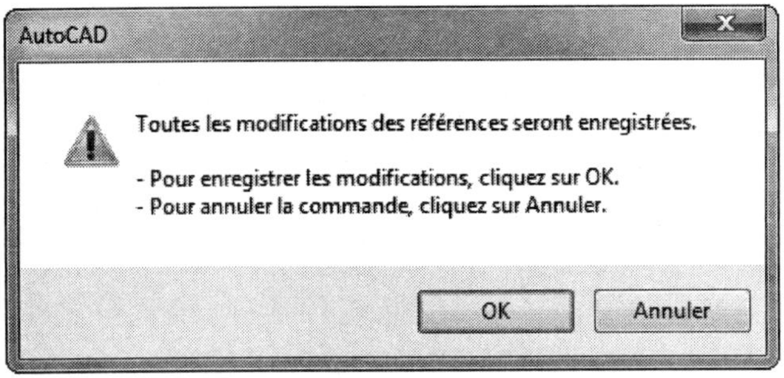

➲ Pour confirmer l'enregistrement, cliquez sur **OK**.

Remarque

Toutes les références sont mises à jour dans le dessin, ainsi que le fichier dessin original.

*Vous pouvez également éditer des blocs ou références externes en sélectionnant la géométrie dans la zone de dessin, puis en cliquant sur l'icône **Edition des références dans le dessin** dans le groupe de fonctions **Modifier** (onglet **Référence externe**).*

E. Attacher un fichier DWF au dessin courant

Vous pouvez attacher un fichier DWF au dessin courant. L'état des calques du fichier DWF est respecté. Il s'agit d'un objet unique non modifiable appelé Calque sous-jacent. Il peut être extrêmement pratique de se référer à un fichier DWF. Ainsi le fichier DWF inséré à l'échelle peut servir de fond de plan pour concevoir ou faire évoluer votre projet.

Tout comme une référence externe ou une image tramée, vous pouvez visualiser des informations sur un calque sous-jacent, l'attacher ou le détacher, le décharger ou le recharger, le rechercher et enregistrer un nouveau chemin de recherche.

➲ Dans la palette **Références externes**, cliquez sur l'icône déroulante et choisissez **Attacher un fichier DWF**.

Une boîte de dialogue vous invite à choisir un fichier DWF qui sera inséré dans le dessin courant.

➲ Confirmez par **Ouvrir** après sélection du fichier dwf (ou dwfx).

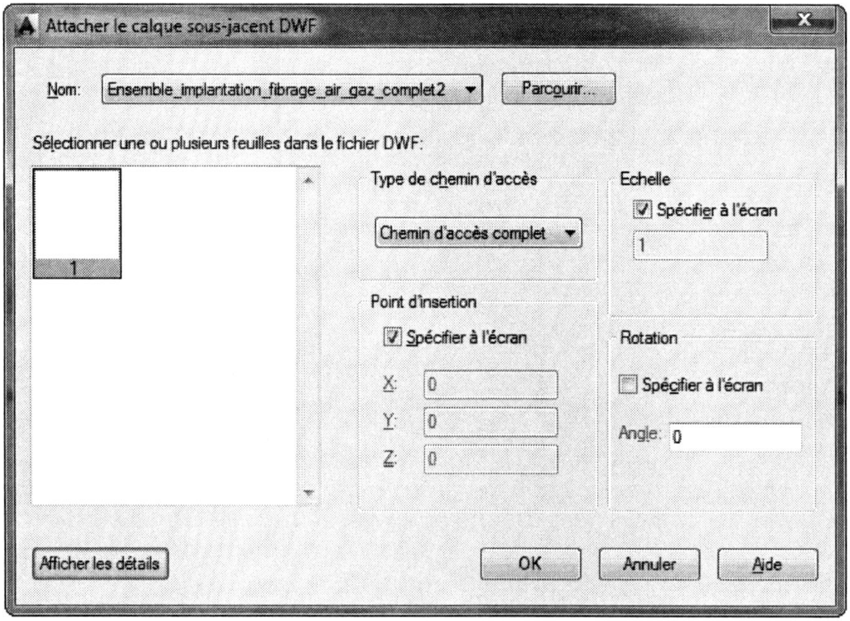

➲ Dans la liste **Sélectionner une ou plusieurs feuilles dans le fichier DWF**, prenez le soin de choisir la feuille à attacher (correspondant au calque sous-jacent DWF). Notez qu'un fichier DWF peut contenir de nombreuses feuilles.

Le bouton **Afficher les détails** précise l'emplacement et le chemin du fichier Dwf référencé.

La liste **Type de chemin d'accès** permet de préciser le chemin d'accès au calque sous-jacent, soit complet (absolu), soit relatif ou encore aucun chemin d'accès (le fichier DWF devra figurer dans le dossier contenant le dessin courant).

➲ Puis définissez les modes **Point d'insertion**, **Echelle** et **Rotation** selon vos préférences avant de confirmer par **OK**.

Selon les choix précédents, AutoCAD vous propose de préciser dans la zone graphique le point d'insertion, l'échelle (ou l'unité) ainsi que l'angle de rotation du fichier DWF à attacher.

Propriétés

La fenêtre **Propriétés** vous permet d'agir sur les paramètres suivants, spécifiques aux calques sous-jacents (fichier DWF attaché) :

➲ Après sélection du calque sous-jacent, effectuez un clic droit puis choisissez **Propriétés** dans le menu contextuel.

La fenêtre suivante est affichée :

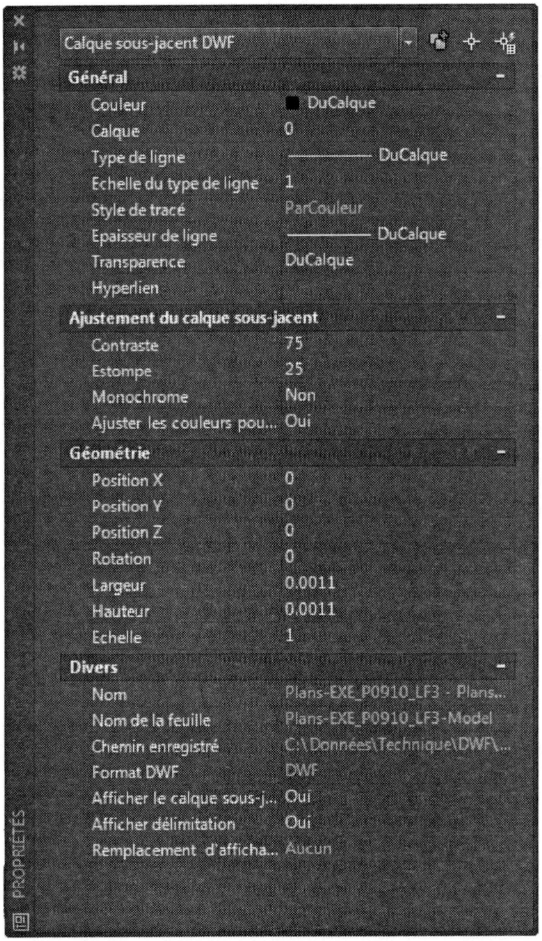

La rubrique **Géométrie** permet de modifier les positions, l'angle de rotation, l'échelle, la largeur et la hauteur du calque sous-jacent.

La rubrique **Ajustement du calque sous-jacent** permet d'agir sur le contraste et la valeur d'estompe, de forcer l'affichage monochrome ou couleur du calque sous-jacent et d'activer l'ajustement des couleurs du calque sous-jacent par rapport à l'arrière-plan courant.

La rubrique **Divers** permet de modifier le nom du calque sous-jacent et celui de la feuille, le chemin et d'activer ou non l'affichage du calque sous-jacent et de son contour de délimitation.

Si vous sélectionnez la géométrie du calque sous-jacent DWF, vous pouvez modifier ses propriétés avec les groupes de fonctions suivants :

Ajuster : permet de régler le contraste et l'estompe et d'afficher en monochrome ou en couleur.

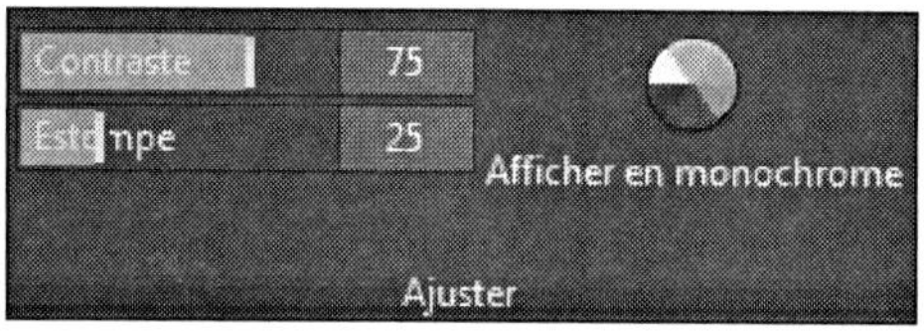

Délimitation : permet de créer un nouveau contour de délimitation ou de supprimer le contour de délimitation.

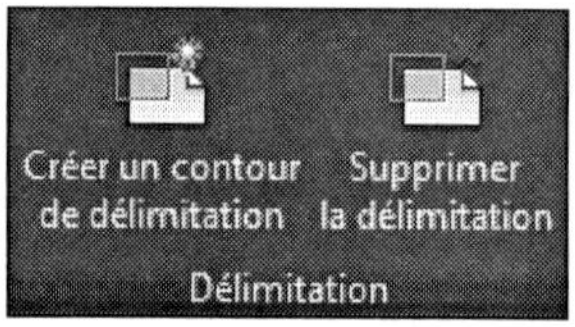

Options : permet d'afficher ou de masquer le calque sous-jacent ; permet d'activer ou de désactiver l'accrochage à la géométrie du calque sous-jacent ; permet d'afficher ou de masquer la palette **Références externes**.

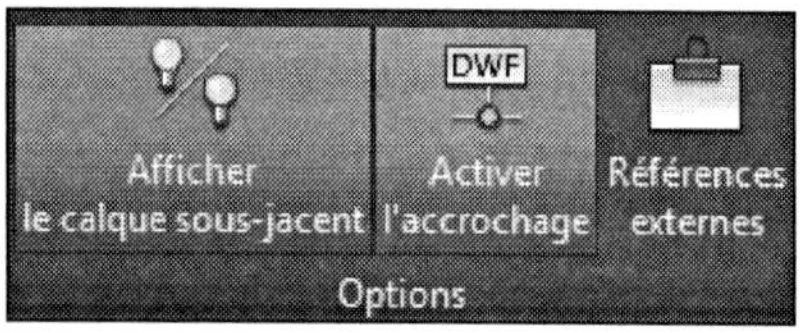

Calques DWF : permet d'afficher ou de masquer les calques composant le fichier DWF (ou DWFx).

Dans la fenêtre **Calques sous-jacents** ci-dessous, vous agissez directement sur les icônes pour afficher ou masquer les calques :

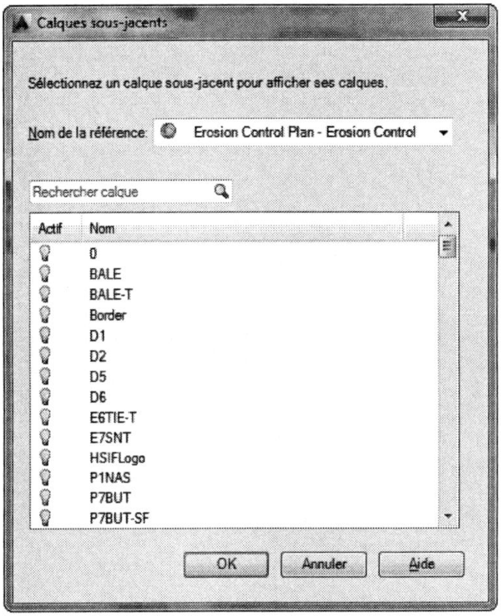

F. Attacher un fichier DGN au dessin courant

Vous pouvez attacher un fichier DGN au dessin courant. Il s'agit d'un objet unique non modifiable appelé calque sous-jacent, mais qui peut s'avérer utile en tant que référence. Ainsi le fichier DGN inséré à l'échelle peut servir de fond de plan pour concevoir ou faire évoluer votre projet.

Tout comme une référence externe, un fichier DWF, ou une image tramée, vous pouvez visualiser des informations sur un calque sous-jacent, attacher ou détacher celui-ci, le décharger ou le recharger, rechercher et enregistrer un nouveau chemin de recherche.

➲ Dans la palette **Références externes**, cliquez sur le bouton-liste et choisissez **Attacher un fichier DGN**.

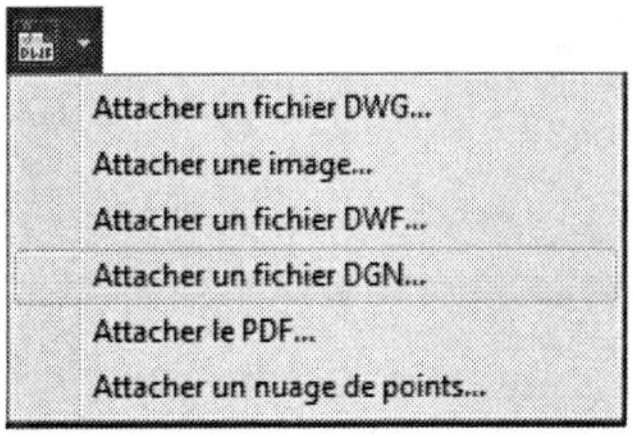

Une boîte de dialogue vous invite à choisir un fichier DGN qui sera inséré dans le dessin courant.

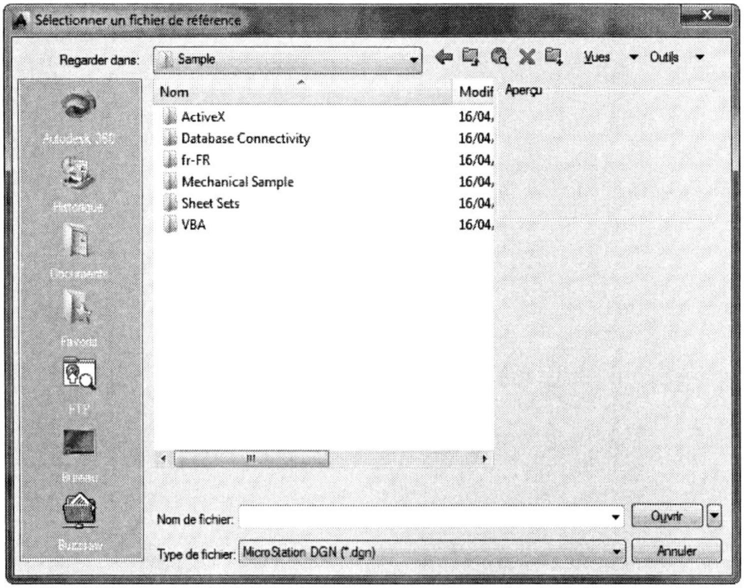

➲ Confirmez par **Ouvrir**.

AutoCAD affiche ensuite la boîte de dialogue suivante :

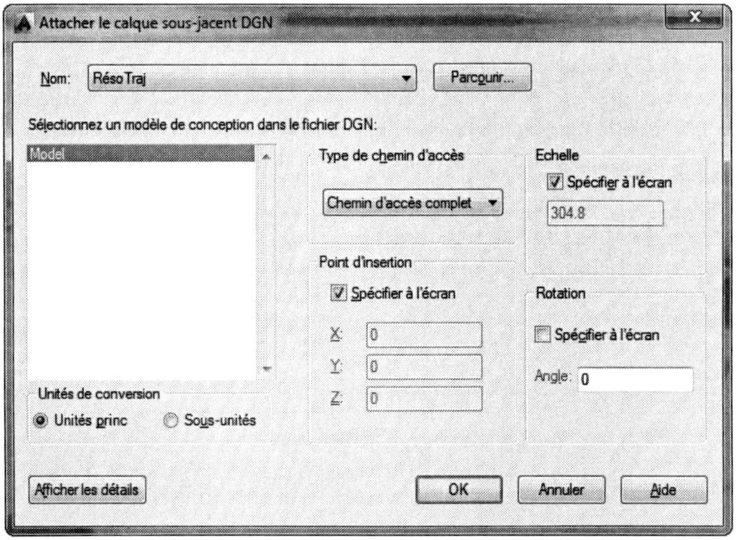

- Dans la liste **Sélectionnez un modèle de conception dans le fichier DGN**, prenez le soin de choisir le modèle à attacher (correspondant au calque sous-jacent DGN). Choisissez les unités de conversion si nécessaire.

  Le bouton **Afficher les détails** précise l'emplacement et le chemin enregistrés du fichier référencé.

  La liste **Type de chemin d'accès** permet de préciser le chemin d'accès au fichier de référence, soit complet (ou absolu), soit relatif ou encore aucun chemin d'accès (le fichier DGN devra figurer dans le dossier contenant le dessin courant).

- Définissez ensuite les modes **Point d'insertion**, **Echelle** et **Rotation** selon vos préférences et confirmez par **OK**.

  Selon les choix précédents, AutoCAD vous propose de préciser dans la zone graphique les points d'insertion, échelle et angle de rotation du calque sous-jacent DGN.

  Si vous sélectionnez la géométrie du calque sous-jacent DGN, vous pouvez modifier ses propriétés avec les groupes de fonctions suivants :

  Ajuster : permet de régler le contraste et l'estompe et d'afficher en monochrome ou en couleur.

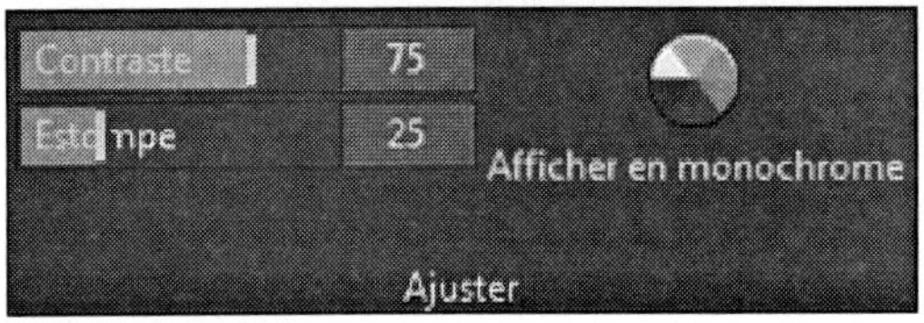

Délimitation : permet de créer un nouveau contour de délimitation ou de supprimer le contour de délimitation.

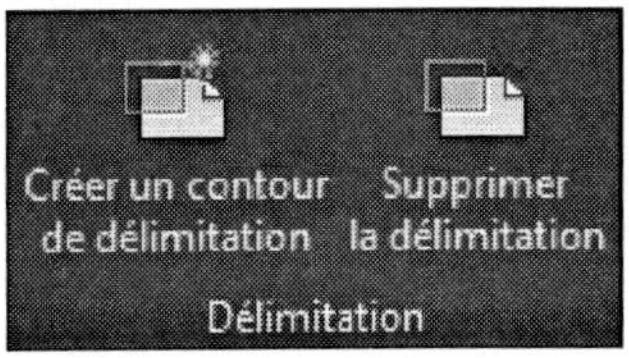

Options : permet d'afficher ou de masquer le calque sous-jacent ; permet d'activer ou de désactiver l'accrochage à la géométrie du calque sous-jacent ; permet d'afficher ou de masquer la palette **Références externes**.

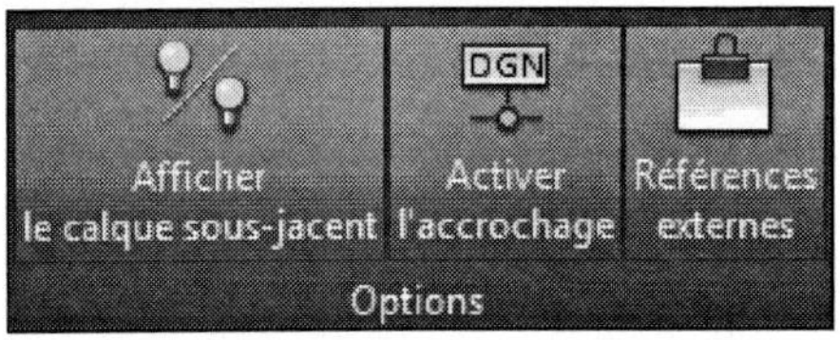

Calques DGN : permet d'afficher ou de masquer les calques composant le fichier DGN.

Dans la fenêtre **Calques sous-jacents** ci-dessous, vous agissez directement sur les icônes pour afficher ou masquer les calques :

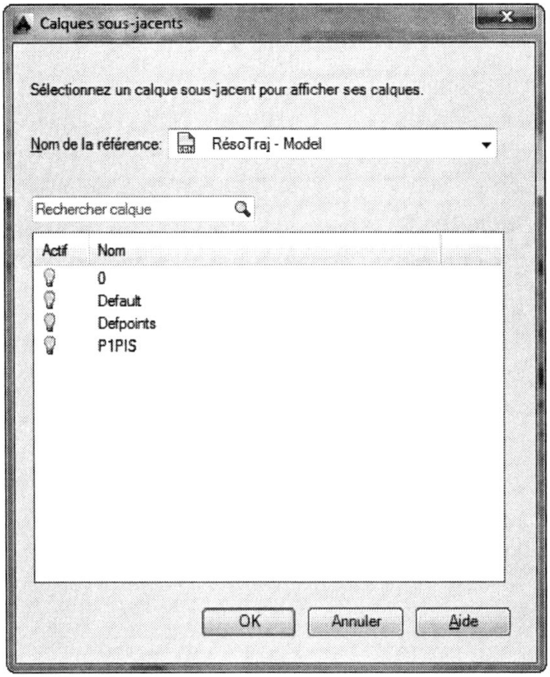

G. Attacher un fichier PDF au dessin courant

Vous pouvez attacher le fichier PDF au dessin courant. Il s'agit d'un objet unique non modifiable appelé calque sous-jacent, qui peut s'avérer utile en tant que référence. Ainsi le fichier PDF inséré à l'échelle peut servir de fond de plan pour concevoir ou faire évoluer votre projet. Tout comme une référence externe (fichier DWG), un fichier DWF, un fichier DGN ou une image tramée, vous pouvez visualiser des informations sur un calque sous-jacent, attacher ou détacher celui-ci, le décharger ou le recharger, rechercher et enregistrer un nouveau chemin de recherche.

➲ Dans la palette **Références externes**, cliquez sur le bouton-liste et choisissez **Attacher le PDF**.

Une boîte de dialogue vous invite à choisir un fichier PDF qui sera inséré dans le dessin courant.

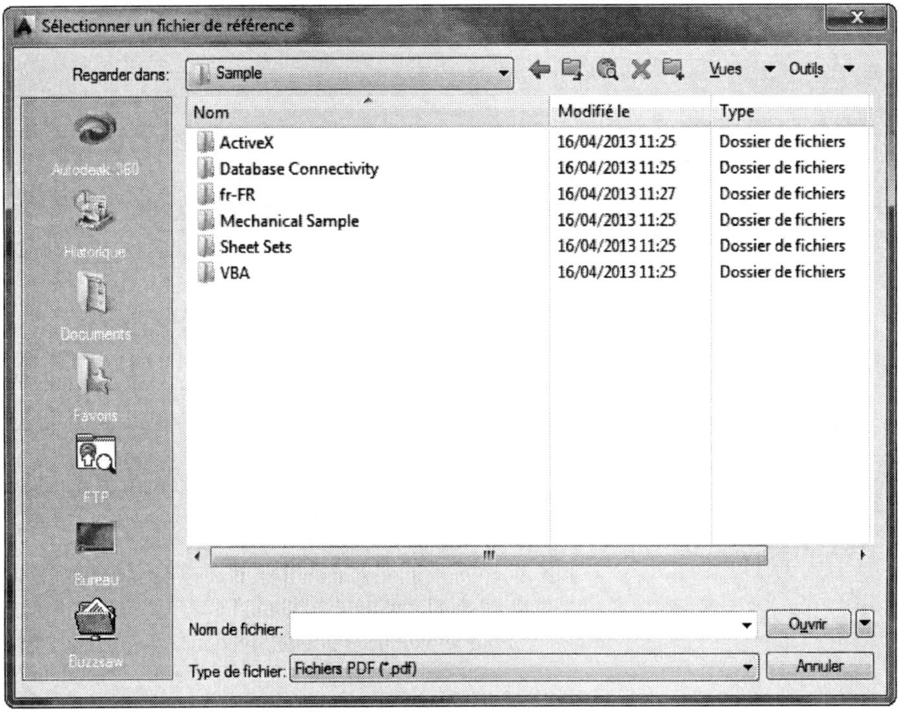

➲ Confirmez par **Ouvrir**.

AutoCAD affiche ensuite la boîte de dialogue suivante :

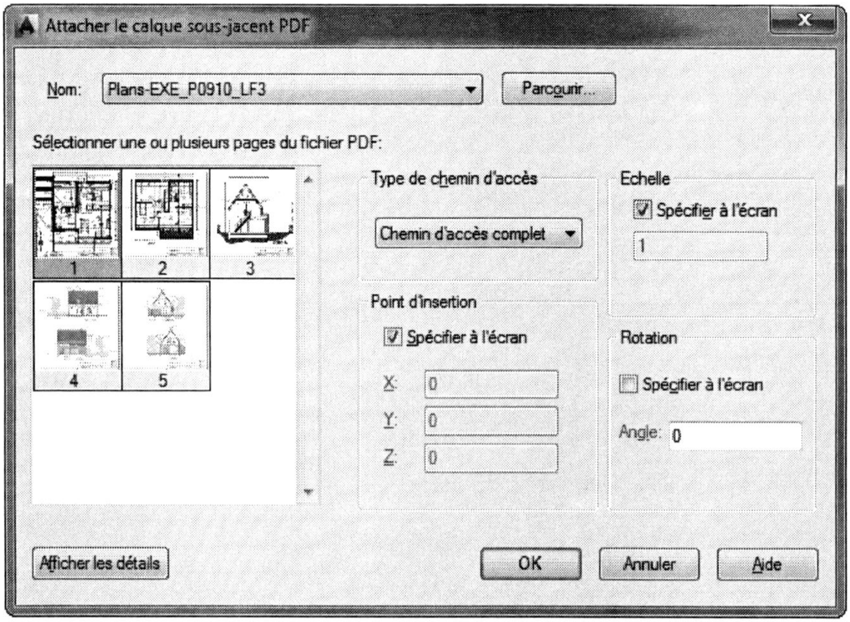

➲ Dans la liste **Sélectionner une ou plusieurs pages du fichier PDF**, prenez le soin de choisir la ou les pages du fichier PDF à attacher (correspondant aux calque(s) sous-jacent(s)).

Le bouton **Afficher les détails** précise l'emplacement et le chemin enregistrés du fichier référencé.

La liste **Type de chemin d'accès** permet de préciser le chemin d'accès au fichier de référence, soit complet (ou absolu), soit relatif ou encore aucun chemin d'accès (le fichier PDF devra figurer dans le dossier contenant le dessin courant).

➲ Définissez ensuite les **Point d'insertion**, **Echelle** et **Rotation** selon vos préférences et confirmez par **OK**.

Selon les choix précédents, AutoCAD vous propose de préciser dans la zone graphique les point d'insertion, échelle et angle de rotation du calque sous-jacent.

Si vous sélectionnez la géométrie du calque sous-jacent PDF, vous pouvez modifier ses propriétés avec les groupes de fonctions suivants :

Ajuster : permet de régler le contraste et l'estompe et d'afficher en monochrome ou en couleur.

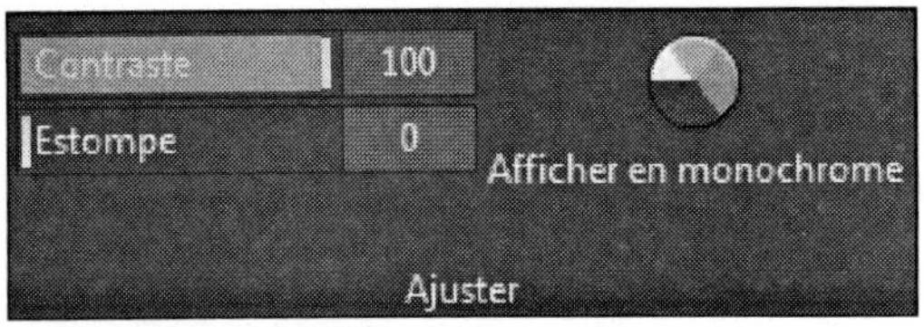

Délimitation : permet de créer un nouveau contour de délimitation ou de supprimer le contour de délimitation.

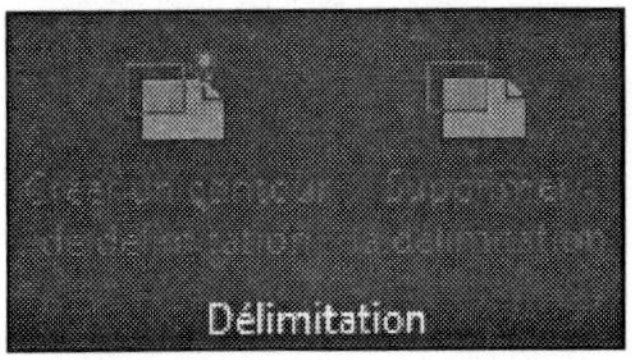

Options : permet d'afficher ou de masquer le calque sous-jacent ; permet d'activer ou de désactiver l'accrochage à la géométrie du calque sous-jacent ; permet d'afficher ou de masquer la palette **Références externes**.

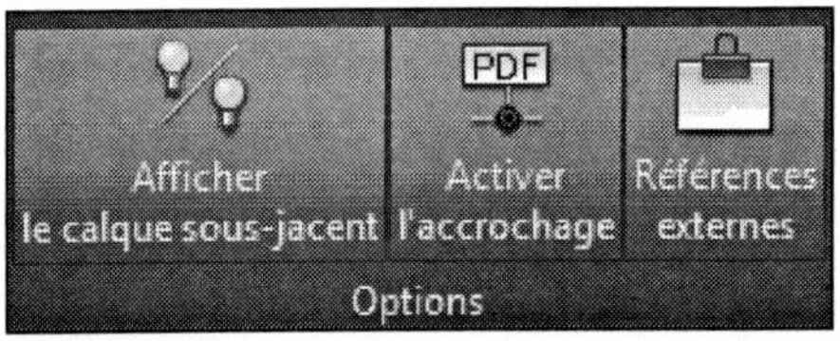

Calques PDF : permet d'afficher ou de masquer les calques composant le fichier PDF.

Dans la fenêtre **Calques sous-jacents** ci-dessous, vous agissez directement sur les icônes pour afficher ou masquer les calques :

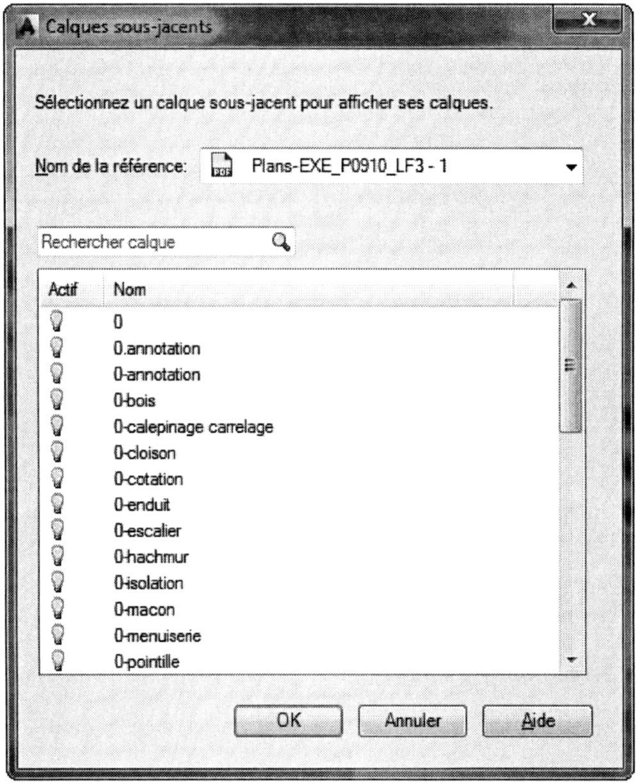

Chapitre 12
Les images tramées

A. Introduction

AutoCAD permet comme beaucoup d'autres applications CAO/DAO la conception de dessins vectoriels. Vous manipulez des lignes, arcs, cercles... qui sont des objets vectoriels. Le dessin vectoriel permet d'agir sur les objets eux-mêmes, et de modifier leurs caractéristiques (longueur, orientation, rayon...). Contrairement au dessin vectoriel, le dessin bitmap est une image dont chaque point peut être composé d'une couleur. L'image (photo numérisée ou image virtuelle) est définie par un nombre de points (ou pixels) largeur x hauteur appelée résolution. Plus ce nombre est important, meilleure est la qualité de l'image. L'autre élément déterminant est le nombre de couleurs affichées. Notez qu'une image à haute résolution avec un nombre de couleurs important (16 millions par exemple) favorise un fichier de grande taille (plusieurs méga-octets).

AutoCAD permet l'affichage d'une image tramée dans un dessin. Ceci est très intéressant, et permet, par exemple, d'agrémenter un dessin vectoriel AutoCAD. L'image peut être une photo numérisée, ou une image virtuelle, conçue par AutoCAD ou une application spécialisée en image de synthèse comme 3DS Max par exemple.

Il est fréquent aujourd'hui de mêler des dessins vectoriel et bitmap. Vous pouvez ainsi travailler sur une image de fond, et à l'inverse placer une image sur un dessin AutoCAD (ou à côté de celui-ci). Les formats d'image les plus répandus sont accessibles : *tga, tif, gif, bmp, rle, jpg, pct, pcx...*

La palette d'outils **Références externes** permet de contrôler les images dans votre dessin. Elle affiche toutes les images liées au dessin et permet d'attacher, de recharger, de détacher... une image. Les touches [F3] et [F4] permettent un affichage sous forme de liste ou d'arborescence, au sein de la palette **Références externes**.

B. Attacher une image

- Dans la palette d'outils **Références externes**, cliquez sur le bouton-liste et choisissez **Attacher une image**.

Une boîte de dialogue vous invite à choisir un fichier image qui sera inséré dans le dessin courant.

- Confirmez par **Ouvrir** après sélection du fichier image.

AutoCAD demande alors un point d'insertion, un facteur échelle et une orientation (à spécifier dans la boîte de dialogue ou dans la ligne de commande lors de l'insertion). Les images attachées sont mises à jour à chaque ouverture du fichier auquel elles sont rattachées.

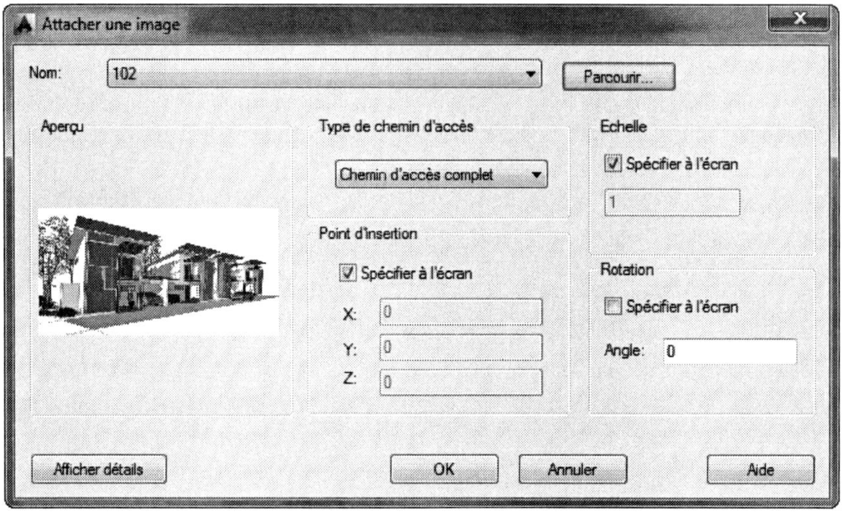

Le bouton **Afficher les détails/Masquer les détails** permet d'accéder aux informations et caractéristiques de l'image telles que la résolution, et la taille de l'image, ainsi que son emplacement et son chemin de recherche.

C. Détacher une image

- Dans la palette **Références externes**, sélectionnez la ou les images, effectuez un clic droit, puis choisissez **Détacher** dans le menu contextuel.

  La touche [Ctrl] permet la sélection multiple des images attachées. Une image détachée n'est plus affichée dans le dessin courant. À la prochaine ouverture du dessin courant, l'image sera ignorée.

D. Décharger une image

- Dans la palette **Références externes**, sélectionnez la ou les images, effectuez un clic droit puis choisissez **Décharger** dans le menu contextuel.

  La touche [Ctrl] permet la sélection multiple des images attachées. Vous déchargez temporairement une image, et ne visualisez plus l'image. Cette manipulation est très pratique, car elle permet de libérer efficacement le dessin courant de l'image entière.

E. Recharger une image

- Dans la palette **Références externes**, sélectionnez la ou les images, effectuez un clic droit puis choisissez **Recharger** dans le menu contextuel.

  La touche [Ctrl] permet la sélection multiple des images attachées. Vous rechargez les images préalablement déchargées. Ainsi, vous récupérez la dernière version de l'image.

  En effet, l'affichage respecte les dernières modifications (effectuées par un collaborateur, par exemple). Cette option représente un intérêt majeur dans une installation en réseau.

F. Délimiter une image

- Déroulez le groupe de fonctions **Référence**, et cliquez sur l'icône **Délimiter**.

  Ce choix permet de limiter l'affichage d'une image attachée. Cette limite ou délimitation est possible avec une zone rectangulaire ou polygonale. L'affichage est permis à l'intérieur de la délimitation. AutoCAD vous demande de sélectionner la ou les images à délimiter. Après la sélection, la ligne d'options suivante apparaît :

```
DELIM Entrez une option de délimitation de l'image [ACtif
INactif Supprimer Nouveau contour] <Nouveau>:
```

Nouveau contour : c'est l'option par défaut. Appuyez sur [Entrée]. AutoCAD permet de préciser la zone de délimitation selon deux méthodes :

- **Polygonal** : définit un contour quelconque à l'aide de points successifs.
- **Rectangulaire** : définit un contour rectangulaire à l'aide de deux points.

ACtif : permet d'activer la délimitation, lorsque celle-ci a été désactivée.

INactif : désactive la délimitation et réaffiche l'intégralité de l'image. Cette notion est provisoire (bascule ACtif/INactif).

Supprimer : efface définitivement une délimitation et permet l'affichage entier de l'image.

Vous pouvez aussi agir sur le contour de délimitation en sélectionnant l'image, et en accédant au groupe de fonctions **Délimitation** ci-dessous pour créer un nouveau contour de délimitation ou supprimer le contour de délimitation.

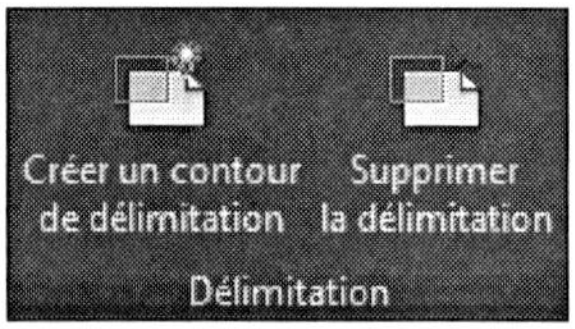

G. Éditer le chemin d'une image

- Dans la palette **Références externes**, sélectionnez l'image pour laquelle vous souhaitez éditer le chemin.
- Dans la palette **Références externes**, accédez à la rubrique **Détails**. En regard du libellé **Chemin enregistré sur**, cliquez sur le bouton [...] situé à l'extrême droite.

  AutoCAD affiche une boîte de dialogue vous permettant de rechercher le nouveau chemin.
- Sélectionnez le fichier et cliquez sur **Ouvrir**. L'image s'affiche à nouveau.

H. Ajuster l'image

- Sélectionnez l'image.
- Dans le groupe de fonctions **Ajuster** (onglet contextuel **Image**), accédez aux réglages de luminosité, contraste et estompe pour ajuster l'image.

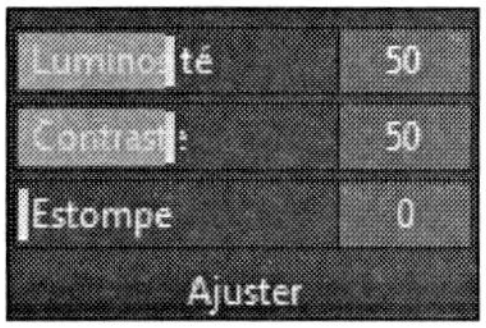

En regard des libellés **Luminosité**, **Contraste** et **Estompe**, vous pouvez saisir une valeur ou encore agir sur chaque règle pour un réglage manuel.

- Réglez la luminosité, le contraste et l'estompe de l'image sélectionnée. L'aperçu reflète avec précision les modifications apportées.

I. Gérer la transparence de l'image

Cette option agit sur la transparence ou l'opacité du fond de l'image sélectionnée.

- Sélectionnez l'image.
- Dans le groupe de fonctions **Options** (onglet **Image**), cliquez sur l'icône **Transparence de l'arrière-plan** pour activer la transparence.

L'activation de la transparence reconnaît les pixels transparents de l'image et permet l'affichage du graphisme en transparence.

Remarque

Plusieurs formats de fichier image acceptent des images comportant des pixels transparents. La transparence est disponible pour les images double ton et non double ton (RVB Alpha ou échelle de gris). Par défaut, les images sont liées avec la transparence désactivée.

Vous pouvez aussi afficher ou masquer l'image, à l'aide de l'icône **Afficher l'image** dans le groupe de fonctions **Options**.

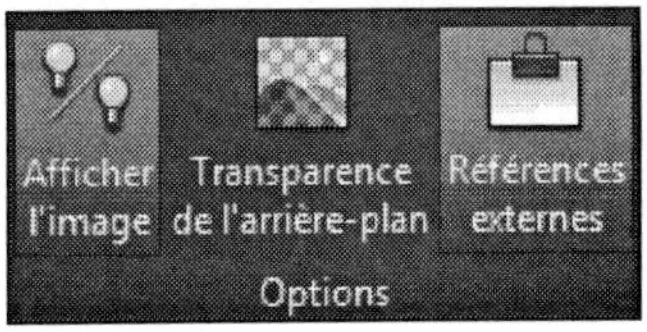

J. Modifier l'ordre d'affichage et de tracé

Cette option permet d'agir sur l'ordre d'apparition des images ou autres objets superposés, pour l'affichage et le tracé.

Affichage au premier plan

Sélectionnez la ou les image(s) à placer au premier plan. Effectuez un clic droit, choisissez **Ordre de tracé** puis **En avant**.

Affichage au dernier plan

Sélectionnez la ou les image(s) à placer au dernier plan. Effectuez un clic droit, choisissez **Ordre de tracé** puis **En arrière**.

Affichage au-dessus

Sélectionnez une ou plusieurs image(s), choisissez **Ordre de tracé** puis **Au-dessus de l'objet**. Permet de passer la ou les image(s) sélectionnée(s) devant une image (ou un autre objet) de référence sélectionnée.

Affichage au-dessous

Sélectionnez une ou plusieurs image(s), choisissez **Ordre de tracé** puis **Au-dessous de l'objet**. Permet de passer la ou les image(s) sélectionnée(s) derrière une image (ou un autre objet) de référence sélectionnée.

Ces fonctions sont également accessibles depuis le groupe de fonctions **Modification**.

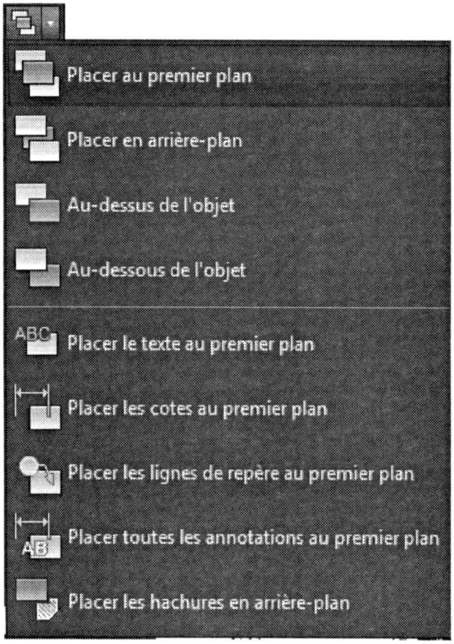

Remarque

*Les outils **Placer le texte au premier plan**, **Placer les cotes au premier plan**, **Placer les lignes de repère au premier plan**, **Placer toutes les annotations au premier plan** placent respectivement au premier plan les objets textes, cotes, lignes de repère ou toutes les annotations.*

Chapitre 13
Emplacement géographique

A. Généralités

Si votre dessin contient des informations d'emplacement géographique et que vous êtes connecté à Autodesk 360, vous pouvez insérer dans la fenêtre courante une carte à partir d'un service de cartographie en ligne.

La carte en ligne peut ajouter des informations contextuelles à votre dessin et fournir des informations sur les contours de la zone qui vous intéresse. Elle s'affiche derrière tous les autres objets de dessin dans la fenêtre et couvre l'étendue du système de coordonnées SIG affecté au fichier de dessin.

Vous pouvez afficher la carte sous la forme d'une série d'images satellite (style carte aérienne), sous la forme d'une série d'images vectorielles (style carte routière), ou encore sous la forme d'un mélange de ces deux styles. Si la zone de dessin est divisée en plusieurs fenêtres, chacune d'entre elles peut posséder un style de carte différent. Bien que la carte en ligne soit affichée dans une présentation, elle n'est pas imprimée lors du traçage du dessin.

Il convient de définir un emplacement géographique pour un point de référence du dessin courant. Les informations d'emplacement géographique d'un fichier de dessin sont associées à une entité qualifiée de marqueur géographique. Le marqueur géographique désigne un point de référence (de l'espace objet) correspondant à un emplacement sur la surface de la Terre, dont la latitude et la longitude sont connues. La direction du nord est également associée au marqueur géographique.

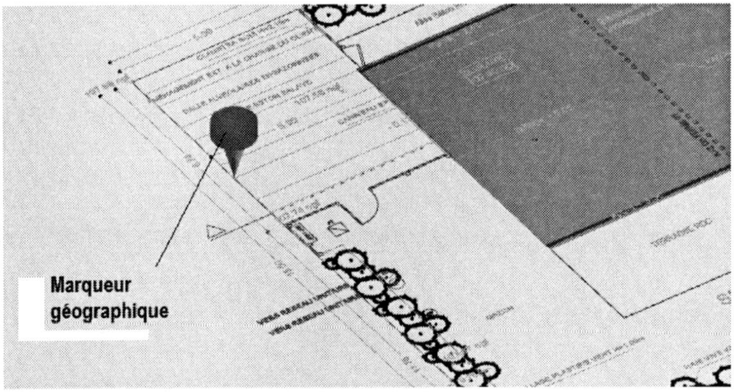

En général, un emplacement géographique est défini par ses coordonnées (par exemple, latitude, longitude et élévation) et le système de coordonnées (par exemple, RGF93 en France) utilisé pour définir les coordonnées. Par conséquent, lorsque vous spécifiez l'emplacement géographique du marqueur géographique, le système enregistre également les détails du système de coordonnées SIG.

Après avoir inséré un marqueur géographique dans un dessin, vous pouvez effectuer les opérations suivantes :

- Configurer le programme de manière à ce qu'il détermine automatiquement l'angle de la lumière du soleil lors d'une simulation du ciel et du soleil (études photométriques).
- Insérer une carte à partir d'un service de cartographie en ligne dans une fenêtre.
- Réaliser des études environnementales.
- Utiliser les marqueurs de position afin de marquer les emplacements géographiques et enregistrer les notes associées.
- Se localiser sur la carte en temps réel sur les systèmes prenant en charge la détection de position.
- Exporter vers AutoCAD Map 3D et permettre un positionnement automatique du modèle.
- Importer des fichiers raster contenant des informations d'emplacement géographique et s'attendre à ce qu'elles soient positionnées automatiquement (pour cela, AutoCAD Raster Design est requis).

B. Définir un emplacement géographique à partir d'une carte

Vous pouvez insérer des informations d'emplacement géographique dans un fichier de dessin en spécifiant l'emplacement d'un point de référence sur une carte à partir d'un service de cartographie en ligne.

Attention : cette opération nécessite la connexion à Autodesk 360 pour pouvoir utiliser le service de cartographie en ligne.

➲ Dans le groupe de fonctions **Position** (onglet **Insertion**), cliquez sur l'icône déroulante **Définir l'emplacement** et choisissez l'icône **A partir d'une carte**.

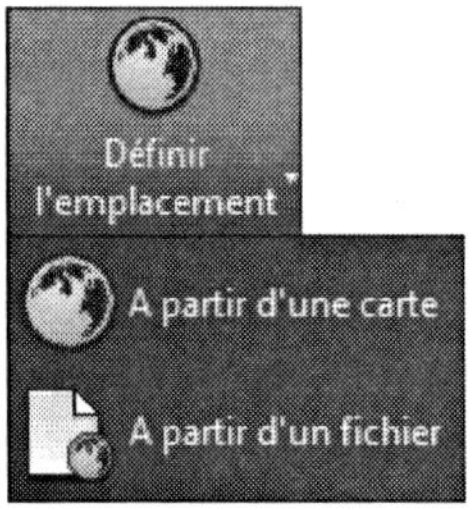

- Lors de la première utilisation, dans la fenêtre **Géolocalisation - Données cartographiques en ligne**, cliquez sur **Oui** pour confirmer les conditions d'utilisation des données cartographiques en temps réel.

  La boîte de dialogue **Emplacement géographique** est affichée :

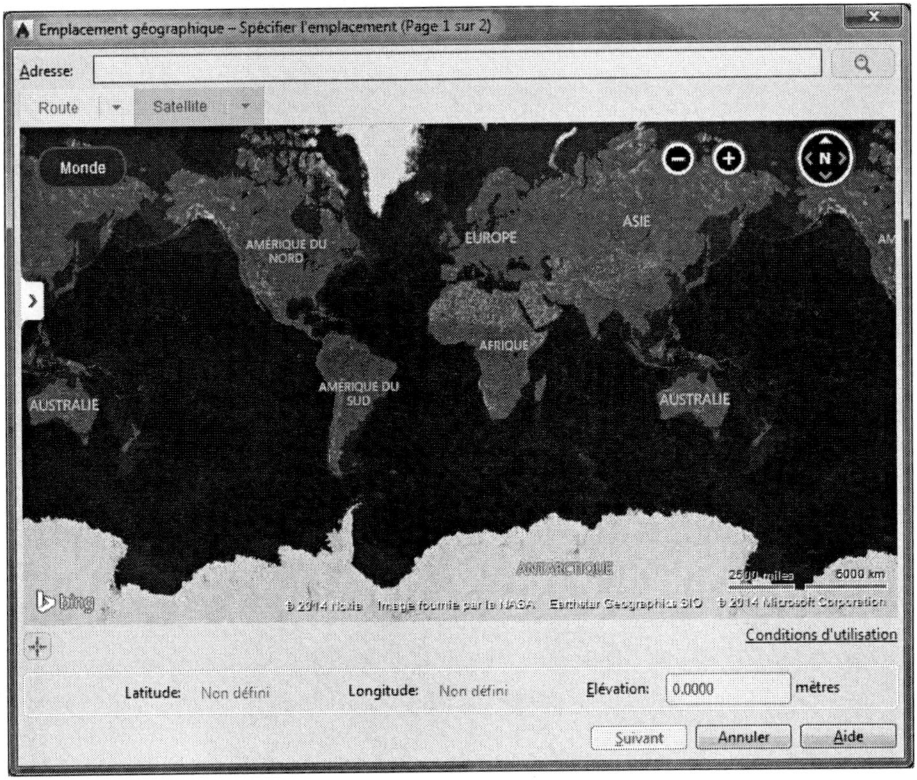

- Dans la zone de recherche de la boîte de dialogue **Emplacement géographique**, saisissez l'adresse (ou adresse proche) de votre emplacement, puis cliquez sur l'icône **Rechercher** .

  Vous pouvez également procéder à cette recherche en saisissant les latitude et longitude d'un emplacement proche dans les zones **Latitude** et **Longitude** correspondantes.

La boîte de dialogue **Emplacement géographique** affiche le ou les résultats comme ci-dessous :

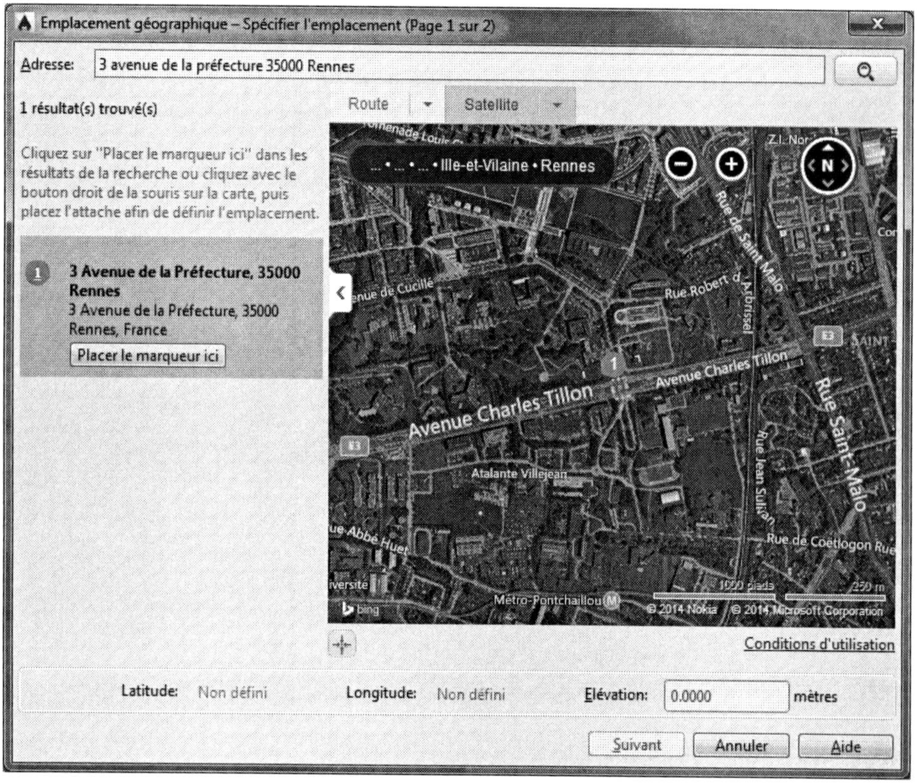

Dans le cas ci-dessus, le résultat affiche une adresse ainsi que la cartographie correspondante.

Remarque

*Vous pouvez agir sur les boutons-liste **Route** et **Automatique** pour un affichage de la carte de type routier ou photographique (photos satellite), et sur les boutons-listes **Satellite** et **Vue aérienne** pour un affichage selon un meilleur angle ou de dessus.*

- Utilisez la molette de la souris pour zoomer et obtenir un affichage plus précis de l'emplacement souhaité sur la carte.
- Cliquez sur **Placer le marqueur ici** pour confirmer l'emplacement du marqueur géographique sur la carte (ou clic droit sur la carte, **Placer le marqueur ici**).
- Vérifiez les latitude, longitude, ainsi que l'élévation.
- Cliquez sur le bouton **Suivant**.
- Sélectionnez un système de coordonnées SIG, un fuseau horaire, et une unité de dessin adaptée.

Le système de coordonnées SIG correspond au système de projection de coordonnées (système français RGF93 par exemple), avec une spécification relative à la région géographique (exemple : RGF93, CC48).

- Cliquez sur le bouton **Suivant**.
- Dans la zone de dessin, cliquez sur la position correspondant à l'emplacement recherché (et validez avec l'opération précédente "Placer le marqueur ici").
- À l'aide du pointeur, précisez ensuite la direction Nord pour un positionnement correct de la carte sur votre dessin.

La carte est positionnée et orientée sur votre dessin, comme dans l'exemple ci-dessous.

Remarque

*Une autre technique consiste à définir un emplacement géographique à partir d'un fichier issu d'un SIG (fichiers Kml ou Kmz). Dans ce cas, dans le groupe de fonctions **Position** (onglet **Insertion**), cliquez sur l'icône déroulante **Définir l'emplacement** et choisissez l'icône **A partir d'un fichier**.*

C. Modifier l'emplacement géographique

Vous pouvez modifier les propriétés de position et de direction nord du marqueur géographique, qui déterminent les longitude et latitude.

- Dans le groupe de fonctions **Position** (onglet contextuel **Géolocalisation**), cliquez sur le bouton **Réorienter le marqueur** 

.

➲ Précisez le nouvel emplacement du marqueur, puis indiquez le nord pour un positionnement correct de la carte sur votre dessin.

Remarque

*Dans le groupe **Position**, le bouton **Modifier l'emplacement - A partir d'une carte** permet d'accéder à la boîte de dialogue **Emplacement géographique** pour déplacer le marqueur géographique (pointeur ou latitude/longitude), changer de système de coordonnées SIG, changer d'unité et changer de fuseau horaire.*

D. Modifier le type d'affichage de la carte

➲ Dans le groupe de fonctions **Carte en ligne** (onglet contextuel **Géolocalisation**), cliquez sur l'icône déroulante **Carte aérienne** 

pour dérouler le menu suivant :

➲ Choisissez **Carte aérienne** 

pour un affichage de type photos satellite.

➲ Choisissez **Carte routière** 

pour un affichage de type routier.

➲ Choisissez **Carte Hybride** 

pour un affichage mixte carte aérienne/carte routière.

E. Capturer une partie de la carte en ligne

Cette technique permet de limiter l'affichage de la carte à une zone rectangulaire déterminée. Elle permet d'afficher et de tracer la carte même hors connexion Internet. Il s'agit d'une copie de l'image en ligne. Cette opération n'est possible qu'en vue en plan par rapport au Système de Coordonnées Général.

Ainsi la carte en ligne peut être masquée, et l'affichage de la carte est conservé dans la zone rectangulaire déterminée.

➲ Dans le groupe de fonctions **Carte en ligne** (onglet contextuel **Géolocalisation**), cliquez sur l'icône déroulante **Capturer la zone** 

.

➲ Choisissez **Capturer la zone** 

.

➲ Déterminez par deux points la zone rectangulaire.

L'affichage de la zone de délimitation se présente comme ci-dessous.

Désormais, si vous procédez au masquage de la carte en ligne, l'affichage de la carte est conservé à l'intérieur de la zone déterminée. Cette image de carte fait partie du dessin.

Remarque

*L'option **Capturer la fenêtre**, disponible à partir de l'icône déroulante **Capturer la zone**, permet de créer une image de carte calée sur une fenêtre de présentation existante.*

F. Masquer la carte

➲ Dans le groupe de fonctions **Carte en ligne** (onglet contextuel **Géolocalisation**), cliquez sur l'icône déroulante **Carte aérienne** 

.

➲ Choisissez **Carte désactivée** 

pour masquer la carte.

G. Masquer ou afficher le marqueur de l'emplacement géographique

➲ Dans la barre d'état, cliquez sur le bouton **Visibilité du marqueur géographique** .

H. Supprimer l'emplacement géographique

Cette opération retire toutes les informations d'emplacement géographique du dessin courant.

➲ Dans le groupe de fonctions **Position** (onglet contextuel **Géolocalisation**), cliquez sur le bouton **Supprimer l'emplacement** 

.

Chapitre 14
L'habillage

A. Le hachurage et le remplissage du contour

AutoCAD dispose d'un hachurage facile d'utilisation. De plus, il bénéficie d'une prévisualisation en temps réel qui permet d'effectuer tout type de réglage avant d'affecter un hachurage définitif.

➲ Dans le groupe de fonctions **Dessin** (onglet **Début**), cliquez sur l'icône **Hachures** .

AutoCAD affiche le message suivant :

```
Choisissez un point interne ou
[Sélectionner objets/annUler/paramèTres] :
```

L'option **Choisissez un point interne** permet par défaut de déplacer le pointeur à l'intérieur de la zone à hachurer (idéalement, cette zone doit être visible à l'écran). Vous obtenez un aperçu immédiat du motif de hachure appliqué comme sur la figure ci-dessous :

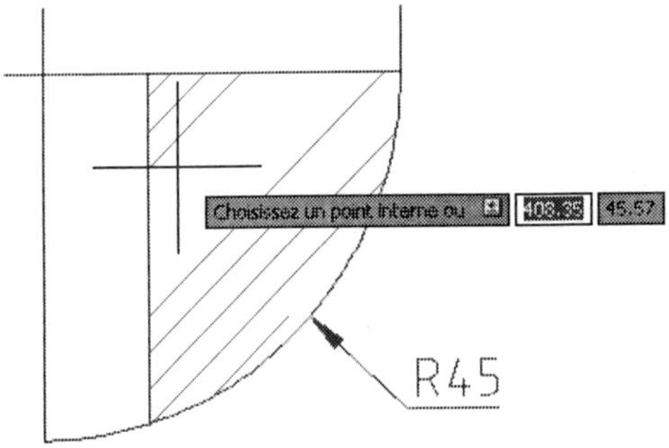

À cet instant, l'onglet **Création de hachures** affiche les groupes de fonctions **Contours**, **Motif**, **Propriétés**, **Origine**, et **Options** (onglet contextuel **Création de hachures**) :

Ces groupes de fonctions permettent d'accéder aux options de hachures et permettent un affichage, en temps réel, des modifications apportées au hachurage en cours. Ces options sont regroupées dans la boîte de dialogue **Hachures et gradient** détaillée ci-après (option **paramèTres**).

L'option **Sélectionner objets** permet de procéder à la sélection classique d'objets à hachurer. Vous pouvez utiliser le jeu de sélection habituel.

```
Sélectionnez les objets ou
[cHoisir un point interne/annUler/paramèTres]:
```

L'option **paramèTres** ouvre la boîte de dialogue **Hachures et gradient** ci-dessous qui permet l'accès à la majorité des options de hachures.

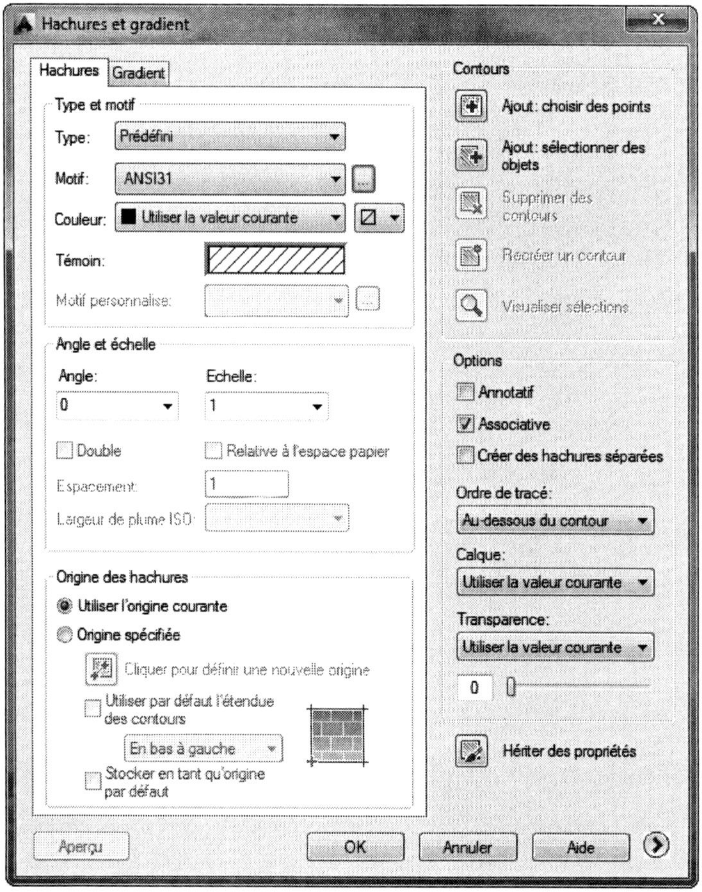

Onglet Hachures

Type : la liste déroulante propose l'accès aux motifs prédéfinis par défaut, mais aussi aux motifs définis par l'utilisateur ou personnalisés. Les motifs **prédéfinis** sont disponibles dans la palette de motifs fournie avec AutoCAD (cf. ci-après). Les motifs **définis par l'utilisateur** permettent la mise en place de motifs (basés sur des lignes parallèles) auxquels vous affectez un angle de rotation ainsi qu'un espacement spécifiques. La case à cocher **Double** permet le hachurage "croisé" (les lignes de hachure sont perpendiculaires). Les motifs **personnalisés** sont créés par l'utilisateur grâce à la personnalisation d'un fichier *.PAT*.

Motif : cette liste propose différents noms de motifs de hachures. L'affichage dépend de la palette choisie.

Couleur : cette liste propose d'attribuer une couleur au motif de hachures. Notez la couleur du calque associé communément au calque courant.

Témoin : affiche un aperçu du motif choisi. Cliquez sur l'aperçu ; la boîte de dialogue suivante apparaît :

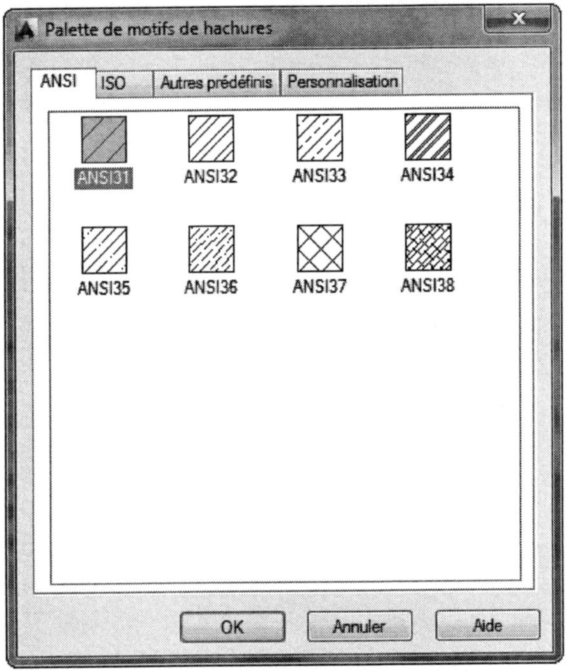

Les onglets **ANSI**, **ISO** et **Autres prédéfinis** proposent divers motifs de hachure présents dans le fichier ACADISO.PAT. L'onglet **Personnalisation** permet d'accéder aux motifs personnalisés et enregistrés dans un fichier .PAT.

Motif personnalisé : option disponible si la palette **Personnalisation** est choisie. Permet l'accès aux motifs personnalisés.

Angle : permet d'incliner le motif de hachure.

Echelle : permet d'agir sur la taille d'un motif (non disponible pour le type **Défini par l'utilisateur**).

Relative à l'espace papier : permet d'adapter l'échelle du motif de hachure aux présentations du dessin (seulement disponible dans les présentations).

Double : valable dans le cas de motifs définis par l'utilisateur, cette option permet de dessiner un deuxième jeu de lignes placé perpendiculairement aux lignes d'origine.

Espacement : option uniquement disponible avec le type **Défini par l'utilisateur**. Correspond à l'écart entre les lignes de hachure.

Largeur de plume ISO : permet d'affecter une épaisseur de ligne aux motifs prédéfinis ISO.

Origine des hachures : à la différence du bouton radio **Utiliser l'origine courante**, le bouton radio **Origine spécifiée** permet de modifier l'origine d'un motif de hachure. Sélectionnez le bouton **Cliquer pour définir une nouvelle origine** pour préciser à la souris une nouvelle origine. La case à cocher **Utiliser par défaut l'étendue des contours** permet de calculer une nouvelle origine sur la base des contours rectangulaires de hachure. Les choix possibles sont disponibles dans la liste déroulante : **En bas à gauche**, **En bas à droite**, **En haut à gauche**, **En haut à droite**, **Centre.** La case à cocher **Stocker en tant qu'origine par défaut** permet d'enregistrer la nouvelle origine des hachures.

Ci-dessous un exemple représentatif de changement d'origine des hachures :

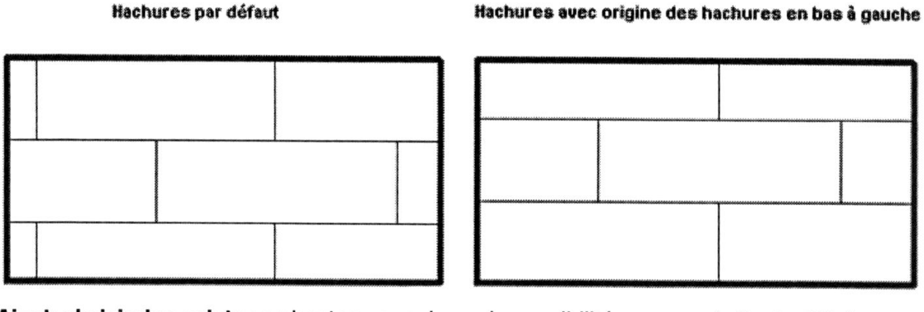

Ajout: choisir des points : ce bouton vous donne la possibilité en un seul clic de définir une zone fermée à hachurer. AutoCAD recherche d'abord une zone externe, puis vérifie si ce contour peut contenir d'autres zones hachurables. Vous pouvez utiliser plusieurs fois de suite ce bouton.

Ajout: sélectionner des objets : permet une sélection classique des entités à hachurer. Les jeux de sélection habituels sont autorisés.

Supprimer des contours : permet de revenir sur une sélection contenant des zones internes non désirables.

Recréer un contour : permet de constituer le contour externe au motif de hachure. AutoCAD vous demande si vous souhaitez une polyligne ou une région. Ce nouveau contour créé sera associé ou non au motif de hachure.

Visualiser sélections : affiche en pointillés toutes les zones prises en compte pour le hachurage en cours.

Annotatif : permet de rendre les hachures annotatives. La propriété annotative automatise le processus de mise à l'échelle des hachures dans les onglets de présentation du dessin.

Associative : permet de créer une hachure ou un remplissage dépendant ou indépendant de ses contours. Ainsi, le hachurage ou remplissage évolue ou pas avec le contour associé dans le cas d'une modification de celui-ci. La case à cocher active **Associative** permet la modification automatique du hachurage en cas de modification des contours.

La case à cocher **Créer des hachures séparées** permet d'obtenir un motif de hachure composé de lignes et non d'un motif de hachure solidaire. Il est conseillé d'utiliser cette option seulement dans des cas exceptionnels.

Ordre de tracé : permet de donner la priorité aux hachures ou au remplissage. Ainsi, les hachures ou le remplissage peuvent être placés derrière ou devant les autres objets, derrière ou devant le contour de hachures.

Calque : permet d'attribuer les hachures et remplissage à un calque particulier. La valeur courante respecte le calque courant.

Transparence : permet d'attribuer une transparence aux hachures et remplissage. La valeur courante respecte la transparence affectée au calque courant. Spécifier la valeur permet de définir une valeur précise à saisir ou agir sur la règle située juste en dessous.

Hériter des propriétés : permet de sélectionner un élément hachuré dans le dessin, pour réutiliser les mêmes paramètres de hachurage sur une autre zone du dessin.

Onglet Gradient

Cet onglet est spécifique au remplissage de contours et propose un choix de dégradés de couleurs sur la base d'une ou deux couleurs.

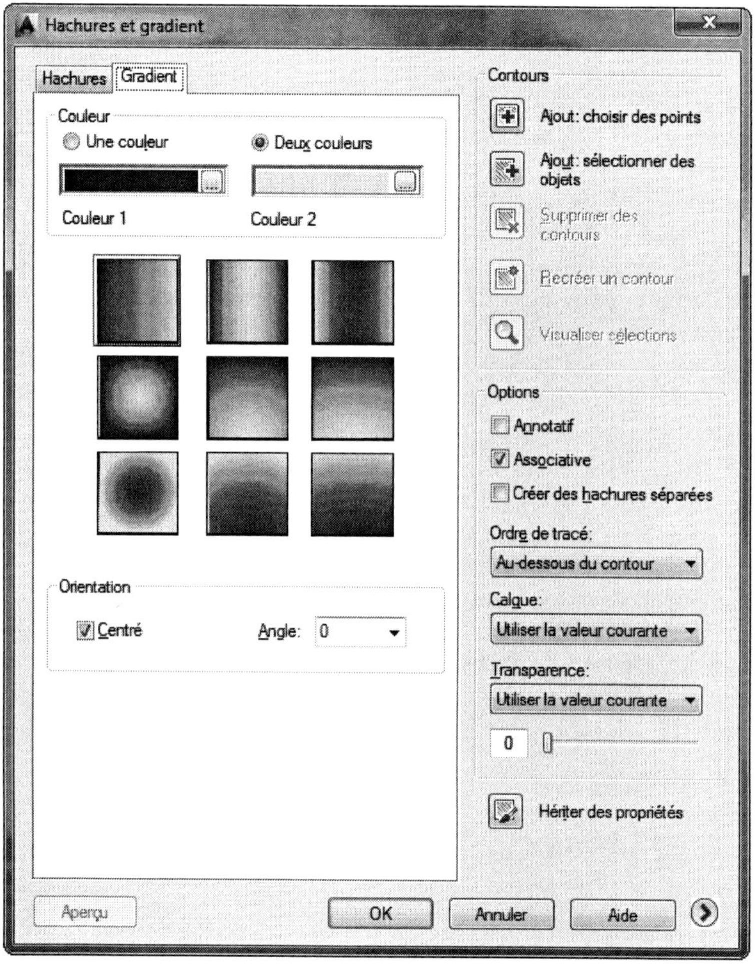

L'option **Une couleur** vous invite à choisir une couleur dans la palette de couleurs vraies, avant de procéder aux réglages d'ombrage et teinte, de choisir le type de dégradé, ainsi que son orientation et le centrage du motif de remplissage. Ici, la couleur choisie s'accompagnera du blanc.

L'option **Deux couleurs** vous invite à choisir deux couleurs dans la palette de couleurs vraies, avant de procéder aux réglages d'ombrage et teinte, de choisir le type de dégradé, ainsi que son orientation et le centrage du motif de remplissage.

Un double clic sur la couleur  (ou un clic sur le bouton aux trois points) affiche la palette de couleurs suivante :

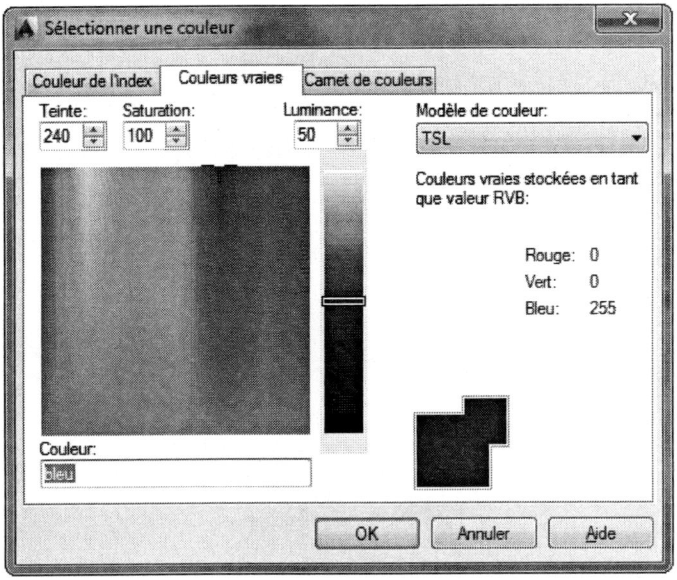

L'onglet **Couleurs vraies** vous permet de régler précisément la teinte, la saturation et la luminance avant ou après avoir choisi, à l'aide du pointeur, la nuance de couleur sur le spectre de couleurs.

L'onglet **Couleur de l'index** donne accès aux couleurs AutoCAD.

L'onglet **Carnet de couleurs** permet d'accéder aux carnets de couleurs tels Pantone.

Application de hachures par glissement

- Dans le groupe de fonctions **Palettes** (onglet **Vue**), choisissez **DesignCenter** .
- Dans l'arborescence, accédez au dossier **AutoCAD 2015\Support** puis sélectionnez le fichier **Acadiso.pat**.
- Effectuez un double clic sur le nom de ce fichier pour visualiser les motifs de hachure à disposition.

L'affichage du DesignCenter devient le suivant :

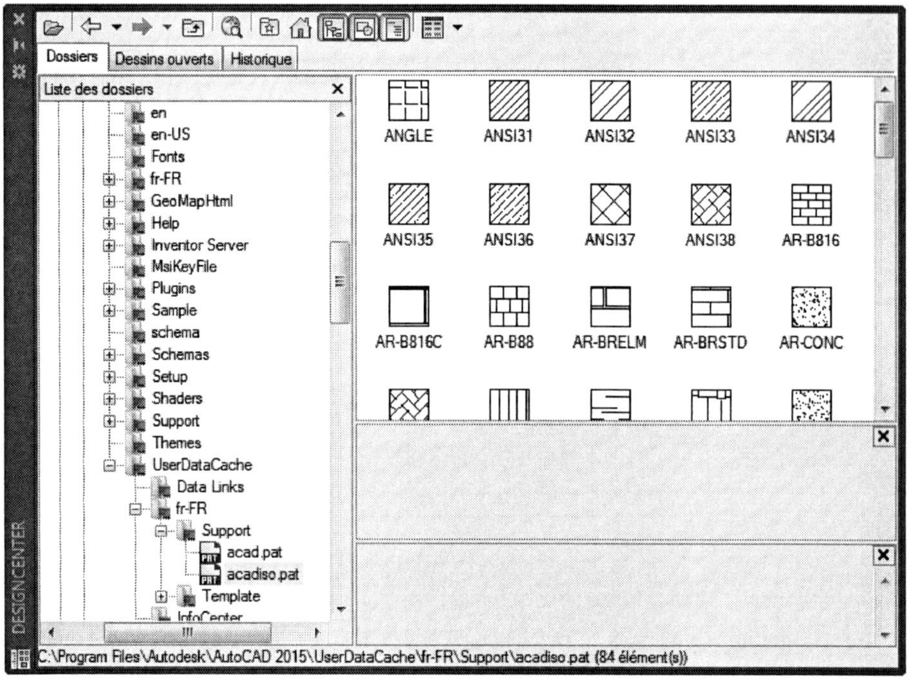

➲ Sélectionnez le motif de votre choix et glissez-le depuis le DesignCenter vers la zone à hachurer. Le motif de hachure est immédiatement appliqué.

Remarque

Les palettes d'outils permettent également d'apposer des motifs de hachure personnalisés. Lorsque le motif est sélectionné, un clic droit - ***Éditer les hachures*** *permet l'édition de celui-ci. AutoCAD autorise l'ajustement d'une hachure comme celui des objets géométriques tels que les lignes, arcs, cercles, polylignes, ellipses, splines... La fenêtre* ***Propriétés*** *liste l'ensemble des propriétés des hachures appliqués à un ou plusieurs contours, y compris l'aire (pour une zone hachurée) et les aires cumulées (pour plusieurs zones hachurées).*

B. La cotation

La cotation est un élément prépondérant dans un dessin technique. Elle permet de décrire précisément un dessin ou une partie du dessin. Elle est indispensable pour la fabrication ou la construction.

Des normes existent et permettent une "relative" standardisation des cotations. En effet, différentes présentations de cotation sont possibles. AutoCAD vous permet de présenter de nombreux aspects de cotation. La cotation est associative et donc évolue avec les changements de géométrie.

1. Création de cotation

AutoCAD propose huit catégories majeures de cotation situées dans le groupe de fonctions **Cotes** (onglet **Annoter**).

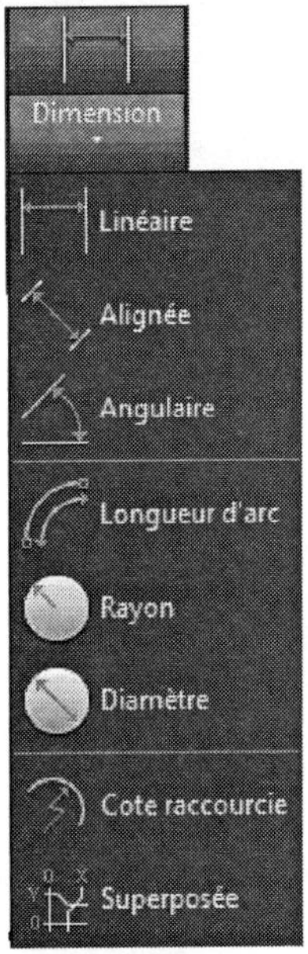

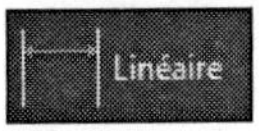

Linéaire : permet des cotations horizontales, verticales ou selon une orientation à préciser.

Alignée : permet une cotation linéaire respectant l'inclinaison d'un segment.

Angulaire : permet une cotation angulaire précisée par deux lignes ou un arc de cercle.

Longueur d'arc : permet de créer une cote de la longueur d'un arc.

Rayon : permet une cotation radiale d'un cercle ou d'un arc.

Diamètre : permet une cotation de diamètre d'un cercle ou d'un arc.

Cote raccourcie : permet des cotations radiales raccourcies lorsque le centre d'un cercle et d'un arc se situe en dehors du dessin. Le centre peut alors être défini à un autre emplacement, par exemple sur un axe.

Superposée : permet la cotation d'un point selon l'axe des abscisses ou des ordonnées (X et Y) appelée aussi cotation d'ordonnées.

Voici les éléments composant une cotation :

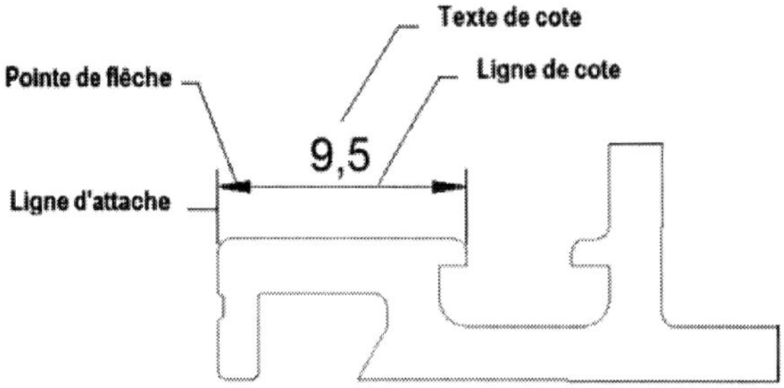

Le **texte de cote** peut se positionner sur la ligne de cote ou au milieu. Vous pouvez aussi le disposer à gauche, au centre ou à droite sur la ligne de cote ou la ligne d'attache.

La **ligne de cote** peut s'orienter horizontalement, verticalement ou selon un angle donné. La ligne de cote prend son départ sur une ligne d'attache et se termine sur la deuxième ligne d'attache.

Les **pointes de flèches** se situent à chaque extrémité de la ligne de cote. Vous choisissez entre des points, des barres ou des flèches personnalisées.

Les **lignes d'attache** prennent leur départ à proximité des objets à coter et dépassent la ligne de cote d'une distance fixée par l'utilisateur. Le départ depuis l'objet coté est aussi réglable. Elles peuvent être visibles ou invisibles.

Prenons un exemple de création de cote linéaire :

- Dans le groupe de fonctions **Cotes**, cliquez sur l'icône **Linéaire**.

  Le message suivant apparaît :

```
Indiquez le premier point d'origine de la ligne d'attache ou
<sélectionnez un objet>:
```

- Précisez l'origine de la première ligne d'attache, AutoCAD vous demande ensuite :

```
Indiquez le second point d'origine de la ligne d'attache:
```

- Précisez l'origine de la deuxième ligne d'attache. Avec cette méthode, vous pouvez coter une ligne fictive (deux points).

  Si l'objet entier est à coter, appuyez sur [Entrée].

  AutoCAD vous demande directement de sélectionner l'objet, puis :

```
Indiquez la position de la ligne de cote ou
[textMult/TExte/Angle/Horizontale/Verticale/Rotation]:
```

AutoCAD attend une position généralement donnée à la souris. Mais en bougeant le pointeur de la souris, vous remarquez une cotation intuitive. En fait, si les lignes d'attache prennent leur départ sur une ligne oblique (ni horizontale ni verticale), un déplacement horizontal de la souris propose une cotation verticale, et un déplacement vertical donne une cotation horizontale.

Si vous positionnez cette ligne de cote, AutoCAD quitte la commande sans vous proposer d'autres choix.

C'est donc avant de positionner la ligne de cote que vous pouvez forcer un texte différent (options **TExte** ou **Textmult**), orienter le texte de cotation (option **Angle**), imposer une cotation horizontale ou verticale, ou encore orienter l'angle de la ligne de cote (option **Rotation**).

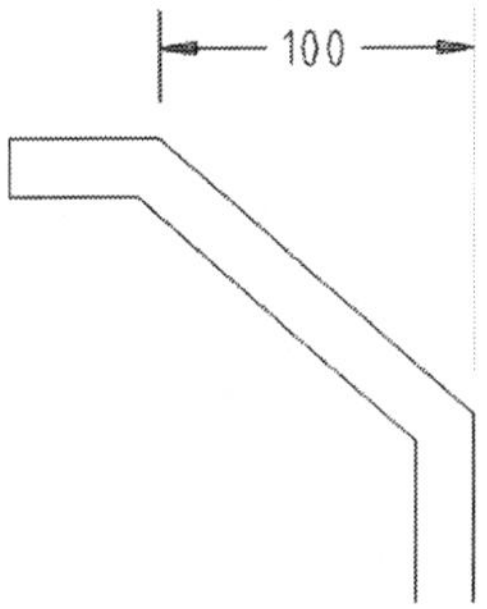

AutoCAD offre des cotations complétant intelligemment les cotations précédentes. Dans le groupe de fonctions **Cotes**, sélectionnez le bouton-liste ci-dessous pour accéder aux cotes **Continuer** et **Ligne de base**.

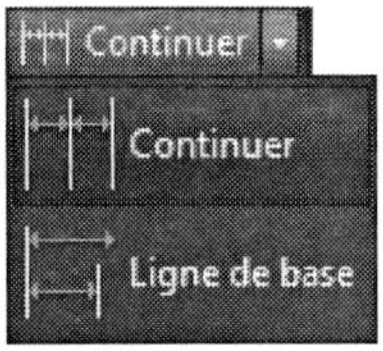

Ligne de base : permet à partir de la cotation précédente (linéaire, angulaire ou d'ordonnées) de créer plusieurs cotations s'appuyant sur la même ligne de base.

Continuer : permet à partir de la cotation précédente (linéaire, angulaire ou d'ordonnées) de créer plusieurs cotations successives s'appuyant à chaque fois sur la dernière ligne d'attache.

Déroulez le groupe de fonctions **Cotes**, et sélectionnez les boutons suivants :

Tolérance : permet le positionnement de tolérances géométriques. Demande un symbole et une valeur de tolérance puis une ou plusieurs références associées.

Marque centrale : positionne une petite croix ou des axes au centre de cercles ou d'arcs.

AutoCAD offre une cotation automatique particulièrement productive avec la cotation rapide.

Dans le groupe de fonctions **Cotes**, sélectionnez le bouton **Cotation rapide** :

Cotation rapide : permet de générer automatiquement un grand nombre de cotations linéaires, de rayon ou de diamètre. À partir d'une sélection multiple, AutoCAD positionne des séries de cotes (décalées, continues...). Un menu contextuel permet de préciser la présentation et le type de cotation voulue, de modifier la sélection...

Prenons quelques exemples de cotation rapide :

Exemple 1

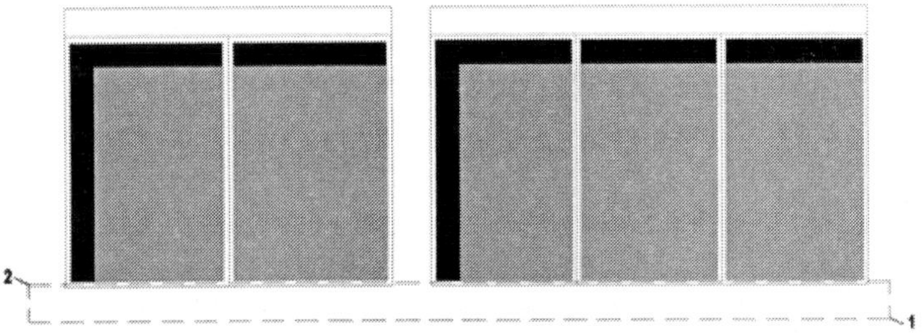

- Choisissez le bouton **Cotation rapide**, puis sélectionnez la partie inférieure grâce à une capture comme sur la figure ci-dessus (depuis le point 1 jusqu'au point 2). Validez la sélection par [Entrée].
- Effectuez un clic droit pour accéder à l'une des options (**Continue**, **Lignedebase** ou **Décalée**).
- Positionnez l'ensemble des cotes à l'aide d'un simple clic.

L'exemple ci-dessous est obtenu avec l'option **Continue**.

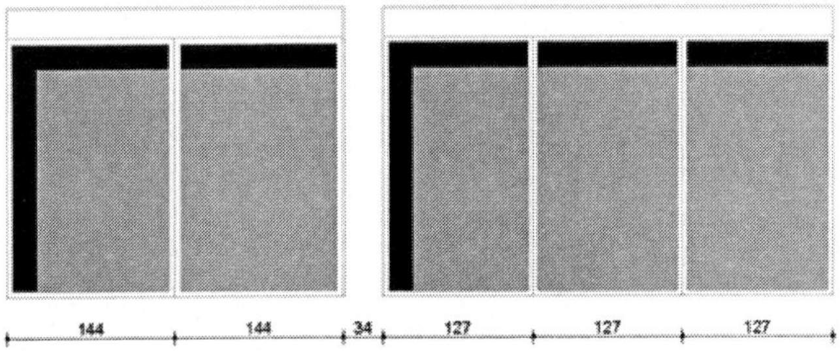

Voici le détail des options de cotation automatique :

Continue : positionne les cotes linéaires bout à bout.

DEcalée : fixe une cotation linéaire centrale, puis décale les différentes cotes linéaires l'une après l'autre.

Lignebase : génère plusieurs cotes linéaires s'appuyant sur la même ligne de base.

Ordonnée : place l'ensemble des cotes selon les abscisses ou les ordonnées.

Rayon : fixe un ensemble de cotes radiales (uniquement sur des arcs et cercles).

DIamètre : fixe un ensemble de cotes de diamètre (uniquement sur des arcs et cercles).

Pointréférence : permet notamment pour les cotes Ligne de base de fixer la base de référence. Il est possible de le changer à tout moment.

Modif : permet de supprimer dans une sélection multiple des points indésirables, ou de changer la présentation ou le type de cotes déjà positionnées.

Exemple 2

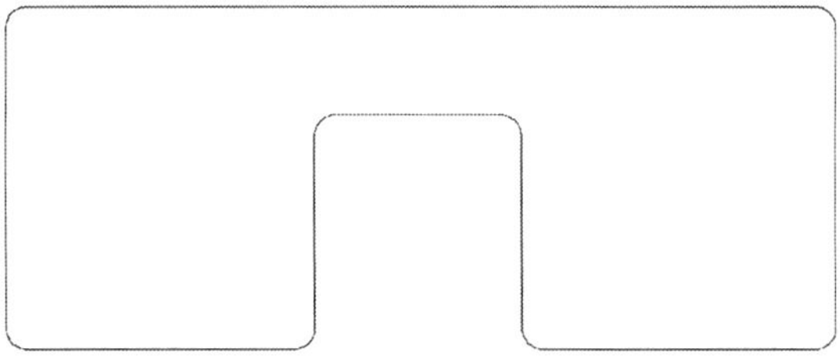

- Choisissez le bouton **Cotation rapide**, puis sélectionnez toute la géométrie. Validez la sélection par [Entrée].
- Effectuez un clic droit pour accéder à l'option **Rayon**.

Toutes les cotes radiales sont positionnées comme dans la figure suivante :

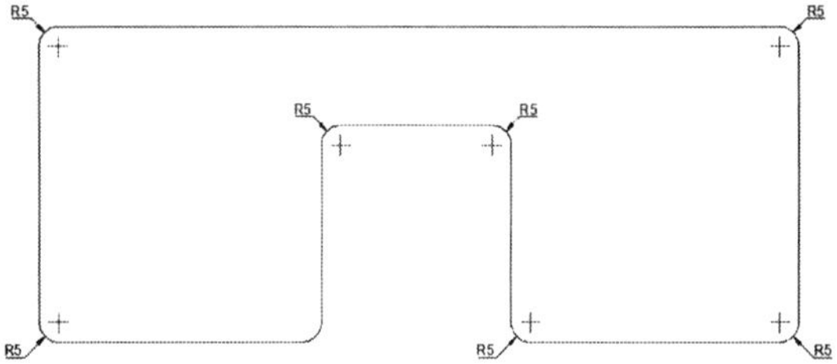

Remarque

*Bien qu'elle soit bien plus intéressante sur un ensemble d'objets à coter, la cotation rapide fonctionne très bien sur des objets seuls (toujours pour les cotations linéaire, radiale et de diamètre). Le bouton **Cotation rapide** permet aussi la modification rapide de cotations multiples.*

AutoCAD permet une réelle associativité des cotes aux objets ou points référents. Un simple déplacement ou une modification de la géométrie de référence impose un changement de la valeur du texte de cote.

2. Modification de cotation

AutoCAD permet de modifier les cotations existantes. Vous pouvez déplacer et réorienter le texte de cote, incliner les lignes d'attache, modifier ou remplacer le texte de cote.

Modifier l'inclinaison des lignes d'attache

- Déroulez le groupe de fonctions **Cote**, et cliquez sur l'icône **Oblique** .
- Sélectionnez la ou les cotes dont vous voulez modifier l'inclinaison des lignes d'attache, et validez par [Entrée].

AutoCAD affiche les options suivantes :

```
Entrez l'angle d'inclinaison (appuyez sur ENTREE pour aucun):
```

- Saisissez le nouvel angle d'inclinaison des lignes d'attache.

La figure ci-dessous présente des cotes dont l'inclinaison des lignes d'attache a été fixée à 80°.

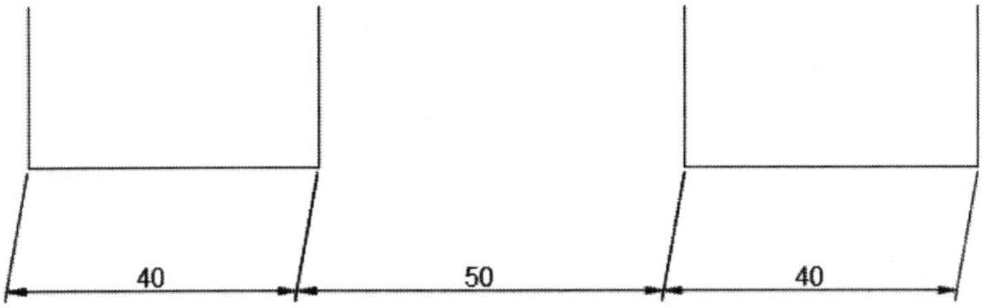

Modifier la position du texte de cote

- Déroulez le groupe de fonctions **Cotes**, et agissez sur les boutons suivants pour modifier la position du texte :

 **Justifier à Gauche** : place le texte de cote à proximité de la ligne d'attache gauche.

 **Centrer** : place le texte de cote au milieu de la ligne de cote.

 **Justifier à Droite** : place le texte de cote à proximité de la ligne d'attache droite.

 **Angle du texte** : permet d'orienter le texte de cote.

Remarque

Une évolution dynamique permet de placer manuellement le texte de cote.

Modifier le texte de cote

- Dans le groupe de fonctions **Palettes** (onglet **Vue**), cliquez sur l'icône **Propriétés**.
- Sélectionnez la ou les cotes dont vous voulez modifier le texte de cote.

La palette **Propriétés** est affichée comme ci-après :

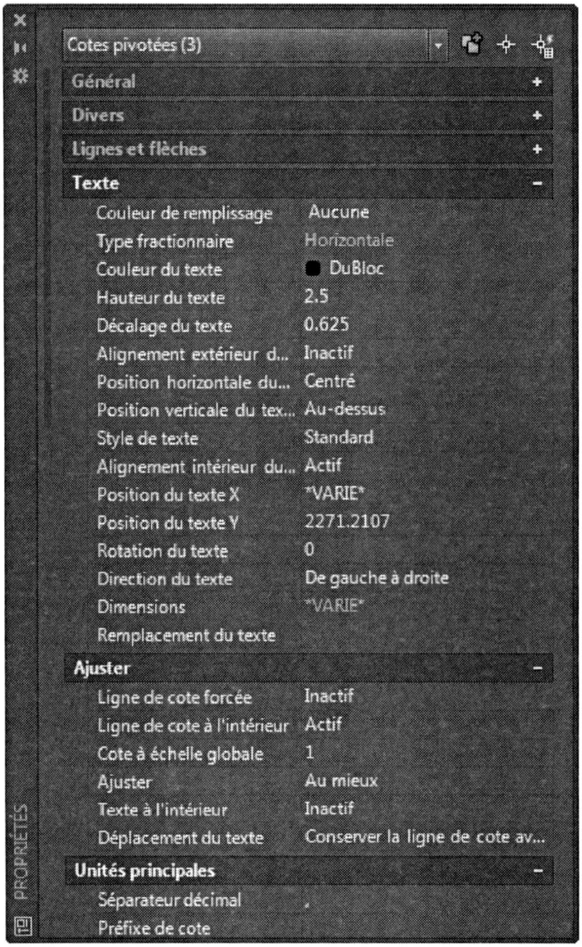

Vous avez ici accès à toutes les modifications possibles sur votre cotation. Vous pouvez changer les propriétés générales mais aussi changer de style de cote, ou modifier la géométrie, le format et le type d'annotation (cf. Les styles de cote dans ce chapitre).

Si vous souhaitez seulement modifier le contenu du texte de cote, affichez la rubrique **Texte**.

Dans la zone **Remplacement du texte** (zone vide), vous pouvez forcer un texte de cote. Attention, un texte de cote forcé n'est plus associé à la géométrie de l'objet coté.

Si vous réaffectez une valeur vierge dans cette zone de texte **Remplacement du texte**, vous retrouvez un texte de cote associatif.

Remarque

Sélectionnez une cote et constatez que le menu contextuel permet d'agir sur le positionnement du texte de cote, la précision du texte de cote, l'inversion de la flèche, ainsi que le style de cote.

Aligner et espacer des cotes linéaires et angulaires

AutoCAD permet également d'espacer uniformément des cotes linéaires ou angulaires.

- Dans le groupe de fonctions **Cotes**, cliquez sur l'icône **Ajuster l'espacement** .

Le message suivant est affiché :

```
Sélectionnez la cote de base:
```

- Sélectionnez la cote de référence.

Le message suivant est affiché :

```
Sélectionnez les cotes à espacer:
```

- Sélectionnez les cotes linéaires ou angulaires à espacer, et validez par [Entrée].

```
Entrez une valeur ou [Auto] <Auto>:
```

- Saisissez une valeur pour espacer de façon égale les cotes sélectionnées de la cote de base.

Remarque

Une valeur de 0 aligne les cotes sélectionnées.

La valeur par défaut **Auto** respecte une valeur d'espacement calculée automatiquement en fonction de la hauteur de texte de cote (2 fois la hauteur de texte).

Couper des cotes

AutoCAD permet de couper des cotes et d'autres objets géométriques pour faciliter l'affichage et la lecture d'une ou de plusieurs cotes.

- Dans le groupe de fonctions **Cotes**, cliquez sur l'icône **Coupure** .

Le message suivant est affiché :

```
Sélectionnez une cote pour ajouter ou supprimer une coupure
ou [Multiple]:
```

- Sélectionnez la cote de référence. L'option **Multiple** permet de sélectionner plusieurs cotes.

Le message suivant est alors affiché :

```
Sélectionnez l'objet auquel appliquer la coupure de cote ou
[Auto/Manuel/Restaurer] <Auto>:
```

➲ Sélectionnez l'objet à couper.

L'option par défaut **Auto** permet de procéder à une coupure automatique à chaque intersection de l'objet avec la cote. Par exemple, plusieurs segments d'une même polyligne croisant une cote peuvent être coupés.

L'option **Manuel** permet à l'utilisateur de définir les points de coupe.

L'option **Restaurer** permet de restaurer l'affichage des objets dans leur intégralité, c'est-à-dire sans coupure.

Remarque

La coupure est associative, c'est-à-dire que lorsque la cote ou l'objet est déplacé, la coupure est actualisée.

Ajouter ou supprimer des informations d'inspection

AutoCAD vous permet d'ajouter ou de supprimer des informations d'inspection à une cote sélectionnée.

➲ Dans le groupe de fonctions **Cotes**, cliquez sur l'icône **Inspecter** 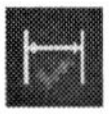.

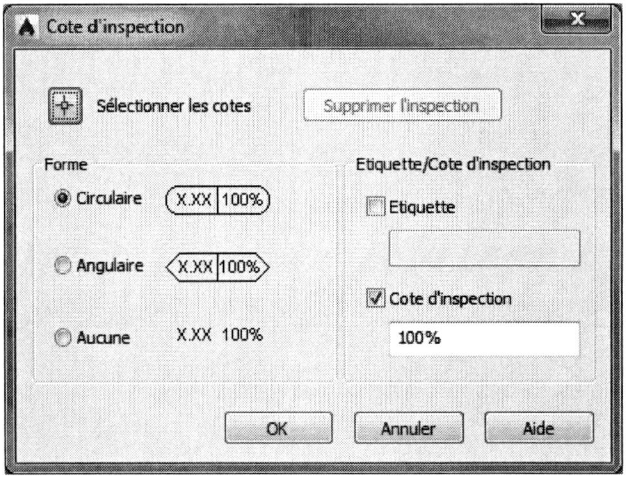

➲ Utilisez la rubrique **Forme** pour définir l'aspect du cadre (circulaire, angulaire ou sans cadre).

➲ Utilisez la rubrique **Etiquette/Cote d'inspection** pour définir l'aspect de la cote d'inspection. L'étiquette définit un texte qui sera placé après le texte de cote.

Le pourcentage **Cote d'inspection** définit la fréquence d'inspection.

- Cliquez sur le bouton **Sélectionner les cotes** pour procéder à la sélection des objets auxquels sera attribuée la cote d'inspection.

Appliquer une ligne raccourcie

- Confirmez par **OK** pour valider la cote d'inspection.

AutoCAD permet d'appliquer ou de supprimer un raccourcissement à une cote linéaire ou alignée, comme dans la figure ci-dessous :

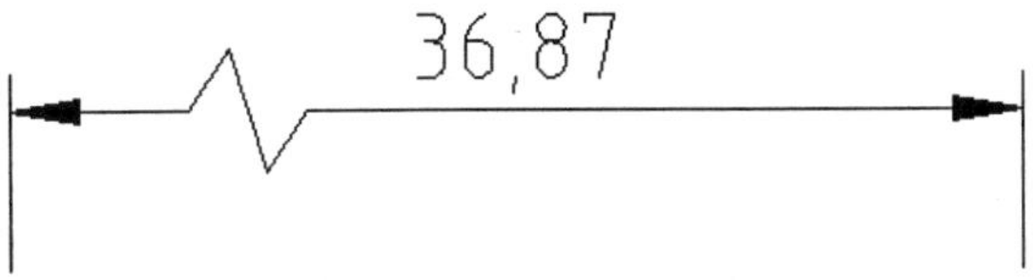

- Dans le groupe de fonctions **Cotes**, cliquez sur l'icône **Ligne raccourci** .

Le message suivant est alors affiché :

```
Sélectionnez une cote à laquelle ajouter un raccourcissement
ou [Supprimer]:
```

- Sélectionnez la cote à laquelle appliquer le raccourcissement.

Puis le message suivant est affiché :

```
Indiquez la position du raccourcissement (ou appuyez sur ENTREE):
```

- Spécifiez l'emplacement du symbole de raccourcissement.

3. Mise à jour d'un groupe de cotations

Grâce aux styles de cote, une mise à jour des cotations est automatique. Vous pouvez cependant vouloir changer le style de cote de plusieurs cotations existantes.

- Dans le groupe de fonctions **Cotes**, cliquez sur l'icône **Mettre à jour** .

Après la sélection, toutes les cotations sélectionnées adoptent les caractéristiques du style de cotation courant.

4. Associativité des cotes

AutoCAD permet une réelle associativité des cotes aux objets ou points référents. Un simple déplacement ou une modification de la géométrie de référence impose un changement de la valeur du texte de cote.

- Dans le menu déroulant **Outils**, choisissez **Options**.

- Dans la boîte de dialogue **Options**, activez l'onglet **Préférences utilisateur**.
- Activez ou désactivez la case à cocher **Rendre associatives les nouvelles cotes** dans la rubrique **Cotation associative**.

5. Modifications à l'aide des poignées multifonctionnelles

Après avoir sélectionné une cotation, déplacez le pointeur sur une poignée de modification pour afficher le menu contextuel associé (cf. les deux exemples ci-dessous). Le menu contextuel varie selon le type de cotation et selon la poignée concernée.

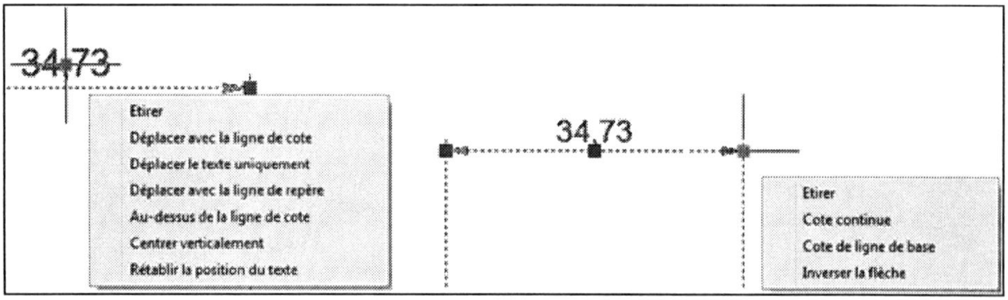

Cliquez sur la fonction affichée dans le menu contextuel pour exécuter la commande.

Dans l'exemple de droite, l'option **Inverser la flèche** modifie le sens de la flèche droite telle que le présente la figure ci-dessous.

L'option **Cote continue** permet de créer plusieurs cotations successives s'appuyant à chaque fois sur la dernière ligne d'attache.

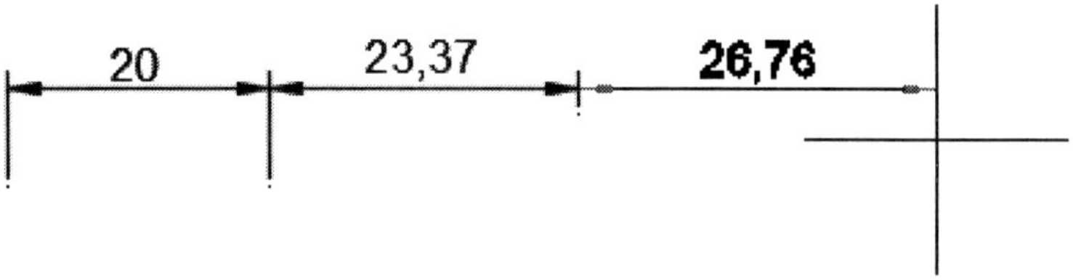

C. Les styles de cote

Un jeu de variables de cotation définit la manière dont sont dessinées les cotations. Ces variables sont des sélecteurs actif/inactif, distances, angles, entiers, chaînes de texte...

Vous pouvez agir sur ces variables et enregistrer différents aspects ou styles de cotation. Le gabarit *acadiso.dwt* contient un style de cote (ISO - 25) respectant la norme ISO.

➲ Dans le groupe de fonctions **Cotes** (onglet **Annoter**), déroulez le bouton-liste **Style de cote** pour choisir le style de cote courant.

Vous pouvez créer, modifier et restaurer différents styles de cote dans un dessin.

➲ Déroulez le groupe de fonctions **Annotation** (onglet **Début**), et choisissez l'icône **Style de cotes** .

La boîte de dialogue suivante est affichée :

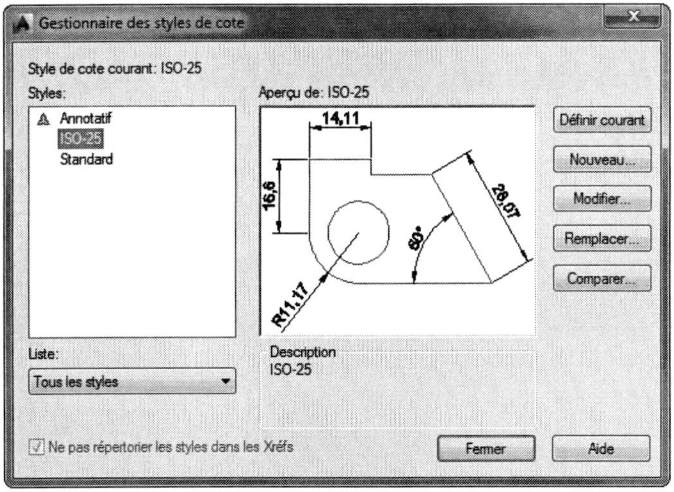

Vous pouvez agir sur plusieurs variables concernant la ligne de cote, les lignes d'attache, les pointes de flèches, la position et le format du texte, l'échelle et la couleur. Tous ces paramètres seront enregistrés dans le style nommé dans la zone **Styles**. Chaque bon utilisateur emploie plusieurs styles de cote, pour éviter les réglages permanents. Notez que l'aperçu respecte le style sélectionné et affiche de façon réaliste l'aspect des cotations.

Liste agit sur l'affichage de la zone **Styles**. Cette liste déroulante propose l'affichage de tous les styles disponibles dans le dessin, ou uniquement des styles utilisés dans le dessin.

1. Création d'un style de cote

➲ Dans le **Gestionnaire des styles de cote**, choisissez le bouton **Nouveau**.

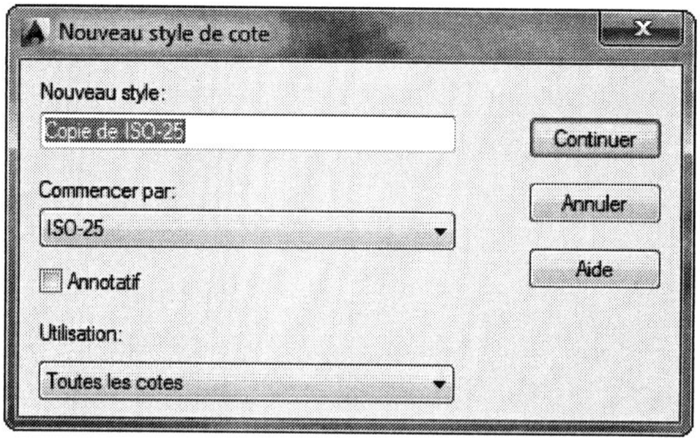

➲ Saisissez le nouveau nom dans la zone de texte **Nouveau style**.

Le nouveau style s'inspirant toujours d'un précédent style, choisissez dans la liste **Commencer par** le style de référence.

La liste **Utilisation** peut préciser sur quel type de cote spécifique vous souhaitez apporter des modifications. La valeur par défaut (**Toutes les cotes**) entraîne la création d'un style de cote "uniforme" quel que soit le type de cote.

La case à cocher **Annotatif** permet d'activer la propriété annotative permettant d'automatiser le processus de mise à l'échelle des cotations dans les présentations.

➲ Confirmez par **Continuer**.

➲ Dans la boîte de dialogue **Nouveau style de cote**, vous passez d'un onglet à un autre pour attribuer au nouveau style les spécificités nécessaires (voir le détail des onglets ci-après).

➲ Confirmez par **OK** pour valider les modifications puis cliquez sur le bouton **Fermer**.

Le nouveau style créé devient le style courant.

Onglet Lignes

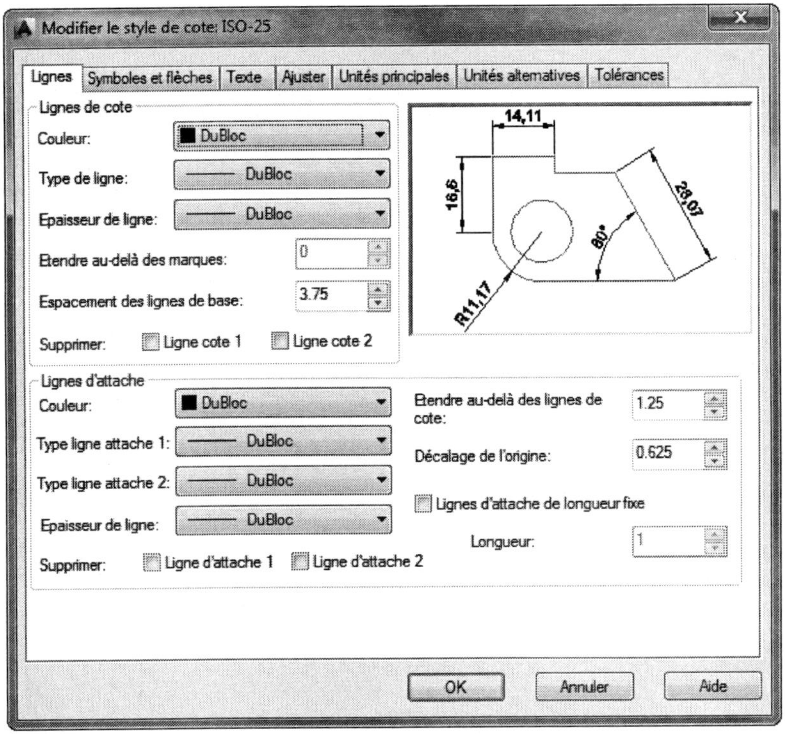

Lignes de cote

Couleur : affecte la couleur de la ligne de cote et des pointes de flèche uniquement.

Type de ligne : définit le type de ligne de la ligne de cote.

Epaisseur de ligne : peut modifier l'épaisseur de la ligne de cote.

Etendre au-delà des marques : la valeur par défaut est fixée à zéro. Cette valeur est accessible uniquement si la pointe de flèche **Oblique** est choisie. Elle permet un prolongement de la ligne de cote au-delà de la ligne d'attache.

Espacement des lignes de base : cette valeur fixe l'écart entre les lignes de cote pour les cotations de ligne de base.

Supprimer : les cases à cocher **Ligne cote 1** et **Ligne cote 2** sont désactivées par défaut, et permettent l'affichage des deux lignes de cote lorsque celles-ci dépassent les lignes d'attache. Si cela est gênant, vous pouvez cocher l'une de ces cases pour supprimer la ligne de cote et la pointe de flèche.

Lignes d'attache

Couleur : affecte la couleur des lignes d'attache uniquement.

Type ligne attache 1 : définit le type de la première ligne d'attache.

Type ligne attache 2 : définit le type de la seconde ligne d'attache.

Epaisseur de ligne : peut modifier l'épaisseur des lignes d'attache.

Supprimer : les cases à cocher **Ligne d'attache 1** et **Ligne d'attache 2** permettent de supprimer l'une ou l'autre des lignes d'attache. Si les deux cases sont cochées, les lignes d'attache ne sont pas affichées.

Etendre au-delà des lignes de cote : cette valeur détermine la longueur de la ligne d'attache qui dépasse la ligne de cote.

Décalage de l'origine : la valeur précisée correspond à la distance de la ligne d'attache depuis le point d'origine précisé (ou l'objet).

Lignes d'attache de longueur fixe : active la longueur fixe des lignes d'attache. La zone de texte **Longueur** définit la longueur totale des lignes d'attache entre la ligne de cote et l'origine de la cote.

Onglet Symboles et flèches

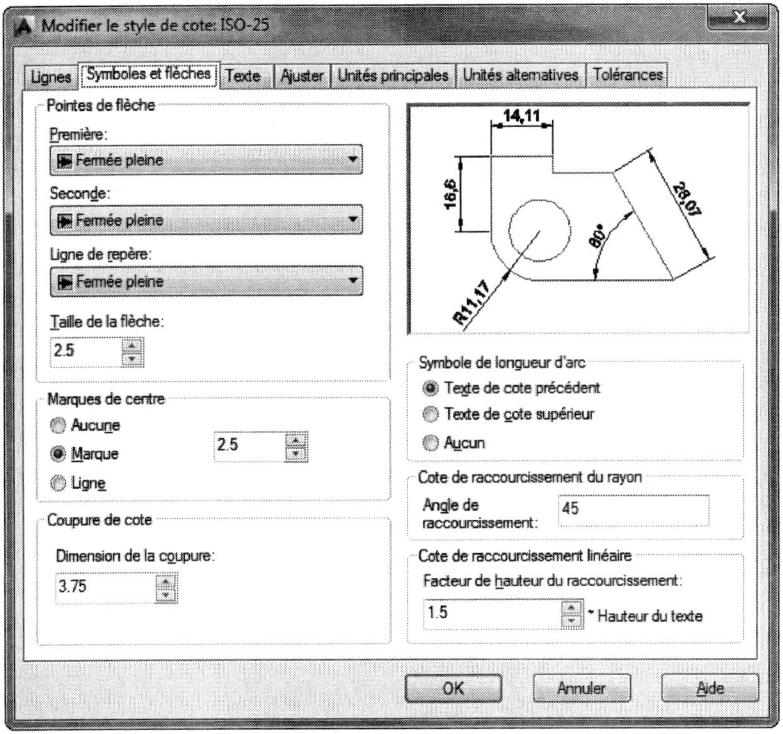

Pointes de flèche

Première et **Seconde** : permet de choisir parmi une liste de pointes de flèches. Plusieurs types de flèches sont disponibles ; et vous pouvez choisir une pointe personnalisée en choisissant Flèche utilisateur. AutoCAD vous demande de sélectionner le bloc défini dans le dessin correspondant à la flèche à utiliser.

Ligne de repère : définit la pointe de flèche de la ligne de repère (cotation repère rapide).

Taille de la flèche : permet de régler la taille des symboles et flèches.

Marques de centre

Aucune, **Marque** et **Ligne** : permettent d'afficher une marque ou des lignes au centre des arcs et des cercles.

Taille : permet de régler la taille de marque de centre.

Coupure de cote

Dimension de la coupure : permet de définir la taille de l'écart utilisée pour la coupure de cote.

Symbole de longueur d'arc

Texte de cote précédent : fait précéder le symbole de longueur d'arc avant le texte de cote.

Texte de cote supérieur : place le symbole de longueur d'arc au-dessus du texte de cote.

Aucun : supprime l'affichage du symbole de longueur d'arc.

Cote de raccourcissement du rayon

Angle de raccourcissement : détermine l'angle de la ligne transversale qui relie les lignes d'attache et de cote d'une cote radiale. L'exemple ci-dessous respecte un angle de 30°.

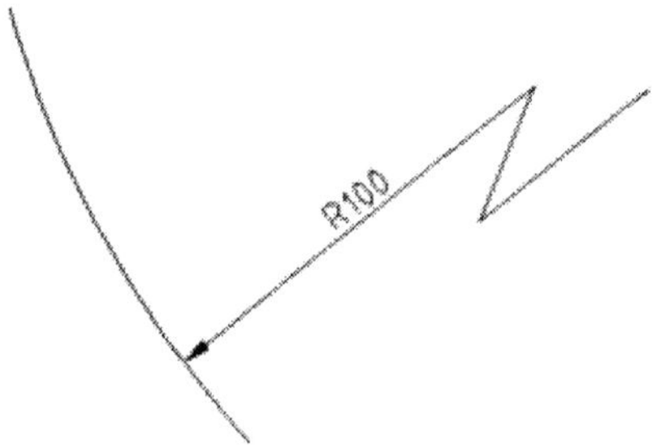

Cote de raccourcissement linéaire

Facteur de hauteur de raccourcissement : permet de définir la hauteur séparant les deux sommets de ligne brisée de raccourcissement linéaire. Il s'agit d'un facteur d'échelle en rapport avec la hauteur du texte de cote.

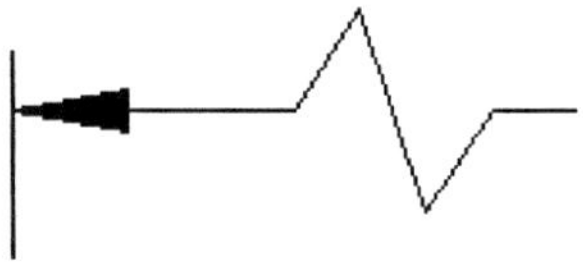

Onglet Texte

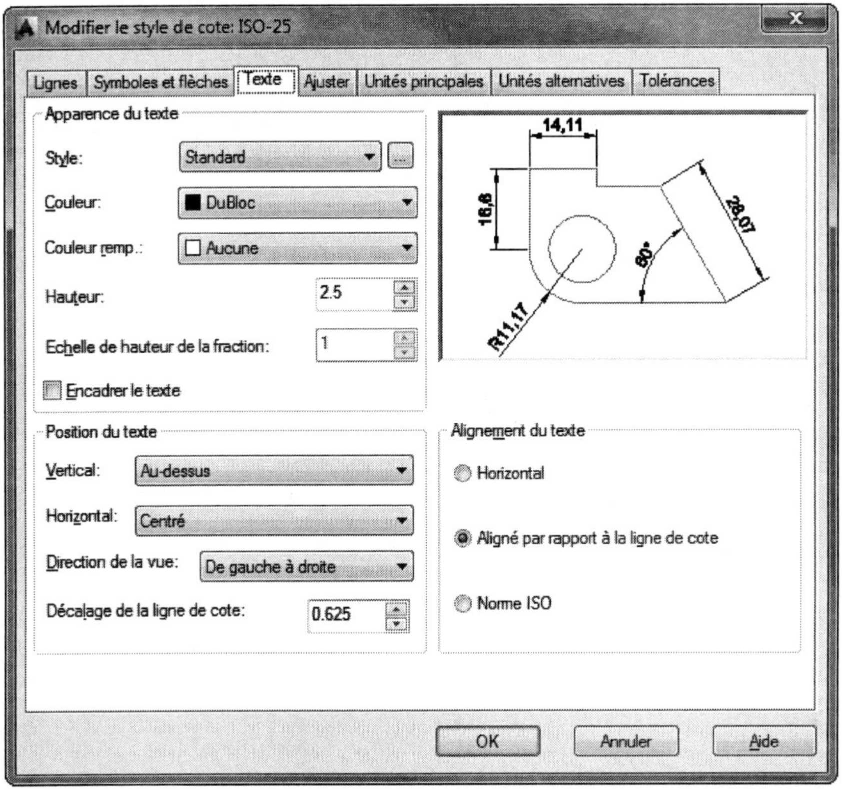

Apparence du texte

Style : accède aux styles de texte disponibles dans le dessin. Le bouton à trois petits points permet la création ou la modification de styles de texte.

Couleur : affecte la couleur du texte de cote indépendamment.

Couleur remp : définit la couleur de l'arrière-plan du texte dans les cotes.

Hauteur : fixe la hauteur du texte de cote. L'option **Echelle des objets de cote** dans l'onglet **Ajuster** permet de changer globalement la taille des icônes.

Echelle de hauteur de la fraction : peut préciser un facteur d'échelle pris en compte pour les tolérances et les fractions.

Encadrer le texte : affiche un texte de cote encadré.

Position du texte

Vertical : fixe la justification verticale du texte.

- **Centré** centre le texte de cote de part et d'autre de la ligne de cote.
- **Au-dessus** positionne le texte au dessus de la ligne de cote (norme ISO). La distance est réglée par la valeur **Décalage de la ligne de cote**.
- **A l'extérieur** force le texte à l'extérieur de la ligne de cote (incidence selon inclinaison de la ligne de cote).
- **JIS** respecte le standard industriel japonais.

Horizontal : fixe la justification horizontale du texte.

- **Centré** place le texte au milieu de la ligne de cote.
- **Côté ligne d'attache 1** place le texte sur la ligne de cote, à proximité de la première ligne d'attache définie.
- **Côté ligne d'attache 2** place le texte sur la ligne de cote, à proximité de la deuxième ligne d'attache définie.
- **Au-dessus de la ligne d'attache 1** place le texte au niveau de la première ligne d'attache (respecte son orientation).
- **Au-dessus de la ligne d'attache 2** place le texte au niveau de la deuxième ligne d'attache.

Direction de la vue contrôle la direction de l'affichage du texte (gauche à droite ou droite à gauche).

Décalage de la ligne de cote : permet de fixer la distance séparant le texte de cote de la ligne de cote.

Alignement du texte

Horizontal : impose un alignement horizontal à tous les textes de cote.

Aligné par rapport à la ligne de cote : impose un alignement à la ligne de cote.

Norme ISO : respecte la norme ISO en alignant en général les textes de cote aux lignes de cotes. Pour les cotes de rayon le texte est placé horizontalement.

Remarque

Les modifications apportées sont visibles dans l'aperçu.

Onglet Ajuster

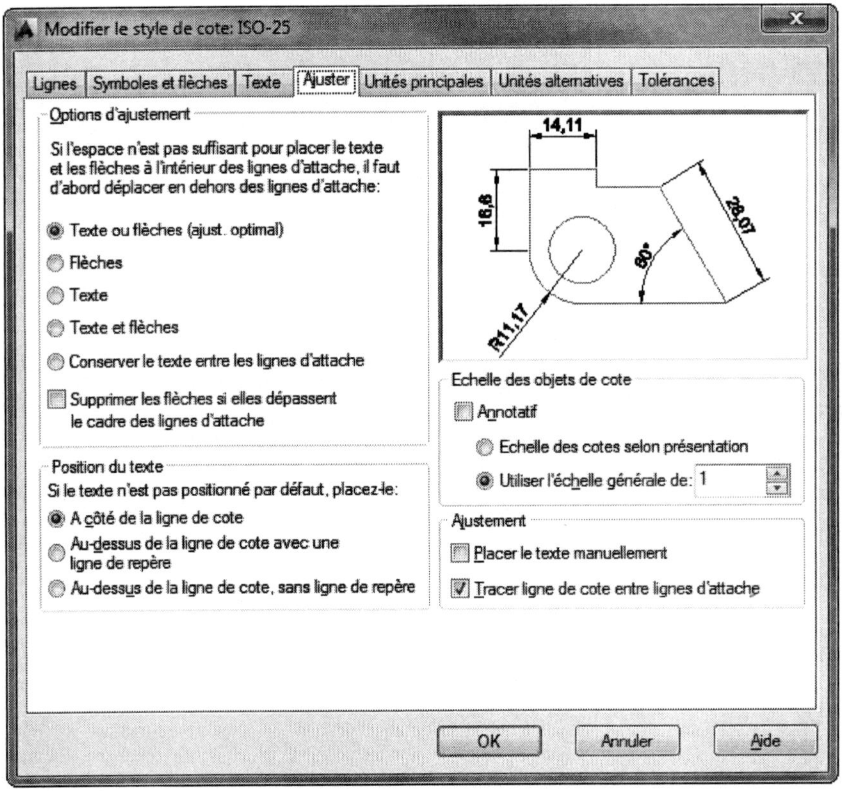

Options d'ajustement

Comme indiqué, dans le cas où l'espace est réduit, vous donnez ici priorité au déplacement du texte ou des flèches à l'extérieur des lignes d'attache. Vous pouvez également supprimer les flèches le cas échéant.

Position du texte

Dans le cas où le positionnement standard ne peut être respecté, AutoCAD propose trois solutions :

A côté de la ligne de cote : place en général le texte à l'extérieur des lignes d'attache.

Au-dessus de la ligne de cote avec une ligne de repère : rejoint la ligne de cote au texte par une ligne de repère.

Au-dessus de la ligne de cote, sans ligne de repère : place le texte au-dessus de la ligne de cote.

Echelle des objets de cote

Annotatif : permet d'activer la propriété annotative permettant d'automatiser le processus de mise à l'échelle des cotations dans les présentations.

Echelle des cotes selon présentation : permet d'obtenir une taille uniforme de cotation dans une ou plusieurs fenêtres de présentation du dessin, et ceci quelles que soient les échelles associées.

Utiliser l'échelle générale de : intervient globalement sur l'aspect des cotations, la taille des flèches et du texte. Pensez-y plutôt que de modifier individuellement la taille du texte, des flèches ou des diverses valeurs de réglage.

Ajustement

Placer le texte manuellement : permet à l'utilisateur de choisir l'emplacement du texte de cote lors de la mise en place de la cote.

Tracer ligne de cote entre lignes d'attache : force ou pas la mise en place d'une ligne de cote. Dans certains cas de figure, AutoCAD n'ayant que très peu de place (par exemple) place le texte de cote, mais pas la ligne de cote. Cette option est donc en générale activée. Mais pour les cotes de rayon (et parfois les cotes de diamètre), cette option désactivée retire la ligne rejoignant le centre de l'arc ou du cercle à la flèche.

Onglet Unités principales

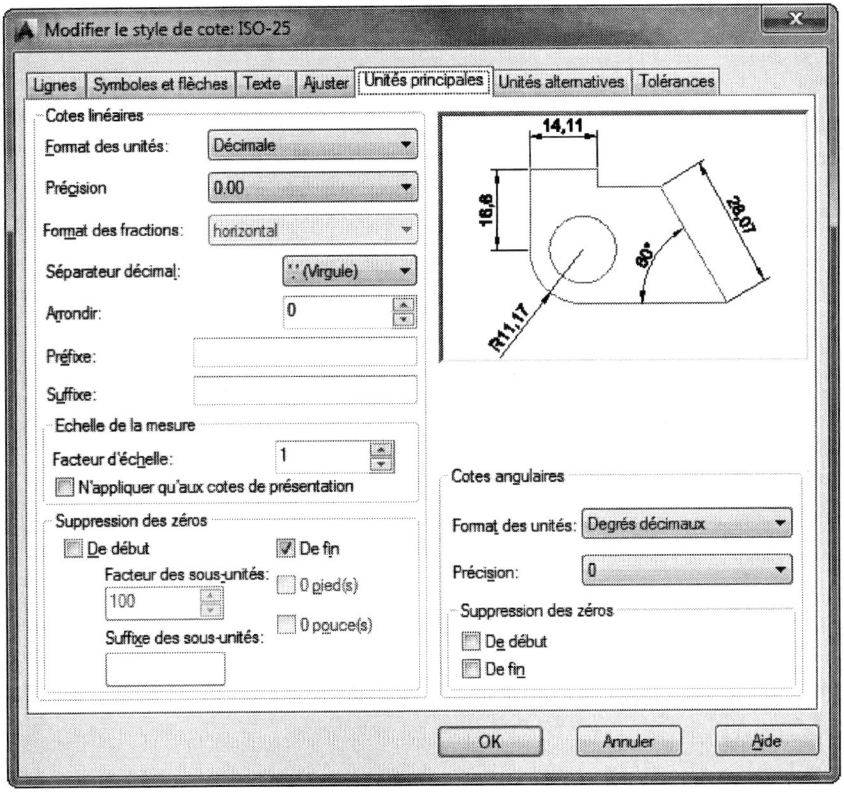

Cotes linéaires

Format des unités : permet de changer l'unité ou le type de mesure pour les cotes.

Précision : permet de modifier la précision de l'affichage des cotes. La valeur 0 affiche des entiers. La valeur 000 affiche une précision à trois décimales. Le nombre de décimales va jusqu'à huit.

Format des fractions : modifie l'affichage des fractions (horizontal, diagonal ou non empilé). Disponible avec le format Architecture et fractionnaire.

Séparateur décimal : propose un séparateur de décimales de type point, virgule ou espace.

Arrondir : permet d'arrondir les unités de cotation. Une valeur 0,50 arrondit à l'unité 0,50 la plus proche (ex. 15,62 devient 15,50).

Préfixe : cette zone peut recevoir une chaîne de caractères qui précédera la valeur du texte de côte (ex. environ 52).

Suffixe : cette zone peut recevoir une chaîne de caractères qui suivra la valeur du texte de côte (ex. 52 mm).

Echelle de la mesure

Le **Facteur d'échelle** multiplie la valeur du texte de cote. Par exemple vous utilisez l'unité du mètre, mais vous souhaitez afficher toutes les cotes inférieures au mètre en centimètres. Ainsi pour 0,90m vous souhaitez obtenir 90. Indiquez pour cela le facteur d'échelle 100. La case à cocher **N'appliquer qu'aux cotes de présentation** "réduit" l'utilisation du facteur d'échelle aux cotes de présentation (espace papier).

Suppression des zéros

Évite des annotations disgracieuses ou inutiles. Si l'option **De début** est activée, un texte de cote de 0,25 s'affiche ,25. Si l'option **De fin** est activée, un texte de cote 50,00 s'affiche 50.

Facteur des sous-unités : définit le nombre de sous-unités d'une unité, et permet de calculer la cote dans une sous-unité lorsqu'elle est inférieure à l'unité. Par exemple, entrez **100** si le suffixe est *m* et le suffixe de sous-unité doit s'afficher en *cm*.

Suffixe des sous-unités : définit un suffixe pour les sous-unités de valeur de cote, tel qu'un texte ou des codes de contrôle pour afficher des symboles spéciaux. Par exemple, en regard de la valeur .96m, entrez **cm** pour voir s'afficher 96cm.

Cotes angulaires

Format des unités : permet de changer l'unité ou le type de mesure pour les cotes d'angle. Les angles s'affichent en degrés décimaux, degrés minutes secondes, en grades ou en radians.

Précision : permet de modifier la précision de l'affichage des cotes angulaires. La valeur 0 affiche des entiers (pas de décimales) ; la valeur 000 affiche une précision à trois décimales. Le nombre de décimales va jusqu'à huit.

Suppression des zéros

Évite des annotations disgracieuses ou inutiles. Si l'option **De début** est activée, un angle de 0,45 s'affiche ,45. Si l'option **De fin** est activée, un angle 50,00 s'affiche 50.

Onglet Unités alternatives

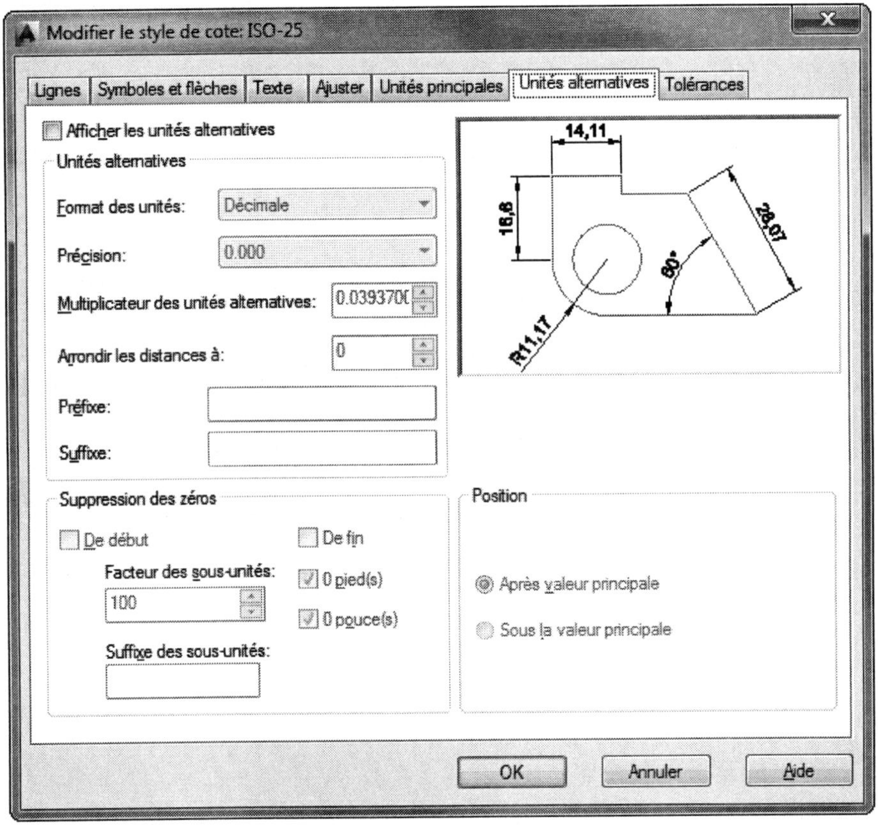

Unités alternatives

Si la case à cocher **Afficher les unités alternatives** est activée, vous pouvez définir un équivalent dans une autre unité (ex. 10"[254mm]). Vous accédez aux mêmes indications de précision que pour les unités principales.

Suppression des zéros

Évite des annotations disgracieuses (unités alternatives). Si l'option **De début** est activée, un texte de 0,45 s'affiche ,45. Si l'option **De fin** est activée, un texte 50,00 s'affiche 50.

Facteur des sous-unités : définit le nombre de sous-unités d'une unité, et permet de calculer la cote dans une sous-unité lorsqu'elle est inférieure à l'unité. Par exemple, entrez **100** si le suffixe est *m* et le suffixe de sous-unité doit s'afficher en *cm*.

Suffixe des sous-unités : définit un suffixe pour les sous-unités de valeur de cote, tel qu'un texte ou des codes de contrôle pour afficher des symboles spéciaux. Par exemple, au regard de la valeur .96m, entrez **cm** pour voir s'afficher 96cm.

Position

Après valeur principale : place les unités alternatives après le texte de cote.

Sous la valeur principale : place les unités alternatives en dessous du texte de cote (en dessous de la ligne de cote).

Onglet Tolérances

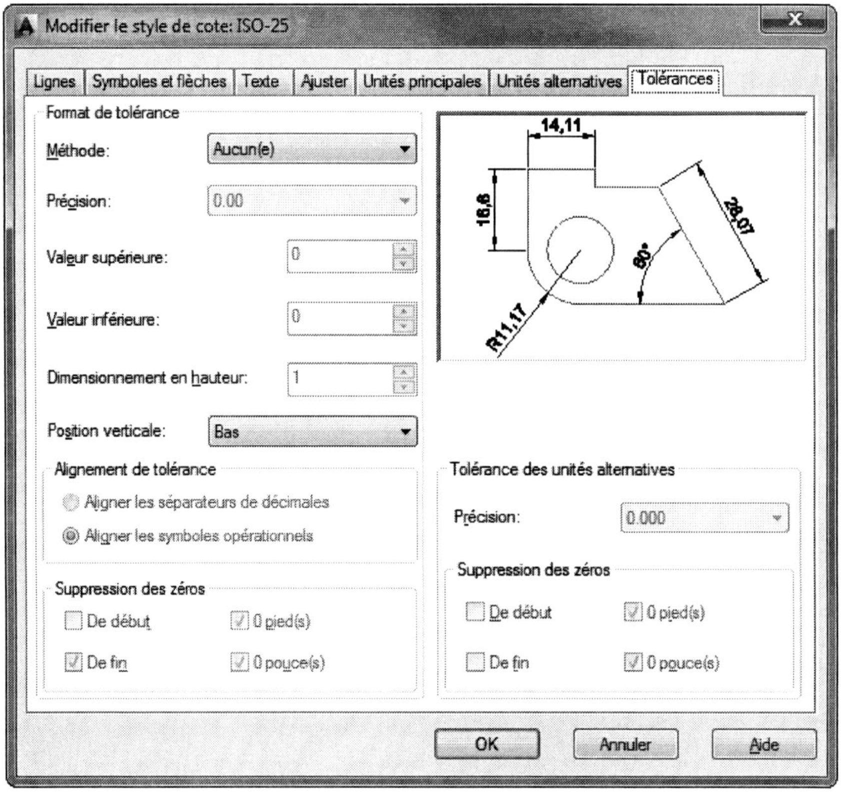

Format de tolérance

La liste **Méthode** propose quatre types d'affichage de tolérance :

- **Symétrique** : attend une valeur de tolérance positive (zone **Valeur supérieure**). Ici, le signe "plus ou moins" précède la tolérance.
- **Ecart** : attend deux valeurs de tolérance ; une valeur supérieure et une valeur inférieure. Dans ce cas, les tolérances sont placées l'une sur l'autre. Contrairement à la valeur supérieure, la valeur inférieure est précédée du signe - (moins). Vous pouvez changer cela en fixant le signe négatif devant les valeurs positives ou négatives.
- **Limites** : attend deux valeurs de tolérance. AutoCAD ajoute la valeur supérieure, retire la valeur inférieure au texte de cote, et affiche les deux extrêmes l'une sur l'autre.
- **Base** : permet un encadrement du texte de cote.

Précision : permet de modifier la précision de l'affichage des tolérances. La valeur 0 affiche des entiers (pas de décimales) ; la valeur 000 affiche une précision à trois décimales. Le nombre de décimales va jusqu'à huit.

Valeur supérieure : reçoit la tolérance supérieure. Un signe moins permet l'affichage d'une tolérance négative.

Valeur inférieure : reçoit la tolérance inférieure. Un signe moins permet l'affichage d'une tolérance positive.

Dimensionnement en hauteur : affecte un facteur d'échelle à la hauteur des tolérances.

Position verticale : place la tolérance verticalement, en bas, au milieu ou en haut du texte de cote.

Alignement de tolérance

Gère les tolérances hautes et basses lorsqu'elles sont empilées. Ces options sont actives pour les formats de tolérance **Ecarts** et **Limites**.

L'option **Aligner les séparateurs de décimales** permet un alignement selon le séparateur de décimales (la virgule par exemple).

L'option **Aligner les symboles opérationnels** permet un alignement selon le symbole d'opération (tel que + ou – par exemple).

Suppression des zéros

Évite des annotations disgracieuses de tolérances. Si l'option **De début** est activée, un texte de 0,15 s'affiche ,15. Si l'option **De fin** est activée, un texte 0,10 s'affiche 0,1.

La case à cocher **0 pied** supprime la partie en pied d'une cote exprimée en pieds et en pouces lorsqu'elle est inférieure à 1 pied. Par exemple 0' 6 1/2" est affiché 6 ½".

La case à cocher **0 pouce** supprime la partie en pouce d'une cote exprimée en pieds et en pouces lorsqu'elle représente un nombre entier. Par exemple 6' 00" est affiché 6".

Tolérance des unités alternatives

Agit sur la précision (nombre de décimales) et la suppression du zéro des tolérances des unités alternatives.

Suppression des zéros

Évite des annotations disgracieuses pour les annotations propres aux unités alternatives. Si l'option **De début** est activée, un texte de 0,15 s'affiche ,15. Si l'option **De fin** est activée, un texte de 0,10 s'affiche 0,1.

La case à cocher **0 pied** supprime la partie en pied d'une cote exprimée en pieds et en pouces lorsqu'elle est inférieure à 1 pied. Par exemple 0' 6 1/2" est affiché 6 ½".

La case à cocher **0 pouce** supprime la partie en pouce d'une cote exprimée en pieds et en pouces lorsqu'elle représente un nombre entier. Par exemple 6' 00" est affiché 6".

2. Les types de cote

Vous créez différents styles de cote pour prédéfinir vos propres réglages et affichages. À chaque style correspond un paramétrage spécifique. Mais cela n'est pas toujours suffisant. Parfois presque tous les réglages conviennent pour un type de cotation (linéaire par exemple), alors que pour une cotation angulaire ou radiale, il est préférable d'envisager une présentation différente. Les types de cote permettent ces subtilités.

Chaque style contient six types de cotation : cotes linéaires, cotes angulaires, cotes de rayon, cote de diamètres, cote superposées (ou d'ordonnées) et lignes de repère et tolérances.

➲ Dans le **Gestionnaire des styles de cote**, sélectionnez le style concerné puis choisissez le bouton **Nouveau**.

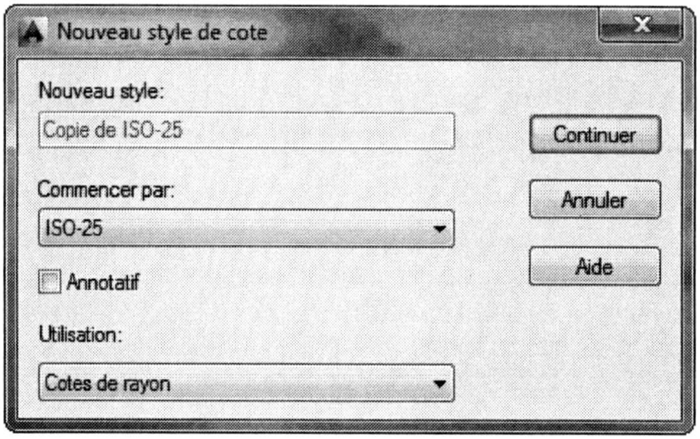

- Dans la liste **Utilisation**, choisissez le type de cote à modifier (ex. Cotes de rayon). Confirmez par **Continuer**.

  Vous accédez alors aux différents onglets pour les réglages souhaités. Par exemple, choisissez dans l'onglet **Texte**, l'alignement du texte à la norme ISO ; puis dans l'onglet **Ajuster**, désactivez **Tracer ligne de cote entre lignes d'attache**. Confirmez par **OK**.

  La liste des styles de cote affiche maintenant, sous le style concerné, la déclinaison du type radial.

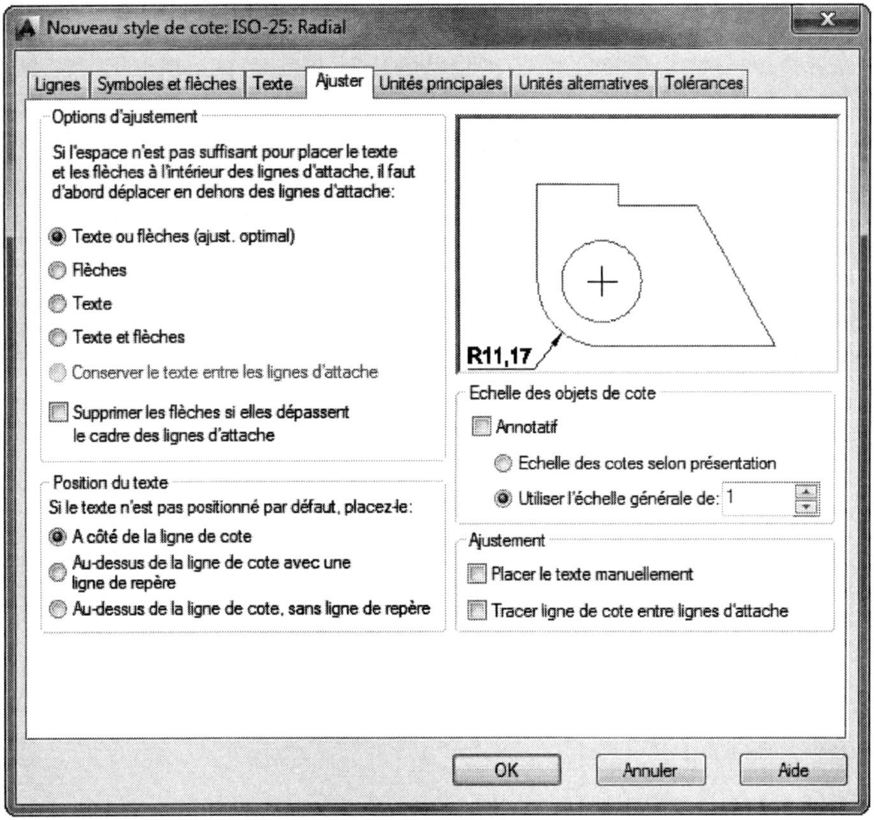

Vous pouvez afficher ainsi les différents types de cote. La sélection du type de cote entraîne un aperçu des particularités de ce type de cote.

3. Modification d'un style de cote

➲ Dans le **Gestionnaire des styles de cote**, sélectionnez le style concerné, puis choisissez le bouton **Modifier**.

➲ Vous accédez directement aux différents onglets. Apportez les modifications voulues puis confirmez par **OK**. Cliquez sur le bouton **Fermer** pour quitter le **Gestionnaire des styles de cote**.

Notez le bouton **Comparer** pouvant lister les différentes nuances entre deux styles de cote.

La zone **Description** affiche les spécificités du style ou type de cote sélectionné dans la liste.

AutoCAD intervient (de façon transparente pour l'utilisateur) sur des variables de type texte. Vous pouvez accéder à ces variables en saisissant au clavier **COT**, puis **E**. La liste des variables est affichée. Certaines d'entre elles sont modifiables. Saisissez **COT**, puis le nom de la variable.

➲ Appuyez sur la touche [Echap] pour revenir à l'invite standard "Commande".

Notez que AutoCAD différencie les noms de styles de cote pour chaque famille, en ajoutant au style de cote le code $ suivi d'un numéro :

- Cotes linéaires : **nomstyle$0**
- Cotes angulaires : **nomstyle$2**
- Cotes de diamètre : **nomstyle$3**
- Cotes de rayon : **nomstyle$4**
- Cotes superposées : **nomstyle$6**
- Lignes de repère et tolérances : **nomstyle$7**

Chapitre 15
Les lignes de repère

A. Introduction

Les lignes de repère permettent de lier une ou plusieurs annotations à une géométrie. La ligne de repère est constituée d'une annotation, d'une ligne et d'une pointe de flèche. Le gestionnaire des styles de lignes de repère permet de définir et de personnaliser l'aspect général des repères, la couleur, les types de ligne, les pointes de flèche, des contraintes d'angle pour les lignes, mais aussi les types d'annotations de contenu (texte, bloc...), etc.

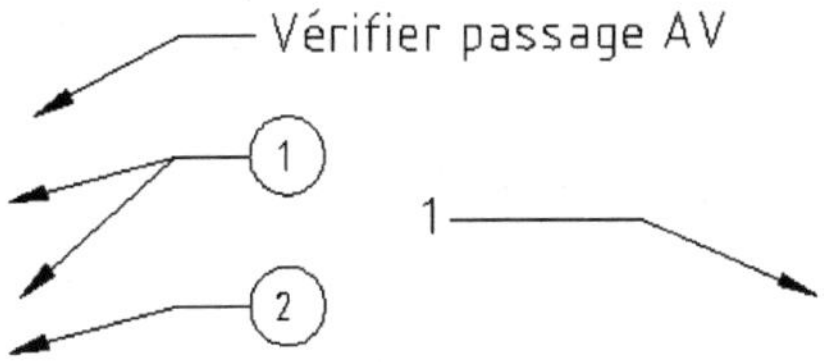

AutoCAD permet d'ajouter des lignes de repère aux repères existants et de supprimer des lignes de repères. Vous pouvez aussi aligner les repères entre eux et recueillir l'ensemble des lignes d'un repère pour redisposer l'ensemble.

B. Création d'un repère simple

➲ Dans le groupe de fonctions **Lignes de repère** (onglet **Annoter**), choisissez **Ligne de repère multiple**.

Le message AutoCAD vous propose de spécifier la pointe de flèche :

```
LIGNEDEREPMULT Spécifiez l'emplacement de la pointe de flèche de
la ligne de repère ou [Ligne de guidage de la ligne de repère
en premier/Contenu en premier/Options] <Options>:
```

➲ Cliquez dans la zone graphique pour préciser l'emplacement de la pointe de flèche.

Remarque

*Les options **Ligne de guidage de la ligne en premier** et **Contenu en premier** permettent de modifier l'ordre des points de mise en place (par défaut, l'ordre est la pointe de flèche, la ligne de guidage puis le contenu).*

Le message suivant est affiché :

```
Spécifiez l'emplacement de la ligne de guidage de la ligne de repère :
```

➲ Cliquez dans la zone graphique pour préciser le positionnement de la ligne de guidage.

Le repère est alors affiché comme suit :

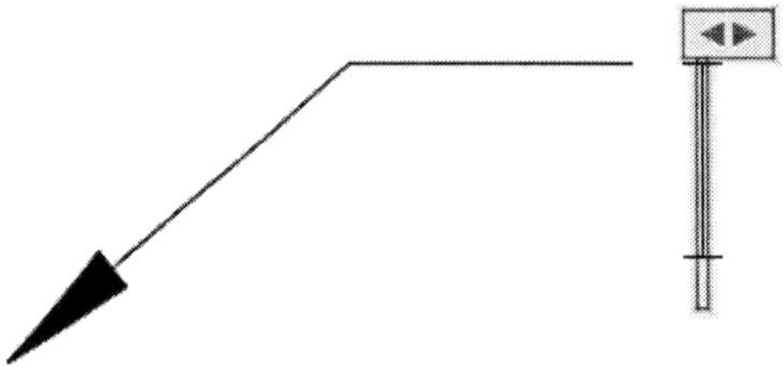

Remarque

Il s'agit du positionnement de la partie horizontale de ligne de repère.

Puis l'option par défaut affiche l'éditeur de texte (ci-dessous) et vous invite à saisir et à formater l'annotation à associer au repère.

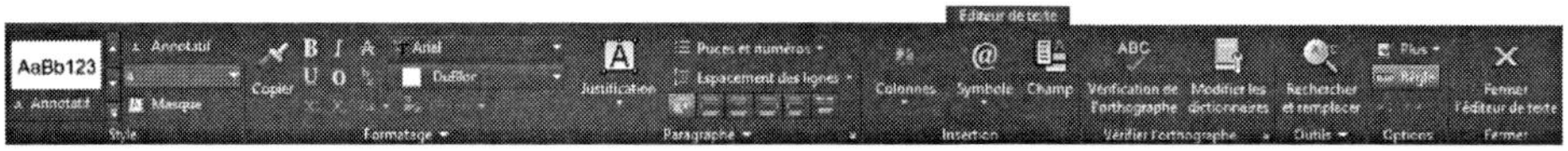

➲ Saisissez le texte et cliquez sur le bouton **Fermer l'éditeur de texte** pour quitter l'éditeur de texte.

C. Ajouter une ligne de repère

Cette fonction permet d'ajouter des lignes de repère à une ligne de repère existante.

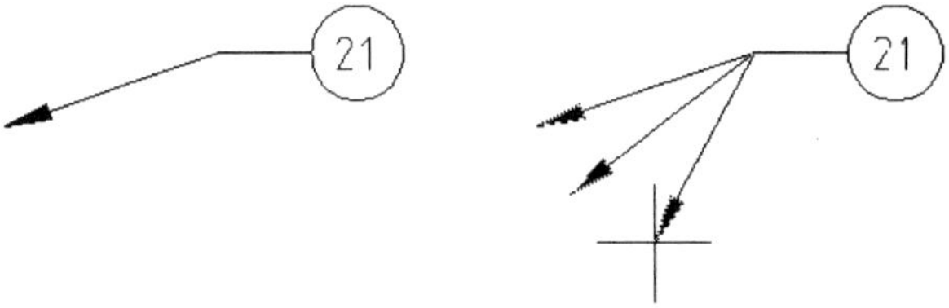

➲ Dans le groupe de fonctions **Lignes de repère**, choisissez **Ajouter une ligne de repère** 

.

- Sélectionnez la ligne de repère à laquelle ajouter des lignes de repère.

```
Sélectionnez une ligne de repère multiple:
```

Le message suivant est affiché :

```
AIMLEADEREDITADD Spécifiez l'emplacement de la pointe de flèche
de la ligne de repère ou [Supprimer des lignes de repères]:
```

- Cliquez pour positionner la pointe de flèche de la ligne de repère.
- Utilisez la touche [Entrée] ou [Echap] pour quitter la commande.

D. Supprimer une ligne de repère

Cette fonction permet de supprimer des lignes de repère à une ligne de repère existante.

- Dans le groupe de fonctions **Lignes de repère**, choisissez **Supprimer une ligne de repère**.

Le message suivant est affiché :

```
Sélectionnez une ligne de repère multiple:
```

- Sélectionnez la ligne de repère à laquelle vous souhaitez supprimer les lignes de repère.

Le message suivant est affiché :

```
Spécifiez les lignes de repère à supprimer ou
[Ajouter des lignes de repère]:
```

- Sélectionnez la ou les lignes de repère à supprimer.
- Utilisez la touche [Entrée] ou [Echap] pour quitter la commande.

E. Aligner les lignes de repère

Cette fonction permet d'aligner un ensemble de lignes de repère multiples selon une ligne de référence, un angle défini par une ligne de repère ou selon un espacement spécifique.

- Dans le groupe de fonctions **Lignes de repère multiples**, choisissez **Aligner**.

Le message suivant est affiché :

```
Sélectionnez des lignes de repère multiples:
```

- Sélectionnez les lignes de repère à aligner, et validez par [Entrée].

Le message suivant est affiché :

```
Sélectionnez des lignes de repère multiples pour l'alignement
ou [Options]:
```

➲ Sélectionnez la ligne de repère sur laquelle toutes les autres doivent s'aligner.

Le message suivant est affiché :

```
Spécifiez la direction:
```

➲ Spécifiez à l'aide d'un point la direction d'alignement pour l'ensemble des lignes de repère.

La figure ci-dessous présente les lignes de repère initiales à gauche, les lignes de repère alignées par rapport au repère C à droite.

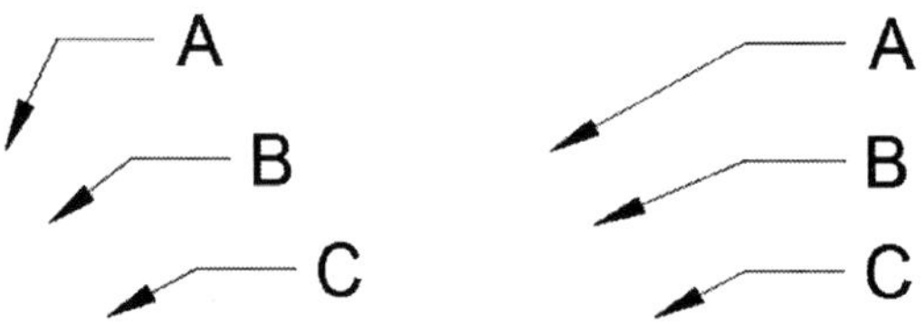

➲ Le choix **Options** permet d'accéder aux choix suivants :

Distribuer : espace les lignes de repère uniformément à l'intérieur d'un segment défini par deux points.

Rendre les segments de la ligne de repère parallèles : positionne toutes les lignes de repère suivant une même direction.

Spécifier l'espacement : permet d'imposer une distance entre chaque ligne de repère.

Utiliser l'espacement courant : respecte l'espacement courant entre le contenu et la ligne de repère multiple.

F. Recueillir des lignes de repère

Cette fonction permet de regrouper des repères dont le contenu utilise des blocs en une ligne de repère unique.

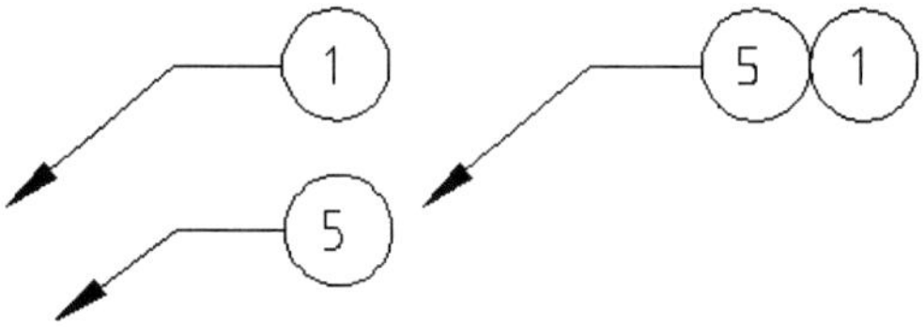

➲ Dans le groupe de fonctions **Lignes de repère**, choisissez **Recueillir** .

Le message suivant est affiché :

```
Sélectionnez des lignes de repère multiples:
```

- Sélectionnez les lignes de repère à regrouper.

Le message suivant est affiché :

```
COLLECTLIGNEDEREPMULT Indiquez la position de la ligne de repère
multiple collectée ou [Vertical/Horizontal/Retour à la ligne]
<Horizontal>:
```

- Spécifiez le positionnement pour le regroupement de lignes de repère, ou utilisez les options suivantes :

Vertical : impose un positionnement vertical du regroupement des lignes de repère multiples.

Horizontal : impose un positionnement horizontal du regroupement des lignes de repère multiples.

Retour à la ligne : permet un retour à la ligne selon une largeur spécifiée. L'option **Nombre** fixe un nombre maximal de blocs par rangée.

G. Définir des styles de lignes de repère

Les styles de lignes de repère définissent l'apparence des lignes de repère.

Tout comme les styles de texte ou les styles de cote, vous personnalisez vos propres styles de lignes de repère. Le gestionnaire des styles de lignes de repère permet de définir et de personnaliser l'aspect général des repères, la couleur, les types de ligne, les pointes de flèche, des contraintes d'angle pour les lignes, mais aussi les types d'annotations de contenu (texte, bloc...), etc.

- Déroulez le groupe de fonctions **Annotation** (onglet **Début**), et choisissez l'icône **Gestionnaire des styles de lignes de repère multiples** .

La boîte de dialogue suivante est affichée :

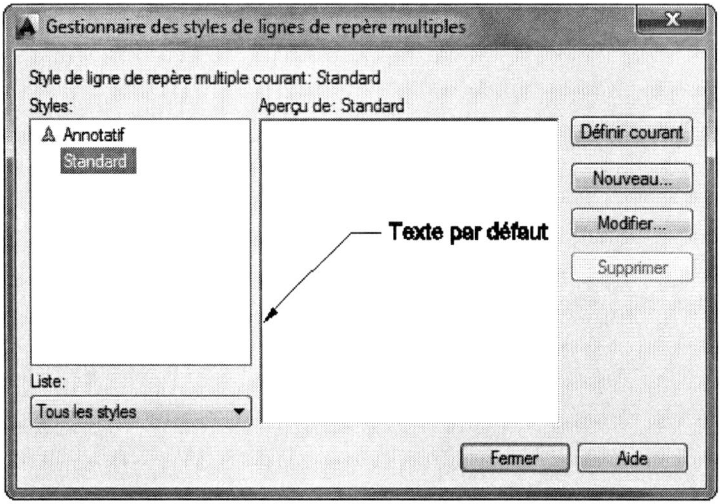

La liste **Styles** affiche les deux styles par défaut : le style **Standard** et le style **Annotatif** qui est doté d'une propriété annotative qui permet d'automatiser le processus de mise à l'échelle des annotations. La liste déroulante **Liste** permet d'afficher tous les styles ou seulement ceux en cours d'utilisation. La zone **Aperçu de** affiche l'aspect du style courant.

H. Créer un nouveau style de ligne de repère

➲ Dans le **Gestionnaire des styles de lignes de repère multiples**, choisissez le bouton **Nouveau**.

AutoCAD affiche la fenêtre suivante.

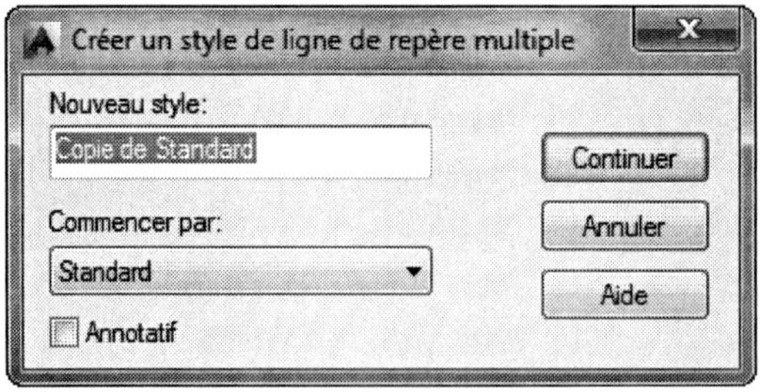

➲ Saisissez le nom du nouveau style de ligne de repère dans la zone de texte **Nouveau style**.

➲ Sélectionnez dans la liste **Commencer par** le style de référence (par défaut deux styles sont disponibles).

➲ Cochez la case **Annotatif** si nécessaire pour attribuer la propriété annotative.

➲ Choisissez **Continuer**. AutoCAD affiche :

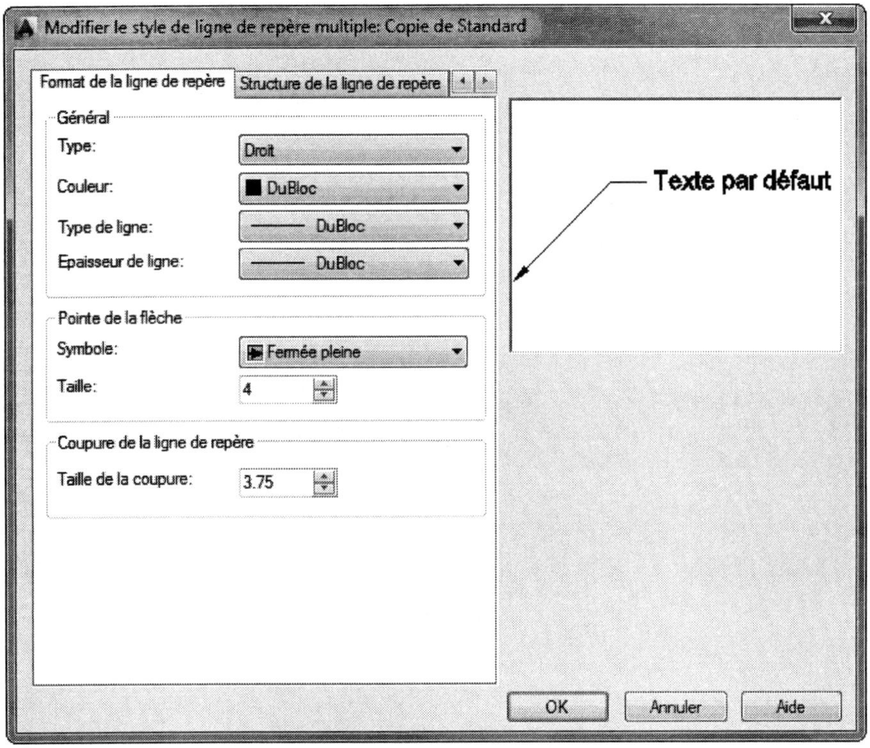

➲ Effectuez les réglages du nouveau style de repère dans les trois onglets **Format de la ligne de repère**, **Structure de la ligne de repère** et **Contenu**, et confirmez la création du style de ligne de repère par **OK**.

Onglet Format de la ligne de repère

Général

➲ Dans la liste **Type**, choisissez l'aspect de la ligne de repère : droit, spline ou aucun type de ligne.

➲ Dans la liste **Couleur**, choisissez la couleur de la ligne de repère.

➲ Dans la liste **Type de ligne**, choisissez le type de ligne pour la ligne de repère.

➲ Dans la liste **Epaisseur de ligne**, choisissez l'épaisseur de la ligne de repère.

Pointe de la flèche

➲ Dans la liste **Symbole**, sélectionnez l'aspect de la pointe de flèche de la ligne de repère.

➲ Réglez la taille de la pointe de flèche dans la zone **Taille**.

Coupure de la ligne de repère

Définit la **Taille de la coupure** lorsqu'une coupure de cote est ajoutée à une ligne de repère multiple.

Onglet Structure de la ligne de repère

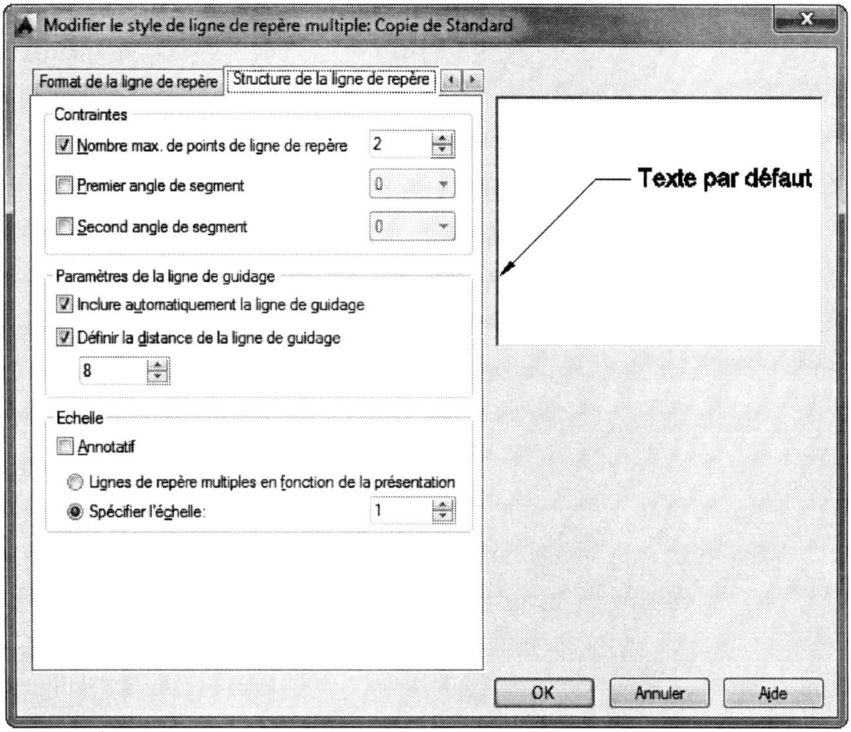

Contraintes

➲ En regard de la case **Nombre max. de points de ligne de repère**, définissez le nombre maximum de points. Par exemple, le nombre 2 fixe la pointe de flèche, puis un second point (base de ligne horizontale), puis AutoCAD vous invite à saisir le contenu.

La zone **Premier angle de segment** définit l'angle de la première ligne de repère, à partir du premier point. La zone **Second angle de segment** définit l'angle de la deuxième ligne de repère, à partir du second point.

Paramètres de la ligne de guidage

La case à cocher **Inclure automatiquement la ligne de guidage** permet la mise en place d'une ligne de guidage horizontale au niveau du contenu (ou annotation).

La case à cocher **Définir la distance de la ligne de guidage** permet de déterminer la distance fixe de la ligne de guidage de ligne de repère.

Echelle

La case à cocher **Annotatif** active la propriété annotative qui permet d'automatiser le processus de mise à l'échelle des annotations.

Si la propriété Annotative n'est pas activée, les options suivantes sont accessibles :

Lignes de repère multiples en fonction de la présentation : calcule un facteur d'échelle pour la ligne de repère multiple en fonction de l'échelle des fenêtres de présentation et de l'espace objet.

Spécifier l'échelle : détermine un facteur d'échelle global pour les lignes de repère multiple.

Onglet Contenu

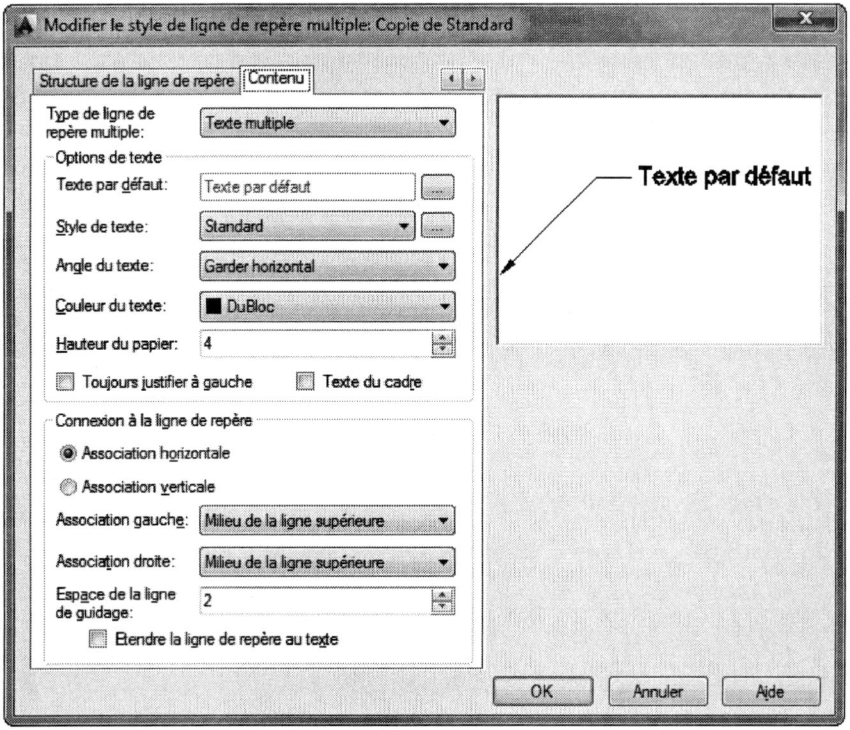

La liste **Type de ligne de repère multiple** détermine si la ligne de repère contient du texte ou un bloc. Les choix disponibles sont **Texte multiple** et **Bloc**.

Les options suivantes sont disponibles si vous choisissez **Texte multiple** dans la liste déroulante **Type de ligne de repère multiple** :

Options de texte

La zone **Texte par défaut** permet de prédéfinir un texte qui sera proposé à chaque création de ligne de repère multiple. Le bouton situé à droite de la zone de texte permet d'accéder à l'éditeur de texte multiligne.

La liste **Style de texte** permet d'attribuer un style de texte à l'annotation de la ligne de repère.

La liste **Angle du texte** permet de spécifier un angle de rotation au texte de la ligne de repère.

La liste **Couleur du texte** permet d'attribuer une couleur au texte de la ligne de repère.

La liste **Hauteur du papier** permet de fixer la hauteur du texte de la ligne de repère.

La case à cocher **Toujours justifier à gauche** impose une justification à gauche du texte de la ligne de repère multiple.

La case à cocher **Texte du cadre** encadre le texte de la ligne de repère multiple.

Connexion à la ligne de repère

Association horizontale : option par défaut incluant une ligne de guidage horizontale entre le texte et la ligne de repère.

Association verticale : option n'incluant pas de ligne de guidage entre le texte et la ligne de repère.

Gère la façon dont la ligne de guidage est attachée au texte de la ligne de repère multiple lorsque le texte est à gauche du repère (**Association gauche**) et lorsque le texte est à droite du repère (**Association droite**).

La zone **Espace de la ligne de guidage** règle la distance entre le texte et la ligne de guidage.

Étendre la ligne de repère au texte : permet de prolonger la ligne de guidage à l'extrémité de la ligne de texte à laquelle la ligne de repère est attachée, et non au bord de la zone de texte multiligne.

Remarque

> *La longueur de la zone de texte multiligne est déterminée par la longueur de la ligne de texte la plus longue.*

Les options suivantes sont disponibles si vous choisissez **Bloc** dans la liste déroulante **Type de ligne de repère multiple** :

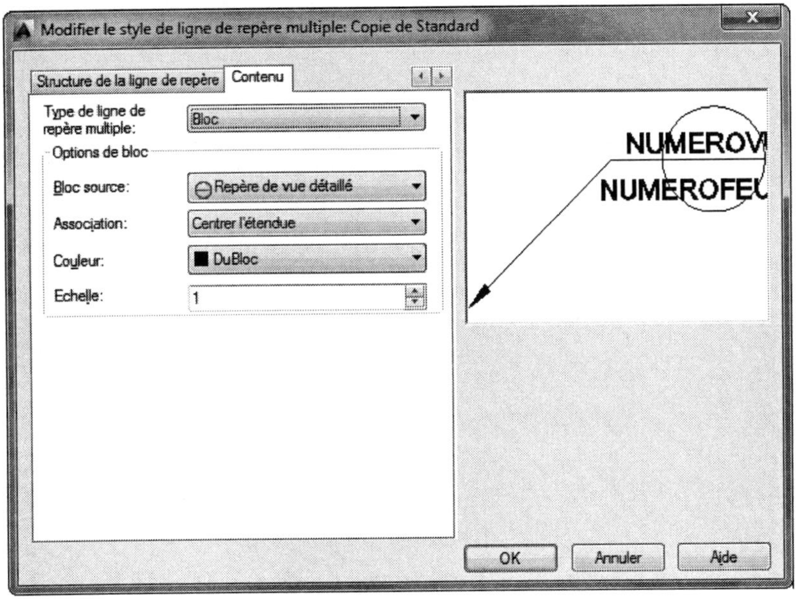

Options de bloc

La liste **Bloc source** permet de sélectionner, dans la liste, des blocs prédéfinis ou encore des blocs personnalisés pour le contenu de texte de ligne de repère. Par exemple, le bloc **Cercle** permet un repère circulaire avec attribut.

La liste **Association** détermine la façon dont le bloc est attaché à la ligne de repère : Etendue du bloc, point d'insertion ou point central du bloc.

La liste **Couleur** permet d'attribuer une couleur au contenu du bloc de la ligne de repère.

La zone de texte **Échelle** permet d'attribuer une échelle d'insertion du bloc.

I. Modifier un style de ligne de repère

- Dans le **Gestionnaire des styles de lignes de repère multiples**, sélectionnez le style à modifier dans la liste **Styles**, puis choisissez le bouton **Modifier**.
- Modifiez les paramètres souhaités dans la boîte de dialogue **Modifier le style de ligne de repère** et confirmez les changements par **OK**.
- Cliquez sur **Fermer** pour quitter le gestionnaire des styles de ligne de repère.

J. Rendre courant un style de ligne de repère

➲ Dans le groupe de fonctions **Lignes de repère** (onglet **Annoter**), sélectionnez le style souhaité dans la liste **Style de ligne de repère multiple** 

.

Chapitre 16
Les renseignements

A. Introduction

Les renseignements permettent d'extraire avec précision les informations propres à un ou plusieurs objets. Ainsi, vous localisez un point, vous vérifiez une distance, un angle, une surface, un centre de gravité, un volume.

B. Identification d'un point

➲ Déroulez le groupe de fonctions **Utilitaires** (onglet **Début**), et cliquez sur l'icône **Localiser un point** [Localiser un point].

À l'aide des accrochages aux objets, précisez une intersection, un centre... AutoCAD affiche les coordonnées de ce point suivant les axes X, Y et Z. Vous vous servez de cette position pour insérer un bloc, pour y copier des objets...

C. Caractéristiques des objets

➲ Déroulez le groupe de fonctions **Propriétés**, et cliquez sur l'icône **Liste** [Liste].

➲ Sélectionnez un ou plusieurs objets, et validez par [Entrée].

AutoCAD donne la liste des caractéristiques de chacun des objets. Vous connaissez alors le type d'objet (ligne, cotation, bloc...), le calque sur lequel il se trouve, l'espace dans lequel il a été créé, et différentes précisions en fonction du type d'entité.

Dans le cas d'une ligne, vous pouvez obtenir des renseignements de ce type :

```
          LIGNE      Calque: "0"
                     Espace: Espace objet
          Maintien = 259
       du point, X= 1501.5018   Y= 1457.5599  Z= 0.0000
       vers point, X= 1551.5018   Y= 1457.5599  Z= 0.0000
   Longueur = 50.0000, Angle dans le plan XY=    0
         Delta X = 50.0000, Delta Y = 0.0000, Delta Z = 0.0000
```

Le maintien est une adresse en base de données (transparent pour l'utilisateur). L'angle est toujours donné par rapport à la direction Est. Les Delta précisent les différences en X, Y et Z entre les deux extrémités de la ligne. Notez que la précision des unités et des angles est celle du dessin courant.

D. Distance entre deux points

- Dans le groupe de fonctions **Utilitaires**, cliquez sur l'icône déroulante **Distance** 
.
- Précisez deux points à l'aide des outils d'accrochage aux objets.

AutoCAD donne les renseignements concernant cette ligne fictive : une longueur, un angle ou deux (en 3D), les différences en X, Y et Z entre les deux points.

```
Distance = 814.6575, Angle dans le plan XY = 208, Angle avec le plan XY = 0
Delta X = -718.5177, Delta Y = -383.9260, Delta Z = 0.0000
```

E. Calcul de rayon et de diamètre

- Dans le groupe de fonctions **Utilitaires**, choisissez l'icône déroulante **Rayon** 
.

AutoCAD vous propose de sélectionner le cercle ou l'arc, et affiche les rayon et diamètre correspondants.

F. Calcul d'angle

AutoCAD permet de calculer l'angle entre deux lignes (réelles ou fictives) de différentes façons :

- Angle entre deux lignes réelles.
- Angle à partir de lignes fictives, à partir des points ou sommets.
- Angle décrit par un arc.

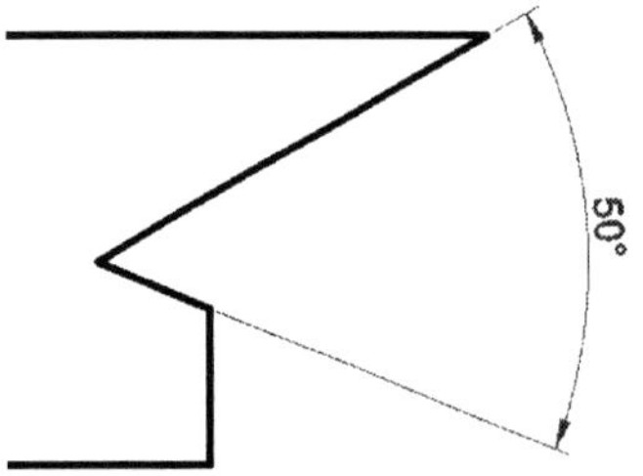

- Dans le groupe de fonctions **Utilitaires**, choisissez l'icône déroulante **Angle** 
.

Le message suivant est affiché :

```
Sélectionnez l'arc, le cercle, la ligne ou <indiquez un Sommet>:
```

- Sélectionnez la première ligne (dans l'exemple ci-dessus), ou un arc ou un cercle.

  Le message suivant est affiché :

```
Choix de la seconde ligne:
```

- Sélectionnez la deuxième ligne (dans l'exemple ci-dessous).

  Les renseignements sont affichés comme suit :

```
Angle = 79°
```

Voici les différentes techniques pour calculer un angle :

Ligne : permet de sélectionner deux lignes existantes.

Indiquez un Sommet : permet de matérialiser 2 lignes fictives par 3 points (d'abord le sommet de l'angle – ou l'origine puis les deux extrémités correspondant aux côtés).

Arc : permet de sélectionner un arc, et d'obtenir l'angle dont le sommet est au centre de l'arc et les côtés passent par les extrémités de l'arc.

Cercle : permet de sélectionner un cercle et d'obtenir l'angle dont le sommet est au centre du cercle, et de matérialiser les côtés passant par deux points. La sélection du cercle détermine l'angle de référence (utiliser l'accrochage aux objets).

G. Calcul de surfaces

Régulièrement, vous devez vérifier ou calculer une surface. AutoCAD permet d'effectuer des calculs de surfaces complexes, ainsi que des additions et soustractions d'aires.

- Dans le groupe de fonctions **Utilitaires**, cliquez sur l'icône déroulante **Aire** 

.

  Le message suivant apparaît :

```
Spécifiez le premier coin ou [Objet/Ajouter une aire/Soustraire une
aire/Quitter] <Objet>:
```

Option coin par coin

L'option par défaut vous invite à préciser les différents coins de la figure (utilisez les outils d'accrochage). AutoCAD affiche provisoirement la surface calculée d'une couleur verte. Une fois le dernier coin précisé, validez par [Entrée]. Le résultat s'affiche.

```
Aire = 512.8465, Périmètre = 99.8063
```

Remarque

Cette méthode n'est valable que si tous les côtés de la figure réelle ou fictive sont droits.

Option Objet

Cette option attend la sélection d'un objet possédant une aire comme un cercle, une polyligne, une région ou une spline. Les polylignes ou splines ouvertes sont prises en compte, à la nuance près que le résultat affiche, en plus de l'aire, une longueur à la place d'un périmètre.

Dans le cas d'une zone complexe (bords droits et courbes entrecoupées), la solution consiste à recréer un seul objet correspondant au contour de la surface recherchée. Dans ce cas, créez un contour à partir d'un point interne, puis demandez l'aire de l'objet résultant.

Option Ajouter une aire

➲ Choisissez l'option **Ajouter une aire** puis **Objet** pour la sélection des entités.

Le message suivant est affiché :

```
(mode ADDITION) Choix des objets:
```

➲ Sélectionnez le premier objet.

La surface totale provisoire est affichée :

```
Aire = 7571.0266, Périmètre = 355.2627
Aire totale = 7571.0266
```

La surface calculée est affichée en vert.

➲ Sélectionnez ensuite les objets (ou contours) dont les aires seront additionnées.

Pour chaque objet, la nouvelle surface calculée est affichée ainsi que la surface totale (incluant la première aire à laquelle est ajoutée la seconde aire) :

```
Aire = 2589.5467, Périmètre = 209.9962
Aire totale = 10160.5733
```

➲ Sélectionnez un nouvel objet pour calculer et additionner sa surface ou appuyez sur la touche [Echap] pour quitter la commande.

Option Soustraire une aire

➲ Choisissez l'option **Ajouter une aire** puis **Objet** pour la sélection du contour principal.

Le message suivant est affiché :

```
(mode ADDITION) Choix des objets:
```

- Sélectionnez le premier objet.

  La surface totale provisoire est affichée :

```
Aire = 7571.0266, Périmètre = 355.2627
Aire totale = 7571.0266
```

  La surface calculée est affichée en vert.

- Validez par [Entrée] pour ne pas additionner plusieurs surfaces.

  Le message ci-dessous est affiché :

```
Spécifiez le premier coin ou [Objet/Soustraire une aire/Quitter]:
```

- Choisissez l'option **Soustraire une aire**, puis l'option **Objet**.

  Le message suivant est affiché :

```
(mode SOUSTRACTION) Choix des objets:
```

- Sélectionnez l'objet dont l'aire sera retirée de la surface totale précédente.

  Les surfaces retirées sont colorées en rouge.

  Pour chaque objet, la nouvelle surface calculée est affichée ainsi que la surface totale (la première aire à laquelle est retirée la seconde aire) :

```
Aire = 2589.5467, Périmètre = 209.9962
Aire totale = 4981.4800
```

- Sélectionnez un nouvel objet pour calculer et soustraire sa surface ou appuyez sur la touche [Echap] pour quitter la commande.

Remarque

Voir aussi les champs automatisés pour le calcul d'aire automatique.

H. Propriétés mécaniques

- Dans le menu **Outils**, choisissez **Renseignements**, puis **Propriétés de masse/de la région**. Cette commande permet de calculer les propriétés mécaniques de deux types d'objets.

  Pour les régions (cf. chapitre La notion de régions - Création de régions), seront précisés l'aire, le périmètre, l'encombrement minimum (boîte de contour), le centre de gravité, les moments d'inertie, les produits d'inertie...

Exemple

```
————————  REGIONS  ————————
Aire:                  3420.2734
Périmètre:              229.7211
boîte de contour:    X: 143.5397  —  208.6563
            Y: 9.9000  —  81.7457
Centre de gravité:         X: 175.3258
                Y: 49.0489
Moments d'inertie:   X: 9363204.3915
                      Y: 105980098.4646
Produits d'inertie:   XY: 29472226.5945
Rayon de giration :    X: 52.3217
               Y: 176.0280
Moments principaux et directions X-Y autour du centre de gravité:
   I: 832139.7581 le long de [0.1927 0.9813]
   J: 1146388.3312 le long de [-0.9813 0.1927]
Ecrire analyse dans un fichier ?
[Oui/Non]   :
```

Pour les solides 3D (cf. chapitre Le modeleur 3D volumique), seront précisés la masse, l'encombrement minimum (boîte de contour), le centre de gravité, les moments d'inertie, les produits d'inertie, les moments principaux...

Exemple

```
————————  SOLIDES  ————————
Masse :           23536.6491
Volume:            23536.6491
boîte de contour:    X: 276.0379  —  296.4222
           Y: 119.6486  —  147.9343
           Z: 0.0000  —  40.8207
Centre de gravité:         X: 286.2301
            Y: 133.7914
            Z: 20.4104
Moments d'inertie:         X: 435952030.7933
            Y: 1942190753.1665
            Z: 2351996188.9146
Produits d'inertie: XY: 901339044.6230
            YZ: 64272295.5213
            ZX: 137502559.2700
Rayon de giration :          X: 136.0965
            Y: 287.2590
            Z: 316.1156
Moments principaux et directions X-Y-Z autour du centre de gravité :
  I: 4837594.4063 le long de [1.0000 0.0000 0.0000]
```

```
    J: 4083322.4805 le long de [0.0000 1.0000 0.0000]
    K: 2384268.1255 le long de [0.0000 0.0000 1.0000]
 Ecrire analyse dans un fichier ? [Oui/Non]  :
```

Pour les régions, comme pour les solides 3D, vous pouvez écrire toutes ces données dans un fichier texte portant l'extension .mpr. Si vous répondez **O** à la question "Écrire analyse dans un fichier ?", AutoCAD affiche une boîte de dialogue demandant le chemin et le nom du fichier à enregistrer.

➲ Utilisez un éditeur de texte tel que le bloc-notes pour lire ou modifier ce fichier.

I. Calcul de volume

AutoCAD permet le calcul de volumes sur la base de solides existants ou sur la base d'un contour 2D et d'une hauteur.

Comme pour le calcul d'aires, AutoCAD permet d'additionner et de soustraire des volumes.

➲ Dans le groupe de fonctions **Utilitaires**, choisissez l'icône **Volume** 

.

Le message suivant est affiché :

```
Spécifiez le premier coin ou [Objet/Ajouter un volume/Soustraire un
volume/Quitter] <Objet>:
```

Objet : permet de sélectionner un ou plusieurs solides 3D.

Coin par coin : permet de matérialiser les différents coins d'un contour 2D. Vous préciserez ensuite la hauteur à associer à ce contour pour le calcul du volume.

Ajouter un volume : permet d'additionner des volumes.

Méthode pour additionner des volumes

➲ Choisissez l'option **Ajouter un volume**, puis **Objet** pour sélectionner les solides.

Le premier solide sélectionné, AutoCAD affiche le volume total provisoire calculé.

```
(mode ADDITION) Choix des objets:
Volume = 18608215.3687
```

➲ Vous devez ensuite sélectionner les solides pour lesquels les volumes seront ajoutés :

```
(mode ADDITION) Choix des objets:
```

À chaque nouvelle sélection de solide, AutoCAD affiche la nouvelle aire totale :

```
Volume = 18608215.3687
Volume total=  37216430.7375
```

➲ Procédez ainsi pour le calcul de solides supplémentaires. Appuyez sur la touche [Entrée] pour ne plus ajouter de volumes. Effectuez un clic droit et choisissez l'option **Quitter** pour sortir de la commande.

Méthode pour soustraire des volumes à un ou plusieurs volumes

Soustraire un volume : permet de soustraire des volumes. Cette option impose au préalable l'utilisation de l'option **Ajouter un volume**.

➲ Choisissez l'option **Ajouter un volume**, puis **Objet** pour sélectionner le ou les solides auxquels vous souhaitez soustraire un volume.

Une fois le premier solide sélectionné, AutoCAD affiche le volume total provisoire calculé.

```
(mode ADDITION) Choix des objets:
Volume = 18608215.3687
```

➲ Vous devez ensuite sélectionner les solides pour lesquels les volumes seront ajoutés ou appuyer sur [Entrée] pour valider le volume auquel vous souhaitez soustraire un autre volume.

Le message suivant est alors affiché :

```
Soustraire un volume.
Volume = 18608215.3687
Volume total = 37216430.7375
Spécifiez le premier coin ou [Objet/Soustraire un volume/Quitter]:
```

➲ Choisissez l'option **Soustraire un volume**, puis **Objet** pour sélectionner le ou les solides à soustraire.

```
(mode SOUSTRACTION) Choix des objets:
Volume = 18608215.3687
Volume total = 18608215.3687
(mode SOUSTRACTION) Choix des objets :
```

AutoCAD affiche ci-dessus le volume du volume soustrait, ainsi que le résultat de la soustraction.

➲ À ce stade, le mode **Soustraction** étant toujours actif, vous pouvez continuer à soustraire de nouveaux volumes. Sinon, choisissez **Quitter** pour sortir du mode **Soustraction**.

➲ Choisissez **Quitter** pour quitter la commande.

J. La calculatrice

AutoCAD vous permet d'effectuer bons nombres de calculs mathématiques et trigonométriques. La calculatrice utilise les expressions mathématiques et graphiques standard, et permet aussi le calcul d'intersections, de distances et d'angles. Elle permet aussi de créer et d'utiliser des variables et de convertir des unités de mesure.

➲ Dans le groupe de fonctions **Utilitaires** (onglet **Début**), cliquez sur l'icône **Calculatrice rapide** .

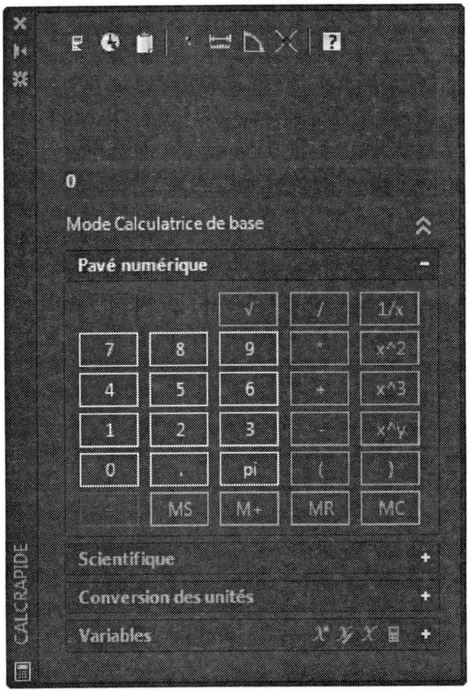

La zone Historique : elle constitue la plus grande zone de texte de la fenêtre **Calculatrice**. Elle affiche la liste des expressions utilisées et calculées précédemment. Un menu contextuel fournit plusieurs options, y compris la copie d'une expression sélectionnée vers le Presse-papiers Windows.

Zone de saisie

Elle constitue la plus petite zone de texte de la palette **Calculatrice**. Elle vous permet d'entrer et d'extraire des expressions. Appuyez sur [Entrée] (ou sur la touche =) pour obtenir les résultats.

La barre d'outils

La barre d'outils vous permet d'effectuer des calculs rapides de fonctions courantes.

Obtenir les coordonnées : permet d'obtenir les coordonnées d'un point (X,Y,Z) qu'AutoCAD vous invite à désigner dans la zone graphique.

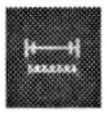

Distance entre deux points : permet d'obtenir la distance entre deux points à matérialiser dans la zone graphique.

Angle de ligne définie par deux points : permet de calculer l'angle défini par deux points matérialisant l'angle qu'AutoCAD vous propose de cliquer dans la zone graphique.

Intersection de deux lignes définies par quatre points : permet de calculer les coordonnées de l'intersection (réelle ou fictive) de deux lignes qu'AutoCAD vous invite à définir par quatre points dans la zone graphique.

Effacer : permet de supprimer le résultat du calcul courant dans la zone de saisie.

Effacer l'historique : permet de supprimer la liste des précédents calculs effectués (historique) affichés.

Coller la valeur sur la ligne de commande : permet d'insérer le résultat du dernier calcul dans la ligne de commandes.

Utilisez le bouton **Plus** ou **Moins** pour dérouler ou réduire l'affichage des fonctions de la calculatrice.

Pavé numérique

Il présente un clavier de calculatrice standard qui vous permet de saisir des chiffres et des symboles utilisés dans les expressions arithmétiques. Appuyez sur [Entrée] (ou sur la touche =) pour obtenir les résultats. Nous ne détaillerons pas ici les fonctions classiques de toutes les calculatrices. Cependant, voici la définition de fonctions de mémoire :

MS (Stocker en mémoire) : stocke la valeur courante en mémoire.

M+ (Ajouter à la valeur stockée en mémoire) : ajoute la valeur courante à la valeur stockée en mémoire.

MR (Restaurer la valeur de mémoire) : restaure la valeur actuellement stockée en mémoire dans la zone de saisie.

MC (Effacer la mémoire) : supprime la valeur actuellement stockée en mémoire.

Scientifique

La rubrique scientifique calcule les expressions trigonométriques, logarithmiques, exponentielles et toutes celles généralement liées à des applications scientifiques et d'ingénierie :

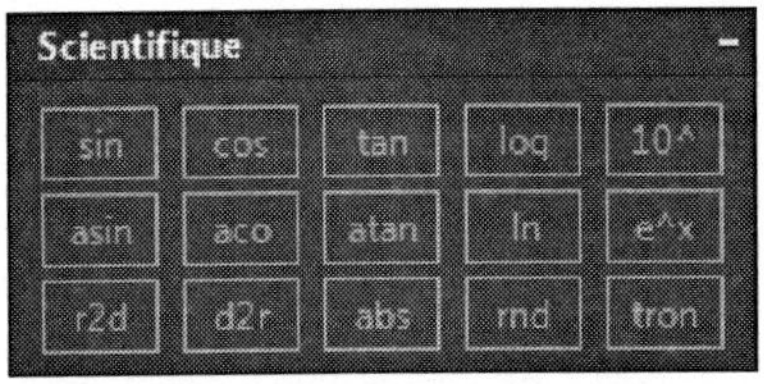

sin (Sinus) : spécifie le sinus de l'angle dans la zone de saisie.

cos (Cosinus) : spécifie le cosinus de l'angle dans la zone de saisie.

tan (Tangente) : spécifie la tangente de l'angle dans la zone de saisie.

log (Logarithme base 10) : spécifie le logarithme de la valeur dans la zone de saisie.

10 ^ x (Exposant base 10) : spécifie l'exposant base 10 de la valeur dans la zone de saisie.

asin (Arc sinus) : spécifie l'arc sinus du nombre dans la zone de saisie. Ce nombre doit être compris entre -1 et 1.

aco (Arc cosinus) : spécifie l'arc cosinus du nombre dans la zone de saisie. Ce nombre doit être compris entre -1 et 1.

atan (Arc tangente) : spécifie l'arc tangente du nombre dans la zone de saisie.

ln (Logarithme népérien) : spécifie le logarithme népérien du nombre dans la zone de saisie.

e ^ x (Exposant naturel) : spécifie l'exposant naturel du nombre actuellement entré dans la zone de saisie.

r2d (Convertir les radians en degrés) : convertit des angles de radians en degrés ; par exemple, r2d (pi) convertit la valeur de pi en 180 degrés.

d2r (Convertir les degrés en radians) : convertit des angles de degrés en radians ; par exemple, d2r (180) convertit 180 degrés en radians et renvoie la valeur de pi.

abs (Valeur absolue) : renvoie la valeur absolue du nombre dans la zone de saisie.

rnd (Arrondi) : arrondit le nombre dans la zone de saisie au nombre entier le plus proche.

tron (Tronquer) : renvoie la partie du nombre entier dans la zone de saisie.

Conversion des unités

Convertit les unités de mesure d'un type d'unité à un autre. La zone de conversion des unités accepte uniquement des valeurs décimales sans unités.

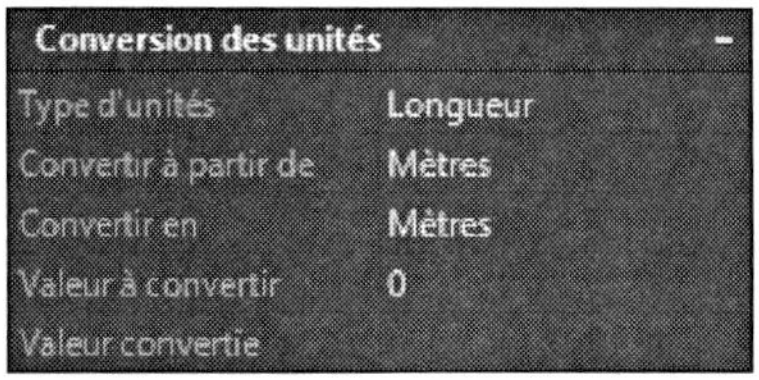

Type d'unités : permet de sélectionner le type d'unités à convertir parmi les suivantes : Longueur, Aire, Volume, Angulaire.

Convertir à partir de : permet de sélectionner les unités de mesure à partir desquelles la conversion sera effectuée.

Convertir en : permet de sélectionner les unités de mesure vers lesquelles la conversion sera effectuée.

Valeur à convertir : permet de saisir la valeur à convertir.

Valeur convertie : affiche le résultat de la conversion. L'icône de la calculatrice renvoie la valeur convertie dans la zone de saisie.

Variables

Permet d'accéder aux fonctions et aux constantes prédéfinies. Vous pouvez utiliser la zone **Variables** pour définir et enregistrer des fonctions et des constantes supplémentaires.

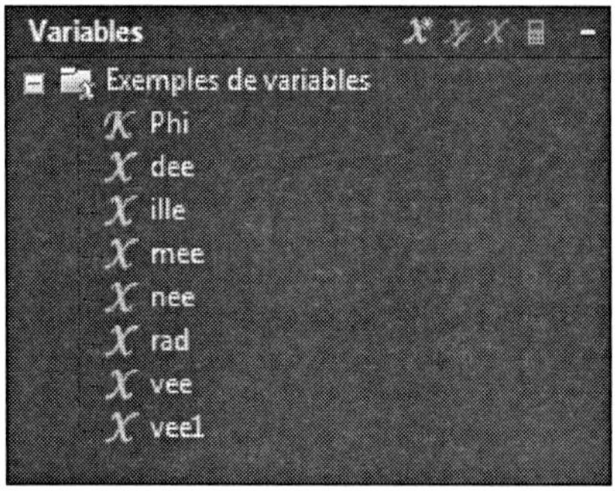

Arborescence **Exemples de variables** : enregistre les fonctions de raccourci prédéfinies et les variables définies par l'utilisateur. Les fonctions de raccourci sont des expressions communes qui combinent une fonction à un accrochage aux objets.

Le tableau suivant décrit les fonctions de raccourci prédéfinies de la liste.

Fonction de raccourci	Raccourci	Description
dee	dist(ext,ext)	Distance entre deux extrémités.
ille	ill(ext,ext,ext,ext)	Intersection de deux lignes définies par quatre extrémités.
mee	(ext+ext)/2	Milieu entre deux extrémités.
nee	nor(ext,ext)	Vecteur d'une unité dans le plan XY et normale de deux extrémités.
rad	Rad	Rayon d'un cercle, d'un arc ou d'un arc de polyligne sélectionné.
vee	vec(ext,ext)	Vecteur à partir de deux extrémités.
vee1	vec1(ext,ext)	Vecteur d'une unité à partir de deux extrémités.

Bouton **Nouvelle variable**  : permet la création d'une nouvelle variable via la boîte de dialogue **Définition de la variable**.

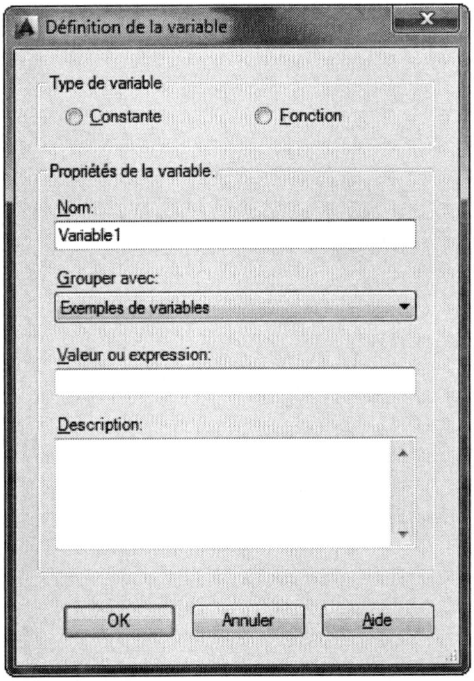

Bouton **Modifier la variable** 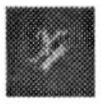 : permet la modification de variables depuis la boîte de dialogue **Définition de la variable**.

Bouton **Supprimer**  : supprime la variable sélectionnée.

Bouton **Calculatrice**  : renvoie la variable sélectionnée dans la zone de saisie.

Chapitre 17
Les systèmes de coordonnées

A. Le Système de Coordonnées Général

AutoCAD utilise un système de coordonnées fixe et commun à tous les dessins. Il est appelé Système de Coordonnées Général (SCG). C'est un repère XY orthonormé qui détermine l'origine 0,0 de chaque dessin. C'est aussi le système de base permettant la création d'autres systèmes de coordonnées personnalisés (SCU).

Voici la représentation par défaut du Système de Coordonnées Général :

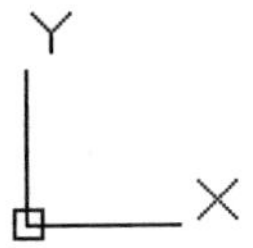

Le Système de Coordonnées Général ne peut être modifié par l'utilisateur. Cependant, depuis celui-ci, vous pouvez définir un système arbitraire de coordonnées appelé Système de Coordonnées Utilisateur (SCU). L'origine peut être placée à un endroit quelconque, et les axes peuvent adopter l'orientation voulue.

B. Les Systèmes de Coordonnées Utilisateur

Les Systèmes de Coordonnées Utilisateur (SCU), particulièrement appréciés en 3D permettent de définir un nouveau plan de construction. Les nouveaux objets sont plus facilement "déposés" sur le bon plan de construction. Ceci évite de nombreuses manipulations et permet le positionnement des contours et esquisses sur leurs plans de construction respectifs.

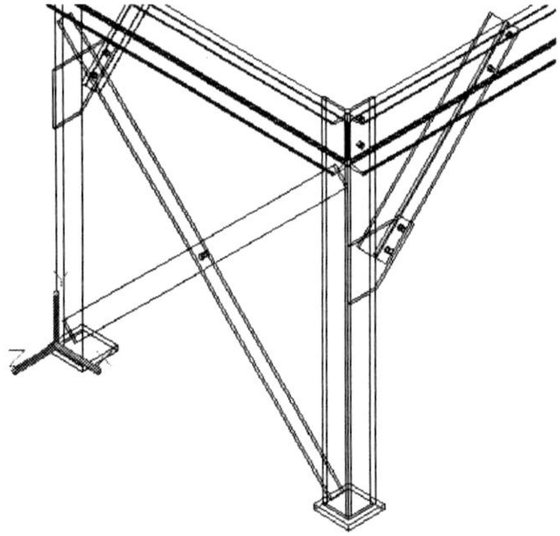

Souvent, la création d'un nouveau plan (via le SCU) donne une solution 2D simple à un problème 3D complexe. Dans l'exemple précédent, grâce à la création d'un nouveau SCU, il devient plus facile de positionner ou créer un objet nouveau.

Il est plus facile de préciser n'importe quel point tridimensionnel avec les SCU. Le nombre de SCU dans un dessin est illimité.

C. Gestion du système de coordonnées

- Dans le groupe de fonctions **Coordonnées** (onglet **Vue**), cliquez sur l'icône **SCU, SCU existant** .
- Dans la boîte de dialogue **SCU** ci-après, activez l'onglet **Paramètres**.

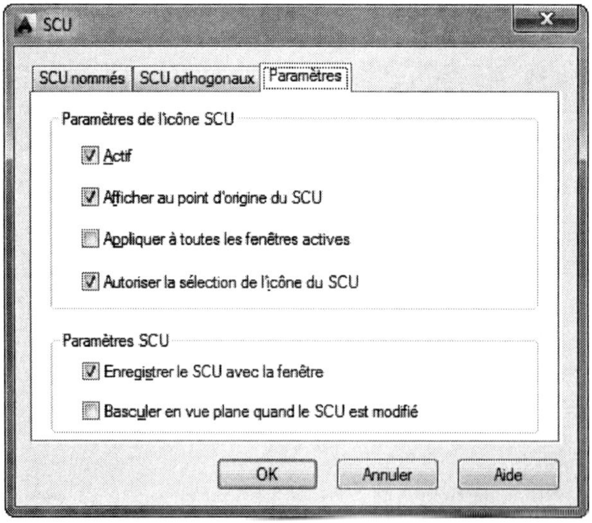

Paramètres de l'icône SCU

La case **Actif** cochée permet l'affichage du SCU.

La case **Afficher au point d'origine du SCU** cochée impose l'affichage du SCU à son origine. Si cette option est désactivée, ou si l'affichage du SCU n'est pas entier, l'icône du SCU est placée en bas à gauche de la fenêtre courante.

La case à cocher **Appliquer à toutes les fenêtres actives** affecte le paramétrage (affichage et activation du SCU) à toutes les fenêtres actives du dessin.

La case à cocher **Autoriser la sélection de l'icône du SCU** permet la sélection de l'icône du SCU et l'édition de celui-ci grâce aux menus contextuels et aux poignées multifonctionnelles, comme le montrent les figures ci-dessous :

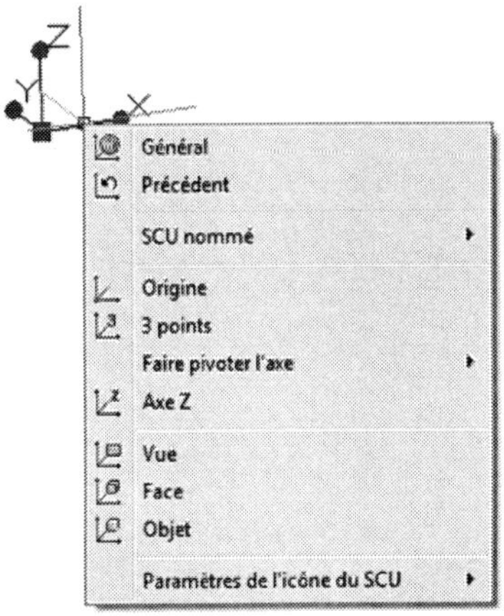

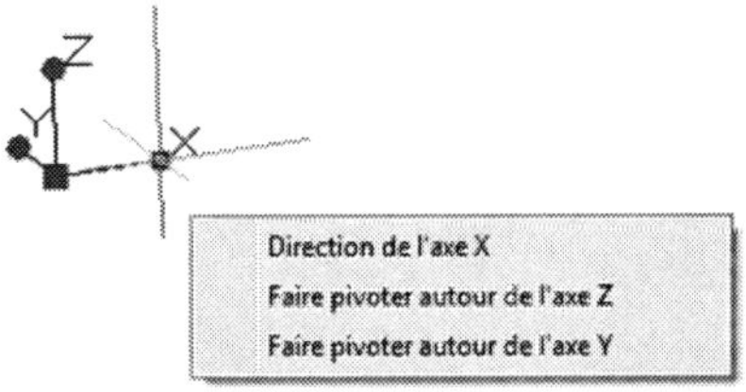

Paramètres SCU

Enregistrer le SCU avec la fenêtre mémorise le SCU adapté pour la fenêtre courante (rétable par fenêtre).

Basculer en vue plane quand le SCU est modifié permet, lorsque vous changez de SCU, d'obtenir une projection orthogonale (ou de "plaquer" le SCU à l'écran).

Remarquez les différentes représentations des SCU :

Exemples

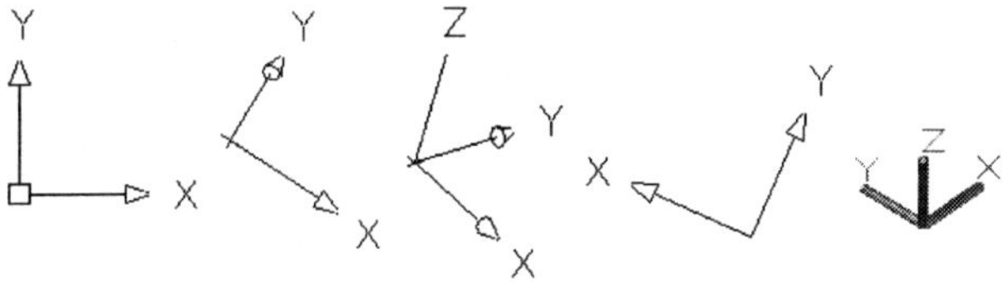

Le carré à l'intersection des axes X et Y précise qu'il s'agit du Système de Coordonnées Général. Si l'icône (ou symbole) est positionnée exactement à son origine, une petite croix apparaît à l'intersection des axes X et Y.

Remarque

Notez qu'une visualisation 3D peut afficher 2 ou 3 axes X, Y et Z.

D. Affichage du système de coordonnées

➲ Dans le groupe de fonctions **Coordonnées** (onglet **Vue**), cliquez sur l'icône **Icône SCU, Propriétés** .

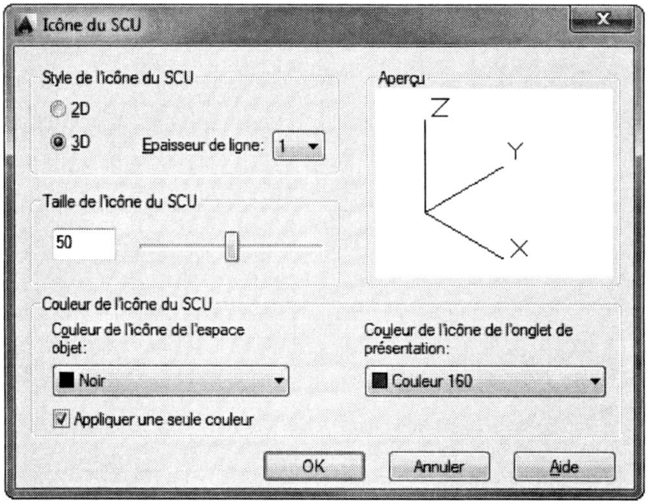

1. Style de l'icône du SCU

L'option **2D** impose l'affichage des seuls axes X et Y du système de coordonnées.

L'option **3D** permet l'affichage du système de coordonnées sous la forme d'un trièdre XYZ.

La liste **Epaisseur de ligne** permet un affichage plus épais du système de coordonnées.

2. Taille de l'icône du SCU

Saisissez la valeur ou agissez sur le curseur pour définir la taille du système de coordonnées.

3. Couleur de l'icône du SCU

Déroulez la liste **Couleur de l'icône de l'espace objet** pour définir la couleur du système de coordonnées de l'espace objet.

Décochez la case à cocher **Appliquer une seule couleur** pour appliquer respectivement aux axes X, Y et Z les couleurs rouge, verte et bleue. Ceci peut constituer une véritable aide visuelle supplémentaire.

Déroulez la liste **Couleur de l'icône de l'onglet de présentation** pour définir la couleur du système de coordonnées des onglets de présentation.

4. Définition du système de coordonnées

Vous pouvez définir un SCU personnalisé de différentes manières :

- En spécifiant une nouvelle origine.
- En spécifiant une nouvelle origine, un nouveau plan XY ou un axe Z.
- En faisant pivoter le SCU courant autour de ses axes.
- En plaçant le SCU sur une des faces d'un solide 3D.

Le groupe de fonctions **Coordonnées** permet l'accès à toutes les options de définition du nouveau SCU.

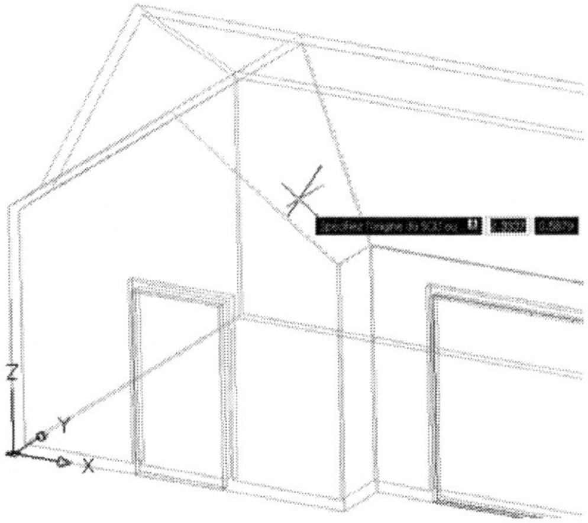

Objet Définit un nouveau SCU à partir d'un objet sélectionné tel qu'une ligne, un arc, un cercle, une polyligne 2D. Le SCU se "pose" sur le plan XY de l'objet.

Face Définit un nouveau SCU sur la face d'un solide 3D.

	**Vue**	Définit un nouveau SCU perpendiculaire à la direction de visée.
	**Origine**	Définit un nouveau SCU en précisant une nouvelle origine (conserve les directions X et Y du SCU courant).
	**Axe Z**	Définit un nouveau SCU en précisant une nouvelle origine, et un point dans la direction de l'axe Z.
	**3 points**	Définit un nouveau SCU en précisant trois points : l'origine, les directions X et Y.
	**X**	Définit un nouveau SCU en précisant une rotation autour de l'axe X courant. L'origine reste inchangée.
	**Y**	Définit un nouveau SCU en précisant une rotation autour de l'axe Y courant. L'origine reste inchangée.
	**Z**	Définit un nouveau SCU en précisant une rotation autour de l'axe Z courant. L'origine reste inchangée.

Remarque

Un clic droit sur l'icône du SCU affiche le menu contextuel suivant permettant un accès direct à la création de nouveaux SCU.

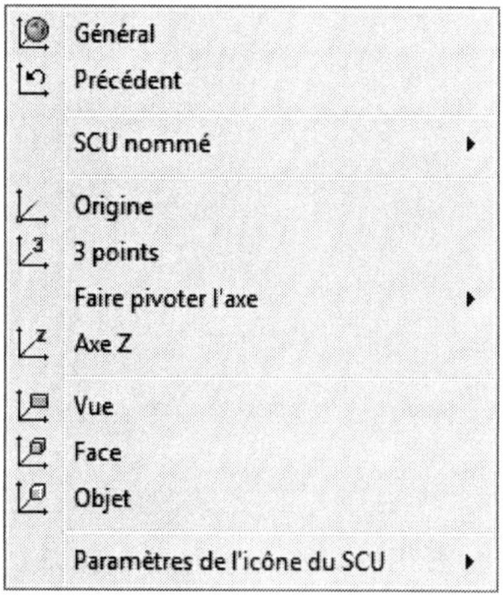

5. Définition du SCU à l'aide des poignées

AutoCAD permet d'accéder à la définition de nouveaux SCU rapidement à l'aide de poignées multifonctionnelles.

Sélectionnez l'icône du SCU pour afficher les poignées multifonctionnelles.

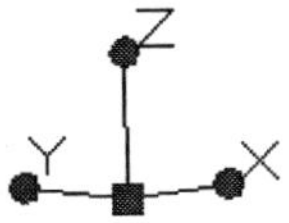

Déplacez le pointeur sur l'une des poignées situées à l'extrémité des axes, pour afficher le menu contextuel suivant :

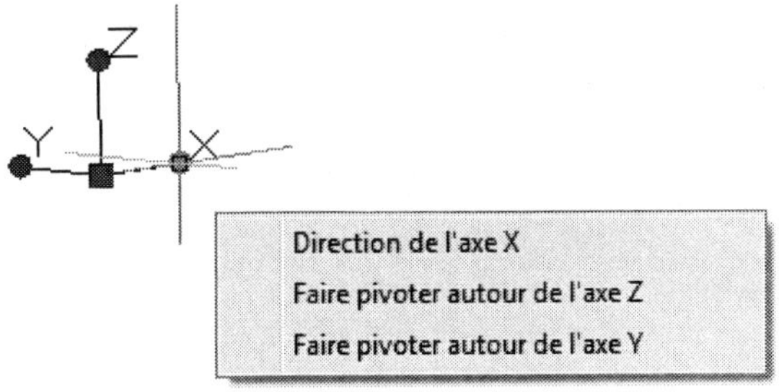

Déplacez le pointeur sur la poignée située à l'origine du SCU pour afficher le menu contextuel suivant :

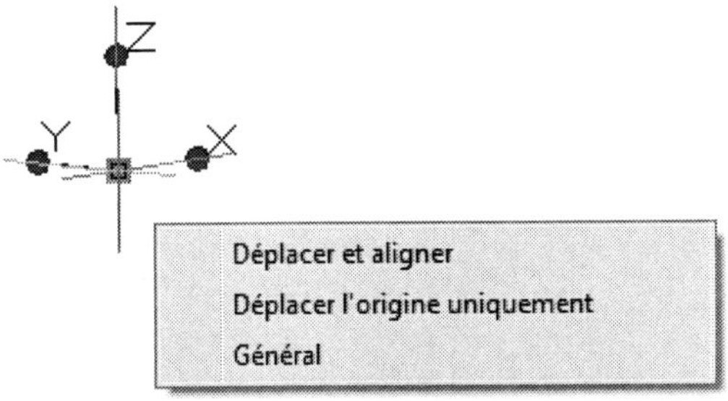

Depuis les menus contextuels, cliquez sur la commande à exécuter.

Exemple 1 : Nouveau SCU par rotation autour d'un axe

- Choisissez la poignée située sur l'axe X (par exemple).
- Choisissez **Faire pivoter autour de l'axe de l'axe Y**.
- Saisissez ensuite l'angle de rotation autour de l'axe Y et validez par [Entrée].

Exemple 2 : Nouveau SCU aligné sur une face

- Choisissez la poignée située à l'origine du SCU.
- Choisissez **Déplacer et aligner**.
- Cliquez sur la face de référence (affichée en surbrillance) ; l'accrochage permet ici de placer l'origine du SCU à un point caractéristique précis.

Remarque

Vous pouvez aussi utiliser des SCU prédéfinis orientés par rapport au Système de Coordonnées Général ou au SCU courant. Ces SCU correspondent à des SCU de face, arrière, gauche, droite, dessus et dessous.

➲ Dans le groupe de fonctions **Coordonnées**, cliquez sur l'icône **SCU, SCU existant**. Activez l'onglet **SCU orthogonaux**.

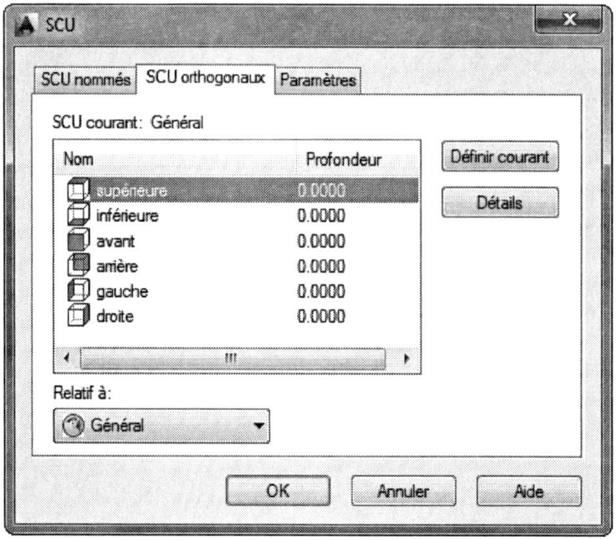

Sélectionnez le SCU prédéfini dans la liste, puis choisissez le bouton **Définir courant**. Confirmez par **OK**.

La colonne **Profondeur** permet de saisir une distance définissant un plan parallèle au système de coordonnées prédéfini.

La liste **Relatif à** permet d'accéder au SCU général et autres SCU nommés. Le choix du SCU dans la liste se fait par rapport au SCU choisi dans la liste.

Remarque

Remarquez la présence de menu contextuel dans la liste des SCU (clic droit).

E. Sauvegarde et rappel des systèmes de coordonnées

Dans un dessin, vous jonglez entre les différents plans de construction. Il est donc indispensable d'enregistrer et rappeler les systèmes de coordonnées.

1. Sauvegarde du système de coordonnées

Après avoir défini un nouveau SCU avec la méthode de votre choix, celui-ci (nommé par défaut Sans nom) devient le SCU courant.

➲ Dans le groupe de fonctions **Coordonnées**, cliquez sur l'icône **SCU, SCU existant**. Choisissez l'onglet **SCU nommés**.

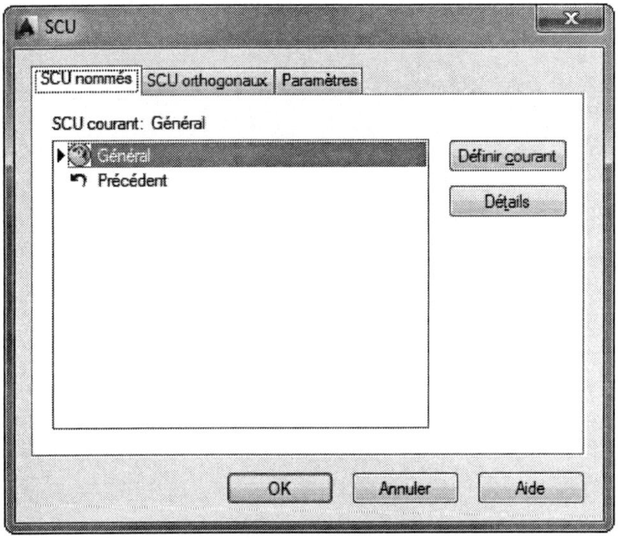

➲ Sélectionnez le SCU **Sans nom**. Effectuez un clic droit puis choisissez **Renommer**. Saisissez le nouveau nom et validez par [Entrée]. Confirmez par **OK**.

2. Rappel du système de coordonnées

Pour rappeler rapidement le SCU Général :

➲ Dans le groupe de fonctions **Coordonnées**, cliquez sur l'icône **Général** .

Pour rappeler un SCU nommé :

➲ Dans le groupe de fonctions **Coordonnées**, cliquez sur l'icône **SCU, SCU existant** . Choisissez l'onglet **SCU nommés**. Sélectionnez le SCU de votre choix et cliquez sur le bouton **Définir courant** avant de confirmer par **OK**.

De cette façon, vous visualisez tous les SCU nommés, et vous rappelez n'importe quel SCU, y compris les systèmes de coordonnées **Précédent** et **Général**.

Remarque

Un clic droit permet de renommer ou de supprimer un SCU.

Une seconde technique permet un rappel rapide aux SCU nommés, comme aux SCU prédéfinis.

➲ Dans le groupe de fonctions **Coordonnées**, déroulez la liste **Contrôle de la liste déroulante des SCU** et cliquez directement sur le SCU à rappeler.

Remarque

Notez que cette liste contient les SCU personnalisés, mais aussi le Système de Coordonnées Général.

Chapitre 18
Les projections et vues

A. Projections orthogonales et visualisations 3D prédéfinies

AutoCAD permet à tout moment de contrôler l'affichage du dessin. Avec des constructions tridimensionnelles, il est indispensable de passer d'une visualisation à une autre. Grâce aux multiples visualisations, vous pouvez accéder aux zones délicates ou non accessibles depuis une projection orthogonale. Ainsi, vous maîtrisez chaque détail de votre dessin.

Remarque

*Dans ce chapitre, l'espace de travail **Modélisation 3D** doit être activé.*

1. Projections orthogonales

Le terme Projection orthogonale dérive de la représentation architecturale. Dans AutoCAD, une projection orthogonale est la représentation d'un dessin vu depuis l'axe Z d'un système de coordonnées (point de vue de 0,0,1). Dans une projection orthogonale ou vue en plan, le plan de construction du SCU est parallèle à l'écran.

Les projections orthogonales peuvent être définies à partir de n'importe quel Système de Coordonnées Utilisateur ; ou elles peuvent être des vues prédéfinies.

Projections orthogonales à partir du SCU

➲ Dans le groupe de fonctions **Vues** (onglet **Vue**), cliquez sur le bouton **Gestionnaire des vues** 

.

La boîte de dialogue **Gestionnaire de vues** est affichée.

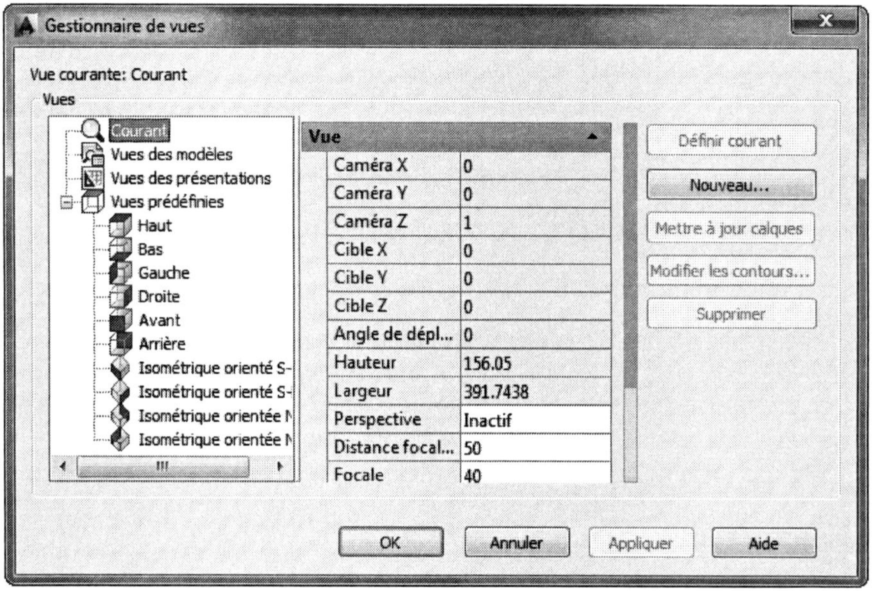

➲ Dans la rubrique **Vues**, déroulez l'arborescence **Vues prédéfinies** pour accéder à la liste des vues prédéfinies.

➲ Sélectionnez la vue orthogonale de votre choix.

Dans la rubrique **Général**, au regard de **Définir par rapport à**, choisissez si nécessaire le SCU de référence. Par défaut, l'option **Restaurer SCU courant** est activée ; elle permet d'adapter le SCU à la vue sélectionnée. Ceci permet de travailler directement dans le plan de la vue souhaitée.

➲ Cliquez sur le bouton **Définir courant** et confirmez par **OK**.

Une autre technique consiste à utiliser directement les vues prédéfinies dans la liste déroulante du groupe de fonctions **Vues** (onglet **Vue**).

Parmi la liste des projections orthogonales, choisissez la vue prédéfinie de votre choix.

Remarque

Voir aussi Utiliser le cube de visualisation ViewCube dans ce chapitre.

2. Visualisations 3D

Vous pouvez effectuer une visualisation tridimensionnelle de vos dessins depuis n'importe quel point de vue. Grâce à ces visualisations, vous pouvez ajouter des entités nouvelles à votre dessin ou modifier les entités existantes. Les visualisations 3D apportent tout le confort visuel nécessaire pour accéder aux détails des modèles 3D.

Exemples de visualisation 3D

AutoCAD propose diverses visualisations 3D. Certaines d'entre elles sont prédéfinies ; il s'agit des projections parallèles isométriques. D'autres visualisations sont accessibles depuis diverses méthodes présentées ci-après, dont l'**Orbite 3D** ou le **cube de visualisation** permettant une rotation libre en projection parallèle, ou encore la **Caméra** pour définir des projections en perspective.

AutoCAD permet d'activer une projection en perspective à partir de toutes visualisations 3D.

a. Visualisations 3D prédéfinies

- Dans le groupe de fonctions **Vues** (onglet **Vue**), déroulez la liste déroulante des vues prédéfinies ci-dessous.

- Dans cette liste, choisissez l'icône correspondant à la visualisation 3D prédéfinies : **Isométrique S-O**, **Isométrique S-E**, **Isométrique N-E**, **Isométrique N-O**.

Par défaut, le SCU est automatiquement adapté à la vue.

Une autre technique consiste à utiliser le **Gestionnaire des vues**.

- Dans le groupe de fonctions **Vues**, choisissez l'icône **Gestionnaire des vues** 

.
- Dans la rubrique **Vues**, déroulez l'arborescence **Vues prédéfinies** pour accéder à la liste des vues isométriques prédéfinies.
- Sélectionnez la vue isométrique de votre choix.

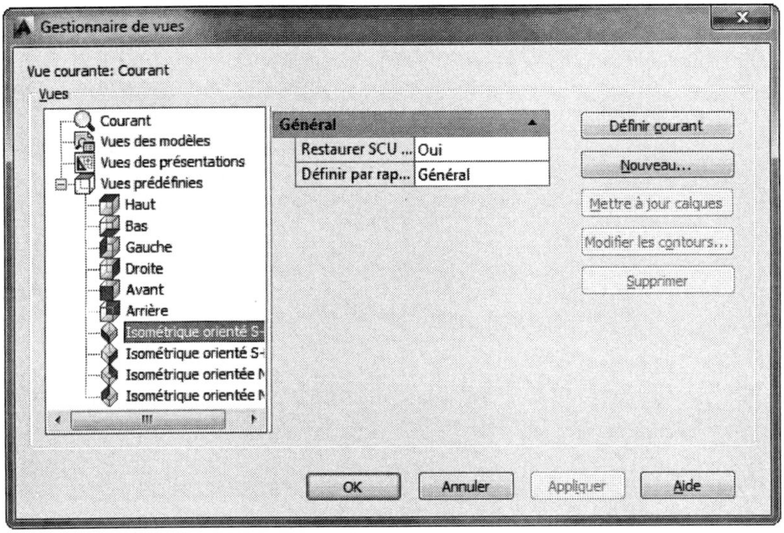

Dans la rubrique **Général**, au regard de **Définir par rapport à**, choisissez si nécessaire le SCU de référence. Par défaut, l'option **Restaurer SCU courant** est activée ; elle permet d'adapter le SCU à la vue sélectionnée. Ceci permet de travailler directement dans le plan de la vue souhaitée.

➲ Choisissez le bouton **Définir courant** et confirmez par **OK**.

b. Visualisations 3D depuis un point de vue défini

Vous regardez votre dessin depuis un point de vue vers l'origine (0,0,0) du trièdre XYZ. Ce point de vue peut être fixé de différentes façons.

Pour comprendre chacune de ces méthodes, référez-vous au schéma ci-dessous :

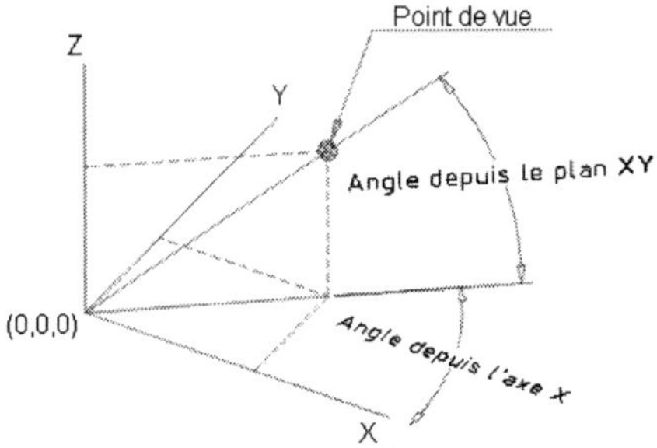

Les deux techniques ci-après, plus anciennes, sont accessibles depuis les menus déroulants.

Définir le point de vue à partir de deux angles

- Dans le menu **Affichage**, choisissez **Point de vue 3D** puis **Définir le point de vue**.
- Choisissez cette option pour fixer un point de vue en précisant deux angles ; le premier depuis l'axe X et le second depuis le plan XY.

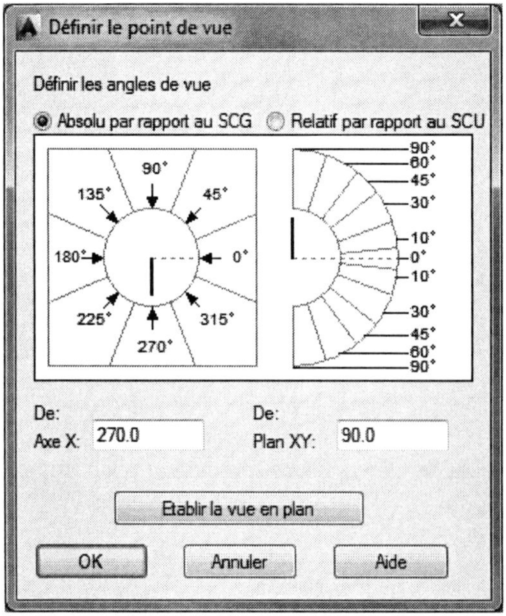

Le schéma de gauche propose l'angle depuis l'axe X. Soit vous cliquez directement sur l'angle désiré, soit vous donnez une valeur dans la zone de texte située juste en dessous. Un angle de 45° vous donne une visualisation depuis la direction Nord-Est, et un angle de 235° depuis la direction Sud-Ouest.

Le schéma de droite propose l'angle depuis le plan XY. Là aussi, vous pouvez cliquer sur l'angle ou donner une valeur dans la zone correspondante. Notez qu'un petit indicateur noir matérialise le nouvel angle. L'indicateur rouge indique l'angle actuel.

Remarque

AutoCAD permet de définir diverses visualisations 3D dynamiquement, tant en projection orthogonale qu'en projection en perspective. Les outils basés sur l'Orbite 3D et Caméra sont détaillés dans ce chapitre (cf. Visualisations 3D dynamiques).

B. Visualisations 3D dynamiques

AutoCAD permet de modéliser des objets dans l'espace tridimensionnel. Les visualisations dynamiques sont des outils puissants pour visualiser ces modèles selon des points de vue et angles de vue libres. Vous utilisez des projections parallèles ou perspectives.

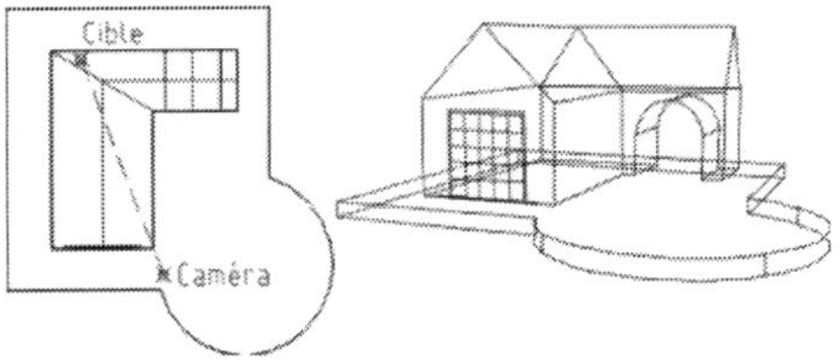

1. Utiliser l'Orbite libre

➲ Dans le groupe de fonctions **Navigation** (onglet **Vue**), déroulez le bouton-liste des orbites ci-dessous et choisissez l'icône **Orbite libre** 

.

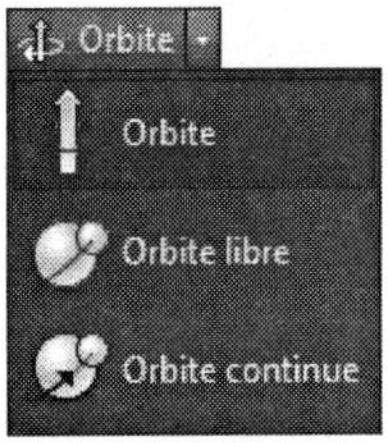

Remarque

*Les outils **Orbite** sont également disponibles directement dans la barre de navigation.*

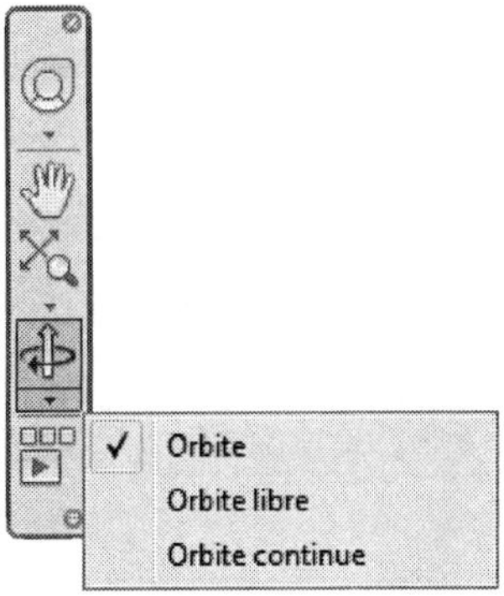

Votre modèle 3D est affiché avec un trièdre XYZ de couleur et un grand cercle vert est accompagné de petits cercles aux points quadrants.

Notez les différents aspects du curseur selon la position interne ou externe à la grande circonférence, ou encore sur les points quadrants.

L'orbite Libre est un visualiseur 3D temps réel, ce qui signifie un affichage instantané pendant les rotations 3D autour d'un modèle. L'orbite Libre permet de nombreux types d'affichage, comme le rendu réaliste toujours en temps réel.

Ainsi, vous faites tourner votre modélisation 3D en choisissant précisément la visualisation et le détail souhaités, quelle que soit la commande en cours.

Placez votre **curseur à l'intérieur de la grande circonférence**. À l'aide d'un cliqué-glissé, faites tourner le modèle en toute liberté (aucune contrainte directionnelle).

Placez votre **curseur à l'extérieur de la grande circonférence**. À l'aide d'un cliqué-glissé, faites tourner le modèle autour d'un axe parallèle à la direction de visée.

Placez votre **curseur sur les quadrants gauche ou droit**. À l'aide d'un cliqué-glissé, faites tourner le modèle autour d'un axe vertical.

Placez votre **curseur sur les quadrants gauche ou droit**. À l'aide d'un cliqué-glissé, faites tourner le modèle autour d'un axe horizontal.

ASTUCE

La combinaison de la touche [Shift] et la molette de la souris permet un orbite 3D libre très rapide.

L'orbite 3D est composé de nombreuses options. Pour y accéder rapidement, procédez de la façon suivante :

- Effectuez un clic droit dans la zone graphique.

Le menu contextuel suivant est affiché :

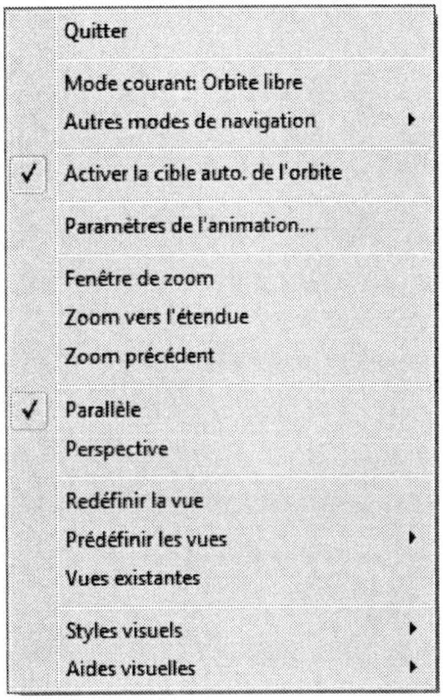

Quitter : sort de la commande **Orbite libre** et revient en affichage classique.

Mode courant: Orbite libre : affiche le mode d'affichage en cours.

Autres modes de navigation : permet l'accès aux différents modes de navigation et d'affichage :

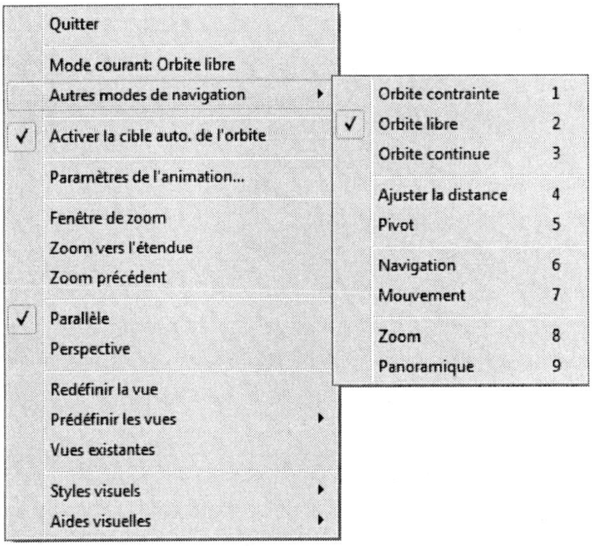

- **Orbite contrainte (1)** : contraint l'orbite au plan XY ou à la direction Z.
- **Orbite libre (2)** : l'orbite est totalement libre et n'est pas contraint au plan XY ou à la direction z.
- **Orbite continue (3)** : permet de donner aux objets un mouvement continu.
- **Ajuster la distance (4)** : permet un rapprochement ou un éloignement de la caméra par rapport à l'objet.
- **Pivot (5)** : permet le pivot d'une caméra.
- **Navigation (6)** : permet de naviguer dans un modèle à une hauteur définie au-dessus du plan XY, en contrôlant de façon dynamique l'emplacement de la cible et de la caméra.
- **Mouvement (7)** : permet de se déplacer librement dans un modèle sans être limité à une hauteur définie au-dessus du plan XY.
- **Zoom (8)** : permet un rapprochement ou un éloignement de la caméra par rapport à l'objet. Cette option fonctionne de la même manière que l'option Asjuster la distance.
- **Panoramique (9)** : permet un "glissement" de la vue dans la direction de déplacement de la souris.

Remarque

Utilisez le menu contextuel ou saisissez le numéro affiché après son nom, pour passer d'un mode à un autre.

Activer la cible auto. de l'orbite : cette option, activée par défaut, permet de conserver la cible sur les objets et non au centre de la fenêtre.

Paramètres de l'animation : permet de spécifier les paramètres d'enregistrement d'un fichier d'animation. La boîte de dialogue suivante est affichée et permet ces réglages :

Vous paramétrez ici les styles visuels et les valeurs prédéfinies de rendu que vous pouvez appliquer au fichier d'animation. Vous spécifiez la résolution (320x240 par défaut), vous spécifiez un nombre d'images par secondes (30 par défaut) et le format de sortie d'animation (AVI, MPG, WMV ou MOV).

Fenêtre de zoom : définit une zone spécifique à zoomer. Cette zone est définie simplement par un point de départ et un point final pour définir la fenêtre de zoom. Un zoom avant est effectué sur la zone que vous avez sélectionnée.

Zoom vers l'étendue : ajuste l'affichage de façon à ce que tous les objets soient affichés.

Zoom Précédent : affiche l'affichage précédent.

Parallèle : active un affichage dit perspective parallèle (projection parallèle). Les formes ne sont pas déformées.

Perspective : active un affichage dit perspective conique. Les formes sont légèrement déformées pour simuler une vision naturelle.

Redéfinir la vue : permet la restitution d'une visualisation de base (avant utilisation de l'orbite).

Prédéfinir les vues : accède aux vues prédéfinies.

Vues existantes : accède aux vues enregistrées dans le dessin (disponible si le dessin contient des vues sauvegardées).

Styles visuels : permet plusieurs types d'affichage pour l'ombrage des objets :

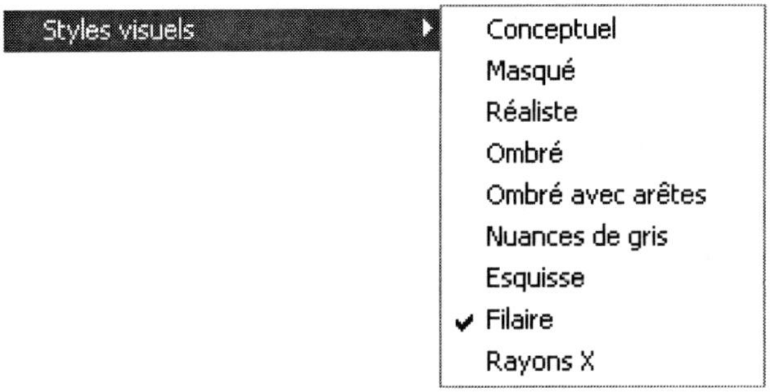

Conceptuel : affichage ombré des objets et lissage des arêtes (style de face Gooch).

Masqué : représentation filaire 3D et masquage des arêtes cachées.

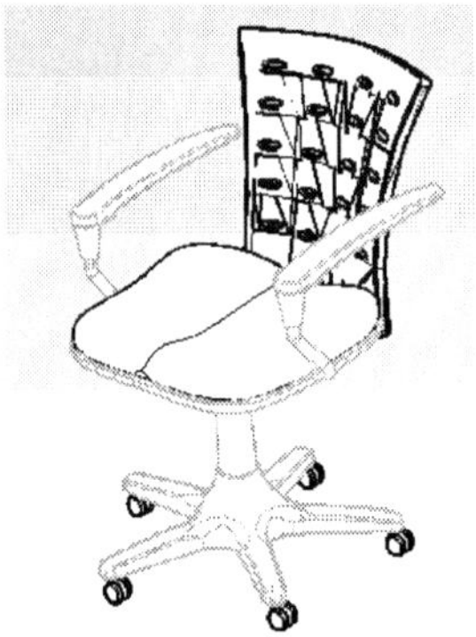

Réaliste : affichage ombré des objets et lissage des arêtes (matériaux et textures activés).

Ombré : affichage ombré des objets et lissage des arêtes (matériaux activés et textures désactivées).

Ombré avec arêtes : affichage ombré des objets et affichage des arêtes (matériaux activés et textures désactivées).

Nuances de gris : affichage ombré des objets sur la base de nuances de gris monochromes.

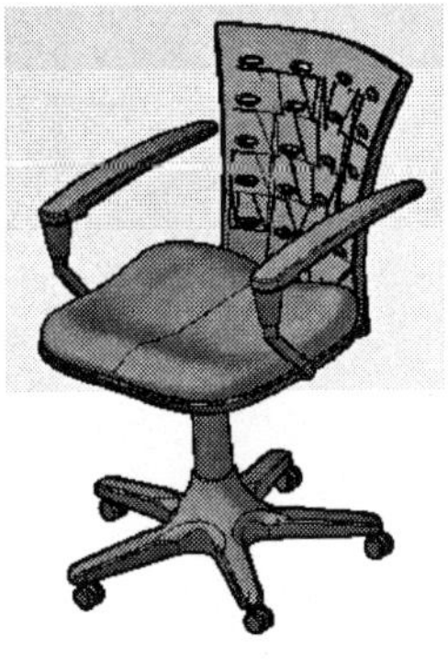

Esquisse : affichage des objets avec effet d'esquisse à main levée (utilisation des modificateurs d'arête **Prolongement de ligne** et **Crénelage**).

Filaire : affichage filaire des objets ; toutes les arêtes sont représentées (lignes et courbes).

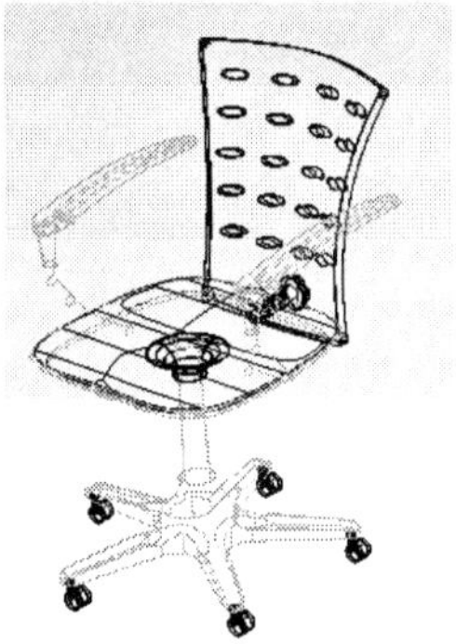

Rayons X : affichage des objets avec une transparence partielle.

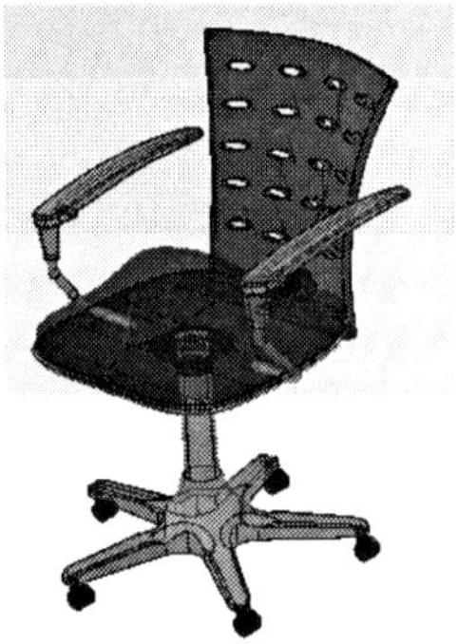

Vous pouvez agir sur les paramètres des styles visuels depuis le groupe de fonctions **Styles visuels** (onglet **Vue**) et depuis le **Gestionnaire des styles visuels**. Ces paramètres définissent le type d'ombre appliqué, les couleurs de faces, les performances de dégradation adaptative, ainsi que l'ensemble des réglages (couleurs, types de ligne, visibilité des arêtes, masquage, résolution de l'affichage...) propres à chaque style visuel.

Aides visuelles : permet plusieurs types de repérage visuel :

- **Boussole** : dessine une sphère 3D composée de trois lignes représentant les axes X, Y et Z. Celle-ci peut faciliter le repérage des objets dans l'espace tridimensionnel.
- **Grille** : affiche un réseau de lignes à deux dimensions, similaire à du papier millimétré. Cette grille est orientée selon les axes X et Y.

Remarque

*Pour définir les espacements de la grille, effectuez un clic droit sur le bouton **Affichage de la grille** dans la barre d'état et choisissez **Paramètres**.*

- **Icône du SCU** : active l'affichage d'une icône SCU 3D ombrée avec ses trois axes X, Y et Z. L'axe X est rouge, l'axe Y est vert et l'axe Z est bleu.

Dans le groupe de fonctions **Navigation**, le bouton-liste des orbites donne également accès aux boutons suivants :

Orbite 

: contraint la navigation de l'orbite 3D le long du plan XY ou de l'axe Z.

Orbite continue 

: permet une rotation continue à partir et dans le sens d'un cliqué-glissé.

2. Créer une caméra (ou visualisation Caméra)

Cette fonction permet de définir une projection en perspective en fixant les emplacements d'une caméra et d'une cible. La visualisation correspondante respecte la direction de visée passant par la caméra et la cible.

➲ Dans le groupe de fonctions **Caméra** (onglet **Visualiser**), cliquez sur le bouton **Créer une caméra** 

.

AutoCAD affiche un message invitant à spécifier le positionnement de la caméra :

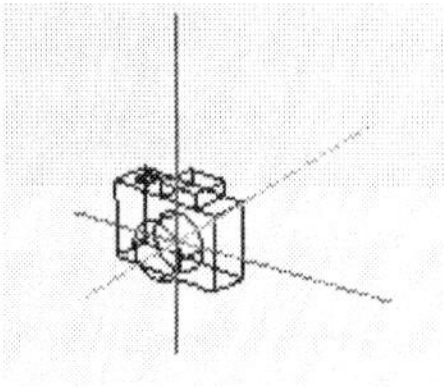

Remarque

Une caméra (un appareil photo) matérialise l'emplacement.

- Spécifiez l'emplacement de la caméra à l'aide des outils d'accrochage ou en saisissant les coordonnées X, Y et Z. Puis AutoCAD vous invite à spécifier le positionnement de la cible :

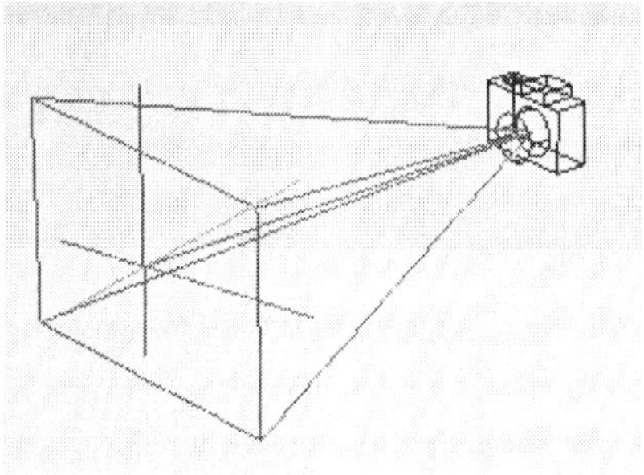

Remarque

Depuis la caméra, une cible est matérialisée par une pyramide.

- Spécifiez l'emplacement de la cible à l'aide des outils d'accrochage ou en saisissant les coordonnées X, Y et Z.

  La liste d'options suivante est affichée :

```
Entrez une option [?/Nom/Emplacement/Hauteur/Cible/Objectif/
Délimitation/Vue/Quitter] <Quitter>:
```

- Choisissez l'option **Vue** pour activer la vue **Caméra**, et confirmez par **Oui** pour activer la vue caméra.

Remarque

*L'option **Quitter** permet de confirmer la création de la vue **Caméra** sans activer celle-ci.*

Dès la vue caméra créée, AutoCAD affiche la visualisation correspondante comme dans l'exemple ci-dessous :

Remarque

Dans le cas de la vue caméra, la projection en perspective est automatiquement activée. De plus, la visualisation est enregistrée dans la liste des vues.

- Dans le groupe de fonctions **Caméra** (onglet **Visualiser**), choisissez le bouton **Afficher les caméras**  pour masquer ou afficher les caméras (glyphes) dans la zone graphique.
- Pour accéder aux réglages propres à la caméra, sélectionnez-la et effectuez un clic droit et choisissez **Propriétés**.

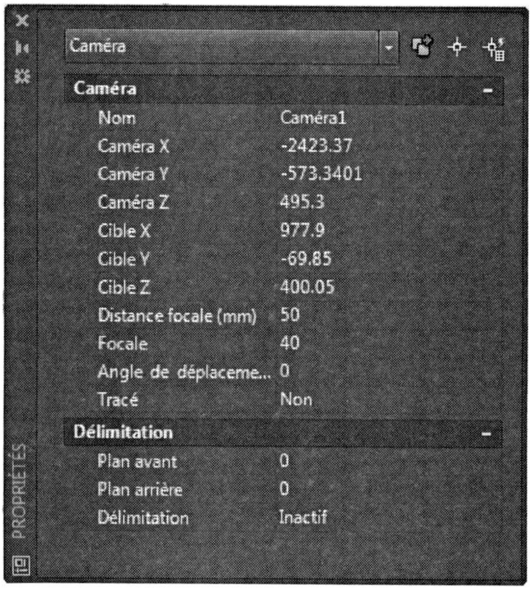

- Dans la palette **Propriétés** ci-dessus, accédez notamment aux réglages suivants :

  Caméra X, **Caméra Y**, **Caméra Z** : positionnement en X, Y et Z de la caméra.

  Cible X, **Cible Y**, **Cible Z** : positionnement en X, Y et Z de la cible.

  Distance focale : définit l'agrandissement (ou rapprochement) des objets au sein de la visualisation caméra en cours (focale de caméra). Distance en mm.

  Focale : définit la focale horizontale (pivot) à l'aide d'une valeur angulaire.

  Angle de déplacement de la vue : spécifie l'angle de déplacement de la caméra.

  Tracé : détermine si les glyphes (symboles) de la caméra sont imprimés ou non.

- Vous pouvez également modifier les paramètres de la caméra à partir de poignées, et redimensionner ou relocaliser une focale ou une distance focale. Utilisez la saisie dynamique pour modifier les valeurs de coordonnées X, Y et Z.

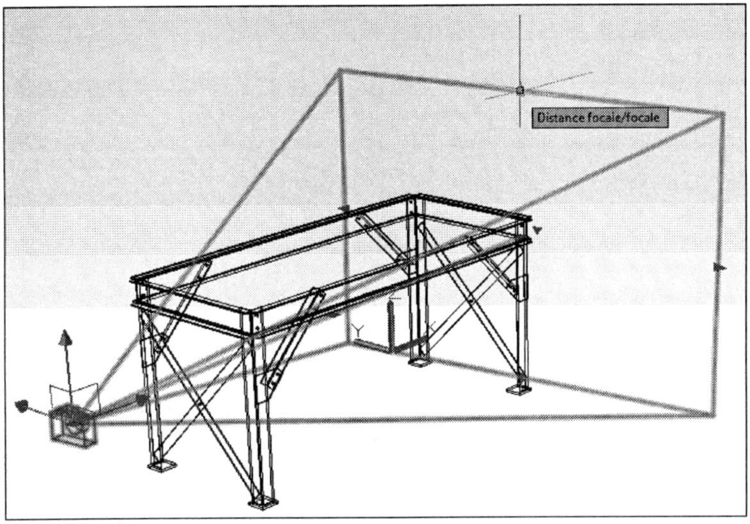

3. Créer une animation de navigation 3D

AutoCAD vous permet de simuler une navigation ou un mouvement dans un dessin 3D. Depuis la palette **Releveur de positions** (présentée ci-après), vous naviguez dans un plan XY pour vous déplacer dans un modèle. Vous permutez entre navigation et mouvement pour définir l'animation adaptée que vous pouvez créer, enregistrer, lire et sauvegarder.

➲ Dans le groupe de fonctions **Animations** (onglet **Visualiser**), déroulez le bouton-liste, et choisissez l'icône déroulante **Paramètres de navigation et de mouvement**

.

La boîte de dialogue suivante apparaît :

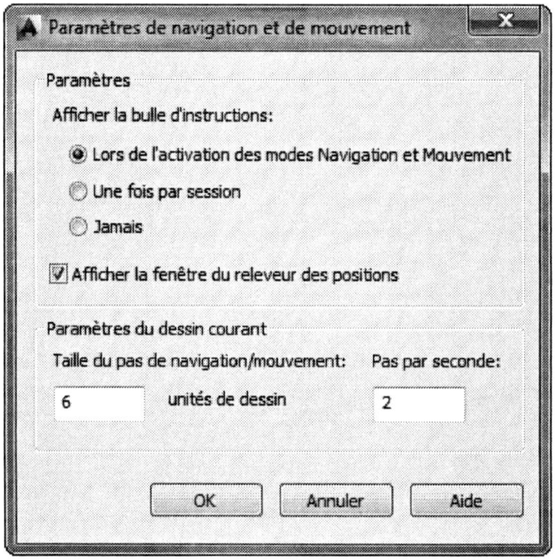

Dans la rubrique **Paramètres**, vous définissez l'affichage de la fenêtre d'instruction :

- Lors de chaque activation des modes Navigation et Mouvement.
- Une fois par session AutoCAD.
- Ou jamais.

Vous activez aussi l'affichage de la fenêtre du releveur de positions. Elle s'ouvre lorsque vous entrez en mode Navigation.

La rubrique **Paramètres du dessin courant** permet de définir la taille de chaque pas dans les unités du dessin, ainsi que le nombre de pas par seconde.

➲ Confirmez par **OK**.

➲ Dans le groupe de fonctions **Animations**, choisissez le bouton **Navigation** 

ou **Mouvement** 

.

Si la projection n'est pas en perspective, AutoCAD vous invite à basculer en perspective parallèle et réciproquement.

Remarque

La molette de la souris est également prise en compte pour zoomer (avancer et reculer), ainsi que l'orbite pour faire tourner le modèle.

AutoCAD présente la palette **Releveur des positions** affichant votre position à partir d'une vue de dessus.

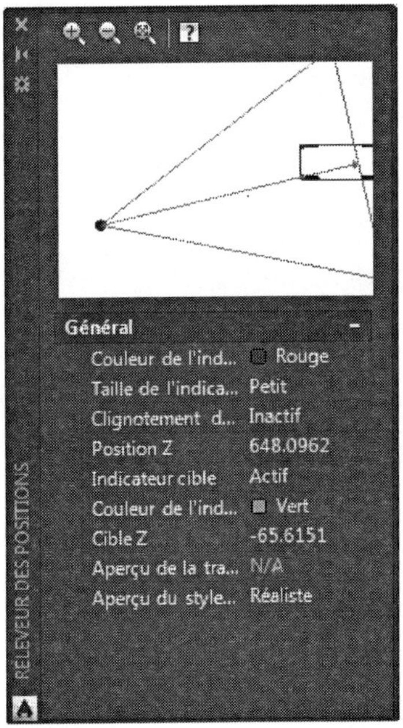

Les boutons **Zoom avant**, **Zoom arrière** et **Zoom étendu** permettent de recadrer l'affichage du modèle, de l'indicateur et de la cible dans la zone graphique de la palette **Releveur de positions**.

- Déplacez l'indicateur et la cible à l'aide de la souris dans la fenêtre **Releveur de positions** pour modifier l'affichage du modèle dans la zone graphique.

  La rubrique **Général** permet de modifier les paramètres de l'affichage de la palette **Releveur de positions**.

- Dans le groupe de fonctions **Animations**, sélectionnez le bouton **Enregistrer l'animation** 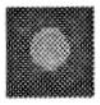.
- Depuis le groupe de fonctions **Navigation**, exécutez une commande de navigation 3D telle que **Orbite libre**, puis effectuez un clic droit dans la zone graphique pour accéder aux **Autres modes de navigation 3D**, et définissez les navigations et les mouvements souhaités pour l'animation.
- Sur votre clavier, utilisez les quatre touches fléchées ou les touches W (avant), A (gauche), S (arrière) et D (droite) pour déterminer la direction de votre navigation. Pour spécifier la direction de la vue, faites glisser la souris suivant la direction dans laquelle vous voulez regarder.
- Dans le groupe de fonctions **Animations**, sélectionnez le bouton **Pause de l'animation** . Ceci vous permet de stopper l'animation et de procéder à la visualisation de l'aperçu avant enregistrement.

➲ Dans le groupe de fonctions **Animations**, sélectionnez le bouton **Lire** .
AutoCAD affiche une fenêtre permettant un aperçu de l'animation :

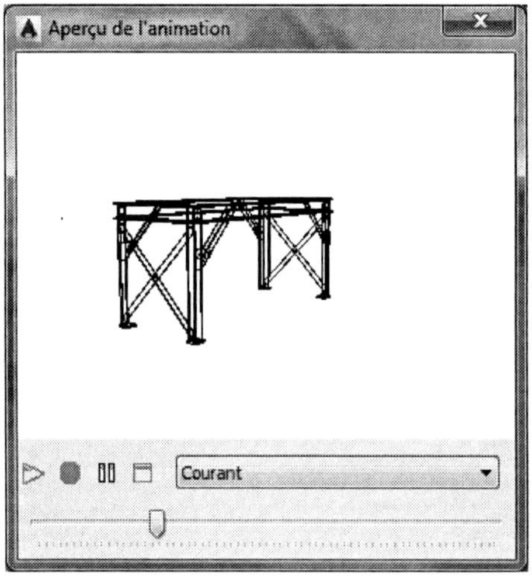

➲ Dans le groupe de fonctions **Animations**, cliquez sur le bouton **Sauvegarder l'animation**  pour procéder à l'enregistrement de l'animation. AutoCAD affiche la fenêtre suivante :

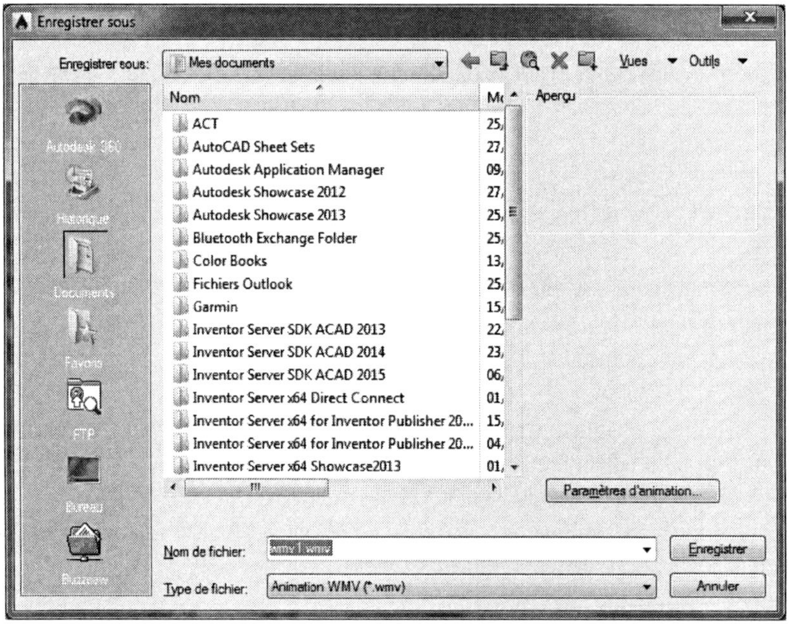

- Dans la fenêtre **Enregistrer sous**, choisissez le bouton **Paramètres d'animation** pour définir le style visuel, la résolution, le nombre d'images par seconde ainsi que le format de sortie (AVI, MPG, WMV, MOV) de l'animation.

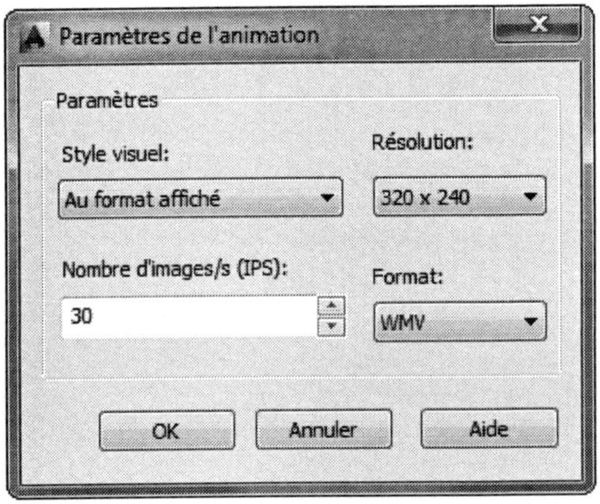

- Confirmez par **OK** pour quitter les paramètres de l'animation.
- Confirmez par **Enregistrer** pour sauvegarder l'animation.

  AutoCAD génère la vidéo finale selon les paramètres indiqués.
- Depuis l'explorateur Windows, effectuez un double clic pour lire l'animation avec le lecteur adéquat.

Remarque

L'orbite 3D est utilisable dans une commande en cours. C'est une commande transparente.

4. Créer une animation le long d'une trajectoire

AutoCAD permet l'enregistrement d'une animation le long d'une trajectoire dans un modèle 3D.

La caméra comme la cible peuvent être liées à des points ou des trajectoires. Les trajectoires sont des objets ligne, arc, arc elliptique, cercle, polyligne, polyligne 2D ou spline.

Créez les trajectoires avant de créer l'animation de la manière suivante :

- Dans le groupe de fonctions **Animations**, cliquez sur l'icône **Trajectoire du mouvement d'animation** 

.

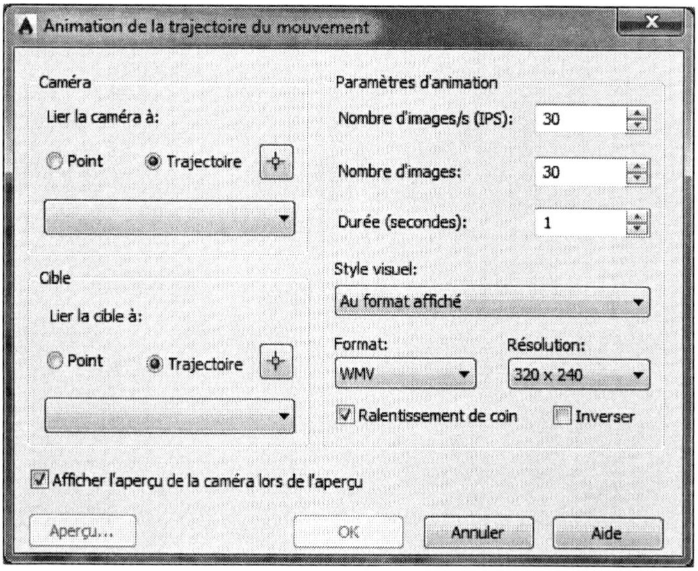

- Dans la rubrique **Caméra**, activez le bouton-radio **Point** pour lier la caméra à un point, ou cliquez sur le bouton  pour sélectionner dans le dessin la trajectoire à lier à la caméra.

  Dans le cas du choix de la trajectoire, après sélection AutoCAD demande de nommer celle-ci :

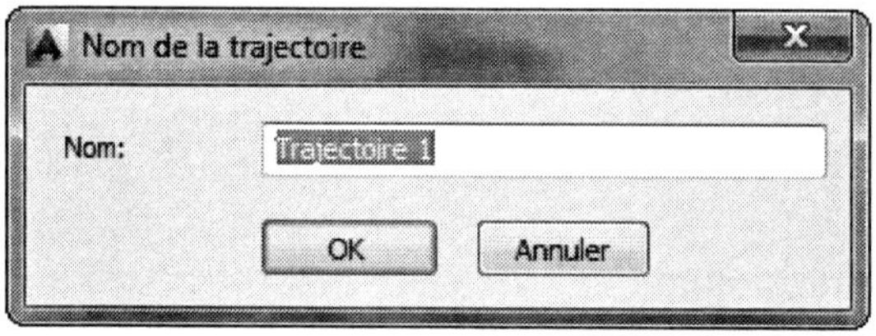

- Saisissez le **Nom** de la trajectoire et confirmez par **OK**. Le nom de la trajectoire est maintenant affiché dans la liste déroulante des points et trajectoires.
- Dans la rubrique **Cible**, activez le bouton-radio **Point** pour lier la cible à un point, ou cliquez sur le bouton  pour sélectionner dans le dessin la trajectoire à lier à la cible.

Dans le cas du choix de la trajectoire, après sélection AutoCAD demande de nommer celle-ci :

Remarque

Une caméra est automatiquement créée avec la définition de trajectoire de mouvement. La trajectoire ne sera pas conservée si l'objet qui a servi à définir la trajectoire est supprimé.

- Dans la rubrique **Paramètres d'animation**, précisez la vitesse de l'animation (nombre d'images par seconde) dans la zone **Nombre d'images/s (IPS)**. Précisez la durée de l'animation en nombre d'images total dans la zone **Nombre d'images**, ou en secondes dans la zone **Durée**. Le nombre de secondes de la zone **Durée** est automatiquement modifiée si vous agissez sur le nombre d'images dans la zone **Nombre d'images**, et inversement.
- Dans liste **Style visuel**, choisissez un style visuel ou des valeurs prédéfinies de rendu à appliquer à l'animation.
- Dans la liste **Format**, sélectionnez le format de sortie de l'animation tel que AVI, MOV, MPG ou WMV.
- Dans la liste **Résolution**, choisissez la définition (largeur et hauteur) de l'animation parmi les valeurs standard.

  La case à cocher **Ralentissement de coin** permet un ralentissement de la caméra lorsque celle-ci aborde un coin.

  La case à cocher **Inverser** permet d'inverser la direction d'une animation.

  La case à cocher **Afficher l'aperçu de la caméra lors de l'aperçu** permet de visualiser la caméra le long de la trajectoire (par exemple) lors de la prévisualisation de l'animation obtenue avec le bouton **Aperçu.**

  Le bouton **Aperçu** permet de prévisualiser l'animation dans la fenêtre **Aperçu de l'animation** ci-après.

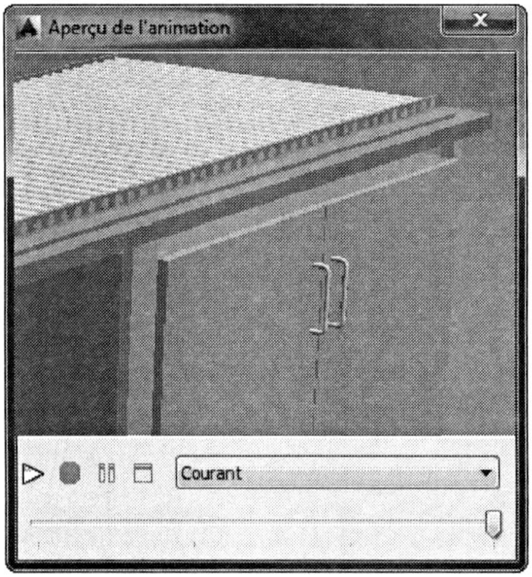

➲ Confirmez par **OK** pour générer l'animation.

Précisez un nom pour le fichier d'animation et confirmez par **Enregistrer** dans la boîte de dialogue suivante :

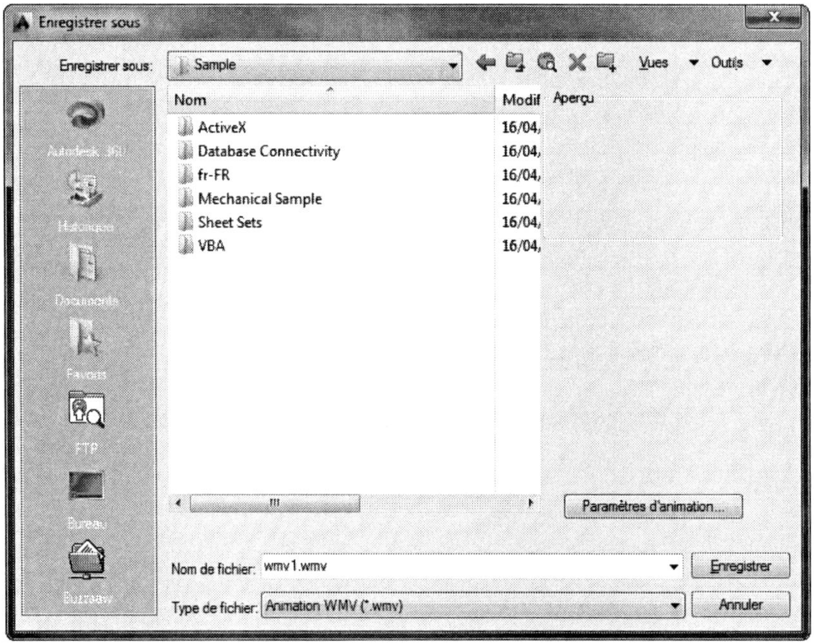

- Depuis l'explorateur Windows, effectuez un double clic sur le fichier pour lire l'animation avec le lecteur adéquat.

C. Utiliser le cube de visualisation ViewCube

Le cube de visualisation ViewCube est un outil facilitant la navigation 3D. Il permet de basculer très rapidement d'une vue en projection orthogonale à une visualisation 3D prédéfinie (vues isométriques). Il permet également de choisir une visualisation 3D dynamiquement selon un point de vue libre.

Le cube de visualisation ViewCube est utilisable dans un environnement 3D (gabarits acadiso3D.dwt).

1. Définir et modifier les paramètres d'affichage du cube de visualisation ViewCube

Par défaut, le ViewCube est affiché en haut à droite de la fenêtre active.

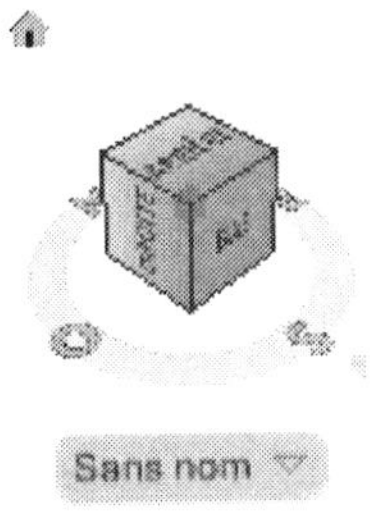

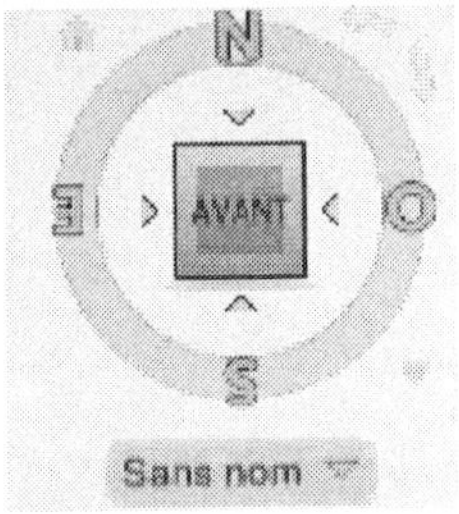

Vous pouvez modifier son emplacement, mais aussi son opacité (transparence des objets du modèle), sa taille, l'affichage d'un menu SCU, l'affichage de la boussole, etc.

- Effectuez un clic droit sur le ViewCube et choisissez **Paramètres du cube de visualisation ViewCube**.

➲ Agissez sur les paramètres de la fenêtre suivante.

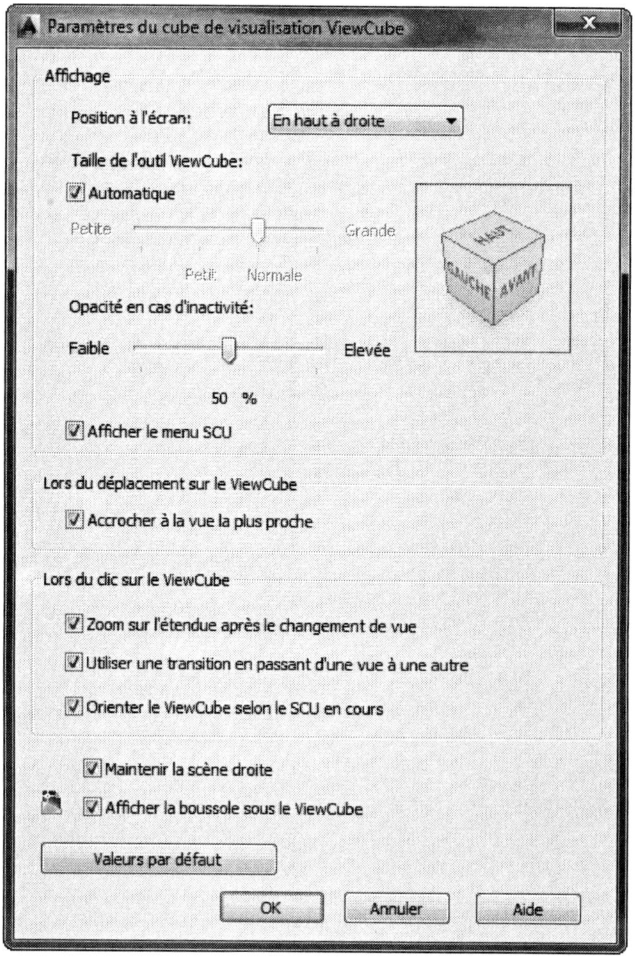

Le ViewCube est affiché sous la forme d'un cube et est accompagné ou non d'une boussole.

La **boussole** affiche la direction du Nord (ainsi que les trois autres points cardinaux). La direction Nord de la boussole ainsi que la position du ViewCube dépendent du Système de Coordonnées Général du dessin. La direction du Nord se base sur la direction positive de l'axe Y du SCG, et le haut du ViewCube respecte la direction positive de l'axe Z du SCG.

2. Changer la vue du modèle avec le ViewCube

Vous pouvez basculer d'une vue en projection orthogonale à une autre ou encore à une visualisation 3D, grâce à un simple clic sur une zone prédéfinie du ViewCube ou encore à l'aide d'un cliqué-glissé.

Le ViewCube est composé de 26 zones prédéfinies dont :

- Les **faces** qui correspondent aux projections orthogonales standard (haut, bas, gauche, droite, avant et arrière).
- Les **coins** qui correspondent aux vues isométriques prédéfinies.
- Les **arêtes** qui correspondent à des vues inclinées selon deux faces.

➲ Déplacez le pointeur de la souris sur les différents coins, arêtes et faces du ViewCube pour constater l'affichage plus soutenu de ces différentes zones caractéristiques.

➲ Cliquez sur la face du ViewCube correspondant à la projection orthogonale souhaitée. Dans l'exemple ci-dessous, la face **Avant** est choisie.

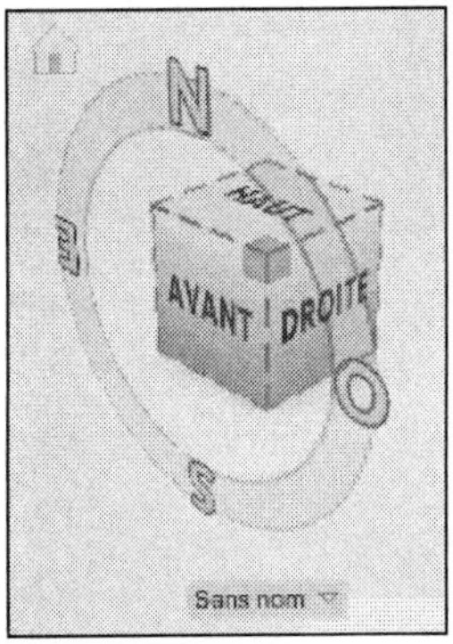

Lorsque la projection orthogonale (vue selon face) est appliquée, l'affichage du ViewCube est modifié et propose deux flèches et quatre triangles :

- Cliquez sur les flèches pour réorienter la vue de face selon une rotation de 90 degrés dans un sens horaire ou anti-horaire.
- Cliquez sur l'une des quatres flèches pour passer aux projections orthogonales adjacentes.

Remarque

Cliquez sur l'icône 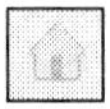 *pour revenir à la vue initiale.*

- Cliquez sur le coin du ViewCube correspondant à la vue isométrique souhaitée. Dans l'exemple ci-dessous, le coin correspondant à la vue **Isométrique sud-ouest** est choisi.

3. Définir une visualisation 3D libre dynamique

- Effectuez un cliqué-glissé depuis une face, un coin ou une arête pour obtenir une vue libre.
- Effectuez un cliqué-glissé depuis une des quatre directions (N, S, O, E) de la boussole pour permettre une rotation dans un même plan XY.

Remarque

Effectuez un clic droit sur le ViewCube et accédez aux paramètres du ViewCube, revenez à la vue initiale, et basculez d'une projection parallèle à une projection en perspective grâce au menu contextuel ci-après.

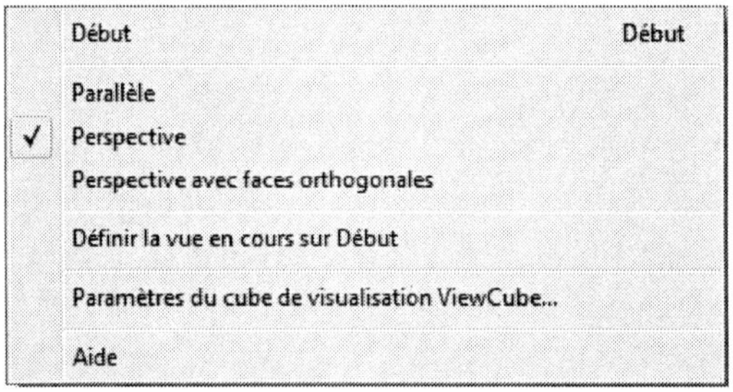

D. Utiliser les disques de navigation (SteeringWheel)

Les disques de navigation combinent les outils de navigation les plus courants dans une même interface. Les disques de navigation sont divisés en sections. À chaque section correspond un outil de navigation spécifique. Ainsi vous accédez aux outils Zoom, Panoramique, Orbite, etc, et manipulez la vue de diverses façons.

Si vous laissez le pointeur une seconde sur l'un des outils (section) des disques de navigation, une info-bulle affiche le rôle de l'outil, tel que le présente la figure ci-après.

1. Utiliser les disques de navigation

➲ Dans la zone graphique, cliquez sur l'icône **Contrôles de la fenêtre** [−] pour afficher le menu déroulant suivant :

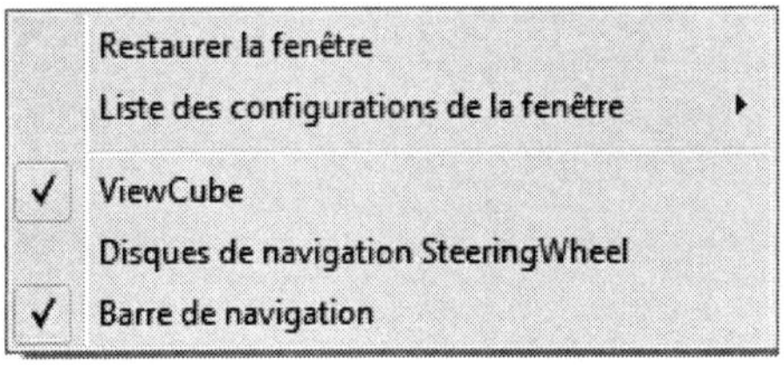

➲ Cliquez sur **Disques de navigation SteeringWheel** pour activer l'affichage des disques de navigation.

Le disque SteeringWheel ci-dessous suit le déplacement du pointeur de la souris.

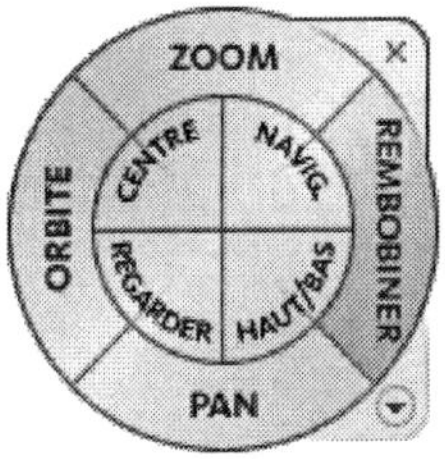

Remarque

Attention : le positionnement du disque agit sur l'outil de navigation comme un pivot. Placez donc le disque SteeringWheel sur la partie concernée du modèle avant d'utiliser l'outil de navigation.

- Déplacez le pointeur sur l'une des différentes sections pour activer celle-ci, puis effectuez un cliqué-glissé pour utiliser l'outil de navigation.
  - **Outil Zoom** : agrandit ou diminue l'affichage à l'aide de cliqué-glissé vers le haut ou vers le bas.
  - **Outil Pan** : déplace l'affichage.
  - **Outil Centre** : repositionne le pivot pour les fonctions Zoom et Orbite.
  - **Outil Orbite** : modifie l'orientation du modèle 3D.
  - **Outil Regarder** : permet une rotation du modèle depuis le point de vue courant.
  - **Outil Navigation** : permet un déplacement multidirectionnel. Une cible et des flèches guident le déplacement du modèle.
  - **Outil Haut/bas** : permet un déplacement vertical du modèle selon l'axe Z.
  - **Outil Rembobiner** : permet de restaurer les vues précédentes du modèle. Glissez le pointeur sur les vignettes des vues précédentes comme sur la figure ci-dessous :

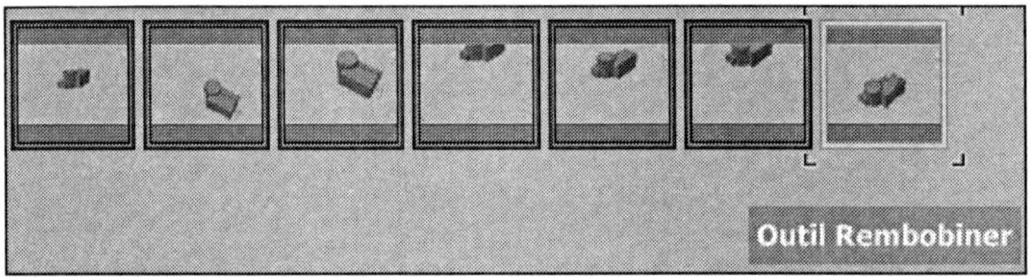

AutoCAD vous propose une aide à l'utilisation du disque de Navigation.

Placez le pointeur sur une section du disque de navigation ; AutoCAD affiche une aide contextuelle comme ci-dessous :

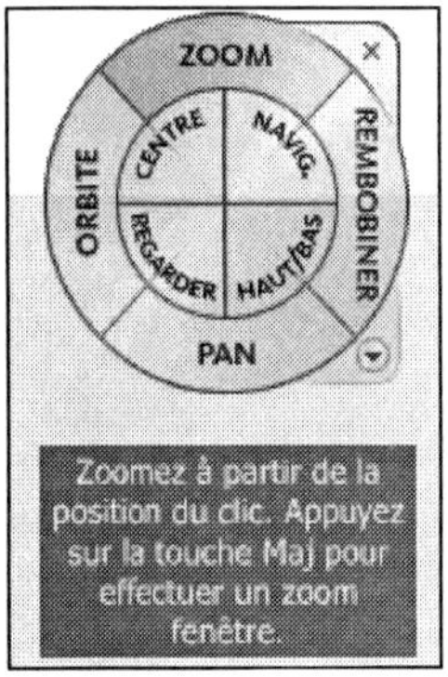

Accédez au **menu** du disque de navigation et choisissez **Aide...** pour accéder à une aide complète sur les différents disques de navigation suivants :

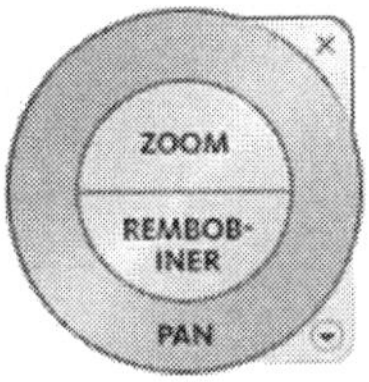 **Disque de navigation 2D**

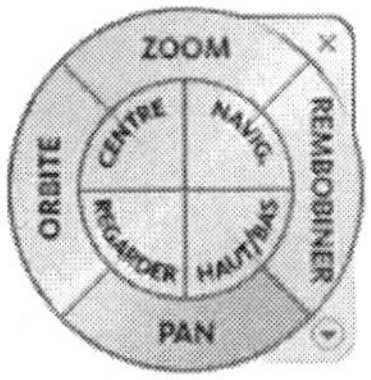 **Disque de navigation complète**	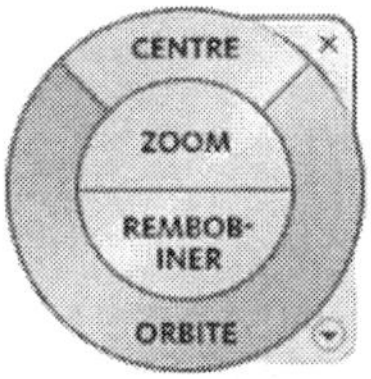 **Disque de visionnage d'un objet (disque de navigation de base)**	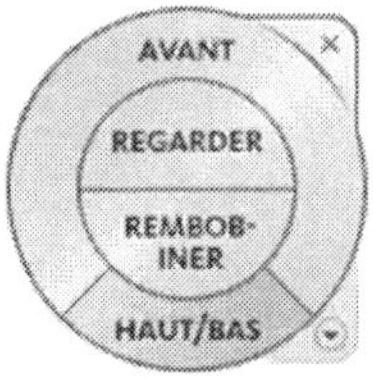 **Disque de visite d'un bâtiment (disque de navigation de base)**

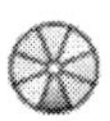 **Panoramique** **Petit disque de navigation complète**	 **Panoramique** **Petit disque de visionnage d'un objet**	 **Haut/Bas** **Petit disque de visite d'un bâtiment**

- Pour quitter le disque de navigation SteeringWheel, cliquez sur le bouton **Fermer** du disque de navigation. La touche [Echap] permet également de quitter.

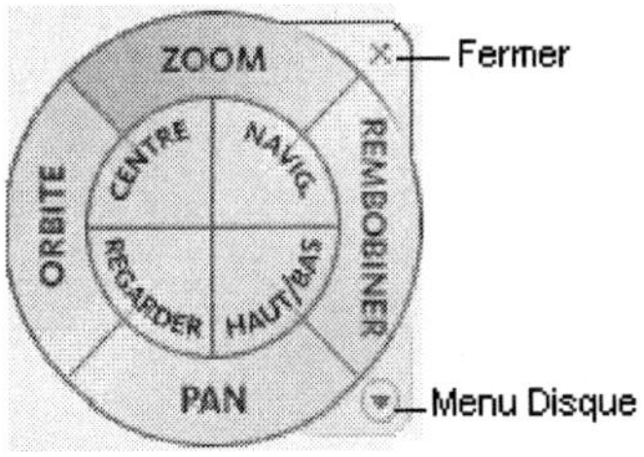

2. Modifier l'apparence des disques de navigation SteeringWheel

Les disques de navigation SteeringWheel peuvent s'afficher de différentes façons.

Le disque de navigation complète est le plus riche et est affiché par défaut.

Deux types de disques sont disponibles : grand et petit.

➲ Cliquez sur le bouton **Menu Disque** (ou effectuez un clic droit sur le disque) pour accéder au menu suivant :

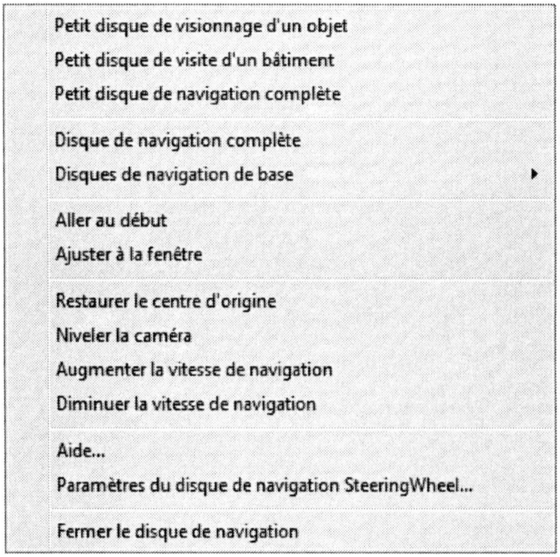

➲ Sélectionnez le disque souhaité parmi le choix des grands et petits disques.

Vous accédez aussi directement aux divers disques de navigation depuis le bouton-liste **Disques de navigation** dans la barre de navigation.

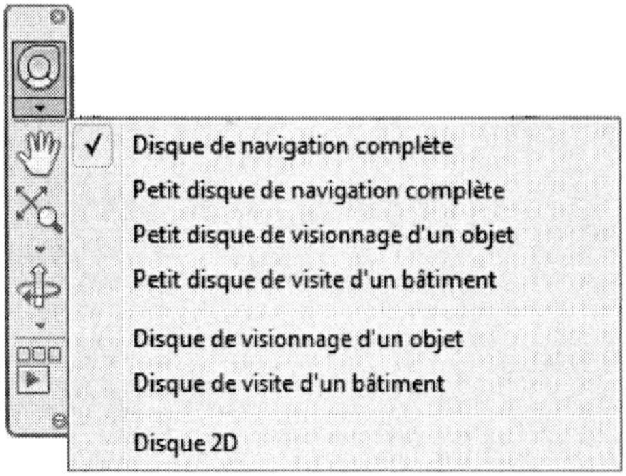

3. Modifier les paramètres des disques de navigation SteeringWheel

- Cliquez sur le bouton **Menu Disque** (ou effectuez un clic droit sur le disque) pour accéder au menu, et choisissez **Paramètres du disque de navigation SteeringWheel**.
- Effectuez les réglages dans la boîte de dialogue ci-dessous :

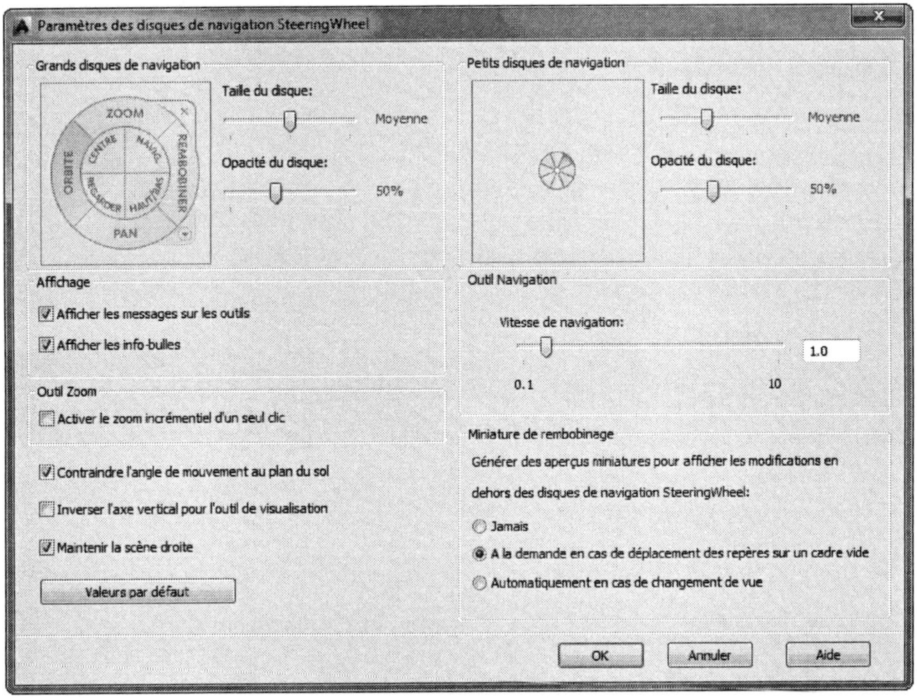

Rubriques **Grands disques de navigation** et **Petits disques de navigation** : affiche un aperçu de la taille et de l'opacité du disque modifié dans les règles correspondantes.

Rubrique **Affichage** : contrôle l'affichage des messages de l'outil courant, l'affichage des info-bulles des sections et boutons du disque.

Rubrique **Outil Navigation** : permet de définir la vitesse du mouvement par l'outil **Navigation**.

Rubrique **Outil Zoom** : permet un agrandissement de 25 % par clic avec l'outil **Zoom**.

La case à cocher **Contraindre l'angle de mouvement au plan du sol** permet d'ajuster la vue courante selon la direction Z lors de l'utilisation de l'outil **Consultation** et **Haut/Bas**.

La case à cocher **Inverser l'axe vertical pour l'outil de visualisation** détermine la direction dans laquelle vous devez faire glisser le curseur pour déplacer vers le haut ou le bas les points source et cible de la vue courante lorsque vous utilisez l'outil de visualisation.

La case à cocher **Maintenir la scène droite** indique si le point de vue du modèle peut être renversé ou non avec l'outil **Orbite**.

Rubrique **Miniature de rembobinage** : contrôle la manière dont sont générées les vues miniatures utilisées par l'outil **Rembobiner**.

Bouton **Valeurs par défaut** : restaure les paramètres par défaut du disque de navigation **SteeringWheel**.

E. Les vues

Les vues correspondent à l'affichage du dessin dans une position 2D ou 3D particulière, incluant un style visuel spécifique. Elles vous permettent de sauvegarder des détails particuliers (agrandissement d'une partie du dessin) ou des points de vue 3D spécifiques de façon à les restaurer aisément dès que vous en avez l'utilité.

Ces vues peuvent être statiques, et peuvent constituer également des séquences animées (cinématique ou navigation), appelées aussi prises de vue.

1. Enregistrement d'une vue

Choisissez le point de vue adapté et l'agrandissement voulu.

➲ Dans le groupe de fonctions **Vues** (onglet **Vue**), choisissez l'icône **Gestionnaire des vues** 

.

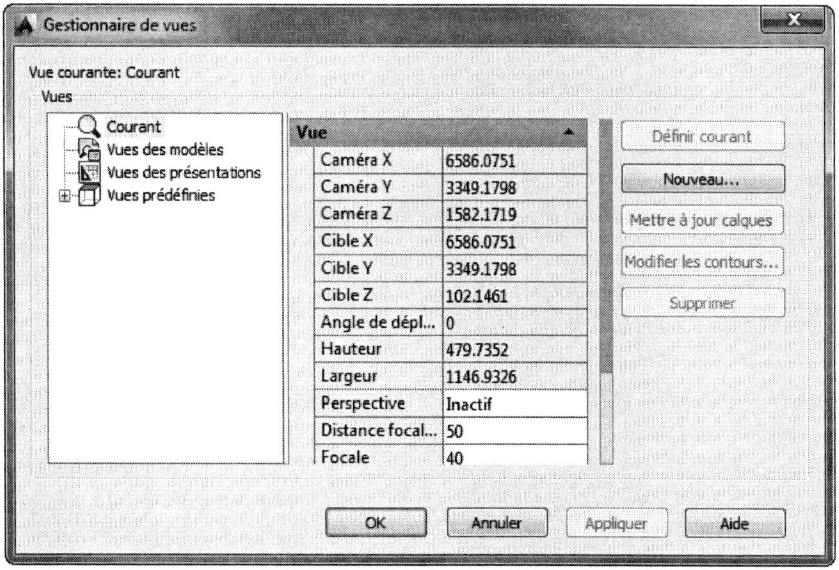

➲ Cliquez sur le bouton **Nouveau**.

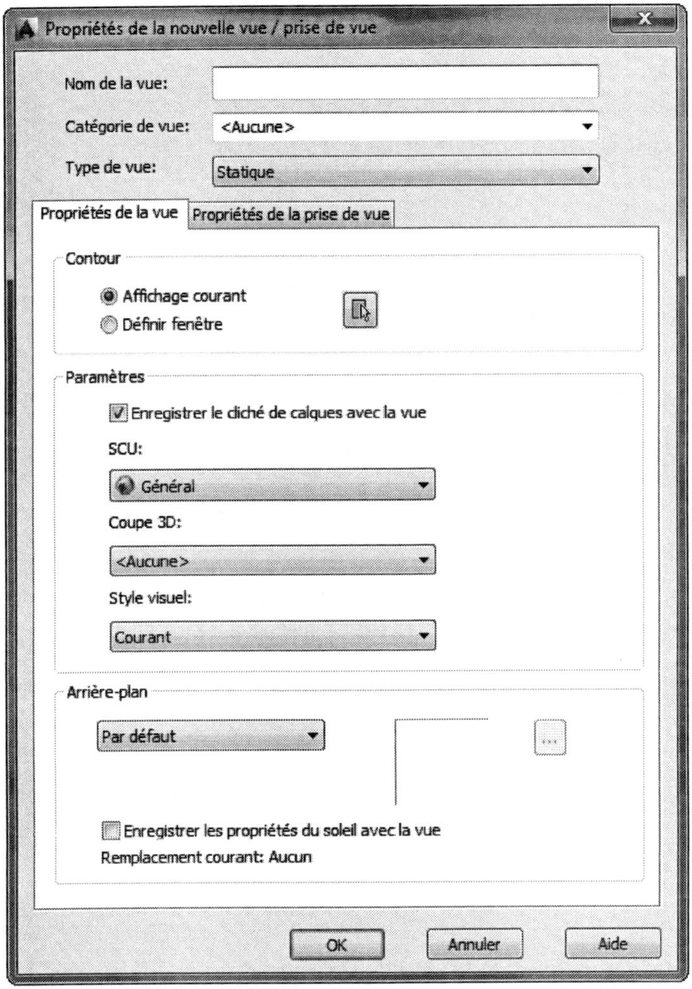

- Saisissez le nom de la vue dans la zone **Nom de la vue**.

  Catégorie de vue : permet d'indiquer une catégorie pour la vue existante (Elévations, Coupes ou Détails, par exemple). La catégorie comporte des vues et des prises de vues (voir le titre Création d'une séquence animée avec ShowMotion dans ce même chapitre).

  Type de vue : permet de définir le type de vue **Statique**, **Cinématique** ou **Navigation**. Ces deux derniers concernent des séquences animées (voir le titre Création d'une séquence animée avec ShowMotion dans ce même chapitre).

  L'onglet **Propriétés de la vue** est activé.

Contour

Affichage courant : tient compte de l'agrandissement actuel ainsi que du point de vue 3D pour l'enregistrement de la vue.

Définir fenêtre : autorise l'accès au bouton **Définir la fenêtre de vue** et vous invite à définir par un rectangle la zone adéquate pour l'enregistrement de la vue.

Paramètres

Enregistrer le cliché de calques avec la vue : permet l'enregistrement des paramètres de visibilité de calques courante avec la nouvelle vue.

SCU : permet d'associer un SCU à la nouvelle vue. Option valable pour les vues des présentations et des modèles.

Coupe 3D : permet d'afficher la coupe 3D appliquée lors de la restauration de la vue. Option valable pour les vues des modèles uniquement.

Style visuel : permet d'associer un style visuel à enregistrer avec la vue. Option valable pour les vues des modèles uniquement.

Arrière-plan

La liste **Par défaut** permet de remplacer l'arrière-plan par un aplat de couleur (solide), un dégradé de couleurs (gradient) ou par une image. Cette option est appliquée à la vue.

La boîte de dialogue **Arrière-plan** est affichée :

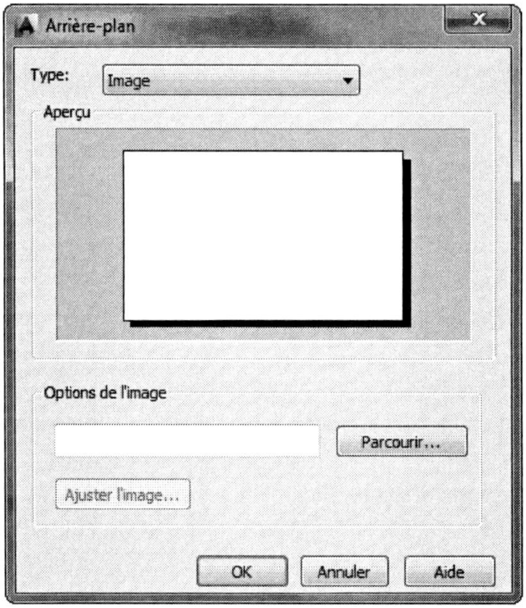

Les trois types d'arrière-plan disponibles sont **Solide** (aplats de couleur), **Gradient** (dégradé de couleurs), et **Image** (accès au bouton **Parcourir** pour le choix d'une image sur le disque ou réseau).

- Confirmez par **OK** pour quitter la boîte de dialogue **Nouvelle vue**.
- Confirmez par **OK** pour quitter le **Gestionnaire de vues**.

La case à cocher **Enregistrer les propriétés du soleil avec la vue** permet l'enregistrement des données de soleil et de ciel dans la vue existante. Cette option est automatiquement sélectionnée si vous avez choisi **Ciel & Soleil** comme type d'arrière-plan.

2. Restauration d'une vue

- Dans le groupe de fonctions **Vues**, déroulez la liste des vues.
- Sélectionnez la vue nommée à restaurer.

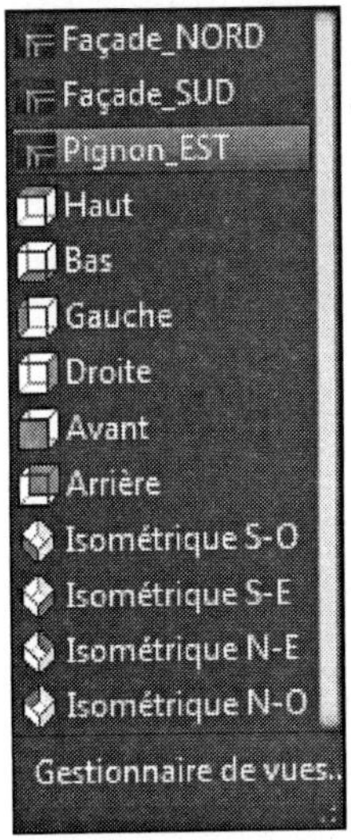

L'affichage s'adapte automatiquement.

L'autre technique consiste à passer par le gestionnaire de vues.

- Dans le groupe de fonctions **Vues** (onglet **Vue**), choisissez l'icône **Gestionnaire des vues**

.

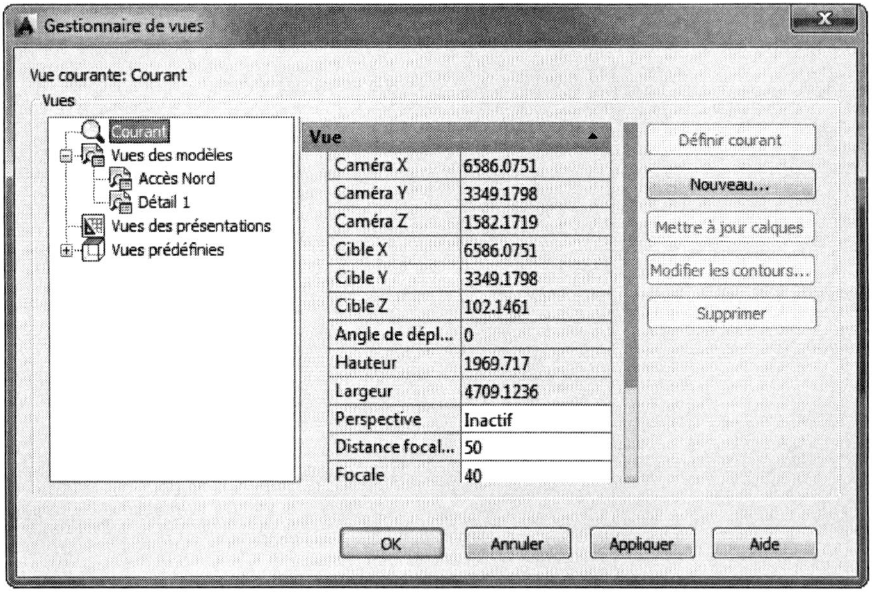

- Dans la rubrique **Vues**, déroulez l'arborescence **Vues des modèles** (pour une vue des modèles).
- Sélectionnez la vue à restaurer et cliquez sur **Définir courant**.
- Cliquez sur **Appliquer**.
- Confirmez par **OK** pour quitter le **Gestionnaire de vues**.

3. Suppression d'une vue

- Dans le groupe de fonctions **Vues**, cliquez sur l'icône **Gestionnaire de vues** 

.
- Dans la fenêtre **Gestionnaire de vues**, déroulez l'arborescence **Vues des modèles**.
- Sélectionnez la vue à supprimer, et cliquez sur **Supprimer**.
- Confirmez par **OK** pour quitter le **Gestionnaire de vues**.

Mettre à jour calques : permet de mettre à jour l'affichage (visibilité) des calques enregistré avec la vue existante sélectionnée.

Modifier les contours : permet de redéfinir les contours de vue sélectionnée. Une couleur plus claire matérialise ce contour.

Remarque

*La zone centrale affiche des renseignements sur la vue nommée sélectionnée, grâce aux rubriques **Général**, **Animation** et **Vue**.*

Les **vues des modèles** sont des vues 2D (définissant un détail ou une zone spécifique) ou des vues 3D (avec un point de vue particulier, une projection en perspective, un style visuel, etc.). Elles sont propres à l'onglet **Objet**.

Les **vues des présentations** sont, elles, propres aux présentations. Elles permettent par exemple d'afficher une vue de détail, une nomenclature ou une vue d'ensemble indépendamment des autres fenêtres présentes dans l'onglet de présentation. Pour les vues des présentations, procédez de la même façon pour créer, restaurer, ou supprimer une vue.

4. Création d'une séquence animée avec ShowMotion

L'outil **ShowMotion** vous permet d'accéder aux vues stockées dans le dessin courant classées par catégories de prises de vue ou séquences animées.

Ces séquences peuvent servir à créer des vues statiques ou animées et à revisualiser celles-ci facilement. Les animations peuvent être utilisées à des fins de présentation d'un modèle ou pour naviguer au sein de celui-ci.

Les prises de vue appartiennent à des catégories de vues ou séquences.

À chaque catégorie et à chaque prise de vue sont attribués un nom personnalisé et une miniature. Une catégorie peut contenir plusieurs prises de vue. La vignette de la première prise de vue est similaire à la vignette de la catégorie à laquelle elle appartient.

AutoCAD affiche ces miniatures selon une hiérarchie à deux niveaux :

- Les miniatures des catégories de vue.
- Les miniatures des prises de vue ou séquences animées.

Dans l'exemple ci-dessous, le dessin courant contient trois catégories de vues (**Début**, **Ensemble** et **Détail**). La catégorie **Début** est activée et affiche ses prises de vue 1, 2 et 3.

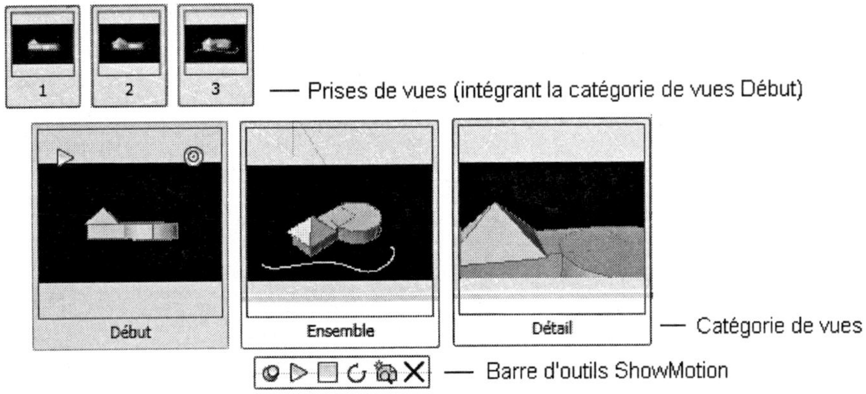

Dans l'exemple ci-dessous, la prise de vue 1 de la catégorie **Début** est activée. Vous constatez que l'affichage des vignettes bascule ; la prise de vue 1 constitue la vignette la plus grande.

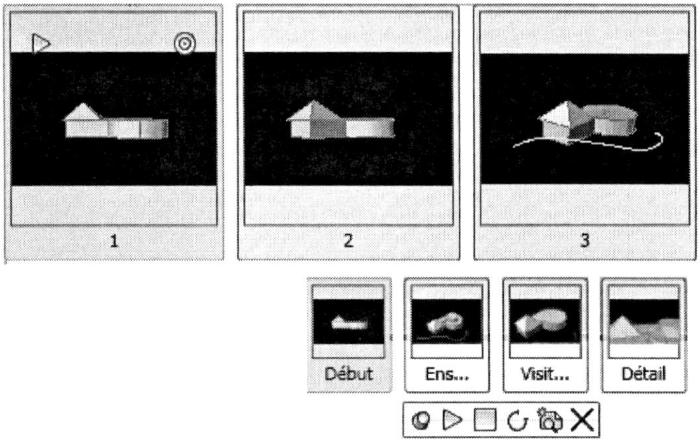

Vous pouvez mettre à jour les prises de vue et les modifier à tout moment. Les noms de prises de vue sont affichés dans la zone de dessin sous leur miniature respective.

a. Activer le ShowMotion

➲ Pour activer le ShowMotion, dans la barre de navigation, cliquez sur le bouton **ShowMotion** .

La barre d'outils **ShowMotion** est affichée dans la partie inférieure de la zone graphique : aucune miniature (ou vignette) n'est affichée tant que le dessin ne contient pas de vues.

b. Créer des vues animées

➲ Préparez l'affichage adapté du modèle à l'écran à l'aide des outils de navigation.

➲ Dans la barre d'outils **ShowMotion**, cliquez sur le bouton **Nouvelle prise de vue** .

La fenêtre suivante est affichée :

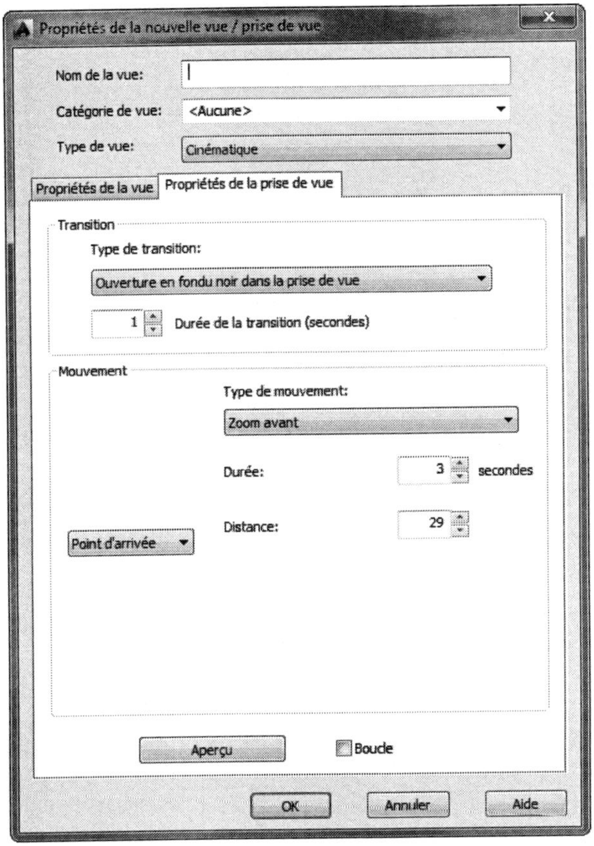

- Dans la zone de texte **Nom de la vue**, saisissez le nom de la vue animée. Ce nom sera affiché sous la miniature.
- Dans la liste **Catégorie de vue,** saisissez le nom de la catégorie de vue à créer. La liste présente les catégories de vue existantes.
- Dans la liste **Type de vue**, sélectionnez le type **Statique**, **Cinématique** ou **Navigation**. Ces deux derniers concernent des séquences animées. Choisissez **Cinématique** pour un plus grand choix de mouvement.

  L'onglet **Propriétés de la prise de vue** est activé.

  La rubrique **Transition** définit le type de transition pour la lecture de la séquence animée. La liste **Type de transition** propose une ouverture avec fondu noir, fondu blanc, ou sans transition.

  La zone **Durée de la transition** détermine la durée de la transition en seconde.

La rubrique **Mouvement** varie selon le type de vue. Avec le type de vue **Cinématique**, les différents mouvements suivants sont possibles :

- Zoom avant
- Zoom arrière
- Travelling à gauche
- Travelling à droite
- Mouvement vertical ascendant
- Mouvement vertical descendant
- Visualisation
- Orbite

Selon le choix, les réglages ci-dessous sont possibles et agissent sur les durées, distances, angles de caméras, etc.

Durée : précise la durée de lecture de l'animation.

Distance : précise la distance à effectuer par le mouvement.

Distance vers le haut : précise la distance à laquelle la caméra peut être déplacée vers le haut (mouvement vertical ascendant).

Distance vers le bas : précise la distance à laquelle la caméra peut être déplacée vers le bas (mouvement vertical descendant).

Distance vers l'avant : précise la distance à laquelle la caméra peut être déplacée vers l'avant (mouvement vertical descendant).

Distance vers l'arrière : précise la distance à laquelle la caméra peut être déplacée vers l'arrière (mouvement vertical ascendant).

Degrés à gauche/à droite : indique le degré de rotation que la caméra peut effectuer autour de l'axe Z (mouvement Visualisation et Orbite).

Degrés vers le haut/bas : indique le degré de rotation que la caméra peut effectuer autour du plan XY (mouvement Visualisation et Orbite).

Distance (panoramique) à gauche/à droite : précise la distance à laquelle la caméra peut effectuer un panoramique vers la gauche ou la droite (mouvement Panoramique et zoom).

Distance (panoramique) vers le haut/bas : précise la distance à laquelle la caméra peut effectuer un panoramique vers le haut ou le bas (mouvement Panoramique et zoom).

Pourcentage d'augmentation/de réduction : précise le pourcentage d'augmentation et de réduction que la caméra peut effectuer (mouvement Panoramique et zoom).

Position courante : précise la position courante de la caméra.

Toujours regarder le point de pivotement : fixe la caméra sur le centre d'intérêt (mouvements verticaux et de travelling).

La case à cocher **Boucle** permet de jouer en continu la séquence animée par le mouvement et la transition.

- Cliquez sur le bouton **Aperçu** pour prévisualiser la séquence animée par le mouvement et la transition.
- Confirmez par **OK** pour générer la prise de vue.

  Vous pouvez créer différentes vues animées dans une même catégorie, et ainsi grâce à des visualisations 3D différentes, des mouvements et transitions complémentaires, obtenir un enchaînement pertinent de séquences animées.

c. Lire une vue animée

- Activez la catégorie de vues, puis déplacez le pointeur sur la vue à lire.

  La vue est affichée comme ci-dessous :

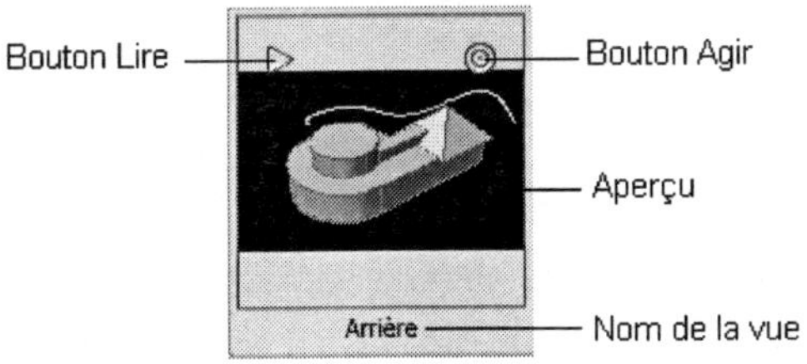

- Cliquez le bouton **Lire** pour visualiser la séquence animée. Le bouton **Lire** se transforme en bouton **Suspendre** pour stopper l'animation si nécessaire.

Remarque

Cliquez sur l'aperçu permet la même opération.

- Cliquez sur le bouton **Agir** pour restaurer la vue de départ.

d. Lire les vues d'une catégorie

- Activez la catégorie de vues, puis cliquez sur le bouton **Lire**.

  Toutes les séquences animées ou vues appartenant à la catégorie sont lues l'une après l'autre.

  Le bouton **Activer la boucle** permet une lecture continue des vues.

e. Lire toutes les vues du dessin

- Dans la barre d'outils du ShowMotion, cliquez sur le bouton **Tout lire**.

  Toutes les séquences animées ou vues appartenant à toutes les catégories du dessin sont lues l'une après l'autre.

  Le bouton **Activer la boucle** permet une lecture continue des vues.

  Le bouton **Arrêter** permet de stopper la lecture des vues.

f. Modifier les propriétés d'une vue

➲ Effectuez un clic droit sur la vue, puis choisissez **Propriétés** dans le menu contextuel suivant :

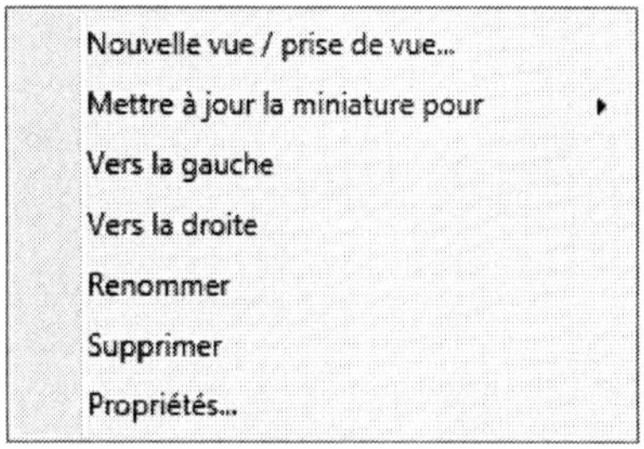

La fenêtre **Propriétés de la vue / prise de vue** est affichée et vous permet de modifier les paramètres précédemment définis.

➲ Procédez aux modifications et confirmez par **OK**.

Ce même menu contextuel permet de créer une nouvelle vue, de supprimer ou renommer une vue, de réorganiser les vues de la catégorie (vers la gauche ou la droite).

g. Fermer l'outil ShowMotion

➲ Dans la barre d'outils du ShowMotion, cliquez sur le bouton **Fermer ShowMotion** ☒.

F. Le multifenêtrage

Dans la partie Objet de la fenêtre AutoCAD (onglet **Objet** activé), vous avez la possibilité de diviser l'écran en plusieurs zones. Différentes configurations de fenêtres sont mises à votre disposition. Vous pouvez sauvegarder ces configurations pour les restaurer le moment opportun. Chaque fenêtre peut afficher une vue différente du dessin, ce qui est pratique en 2D, et souvent nécessaire en 3D. En effet, vous visualisez votre dessin en vue isométrique dans l'une et en vue de face dans l'autre. Vous pouvez fixer séparément les modes d'accrochage, la grille, la résolution, l'affichage des SCU dans chaque fenêtre.

1. Diviser l'écran en plusieurs fenêtres

➲ Dans le groupe de fonctions **Fenêtres d'espace objet** (onglet **Visualiser**), cliquez sur l'icône **Nommé** [Nommé].

Dans la boîte de dialogue **Fenêtres** ci-dessous, l'onglet **Nouvelles fenêtres** est activé.

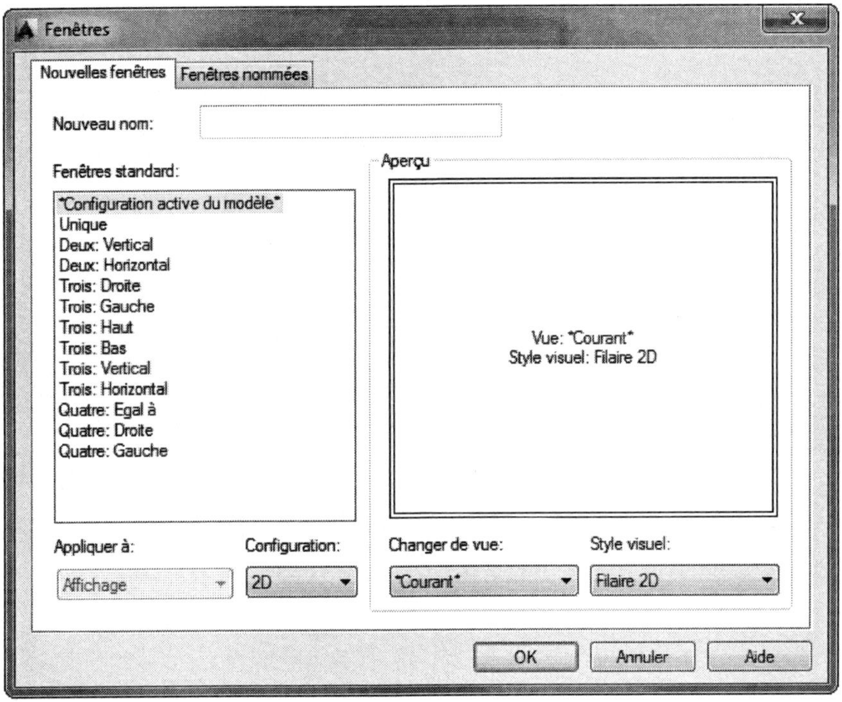

La liste **Fenêtres standard** affiche une série de configurations standards de fenêtres.

Sélectionnez une configuration et l'**Aperçu** de droite affiche les fenêtres et les vues affectées aux fenêtres.

Une vue prédéfinie est affectée à chaque fenêtre. Sélectionnez une fenêtre, et vous pouvez modifier la vue associée grâce à la liste **Changer de vue**. Toutes les vues définies et prédéfinies dans le dessin sont disponibles.

La liste **Appliquer à** permet d'affecter la nouvelle configuration de fenêtres, soit à l'affichage courant, soit à la fenêtre courante.

La liste **Configuration** permet un affichage 2D ou 3D.

Attention, chaque fenêtre peut être "redécoupée". Plus le nombre de fenêtres est important, plus petit devient chaque espace de travail.

La liste **Style visuel** permet d'appliquer un style visuel à la fenêtre.

Notez que l'option **Unique** peut rétablir l'affichage "multifenêtre" en une seule fenêtre (dans ce cas, vérifiez qu'**Affichage** est sélectionné dans la liste **Appliquer à**).

Vous pouvez également accéder à ces fonctions pour diviser l'écran via le bouton-liste **Configuration de la fenêtre** (groupe de fonctions **Fenêtres d'espace objet**) :

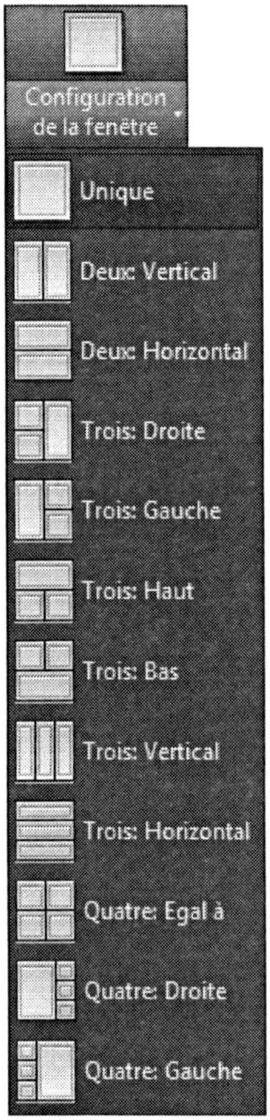

2. Redimensionner les fenêtres à l'aide de la souris

AutoCAD 2015 permet de modifier facilement la dimension des fenêtres, et d'obtenir ainsi des fenêtres de dimensions différentes pour des visualisations variées, comme dans l'exemple ci-dessous.

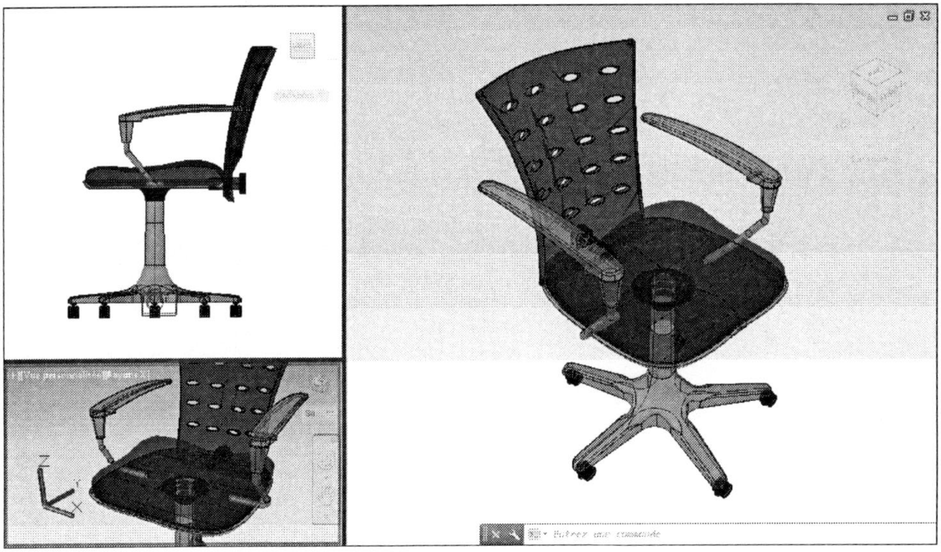

➲ À partir du bord de la fenêtre, effectuez un cliqué-glissé pour ajuster la dimension de la fenêtre.

3. Enregistrer la configuration de fenêtres

➲ Dans le groupe de fonctions **Fenêtre d'espace objet**, cliquez sur l'icône **Nommé** 

.

➲ Activez l'onglet **Nouvelles fenêtres**.

➲ La configuration de fenêtres choisie, saisissez un nom explicite dans la zone **Nouveau nom** puis confirmez par **OK**.

4. Rappeler une configuration de fenêtres

➲ Dans le groupe de fonctions **Fenêtres d'espace objet**, cliquez sur l'icône **Nommé** 

.

➲ Activez l'onglet **Fenêtres nommées** dans la fenêtre ci-dessous :

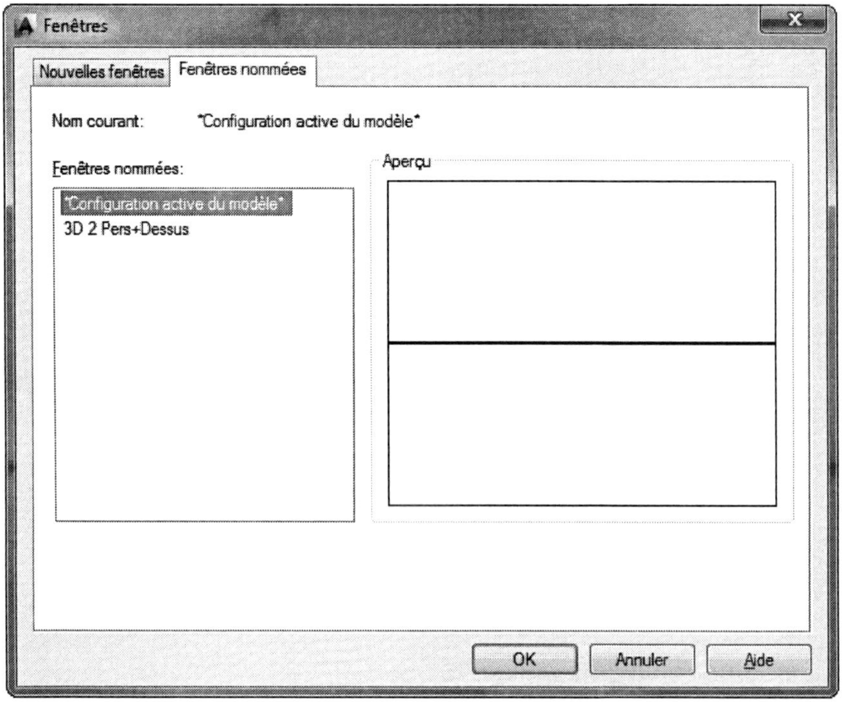

La liste **Fenêtres nommées** affiche les configurations nommées dans le dessin.

➲ Sélectionnez la configuration souhaitée puis confirmez par **OK**.

Un clic droit sur le nom d'une configuration de fenêtres permet de la renommer ou de la supprimer.

Remarque

Ne confondez pas les fenêtres en mosaïque en espace objet et les fenêtres flottantes de l'espace papier (cf. chapitre La présentation et l'impression du dessin - La présentation du dessin). Contrairement aux fenêtres en mosaïque, les fenêtres flottantes peuvent se superposer.

Chapitre 19
La 3D filaire

A. Introduction

Il existe trois types de modélisation 3D. La représentation filaire est la plus simplifiée. Chaque arête est représentée, et c'est pour cette raison que l'on parle de représentation fil de fer. Cette technique ne permet pas l'élimination des lignes cachées, mais comporte toutes les bases de conception 3D surfacique et volumique.

La plupart des commandes de dessin acceptent les points 3D. Les lignes, points, polylignes 3D, splines et surfaces 3D acceptent les points 3D. Alors que les arcs, cercles, polylignes 2D, textes, définitions d'attribut, solides peuvent les accepter mais seulement comme points initiaux. Ce point initial définit le plan de conception de l'objet qui ne peut comporter de variante en Z.

B. La ligne 3D

➲ Dans le groupe de fonctions **Dessin** (onglet **Début**), cliquez sur l'icône **Ligne** 

.

Vous utilisez la commande **Ligne** en 3D comme en 2D. Vous devez spécifier ses deux extrémités moyennant des coordonnées 2D ou 3D. Un point 3D présente, en plus des composants X et Y, un composant Z. Il est fréquent de combiner des coordonnées 2D et 3D. Si la valeur Z est omise, elle adopte le zéro du SCU courant, sauf si une élévation particulière est fixée (cf. Élévation et hauteur d'objet dans ce chapitre). Des lignes successives peuvent évoluer dans des plans de construction ayant des orientations différentes, mais chaque ligne est bien entendu toujours sur un même plan.

C. La polyligne 3D

Une polyligne 3D accepte (contrairement à la polyligne 2D) des variantes en Z. Elle est constituée de segments droits d'une épaisseur de 0, et peut être ouverte ou fermée.

➲ Déroulez le groupe de fonctions **Dessin** et choisissez l'icône **Polyligne 3D** .

Le message suivant s'affiche :

```
Sélectionnez le point de départ de la polyligne :
```

Précisez le point initial, puis :

```
Spécifiez l'extrémité de la ligne ou [annUler]:
```

L'option par défaut est **Extrémité de la ligne**. AutoCAD attend l'entrée de points 3D successifs, chaque point interprétant l'extrémité d'un des segments de la polyligne 3D. Une réponse nulle termine la polyligne 3D au point précédent.

L'option **annUler** vous permet de supprimer le dernier segment dessiné.

L'option **Clore** dessine un segment de fermeture (disponible s'il y a au moins deux segments).

Les polylignes 3D peuvent être éditées par l'icône **Modifier polyligne** du groupe de fonctions **Modification**. Vous pouvez les clore ou les ouvrir, modifier un des sommets, et obtenir un lissage.

D. La spline 3D

- Dans le groupe de fonctions **Dessin**, cliquez sur l'icône **Ajuster la spline** .

La procédure est similaire en 3D et en 2D. La spline NURBS permet de préciser des points tridimensionnels. Elle peut être fermée ou ouverte. Contrairement à des lissages approximatifs de polylignes 3D, la spline conserve une grande précision. Vous pouvez également l'éditer et la déformer avec précision ; ce qui permet d'obtenir des courbes très intéressantes pour la modélisation 3D surfacique comme volumique.

Remarque

La maîtrise des entités 3D comme les lignes, les polylignes 3D et les splines est déterminante pour les constructions 3D complexes filaires, surfaciques et volumiques. Ces objets définissent l'ossature des modélisations 3D.

E. Élévation et hauteur d'objet

L'élévation d'un objet correspond à la valeur en Z du plan XY de l'objet. Une élévation de 0 place les objets dans le plan du SCU courant (Z = 0). Une élévation positive de 50 les place au-dessus du plan XY du SCU (Z = 50). Une élévation négative les place au-dessous de ce même plan.

La hauteur d'objet (ou épaisseur) correspond à son extension à partir du niveau fixé par l'élévation. Une hauteur positive étend l'objet vers le haut (Z positif). Une hauteur négative l'étend vers le bas (Z négatif).

Attention : une utilisation normale en 3D volumique et surfacique exclut la hauteur d'objet. Rappelez-vous que la 3D filaire constitue souvent une base (ou ossature) pour la 3D volumique ou surfacique.

Pour bien comprendre la différence entre l'élévation et la hauteur d'objet, imaginons un avion qui vole. L'altitude (distance depuis la terre) correspond à l'élévation, et la hauteur de la cabine à la hauteur d'objet.

Notez bien que l'élévation et la hauteur sont seulement applicables aux objets 2D comme les lignes, cercles, arcs, polylignes 2D.

Vous pouvez fixer une élévation et une hauteur courante. À partir de ce moment, les objets dessinés respectent les valeurs données.

Une autre solution consiste à modifier individuellement l'élévation ou la hauteur d'objet.

Établir l'élévation et la hauteur d'objet courante

- Dans la ligne de commande, saisissez ELEV.

AutoCAD demande :

```
Spécifiez la nouvelle élévation par défaut <0.0000>:
Spécifiez la nouvelle hauteur par défaut <0.0000>:
```

Entrez l'élévation et la hauteur courantes.

Modifier la hauteur d'objet d'entités existantes

- Sélectionnez l'objet ou les objets à modifier.
- Effectuez un clic droit, et choisissez **Propriétés**.
- Dans la zone **Epaisseur** (rubrique **Général**), saisissez la nouvelle hauteur des objets et validez par [Entrée].

Modifier l'élévation d'entités existantes

L'élévation correspond à une position en Z dans un SCU donné. Placez-vous dans le SCU correspondant, puis déplacez les entités dans la direction de l'axe Z.

Remarque

Les objets 2D auxquels vous attribuez une hauteur d'objet s'appellent aussi objets 2,5D. On peut considérer qu'il s'agit de surfaces, prises en compte par les fonctions de masquage des arêtes cachées et ombrage.

Chapitre 20
La notion de régions

A. Introduction

La région est une entité bidimensionnelle fermée comparable à la polyligne fermée. Elle contient comme celle-ci une aire, un périmètre mais elle a en plus des propriétés mécaniques telles que le centre de gravité, les moments d'inertie, les produits d'inertie... (cf. chapitre Les renseignements - Propriétés mécaniques).

Vous pouvez effectuer des opérations booléennes à partir de régions. Vous pouvez ajouter de la matière, en enlever..., et à partir de plusieurs objets obtenir rapidement une entité complexe. Le résultat, conservant des propriétés mécaniques, représente une base très intéressante pour la conception d'objets 3D volumiques par extrusion et révolution.

B. Création de régions

- Déroulez le groupe de fonctions **Dessin**, et cliquez sur l'icône **Région** .
- Sélectionnez les objets à transformer en régions et validez par [Entrée].

Ces objets sont des lignes, arcs, cercles, des polylignes 2D fermées, des ellipses ou des splines 2D fermées et sont remplacées par des régions indépendantes. Dans l'exemple ci-dessous, vous obtenez quatre régions A, B, C et D.

Remarque

Rappel. *Les contours permettent également la création de régions à partir d'un point interne.*

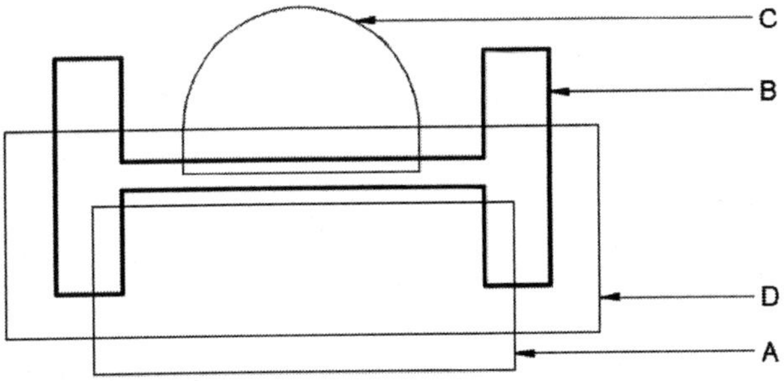

C. Soustraction de régions

➲ Dans le groupe de fonctions **Edition de solides** (onglet **Début** - espace **Modélisation 3D**), cliquez sur l'icône **Soustraction** .

Le message ci-dessous est affiché :

```
Choix des objets:
```

➲ Sélectionnez la ou les régions auxquelles vous souhaitez ôter d'autres régions (dans l'exemple, la région B), puis validez par [Entrée].

Le message suivant apparaît :

```
Choix des objets:
```

➲ Sélectionnez la ou les régions à ôter (dans l'exemple, la région A).

Vous obtenez la figure suivante :

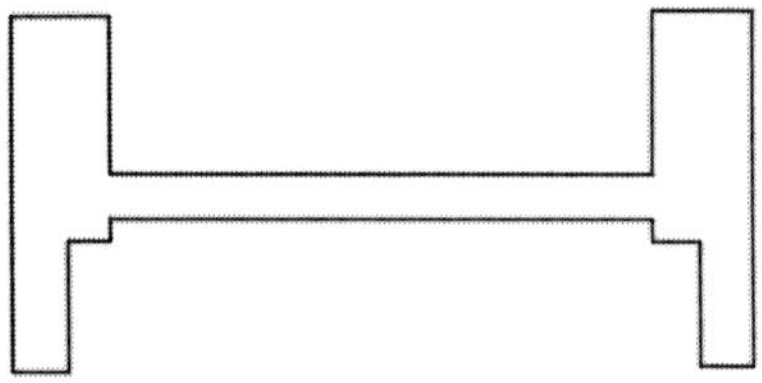

D. Union de régions

➲ Dans le groupe de fonctions **Edition de solides**, cliquez sur l'icône **Union** .

➲ Sélectionnez toutes les régions à unir ou à fusionner (dans l'exemple, la région précédente ainsi que la région C).

Vous obtenez :

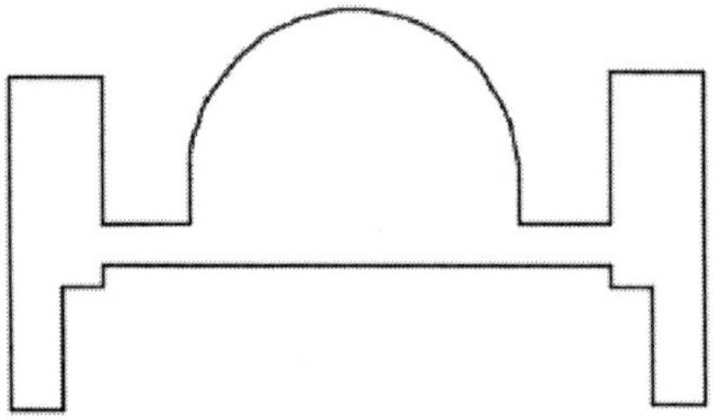

E. Intersection de régions

- Dans le groupe de fonctions **Edition de solides**, cliquez sur l'icône **Intersection** .
- Sélectionnez les régions dont les parties communes formeront la nouvelle région (dans l'exemple, la région précédente et la région D).

Vous obtenez :

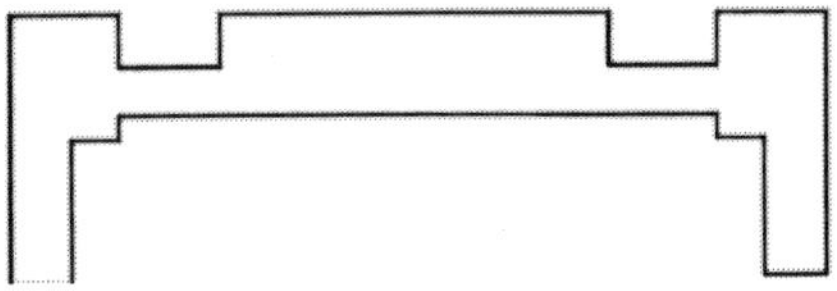

F. Utilisation de régions dans le modeleur 3D volumique

Il est souvent intéressant d'utiliser les régions dans le modeleur 3D volumique. Vous pouvez rapidement confectionner une base bidimensionnelle complexe à partir de régions. La région obtenue peut être extrudée suivant l'axe Z du SCU courant (cf. chapitre Le modeleur 3D volumique - L'extrusion). Elle peut aussi tourner autour d'un axe pour générer un volume de révolution (cf. chapitre Le modeleur 3D volumique - La révolution). Cette méthode est souvent plus simple que la conception directe du modèle 3D.

À partir de la région précédente, vous obtenez facilement les solides 3D suivants grâce à des opérations d'extrusion, de révolution ou encore de balayage :

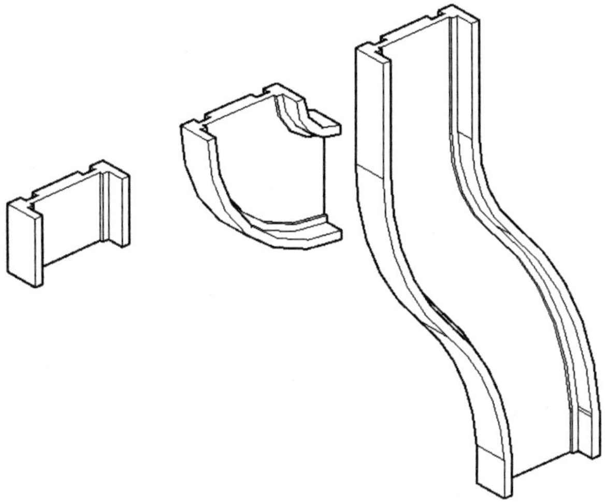

Chapitre 21
Le modeleur 3D volumique

A. Introduction

L'espace de travail **Modélisation 3D** affiche l'ensemble des outils de création et de modification 3D.

Le modeleur 3D volumique permet la modélisation d'objets 3D "pleins". Il utilise le noyau ACIS permettant une grande précision dans vos constructions. Contrairement à la modélisation surfacique 3D permettant la conception d'enveloppes complexes difficilement modifiables, vous modelez les volumes à votre convenance. À partir d'un volume 3D, vous obtenez les différentes vues en plan usuelles. La notion de matière existe réellement et permet l'extraction des masses, centres de gravité, moments d'inertie...

Vous concevez une première forme, puis une deuxième que vous pouvez soustraire ou unir à la première. Vous positionnez des congés, vous chanfreinez des arêtes...

Le volumique vous permet aussi d'extraire des sections dans un plan quelconque.

B. Les solides prédéfinis

AutoCAD met à votre disposition plusieurs objets 3D volumiques de forme prédéfinie. Ces objets permettent de générer des formes géométriques simples telles que des parallélépipèdes, des sphères, des cônes, des tores, des polysolides, etc.

De plus, AutoCAD affiche dynamiquement le solide 3D en cours de création. En effet, cette aide vous permet de visualiser instantanément toute modification de position, de dimension ou d'orientation appliquée au solide.

Dans le groupe de fonctions **Modélisation**, choisissez l'icône déroulante des primitives solides 3D :

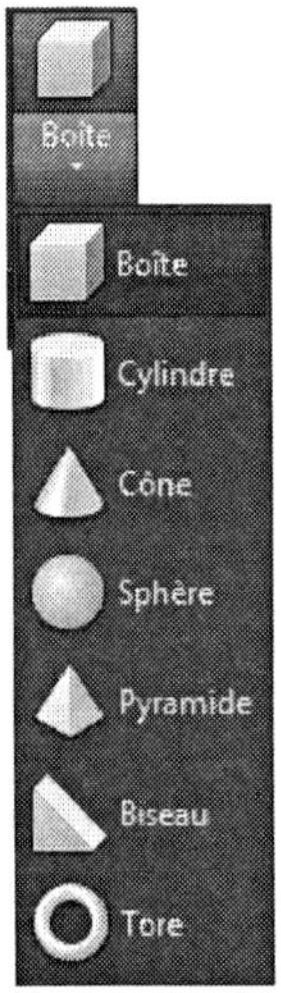

En fonction de la primitive choisie, AutoCAD vous invite à préciser un coin ou un centre, une longueur, une largeur, un rayon, etc. grâce à la saisie dynamique.

Polysolide

Un polysolide (volumique) est tracé de la même manière qu'une polyligne 2D. Par défaut, un polysolide a toujours un profil rectangulaire (semblable à un mur). Vous précisez la hauteur et la largeur du polysolide et procédez à la création, en saisissant les longueurs, angles... sur la base de segments droits et courbes. AutoCAD vous permet également de créer un polysolide à partir d'une ligne, d'une polyligne, d'un arc ou d'un cercle existant.

➲ Dans le groupe de fonctions **Modélisation**, choisissez l'icône **Polysolide** .

Le message suivant est affiché :

```
Spécifiez le point de départ ou
[Objet/Hauteur/Largeur/Justifier] <Objet>:
```

Vous accédez aux options suivantes :

Hauteur : permet de préciser la hauteur du polysolide (valeur ou par deux points). Cette hauteur respecte la direction Z.

Largeur : permet de préciser la largeur du polysolide. Dans l'exemple de la création d'un mur, il s'agit de l'épaisseur du mur.

Justifier : permet de déterminer le positionnement de la largeur par rapport au point de départ : soit au centre (par défaut), soit à gauche ou à droite.

Objet : permet de convertir une ligne, polyligne, arc ou cercle en polysolide.

- Précisez le point de départ grâce à la saisie dynamique au niveau du curseur.

AutoCAD affiche le message suivant :

```
Spécifiez le point suivant ou [Arc/annUler]:
```

Un aperçu similaire à la figure ci-dessous est affiché :

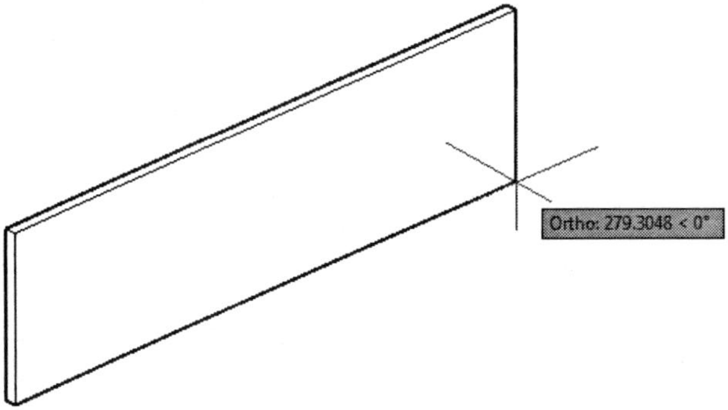

- Indiquez les points suivants ou utilisez le menu contextuel pour procéder à la création d'un segment courbe.
- Utilisez l'option **Clore** pour fermer le polysolide, si nécessaire.

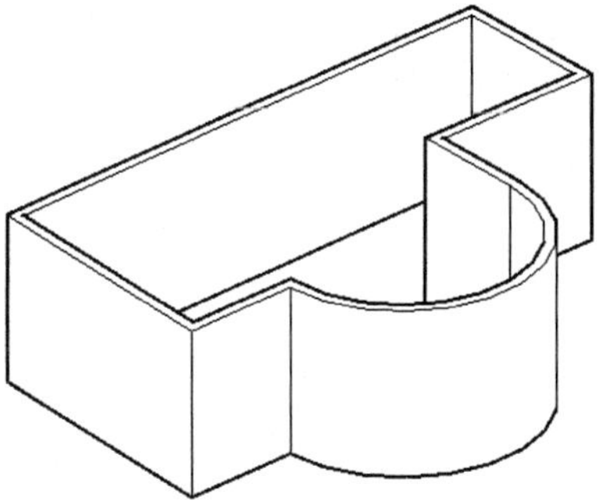

Boite

Crée une boîte volumique en précisant un premier coin. Demande ensuite dynamiquement la diagonale, ou une longueur et une largeur, puis la hauteur de la boîte.

- Dans le groupe de fonctions **Modélisation**, choisissez l'icône déroulante **Boîte** 

.

Le message suivant est affiché :

```
Spécifiez le premier coin ou [Centre]:
```

➲ Spécifiez le premier coin de la boîte grâce à la saisie dynamique au niveau du curseur, ou accédez à l'option **Centre** du menu contextuel pour préciser l'intersection des deux cotés de la base de la boîte.

Le message suivant est affiché :

```
Spécifiez un autre coin ou [Cube/Longueur]:
```

Un aperçu similaire à la figure ci-dessous est affiché :

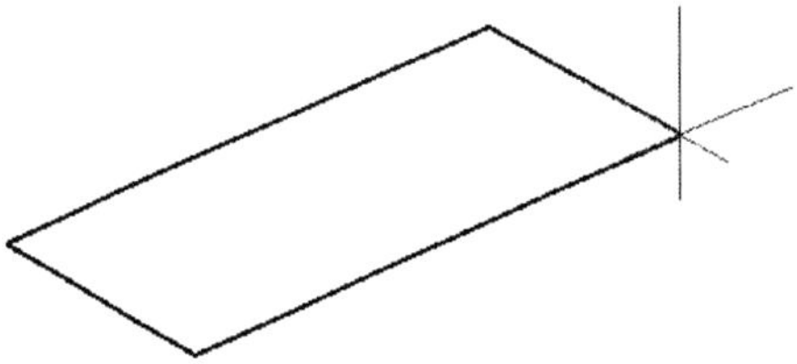

➲ Indiquez le second coin de la boîte en utilisant la saisie dynamique.

Un aperçu similaire à la figure ci-dessous est alors affiché :

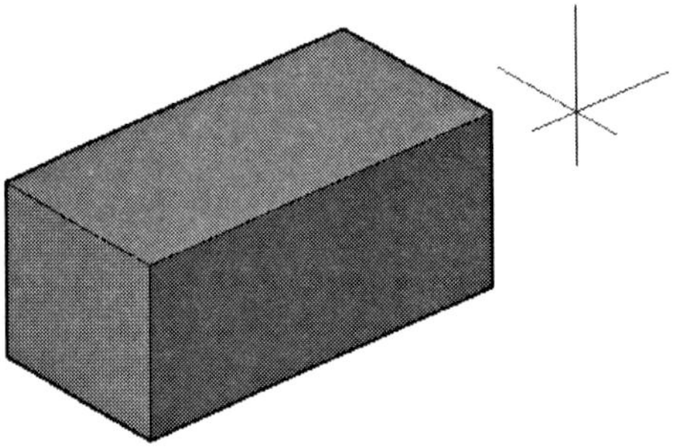

Le message suivant est affiché :

```
Spécifiez la hauteur ou [2Point] <200.0000>:
```

➲ Précisez la hauteur, et validez par [Entrée] pour terminer la création de la boîte.

Biseau

Crée un biseau volumique en précisant un premier coin. Demande ensuite dynamiquement la diagonale, ou une longueur et une largeur, puis la hauteur du biseau.

- Dans le groupe de fonctions **Modélisation**, choisissez l'icône déroulante **Biseau** 
.

  Le message suivant est affiché :

  ```
  Spécifiez le premier coin ou [Centre]:
  ```

- Spécifiez le premier coin du biseau grâce à la saisie dynamique au niveau du curseur (ou accédez à l'option **Centre** du menu contextuel pour préciser l'intersection des deux cotés de la base du biseau).

  Le message suivant est affiché :

  ```
  Spécifiez un autre coin ou [Cube/Longueur]:
  ```

- Indiquez le second coin pour définir la base rectangulaire du biseau.

  Un aperçu similaire à la figure ci-dessous est affiché :

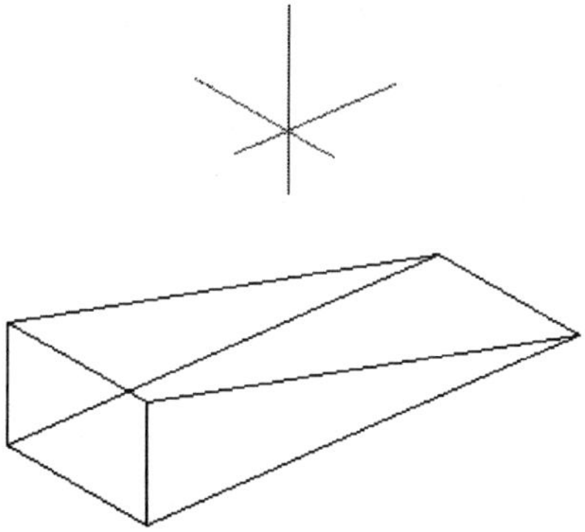

  Le message suivant est affiché :

  ```
  Spécifiez la hauteur ou [2Point] <43.4408>:
  ```

- Précisez la hauteur pour terminer la création du biseau.

Cône

Crée un cône volumique en précisant un centre et un rayon ou diamètre. Demande ensuite dynamiquement une hauteur.

- Dans le groupe de fonctions **Modélisation**, choisissez l'icône déroulante **Cône** 
.

  Le message suivant est affiché :

  ```
  Spécifiez le point central de la base ou [3P/2P/Ttr/Elliptique]:
  ```

➲ Spécifiez le point de centre de la base du cône ou accédez aux options suivantes :

3P : permet de spécifier le cercle (définissant la base du cône) passant par trois points.

2P : permet de spécifier le cercle (définissant la base du cône) matérialisé par les deux points du diamètre.

Ttr : permet de spécifier le cercle (définissant la base du cône) passant par deux zones de tangence et un rayon.

Elliptique : permet de définir une base du cône elliptique.

Le message suivant est affiché :

```
Spécifiez le rayon de base ou [Diamètre]:
```

Un aperçu semblable à la figure ci-dessous est affiché :

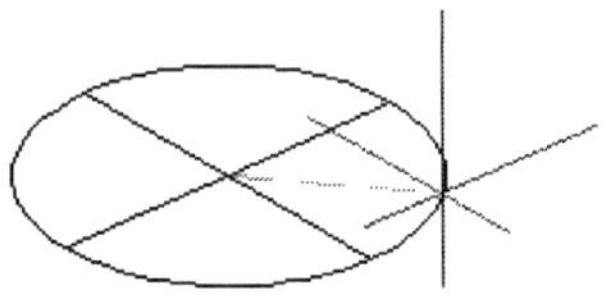

➲ Indiquez le diamètre de la sphère en utilisant la saisie dynamique.

Un aperçu similaire à la figure ci-dessous est affiché :

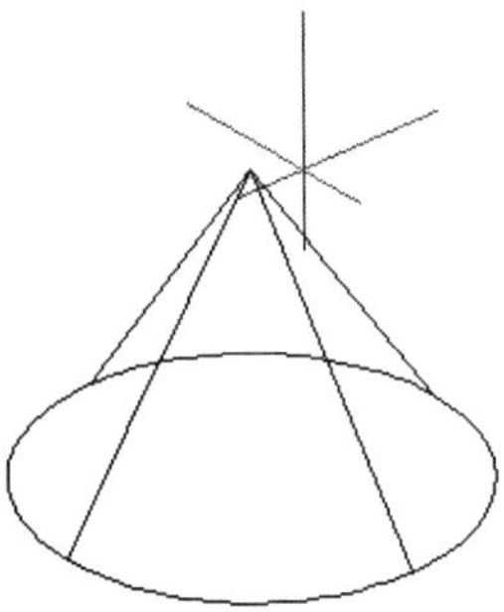

Le message suivant est affiché :

```
Spécifiez la hauteur ou [2Point/extrémité Axe/rayon Supérieur]
<43.4408>:
```

➲ Précisez la hauteur pour terminer la création du cône. Les options suivantes sont disponibles :

2Point : permet de spécifier la hauteur du cône par deux points.

extrémité Axe : permet de spécifier l'extrémité de l'axe central du cône, en orientant le cône selon cette extrémité d'axe.

rayon Supérieur : permet de créer un cône tronqué en précisant le rayon de la base supérieur, puis la hauteur du cône.

Sphère

Crée une sphère volumique en précisant un centre et un rayon ou diamètre.

- Dans le groupe de fonctions **Modélisation**, choisissez l'icône déroulante **Sphère** .

Le message suivant est affiché :

```
Spécifiez le point central ou [3P/2P/Ttr]:
```

- Spécifiez le centre de la sphère ou accédez aux options suivantes :

3P : permet de spécifier le cercle (définissant le diamètre de la sphère) passant par trois points.

2P : permet de spécifier le cercle (définissant le diamètre de la sphère) matérialisé par les deux points du diamètre.

Ttr : permet de spécifier le cercle (définissant le diamètre de la sphère) passant par deux zones de tangence et un rayon.

Le message suivant est affiché :

```
Spécifiez le rayon ou [Diamètre]:
```

Un aperçu semblable à la figure ci-dessous est affiché :

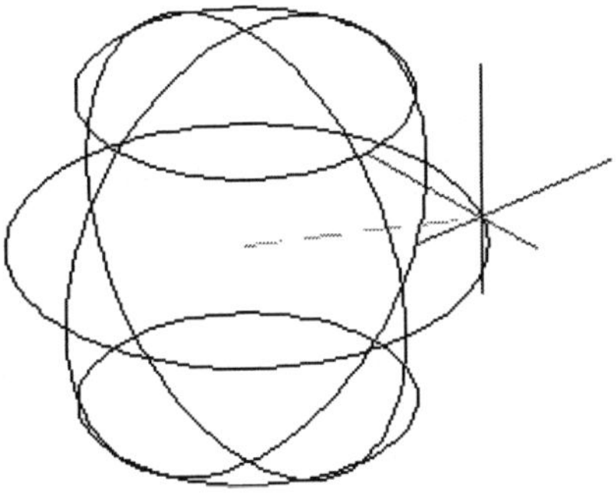

- Indiquez le diamètre de la sphère en utilisant la saisie dynamique pour créer la sphère.

Cylindre

Crée un cylindre volumique en précisant un centre, un rayon ou diamètre, ainsi qu'une hauteur.

- Dans le groupe de fonctions **Modélisation**, choisissez l'icône déroulante **Cylindre** .

Le message suivant est affiché :

```
Spécifiez le point central de la base ou [3P/2P/Ttr/Elliptique]:
```

➲ Spécifiez le point de centre de la base du cylindre ou accédez aux options suivantes :

3P : permet de spécifier le cercle (définissant la base du cylindre) passant par trois points.

2P : permet de spécifier le cercle (définissant la base du cylindre) matérialisé par les deux points du diamètre.

Ttr : permet de spécifier le cercle (définissant la base du cylindre) passant par deux zones de tangence et un rayon.

Elliptique : permet de définir une base du cylindre elliptique.

AutoCAD affiche le message suivant :

```
Spécifiez le rayon de base ou [Diamètre]:
```

Un aperçu semblable à la figure ci-dessous est affiché :

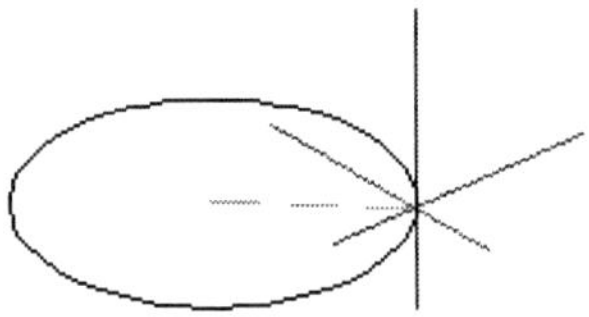

➲ Indiquez le diamètre du cylindre en utilisant la saisie dynamique.

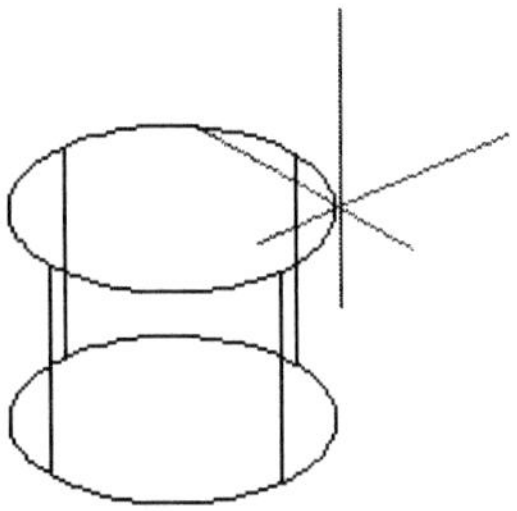

AutoCAD affiche le message suivant :

```
Spécifiez la hauteur ou [2Point/extrémité Axe] :
```

➲ Précisez la hauteur pour terminer la création du cône.

Les options suivantes sont disponibles :

2Point : permet de spécifier la hauteur du cône par deux points.

extrémité Axe : permet de spécifier l'extrémité de l'axe central du cône, en orientant le cône selon cette extrémité d'axe.

Pyramide

Crée une pyramide volumique en précisant un centre, un rayon ou diamètre, ainsi qu'une hauteur.

- Dans le groupe de fonctions **Modélisation**, choisissez l'icône déroulante **Pyramide** 

.

Le message suivant est affiché :

```
Spécifiez le point central de la base ou [Arête/Côtés]:
```

- Spécifiez le point de centre de la base de la pyramide (il s'agit de l'intersection des deux diagonales rejoignant les quatre sommets) ou accédez aux options suivantes :

Arêtes : permet de spécifier, par deux points, un des cotés de la pyramide. Cette technique permet également d'orienter la pyramide.

Côtés : permet de créer une pyramide à multiples faces, en spécifiant un nombre de côtés entre 3 et 32 pour la base de la pyramide.

Le message suivant est affiché :

```
Spécifiez le rayon de base ou [Inscrit] <369.9050>:
```

Un aperçu semblable à la figure ci-dessous est affiché :

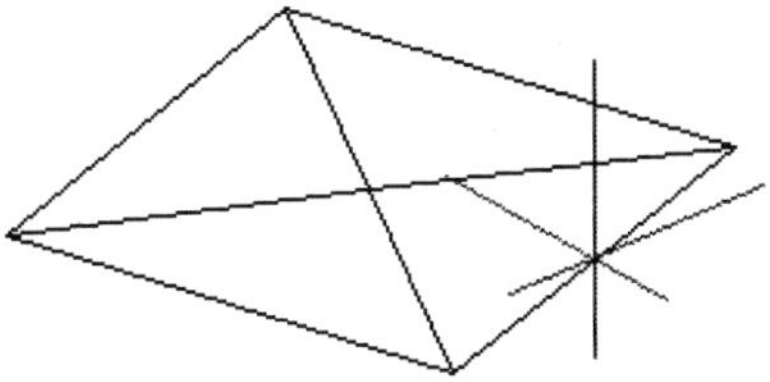

- Indiquez le rayon du cercle inscrit dans la base de la pyramide. L'option **Circonscrit** est activée par défaut et implique que les côtés soient circonscrits au cercle définissant la base.

L'option **Inscrit** permet de définir un cercle dans lequel les côtés de la base sont inscrits.

Le message suivant est affiché :

```
Spécifiez la hauteur ou [2Point/extrémité Axe/rayon Supérieur]
<398.0342>:
```

Un aperçu semblable à la figure ci-après est affichée :

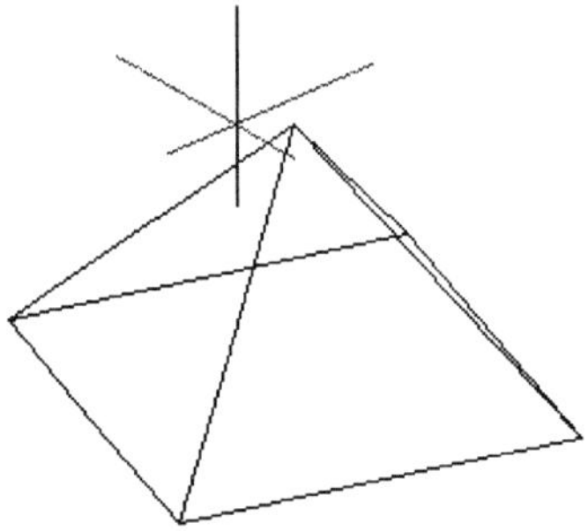

- Précisez la hauteur de la pyramide à l'aide de la saisie dynamique ou utilisez les options :

  2Point : permet de spécifier la hauteur de la pyramide par deux points.

  extrémité Axe : permet de spécifier l'extrémité de l'axe central de la pyramide. Cette option vous permet d'orienter la pyramide selon cette extrémité d'axe.

  rayon Supérieur : permet de créer une pyramide tronquée en précisant le rayon du cercle fictif de la base supérieure, puis la hauteur de la pyramide.

Tore

Crée un tore volumique en précisant un centre, un rayon ou diamètre de tore, puis le rayon de la section du tore.

- Dans le groupe de fonctions **Modélisation**, choisissez l'icône déroulante **Tore** .

  Le message suivant est affiché :

```
Spécifiez le point central ou [3P/2P/Ttr]:
```

- Spécifiez le point de centre du tore ou accédez aux options suivantes :

  3P : permet de spécifier le diamètre du tore (cercle) passant par trois points.

  2P : permet de spécifier le diamètre du tore (cercle) matérialisé par deux points.

  Ttr : permet de spécifier le diamètre du tore (cercle) passant par deux zones de tangence et un rayon.

  Le message suivant est affiché :

```
Spécifiez le rayon ou [Diamètre]:
```

Un aperçu semblable à la figure ci-dessous est affiché :

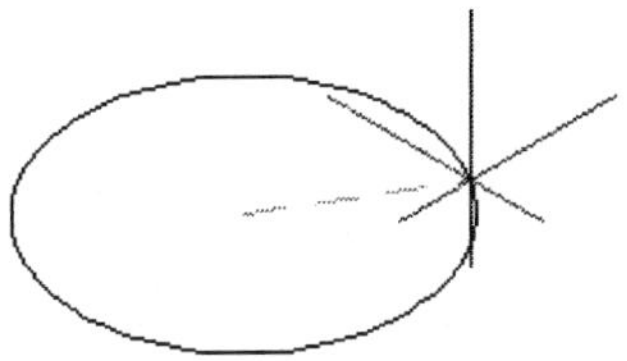

- Indiquez le rayon (ou diamètre) du tore.

Le message suivant est affiché :

```
Spécifiez le rayon du tube ou [2Point/Diamètre]:
```

Un aperçu semblable à la figure ci-après est affiché :

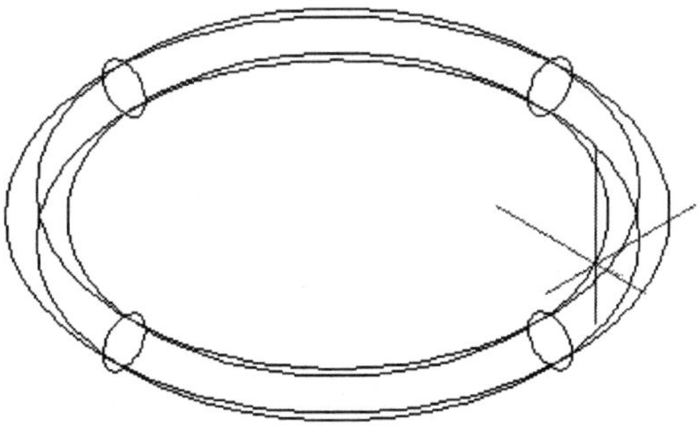

- Précisez le rayon du tube (section du tore) ou utilisez les options :

2Point : permet de spécifier le rayon de la section du tore par deux points.

Diamètre : permet de spécifier le diamètre de la section du tore.

Les solides 3D sont intéressants car ils permettent d'obtenir très rapidement des formes plus difficiles à obtenir d'une autre manière. Toutefois, pour la réalisation de certains volumes, d'autres méthodes sont nécessaires et utilisent alors les solides 3D de façon complémentaire. Ces méthodes, détaillées plus loin dans ce chapitre, vous aident dans de fréquentes modélisations comme les **extrusions**, **révolutions**, **lissages** ou **balayages**. Ces méthodes s'appuient sur des objets ouverts et fermés 2D et 3D nommés profils, chemins, sections, rails, spirales, trajectoires... Par ailleurs, les **opérations booléennes** basées sur les soustractions, unions et intersections de volumes permettent d'obtenir des volumes résultants de différents solides.

Remarque

Les solides AutoCAD, qu'ils soient prédéfinis, obtenus à partir de profils extrudés, lissés, balayés, etc. ou à partir d'opérations booléennes, peuvent être modifiés. Ainsi, les solides comme les sous-objets de ce solide (constituant un solide complexe) sont modifiables en terme de dimensions notamment (voir dans ce chapitre L'édition des solides 3D).

Pour l'affichage des parties courbes des solides 3D, vous pouvez agir sur la variable **Isolines**. La valeur intervient sur la densité filaire des solides 3D. Une regénération permet de visualiser la nouvelle représentation. Vous saisissez au clavier **Isolines** et vous donnez la valeur souhaitée (entre 0 et 2047). Cette variable est accessible sous le nom **Lignes de contour par surface** dans la boîte de dialogue **Options**, onglet **Affichage**.

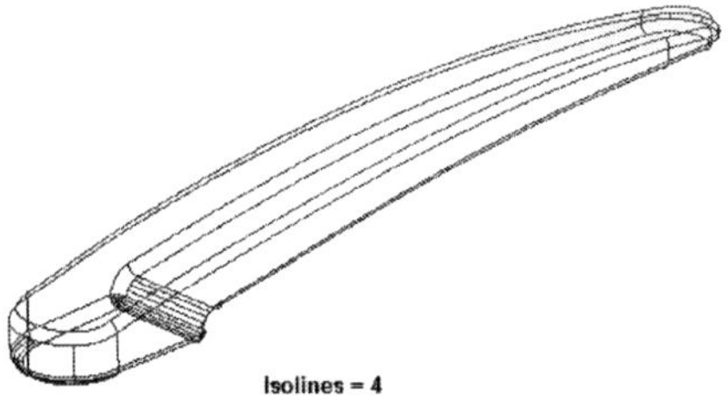

Isolines = 4

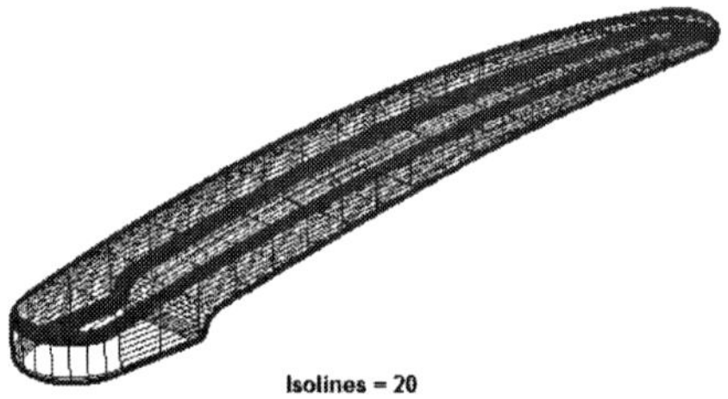

Isolines = 20

Remarque

Plus la densité filaire est importante, meilleure est la représentation des parties arrondies. Mais attention, l'affichage est plus long. Il est conseillé de travailler avec une densité petite ou moyenne.

C. L'extrusion

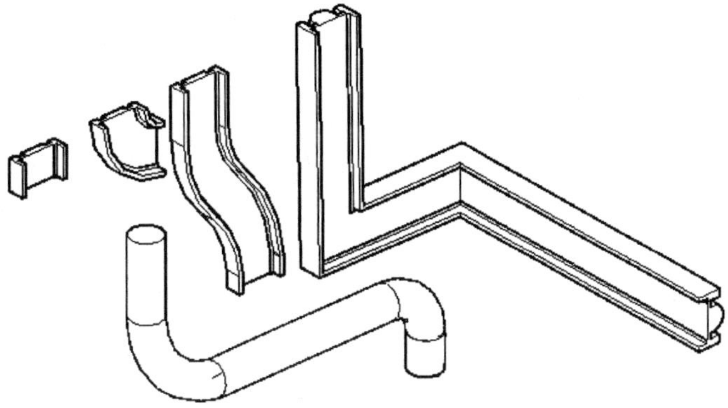

La création de solides par extrusion est certainement la méthode la plus utilisée. Le volume extrudé est généré à partir du balayage d'un profil le long d'un chemin ou à partir d'une hauteur. Le profil peut être un cercle, une ellipse, une polyligne 2D ou 3D ouverte ou fermée, une spline 2D fermée ou une région. Le chemin doit être une ligne ou une polyligne 2D ou 3D ou encore matérialisé par deux points. Si vous donnez une hauteur positive, l'extrusion respecte le sens positif de l'axe Z du SCU courant, alors qu'une hauteur négative respecte le sens négatif du même axe.

AutoCAD permet un aperçu dynamique du solide avec le déplacement de la souris.

➲ Dans le groupe de fonctions **Modélisation**, cliquez sur l'icône **Extrusion** 

.

Le message suivant est affiché :

```
Sélectionnez les objets à extruder ou [MOde]:
```

Remarque

*L'option **MOde** permet le choix de la création d'une surface ou d'un solide.*

➲ Sélectionnez le ou les objets à extruder, puis validez par [Entrée].

Le message ci-dessous est affiché :

```
Spécifiez la hauteur de l'extrusion ou [Direction/Chemin/angle
d'Extrusion/exPression] <-4073.9713>:
```

➲ Saisissez la valeur de l'extrusion (par défaut, respectant la direction Z du SCU courant) ou spécifiez une hauteur dynamiquement avec la souris.

Les options suivantes sont disponibles :

Direction : permet de définir, par deux points, une direction d'extrusion différente de la direction Z du SCU courant.

Chemin : permet de spécifier un chemin d'extrusion 2D ou 3D de type ligne ou polyligne.

angle d'Extrusion : permet d'affecter un angle d'extrusion à l'ensemble des faces du solide. Une valeur positive rapproche les faces alors qu'une valeur négative les écarte.

exPression : permet la saisie d'une formule, d'une équation, d'expressions mathématiques qui incluent les noms des contraintes dimensionnelles, des variables utilisateur et des fonctions.

Remarque

> *Dans les exemples, les chemins apparaissent en rouge. La sélection d'un chemin ouvert précise le départ de l'extrusion.*

D. La révolution

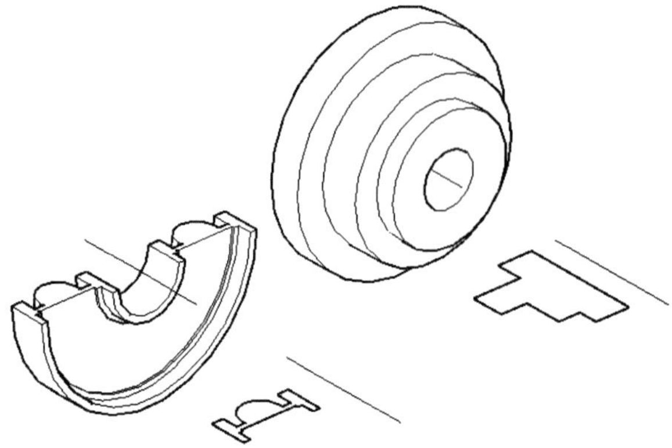

Les solides de révolution sont créés en faisant pivoter un ou plusieurs profils autour d'un axe. Les profils peuvent être des cercles, ellipses, polylignes 2D fermées, splines 2D fermées ou régions. L'axe de révolution peut être précisé par deux points, une ligne ou un axe X, Y ou Z.

➲ Dans le groupe de fonctions **Modélisation**, cliquez sur l'icône **Révolution** 

.
AutoCAD affiche :

```
Sélectionnez les objets qui subiront une révolution ou [MOde]:
```

➲ Sélectionnez les objets et validez.

```
Spécifiez le point de départ de l'axe ou
définissez l'axe par [Objet/X/Y/Z] <Objet>:
```

- Précisez l'axe de révolution par deux points, ou choisissez les axes X, Y, Z.

Remarque

*L'option **Objet** permet de sélectionner un axe de révolution. La sélection précise le sens de la rotation (sens trigonométrique).*

- Adoptez la méthode de votre choix, puis donnez l'angle de révolution.

```
Spécifiez un angle de révolution ou
[angle de DEpart/Inverser/EXpression] <360> :
```

Si vous validez par [Entrée], la rotation s'effectuera sur un angle de 360°. L'angle de référence correspond au plan de conception du profil. Un angle différent permet de générer le volume à la position voulue. L'angle décrit peut être positif ou négatif.

L'option **angle de DEpart** vous permet de générer une révolution partielle en précisant un angle de départ ainsi que l'angle parcouru par la révolution.

L'option **Inverser** permet d'inverser le sens de la révolution.

E. Le balayage

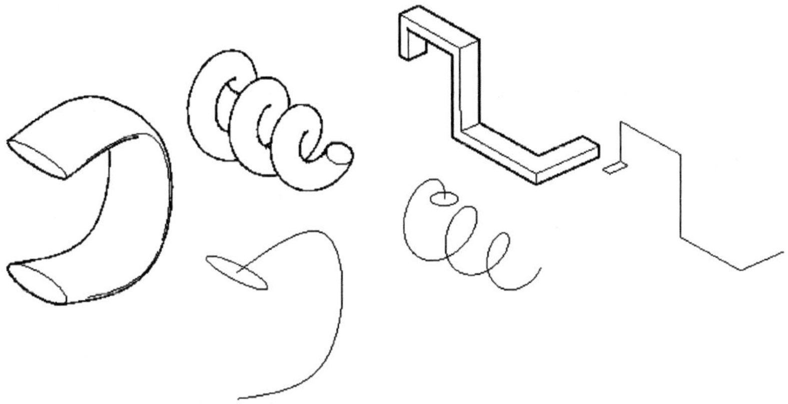

L'opération de balayage permet de créer un solide (ou une surface) en procédant au balayage d'un profil (ou courbe pour une surface) le long d'une trajectoire 2D ou 3D fermée ou ouverte. Elle permet de définir un solide (ou une surface) à partir du profil spécifié le long de la trajectoire définie. Il est possible de réaliser le balayage de plusieurs objets à condition qu'ils figurent tous sur le même plan.

Le **profil** peut être une polyligne 2D, une spline 2D, un cercle, une ellipse, une face plane 3D, une région, une surface plane ou encore une ou plusieurs faces d'un solide (une ligne, un arc, un arc elliptique pour la création de surface).

La **trajectoire** peut être une ligne, un arc, un arc elliptique, une polyligne 2D, une spline 2D, un cercle, une ellipse, une spline 3D, une polyligne 3D, une hélice ou des arêtes de solides ou de surface.

Remarque

La sélection cyclique (avec la touche [Ctrl]) permet de sélectionner des sous-objets de solides.

➲ Dans le groupe de fonctions **Modélisation**, choisissez le bouton **Balayage** 

.

Le message suivant est affiché :

```
Sélectionnez les objets à balayer ou [MOde]
```

Remarque

*L'option **MOde** permet le choix de la création d'une surface ou d'un solide.*

➲ Sélectionnez le profil à balayer et validez par [Entrée].

Le message suivant est affiché :

```
Sélectionnez la trajectoire de balayage ou [Alignement/
point de Base/Echelle/baSculement]:
```

➲ Sélectionnez la trajectoire pour créer le balayage ou choisissez une option parmi les suivantes :

Alignement : permet un alignement automatique du profil de façon perpendiculaire ou normal à la trajectoire au niveau de son point de départ.

point de Base : permet de préciser un point de base pour les objets à balayer. Ce point est projeté sur le plan des objets s'il ne fait pas partie du plan des objets.

Echelle : permet d'attribuer un facteur d'échelle pour un balayage uniforme du profil du début à la fin de la trajectoire. Un facteur d'échelle inférieur à 1 permet une réduction du balayage (du profil en fin de trajectoire), et un facteur supérieur à 1 une augmentation du balayage (du profil en fin de trajectoire). La sous-option **Référence** permet de s'appuyer sur des longueurs de référence de début et de fin.

baSculement : permet de spécifier un angle de rotation du profil sur toute la trajectoire. Cette valeur est inférieure à 360. La sous-option **Inclinaison** spécifie si le profil balayé s'incline naturellement (pivote) le long d'une trajectoire de balayage 3D (polyligne 3D, spline 3D ou hélice).

F. Le lissage

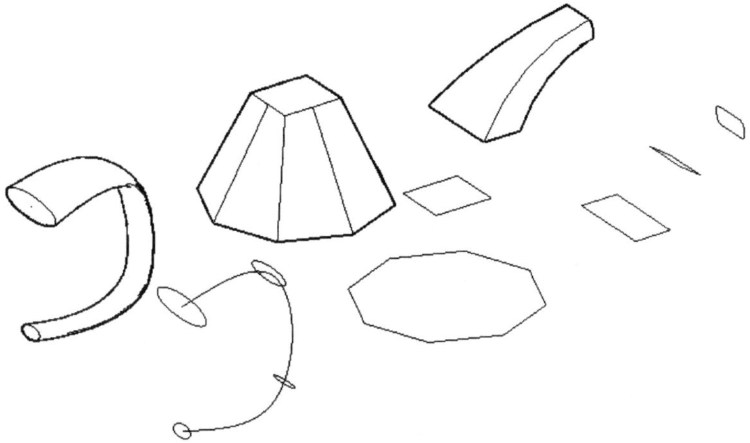

L'opération de lissage permet de créer un solide 3D (ou une surface) par lissage à partir d'un jeu de deux ou plusieurs profils ou coupes (ou courbes pour une surface).

Le solide est créé dans l'espace situé entre les profils. Les profils définissent les formes ou sections du solide (ou surface) obtenu. Les profils fermés génèrent un solide et les profils ouverts génèrent des surfaces. Le lissage peut s'appuyer sur des courbes de guidage. Les courbes de guidage constituent un autre moyen de contrôler la forme du solide (ou de la surface) de lissage. Vous pouvez utiliser des courbes de guidage pour déterminer la manière dont les points sont mis en correspondance sur les coupes associées afin d'éviter tout résultat indésirable ou non harmonieux. Lorsque vous utilisez uniquement des coupes pour créer une surface ou un solide de lissage, vous pouvez également faire appel aux options de la boîte de dialogue **Paramètres de lissage** pour contrôler la forme du solide (ou de la surface).

Les **profils** peuvent être des polyligne 2D, spline 2D, cercle, ellipse, des points (points pour les première et dernière coupes uniquement (et des ligne, arc, arc elliptique pour la création de surface).

Les **trajectoires** peuvent être des ligne, arc, arc elliptique, cercle, ellipse, polyligne 2D, spline 2D, spline 3D, polyligne 3D ou hélice.

Les **guides** peuvent être des ligne, arc, arc elliptique, polyligne 2D, spline 2D, spline 3D ou polyligne 3D.

➲ Dans le groupe de fonctions **Modélisation,** choisissez le bouton **Lissage** 

.

Le message suivant est affiché :

```
Sélectionnez les coupes dans l'ordre de lissage ou
[POint/Joindre plusieurs arêtes/MOde]:
```

➲ Sélectionnez au moins deux courbes (dans l'ordre du lissage) et validez par [Entrée].

Les courbes peuvent être ouvertes ou fermées, planes ou tridimensionnelles, et peuvent également être des sous-objets de type arête.

Des courbes (ou contours) fermés sont nécessaires pour générer des solides (volumes). L'option **MOde** permet le choix de la création d'une surface ou d'un solide.

Les options suivantes sont affichées :

```
Entrez une option [Guidages/Chemin/cOUpes uniquement/paramèTres]
<COUpes uniquement>:
```

cOUpes uniquement : permet la création d'un solide en s'appuyant uniquement sur des coupes (ou profils).

Guidages : permet de sélectionner les courbes de guidage qui gèrent la forme du solide. Ces courbes de guidage permettent de définir avec précision l'évolution du solide entre les courbes (ou profils). Le nombre de courbes de guidage n'est pas limité.

Chemin : permet de spécifier la trajectoire du solide (ou surface). La trajectoire doit couper tous les plans des coupes ou profils.

Une fois le solide créé, sélectionnez celui-ci pour agir sur les options du menu contextuel suivant :

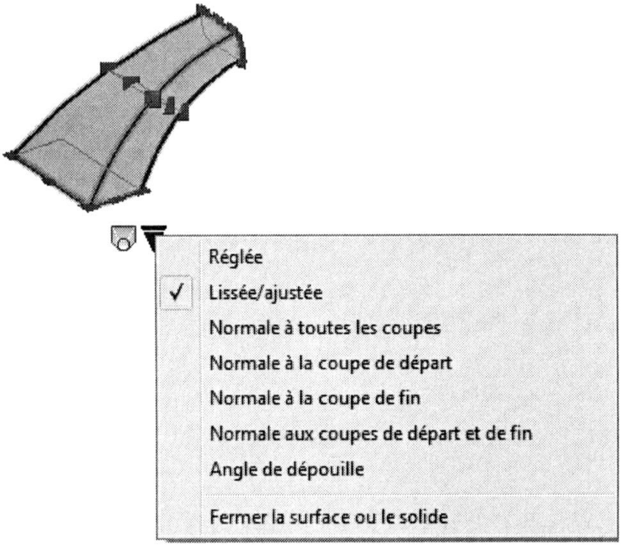

Réglée : permet un lissage droit (réglé) entre les coupes. Ces coupes sont des arêtes aiguës.

Lissée/ajustée : permet un lissage entre les coupes. Ces coupes présentent des arêtes aiguës aux coupes de départ et de fin.

Normale à : permet un lissage en déterminant la normale au niveau des coupes. Le respect de cette normale (perpendiculaire) est possible à l'ensemble des coupes, à la coupe de départ, à la coupe de fin, aux courbes de départ et de fin.

Angle de dépouille : permet un lissage en déterminant un angle et une magnitude de dépouille de la première à la dernière courbe. L'angle donne la direction de début de la surface. Une valeur positive est définie vers l'extérieur du plan de la courbe.

G. Les opérations booléennes

Pour obtenir un solide complexe, il faut fréquemment unir et soustraire des solides. Vous les raccordez et les chanfreinez avant de les dupliquer, de les faire tourner...

Trois opérations sont possibles : la soustraction, l'union et l'intersection.

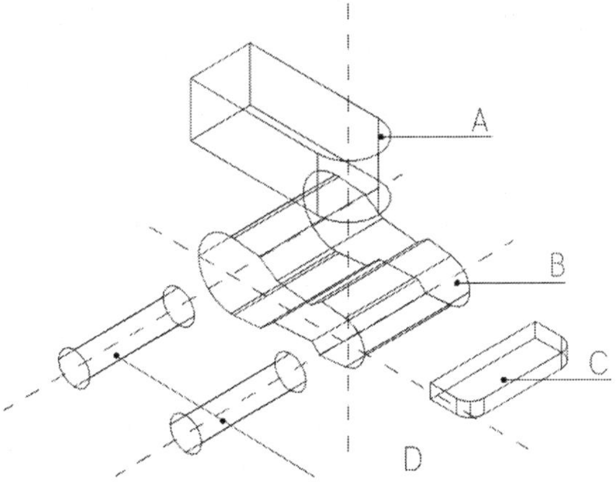

1. Soustraction de solides

➲ Dans le groupe de fonctions **Edition de solides** (onglet **Début**), cliquez sur l'icône **Soustraction** .

Le message ci-dessous est affiché :

```
Choix des objets:
```

Vous devez sélectionner le ou les solides auxquels vous allez ôter d'autres solides.

➲ Dans l'exemple, sélectionnez le solide B, puis validez par [Entrée].

Le message suivant apparaît :

```
Choix des objets:
```

- Sélectionnez le ou les solides à ôter. Dans l'exemple, sélectionnez les solides A et D.
  Vous obtenez le résultat suivant :

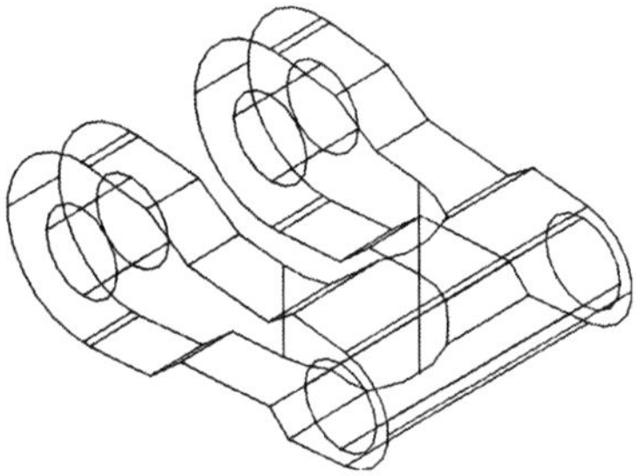

2. Union de solides

- Dans le groupe de fonctions **Edition de solides** (onglet **Début**), cliquez sur l'icône **Union** .
  AutoCAD demande de sélectionner tous les solides à unir ou à fusionner.
- Dans l'exemple, sélectionnez la région précédente ainsi que le solide C.
  Vous obtenez :

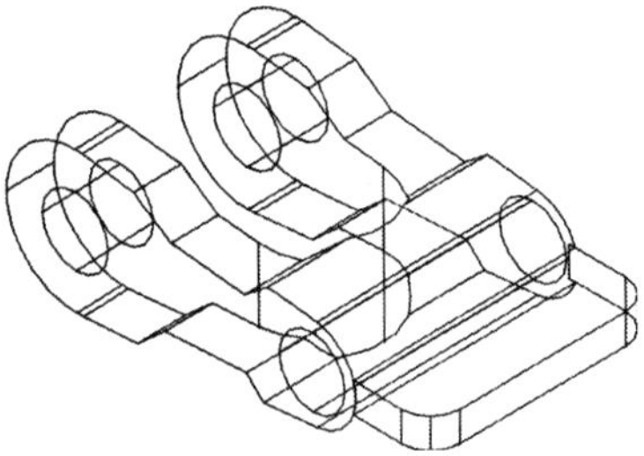

3. Intersection de solides

- Dans le groupe de fonctions **Edition de solides** (onglet **Début**), cliquez sur l'icône **Intersection** .
- Sélectionnez les solides dont les parties communes formeront le nouveau solide (cf. chapitre La notion de régions - Intersection de régions).

H. Les coupes

Pour certaines représentations, il est quelquefois intéressant de couper un solide 3D et de conserver seulement un côté du volume. À partir d'un plan défini par un SCU ou trois points particuliers, vous découpez le ou les volumes sélectionnés. Vous déterminez ensuite le côté à conserver.

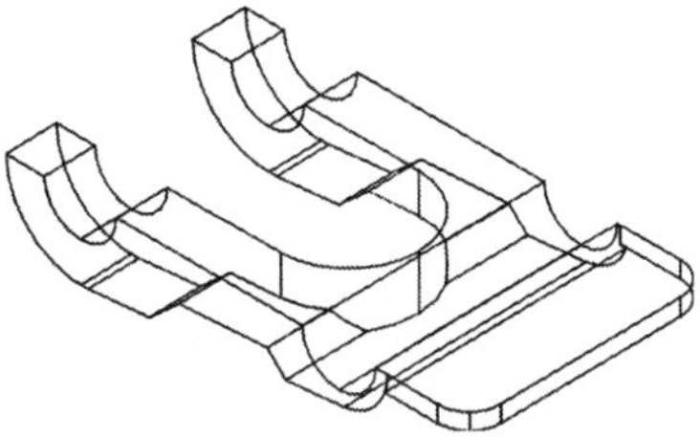

➲ Déroulez le groupe de fonctions **Edition de solides** (onglet **Début**), et choisissez **Section** .

Le message suivant apparaît :

```
Sélectionnez les objets à couper:
```

➲ Sélectionnez le ou les solides à couper.

Le message suivant apparaît :

```
Spécifiez le point de départ de section ou [Objet
planaire/Surface/axeZ/Vue/XY/YZ/ZX/3points] <3points>:
```

➲ Définissez le plan de coupe par l'une des options suivantes :

3points : positionne un plan de coupe par trois points.

Objet planaire : permet la sélection d'une entité 2D. Le plan de conception de l'entité définit le plan de coupe.

Surface : aligne le plan de coupe sur une surface existante (les objets maillés ne sont pas pris en compte).

axeZ : définit par deux points le plan de coupe. Ces deux points correspondent à l'axe Z du plan de coupe.

Vue : fixe le plan de coupe sur un point perpendiculairement à la direction de visée.

XY : fixe le plan de coupe parallèlement au plan XY du SCU courant. Demande un point sur ce plan parallèle.

YZ : fixe le plan de coupe parallèlement au plan YZ du SCU courant. Demande un point sur ce plan parallèle.

ZX : fixe le plan de coupe parallèlement au plan ZX du SCU courant. Demande un point sur ce plan parallèle.

AutoCAD affiche ensuite :

```
Spécifiez un point sur le côté désiré ou [garder
les Deux côtés] <Deux>:
```

➲ Précisez un point sur le côté du solide à conserver.

L'option **Garder les deux côtés** conserve deux solides 3D.

I. Les plans de coupe

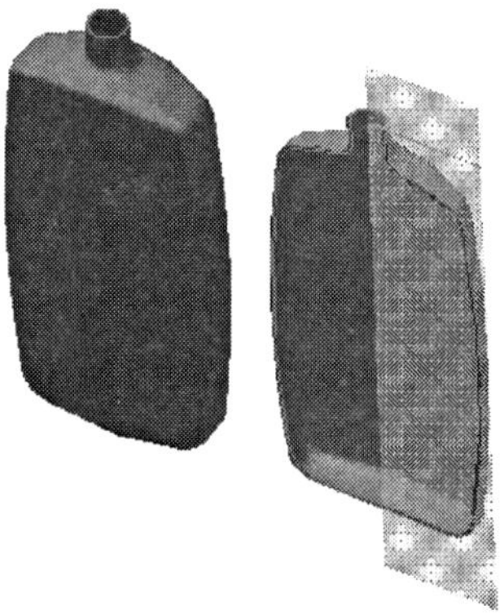

Vous pouvez couper des solides par rapport à un ou plusieurs plans de coupe défini par une face, une ligne, deux points (dans le plan du SCU).

Vous devez d'abord définir le plan de coupe, puis plusieurs options vous permettent de modifier l'affichage et les paramètres de coupe.

➲ Déroulez le groupe de fonctions **Coupe** (onglet **Début**) et choisissez l'icône **Plan de coupe** 

.

Le message suivant est affiché :

```
Sélectionnez une face ou un point pour situer la ligne de coupe
ou [Dessiner coupe/Orthogonal]:
```

➲ Sélectionnez une face ou un point sur le plan de coupe désiré.

La face sélectionnée détermine un plan de coupe (quelconque) qui peut se situer dans l'espace 3D. Le point spécifié, suivant l'arête ou la face sur laquelle il se situe, détermine également un plan de coupe. Dans ces deux cas de figure, la coupe est automatiquement activée.

Remarque

Important : pour déterminer un plan de coupe passant par deux points, vous pouvez indiquer un premier point en dehors de la géométrie. AutoCAD vous invite ensuite à spécifier le second point définissant le plan de coupe, dans le plan du SCU courant.

L'option **Dessiner coupe** permet de définir l'objet de coupe avec plusieurs points pour créer une ligne de coupe avec des raccourcissements.

L'option **Orthogonal** permet de définir un plan de coupe selon une orientation orthogonale relative au SCU. Les options **Avant**, **Arrière**, **Haut**, **Bas**, **Gauche** et **Droite** sont disponibles.

1. Activer la coupe

- Sélectionnez le plan de coupe (affiché en grisé), comme ci-dessous :

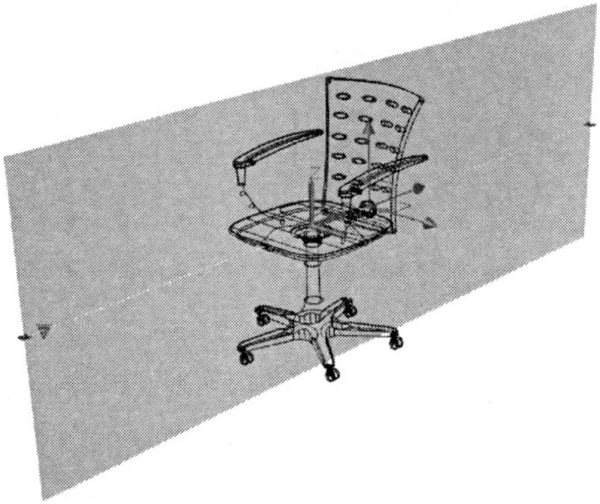

- Effectuez un clic droit pour afficher les options du menu contextuel suivant :

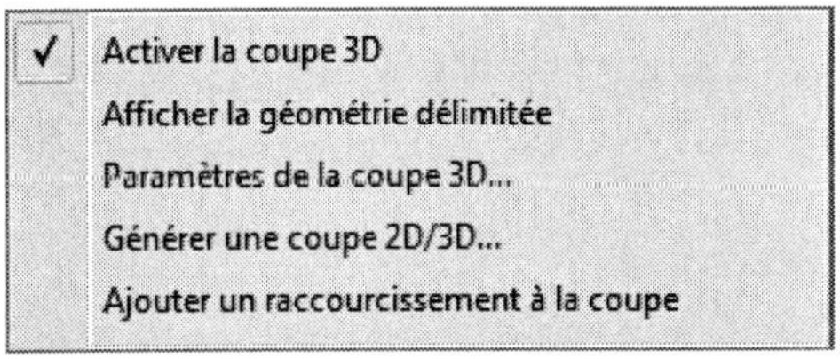

- Dans le menu contextuel, choisissez **Activer la coupe 3D** pour obtenir le résultat de la coupe.

  Si cette option n'est pas cochée, la coupe n'est pas active et les objets sont affichés entièrement.

2. Modifier le plan de coupe

➲ Sélectionnez le plan de coupe.

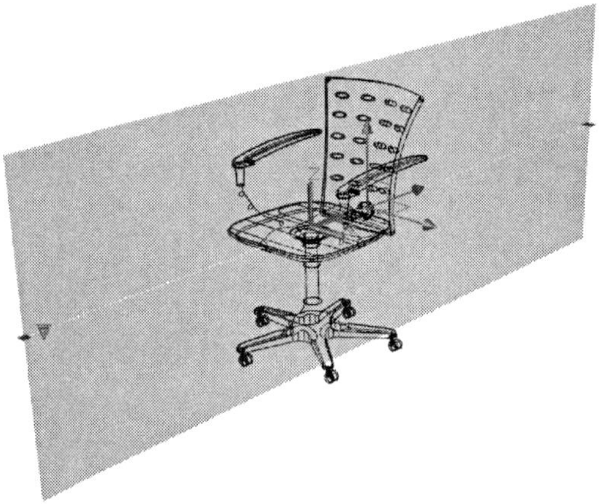

Les poignées suivantes sont affichées sur le plan de coupe :

 Sélectionnez ces poignées pour redimensionner, déplacer ou orienter le plan de coupe.

 Sélectionnez cette poignée pour déplacer le plan de coupe dans un plan parallèle.

 Sélectionnez cette poignée pour inverser la coupe par rapport au plan de coupe d'origine. La coupe sera placée d'un côté ou de l'autre du plan de coupe.

 Cliquez sur cette icône et choisissez l'état de coupe dans la liste.
Plan de coupe : l'indicateur du plan de coupe transparent et la ligne de coupe s'affichent. Le plan sécant s'étend à l'infini dans toutes les directions.
Limite de coupe : un parallélépipède 2D montre l'étendue XY du plan sécant. Le plan sécant le long de l'axe Z s'étend à l'infini.
Volume de coupe : un parallélépipède 3D montre l'étendue du plan sécant dans toutes les directions.

3. Utiliser les paramètres de la coupe

➲ Sélectionnez le plan de coupe (affiché en grisé).

➲ Effectuez un clic droit.

➲ Dans le menu contextuel, choisissez **Paramètres de la coupe 3D**.

La boîte de dialogue suivante est affichée.

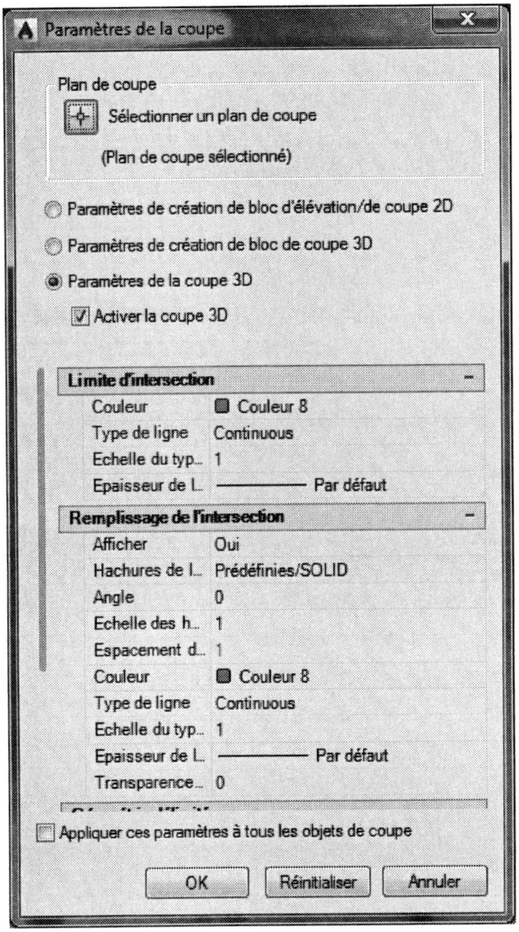

Tous ces paramètres sont stockés avec le plan de coupe.

Paramètres de création de bloc d'élévation/de coupe 2D : définit la façon dont une coupe 2D d'un objet 3D s'affiche lorsqu'elle est générée.

Paramètres de création de bloc de coupe 3D : détermine la façon dont un objet 3D s'affiche lorsqu'il est généré.

Paramètres de la coupe 3D : détermine la façon dont les objets sectionnés s'affichent dans le dessin lorsque la coupe 3D est activée.

Activer la coupe 3D : active la coupe 3D pour l'objet de coupe sélectionné.

Limite d'intersection : définit l'apparence des segments de ligne qui définissent la surface d'intersection du plan de l'objet de coupe.

Remplissage de l'intersection : définit le remplissage facultatif qui s'affiche à l'intérieur de la zone d'intersection de la surface coupée et de l'objet.

Lignes d'arrière-plan : contrôle l'affichage des lignes d'arrière-plan pour les coupes 2D et 3D. Pour les coupes 2D, ce paramètre gère également l'emplacement d'affichage des lignes masquées.

Lignes de premier plan : contrôle l'affichage des lignes de premier plan.

Lignes de tangence de la courbe : contrôle l'inclusion des lignes courbes tangentes au plan de coupe (s'applique uniquement aux sections 2D).

Image statique : affiche une description de la commande sélectionnée.

Appliquer ces paramètres à tous les objets de coupe : lorsqu'elle est activée, cette option applique tous les paramètres à tous les objets de coupe du dessin. Lorsqu'elle est désactivée, cette option applique les paramètres à l'objet de coupe courant uniquement.

Réinitialiser : rétablit tous les paramètres de la boîte de dialogue à leur valeur par défaut.

J. Générer une coupe 2D/3D

Si votre projet nécessite des dessins d'élévation 2D ou des coupes 2D, l'option **Elévation/ Coupe 2D** crée une représentation de bloc précise prête à être cotée. Si vous créez une présentation et que vous devez publier ou rendre une vue partielle du modèle 3D, utilisez l'option **Coupe 3D**.

Les coupes 2D et 3D peuvent être insérées dans le dessin sous forme de blocs. Les coupes générées sont créées en tant que blocs pouvant être renommés et modifiés.

Les blocs peuvent être à nouveau mis à l'échelle et pivotés avant leur insertion dans le dessin. Le point de base de l'insertion peut aussi être changé.

Les objets 3D insérés sous forme de xréfs et de blocs dans le dessin peuvent être utilisés pour générer des coupes.

Les coupes 2D sont créées à l'aide de lignes 2D, d'arcs, de cercles, d'ellipses, de splines et de motifs de hachures.

Les coupes 3D sont créées à l'aide de surfaces et de solides 3D, mais les lignes 2D sont utilisées pour les contours de profil et les motifs de hachures.

Les propriétés d'affichage des blocs de coupe 2D/élévation et des blocs de coupe 3D sont déterminées dans la boîte de dialogue **Paramètres de la coupe**.

- Sélectionnez le plan de coupe (affiché en grisé).
- Effectuez un clic droit.
- Dans le menu contextuel, choisissez **Générer une coupe 2D/3D**.

La boîte de dialogue suivante est affichée :

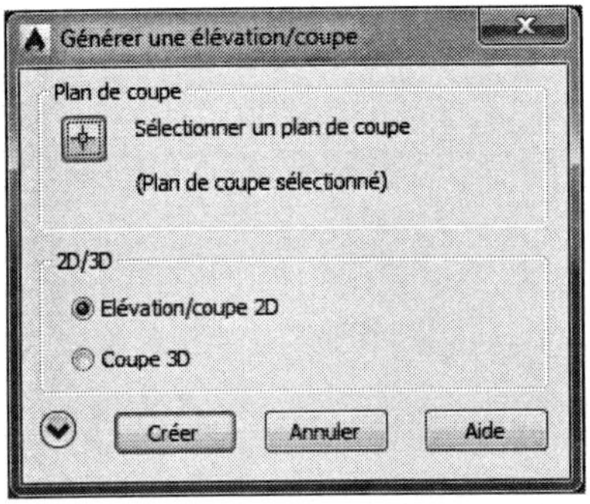

➲ Cliquez sur le bouton **Afficher les détails**  pour obtenir l'affichage de la boîte de dialogue comme ci-après.

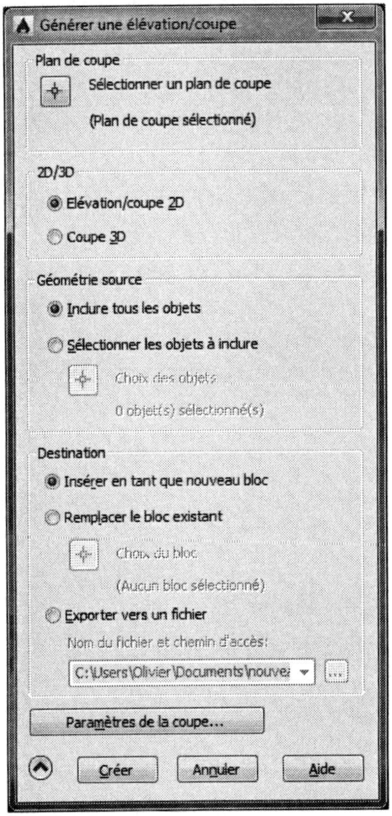

Rubrique Plan de coupe

Permet de sélectionner un autre plan de coupe.

Rubrique 2D/3D

Elévation/coupe 2D : génère une coupe 2D.

Coupe 3D : génère une coupe 3D.

Rubrique Géométrie source

Inclure tous les objets : indique d'inclure tous les objets 3D (solides, surfaces et régions 3D) dans le dessin, y compris ceux présents dans les xréfs et les blocs.

Sélectionner les objets à inclure : indique que vous allez sélectionner manuellement les objets 3D (solides, surfaces et régions 3D) dans le dessin à partir desquels générer une coupe.

Choix des objets : ferme provisoirement la boîte de dialogue tandis que vous sélectionnez les objets destinés à la coupe. Une fois la sélection terminée, appuyez sur [Entrée] pour afficher à nouveau la boîte de dialogue **Génération d'une élévation/coupe**.

Objets sélectionnés : indique le nombre d'objets sélectionnés.

Rubrique Destination

Insérer en tant que nouveau bloc : insère la coupe générée en tant que bloc dans le dessin courant.

Remplacer le bloc existant : remplace un bloc existant dans le dessin par la coupe générée.

Choix du bloc : ferme provisoirement la boîte de dialogue tandis que vous sélectionnez le bloc dans le dessin. Une fois la sélection terminée, appuyez sur [Entrée] pour afficher à nouveau la boîte de dialogue **Génération d'une élévation/coupe**.

Exporter vers un fichier : enregistre la coupe dans un fichier externe.

Nom du fichier et chemin d'accès : spécifie un nom de fichier et un chemin d'accès dans lesquels la coupe sera enregistrée.

Bouton Paramètres de la coupe

Ouvre la boîte de dialogue **Paramètres de la coupe**.

Bouton Créer

Crée la coupe.

K. Les interférences

Vous pouvez vérifier si des solides 3D ont des volumes communs. Ceux-ci permettent de détecter des positions erronées ou des encombrements gênants.

- Déroulez le groupe de fonctions **Edition de solides**, cliquez sur l'icône **Interférence** .

Le message suivant est affiché :

```
Sélectionnez le premier jeu d'objets ou [sélection IMbriquée/PAramètres]:
```

- Sélectionnez le premier jeu d'objets ou choisissez une option parmi les suivantes :

sélection IMbriquée : permet de sélectionner chaque solide imbriqué dans les blocs et les Xréfs.

PAramètres : affiche la boîte de dialogue **Paramètres de l'interférence** qui contrôle l'affichage des interférences.

Dans la rubrique **Objets d'interférence**, vous spécifiez le **Style visuel** et la **Couleur** des objets d'interférence.

L'option **Mettre en surbrillance les paires en interférence** met en surbrillance les paires de solides en interférence.

L'option **Mettre en surbrillance les interférences** met en surbrillance les objets d'interférence créés à partir de paires en interférence.

Dans la rubrique **Fenêtre**, vous indiquez le style visuel de la fenêtre lors de la vérification des interférences.

Le message suivant est affiché :

```
Sélectionnez le second jeu d'objets ou [sélection IMbriquée/
Vérifier premier jeu] <Vérifier>:
```

➲ Sélectionnez le second jeu d'objets ou choisissez une option parmi les suivantes :

sélection IMbriquée : permet de sélectionner chaque solide imbriqué dans les blocs et les Xréfs.

Vérifier premier jeu : affiche la boîte de dialogue **Vérification des interférences** qui permet de parcourir et d'effectuer un zoom sur les objets d'interférence. Vous pouvez également spécifier si les objets d'interférence doivent être supprimés ou non à la fermeture de la boîte de dialogue.

AutoCAD calcule l'interférence et l'affichage à l'écran selon les paramètres définis dans la boîte de dialogue **Paramètres de l'interférence**.

La boîte de dialogue suivante est affichée :

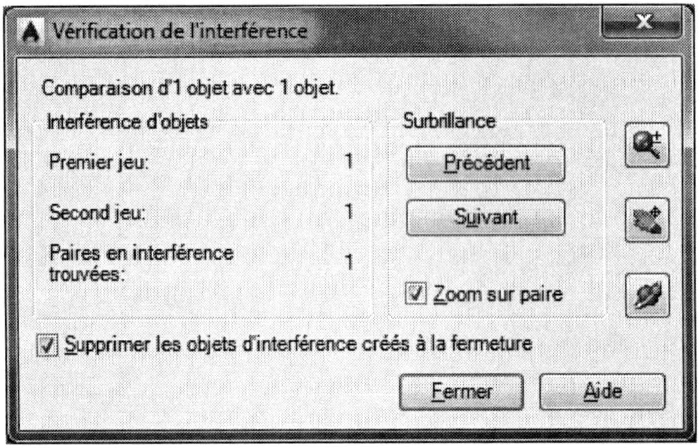

Les boutons **Zoom en temps réel** , **Panoramique en temps réel**  et **Orbite 3D**  permettent de naviguer dans la zone graphique et de parcourir les interférences.

Les boutons **Précédent** et **Suivant** mettent en surbrillance les interférences précédentes et suivantes.

La case à cocher **Zoom sur paire** effectue un zoom sur les objets d'interférence à l'aide des options **Précédent** et **Suivant**.

La case **Supprimer les objets d'interférence créés à la fermeture** permet la suppression des objets d'interférence créés pour la vérification, lors de la fermeture de la boîte de dialogue **Vérification de l'interférence**.

L. Sélection et édition de sous-objets

AutoCAD permet de sélectionner des faces, des arêtes et des sommets en maintenant la touche [Ctrl] enfoncée lorsque vous cliquez sur des objets 3D.

Un **sous-objet** est une face, une arête ou un sommet d'un solide, d'une surface ou d'un objet maillé.

1. Sélectionner des sous-objets

- Pour sélectionner une face, une arête ou un sommet d'un objet 3D, maintenez la touche [Ctrl] enfoncée et déplacez le pointeur sur l'entité désirée. Cliquez pour sélectionner l'arête, le sommet ou la face puis, sans relâcher la touche [Ctrl], sélectionnez de la même façon d'autres arêtes, sommets ou faces.

La touche [Shift] permet la désélection.

Les sous-objets sélectionnés sont représentés selon différents types de poignées.

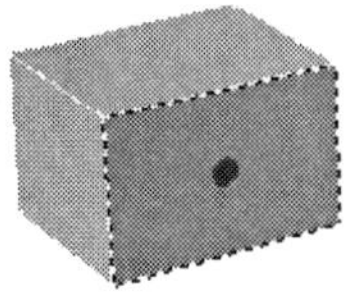

Face

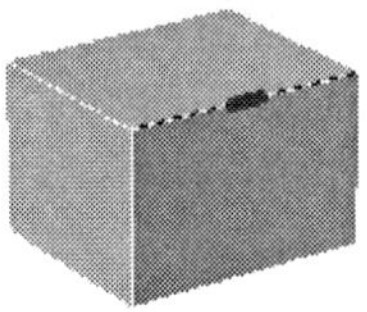

Arête

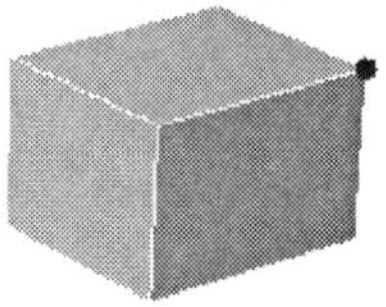

Sommet

Vous pouvez sélectionner plusieurs sous-objets et plusieurs types de sous-objets au sein de la même sélection.

2. Sélectionner des sous-objets dans des solides 3D composés

- Attention, si vous devez sélectionner un sous-objet appartenant à un **sous-objet historique** du solide composé, sélectionnez d'abord le sous-objet historique.
- Pour accéder aux sous-objets historiques, la propriété **Historique du solide composé** doit être définie sur **Enregistrement** (voir palette **Propriétés**) ; dans le groupe de fonctions **Sous-objet**, choisissez l'icône déroulante **Historique du solide**.
- Procédez ensuite à la sélection classique des sous-objets, en maintenant la touche [Ctrl] enfoncée pour sélectionner les faces, les arêtes et les sommets des solides composés.

3. Passer d'un sous-objet à un autre

Dans un environnement 3D, il est fréquent qu'un sous-objet soit caché par un autre sous-objet.

- Utilisez la combinaison de touches [Ctrl][Espace] pour passer de l'un à l'autre.

4. Activer les filtres de sélection des sous-objets

AutoCAD permet de limiter (ou prioriser) la sélection des sous-objets pour faciliter la sélection d'un type spécifique de sous-objets.

➲ Dans le groupe de fonctions **Sélection** (onglet **Début**), déroulez l'icône déroulante suivante :

Aucun filtre : désactive les filtres de sélection des sous-objets.
Sommet : limite la sélection des sommets.
Arête : limite la sélection aux arêtes.
Face : limite la sélection aux faces.
Historique du solide : limite la sélection des sous-objets d'historique des solides composés.
Composant Vue de dessin : limite la sélection aux composants des fenêtres de présentation.

Lorsque le filtre de sous-objets est activé, les icônes suivantes sont affichées près du curseur lorsque la touche [Ctrl] est maintenue enfoncée.

 Filtre des sommets actif.

 Filtre des arêtes actif.

 Filtre des faces actif.

 Filtre des sous-objets d'historique actif.

 Le sous-objet ne peut pas être sélectionné.

M. Utilisation des Gizmo pour modifier les objets

Les Gizmo constituent des techniques très rapides pour déplacer, faire pivoter et changer l'échelle des objets et sous-objets tridimensionnels. Comme ils contraignent les modifications aisément selon des plans ou des axes spécifiques, les gizmo permettent d'obtenir des résultats efficaces.

Il existe trois types de gizmo :

- **Gizmo Déplacement** : repositionne les objets sélectionnés selon un axe ou un plan.
- **Gizmo Rotation** : fait pivoter les objets sélectionnés selon un axe spécifié.
- **Gizmo Echelle** : redimensionne les objets sélectionnés selon un axe ou un plan spécifié, ou uniformément selon les trois axes.

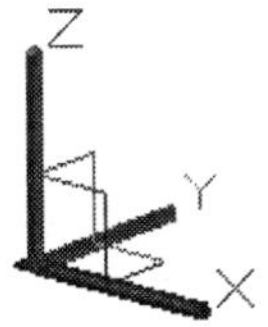

Gizmo Déplacement

Gizmo Rotation

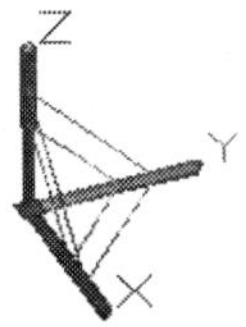

Gizmo Echelle

1. Affichage des Gizmo

➲ Dans le groupe de fonctions **Sélection** (onglet **Début**), déroulez l'icône déroulante suivante :

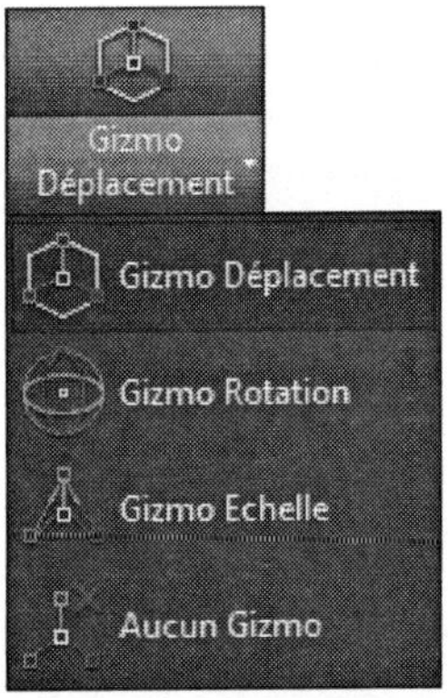

Notez que par défaut, les gizmo s'affichent automatiquement lorsque vous sélectionnez un objet ou un sous-objet dans une vue dotée d'un style visuel 3D.

Les gizmo s'affichent également lors de l'utilisation des commandes **Déplacer 3D** , **Rotation 3D** , et **Echelle 3D** (groupe de fonctions **Modification**).

Bien que le Gizmo soit placé initialement au centre de l'objet ou de la sélection d'objets courante, vous pouvez le déplacer à un autre emplacement. Le point de base (ou boîte centre) sert de point de base à la modification. En exemple, pour faire pivoter les objets autour d'un point de centre particulier, déplacez le point de base du Gizmo sur ce point particulier, avant de procéder à la rotation.

➲ Pour déplacer le point de base du Gizmo, cliquez sur la poignée boîte centre, et utilisez l'accrochage aux objets pour repositionner le point de base. Vous pouvez également utiliser le menu contextuel à l'aide d'un clic droit, puis **Repositionner le Gizmo**.

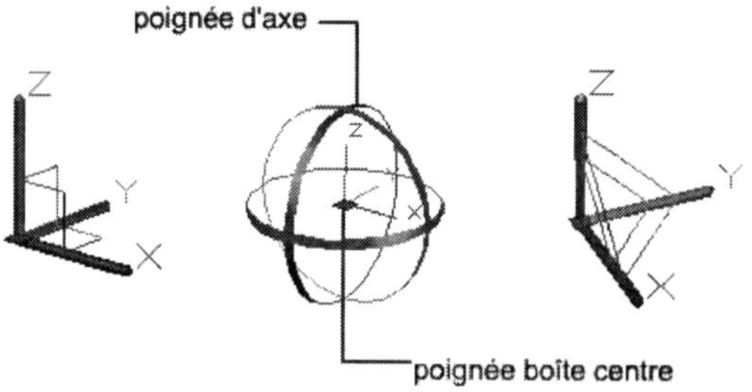

Remarque

Les axes X sont affichés en rouge, les axes Y en vert et les axes Z en rouge.

2. Sélection d'un Gizmo

Lorsque vous sélectionnez un objet, le **Gizmo Déplacement** s'affiche par défaut.

Vous pouvez basculer d'un Gizmo à un autre, tout en conservant la sélection, et ainsi enchaîner les opérations de modification.

➲ Pour basculer vers un autre Gizmo, dans le groupe de fonctions **Sous-objet**, choisissez l'icône déroulante **Gizmo Rotation** ou **Gizmo Echelle**.

➲ Pour désactiver le Gizmo, dans le groupe de fonctions **Sous-objet**, choisissez l'icône déroulante **Aucun Gizmo**.

3. Utilisation des Gizmo

a. Gizmo Déplacer

Le Gizmo Déplacer permet de déplacer des objets ou sous-objets selon un axe ou un plan.

Le Gizmo s'affiche par défaut au centre de l'objet ou de la sélection d'objets. Vous pouvez le déplacer, comme vu dans le titre Affichage des Gizmo de ce même chapitre.

- Vous pouvez également aligner le Gizmo selon une face, en choisissant **Aligner le Gizmo sur** puis **Face**. Déplacez le Gizmo depuis son point de base et déplacez sur la face désirée.

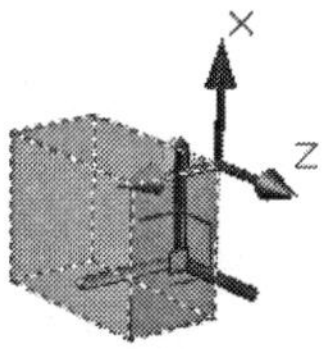

- Vous pouvez également aligner le Gizmo selon le Système de Coordonnées Général ou encore le SCU courant. Utilisez le menu contextuel **Aligner le Gizmo sur** puis **SCG** ou **SCU**. Vous pouvez encore personnaliser l'orientation du Gizmo en précisant 3 points dans l'environnement 3D. Choisissez dans le menu contextuel **Personnaliser le Gizmo**, puis indiquez l'origine, et l'orientation des axes X et Y.

Déplacer les objets le long d'un axe

- Positionnez le pointeur sur l'axe selon lequel vous souhaitez déplacer les objets. L'axe contraint choisi apparaît en jaune :

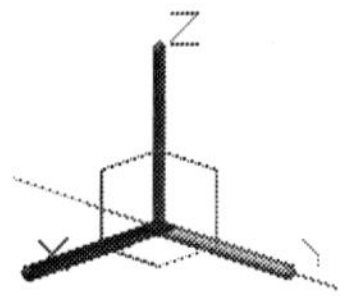

- Effectuez un cliqué-glissé pour un déplacement dynamique le long de cet axe, ou cliquez sur l'axe et saisissez la valeur du déplacement.

Déplacer les objets dans un plan

➲ Positionnez le pointeur sur le petit cadre matérialisant le plan voulu XY, YZ ou ZX. Le plan choisi matérialisé par les deux axes ainsi qu'un carré apparaît en jaune :

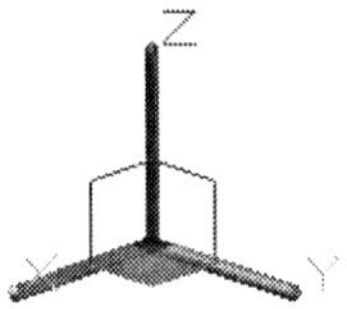

Ce plan contraint le déplacement libre sur le plan, dynamiquement ou à l'aide de coordonnées.

b. Gizmo Rotation

Le Gizmo Rotation permet de faire pivoter des objets ou sous-objets autour d'un point de base.

Le Gizmo s'affiche par défaut au centre de l'objet ou de la sélection d'objets. Le point de base (ou boîte centre) du Gizmo Rotation sert de point de base à la rotation.

➲ Pour faire pivoter les objets autour d'un point de centre particulier, déplacez le point de base à l'aide de l'accrochage aux objets par exemple.

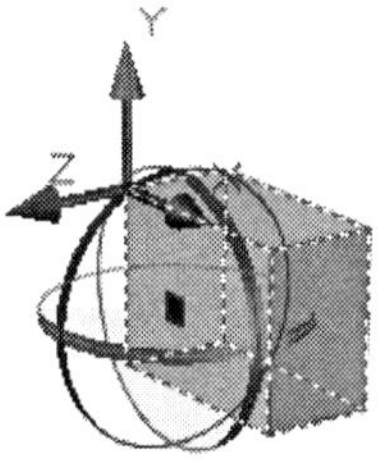

➲ Positionnez le pointeur sur l'axe de rotation selon lequel vous souhaitez effectuer la rotation (chaque axe est matérialisé par un cercle de couleur différente). L'axe contraint est affiché en jaune :

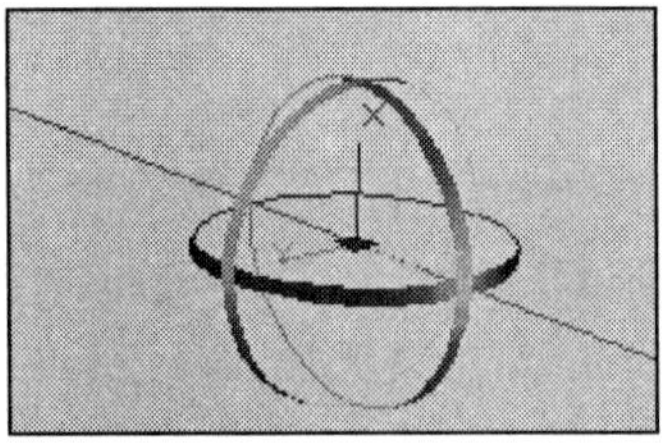

➲ Effectuez un cliqué-glissé pour une rotation dynamique autour de l'axe sélectionné, ou cliquez sur l'axe pour saisir l'angle de rotation.

c. Gizmo Echelle

Le Gizmo Echelle permet de redimensionner des objets et des sous-objets sélectionnés selon un axe ou un plan, ou de redimensionner les objets uniformément.

Le Gizmo s'affiche par défaut au centre de l'objet ou de la sélection d'objets. Le point de base du Gizmo Echelle sert de point de référence pour le redimensionnement.

➲ Pour redimensionner les objets à partir d'un point de référence particulier, déplacez le point de base à l'aide de l'accrochage aux objets par exemple.

Remarque

Attention : les solides 3D ne sont pas pris en compte pour les redimensionnements selon un axe et selon un plan. En revanche, les maillages se prêtent particulièrement bien à ces opérations.

d. Redimensionner un objet 3D selon un axe

Remarque

Attention : les solides 3D ne sont pas pris en compte pour un redimensionnement selon un axe. En revanche, les maillages se prêtent particulièrement bien à cette opération.

➲ Positionnez le pointeur sur l'axe selon lequel vous souhaitez redimensionner les objets. L'axe contraint devient jaune comme dans la figure ci-dessous :

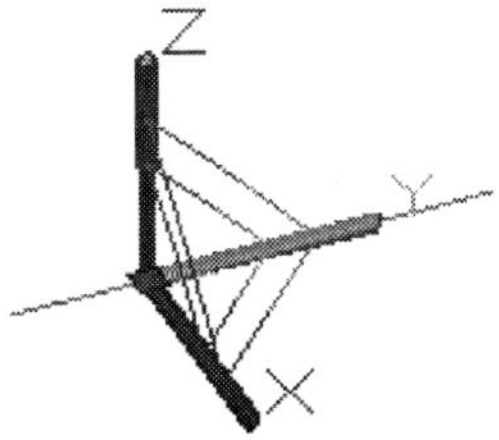

➲ Effectuez un cliqué-glissé pour un redimensionnement dynamique selon l'axe spécifié, ou cliquez sur l'axe pour saisir le facteur d'échelle.

Voir ci-dessous les figures présentant l'objet initial, puis l'objet redimensionné selon un axe.

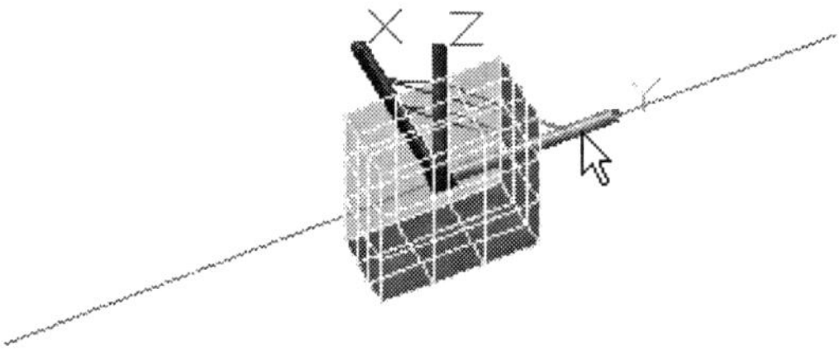

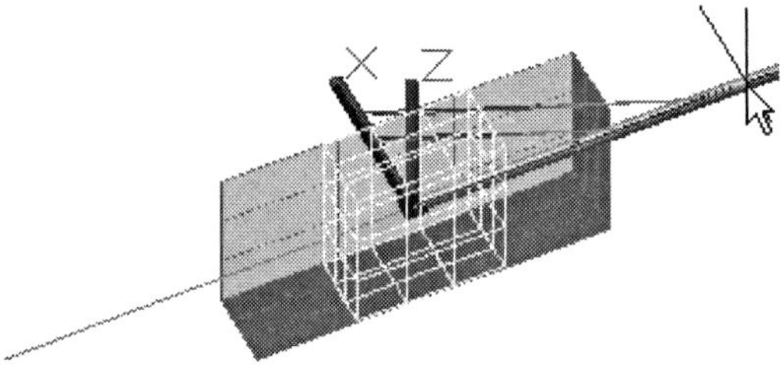

e. Redimensionner un objet 3D selon un plan

- Sélectionnez le plan selon lequel vous souhaitez redimensionner les objets. Positionnez le pointeur entre les deux parallèles qui rejoignent les deux axes constituant le plan voulu. Le plan contraint devient jaune :

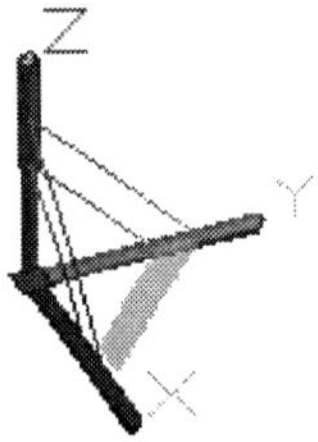

- Effectuez un cliqué-glissé pour un redimensionnement dynamique le long du plan spécifié (ou dans le plan), ou cliquez sur le plan pour saisir un facteur d'échelle.

Voir ci-dessous les figures présentant l'objet initial, puis l'objet redimensionné selon un plan.

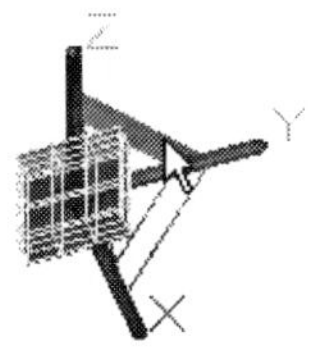

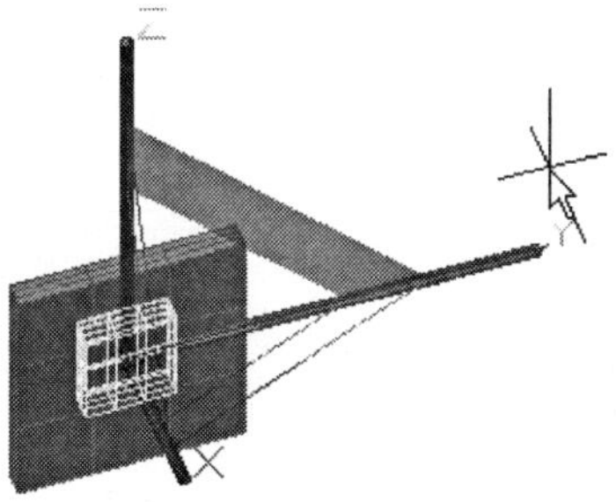

f. Redimensionner un objet 3D uniformément (selon les trois axes)

- Sélectionnez le plan selon lequel vous souhaitez redimensionner les objets. Positionnez le pointeur sur le sommet, à l'intersection des trois axes X, Y et Z pour choisir le redimensionnement uniforme. Un triangle jaune est affiché comme sur la figure ci-dessous, et précise le choix du redimensionnement uniforme selon les trois axes :

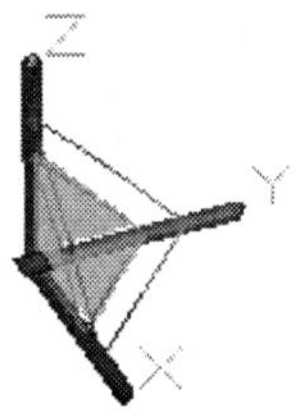

- Effectuez un cliqué-glissé pour un redimensionnement dynamique selon les trois axes, ou cliquez pour saisir un facteur d'échelle.

Voir ci-après les figures présentant l'objet initial, puis l'objet redimensionné selon les trois axes.

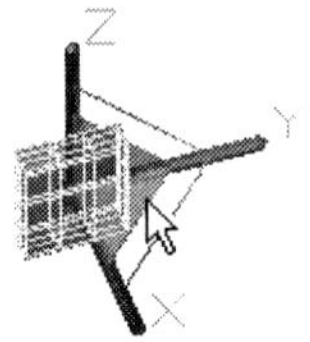

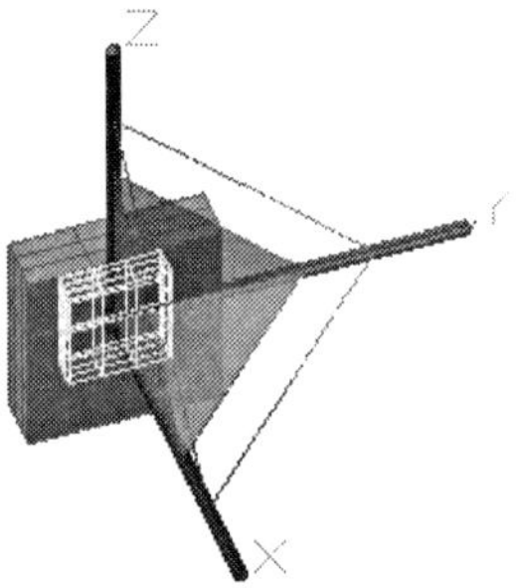

N. Modification des solides à l'aide des poignées

AutoCAD permet de modifier tout type de solides, très simplement, grâce aux outils poignées. Vous pouvez redimensionner, étirer ou déformer les faces d'un solide.

1. Redimensionner un solide à l'aide des poignées

➲ Sélectionnez le solide à modifier.

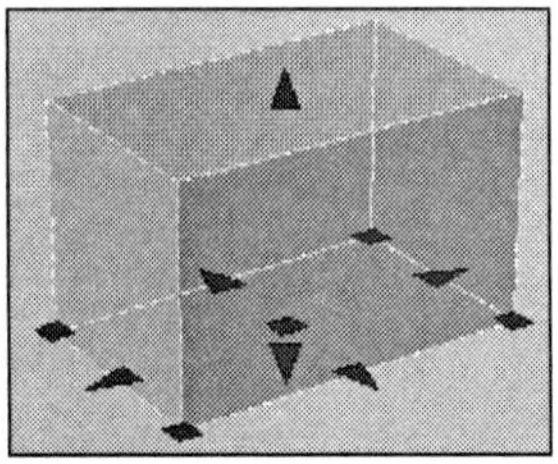

➲ Sélectionnez les poignées situées sur les sommets  pour redimensionner dynamiquement le solide. Dans l'exemple ci-dessus, vous agissez directement sur les quatre côtés du parallélépipède.

➲ Sélectionnez les poignées situées sur les arêtes  pour redimensionner dynamiquement une face du solide. Cet étirement est valable dans les deux sens (agrandissement ou réduction du volume).

- Sélectionnez les poignées situées sur les faces  (dans l'exemple, sens de l'extrusion) pour redimensionner dynamiquement une face du solide.

  La poignée centrale  vous permet de déplacer librement le solide (cf. Sélectionner et manipuler les sous-objets des solides composés - Déplacer un solide à l'aide des poignées dans ce chapitre).

2. Afficher les formes d'origine des solides composés

L'historique de création des solides est conservé et vous permet de visualiser les formes d'origine constituant le solide composé.

Accédez aux propriétés du solide, via la fenêtre **Propriétés**, rubrique **Historique du solide**, **Historique** (Enregistrement) et **Afficher l'historique** (Oui).

Dans la figure ci-dessous, le solide composé est issu de la soustraction d'un cylindre à la boîte.

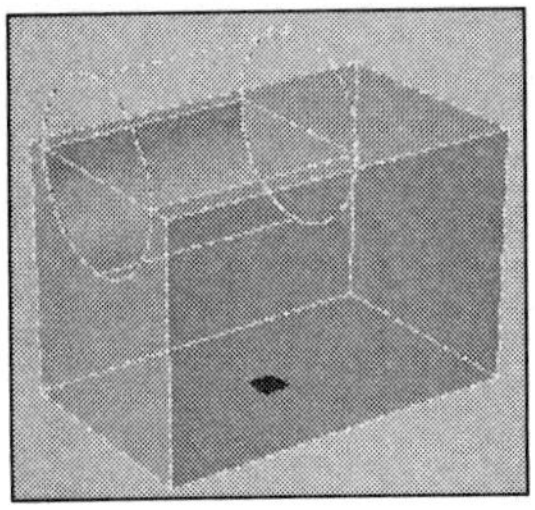

0. Sélectionner et manipuler les sous-objets des solides composés

Sélectionner les sous-objets

- Dans le groupe de fonctions **Sélection**, cliquez sur l'icône déroulante **Historique du solide**.
- Sélectionnez le solide composé.
- En restant appuyé sur la touche [Ctrl], sélectionnez les composants d'origine affichés grâce à l'historique.

  Dans la figure ci-dessous, le cylindre d'origine est sélectionné.

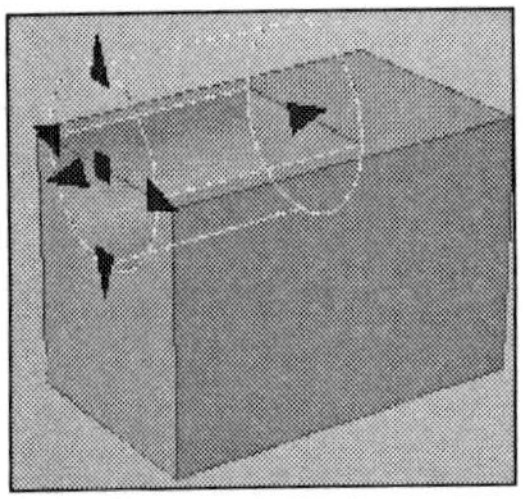

- Modifiez le composant d'origine à l'aide des poignées pour déplacer le cylindre ou modifier son diamètre ou sa hauteur.

Le solide composé est automatiquement modifié.

1. Déplacer, faire pivoter et mettre à l'échelle les arêtes des solides

Si la manipulation concerne l'arête d'un solide composé, sélectionnez d'abord le sous-objet.

- Dans le groupe de fonctions **Sélection**, cliquez sur l'icône déroulante **Arête** pour imposer la sélection des arêtes des solides.

Remarque

Notez que la même icône déroulante permet de prioriser la sélection d'arête(s) ou de face(s) avant de manipuler celles-ci.

- En restant appuyé sur la touche [Ctrl], cliquez sur l'arête (ou les arêtes) à modifier.

La poignée de modification d'arêtes s'affiche comme ci-dessous :

- Dans le groupe de fonctions **Sélection**, cliquez sur l'icône déroulante **Gizmo Déplacement** pour afficher le trièdre (ou Gizmo) de déplacement.
- Déplacez le pointeur sur la poignée de modification d'arêtes. Le trièdre suivant apparaît :

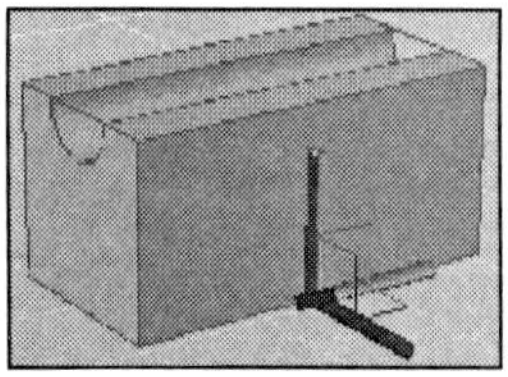

Ce trièdre est affiché avec trois axes rouge, vert et bleu, ainsi que trois plans matérialisés par des lignes de deux couleurs matérialisant les plans XY, YZ, et ZX.

- Sélectionnez un axe pour imposer un déplacement de l'arête le long de cet axe comme dans les deux figures ci-dessous :

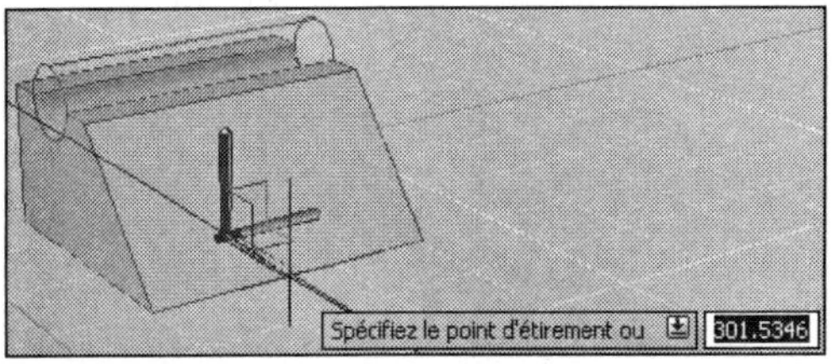

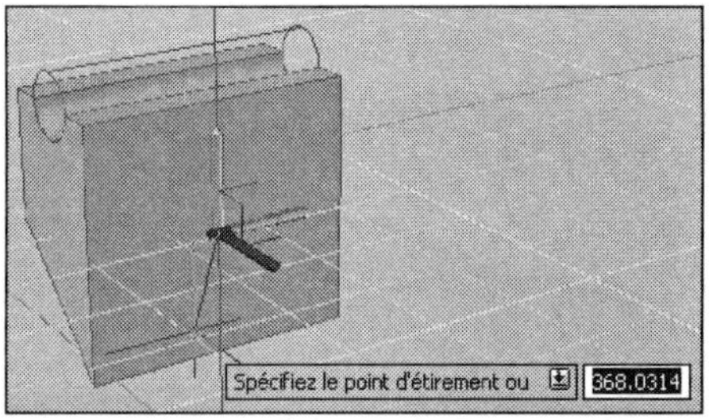

Lorsque l'arête est sélectionnée, vous accédez aux modifications telles que **Déplacer**, **Rotation** ou **Echelle** depuis le menu contextuel.

Vous pouvez aussi basculer du **Gizmo Déplacement** vers les **Gizmo Rotation** et **Gizmo Echelle** selon l'opération à effectuer. Voir dans ce chapitre Déplacer un solide à l'aide des poignées et Faire pivoter un solide à l'aide des poignées.

- Dans le groupe de fonctions **Sélection**, cliquez sur l'icône déroulante dédiée aux Gizmo.

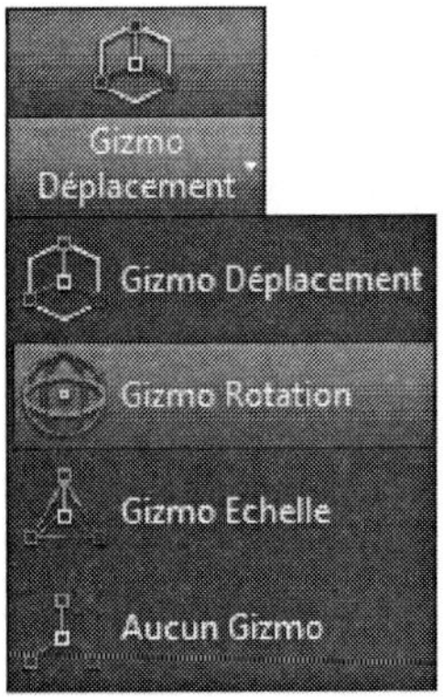

Ainsi, une rotation et un changement d'échelle d'une arête peuvent donner le résultat suivant :

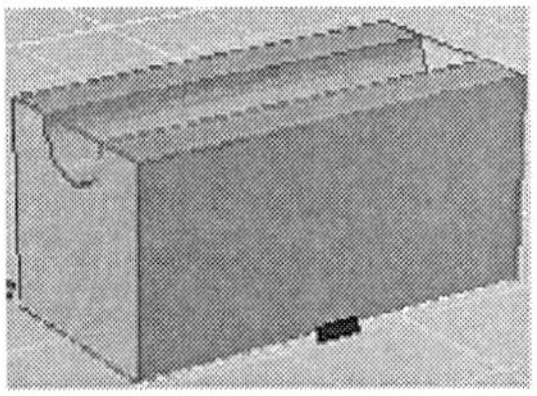

Arête sélectionnée

Rotation de l'arête

Changement d'échelle de l'arête

Remarque

Notez que la méthode est similaire pour déplacer, faire tourner et changer l'échelle des sommets et des faces des solides.

➲ Pour prioriser la sélection d'arête(s), de face(s) ou de sommet(s), choisissez l'icône déroulante ci-dessous dans le groupe de fonctions **Sélection** :

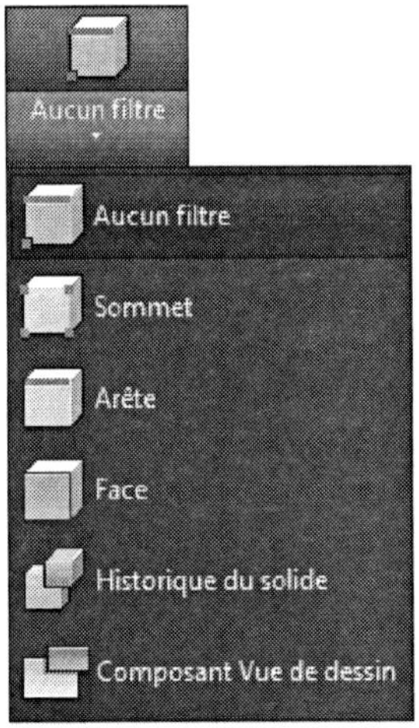

2. Déplacer un solide à l'aide des poignées

- Sélectionnez la poignée centrale  pour déplacer librement le solide.

  Lorsque cette poignée est sélectionnée, le trièdre suivant est affiché :

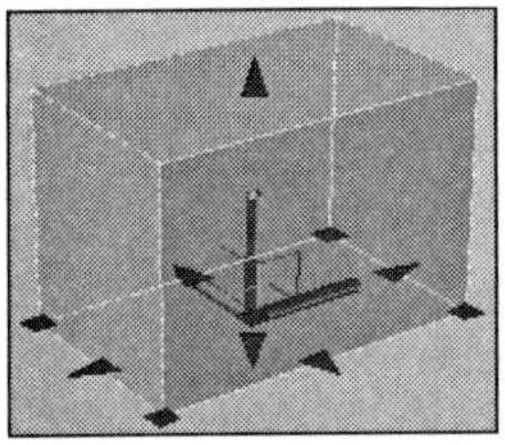

  Ce trièdre est affiché avec trois axes rouge, vert et bleu, ainsi que trois plans matérialisés par des lignes de deux couleurs matérialisant les plans XY, YZ, et ZX.

- Sélectionnez un axe pour imposer un déplacement du solide le long de cet axe.

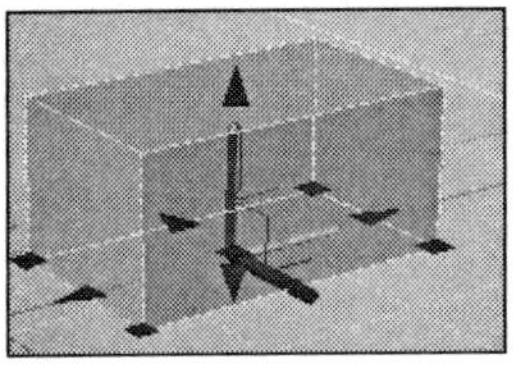

  Dans l'exemple précédent, le déplacement respecte l'axe sélectionné et une droite est représentée le long de cet axe.

- Sélectionnez un plan pour imposer un déplacement dans le plan XY, YZ ou ZX choisi.

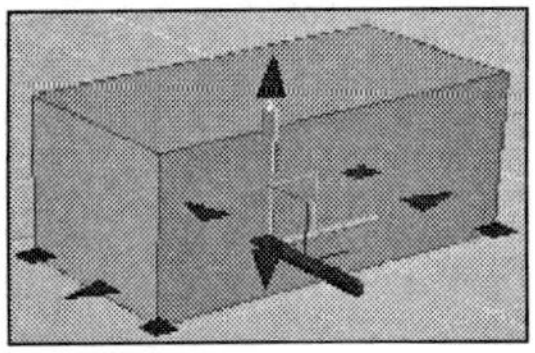

Remarque

> *Notez que pour manipuler les sous-objets d'un solide, il faut d'abord sélectionner le solide, puis activer la sélection des sous-objets via l'icône déroulante* ***Historique de solide*** *dans le groupe de fonctions* ***Sélection***.

3. Déplacer un solide à l'aide de la commande Déplacer 3D

L'outil **Déplacer 3D** permet un déplacement des objets dans une vue 3D à une distance spécifiée et dans une direction indiquée.

L'outil **Déplacer 3D** permet le positionnement dynamique d'un trièdre de manipulation sur l'une des faces du solide.

- Dans le groupe de fonctions **Modification**, sélectionnez l'icône **Déplacer 3D** .
- Sélectionnez le solide à déplacer et appuyez sur la touche [Entrée].
- Déplacez le pointeur sur la face de référence du solide, de façon à placer le trièdre sur le plan adéquat au déplacement à réaliser.

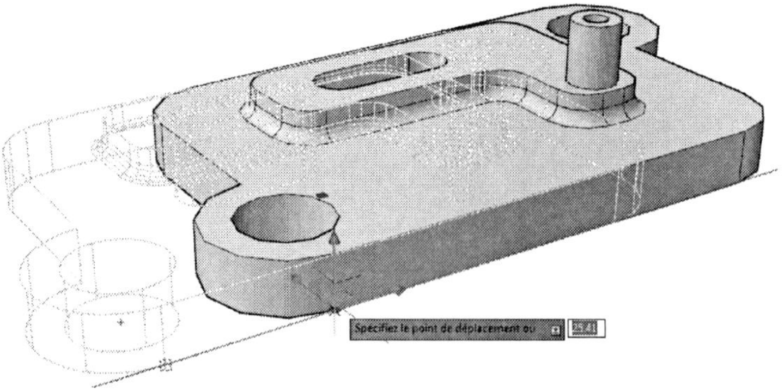

Remarque

L'affichage dynamique du trièdre est activé et désactivé par la combinaison des touches [Ctrl] D.

Le trièdre est affiché avec trois axes rouge, vert et bleu, ainsi que trois plans matérialisés par des lignes de deux couleurs matérialisant les plans XY, YZ, et ZX.

- Sélectionnez un axe pour imposer un déplacement du solide le long de cet axe puis saisissez la distance du déplacement.
- Sélectionnez un plan pour imposer un déplacement dans le plan XY, YZ ou ZX choisi.

4. Faire pivoter un solide à l'aide des poignées

L'outil **Rotation 3D** vous permet de faire pivoter des objets et des sous-objets librement ou en contraignant la rotation autour d'un axe.

AutoCAD met à disposition l'outil **poignée de rotation** ci-dessous :

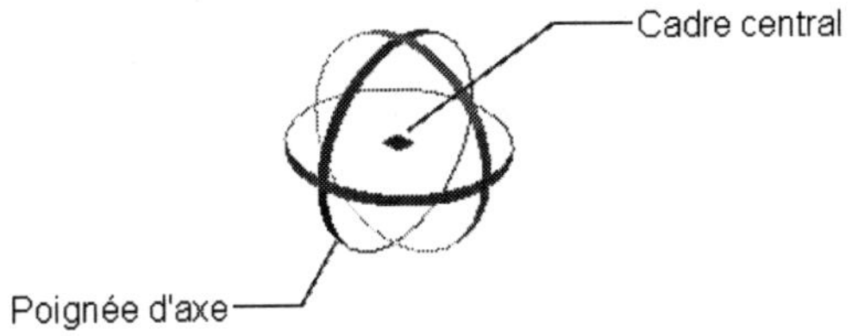

Après la sélection des objets ou sous-objets, placez l'outil poignée au niveau du point de base autour duquel la rotation doit s'effectuer. Le cadre central correspond au point de base du mouvement et modifie temporairement la position du SCU pour la rotation des objets sélectionnés.

Sélectionnez ensuite la poignée d'axe pour contraindre la rotation des objets autour de cet axe.

- Dans le groupe de fonctions **Modification**, sélectionnez l'icône **Rotation 3D** .
  AutoCAD affiche le message suivant :

```
Choix des objets:
```

- Sélectionnez les objets ou sous-objets à faire pivoter et appuyez sur la touche [Entrée].
  AutoCAD affiche le message ci-dessous.

```
Spécifiez le point de base:
```

L'outil poignée de rotation (gizmo) est alors affiché.

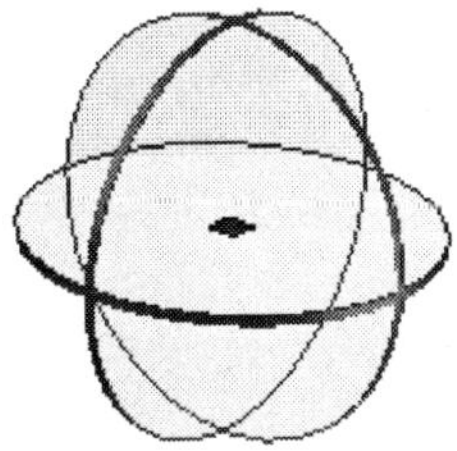

- Utilisez les outils d'accrochage pour placer l'outil **poignée de rotation** au point de base autour duquel la rotation doit s'effectuer. AutoCAD affiche le message suivant :

```
Choisissez un axe de rotation:
```

- Sur l'outil **poignée de rotation** cliquez sur la **poignée d'axe** pour contraindre la rotation autour de cet axe.

  AutoCAD affiche le message suivant :

```
Spécifiez un angle point de départ ou tapez un angle:
```

- Saisissez un angle référence au clavier ou utilisez l'accrochage aux objets pour vous référer dynamiquement à une géométrie existante.

  AutoCAD affiche le message suivant :

```
Spécifiez l'angle de l'extrémité:
```

- Saisissez l'angle de rotation ou utilisez l'accrochage aux objets pour vous référer dynamiquement à une géométrie existante.

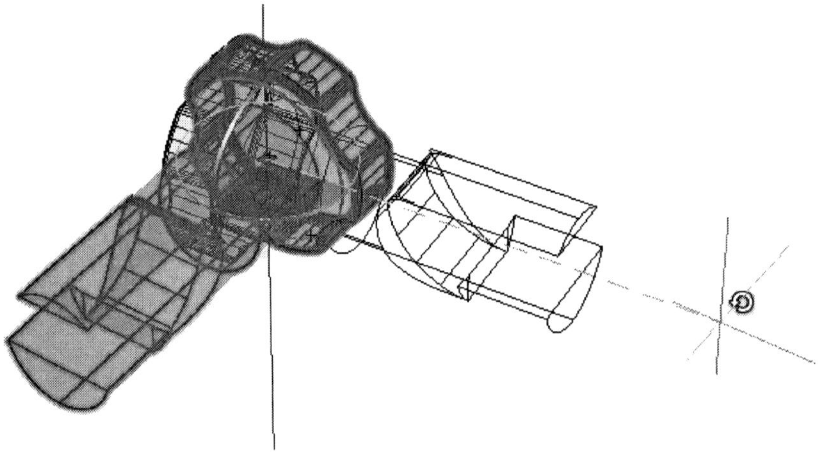

Remarque

*Notez aussi la possibilité de choisir le **Gizmo Rotation** dans le groupe de fonctions **Sélection**, pour procéder à une rotation directe à partir d'un solide sélectionné.*

5. Ajouter des arêtes et des faces aux solides

Vous pouvez modifier l'aspect de la face d'un objet 3D en lui appliquant l'empreinte d'un objet présentant une intersection avec la face sélectionnée. Cette opération combine l'objet à la face en créant une arête.

Cette empreinte vous permet de délimiter la face d'un solide en deux faces. Ces deux faces peuvent ensuite être modifiées avec la fonction **Appuyer/Tirer** (onglet **Modélisation**) par exemple.

L'empreinte est possible avec les objets suivants : arcs, cercles, lignes, polylignes 2D et 3D, ellipses, splines, régions, corps et solides 3D.

➲ Dans le groupe de fonctions **Edition de solides**, sélectionnez l'icône déroulante **Empreinte**

.

AutoCAD affiche le message suivant :

```
Sélectionnez une surface ou un solide 3D:
```

➲ Sélectionnez le solide 3D sur lequel vous souhaitez placer l'empreinte.

AutoCAD affiche le message suivant :

```
Sélectionnez un objet auquel apposer une empreinte:
```

➲ Sélectionnez ici l'objet à partir duquel l'empreinte sera apposée.

AutoCAD vous permet de conserver ou supprimer l'objet à partir duquel vous effectuez l'empreinte :

```
Effacer l'objet source [Oui/Non] <N>:
```

AutoCAD vous permet de créer un nouvelle empreinte à partir de nouveaux objets. Le message suivant est à nouveau affiché :

```
Sélectionnez un objet auquel apposer une empreinte:
```

- Validez par [Entrée] pour quitter la commande.

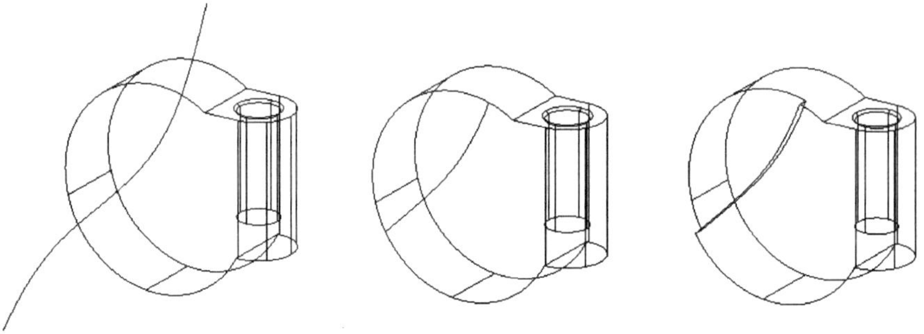

1. Empreinte sur un solide à partir d'une spline

2. Résultat de l'empreinte et sission de face

3. Opération d'extrusion de la face obtenue

6. Extraire les arêtes d'un solide

Vous pouvez extraire une, plusieurs ou encore l'ensemble des arêtes formant la structure d'un solide. Le solide reste intact et les arêtes sont dupliquées.

- Dans le groupe de fonctions **Edition des solides**, sélectionnez l'icône déroulante **Extraire les arêtes** 

.

Si vous sélectionnez le solide sans filtre de sélection, toutes les arêtes du solide sont extraites.

- Utilisez les filtres de sélection via l'icône déroulante ci-dessous (groupe de fonctions **Sous-objet**) pour restreindre la sélection.
- Choisissez **Arête** pour sélectionner la ou les arêtes de votre choix.
- Choisissez **Face** pour extraire les arêtes appartenant à la face sélectionnée.

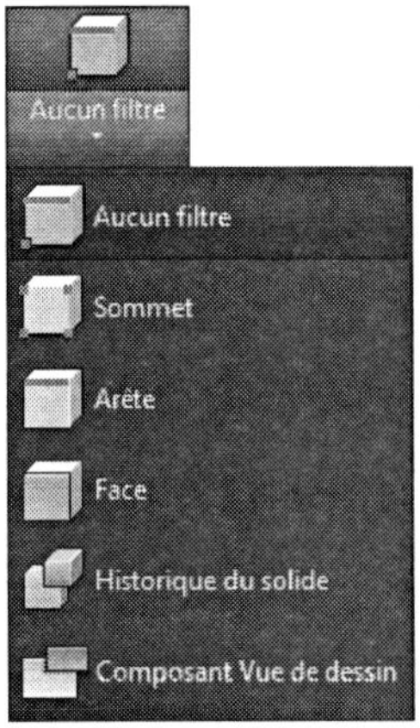

7. Appuyer et tirer sur des zones délimitées

Vous pouvez appuyer et tirer sur des zones délimitées sur des faces de solides 3D. Ces zones sont délimitées par la fonction **Empreinte** par exemple. La fonction **Appuyer/tirer** permet de limiter l'extrusion à la zone délimitée, plutôt que d'extruder l'ensemble de la face du solide.

- Dans le groupe de fonctions **Modélisation**, sélectionnez l'icône **Appuyer/tirer** 

.

  Le message suivant est affiché :

```
Sélectionnez un objet ou une zone délimitée:
```

- Cliquez à l'intérieur de la zone délimitée.
- Saisissez au clavier ou dynamiquement avec le pointeur le sens et la hauteur d'extrusion.

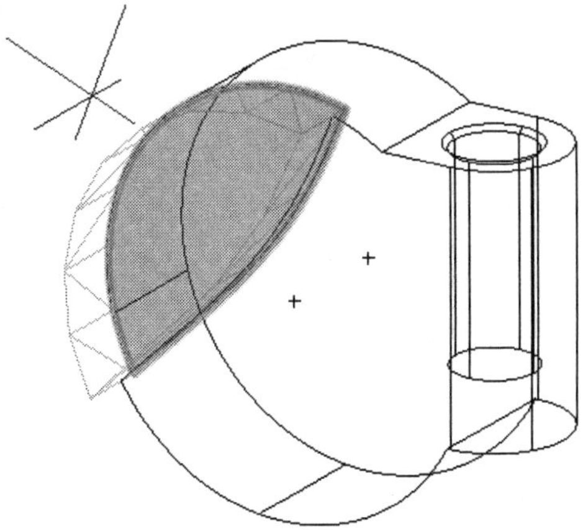

8. Aplanir la géométrie

Cette fonction vous permet de créer une vue aplanie de l'ensemble des solides 3D et régions de la vue courante.

La vue obtenue est un bloc correspondant à une représentation à plat du modèle 3D et projetée sur le plan XY. Une fois le bloc inséré, vous pouvez y apporter des modifications, car la vue aplanie est composée d'une géométrie 2D. Cette fonction est particulièrement utile pour créer des illustrations techniques.

Remarque

*Important : bien que cette fonction fonctionne depuis n'importe quel SCU, il peut être plus confortable d'utiliser le SCU de la vue (**SCU** - option **Vue**).*

➲ Déroulez le groupe de fonctions **Coupe**, sélectionnez l'icône déroulante **Aplanir la géométrie** 

.

AutoCAD affiche la boîte de dialogue suivante :

Rubrique Destination

Insérer en tant que nouveau bloc : indique l'insertion du nouveau bloc dans le dessin.

Remplacer le bloc existant : permet de remplacer un bloc du dessin par le nouveau bloc. Le bouton **Choix du bloc** permet de sélectionner le bloc concerné.

Exporter vers un fichier : permet d'enregistrer le bloc dans un fichier externe.

Rubrique Lignes de premier plan

Les lignes de premier-plan correspondent aux contours et arêtes visibles des solides, habituellement représentés en trait continu.

Vous précisez ici la **Couleur** et le **Type de ligne** de celles-ci.

Rubrique Lignes foncées

Les lignes foncées correspondent aux arêtes cachées des solides.

La case à cocher permet d'afficher ou pas ces lignes dans le bloc.

Vous précisez ici la **Couleur** et le **Type de ligne** de celles-ci.

➲ Choisissez le bouton **Créer** pour générer le bloc.

Comme pour une insertion classique de bloc, AutoCAD vous demande les points d'insertion, facteurs d'échelle et angle de rotation.

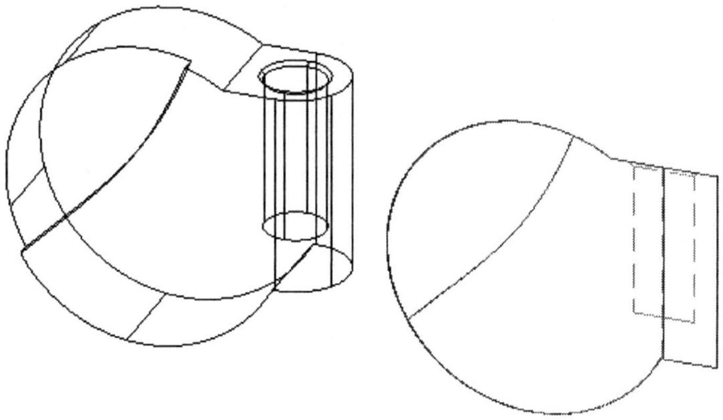

P. L'édition des solides 3D

AutoCAD permet de nombreuses possibilités d'édition des solides 3D. Vous pouvez étirer, effiler ou extruder des faces, faire pivoter des faces, copier ou projeter des arêtes, effectuer une coque, affecter des couleurs aux arêtes et faces des solides 3D...

Ces possibilités sont principalement réunies dans les icônes déroulantes du groupe de fonctions **Edition de solides**.

Extruder des faces 

: extrude une ou plusieurs faces suivant une normale à la face ou suivant un chemin 2D ou 3D. La distance est positive ou négative. L'option **Supprimer** permet de revenir sur la sélection précédemment effectuée. Notez que vous sélectionnez une face en cliquant n'importe où sur la face.

Exemple d'extrusion de face le long d'un chemin :

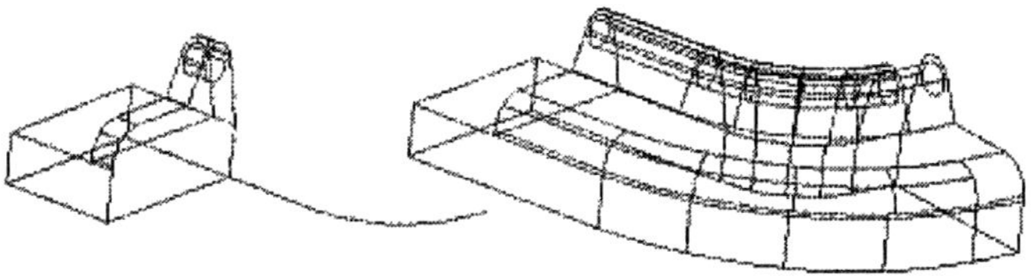

Déplacer des faces 

 : déplace la ou les faces sélectionnées et modifie la géométrie des solides 3D. Si vous sélectionnez une face externe, vous pouvez allonger ou diminuer la géométrie. Si vous sélectionnez une face interne (trou ou dégagement), vous repositionnez la géométrie interne.

Décaler des faces 

 : décale les faces extérieures pour réduire ou agrandir la taille (longueur et largeur) d'un solide 3D. Une valeur positive agrandit le solide tandis qu'une valeur négative le diminue. Exemple de décalage de faces (faces extérieures) :

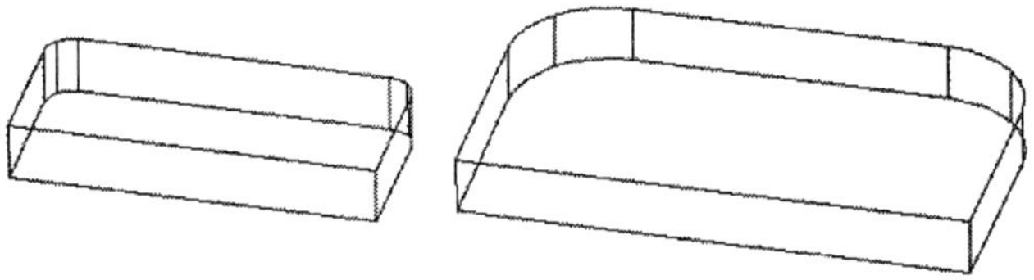

Supprimer des faces 

 : efface les faces internes (trou ou dégagement), les chanfreins, congés ou arrondis d'un solide 3D. AutoCAD recompose le volume.

Rotation des faces 

 : fait pivoter les faces d'un solide 3D autour d'un axe (à fixer). Vous pouvez faire tourner des faces externes pour modifier la forme du solide. Vous pouvez aussi faire tourner des faces internes sans toucher à la géométrie externe.

Exemple de rotation d'une face :

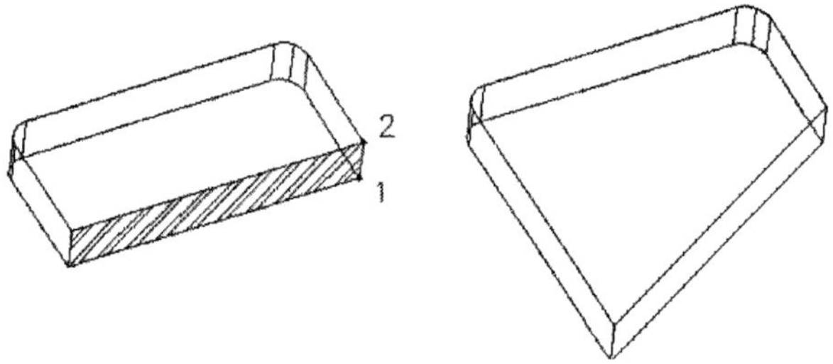

Effiler des faces : incline des faces d'un angle fixé le long d'un axe d'effilage. Le sens de l'effilage varie selon la valeur positive ou négative. Le résultat est similaire à un angle d'extrusion. L'option **Supprimer** permet de revenir sur la sélection.

Copier des faces : copie des faces d'un solide 3D et en crée une région 2D ou un corps 3D. AutoCAD demande l'emplacement de la copie. Ceci peut permettre de concevoir un solide s'inspirant d'un même base (faces identiques).

Colorer des faces : permet de modifier la couleur de faces d'un solide 3D indépendamment de la couleur du solide.

Copier des arêtes : copie des arêtes d'un solide 3D. AutoCAD demande l'emplacement de la copie.

Colorer des arêtes : permet de modifier la couleur des arêtes d'un solide 3D indépendamment de la couleur des faces du solide.

Empreinte : projette un objet sur un solide 3D en vue de délimiter des faces. AutoCAD demande la sélection du solide 3D puis l'objet à imprimer. Cet objet peut être une ligne, polyligne 2D ou 3D, ellipse, spline, région, un cercle, arc, corps ou un solide.

La délimitation de faces ainsi obtenue permet par exemple de limiter l'extrusion à la nouvelle face (cf. exemple ci-après) :

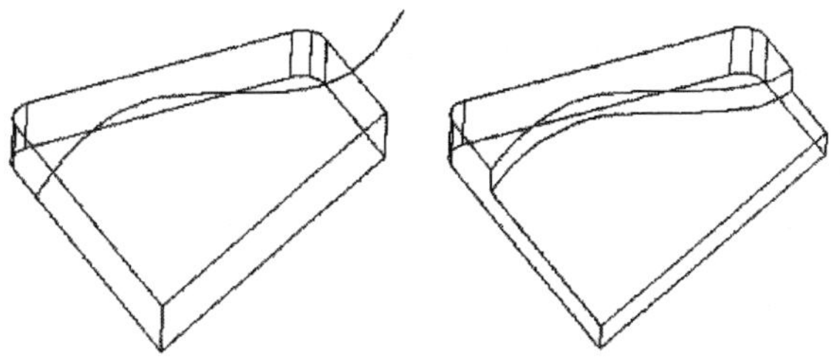

Nettoyer : supprime les arêtes ou faces inutiles sur un solide 3D.

Séparer : sépare les solides 3D composés de volumes indépendants. L'intersection de solides 3D donne par exemple quelquefois plusieurs volumes ; ces volumes constituent un seul solide 3D. La fonction **Séparer** permet la restitution de plusieurs solides 3D plus facilement exploitables.

Gaine 

: crée une coque ou une peau à partir d'un solide 3D. AutoCAD demande la sélection du solide 3D, puis la ou les faces à exclure (non concernées par la gaine). Une valeur positive génère une épaisseur vers l'intérieur ; une valeur négative génère une peau vers l'extérieur. L'épaisseur est forcément constante.

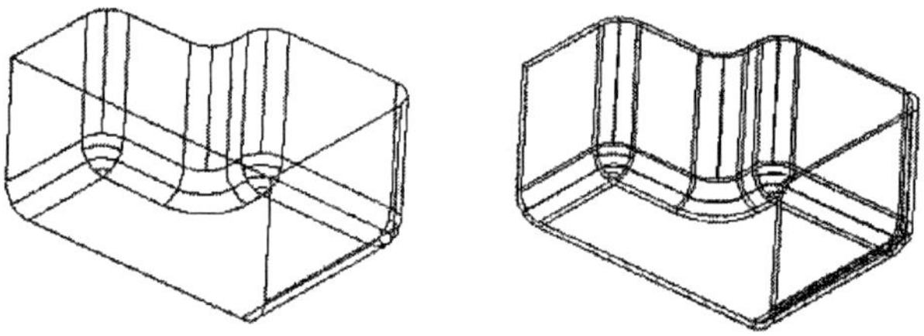

Vérifier 

: analyse un solide 3D et indique si celui-ci est un solide ACIS valide.

Chapitre 22
La 3D surfacique

A. Introduction

Parmi les trois types de modélisation existants, seules les réalisations surfaciques et volumiques permettent l'élimination des lignes cachées. Ce sont les seules également qui matérialisent tous les encombrements tridimensionnels. La modélisation volumique inclut la notion de matière et peut donc proposer des masses, des centres de gravité, des moments d'inertie... La modélisation volumique permet aussi d'unir, de soustraire ou d'intersecter des volumes.

La modélisation surfacique permet la modélisation "d'enveloppes" englobant un volume. Elles n'ont pas d'épaisseur réelle. La modélisation surfacique est surtout utilisée pour la modélisation de formes complexes : des modélisations de terrain, des pièces mécaniques moulées, le design industriel...

AutoCAD permet de nombreuses modélisations surfaciques, dont les objets maillés, les surfaces procédurales (associatives) et les surfaces NURBS. AutoCAD permet désormais de modifier, d'ajuster, de prolonger, de raccorder des surfaces, de créer des parallèles de surfaces, etc.

Les surfaces procédurales sont associatives ; la modification d'une courbe ou surface permet un ajustement automatique de la surface associée.

Les surfaces NURBS sont définies par des sommets de contrôle. Les modifications diverses de ces sommets de contrôle permettent une grande précision dans la conception de formes complexes.

La création des principales surfaces est détaillée dans ce chapitre.

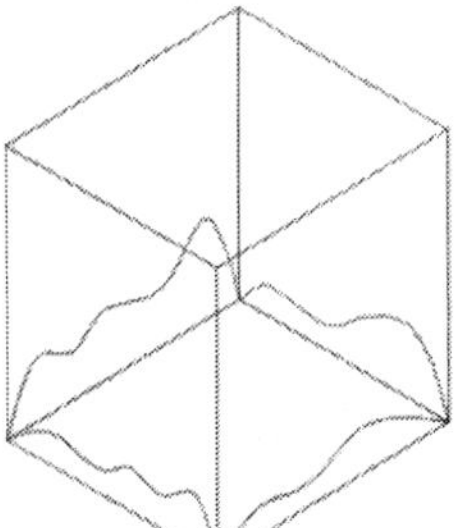

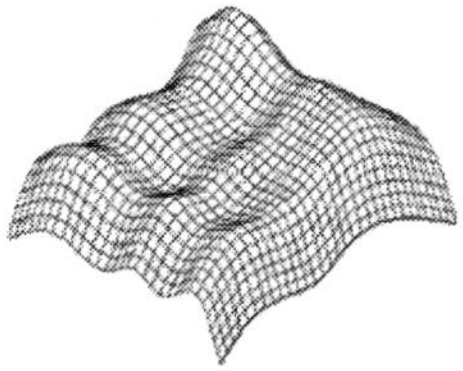

1. Un peu d'histoire

Les surfaces de Coons font partie des premières modélisations de surfaces gauches en 1967. Il s'agit d'une courbe interpolée entre quatre courbes de contrôle qui délimitent la surface (modélisation ci-dessus).

Les surfaces de Bézier ont été développées par l'ingénieur Pierre Bézier de la régie Renault en 1972 pour la conception de carrosseries automobiles. Il s'agit d'une grille générée par M x N points de contrôle. Toute modification d'un point de contrôle provoque une interférence sur les points situés à proximité, puis sur toute la surface. Il est donc difficile de contrôler localement ce type de surface.

Les surfaces B-Splines sont des surfaces de Bézier plus générales qui permettent un contrôle plus local que les surfaces de Bézier. La forme de la surface n'est affectée que dans le voisinage direct du point modifié.

Les surfaces Béta-Splines, présentées par Barsky en 1981 sont une généralisation de B-Splines. Elles permettent un contrôle de chaque point de la surface.

Toutes les surfaces s'appuient initialement sur des courbes ouvertes ou fermées. Ce sont des courbes de Bézier, des B-splines... Les splines NURBS (*Non Uniform Rational B-splines*) d'AutoCAD permettent une grande précision, avec notamment différents types de contrôles locaux. En modélisation 3D surfacique, il est donc préférable d'utiliser les splines NURBS.

2. Les différents types de surface

Outre les objets maillés, AutoCAD propose deux types de surfaces : les surfaces procédurales et les surfaces NURBS.

Les **surfaces procédurales** : elles peuvent être associatives ; la modification de l'une entraîne la modification de l'autre. Ces surfaces sont générées à partir de profil (ligne et courbe) sur la base d'extrusion, de révolution, balayage, lissage, etc. ou à partir de correction de surfaces, de prolongement, raccordement, décalage, etc.

Remarque

Vous pouvez convertir des solides, objets maillés et maillages en surfaces procédurales.

Les **surfaces NURBS** : elles permettent la conception de surfaces de manière plus naturelle, en contrôlant localement les formes. Les NURBS utilisent des sommets de contrôle. Contrairement aux surfaces procédurales, les NURBS ne sont pas associatives.

La figure ci-dessous montre une surface procédurale à gauche et une surface NURBS à droite.

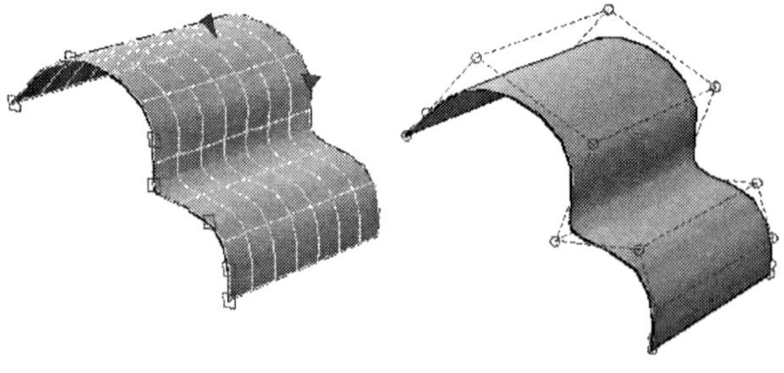

B. La création de surfaces planes

AutoCAD permet de créer des surfaces planes de deux façons : soit la surface plane est rectangulaire et la fonction Surface peut la créer directement en matérialisant les deux coins de la surface, soit la surface plane a une forme quelconque et AutoCAD permet de convertir le contour fermé en surface plane délimitée par ces bords.

1. Créer une surface plane rectangulaire

➲ Dans le groupe de fonctions **Créer** (onglet **Surface**), choisissez l'icône **Surface plane** 

.

Le message suivant est affiché :

```
Spécifiez le premier coin ou [Objet] <Objet>:
```

➲ Spécifiez le premier coin de la surface puis, au message suivant, le second coin.

```
Spécifiez un autre coin:
```

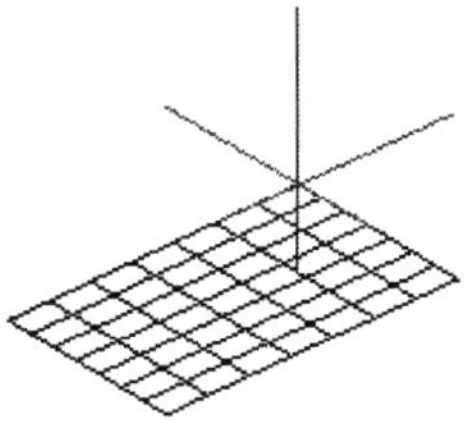

2. Créer une surface plane délimitée à partir d'un contour fermé

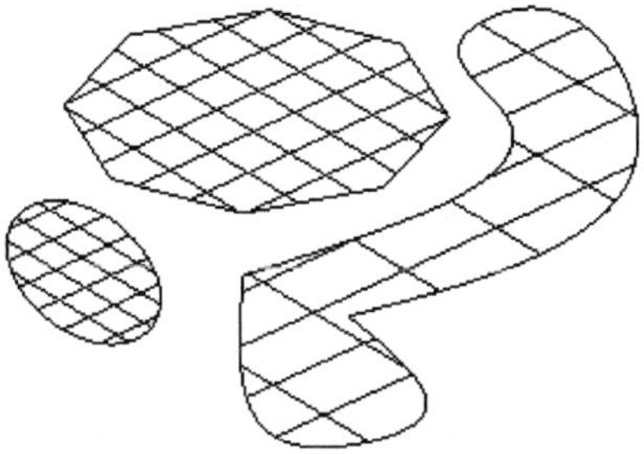

AutoCAD permet de convertir les objets fermés suivants en surfaces planes délimitées : le cercle, la polyligne 2D fermée, la région, la face 3D, l'ellipse et la spline 2D fermée.

➲ Dans le groupe de fonctions **Créer** (onglet **Surface**), choisissez **Surface plane** 

.

AutoCAD affiche le message suivant :

```
Spécifiez le premier coin ou [Objet] <Objet>:
```

- Effectuez un clic droit et choisissez l'option **Objet**.
- Sélectionnez l'objet ou les objets à convertir en surface plane.

C. La création de surfaces 3D

AutoCAD permet de créer des surfaces à partir des objets 2D ouverts et fermés suivants : ligne, arc, cercle, polyligne 2D, ellipse et spline 2D.

Vous utilisez le principe des fonctions (précédemment détaillées dans le chapitre Le modeleur 3D volumique) d'extrusion, de révolution, de balayage et de lissage pour définir vos surfaces 3D.

1. Créer une surface par extrusion d'un profil ouvert 2D

- Dans le groupe de fonctions **Créer** (onglet **Surface**), choisissez l'icône déroulante **Extrusion** 

.

AutoCAD affiche le message suivant :

```
Sélectionnez les objets à extruder ou [MOde]:
```

- Sélectionnez l'objet 2D à extruder et validez par [Entrée].

L'option **MOde** permet le choix de la création d'une surface ou d'un solide.

Puis AutoCAD affiche :

```
Spécifiez la hauteur de l'extrusion ou [Direction/Chemin/angle
d'Extrusion/exPression]:
```

- Spécifiez la hauteur d'extrusion dynamiquement ou en saisissant la valeur au clavier.

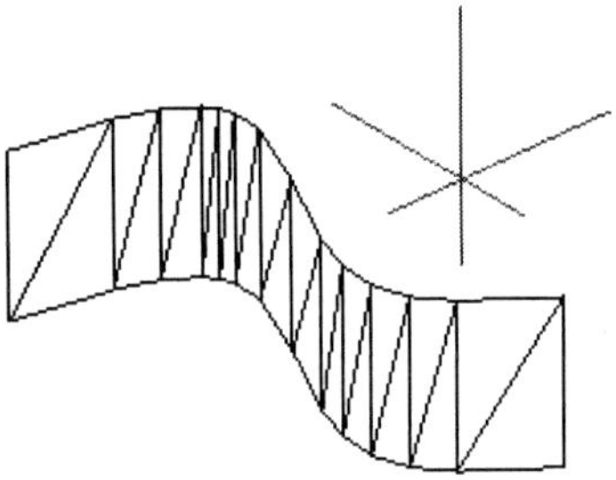

Remarque

Voir le détail des options dans le modeleur volumique.

2. Créer une surface par révolution à partir d'un profil 2D

➲ Dans le groupe de fonctions **Créer** (onglet **Surface**), choisissez l'icône **Révolution** 

.
AutoCAD affiche le message suivant :

```
Sélectionnez les objets qui subiront une révolution ou [MOde]:
```

L'option **MOde** permet le choix de la création d'une surface ou d'un solide.

➲ Sélectionnez l'objet 2D à faire pivoter et validez par [Entrée].
Puis AutoCAD affiche :

```
Spécifiez le point de départ de l'axe ou définissez l'axe par
[Objet/X/Y/Z] <Objet>:
```

➲ Spécifiez le point de départ et l'extrémité de l'axe de révolution ou sélectionnez une option.
Puis AutoCAD vous demande l'angle de révolution.

```
Spécifiez un angle de révolution ou
[angle de DEpart/Inverser/EXpression] <360>:
```

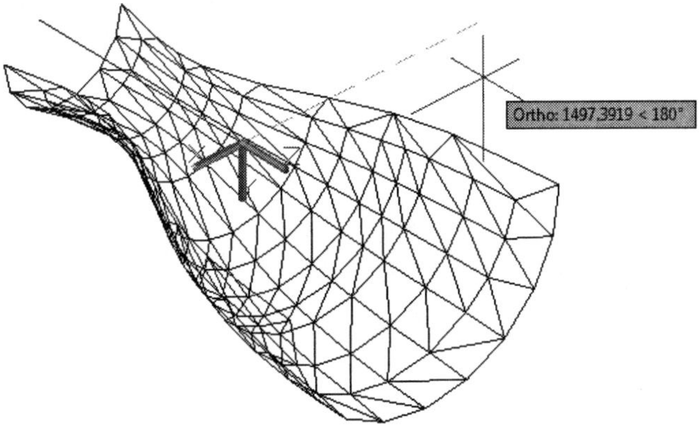

Remarque

Voir le détail des options dans le modeleur volumique.

3. Balayer un profil 2D le long d'une trajectoire 2D ou 3D

Le **profil** peut être une polyligne 2D, une spline 2D, un cercle, une ellipse, une face plane 3D, une région, une surface plane ou une ou plusieurs faces d'une solide.

La **trajectoire** peut être une ligne, un arc, un arc elliptique, une polyligne 2D, une spline 2D, une spline 3D, une polyligne 3D, une hélice ou des arêtes de solides ou de surface.

Remarque

*Utilisez les filtres (groupe de fonctions **Sous-objet**) pour sélectionner des sous-objets de solides.*

- Dans le groupe de fonctions **Créer** (onglet **Surface**), choisissez le bouton **Balayage** [Balayage].
AutoCAD indique le message suivant :

```
Sélectionnez les objets à balayer ou [MOde]
```

L'option **MOde** permet le choix de la création d'une surface ou d'un solide.

- Sélectionnez le profil 2D à balayer et validez.

```
Sélectionnez la trajectoire de balayage ou
[Alignement/point de Base/Echelle/baSculement]:
```

- Sélectionnez la trajectoire pour créer le balayage ou choisissez une option.

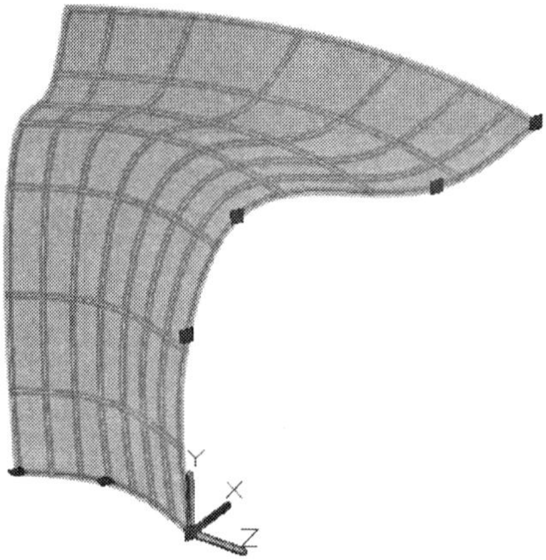

Remarque

Voir le détail des options dans le modeleur volumique.

4. Créer une surface par lissage à partir d'un jeu de profils

La surface est créée dans l'espace situé entre les profils. Les profils définissent les formes ou sections de la surface obtenue.

Le lissage peut s'appuyer sur des courbes de guidage. Les courbes de guidage constituent un autre moyen de contrôler la forme de la surface de lissage. Vous pouvez utiliser des courbes de guidage pour déterminer la manière dont les points sont mis en correspondance sur les profils associés afin d'éviter tout résultat indésirable ou non harmonieux.

Les **profils** peuvent être des lignes, arc, arc elliptique, polyligne 2D, spline 2D, cercle, ellipse, des points (premier et dernier profil uniquement).

Les **trajectoires** peuvent être des ligne, arc, arc elliptique, cercle, ellipse, polyligne 2D, spline 2D, spline 3D, polyligne 3D, hélice.

Les **guides** peuvent être des ligne, arc, arc elliptique, polyligne 2D, spline 2D, spline 3D, polyligne 3D.

➲ Dans le groupe de fonctions **Créer** (onglet **Surface**), choisissez le bouton **Lissage** 

.

AutoCAD indique le message suivant :

```
Sélectionnez les coupes dans l'ordre de lissage ou [POint/Joindre
plusieurs arêtes/MOde]:
```

POint : pour le choix de coupes constituées d'un point et d'une courbe fermée.

Joindre plusieurs arêtes : permet la sélection d'arêtes jointives constituant une coupe.

MOde : permet le choix de la création d'une surface ou d'un solide.

➲ Sélectionnez les profils (ou coupes) à lisser et validez.

```
Entrez une option [Guidages/Chemin/cOUpes uniquement/paramèTres]
<COUpes uniquement> :
```

cOUpes uniquement : permet la création d'une surface en s'appuyant uniquement sur des coupes (ou profils).

Guidages : permet de sélectionner les courbes de guidage qui gèrent la forme de la surface. Ces courbes de guidage permettent de définir avec précision l'évolution de la surface entre les courbes (ou profils). Le nombre de courbes de guidage n'est pas limité.

Chemin : permet de spécifier la trajectoire de la surface. La trajectoire doit couper tous les plans des coupes ou profils.

Une fois la surface créée, sélectionnez celle-ci pour agir sur les options du menu contextuel suivant :

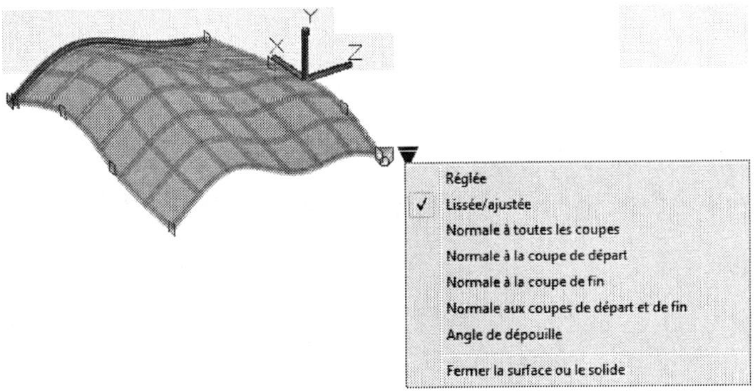

Réglée : permet un lissage droit (réglé) entre les coupes. Ces coupes sont des arêtes aiguës.

Lissée/ajustée : permet un lissage entre les coupes. Ces coupes présentent des arêtes aiguës aux coupes de départ et de fin.

Normale à... : permet un lissage en déterminant la normale au niveau des coupes. Le respect de cette normale (perpendiculaire) est possible à l'ensemble des coupes, à la coupe de départ, à la coupe de fin, aux courbes de départ et de fin.

Angle de dépouille : permet un lissage en déterminant un angle et une magnitude de dépouille de la première à la dernière courbe. L'angle donne la direction de début de la surface. Une valeur positive est définie vers l'extérieur du plan de la courbe.

Exemple de surface lissée à partir de deux profils et de deux courbes de guidage :

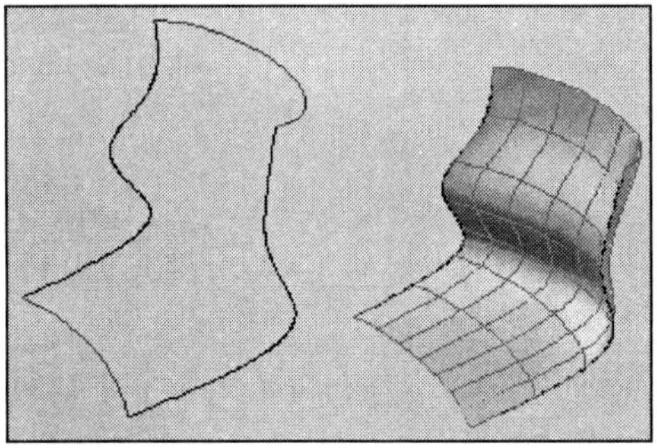

5. Créer une surface à partir d'un réseau de courbes

AutoCAD permet de créer une surface à partir de plusieurs courbes ou arêtes de surfaces dans les directions U et V. La surface sera dépendante des courbes ou des arêtes à partir desquelles elle a été créée (surfaces associatives).

➲ Dans le groupe de fonctions **Créer** (onglet **Surface**), choisissez l'icône **Réseau** 

.

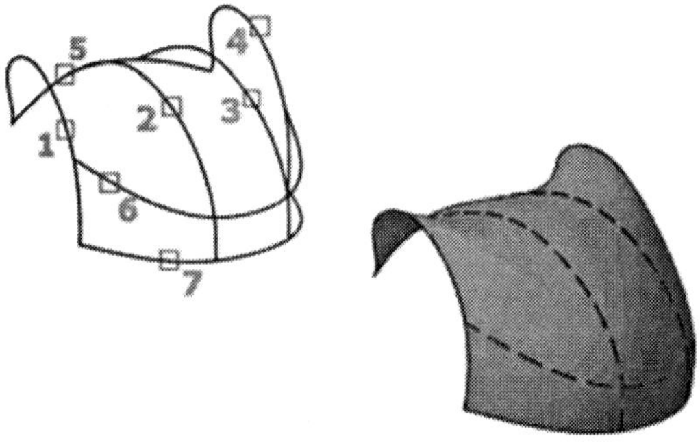

AutoCAD affiche le premier message suivant :

```
Sélectionnez des courbes ou des arêtes de surface dans la première
direction:
```

- Sélectionnez un réseau de courbes ouvertes, des arêtes de surface ouvertes dans la direction U ou V.

  Puis AutoCAD affiche le second message suivant :

```
Sélectionnez des courbes ou des arêtes de surface dans la deuxième
direction:
```

- Sélectionnez un réseau de courbes ouvertes, des arêtes de surface ouvertes ou des arêtes de région (pas les surfaces ou régions) dans l'autre direction (U ou V selon le choix de la première direction).

D. La création de surfaces dérivées

AutoCAD permet la création de surfaces à partir des surfaces existantes.

Ainsi, vous pouvez créer des surfaces parallèles à d'autres surfaces, raccorder des surfaces entre elles, ajuster une surface par rapport à une autre surface, etc.

1. Créer une surface parallèle

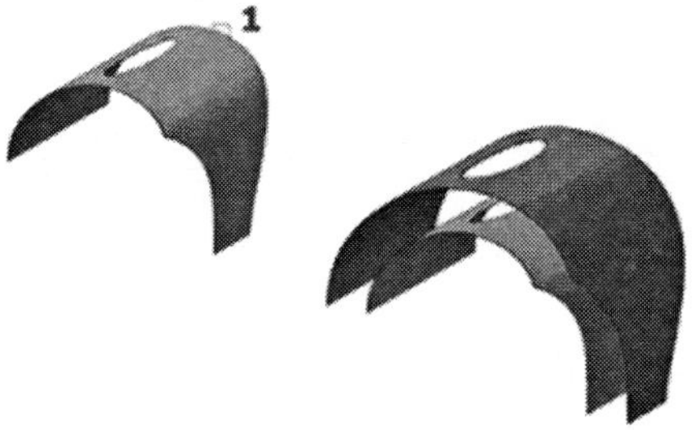

- Dans le groupe de fonctions **Créer** (onglet **Surface**), choisissez l'icône **Décalage** 

.
- Au message ci-dessous, sélectionnez la ou les surfaces pour lesquelles vous souhaitez une parallèle et validez par [Entrée].

```
Sélectionnez les surfaces ou régions à décaler:
```

Puis AutoCAD affiche le message avec les options suivantes :

```
Spécifiez la distance de décalage ou [Inverser la direction/les Deux
côtés/Solide/Connecter/Expression] <0.0000>:
```

AutoCAD affiche ensuite des flèches symboliques (ou normales) pour matérialiser le côté de la surface parallèle comme sur la figure ci-dessous :

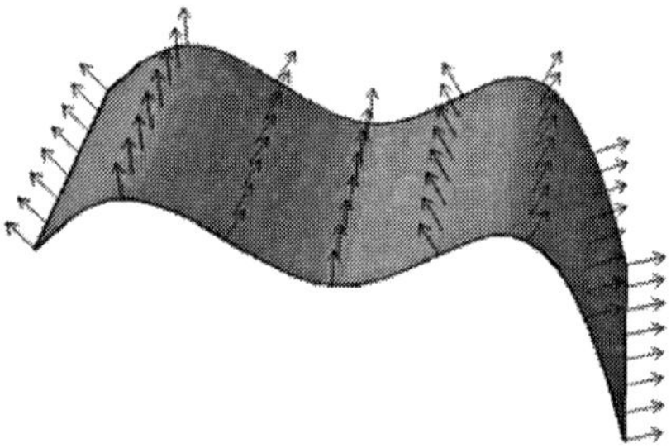

- Choisissez l'option **Inverser la direction** pour choisir le sens opposé des flèches et donc le côté opposé de la surface.

Choisissez l'option **les Deux côtés** pour la création d'une parallèle de chaque côté (dans la même opération).

Choisissez l'option **Solide** pour générer un solide entre la surface initiale et la surface parallèle.

L'option **Connecter** permet d'obtenir des surfaces parallèles jointives. Dans le schéma ci-dessous, la figure de gauche présente des surfaces extérieures parallèles qui sont jointives (connectées), alors que la figure de droite présente des surfaces parallèles non jointives (déconnectées). Cette option n'est valable que pour les surfaces connectées d'origine.

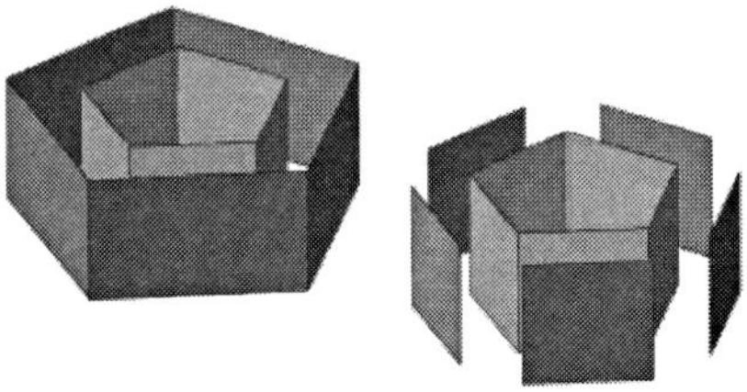

L'option **Expression** permet la saisie d'une formule, d'une équation, d'expressions mathématiques qui incluent les noms des contraintes dimensionnelles, des variables utilisateur et des fonctions.

➲ Saisissez la valeur correspondant à la distance du décalage, et validez par [Entrée].

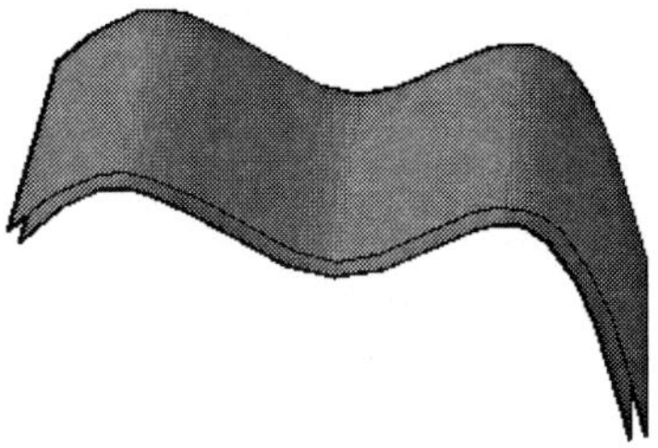

2. Créer une correction de surface

Cette fonction permet le remplissage d'une surface sur une arête formant une boucle fermée.

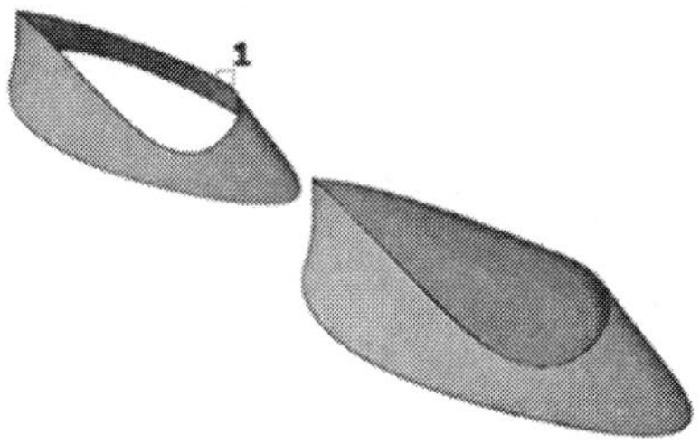

➲ Dans le groupe de fonctions **Créer** (onglet **Surface**), choisissez l'icône **Correction** 

.
AutoCAD affiche le message suivant :

```
Sélectionnez les arêtes de surface à corriger ou
[CHaîne/COurbes] <COurbes>:
```

➲ Sélectionnez les courbes ou arêtes à corriger et validez par [Entrée].
AutoCAD vous présente un résultat et affiche les options suivantes :

```
Appuyez sur Entrée pour accepter la surface de correction ou
[CONtinuité/magnitude de COUrbure/Guidages]:
```

CONtinuité

Mesure la fluidité avec laquelle les surfaces s'unissent (continuité de position, de tangence et de courbure).

La valeur par défaut G0 présente une continuité de position.

La valeur G1 présente une continuité de position et de tangence. Ce cas présente une tangence d'extrémité au niveau des arêtes communes aux deux surfaces.

La valeur G2 présente une continuité de position, de tangence et de courbure. Ce cas présente les deux surfaces partageant la même courbure.

magnitude de COUrbure

Définit la rondeur de l'arête de surface de correction. La valeur (par défaut à 0,5) est comprise entre 0 et 1.

Guidages

Permet d'utiliser des courbes (ou points) de guidage supplémentaires pour contrôler la surface de correction.

3. Créer une surface de fusion entre deux surfaces

La surface de fusion correspond à une jonction de deux surfaces incluant un raccordement tangentiel.

Vous devez indiquer la continuité et la courbure de surface au niveau des deux jonctions.

La figure ci-dessous présente deux surfaces intégrant chacune une ouverture ovoïde.

Une surface de fusion a été créée entre ces deux surfaces au niveau de leurs ouvertures.

Dans les résultats ci-dessous, vous constatez les résultats qui varient selon les choix de continuité.

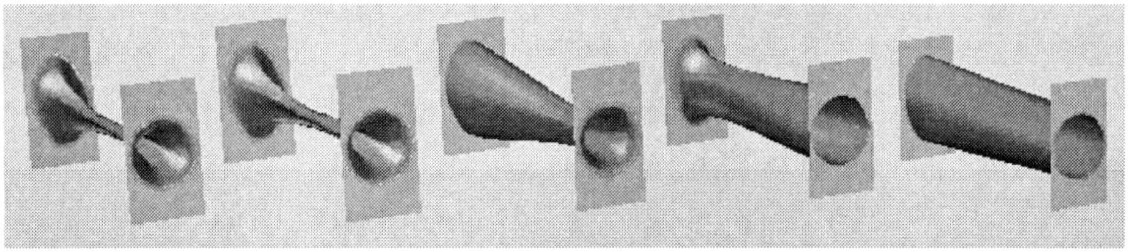

En partant de la gauche, la première figure présente une continuité de type G2 pour les surfaces.

La seconde figure présente une continuité de type G1 pour les surfaces.

La troisième figure présente une continuité de type G0 pour la surface située en arrière-plan et de type G1 pour la surface située au premier plan.

La quatrième figure présente une continuité de type G1 pour la surface située en arrière-plan et de type G0 pour la surface située au premier plan.

La cinquième figure présente une continuité de type G0 pour les surfaces.

- Dans le groupe de fonctions **Créer** (onglet **Surface**), choisissez l'icône **Fusion** 

.

  AutoCAD affiche le message suivant :

```
Sélectionnez les arêtes de la première surface à fusionner ou
[CHaîne] :
```

- Sélectionnez la première arête de surface (arête ou surface) à fusionner, puis validez. Puis le message suivant est affiché :

```
Sélectionnez les arêtes de la deuxième surface à fusionner ou
[CHaîne] :
```

- Sélectionnez la seconde arête de surface (arête ou surface) à fusionner.

  AutoCAD affiche un premier résultat et les options ci-dessous :

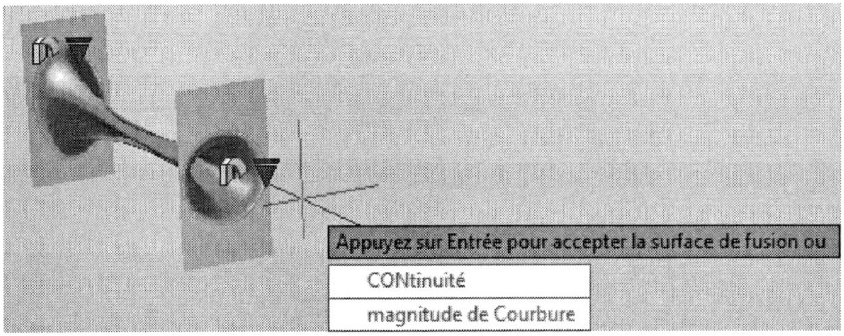

Vous pouvez accéder aux options ou valider pour accepter les valeurs par défaut, et modifier ensuite les continuités de tangence à partir des poignées. Ainsi la figure ci-après affiche une modification de continuité de tangence G0 sur l'arête du premier plan.

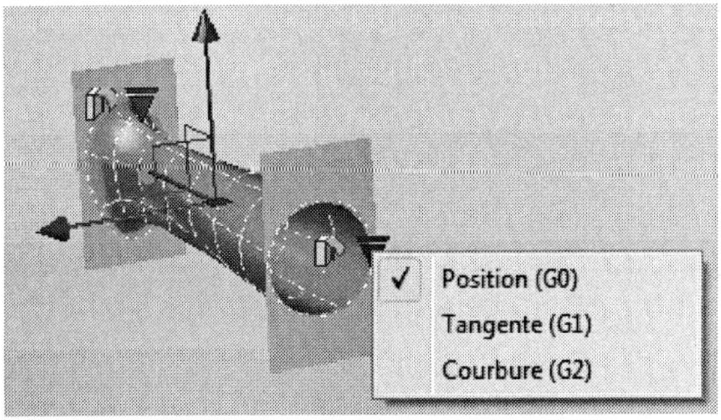

E. L'associativité des surfaces

Cette fonction active ou désactive l'associativité entre les surfaces et les courbes et entre les surfaces elles-mêmes. Ainsi, l'associativité active permet aux surfaces de conserver une relation avec les objets avec lesquels elles ont été conçues. Elle permet également un ajustement automatique des surfaces lors de modification des surfaces adjacentes associées.

➲ Dans le groupe de fonctions **Créer** (onglet **Surface**), cliquez sur l'icône **Associativité de surface** 

pour activer ou désactiver l'associativité.

F. L'activation du mode de création de surfaces NURBS

Cette fonction active ou désactive le mode de modélisation de surfaces NURBS.

Le mode désactivé permet la création de surfaces procédurales, alors que le mode activé permet la création de surfaces NURBS.

➲ Dans le groupe de fonctions **Créer** (onglet **Surface**), cliquez sur l'icône **NURBS création** 

pour activer ou désactiver le mode de création de surfaces NURBS.

G. La conversion en surfaces NURBS

Cette fonction convertit une surface procédurale, un maillage ou un solide en surfaces NURBS.

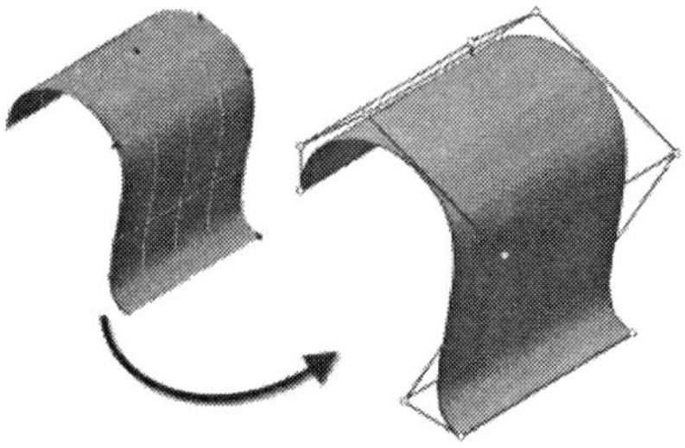

➲ Dans le groupe de fonctions **Sommets de contrôle** (onglet **Surface**), choisissez l'icône **Convertir en NURBS** 

.

➲ Sélectionnez les objets à convertir et validez par [Entrée].

H. La modification de surfaces

1. Créer un raccord de surface

Cette fonction permet la création d'une surface de raccord entre deux autres surfaces. Cette surface de raccord s'appuie sur un rayon constant et est tangente aux surfaces d'origine. Ces surfaces d'origine sont jointives ou distantes d'une valeur inférieure au rayon de la surface de raccord. Les surfaces d'origine sont par défaut automatiquement ajustées pour connecter les arêtes de la surface de raccord.

Les figures suivantes présentent les cas de raccordement de surfaces jointives et distantes.

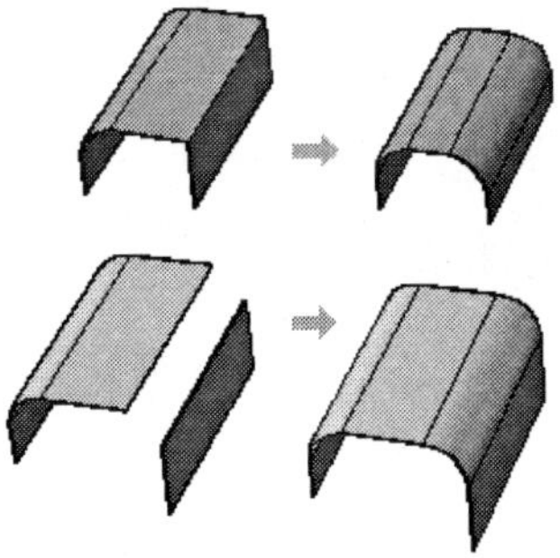

- Dans le groupe de fonctions **Modifier** (onglet **Surface**), choisissez l'icône **Raccord** 

.

AutoCAD affiche le message suivant :

```
Sélectionnez la première surface ou zone à raccorder ou [Rayon/Ajuster
la surface]:
```

- Choisissez l'option **Rayon** pour fixer la valeur du rayon de la surface de raccord à créer.

L'option **Ajuster la surface**, par défaut activée, permet d'ajuster ou non les surfaces d'origine aux arêtes de la surface de raccord. Ci-dessous, la figure gauche affiche les surfaces d'origine ajustées au raccord de surface, alors que la figure de droite affiche les surfaces d'origine inchangées avec le raccord de surface.

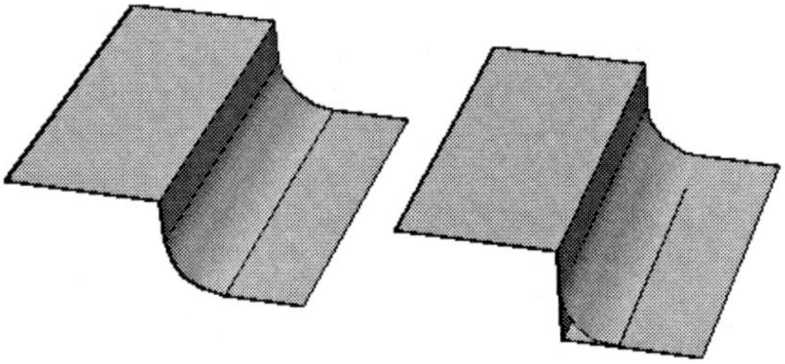

- Sélectionnez la première surface à raccorder. AutoCAD demande ensuite la sélection de la seconde surface à raccorder :

```
Sélectionnez la seconde surface ou zone à raccorder ou
[Rayon/Ajuster la surface]:
```

- Appuyez sur [Entrée] pour valider le résultat affiché ou accédez aux options pour modifier celles-ci.

2. Ajuster des surfaces

Cette fonction permet la création d'une surface de raccord entre deux autres surfaces.

Elle permet d'ajuster des parties d'une surface à l'intersection d'autres surfaces, ou encore de courbes (ligne, spline, arc, polyligne...) ou régions. Dans le cas de courbes, préférez les courbes projetées sur les surfaces à ajuster (voir Projeter la géométrie sur une surface).

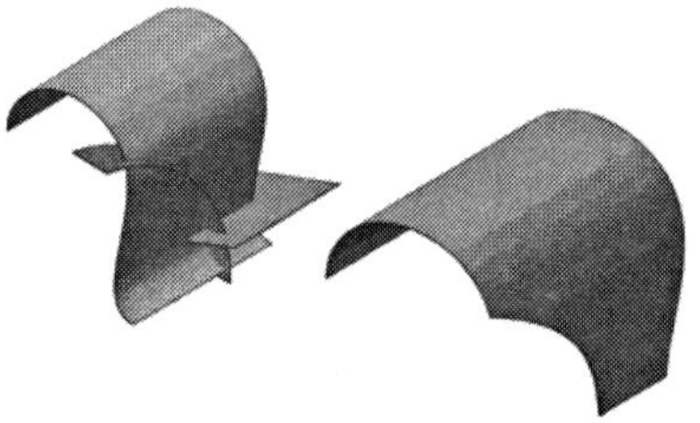

- Dans le groupe de fonctions **Modifier** (onglet **Surface**), choisissez l'icône **Ajuster** 

.

AutoCAD affiche le message suivant :

```
Sélectionnez les surfaces ou régions à ajuster ou
[proLonger/DIRection de projection]:
```

Choisissez l'option **PROlonger** pour ajuster la surface sécante au niveau de l'intersection de la surface ajustée.

L'option **Direction de proJection** détermine comment la géométrie sécante est projetée sur la surface. Les possibilités sont les suivantes :

Automatique :

- Dans le cas de l'ajustement d'une surface dans une vue projection orthogonale (vue de dessus par exemple), la géométrie sécante est projetée sur la surface dans la direction de la vue.
- Dans le cas de l'ajustement d'une surface avec une courbe plane dans une vue en perspective, la géométrie sécante est projetée sur la surface dans la direction perpendiculaire au plan de la courbe.
- Dans le cas de l'ajustement d'une surface avec une courbe 3D dans une vue en perspective, la géométrie sécante est projetée sur la surface dans une direction parallèle à l'axe Z du SCU courant.

View (vue) : projette la géométrie en fonction de la vue courante.

SCU : projette la géométrie dans l'axe Z et -Z du SCU courant.

Aucune : la surface sera ajustée si la courbe sécante se trouve sur la surface et à cette condition uniquement.

- Sélectionnez la ou les surfaces à ajuster, puis validez.

AutoCAD vous demande de sélectionner les surfaces, courbes ou régions de coupes :

```
Sélectionnez la coupe des courbes, des surfaces ou des régions:
```

Pour terminer l'ajustement de surfaces, AutoCAD demande de préciser la zone à ajuster, comme suit.

```
Sélectionnez la zone à ajuster [annuLer]:
```

- Cliquez sur la ou les parties de la surface à supprimer (ajuster).

3. Prolonger une surface

Cette fonction permet de prolonger une surface d'une distance donnée.

La surface prolongée (ou l'extension de surface) peut être définie comme appartenant à la surface initiale ou ajoutée en tant que nouvelle surface.

Vous définissez si le prolongement s'effectue dans la continuité géométrique naturelle de la surface ou non.

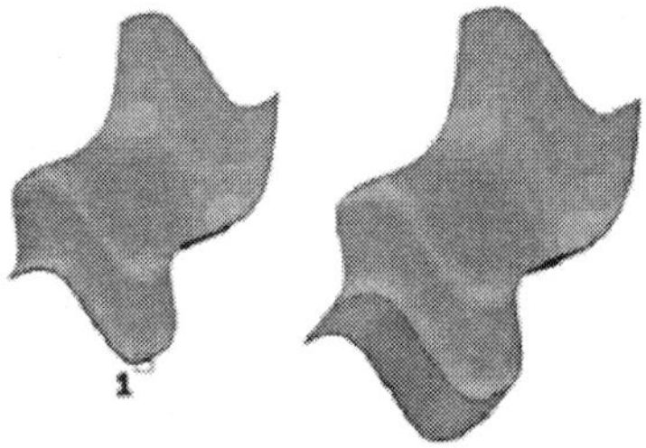

- Dans le groupe de fonctions **Modifier** (onglet **Surface**), choisissez l'icône **Prolonger** 
.

AutoCAD affiche le message suivant :

```
Sélectionnez les arêtes de surfaces à prolonger:
```

- Sélectionnez la ou les arêtes de surfaces à prolonger.

Le message suivant apparaît et vous invite à spécifier la distance de surface à prolonger.

```
Spécifiez la distance de prolongement [Expression/Mode]:
```

➲ Cliquez ou saisissez une valeur pour spécifier la distance de prolongement.

L'option **Expression** autorise l'utilisation d'une expression mathématique, ou équation, un nom de contrainte dimensionnelle ou une variable utilisateur.

L'option **Mode** propose les choix **Prolonger** et **Etirer**. **Prolonger** permet un prolongement dans la continuité naturelle de la surface, contrairement à **Etirer** qui prolonge la surface sans le respect de cette continuité. Une fois le choix du mode effectué, AutoCAD vous demande de préciser le type de création :

```
Création de type [Fusionner/Ajouter] <Ajouter>:
```

L'option **Fusionner** prolonge la surface actuelle sans en créer de nouvelle.

L'option **Ajouter** crée une nouvelle surface dans le prolongement de la surface d'origine, sans modifier la surface d'origine.

4. Supprimer les restrictions de surface

Cette fonction permet de restaurer les surfaces d'origine qui ont été préalablement ajustées.

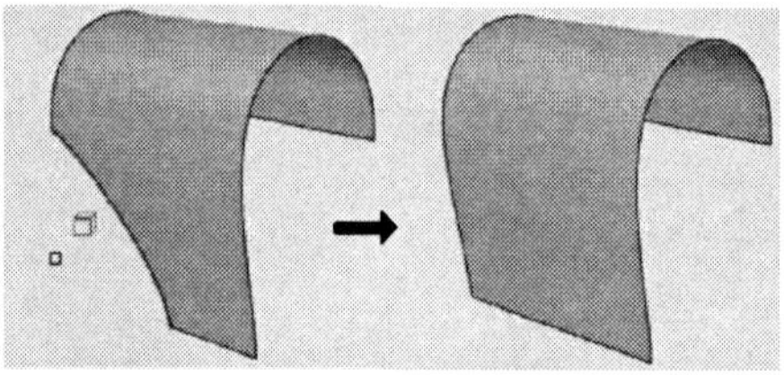

➲ Dans le groupe de fonctions **Modifier** (onglet **Surface**), choisissez l'icône **Supprimer les restrictions** 

.

5. Afficher les sommets de contrôle d'une spline ou d'une surface NURBS

Cette fonction permet d'afficher les sommets de contrôle des splines ou surfaces sélectionnées.

Cette technique permet notamment d'agir sur les sommets de la surface (ou de la courbe), pour remodeler localement la surface. Voir la barre de modification.

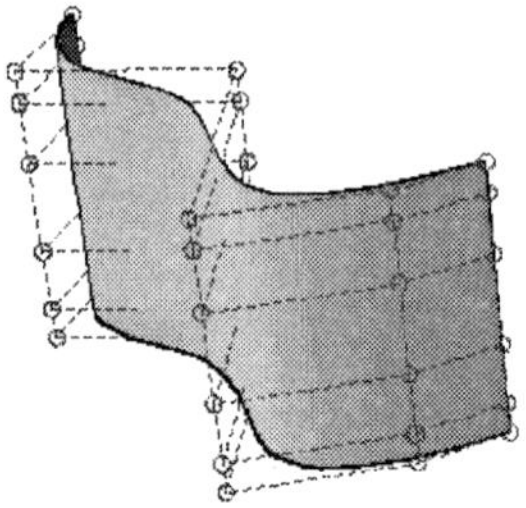

- Dans le groupe de fonctions **Sommets de contrôle** (onglet **Surface**), choisissez l'icône **Afficher SC** 

.

```
Sélectionnez des courbes ou surfaces NURBS pour afficher les sommets
de contrôle:
```

- Sélectionnez les splines ou surfaces pour l'affichage des sommets de contrôle.

6. Masquer les sommets de contrôle des splines et surfaces NURBS

Cette fonction masque les sommets de toutes les splines et surfaces NURBS du dessin courant.

- Dans le groupe de fonctions **Sommets de contrôle** (onglet **Surface**), cliquez sur l'icône **Masquer SC** 

pour masquer l'affichage des sommets de contrôle.

7. Ajouter des sommets de contrôle à une spline ou une surface NURBS

Cette fonction permet d'ajouter des sommets de contrôle à une surface NURBS selon une direction U ou V, ou ponctuellement sur une spline.

La figure ci-dessous affiche à gauche la surface originale et à droite la surface à laquelle une rangée de sommets a été ajoutée dans la direction V.

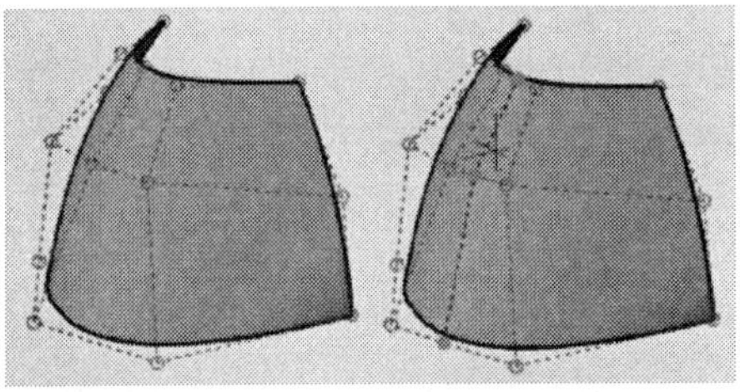

- Dans le groupe de fonctions **Sommets de contrôle** (onglet **Surface**), cliquez sur l'icône **Ajouter** 

pour ajouter des sommets de contrôle.

```
Sélectionnez une courbe ou une surface NURBS pour ajouter des
sommets de contrôle:
```

- Sélectionnez la surface à laquelle vous souhaitez ajouter des sommets de contrôle. Le message suivant est affiché :

```
Sélectionnez un point sur la surface ou [Insérer noeuds/Direction]:
```

- Cliquez sur la surface en un point pour matérialiser la rangée de sommets de contrôle à ajouter dans la direction U, ou utilisez l'option **Direction** pour le choix de la direction V.

8. Supprimer des sommets de contrôle à une spline ou une surface NURBS

Cette fonction permet de supprimer des sommets de contrôle à une surface NURBS selon une direction U ou V, ou ponctuellement sur une spline.

La figure ci-dessous affiche à gauche la surface originale et à droite la surface à laquelle une rangée de sommets a été supprimée dans la direction V.

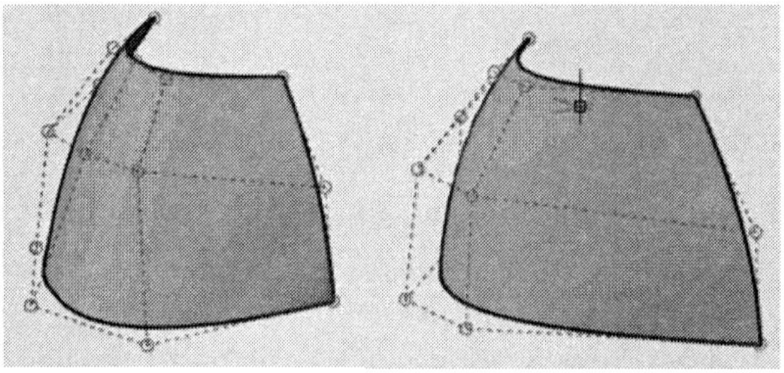

La suppression de sommets de contrôle influe automatiquement sur l'aspect de la surface (ou de la courbe).

- Dans le groupe de fonctions **Sommets de contrôle** (onglet **Surface**), cliquez sur l'icône **Supprimer SC**  pour supprimer l'affichage des sommets de contrôle.
- Sélectionnez la surface à laquelle vous souhaitez supprimer des sommets de contrôle.

  Les messages suivants sont affichés :

```
Sélectionnez une courbe ou une surface NURBS pour supprimer les
sommets de contrôle:
```

- Sélectionnez une surface ou une courbe.

  Le message suivant est affiché :

```
Sélectionnez un point sur une surface ou [Direction]:
```

- Cliquez sur la surface en un point pour matérialiser la rangée de sommets de contrôle à supprimer dans la direction U, ou utilisez l'option **Direction** pour le choix de la direction V.

9. Ajouter et modifier les sommets de contrôle sur une spline ou une surface NURBS

Cette fonction permet de modifier et de modeler une surface NURBS, tout en respectant les tangences aux différents points de la surface. Cette technique permet d'ajouter localement des points de contrôle à partir desquels vous allez remodeler la surface de manière harmonieuse et avec une grande précision.

Cette fonction peut nécessiter l'affichage des sommets de la surface à modifier ; ceux-ci constituant la structure de la surface.

- Dans le groupe de fonctions **Sommets de contrôle** (onglet **Surface**), choisissez l'icône **SC de surface - Barre de modification des SC** 

.

```
Sélectionnez une courbe ou une surface NURBS à modifier:
```

- Au message ci-dessus, sélectionnez la surface NURBS à modifier.
- Déplacez le pointeur sur la surface pour afficher l'intersection des directions U et V en un point, tel que sur la figure ci-dessous :

- Cliquez pour modifier le point désiré.

```
Sélectionnez une poignée sur la barre de modification ou [point de
Base/Déplacement/annUler/Quitter] <Quitter>:
```

Le message ci-dessus est accompagné de l'affichage du Gizmo de modification.

- Déplacez le pointeur sur l'un des axes du Gizmo pour une modification selon cet axe, ou sur l'un des plans (matérialisé par deux axes) pour une modification dans ce plan.

- Effectuez un cliqué-glissé ou saisissez une valeur pour procéder au remodelage de la surface, comme sur la figure ci-dessous :

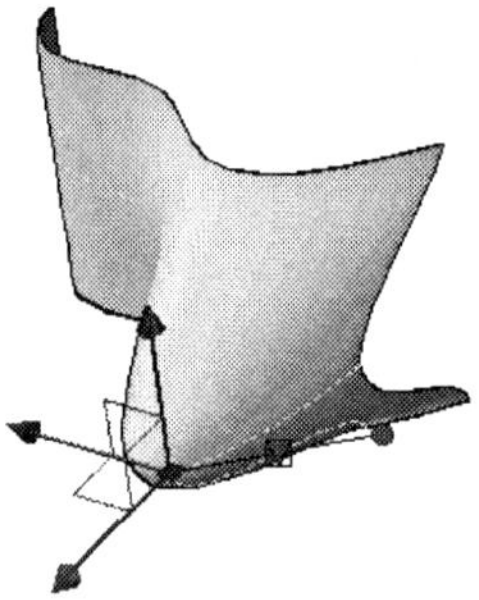

Un clic droit sur le Gizmo affiche le menu contextuel suivant pour contraindre la modification selon une direction de tangence précise ou encore selon un axe. Ce menu permet également de repositionner le point de base de modification et d'aligner le Gizmo selon un SCU ou un objet.

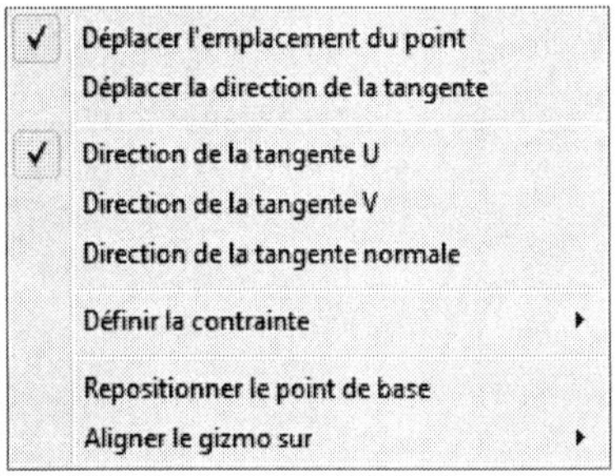

10.Reconstruire les sommets de contrôle d'une surface ou d'une spline

Lorsque les sommets d'une surface, trop importants ou mal positionnés, ne vous permettent pas de modifier la surface de manière satisfaisante, il peut être utile ou nécessaire de régénérer la surface NURBS. Cette fonction reconstruit la surface en diminuant le nombre de sommets de contrôle dans la direction U ou V. Elle permet également de modifier le degré de la courbe ou de la surface.

- Dans le groupe de fonctions **Sommets de contrôle** (onglet **Surface**), choisissez l'icône **Reconstruire** 

.

```
Sélectionnez une surface ou une courbe NURBS à régénérer :
```

➲ Au message précédent, sélectionnez la surface NURBS à régénérer. La fenêtre suivante est affichée :

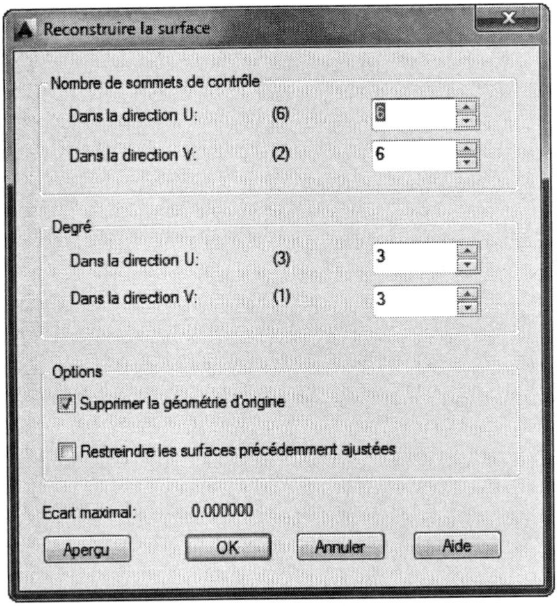

La fenêtre **Reconstruire la surface** permet de modifier les paramètres suivants de la surface (ou spline) sélectionnée :

Nombre de sommets de contrôle : permet d'augmenter ou de diminuer le nombre de sommets de contrôle dans les directions U et V.

Degré : permet d'augmenter ou de diminuer le degré dans les directions U et V. Plus la valeur est élevée, plus la surface est complexe.

Options : indiquez si vous souhaitez conserver ou non la surface d'origine lors de la reconstruction, en désactivant ou en activant la case à cocher **Supprimer la géométrie d'origine**. Vous pouvez indiquer si les zones ajustées de la surface d'origine sont traitées ou non lors de la reconstruction, grâce à la case à cocher **Restreindre les surfaces précédemment ajustées**.

Aperçu : permet de visualiser la surface reconstruite avant de confirmer les modifications.

➲ Confirmez les modifications de reconstruction en cliquant le bouton **OK**.

11. Projeter la géométrie sur une surface

Cette fonction permet de projeter des points, lignes et splines sur une surface.

La projection de la géométrie sur une surface s'effectue de différentes manières : selon l'axe Z du SCU courant, selon le point de vue courant ou selon une orientation particulière.

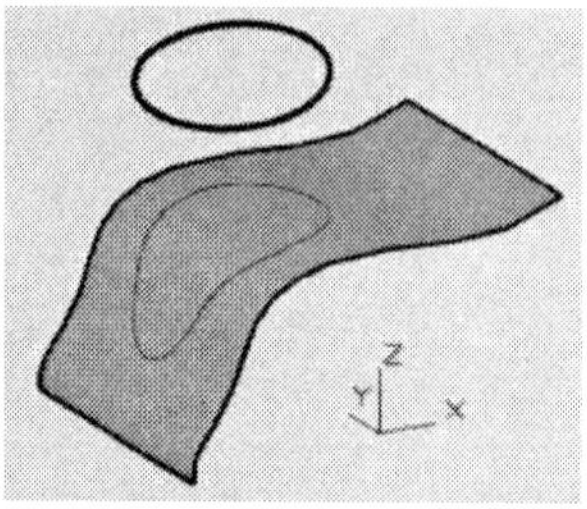

Vous pouvez décider que la projection ajuste automatiquement la surface. Ainsi, une courbe fermée permet par exemple de générer une ouverture dans la surface lors de la projection.

Activer ou désactiver l'ajustement automatique

➲ Dans le groupe de fonctions **Projeter la géométrie** (onglet **Surface**), cliquez sur l'icône **Ajuster automatiquement** 

pour activer ou désactiver l'ajustement automatique.

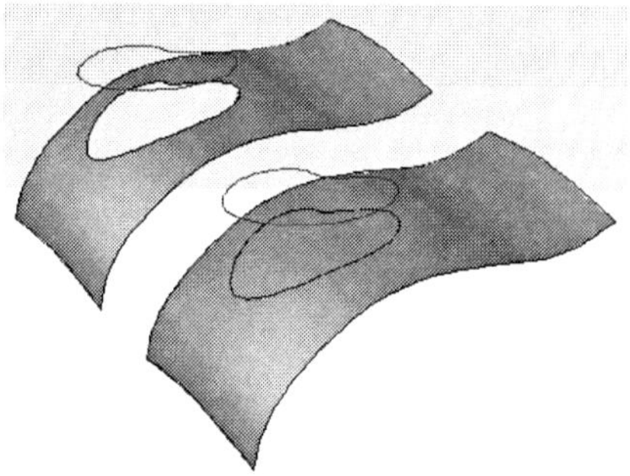

Dans la figure gauche précédente, l'ajustement automatique est activé : la projection est réalisée et la surface est ajustée.

Dans la figure droite, l'ajustement est désactivé : la projection est réalisée, la surface ne subit aucune modification.

Projeter la géométrie selon l'axe Z du SCU courant

Cette fonction permet de projeter la géométrie sur la surface le long de l'axe Z du SCU courant.

➲ Dans le groupe de fonctions **Projeter la géométrie** (onglet **Surface**), cliquez sur l'icône **Projeter sur le SCU** 

.

➲ Au message suivant, sélectionnez la (ou les) courbe(s) à projeter.

```
Sélectionnez les courbes, les points à projeter ou [direction de
proJection]
```

➲ Puis sélectionnez la surface cible de projection, au message ci-dessous.

```
Sélectionnez le solide, la surface ou la région de la cible de la
projection:
```

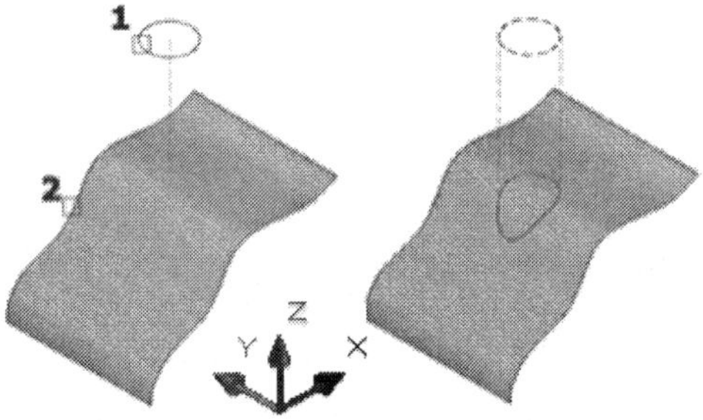

Projeter la géométrie selon le point de vue courant

Cette fonction permet de projeter la géométrie sur la surface selon l'affichage courant.

➲ Dans le groupe de fonctions **Projeter la géométrie** (onglet **Surface**), cliquez sur l'icône **Projeter sur la vue** .

➲ Au message suivant, sélectionnez la (ou les) courbe(s) à projeter.

```
Sélectionnez les courbes, les points à projeter ou [direction de
proJection]
```

➲ Puis sélectionnez la surface cible de projection, au message ci-dessous.

```
Sélectionnez le solide, la surface ou la région de la cible de la
projection:
```

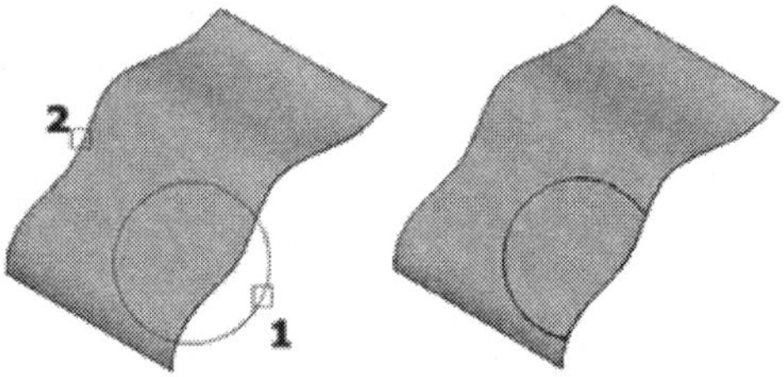

Projeter la géométrie selon une trajectoire définie par deux points

Cette fonction permet de projeter la géométrie sur la surface selon une direction définie par deux points.

➲ Dans le groupe de fonctions **Projeter la géométrie** (onglet **Surface**), cliquez sur l'icône **Projeter sur 2 points** .

Les messages ci-dessous permettent de définir une direction de projection par deux points :

```
Spécifiez le point de départ de la direction:
```

```
Spécifiez l'extrémité de la direction:
```

➲ Au message suivant, sélectionnez la (ou les) courbe(s) à projeter.

```
Sélectionnez les courbes, les points à projeter ou [direction de
proJection]
```

➲ Puis sélectionnez la surface cible de projection, au message ci-dessous.

```
Sélectionnez le solide, la surface ou la région de la cible de la
projection:
```

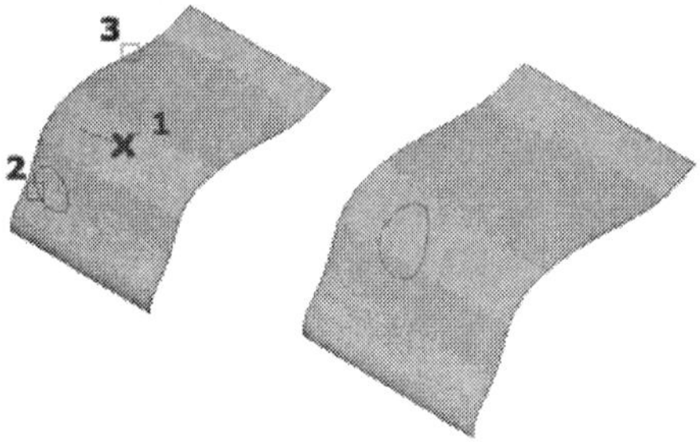

I. La création d'objets primitifs maillés 3D

De la même façon que vous concevez des solides primitifs 3D, vous pouvez concevoir des formes de maillage élémentaires, appelées primitives de maillage.

Il est ensuite possible de modifier la forme des objets maillés, en lissant, pliant, affinant et scindant des faces. Il est également possible de faire glisser des arêtes, des faces et des sommets pour déformer la forme générale.

- Dans le groupe de fonctions **Primitives** (onglet **Maillage**), déroulez l'icône déroulante des primitives.

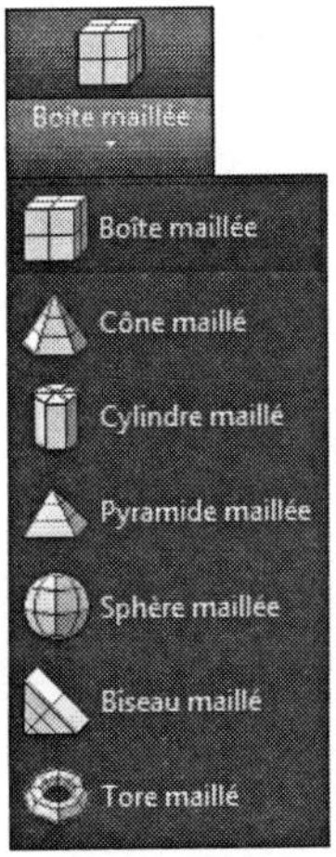

- Choisissez l'icône correspondante pour créer l'objet primitif maillé 3D.
- Suivez la même procédure que pour la création de solides (exemple pour la boîte maillée : premier coin, deuxième coin et hauteur de la boîte).

1. Créer des surfaces à partir de solides 3D volumiques

AutoCAD permet la création de solides 3D de formes prédéfinies telles que des parallélépipèdes, cylindres, pyramides, sphères, tores, biseaux, polysolides, cônes.

AutoCAD permet également la création de solides 3D à partir des opérations d'extrusion, de révolution, de lissage, de balayage, ainsi que l'utilisation des opérations booléennes pour la conception de solides composés.

Vous pouvez extraire les enveloppes de tous ces solides en les décomposant. Chaque enveloppe qu'elle soit plane, concave ou convexe, constitue une surface indépendante.

- Déroulez le groupe de fonctions **Modification** (onglet **Début**), et choisissez **Décomposer** .
- Au message **Choix des objets:**, sélectionnez les solides à convertir en surfaces.

2. Lisser des solides et surfaces en objets maillés (ou maillage)

Vous pouvez convertir des surfaces et des solides en objets maillés ou maillages.

Les objets maillés constituent des formes complexes fermées définies par une enveloppe constituée de faces (ou facettes) passant par des sommets.

Le lissage permet d'obtenir une forme plus "arrondie" à partir d'un volume constitué de formes plus droites telles que des solides primitifs (boîtes, cônes, pyramides...).

a. Créer un objet maillé

En exemple, prenons la forme suivante qui pourrait matérialiser un fauteuil :

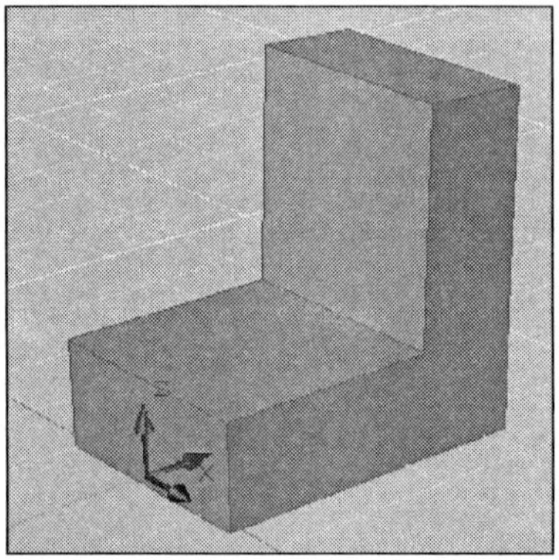

➲ Dans le groupe de fonctions **Maillage** (onglet **Maillage**), choisissez l'icône **Lisser l'objet** .

AutoCAD vous propose de sélectionner les objets à convertir et à lisser.

```
Choix des objets à convertir:
```

➲ Sélectionnez le solide constituant le fauteuil dans la figure ci-dessus, et validez par [Entrée].

AutoCAD affiche la boîte de dialogue suivante, et vous avertit que le lissage donne des meilleurs résultats sur des solides primitifs, et vous demande de confirmer le lissage de l'objet sélectionné.

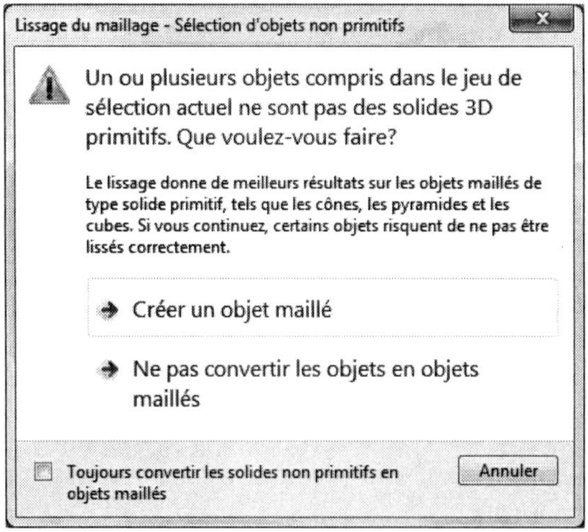

➲ Confirmez en choisissant **Créer un objet maillé**.

Le lissage est réalisé et AutoCAD affiche le maillage suivant :

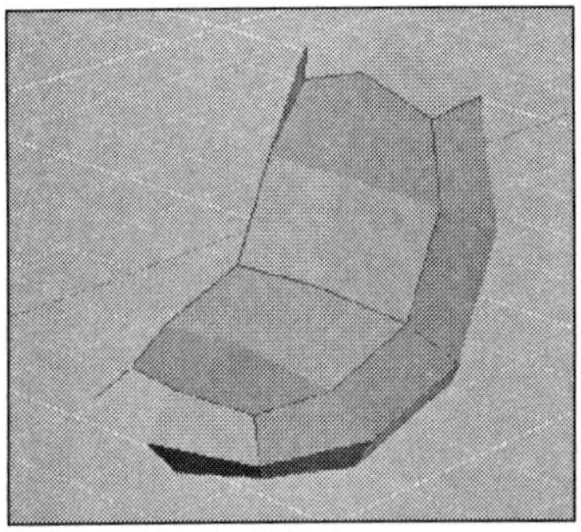

AutoCAD vous permet d'augmenter et de diminuer le niveau de lissage du maillage ainsi obtenu.

b. Augmenter le lissage

Cette opération augmente le nombre de facettes du maillage et affiche une forme plus arrondie.

➲ Dans le groupe de fonctions **Maillage** (onglet **Maillage**), choisissez l'icône **Lisser plus** 

.

AutoCAD vous demande de sélectionner le maillage pour lequel vous souhaitez augmenter le lissage, et affiche le résultat :

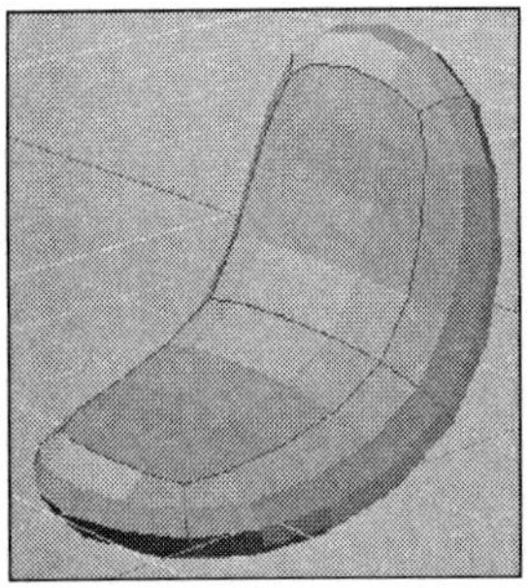

Vous pouvez augmenter le lissage plusieurs fois. Il existe 4 niveaux de lissage par défaut, ce qui permet une densité importante de maillage.

c. Diminuer le lissage

Cette opération diminue le nombre de facettes du maillage et affiche une forme moins arrondie. Cette opération n'est pas possible avec des maillages affinés.

➲ Dans le groupe de fonctions **Maillage** (onglet **Maillage**), choisissez l'icône **Lisser moins** 

.

AutoCAD vous demande de sélectionner le maillage pour lequel vous souhaitez diminuer le lissage et affiche le résultat :

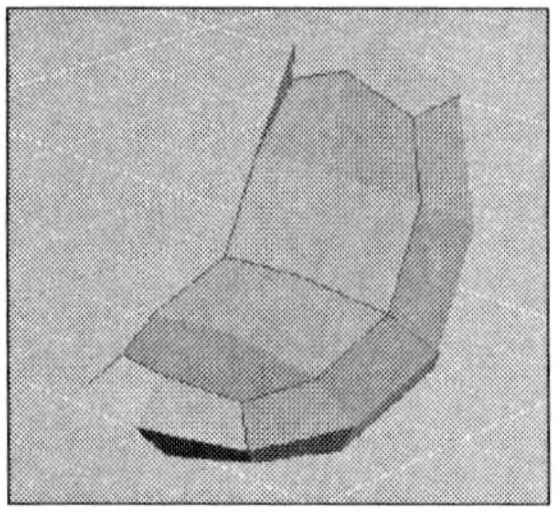

d. Affiner le maillage

Cette opération multiplie le nombre de facettes du maillage, pour un affichage plus arrondi, plus fin. Les facettes ainsi obtenues sont plus petites, et vous pouvez ensuite agir avec plus de précision sur chaque facette. Un maillage affiné sera plus fin sur un maillage qui a subi une augmentation du lissage à plusieurs reprises.

➲ Dans le groupe de fonctions **Maillage** (onglet **Maillage**), choisissez l'icône **Affiner le maillage** Affiner le maillage.

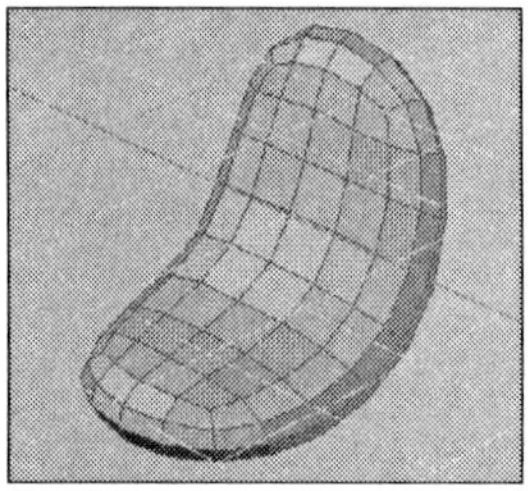

Maillage affiné à partir d'une seule opération « Augmenter le lissage »

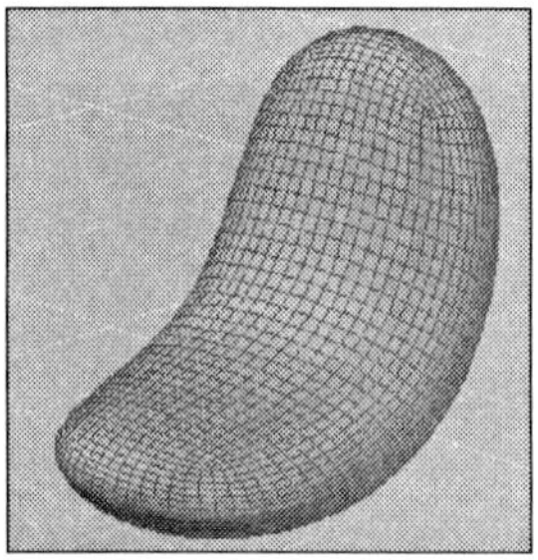

Maillage obtenu à partir de trois opérations « Augmenter le lissage »

3. Éditer des maillages

Les maillages, de par leurs caractéristiques, ne peuvent être modifiés de la même façon que les solides 3D. Ils permettent toutefois de procéder à des manipulations multiples favorisant la modélisation de tous types de formes complexes.

AutoCAD permet de modifier un maillage en agissant sur ses sommets, ses arêtes et ses faces (facettes). Les sommets, arêtes et faces constituent les sous-objets des maillages, et sont donc accessibles à l'aide des filtres de sélection (groupe de fonctions **Sous-objet**).

Utilisez la procédure suivante :

- Depuis le groupe de fonctions **Sélection** (onglet **Maillage**), choisissez le filtre de sélection adapté pour prioriser la sélection des sommets, arêtes ou faces à modifier.

- Dans le même groupe de fonctions **Sélection**, choisissez le **Gizmo Déplacement**, **Gizmo Rotation**, ou **Gizmo Echelle** selon l'opération à réaliser.

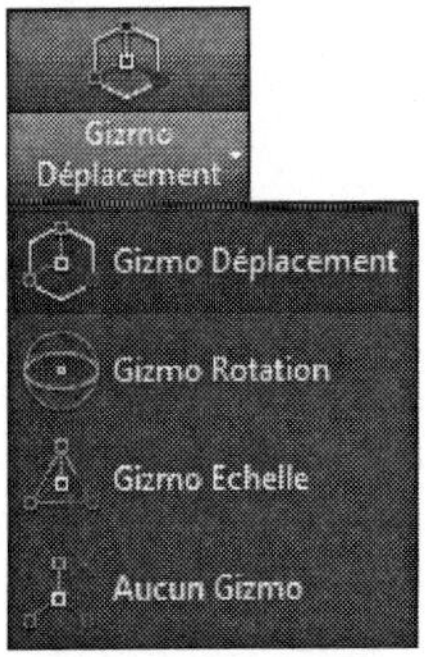

- Agissez sur le Gizmo pour procéder à l'opération voulue.

➲ Consultez les exemples ci-dessous sur la base du maillage représenté ci-dessous :

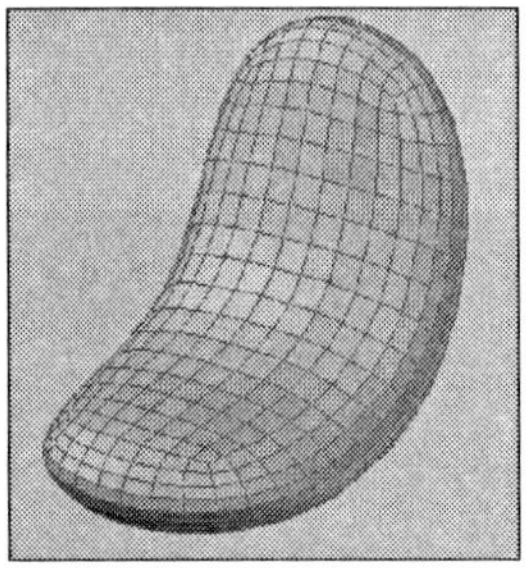

Exemple de déplacement de sommets

Procédez comme suit :

➲ Depuis le groupe de fonctions **Sélection**, choisissez le filtre de sélection **Sommet**.

➲ Depuis le groupe de fonctions **Sélection**, choisissez le **Gizmo Déplacement**.

➲ Appuyez sur la touche [Ctrl] pour activer le filtre de sélection et sélectionnez les 4 sommets comme sur la figure ci-dessous :

➲ Déplacez le pointeur sur l'axe Z du Gizmo Déplacement (qui apparaît en jaune) et effectuez un cliqué-glissé pour procéder à un déplacement des 4 sommets et obtenir le résultat ci-dessous :

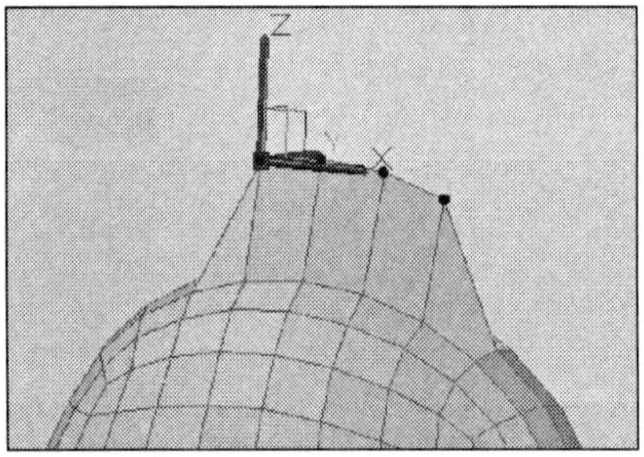

Exemple de déplacement de faces

Procédez comme suit :

- Depuis le groupe de fonctions **Sélection**, choisissez le filtre de sélection **Face**.
- Depuis le groupe de fonctions **Sélection**, choisissez le **Gizmo Déplacement**.
- Appuyez sur la touche [Ctrl] pour activer le filtre de sélection et sélectionnez les 20 faces comme sur la figure ci-dessous :

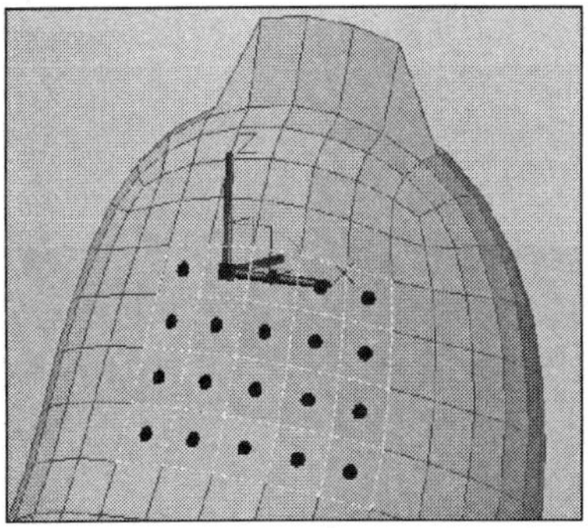

- Déplacez le pointeur sur l'axe Y du Gizmo Déplacement (qui apparaît en jaune) et effectuez un cliqué-glissé pour procéder à un déplacement des 20 faces et obtenir le résultat ci-dessous :

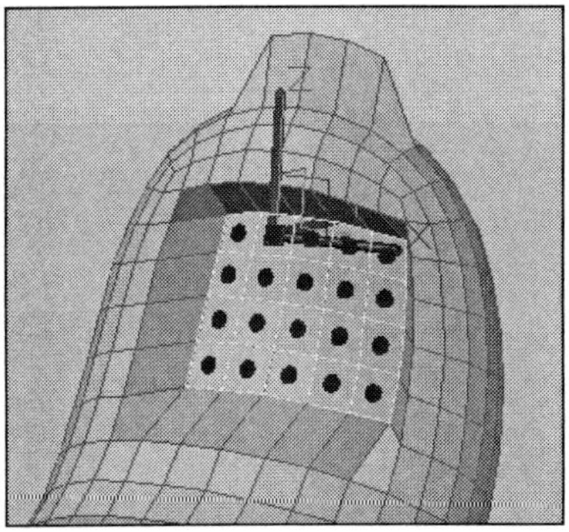

Chapitre 23
Types d'affichage et styles visuels

A. Attribuer un style visuel

AutoCAD propose divers styles visuels agissant sur l'affichage des surfaces et modèles volumiques dans une fenêtre : **Filaire 2D**, **Conceptuel**, **Masqué**, **Réaliste**, **Ombré**, **Ombré avec arêtes**, **Nuances de gris**, **Esquisse**, **Filaire**, **Rayons X**.

➲ Dans le groupe de fonctions **Palettes** (onglet **Vue**), cliquez sur l'icône **Styles visuels** 

.

La palette **Gestionnaire de styles visuels** est affichée :

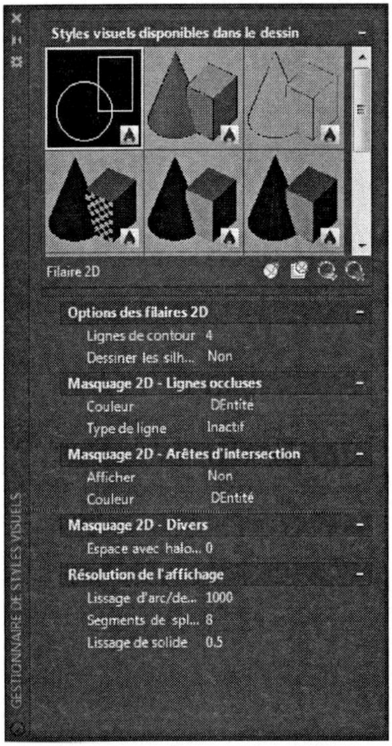

➲ Dans la liste des aperçus, sélectionnez le style adéquat en effectuant un double clic.

Remarque

Outre le style visuel Filaire 2D, les différents styles visuels 3D sont détaillés ci-après et des exemples illustrés. Par ailleurs, des variantes permettent d'agrémenter le visuel (couleurs, traits, types de ligne, arêtes saillantes, crénelage...) pour chaque style et sont détaillées un peu plus loin dans ce chapitre.

Conceptuel : affichage ombré des objets et lissage des arêtes (style de face Gooch).

Masqué : représentation filaire 3D et masquage des arêtes cachées.

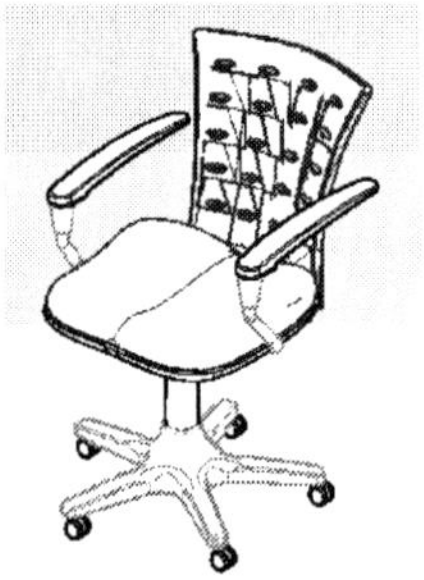

Réaliste : affichage ombré des objets et lissage des arêtes (matériaux et textures activés).

Ombré : affichage ombré des objets et lissage des arêtes (matériaux activés et textures désactivées).

Ombré avec arêtes : affichage ombré des objets et affichage des arêtes (matériaux activés et textures désactivées).

Nuances de gris : affichage ombré des objets sur la base de nuances de gris monochromes.

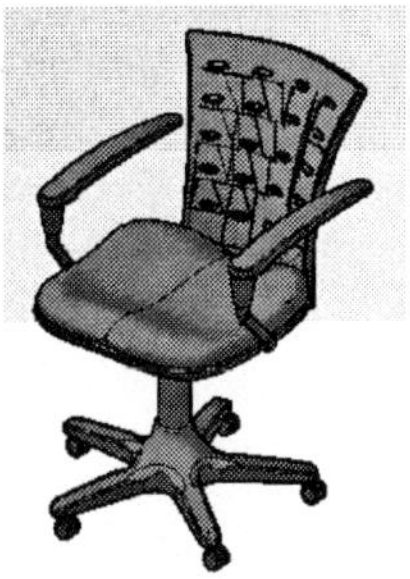

Esquisse : affichage des objets avec effet d'esquisse à main levée (utilisation des modificateurs d'arête Prolongement de ligne et Crénelage).

Filaire : affichage filaire des objets ; toutes les arêtes sont représentées (lignes et courbes).

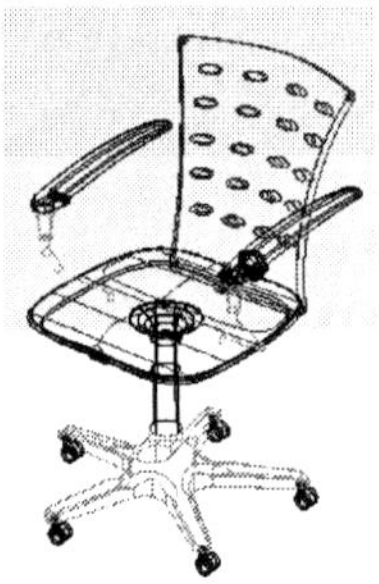

Rayons X : affichage des objets avec une transparence partielle.

B. Paramétrer les styles visuels

1. Modifier les paramètres depuis le Gestionnaire de styles visuels

Vous pouvez agir sur les paramètres des styles visuels depuis la palette **Gestionnaire de styles visuels**. Ces paramètres définissent le type d'ombre appliqué, les couleurs de faces, les performances de dégradation adaptative, ainsi que l'ensemble des réglages (couleurs, traits, types de ligne, visibilité des arêtes, masquage, résolution de l'affichage...) propres à chaque style visuel.

Les paramètres et options sont accessibles depuis la partie inférieure du **Gestionnaire de styles visuels**.

Ils varient selon le style de tracé sélectionné dans le **Gestionnaire de styles visuels** et sont regroupés dans les rubriques **Paramètres des faces**, **Paramètres d'environnement**, **Paramètres d'arêtes** et **Paramètre d'éclairage**.

a. Paramètres des faces

Contrôle l'apparence des faces dans une fenêtre.

Opacité : bascule la valeur d'opacité de positive à négative et inversement.

Intensité de la surbrillance : bascule la valeur d'intensité de la surbrillance de positive à négative et inversement.

Style des faces : définit l'ombrage sur les faces.

- **Réaliste** : option par défaut, proche de l'apparence de la face en réalité.
- **Gooch** : utilise des couleurs chaudes et froides au lieu des paramètres foncés et clairs pour améliorer l'affichage des faces parfois difficiles à voir dans un affichage réaliste.
- **Aucune** : n'applique pas de style de face. Les autres paramètres sont désactivés.

Qualité de l'éclairage : définit la méthode d'interpolation des couleurs.

- **Facetté** : paramètre le moins gourmand en ressources, mais qui affiche les surfaces arrondies de manière facétisée.

- **Lissage** : paramètre par défaut qui fournit un affichage lisse sans accélération matérielle.

- **Le plus doux** : paramètre qui permet d'obtenir un aspect doux de haute qualité, mais ne produit une amélioration visible que si l'option d'effet matériel **Eclairage par pixel** est activée dans la boîte de dialogue **Ajustement manuel des performances**.

  Au préalable, il est nécessaire d'activer le paramètre **Eclairage par pixel** dans la boîte de dialogue **Ajustement manuel des performances** à partir de la commande CONFIG3D.

Couleur : contrôle l'affichage des couleurs sur les faces.

- **Normal** : n'applique pas de modificateur de couleur de face.
- **Monochrome** : affiche le modèle selon les nuances de la couleur unique que vous spécifiez.

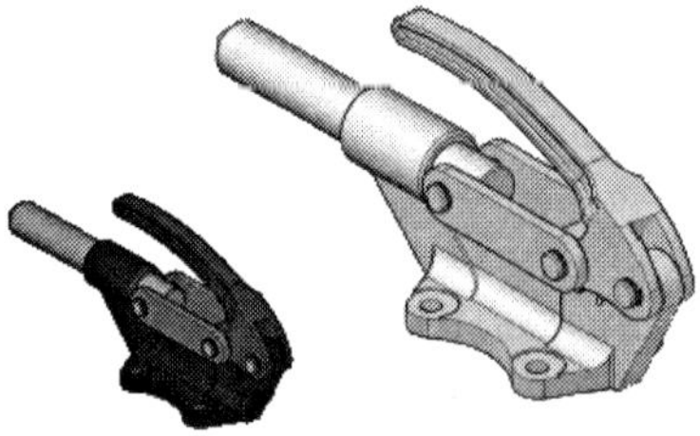

- **Teinte** : modifie la valeur de teinte et de saturation des couleurs de face.

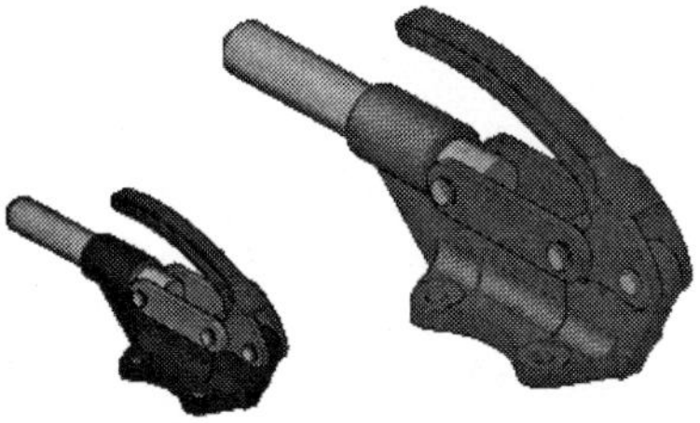

- **Désaturer** : adoucit la couleur en réduisant son composant de saturation de 30 %.

Opacité : contrôle l'opacité/la transparence.

Matériaux et couleur : contrôle l'affichage des matériaux et la couleur sur les faces.

- **Matériaux** : contrôle si les matériaux et les textures sont affichés.
- **Couleur monochrome/Couleur de la teinte** : affiche la boîte de dialogue **Sélectionner la couleur** dans laquelle vous pouvez sélectionner une couleur monochrome ou la teinte, selon le mode de couleur de face (indisponible pour les modes de couleur Normal et Désaturer).

b. Paramètres d'environnement

Contrôle les ombres et l'arrière-plan.

Ombres : gère l'affichage des ombres. Pour afficher les ombres pleines, l'accélération matérielle doit être activée. Accédez à ces paramètres en saisissant la commande **CONFIG3D**, choisissez **Ajuster manuellement** dans la boîte de dialogue **Dégradation adaptative et ajustement des performances**.

Arrière-plans : contrôle l'affichage ou le masquage des arrière-plans.

c. Paramètres d'arêtes

Contrôle l'affichage des arêtes.

Afficher : définit l'affichage des arêtes sur **Facetter les arêtes**, **Isolignes** ou **Aucun**.

Couleur : définit la couleur des arêtes.

Modificateurs d'arêtes

Contrôle les paramètres qui s'appliquent à tous les modes d'arête (exceptée l'option **Aucun**).

Prolongements de ligne : prolonge les lignes au-delà de leur intersection, pour un effet dessin manuel. Active et désactive l'effet de saillie.

Créneler : donne aux lignes l'apparence d'une esquisse à main levée.

Angle du pli : définit l'angle entre les faces, pour agir sur l'effet de lissage.

Espace avec halo % : spécifie la taille d'un espace à afficher à l'endroit où un objet est masqué par un autre objet (option disponible avec les styles visuels **Conceptuel** ou **Masqué 3D**). Si la valeur est supérieure à 0, les arêtes de silhouette ne sont pas affichées.

Arêtes de silhouette

Contrôle les paramètres qui s'appliquent aux arêtes de silhouette (ces arêtes ne sont pas affichées sur les objets filaires ou transparents).

Afficher : contrôle l'affichage des arêtes de silhouette.

Largeur : définit l'épaisseur des arêtes de silhouette.

Arêtes occluses

Contrôle les paramètres qui s'appliquent à tous les modes d'arête (exceptée l'option **Aucun**).

Afficher : contrôle l'affichage des arêtes occluses.

Couleur : définit la couleur des arêtes occluses.

Type de ligne : définit un type de ligne pour les arêtes occluses.

Arêtes d'intersection

Gère les paramètres qui s'appliquent aux arêtes d'intersection lorsque le mode d'arête est défini sur **Arêtes de facette**.

Afficher : contrôle l'affichage des arêtes d'intersection.

Couleur : définit la couleur des arêtes d'intersection.

Type de ligne : définit un type de ligne pour les arêtes d'intersection.

d. Paramètres d'éclairage

Gère les effets liés à l'éclairage.

Contrôle d'exposition : contrôle la taille des surbrillances pour les faces sans matériaux.

Affichage des ombres : gère l'affichage des ombres (l'activation des ombres peut diminuer les performances).

- **Ombres d'objet mappé** : affiche les ombres complètes.
- **Ombres sur le sol** : active la projection des ombres sur le sol.
- **Inactif** : désactive l'affichage des ombres.

e. Créer un nouveau style visuel

Vous pouvez créer un nouveau style visuel à partir d'un style visuel existant et en modifiant les paramètres.

- Dans la palette **Gestionnaire des styles visuels**, choisissez l'icône **Créer un style visuel** dans la zone supérieure **Styles disponibles dans le dessin**.
- Saisissez le **Nom** du nouveau style visuel dans la fenêtre ci-dessous :

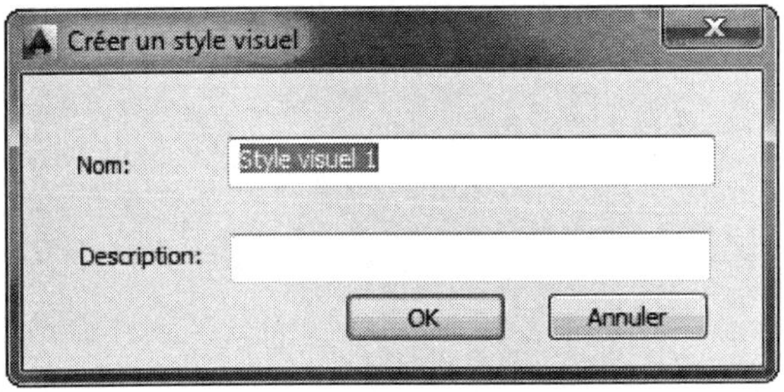

- Saisissez si nécessaire une **Description** et confirmez par **OK**.

  Le nouveau style visuel apparaît dans la liste des styles visuels du dessin :

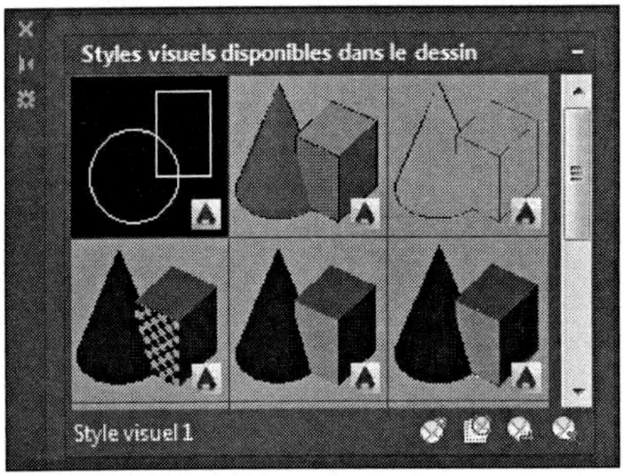

f. Supprimer un style visuel

- Sélectionnez le style visuel personnalisé à supprimer.
- Dans la palette **Gestionnaire des styles visuels**, choisissez l'icône **Supprimer le style visuel sélectionné** .

g. Exporter le style visuel dans la palette d'outils

- Sélectionnez le style visuel personnalisé à exporter.

- Affichez les palettes d'outils, et activez la palette d'outils qui doit accueillir le style visuel personnalisé.
- Dans la palette **Gestionnaire des styles visuels**, choisissez l'icône **Exporter le style visuel sélectionné dans la palette d'outils** .

Le style visuel est désormais accessible depuis la palette d'outils comme ci-dessous :

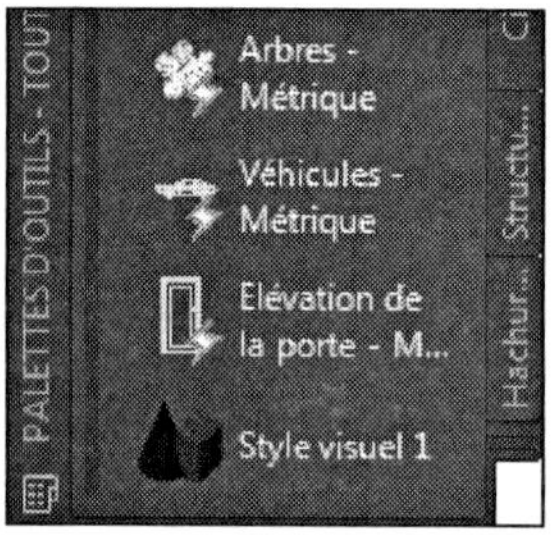

2. Modifier les paramètres depuis le ruban

Vous pouvez également modifier les paramètres de **styles visuels** et **effets d'arêtes** associés à la fenêtre courante directement depuis le ruban, via les groupes de fonctions **Styles visuels** et **Effets d'arêtes** de l'onglet **Rendu**.

a. Choisir le style visuel courant

Dans le groupe de fonctions **Styles visuels** (onglet **Visualiser**), choisissez la liste **Styles visuels** ci-dessous pour sélectionner le style visuel à associer :

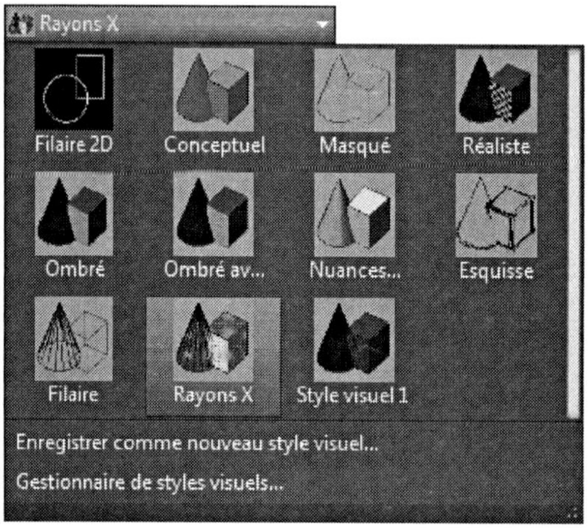

b. Modifier les couleurs des faces

➲ Dans le groupe de fonctions **Styles visuels** (onglet **Visualiser**), choisissez la liste ci-dessous pour sélectionner le style visuel à associer :

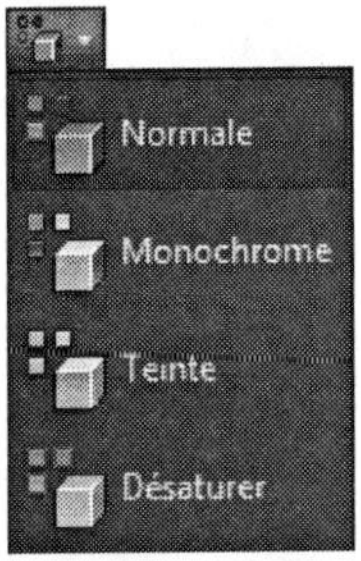

Normale : n'applique pas de modificateur de couleur de face.

Monochrome : affiche toutes les faces du modèle selon une couleur unique (spécifiée au regard de Couleur Monochrome dans le Gestionnaire des styles visuels).

Teinte : modifie la valeur de teinte et de saturation des couleurs de face, selon des nuances d'une couleur unique (spécifiée au regard de Couleur Monochrome dans le Gestionnaire des styles visuels).

Désaturer : adoucit la couleur en réduisant son composant de saturation de 30 %.

c. Modifier les styles de face

Ces options modifient l'affichage de la fenêtre en cours quel que soit le style visuel associé à la fenêtre.

➲ Déroulez le groupe de fonctions **Styles visuels** et déroulez la liste des styles de face ci-dessous :

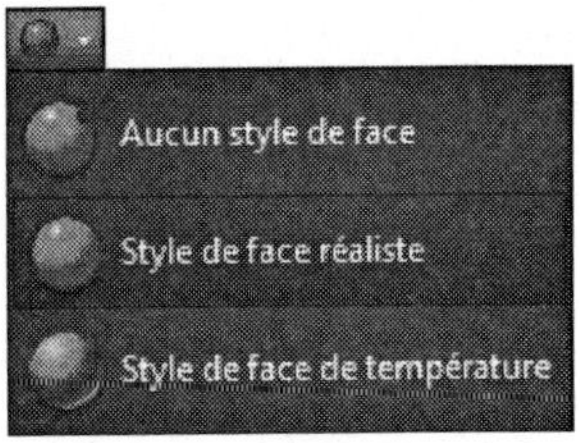

Aucun style de face : attribue aucun style de face à la fenêtre courante.

Style de face réaliste : attribue à la fenêtre courante un style visuel réaliste. Cette option modifie l'affichage de la fenêtre en cours quel que soit le style visuel associé à la fenêtre.

Style de face de température : attribue à la fenêtre courante un style visuel conceptuel. Des couleurs chaudes et froides sont appliquées aux objets 3D à la place des ombres et lumières. Cette option modifie l'affichage de la fenêtre en cours quel que soit le style visuel associé à la fenêtre.

d. Activer l'effet Rayon X

➲ Dans le groupe de fonctions **Styles visuels**, cliquez sur le bouton **Effet rayon X** .

Cette option ajoute au style visuel courant un effet de transparence. La règle située à droite du bouton permet de contrôler le niveau de transparence.

e. Modifier l'affichage et le lissage des facettes

➲ Déroulez la liste ci-dessous pour contrôler l'affichage des arêtes.

Aucune arête : désactive l'affichage des isolignes.

Isolignes : active l'affichage des isolignes. Les isolignes sont les arêtes tangentielles des géométries courbes, arrondies ou sphériques.

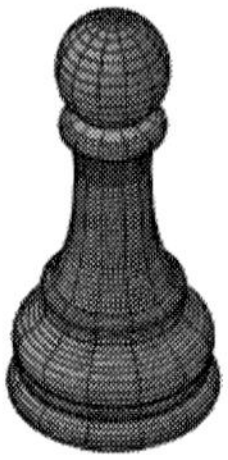

Arêtes de facette : active l'affichage des arêtes des facettes des géométries courbes, arrondies ou sphériques en masquant les arêtes cachées.

f. Modifier l'affichage des ombres

➲ Dans le groupe de fonctions **Lumière** (onglet **Visualiser**), déroulez la liste ci-dessous pour contrôler l'affichage des ombres.

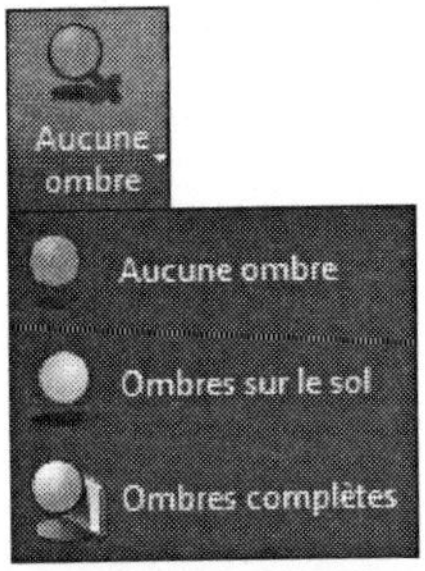

Aucune ombre : désactive l'affichage des ombres.

Ombres sur le sol : permet l'activation des ombres uniquement sur le sol.

Ombres complètes : active l'affichage des ombres complètes sur les objets et sur le sol.

g. Modifier l'affichage des textures et matériaux

➲ Dans le groupe de fonctions **Matériaux** (onglet **Visualiser**), déroulez la liste ci-dessous pour contrôler l'affichage des textures et matériaux.

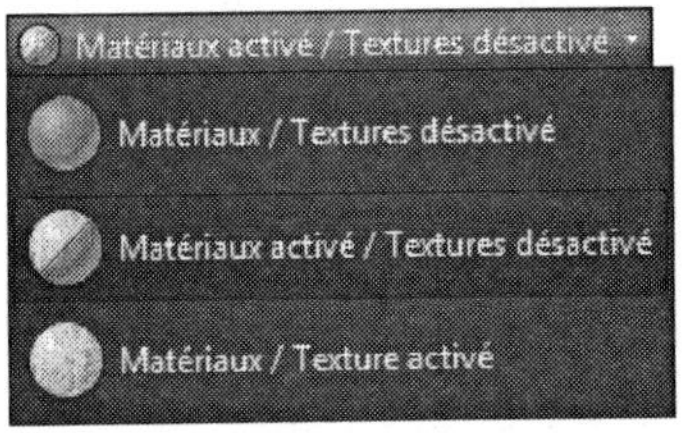

Matériaux / Textures désactivé : désactive l'affichage des matériaux et des textures.

Matériaux activé / Textures désactivé : active l'affichage des matériaux, et désactive l'affichage des textures.

Matériaux / Textures activé : active l'affichage des matériaux et des textures.

h. Contrôler le niveau de transparence des solides 3D et surfaces 3D

➲ Dans le groupe de fonctions **Styles visuels**, choisissez l'icône **Effet rayon X**  pour activer ou désactiver le niveau de transparence pour les objets 3D.

Une fois l'effet rayon x activé, agissez sur la règle **Opacité** 

pour contrôler le niveau de transparence des objets 3D. La valeur par défaut est fixée à 60. Le niveau de transparence peut être établi entre une opacité totale ou nulle. Une valeur négative désactive l'effet.

Les fonctionnalités de **Lumières**, **Matériaux**, **Propriétés du Soleil**, **Rendu** sont spécifiques au rendu photoréaliste d'AutoCAD et sont disponibles dans le groupe de fonctions **Palettes**.

Lumières

AutoCAD vous permet d'ajouter des sources ponctuelles, des sources dirigées et des sources distantes, puis de définir l'emplacement et les propriétés de chacune. AutoCAD permet également de simuler la lumière soleil ainsi que les ombres influençant les zones environnantes.

Matériaux

AutoCAD permet d'attacher un matériau ou une texture (bibliothèque de plus de 300 composants) à une face et à un objet particulier, ou aux objets présents sur un calque. AutoCAD dispose de nombreux matériaux réalistes et avancés permettant des effets très réalistes tels que le métal, le marbre, la pierre, le bois, etc. avec la possibilité d'intervenir sur des effets comme la brillance, l'auto-illumination, la réflexion...

AutoCAD met à disposition un Navigateur de matériaux pour organiser et gérer les matériaux. L'éditeur de matériaux permet de créer et modifier des matériaux personnalisés.

Propriétés du Soleil

Vous pouvez définir les informations d'emplacement, de lieu, de date et heure pour simuler les effets du soleil. Permet également de simuler l'illumination du ciel.

Rendu

Avec les techniques de rendu et rendu avancé, AutoCAD vous permet d'effectuer un rendu détaillé et photoréaliste et de générer des images de haute qualité. AutoCAD s'appuie sur une scène 3D composée d'une géométrie 3D ombrée en fonction de l'éclairage que vous avez défini, des matériaux que vous avez appliqués et des paramètres environnementaux, tels que l'arrière-plan et le brouillard.

Remarque

Ces paramètres de lumière, matériaux, soleil et rendu réaliste ne sont pas détaillés dans cet ouvrage.

Chapitre 24
La présentation et l'impression du dessin

A. La présentation du dessin

Dans chaque dessin AutoCAD, il existe au moins deux parties bien distinctes : la partie **Objet** et la partie **Présentation**.

La partie **Objet** est dédiée à la modélisation du dessin.

La partie **Présentation** est consacrée aux présentations finales du projet intégrant les notions d'échelle, de cadre, cartouche. Avec AutoCAD, plusieurs présentations sont possibles dans le même dessin. À chaque présentation sont associés une configuration de traceur, un format, des marges, un style de tracé. Dans un même dessin, une première présentation peut afficher un dessin d'ensemble, une seconde présentation peut afficher un dessin de définition, une troisième présentation peut afficher des détails...

Dans la partie inférieure gauche de la zone graphique, vous passez de la partie Objet (ou modèle) à la partie Présentation en cliquant sur les onglets **Objet**, **Présentation1**, **Présentation2**, etc.

Les onglets **Objet**, **Présentation1**, **Présentation2** permettent de passer alternativement de la partie Objet aux présentations.

➲ Déplacez le pointeur sur un onglet pour obtenir un aperçu comme ci-dessous :

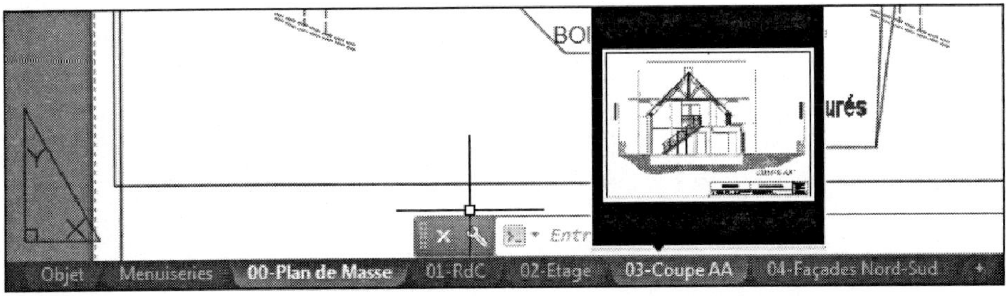

1. La partie Objet

L'Espace Objet concerne la création ou modélisation du dessin lui-même.

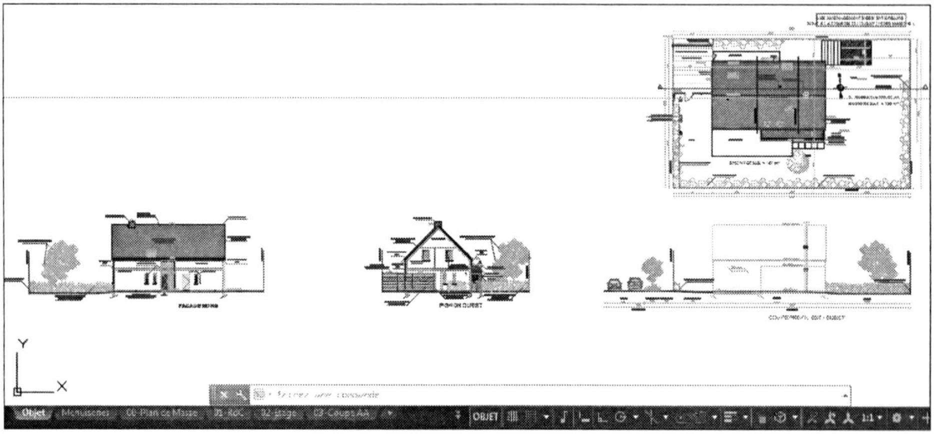

Ici, vous concevez, vous dessinez, vous hachurez et vous cotez. Vous utilisez une unité réelle, celle qui vous convient. On ne précise nulle part à AutoCAD que l'on dessine en mètre, en cm ou en millimètre. On dessine donc comme à l'échelle 1. Imaginez que vous dessiniez un bâtiment en utilisant le mètre comme unité ; vous devez représenter une zone de 10 mètres par 5 mètres. Vous indiquez simplement à AutoCAD une longueur de 10 et une largeur de 5, sans souci de conversion contrairement à la planche à dessin.

Remarque

En Espace Objet, les limites correspondent à une zone de travail sur laquelle vous dessinez. Celles-ci peuvent être égales à 30,20 (cas précédent) ou à 1000,800 ou encore à l'équivalent d'un format standard 420,297.

2. La partie Présentation

L'Espace Présentation concerne la présentation du dessin en phase finale.

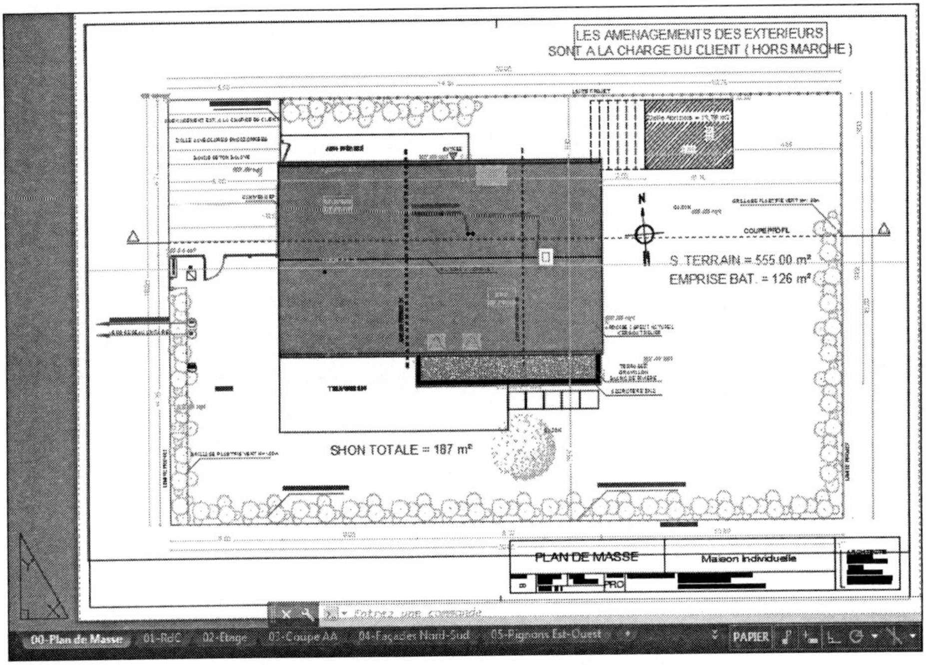

La première fois que vous accédez à une présentation, il lui est attribué une configuration par défaut de traceur et un format (cf. dans ce chapitre L'impression). Les options d'AutoCAD peuvent fixer les valeurs par défaut de traçage.

À chaque présentation, vous affectez un périphérique d'impression, un format, des marges, une orientation, une échelle, un style de tracé.

Les présentations peuvent être multiples. Vous pouvez en créer à tout moment, les renommer, les supprimer, les déplacer ou les copier dans la liste des présentations. Vous accédez à la configuration de chaque présentation ou procédez directement à l'impression.

Pour chaque **Présentation**, respectez les paramètres suivants :

Un périphérique est choisi pour la présentation courante ; un format de papier ainsi qu'une orientation sont affectés à l'aide du **Gestionnaire des mises en page** (voir ci-après Gestion des mises en page).

C'est dans la présentation que vous insérez un cadre et un cartouche spécifiques à l'entreprise (ou fournis par AutoCAD), des annotations diverses...

Une fenêtre de présentation (appelée fenêtre flottante) affiche le dessin réalisé en espace objet.

Soit cette fenêtre est déjà existante (cf. options d'AutoCAD), soit vous devez créer à ce stade la fenêtre flottante. Vous agirez ensuite sur l'échelle de présentation de cette fenêtre pour afficher le dessin selon une échelle précise. Utilisez pour cela une échelle dans la liste **Echelle Standard** ou saisissez une valeur dans la zone **Echelle personnalisée** dans la palette d'outils **Propriétés**. Sélectionnez la fenêtre avant de choisir l'échelle adaptée.

La fenêtre flottante est une entité à part entière. Vous la déplacez, la copiez ou l'étirez comme tout autre objet. Par contre, vous n'accédez pas à son contenu tant que vous n'effectuez pas un double clic dans la fenêtre. Le curseur n'est alors visible que dans la fenêtre. Un double clic en dehors de la fenêtre repositionne le curseur sur la présentation.

Si plusieurs fenêtres sont existantes, un nouveau double clic permet de passer d'une fenêtre à l'autre. Si les fenêtres sont superposées, utilisez la combinaison de touches [Ctrl] R.

Les calques seront gelés indépendamment dans chacune des fenêtres. Ceci vous permet d'isoler certaines parties du dessin par fenêtre.

Si les cotations n'apparaissent pas à une échelle uniforme dans les différentes fenêtres, activez la case à cocher **Echelle des cotes selon présentation** dans l'onglet **Ajuster** du **Gestionnaire des styles de cote**. Une mise à jour des cotes par fenêtre, peut être nécessaire.

3. Gestion des mises en page

- Activez la présentation dont vous souhaitez définir la mise en page.
- Effectuez un clic droit sur l'onglet de présentation pour afficher le menu contextuel suivant :

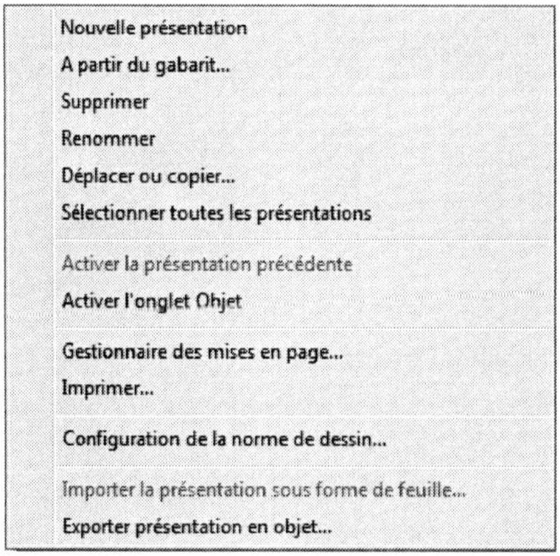

- Dans ce menu contextuel, choisissez **Gestionnaire des mises en page**.

La fenêtre ci-après apparaît :

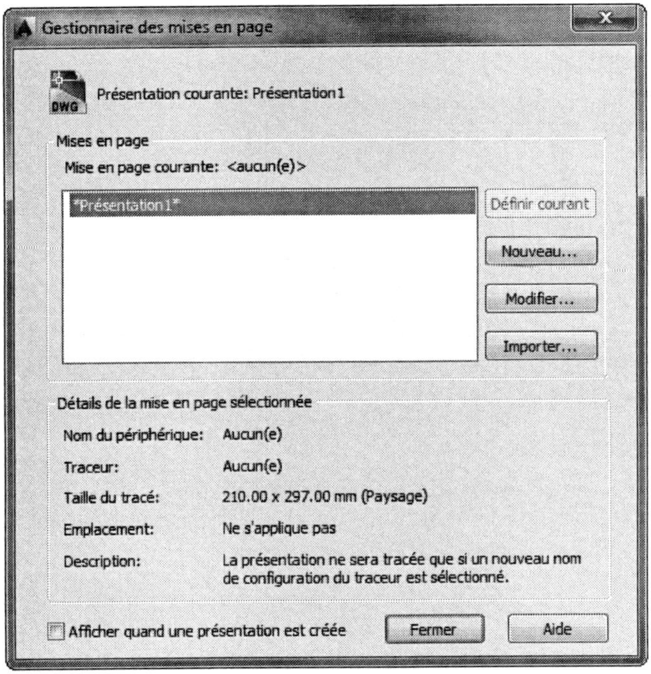

- Choisissez le bouton **Nouveau** pour accéder à la création d'une mise en page.

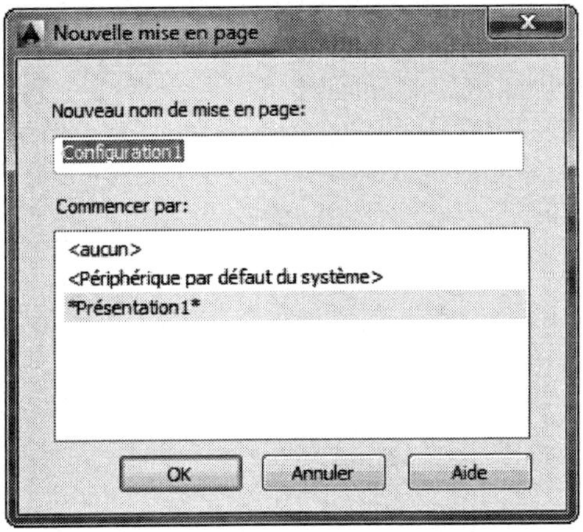

- Attribuez un nouveau nom à la mise en page dans la zone de texte **Nouveau nom de mise en page**.

Ce nom peut être "Imprimante A3H" ou "Traceur A0" par exemple. Par défaut, le nom de la mise en page est **Configuration1** et celle-ci peut s'appuyer sur les mises en page situées dans la liste **Commencer par** qui contiendra les nouvelles mises en page après leur création.

➲ Confirmez par **OK**. La fenêtre suivante est affichée :

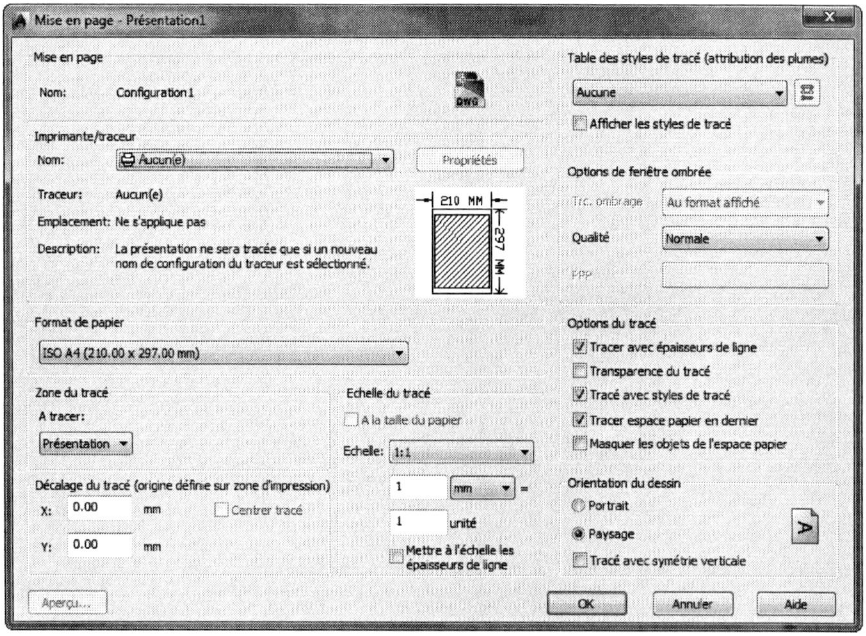

Mise en page : le nom de la mise en page en cours de création apparaît.

➲ Dans la boîte de dialogue **Mise en page**, effectuez les réglages dans les rubriques suivantes :

Imprimante/traceur : sélectionnez le périphérique d'impression dans la liste déroulante **Nom**. Une fois ce choix effectué, sous la liste **Nom**, sont affichés le nom du traceur (**Traceur**), le port ou le chemin d'accès de réseau (**Emplacement**) et un commentaire éventuel associé au périphérique (**Description**). Le bouton **Propriétés** donne accès aux modifications de la configuration de traceur courante, des ports, des périphériques, des supports, des formats de papier personnalisés... Un aperçu présente l'orientation du format du papier et ses dimensions.

Format de papier : sélectionnez, dans la liste, un des formats standard.

Aire du tracé : dans la liste **A tracer**, définissez la partie du dessin qui sera imprimée. Choisissez la présentation courante (**Présentation**), l'affichage courant du dessin (**Affichage**), le dessin le plus grand possible (**Etendu**), ou **Fenêtre** pour déterminer à l'aide du périphérique de saisie deux points matérialisant la zone du dessin qui sera imprimée.

Décalage du tracé (origine définie sur zone d'impression) : les zones de texte X et Y permettent de centrer le tracé sur la feuille de papier si nécessaire. La case à cocher **Centrer tracé** permet de centrer automatiquement le tracé sur la feuille de papier.

Echelle du tracé : permet de définir l'échelle d'impression. La liste **Echelle** dispose d'une série prédéfinie, mais vous pouvez personnaliser cette échelle. Ici, l'échelle ne correspond pas à celle du dessin lui-même, mais à l'échelle d'impression de l'aire du tracé.

Les zones de texte **mm** et **unités** affichant 1 mm pour 2 mm précisent une impression à l'échelle. Si vous présentez correctement vos dessins à l'aide des onglets **Présentations**, les formats et cadres affichés en millimètres imposent logiquement une échelle de 1/1. Les zones **mm** et **unités** affichent 1.

La case à cocher **A la taille du papier** calcule automatiquement l'échelle de tracé de façon à ce que le dessin s'adapte au format du papier.

La case à cocher **Mettre à l'échelle les épaisseurs de ligne** adapte les épaisseurs de ligne en fonction de l'échelle de tracé.

Table des styles de tracé (attribution des plumes) : choisissez, dans la liste, la table de styles de tracé pour l'affecter à la mise en page courante. Les styles de tracé sont des propriétés d'objet spécifiant des valeurs de remplacement à l'impression pour la couleur, le panachage, la gamme de gris, l'assignation des plumes, le filtrage, le type de ligne, l'épaisseur de ligne, les styles d'extrémité, les jointures et le remplissage. Les tables Acad.ctb et Acad.stb respectent par défaut les couleurs des objets lors de l'impression alors que les tables Monochrome.ctb et Monochrome.stb imposent une impression en noir et blanc. Voir aussi Les styles de tracé dans ce chapitre.

Remarque

*Lorsque le choix de la table est effectué, le bouton **Modifier**, situé à droite de la liste, est accessible pour l'édition de la table de styles de tracé.*

Options de fenêtre ombrée : la liste **Trc. ombrage** précise la façon dont les vues sont tracées. Pour que ce paramètre soit effectif, vous devez sélectionner chaque fenêtre de la présentation et lui attribuer le type de tracé (**Filaire**, **Caché** ou **Rendu**) à l'aide de la palette **Propriétés**. La liste **Qualité** agit sur la résolution d'impression des fenêtres en mode ombré et rendu. Les choix sont **Brouillon**, **Aperçu** (75 points par pouce), **Normale** (150 PPP), **Présentation** (300 PPP), **Maximale** (300 PPP), **Personnalisée** (résolution à définir en fonction des possibilités du périphérique d'impression).

Options du tracé :

- **Tracer avec épaisseurs de ligne** : permet le respect des épaisseurs de ligne affectées aux objets ou aux calques lors de l'impression.
- **Transparence du tracé** : permet d'imprimer la transparence d'un objet (utilisée uniquement avec des objets transparents).
- **Tracé avec styles de tracé** : permet le respect des styles de tracé attribués aux objets ou aux calques lors de l'impression.

- **Tracer espace papier en dernier** : impose l'impression des objets (internes aux fenêtres de présentation) avant l'impression des objets de présentation.
- **Masquer les objets de l'espace papier** : détermine si l'élimination des lignes cachées s'applique aux objets de la fenêtre de présentation (espace papier). Cette option n'est disponible qu'à partir d'un onglet de présentation.

Orientation du dessin : cette rubrique définit l'orientation de dessin **Portrait** (verticale) ou **Paysage** (horizontale) ainsi qu'une symétrie verticale (orientation du dessin renversée).

➲ Vérifiez la configuration de la mise en page grâce au bouton **Aperçu** avant de confirmer par **OK**.

La fenêtre **Gestionnaire des mises en page** apparaît à nouveau avec, dans la liste, la nouvelle mise en page :

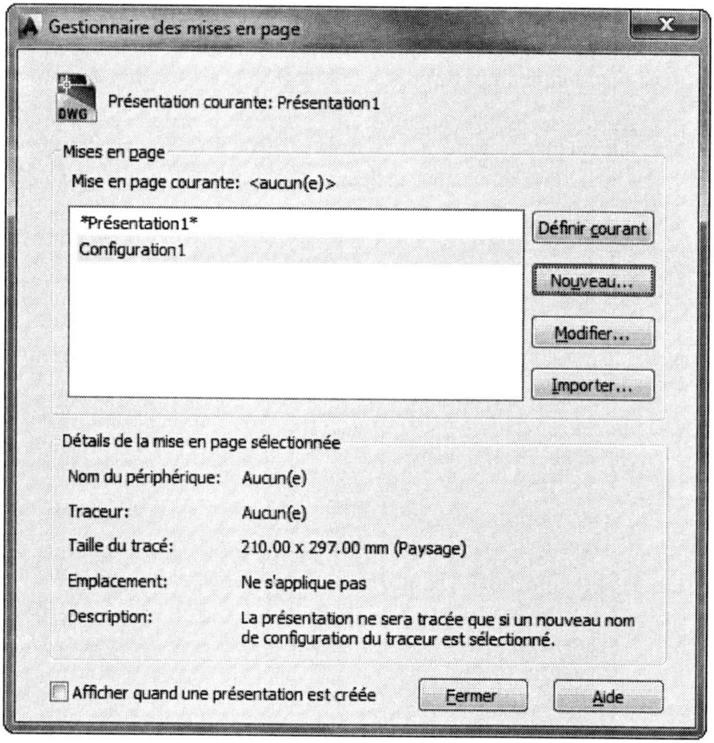

➲ Sélectionnez la nouvelle mise en page dans la liste et cliquez sur le bouton **Définir courant** pour attribuer la mise en page et ses paramètres à la présentation courante.

Vous pouvez procéder de façon identique pour créer plusieurs mises en page. À tout moment dans le dessin, vous pourrez attribuer l'une ou l'autre de ces mises en page aux diverses présentations du dessin.

Remarque

*Le bouton **Modifier** permet d'apporter des changements à tout moment sur les mises en page existantes.*

- Confirmez par **Fermer** pour quitter les paramètres de mise en page.

Les mises en page effectuées, les présentations sont prêtes à accueillir les cadres et cartouches, ainsi que les fenêtres de présentation (ou flottantes) affichant le dessin.

4. Les fenêtres de présentation

Vous disposez sur la présentation d'au moins une fenêtre de présentation nommée aussi fenêtre flottante.

- Pour créer celle-ci, dans le groupe de fonctions **Fenêtres de présentation** (onglet **Présentation**), choisissez l'icône déroulante **Rectangulaire** 

.

AutoCAD vous demande de placer la diagonale de la fenêtre par deux points. Dans le cas d'une vue générale, n'hésitez pas à fixer une fenêtre suffisamment grande (en général, les fenêtres flottantes sont positionnées sur un calque non tracé).

Vous devez ensuite procéder à la mise à l'échelle du dessin dans la fenêtre.

- Sélectionnez la fenêtre flottante ; l'échelle correspondante (approximative à ce stade) est affichée au regard du libellé **Echelle personnalisée** dans la fenêtre **Propriétés rapides** (clic droit - **Propriétés rapides**) :

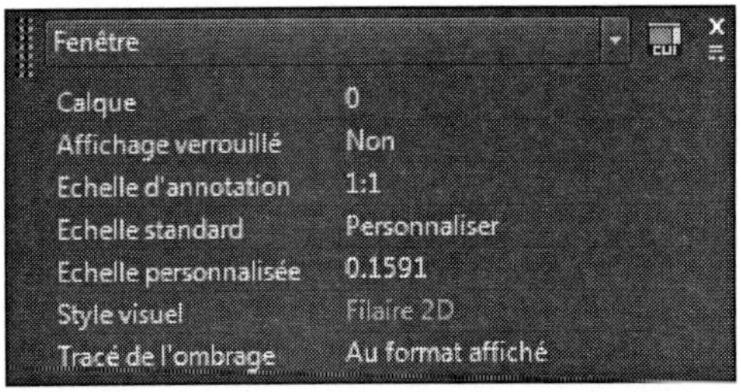

- Dans la liste **Echelle standard**, sélectionnez une échelle standard, ou saisissez une valeur d'échelle dans la zone de texte **Echelle personnalisée**. Le cas échéant, recentrez le dessin (Panoramique) dans la fenêtre pour obtenir un affichage optimal.

AutoCAD autorise les formes polygonales de fenêtres (polygones, cercles, splines...).

Dans le groupe de fonctions **Fenêtres de présentation**, l'icône **Délimiter** permet de définir une forme polygonale (composée de segments droits et courbes) à partir d'une fenêtre existante. L'icône déroulante **Polygonal** du groupe de fonctions **Fenêtres de présentation** permet de créer une fenêtre en définissant une forme polygonale).

Dans le groupe de fonctions **Fenêtres de présentation**, l'icône déroulante **Objet** crée une nouvelle fenêtre à partir d'un polygone existant. Ce polygone peut être une polyligne comme une spline.

Dans le groupe de fonctions **Fenêtres de présentation**, l'icône **Nommé** permet de créer simultanément plusieurs fenêtres flottantes. L'utilisateur peut placer des configurations de fenêtres prédéfinies 2D ou 3D (avec visualisations pré-réglées). La visualisation est modifiable par fenêtre grâce à la liste déroulante **Changer de vue** de la boîte de dialogue **Fenêtres** (onglet **Nouvelles Fenêtres**).

Si vous sélectionnez une fenêtre flottante, un clic droit affiche les options du menu contextuel suivant :

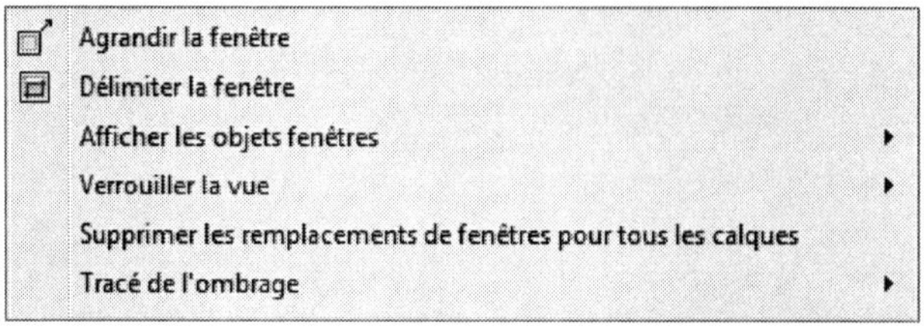

Vous pouvez **Délimiter la fenêtre** en forme polygonale quelconque. Le contenu des fenêtres sera affiché ou non.

Vous pouvez **Verrouiller la vue** d'une fenêtre ; dans ce cas, vous ne pouvez plus agir sur son échelle tant qu'elle n'est pas déverrouillée. Ceci apporte une sécurité supplémentaire.

Vous pouvez rétablir les propriétés de calque initiales en choisissant **Supprimer les remplacements de fenêtres pour tous les calques**.

Vous pouvez demander à AutoCAD d'affecter un type de **Tracé de l'ombrage** du contenu de la fenêtre désirée (filaire, caché ou rendu).

a. Principe des échelles dans les fenêtres flottantes

Il est nécessaire de comprendre le principe des échelles et leur fonctionnement dans les fenêtres flottantes, notamment lorsque que l'on travaille avec une unité différente du millimètre.

La liste **Echelle standard** (fenêtre **Propriétés rapides**) donne accès à une liste d'échelles prédéfinies.

Mais, celles-ci ne suffisent pas toujours, notamment si l'unité utilisée est le centimètre ou le mètre.

➲ Sélectionnez la fenêtre pour procéder à la mise à l'échelle.

La liste **Echelle standard** (fenêtre **Propriétés rapides**) est composée de valeurs d'échelles.

Mais attention, cette liste ne correspond pas forcément aux échelles du dessin à intégrer dans le cartouche, mais plutôt à des ratios ou facteurs qui tiennent compte des unités utilisées dans la partie Objet (mm, cm, m, km...) et de l'unité des présentations (toujours en mm pour le système métrique).

Dessins réalisés en millimètres

La valeur à affecter à la fenêtre flottante est directement donnée dans la liste **Echelle standard** (fenêtre **Propriétés rapides**). Dans ce cas, elle correspond exactement à l'échelle du dessin.

Dessins réalisés en centimètres

La valeur à affecter à la fenêtre flottante correspond à l'échelle du dessin multipliée par 10. 10 correspond au rapport entre les parties Objet et Présentation (1cm = 10mm).

Dessins réalisés en mètres

La valeur à affecter à la fenêtre flottante correspond à l'échelle du dessin multipliée par 1000. 1000 correspond au rapport entre les parties Objet et Présentation (1m = 1000mm).

Voici un tableau qui affiche les valeurs à affecter aux fenêtres de présentation, selon les échelles de dessin les plus courantes. Il peut vous être utile pour vos premiers projets.

	Unités Objet		
Echelles Dessin (cartouche)	**mm**	**cm**	**m**
10	**10**	100	**10000**
5	**5**	50	**5000**
2	**2**	20	**2000**
1	**1**	10	**1000**
½	**1/2**	5	**500**
¼	**1/4**	2.5 ou 10/4	**250**
1/10	**1/10**	1	**100**
1/25	**1/25**	0.4 ou 10/25	**40**
1/50	**1/50**	1/5	**20**
1/100	**1/100**	1/10	**10**

	Unités Objet		
Echelles Dessin (cartouche)	mm	cm	m
1/200	**1/200**	1/20	**5**
1/250	**1/250**	1/25	**4**
1/500	**1/500**	1/50	**2**
1/1000	**1/1000**	1/100	**1**

Les valeurs affichées en gras sont celles affectées aux fenêtres de présentation. Elles sont choisies dans la liste **Echelle standard** (fenêtre **Propriétés rapides**), ou saisies dans la zone de texte **Echelle Personnalisée** (fenêtre **Propriétés rapides**).

Dans l'exemple affiché précédemment, vous avez dessiné en mètres dans la partie Objet. Imaginez que vous ayez dessiné un bâtiment de 15 mètres par 6 mètres. Vous souhaitez l'afficher à l'échelle 1/50ème. Vous voulez donc que 15 mètres en réalité correspondent à 300 millimètres.

300 mm = 15 m

ou 300 mm = 15000 mm

ou 3 = 150

ou 1 = 50 ou 1/50

L'échelle 1/50 correspond à celle du dessin que vous indiquez dans le cartouche. Mais pour l'affichage dans la fenêtre flottante, il faut préciser le rapport de 1000. Il suffit de multiplier 1 par 1000. Ce qui nous fait 1000/50. La valeur à affecter dans la liste **Echelle personnalisée** est donc de 20.

b. Liste d'échelles

AutoCAD vous permet d'accéder à une liste d'échelles prédéfinies. Vous pouvez y supprimer celles dont vous ne vous servez pas et y ajouter des échelles personnalisées.

Ces échelles peuvent notamment être enregistrées dans un fichier gabarit de façon à ce que vous disposiez systématiquement des échelles usuelles.

- Effectuez un clic droit à l'écran, et choisissez **Options** dans le menu contextuel.
- Dans la fenêtre **Options**, activez l'onglet **Préférences utilisateur**, et cliquez sur le bouton **Liste d'échelles par défaut**.

Supprimer des échelles de la liste

- Pour supprimer les échelles indésirables, sélectionnez-les en maintenant la touche [Ctrl] et cliquez sur le bouton **Supprimer**.

Créer une nouvelle échelle

- Pour créer une nouvelle échelle, cliquez sur le bouton **Ajouter**. AutoCAD affiche la fenêtre suivante :

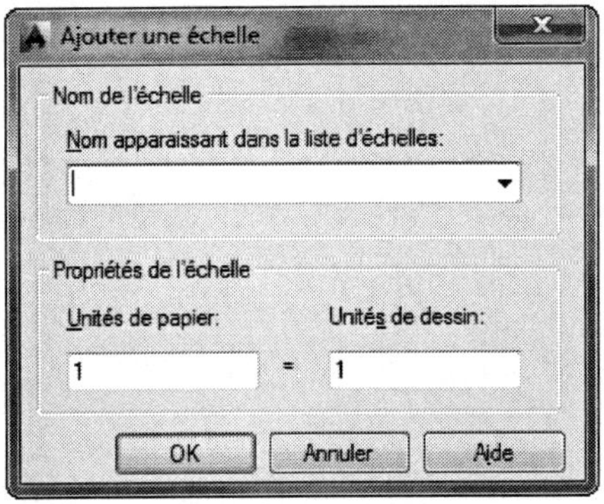

- Saisissez le nom qui sera affiché dans la liste d'échelles puis saisissez les valeurs **Unités de papier** et **Unités de dessin** pour définir le rapport d'échelle souhaité.

Modifier une échelle dans la liste

Pour modifier une échelle de la liste, sélectionnez-la puis cliquez sur le bouton **Redéfinir**.

➲ Effectuez les modifications de nom et unités, puis confirmez par **OK**.

Monter et Descendre

Les boutons **Monter** et **Descendre** vous permettent d'organiser le positionnement des différentes échelles dans la liste.

Remarque

*La liste des échelles est disponible directement dans la liste déroulante de la barre d'outils **Fenêtres**.*

5. Création automatique de vues projetées à partir de modèles 3D AutoCAD

AutoCAD permet la réalisation automatisée de vues projetées multiples (orthogonales ou isométriques) à partir de modèles 3D surfaciques et volumiques.

Vous obtenez ainsi dynamiquement les mises en plan normalisées (et alignées) de vos modèles : vues de face, de dessus, de gauche, les vues isométriques, etc.

La création automatique de vues projetées s'appuie sur une vue de base qui définit l'échelle, les paramètres d'affichage et l'alignement des vues qui suivent. Les vues projetées héritent de toutes les propriétés de la vue parent.

Vous pouvez modifier certaines propriétés après avoir créé les vues projetées, telles que l'échelle, le style de représentation, la visibilité, etc.

Les vues projetées (ou vue de dessin) peuvent être mises à jour lorsque le modèle a subi des modifications.

Les vues de base et vues projetées sont accessibles depuis les onglets de présentation, à partir des surfaces et solides 3D visibles dans l'espace Objet.

a. Créer une vue de base et des vues projetées

- Supprimez la ou les fenêtres de présentation existantes.
- Depuis une présentation, dans le groupe de fonctions **Créer une vue** (onglet **Présentation**), déroulez l'icône **Base**, et choisissez l'icône **A partir de l'espace objet**.

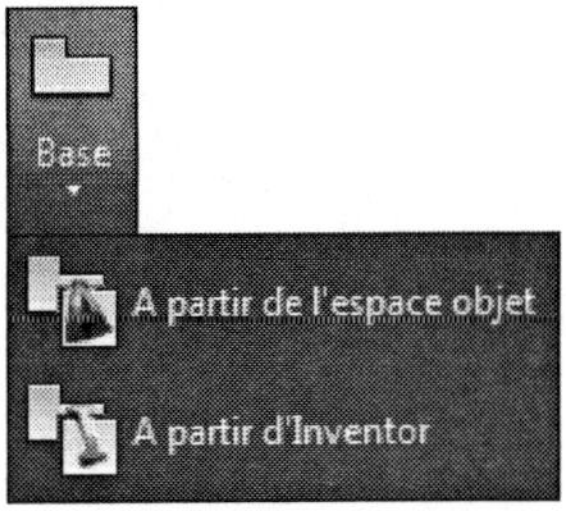

- Déplacez le pointeur sur la présentation pour visualiser l'aperçu de la vue de base telle que ci-dessous. L'échelle est ajustée automatiquement selon le format de la présentation courante.

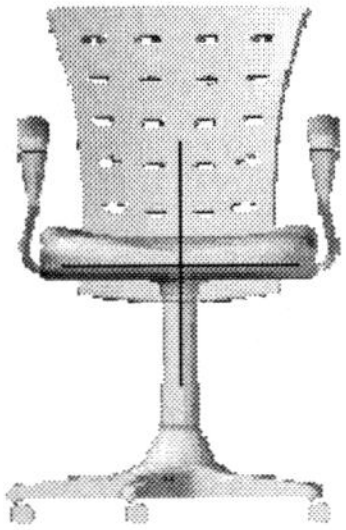

Le message suivant apparaît dans la ligne de commande :

```
VUEBASE Spécifiez l'emplacement de la vue de base ou [Type Sélectionner Orientation
lignes Cachées Echelle Visibilité] <Type>:
```

- Effectuez un clic droit pour afficher le menu contextuel suivant :

Type
Sélectionner
Orientation
lignes Cachées
Echelle
Visibilité

L'option **Orientation** permet de modifier l'orientation de la vue de base selon l'option choisie dans le menu contextuel ci-dessous :

Sélectionnez l'orientation

- Haut
- Bas
- Gauche
- Droite
- ● AVant
- ARrière
- isométrique orientée S-o
- isométrique orientée s-E
- isométrique orientée N-e
- isométrique orientée n-O

L'image ci-dessous illustre les différentes orientations.

Remarque

*Vous pouvez aussi choisir la vue dans le groupe de fonctions **Orientation** (onglet contextuel **Création d'une vue de dessin**).*

L'option **Echelle** permet de modifier l'échelle de la vue de base. Vous pouvez choisir une échelle standard ou personnalisée.

Vous pouvez aussi accéder à la liste d'échelles dans le groupe de fonctions **Apparence** (onglet contextuel **Création d'une vue de dessin**)

L'option **lignes Cachées** permet de modifier le style d'affichage de la vue de base.

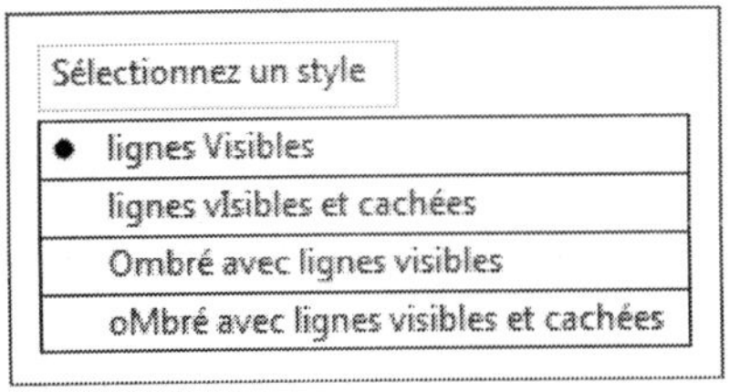

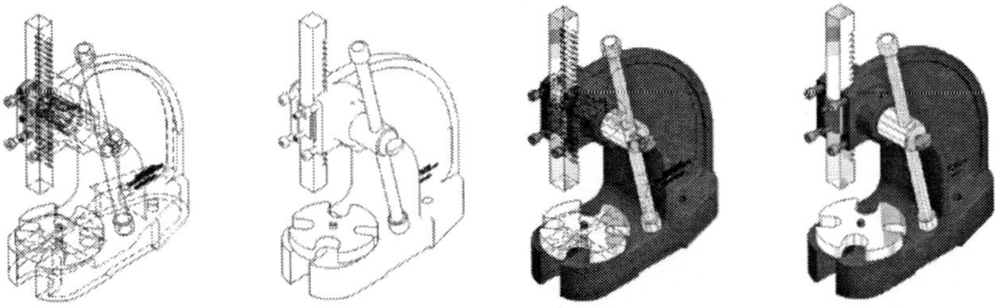

Lignes visibles et cachées — Lignes visibles — Ombré avec lignes visibles et cachées — Ombré avec lignes visibles

lignes Visibles permet un affichage des arêtes visibles.

lignes vIsibles et cachées permet un affichage des arêtes cachées.

oMbré avec lignes visibles et cachées permet un affichage ombré avec les arêtes cachées.

Ombré avec lignes visibles permet un affichage ombré.

L'option **Visibilité** permet de définir les options de visibilité (varient selon le modèle) :

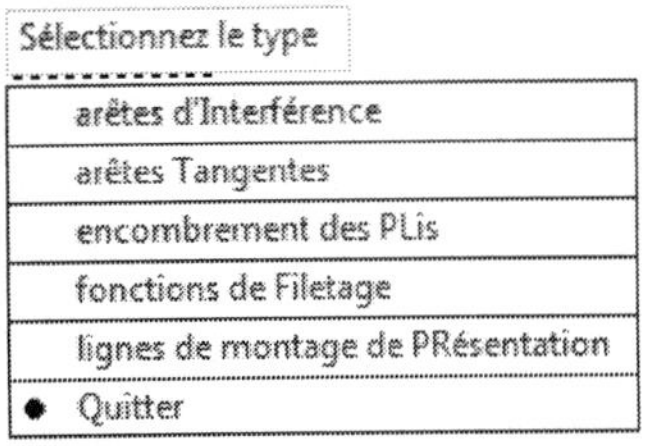

arêtes d'Interférence affiche les arêtes d'interférence (intersection entre géométries différentes par exemple).

arêtes Tangentes affiche les arêtes tangentielles.

Arêtes tangentes réduites diminue la longueur des arêtes tangentielles de façon à les distinguer des arêtes visibles (disponible uniquement si l'option **arêtes Tangentes** est sélectionnée).

encombrement des PLis affiche les lignes d'encombrement du pli en tôle, correspondant à la transition d'un coude qui pivote ou qui se plie, dans une vue de tôlerie aplanie. Option disponible uniquement avec les modèles possèdent une vue de tôlerie aplanie (modèle Inventor par exemple).

fonctions de Filetage affiche des lignes de filetage sur les vis et les perçages taraudés (modèle Inventor par exemple).

lignes de montage de PRésentation affiche les lignes de montage issues des vues éclatées (Inventor par exemple).

L'option **Type** permet de choisir la création d'une vue de base unique ou d'une vue de base et les vues projetées.

- Cliquez pour définir l'emplacement de la vue de base, effectuez un clic droit et choisissez **Entrer** pour valider l'emplacement de la vue de base.

Après la création de la vue de base, les invites de commande se répètent pour vous permettre le placement des différentes vues projetées dans la même commande. Le message suivant est affiché :

```
VUEBASE Spécifiez l'emplacement de la vue projetée ou <Quitter>:
```

- Déplacez le pointeur pour obtenir l'aperçu de la vue projetée souhaitée.

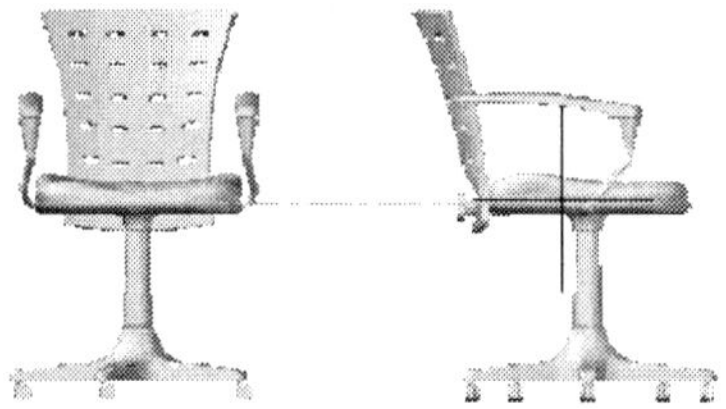

- Cliquez pour spécifier l'emplacement de la vue projetée.
- Répétez l'opération pour spécifier les différentes vues projetées telles que ci-dessous.

- Effectuez un clic droit puis choisissez **Entrer** pour valider la mise en place des vues projetées et obtenir un résultat similaire à la figure ci-dessous :

b. Créer des vues projetées à partir d'une vue existante

- Cliquez sur la vue à partir de laquelle vous souhaitez réaliser une vue projetée.
- Dans le groupe de fonctions **Créer une vue** (onglet **Présentation**), choisissez l'icône **Projetée** 

.

  Le message suivant est affiché :

  `VUEPROJ Spécifiez l'emplacement de la vue projetée ou <Quitter>:`

  Les vues projetées héritent de l'échelle, des paramètres d'affichage et de l'alignement de la vue parent.
- Déplacez le pointeur pour obtenir l'aperçu de la vue projetée souhaité.

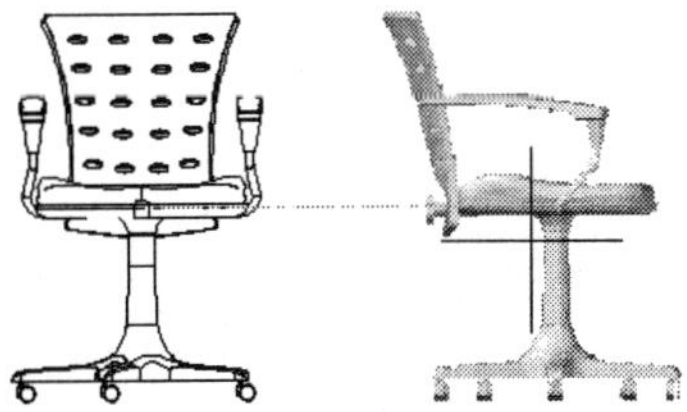

- Cliquez pour spécifier l'emplacement de la vue projetée.
- Répétez l'opération pour spécifier les différentes vues projetées orthogonales et isométriques.

- Effectuez un clic droit, et choisissez **Entrer** pour valider la création des vues projetées.

c. Mettre à jour les vues projetées

Lorsque des modifications ont été réalisées sur le modèle 3D, il est nécessaire de procéder à une mise à jour des vues de dessin.

AutoCAD détecte les éventuelles modifications du modèle et notifie les mises à jour requises dans la barre d'état comme sur la figure ci-dessous :

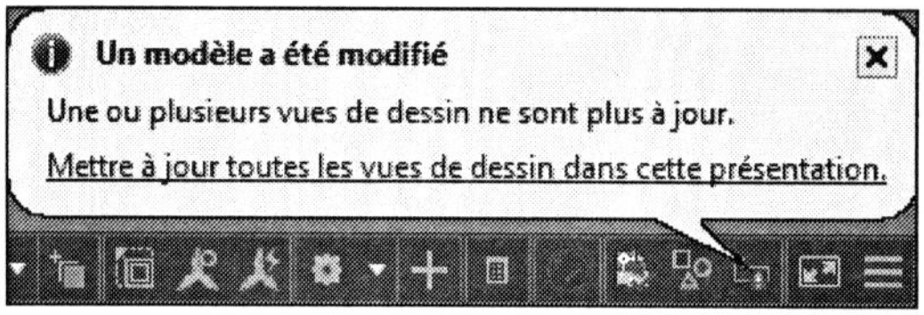

Mettre à jour une vue de dessin

- Dans le groupe de fonctions **Mettre à jour** (onglet **Présentation**), choisissez l'icône déroulante **Mettre à jour la vue** 

.
- Cliquez sur la vue de dessin à mettre à jour.
- Validez par [Entrée].

Remarque

*Une autre technique consiste à effectuer un clic droit sur l'icône **Vues de dessin** située dans la barre d'état, et à choisir **Mettre à jour la vue**.*

Mettre à jour toutes les vues de dessin

Dans la barre d'état, effectuez un clic droit sur l'icône **Mettre à jour**, et choisissez l'icône déroulante **Mettre à jour toutes les vues**.

d. Définir les paramètres par défaut des vues projetées

➲ Effectuez un clic droit sur l'onglet de présentation, et choisissez **Configuration de la norme de dessin**.

La fenêtre suivante est affichée :

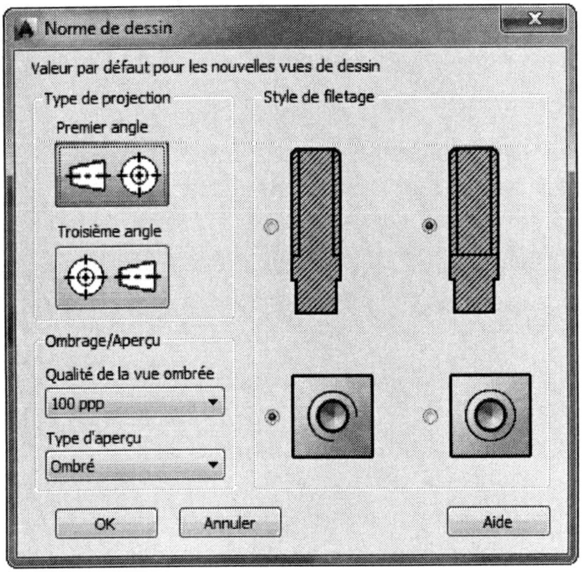

Les valeurs que vous spécifiez ici sont utilisées uniquement lors de la création des nouvelles vues de base et vues projetées. Les vues de dessin existantes ne sont pas impactées par ces nouvelles valeurs.

Type de projection : définit les méthodes de projection, soit conformes à la norme ISO (Premier angle), soit conforme à la norme ANSI (Troisième angle).

Style de filetage : définit la représentation des filetages selon la norme ISO ou selon la norme ANSI (valable pour les modèles Inventor).

Ombrage/Aperçu : définit la qualité des styles d'affichage Ombrés (Qualité de la vue ombrée). Définit le type d'aperçu (Ombré ou simple contour) utilisé lors de la création des vues de dessin.

e. Créer des vues en coupe

AutoCAD permet de créer des vues en coupe à partir d'un ou de plusieurs modèles 3D AutoCAD ou Inventor, à partir d'une ligne de coupe ou d'une géométrie.

Les lignes de coupe droites ou brisées, utiles pour des coupes à plans parallèles ou à plans sécants, permettent la génération de coupes complètes, de demi-coupes ou encore de sections. Si la vue parent est modifiée, la vue en coupe subira automatiquement les mises à jour.

Si la fonction de déduction de contraintes est activée, la ligne de coupe est contrainte par rapport à la géométrie de la vue parent. Si la déduction de contraintes est désactivée, la ligne de coupe n'est pas contrainte par rapport à la géométrie de la vue parent. Toutefois, vous pouvez ajouter manuellement des contraintes après avoir créé la vue en coupe.

Les fonctions de création de vues en coupe utilisent les composantes suivantes :

- Libellé de vue en coupe affichant le nom et l'échelle de la coupe.
- Ligne(s) de coupe.
- Ligne(s) de pli.
- Lignes d'extrémité.
- Flèche de direction.
- Identificateur.

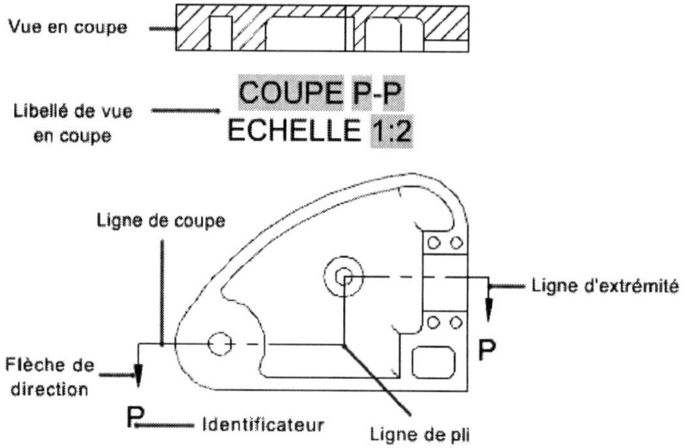

Une fois la ligne de coupe spécifiée, l'aperçu de la coupe est attaché au curseur, avec l'identificateur d'étiquette de coupe alphabétique. Par défaut, l'aperçu de la vue en coupe est aligné sur le premier ou le dernier segment de la ligne de coupe, en fonction de l'emplacement du curseur par rapport à la vue parent et à la ligne de coupe. Une ligne d'indication d'alignement tracée à partir du centre de la vue parent et perpendiculaire à la ligne de coupe s'affiche. Cet alignement peut être désactivé à l'aide de la touche [Shift].

AutoCAD attribue les étiquettes automatiquement, en prenant en compte les étiquettes utilisées dans le dessin. Les étiquettes I, O, Q, S, X et Z sont exclues par défaut, mais ce paramètre reste modifiable manuellement dans la boîte de dialogue **Gestionnaire de styles de vue en coupe**.

Les vues en coupe sont habillées grâce aux libellés, étiquettes, échelles et hachures automatiquement attribués aux entités coupées. Tous les composants des vues en coupe, tels que les hachures, les libellés, identificateurs, flèches, échelles sont gérés par le gestionnaire des styles de vue en coupe.

Créer une vue en coupe complète

Cette fonction génère une coupe complète de l'ensemble de la vue parent.

- Dans le groupe de fonctions **Créer une vue** (onglet **Présentation**), déroulez l'icône déroulante **Coupe** et choisissez l'icône **Complète** .

AutoCAD affiche le message ci-dessous :

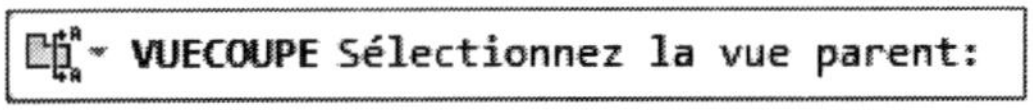

- Cliquez sur la vue concernée pilotant la coupe.

AutoCAD demande de préciser le point de départ de la ligne de coupe, et l'aperçu ci-dessous accompagne le curseur à l'écran.

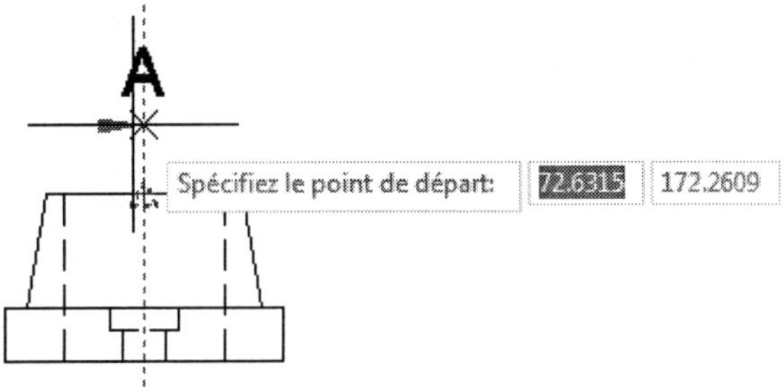

- Spécifiez le premier point de la ligne de coupe.
- Précisez ensuite le second point pour positionner la ligne de coupe complète (traversant la géométrie).

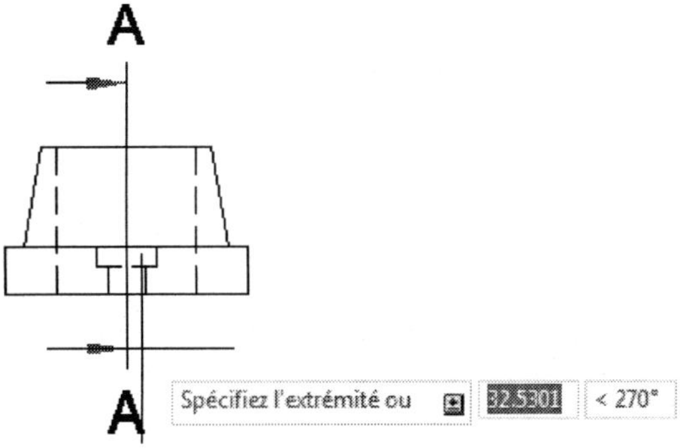

➲ Positionnez l'emplacement de la vue en coupe, qui détermine par la même occasion le sens des flèches affichées sur la ligne de coupe. Ici, le positionnement normalisé est à droite pour une coupe vue de gauche.

À ce stade, tous les paramètres de la coupe sont modifiables depuis le groupe de fonctions contextuel **Vue en coupe - Création** ci-dessous :

Ces paramètres sont détaillés dans le titre Modifier les vues en coupe décrit plus loin dans ce chapitre.

➲ Effectuez un clic droit, et choisissez **Entrer** pour valider la création de la vue en coupe.

La vue en coupe est générée et les libellés et hachures sont automatiquement associés.

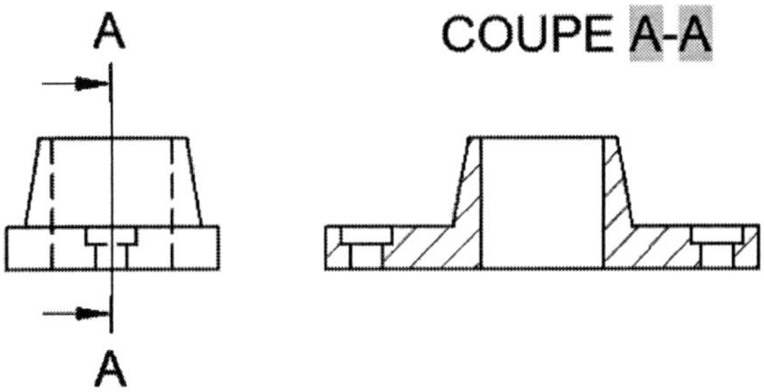

À noter la possibilité de créer des vues orthogonales à partir de la coupe obtenue, telles que la figure ci-dessous :

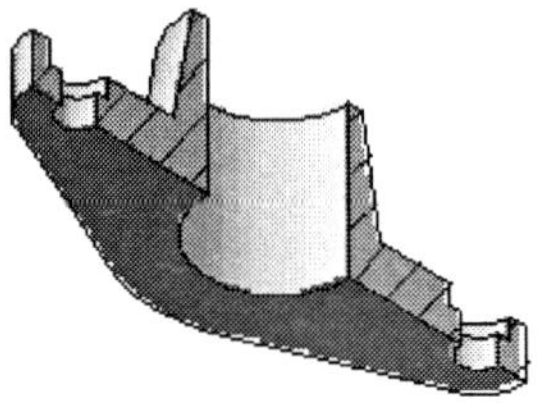

Créer une vue en demi-coupe

Cette fonction génère une coupe de la moitié de la vue parent.

➲ Dans le groupe de fonctions **Créer une vue** (onglet **Présentation**), déroulez l'icône déroulante **Coupe** et choisissez l'icône **Demi-coupe** .

AutoCAD affiche le message ci-dessous :

```
VUECOUPE Sélectionnez la vue parent:
```

- Cliquez sur la vue concernée pilotant la coupe.

  AutoCAD demande de préciser le point de départ de la ligne de coupe, et l'aperçu ci-dessous accompagne le curseur à l'écran.

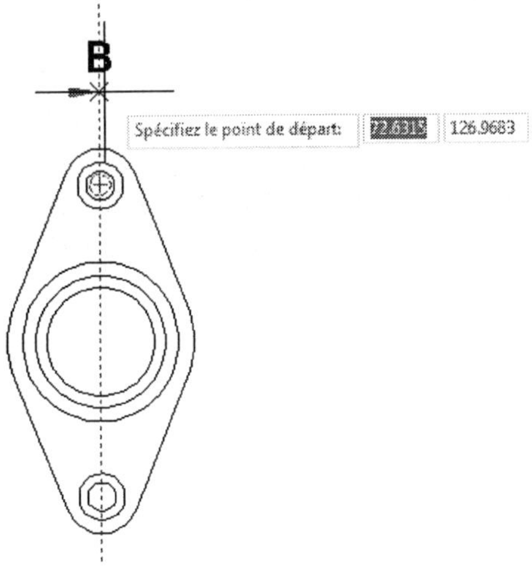

- Précisez le premier point de ligne de coupe, puis le second au niveau de la ligne de pli comme le présente la figure ci-dessous :

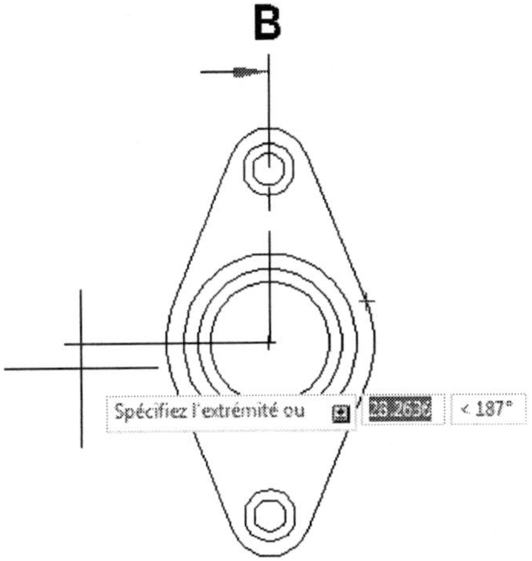

➲ Précisez le troisième point de ligne de coupe pour valider la perpendiculaire.

AutoCAD affiche le message ci-dessous :

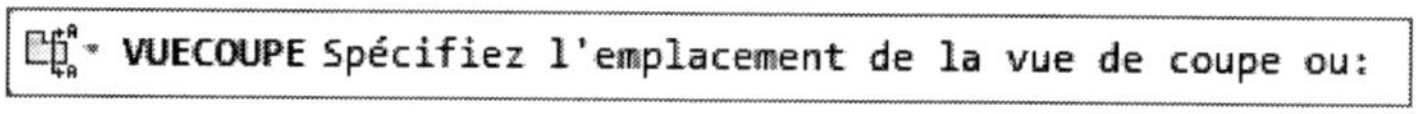

➲ Positionnez l'emplacement de la vue en coupe, qui détermine par la même occasion le sens de la flèche affichée sur la ligne de coupe. Ici, le positionnement normalisé est à gauche pour une coupe vue de droite.

À ce stade, tous les paramètres de la coupe sont modifiables depuis le groupe de fonctions contextuel **Vue en coupe - Création** ci-dessous :

Ces paramètres sont détaillés dans le titre Modifier les vues en coupe décrit plus loin dans ce chapitre.

➲ Effectuez un clic droit, et choisissez **Entrer** pour valider la création de la vue en coupe.

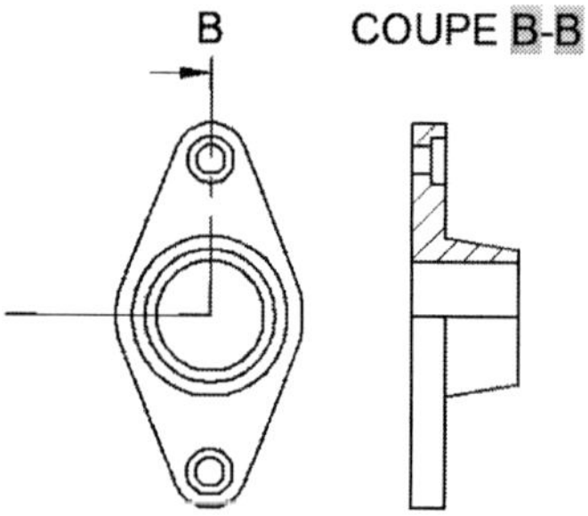

La vue en demi-coupe est générée et les libellés et hachures sont automatiquement associés.

À noter la possibilité de créer des vues orthogonales à partir de la coupe obtenue, telles que la figure ci-dessous :

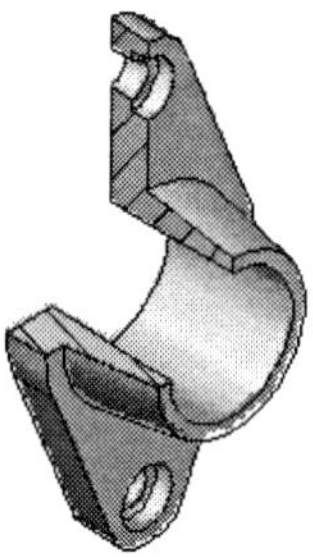

Créer une coupe brisée à plans parallèles

Cette technique vous permet, en une opération, de générer une coupe en matérialisant plusieurs plans parallèles.

- Dans le groupe de fonctions **Créer une vue** (onglet **Présentation**), déroulez l'icône déroulante **Coupe** et choisissez l'icône **Décaler** .

AutoCAD affiche le message ci-dessous :

```
VUECOUPE Sélectionnez la vue parent:
```

- Cliquez sur la vue concernée pilotant la coupe.
- Précisez le point de départ de la ligne de coupe brisée, chacun des points constituant les lignes de plis (perpendiculaires), puis le point final de la ligne de coupe.

Dans la figure ci-dessous, il convient de préciser le point de départ, six points au niveau des six lignes de plis, puis le dernier point de la ligne de coupe.

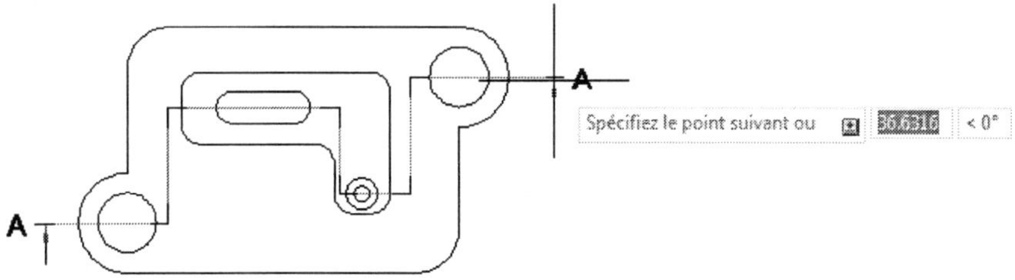

- Effectuez un clic droit, et choisissez [Entrée] pour valider la création de la vue en coupe.

AutoCAD affiche le message ci-dessous :

```
VUECOUPE Spécifiez l'emplacement de la vue de coupe ou:
```

- Positionnez l'emplacement de la vue en coupe.

À ce stade, tous les paramètres de la coupe sont modifiables depuis le groupe de fonctions contextuel **Vue en coupe - Création** ci-dessous :

Ces paramètres sont détaillés dans le titre Modifier les vues en coupe décrit plus loin dans ce chapitre.

- Effectuez un clic droit, et choisissez **Entrer** pour valider la création de la vue en coupe.

La vue en coupe est générée et les libellés et hachures sont automatiquement associés.

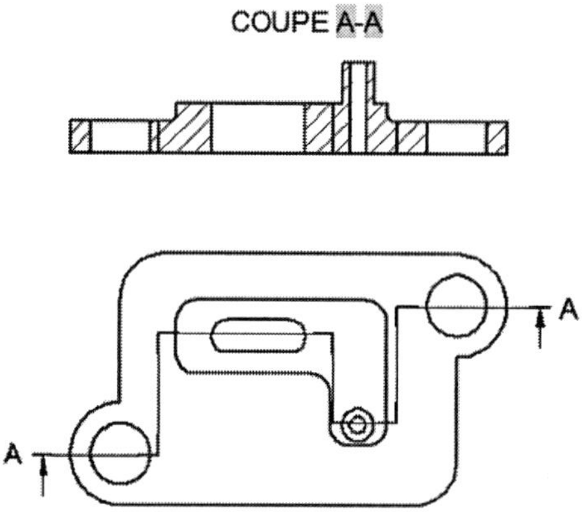

À noter la possibilité de créer des vues orthogonales à partir de la coupe obtenue, telles que la figure ci-dessous :

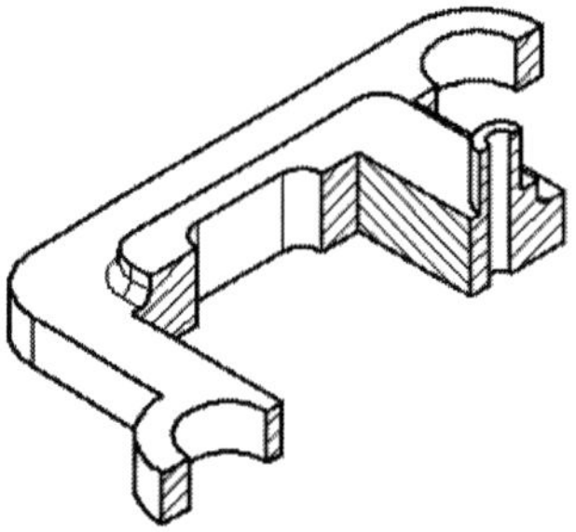

Créer une coupe brisée à plans sécants

Cette technique est similaire à la création de coupe brisée à plans parallèles, mais autorise les plans sécants.

- Dans le groupe de fonctions **Créer une vue** (onglet **Présentation**), déroulez l'icône déroulante **Coupe** et choisissez l'icône **Alignée** .

AutoCAD affiche le message ci-dessous :

```
VUECOUPE Sélectionnez la vue parent:
```

- Cliquez sur la vue concernée pilotant la coupe.

- Précisez le point de départ de la ligne de coupe brisée, puis le ou les point(s) suivant(s) selon l'inclinaison souhaitée en utilisant les outils d'accrochage aux objets (la touche [Shift] désactive la contrainte de perpendicularité), puis le point final de la ligne de coupe.

  Il est important de noter que l'orientation de la coupe respecte le premier ou le dernier segment de ligne de coupe.

  Dans la figure ci-après, il convient de préciser le point de départ, un point au niveau de la seule ligne de pli, puis le dernier point de la ligne de coupe.

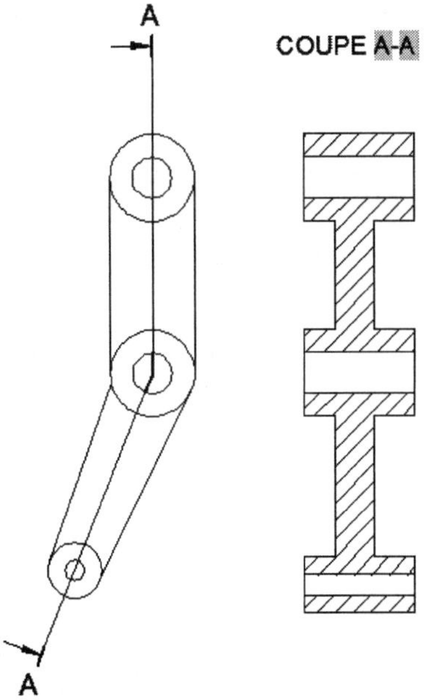

- Effectuez un clic droit, et choisissez [Entrée] pour valider la création de la vue en coupe.

  AutoCAD affiche le message ci-dessous :

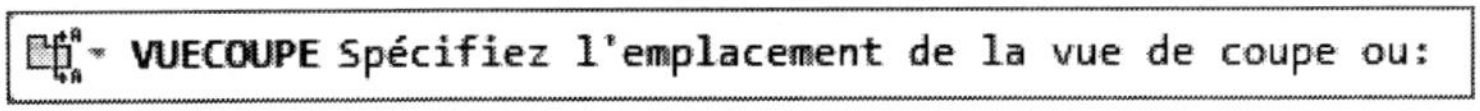

- Positionnez l'emplacement de la vue en coupe.

  À ce stade, tous les paramètres de la coupe sont modifiables depuis le groupe de fonctions contextuel **Vue en coupe - Création** ci-dessous :

Ces paramètres sont détaillés dans le titre Modifier les vues en coupe décrit plus loin dans ce chapitre.

- Effectuez un clic droit, et choisissez **Entrer** pour valider la création de la vue en coupe.

  La vue en coupe est générée et les libellés et hachures sont automatiquement associés.

Créer une vue en coupe définie par un objet

Cette technique est proche de celle de la coupe brisée, mais permet de créer une coupe à partir d'une géométrie existante. Cette géométrie, créée dans la présentation, est un objet 2D ouvert (ligne ou polyligne) constitué d'au moins un segment droit et de divers segments courbes pouvant décrire une ligne de coupe complexe.

- Dans le groupe de fonctions **Créer une vue** (onglet **Présentation**), déroulez l'icône déroulante **Coupe** et choisissez l'icône **A partir de l'objet** 

.
- Sélectionnez la vue concernée pilotant la coupe au message suivant :

```
VUECOUPE Sélectionnez la vue parent:
```

- Sélectionnez le ou les objet(s) définissant la géométrie de coupe au message ci-dessous :

```
VUECOUPE Sélectionnez des objets ou [Terminé] <Terminé>:
```

- Effectuez un clic droit, et choisissez [Entrée] pour valider la coupe définie par l'objet.

  AutoCAD affiche le message ci-dessous :

```
VUECOUPE Spécifiez l'emplacement de la vue de coupe ou:
```

- Positionnez l'emplacement de la vue en coupe.
- Effectuez un clic droit, et choisissez **Entrer** pour valider la création de la vue en coupe.

Remarque

L'orientation de la coupe respecte le premier ou le dernier segment de ligne de coupe.

f. Créer des vues de détail

Créer une vue de détail circulaire

Cette technique permet de créer une vue de détail à grande échelle, à partir d'une vue de dessin. La vue de détail peut être de forme circulaire ou rectangulaire.

- Dans le groupe de fonctions **Créer une vue** (onglet **Présentation**), déroulez l'icône déroulante **Détail** et choisissez l'icône **Circulaire** .

  AutoCAD affiche le message suivant :

```
VUEDETAIL Sélectionnez la vue parent:
```

- Sélectionnez la vue de référence.

  Le message suivant est affiché :

```
VUEDETAIL Spécifiez le point central ou [lignes Cachées Echelle Visibilité Contour ARête de modèle ANnotation] <Contour>:
```

- Spécifiez le point central de la zone à partir de laquelle vous souhaitez créer une vue de détail, comme dans la figure ci-dessous :

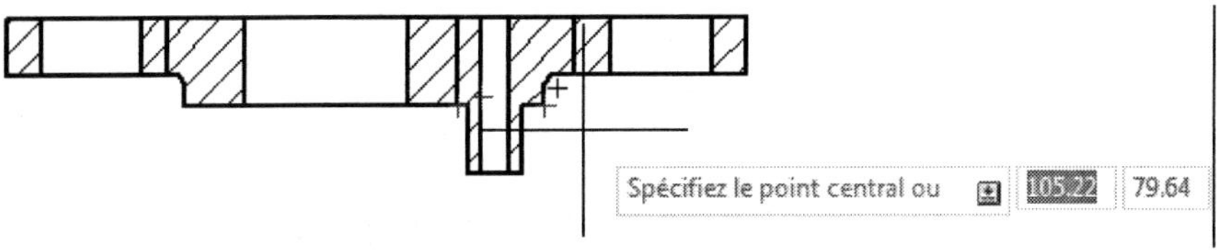

Le message suivant est affiché :

```
VUEDETAIL Spécifiez la taille du contour ou [Rectangulaire annUler]:
```

- Spécifiez un second point pour définir le contour circulaire de la zone à détailler tel que ci-dessous :

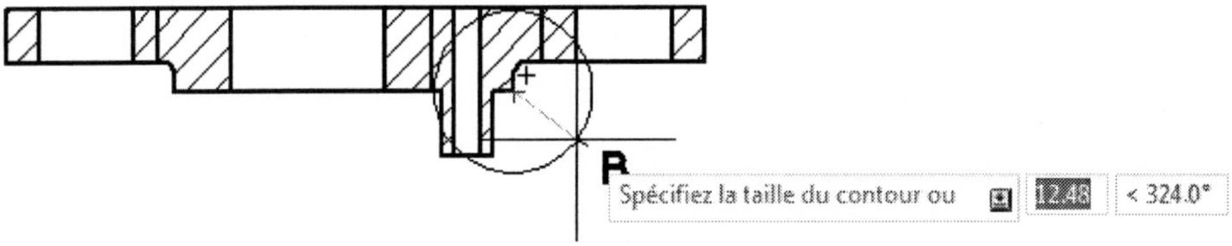

- Positionnez la vue de détail circulaire, à l'aide de l'aperçu, tel que ci-dessous :

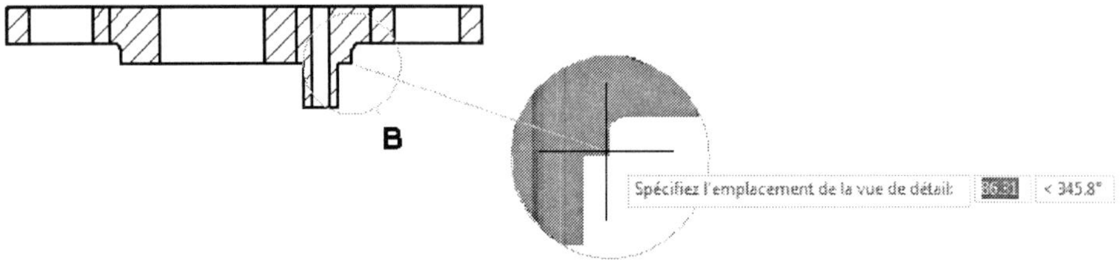

À ce stade, tous les paramètres de la vue de détail sont modifiables depuis le groupe de fonctions contextuel **Création d'une vue de détail** ci-dessous :

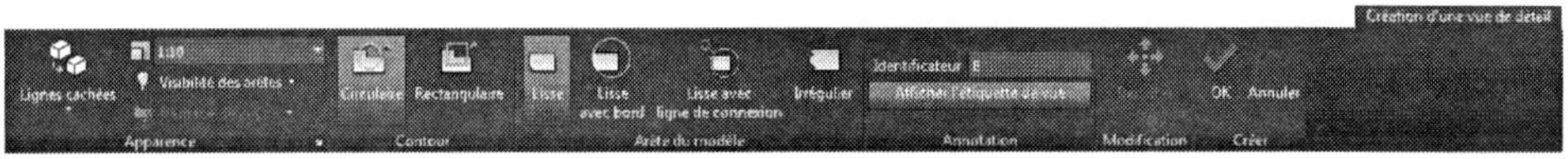

Ces paramètres sont détaillés dans le titre Modifier les vues de détail décrit plus loin dans ce chapitre.

- Effectuez un clic droit, et choisissez **Entrer** pour valider la création de la vue de détail.

La vue de détail est générée et les identificateur, contour, échelle sont automatiquement associés.

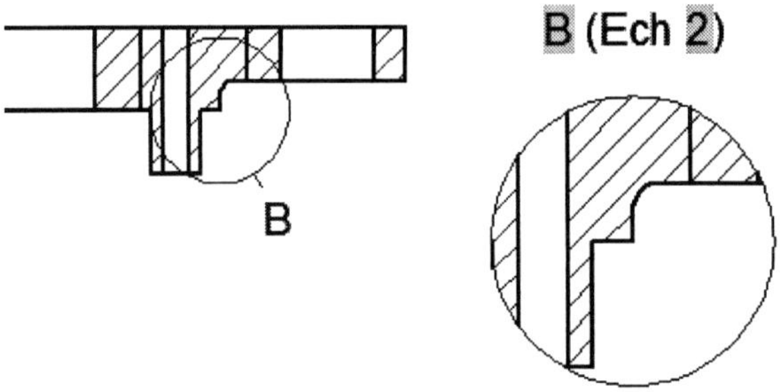

Créer une vue de détail rectangulaire

Cette technique permet de créer une vue de détail à grande échelle, à partir d'une vue de dessin. La vue de détail peut être de forme circulaire ou rectangulaire.

- Dans le groupe de fonctions **Créer une vue** (onglet **Présentation**), déroulez l'icône déroulante **Détail** et choisissez l'icône **Rectangulaire** .

AutoCAD affiche le message suivant :

```
VUEDETAIL Sélectionnez la vue parent:
```

- Sélectionnez la vue de référence.

  Le message suivant est affiché :

```
VUEDETAIL Spécifiez le point central ou [lignes Cachées Echelle Visibilité Contour ARête de modèle ANnotation] <Contour>:
```

- Spécifiez le point central de la zone rectangulaire à partir de laquelle vous souhaitez créer une vue de détail, comme dans la figure ci-dessous :

  Le message suivant est affiché :

```
VUEDETAIL Spécifiez la taille du contour ou [Circulaire annUler]:
```

- Spécifiez un second point pour définir le contour rectangulaire de la zone à détailler tel que ci-dessous :

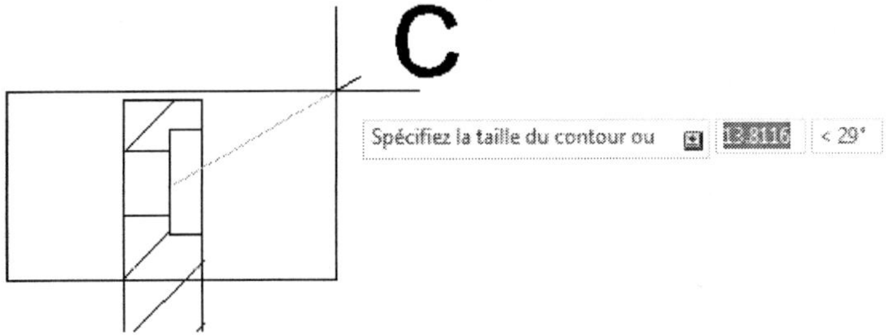

➲ Positionnez la vue de détail rectangulaire créée, à l'aide de l'aperçu, tel que ci-dessous :

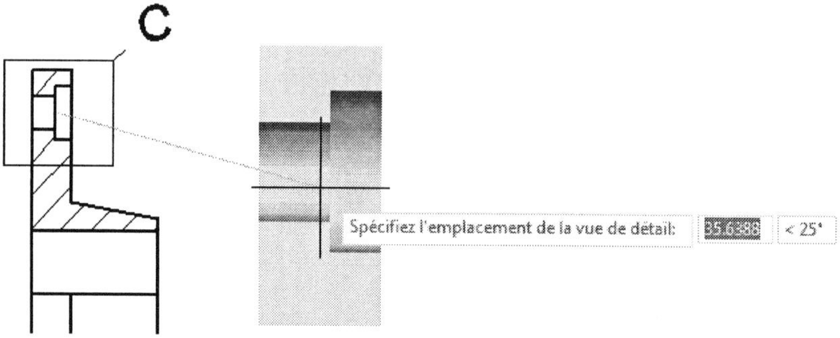

À ce stade, tous les paramètres de la vue de détail sont modifiables depuis le groupe de fonctions contextuel **Création d'une vue de détail** ci-dessous :

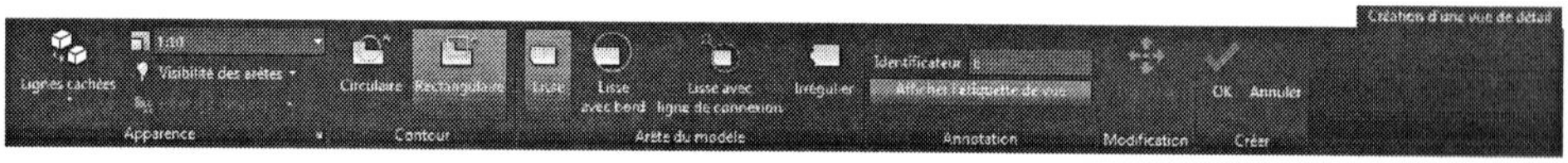

Ces paramètres sont détaillés dans le titre Modifier les vues de détail décrit plus loin dans ce chapitre.

➲ Effectuez un clic droit, et choisissez **Entrer** pour valider la création de la vue de détail.

La vue de détail est gérée et les identificateur, contour, échelle sont automatiquement associés.

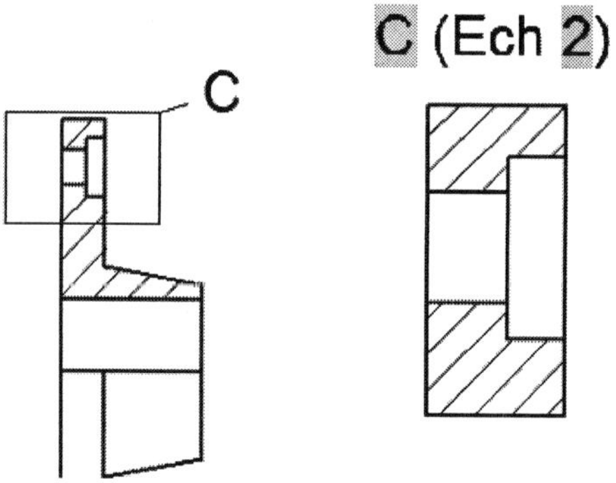

g. Modifier les propriétés des vues

Modifier les vues de base et les vues projetées

AutoCAD permet la modification des vues de base et des vues projetées. Ceci permet de changer l'échelle de la vue, de modifier l'affichage des arêtes visibles et cachées, de modifier l'affichage de tangence ou d'interférence, ou de modifier la sélection des solides ou surfaces concernés par la vue.

- Dans le groupe de fonctions **Modifier la vue** (onglet **Présentation**), choisissez l'icône **Modifier Vue** 

.

  AutoCAD affiche le message suivant :

```
MODIFVUE Sélectionnez une vue:
```

- Sélectionnez la vue de base ou la vue projetée à modifier.

  Le message suivant est affiché :

```
MODIFVUE Sélectionnez l'option [Sélectionner lignes Cachées Echelle Visibilité Quitter] <Quitter>:
```

Vous accédez aux options présentes dans la ligne de commande, mais aussi directement dans les groupes de fonctions de l'onglet contextuel **Editeur de vue de dessin** du ruban :

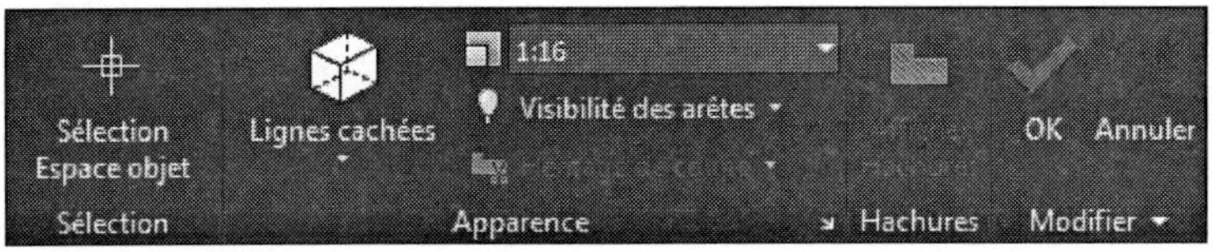

Groupe Sélection

Sélection Espace objet : permet d'ajouter ou de supprimer des solides et surfaces de l'espace objet à présenter dans la vue.

Groupe Apparence

Lignes cachées : permet de changer le type d'affichage de la vue parmi les choix suivants : **lignes visibles**, **lignes vIsibles et cachées**, **Ombré avec lignes visibles**, **oMbré avec lignes visibles et cachées.**

Echelle : permet de changer l'échelle de la vue parmi une liste d'échelles prédéfinies ou la saisie d'une échelle personnalisée.

Visibilité des arêtes : permet d'activer ou de désactiver la visibilité des arêtes tangentielles et des arêtes d'interférence. Permet d'activer ou de désactiver la visibilité des composants Inventor suivants : lignes d'encombrement des plis de tôle (pièces de tôle aplanies), lignes de filetage et de taraudage (fonctions de perçage), lignes de montage des présentations (éclatés).

Groupe Modifier

OK : valide les modifications de la vue en cours.

Annuler : annule les modifications de la vue en cours.

Différer les mises à jour : permet d'activer ou de désactiver le report de l'application des modifications. Si cette option est activée, cliquez sur **OK** pour appliquer les modifications.

Modifier les vues en coupe

AutoCAD permet la modification des vues en coupe. Ceci permet de changer l'échelle de la vue, de modifier l'affichage des arêtes visibles et cachées, de modifier l'affichage de tangence ou d'interférence, de changer l'affichage des hachures ou de modifier la sélection des solides ou surfaces concernés par la vue.

- Dans le groupe de fonctions **Modifier la vue** (onglet **Présentation**), choisissez l'icône **Modifier Vue** 
.

AutoCAD affiche le message suivant :

```
MODIFVUE Sélectionnez une vue:
```

- Sélectionnez la vue en coupe à modifier.

Le message suivant est affiché :

```
MODIFVUE Sélectionnez l'option [lignes Cachées Echelle Visibilité Projection
Profondeur Annotation Hachures Quitter] <Quitter>:
```

Vous accédez aux options présentes dans la ligne de commande, mais aussi directement dans les groupes de fonctions de l'onglet contextuel **Editeur de vue de dessin** du ruban :

Groupe Apparence

Lignes cachées : permet de changer le type d'affichage de la vue parmi les choix suivants : **lignes visibles, lignes vIsibles et cachées, Ombré avec lignes visibles, oMbré avec lignes visibles et cachées.**

Echelle : permet de changer l'échelle de la vue parmi une liste d'échelles prédéfinies ou la saisie d'une échelle personnalisée.

Visibilité des arêtes : permet d'activer ou de désactiver la visibilité des arêtes tangentielles et des arêtes d'interférence. Permet d'activer ou de désactiver la visibilité des composants Inventor suivants : lignes d'encombrement des plis de tôle (pièces de tôle aplanies), lignes de filetage et de taraudage (fonctions de perçage), lignes de montage des présentations (éclatés).

Groupe Méthode

Méthode de projection : permet de choisir le type de projection **Normal** ou **Orthogonal**.

Profondeur de coupe : permet de choisir les options de profondeur de coupe suivantes :

- **Complete** : permet la création d'une coupe affichant la partie coupée et les géométries situées au-delà du plan de coupe.
- **Section** : permet la création d'une réelle section excluant l'affichage des géométries situées au-delà du plan de coupe.
- **Distance** : permet la création d'une coupe affichant la géométrie située entre le plan de coupe et la distance spécifiée dans la zone de texte placée en-dessous.

Pour les options **Section** et **Distance**, la vue en coupe doit avoir été placée préalablement dans la présentation.

Groupe Annotation

Identificateur : permet de modifier l'étiquette de la ligne de coupe et de la vue en coupe. AutoCAD propose automatiquement une étiquette qui tient compte des étiquettes déjà utilisées et en excluant par défaut les étiquettes I, O, Q, S, X et Z. Les exclusions sont précisées dans la boîte de dialogue **Modifier le style de vue en coupe**.

Afficher l'étiquette de vue : active ou désactive l'étiquette de vue.

Groupe Hachures

Afficher hachures : active ou désactive l'affichage des hachures de la vue en coupe.

Groupe Modifier

OK : valide les modifications de la vue en cours.

Annuler : annule les modifications de la vue en cours.

Différer les mises à jour : permet d'activer ou de désactiver le report de l'application des modifications. Si cette option est activée, cliquez sur **OK** pour appliquer les modifications.

Remarque

> *Toutes ces options présentes dans les groupes de fonction sont accessibles également lors de la création de la vue en coupe dans l'onglet contextuel **Vue en coupe - Création**.*

Modifier les vues de détail

AutoCAD permet la modification des vues de détail. Ceci permet de changer l'échelle de la vue, de modifier l'affichage des arêtes visibles et cachées, de modifier l'affichage de tangence ou d'interférence, de modifier la forme du contour de la vue de détail, de modifier l'affichage des arêtes du modèle, de changer l'affichage des hachures ou de modifier la sélection des solides ou surfaces concernés par la vue de détail.

➲ Dans le groupe de fonctions **Modifier la vue** (onglet **Présentation**), choisissez l'icône **Modifier Vue** 

.

AutoCAD affiche le message suivant :

```
MODIFVUE Sélectionnez une vue:
```

➲ Sélectionnez la vue en coupe à modifier.

Le message suivant est affiché :

```
MODIFVUE Sélectionnez l'option [lignes Cachées Echelle Visibilité Projection Profondeur Annotation Hachures Quitter] <Quitter>:
```

Vous accédez aux options présentes dans la ligne de commande, mais aussi directement dans les groupes de fonctions de l'onglet contextuel **Editeur de vue de détail** du ruban :

Groupe Apparence

Lignes cachées : permet de changer le type d'affichage de la vue parmi les choix suivants : **lignes visibles**, **lignes vIsibles et cachées**, **Ombré avec lignes visibles**, **oMbré avec lignes visibles et cachées**.

Echelle : permet de changer l'échelle de la vue parmi une liste d'échelles prédéfinies ou la saisie d'une échelle personnalisée.

Visibilité des arêtes : permet d'activer ou de désactiver la visibilité des arêtes tangentielles et des arêtes d'interférence. Permet d'activer ou de désactiver la visibilité des composants Inventor suivants : lignes d'encombrement des plis de tôle (pièces de tôle aplanies), lignes de filetage et de taraudage (fonctions de perçage), lignes de montage des présentations (éclatés).

Groupe Contour

Définit la forme **circulaire** ou **rectangulaire** du contour de la vue de détail.

Groupe Arête du modèle

Définit l'affichage des arêtes du modèle selon le contour de la vue de détail.

Lisse : affiche les arêtes du modèle coupées par le contour comme étant lisses, et désactive l'affichage du contour (cf. figure ci-après avec un contour circulaire).

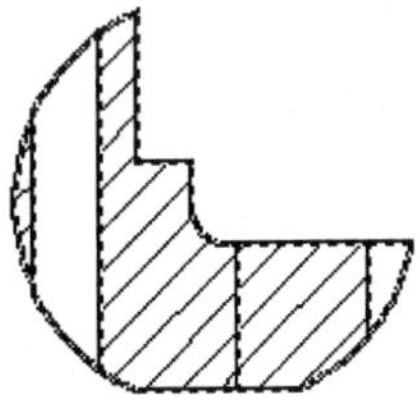

Lisse avec bord : affiche les arêtes du modèle coupées avec l'ensemble du contour de la vue de détail (cf. figure ci-après avec un contour circulaire).

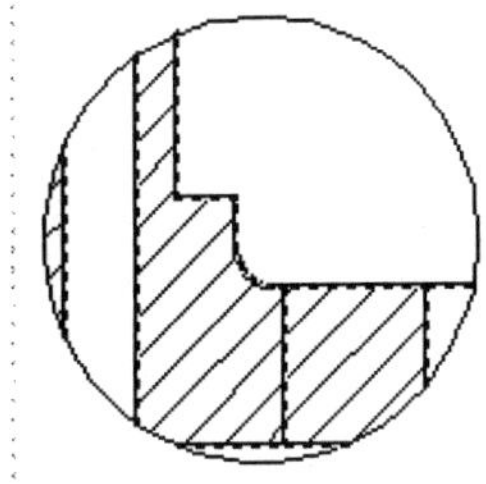

Lisse avec ligne de connexion : affiche une ligne de connexion entre les limites de détail et la vue de détail (cf. figure ci-après). Cette option active obligatoirement l'affichage **Lisse avec bord**.

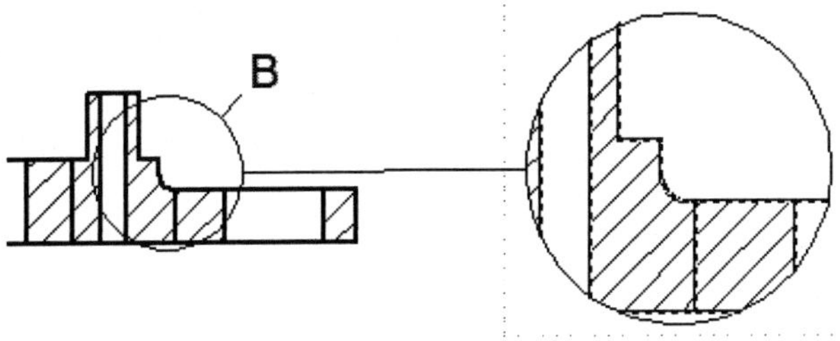

Irrégulier : affiche les arêtes du modèle coupées par le contour comme étant irrégulières, et désactive l'affichage du contour. Cette option active obligatoirement l'affichage **Lisse**. La figure de gauche ci-dessous fait référence à un contour circulaire, et la figure de droite fait référence à un contour rectangulaire.

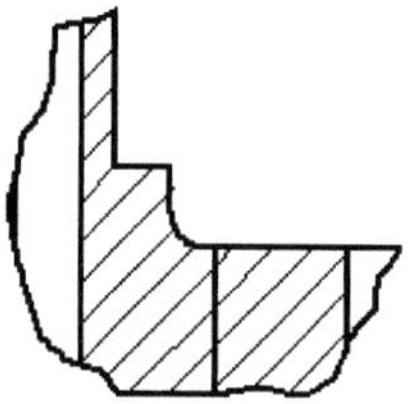

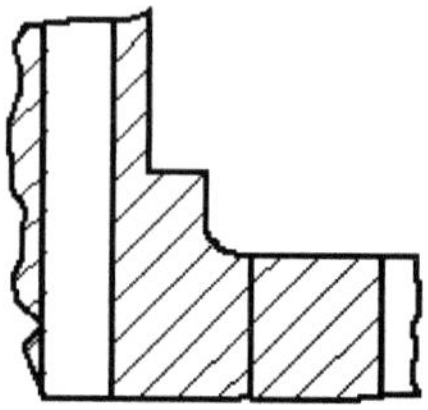

Groupe Annotation

Identificateur : permet de modifier l'étiquette de vue de détail. AutoCAD propose automatiquement une étiquette qui tient compte des étiquettes déjà utilisées et en excluant par défaut les étiquettes I, O, Q, S, X et Z. Les exclusions sont précisées dans la boîte de dialogue **Modifier le style de vue en coupe**.

Afficher l'étiquette de vue : active ou désactive l'étiquette de vue.

Groupe Hachures

Afficher hachures : active ou désactive l'affichage des hachures de la vue de détail.

Groupe Modifier

OK : valide les modifications de la vue en cours.

Annuler : annule les modifications de la vue en cours.

Différer les mises à jour : permet d'activer ou de désactiver le report de l'application des modifications. Si cette option est activée, cliquez sur **OK** pour appliquer les modifications.

Remarque

*Toutes ces options présentes dans les groupes de fonction sont accessibles également lors de la création de la vue de détail dans l'onglet contextuel **Création d'une vue de détail**.*

h. Modifier les propriétés de calque des vues

Lorsque vous créez une vue de dessin, AutoCAD positionne la géométrie et les annotations sur les calques prédéfinis suivants :

MD_visible : arêtes (visibles) de vue.

MD_masqué : arêtes (masquées) de vue.

MD_caché étroit : arêtes (masquées) d'interférence.

MD_visible étroit : arêtes (visibles) d'interférence.

MD_annotation : contour de détail, libellé de vue de détail, ligne de coupe, libellé de vue en coupe, hachurage de vue en coupe.

MD_hatching : hachures.

Grâce au gestionnaire de calques, vous pouvez librement renommer ces calques et leur attribuer les propriétés de votre choix telles que les couleurs, types de ligne, épaisseurs, etc. de façon à personnaliser votre charte visuelle.

i. Paramétrer les vues en coupe

Vous pouvez définir un style de vue courant, créer, modifier et supprimer les styles de vue en coupe grâce au **Gestionnaire de styles de vue en coupe**.

Les styles de vue en coupe contrôlent l'aspect des vues en coupe, le format de la ligne de coupe, de l'étiquette de vue et des hachures.

Création d'un style de vue en coupe

- Dans le groupe de fonctions **Styles et normes** (onglet **Présentation**), choisissez l'icône **Style de vue en coupe** .

AutoCAD affiche la boîte de dialogue suivante :

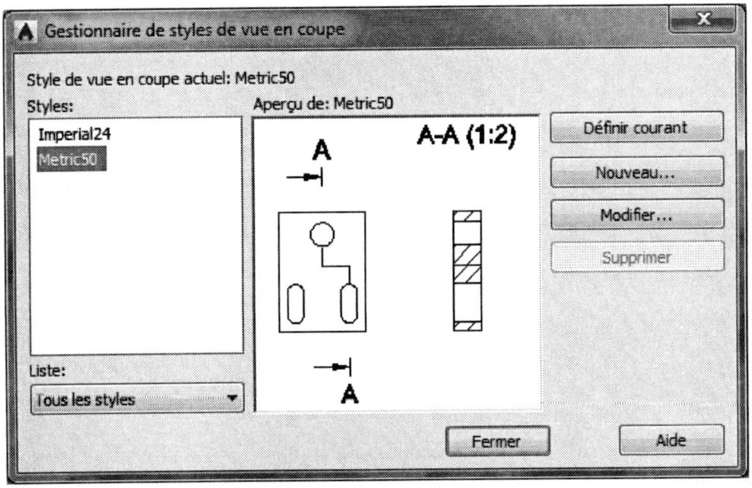

- Dans la boîte de dialogue **Gestionnaire de styles de vue en coupe**, cliquez sur le bouton **Nouveau** pour créer un nouveau style de vue en coupe.

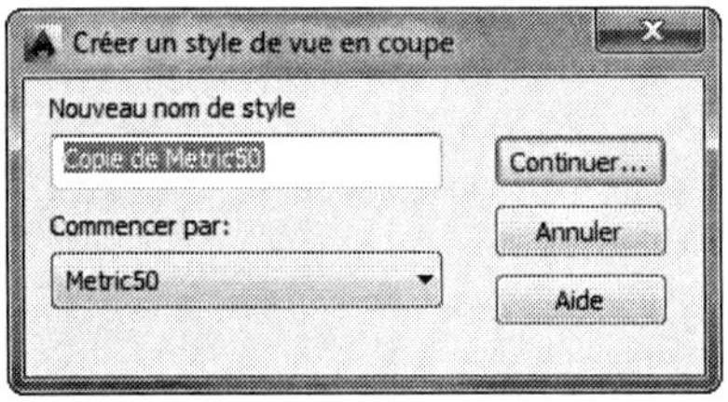

- Dans la fenêtre **Créer un style de vue en coupe** ci-dessus, saisissez le nom du style de vue en coupe à créer dans la zone **Nouveau nom de style**, et cliquez sur **Continuer**.

  Vous accédez aux réglages du nouveau style de vue en coupe dans la fenêtre **Nouveau style de vue en coupe** ci-après.

- Définissez les propriétés du nouveau style de vue en coupe au niveau des quatre onglets **Identificateur et flèches**, **Plan de coupe**, **Etiquette de vue** et **Hachures** détaillés ci-après.
- Confirmez par **OK** pour valider la création du style de vue en coupe.

Onglet Identificateur et flèches

Cet onglet contrôle les propriétés des identificateurs et des flèches de direction utilisés par les lignes de coupe.

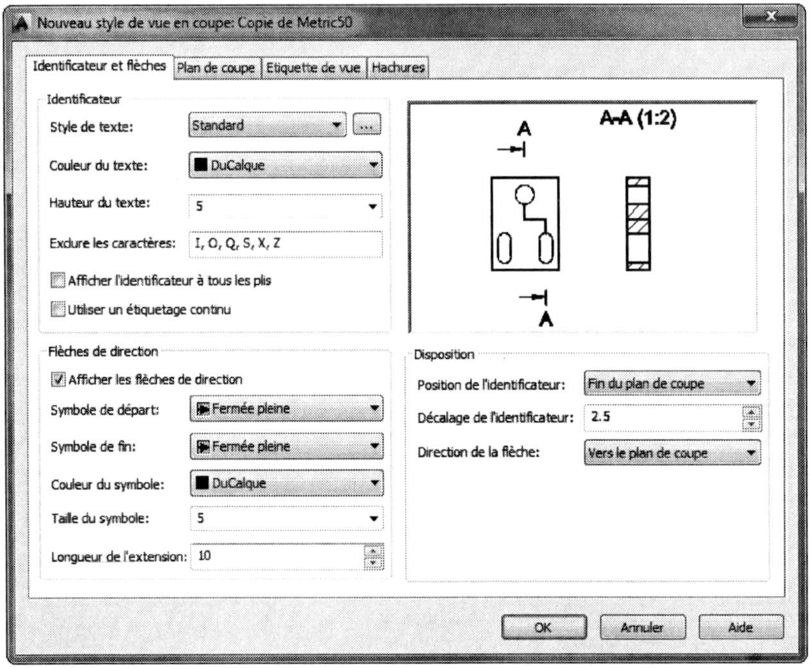

Rubrique Identificateur

Style de texte : permet de définir le style de texte à utiliser pour les identificateurs.

Couleur du texte : permet de définir la couleur à utiliser pour les identificateurs, soit en saisissant le nom ou le numéro de la couleur ou en sélectionnant une couleur via la boîte de dialogue **Sélectionner une couleur**.

Hauteur du texte : permet de définir la hauteur des identificateurs.

Exclure les caractères : permet de définir les caractères qui ne doivent pas être utilisés en tant qu'identificateurs.

La case à cocher **Afficher l'identificateur à tous les plis** permet l'affichage des identificateurs de ligne de coupe à tous les plis.

La case à cocher **Utiliser un étiquetage continu** permet de nommer les noms et les plis à l'aide d'une suite de lettres consécutives de l'alphabet.

Rubrique Flèches de direction

La case à cocher **Afficher les flèches de direction** permet l'affichage des flèches de direction aux extrémités des lignes de coupe.

Symbole de départ : permet de définir le type de pointe de flèche à utiliser au point de départ de la ligne de coupe.

Symbole de fin : permet de définir le type de pointe de flèche à utiliser au point de fin de la ligne de coupe.

Couleur du symbole : permet de définir la couleur à utiliser pour les flèches de direction.

Taille du symbole : permet de définir la taille des pointes de flèche, en sélectionnant une taille spécifique dans la liste ou en saisissant une valeur numérique.

Longueur de l'extension : permet de définir la longueur des lignes d'attache utilisées par les flèches de direction.

Rubrique Disposition

Position de l'identificateur : permet de définir la position et l'alignement de l'identificateur de la ligne de coupe.

Décalage de l'identificateur : permet de définir la distance de décalage de l'identificateur de la ligne de coupe, à partir de la position définie par le paramètre de position de l'identificateur.

Direction de la flèche : permet de définir l'orientation des flèches de direction vers le plan de coupe ou dans la direction opposée.

Onglet Plan de coupe

Cet onglet contrôle les propriétés des segments de lignes d'extrémité, de pli et de plan utilisés par les lignes de coupe.

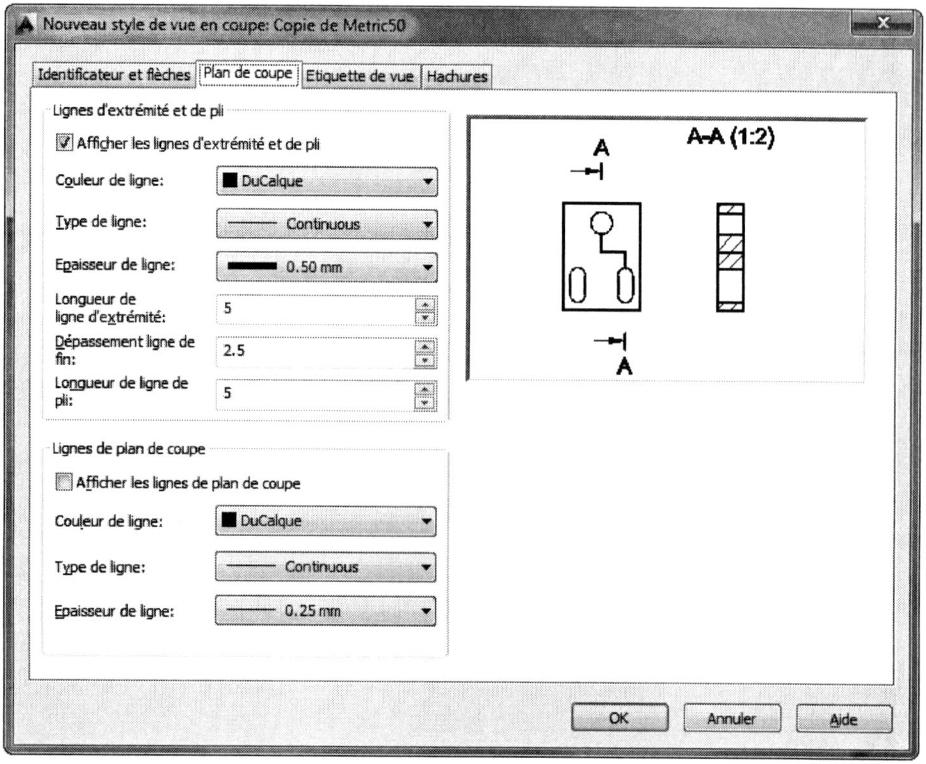

Rubrique Lignes d'extrémité et de pli

La case à cocher **Afficher les lignes d'extrémité et de pli** permet d'afficher les segments de lignes d'extrémité et de pli de la ligne de coupe.

Couleur de ligne : permet de définir la couleur des segments d'extrémité et de pli.

Type de ligne : permet de définir le type de ligne des segments d'extrémité et de pli.

Epaisseur de ligne : permet de définir l'épaisseur de ligne des segments d'extrémité et de pli.

Longueur de ligne d'extrémité : permet de définir la longueur des segments d'extrémité.

Dépassement ligne de fin : permet de définir la longueur de l'extension au-delà des flèches de direction.

Longueur de ligne de pli : permet de définir la longueur du segment de lignes de pli de chaque côté du pli.

Rubrique Lignes de plan de coupe

La case à cocher **Afficher les lignes de plan de coupe** permet l'affichage des segments de ligne de coupe sur le plan de coupe entier.

Couleur de ligne : permet de définir la couleur des segments de lignes de plan de coupe.

Type de ligne : permet de définir le type de ligne des segments de lignes de plan de coupe.

Epaisseur de ligne : permet de définir l'épaisseur des lignes de plan de coupe.

Onglet Etiquette de vue

Cet onglet contrôle les propriétés associées au style de texte, à l'emplacement et au motif des étiquettes de coupe.

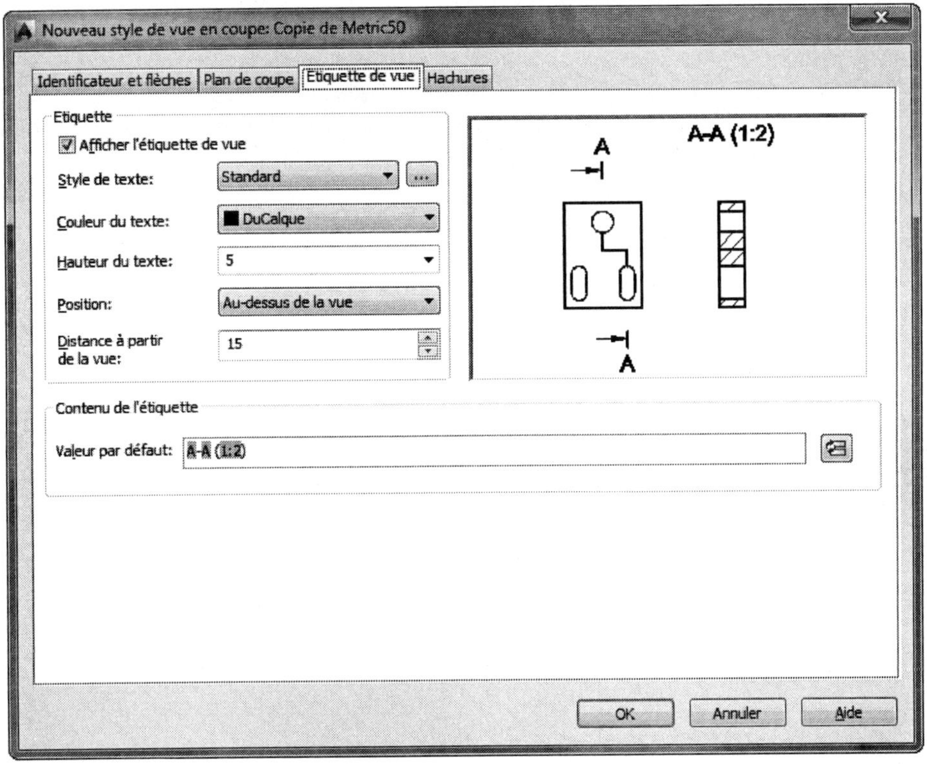

Rubrique Etiquette

La case à cocher **Afficher l'étiquette de vue** permet d'afficher les étiquettes des vues en coupe.

Style de texte : permet de définir le style de texte à utiliser pour l'étiquette de vue en coupe. Le bouton **...** situé à droite permet d'accéder à la boîte de dialogue **Style de texte** pour créer ou modifier des styles de texte.

Couleur du texte : permet de définir la couleur à utiliser pour l'étiquette de vue en coupe.

Hauteur du texte : permet de définir la hauteur de l'étiquette de vue en coupe.

Position : permet de définir la position de l'étiquette de vue en coupe par rapport à la vue en coupe.

Distance à partir de la vue : permet de définir l'espace entre le bord de la vue en coupe et l'étiquette de vue en coupe.

Rubrique Contenu de l'étiquette

Valeur par défaut : permet de définir le contenu du texte par défaut des étiquettes de vue en coupe. Le texte COUPE utilisé ici précède les champs affichant les lettres A-A (pour l'exemple). Les champs automatisés ci-dessous sont généralement utilisés dans les étiquettes de vue en coupe.

- **ViewScale** : extrait les paramètres d'échelle de la vue en coupe.
- **ViewSectionEndId** : extrait l'identificateur de ligne de coupe de fin.
- **ViewSectionStartId** : extrait l'identificateur de ligne de coupe de début.
- **ViewType** : extrait le texte "COUPE" dans une étiquette de vue en coupe.

Le bouton  situé à droite accède à la boîte de dialogue **Champ** pour l'insertion d'un champ dans la zone **Par défaut**. Il est impératif de placer le curseur à l'endroit précis où vous voulez insérer un champ, pour éviter de remplacer l'ensemble des valeurs existantes.

Onglet Hachures

Cet onglet définit les propriétés relatives à l'apparence et au comportement des objets de hachures dans les vues en coupe.

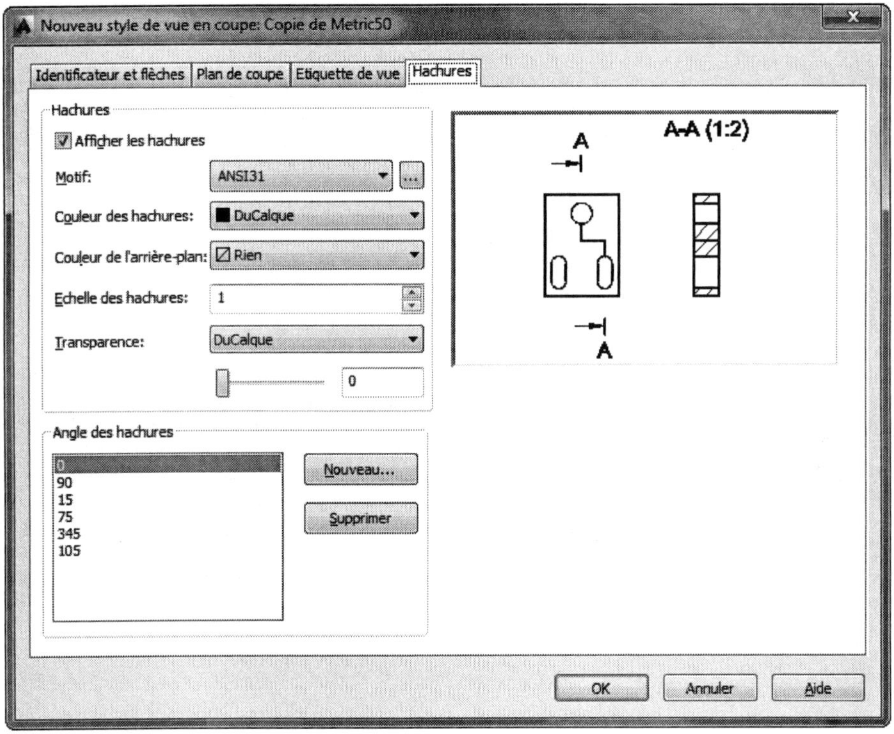

Rubrique Hachures

La case à cocher **Afficher les hachures** permet d'activer l'affichage des hachures des vues en coupe.

Motif : permet de sélectionner le motif de hachures dans la liste déroulante ou via le bouton situé à droite dans la **Palette de motifs de hachures**.

Couleur des hachures : permet de définir la couleur de toutes les hachures des vues en coupe.

Couleur de l'arrière-plan : permet de définir la couleur de l'arrière-plan des hachures des vues en coupe.

Echelle des hachures : permet d'augmenter ou de réduire l'échelle des hachures.

Transparence : permet de définir la transparence des hachures. La valeur est **DuCalque** ou une valeur spécifique. La valeur spécifique est fixée entre 0 et 90 à l'aide de la règle et de la zone de texte associée.

Rubrique Angle des hachures

La liste des valeurs prédéfinies permet de définir un nouvel angle pour les hachures des vues en coupe.

Le bouton **Nouveau** permet de définir une valeur d'angle personnalisée. Le bouton **Supprimer** permet la suppression de l'angle préalablement sélectionné dans la liste.

Définition du style de vue de coupe courant

- Dans le groupe de fonctions **Styles et normes** (onglet **Présentation**), choisissez l'icône **Style de vue en coupe** .

  AutoCAD affiche la boîte de dialogue suivante affichant les styles de vue en coupe existants :

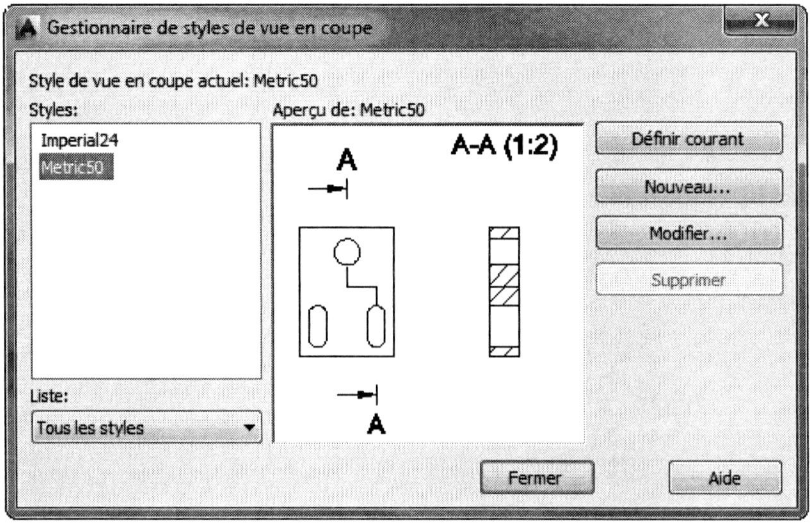

- Dans la liste **Styles**, sélectionnez le style de vue en coupe à rendre courant.
- Cliquez sur le bouton **Définir courant** et confirmez par **Fermer** pour quitter le **Gestionnaire de styles de vue en coupe**.

  Le style choisi est maintenant courant et est utilisé lors de la création de vue en coupe.

  Une technique plus rapide consiste à sélectionner le style directement dans la liste déroulante **Style de vue en coupe** dans le groupe de fonctions **Styles et normes** (onglet **Présentation**).

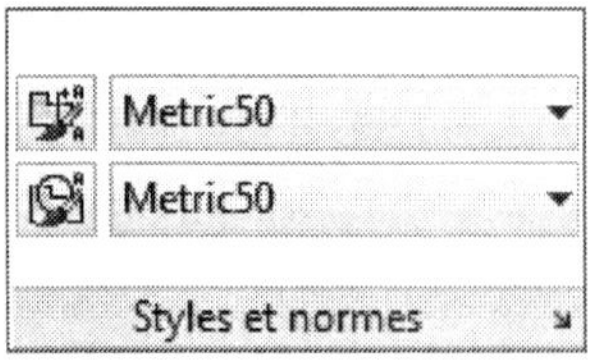

Modification d'un style de vue en coupe

- Dans le groupe de fonctions **Styles et normes** (onglet **Présentation**), choisissez l'icône **Style de vue en coupe** .

  AutoCAD affiche la boîte de dialogue suivante affichant les styles de vue en coupe existants :

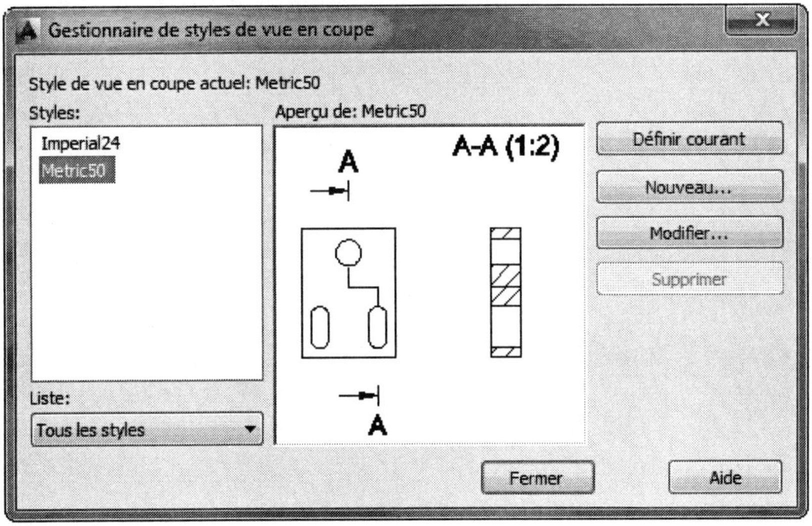

- Dans la liste **Styles**, sélectionnez le style de vue en coupe à modifier.
- Cliquez sur le bouton **Modifier**.

  Vous accédez aux modifications du style de vue en coupe dans la fenêtre **Modifier le style de vue en coupe** ci-après.

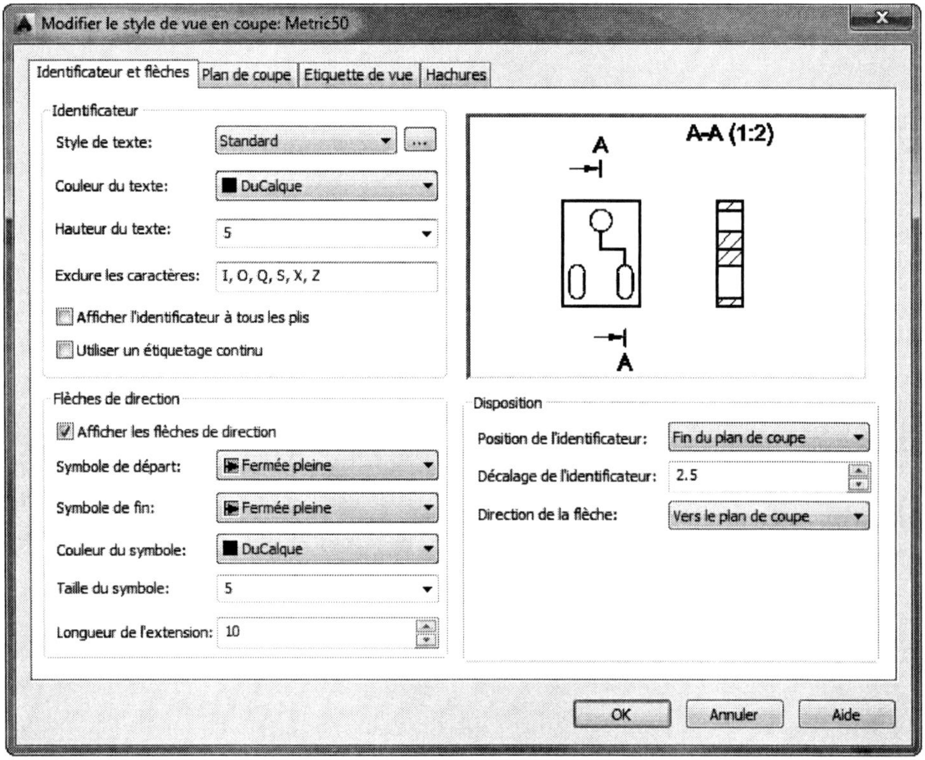

➲ Modifiez les propriétés du style de vue en coupe au niveau des quatre onglets **Identificateur et flèches**, **Plan de coupe**, **Etiquette de vue** et **Hachures** (en vous référant au détail de ces onglets au titre Création d'un style de vue en coupe).

➲ Confirmez par **OK** pour valider les modifications du style de vue en coupe.

➲ Cliquez sur **Fermer** pour quitter le gestionnaire de styles de vue en coupe.

Suppression d'un style de vue en coupe

➲ Dans le groupe de fonctions **Styles et normes** (onglet **Présentation**), choisissez l'icône **Style de vue en coupe** .

AutoCAD affiche la boîte de dialogue affichant les styles de vue en coupe existants.

- Dans la liste **Styles**, sélectionnez le style de vue en coupe à supprimer.
- Cliquez sur le bouton **Supprimer**.
- Cliquez sur **Fermer** pour quitter le **Gestionnaire de styles de vue en coupe**.

j. Paramétrer les vues de détail

Vous pouvez définir un style de vue de détail courant, créer, modifier et supprimer les styles de vue de détail grâce au gestionnaire des styles de vue de détail.

Les styles de vue de détail contrôlent l'aspect des vues de détail, des contours et des lignes de repère.

Création d'un style de vue de détail

- Dans le groupe de fonctions **Styles et normes** (onglet **Présentation**), choisissez l'icône **Style de vue de détail** .

AutoCAD affiche la boîte de dialogue suivante :

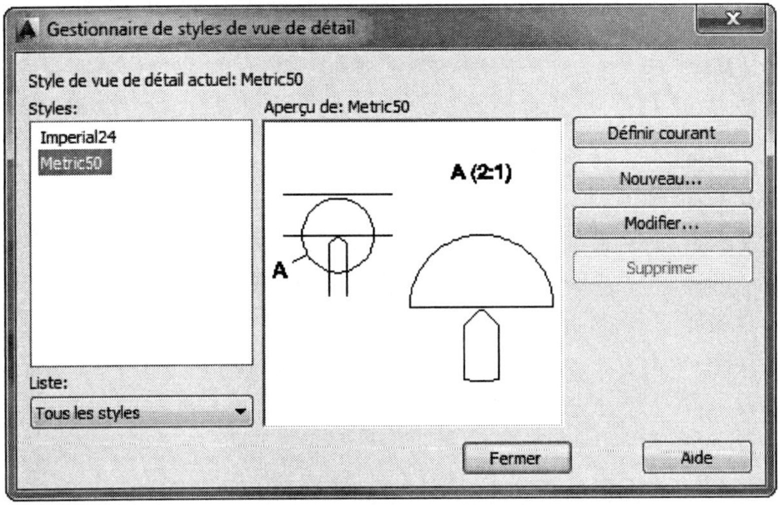

- Dans la boîte de dialogue **Gestionnaire de styles de vue de détail**, cliquez sur le bouton **Nouveau** pour créer un nouveau style de vue de détail.
- Dans la fenêtre **Créer un style de vue de détail** ci-après, saisissez le nom du style de vue en coupe à créer dans la zone **Nouveau nom de style**, et cliquez sur **Continuer**.

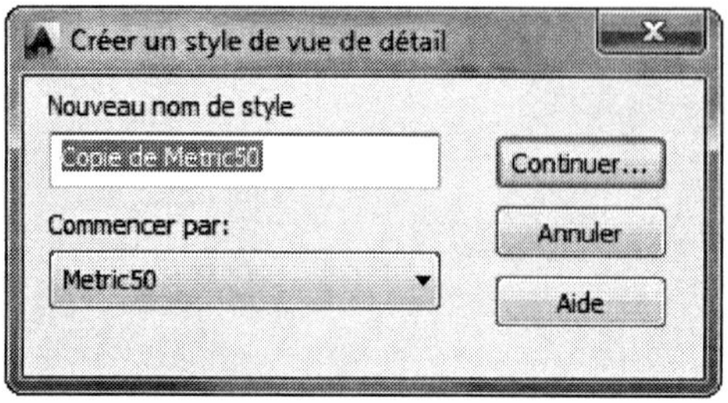

Vous accédez aux réglages du nouveau style de vue de détail dans la fenêtre **Nouveau style de vue de détail** ci-après.

- Définissez les propriétés du nouveau style de vue de détail au niveau des trois onglets **Identificateur**, **Contour de détail** et **Etiquette de vue** détaillés ci-après.
- Confirmez par **OK** pour valider la création du style de vue de détail.
- Cliquez sur **Fermer** pour quitter le gestionnaire de styles de vue de détail.

Onglet Identificateur

Cet onglet contrôle les propriétés de l'identificateur et de la disposition du contour de détail.

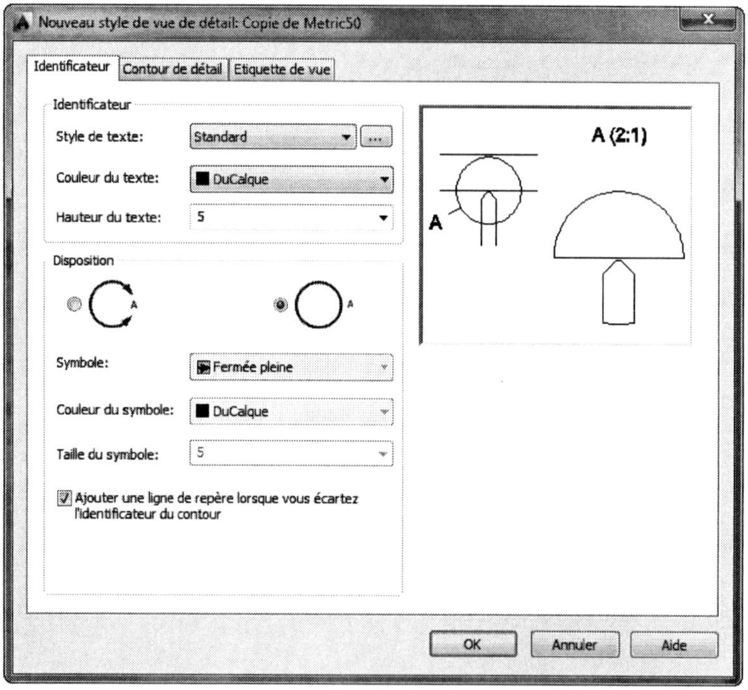

Rubrique Identificateur

Style de texte : permet de définir le style de texte à utiliser pour l'identificateur du contour de détail. Le bouton situé à droite accède à la boîte de dialogue **Style de texte**, et permet de créer ou de modifier des styles de texte.

Couleur du texte : permet de définir la couleur à utiliser pour l'identificateur de la vue de détail, soit en saisissant le nom ou le numéro de la couleur ou en sélectionnant une couleur via la boîte de dialogue **Sélectionner une couleur**.

Hauteur du texte : permet de définir la hauteur de l'identificateur du contour de détail.

Rubrique Disposition

Positionne l'identificateur sur le contour de la vue de détail, comme illustré ci-après :

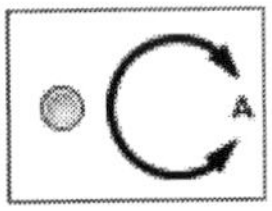

Positionne l'identificateur à l'extérieur du contour de la vue de détail, comme illustré ci-après :

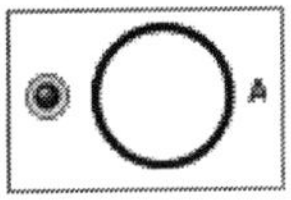

Symbole : permet de définir la pointe de la flèche à utiliser sur chaque côté de l'espace dans le contour de la vue de détail. Cette option est indisponible avec l'identificateur placé à l'extérieur du contour.

Couleur du symbole : permet de définir la couleur à utiliser pour la pointe de la flèche, soit en saisissant le nom ou le numéro de la couleur ou en sélectionnant une couleur via la boîte de dialogue **Sélectionner une couleur**.

Taille du symbole : permet de définir la taille de la pointe de la flèche. Cette option est indisponible avec l'identificateur placé à l'extérieur du contour.

La case à cocher **Ajouter une ligne de repère lorsque vous écartez l'identificateur du contour** permet de connecter le contour de détail à l'identificateur à l'aide d'une ligne de repère, lorsque l'identificateur est écarté de sa position par défaut.

Onglet Contour de détail

Cet onglet contrôle les propriétés du contour de la vue de détail , de l'affichage des arêtes du modèle et de la ligne de connexion.

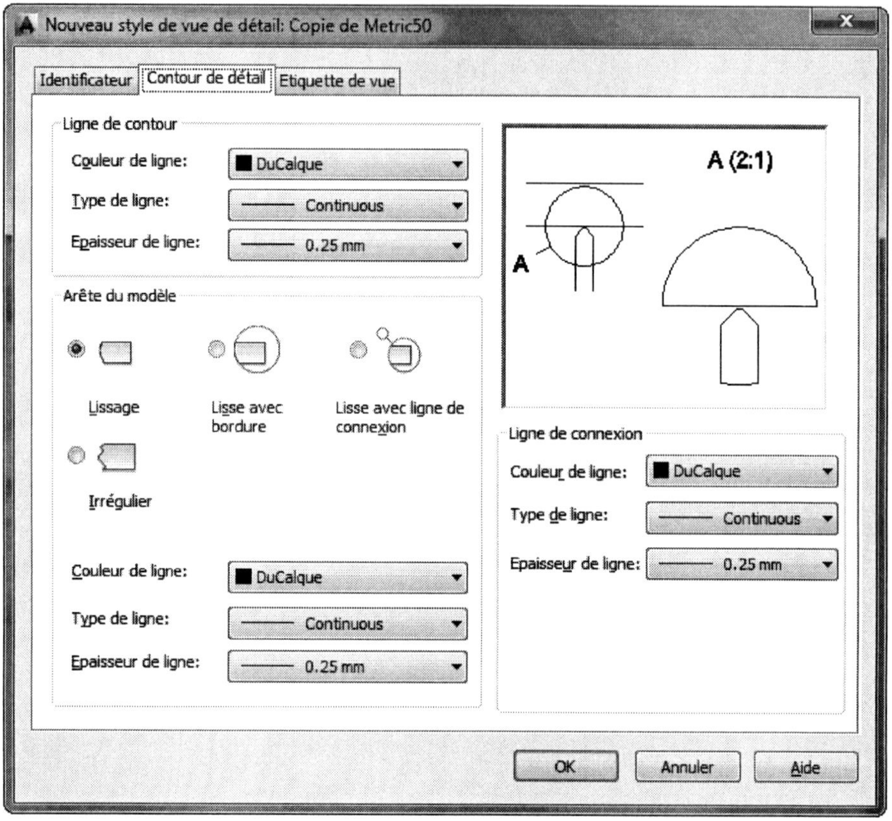

Rubrique Ligne de contour

Cette rubrique définit la zone du dessin de référence et non la vue de détail elle-même.

Couleur de ligne : permet de définir la couleur de la ligne de contour de détail, soit en saisissant le nom ou le numéro de la couleur ou en sélectionnant une couleur via la boîte de dialogue **Sélectionner une couleur**.

Type de ligne : permet de définir le type de ligne du contour de détail.

Epaisseur de ligne : permet de définir l'épaisseur de ligne du contour de détail.

Rubrique Arête du modèle

Cette rubrique définit l'affichage des arêtes du modèle et du contour de la vue de détail elle-même.

Lissage : affiche les arêtes du modèle coupées par le contour comme étant lisses, et désactive l'affichage du contour (cf. figure ci-après).

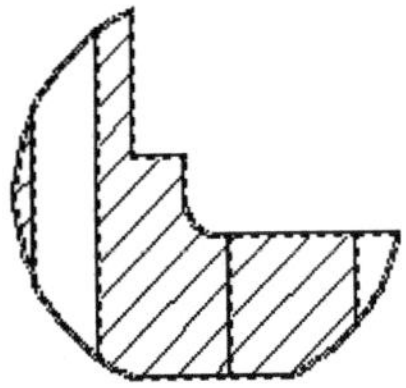

Lisse avec bordure : affiche les arêtes du modèle coupées avec l'ensemble du contour de la vue de détail (cf. figure ci-après avec un contour circulaire).

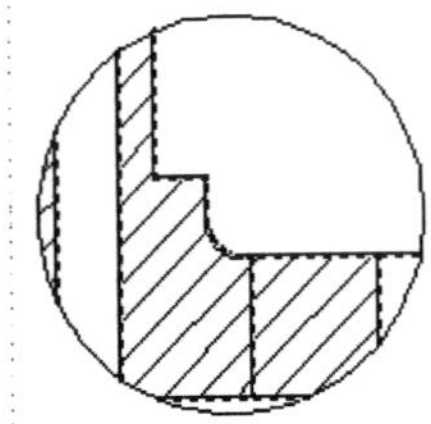

Lisse avec ligne de connexion : affiche une ligne de connexion entre les limites de détail et la vue de détail (cf. figure ci-après). Cette option active obligatoirement l'affichage **Lisse avec bord**.

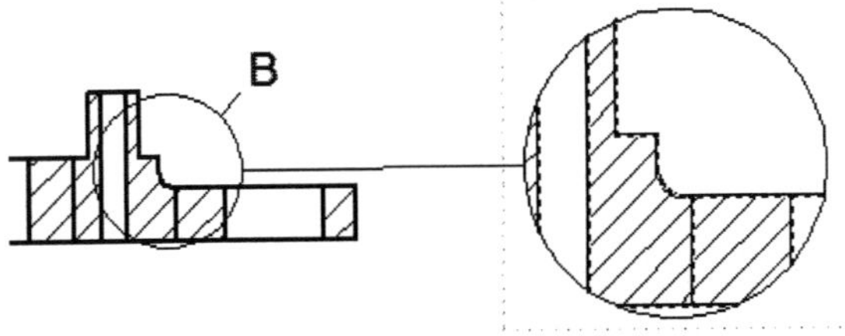

Irrégulier : affiche les arêtes du modèle coupées par le contour comme étant irréguliers, et désactive l'affichage du contour. Cette option active obligatoirement l'affichage **Lisse**. La figure gauche ci-dessous fait référence à un contour circulaire.

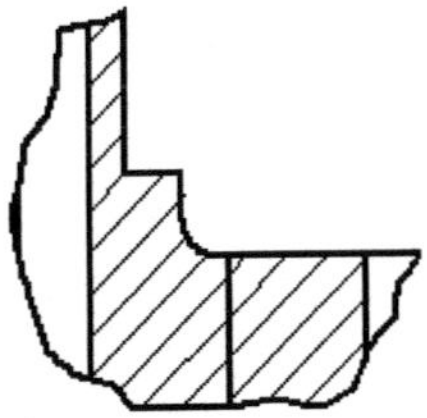

Couleur de ligne : permet de définir la couleur de la bordure de la vue de détail, soit en saisissant le nom ou le numéro de la couleur ou en sélectionnant une couleur via la boîte de dialogue **Sélectionner une couleur**.

Type de ligne : permet de définir le type de ligne de la bordure de vue de détail.

Epaisseur de ligne : permet de définir l'épaisseur de ligne de la bordure de vue de détail.

Rubrique Ligne de connexion

Couleur de ligne : permet de définir la couleur de la ligne de connexion, soit en saisissant le nom ou le numéro de la couleur ou en sélectionnant une couleur via la boîte de dialogue **Sélectionner une couleur**.

Type de ligne : permet de définir le type de ligne de la ligne de connexion.

Epaisseur de ligne : permet de définir l'épaisseur de ligne de la ligne de connexion.

Onglet Etiquette de vue

Cet onglet contrôle les propriétés de l'étiquette de vue, son emplacement et son contenu.

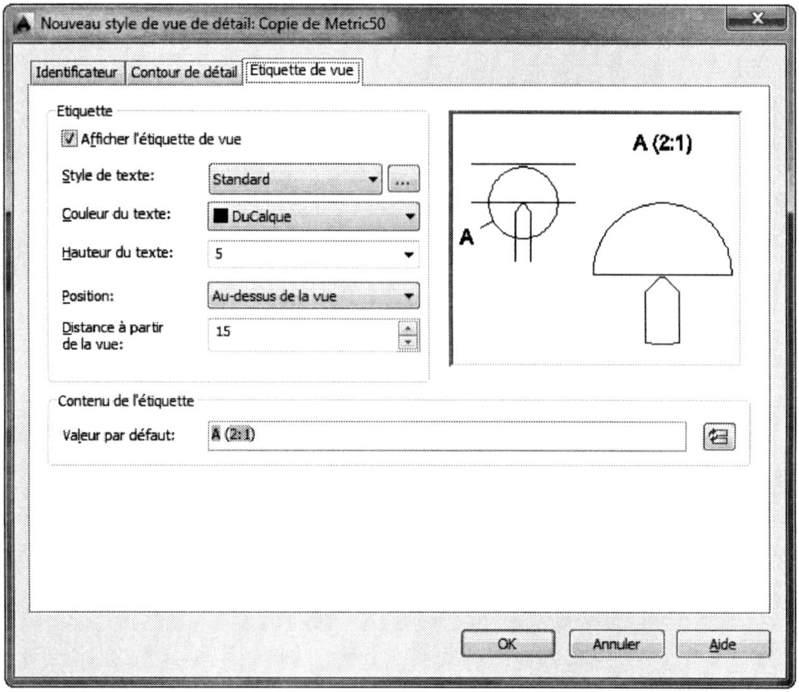

Rubrique Etiquette

La case à cocher **Afficher l'étiquette de vue** permet l'affichage des étiquettes de vue dans les vues de détail.

Style de texte : précise le style de texte à utiliser pour l'étiquette de la vue de détail. Le bouton situé à droite accède à la boîte de dialogue **Style de texte**, et permet de créer ou de modifier des styles de texte.

Couleur du texte : permet de définir la couleur à utiliser pour l'étiquette de vue, soit en saisissant le nom ou le numéro de la couleur ou en sélectionnant une couleur via la boîte de dialogue **Sélectionner une couleur**.

Hauteur du texte : permet de définir la hauteur de l'étiquette de vue.

Position : précise la position de l'étiquette de la vue de détail par rapport à la vue de détail.

Distance à partir de la vue : définit l'espace entre le bord et l'étiquette de la vue de détail.

Rubrique Contenu de l'étiquette

Valeur par défaut : permet de définir le contenu du texte par défaut des étiquettes de vue de détail. Le texte DETAIL utilisé habituellement précède les champs affichant la lettre A (pour l'exemple). Les champs automatisés ci-dessous sont généralement utilisés dans les étiquettes de vue de détail.

- **ViewDetailID** : extrait l'identificateur de la vue de détail.
- **ViewScale** : extrait l'échelle de la vue de détail.
- **ViewType** : extrait le texte "DETAIL" dans une étiquette de vue de détail.

Le bouton  situé à droite accède à la boîte de dialogue **Champ** pour l'insertion d'un champ dans la zone **Par défaut**. Il est impératif de placer le curseur à l'endroit précis où vous voulez insérer un champ, pour éviter de remplacer l'ensemble des valeurs existantes.

Définition du style de vue de détail courant

➲ Dans le groupe de fonctions **Styles et normes** (onglet **Présentation**), choisissez l'icône **Style de vue de détail** .

AutoCAD affiche la boîte de dialogue suivante affichant les styles de vue de détail existants :

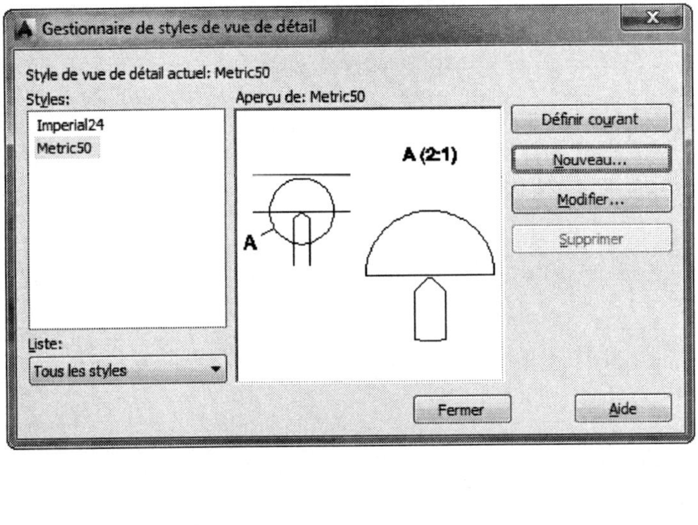

- Dans la liste **Styles**, sélectionnez le style de vue en coupe à rendre courant.
- Cliquez sur le bouton **Définir courant** et confirmez par **Fermer** pour quitter le **Gestionnaire de styles de vue de détail**.

  Le style choisi est maintenant courant et est utilisé lors de la création de vue de détail.

  Une technique plus rapide consiste à sélectionner le style directement dans la liste déroulante **Style de vue de détail** dans le groupe de fonctions **Styles et normes** (onglet **Présentation**).

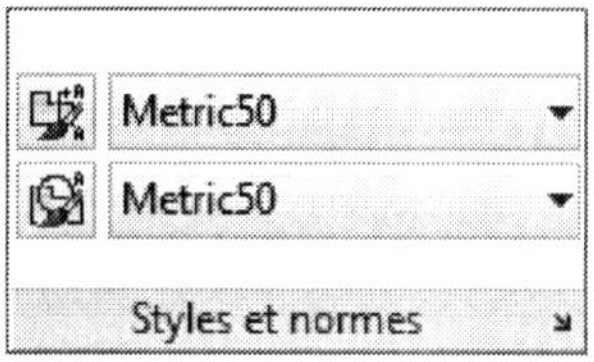

Modification d'un style de vue de détail

- Dans le groupe de fonctions **Styles et normes** (onglet **Présentation**), choisissez l'icône **Style de vue de détail** .

  AutoCAD affiche la boîte de dialogue suivante affichant les styles de vue de détail existant :

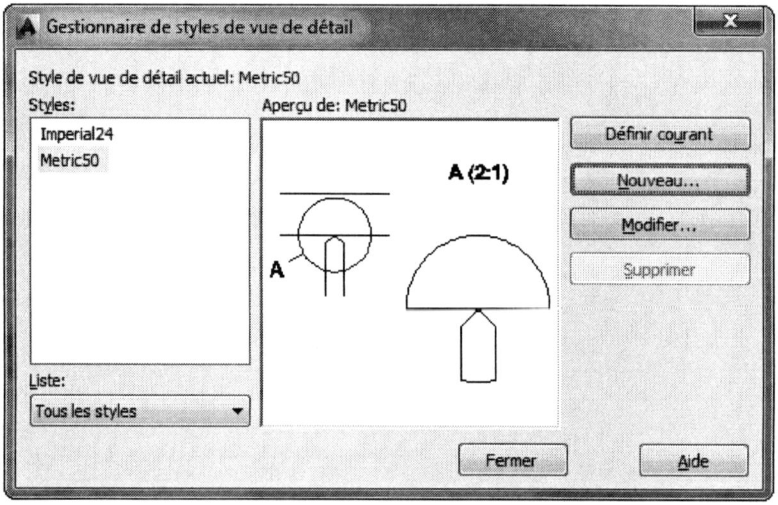

- Dans la liste **Styles**, sélectionnez le style de vue de détail à modifier.
- Cliquez sur le bouton **Modifier**.

Vous accédez aux modifications du style de vue de détail dans la fenêtre **Modifier le style de vue de détail** ci-après :

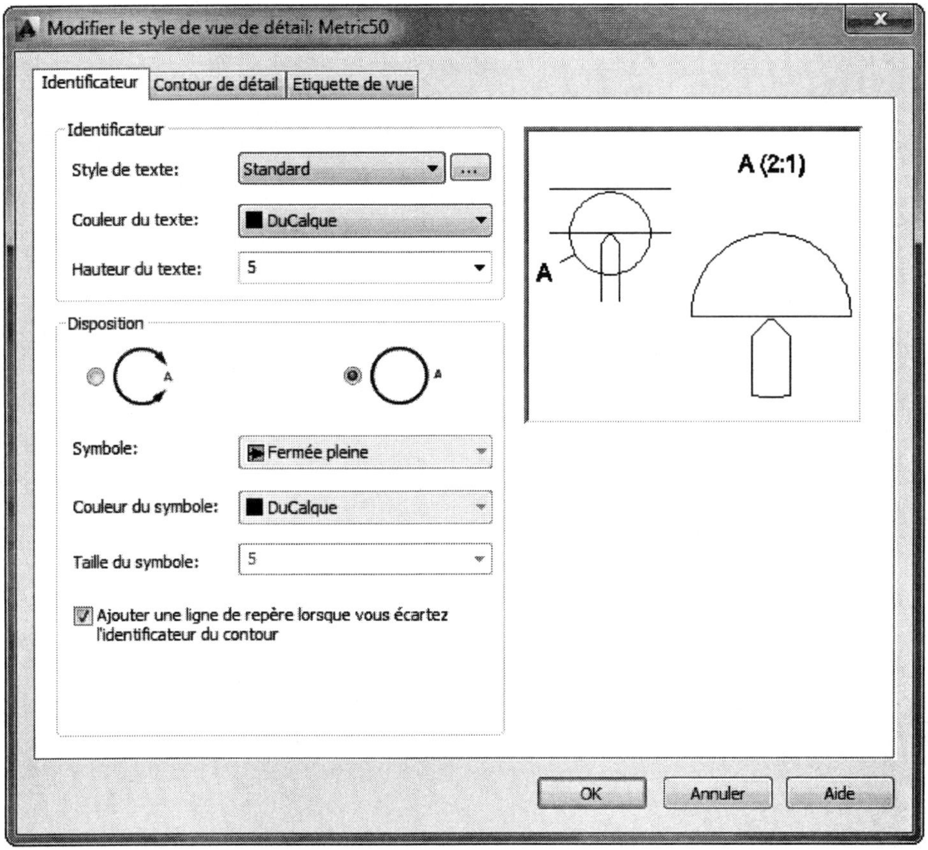

- Modifiez les propriétés du style de vue de détail au niveau des trois onglets **Identificateur**, **Contour de détail** et **Etiquette de vue** (en vous référant au détail de ces onglets au titre Création d'un style de vue de détail).
- Confirmez par **OK** pour valider les modifications du style de vue de détail.
- Cliquez sur **Fermer** pour quitter le gestionnaire de styles de vue de détail.

Suppression d'un style de vue de détail

- Dans le groupe de fonctions **Styles et normes** (onglet **Présentation**), choisissez l'icône **Style de vue de détail** .

AutoCAD affiche la boîte de dialogue affichant les styles de vue de détail existants.

- Dans la liste **Styles**, sélectionnez le style de vue de détail à supprimer.
- Cliquez sur le bouton **Supprimer**.
- Cliquez sur **Fermer** pour quitter le **Gestionnaire de styles de vue de détail**.

k. Modifier les propriétés de calque de la géométrie de la vue

Lorsque vous créez une vue de dessin, AutoCAD positionne la géométrie des vues sur des calques prédéfinis. Ces calques sont nommés **Visible** et **Masqué**. Le calque **Visible** contient toutes les arêtes visibles et le calque **Masqué** toutes les arêtes cachées.

Depuis le gestionnaire de calques, vous pouvez renommer ces calques, et modifier leurs propriétés telles que la couleur, le type de ligne, l'épaisseur, etc.

Remarque

Utilisez le facteur d'échelle global (ECHLTP) si nécessaire pour modifier l'affichage des arêtes cachées du calque Masqué.

l. Déplacer une vue de dessin

L'option **Déplacer** permet de modifier l'emplacement de la vue de dessin. Si la vue parent est déplacée, la ou les vue(s) enfant(s) (orthogonales) associées sont également déplacées, car elles sont contraintes et liées à la vue parent.

- Cliquez sur la vue à déplacer pour afficher la poignée de la vue.
- Cliquez sur la poignée de la vue, déplacez le pointeur et cliquez pour définir le nouvel emplacement de la vue.

m. Supprimer une vue de dessin

- Cliquez sur la vue de dessin à supprimer pour la sélectionner, effectuez un clic droit et choisissez **Effacer**.

n. Créer des vues de dessin à partir de modèles Inventor 3D

Lors de la création d'une vue de base, si l'espace objet ne contient pas de solides ou de surfaces, la commande affiche la boîte de dialogue d'ouverture de fichier dans laquelle vous pouvez sélectionner un modèle Inventor (fichier situé sur votre disque ou réseau local).

Contrairement à AutoCAD, les modèles Inventor possèdent plusieurs types de représentation de vue que vous pouvez combiner :

- Représentations des vues de conception.
- Représentations positionnelles.
- Niveau de détail.
- Etats de la construction soudée.

- Membre.
- Tôlerie.
- Vue de présentation.

Pour créer une vue de base à partir d'un modèle Inventor

- Assurez-vous que l'espace objet est vide, et supprimez les éventuelles fenêtres de présentation.
- Activez l'onglet de présentation dans lequel vous souhaitez créer le dessin.
- Dans le groupe de fonctions **Créer une vue** (onglet **Présentation**), déroulez l'icône **Base** et choisissez l'icône **A partir d'Inventor**.

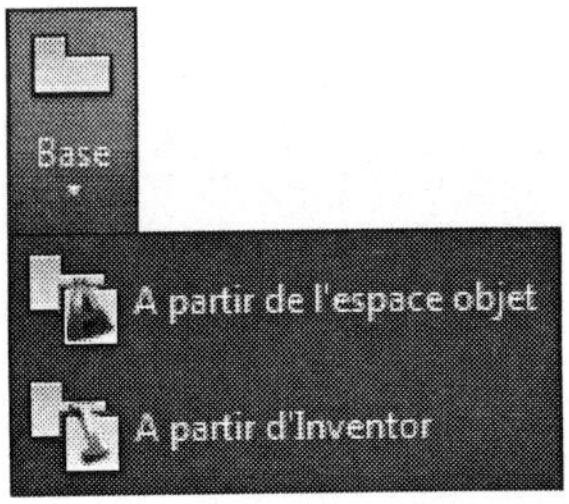

- Dans la boîte de dialogue **Sélectionner un fichier**, sélectionnez le modèle à partir duquel générer la vue de base, puis cliquez sur **Ouvrir**.
- Dans le groupe de fonctions **Représentation**, sélectionnez les représentations de vues (utilisées par le modèle) que vous souhaitez afficher dans la vue de base.
- Dans le groupe de fonctions **Orientation** de l'onglet de ruban contextuel, sélectionnez l'orientation de la vue de base.
- Dans le groupe de fonctions **Présentation** de l'onglet de ruban contextuel, spécifiez l'échelle et le style de la vue.
- Cliquez dans la zone de dessin pour indiquer l'emplacement de la vue de base.
- Enchaînez par la création des vues projetées, tel que présenté en début de chapitre.

o. Créer des vues de dessin à partir d'autres modèles CAO 3D

AutoCAD vous permet d'importer des fichiers IGES, CATIA®, Pro/ENGINEER®, STEP, SolidWorks®, JT, NX, Parasolid et Rhinoceros® (Rhino). À partir de ces modèles importés, vous générez des vues de dessin.

Vous pouvez notamment importer les formats de fichier de CAO 3D suivants :

- IGES (toutes les versions).
- STEP (AP214 et AP203E2).
- Rhinoceros (Rhino jusqu'à version 4).
- Pro/ENGINEER (jusqu'à Wildfire 5.0).

- CATIA V4 (toutes les révisions).
- CATIA V5 (R10 à R20).
- Parasolid (jusqu'à V23).
- JT (7.0; 8.0; 8.1; 8.2; 9.0-9.5).
- NX (3 à 7.5).
- SolidWorks (2003 à 2010).

Lorsque vous importez le modèle 3D, celui-ci est disponible sous la forme d'un modèle 3D AutoCAD dans l'espace objet.

Vous pouvez alors générer des vues de dessin du modèle 3D tel que présenté en début de chapitre.

Les modèles importés ne sont pas associatifs avec le modèle natif (source). Par conséquent, les dessins créés à l'aide de cette méthode ne sont pas mis à jour en cas de modification des modèles 3D source.

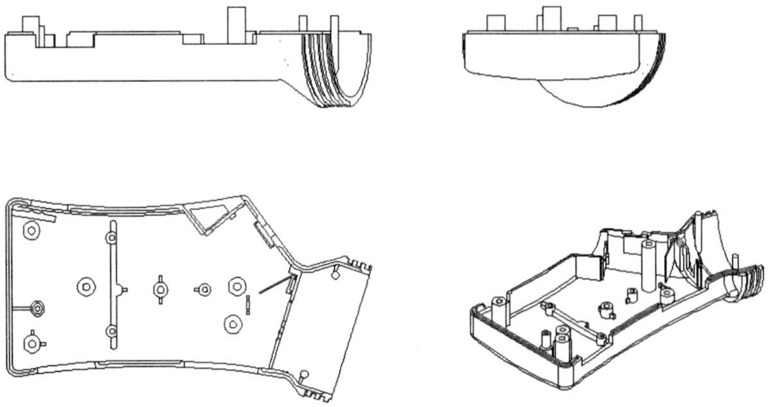

B. L'impression

L'impression d'un dessin est possible sur de nombreux périphériques. Ceux-ci peuvent être des imprimantes et des traceurs acceptant de nombreux formats.

➲ Dans le groupe de fonctions **Traceur** (onglet **Sortie**), et choisissez l'icône **Traceur** 

.

Étant donné le nombre de types d'impression possibles, certains paramètres sont à régler dans la boîte de dialogue **Tracer**. AutoCAD vous propose une aide au traçage.

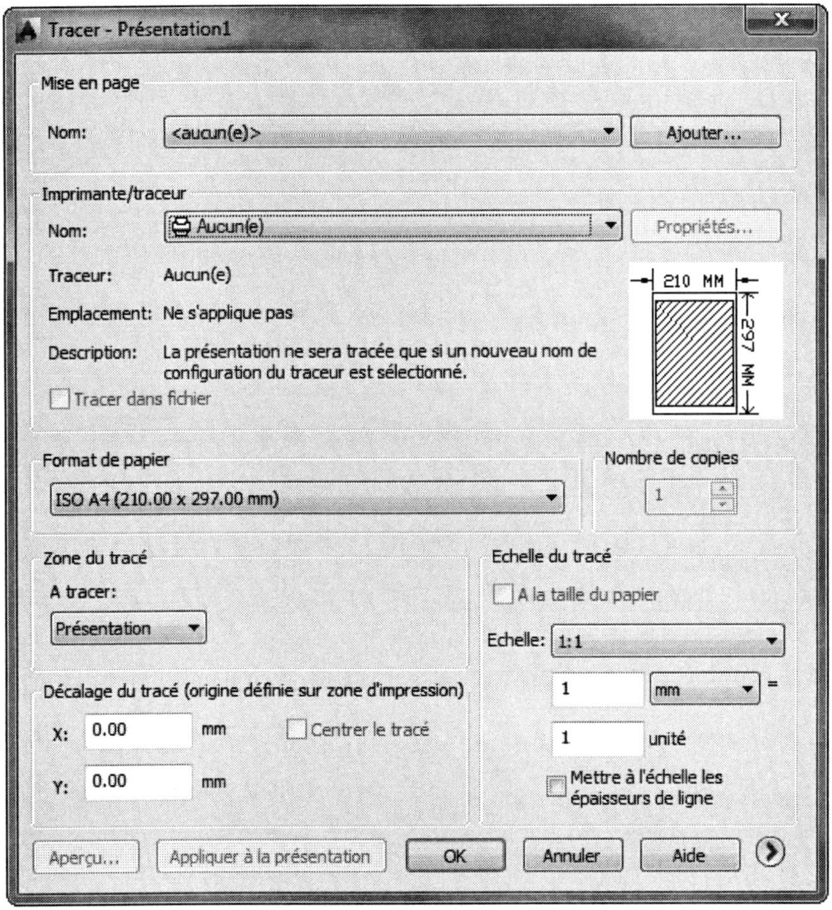

Si vous utilisez le **Gestionnaire des mises en page**, l'ensemble des paramètres propres aux mises en page sont répercutés dans la boîte de dialogue **Tracer**.

Il est donc plus logique d'utiliser, en amont, le **Gestionnaire des mises en page** puis d'effectuer quelques simples vérifications ou modifications dans la boîte de dialogue **Tracer**.

Sept zones sont proposées par défaut :

Mise en page

Affiche le nom de la mise en page courante et des autres mises en page du dessin courant. Le bouton **Ajouter** vous permet de créer une nouvelle mise en page depuis les paramètres courants de la boîte de dialogue **Tracer**. Cette mise en page sera modifiable à l'aide du **Gestionnaire des mises en page**.

Imprimante/traceur

Ces paramètres peuvent provenir directement de la mise en page courante. Sélectionnez le périphérique d'impression dans la liste déroulante **Nom**. Une fois ce choix effectué, sous la liste **Nom**, sont affichés le nom du traceur (**Traceur**), le port ou le chemin d'accès de réseau (**Emplacement**) et un commentaire éventuel associé au périphérique (**Description**). Le bouton **Propriétés** donne accès aux modifications de la configuration de traceur courante, des ports, des périphériques, des supports, des formats de papier personnalisés... :

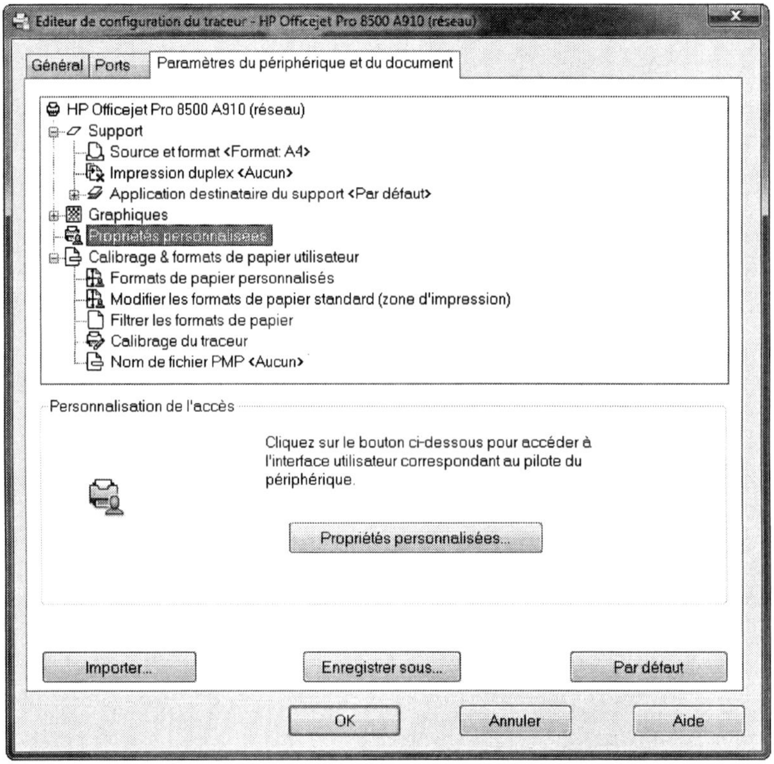

Sous le bouton **Propriétés personnalisées**, un aperçu présente l'orientation du format du papier et ses dimensions.

La case à cocher **Tracer dans fichier** permet de générer un fichier d'impression (.PLT) plutôt qu'une impression vers une imprimante ou un traceur. AutoCAD vous demande dans ce cas, lors de l'impression, les nom et emplacement du fichier PLT. AutoCAD peut proposer un emplacement par défaut pour ce type de fichier. Choisissez **Outils** - **Options**, activez l'onglet **Tracer** et publier puis la liste **Emp. par défaut pour opérations de tracé dans un fichier** dans la zone **Tracer dans fichier**.

Format de papier

Ces paramètres peuvent provenir directement de la mise en page courante. Sélectionnez, dans la liste, un des formats standard.

Nombre de copies

Indiquez ici le nombre de copies à imprimer. Cette option est indisponible pour le traçage vers un fichier.

Aire du tracé

Ces paramètres peuvent provenir directement de la mise en page courante. Dans la liste **A tracer**, définissez la partie du dessin qui sera imprimée. Choisissez la présentation courante (**Présentation**), l'affichage courant du dessin (**Affichage**), le dessin le plus grand possible (**Etendu**), ou **Fenêtre** pour déterminer, à l'aide du périphérique de saisie, deux points matérialisant la zone du dessin qui sera imprimée.

Décalage du tracé

Les zones de texte X et Y permettent de centrer l'impression sur la feuille de papier si nécessaire.

Echelle du tracé

Permet de définir l'échelle d'impression. La liste **Echelle** dispose d'une série prédéfinie, mais vous pouvez personnaliser cette échelle. Ici, l'échelle ne correspond pas à celle du dessin lui-même, mais à l'échelle d'impression de l'aire du tracé. Les zones de texte **mm** et **unités** affichant 1 mm pour 2 mm précisent une impression à l'échelle. Si vous présentez correctement vos dessins à l'aide des onglets **Présentations**, les formats et cadres affichés en millimètres imposent logiquement une échelle de 1/1. Les zones **mm** et **unités** affichent 1. La case à cocher **Mettre à l'échelle les épaisseurs de ligne** adapte les épaisseurs de ligne en fonction de l'échelle de tracé.

➲ Choisissez le bouton **Plus d'options** ⓧ pour accéder aux paramètres supplémentaires présentés ci-après, voire les modifier.

La boîte de dialogue **Tracer** affiche, dans la partie droite, les paramètres suivants.

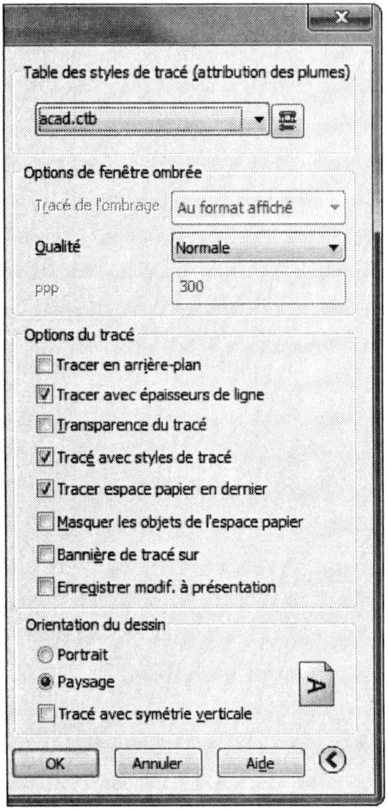

Table des styles de tracé

Ces paramètres peuvent provenir directement de la mise en page courante. Choisissez, dans la liste, la table de styles de tracé pour l'affecter à la mise en page courante. Les styles de tracé sont des propriétés d'objet spécifiant des valeurs de remplacement à l'impression pour la couleur, le panachage, la gamme de gris, l'assignation des plumes, le filtrage, le type de ligne, l'épaisseur de ligne, les styles d'extrémité, les jointures et le remplissage. Les tables *Acad.ctb* et *Acad.stb* respectent par défaut les couleurs des objets lors de l'impression alors que les tables *Monochrome.ctb* et *Monochrome.stb* imposent une impression en noir et blanc. Voir aussi Les styles de tracé dans ce chapitre.

Remarque

> *Lorsque le choix de la table est effectué, le bouton* ***Modifier*** *, situé à droite de la liste, est accessible pour l'édition de la table de styles de tracé.*

Options de fenêtre ombrée

Ces paramètres peuvent provenir directement de la mise en page courante.

La liste **Tracé de l'ombrage** précise la façon dont les vues sont tracées. Pour que ce paramètre soit effectif, vous devez sélectionner chaque fenêtre de la présentation et lui attribuer le type de tracé (**Filaire**, **Caché** ou **Rendu**) à l'aide la fenêtre **Propriétés** (**Outils - Propriétés**).

La liste **Qualité** agit sur la résolution d'impression des fenêtres en mode ombré et rendu. Les choix sont **Brouillon**, **Aperçu** (75 points par pouce), **Normale** (150 PPP), **Présentation** (300 PPP), **Maximale** (300 PPP), **Personnalisée** (résolution à définir en fonction des possibilités du périphérique d'impression).

Options du tracé

Ces paramètres peuvent provenir directement de la mise en page courante.

Tracer en arrière-plan permet le traitement de l'impression en arrière-plan. Ainsi, vous pouvez revenir immédiatement à votre dessin. Vous pouvez vérifier l'état de votre tâche en positionnant le curseur sur l'icône du traceur dans la barre d'état.

Tracer avec épaisseurs de ligne permet le respect des épaisseurs de ligne affectées aux objets ou aux calques lors de l'impression.

Transparence du tracé permet d'imprimer la transparence d'un objet (utilisée uniquement avec des objets transparents).

Tracé avec styles de tracé permet le respect des styles de tracé attribués aux objets ou aux calques lors de l'impression.

Tracer espace papier en dernier impose l'impression des objets (internes aux fenêtres de présentation) avant l'impression des objets de présentation.

Masquer les objets de l'espace papier détermine si l'élimination des lignes cachées s'applique aux objets de la fenêtre de présentation (espace papier). Cette option n'est disponible qu'à partir d'un onglet de présentation.

Bannière de tracé sur permet d'ajouter les annotations suivantes dans un coin de la feuille : date et heure, nom de fichier, nom de la présentation imprimée, code d'accès Windows, nom du périphérique d'impression, format du papier, échelle de tracé et annotations personnalisées... Vous pouvez enregistrer l'ensemble de ces annotations dans un fichier .pss et ainsi créer une bannière de tracé personnalisée.

Enregistrer modif. à présentation permet la sauvegarde des modifications que vous avez apportées à la présentation dans la boîte de dialogue **Tracer**.

Remarque

Les annotations de la bannière ne sont pas visibles à l'aperçu avant impression.

Orientation du dessin

Cette rubrique définit l'orientation de dessin **Portrait** (verticale) ou **Paysage** (horizontale) ainsi qu'une symétrie verticale (orientation du dessin renversée).

➲ Vérifiez la configuration d'impression grâce au bouton **Aperçu** avant de confirmer par **Appliquer à la présentation** et **OK** pour procéder à l'impression.

C. Les styles de tracé

Il existe deux types de table de styles de tracé :

- La table de styles de tracé dépendant des couleurs AutoCAD (*.CTB*).
- La table de styles de tracé nommés (*.STB*).

Les styles de tracé ne sont pas liés au périphérique sélectionné. Lors de la gestion des mises en page ou lors du traçage, vous choisissez la table des styles de tracé à associer (voir dans ce chapitre L'impression).

Les styles de tracé définissent les paramètres d'impression suivants : l'épaisseur de ligne, la couleur, les nuances de gris, le panachage, le type de ligne, les terminaisons de ligne (lignes avec épaisseur), les styles de jointure (lignes avec épaisseur), le motif de remplissage et le numéro de plume.

Pour la table de styles de tracé dépendant des couleurs AutoCAD (*.CTB*), à chaque couleur AutoCAD (256 couleurs), l'utilisateur affecte les paramètres d'impression de son choix (liste ci-dessus).

Pour les tables de styles de tracé nommés (*.STB*), un nom de style de tracé contient les paramètresd'impression voulus. Vous pouvez créer plusieurs styles de tracé dans la table (non limité). Cette méthode est plus riche.

En effet, vous affectez soit à un objet, soit à un calque, le style de tracé adapté.

1. Création d'une table de styles de tracé

➲ Dans le navigateur, choisissez **Imprimer** puis **Gérer les styles de tracé**.

La fenêtre pointant sur le dossier **Plot Styles** est affichée et propose la liste d'icônes suivante :

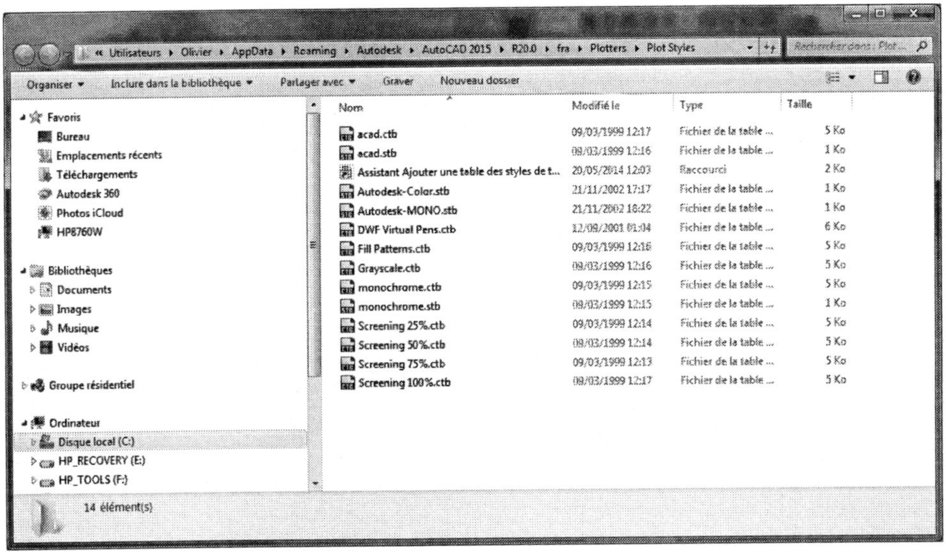

- Cliquez sur l'icône **Assistant Ajouter une table des styles de tracé**.

  Suivez la procédure pour générer une table de styles à partir d'un fichier .PCP ou PC2, d'une configuration de traceur AutoCAD 14, ou d'une table de styles existante, ou encore à partir d'un brouillon.

- Cliquez sur le bouton **Suivant**.
- Choisissez ici **Commencer avec un brouillon**. Cliquez sur le bouton **Suivant**.

  Choisissez ensuite la table des styles de tracé nommés ou dépendant des couleurs.

- Ici, choisissez **Table des styles de tracé dépendant des couleurs**. Cliquez sur le bouton **Suivant**.
- Précisez le nom de la table (CTB) et cliquez sur le bouton **Suivant**.

  La table est créée et peut être affectée aux nouveaux dessins ainsi qu'aux dessins de versions antérieures (cochez l'option).

- Choisissez le bouton **Editeur de la table des styles de tracé** pour agir sur les différents paramètres d'impression. Vous pouvez aussi venir l'éditer ultérieurement (cf. ci-après L'éditeur de la table des styles de tracé).
- Confirmez par **Terminer**.

2. Édition d'une table des styles de tracé

Si vous souhaitez modifier une table des styles de tracé existante, procédez de la façon suivante :

➲ Dans le navigateur, choisissez **Imprimer** puis **Gérer les styles de tracé**.

La boîte de dialogue **Plot styles** affiche toutes les tables de styles de tracé disponibles.

➲ Effectuez un double clic sur la table voulue (acad.ctb par exemple). Vous obtenez la fenêtre suivante :

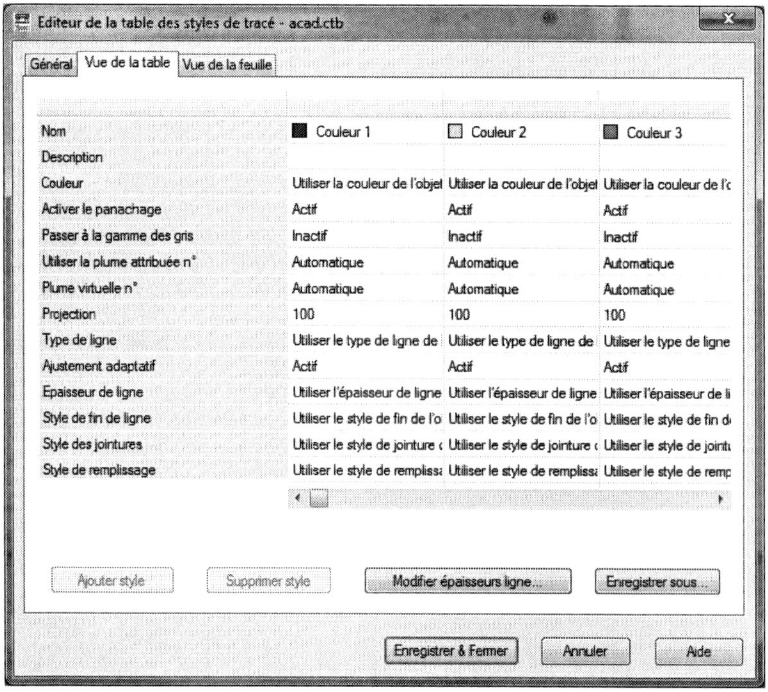

L'onglet **Vue de la table** est activé et affiche l'ensemble des paramètres d'impression par défaut des couleurs AutoCAD, par colonne.

Modifiez le paramètre d'impression pour les couleurs voulues dans les colonnes correspondantes. Ainsi, la couleur rouge (n°1) peut être imprimée d'une couleur, d'une épaisseur... différentes de celles qui sont affichées (cf. ci-après le détail des options).

Le bouton **Enregistrer sous** permet la création d'une nouvelle table de styles à partir de la table de styles courante.

Choisissez le bouton **Enregistrer & Fermer** pour quitter en sauvegardant les modifications.

Les options suivantes sont disponibles :

Description : permet d'associer un commentaire explicite au style de tracé.

Couleur : laisse la couleur logique de l'objet ou impose une couleur d'impression. Tous les objets des calques (ou objets indépendants) auxquels le style de tracé sera associé sont tracés avec cette couleur.

Activer le panachage : le panachage simule un tracé à plusieurs couleurs. Le tracé est plus ou moins soutenu (nuages de points) et donne l'impression de tracés plus ou moins épais selon les couleurs initiales. Si le traceur ne prend pas en charge le panachage, ce paramètre est désactivé.

Passer à la gamme des gris : les couleurs sont transformées en nuances de gris si le traceur les prend en charge.

Utiliser la plume attribuée n° : cette option est disponible pour les traceurs à plumes uniquement. Indique la plume à utiliser pour tracer des objets utilisant ce style de tracé.

Plume virtuelle n° : indique un numéro de plume virtuelle compris entre 1 et 255. Certains traceurs sans plumes utilisent des plumes virtuelles (ceci impose une configuration spécifique dans Configuration du traceur). Entrez **0** ou **Automatique** pour indiquer que les plumes virtuelles sont affectées à partir de l'index des couleurs d'AutoCAD.

Projection : détermine l'intensité (0 à 100) de couleur pour la quantité d'encre projetée lors de l'impression. La valeur 0 correspond à une couleur blanche, la valeur 100 fixe l'intensité maximale.

Type de ligne : accède à la liste des types de ligne. Le type de ligne par défaut est **Utiliser le type de ligne de l'objet**. Si vous affectez un autre type de ligne, les objets utilisant ce style de tracé respecteront le type de ligne choisi lors du traçage.

Ajustement adaptatif : ajuste l'échelle du type de ligne pour un meilleur affichage aux intersections.

Epaisseur de ligne : accède à la liste des épaisseurs de ligne. L'épaisseur de ligne par défaut est **Utiliser l'épaisseur de ligne de l'objet**. Si vous affectez une autre épaisseur, les objets utilisant ce style de tracé respecteront l'épaisseur de ligne choisie lors du traçage.

Style de fin de ligne : accède à une liste des types d'extrémité de ligne possibles (objets avec une épaisseur). Les fins de ligne suivantes sont possibles : **Bouton**, **Carré**, **Arrondi** et **Losange**. Si vous attribuez un type d'extrémité de ligne au style de tracé, ce type d'extrémité remplace celui de l'objet pour le tracé.

Style des jointures : accède à une liste de jointures possibles (intersections d'objets avec épaisseur). Les jointures suivantes sont possibles : **Mitre**, **Biseau**, **Arrondi** et **Losange**. Le type de jointure sélectionné remplace celui de l'objet pour le tracé.

Style de remplissage : accède aux différents types de remplissage possibles (aplats). Les remplissages suivants sont possibles : **Solide**, **Damier**, **Hachures**, **Losanges**, **Barres horizontales**, **Inclinaison à gauche**, **Inclinaison à droite**, **Points carrés** et **Barres verticales**. Le style de remplissage sélectionné remplace celui de l'objet pour le tracé.

Remarque

Dans cette nouvelle colonne, un clic droit dans l'une ou l'autre des lignes affiche un menu contextuel. Vous pouvez créer ou supprimer un style de tracé, copier des valeurs dans un ou tous les styles.

3. Affectation d'une table de styles de tracé

Une table de styles peut contenir de nombreux styles de tracé. Elle est associée à l'onglet **Objet** ou aux **Présentations**. Procédez de la façon suivante :

- Activez une présentation, via l'outil **Présentations Vue rapide**.
- Effectuez un clic droit sur la vignette de présentation puis choisissez **Gestionnaire des mises en page** dans le menu contextuel. La fenêtre ci-après apparaît :

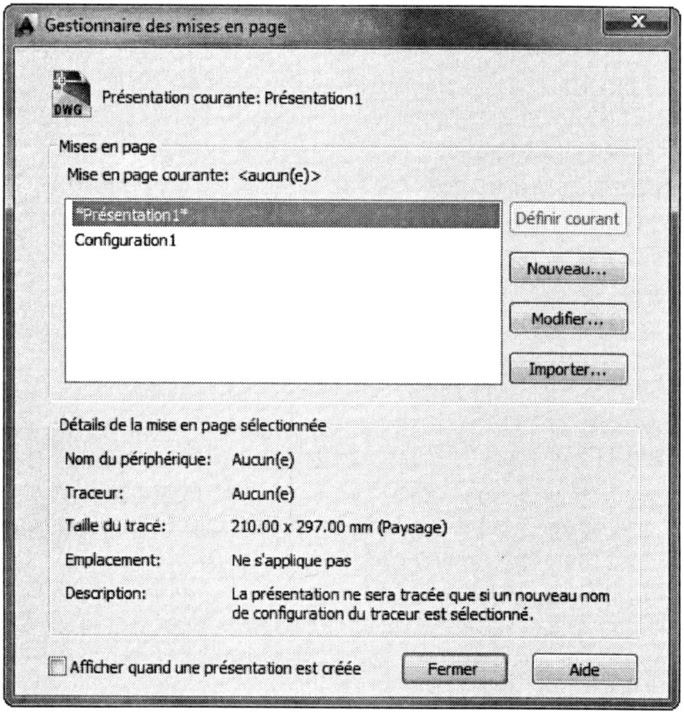

La mise en page courante (idéalement prédéfinie, cf. La présentation et l'impression du dessin La partie Présentation dans ce chapitre) est sélectionnée. Choisissez le bouton **Modifier** pour accéder aux paramètres de mise en page. La fenêtre suivante est affichée :

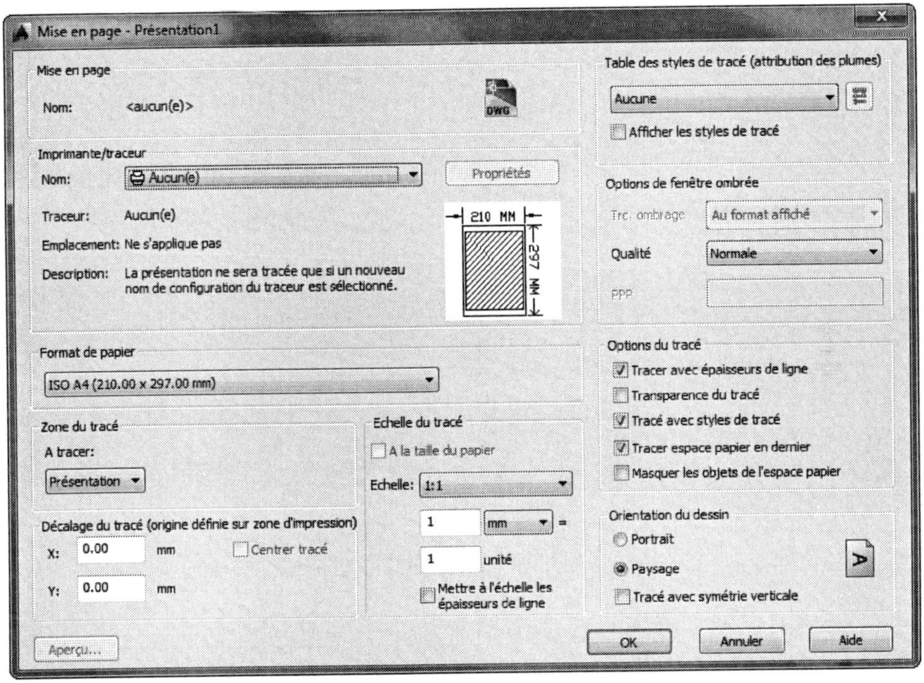

- Sélectionnez une table dans la zone **Table des styles de tracé** (attribution des plumes).
- Confirmez par **OK**.

Remarque

Lorsque le choix de la table est effectué, le bouton ***Modifier*** *situé à droite de la liste est accessible pour l'édition de la table de styles de tracé.*

Chapitre 25
Objets annotatifs et échelle d'annotation

A. Objets annotatifs

La propriété annotative peut être activée pour les objets suivants :

- Hachures
- Texte
- Cotes
- Tolérances
- Lignes de repère multiples
- Blocs
- Attributs

Cette propriété permet d'automatiser le processus de mise à l'échelle des annotations.

Les objets annotatifs sont mis à l'échelle en fonction du paramètre d'échelle d'annotation courant et sont affichés automatiquement à la taille appropriée. Voir Échelle d'annotation dans ce chapitre.

Plusieurs boîtes de dialogue ou palettes contiennent une case à cocher (ou un sélecteur) **Annotatif** qui vous permet d'activer la propriété annotative, telle que la palette **Propriétés** :

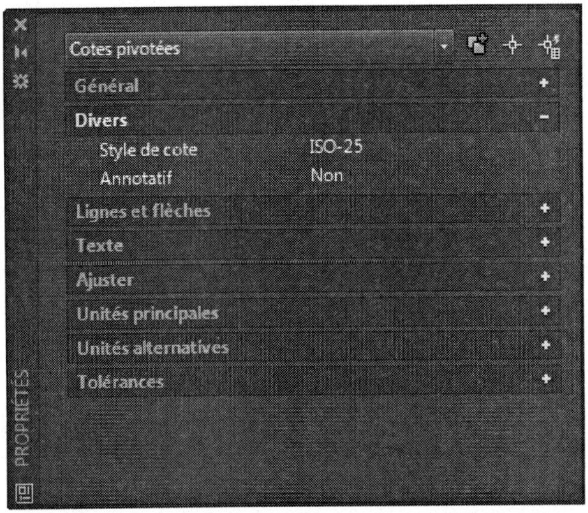

Lorsque l'objet est annotatif, passez le curseur sur celui-ci pour constater l'icône qui indique la prise en charge de l'échelle d'annotation. Lorsque l'objet prend en charge plusieurs échelles d'annoation, le curseur affiche l'icône .

Remarque

*La propriété **Annotatif** peut être activée par objet ou par style.*

B. Échelle d'annotation

La propriété annotative permet d'automatiser le processus de mise à l'échelle, de façon à ce que les annotations (objets annotatifs) soient automatiquement affichées et imprimées à la taille appropriée.

La propriété **Annotatif** est activée par objet ou par style, et vous définissez l'échelle d'annotation pour les fenêtres de présentation ou l'espace objet. Ainsi, l'échelle d'annotation détermine la taille des objets annotatifs, en fonction de la géométrie de l'objet dans le dessin. Ceci évite de créer plusieurs annotations de différentes tailles sur des calques distincts.

La propriété annotative activée, vous pouvez attribuer une échelle d'annotation aux objets annotatifs. Cette échelle est définie pour les fenêtres de présentation ou l'espace objet, et détermine la taille des objets annotatifs.

C. Création d'un style de cote annotatif

- Dans le groupe de fonctions **Annotation** (onglet **Début**), choisissez le bouton **Style de cote** .
- Dans la boîte de dialogue **Gestionnaire des styles de cote**, cliquez sur le bouton **Nouveau** pour créer un nouveau style de cote.
- Dans la boîte de dialogue **Nouveau style de cote**, entrez un nom de style. Cochez la case **Annotatif**.
- Cliquez sur le bouton **Continuer**.
- Dans la boîte de dialogue **Nouveau style de cote**, choisissez l'onglet approprié et apportez les modifications nécessaires pour personnaliser le style de cote.
- Cliquez sur **OK**.
- Cliquez sur **Fermer** pour quitter le **Gestionnaire des styles de cote**.

L'icône est affichée dans la liste **Styles** et indique que le style de cote est annotatif.

D. Création d'un style de texte annotatif

- Dans le groupe de fonctions **Annotation** (onglet **Début**), choisissez le bouton **Style de texte** .
- Dans la boîte de dialogue **Style de texte**, cliquez sur le bouton **Nouveau** pour créer un nouveau style de texte.

- Dans la boîte de dialogue **Style de texte**, entrez un nom de style
- Dans la boîte de dialogue **Style de texte**, cochez la case **Annotatif** dans la rubrique **Taille**, et fixez la taille de texte dans la zone **Hauteur du texte sur le papier**. Cette hauteur sera celle respectée dans les présentations.
- Cliquez sur **Appliquer**, puis **Fermer** pour quitter la boîte de dialogue **Style de texte**.

L'icône est affichée dans la liste **Styles** et indique que le style de texte est annotatif.

E. Création d'un style de ligne de repère annotatif

- Dans le groupe de fonctions **Annotation** (onglet **Début**), choisissez le bouton **Style de lignes de repère multiple** .
- Dans la boîte de dialogue **Gestionnaire des styles de lignes de repère multiples**, cliquez sur **Nouveau** pour créer un nouveau style de texte.
- Dans la boîte de dialogue **Créer un style de ligne de repère multiple**, saisissez le nom du style, puis cochez la case à cocher **Annotatif**.
- Cliquez sur le bouton **Continuer**.
- Dans la boîte de dialogue **Modifier le style de ligne de repère multiple**, choisissez l'onglet approprié et effectuez les modifications nécessaires pour définir le style de repère multiple.
- Cliquez sur **OK**.
- Cliquez sur **Fermer** pour quitter la boîte de dialogue **Gestionnaire des styles de lignes de repère multiples**.

  L'icône est affichée dans la liste **Styles** et indique que le style de ligne de repère est annotatif.

F. Définition de l'échelle d'annotation courante dans l'espace Objet

- Dans la partie droite de la barre d'état, déroulez le bouton-liste **Echelle d'annotation de la vue courante** 1:1 .
- Sélectionnez une échelle dans la liste.

G. Création d'une échelle d'annotation personnalisée

Le bouton-liste **Echelle d'annotation** propose une liste d'échelles d'annotation. Si toutefois, elle ne vous suffit pas, vous pouvez créer des échelles d'annotation personnalisées. Procédez de la façon suivante :

➲ Dans le groupe de fonctions **Echelle d'annotation** (onglet **Annoter**), choisissez le bouton **Liste d'échelles** 
.

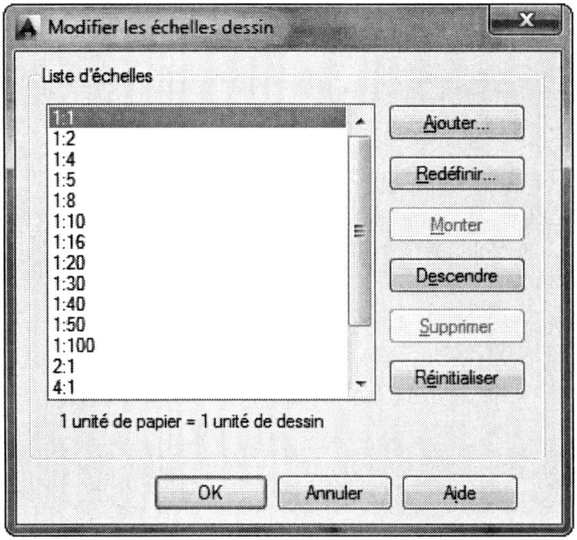

➲ Dans la boîte de dialogue **Modifier les échelles dessin** ci-dessus, cliquez sur le bouton **Ajouter**.

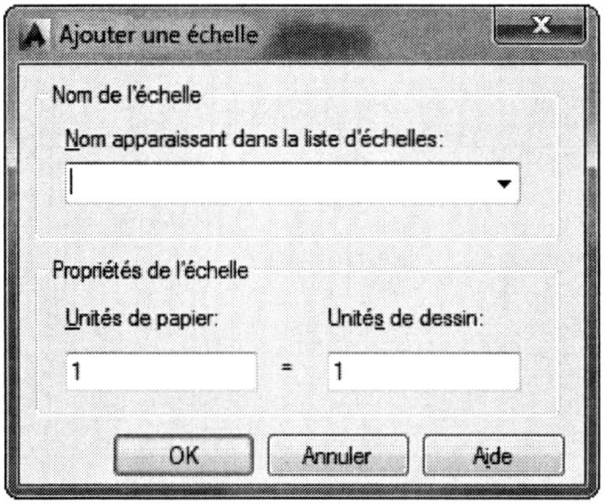

- Sélectionnez une échelle dans la zone **Nom apparaissant dans la liste d'échelles**, puis les unités correspondantes dans les zones de texte de la rubrique **Propriétés de l'échelle**.
- Confirmez par **OK** pour quitter la boîte de dialogue **Ajouter une échelle**.
- Confirmez par **OK** pour quitter la boîte de dialogue **Modifier les échelles dessin**.

H. Activer la propriété annotative d'un ou plusieurs objets

- Sélectionnez le ou les objets.
- Effectuez un clic droit et choisissez **Propriétés** dans le menu contextuel.
- Dans la palette **Propriétés**, dans la rubrique concernée (varie selon le type d'objet sélectionné), choisissez **Oui** au regard du libellé **Annotatif**.

I. Afficher et masquer les objets annotatifs

- Dans la partie droite de la barre d'état, cliquez sur l'icône **Afficher les objets d'annotation** 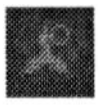 pour modifier l'affichage des objets annotatifs.

  L'icône **activé** affiche tous les objets annotatifs pour toutes les échelles.

  L'icône **désactivé** affiche les objets annotatifs pour l'échelle annotative courante.

J. Définir l'échelle d'annotation pour une fenêtre de présentation

Prenons l'exemple d'une présentation composée de deux fenêtres (de présentation). L'une affiche la globalité du dessin à l'échelle 1:2 et l'autre affiche un détail à l'échelle 1:1 (paramètre **Echelle Standard** de la palette **Propriétés par exemple**).

Dans l'espace objet, une série de cotations annotatives utilise l'échelle d'annotation 1:2 concernant le dessin global ; une seconde série de cotations annotatives utilise l'échelle de 1:1 concernant un détail.

Dans l'espace Objet, les deux séries de cotation sont donc affichées avec des tailles différentes.

L'objectif est ici de faire en sorte que, dans les espaces de présentation, seules les cotations concernant une fenêtre soient affichées dans cette fenêtre, et que les cotations des différentes fenêtres aient une taille uniforme.

Respectez la procédure suivante pour chaque fenêtre de présentation :

- Dans la présentation concernée, sélectionnez la fenêtre de présentation.
- Dans la partie droite de la barre d'état, déroulez le bouton-liste **Echelle d'annotation de la vue courante** 

, et sélectionnez l'échelle d'annotation adaptée à la fenêtre.

- Appuyez sur la touche [Echap] pour désélectionner la fenêtre et constatez l'échelle uniforme des objets d'annotation.

K. Ajouter une échelle d'annotation à un objet annotatif

Lorsque vous créez un objet annotatif dans votre dessin, il prend en charge une échelle d'annotation, c'est-à-dire l'échelle d'annotation courante au moment où l'objet est créé. Vous pouvez ajouter une échelle d'annotation à un objet annotatif afin de permettre à celui-ci la prise en charge d'autres échelles d'annotation.

- Sélectionnez un ou plusieurs objets annotatifs.
- Effectuez un clic droit et choisissez **Echelle des objets d'annotation**, puis **Ajouter/ Supprimer échelles**.
- Dans la boîte de dialogue **Echelle des objets d'annotation**, cliquez sur le bouton **Ajouter**.
- Dans la boîte de dialogue **Ajouter des échelles à l'objet**, sélectionnez l'échelle à ajouter à l'objet.
- Confirmez par **OK** pour quitter la boîte de dialogue **Ajouter des échelles à l'objet**.
- Confirmez par **OK** pour quitter la boîte de dialogue **Echelle des objets d'annotation**.

Chapitre 26
Les fichiers d'échange

A. Exportation/importation de fichiers DXF

Il est indispensable de communiquer entre logiciels de CAO/DAO. Le format .dwg est très répandu, mais n'est pas utilisable directement par tous les autres logiciels. Chaque logiciel CAO/DAO utilise son propre format de fichier. Aussi, il existe des formats d'échange standard comme le format DXF (*Drawing Interchange Format*). Ce format est reconnu par toutes les applications CAO/DAO, et prend en compte les géométries 2D et 3D.

Exportation de fichiers DXF

- Dans le Navigateur, choisissez **Enregistrer sous**, puis **Autres formats**.
- Choisissez le format DXF AutoCAD 2013 (*.dxf*) dans la liste déroulante **Type de fichier**.
- Précisez ensuite le répertoire dans lequel sera enregistré le fichier.
- Indiquez le nom du fichier dans la zone de texte **Nom de fichier** et cliquez sur le bouton **Enregistrer**.

AutoCAD crée un fichier .dxf à partir de tous les objets de l'espace objet.

Si vous souhaitez exporter une partie du dessin, dans la fenêtre **Enregistrer le dessin sous**, choisissez **Options** dans le menu **Outils** avant de confirmer par **Enregistrer**. La case à cocher **Sélectionner les objets** (onglet **Options DXF**) permet de limiter la génération du fichier DXF à une sélection d'objets.

Remarque

Choisissez le format DXF AutoCAD 2010/LT2010, AutoCAD 2007/LT2007, AutoCAD 2004/LT2004, DXF AutoCAD 2000/LT2000 ou DXF AutoCAD R12/LT2 pour générer un fichier DXF exploitable par des solutions logicielles ne reconnaissant pas le format DXF AutoCAD 2013 plus récent. Le format DXF AutoCAD 2004 est commun aux versions AutoCAD 2004/LT2004, 2005/LT2005 et 2006/LT2006. Le format DXF AutoCAD 2007 est commun aux versions AutoCAD 2007/LT2007, 2008/LT2008, 2009/LT2009. Le format DXF AutoCAD 2010 est commun aux versions AutoCAD 2010/LT2010, 2011/LT2011 et 2012/LT2012. Le format DXF AutoCAD 2013 est commun aux versions AutoCAD 2013/LT2013, AutoCAD 2014/LT2014 et AutoCAD 2015/LT2015.

Importation de fichiers DXF

- Dans la barre d'outils d'accès rapide, cliquez sur l'icône **Ouvrir** .
- Dans la boîte de dialogue, choisissez dans la liste déroulante **Type de fichier** le format DXF (*.dxf*). Ouvrez le répertoire adéquat et sélectionnez le fichier voulu.
- Confirmez par **Ouvrir**.

B. Exportation/importation de fichiers ACIS

ACIS est un modeleur volumique. Le format de fichier est .SAT. Les fichiers .sat permettent un échange de solides (formes volumiques) entre les logiciels reconnaissant le modeleur ACIS.

Exportation de fichiers ACIS

- Dans le Navigateur, choisissez **Exporter** puis **Autres formats**.
- Dans la boîte de dialogue **Exporter les données**, choisissez le type de fichier ACIS (*.sat*), puis donnez le nom de fichier avant de cliquer sur **Enregistrer**.
- Sélectionnez les objets à exporter, et validez par [Entrée].

Importation de fichiers ACIS

- Dans le groupe de fonctions **Importer** (onglet **Insertion**), choisissez le bouton **Importer**.

  La boîte de dialogue **Choisir un fichier ACIS** apparaît.
- Choisissez le répertoire adéquat puis sélectionnez le fichier voulu dans la liste.
- Confirmez par **Ouvrir**.

Remarque

AutoCAD peut importer et exporter d'autres formats de fichiers comme le standard de Windows (.wmf), ainsi que les formats bitmap .bmp et .eps. Les images de rendus peuvent être exportées au format .tga, .tif, .gif... Remarquez aussi le format .stl (lithographie).

C. Exportation/importation de fichiers DGN (MicroStation)

Exportation de fichiers DGN

- Dans le **Navigateur**, choisissez **Exporter** puis **DGN**.
- Dans la boîte de dialogue **Exporter un fichier DGN**, choisissez le format **V8 DGN** dans la liste déroulante **Type de fichier**.
- Précisez ensuite le répertoire dans lequel sera enregistré le fichier.
- Indiquez ensuite le nom du fichier dans la zone de texte **Nom de fichier** et cliquez sur le bouton **Enregistrer**.

AutoCAD affiche la boîte de dialogue suivante :

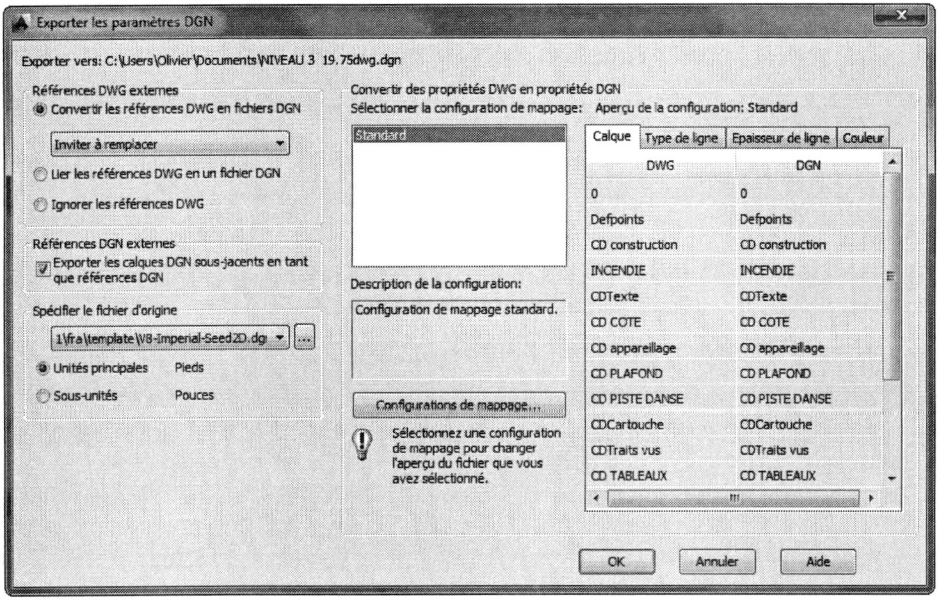

Cette boîte de dialogue détermine la façon dont les références externes sont traitées.

Références DWG externes : permet de **Convertir les références externes DWG** (y compris les références imbriquées) **en** plusieurs **fichiers DGN**, ou de **Lier les références externes en un** seul **fichier DGN**. L'option **Ignorer les références DWG** ne prendra pas en compte les références externes.

Références DGN externes : permet d'**Exporter les calques DGN sous-jacents** du fichier DWG **en tant que références DGN** du fichier DGN résultant.

Spécifier le fichier d'origine : permet de régler les unités d'exportation. Le bouton  permet d'accéder aux fichiers unitaires d'origine spécifiques au format DGN.

Convertir des propriétés DWG en propriétés DGN : permet de gérer les paramètres de mappage utilisés dans l'exportation DGN courante. Les paramètres de mappage correspondent aux calques, types de ligne, épaisseurs de ligne et couleur tels que définis dans la zone **Aperçu de la configuration**.

Le bouton **Configurations de mappage** permet de créer des configurations de mappage et permet de modifier, renommer ou supprimer des configurations de mappage existantes.

Vous pouvez aussi exporter de la même façon pour exporter des fichiers au format **V7 DGN**.

Importation de fichiers DGN

- Dans le groupe de fonctions **Importer** (onglet **Insertion**), choisissez le bouton **Importer**.
- Choisissez le format **V8 DGN** dans la liste déroulante **Type de fichier**.
- Choisissez le répertoire contenant le fichier DGN.
- Sélectionnez le fichier DGN à importer, et cliquez sur **Ouvrir**.
- Dans la boîte de dialogue **Importer les paramètres DGN,** sélectionnez un modèle de conception dans la liste et spécifiez les options d'importation voulues.
- Cliquez sur **OK**.

D. Publication de fichiers DWF (Design Web Format) ou PDF (Portable Document Format)

Le format DWF (*Design Web Format*) est destiné aux échanges électroniques (Internet, Intranet). Il ne s'agit pas d'un format d'exportation classique, mais de traçage électronique (ePlot). Il s'agit d'un format vectoriel compressé qui peut être consulté, ouvert, affiché et imprimé à l'aide du visualiseur **Autodesk Design Review** (le format DWFx peut être lu avec Internet Explorer 7). Autodesk Design Review vous permet également d'apposer des annotations et symboles, des repères, de réaliser des croquis, de prendre des mesures de distance et d'angle, etc. Vous pouvez trier l'affichage en désactivant les calques du dessin initial AutoCAD, accéder aux vues enregistrées... Notez aussi que vous pouvez publier des modèles 3D complets. Autodesk Design Review permet de faire pivoter les modèles, de masquer les composants, de les rendre transparents, de réaliser des coupes, des rotations et des déplacements de composants, etc. (voir aussi dans ce chapitre le titre Publication de fichiers DWF 3D).

Le format PDF (*Portable Document Format*), créé par Adobe Systems, est un format de diffusion des documents électroniques, de visualisation et surtout d'impression. La spécificité du PDF est de préserver la mise en forme (polices d'écritures, images, objets graphiques...) telle qu'elle a été définie par son auteur. Le PDF s'est imposé comme format d'échange (consultation écran, impression, etc.) et d'archivage de documents électroniques, il est devenu un « standard international ». Vous consultez les fichiers PDF dans une fenêtre de votre navigateur ou depuis Acrobat Reader.

AutoCAD permet la publication automatisée d'un jeu de dessins, avec pour chacun la sélection des présentations à publier.

- Dans le Navigateur, choisissez **Publier**.

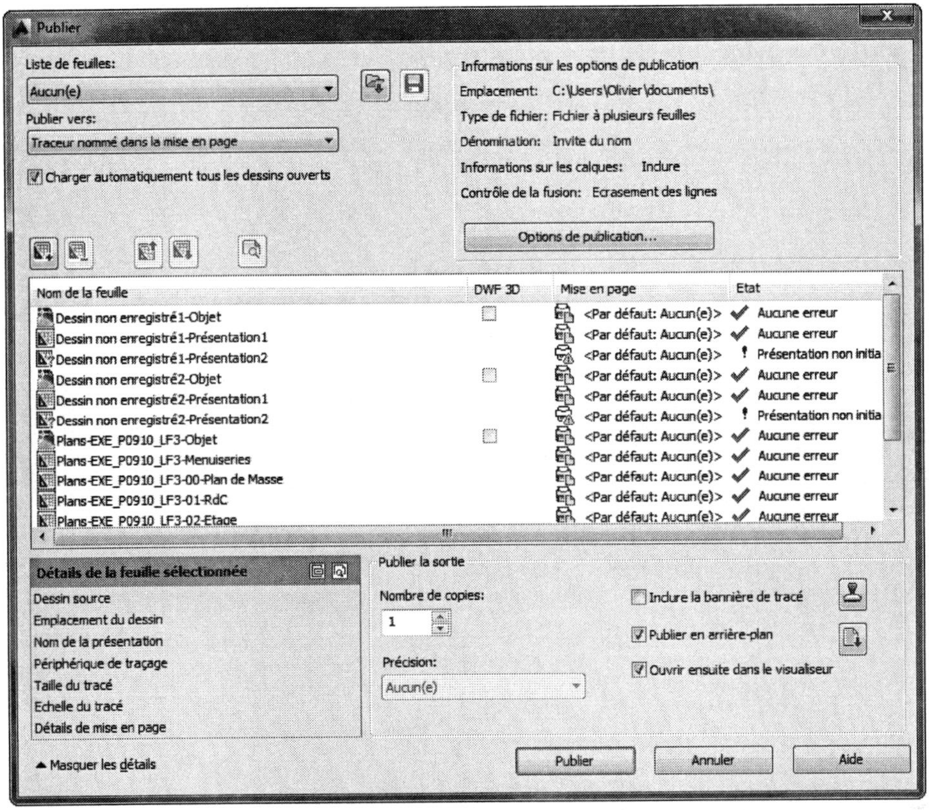

La boîte de dialogue **Publier** affiche la liste des feuilles du dessin courant. Les boutons **Monter**  et **Descendre**  permettent la réorganisation des feuilles dans la liste (à sélectionner).

- Utilisez, si besoin, le bouton **Ajouter des feuilles**  pour sélectionner les feuilles d'un ou de plusieurs autres fichiers dessin. AutoCAD listera toutes les feuilles des dessins sélectionnés.
- Afin de limiter la publication à certaines présentations de dessin (ou feuilles), sélectionnez, à l'aide de la touche [Ctrl], les feuilles que vous ne souhaitez pas conserver et cliquez sur le bouton **Supprimer les feuilles** .

Remarque

*Le bouton **Enregistrer la liste des feuilles** permet la sauvegarde d'une liste exploitable ultérieurement.*

*Le bouton **Charger la liste des feuilles** permet l'accès à une liste enregistrée. La case à cocher **DWF3D**, présente dans la liste des feuilles, permet d'activer la publication des modèles 3D. Cette option est valable pour les espaces Objets, et non pour les présentations.*

- Dans la liste **Publier vers**, vérifiez que l'option **DWF** (ou DWFx) est activée.
- Choisissez le bouton **Options de publication**.

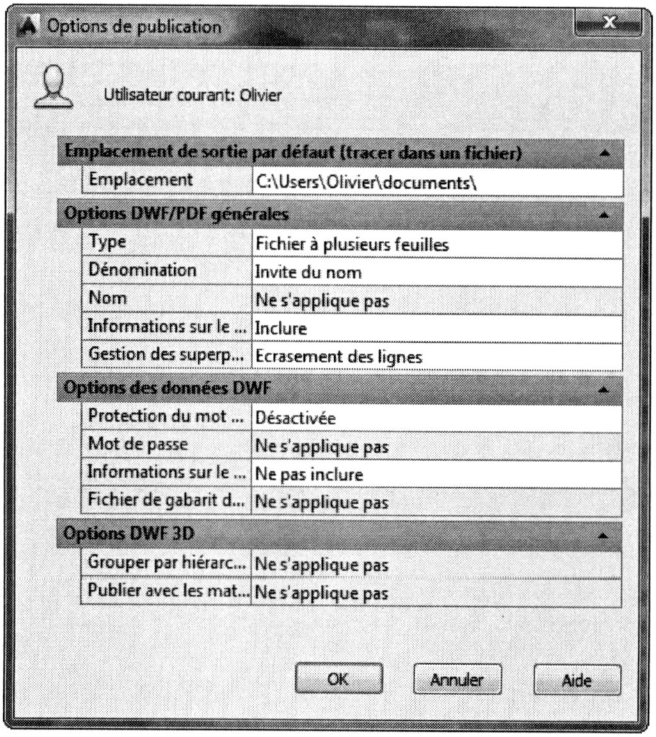

Emplacement de sortie par défaut (tracer dans un fichier)

Dans la zone **Emplacement**, spécifiez l'emplacement ou le dossier dans lequel sont enregistrés les fichiers DWF et de tracé.

Options DWF/PDF générales

Type : spécifie la génération d'un fichier DWF, DWFx ou PDF à une ou plusieurs feuilles.

Dénomination : l'option **Invite du nom** permet de spécifier un nom et un emplacement lors de la publication ; l'option **Spécifiez le nom** permet de spécifier le nom et l'emplacement en regard de l'option **Nom** située juste en dessous.

Informations sur le calque : détermine si les données de calque sont incluses dans le fichier DWF publié.

Gestion des superpositions : l'option **Fusion des lignes** implique la fusion des lignes qui se chevauchent (les couleurs des lignes se fondent en une troisième couleur) ; l'option **Ecrasement des lignes** implique que les lignes qui se chevauchent s'écrasent (la dernière ligne tracée obscurcit la ligne située en dessous).

Options des données DWF

Protection du mot de passe : indique les options de protection des fichiers DWF par mot de passe. Le destinataire d'un fichier DWF, auquel est appliqué un mot de passe, doit disposer de ce mot de passe pour ouvrir le fichier DWF.

L'option **Désactivée** n'indique aucun mot de passe : l'option **Invite du mot de passe** affiche la boîte de dialogue **Mot de passe du fichier DWF**, lorsque vous cliquez sur **Publier**, pour appliquer un mot de passe aux fichiers publiés. L'option **Spécifier le mot de passe** vous invite à saisir le mot de passe appliqué aux fichiers DWF dans la zone de texte **Mot de passe** située juste en dessous.

Informations sur le bloc : détermine si les informations sur les blocs et attributs sont incluses dans le fichier DWF publié. Dans le cas du choix **Inclure**, vous pouvez spécifier un gabarit (*.BLK) d'extractions d'attributs, en regard de l'option **Fichier de gabarit de bloc** située juste en dessous.

Fichier de gabarit de bloc : fournit des options permettant de créer un fichier de gabarit de bloc (DXE), de modifier un fichier de gabarit de bloc existant ou d'utiliser les paramètres d'un fichier de gabarit de bloc précédemment créé (valable si le choix **Inclure** est activé dans l'option **Informations sur le bloc**).

Options DWF 3D

Grouper par hiérarchie de Xrefs : dispose hiérarchiquement les références externes dans le visualiseur pour les fichiers DWF 3D publiés.

Publier avec les matériaux : permet la publication des fichiers DWF 3D avec les matériaux.

- Cliquez sur **OK** pour valider les options de publication DWF.
- Cliquez sur **Publier**.

AutoCAD peut vous proposer d'enregistrer la liste de feuilles si vous ne l'avez pas fait précédemment.

La publication du ou des fichiers DWF s'effectue en arrière-plan.

Vous accédez à un rapport de publication en cliquant sur le bouton **Afficher les détails** 

dans le groupe de fonctions **Traceur**.

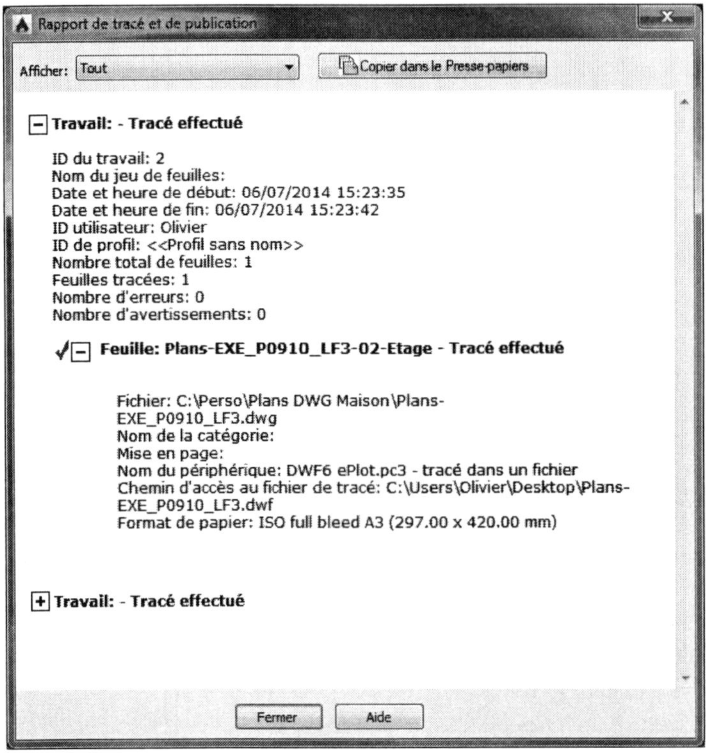

- Effectuez un clic droit sur l'icône **Rapport sur les détails du tracé/de la publication**  de la barre d'état. Le menu contextuel suivant est affiché :

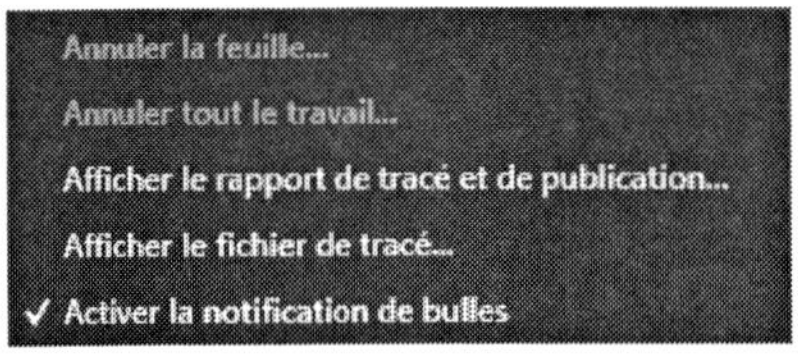

- Choisissez **Afficher le fichier de tracé**.

Remarque

Depuis l'Explorateur Windows, un double clic sur le fichier DWF lance le visualiseur Autodesk Design Review.

La fenêtre Autodesk Design Review suivante apparaît et permet la visualisation des feuilles du fichier DWF créé :

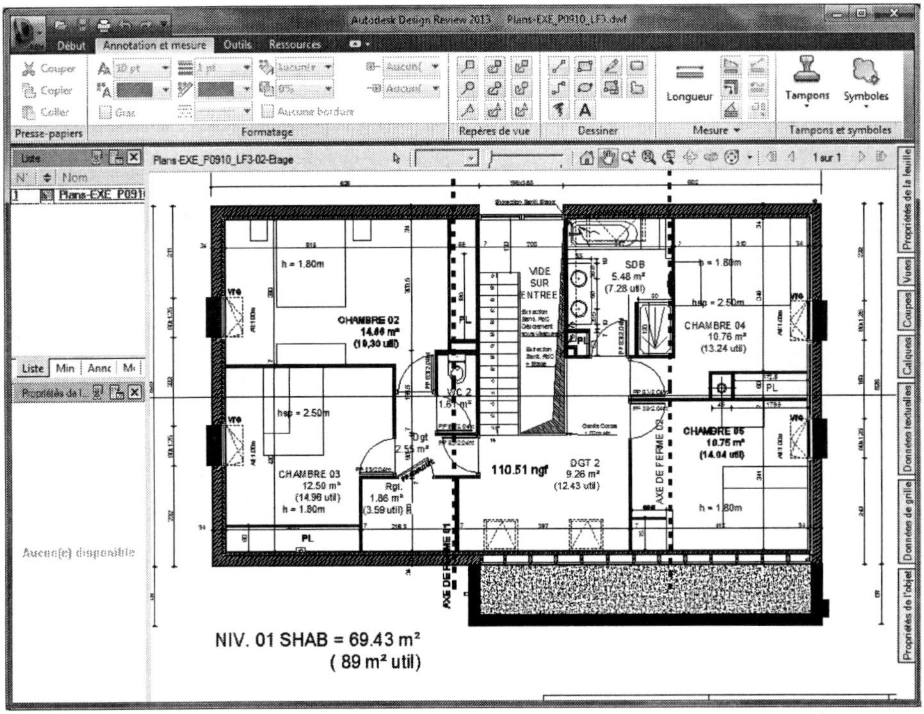

- Utilisez les boutons **Feuille précédente** et **Feuille suivante** pour accéder à la feuille désirée, ou cliquez sur les images miniatures proposées sur la partie gauche du visualiseur Autodesk Design Review.
- Effectuez un clic droit sur l'image pour accéder aux options du menu contextuel.

Grâce à ce menu, vous pouvez effectuer des agrandissements ou réductions de l'affichage (Zoom et Panoramique). Vous accédez aussi aux vues préenregistrées dans AutoCAD, ainsi qu'à la visibilité ou l'invisibilité des calques du dessin initial, à l'impression des feuilles...

Autodesk Design Review vous permet également d'apposer des annotations et symboles, des repères, de réaliser des croquis, de prendre des mesures de distance et d'angle, etc. Dans Autodesk Design Review, activez l'onglet **Annotation et mesure** pour accéder à ces outils.

Remarque

Les hyperliens associés aux objets AutoCAD sont conservés dans les fichiers DWF.

E. Publier un fichier DWF, DWFx ou PDF feuille par feuille

Contrairement à la publication de jeux de dessins vue dans le titre précédent, vous pouvez grâce à la fonction suivante publier la feuille courante (onglet **Objet** ou **Présentation**), et générer ainsi très rapidement un fichier DWF, DWFx ou PDF.

Dans le groupe de fonctions **Exporter au format DWF/PDF** (onglet **Sortie**), déroulez l'icône déroulante **Exporter** et choisissez l'option voulue.

La fenêtre suivante est affichée :

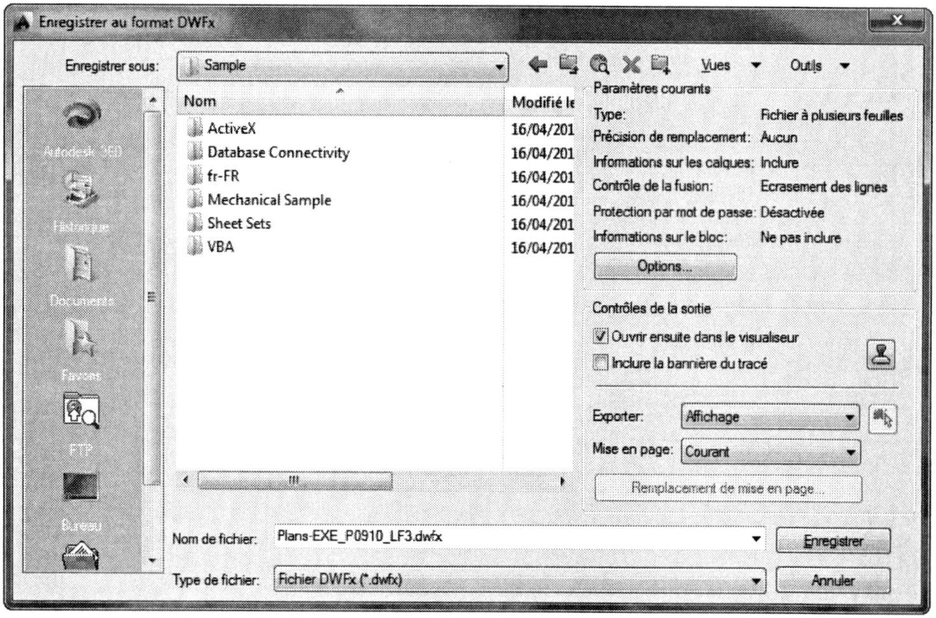

Rubrique Paramètres courants

- Accédez aux options de publication grâce au bouton **Options** (détaillées dans le titre précédent).

Rubrique Contrôles de la sortie

- Activez la case à cocher **Ouvrir ensuite dans le visualiseur** pour accéder à Autodesk Design Review immédiatement après la publication.

La case à cocher **Inclure la bannière du tracé** permet d'inclure les champs et paramètres (nom du dessin, date, heure et échelle de tracé, par exemple) définis dans la fenêtre Bannière via le bouton **Paramètres de la bannière de tracé** (voir le chapitre La présentation et l'impression du dessin - L'impression).

La liste **Exporter** permet de définir la partie du dessin à exporter. Lorsqu'un onglet de présentation est actif, vous pouvez sélectionner la présentation courante ou toutes les présentations. Lorsque l'onglet Objet est actif, vous pouvez sélectionner l'affichage courant, l'étendue du dessin ou une zone (ou fenêtre) à définir (via le bouton **Fenêtre d'impression**).

La liste **Mise en page** permet d'exporter le fichier selon les paramètres courants du Gestionnaire des mises en page ou de remplacer ces paramètres. Choisissez **Remplacer** pour accéder au bouton **Remplacement de mise en page** et aux paramètres suivants : Format de papier, table des styles de tracé, échelle du tracé, orientation du dessin.

Dans la liste **Nom de fichier**, saisissez le nom du fichier publié.

- Confirmez par **Enregistrer** pour publier le fichier.

F. Publication de fichiers DWF 3D

AutoCAD vous permet de créer et de publier des fichiers DWF de vos modèles 3D. Tout comme les fichiers DWF 2D, les fichiers DWF 3D peuvent être visualisés, annotés et imprimés avec Autodesk Design Review.

Autodesk Design Review permet de faire pivoter les modèles, de masquer les composants, de rendre transparents certains composants pour mieux visualiser d'autres composants, de réaliser des coupes, des rotations et déplacements de composants, de prendre des mesures de distance ou d'angle en deux faces ou arêtes, etc.

- Dans le Navigateur, choisissez **Exporter** puis **DWF 3D**.
- Dans la boîte de dialogue **Exporter le fichier DWF 3D**, déroulez le menu **Outils** et choisissez **Options**.

La fenêtre suivante est affichée :

Rubrique Objets à publier

L'option **Tous les objets de l'espace objet** implique que tous les objets de l'espace objet sont publiés.

À l'inverse, l'option **Sélectionner les objets de l'espace objet** permet de limiter la publication à un jeu de sélection à spécifier via le bouton **Choix des objets** .

Rubrique Organisation de 3D DWF

L'option **Regrouper par hiérarchie de Xréfs** permet d'organiser l'affichage des objets par hiérarchie de Xréfs dans le visualiseur Autodesk DWF.

Rubrique Options

Permet d'indiquer si des matériaux sont publiés dans le fichier DWF. La plupart des matériaux ne seront pas pris en charge dans le fichier DWF 3D ou DWFx 3D. Les matériaux dotés de textures procédurales et certaines propriétés de matériaux ne seront pas exportés dans le fichier DWF 3D ou DWFx 3D. Si les matériaux contiennent des textures simples, seule la texture diffuse est publiée avec son échelle et ses données d'orientation.

- Confirmez par **OK** pour valider et fermer les options de publication.
- Dans la boîte de dialogue **Exporter le fichier DWF 3D**, choisissez un répertoire et saisissez un nom de fichier avant de cliquer sur le bouton **Enregistrer** pour générer le fichier DWF 3D.

AutoCAD vous propose d'afficher le fichier DWF 3D.

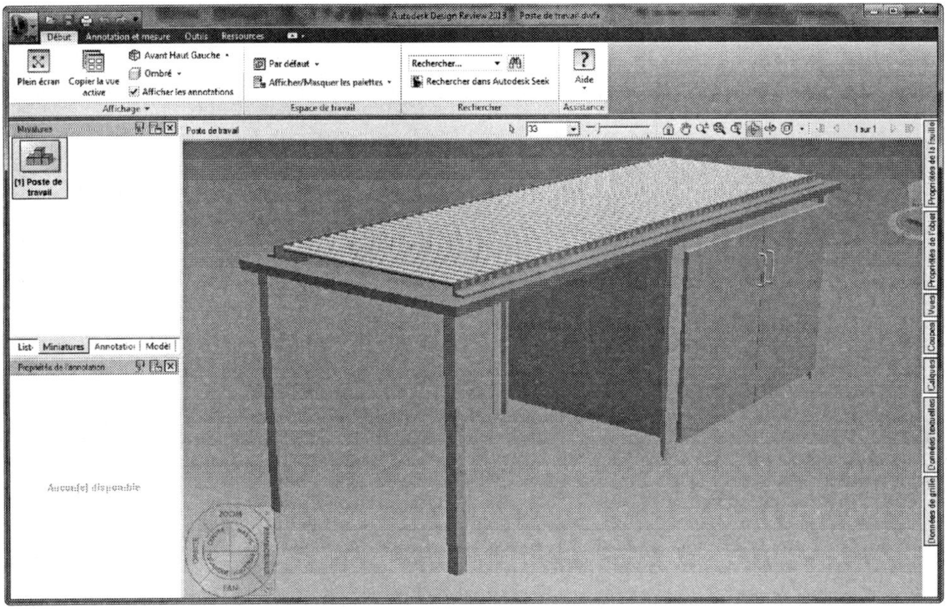

Publication de plusieurs fichiers DWF 3D

Pour publier plusieurs fichiers DWF 3D simultanément, utilisez la commande **Publier** du Navigateur. La boîte de dialogue **Publier** affiche une liste de tous les noms de feuilles des fichiers de dessin actuellement ouverts. Pour déterminer les feuilles à publier dans un fichier DWF 3D, activez la case à cocher DwF3D (voir Publication de fichiers DWF (Design Web Format) ou PDF (Portable Document Format) dans ce chapitre).

G. Exportation de fichiers STL (stéréolithographie)

AutoCAD permet d'exporter des objets solides 3D au format STL. Le format STL est compatible avec la stéréolithographie ou l'impression 3D qui est utilisée dans la création rapide de prototypes et autres applications visant à fabriquer des pièces et modèles.

Les données des solides 3D (ou maillages fermés) sont converties en une représentation maillée à facettes constituée d'un ensemble de triangles et enregistrée au format STL. Utilisez les fonctions de densification des facettes (variable Facetres) pour obtenir un niveau de détail approprié des solides.

Les données STL permettent de créer un objet en « déposant » une succession de calques fins constitués de plastiques, métaux ou matériaux composés. Les pièces et modèles obtenus sont généralement utilisés dans les cas suivants :

– Visualiser les conceptions.

- Créer des représentations des produits, des modèles architecturaux et des modèles de terrain.
- Tester la forme, l'ajustement et la fonction.
- Identifier les problèmes de conception.
- Créer des modèles de référence pour les applications de moules positifs.
- Créer des outils de marketing.

➲ Dans le Navigateur, choisissez **Publier**, puis **Envoyer au service d'impression 3D**.

AutoCAD affiche la fenêtre suivante qui permet de s'informer sur la préparation des modèles :

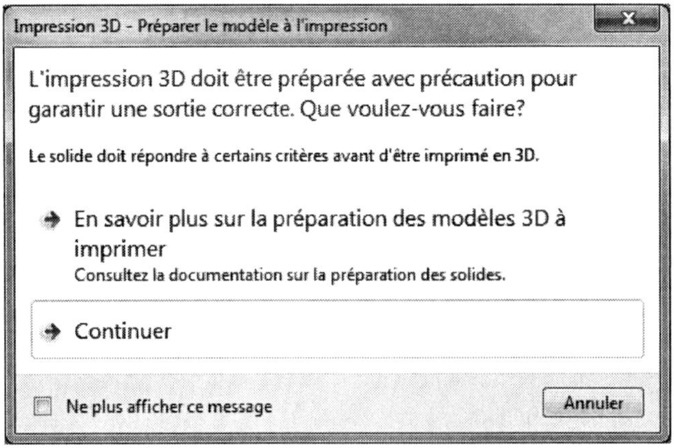

➲ Choisissez le bouton **Continuer**.

AutoCAD affiche un message pour vous inviter à sélectionner les solides ou maillages fermés.

➲ Sélectionnez les solides ou maillages et appuyez sur [Entrée].

La boîte de dialogue suivante est affichée :

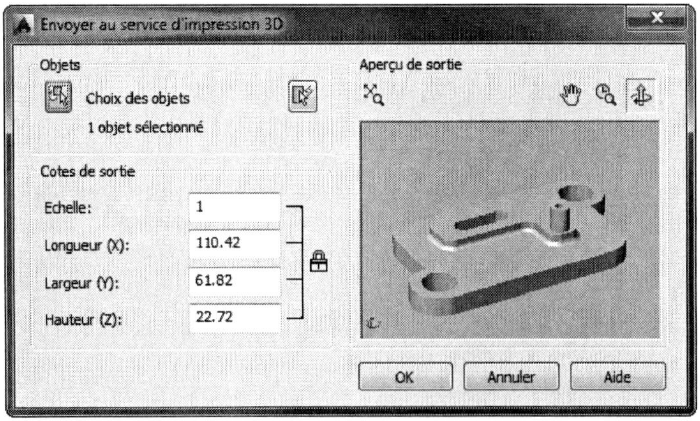

La rubrique **Objets** permet de sélectionner de nouveaux objets via le bouton **Choix des objets** et de procéder à une sélection filtrée via le bouton **Sélection rapide** .

La rubrique **Cotes de sortie** permet de modifier les échelle, longueur, largeur et hauteur du fichier STL exporté.

La rubrique **Aperçu de sortie** permet d'ajuster l'affichage dans la fenêtre d'aperçu à l'aide de fonctions **Panoramique**, **Zoom** et **Orbite**.

- Confirmez par **OK** pour générer le fichier STL.

La fenêtre suivante permet de nommer et d'enregistrer le fichier STL généré :

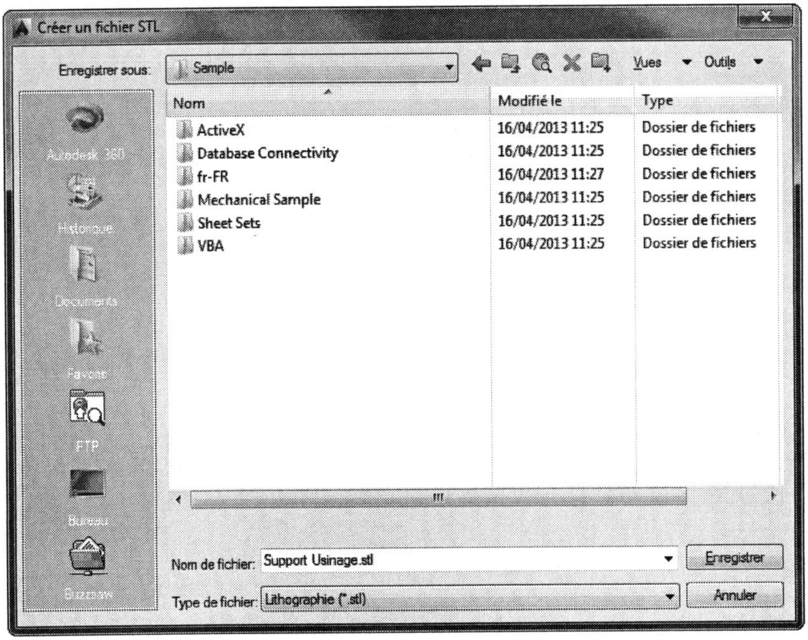

H. Exportation/importation de fichiers IGES

IGES (*Initial Graphics Exchange Specification*) est un format de fichier neutre conçu pour transférer des données de dessin 2D et 3D entre différents systèmes de CAO, voire de fabrication (FAO).

Le format IGES (ou IGS) concernant une géométrie 3D a la particularité d'afficher des modèles surfaciques. À l'inverse des objets volumiques, ces surfaces simples ou complexes représentent l'enveloppe (ou la peau) des modèles. Ainsi même dans le cas où les modèles d'origine sont volumiques, la restitution d'un format IGES est forcément surfacique.

Exportation de fichiers IGES

- Dans le navigateur, choisissez **Exporter** puis **Autres formats**.
- Dans la boîte de dialogue **Exporter les données**, choisissez le type de fichier IGES (ou IGS), puis donnez le nom du fichier avant de cliquer sur **Enregistrer**.
- Sélectionnez les objets à exporter, et validez.

Le processus d'exportation est lancé, et une bulle de notification apparaît à la fin de l'exportation dans la barre des tâches.

Importation de fichiers IGES

- Dans le groupe de fonctions **Importer** (onglet **Insertion**), choisissez le bouton **Importer**.
- Dans la boîte de dialogue **Importer un fichier**, choisissez le type de fichier IGES.
- Accédez au dossier adéquat et au fichier à importer.
- Confirmez par **Ouvrir**.

Le processus d'importation est lancé, et l'affichage suivant apparaît :

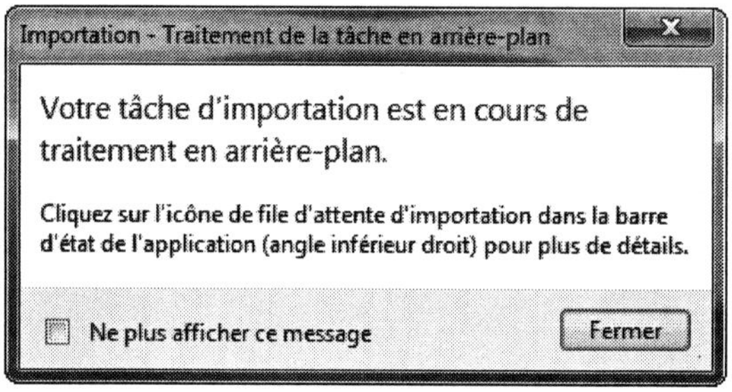

La bulle de notification suivante apparaît à la fin de l'importation dans la barre des tâches.

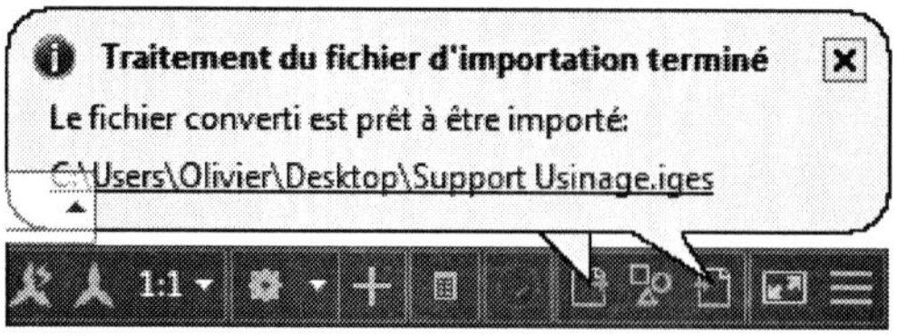

- Cliquez sur le lien de la notification ci-dessus pour insérer le fichier IGES dans le dessin.

I. Importer des fichiers CATIA®, Pro/ENGINEER®, STEP, SolidWorks®, JT, NX, Parasolid et Rhinoceros® (Rhino)

AutoCAD 2015 permet d'importer un large éventail de formats CAO, dont les formats natifs les plus répandus tels que CATIA, SolidWorks, Pro/Engineer, NX, Rhino, le format d'échange propre au modeleur Parasolid, ainsi que les standards d'échange IGES, STEP et JT.

Vous pouvez notamment importer les formats de fichier de CAO 3D suivants :

- IGES (toutes les versions)
- STEP (AP214 et AP203E2)
- Rhinoceros (Rhino jusqu'à version 4)
- Pro/ENGINEER (jusqu'à Wildfire 5.0)
- CATIA V4 (toutes les révisions)
- CATIA V5 (R10 à R20)
- Parasolid (jusqu'à V23)
- JT (7.0, 8.0, 8.1, 8.2, 9.0-9.5)
- NX (3 à 7.5)
- SolidWorks (2003 à 2010)

Lorsque vous importez le modèle 3D, celui-ci est disponible sous la forme d'un modèle 3D AutoCAD dans l'espace objet.

Importation

- Dans le groupe de fonctions **Importer** (onglet **Insertion**), choisissez le bouton **Importer**.
- Dans la boîte de dialogue **Importer un fichier**, déroulez la liste **Type de fichier** pour choisir le type de fichier à importer :

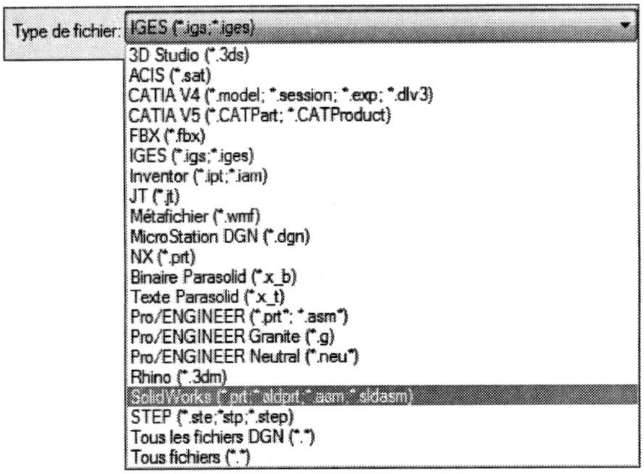

- Sélectionnez le format à importer.
- Accédez au dossier adéquat et au fichier à importer.
- Confirmez par **Ouvrir**.

La fenêtre ci-dessous indique que le traitement d'importation est en cours.

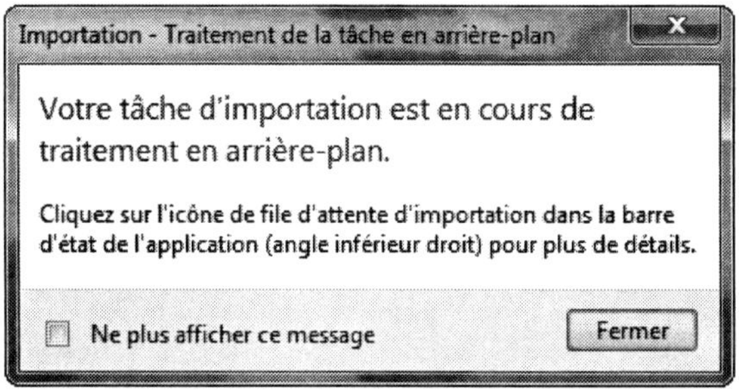

La bulle de notification suivante apparaît à la fin de l'importation dans la barre des tâches :

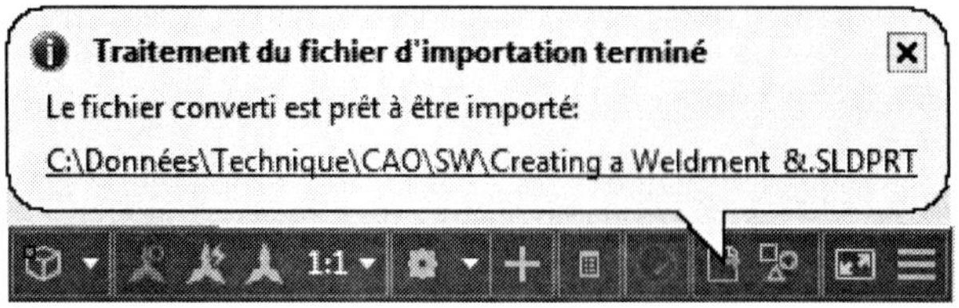

- Cliquez sur le lien de la notification ci-dessus pour insérer le fichier (ici un modèle SolidWorks) dans le dessin.

Le modèle est affiché en tant que modèle 3D AutoCAD dans l'espace objet comme ci-dessous :

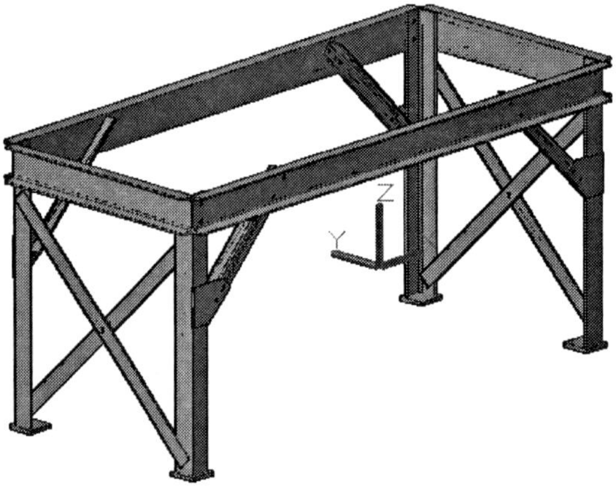

J. Importer des fichiers SKP

AutoCAD 2015 permet d'importer un fichier 3D SketchUp ou SketchUp Pro (SKP).

Les modèles 3D SketchUp sont importés dans le dessin courant.

Il s'agit d'une application additionnelle (plug-in) fournie lors de l'installation d'AutoCAD.

➲ Dans le groupe de fonctions **Importer SketchUp** (onglet **Compléments**), choisissez l'icône **Importer un fichier SKP**.

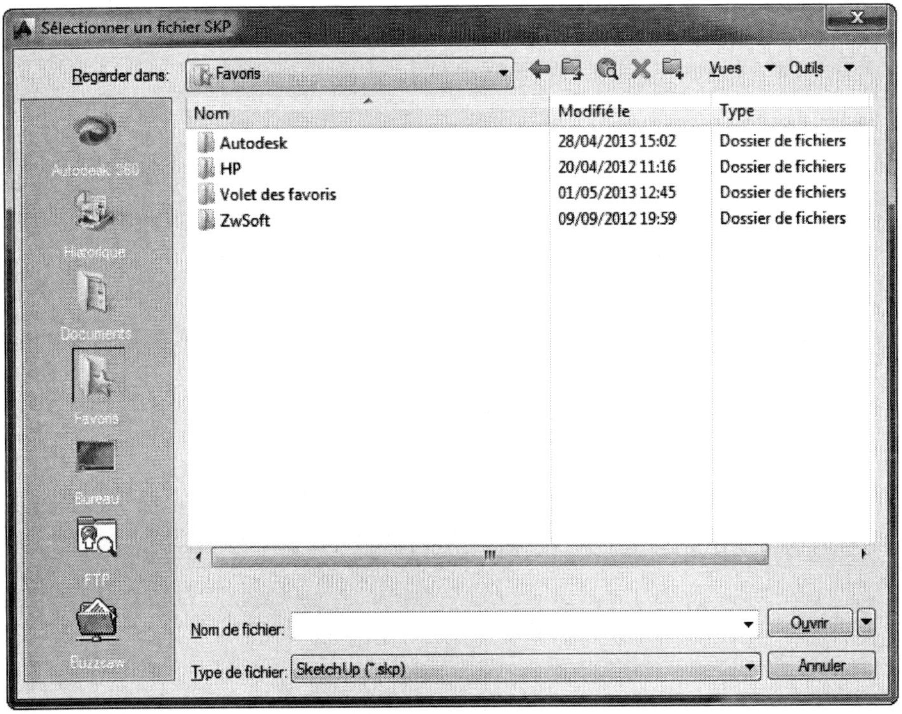

Le modèle 3D SketchUp est importé dans le dessin courant en tant que bloc.

K. Transfert électronique (ou E-Transmit)

AutoCAD propose le transfert compacté du fichier dessin courant avec tous les éléments associés tels que les références externes, images, table de styles de tracé, polices de caractères, fichier de mappage de polices (substitution de polices) et fichier de configuration de tracé.

Ainsi le destinataire reçoit un fichier auto-extractible, lui restituant le fichier dessin DWG mais aussi tous les éléments associés, respectant ainsi l'environnement complet et initial du dessin.

➲ Dans le Navigateur, choisissez **Publier** puis **eTransmit** .

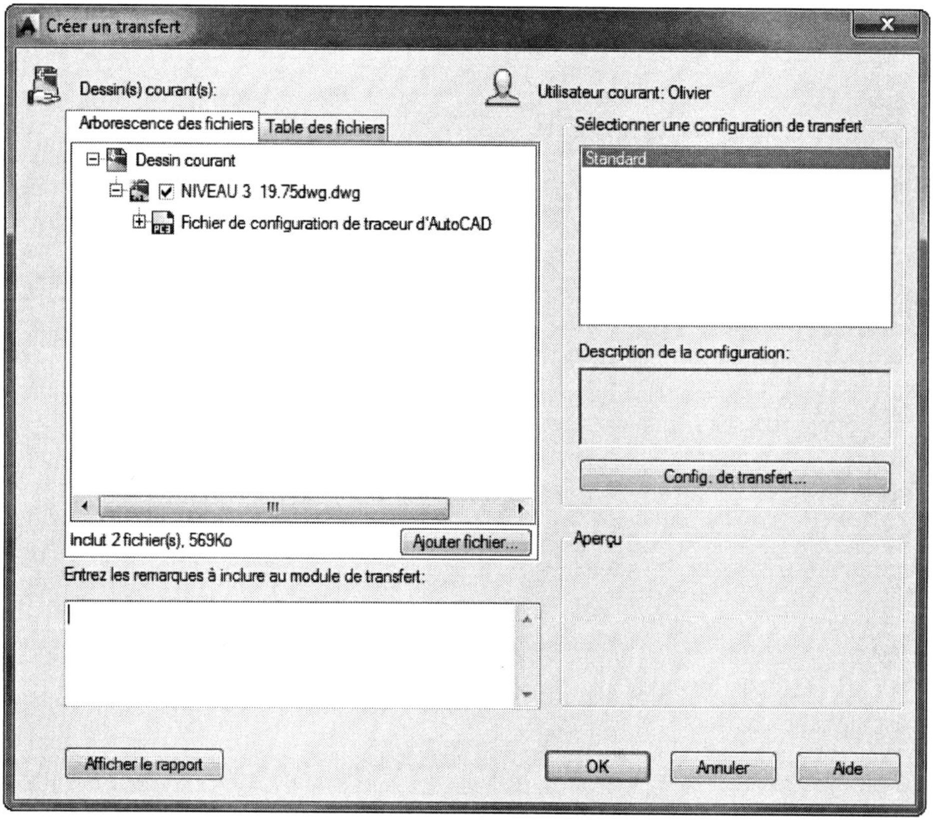

➲ Choisissez le bouton **Config. de transfert**.

La boîte de dialogue suivante est affichée :

Remarque

*Le bouton **Nouveau** peut vous permettre de créer de nouvelles configurations de transfert.*

➲ Choisissez le bouton **Modifier** pour apporter des modifications à la configuration courante. La boîte ci-après apparaît.

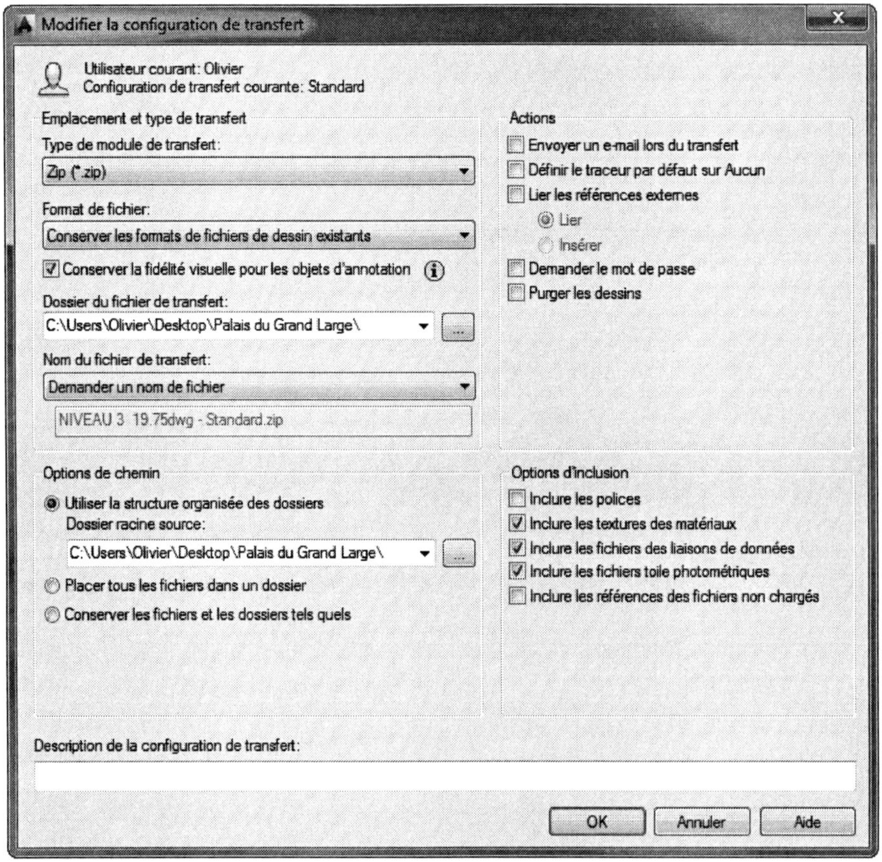

Emplacement et type de transfert

Dans la liste **Type de module de transfert**, choisissez :

- **Zip (*.zip)** pour une compression du jeu de transfert au format ZIP. Le destinataire utilisera un utilitaire de décompression tel que WinZip pour l'extraction des fichiers.
- **Dossier (jeu de fichiers)** pour une compression du jeu de transfert dans le dossier de votre choix.
- **Exécutable auto-extractible (*.exe)** pour générer un fichier EXE autoextractible compressé. Le destinataire effectuera un double clic sur ce fichier et précisera l'emplacement de l'extraction.

Dans la liste **Format de fichier**, choisissez le format des fichiers AutoCAD à transférer. AutoCAD propose les formats **AutoCAD 2013/LT2013**, **AutoCAD 2010/LT2010**, **AutoCAD 2007/LT2007**, **AutoCAD 2004/LT2004** et **AutoCAD 2000/LT2000**. Cette option peut être intéressante lorsque le destinataire possède une version antérieure du logiciel AutoCAD.

La case à cocher **Conserver la fidélité visuelle pour les objets d'annotation** permet de conserver une fidélité visuelle des objets annotatifs lorsqu'ils sont affichés dans une version antérieure d'AutoCAD.

Précisez l'emplacement du jeu de transfert dans la zone de texte **Dossier du fichier de transfert** ou à l'aide du bouton **Parcourir**.

Dans la liste **Nom du fichier de transfert**, précisez la méthode utilisée pour nommer le module de transfert. L'option **Demander un nom de fichier** requiert un nom de ficher à la création du jeu de transfert. L'option **Ecraser si nécessaire** utilise le nom par défaut saisi dans la zone de texte située juste en dessous, et permet son écrasement lors du prochain jeu de transfert. L'option **Incrémenter le nom du fichier si nécessaire** utilise le nom par défaut saisi dans la zone de texte située juste en dessous et l'incrémente en ajoutant une numérotation 1, 2, 3 pour les prochains jeux de transfert.

Options de chemin

L'option **Utiliser la structure organisée des dossiers** permet de définir le dossier racine source pour les chemins relatifs des fichiers dépendant de dessins, tels que les fichiers Xréf.

L'option **Placer tous les fichiers dans un dossier** permet le positionnement de tous les fichiers dans un dossier unique et spécifié lorsque le module de transfert est installé.

L'option **Conserver les fichiers et les dossiers tels quels** préserve la structure initiale de dossier de tous les fichiers dans le module de transfert.

Options d'inclusion

La case à cocher **Inclure les polices** inclut tout fichier de police associé au dessin dans le module de transfert. À la différence des polices AutoCAD TXT et SHX, pour les polices TrueType le destinataire devra vérifier au préalable s'il possède les polices.

La case à cocher **Inclure les textures des matériaux** permet l'ajout des textures avec matériaux attribués aux objets 3D et faces AutoCAD.

La case à cocher **Inclure les fichiers des liaisons de données** permet l'ajout des données externes liées au dessin.

La case à cocher **Inclure les fichiers toile photométriques** permet de conserver les paramètres de distribution lumineuse du dessin.

La case à cocher **Inclure les références des fichiers non chargés** permet de répertorier les références externes déchargées, ainsi que les calques sous-jacents et images déchargées.

Actions

La case à cocher **Envoyer un e-mail lors du transfert** permet la création d'un mail lors de la création du module de transfert.

La case à cocher **Définir le traceur par défaut sur Aucun** évite d'affecter le module de transfert par des paramètres différents de ceux du destinataire.

La case à cocher **Lier les références externes** permet la liaison de toutes les références externes avec les fichiers auxquels elles sont associées.

La case à cocher **Demander le mot de passe** permet de spécifier un mot de passe de protection pour le transfert.

La case à cocher **Purger les dessins** permet une purge complète des dessins inclus dans le transfert.

Utilisez la zone de texte **Description de la configuration de transfert** pour commenter les spécificités de vos configurations de transfert.

➲ Confirmez par **OK** pour valider les modifications de la configuration de transfert, puis cliquez sur **Fermer** pour quitter la boîte de dialogue **Configurations de transfert**.

L'onglet **Arborescence des fichiers** propose l'affichage des fichiers à inclure dans le jeu de transfert sous forme d'arborescence, alors que l'onglet **Table des fichiers** propose l'affichage sous forme de liste.

Les éléments du dessin associés sont les références externes, images, tables de styles de tracé, fichier de polices de caractères, fichier de mappage de polices (FMP), fichiers de configuration de tracé (PC3).

Cochez ou décochez les éléments ou fichiers à joindre ou non au jeu de transfert.

Le bouton **Ajouter fichier** permet de joindre tout type de fichier au jeu de transfert.

➲ Choisissez le bouton **Afficher le rapport** pour visualiser les renseignements suivants sur le fichier et les éléments transférés :

- Fichier, date et heure du transfert.
- Remarques associées au transfert.
- Emplacement des éléments liés au fichier.
- Renseignements concernant les conversions de fichiers DWG.
- Renseignements spécifiques aux éléments liés au fichier dessin (rôles et emplacements).

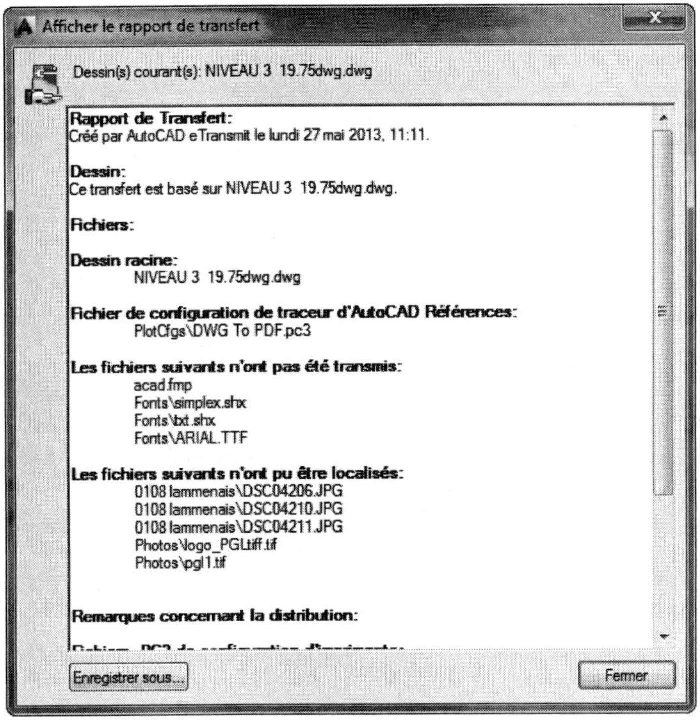

➲ Choisissez le bouton **Enregistrer sous** pour enregistrer le rapport au format TXT.

L. Créer un hyperlien

Association

AutoCAD permet d'associer à un ou plusieurs objets du dessin courant tout type de fichier extérieur.

Vous pouvez bien sûr associer un autre dessin DWG avec le choix d'une vue de dessin enregistrée, mais aussi un fichier DWF, une image, une vidéo, un document Word, une feuille Excel...

Le dessin courant doit être enregistré, sinon AutoCAD vous invite à le faire avant d'afficher la boîte de dialogue suivante.

➲ Dans le groupe de fonctions **Données** (onglet **Insertion**), choisissez le bouton **Hyperlien**

.

➲ Sélectionnez le ou les objets auxquels vous souhaitez associer l'hyperlien.

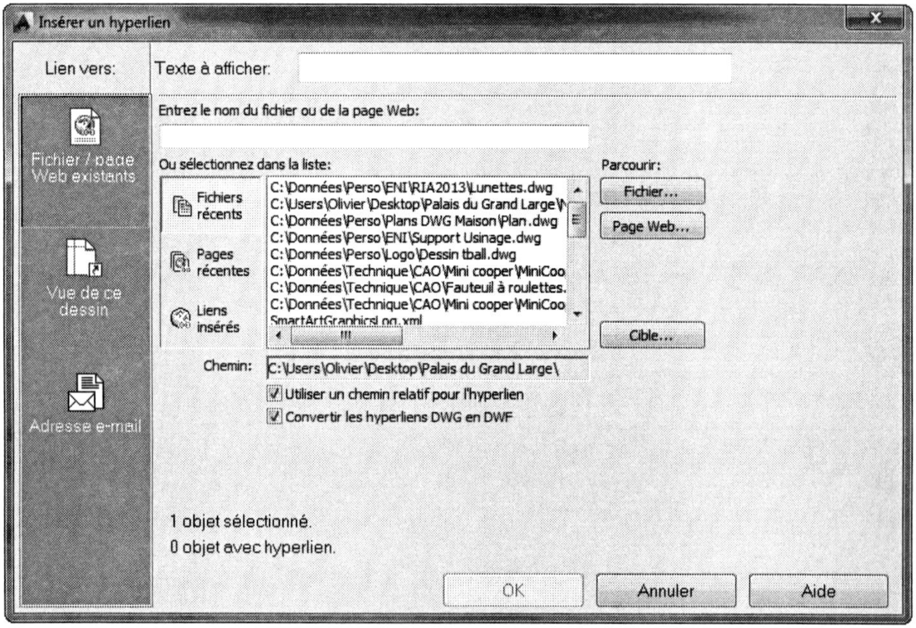

Texte à afficher accueille le commentaire affiché en info-bulle lorsque vous déplacerez le pointeur sur l'objet auquel vous associez un hyperlien.

La zone **Entrez le nom du fichier ou de la page Web** accueille le chemin de la page Internet ou du fichier à associer à l'objet sélectionné. Choisissez les boutons **Fichier** ou **Page Web** pour parcourir les chemins ou pages Web concernés.

Le bouton **Cible** est intéressant lorsqu'un fichier DWG est associé. Les onglets **Objet** et **Présentations** listent les vues du dessin enregistrées. Choisissez la vue de la présentation souhaitée, et le dessin associé sera ouvert et la vue restaurée.

La zone **Ou sélectionnez dans la liste** affiche les fichiers DWG, les pages Web et les liens Internet utilisés récemment.

La rubrique **Lien vers** affiche les liens ou pages Web existants, donne accès aux vues d'un dessin (identique au bouton **Cible**), ou affiche une fenêtre avec le nom du dessin ou de la page Web choisie et permet d'y associer un sujet, une adresse e-mail.

La case à cocher **Utiliser un chemin relatif pour l'hyperlien** permet de ne pas stocker le chemin d'accès complet au fichier. Le chemin d'accès complet au fichier est stocké avec l'hyperlien si l'option est désactivée.

La case à cocher **Convertir les hyperliens DWG en DWF** permet de convertir les hyperliens DWG en DWF lors de la publication ou du traçage.

Accès

Constatez le changement d'aspect du pointeur de la souris lorsque celui-ci est positionné sur l'objet auquel vous avez associé l'hyperlien. Une info-bulle affiche le commentaire ou le fichier associé.

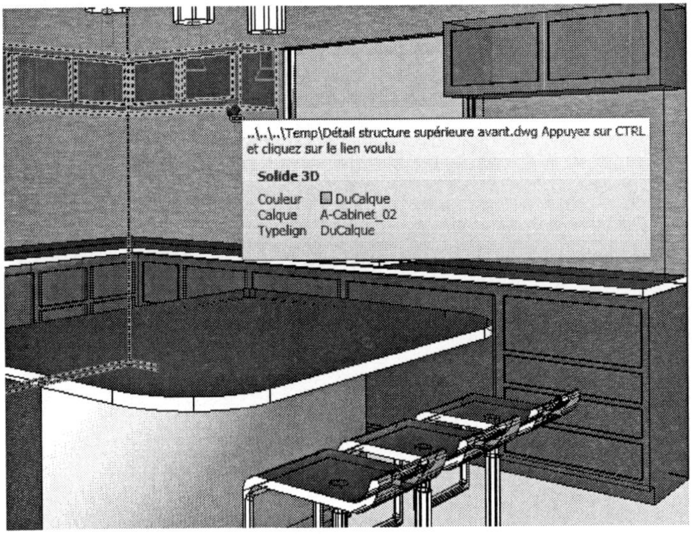

- Pour accéder à l'hyperlien, sélectionnez l'objet, effectuez un clic droit pour visualiser le menu contextuel ci-après :

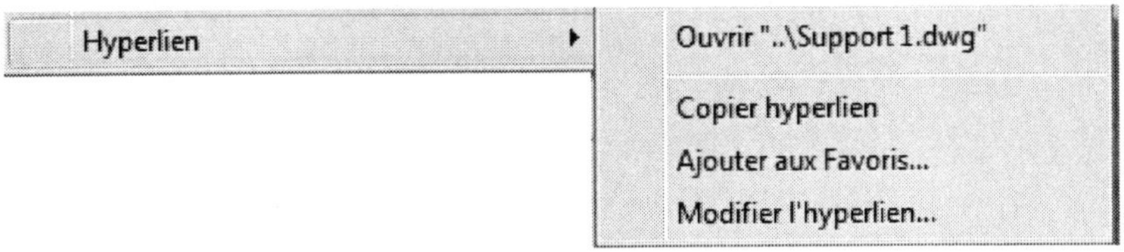

M. Purger un dessin

Cette opération s'utilise lorsque le dessin est complètement finalisé. Elle permet de supprimer certains éléments inutilisés de la base de données du dessin. Le dessin est donc allégé. N'oubliez pas de procéder à l'enregistrement du dessin après la purge.

Les éléments concernés sont les calques, les définitions de blocs, les styles de texte, les styles de cote, les types de ligne, les styles de multilignes, les styles de tracé et les formes.

Vous pouvez utiliser cette commande à tout moment.

- Dans le Navigateur, choisissez **Utilitaires de dessin** puis **Purger** .

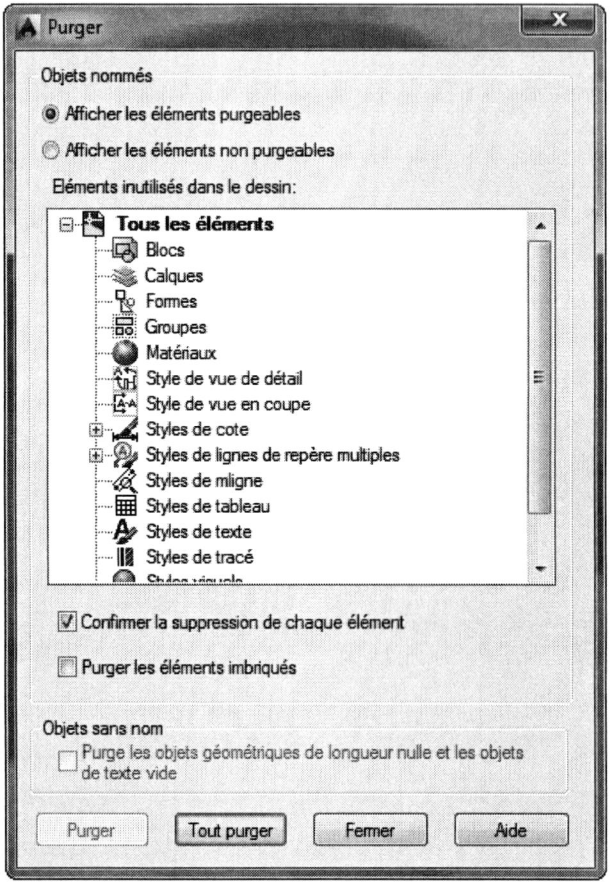

Activez l'option d'affichage qui convient :

Afficher les éléments purgeables : le signe + indique que des éléments sont présents et peuvent être affichés. Un simple clic sur ce signe affiche la liste. Sélectionnez les éléments à purger et choisissez **Purger** pour les supprimer.

Afficher les éléments non purgeables : cet affichage permet un contrôle des données du dessin. Tous les éléments ne pouvant être purgés sont affichés.

Ces éléments constituent des valeurs par défaut (calque 0, styles de texte Standard...), où ces éléments sont utilisés ou courants.

La case à cocher **Confirmer la suppression de chaque élément** assure une confirmation avant suppression définitive. Le bouton **Tout purger** demande une confirmation même si cette option est inactive.

La case à cocher **Purger les éléments imbriqués** supprime tous les composants de l'affichage sélectionné. Une confirmation vous est demandée par élément supprimé.

Objets sans nom : la case à cocher **Purge les objets géométriques de longueur nulle et les objets de texte vide** permet de supprimer les géométries de longueur nulle (lignes, arcs, polylignes, etc.), ainsi que les objets textmult et texte qui ne contiennent que des espaces (aucun texte) dans les objets non-blocs.

Chapitre 27
Autodesk 360

A. Introduction

Autodesk® 360 est une plate-forme basée sur le cloud qui vous permet d'accéder à des espaces de stockage et de collaboration ainsi qu'à des services cloud pour améliorer considérablement votre façon de concevoir, visualiser, simuler et partager votre travail à distance avec d'autres utilisateurs partout et à tout moment.

Rappelons que le cloud ou cloud computing est un concept qui consiste à déporter, sur des serveurs distants, des stockages et des traitements informatiques traditionnellement localisés sur des serveurs locaux ou sur le poste de l'utilisateur. Plus précisément selon le *National Institute of Standards and Technology* (NIST), le *cloud computing* est l'accès via le réseau, à la demande et en libre-service, à des ressources informatiques virtualisées et mutualisées.

Autodesk met à disposition immédiate 3 Go d'espace de stockage, un espace de collaboration et d'autres fonctions, à partir du moment où vous créez simplement un compte Autodesk® 360. Un espace de stockage supplémentaire et l'accès aux services et aux produits cloud d'Autodesk® 360 sont disponibles avec un abonnement.

À partir de ce compte, Autodesk offre un accès sécurisé aux fichiers de conception, pour permettre aux utilisateurs de travailler et de partager leurs conceptions en toute confidentialité et en toute sécurité.

B. Créer un compte Autodesk 360

- Dans l'InfoCenter, cliquez sur le bouton-liste **Autodesk 360** 

et choisissez **A propos d'Autodesk 360**.

  Le navigateur affiche la fenêtre suivante :

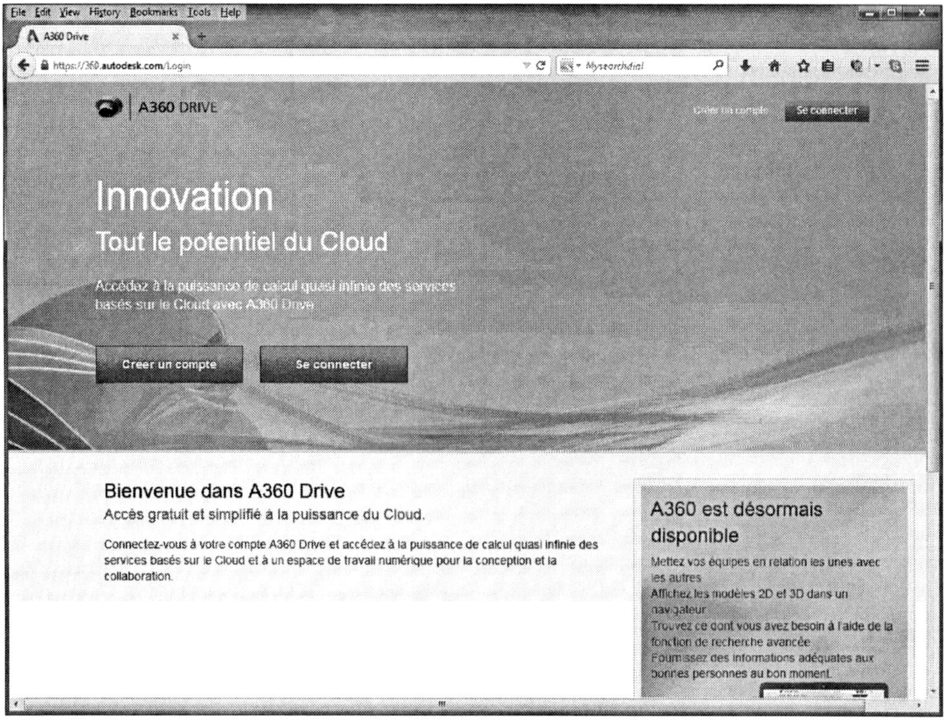

  Cette fenêtre vous fournit des informations complémentaires relatives à Autodesk 360, et les services Autodesk associés.

- Cliquez sur le bouton **Créer un compte**.

La fenêtre suivante est affichée.

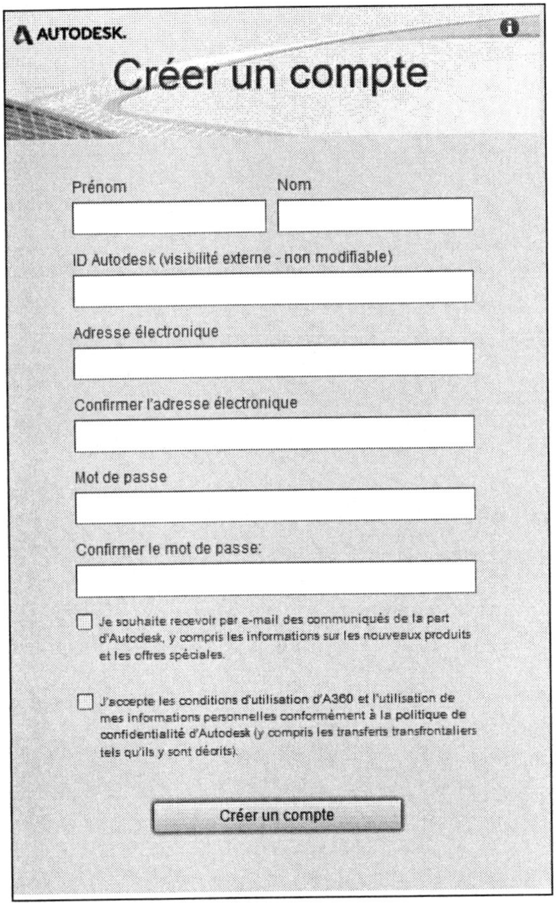

- Saisissez les informations personnelles de votre compte telles que **Prénom**, **Nom**, **Adresse électronique**, ainsi que votre identifiant (**ID Autodesk**) et le **Mot de passe** associé.
- Acceptez les conditions d'utilisation d'Autodesk 360 en cochant la case correspondante.
- Confirmez la confirmation du compte en choisissant **Créer un compte**.

  Autodesk vous confirme la création de votre compte par mail.

C. Se connecter à Autodesk 360

➲ Dans l'Infocenter, cliquez sur le bouton-liste **Autodesk 360** 

et choisissez **Se connecter à Autodesk 360**.

Le navigateur affiche la fenêtre suivante :

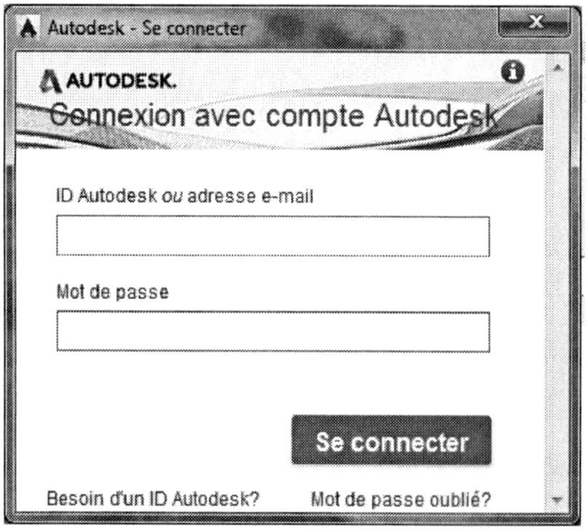

➲ Saisissez votre identifiant dans la zone de texte supérieure.

➲ Saisissez votre mot de passe dans la zone inférieure.

➲ Confirmez la connexion en cliquant sur **Se connecter**.

Vous êtes connecté et prêt à accéder aux services Autodesk 360.

Remarque

En cas d'oubli de mot passe, le lien ***Mot de passe oublié?*** *permet la réception de votre mot de passe par mail.*

D. Accéder aux services Autodesk 360

➲ Dans l'Infocenter, cliquez sur le bouton-liste **Autodesk 360** 

et choisissez **Autodesk 360**.

Le navigateur Internet affiche la fenêtre suivante :

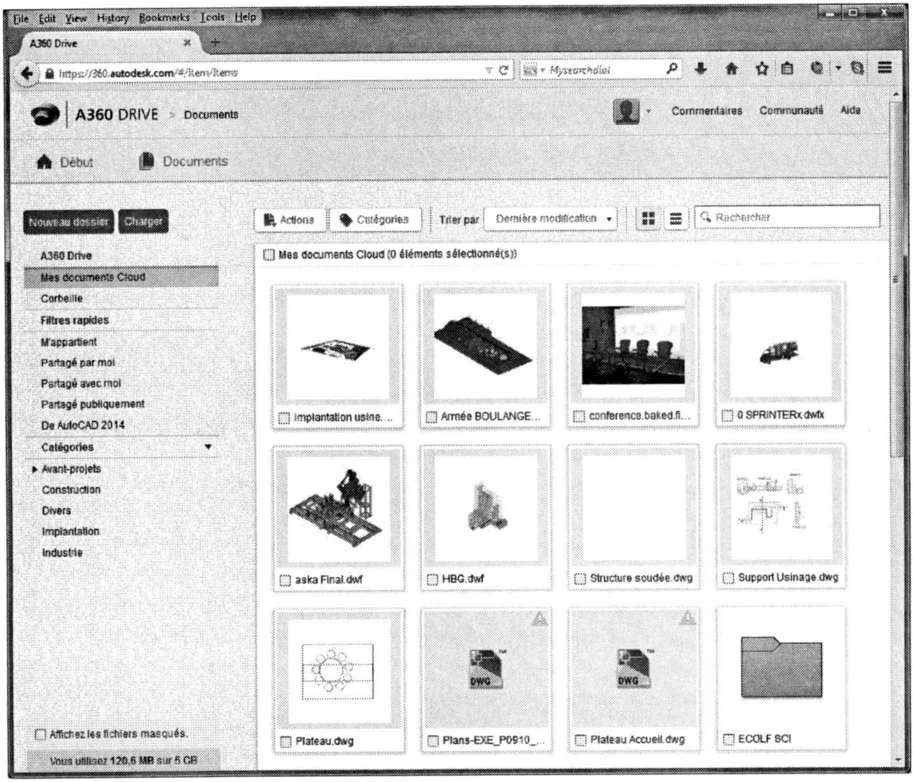

Onglet Début

La rubrique **Dernière activité** gère l'affichage de vos derniers documents selon les critères ci-dessous.

La liste **Afficher** modifie l'affichage de vos documents selon la période sélectionnée dans la liste déroulante :

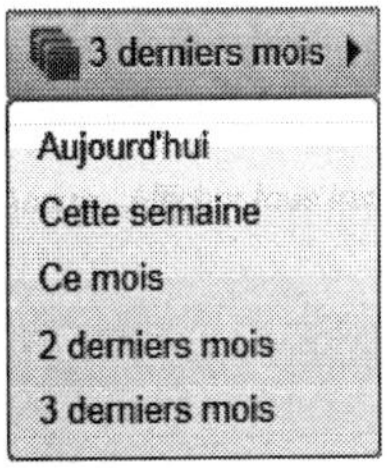

La liste **Regrouper par** modifie l'affichage de vos documents par **Date**, par **Type d'activité** ou par **Collaborateur** :

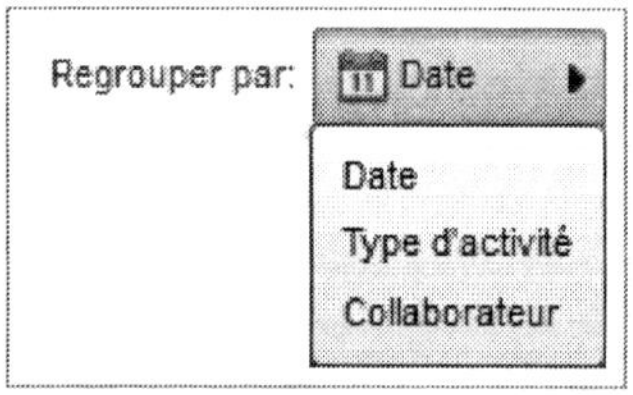

Le bouton **Afficher les filtres** déroule la liste des filtres propres aux activités et aux contacts :

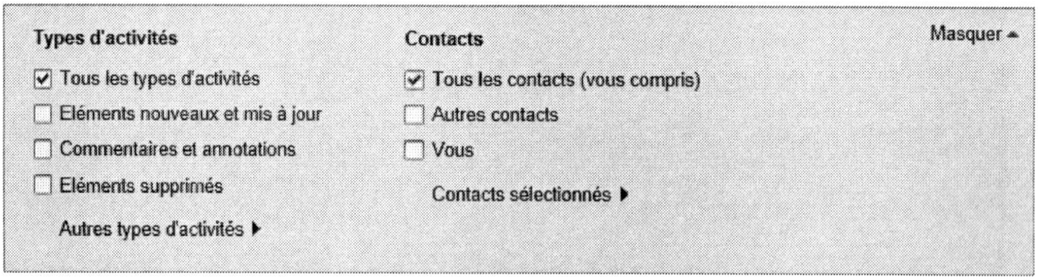

Le bouton **Masquer** masque cette liste de filtres pour retrouver l'affichage précédent.

Le panneau **360 - Vos avantages** situé à droite vous permet d'accéder :

- Aux services Autodesk relatifs à vos licences sous **Abonnement**.
- À la création de panoramas et d'images photoréalistes à l'aide des services **Cloud Rendering d'Autodesk 360**.
- Aux applications Autodesk Mobile.
- Aux divers services Autodesk 360.
- À la rubrique **Actualités et informations** pour vous informer à tout moment sur l'actualité Autodesk.
- À la **Communauté Autodesk 360** pour échanger et partager avec la communauté.

Onglet Documents

L'espace **Documents** gère le stockage et le partage de vos documents.

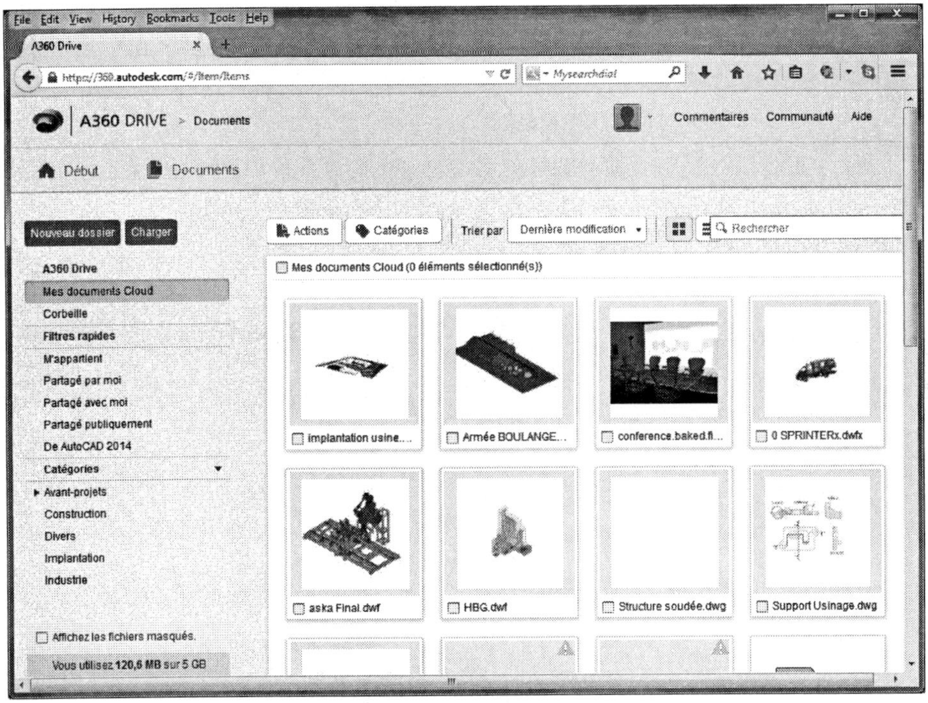

L'espace de vos documents Cloud

Le ruban gauche **A360 Drive** gère l'affichage des documents, dossiers et catégories.

Les documents et dossiers sont affichés dans la partie droite, avec un aperçu visuel pour les documents. Cet espace affiche les documents téléchargés au préalable ainsi que les dossiers de votre espace cloud. Les dossiers personnalisés constituent des répertoires physiques destinés à stocker les documents selon votre propre organisation. À la différence des dossiers, la notion de catégorie permet un affichage direct aux documents de la catégorie sélectionnée depuis le bandeau gauche Autodesk 360.

Un clic sur **Mes documents Cloud** depuis le bandeau gauche Autodesk 360 affiche tous vos documents et dossiers.

À l'inverse, le choix d'une catégorie (**Implantation** dans l'exemple ci-dessous) restreint l'affichage des documents affectés à la catégorie Implantation (voir la création de catégorie plus loin dans ce chapitre).

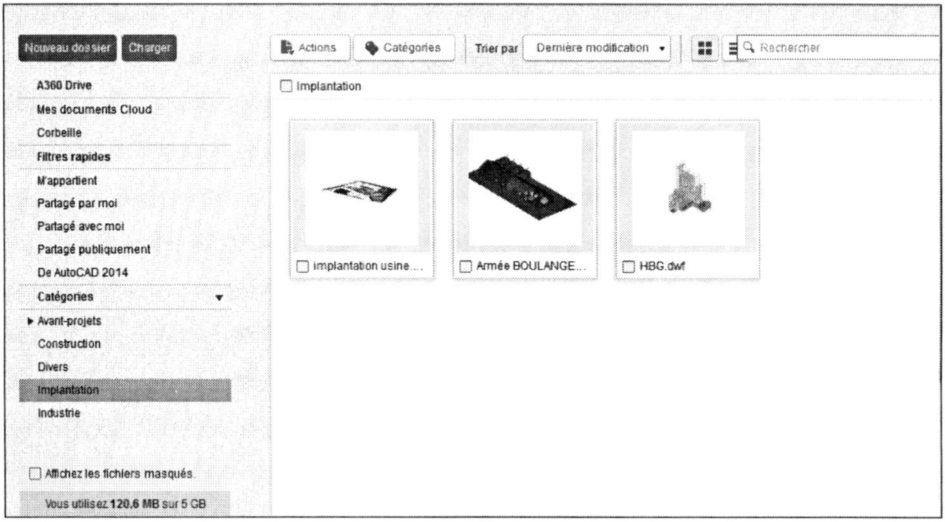

Le bandeau **A360 Drive** permet donc l'accès à l'ensemble de vos documents Cloud, à vos catégories de documents, aux documents supprimés grâce à la corbeille, ainsi qu'aux filtres de partage.

Le type d'affichage des documents varie selon les tris ou la forme définie dans la barre d'outils (ces options sont décrites dans le titre La barre d'outils ci-après).

La barre d'outils

La barre d'outils située dans la partie supérieure intègre les outils suivants :

Nouveau dossier 

: crée un nouveau dossier dans votre espace Autodesk Cloud.

Charger 

: télécharge des documents sur votre espace Autodesk Cloud.

Actions  : accède aux différentes actions sur le ou les documents sélectionnés. Après sélection d'un document, un clic sur le bouton **Actions** affiche le menu ci-dessous.

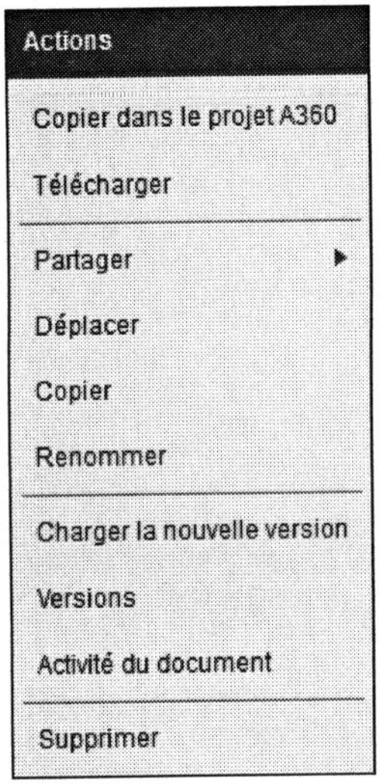

Ce menu donne accès à l'ensemble des actions possibles : **Télécharger**, **Partager**, **Déplacer**, **Copier**, **Renommer** des documents, **Charger la nouvelle version**, afficher les **Versions**, afficher l'**Activité du document**, **Supprimer** un document.

Catégories 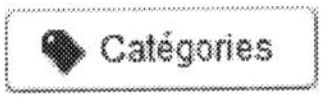 : accède à la gestion des catégories. Les catégories présentes dans le bandeau gauche permettent, d'une part, le classement de votre choix et, d'autre part, un affichage direct aux documents de cette catégorie.

Un clic sur le bouton **Catégories** accède au menu suivant et permet de créer des catégories et d'affecter le ou les documents sélectionnés à une catégorie.

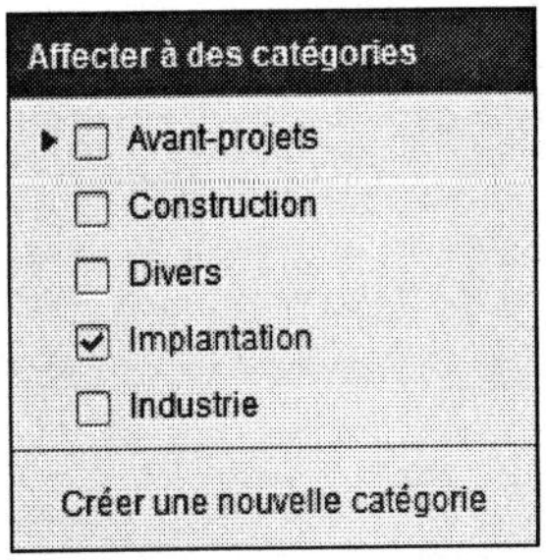

Dans l'affichage ci-dessus, cinq catégories ont été créées : **Avant-projets**, **Construction**, **Divers**, **Implantation** et **Industrie**.

Trier par 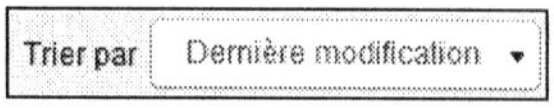

: gère l'affichage de vos documents triés selon le type, le nom, le propriétaire, la taille, la dernière activité, la dernière modification ou le dernier commentaire. La liste déroulante présente ces critères :

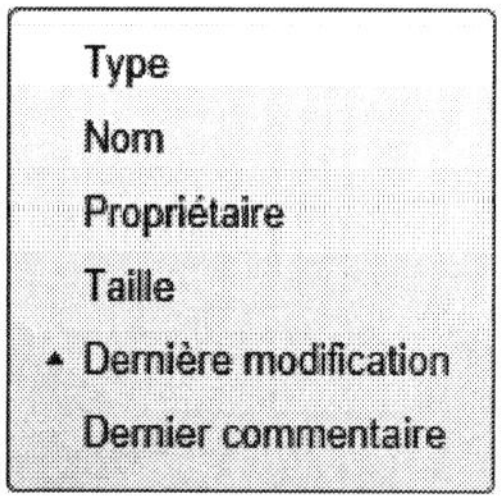

Affichage : permet d'afficher des documents sous forme d'icônes  ou sous forme de liste .

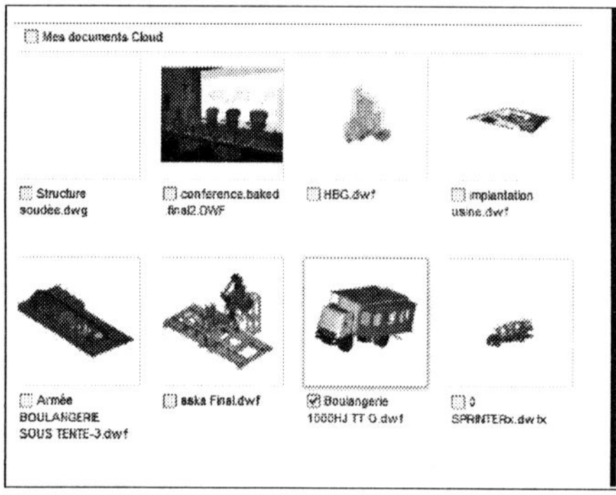

Affichage sous forme d'icônes

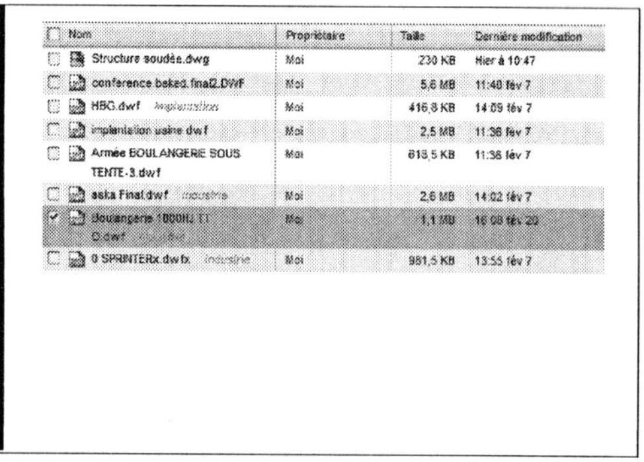

Affichage sous forme de liste

Rechercher : permet une recherche de documents, dossiers et catégories à partir d'une chaîne de caractères.

E. Charger un document sur Autodesk 360

Cette technique permet de déposer un document depuis votre poste de travail ou réseau local sur votre espace Cloud.

➲ Dans la fenêtre **Autodesk 360**, cliquez sur **Mes documents Cloud** dans le bandeau gauche pour afficher l'ensemble de vos documents (ou sur une catégorie particulière dans laquelle classer le document à télécharger).

➲ Cliquez sur le bouton **Charger** 

pour télécharger un nouveau document.

La fenêtre suivante est affichée :

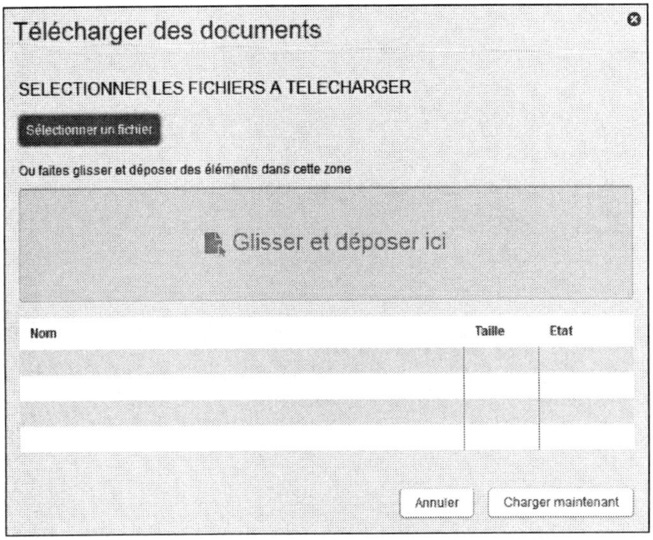

➲ Cliquez sur le bouton **Sélectionner un fichier** pour accéder à la boîte de dialogue de sélection suivante :

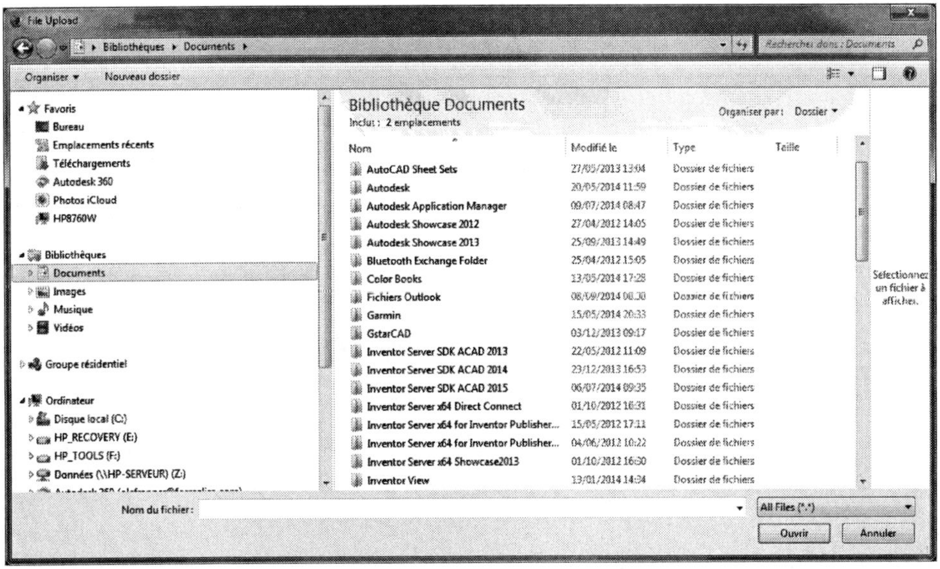

- Depuis cette boîte de dialogue, accédez au dossier voulu de votre poste de travail ou du réseau local, sélectionnez le (ou les) fichier(s) et confirmez par **Ouvrir**.

  La fenêtre ci-dessous affiche le fichier prêt à télécharger.

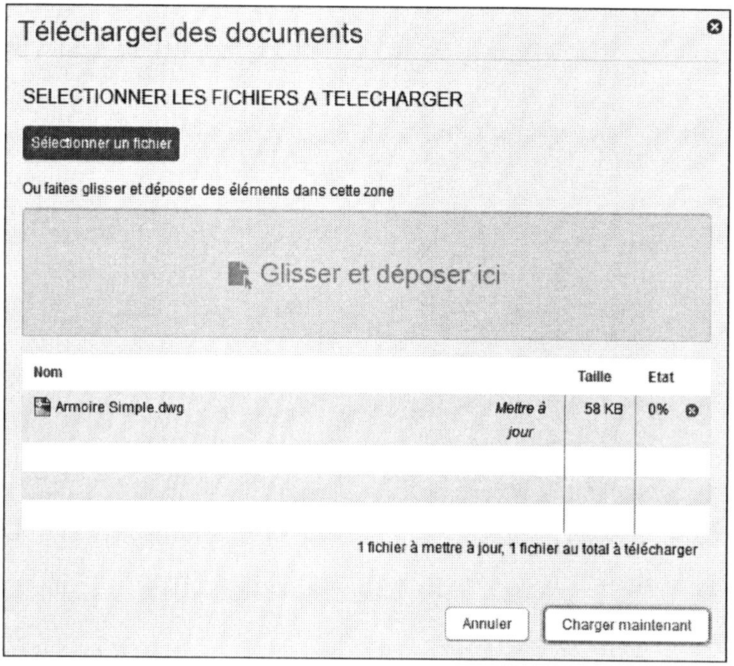

Remarque

*Notez que vous pouvez glisser un document depuis l'explorateur Windows vers la zone **Glisser et déposer ici**, sans passer par la boîte de dialogue de sélection précédente.*

- Confirmez le téléchargement en cliquant sur le bouton **Charger maintenant**.

  L'affichage suivant affiche la progression du téléchargement.

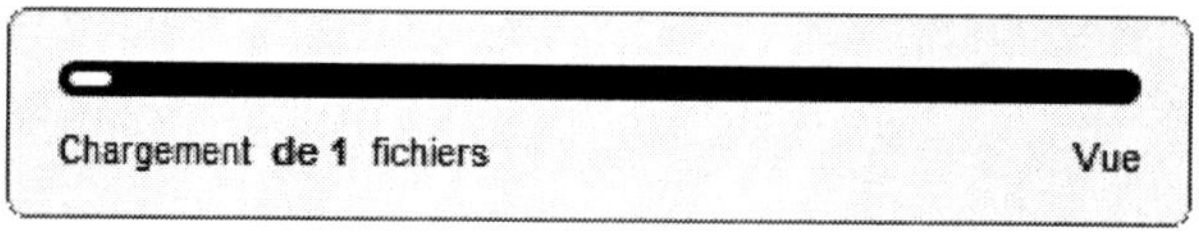

Le téléchargement terminé, l'espace des documents intègre le nouveau document :

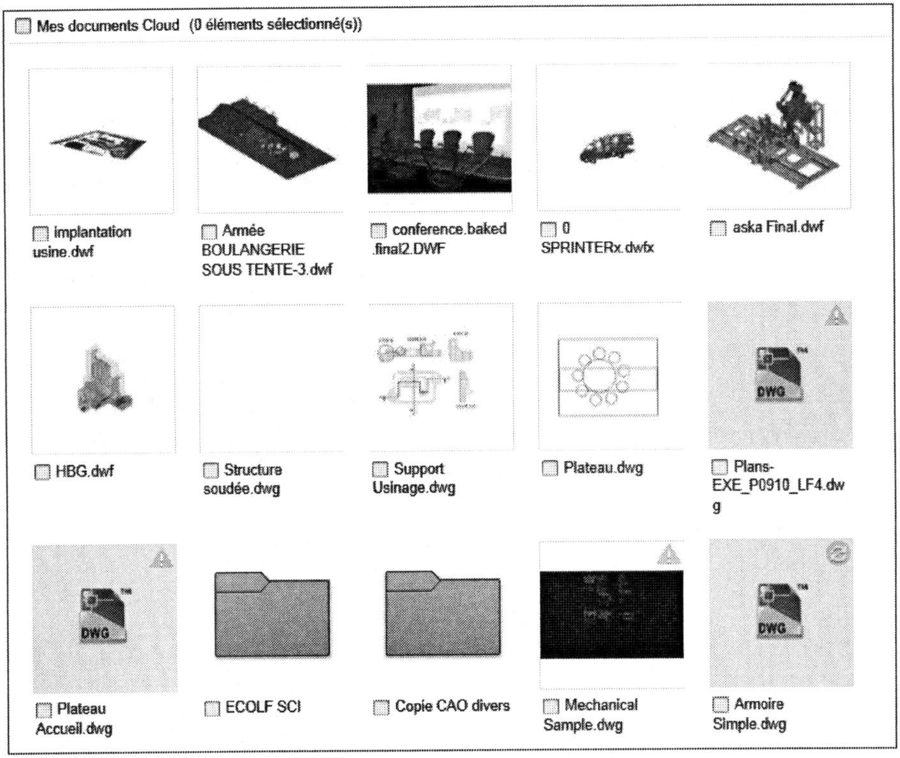

L'aperçu est ensuite généré pour permettre la prévisualisation du document, comme le montre la figure ci-dessous :

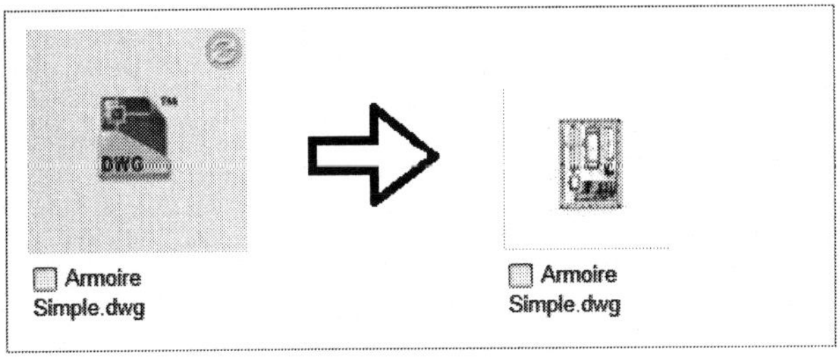

F. Créer un dossier

Un dossier correspond à un répertoire physique de stockage, pouvant contenir des sous-dossiers et des documents. Ainsi, les dossiers créés dans votre espace Cloud seront accessibles depuis AutoCAD, pour l'enregistrement d'un dessin par exemple.

Tout comme les documents, les dossiers peuvent être affectés à une catégorie. Ainsi, une catégorie affiche des documents et des dossiers.

Chaque dossier est accessible depuis **Mes Documents Cloud** ainsi qu'au niveau de la catégorie à laquelle il est éventuellement affecté.

- Dans la fenêtre **Autodesk 360**, cliquez sur **Mes Documents Cloud** dans le bandeau gauche pour afficher l'ensemble de vos documents et dossiers.
- Cliquez sur le bouton **Nouveau dossier** 

pour créer un nouveau dossier.
- Dans la fenêtre ci-dessous, saisissez le nom du nouveau dossier et cliquez sur **Enregistrer**.

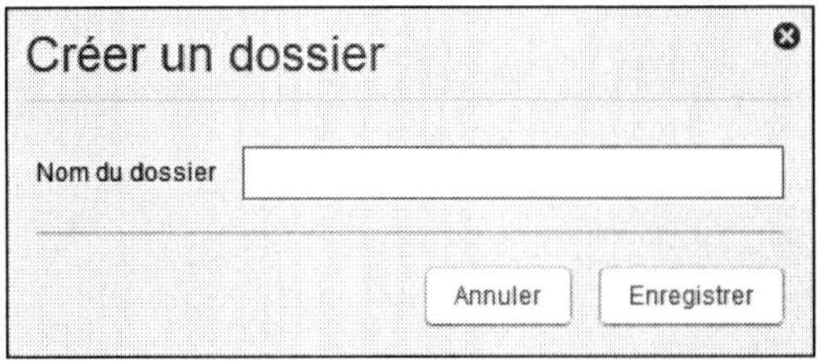

Le nouveau dossier est créé et l'affichage est actualisé. Dans l'exemple ci-dessous, le nouveau dossier **ECOLF SCI** est désormais présent et vient s'ajouter à la liste de documents et dossiers.

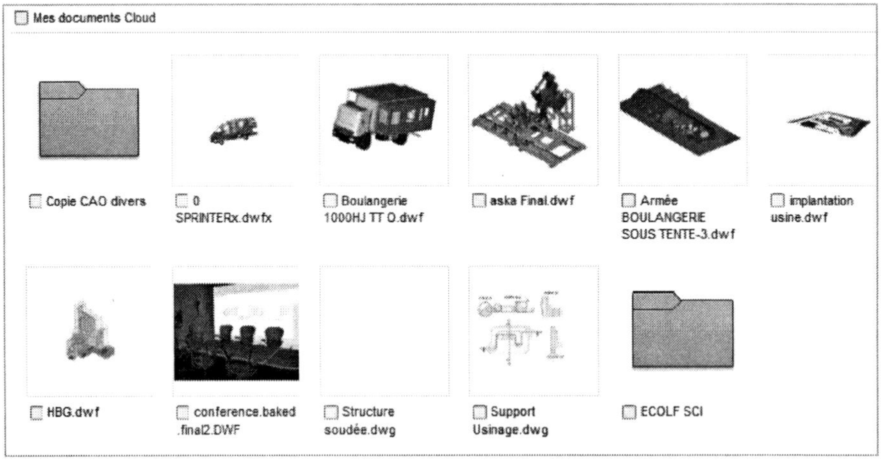

Créer un sous-dossier

Un sous-dossier est un dossier situé hiérarchiquement sous un dossier, ou sous un autre sous-dossier ; ce qui autorise plusieurs niveaux hiérarchiques.

- Dans la liste des dossiers, effectuez un clic droit sur le nom du dossier sous lequel vous souhaitez créer un sous-dossier, et choisissez **Nouveau sous-dossier** dans le menu contextuel suivant :

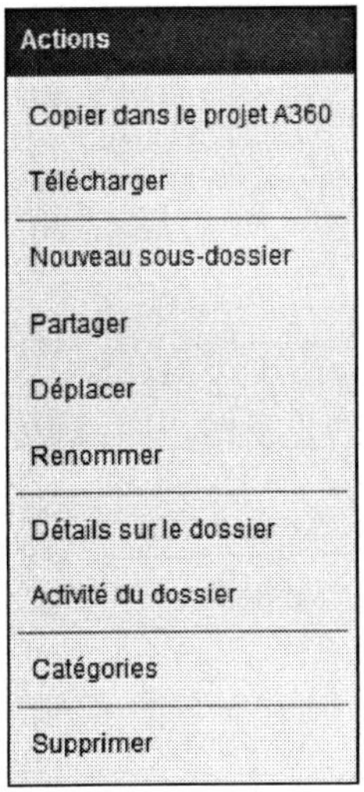

- Dans la fenêtre **Créer un sous-dossier** ci-dessous, saisissez le nom du nouveau dossier et cliquez sur **Enregistrer**.

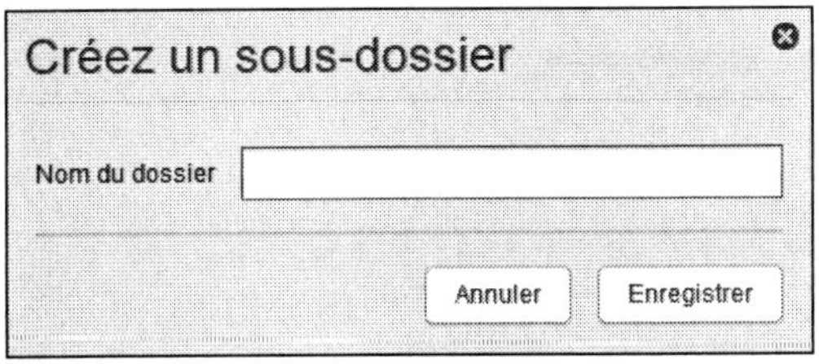

Le nouveau sous-dossier est créé. Vous pouvez de la même façon créer plusieurs sous-dossiers (ou niveaux de sous-dossiers) pour organiser le stockage de vos documents. Dans l'exemple ci-après, les sous-dossiers **Phase 1** et **Phase 2** sont positionnés sous le dossier **ECOLF SCI**. Un double clic sur le dossier **ECOLF SCI** permet l'affichage du contenu du dossier.

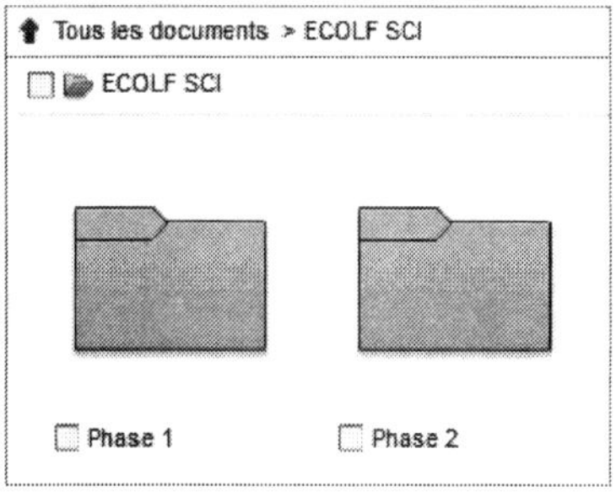

Un clic sur **Tous les documents** permet de retrouver l'affichage initial.

G. Créer une catégorie

La notion de catégorie permet, d'une part, le classement de documents selon la thématique de votre choix et, d'autre part, permet un affichage direct des documents attachés à cette catégorie. Vous pouvez attacher des documents et des dossiers à une catégorie.

Les catégories sont présentes dans le bandeau gauche **Autodesk 360**. Toutes les catégories sont situées au même niveau hiérarchique. Les sous-catégories prennent place sous une catégorie ou sous une sous-catégorie ; ce qui autorise plusieurs niveaux hiérarchiques.

➲ Dans la fenêtre **Autodesk 360**, cliquez sur le bouton-liste **Catégories** (dans le bandeau gauche) et choisissez **Nouvelle catégorie**.

➲ Dans la fenêtre **Créer une nouvelle catégorie** ci-dessous, saisissez le nom de la nouvelle catégorie et cliquez sur **Enregistrer**.

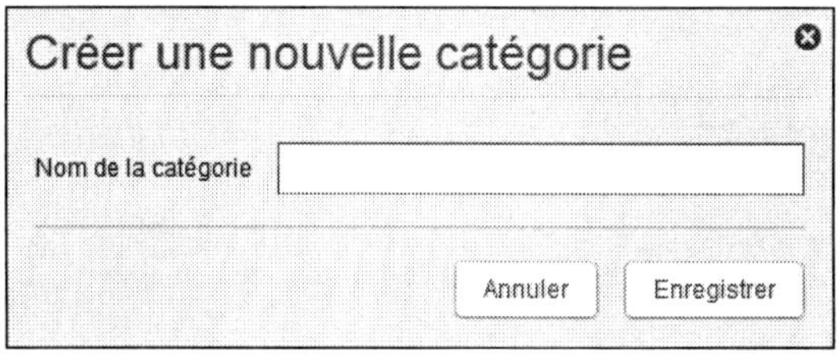

La nouvelle catégorie est créée et l'affichage des catégories est actualisé. Dans l'exemple ci-dessous la nouvelle catégorie **Avant-Projets** est désormais disponible, et vient s'ajouter à d'autres catégories situées au même niveau hiérarchique.

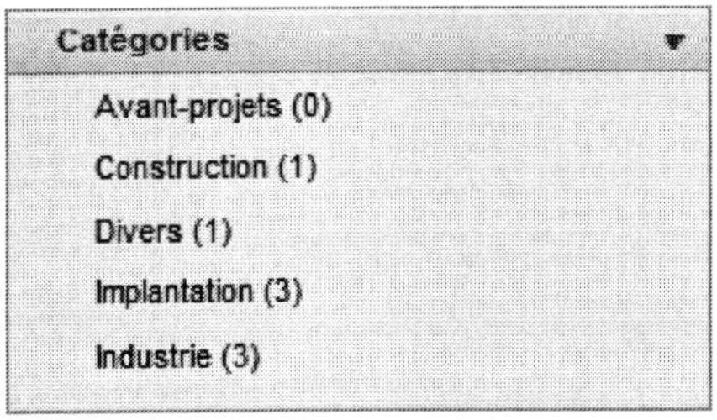

Créer une sous-catégorie

Une sous-catégorie est une catégorie située hiérarchiquement sous une catégorie ou sous une autre sous-catégorie ; ce qui autorise plusieurs niveaux hiérarchiques.

- Dans la liste des catégories, effectuez un clic droit sur le nom de la catégorie sous laquelle vous souhaitez créer une sous-catégorie, et choisissez **Nouvelle sous-catégorie** dans le menu contextuel suivant :

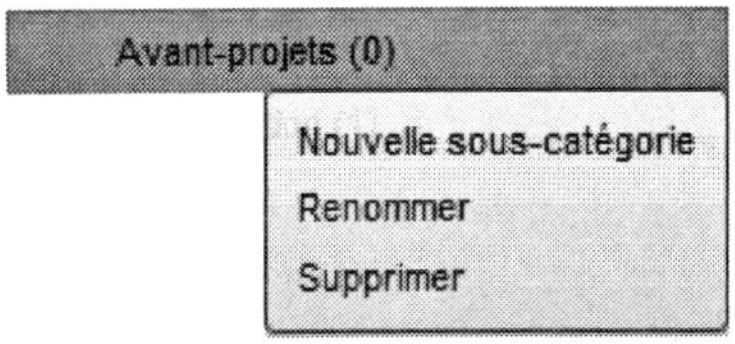

- Dans la fenêtre **Créer une nouvelle sous-catégorie** ci-dessous, saisissez le nom de la nouvelle catégorie et cliquez sur **Enregistrer**.

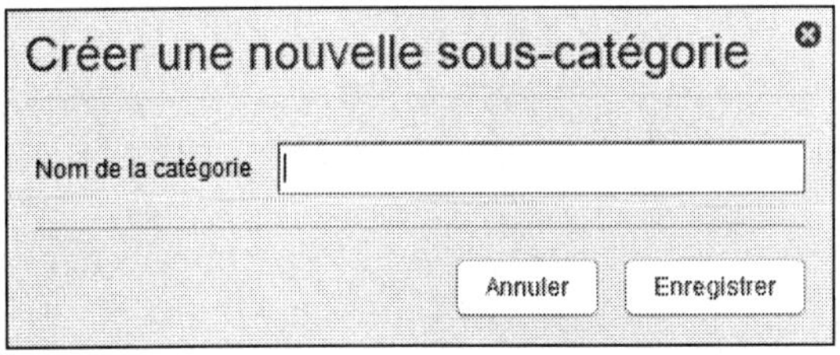

La nouvelle sous-catégorie est créée et l'affichage des catégories est actualisé. Dans l'exemple ci-dessous, la nouvelle sous-catégorie **Septembre** est désormais disponible ; elle est placée sous la catégorie **Avant-projets**.

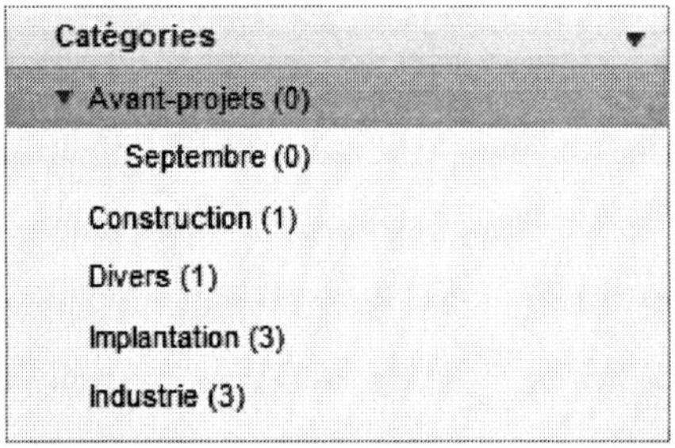

Vous pouvez de la même façon créer plusieurs niveaux de sous-catégories pour organiser et afficher plusieurs sous-catégories. Dans l'exemple ci-dessous, la catégorie **Septembre** intègre les sous-catégories **Eli**, **Mar**, **Fab**, **Jul** et **Cla**.

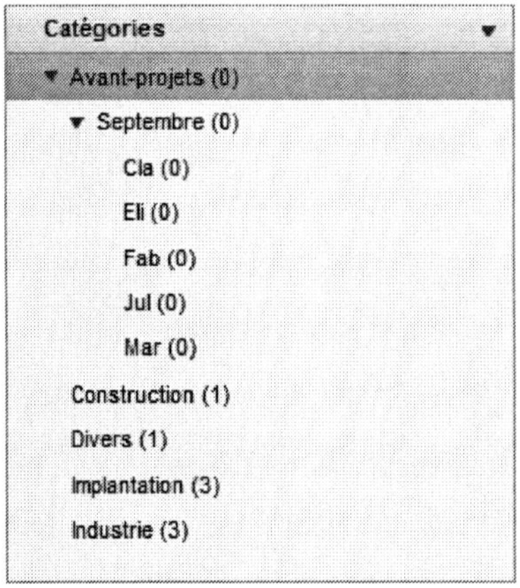

À ce stade, chaque catégorie est vide, le nombre 0 affiché entre parenthèses indiquant le nombre de documents inclus dans chaque catégorie.

H. Affecter des documents ou des dossiers à une catégorie

- Cliquez sur **Mes Documents Cloud** dans le bandeau gauche pour afficher l'ensemble de vos documents et dossiers.
- Sélectionnez le ou les documents et dossiers à affecter à une catégorie, en activant la case à cocher correspondante.

- Cliquez sur le bouton **Catégories** 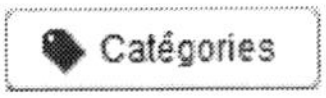 pour afficher la fenêtre ci-dessous et cliquez sur la ou les catégories auxquelles affecter la sélection de documents ou de dossiers.

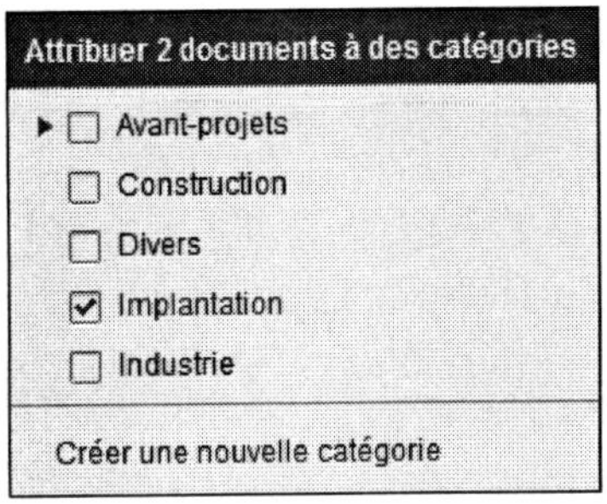

- Confirmez par **Appliquer**.

  Il faut noter qu'il est possible d'affecter des documents et des dossiers à plusieurs catégories.

  Les catégories marquées d'une flèche noire incluent des sous-catégories. C'est le cas de la catégorie **Avant-projets** dans la fenêtre ci-dessus.

- Cliquez sur la catégorie de votre choix dans le bandeau gauche pour afficher les documents et les dossiers affectés. L'exemple ci-dessous affiche les documents de la catégorie **Industrie**.

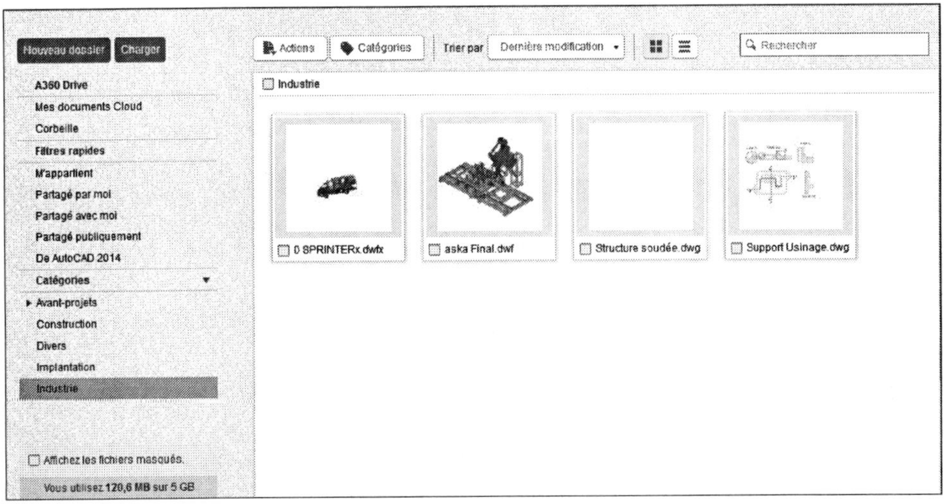

I. Déplacer un document ou un dossier

Vous pouvez modifier l'emplacement d'un document ou d'un dossier vers le dossier racine **Mes documents Cloud**, vers un dossier particulier ou vers un sous-dossier.

- Cliquez sur **Mes documents Cloud** pour accéder à votre espace Cloud.
- Activez la case à cocher du document ou dossier à déplacer.
- Dans la barre d'outils, cliquez sur le bouton **Actions** et choisissez **Déplacer**.

La fenêtre suivante affiche le dossier racine **Mes documents Cloud**, les dossiers et les sous-dossiers existant dans votre espace Cloud.

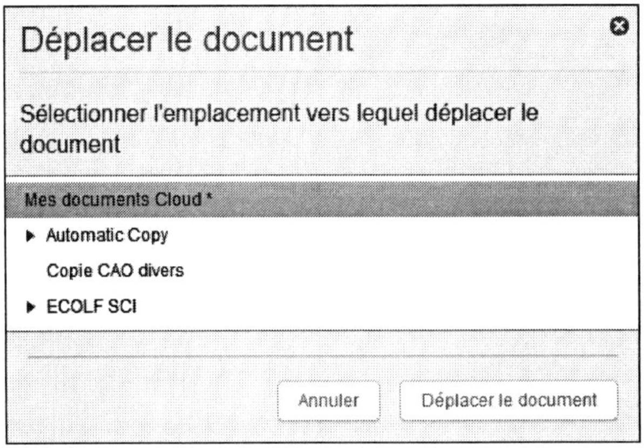

- Sélectionnez le nouvel emplacement du document.
- Cliquez sur le bouton **Déplacer le document** pour confirmer le déplacement.

Remarque

*Une autre technique consiste à faire un clic droit sur un document ou un dossier, pour choisir **Déplacer** dans le menu contextuel.*

J. Copier un document

Vous pouvez dupliquer un document. La copie du document est située au même emplacement. La copie d'un document ***Plateau.dwg*** se nomme ***Copie de Plateau.dwg***.

- Cliquez sur **Mes documents Cloud** pour accéder à votre espace Cloud.
- Activez la case à cocher du document à copier.
- Dans la barre d'outils, cliquez sur le bouton **Actions** et choisissez **Copier**.

La copie du document est réalisée et peut-être renommée si nécessaire.

K. Renommer un document, un dossier ou une catégorie

- Cliquez sur **Mes documents Cloud** pour accéder à votre espace Cloud.
- Activez la case à cocher du document, du dossier ou de la catégorie à renommer.
- Dans la barre d'outils, cliquez sur le bouton **Actions** et choisissez **Renommer**.
- Dans la fenêtre ci-dessous, saisissez le nouveau nom du document, du dossier ou de la catégorie, et confirmez par **Enregistrer**.

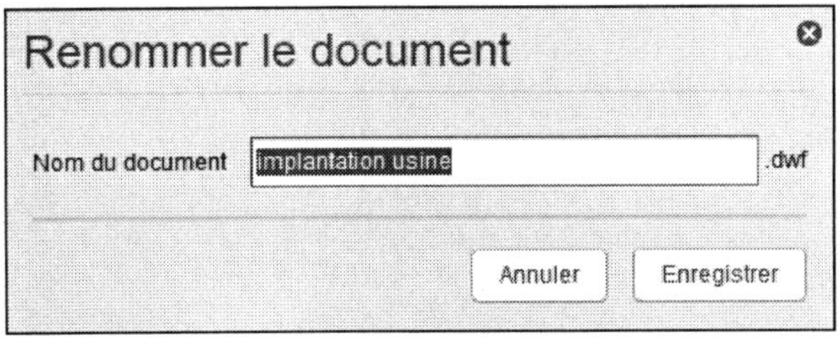

Remarque

Une autre technique consiste à faire un clic droit sur un document, un dossier ou une catégorie, pour choisir ***Renommer*** *dans le menu contextuel.*

L. Afficher la version d'un document

- Cliquez sur **Mes documents Cloud** pour accéder à votre espace Cloud.
- Activez la case à cocher du document dont vous souhaitez afficher la version.
- Dans la barre d'outils, cliquez sur le bouton **Actions** et choisissez **Versions**.

La fenêtre **Versions du document** ci-dessous liste les différentes versions du document, en précisant la date et l'heure de chaque version et l'auteur du chargement.

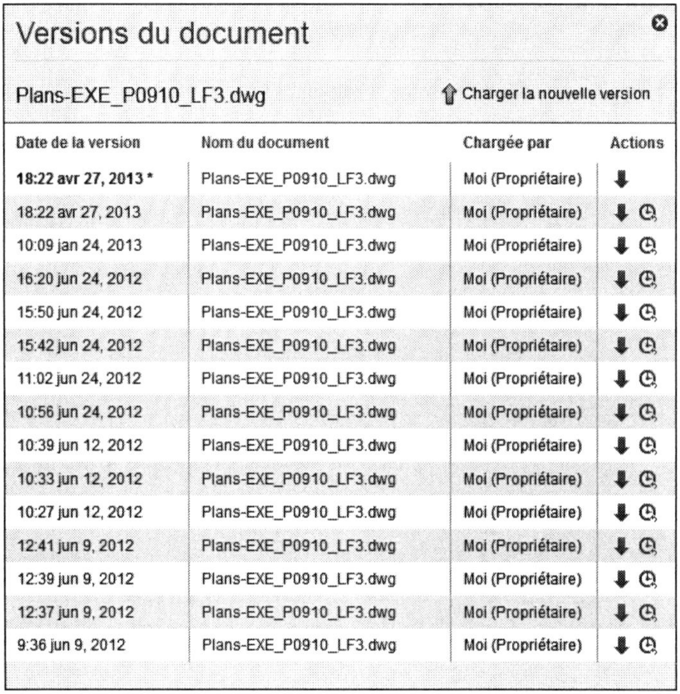
Versions du document

Plans-EXE_P0910_LF3.dwg — Charger la nouvelle version

Date de la version	Nom du document	Chargée par	Actions
18:22 avr 27, 2013 *	Plans-EXE_P0910_LF3.dwg	Moi (Propriétaire)	
18:22 avr 27, 2013	Plans-EXE_P0910_LF3.dwg	Moi (Propriétaire)	
10:09 jan 24, 2013	Plans-EXE_P0910_LF3.dwg	Moi (Propriétaire)	
16:20 jun 24, 2012	Plans-EXE_P0910_LF3.dwg	Moi (Propriétaire)	
15:50 jun 24, 2012	Plans-EXE_P0910_LF3.dwg	Moi (Propriétaire)	
15:42 jun 24, 2012	Plans-EXE_P0910_LF3.dwg	Moi (Propriétaire)	
11:02 jun 24, 2012	Plans-EXE_P0910_LF3.dwg	Moi (Propriétaire)	
10:56 jun 24, 2012	Plans-EXE_P0910_LF3.dwg	Moi (Propriétaire)	
10:39 jun 12, 2012	Plans-EXE_P0910_LF3.dwg	Moi (Propriétaire)	
10:33 jun 12, 2012	Plans-EXE_P0910_LF3.dwg	Moi (Propriétaire)	
10:27 jun 12, 2012	Plans-EXE_P0910_LF3.dwg	Moi (Propriétaire)	
12:41 jun 9, 2012	Plans-EXE_P0910_LF3.dwg	Moi (Propriétaire)	
12:39 jun 9, 2012	Plans-EXE_P0910_LF3.dwg	Moi (Propriétaire)	
12:37 jun 9, 2012	Plans-EXE_P0910_LF3.dwg	Moi (Propriétaire)	
9:36 jun 9, 2012	Plans-EXE_P0910_LF3.dwg	Moi (Propriétaire)	

- Dans la colonne **Actions**, cliquez sur le bouton **Revenir à cette version de document** pour afficher la version antérieure correspondante du document.
- Dans la même colonne **Actions**, le bouton **Téléchargement du document** permet d'ouvrir ou d'enregistrer localement la version antérieure correspondante du document.

Remarque

*Une autre technique consiste à faire un clic droit sur un document, pour choisir **Versions** dans le menu contextuel.*

M. Supprimer un document ou un dossier

- Cliquez sur **Mes documents Cloud** pour accéder à votre espace Cloud.
- Activez la case à cocher du document ou dossier à supprimer.
- Dans la barre d'outils, cliquez sur le bouton **Actions** et choisissez **Supprimer**.

N. Ajouter un commentaire

Un commentaire est associé à un document et fait partie des activités au même titre que le chargement d'une nouvelle version de document. Le commentaire ne peut être supprimé.

- Cliquez sur **Mes documents Cloud** pour accéder à votre espace Cloud.
- Cliquez sur le document pour visualiser celui-ci.
- Activez l'onglet **Détails du document**. Dans la rubrique **Dernière activité**, dans la zone des commentaires ci-dessous, saisissez le commentaire et cliquez sur le bouton **Ajouter un commentaire** .

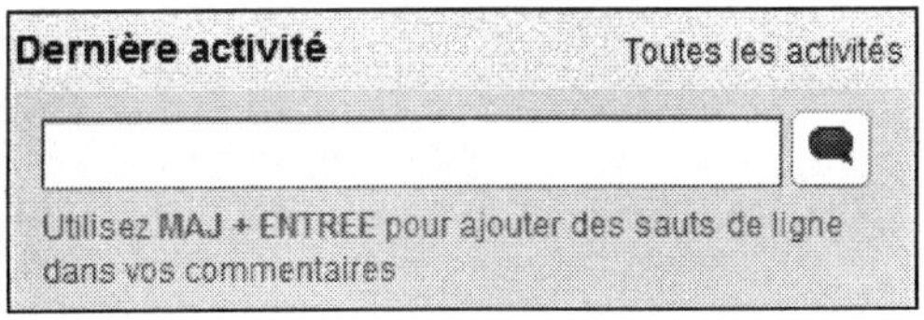

Remarque

Les touches [Shift][Entrée] permettent de générer des sauts de ligne dans le commentaire.

Le commentaire est pris en compte et est affiché dans les activités du document, comme dans l'exemple ci-dessous.

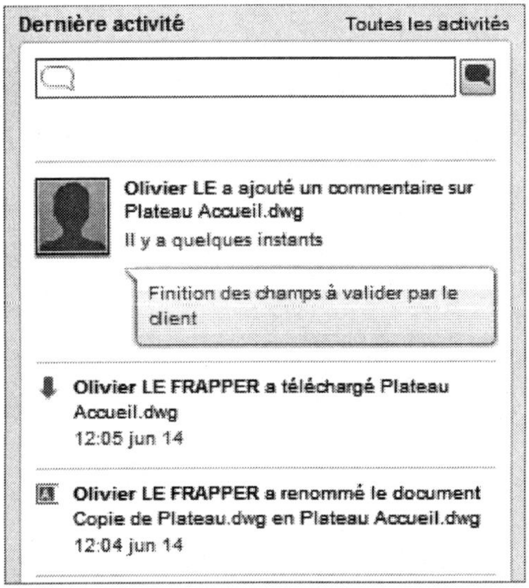

O. Afficher un document

Grâce à votre connexion Autodesk 360, vous accédez à vos documents n'importe où, n'importe quand. Autodesk 360 vous permet de charger, de partager et d'afficher des documents en ligne. Vous pouvez visualiser de nombreux formats de fichiers tels que DWF, DWG, PDF, MP4, les présentations de l'application Autodesk Showcase et les types d'images standard. Ces fichiers sont affichés directement dans votre navigateur, sans avoir à les télécharger au préalable.

1. Visualiser les éléments graphiques du document

➲ Dans l'espace **Mes documents Cloud**, cliquez sur le document à visualiser.

Après quelques instants de chargement, le navigateur propose l'affichage ci-après :

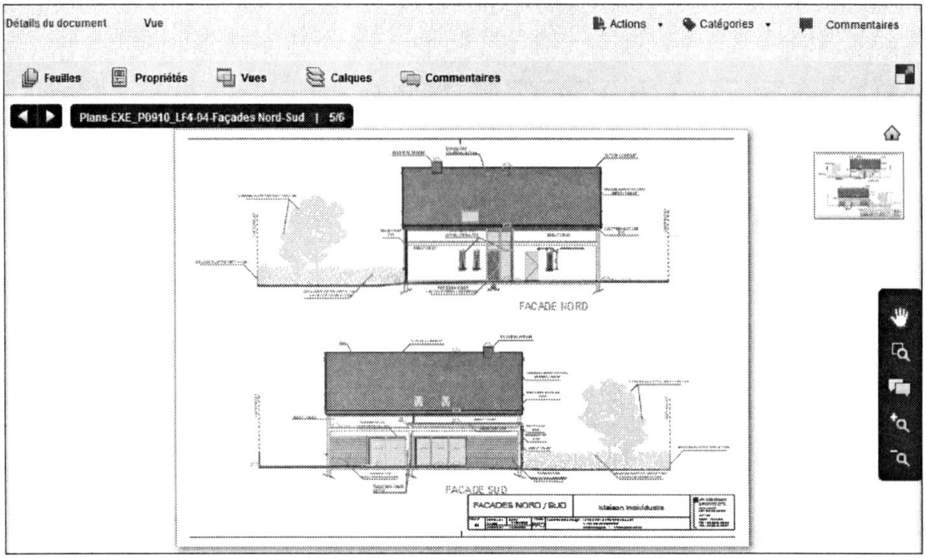

L'onglet **Vue** est activé par défaut pour afficher les éléments graphiques, et permet d'accéder aux outils de visualisation, aux filtres de calques et aux outils d'annotation ci-après.

2. Agrandir ou réduire une partie du dessin ou document

- Utilisez la molette de la souris pour effectuer un zoom ou un panoramique ou depuis la barre de navigation ci-dessous, cliquez sur les outils **Panoramique**, **Rectangle de zoom**, **Zoom avant** ou **Zoom arrière** :

Remarque

*La barre de navigation peut présenter des outils différents selon le type de fichier affiché. Dans l'exemple ci-après qui concerne un fichier DWF 3D, un bouton **Orbite 3D** permet la rotation du modèle, et une flèche de sélection permet de sélectionner des composants particuliers du modèle.*

- Pour retrouver la vue initiale, cliquez sur le bouton **Réinitialiser la vue** .
- Pour agrandir au maximum la fenêtre graphique dans le navigateur, cliquez sur le bouton .

3. Accéder aux présentations ou feuilles

➲ Pour afficher les différentes présentations d'un document DWG ou DWF, cliquez sur le bouton **Feuilles** 

.

La fenêtre ci-dessous liste les différentes feuilles présentes dans le document.

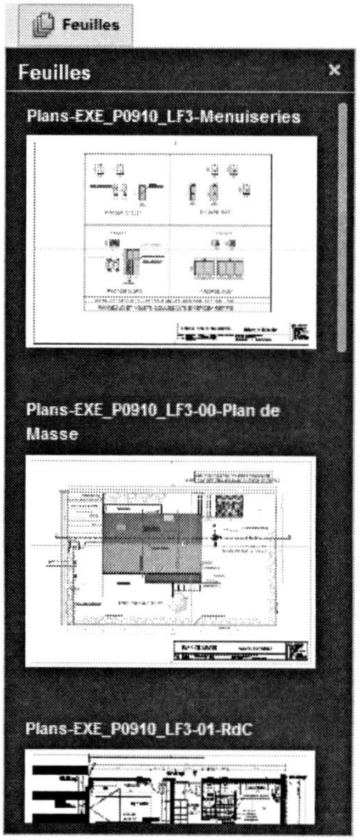

➲ Utilisez la barre de défilement pour parcourir les présentations, et cliquez sur la présentation à visualiser.

La barre ci-dessous affiche le nom et le numéro de la présentation. Les flèches permettent d'afficher les présentations précédente et suivante.

4. Accéder aux propriétés du document

➲ Pour accéder aux propriétés du document, cliquez sur le bouton **Propriétés** 

.

La fenêtre ci-dessous liste les propriétés suivantes du document et de la présentation courante : Nom du document de l'espace Cloud, nom de la présentation, auteur, heure de chargement sur l'espace Cloud, heure de dernier chargement/modification, type de fichier, heure de création du document, heure de modification du document, nom et titre de la présentation.

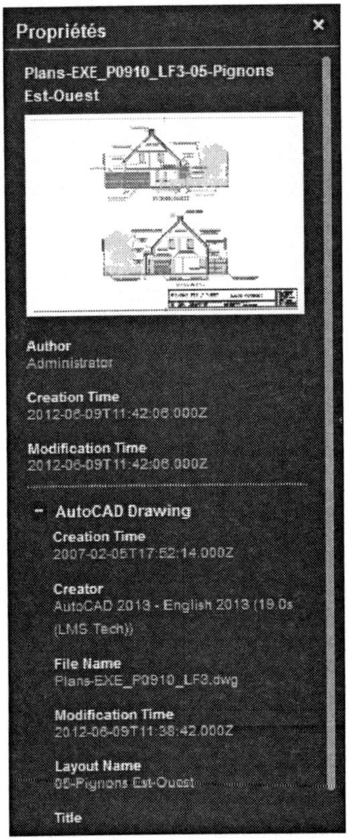

5. Accéder aux calques du document

➲ Pour accéder aux calques du document, cliquez sur le bouton **Calques** 

.
La fenêtre ci-dessous liste les calques de la présentation courante :

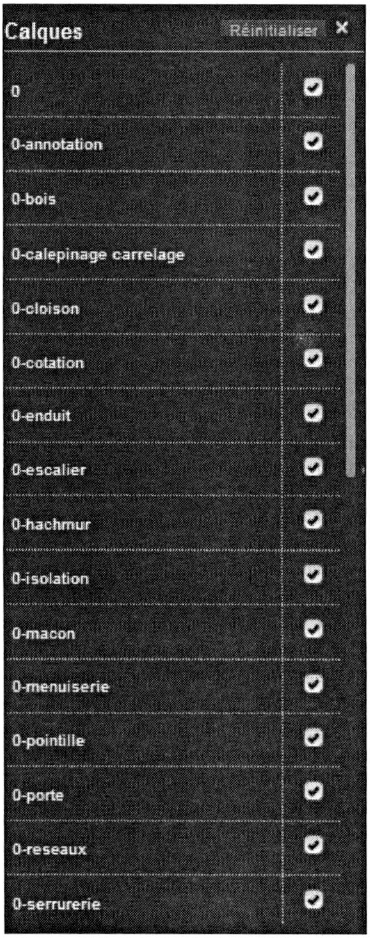

➲ Décochez les calques pour désactiver leur affichage.

6. Accéder aux vues enregistrées du document

➲ Pour accéder aux vues du document, cliquez sur le bouton **Vues** 

.

Une fenêtre, telle que celle ci-dessous, liste les vues enregistrées de la présentation courante. Dans le cas présent, une seule vue portant le nom INITIAL existe.

7. Accéder aux commentaires du document

➲ Pour accéder à l'historique des commentaires du document, cliquez sur le bouton **Commentaires**

.

L'affichage ci-dessous liste les commentaires existants et permet l'ajout de nouveaux commentaires.

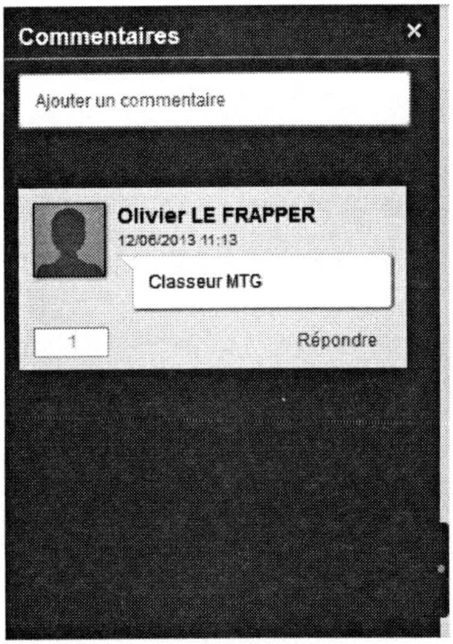

P. Accéder aux détails du document

La fenêtre affiche en haut à gauche le nom du fichier, sa taille et le type de fichier. Dans le cas présent, il s'agit d'un fichier DWG, et le type **base de dessins AutoCAD** est affiché ; pour un fichier DWF, le type affiché est **Autodesk Design Web Format**.

➲ Activez l'onglet **Détails du document** pour accéder aux détails du document.

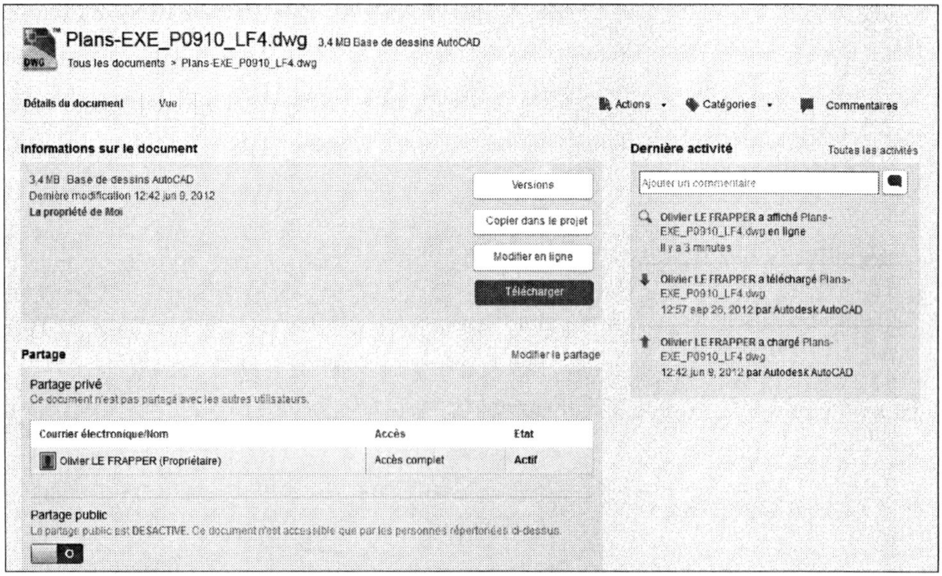

La rubrique **Informations sur le document** affiche un aperçu de la présentation courante du document, le nombre de présentations, ainsi qu'un accès aux différentes présentations.

La zone **Informations** précise la taille du document, le type de fichier, la dernière modification, le propriétaire, ainsi qu'un accès aux versions du document.

➲ Cliquez sur **Versions** pour afficher la fenêtre suivante :

La fenêtre **Versions du document** liste les différentes versions du document, en précisant la date et l'heure de chaque version et l'auteur du chargement, et permet de charger une version précédente du document via la colonne **Actions**. Le bouton **Charger la nouvelle version** permet de charger une nouvelle version du document.

Le bouton **Modifier en ligne** permet la modification du dessin en ligne, via l'application AutoCAD WS. L'application AutoCAD WS permet de partager, de modifier et de gérer des dessins AutoCAD depuis vos périphériques mobiles. AutoCAD WS est une application qui s'interface directement avec AutoCAD. Les modifications apportées à vos dessins AutoCAD locaux sont synchronisées avec les copies en ligne enregistrées dans le compte Autodesk 360.

Le bouton **Télécharger** permet de télécharger un document à partir d'Autodesk 360.

La fenêtre suivante est affichée et permet l'ouverture ou l'enregistrement local du fichier.

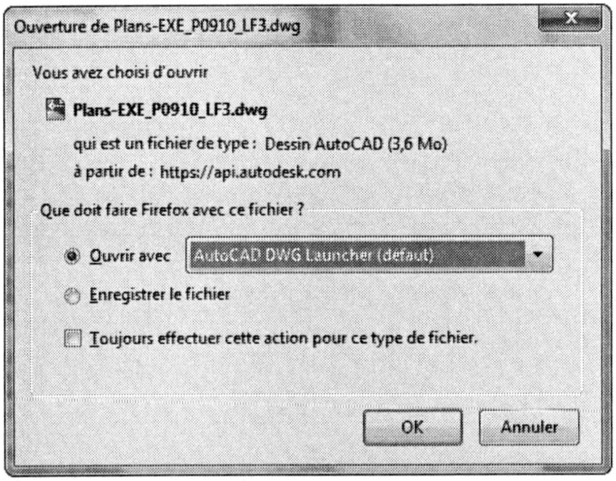

La rubrique **Partage** affiche les partages privés et publics existants pour le document courant, et permet de modifier le partage du document via le lien **Modifier le partage** (voir Partager un document dans ce chapitre).

Q. Partager un document

Autodesk 360 permet deux types de partage : le partage privé et le partage public.

Le **partage privé** est utile pour contrôler les personnes disposant d'un accès à vos documents et dossiers Autodesk 360, ainsi que leur niveau d'accès.

Le **partage public** donne accès à toute personne disposant de l'URL du document.

Vous pouvez partager un document ou un dossier (uniquement en partage privé). En partageant un dossier, vous partagez tout le contenu de ce dossier, y compris tous les sous-dossiers et leurs documents.

Les privilèges du dossier parent régissent les privilèges de tous les sous-dossiers. Tout ce qui est téléchargé vers un dossier partagé appartient au propriétaire de ce dossier.

1. Partager un document ou un dossier de manière privée

Vous pouvez partager un document ou un dossier de manière privée, de façon à ce que les utilisateurs disposant d'un accès Autodesk 360 puissent y accéder.

Vous mentionnez l'adresse électronique de chaque utilisateur. Chaque utilisateur reçoit un mail avec le lien vers la page **Détails du document** pour le document partagé.

Vous réglez le niveau d'accès pour chaque collaborateur.

Seul un dossier racine peut être partagé.

Pour partager des documents de manière privée, utilisez la méthode suivante :

- Dans votre espace Cloud, cliquez sur le document à partager.
- Activez l'onglet **Détails du document**, et dans la rubrique **Partage**, cliquez sur **Modifier le partage**.

La fenêtre ci-dessous est affichée :

- Dans la zone **Contact**, saisissez l'adresse ou les adresses mail du ou des contacts séparées par un point-virgule et cliquez sur **Ajouter**.

L'affichage de la fenêtre devient le suivant :

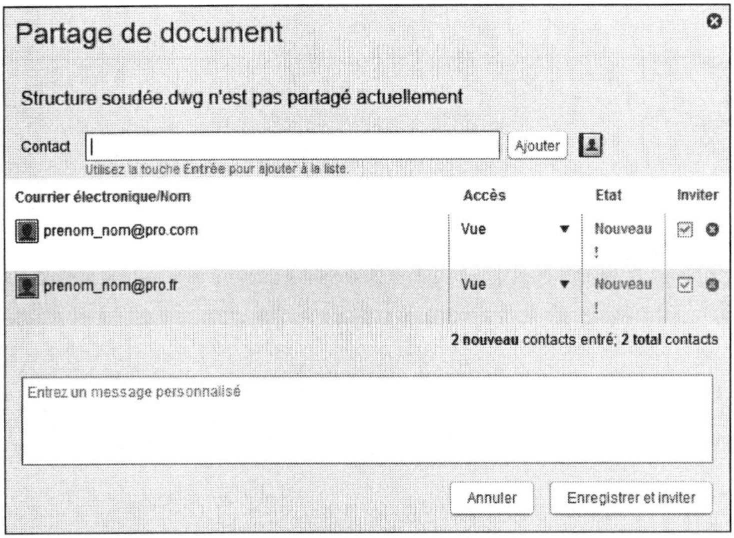

- Dans la colonne **Accès**, déroulez la liste déroulante pour définir le niveau d'accès pour chaque collaborateur parmi les quatre choix présentés dans la fenêtre ci-dessous.

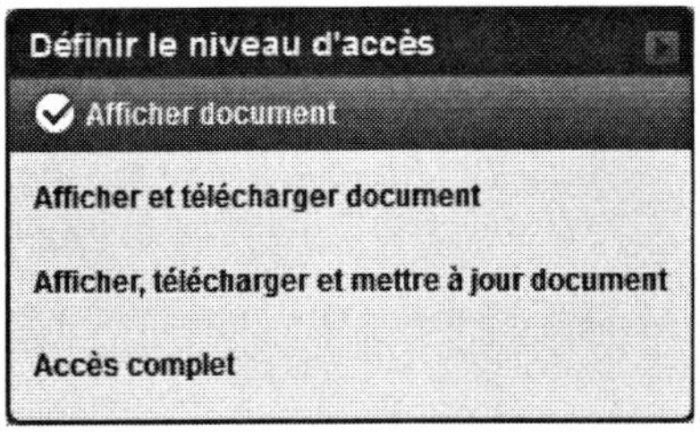

Afficher document : les collaborateurs peuvent afficher le dessin et voir l'activité du document. Ils ne peuvent pas le partager avec d'autres utilisateurs, le modifier et charger une nouvelle version.

Afficher et télécharger document : les collaborateurs peuvent afficher le dessin en ligne, télécharger le document DWG, voir l'activité du document. Ils ne peuvent pas le partager avec d'autres utilisateurs, modifier le dessin en ligne, charger une nouvelle version.

Afficher, télécharger et mettre à jour document : les collaborateurs peuvent afficher le dessin en ligne, modifier le dessin en ligne avec AutoCAD WS, télécharger le document DWG, charger une nouvelle version et voir l'activité du document. Les collaborateurs ne peuvent pas le partager avec d'autres utilisateurs.

Accès complet : les collaborateurs peuvent partager le dessin avec d'autres utilisateurs, modifier le dessin en ligne, afficher le dessin en ligne, télécharger le document DWG, charger une nouvelle version et voir l'activité du document.

Remarque

*Pour le partage d'un dossier, les options d'accès varient pour proposer les accès suivants : **Télécharger uniquement**, **Télécharger mettre à jour** et **Accès complet**.*

- Dans la zone inférieure affichant **Entrez un message personnalisé**, saisissez si nécessaire le message à adresser au contact.
- Cliquez sur le bouton **Enregistrer et inviter** pour adresser le message avec le lien au(x) contact(s).
- Cliquez sur **OK** dans la fenêtre confirmant l'envoi ci-dessous :

L'onglet **Détails du document** du document partagé affiche désormais une zone **Partage** similaire à l'affichage ci-dessous :

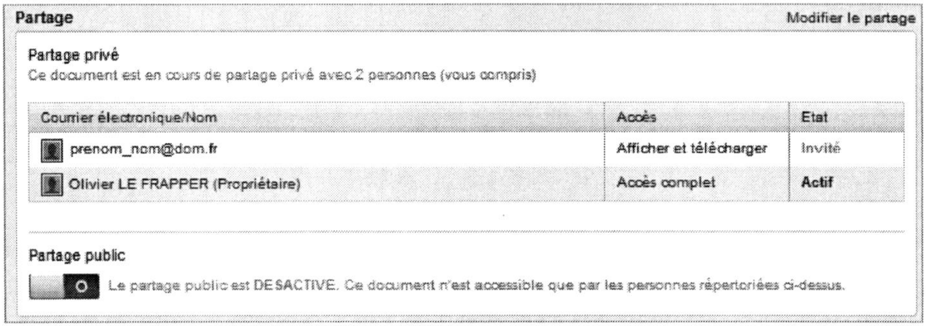

Pour chaque collaborateur concerné par le partage, le tableau ci-dessus affiche une ligne précisant le mail du collaborateur et le type d'accès associé.

Le collaborateur reçoit un mail ressemblant à la fenêtre ci-dessous.

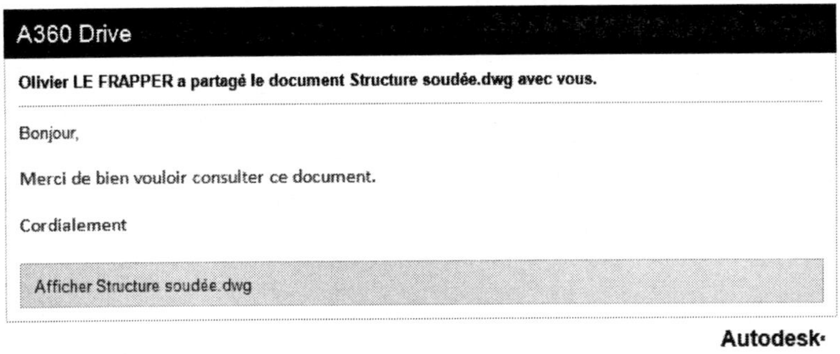

L'invitation intègre automatiquement votre message personnalisé ainsi que le lien vers la page **Détails du document**. Le collaborateur y accède grâce à son ID Autodesk via Autodesk 360.

Une autre méthode permet de partager un document ou un dossier :

- Cliquez sur **Mes documents Cloud** pour accéder à votre espace Cloud.
- Activez la case à cocher du document ou dossier à partager.
- Dans la barre d'outils, cliquez sur le bouton **Actions** et choisissez **Partager** puis **Partage privé**.

2. Partager un document de manière publique

Vous pouvez partager un document de manière publique, mais pas un dossier.

Un document public est accessible à tous les utilisateurs depuis un lien (adresse URL).

Les personnes consultant un document public peuvent afficher, télécharger ou copier le document dans leur compte Autodesk 360. En revanche, ils ne peuvent voir ni les activités, ni les noms des autres collaborateurs.

L'affichage d'un document public ne requiert pas d'ID Autodesk.

Pour partager des documents de manière publique, utilisez la méthode suivante :

- Dans votre espace Cloud, cliquez sur le document à partager.
- Activez l'onglet **Détails du document** et, dans la rubrique **Partage**, activez le bouton **Partage public** ci-dessous :

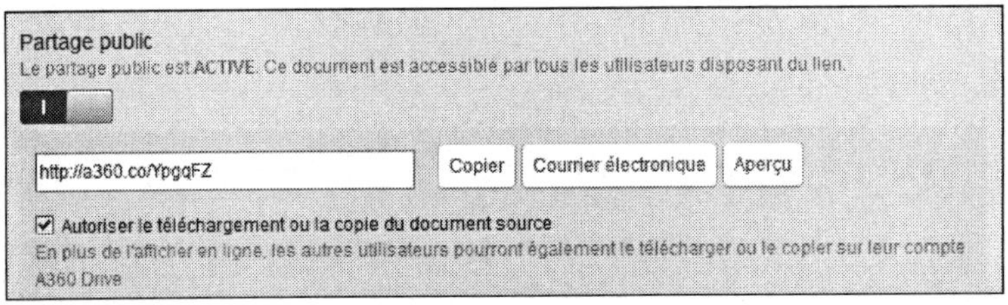

- Cliquez sur le bouton **Copier** pour copier l'URL et pour l'insérer dans un mail ultérieur ou cliquez sur le bouton **Courrier électronique** pour adresser le lien d'accès au document partagé directement depuis votre application de messagerie.
- Cliquez sur **Fermer**.

Le partage est activé et le document est accessible pour les utilisateurs disposant du lien (URL).

Une autre méthode permet de partager un document :

- Cliquez sur **Mes documents Cloud** pour accéder à votre espace Cloud.
- Activez la case à cocher du document à partager.
- Dans la barre d'outils, cliquez sur le bouton **Actions** et choisissez **Partager** puis **Partage public**.

R. Télécharger un document à partir d'Autodesk 360

- Cliquez sur **Mes documents Cloud** pour accéder à votre espace Cloud.
- Activez la case à cocher du document à télécharger.
- Dans la barre d'outils, cliquez sur le bouton **Actions** et choisissez **Télécharger**.

La fenêtre suivante est affichée.

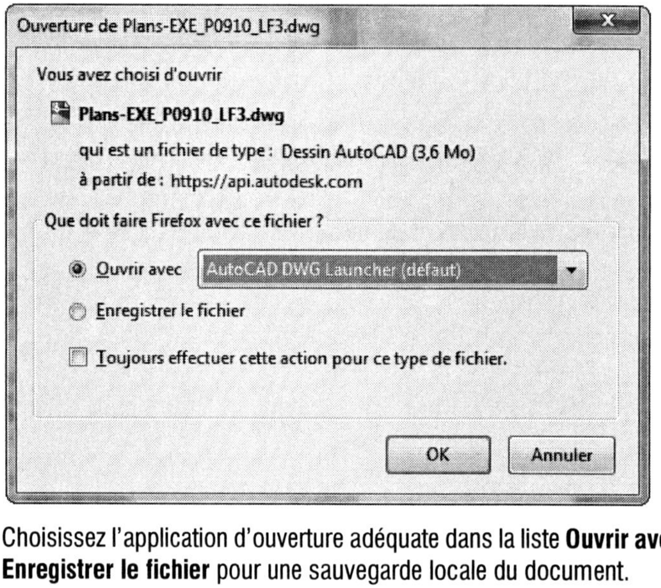

- Choisissez l'application d'ouverture adéquate dans la liste **Ouvrir avec** ou cochez le bouton-radio **Enregistrer le fichier** pour une sauvegarde locale du document.

Une autre méthode permet de télécharger un document :

- Dans votre espace Cloud, cliquez sur le document à partager.
- Activez l'onglet **Détails du document** et, dans la rubrique **Informations sur le document**, cliquez sur **Télécharger**.

S. Modifier son profil Autodesk 360

- Dans l'Infocenter, cliquez sur le bouton-liste **Autodesk 360** 

et choisissez **Détails du compte**.

Le navigateur affiche la fenêtre suivante :

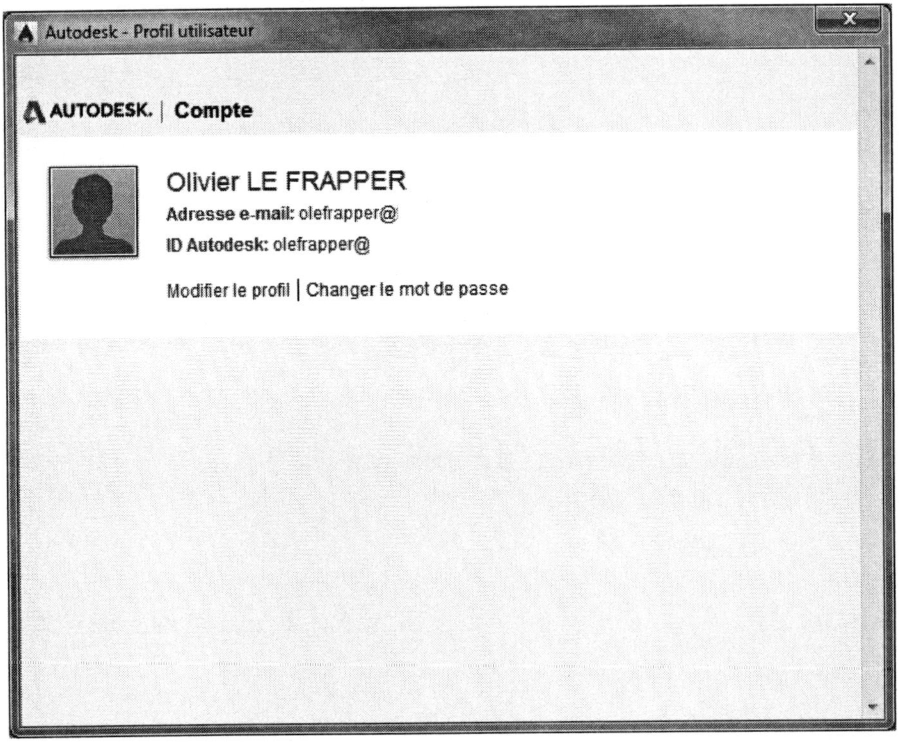

Cette fenêtre affiche le niveau d'utilisation de votre espace cloud, et vous fournit des informations sur des services complémentaires.

➲ Cliquez sur **Modifier le profil** pour modifier vos informations personnelles.

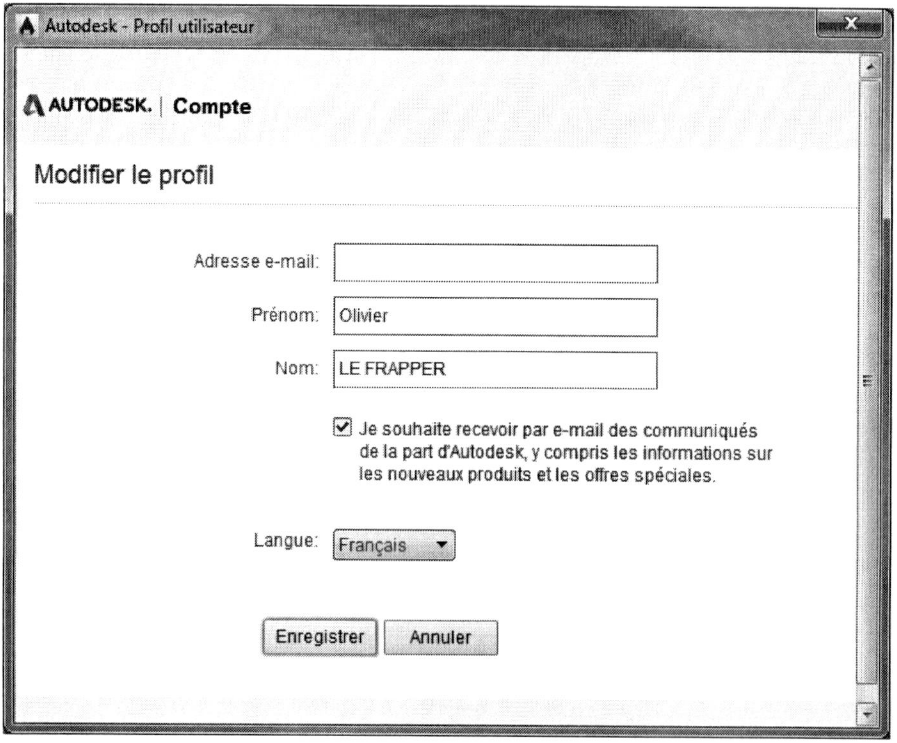

➲ Saisissez les modifications de votre profil et confirmez par **Enregistrer**.

T. Changer son mot de passe

- Dans la fenêtre précédente **Autodesk - Profil utilisateur**, cliquez sur **Changer le mot de passe**.

  La fenêtre suivante est affichée :

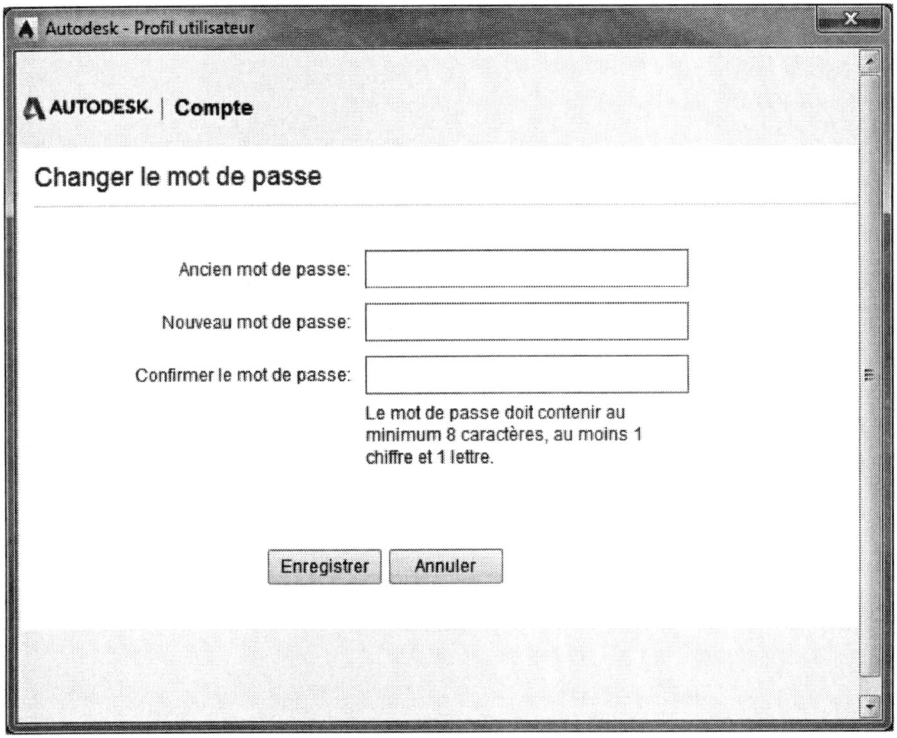

- Saisissez l'ancien mot de passe.
- Saisissez le nouveau mot de passe en respectant 8 à 12 caractères avec au moins un chiffre et une lettre.
- Saisissez à nouveau le mot de passe dans la zone **Confirmer le mot de passe**.
- Confirmez le changement en cliquant sur le bouton **Enregistrer**.

U. Paramétrer les options pour une utilisation d'Autodesk 360

L'onglet **En ligne** de la boîte de dialogue **Options** permet de définir les options de travail en ligne avec Autodesk 360 et donne accès aux documents de conception que vous avez stockés dans votre compte Cloud.

➲ Déroulez le navigateur, et choisissez le bouton **Options**.

➲ Dans la boîte de dialogue **Options**, activez l'onglet **En ligne**.

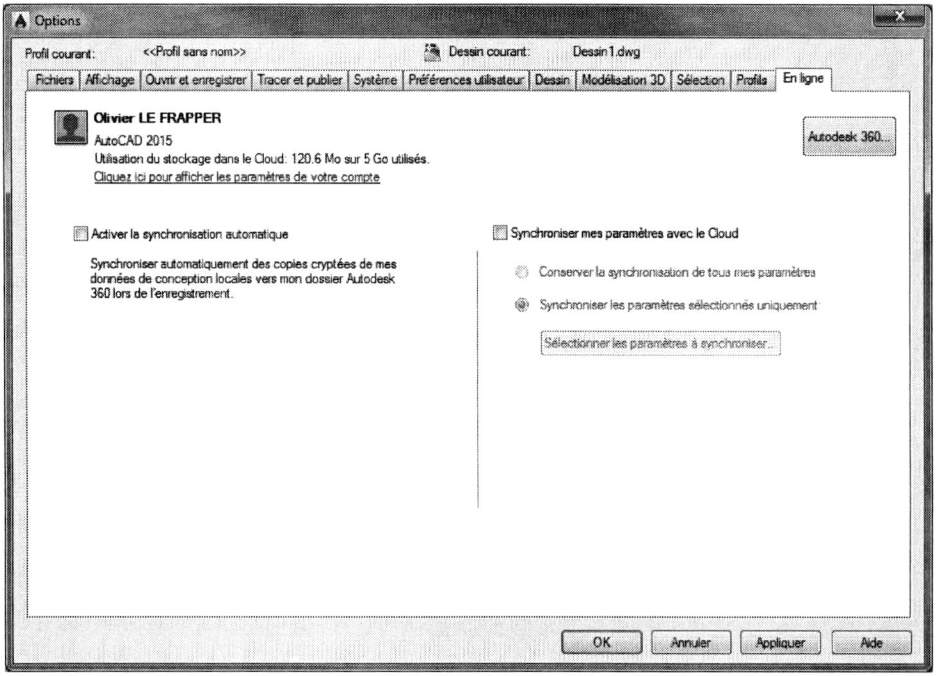

Dans la partie supérieure gauche, l'auteur du compte Autodesk 360 est affiché, le nom de l'application ainsi que l'espace de stockage utilisé.

Le lien **Cliquez ici pour afficher les paramètres de votre compte** permet de vous connecter à votre compte Autodesk 360.

La case à cocher **Activer la synchronisation automatique** permet qu'une copie de chaque nouveau dessin local soit enregistrée automatiquement dans votre espace Autodesk 360.

La case à cocher **Synchroniser mes paramètres avec le Cloud** permet d'activer ou de désactiver la synchronisation de vos paramètres d'application personnalisés avec votre compte Autodesk 360.

Conserver la synchronisation de tous mes paramètres : permet de synchroniser tous les paramètres d'application personnalisés pris en charge avec votre compte Autodesk 360.

Synchroniser les paramètres sélectionnés uniquement : permet de synchroniser uniquement les paramètres d'application que vous spécifiez avec votre compte Autodesk 360.

Le bouton **Sélectionner les paramètres à synchroniser** précise les paramètres d'application personnalisés ci-dessous qui sont synchronisés avec votre compte Autodesk 360.

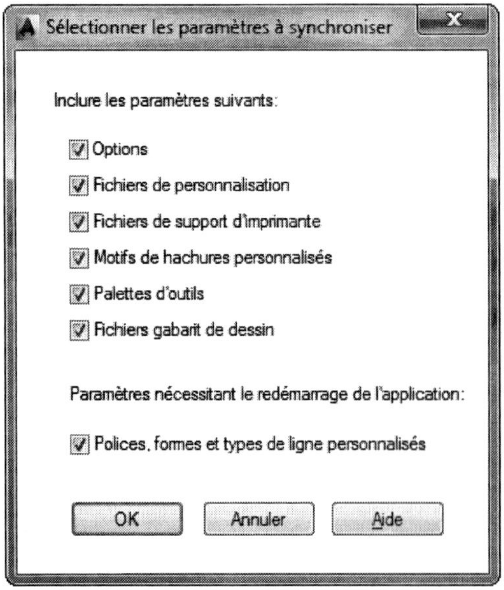

Chapitre 28
Les jeux de feuilles

A. Introduction

Les jeux de feuilles permettent l'assemblage de jeux de dessins. Ceci représente un avantage majeur dans la plupart des projets de conception.

Le gestionnaire du jeu de feuilles est un outil qui vous aide à organiser plusieurs fichiers de dessin dans un jeu de feuilles unique.

Grâce au gestionnaire du jeu de feuilles, il est notamment possible d'importer une présentation de n'importe quelle feuille contenue dans le jeu de feuilles.

Le jeu de feuilles peut inclure des sous-jeux permettant un classement logique des feuilles.

AutoCAD permet la création d'un tableau de feuilles. Si vous supprimez, ajoutez ou renumérotez des feuilles, le tableau de feuilles peut être mis à jour très facilement.

L'utilisation des jeux de feuilles facilite la préparation d'un jeu de dessins au vu de la distribution de celui-ci via la publication, le transfert (e-transmit) ou l'archivage de l'ensemble de vos feuilles sous la forme d'un jeu unique.

B. Créer un jeu de feuilles

AutoCAD propose un assistant pour la création des jeux de feuilles.

➲ Dans le groupe de fonctions **Palettes** (onglet **Vue**), cliquez sur l'icône **Gestionnaire du jeu de feuilles** 

.

La palette **Gestionnaire du jeu de feuilles** est affichée :

➲ Déroulez le bouton-liste et choisissez **Nouveau jeu de feuilles** :

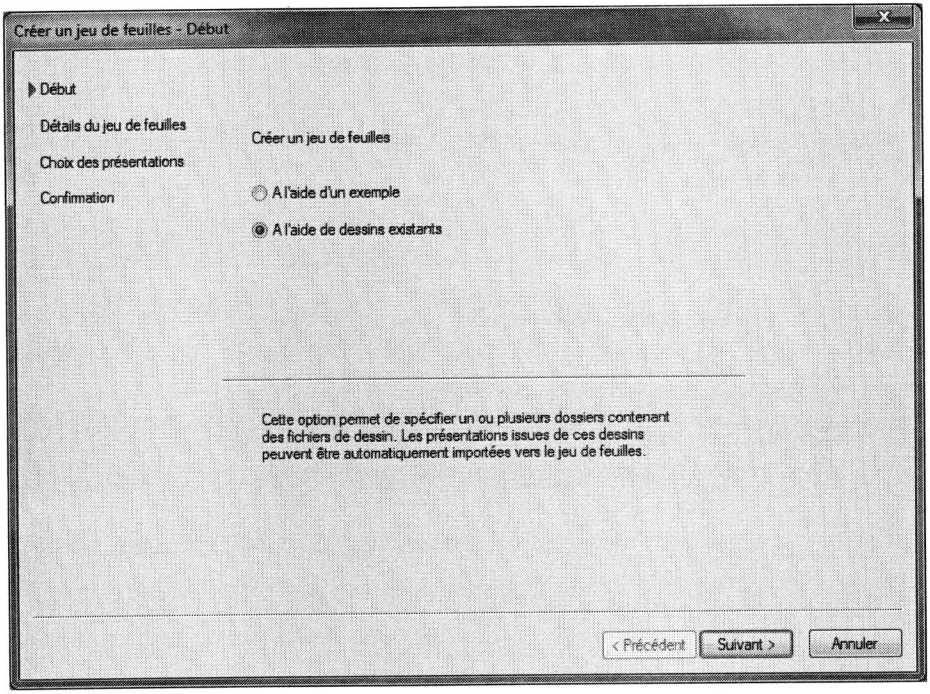

Avec l'option **A l'aide d'un exemple**, vous pouvez créer un jeu de feuilles en vous appuyant sur un jeu existant. Vous héritez de sa structure organisationnelle et de ses paramètres.

- Choisissez l'option **A l'aide de dessins existants** pour la création de votre premier jeu de feuilles.
- Cliquez sur **Suivant**.

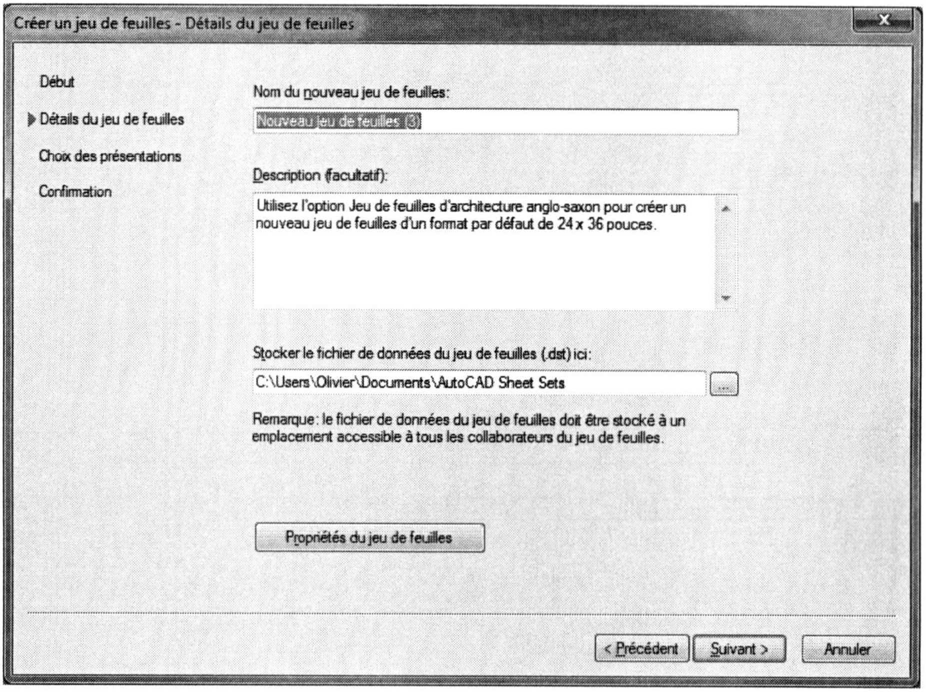

- Spécifiez le nom du jeu de feuilles dans la zone de texte **Nom du nouveau jeu de feuilles**. Le jeu de feuilles porte l'extension .DST.
- Commentez quelques indications propres au jeu de feuilles dans la zone de texte **Description**, si nécessaire.
- Indiquez un emplacement accessible à tous les utilisateurs du jeu de feuilles dans la zone **Stocker le fichier de données du jeu de feuilles (.dst) ici**. Utilisez le bouton **Parcourir** pour sélectionner le dossier via la boîte de dialogue standard de sélection de fichiers.

  Le bouton **Propriétés du jeu de feuilles** permet de visualiser et modifier les paramètres globaux du jeu de feuilles.
- Cliquez sur le bouton **Suivant**.

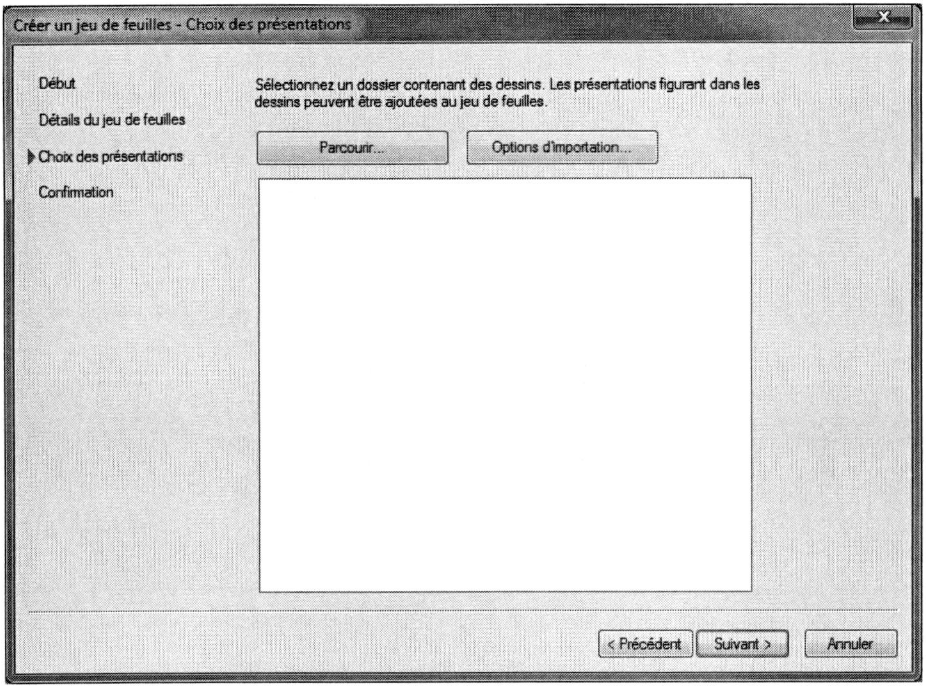

- Choisissez le bouton **Options d'importation** pour créer des sous-jeux de dessins en respectant l'arborescence des dossiers et activez la case à cocher **Créer sous-jeux en fonction de la structure des dossiers**. Activez la case à cocher **Faire précéder les titres des feuilles des noms de fichier** pour permettre le positionnement du nom de fichier avant le titre des feuilles. Confirmez par **OK** pour quitter les options d'importation.
- Choisissez le bouton **Parcourir** pour sélectionner un dossier contenant les dessins souhaités. Utilisez plusieurs fois le bouton **Parcourir** si vous voulez spécifier plusieurs dossiers.

  Les présentations incluses dans ces dessins peuvent ensuite être intégrées dans le jeu de feuilles. Pour ce faire, activez ou désactivez les cases à cocher correspondantes.

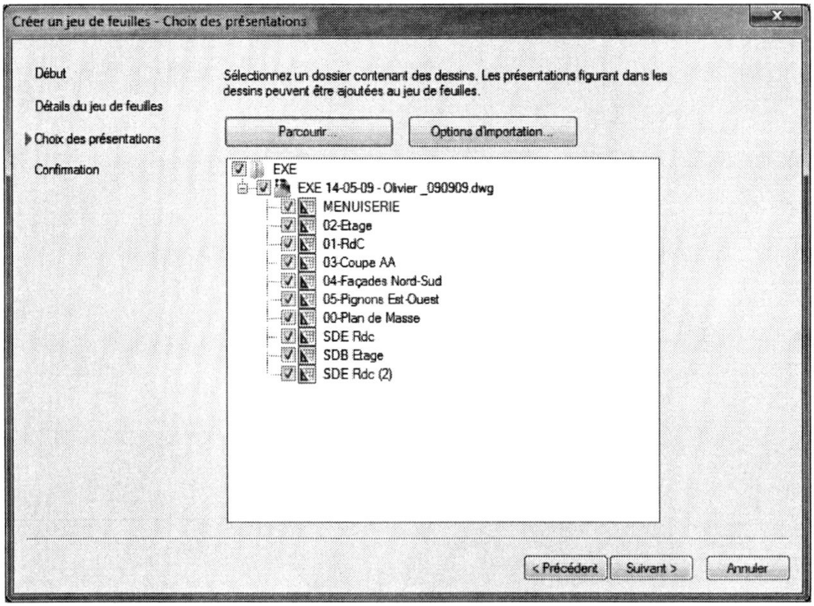

➲ Confirmez par **Suivant**.

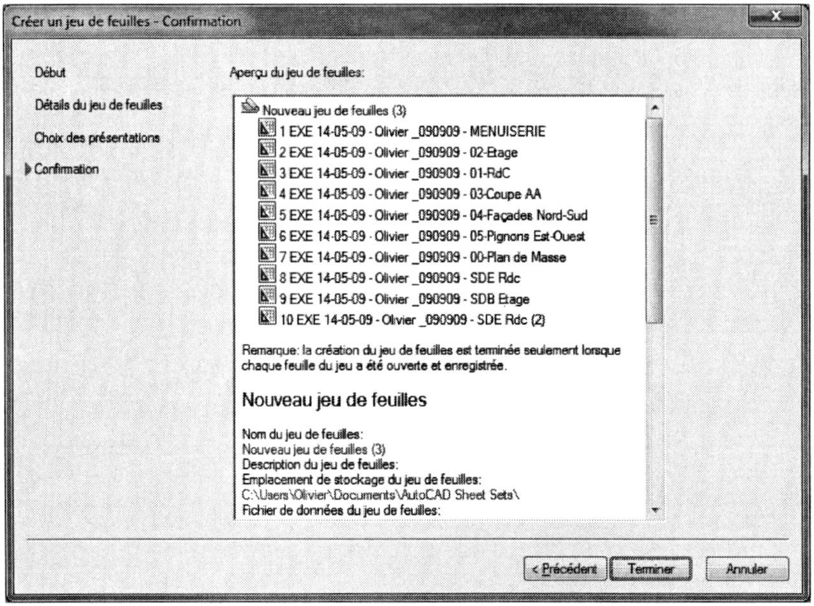

- Vérifiez le contenu du nouveau jeu de feuilles dans la zone **Aperçu du jeu de feuilles**, ainsi que l'ensemble des propriétés du jeu de feuilles.
- Confirmez par **Terminer**.

C. Afficher et modifier un jeu de feuilles

1. Afficher un jeu de feuilles

- Dans le groupe de fonctions **Palettes** (onglet **Vue**), cliquez sur le bouton **Gestionnaire du jeu de feuilles** 

.

Si vous venez de créer un jeu de feuilles, le Gestionnaire du jeu de feuilles affiche le jeu de feuilles comme dans la figure ci-dessus. Sinon, le Gestionnaire apparaît vierge.

➲ Sélectionnez le bouton-liste ci-dessous et choisissez **Ouvrir**.

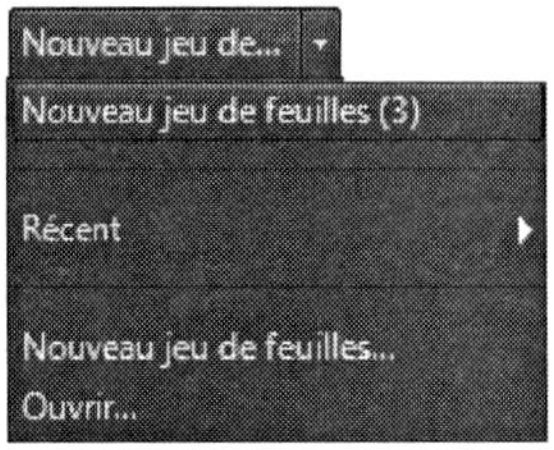

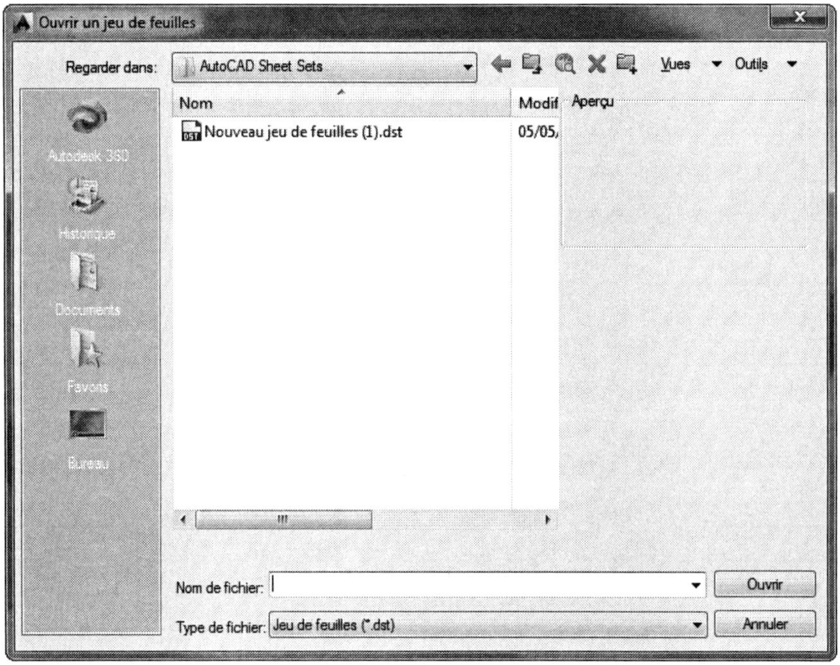

➲ Sélectionnez le jeu de feuilles. Portant l'extension .DST, il est situé par défaut dans le dossier AutoCAD Sheet Sets, ou à l'emplacement indiqué lors de la création. Confirmez par **Ouvrir**.

Dans l'exemple ci-après, le jeu de feuilles contient dix feuilles. Chacune de ces feuilles correspond à une présentation d'un fichier DWG.

La sélection de l'une des feuilles permet l'affichage des détails de celle-ci :

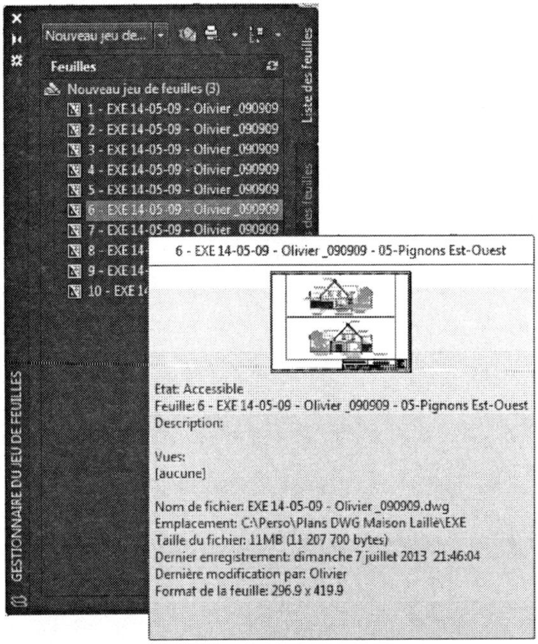

- Effectuez un clic droit et choisissez **Propriétés** pour accéder aux propriétés de la feuille comme dans la figure ci-dessous :

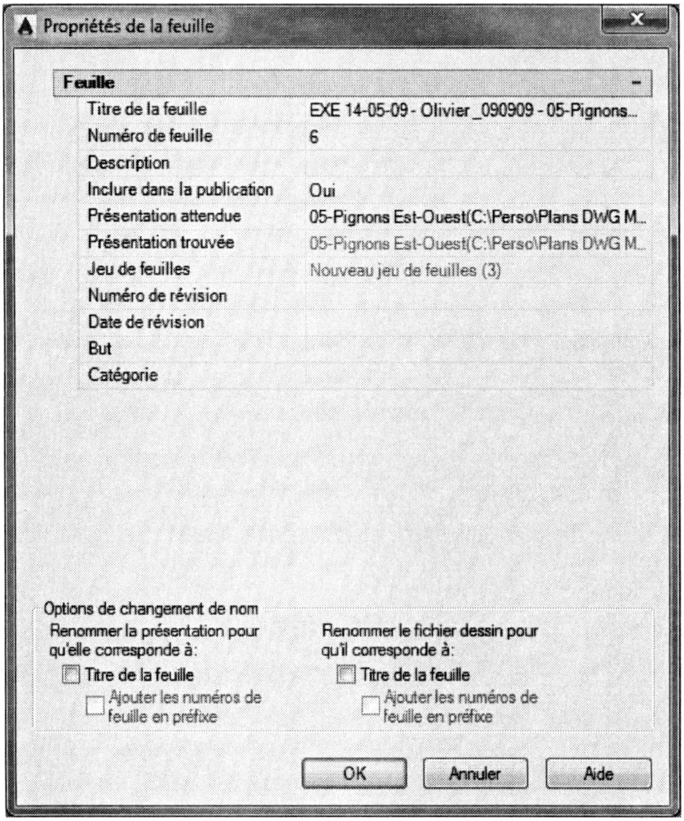

2. Créer des sous-jeux

- Dans le **Gestionnaire du jeu de feuilles**, sélectionnez le nom du jeu de feuilles dans la liste **Feuilles**. Effectuez un clic droit et choisissez **Nouveau sous-jeu**.

  La fenêtre suivante est affichée :

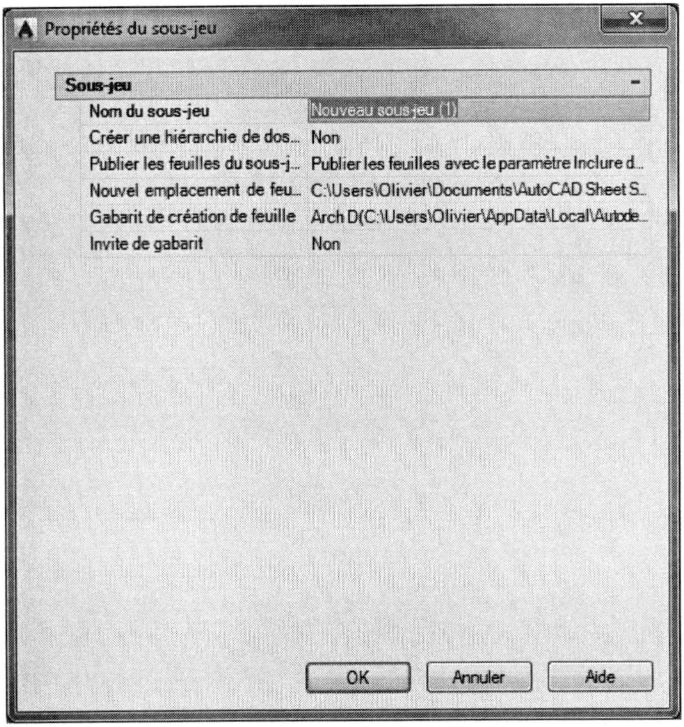

- Dans la zone **Nom du sous-jeu**, saisissez le nom du sous-jeu.
- Dans la zone **Créer une hiérarchie de dossiers**, choisissez **Oui** pour la création de dossiers réservés aux sous-jeux.

  La rubrique **Publier les feuilles du sous-jeu** précise les paramètres de publication ou publication des sous-jeux.

  La rubrique **Nouvel emplacement de feuille** précise l'emplacement de dossier pour tous les nouveaux fichiers dessin (DWG) contenant des feuilles associées avec ce sous-jeu.

  La rubrique **Gabarit de création de feuille** précise le fichier gabarit de dessin (DWT) et le nom de la présentation utilisée pour créer des fichiers dessin pour ce sous-jeu.

  La rubrique **Invite de gabarit** permet de spécifier un fichier gabarit de dessin plutôt que d'utiliser le fichier gabarit de dessin par défaut pour créer des feuilles.

➲ Confirmez par **OK**.

3. Réorganiser des feuilles par glissement

Vous pouvez déplacer des feuilles pour procéder à une nouvelle structuration de celles-ci et les déposer dans d'autres sous-jeux.

➲ Sélectionnez la feuille à déplacer.

➲ Effectuez un cliqué-glissé vers le sous-jeu concerné.

➲ Répétez l'opération pour déplacer plusieurs feuilles.

4. Renuméroter et renommer des feuilles

Dans le cas d'une réorganisation des feuilles, celles-ci conservent leur numérotation initiale. Il est donc intéressant de pouvoir renuméroter et renommer les feuilles appartenant à un sous-jeu ou jeu de feuilles, et ainsi obtenir un affichage logique des feuilles.

- Dans le sous-jeu ou jeu de feuilles, sélectionnez la feuille située en tête de liste.
- Effectuez un clic droit, et choisissez **Renommer & numéroter**.

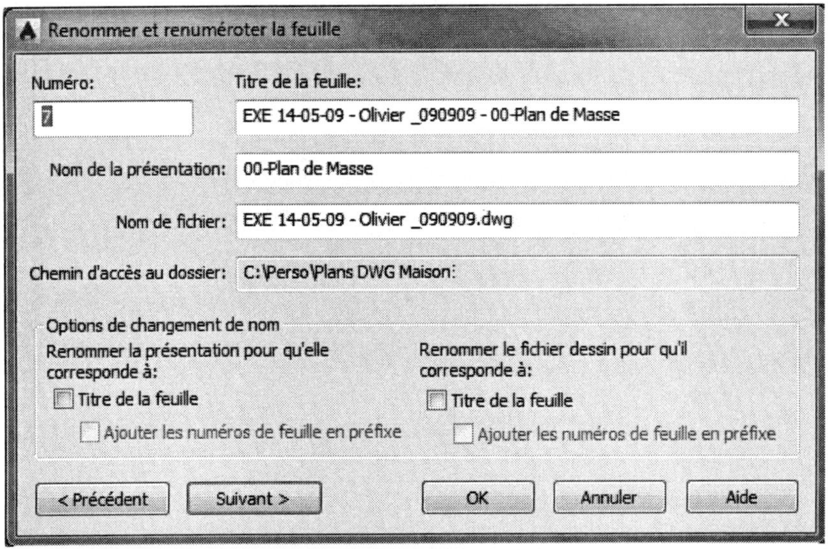

- Dans la zone de texte **Numéro**, saisissez le numéro à attribuer (par exemple 1 pour la première feuille). Vous pouvez également renommer la feuille dans la zone **Titre de la feuille**.
- Cliquez sur le bouton **Suivant** pour passer en revue les feuilles suivantes.
- Répétez l'opération pour renuméroter ou renommer les différentes feuilles du jeu ou sous-jeu.
- Confirmez par **OK** pour quitter la boîte de dialogue **Renommer et renuméroter la feuille**.

5. Afficher les propriétés du jeu de feuilles

➲ Effectuez un clic droit sur le nom du jeu de feuilles et choisissez **Propriétés** pour accéder aux informations relatives au jeu de feuilles.

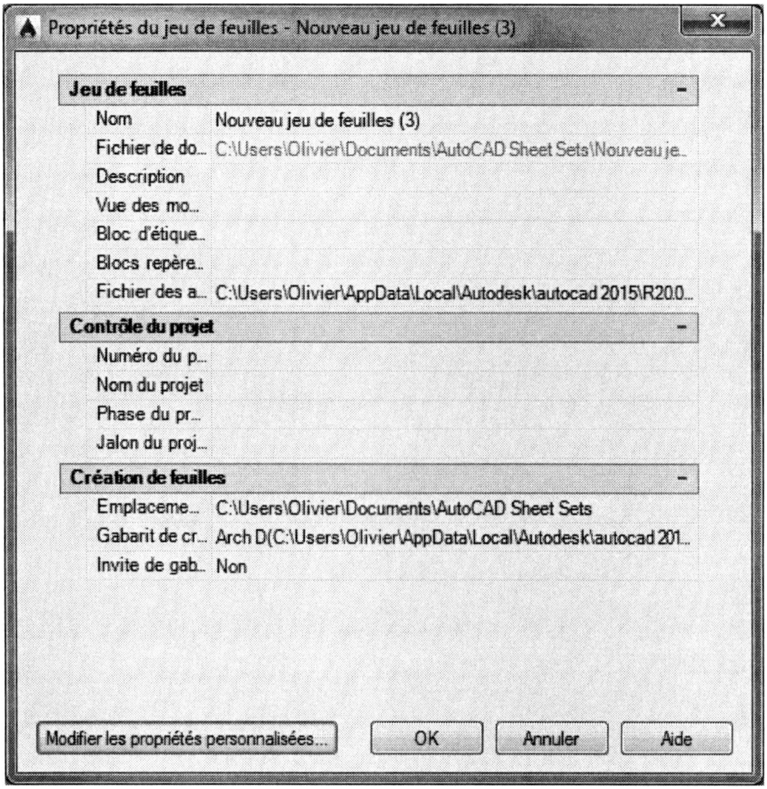

Remarque

*Les nom et emplacement du gabarit servant de base à toutes les feuilles sont indiqués face à **Gabarit de création de feuille** dans la rubrique **Création de feuilles** et l'emplacement du jeu de feuilles face à **Emplacement de stockage des feuilles**.*

D. Transférer un jeu de feuilles

Depuis le **Gestionnaire du jeu de feuilles**, vous pouvez facilement adresser un jeu de feuilles à des clients ou autres destinataires à l'aide du transfert électronique ou e-transmit (cf. chapitre Les fichiers d'échange - Transfert électronique (ou E-Transmit)).

- Dans le **Gestionnaire du jeu de feuilles**, activez l'onglet **Liste des feuilles**.
- Sélectionnez le sous-jeu ou jeu de feuilles à adresser.
- Effectuez un clic droit et choisissez **eTransmit**.

La boîte de dialogue suivante est affichée :

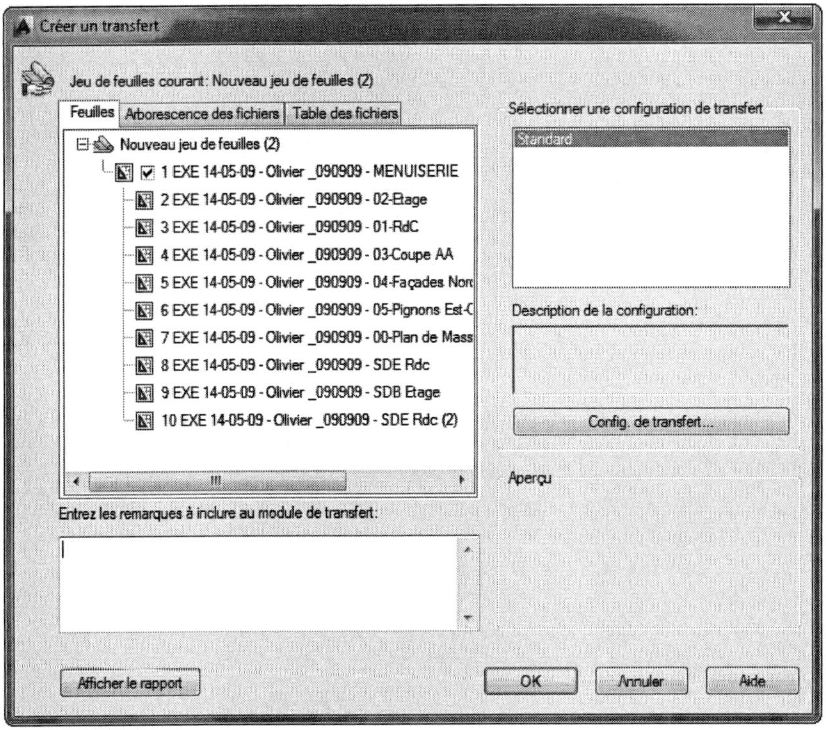

L'onglet **Feuilles** liste toutes les feuilles contenues dans les jeux et sous-jeux de feuilles pour le module de transfert.

L'onglet **Arborescence des fichiers** liste l'ensemble des références externes, données des jeux de feuilles et des fichiers gabarits du module de transfert.

- Dans ces deux onglets, activez ou désactivez les feuilles ou données à inclure ou non dans le module de transfert.

- Utilisez le bouton **Config. de transfert** pour agir sur la configuration du transfert.
- Confirmez par **OK**.

Le module de transfert est créé et un fichier au format ZIP (selon la configuration du transfert) est généré. Vous pouvez adresser ce fichier par e-mail au destinataire.

Pour plus de détails sur le transfert électronique et ses paramètres de configuration, référez-vous au chapitre Les fichiers d'échange - Transfert électronique (ou E-Transmit).

E. Archiver un jeu de feuilles

Aux moments clés du projet, vous pouvez créer une archive compressée de l'ensemble d'un jeu de feuilles. Les fichiers de données du jeu de feuilles ainsi que les fichiers de configuration sont inclus automatiquement.

- Dans le **Gestionnaire du jeu de feuilles**, activez l'onglet **Liste des feuilles**.
- Sélectionnez le jeu de feuilles à archiver.
- Effectuez un clic droit, et choisissez **Archive**.

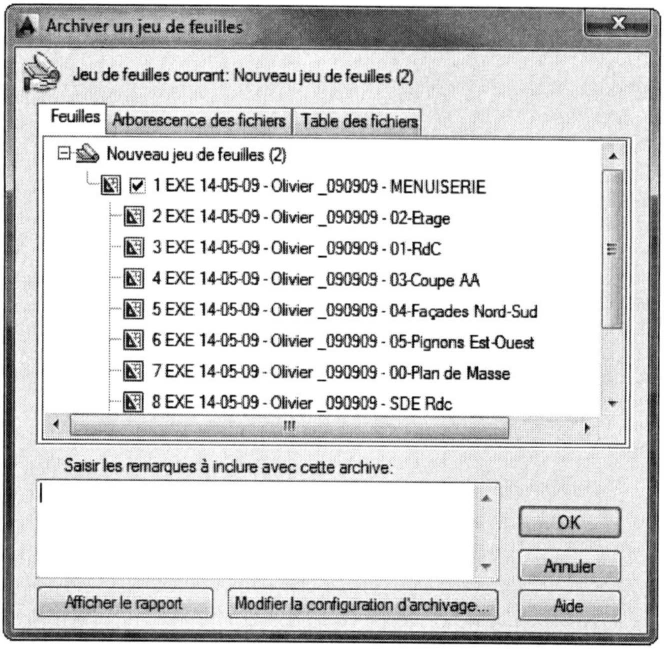

- Dans la rubrique **Saisir les remarques à inclure avec cette archive**, saisissez des commentaires renseignant l'archive. Ces commentaires sont intégrés dans le rapport d'archivage.
- Confirmez par **OK**.

F. Publier un fichier DWF à partir d'un jeu de feuilles

Le **Gestionnaire du jeu de feuilles** automatise la publication d'un jeu ou sous-jeu de feuilles.

- Dans le **Gestionnaire du jeu de feuilles**, activez l'onglet **Liste des feuilles**.
- Sélectionnez le jeu ou sous-jeu de feuilles à publier.
- Effectuez un clic droit, et choisissez **Publier** puis **Publier dans DWFx** (ou **Publier dans DWF**).
- Dans la boîte de dialogue **Sélectionner un fichier DWF**, indiquez l'emplacement et le nom du fichier DWF à créer.
- Lorsque la publication est achevée, choisissez le bouton **Afficher les détails** 

 dans le groupe de fonctions **Traceur**.

  Le rapport indique notamment le jeu de feuilles, le nombre total de feuilles et le nombre de feuilles tracées.
- Pour visualiser le ficher DWF généré, effectuez un clic droit sur l'icône **Traceur** de la barre d'état, puis choisissez **Afficher le fichier de tracé**.

  Pour plus de détails sur la publication de fichiers DWF et l'utilisation du visualiseur Autodesk Design Review, référez-vous au chapitre Les fichiers d'échange - Publication de fichiers DWF 3D.

Chapitre 29
La personnalisation

A. La fenêtre AutoCAD

➲ Effectuez un clic droit dans la zone graphique et choisissez **Options**.

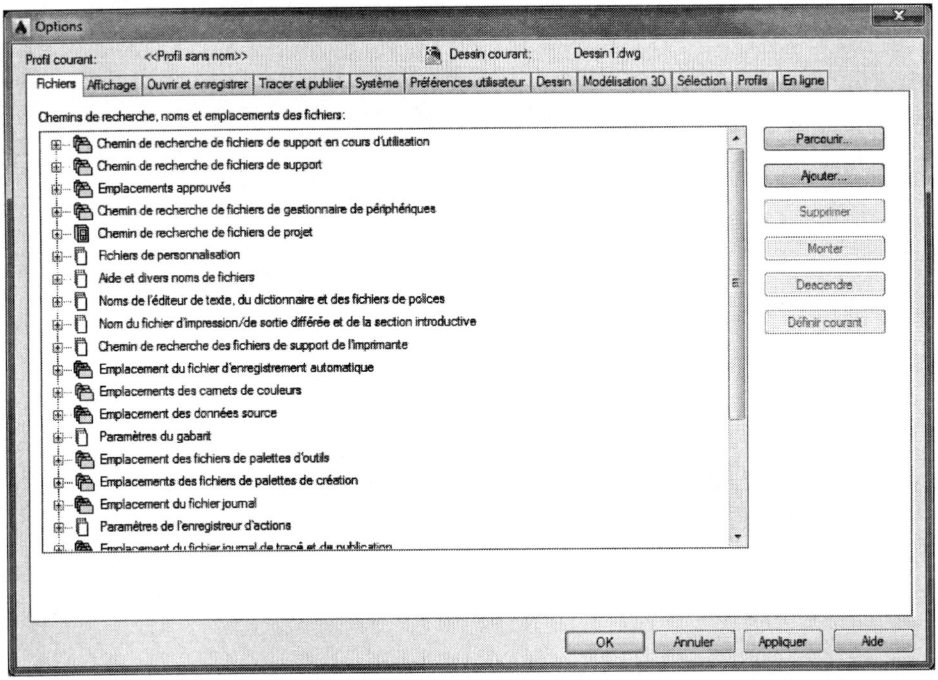

Cette boîte de dialogue propose onze onglets affichant chacun une catégorie de paramètres. Certains concernent le dessin en cours, d'autres tous les futurs dessins.

Certains paramètres sont spécifiques aux préférences de chaque utilisateur (aides au dessin). D'autres concernent l'affichage ; d'autres encore sont propres à l'impression.

Dans ces onglets, vous trouverez des paramètres valables uniquement pour le dessin AutoCAD en cours. Ceux-ci sont accompagnés d'une icône de fichier AutoCAD.

Onglet Fichiers

Cliquez sur le signe + placé devant chaque rubrique pour afficher son contenu.

Vous pouvez ici ajouter des chemins de recherche de fichiers de support (ou programmes).

Vous visualisez aussi ceux en cours d'utilisation.

Vous ajoutez des chemins de recherche de fichiers pilotes pour vos périphériques.

Vous fixez des chemins de recherche de fichiers projets.

Vous ajoutez ou modifiez des emplacements de fichiers menus, des fichiers d'aide, de configuration...

Vous modifiez l'éditeur de texte, le dictionnaire, les polices de mappage...

Vous précisez le nom de fichiers d'impression, ou l'utilitaire d'impression différée.

Vous modifiez l'emplacement du fichier d'impression différée, ainsi que celui des fichiers de support de l'imprimante.

Vous fixez un chemin de recherche pour les programmes ARX.

Vous modifiez l'emplacement du fichier de sauvegarde automatique.

Vous modifiez l'emplacement des données sources (liaisons bases de données), des fichiers gabarits, des fichiers temporaires, des références externes temporaires.

Vous modifiez le chemin de recherche des textures.

Onglet Affichage

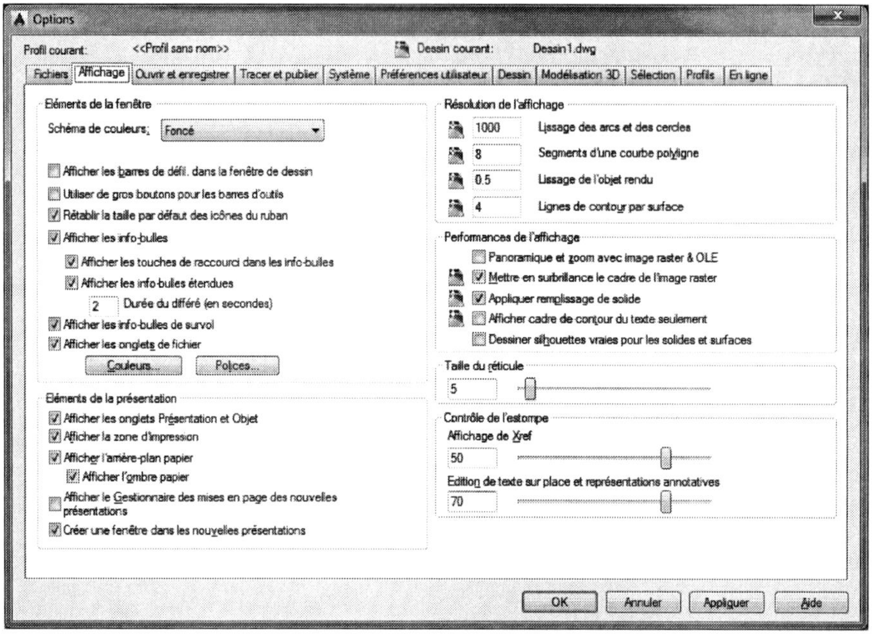

Eléments de la fenêtre

Vous pouvez ici changer la police de caractères qu'utilise AutoCAD, ainsi que la couleur et les propriétés des différents éléments (présentation, arrière-plan, réticule, info-bulles, etc) et paramètres propres à l'affichage.

Vous pouvez afficher les barres de défilement horizontale et verticale, ou encore le menu écran (pour les habitués de versions anciennes d'AutoCAD).

Vous activez l'affichage de gros boutons pour les barres d'outils.

Vous redimensionnez les icônes du ruban.

Vous activez l'affichage des info-bulles, et paramétrez les informations (raccourcis et info étendues) et la durée d'affichage.

Vous activez les info-bulles de survol.

Résolution de l'affichage (concerne le dessin courant (logo rouge AutoCAD))

Lissage des arcs et des cercles : agit sur l'affichage des arcs et des cercles. La valeur (de 1 à 20000) définit le lissage des arcs et cercles. Plus cette valeur est importante, plus la régénération graphique est longue.

Segments d'une courbe polyligne : agit sur l'affichage des courbes polylignes. La valeur définit le nombre de segments des polylignes. Plus cette valeur est importante, plus la régénération graphique est longue.

Lissage de l'objet rendu : agit sur l'affichage des solides 3D en mode lignes cachées, en mode ombré ou en mode rendu. Plus cette valeur (entre 0.01 et 10) est importante, plus le calcul de rendu est long.

Lignes de contour par surface : agit sur l'affichage des solides 3D en mode filaire, c'est-à-dire sur le nombre de génératrices sur les parties courbes (représentation maillée). Plus cette valeur est importante (entre 0 et 2047), plus l'affichage des solides 3D est long.

Eléments de la présentation

Vous modifiez ici les propriétés des présentations nouvelles et existantes.

Vous activez l'affichage des onglets **Objet** et **Présentation**.

Vous affichez les marges dans chaque présentation (zone d'impression).

Vous affichez **l'arrière-plan** correspondant au format pour la présentation.

Vous affichez **l'ombre** matérialisant l'ombre papier pour chaque arrière-plan (seulement si arrière-plan activé).

Vous agissez sur l'affichage de la boîte de dialogue **Gestionnaire des mises en page** pour chaque nouvelle présentation.

Vous demandez ou pas la création d'une fenêtre flottante pour chaque nouvelle présentation.

Performances de l'affichage

Panoramique et zoom avec image raster & OLE : permet l'affichage du contenu des images tramées lors de l'utilisation des zoom et panoramique. Désactivez cette option pour gagner en performance.

Mettre en surbrillance le cadre de l'image raster : permet l'affichage du cadre de l'image tramée sélectionnée.

Appliquer remplissage de solide : active ou désactive le remplissage des solides. La variable REMPLIR agit également sur le remplissage des solides.

Afficher cadre de contour du texte seulement : active ou pas l'affichage d'un cadre à la place de chaque texte du dessin. Cette règle est respectée pour les textes, cotations et attributs.

Dessiner silhouettes vraies pour les solides et surfaces : active ou désactive l'affichage de génératrices pour les solides 3D lors de l'élimination des lignes cachées. La variable DISPSILH agit également sur l'affichage des solides lors de l'élimination des lignes cachées.

Taille du réticule

Agit sur la taille du curseur dans la zone graphique. Une taille de 100 fixe la taille maximum de la croix du curseur aux bords de la fenêtre graphique.

Contrôle de l'estompe

Agit sur l'estompage des blocs ou références externes à l'affichage et lors de l'édition dans le dessin (cf. chapitre Les références externes - Éditer des blocs et des références externes).

Onglet Ouvrir et enregistrer

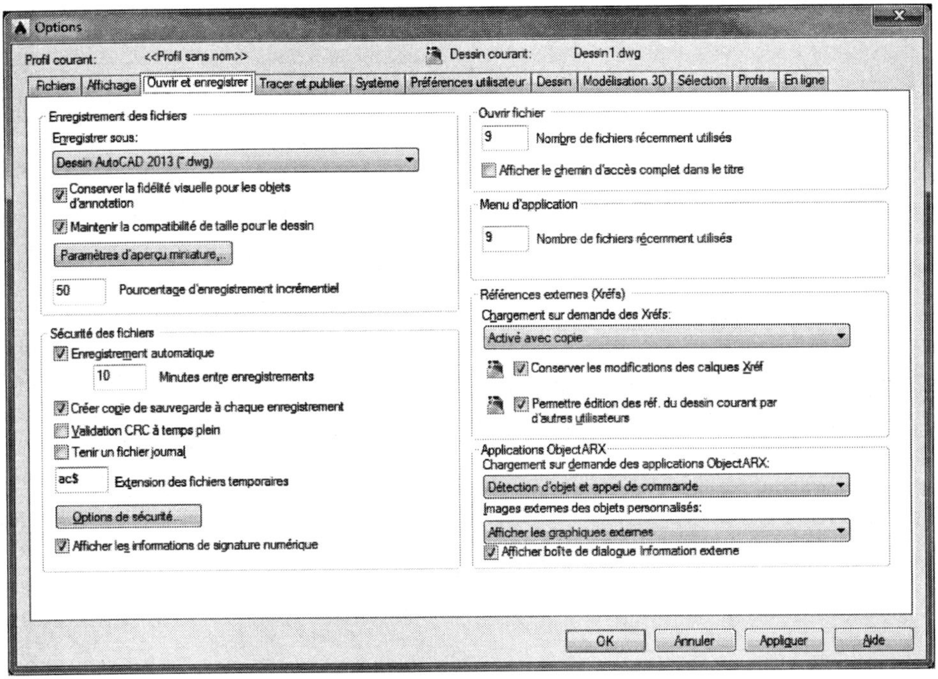

Enregistrement des fichiers

Permet l'enregistrement désiré par défaut (ex. : si vous souhaitez un enregistrement systématique en version AutoCAD 2007) et permet la génération d'un aperçu miniature de l'image lors de l'enregistrement.

Conserver la fidélité visuelle pour les objets d'annotation : permet de préserver la fidélité visuell des objets annotatifs lorsqu'ils sont affichés dans des versions antérieures d'AutoCAD. Permet de prendre en charge les limitations de taille de fichier ne dépassant pas 256 Mo dans les formats AutoCAD 2007 et antérieurs.

Paramètres d'aperçu miniature : détermine les paramètres de mise à jour des aperçus miniatures lors de l'enregistrement du dessin.

La valeur **Pourcentage d'enregistrement incrémentiel** définit le pourcentage d'espace inutilisé potentiel dans un fichier de dessin. Lorsque le pourcentage indiqué est atteint, AutoCAD effectue un enregistrement complet au lieu d'un enregistrement incrémentiel. Pour optimiser les performances, entrez la valeur 50. Si l'espace disque est insuffisant, entrez 25. Si vous attribuez à cette option une valeur inférieure à 20, les performances des commandes Enregistrer et Enregistrer sous diminuent considérablement.

Ouvrir fichier

Fixe le nombre des fichiers récemment ouverts dans le menu **Fichier** ou dans la fenêtre **Actualités** (valeur de 0 à 9) et affiche ou masque le chemin complet du fichier ouvert dans la barre de titre.

Menu d'application

Fixe le nombre de fichiers récemment utilisés qui sont affichés dans le menu.

Références externes

Contrôle le chargement des références externes. Peut être désactivé, activé ou activé avec copie selon la demande.

- L'option **Conserver les modifications des calques Xréf** permet de récupérer les modifications apportées aux propriétés et aux états des calques dépendants de Xréfs. Lorsque le dessin est rechargé, les propriétés courantes des calques dépendants de Xréf sont conservées.
- L'option **Permettre édition des réf. du dessin courant par d'autres utilisateurs** permet la modification du dessin s'il est référencé par un ou plusieurs autres dessins. Ce paramètre est enregistré dans le dessin.

Sécurité des fichiers

Active l'enregistrement automatique et fixe l'intervalle des enregistrements. Permet aussi la génération de fichiers de sauvegarde (.BAK). Permet une vérification systématique des éventuelles erreurs présentes dans le dessin. Permet d'enregistrer le contenu de la fenêtre de texte dans un fichier journal. Fixe l'extension des fichiers temporaires. Permet l'accès aux **Options de sécurité** de signature numérique.

Applications ObjectARX

Contrôle le chargement automatique des applications ARX, ainsi que l'affichage des images externes des objets personnalisés.

Onglet Tracer et publier

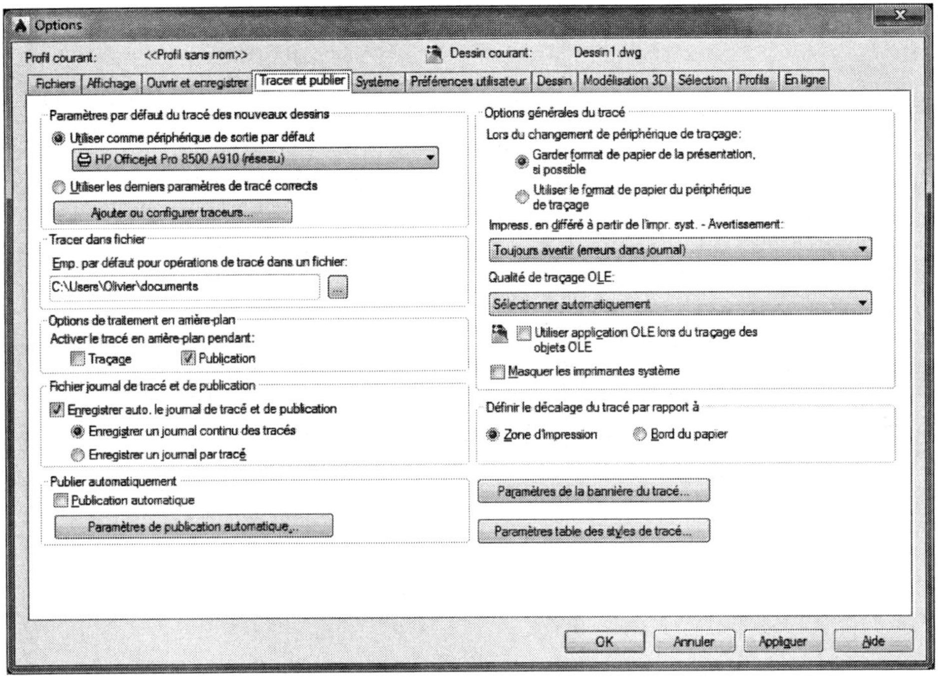

Paramètres par défaut du tracé des nouveaux dessins

Permet d'accéder à la liste des périphériques configurés et de choisir le périphérique par défaut. Le bouton **Ajouter ou configurer traceurs** permet d'accéder à la configuration ou à la modification de nouveaux traceurs.

Options générales du tracé

Permet de conserver si possible le format de papier de la présentation lors d'un changement de périphérique de traçage, ou d'affecter le format du périphérique. Permet également un avertissement lors de l'impression différée. Règle la qualité d'impression des objets OLE.

Tracer dans fichier

Indique l'emplacement par défaut des opérations de tracé dans un fichier.

Options de traitement en arrière-plan

Active le traitement de l'impression en arrière-plan pour le traçage et/ou la publication.

Fichier journal de tracé et de publication

Permet la création d'un fichier journal contenant des informations relatives à toutes les tâches de traçage et de publication enregistrées automatiquement.

Publier automatiquement

Permet la publication automatique des dessins et définit les paramètres de publication automatique via la boîte de dialogue **Options de publication**.

Définir le décalage du tracé par rapport à

Permet d'indiquer si le décalage de l'aire du tracé provient de l'angle inférieur gauche de la zone d'impression ou du bord du papier.

Paramètres de la bannière du tracé

Permet l'accès à la boîte de dialogue **Bannière**, dans laquelle vous pouvez spécifier les paramètres des bannières (cf. chapitre La présentation et l'impression du dessin - L'impression).

Paramètres table des styles de tracé

Permet de préciser les paramètres des tables des styles de tracé dans la boîte de dialogue Paramètres de la table des styles de tracé. Permet de choisir le type de table de styles de tracé (.CTB ou .STB). Vous accédez aux différentes tables puis aux styles de tracé associés. Le bouton **Ajouter ou modifier tables de style de tracé** permet la création ou la modification de table de styles de tracé.

Onglet Système

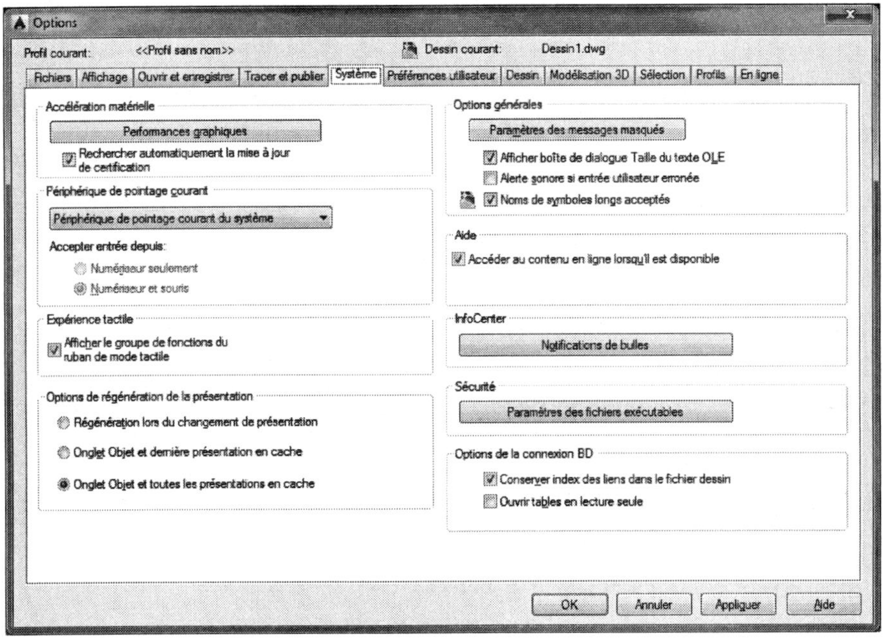

Accélération matérielle

Permet le paramétrage de l'affichage des objets 3D. Le bouton **Paramètres de performance** accède aux différentes possibilités (dégradations, faces, matériaux...).

Périphérique de pointage courant

Liste les périphériques configurés pour AutoCAD.

La case à cocher **Afficher le groupe de fonctions du ruban de mode tactile** affiche un groupe de fonctions comportant un bouton permettant d'annuler les opérations au niveau du pavé tactile (par exemple, zoom et panoramique).

Options de régénération de la présentation

Définit la régénération lors du passage aux onglets **Objet** et **Présentation**.

Options générales

Permet l'affichage de la boîte de dialogue **Taille du texte OLE** lors de l'insertion d'un objet OLE. Active ou désactive une alerte sonore lors d'une saisie erronée de l'utilisateur. Active ou désactive le chargement du fichier acad.lsp à chaque dessin. Autorise ou pas les noms longs (jusqu'à 255 caractères) pour les éléments suivants : calques, styles de texte, de cote, types de lignes, vues, présentations, blocs, scu.

Le bouton **Paramètres des messages masqués** permet d'accéder à l'ensemble des messages masqués. Des options de recherche permettent l'utilisation de mots-clés.

Aide

Définit la source de l'aide en ligne ou locale.

InfoCenter

Fournit des options contrôlant le contenu et la durée d'affichage des **Notifications de bulles** dans l'angle supérieur droit de la fenêtre de l'application.

Sécurité

Le bouton **Paramètres des fichiers exécutables** donne accès aux options qui contrôlent la manière dont les fichiers contenant le code exécutable sont chargés.

Options de la connexion BD

Gère les index de liens (bases de données) ainsi que l'ouverture en lecture seule de tables.

Onglet Préférences utilisateur

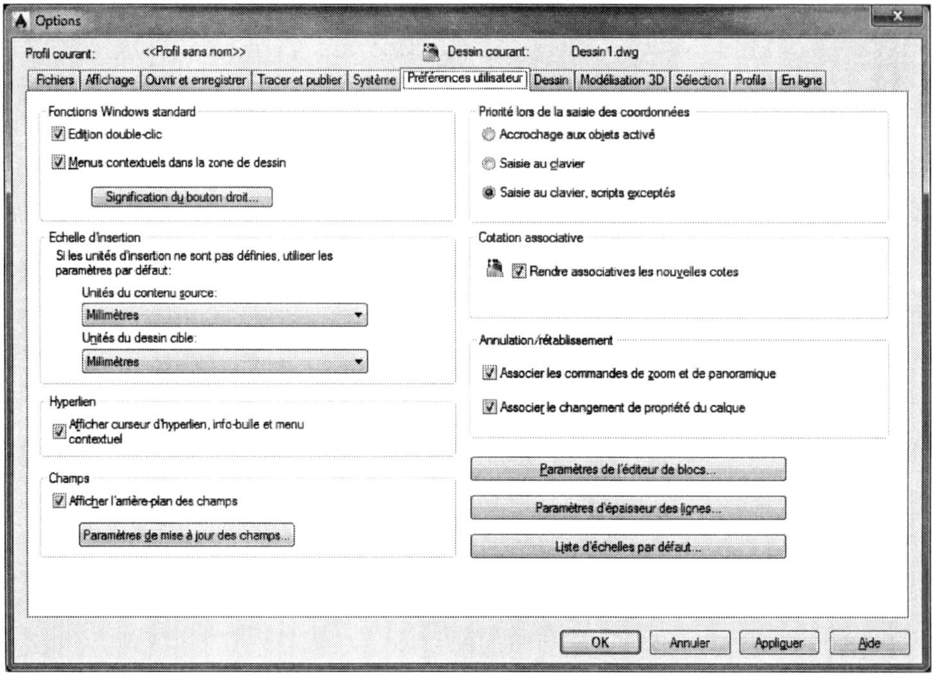

Fonctions Windows standard

Permet d'activer ou désactiver l'édition par double clic. Les menus contextuels sont activés ou non dans la zone de dessin.

Signification du bouton droit : permet de personnaliser l'utilisation du bouton droit de la souris dans les différents contextes d'utilisation (modes par défaut, d'édition ou de commande).

Priorité lors de la saisie des coordonnées

Fixe la priorité :

- À l'accrochage aux objets (lorsque celui-ci est actif, et quelle que soit la saisie au clavier) option dangereuse.
- À la saisie au clavier même si l'accrochage est activé.
- À la saisie au clavier, scripts exceptés, même si l'accrochage est activé à l'exception des scripts (fichier programme).

Echelle d'insertion

Permet de régler les unités source et destination lors de l'insertion de blocs ou références externes depuis AutoCAD DesignCenter ou i-drop.

Cotation associative

Permet, dans le dessin courant, d'activer l'associativité des cotes aux objets. Ces cotes associatives s'adaptent automatiquement lorsque les objets cotés sont modifiés.

Hyperlien

Permet l'affichage du curseur, du menu contextuel d'hyperlien, ainsi que les info-bulles spécifiques aux hyperliens.

Annulation/rétablissement

Permet de regrouper plusieurs commandes de Zoom et de Panoramique en une seule action pour les opérations d'annulation et de rétablissement. Permet de regrouper les opérations de changement de propriétés des calques par annulation et rétablissement.

Champs

Permet l'affichage des champs avec un arrière-plan gris clair non imprimable. Permet de configurer la mise à jour des champs avec les actions suivantes : Ouvrir, Enregistrer, Tracer, E-Transmit, Regen.

Paramètres de l'éditeur de blocs

Contrôle les paramètres d'environnement de l'éditeur de blocs.

Paramètres d'épaisseur des lignes

Permet de choisir l'épaisseur de ligne par défaut.

Liste d'échelles par défaut

Permet de gérer la liste des échelles affichées dans la boîte de dialogue **Modifier la liste d'échelles**.

Onglet Dessin

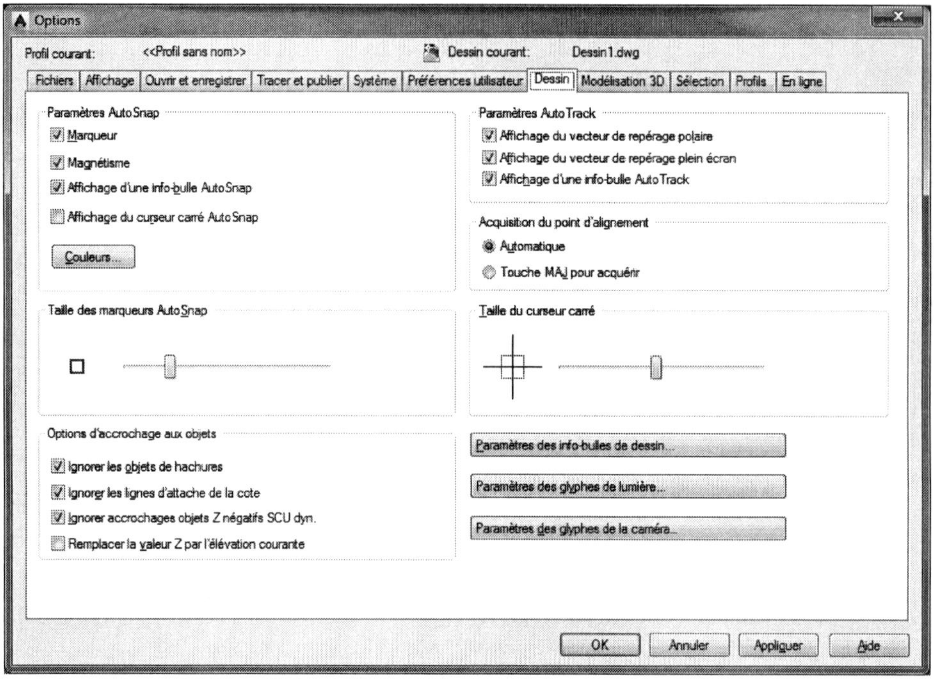

Paramètres AutoSnap

Définit les paramètres d'affichage de l'accrochage aux objets :

- Affiche ou pas une marque par type d'accrochage aux objets.
- Active ou pas le magnétisme du curseur.
- Affiche ou pas le texte info propre au type d'accrochage aux objets.
- Affiche ou pas un curseur carré lors de l'activation de l'accrochage aux objets.

Le bouton **Couleurs** permet de définir la couleur des marques d'accrochage parmi les couleurs AutoCAD.

Paramètres AutoTrack

Définit les paramètres d'affichage du repérage polaire :

- Affiche ou pas le vecteur de repérage polaire.
- Affiche ou pas le vecteur de repérage polaire plein écran.
- Affiche ou pas le texte Info propre au repérage polaire.

Acquisition du point d'alignement

Permet le repérage du point d'extension automatique ou à l'aide de la touche [Shift].

Taille des marqueurs AutoSnap

Définit la taille des marques d'accrochage.

Taille du curseur carré

Définit la taille du curseur carré si celui-ci est activé (désactivé par défaut).

Options d'accrochage aux objets

Permet d'éviter l'accrochage aux objets sur les motifs de hachures ainsi que sur les lignes d'attache des cotations lorsque l'accrochage d'objet est activé, permet de remplacer la valeur Z par l'élévation définie par le SCU courant et précise que les accrochages aux objets ignorent la géométrie avec des valeurs Z négatives lors de l'utilisation d'un SCU dynamique.

Paramètres des info-bulles de dessin

Permet d'accéder aux réglages des info-bulles depuis la boîte de dialogue **Apparence des info-bulles**.

Paramètres des glyphes de lumière

Permet d'accéder aux réglages du glyphe de lumière (type, couleur et taille) via la boîte de dialogue **Apparence du glyphe de lumière**.

Paramètres des glyphes de la caméra

Permet d'accéder aux réglages du glyphe de caméra (couleur et taille) via la boîte de dialogue **Apparence du glyphe de la caméra**.

Onglet Modélisation 3D

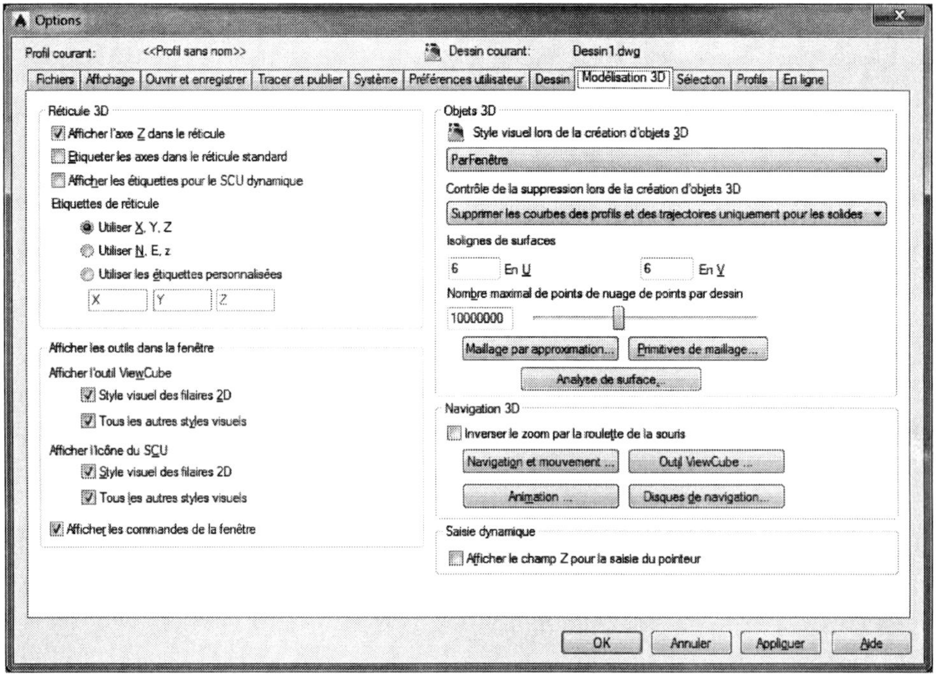

Réticule 3D

Permet d'afficher l'axe Z sur le réticule. Permet d'étiqueter les axes du réticule. Permet d'afficher les étiquettes du SCU dynamique. Permet d'attribuer des étiquettes d'axes personnalisées.

Objets 3D

Détermine le style visuel lors de ma création des solides 3D. Les options ParFenêtre, Filaire 2D, Masqué 3D, Filaire 3D, Conceptuel et Réaliste sont disponibles, détermine la suppression des profils et trajectoires originaux lors de la création de solides et surfaces, définit la propriété des isolignes dans la direction U pour les surfaces et les mailles (valeur entre 0 et 200 et définit la propriété des isolignes dans la direction V pour les surfaces et les mailles (valeur entre 0 et 200).

Maillage par approximation : permet de régler les paramètres des objets convertis en objets maillés (ou maillage).

Primitives de maillage : permet de définir les paramètres de création de primitives maillées (surfaces primitives ou objets maillés de type boîte, cône, cylindre, pyramide).

Le bouton **Analyse de surface** définit les paramètres d'affichage des analyses par zébrures, de courbures et de dépouille utilisés par le bouton **Zébrures** du groupe de fonctions **Analyse** (onglet **Surface**) qui permet la projection de bandes de couleur sur un modèle 3D pour analyser la continuité de surface.

Navigation 3D

Permet d'inverser le zoom par la roulette de la souris, permet de définir les paramètres de **Navigation et de mouvement** via la boîte de dialogue Paramètres de navigation et de mouvement, permet de définir les paramètres d'**Animation** via la boîte de dialogue Paramètres d'animation, permet de définir les paramètres de navigation de l'**Outil ViewCube** et permet de définir les paramètres de navigation des **disques de navigation SteeringWheel**.

Afficher les outils dans la fenêtre

Définit l'affichage de l'outil ViewCube et des SCU dans les espaces 2D et 3D.

Saisie dynamique

Permet l'affichage d'un champ pour la coordonnée Z lors de l'utilisation d'une saisie dynamique.

Onglet Sélection

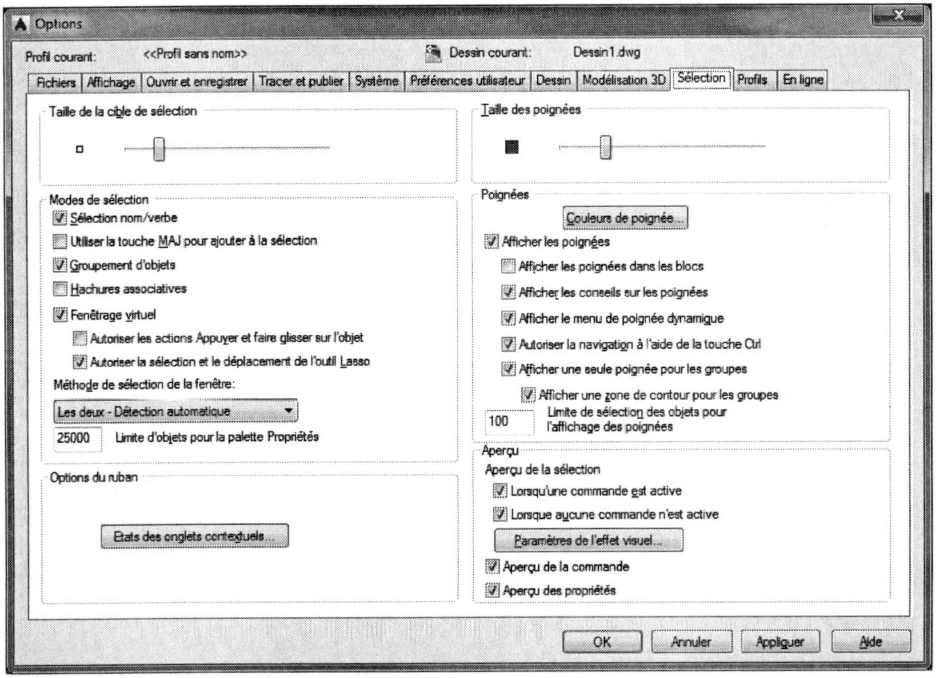

Taille de la cible de sélection

Définit la taille du réticule de sélection (au message **Choix des objets** par exemple).

Taille des poignées

Définit la taille des poignées.

Aperçu de la sélection

Affiche un aperçu de la sélection lorsqu'une commande est active et que l'invite **Choix des objets** est proposée et affiche un aperçu de la sélection lorsqu'aucune commande n'est active. Le bouton **Paramètres de l'effet visuel** permet de définir les couleurs et filtrage selon le type d'objets, ainsi que les paramètres de l'aire de sélection (par fenêtre et capture).

Modes de sélection

Sélection nom/verbe : permet la sélection d'objets avant d'exécuter une opération.

Utiliser la touche MAJ pour ajouter à la sélection : restreint la sélection d'objets à la sélection d'objets avec la touche [Shift]. Si cette option est activée, un clic sélectionne un objet, un second clic sélectionne un autre objet et désélectionne le premier sauf si vous utilisez la touche [Shift].

Groupement d'objets : permet la sélection directe d'un groupe en sélectionnant l'un des composants du groupe.

Hachures associatives : permet la sélection de la hachure avec les objets délimitant le contour hachuré (désactivé par défaut).

Fenêtrage virtuel : permet une fenêtre ou capture automatique lorsque vous effectuez le premier clic dans une zone dégagée.

Autoriser les actions Appuyer et faire glisser sur l'objet : permet de définir une fenêtre ou une capture en effectuant un cliqué-glissé (et non pas deux clics classiques).

Autoriser la sélection et le déplacement de l'outil Lasso : permet l'utilisation des techniques de sélection du lasso.

Méthode de sélection de la fenêtre : définit la façon d'utiliser la fenêtre de sélection, soit par deux clics, soit en appuyant et en faisant glisser le pointeur, soit les deux méthodes.

Poignées

Couleurs de poignée

Couleur des poignées non sélectionnées : permet de choisir la couleur des poignées s'affichant lors d'une sélection d'objets (sans commande en cours).

Couleur des poignées sélectionnées : permet de choisir la couleur des poignées sélectionnées (permettant la manipulation avec les poignées).

Couleur des poignées dynamiques : met en évidence le passage précis du pointeur sur une poignée.

Afficher les poignées : active l'utilisation des poignées (manipulations simples et rapides).

Afficher les poignées dans les blocs : active les poignées dans les éléments composant un bloc. Vous pouvez ainsi vous en servir dans les manipulations avec les poignées.

Afficher les conseils sur les poignées : affiche des conseils sur les poignées, lorsque le curseur passe au-dessus d'une poignée sur un objet personnalisé prenant en charge ce type de conseil.

Afficher le menu de poignée dynamique : définit l'affichage du menu dynamique présent lorsque le pointeur est placé sur une poignée multifonctions.

Autoriser la navigation à l'aide la touche Ctrl : permet la navigation à l'aide de la touche [Ctrl] pour les poignées multifonctions.

Afficher une seule poignée pour les groupes : permet la manipulation d'une poignée unique pour un groupe d'objets.

Afficher une zone de contour pour les groupes : permet l'affichage d'une zone de contour autour de l'étendue des objets groupés.

Limite de sélection des objets pour l'affichage des poignées : annule la sélection des poignées quand le nombre d'objets sélectionnés est supérieur au nombre indiqué.

Options du ruban

Définit les paramètres d'affichage des onglets contextuels du ruban.

Onglet Profils

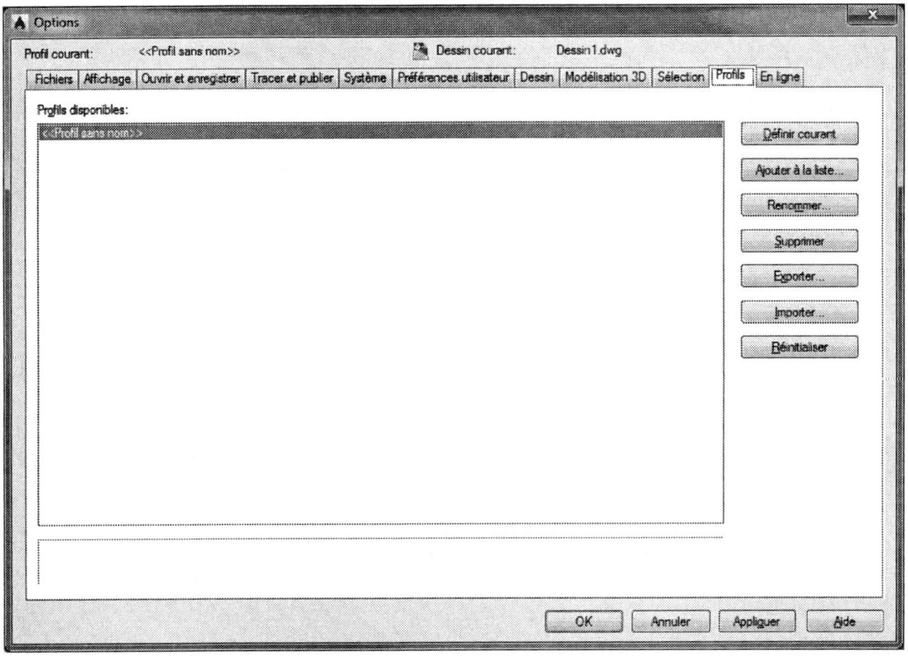

Permet d'enregistrer des configurations (profils) personnalisées. Les profils prennent en compte les paramètres contenus dans tous les onglets précédents, ainsi que l'affichage des barres d'outils. Ainsi, les profils permettent à chacun de mettre en place un ou plusieurs environnements de travail personnalisés.

Pour définir un profil : choisissez **Ajouter à la liste** pour affecter un nom et une description au nouveau profil.

Le bouton **Définir courant** permet de choisir le profil à rendre courant.

Effectuez les différents réglages dans les onglets correspondants sans oublier pour chaque onglet de confirmer par le bouton **Appliquer**. Confirmez ensuite par **OK**.

Onglet En ligne

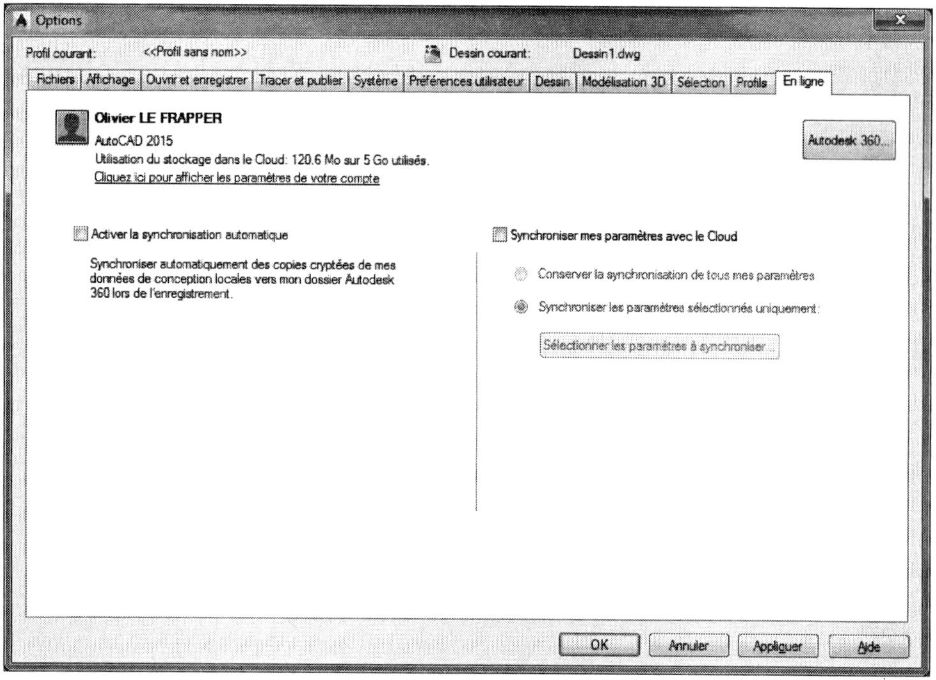

Accède au réglage des options permettant de travailler en ligne avec Autodesk 360 et donne accès aux documents de conception archivés dans votre compte Cloud.

Cliquez ici pour afficher les paramètres de votre compte : permet la connexion à votre compte Autodesk 360. Donne accès aux produits et services Autodesk 360. Affiche la quantité de ressources que vous utilisez dans votre compte.

Activer la synchronisation automatique : permet la copie automatique des dessins et tous les fichiers liés, tels que les références externes, vers Autodesk 360. Par sécurité, les fichiers sont codés lors de la transmission.

Autodesk 360 : ouvre vos dossiers et documents Autodesk 360 dans un navigateur.

Synchroniser mes paramètres avec le Cloud : active ou désactive la synchronisation de vos paramètres d'application personnalisés avec votre compte Autodesk 360.

Conserver la synchronisation de tous mes paramètres : synchronise tous les paramètres d'application personnalisés pris en charge avec votre compte Autodesk 360.

Synchroniser les paramètres sélectionnés uniquement : synchronise uniquement les paramètres d'application que vous spécifiez avec votre compte Autodesk 360. Ces paramètres sont définis à l'aide du bouton **Sélectionner les paramètres à synchroniser**.

B. Les barres d'outils

AutoCAD propose un grand nombre de barres d'outils standard qui sont présentes dans l'espace de travail **AutoCAD classique**. Ces barres d'outils peuvent être affichées ou désactivées. Elles sont flottantes ou arrimées à votre convenance, en haut, en bas, à gauche ou à droite de la zone graphique.

Déplacez le pointeur de la souris l'une ou l'autre des barres d'outils, puis effectuez un clic droit.

Toutes les barres d'outils disponibles apparaissent. La coche indique l'affichage de la barre d'outils correspondante. Un clic sur le nom d'une barre d'outils affiche ou masque la barre d'outils correspondante.

➲ Décochez la barre d'outils désirée par un simple clic pour la masquer.

1. Personnaliser une barre d'outils

➲ Dans le groupe de fonctions **Personnaliser** (onglet **Gérer**), cliquez sur l'icône **Interface utilisateur**

.

a. Modifier un bouton à icône

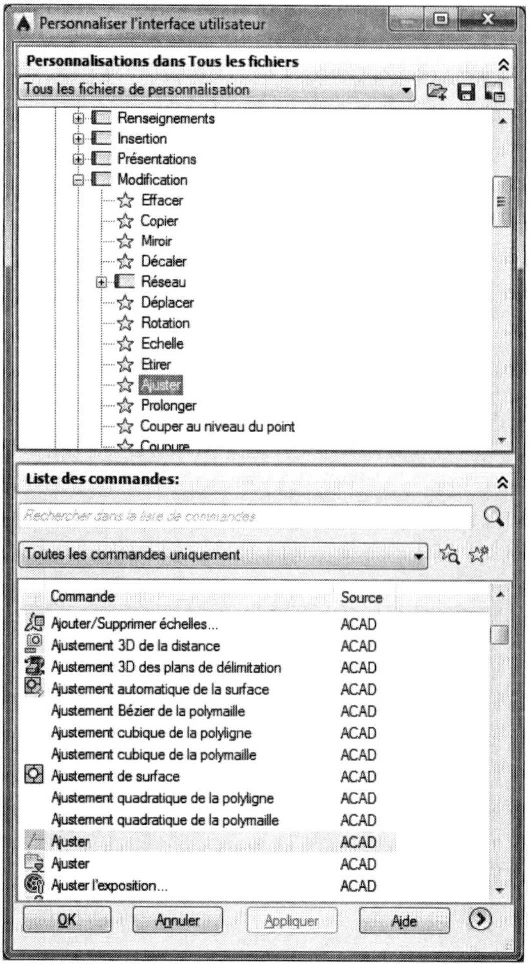

➲ Dans la liste **Personnalisations dans Tous les fichiers**, développez l'arborescence **Barres d'outils** en cliquant sur le signe + correspondant.

➲ Repérez la barre d'outils de votre choix et développez son arborescence en cliquant sur le signe + de cette barre d'outils et cliquez sur le bouton souhaité. Les boutons sont précédés d'un symbole en forme d'étoile.

Dans l'exemple précédent, la barre d'outils **Modification** est déroulée et le bouton **Ajuster** sélectionné.

Cliquez sur si nécessaire pour afficher la partie droite de la fenêtre **Personnaliser l'interface utilisateur**.

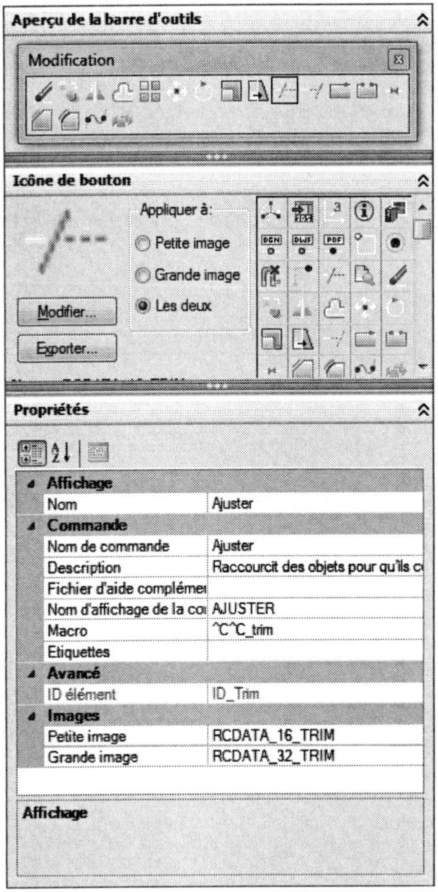

La rubrique **Icône de bouton** présente l'icône correspondant au bouton sélectionné. Le bouton **Modifier** permet de modifier la représentation de l'icône. Sur la partie droite, l'ensemble des icônes AutoCAD est affiché. Ces icônes peuvent vous servir pour la création de nouvelles icônes personnalisées.

La rubrique **Propriétés** affiche l'ensemble des propriétés associées au bouton à icône.

Commande

Nom de commande : nom de l'info-bulle affichée lors du positionnement du pointeur sur le bouton.

Description : commentaire affiché dans la ligne d'état lors du positionnement du pointeur sur le bouton.

Macro

Macro-commande(s) associée(s) au bouton. Les caractères ^ C correspondent à une annulation (la double annulation ^ C ^ C garantit ainsi l'exécution de la commande Ajuster (ou _trim), même dans le cas où une autre commande est en cours d'exécution).

Vous pouvez modifier ces informations. Cliquez dans la zone de texte **Macro**, sélectionnez le bouton à trois points [...] qui permet d'accéder à l'éditeur de macro-commandes :

Le bouton **Appliquer** de la fenêtre **Personnaliser l'interface utilisateur** confirme les modifications.

b. Déplacer/copier un bouton à icône

- Dans la fenêtre **Personnaliser l'interface utilisateur**, développez l'affichage des boutons de la barre d'outils dans laquelle vous souhaitez placer un nouveau bouton à icône, dans la rubrique **Personnalisations dans Tous les fichiers**.
- Sélectionnez une commande dans la rubrique **Liste des commandes**.

Remarque

*Une liste déroulante affiche **Toutes les commandes**. Celles-ci y sont classées dans l'ordre alphanumérique. Vous pouvez restreindre l'affichage de la liste de commandes en sélectionnant une catégorie spécifique. Les catégories listées correspondent aux menus déroulants contenant les commandes.*

Remarque

*Lors du choix de la commande, remarquez l'affichage de l'icône de bouton ainsi que celui des propriétés dans la partie droite de la fenêtre **Personnaliser l'interface utilisateur**.*

Glissez la commande depuis la rubrique **Liste des commandes** vers l'emplacement voulu (au-dessus ou en dessous d'un bouton à icône existant) dans la rubrique **Personnalisations dans Tous les fichiers**.

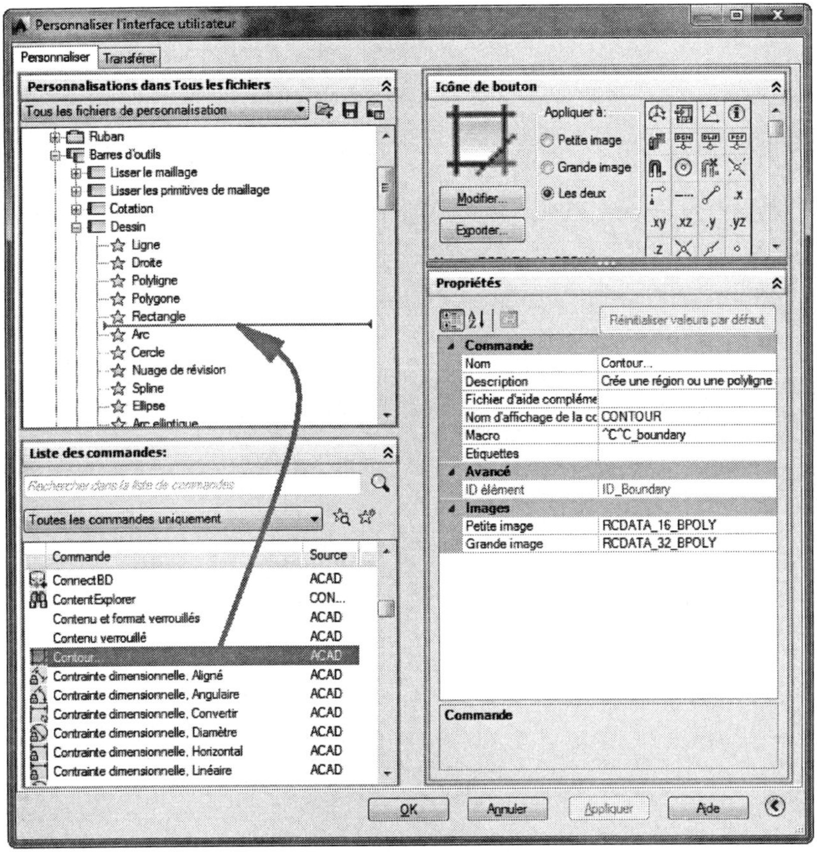

Remarque

> *Dans l'exemple ci-dessus, la commande **Contour** est copiée dans la barre d'outils Dessin au-dessus de l'outil **Hachures**.*

- Confirmez par **Appliquer** pour visualiser le résultat (dans l'exemple, l'affichage du bouton **Contour** dans la barre d'outils **Dessin**).

c. Supprimer un bouton à icône

- Dans la fenêtre **Personnaliser l'interface utilisateur**, choisissez le bouton à supprimer dans la liste **Personnalisations dans Tous les fichiers**.
- Effectuez un clic droit et choisissez **Supprimer**. AutoCAD vous demande de confirmer la suppression.

2. Création de barres d'outils

- Effectuez un clic droit sur une barre d'outils quelconque, choisissez **Personnaliser**.
- Dans la fenêtre **Personnaliser l'interface utilisateur**, développez l'affichage des barres d'outils en agissant sur le signe + situé à gauche de **Barres d'outils**.
- Effectuez un clic droit et choisissez **Nouvelle Barre d'outils**.

  L'affichage suivant vous invite à saisir le nom de la nouvelle barre d'outils.

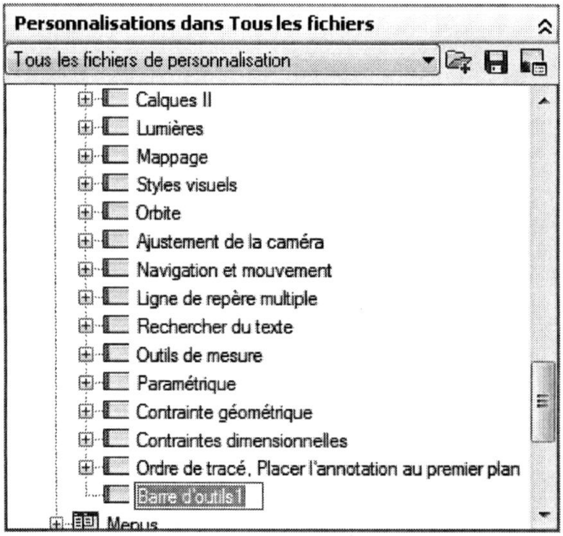

- Saisissez le nom de la nouvelle barre d'outils (exemple Perso) et appuyez sur [Entrée].

Remarque

*La rubrique **Propriétés** de la fenêtre **Personnaliser l'interface utilisateur** affiche les caractéristiques générales de la barre d'outils.*

- Dans la fenêtre **Personnaliser l'interface utilisateur**, sélectionnez une commande dans la rubrique **Liste des commandes**.
- Glissez la commande depuis la rubrique **Liste des commandes** vers la nouvelle barre d'outils dans la rubrique **Personnalisations dans Tous les fichiers**.

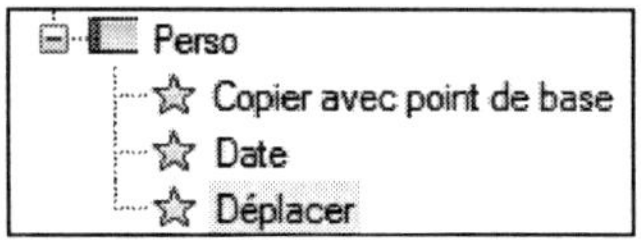

Création d'un bouton

- Dans la fenêtre **Personnaliser l'interface utilisateur**, cliquez sur le bouton **Créer une nouvelle commande**  dans la rubrique **Liste des commandes**. Un nom provisoire **Commande1** est affiché dans la liste des commandes (rubrique Liste de commandes).
- Si vous le souhaitez, glissez cette commande vers la nouvelle barre d'outils dans la rubrique **Personnalisations dans Tous les fichiers**.
- Dans la rubrique **Personnalisations dans Tous les fichiers**, sélectionnez le nouveau bouton.
- Dans la rubrique **Propriétés** (partie droite de la fenêtre **Personnaliser l'interface utilisateur**), indiquez le nom de l'icône dans la zone **Nom** et un commentaire de l'icône dans la zone **Description**. Indiquez la commande ou la séquence de commandes AutoCAD dans la zone **Macro**.

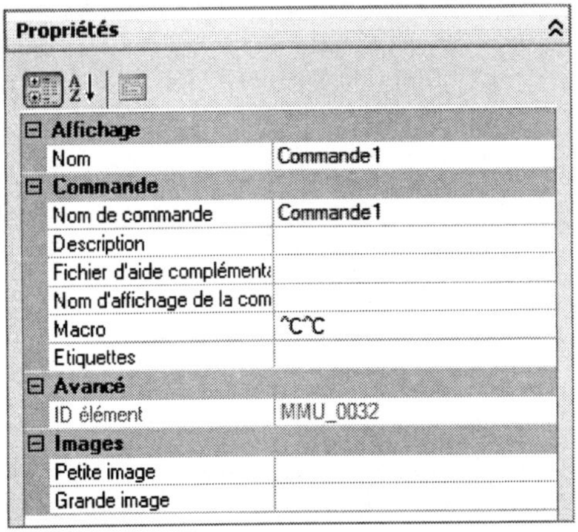

Les caractères ^C correspondent à une annulation. Deux annulations assurent le fonctionnement de la séquence de commandes.

L'espace ou le point-virgule (;) correspondent à une validation (Entrée).

L'anti-slash (\) permet une pause utilisateur.

La barre oblique (/) sert de séparateur de répertoires dans un chemin.

Exemples

- Si vous souhaitez un bouton qui effectue un raccord de rayon 0 (c'est-à-dire jonction à l'intersection), la macro est : ^C^Craccord;r;0;
- Si vous souhaitez un bouton qui effectue un rectangle avec les coins arrondis (rayon de 5), la macro est : ^C^Crectangle;r;5;
- Si vous souhaitez un bouton qui effectue un oblong automatique de 24 par 10 dont le premier point ainsi que l'orientation sont fixés par l'utilisateur : ^C^Crectangle;r;5;\cotes;24;10;

- Dans ce dernier cas, la commande Rectangle est exécutée, le rayon est fixé à 5 (moitié de la hauteur de l'oblong). La pause utilisateur permet d'indiquer le premier coin du rectangle. L'option cotés est alors choisie et les longueur et largeur sont données. Il reste à l'utilisateur à orienter la forme.
- Vous souhaitez insérer un élément de bibliothèque porte.dwg situé dans un répertoire c:\biblios\batiment. Vous laissez une pause utilisateur pour le choix de l'insertion. L'élément de bibliothèque a une échelle uniforme de 1, mais une orientation libre.

  La macro est : ^C^C-inserer;c:/biblios/batiment/porte;\1;1

➲ Dans la rubrique **Icône de bouton**, modifiez l'icône à personnaliser.

Le bouton **Modifier** affiche l'éditeur de boutons.

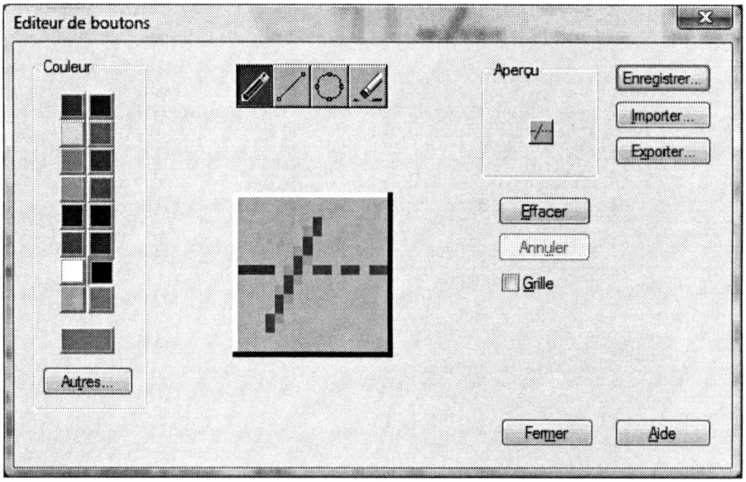

➲ Utilisez les outils de dessin et les couleurs disponibles pour réaliser l'icône voulue. La case à cocher **Grille** permet l'affichage d'une grille permettant un dessin de plus grande précision.

➲ Choisissez le bouton **Enregistrer** pour procéder à l'enregistrement du fichier BMP dans le répertoire AutoCAD (ou un dossier personnalisé figurant dans la liste des chemins de support).

➲ Choisissez le bouton **Fermer** pour quitter l'éditeur de boutons.

L'icône du bouton est maintenant créée. Elle apparaît d'ailleurs tout en bas de la liste de boutons dans la rubrique **Icône de bouton**.

➲ Sélectionnez l'icône pour l'attribuer au nouveau bouton.

➲ Choisissez **Appliquer** et **OK** pour quitter la fenêtre **Personnaliser l'interface utilisateur**.

C. Les palettes d'outils

Vous pouvez organiser les blocs et hachures dans les onglets des palettes d'outils. Elles vous permettent également la création d'outils personnalisés comme des cotes, du texte multiligne, des gradients, des tableaux, des blocs dynamiques, des xrefs à partir d'objets existants par simple glissement depuis la zone de dessin. Vous classez dans ces onglets un ensemble d'éléments personnalisés, que vous insérez facilement dans le dessin.

AutoCAD vous permet de créer très rapidement vos propres palettes d'outils à partir :

- D'un bloc unique ou d'un ensemble de blocs.
- D'un ou plusieurs motifs de hachures.
- D'objets personnalisés comme des cotes, du texte multiligne, des gradients, des tableaux, des xrefs.
- D'un fichier dessin (le dessin sera inséré comme un bloc).
- D'un dossier contenant des fichiers dessins (chaque dessin sera inséré comme un bloc).
- D'un fichier de motif de hachures.

1. Personnaliser une palette d'outils

➲ Dans le groupe de fonctions **Palettes** (onglet **Vue**), cliquez sur l'icône **Palettes d'outils**.

a. Déplacer un outil vers une autre palette

➲ Effectuez un clic droit sur l'outil à déplacer et choisissez **Couper**.

➲ Activez la palette vers laquelle vous souhaitez déplacer l'outil en cliquant sur l'onglet désiré.

➲ Effectuez un clic droit et choisissez **Coller**.

b. Dupliquer un outil vers une autre palette

➲ Effectuez un clic droit sur l'outil à dupliquer et choisissez **Copier**.

➲ Activez la palette vers laquelle vous souhaitez copier l'outil en cliquant sur l'onglet désiré.

➲ Effectuez un clic droit et choisissez **Coller**.

c. Supprimer un outil

➲ Dans la palette désirée, déplacez le pointeur sur l'outil à supprimer.

➲ Effectuez un clic droit et choisissez **Supprimer**.

d. Renommer un outil

➲ Dans la palette désirée, déplacez le pointeur sur l'outil à renommer.

➲ Effectuez un clic droit et choisissez **Renommer**.

➲ Saisissez le nouveau nom et validez par [Entrée].

e. Modifier les propriétés d'un bloc

- Dans la palette désirée, déplacez le pointeur sur l'outil à modifier.
- Effectuez un clic droit et choisissez **Propriétés**.

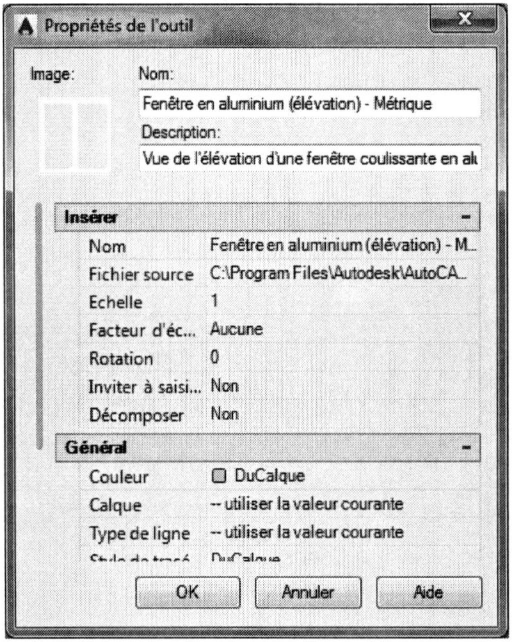

Dans la boîte de dialogue **Propriétés de l'outil**, vous pouvez modifier les **Nom** et **Description** du bloc.

La rubrique **Insérer** vous permet de modifier les propriétés d'insertion du bloc : nom, emplacement du fichier dessin, échelle d'insertion, angle de rotation, décomposition lors de l'insertion.

La rubrique **Général** vous permet de modifier les propriétés générales du bloc : couleur, calque, type de ligne, style de tracé, épaisseur de ligne.

La rubrique **Personnalisé** vous permet de modifier les propriétés personnalisées associées à l'outil. Cette rubrique est présente pour les blocs dynamiques uniquement.

f. Modifier les propriétés d'un motif de hachure

- Dans la palette désirée, déplacez le pointeur sur l'outil à modifier.
- Effectuez un clic droit et choisissez **Propriétés**.

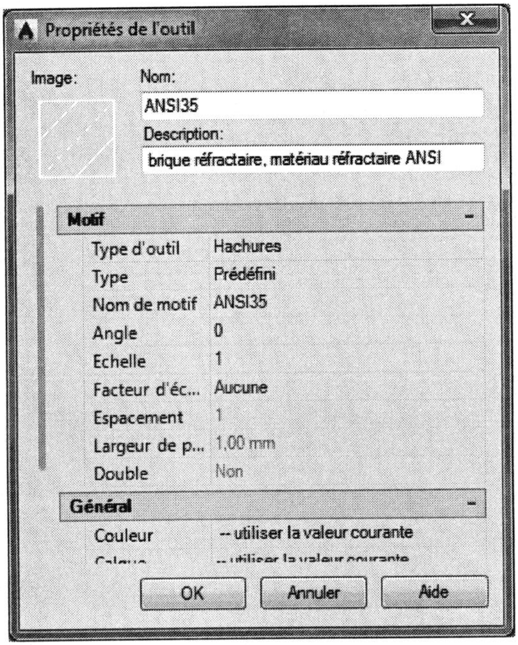

Dans la boîte de dialogue **Propriétés de l'outil**, vous pouvez modifier les **Nom** et **Description** du motif de hachure.

La rubrique **Motif** vous permet de modifier les propriétés d'application du motif de hachure : type, nom, angle, échelle, espacement, largeur de plume, croisement des hachures (double).

La rubrique **Général** vous permet de modifier les propriétés générales du motif de hachure : couleur, calque, type de ligne, style de tracé, épaisseur de ligne.

g. Modifier les propriétés d'un outil personnalisé

- Dans la palette désirée, déplacez le pointeur sur l'outil à modifier.
- Effectuez un clic droit et choisissez **Propriétés**.

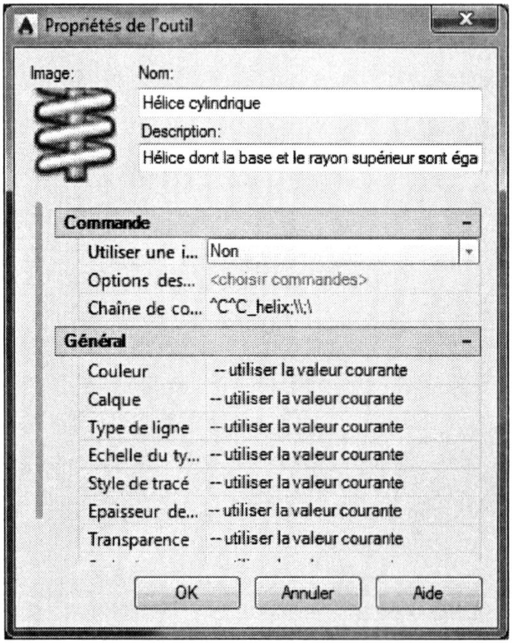

Dans la boîte de dialogue **Propriétés de l'outil**, vous pouvez modifier les **Nom** et **Description** de la commande.

La rubrique **Commande** vous permet de modifier les propriétés de la commande ou macro à exécuter via la ligne **Chaîne de commande**, d'affecter une icône déroulante si nécessaire via la ligne **Utiliser une icône déroulante**, avec le choix des icônes à l'aide de la ligne **Options des icônes** (voir aussi, dans ce chapitre, Créer une nouvelle palette d'outils).

La rubrique **Général** vous permet de modifier les propriétés générales de l'outil telles que la couleur, le calque, le type de ligne, l'échelle du type de ligne, le style de tracé, l'épaisseur de ligne, le style de texte et le style de cote. La valeur par défaut est **utiliser la valeur courante respectant les propriétés courantes du dessin**.

2. Créer une nouvelle palette d'outils

- Effectuez un clic droit sur le nom d'une palette d'outils existante (onglet).
- Choisissez **Nouvelle Palette**.

L'affichage suivant permet de saisir le nom de la nouvelle palette d'outils.

➲ Appuyez sur [Entrée] après avoir saisi le nom.

La nouvelle palette est créée ; elle ne contient pas d'outils pour l'instant.

Pour placer des outils dans la nouvelle palette, vous pouvez effectuer des déplacements ou copies depuis d'autres palettes d'outils (comme vu précédemment).

3. Ajouter des blocs et motifs de hachure dans une palette d'outils depuis le DesignCenter

La technique suivante est valable pour :

– Un bloc unique, ou un ensemble de blocs sélectionnés.

– Un motif de hachure, un ensemble de motifs de hachure sélectionnés.

– Un fichier dessin (le dessin sera inséré comme un bloc).

- Dans le groupe de fonctions **Palettes**, cliquez sur l'icône **DesignCenter** .
- Dans le DesignCenter, sélectionnez le ou les outils (blocs ou motifs de hachure) et déposez-les dans la palette d'outils à l'aide d'un cliqué-glissé.

4. Ajouter des outils dans une palette d'outils par glissement d'objet

Vous pouvez créer un outil en faisant glisser la plupart des objets (cotes, textes, tableaux, blocs, hachures, polylignes, images raster, etc.) directement depuis la zone graphique vers une palette d'outils.

L'outil créé depuis un objet offre les mêmes propriétés que l'objet d'origine. Lorsque vous créez un outil à l'aide de cotes ou d'objets géométriques (lignes, cercles, polylignes...), l'outil contient par défaut une icône déroulante (un jeu d'outils imbriqués).

- Vérifiez les propriétés de l'objet à glisser dans la palette d'outils.
- Sélectionnez l'objet dans la zone graphique.
- Placez le pointeur sur l'objet et effectuez un cliqué-glissé vers la palette d'outils voulue.
- Cliquez sur l'outil dans la palette pour exécuter la commande et suivez les instructions dans la fenêtre de commande.

Remarque

Dans le cas d'un objet géométrique ou d'une cote, AutoCAD affiche automatiquement une icône déroulante comme ci-après. La flèche noire située à droite de l'icône donne accès aux autres icônes.

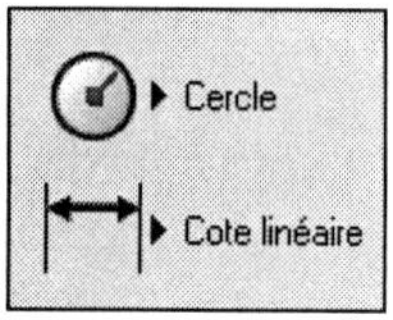

Dans les autres cas, AutoCAD affiche des icônes simples comme ci-après :

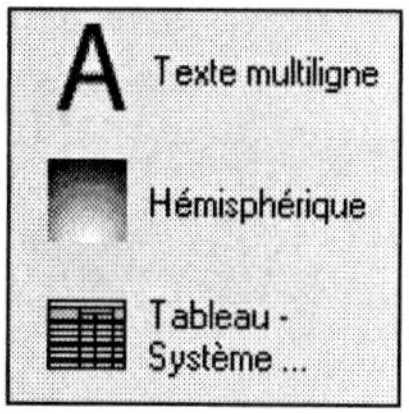

5. Personnaliser un outil dans une palette d'outils

- Dans la palette d'outils, déplacez le pointeur sur l'outil à personnaliser.
- Effectuez un clic droit et choisissez **Propriétés**.

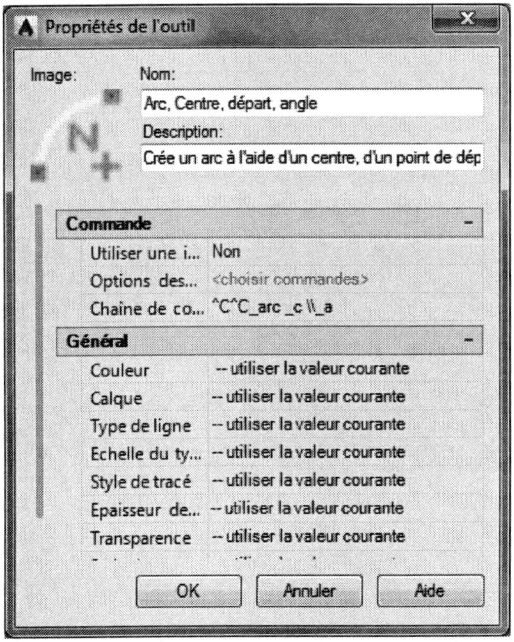

- Définissez les **Nom** et **Description** dans les zones de texte correspondantes.
- Effectuez un clic droit dans la zone rectangulaire située sous le nom **Image** et choisissez **Spécifier une image** pour attribuer une nouvelle image à l'icône. Vous pouvez sélectionner les formats BMP, JPEG, TIF, PNG ou TIF. Si une icône est déjà attribuée, vous pouvez utiliser l'option **Supprimer l'image**.
- Dans la rubrique **Commande**, saisissez la commande, liste de commandes ou une macro personnalisée à attribuer à l'outil personnalisé au regard de la ligne **Chaîne de commande** (voir le détail de la syntaxe autorisée dans le même chapitre - Personnaliser une palette d'outils).
- Dans la rubrique **Général**, attribuez si nécessaire les propriétés générales de l'outil telles que la couleur, le calque, le type de ligne, l'échelle du type de ligne, le style de tracé, l'épaisseur de ligne, le style de texte et le style de cote. La valeur par défaut est **utiliser la valeur courante respectant les propriétés courantes du dessin**.
- Confirmez par **OK** pour valider les paramètres de la boîte de dialogue **Propriétés de l'outil**.
- Confirmez par **Fermer** pour quitter la boîte de dialogue **Personnaliser**.

Remarque

La personnalisation peut s'appuyer sur des outils copiés d'autres palettes.

6. Créer automatiquement des palettes d'outils à partir du DesignCenter

AutoCAD propose une technique très rapide pour constituer un ensemble d'outils personnalisés.

a. À partir d'un fichier de motifs de hachures

- Dans le groupe de fonctions **Palettes**, cliquez sur l'icône **DesignCenter** .
- Dans le DesignCenter, sélectionnez le fichier de motif de hachures (*.PAT).
- Effectuez un clic droit et choisissez **Créer une palette d'outils de motifs de hachure**.

AutoCAD génère automatiquement une palette d'outils (nom identique au fichier), et l'ensemble des motifs est utilisable depuis la palette d'outils.

b. À partir d'un fichier dessin

- Dans le groupe de fonctions **Palettes**, cliquez sur l'icône **DesignCenter** .
- Dans le DesignCenter, sélectionnez le fichier dessin (*.DWG).
- Effectuez un clic droit et choisissez **Créer une palette d'outils**.

AutoCAD génère automatiquement une palette d'outils (nom identique au fichier), et l'ensemble des blocs est utilisable depuis la palette d'outils.

c. À partir d'un dossier contenant des fichiers dessin

- Dans le groupe de fonctions **Palettes**, cliquez sur l'icône **DesignCenter** .
- Dans le DesignCenter, sélectionnez le dossier contenant les fichiers dessin (*.DWG).
- Effectuez un clic droit et choisissez **Créer une palette d'outils de blocs**.

AutoCAD génère automatiquement une palette d'outils (nom identique au dossier), et l'ensemble des dessins est utilisable depuis la palette d'outils. Ils seront insérés comme des blocs dans le dessin courant.

7. Grouper les palettes d'outils

Le groupement de palettes d'outils facilite l'organisation des palettes en ensembles logiques. À l'aide des groupes de palettes, vous pouvez créer des catégories de palettes et économiser de l'espace à l'écran.

- Positionnez le pointeur dans une zone dégagée de la palette d'outils.
- Effectuez un clic droit et choisissez **Personnaliser les palettes**.

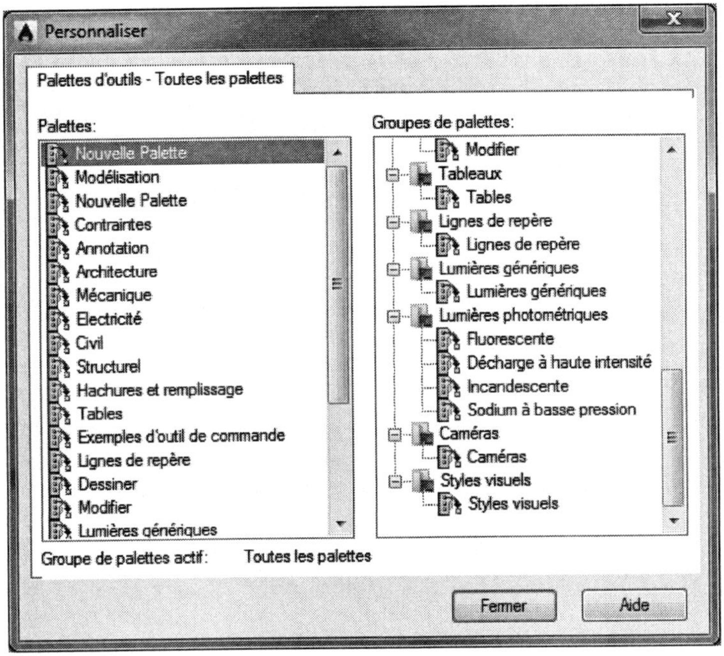

- Dans l'onglet **Palettes d'outils - Toutes les palettes**, effectuez un clic droit dans la zone **Groupes de palettes**, et choisissez **Nouveau groupe**.

Remarque

*Un clic droit permet également de **Renommer** ou de **Supprimer** un groupe de palettes.*

- Saisissez le nom du groupe de palettes et validez par [Entrée].
- Procédez de la même façon pour créer plusieurs groupes de palettes d'outils.
- Depuis la liste de palettes d'outils, glissez chacune des palettes d'outils vers le groupe concerné.
- Confirmez par **Fermer**.

Pour afficher un groupe de palettes, dans la liste des groupes de palettes d'outils, sélectionnez le groupe de votre choix. Effectuez un clic droit puis choisissez **Définir comme actif**.

8. Importer et exporter des palettes d'outils

AutoCAD permet l'enregistrement et le partage d'une palette d'outils. Elle est exportée et importée en tant que fichier de palette d'outils (*.XTP).

- Effectuez un clic droit dans la palette d'outils et choisissez **Personnaliser les palettes**.

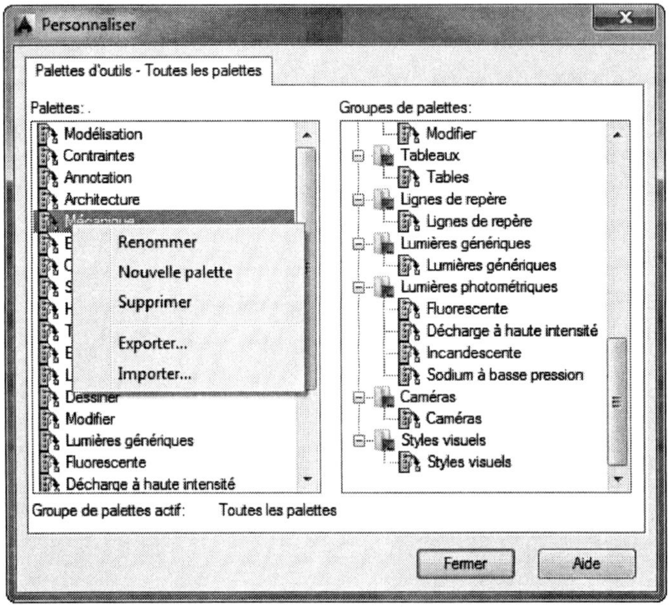

➲ Sélectionnez la palette d'outils à exporter dans la liste **Palettes d'outils**.

➲ Effectuez un clic droit et choisissez **Exporter**.

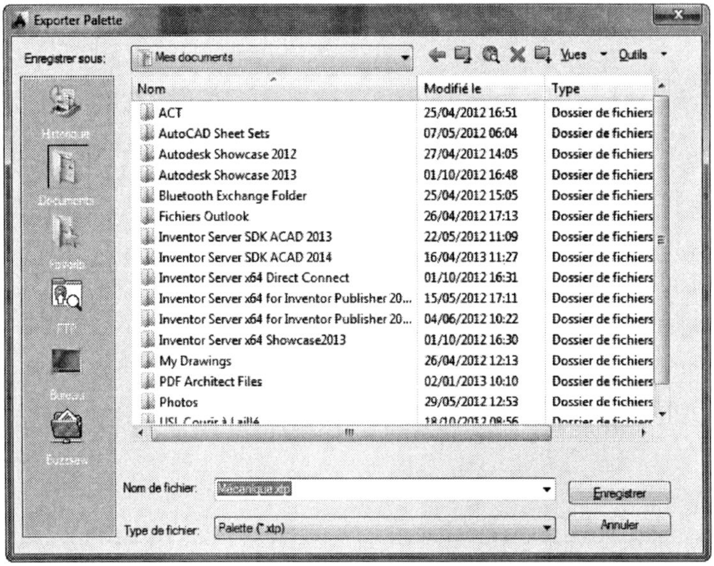

➲ Choisissez l'emplacement sur votre disque ou sur le réseau local dans la liste **Enregistrer sous**. Saisissez le nom du fichier d'exportation dans la liste **Nom de fichier** et cliquez sur **Enregistrer**.

Dans la boîte de dialogue **Personnaliser**, effectuez un clic droit dans la zone des palettes et choisissez **Importer** pour restaurer un fichier de palettes d'outils (*.XTP).

Depuis la boîte de dialogue **Personnaliser**, vous pouvez réorganiser l'emplacement des onglets en faisant glisser un onglet au-dessus et en dessous d'un autre onglet.

Remarque

Cette boîte de dialogue permet aussi de créer, supprimer et renommer des palettes d'outils.

D. Personnalisation du ruban

Les **onglets du ruban** sont composés de groupes de fonctions. Il est possible de modifier le contenu de chaque onglet, ajouter des groupes de fonction, les réorganiser, etc.

Les **groupes de fonctions** se composent de lignes contenant des boutons et des contrôles. Il est possible de créer et modifier les groupes de fonctions. Chaque groupe de fonctions peut être divisé en deux zones. Les lignes supérieures sont automatiquement affichées, alors que les lignes inférieures n'apparaissent que si le groupe est développé.

AutoCAD vous permet de créer et modifier les onglets du ruban et les groupes de fonctions. Vous pouvez afficher ou masquer les onglets du ruban et les groupes de fonctions. Vous pouvez associer une palette d'outils à un groupe de fonctions, et copier un groupe de fonctions d'un groupe à un autre.

Vous pouvez ainsi optimiser l'utilisation des groupes de fonction en accédant plus facilement aux commandes et en limitant le nombre d'éléments de l'interface utilisateur affichés.

1. Créer, modifier et organiser des groupes de fonctions du ruban

➲ Dans le groupe de fonctions **Personnalisation** (onglet **Gérer**), choisissez le bouton **Interface utilisateur**.

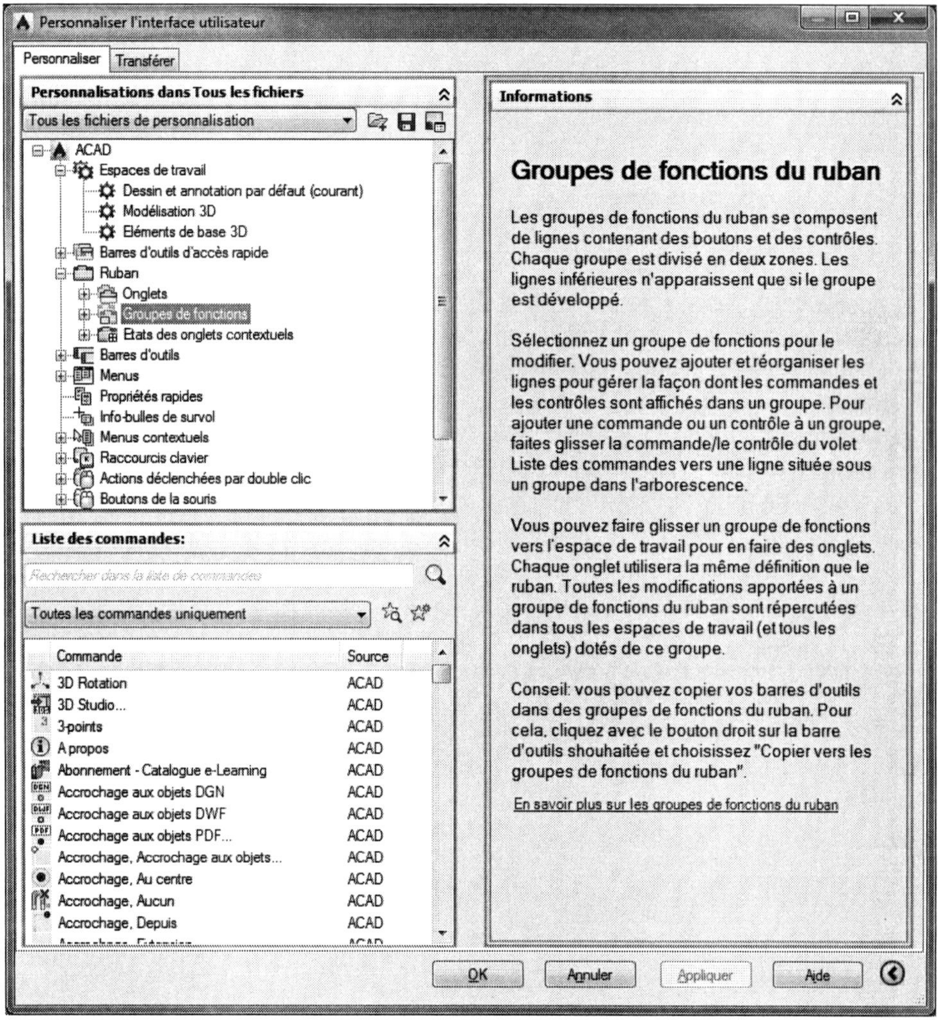

➲ Dans la fenêtre **Personnaliser l'interface utilisateur**, dans la rubrique **Personnalisations dans Tous les fichiers**, développez **Ruban** et effectuez un clic droit sur **Groupes de fonctions**, et choisissez **Nouveau groupe de fonctions**.

La fenêtre **Personnaliser l'interface utilisateur** propose l'affichage suivant :

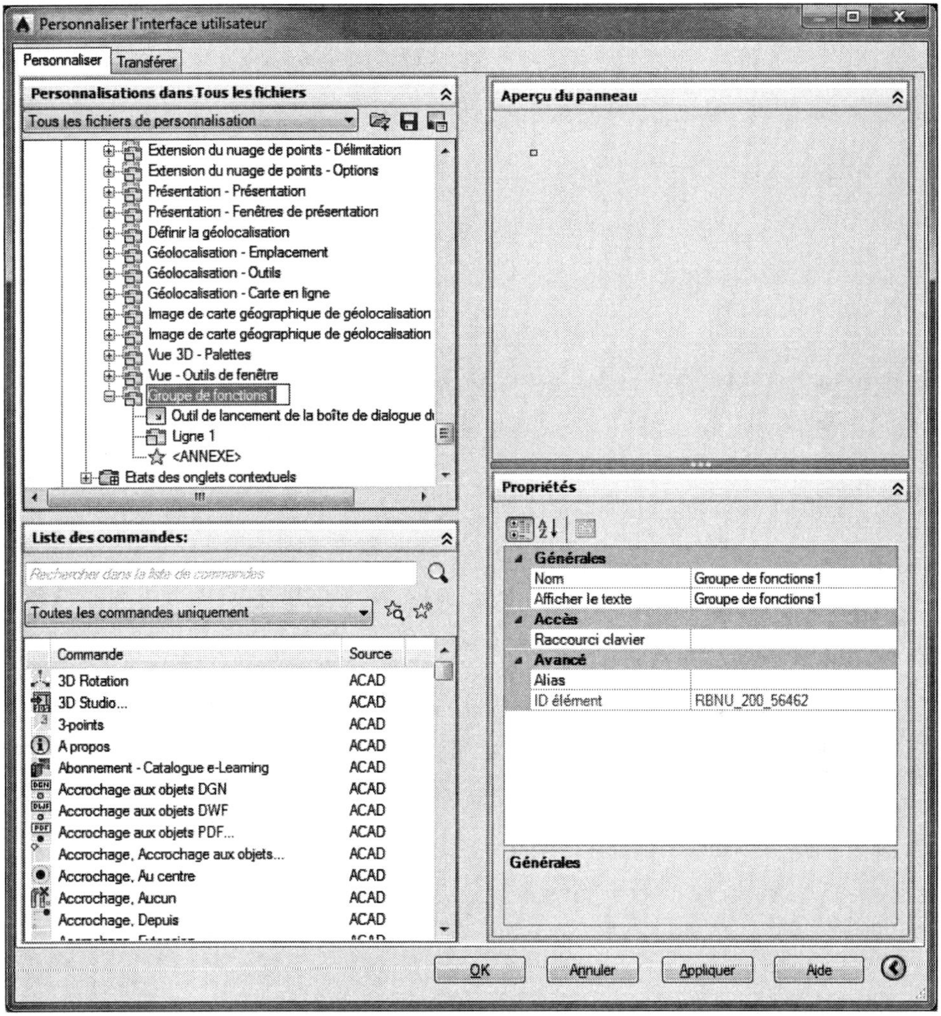

- Dans la rubrique **Propriétés** située à droite, au regard du libellé **Nom** (rubrique **Générales**), saisissez le nom du groupe de fonctions du ruban (Perso dans l'exemple ci-après). Ce nom figurera dans la liste des noms de groupes de fonctions existants dans la fenêtre **Personnalisations dans Tous les fichiers** (il ne s'agit pas du texte affiché à l'écran sur le groupe de fonctions).
- Au regard du libellé **Afficher le texte**, saisissez le titre du groupe de fonctions du ruban, tel que vous souhaitez le voir affiché à l'écran (*Lignes diverses* dans l'exemple ci après).

Dans la liste de groupes de fonctions, le nouveau groupe est affiché de la façon suivante :

Cet affichage contient la structuration minimum du groupe de fonctions :

- **Ligne 1** indique la présence d'une ligne de fonctions unique.
- **<ANNEXE>** sépare la ou les lignes de fonctions affichées dans la partie fixe du groupe de fonctions de la partie déroulante du même groupe de fonctions.

Le nouveau groupe de fonctions (Perso dans l'exemple), à ce stade ne contient pas de fonctions ou commandes. Procédez comme suite pour intégrer des fonctions dans le nouveau groupe de fonctions :

➲ Dans la rubrique **Liste des commandes**, sélectionnez la commande à insérer dans le nouveau groupe (par exemple la commande *Ligne*).

➲ Effectuez un cliqué-glissé de la (ou les) commande(s) vers le nom **Ligne1** du nouveau groupe (dans la rubrique **Personnalisations dans Tous les fichiers**) pour obtenir le résultat suivant :

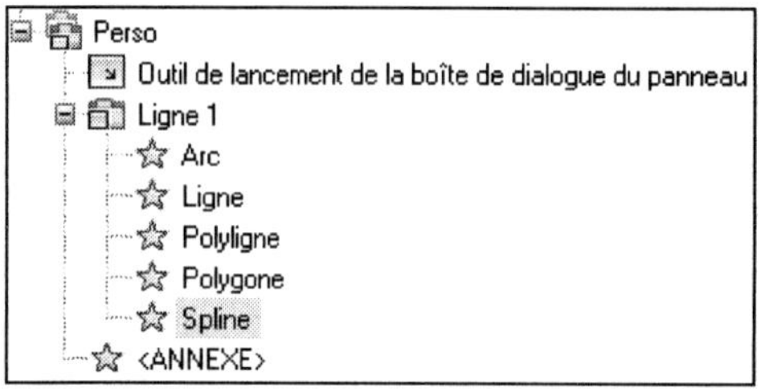

Remarque

*Les commandes sont classées dans l'ordre alphanumérique. Vous pouvez également accéder aux catégories de commandes grâce à la liste déroulante **Toutes les commandes**.*

- Procédez de la même façon pour insérer les autres commandes dans le groupe de fonctions. Utilisez si nécessaire les touches [Ctrl] pour procéder à une sélection discontinue de commandes multiples ou la touche [Shift] pour une sélection continue.

  Dans l'exemple ci-dessous, les commandes *Arc*, *Ligne*, *Polyligne*, *Polygone* et *Spline* ont été insérées dans la première ligne du nouveau groupe de fonctions.

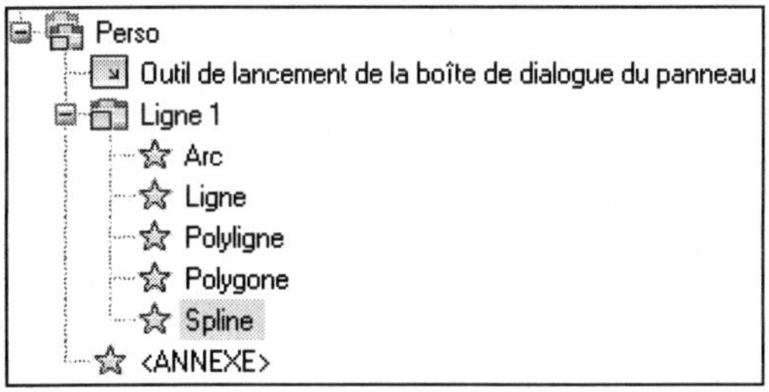

La rubrique **Aperçu du panneau** affiche :

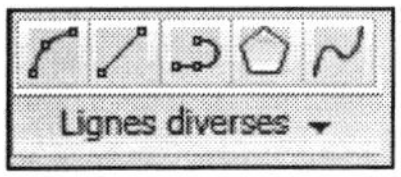

Remarque

Vous pouvez réorganiser l'ordre d'affichage des commandes à l'aide d'un cliqué-glissé.

- Pour afficher une seconde rangée de commandes, effectuez un clic droit sur le nom du groupe de fonctions, et choisissez **Nouvelle rangée** dans le menu contextuel.

  Le libellé Ligne 2 annonce la création de la seconde rangée :

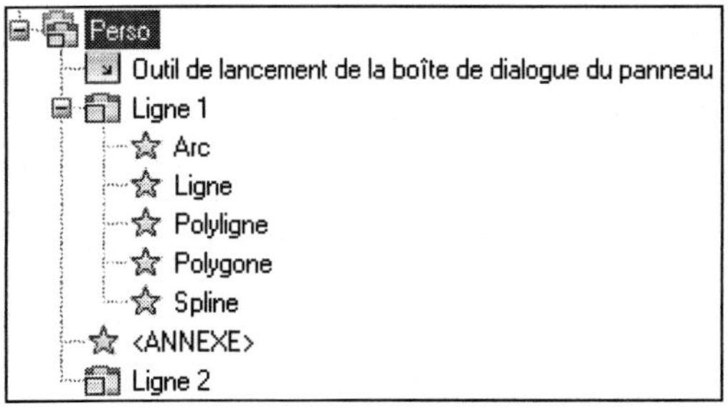

À ce stade, le libellé **Ligne 2** situé sous le **séparateur** (**ANNEXE**), permettrait l'accès des commandes (intégrées à cette ligne) en développant le groupe de fonctions.

- Pour placer la seconde rangée au-dessus du **séparateur**, effectuez un cliqué-glissé depuis **Ligne 2** au dessus du **séparateur** (**ANNEXE**) :

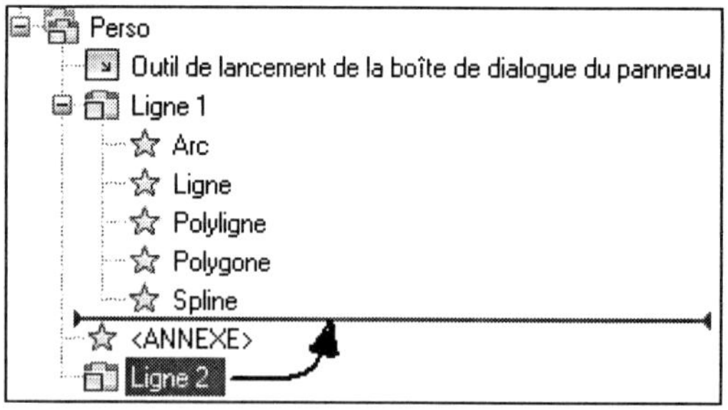

- Procédez comme pour la première rangée pour glisser les fonctions ou commandes dans la seconde rangée.

  Dans l'exemple ci-dessous, les commandes **Rectangle**, **Contour**, **Ellipse** et **Nuage de révision** constituent la seconde rangée :

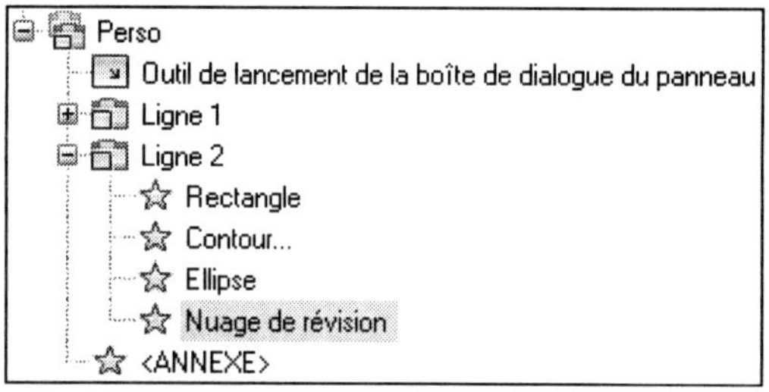

La rubrique **Aperçu du panneau** affiche :

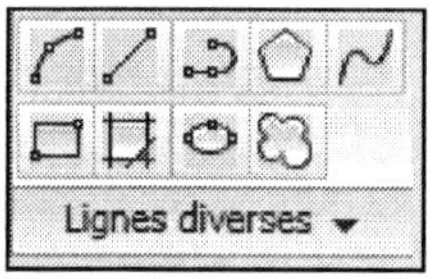

- Pour accéder aux commandes en développant le groupe de fonctions, effectuez un clic droit sur le nom du groupe de fonctions, et choisissez **Nouvelle rangée** dans le menu contextuel.

  Le libellé **Ligne 3** est positionné sous le séparateur, et indique l'accès aux commandes de cette rangée en développant le groupe de fonctions.

- Glissez les commandes voulues vers la troisième rangée (dans l'exemple, **Polyligne 3D**, **Région** et **Modélisation**, **Boîte**).

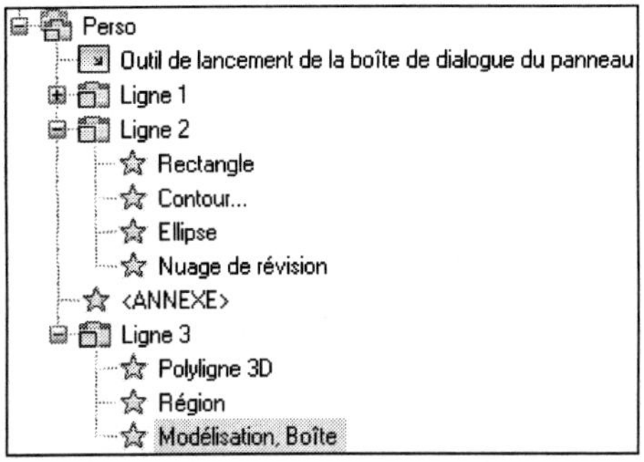

La rubrique **Aperçu du panneau** affiche :

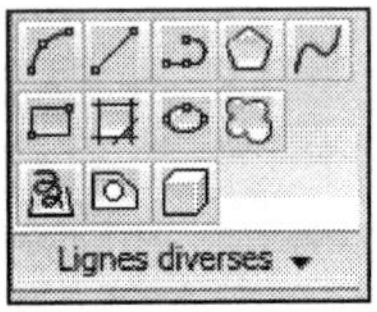

Le nouveau groupe de fonctions est conçu et doit être maintenant associé à un onglet de ruban pour être utilisable.

- Dans la fenêtre **Personnaliser l'interface utilisateur**, dans la rubrique **Personnalisations de tous les fichiers**, effectuez un clic droit sur le nouveau groupe de fonctions et choisissez **Copier** dans le menu contextuel.
- Déroulez la liste des onglets de ruban, effectuez un clic droit sur le nom de l'onglet auquel vous voulez associer le nouveau groupe de fonctions (onglet **Début-2D** dans l'exemple), et choisissez **Coller** dans le menu contextuel.

  Le groupe de fonctions prend place dans la liste des groupes de fonctions de l'onglet choisi :

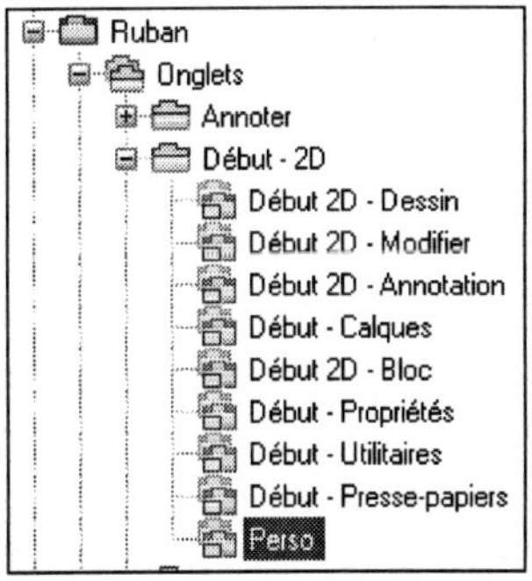

- Confirmez par **Appliquer** pour valider la personnalisation et sur **OK** pour quitter la fenêtre **Personnaliser l'interface utilisateur**.

➲ Activez l'onglet auquel vous avez associé le groupe de fonctions personnalisé (Début dans l'exemple), et constatez la présence du nouveau groupe de fonctions :

2. Renommer des groupes de fonctions du ruban ou des onglets du ruban

➲ Dans la fenêtre **Personnaliser l'interface utilisateur**, dans la rubrique **Personnalisations dans Tous les fichiers**, effectuez un clic droit sur le groupe de fonctions du ruban ou sur l'onglet du ruban, et choisissez **Renommer** dans le menu contextuel.

➲ Saisissez le nouveau nom et appuyez sur la touche [Entrée].

3. Copier un groupe de fonctions d'un onglet de ruban à un autre

➲ Dans la fenêtre **Personnaliser l'interface utilisateur**, dans la rubrique **Personnalisations dans Tous les fichiers**, dans la liste des onglets de ruban, développez l'onglet de ruban qui contient le groupe de fonctions à copier.

➲ Effectuez un cliqué-glissé depuis le groupe de fonctions à copier vers l'onglet de ruban destinataire.

4. Convertir les barres d'outils en groupes de fonctions de ruban

➲ Dans la fenêtre **Personnaliser l'interface utilisateur**, dans la rubrique **Personnalisations dans Tous les fichiers**, dans la liste des barres d'outils, effectuez un clic droit sur la barre d'outils à convertir et choisissez **Copier dans les groupes de fonctions du ruban**.

AutoCAD vous demande confirmation :

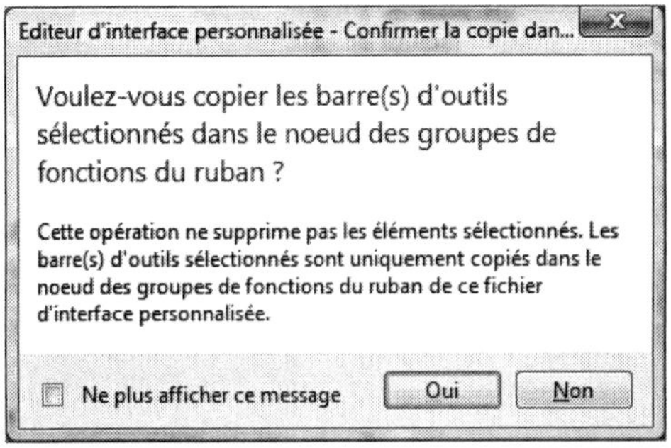

Le groupe de fonctions est dupliqué dans la liste des groupes de fonctions, et vous pouvez le modifier ou le réorganiser dans les onglets de ruban.

5. Supprimer un groupe de fonctions

- Dans la fenêtre **Personnaliser l'interface utilisateur**, dans la rubrique **Personnalisations dans Tous les fichiers**, développez la liste des groupes de fonction.
- Effectuez un clic droit sur le groupe de fonctions à supprimer et choisissez **Supprimer**.
  AutoCAD vous demande confirmation :

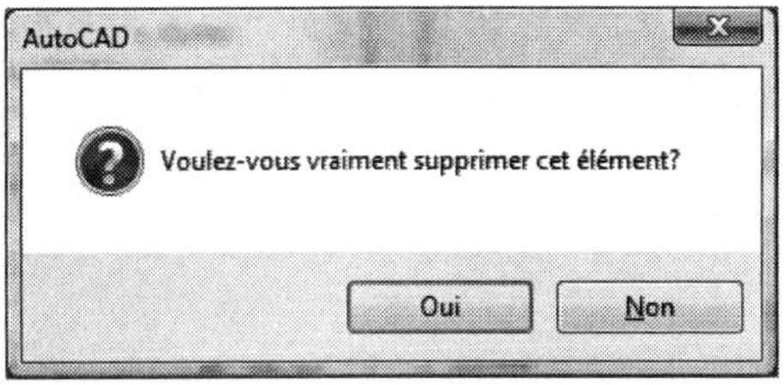

6. Renommer un groupe de fonctions

- Dans la fenêtre **Personnaliser l'interface utilisateur**, dans la rubrique **Personnalisations dans Tous les fichiers**, développez la liste des groupes de fonction. Effectuez un clic droit sur le groupe de fonctions à supprimer et choisissez **Renommer**.
- Saisissez le nouveau nom et appuyez sur la touche [Entrée].

7. Créer et modifier des onglets du ruban

- Dans la fenêtre **Personnaliser l'interface utilisateur**, dans la rubrique **Personnalisations dans Tous les fichiers**, effectuez un clic droit sur le nom **Onglets**, et choisissez **Nouvel onglet**.

  Le nom provisoire du nouvel onglet est « **Nouvel onglet** » et les propriétés de celui-ci apparaissent dans la rubrique de droite **Propriétés** :

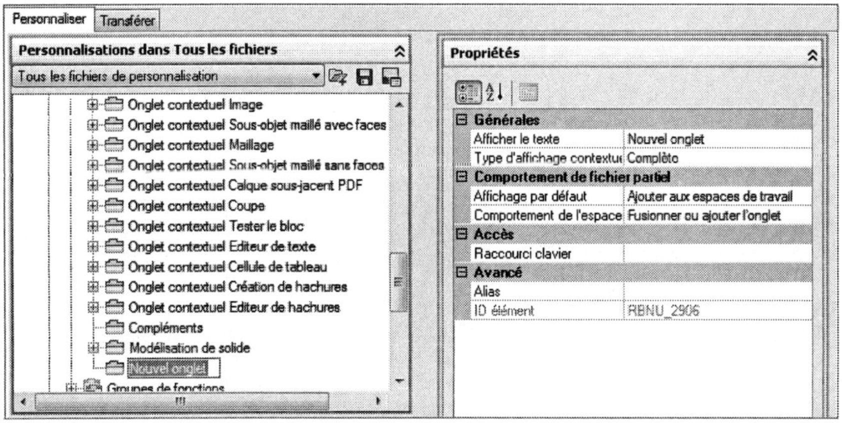

- Dans la rubrique **Propriétés**, en regard du libellé **Afficher le texte**, saisissez le titre de l'onglet du ruban, tel que vous souhaitez le voir affiché à l'écran.
- Dans la zone **Personnalisations dans Tous les fichiers**, effectuez un clic droit sur le nouvel onglet et choisissez **Renommer** pour nommer l'onglet du ruban. Ce nom figurera dans la liste des onglets du ruban existants dans la fenêtre **Personnalisation dans Tous les fichiers** (il ne s'agit pas du texte affiché à l'écran sur l'onglet).
- Lorsque l'onglet est créé, développez la liste des groupes de fonctions.
- Sélectionnez le ou les groupes de fonctions (à l'aide de la touche [Ctrl]), et effectuez un cliqué-glissé vers le nouvel onglet.

  Ainsi le nouvel onglet contient les groupes de fonctions désirés.
- Confirmez par **Appliquer** pour valider les modifications, et cliquez sur **OK** pour quitter la fenêtre **Personnaliser l'interface utilisateur**.

8. Supprimer un onglet du ruban

- Dans la fenêtre **Personnaliser l'interface utilisateur**, dans la rubrique **Personnalisations dans Tous les fichiers**, développez la liste des groupes de fonction.
- Effectuez un clic droit sur l'onglet du ruban à supprimer et choisissez **Supprimer**.

  AutoCAD vous demande confirmation :

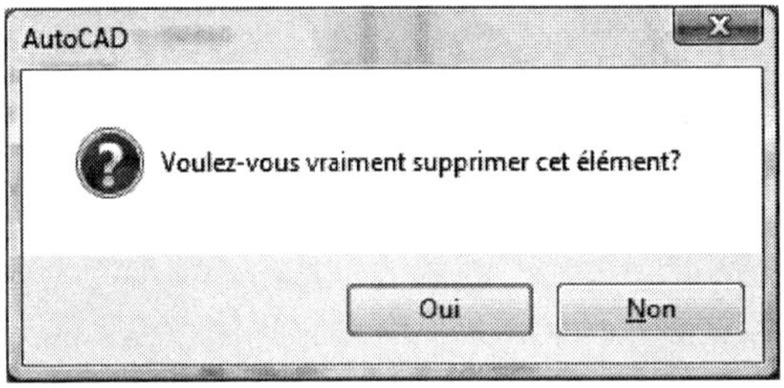

9. Renommer un onglet du ruban

- Dans la fenêtre **Personnaliser l'interface utilisateur**, dans la rubrique **Personnalisations dans Tous les fichiers**, développez la liste des onglets du ruban.
- Effectuez un clic droit sur l'onglet du ruban à supprimer et choisissez **Renommer**.
- Saisissez le nouveau nom et appuyez sur la touche [Entrée].

E. Personnaliser les info-bulles de survol

Les info-bulles de survol affichent les valeurs des propriétés lorsque le pointeur de la souris est positionné sur l'objet.

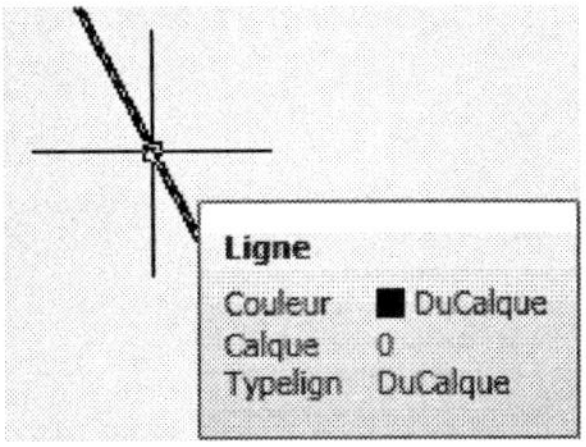

Par défaut, les propriétés de **Couleur**, de **Calque** et de **Type de ligne** peuvent être affichées comme dans l'exemple ci-dessus.

Mais ces propriétés et ces valeurs affichées peuvent être modifiées selon le type d'objet. Lorsque vous personnalisez l'affichage des propriétés pour une info-bulle de survol, vous pouvez afficher de nombreuses propriétés plus pertinentes selon vos propres préférences.

AutoCAD vous permet de définir le type d'objets pour lequel vous personnalisez les propriétés d'affichage des infos de survol.

- Dans le groupe de fonctions **Personnalisation** (onglet **Gérer**), choisissez le bouton **Interface utilisateur**.
- Dans la fenêtre **Personnaliser l'interface utilisateur**, dans la rubrique **Personnalisations dans Tous les fichiers**, sélectionnez le nom **Info-bulles de survol**.

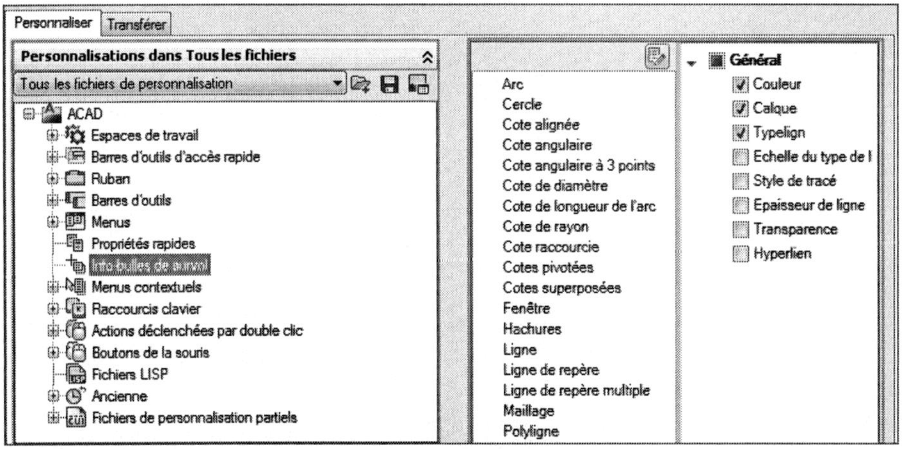

La fenêtre **Personnaliser l'interface utilisateur** affiche dans la partie droite une liste d'objets, ainsi que les propriétés qui sont affichées dans les infos de survol.

- Dans la liste d'objets, sélectionnez l'objet pour lequel vous souhaitez personnaliser l'affichage des info-bulles de survol (dans l'exemple ci-après **Polyligne**).

  Cette liste d'objets est modifiable à l'aide du bouton **Modifier la liste de types d'objets** . La fenêtre **Modifier la liste de types d'objets** vous invite à sélectionner des objets et actions AutoCAD supplémentaires que vous souhaitez afficher dans la nouvelle liste d'objets pour lesquels vous modifiez l'affichage des infos de survol.

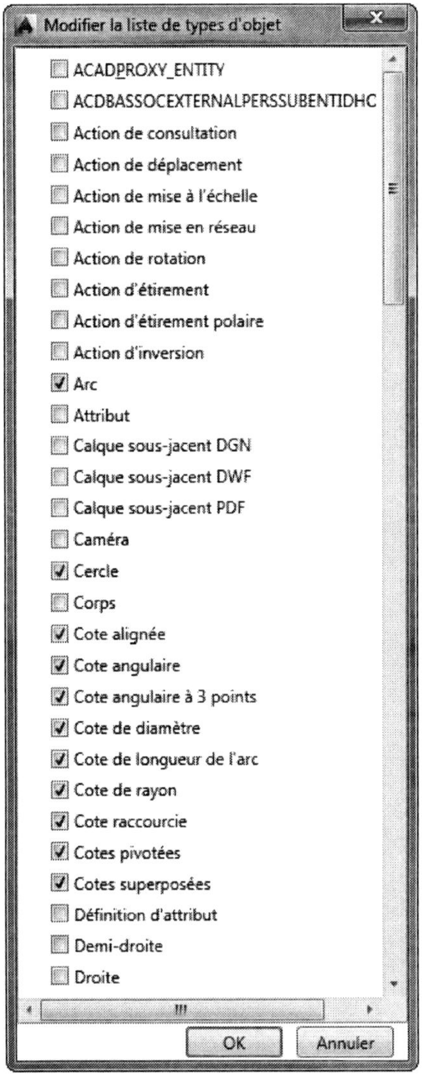

L'affichage des propriétés varie bien sûr selon le type d'objet sélectionné.

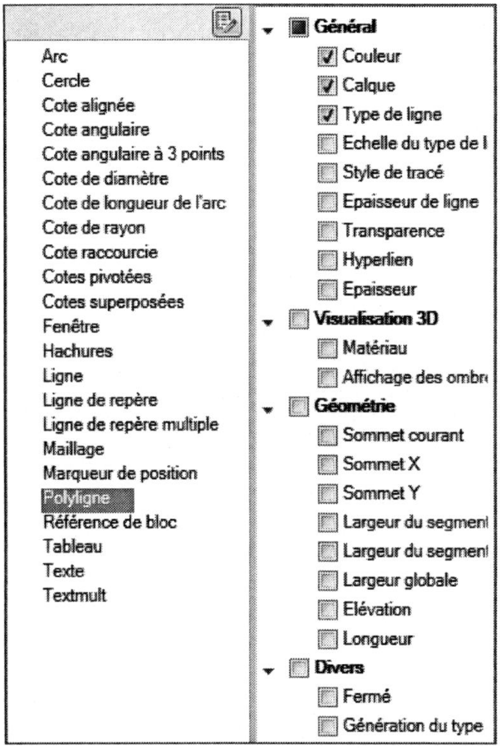

Dans l'exemple ci-dessus, les propriétés de l'objet **Polyligne** sont classées par catégories (**Général**, **Visualisation 3D**, **Géométrie** et **Divers**).

- Dans la catégorie **Géométrie**, activez les cases **Aire** et **Longueur**.
- Confirmez par **Appliquer** pour valider les modifications et cliquez sur **OK** pour quitter la fenêtre **Personnaliser l'interface utilisateur**.

➲ Dans la zone graphique, déplacez le pointeur sur une polyligne pour constater les modifications des info-bulles de survol :

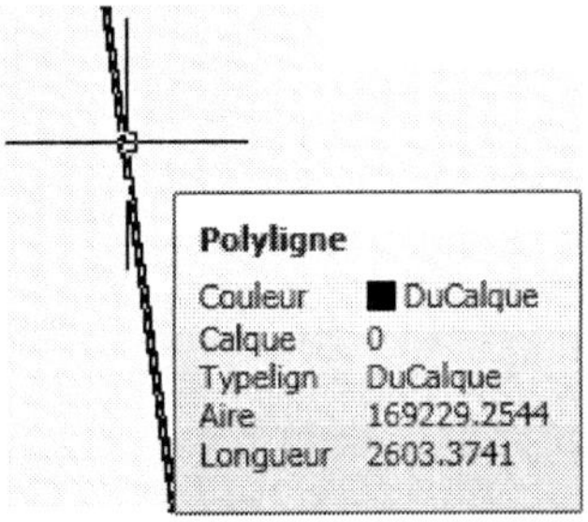

F. Personnaliser les propriétés rapides

Les propriétés rapides sont affichables lorsqu'un ou plusieurs objets sont sélectionnés (clic droit, **Propriétés rapides**).

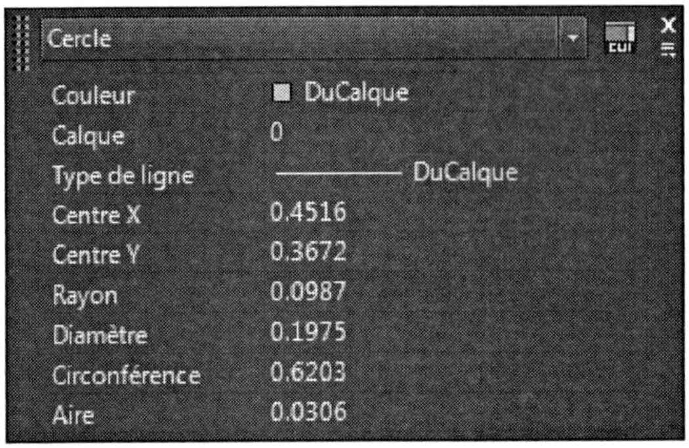

Elles permettent d'accéder et de modifier les propriétés d'un objet ou de plusieurs objets.

À la différence de la palette **Propriétés** qui contient l'ensemble des propriétés des objets, la palette **Propriétés rapides** est personnalisable et vous permet de réduire l'affichage et le nombre de propriétés modifiables selon vos propres préférences.

➲ Sélectionnez un objet pour lequel vous souhaitez modifier les propriétés rapides.

➲ Dans la palette **Propriétés rapides**, cliquez sur le bouton **Personnaliser**

La fenêtre **Personnaliser l'interface utilisateur** est affichée :

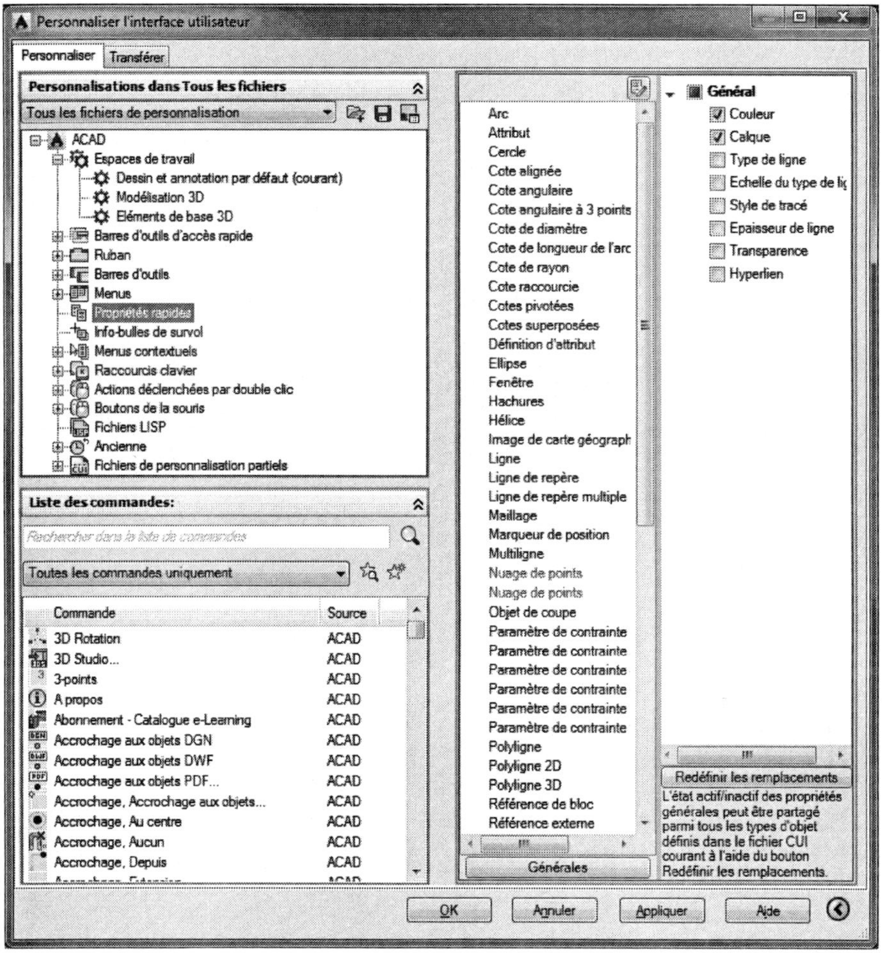

La fenêtre **Personnaliser l'interface utilisateur** affiche dans la partie droite une liste d'objets, ainsi que les propriétés qui sont affichées dans la palette **Propriétés rapides**.

➲ Dans la liste d'objets, sélectionnez l'objet pour lequel vous souhaitez modifier les propriétés via la palette **Propriétés rapides** (dans l'exemple ci-après **Cercle**).

Cette liste d'objets est modifiable à l'aide du bouton **Modifier la liste de types d'objets** . La fenêtre **Modifier la liste de types d'objets** vous invite à sélectionner des objets et actions AutoCAD supplémentaires que vous souhaitez afficher dans la nouvelle liste d'objets pour lesquels vous modifiez les propriétés rapides :

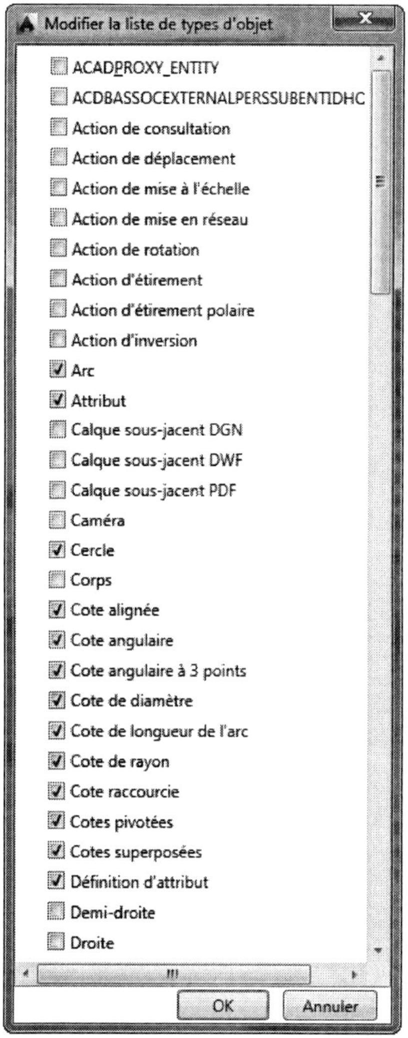

L'affichage des propriétés varie bien sûr selon le type d'objet sélectionné.

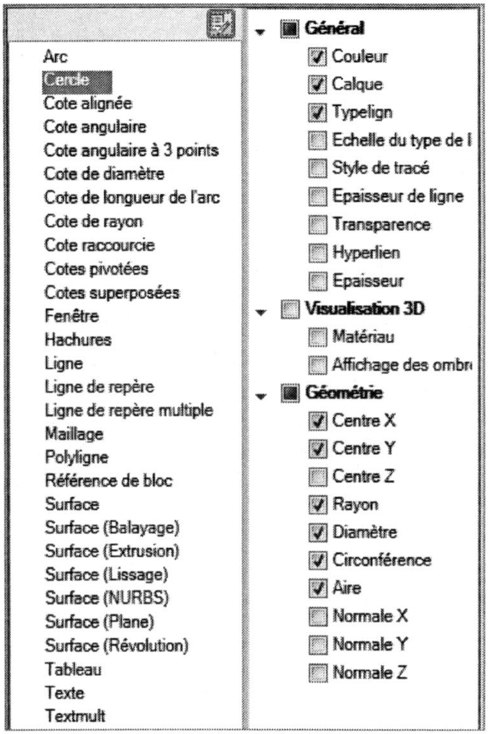

Dans l'exemple ci-dessus, les propriétés de l'objet **Cercle** sont classées par catégories (**Général**, **Visualisation3D** et **Géométrie**).

- Dans la catégorie **Géométrie**, désactivez les cases **Circonférence** et **Aire**.
- Confirmez par **Appliquer** pour valider les modifications, et cliquez sur **OK** pour quitter la fenêtre **Personnaliser l'interface utilisateur**.
- Dans la zone graphique, sélectionnez un cercle pour constater les modifications dans la palette **Propriétés rapides**.

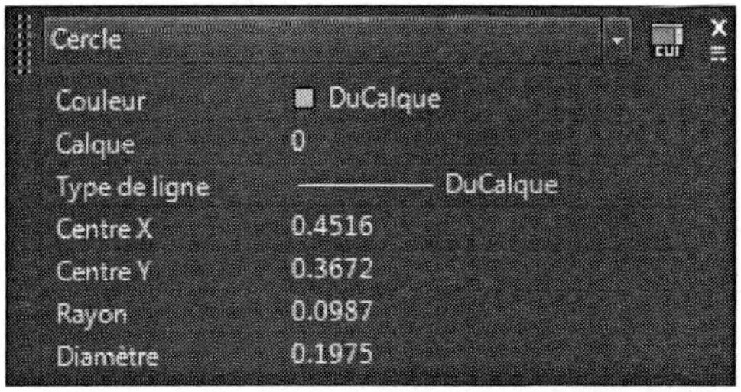

Les propriétés **Circonférence** et **Aire** n'apparaissent plus. Vous pouvez modifier toutes les autres propriétés disponibles.

G. Les espaces de travail

AutoCAD vous permet d'enregistrer des configurations d'interface personnalisées. Ces configurations sont constituées des barres d'outils, de groupes de fonctions, des palettes d'outils et menus que vous utilisez le plus souvent ou lors d'opérations spécifiques.

À chaque configuration d'interface correspond un espace de travail personnalisé et vous basculez d'un espace à un autre selon les tâches à réaliser.

Lorsque vous personnalisez l'affichage et l'environnement de travail (en déplaçant, masquant ou affichant un groupe de palettes ou de barres d'outils) et que vous souhaitez conserver ces paramètres d'affichage pour une prochaine utilisation, vous pouvez enregistrer les paramètres courants dans un espace de travail.

AutoCAD propose un espace de travail par défaut (**Dessin et annotation**) et les espaces de travail suivants : Modélisation 3D et Éléments de base 3D.

L'espace de travail **Eléments de base 3D** propose une interface réduite affichant les principaux outils dédiés à la modélisation 3D.

L'espace de travail **Modélisation 3D** contient l'ensemble des menus, des palettes et des groupes de fonctions (ruban) dédiés à la modélisation 3D. Les éléments d'interface dont vous n'avez pas besoin pour la modélisation 3D sont masqués, ce qui optimise l'interface graphique disponible pour votre travail.

Ainsi, l'espace de travail Modélisation 3D affiche une zone de dessin proposant une vue en perspective, une couleur d'arrière-plan de gradient (dégradé), un plan du sol ou plan de construction (plan XU du SCU), une grille rectangulaire, un curseur 3D affichant les 3 axes X, Y et Z, etc.

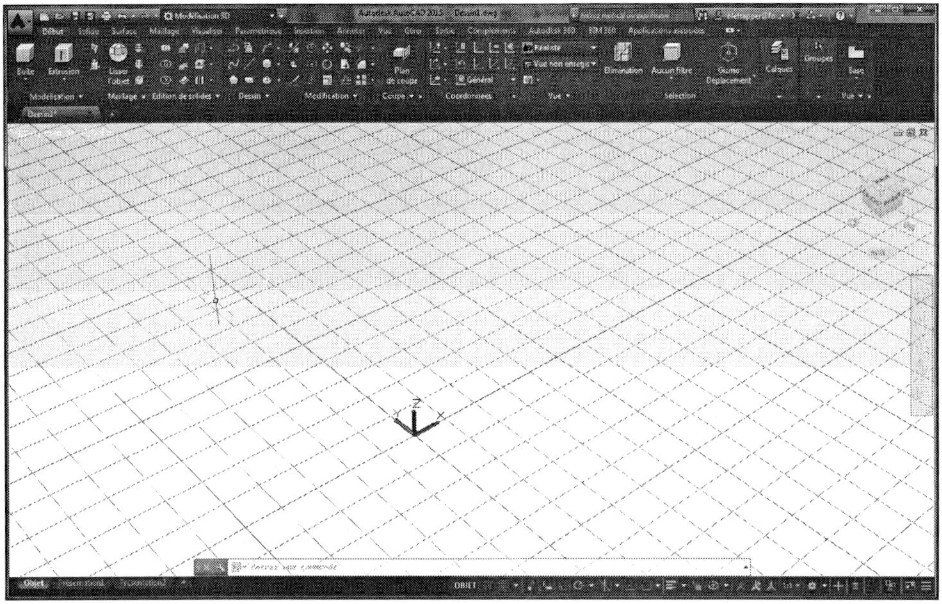

L'espace Modélisation 3D affiche automatiquement un ruban constitué d'onglets et de groupes de fonctions dédiées à la modélisation et l'environnement 3D.

1. Créer un nouvel espace de travail

- Organisez les barres d'outils, palettes d'outils et menus selon vos préférences.
- Dans la barre d'outils d'accès rapide, cliquez sur le bouton **Espace de travail** 

pour afficher le menu suivant :

- Choisissez **Enregistrer espace courant sous**.

La fenêtre ci-dessous vous invite à saisir le nom du nouvel espace de travail puis à cliquer sur **Enregistrer**.

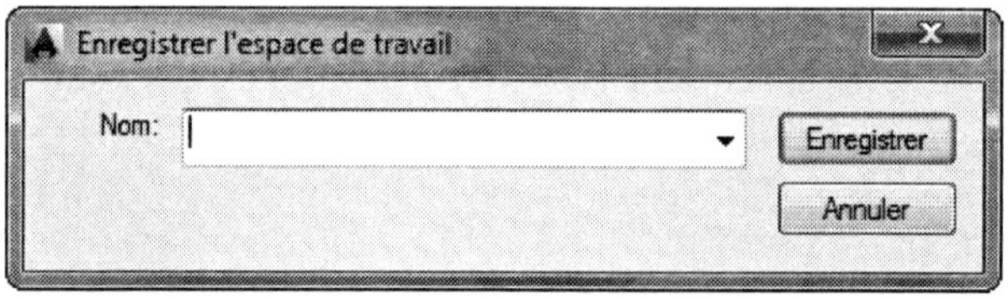

- Répétez la procédure pour la création d'autres espaces de travail personnalisés.

2. Restaurer un espace de travail

- Dans la barre d'outils d'accès rapide, cliquez sur le bouton **Espace de travail** 

pour afficher le menu suivant :

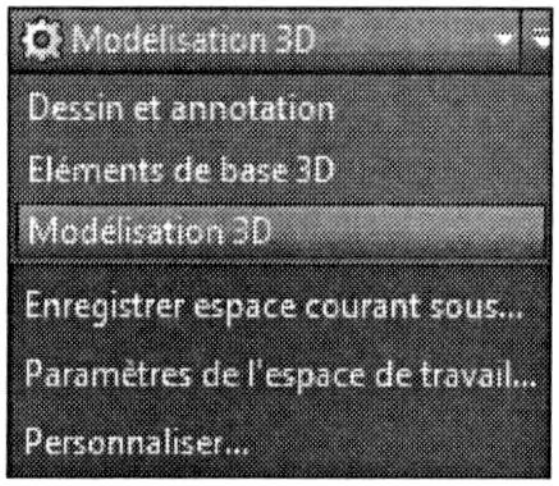

- Cliquez sur le nom de l'espace de travail à restaurer.

Remarque

Les éventuels espaces de travail personnalisés (Perso 3D dans l'écran ci-dessus) sont affichés au-dessus de la ligne de séparation.

3. Modifier l'ordre et l'affichage des espaces de travail

- Dans la barre d'outils d'accès rapide, cliquez sur le bouton **Espace de travail** 

pour afficher le menu suivant.

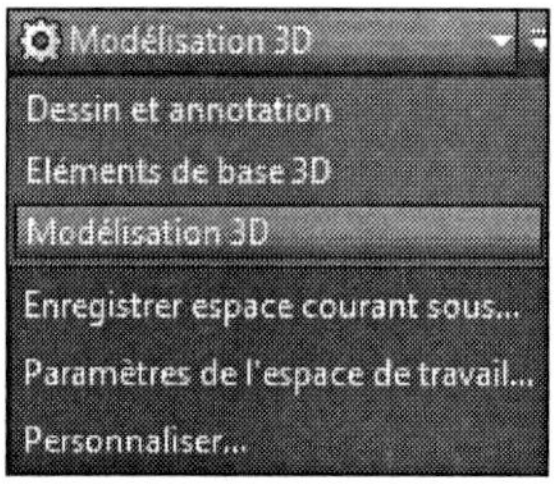

- Choisissez **Paramètres de l'espace de travail** pour afficher la fenêtre suivante :

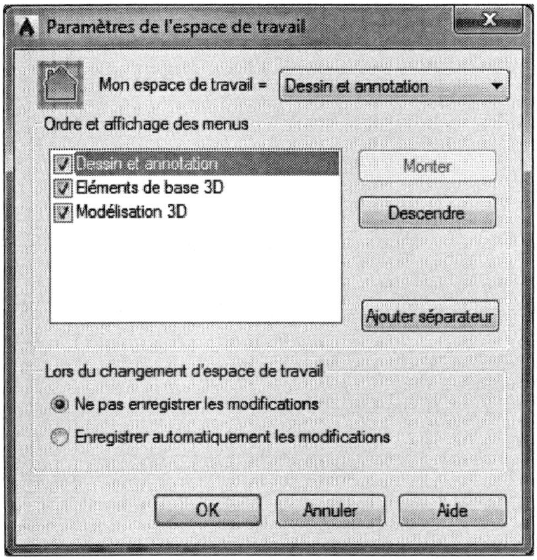

Modifier l'ordre d'affichage des espaces de travail

- Sélectionnez l'espace de travail dans la liste et sélectionnez **Monter** ou **Descendre** pour modifier l'ordre d'affichage de l'espace de travail.

Ajouter un séparateur

- Sélectionnez l'espace de travail au-dessus duquel vous souhaitez afficher un séparateur (ligne horizontale) et cliquez sur **Ajouter séparateur**.

4. Supprimer un espace de travail

- Dans la barre d'outils d'accès rapide, cliquez sur le bouton **Espace de travail** 

pour afficher le menu suivant.

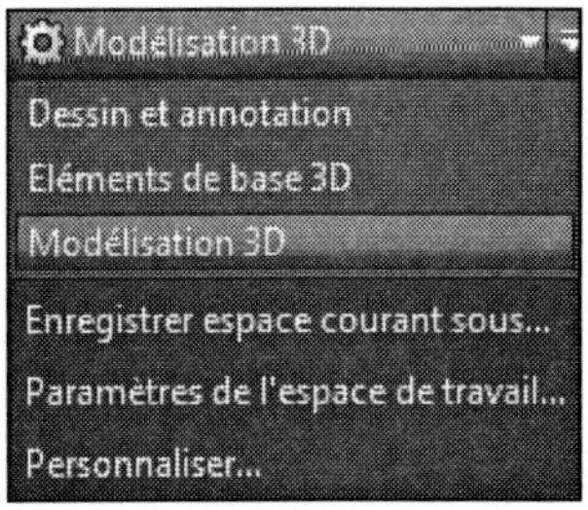

- Choisissez **Personnaliser** pour afficher la fenêtre suivante.

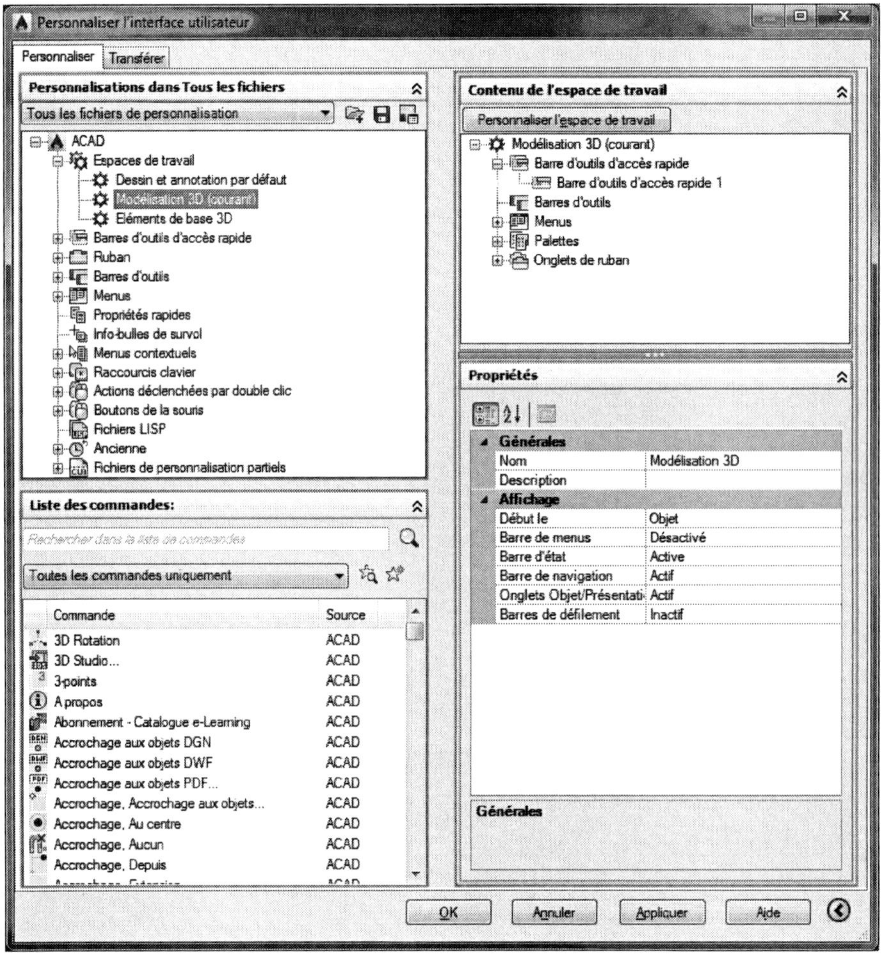

- Dans la fenêtre **Personnaliser la fenêtre utilisateur**, déroulez si nécessaire la rubrique **Espaces de travail** comme dans la figure ci-après.

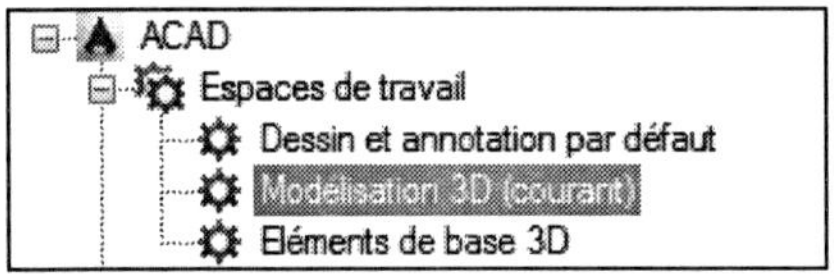

- Effectuez un clic droit sur l'espace de travail à supprimer, puis choisissez **Supprimer**.

➲ Confirmez par **Oui** lors du message suivant pour confirmer la suppression.

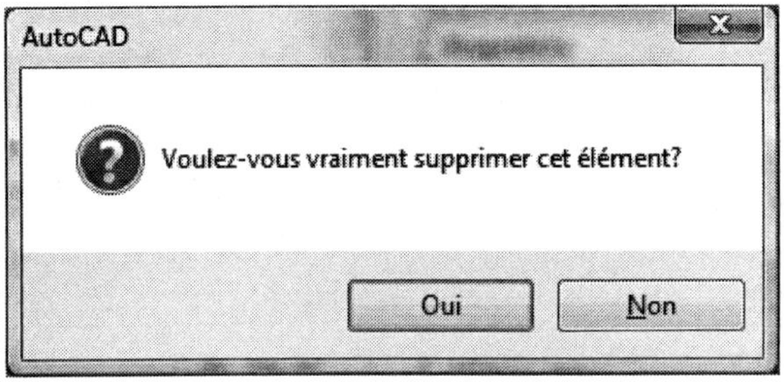

5. Conserver ou non les modifications apportées à l'espace de travail

➲ Dans la barre d'outils d'accès rapide, cliquez sur le bouton **Espace de travail**  et choisissez **Paramètres de l'espace de travail** dans le menu contextuel.

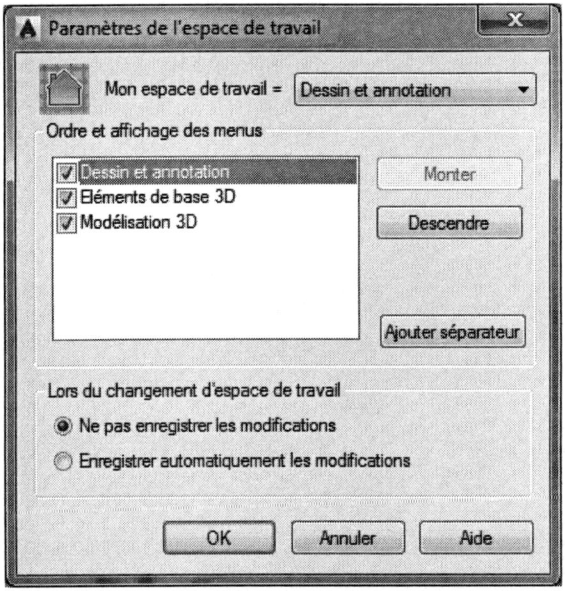

➲ Dans la rubrique **Lors du changement d'espace de travail**, agissez sur l'option **Ne pas enregistrer les modifications** ou **Enregistrer automatiquement les modifications** pour permettre ou non de conserver les modifications apportées à un espace de travail lorsque vous basculez d'un environnement de travail à un autre.

6. Personnaliser les espaces de travail

Vous pouvez, pour chaque espace de travail, agir sur l'affichage des groupes de fonctions du ruban, des boutons, des menus ou les éléments de menus, etc. Vous pouvez renommer ou supprimer des espaces de travail.

Vous pouvez complètement personnaliser l'espace de travail en ôtant des groupes de fonctions du ruban et palettes d'outils, menus déroulants de l'espace de travail choisi.

Vous pouvez également modifier les propriétés de chaque groupe de fonctions du ruban, palettes d'outils, et menus. Ainsi vous modifiez l'orientation, la position et l'apparence de ces différents éléments.

- Dans la barre d'outils d'accès rapide, cliquez sur le bouton **Espace de travail** 

et choisissez **Personnaliser** dans le menu contextuel pour afficher la fenêtre suivante.
- Dans l'arborescence de gauche, sélectionnez **Espaces de travail** pour obtenir l'affichage ci-dessous.

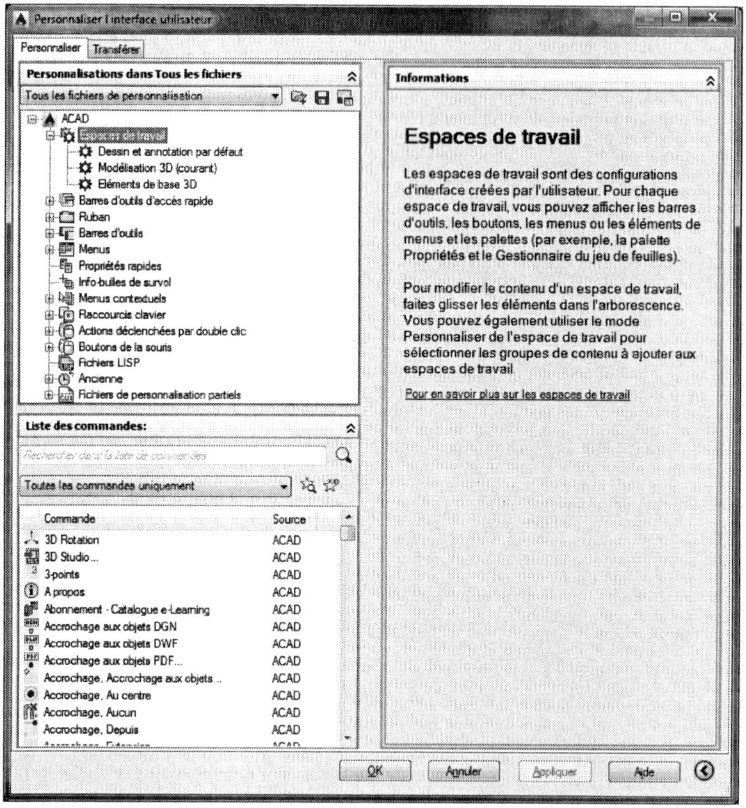

L'arborescence **Espaces de travail** est constituée des espaces de travail prédéfinis et personnalisés.

a. Renommer un espace de travail

- Effectuez un clic droit sur le nom de l'espace de travail à renommer et choisissez **Renommer**.
- Saisissez le nouveau nom et appuyez sur la touche [Entrée].

b. Supprimer un espace de travail

- Effectuez un clic droit sur le nom de l'espace de travail à supprimer et choisissez **Supprimer**.

  AutoCAD vous demande de confirmer la suppression.

c. Dupliquer un espace de travail

- Effectuez un clic droit sur le nom de l'espace de travail à dupliquer et choisissez **Dupliquer l'espace de travail**.

  AutoCAD affiche dans la liste des espaces de travail, le nom de la duplication ("Copie de Modélisation 3D1" pour "Modélisation 3D" par exemple).
- Saisissez le nouveau nom et validez par [Entrée].

d. Ôter des barres et palettes d'outils, menus déroulants, groupes de fonctions ou autres éléments d'interface de l'espace de travail

- Sélectionnez l'espace de travail à modifier dans l'arborescence.

  L'affichage suivant apparaît :

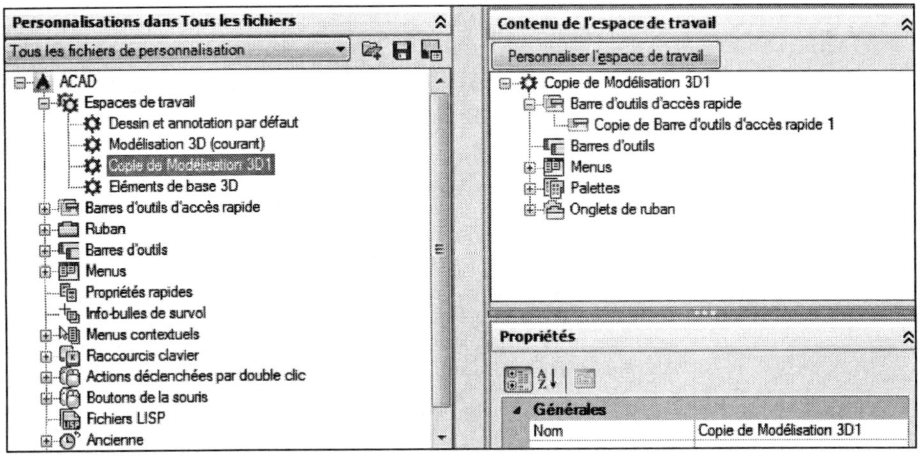

- Dans la rubrique **Contenu de l'espace de travail** située à droite, déroulez l'arborescence des barres d'outils, palettes d'outils, menus ou onglets de ruban.
- Effectuez un clic droit sur un onglet de ruban par exemple, puis choisissez **Supprimer de l'espace de travail**.

  De cette façon, vous agissez sur le masquage des divers éléments constituant l'interface de l'espace de travail.

e. Modifier les propriétés des groupes de fonctions de l'espace de travail

- Sélectionnez l'espace de travail à modifier dans l'arborescence de gauche.
- Dans la rubrique **Contenu de l'espace de travail**, déroulez l'arborescence **Onglets de ruban** et sélectionnez le groupe de fonctions à modifier dans la liste.

  La rubrique **Propriétés** propose l'affichage semblable à :

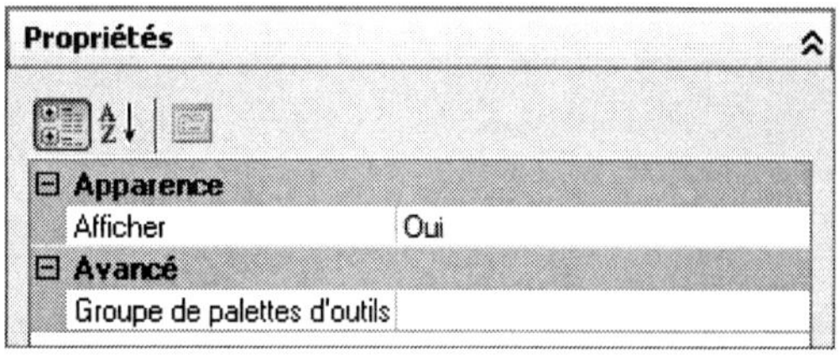

- Dans la rubrique **Propriétés**, définissez l'apparence des groupes de fonctions des onglets de ruban.

  Afficher : définit l'affichage ou le masquage du groupe de fonctions dans l'onglet de ruban.

  La rubrique **Avancé** permet d'associer l'onglet de ruban à un groupe de palettes (une liste déroulante permet d'accéder au groupe de palettes).

  Dans le cas des barres d'outils, palettes d'outils, menus, vous définissez d'autres propriétés telles que le nombre de rangées des barres d'outils, la taille, l'orientation...
- Confirmez par **Appliquer** pour visualiser les modifications.

f. Modifier les propriétés des palettes d'outils de l'espace de travail

- Sélectionnez l'espace de travail à modifier dans l'arborescence de gauche.
- Dans la rubrique **Contenu de l'espace de travail**, déroulez l'arborescence **Palettes** et sélectionnez la fenêtre à modifier dans la liste.

  La rubrique **Propriétés** propose l'affichage suivant selon la fenêtre ancrable sélectionnée :

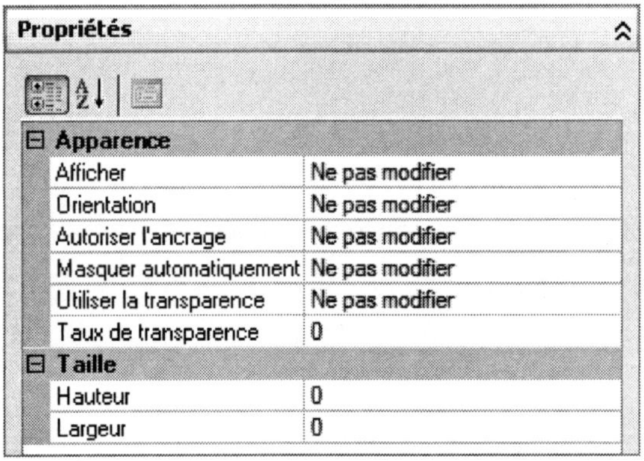

- Modifiez les propriétés de la palette sélectionnée.

  Dans la rubrique **Propriétés**, le classement **Apparence** vous permet d'agir sur les choix suivants :

  – **Afficher** : définit l'affichage ou le masquage de la palette ou conserve les paramètres lors de l'ouverture de l'espace de travail.

  – **Orientation** : définit le positionnement de la palette **flottant**, à **gauche** ou à **droite** de la zone graphique d'AutoCAD.

  – **Autoriser l'ancrage** : définit si l'arrimage de la palette est autorisé ou non.

  – **Masquer automatiquement** : définit si l'option **Masquer automatiquement** est active ou non pour la palette.

  – **Utiliser la transparence** : définit si la transparence est autorisée ou non pour la palette.

Remarque

*Pour les cinq choix ci-dessus, l'option **Ne pas modifier** définit si les paramètres courants doivent être conservés.*

  – **Taux de transparence** : définit le degré de transparence pour la palette pour laquelle la transparence est autorisée.

Dans la rubrique **Propriétés**, le classement **Taille** vous permet d'agir sur les **hauteur** et **largeur** d'une palette.

- Confirmez par **Appliquer** pour visualiser les modifications.
- Confirmez par **OK** si vous désirez quitter la personnalisation des espaces de travail.

7. Exporter les éléments de l'interface

Vous pouvez transférer des éléments de l'interface utilisateur vers ou à partir d'un fichier d'interface de personnalisation principale ou partielle (CUI), où vos données d'élément d'interface sont stockées. Vous ouvrez un fichier CUI, MNS ou MNU pour importer ou exporter des données d'interface utilisateur. Lorsque vous ouvrez des fichiers MNU ou MNS (versions précédentes d'AutoCAD), ils sont automatiquement convertis en fichier CUI.

- Dans la barre d'outils d'accès rapide, cliquez sur le bouton **Espace de travail** 

pour afficher le menu suivant :

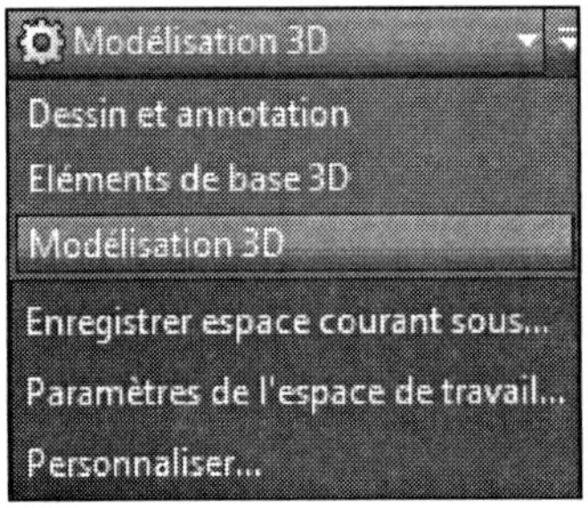

➲ Choisissez **Personnaliser** pour afficher la fenêtre suivante.

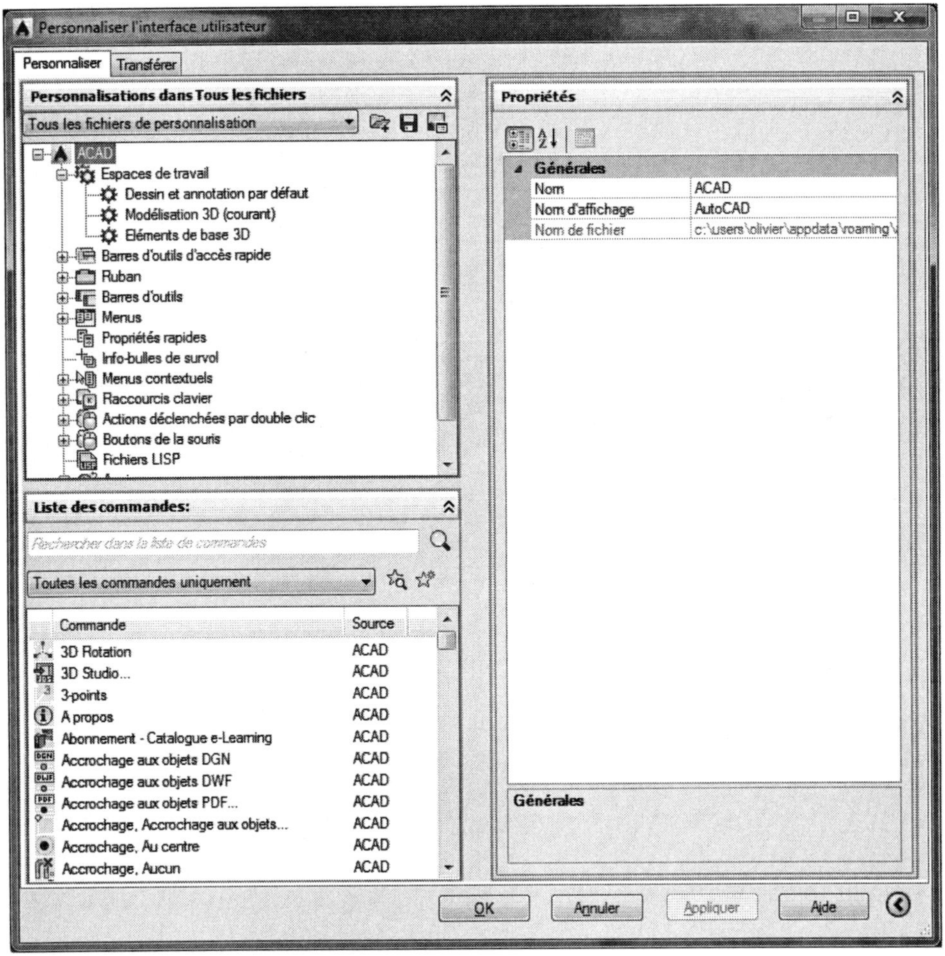

➲ Activez l'onglet **Transférer**.

Le bouton-liste **Fichier de personnalisation principal (acad.cuix)** affiche les éléments de l'interface courante.

a. Exporter les éléments de l'interface courante

➲ Dans la rubrique **Personnalisations dans Fichier principal**, déroulez la liste et choisissez **Enregistrer sous**.

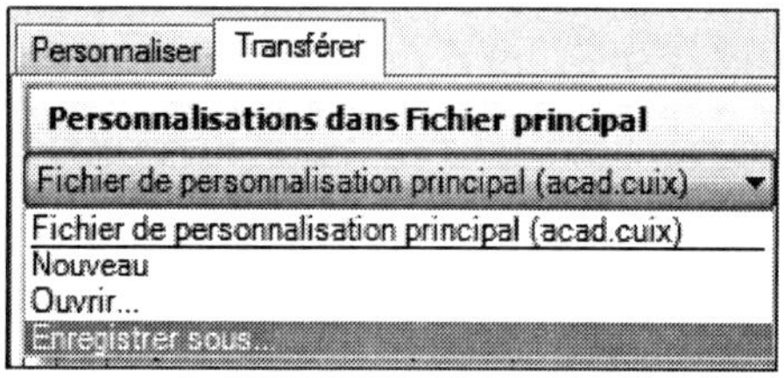

La fenêtre ci-dessous est affichée :

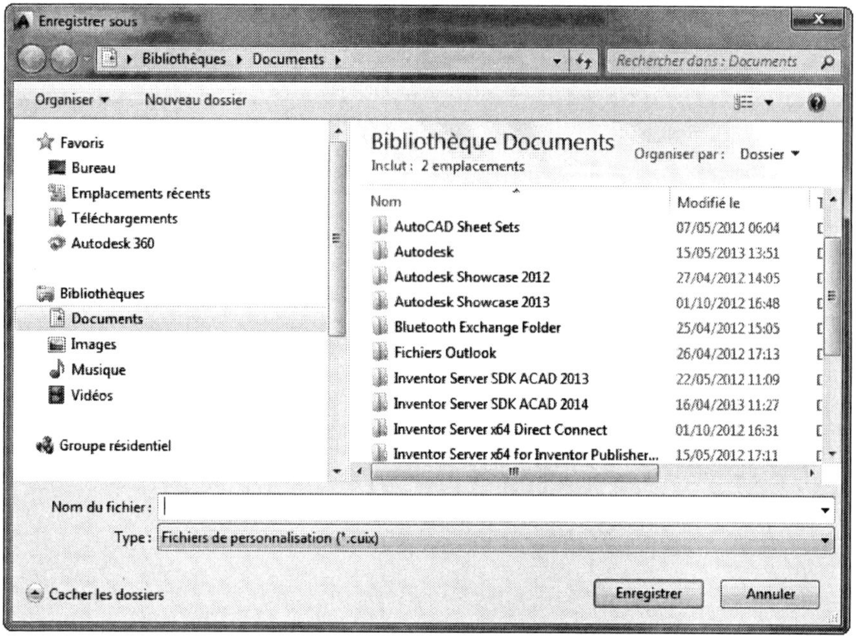

➲ Choisissez l'emplacement et saisissez le nom de l'interface dans la zone **Nom du fichier**. L'extension du fichier est CUIx. Confirmez par **Enregistrer**.

La rubrique **Personnalisations dans Nouveau fichier** peut afficher une nouvelle interface capable d'accueillir par glissement les éléments de l'interface courante situés dans la rubrique **Personnalisations dans Fichier principal**.

Ainsi, la rubrique **Personnalisations dans Nouveau fichier** peut afficher une nouvelle interface obtenue en choisissant **Nouveau** dans la liste déroulante. Cette nouvelle interface est vierge et ne contient pas d'espaces de travail, de barres d'outils, de menus... Vous pouvez aussi ouvrir une interface existante pour afficher ses éléments (utilisez dans ce cas **Ouvrir** dans la liste déroulante).

- À partir de la rubrique **Personnalisations dans Fichier principal**, glissez les éléments à transférer dans la nouvelle interface.

b. Exporter les éléments de la nouvelle interface

- Dans la rubrique **Personnalisations dans Nouveau fichier**, déroulez la liste et choisissez **Enregistrer sous**.
- Choisissez l'emplacement dans la liste **Enregistrer dans** et saisissez le nom de l'interface dans la zone **Nom de fichier**. L'extension du fichier est CUIx. Confirmez par **Enregistrer**.

c. Exporter la présentation en objet

AutoCAD vous permet d'exporter l'ensemble des entités affichées (visibles) d'une présentation (cadre, cartouche, annotations, fenêtres de présentation et l'ensemble du dessin inclus dans la fenêtre de présentation) vers un nouveau fichier. Le fichier destinataire intégrera l'ensemble de ces éléments dans le seul espace objet.

- Dans la barre d'état, activez l'onglet de la présentation à exporter.
- Effectuez un clic droit et choisissez **Exporter présentation en objet**.

AutoCAD affiche la boîte de dialogue **Exporter la présentation vers un dessin de l'espace objet** :

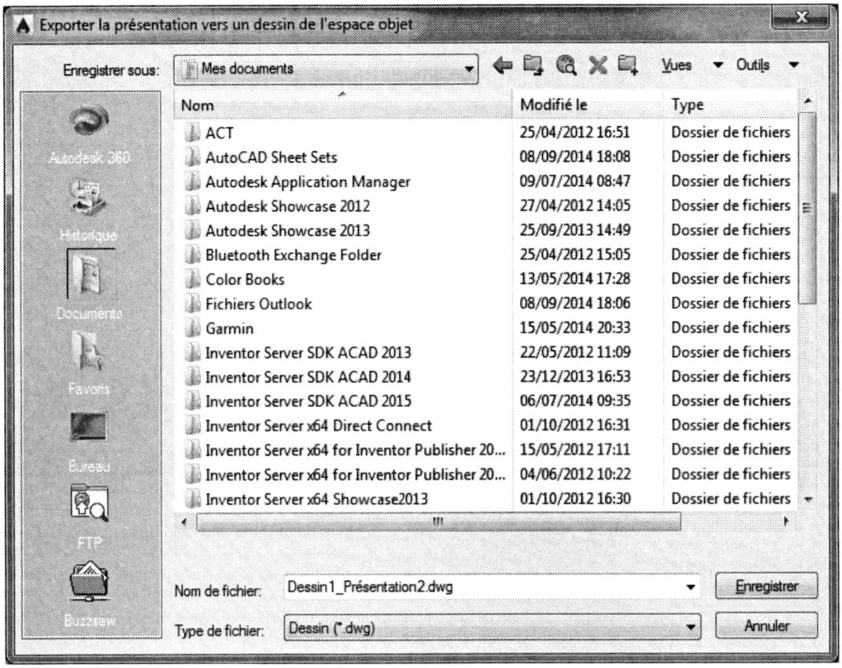

➲ Sélectionnez le répertoire, saisissez le nom du fichier de destination et cliquez sur **Enregistrer** pour valider l'exportation.

Index

!

A

B

Index

C

D

G

H

I

N

O

P

Index

R

S

W

X

Z